ERIC
HOBSBAWM

Richard J. Evans

ERIC HOBSBAWM

Uma vida na história

BIOGRAFIA

Tradução
Claudio Carina

CRÍTICA

Copyright © Richard J. Evans, 2019
Copyright © Editora Planeta, 2021
Copyright © Claudio Carina, 2021
Título original: *Eric Hobsbawm: A Life in History*
Todos os direitos reservados.

PREPARAÇÃO: Thais Rimkus
REVISÃO: Fernanda Guerriero Antunes e Nine Editorial
DIAGRAMAÇÃO: Nine Editorial
CAPA: adaptada do projeto original de Steve Leard
IMAGEM DE CAPA: Shutterstock

Todas as fotos que ilustram o caderno de imagens deste livro foram gentilmente cedidas pela família de Eric Hobsbawm – com exceção da última foto do caderno, feita pelo fotógrafo Walter Craveiro, gentilmente cedida pela organização da Flip

DADOS INTERNACIONAIS DE CATALOGAÇÃO NA PUBLICAÇÃO (CIP)
ANGÉLICA ILACQUA CRB-8/7057

Evans, Richard J.
 Eric Hobsbawm: uma vida na história / Richard J. Evans; tradução de Claudio Carina – São Paulo: Planeta, 2021.
 728 p.

ISBN 978-65-5535-404-1
Título original: Eric Hobsbawm: A life in History

1. Hobsbawm, Eric, 1917–2012 – Biografia 2. Historiadores I. Título II. Carina, Claudio

21-1910   CDD 928

Índices para catálogo sistemático:
1. Historiadores - Biografia

2021 Todos os direitos desta edição reservados à
EDITORA PLANETA DO BRASIL LTDA.
Rua Bela Cintra 986, 4º andar – Consolação
São Paulo – SP CEP 01415-002
www.planetadelivros.com.br
faleconosco@editoraplaneta.com.br

SUMÁRIO

APRESENTAÇÃO, POR LUIZ INÁCIO LULA DA SILVA 7

PREFÁCIO.. 9

1 "O GAROTO INGLÊS"..................................... 15

2 "FEIO COMO O PECADO, MAS QUE CABEÇA" 55

3 "UM CALOURO QUE SABE SOBRE TUDO" 120

4 "UM INTELECTUAL DE ESQUERDA NO EXÉRCITO INGLÊS" 181

5 "UM OUTSIDER NO MOVIMENTO" 234

6 "UM PERSONAGEM PERIGOSO" 306

7 "ESCRITOR DE LIVROS DE BOLSO" 374

8 "GURU INTELECTUAL" 445

9 "JEREMIAS" 510

10 "TESOURO NACIONAL" 570

CONCLUSÃO 609

LISTA DE ABREVIAÇÕES 616

NOTAS 618

LISTA DE ILUSTRAÇÕES. 685

ÍNDICE REMISSIVO 686

Apresentação
O INESQUECÍVEL HOBSBAWM

Antes de qualquer outra coisa, Eric Hobsbawm chamou minha atenção pela indestrutível crença que tinha na construção de um mundo mais justo. Manteve seus ideais até o fim e, aos 90 anos, alimentava os mesmos sonhos da juventude, ainda que em condições históricas distintas. Foi um dos maiores intelectuais do século XX, sempre aberto ao diálogo com as novas perspectivas científicas, filosóficas e artísticas. Mas era sobretudo na classe trabalhadora, nos mais pobres, nos do "andar de baixo" que buscava força e inspiração.

Um dos europeus menos eurocêntricos do mundo, e mais interessado em outros territórios, povos e culturas, Hobsbawm tinha verdadeira paixão pela América Latina, cujas contradições soube compreender como poucos. Era onde dizia se sentir em casa do ponto de vista ideológico, devido aos ideais igualitários e libertários que governavam o continente na primeira década e meia deste século. Admirava muito o Brasil, nação que, segundo ele, tinha diversas qualidades notáveis, entre as quais gostava de citar a música, o futebol e o Partido dos Trabalhadores.

Foi um dos primeiros grandes intelectuais estrangeiros a reconhecer o papel histórico do PT como instrumento de transformação social a partir da organização independente da classe trabalhadora. Ressaltava sempre o caráter plural, participativo e profundamente democrático do PT. Foi também um entusiasta do nosso governo, porque, segundo dizia, fizemos o que jamais havia sido feito no combate às desigualdades no Brasil. E porque começamos a alterar a injusta ordem internacional, criando mecanismos efetivos para que os países em desenvolvimento pudessem incidir com mais peso nas decisões globais.

Hobsbawm acompanhou com especial entusiasmo a revolução pacífica que o PT promoveu no Brasil, conjugando o desenvolvimento econômico com uma gigantesca inclusão social, e esse era um dos temas centrais das nossas conversas. Em meio à gravidade da atual crise sanitária e socioeconômica, que já matou milhões de pessoas em todo o planeta, e está trazendo de volta a pobreza absoluta e a fome, vivemos uma era de extremos, para citar o título de uma das suas obras mais célebres: de um lado, a ascensão de forças autoritárias e antipopulares, muitas delas abertamente neofascistas, em várias partes do mundo, inclusive no Brasil; de outro, a crescente resistência dos setores democráticos e progressistas, que, após um período de perplexidade e defensiva, se rearticulam para derrotar a tirania e o obscurantismo, principalmente na América Latina.

Não é uma batalha fácil, mas o que está em jogo, em última análise, é o destino da civilização. Estou certo de que os defensores do humanismo e da emancipação social, aprendendo com a própria experiência, conseguirão vencer as forças da morte e do retrocesso social, abrindo horizontes de esperança para os nossos povos. Uma pena que não poderemos contar, ao fim dessa tragédia, com um historiador – e um ser humano – da estatura de Eric Hobsbawm para escrever com a profundidade, a lucidez e a paixão de sempre sobre a formidável capacidade de resistência e autossuperação dos povos, quando guiados pelo respeito à vida e à dignidade humana.

Luiz Inácio Lula da Silva
Ex-presidente da República do Brasil

PREFÁCIO

Na ocasião de sua morte, em 2012, aos 95 anos de idade, Eric Hobsbawm já era havia alguns anos o mais bem conhecido e o mais lido historiador do mundo. Seu falecimento ganhou manchetes de primeira página não só no Reino Unido, como também em países tão distantes como a Índia e o Brasil. Seus escritos foram traduzidos para mais de 50 línguas. Quase todos continuaram sendo reimpressos desde as primeiras edições, que em alguns casos datam de meio século atrás. Milhões de leitores consideravam impossível resistir sua combinação de rigor analítico, elegância estilística, vivacidade interpretativa e detalhes interessantes. Só no Brasil, as vendas de seus livros chegaram a quase 1 milhão de exemplares, e seu *Era dos extremos* permaneceu no topo da lista das livros mais vendidos durante semanas. Sua obra não apenas foi lida amplamente, mas também exerceu uma grande e duradoura influência no pensamento histórico, resultado de toda uma série de novos conceitos abrangendo desde "a crise geral do século XVII" e "a invenção da tradição" até "banditismo social" e "o longo século XIX". Discussões sobre seu trabalho, desde o padrão de vida na Revolução Industrial às origens do nacionalismo, continuam a inspirar novas pesquisas históricas muitas décadas depois de suas propostas a respeito.

A imensa reputação e a influência global de Eric Hobsbawm como historiador seriam suficientes para merecer uma biografia, mas ele também foi um intelectual conhecido publicamente e influente porta-voz da esquerda, e não apenas na Grã-Bretanha. Nos anos 1980 e no início dos anos 1990, Hobsbawm teve um papel-chave nos debates políticos por trás do Novo Trabalhismo, papel do qual veio a se arrepender no fim da vida. Luiz Inácio Lula da Silva, que se tornou presidente do Brasil em 2003, reconheceu explicitamente o impacto de Eric em seu pensamento, assim como seu antecessor, Fernando Henrique Cardoso. A influência de Eric na esquerda foi igualmente notável na Índia e na Itália. Nunca aderiu à vida tranquila de um acadêmico transitando entre o escritório, a biblioteca e os salões de conferências. Durante muitos anos, suas atividades políticas foram consideradas tão perigosas que chegaram a provocar a vigilância do MI5.[1*]

Este livro tem o subtítulo de "Uma vida na história", porque Eric não foi apenas um historiador por profissão, mas esteve também presente nos principais momentos da história do século XX, começando pela tomada de poder pelos nazistas em Berlim em 1933, passando pelas primeiras comemorações da Queda da Bastilha após a eleição da Frente Popular na França em 1936, seguindo pela Guerra Civil Espanhola no mesmo ano, pela eclosão da Segunda Guerra Mundial em 1939, durante o período da guerra, e chegando até a Guerra Fria e aos anos subsequentes. Seus diários e cartas não publicados e várias outras fontes disponíveis que contam a história de sua vida oferecem um retrato vívido de Berlim, Londres, Cambridge e Paris nos anos 1930, do Exército britânico no início dos anos 1940, do clima do macarthismo nos nos Estados Unidos no fim dos anos 1940 e início dos anos 1950, da crise do comunismo em 1956, do panorama jazzístico no Soho no fim dos anos 1950, dos levantes que convulsionaram a política latino-americana e a sociedade nos anos 1960 e 1970, do surgimento do "eurocomunismo" na Itália por volta da mesma época, das discussões políticas dentro do Partido Trabalhista nos anos 1980 e das políticas intelectuais da elite cultural da França nos anos 1990.

Este é um livro bem grande não só porque Eric Hobsbawm viveu muito tempo, mas também por ter continuado na ativa até a segunda metade de sua décima década de vida, com o intelecto incólume e politicamente comprometido, escrevendo e publicando o tempo todo. Mas o livro também é grande porque tentei o máximo possível deixar Eric contar a história com suas próprias palavras. Sempre foi um escritor cativante e envolvente não apenas no campo da história, mas também em muitos outros gêneros. Sua imensa produção inclui contos, poemas, descrições do mundo natural, diários de viagens,

---

1 * Sigla para Inteligência Militar, Seção 5, do Serviço Secreto Britânico. (N.T.)

análises políticas, confissões pessoais e muito mais. Sabia como contar uma boa história não somente sobre o passado, mas também a respeito de sua própria vida. Embora seus livros de história tenham vendido milhões de exemplares em diversos idiomas por todo o mundo, muito do que ele escreveu continua pouco conhecido. Boa parte do material apresentado nestas páginas nunca foi publicada, incluindo inúmeros textos brilhantes que merecem ser lidos por um público maior.

Qualquer biógrafo que tentar contar a vida de Eric Hobsbawm terá de consultar sua autobiografia, *Tempos interessantes*, publicada em 2002. Segundo ele mesmo declarou, o livro era mais sobre a história do público do que de um indivíduo.[1] Ao ler a autobiografia de Eric, sua amiga Elise Marienstras observou que havia "muito pouco de pessoal" no livro.[2] De fato, como Stefan Collini já notara, *Tempos interessantes* é "aquele híbrido curioso, uma autobiografia impessoal. Aprende-se mais sobre a sociedade e a política do século XX que a respeito da vida interior de Eric Hobsbawm".[3] Portanto, mesmo sem negligenciar o desenvolvimento político e intelectual de Eric, esta biografia concentra-se acima de tudo em suas experiências pessoais e em sua vida interior. Há boas razões para isso. Eric não via a própria vida como algo que interferisse muito em qualquer coisa no grande esquema dos acontecimentos, mas sim sendo moldada pelos tempos em que viveu.[4] Como o próprio Eric disse depois, contudo, ele era "psicologicamente um historiador assistemático, intuitivo e espontâneo, desafeito a planejamentos".[5] Esta obra mostrará como sua intuição como historiador foi moldada não só pelo contexto histórico e político em que viveu, mas também pelas circunstâncias, por compromissos e paixões pessoais. Tentei o mais que pude evitar quaisquer redundâncias entre este livro e *Tempos interessantes*, porém, inevitavelmente, nem sempre isso foi possível, em especial nos primeiros períodos de sua vida. Ainda assim, a autobiografia de Eric é acima de tudo um trabalho da memória, enquanto esta biografia baseia-se principalmente em fontes contemporâneas aos pensamentos e ações que ele descreve. Não tenta de forma alguma substituir *Tempos interessantes*, que pode ser lida ao mesmo tempo, com proveito e prazer.

Não conheci Eric intimamente, mas o conheci por muito tempo; para dizer a verdade, muito me admirou ele ter se tornado um amigo próximo, pois tinha conhecimento de que Eric sabia infinitamente mais do que eu de qualquer assunto sobre o qual pudéssemos conversar. Não que eu concordasse com ele em tudo, longe disso; sempre fui um social-democrata em minhas convicções políticas. Nunca consegui aceitar as premissas fundamentais do comunismo, menos ainda depois de ter visto de perto o que se produziu na ditadura rígida, cinzenta e tristonha da Alemanha Oriental comunista quando estudei o país em minhas pesquisas de doutorado no início dos anos 1970. Mas a missão que o historiador tem de cumprir, acima de todas as outras, é tentar entender o mundo do passado, diferente e quase sempre estranho, não o condenar por um lado ou identificar-se com ele por outro. O que tento fazer neste livro é apresentar Eric Hobsbawm aos leitores do século XXI e deixá-los chegar às suas próprias conclusões sobre o que ele disse, fez, pensou e escreveu.

Apesar de ter se envolvido em muitas discussões e controvérsias, até onde sei, posso dizer que Eric era isento de qualquer malícia ou má vontade. Ao contrário de tantos historiadores e acadêmicos, ele nunca foi de "odiar ninguém". Sempre foi impecavelmente cordial, generoso e leal. Eric era um homem que adorava a vida e viveu-a plenamente, como espero que as páginas seguintes demonstrem. Quanto mais lia seus textos – e li a maioria deles –, mais eu o admirava e o respeitava não só na figura de historiador, mas também como pessoa, e gostaria de tê-lo conhecido melhor enquanto estava vivo.

Para pesquisar e escrever este livro, contei com a ajuda de muitas pessoas. A primeira e mais importante é Marlene Hobsbawm, que me apoiou de forma admirável durante todo o processo, fornecendo-me informações e materiais que de outra forma eu não conseguiria obter. Espero que ela goste do resultado. Não teria embarcado neste projeto se a Seção de História Moderna da Academia Britânica não tivesse me pedido para escrever a "memória biográfica" que todos os professores titulares recebem após sua morte. Uma visita à casa de Eric e Marlene em Hampstead, onde uma imensa quantidade de papéis pessoais esperava por mim no último andar, me convenceu de que havia material suficiente para escrever uma biografia completa. Muito gentil, Alaric Bamping, genro de Eric e Marlene, me mostrou o material e passou a me fornecer periodicamente outros documentos à medida que iam sendo descobertos.

A maior parte dos papéis de Eric encontra-se agora no Centro de Registros Modernos da Universidade de Warwick, onde os bibliotecários foram extremamente prestativos e eficientes durante todas as minhas visitas ao local. Também sou grato às seguintes instituições: BBC Written Archives Centre, em Caversham; Harry Ransom Center na Texas University, em Austin; The National Archives; King's College Archive Centre, em Cambridge; Churchill College Archive Centre, em Cambridge; British Library of Economic and Political Science da

London School of Economics, em Londres; University of Manchester Archive; Labour History Archive and Study Centre, People's History Museum, em Manchester; Cambridge University Library; Bristol University Library Special Collections; agência literária David Higham Associates; Little, Brown archive; Weidenfeld & Nicolson archive; Departamento de Justiça dos Estados Unidos (petição em nome da Liberdade de Informação); Archivio della Scuola Normale di Pisa; US Holocaust Memorial Museum Collections, em Washington; Archives Fondation Maison des Sciences de l'Homme, em Paris; Centre des Archives Diplomatiques de Nantes; Archiv der israelitischen Kultusgemeinde, em Viena; Archiv der Fichtnergasse-Schule, em Viena; Wiener Stadt-und Landesarchiv, em Viena; e Dokumentationsarchiv des österreichischen Widerstandes, em Viena. Por ter se baseado principalmente em material de arquivo não publicado, estas páginas não incluem uma bibliografia. Também tentei manter um mínimo de notas. Todas as traduções do francês e do alemão são de minha autoria; as do italiano são de autoria de Grazia Schiacchitano e as do português, de Antonio Kerstenetzky. O material ainda está sendo transferido da família para o Centro de Registros Modernos da Universidade de Warwick; referências ao Arquivo da Família Hobsbawm podem precisar de verificação com o Centro.

A Fundação Leverhulme cordialmente me elegeu como Membro Emérito, o que me permitiu ser auxiliado em minhas pesquisas e me poupou um tempo enorme: sou especialmente grato a Anna Grundy, da Fundação, por seu apoio ao longo de todo o projeto. Pela ajuda nas pesquisas, agradeço imensamente a Roberto Asmat Belleza, Fiona Brown, Stephanie Chan, Daniel Cowling, Charlotte Faucher, Victoria Harris, Yannick Herbert, Antonio Kerstenetzky, Rafael Kropiunigg, Johanna Langenbrink, Holly McCarthy, Mary-Ann Middelkoop, Emma Notfors e Grazia Schiacchitano.

Sou profundamente grato às seguintes pessoas que cordialmente concordaram em ser entrevistadas ou fornecer informações: Judith Adamson, Peter Archard, John Arnold, Neal Ascherson, Maurice Aymard, Joan Bakewell, Logie Barrow, Henri Berghauer, Fernando Henrique Cardoso, Youssef Cassis, Geoff Crossick, Roderick Floud, Eric Foner, Roy Foster, Patrick Fridenson, Judith Friedlander, Marcus Gasparian, Edward Glover, Andrew Gordon, Lise Grande, Marie-Louise Heller, Angela Hobsbaum, Andy Hobsbawm, Julia Hobsbawm, Marlene Hobsbawm, Anthony Howe, Bruce Hunter, Joanna Innes, Nick Jacobs, Martin Jacques, Ira Katznelson, Gioietta Kuo, Daniel Lee, Geoffrey Lloyd, Fritz Lustig,

Alan Mackay, Jeremy Marchesi, Robin Marchesi, Elise Marienstras, Patricia McGuire, Alan Montgomery, Andrew Morris, Doug Munro, Michelle Perrot, Richard Preston, Stuart Proffitt, Richard Rathbone, Garry Runciman, Donald Sassoon, Pat Stroud, Pat Thane, Romila Thapar, Keith Thomas, John Thompson, Claire Tomalin, Lois Wincott e Chris Wrigley. Peço desculpas a qualquer um que tenha deixado de entrevistar; tenho certeza de que foram muitos.

Sou grato a Bruce Hunter e a Chris Wrigley, testamenteiros literários de Eric Hobsbawm, por permitirem a citação de material com direitos autorais nas páginas que se seguem. No início do projeto, David Cannadine forneceu alguns conselhos sábios e essenciais a respeito de pesquisas biográficas. Rachel Hoffman, Bruce Hunter, Marlene, Julia e Andy Hobsbawm e Chris Wrigley leram o manuscrito e ajudaram muito a melhorá-lo, bem como Tim Whiting, meu infatigável editor na Little, Brown. Estendo meus agradecimentos ainda a Zoe Gullen, Zoe Hood e Linda Silverman da Little, Brown, e também a Richard Collins, Daniel Balado e Christine Shuttleworth por tornarem o processo de publicação suave e agradável.

Comecei a trabalhar neste livro na Wolfson College, em Cambridge, e concluí o primeiro esboço nos arredores frondosos e tranquilos da Universidade de Richmond, Virginia; sou grato a ambas as instituições por me propiciarem as instalações, tempo e espaço para escrever. Muitos amigos me ouviram pacientemente quando eu falava sobre o projeto, e sou especialmente grato ao apoio de Niamh Gallagher, Bianca Gaudenzi e Rachel Hoffman. Devo mais do que poderia expressar a Christine L. Corton, que leu os primeiros esboços, revisou as provas tipográficas com seu olhar profissional e me apoiou durante todo o processo de escrita e pesquisa. Quando conheceu Eric, no começo dos anos 1990, Christine me disse que um dia eu escreveria sua biografia, e, como em tantas outras coisas, ela acabou provando que estava certa.

Barkway, Hertfordshire, agosto de 2018

1
"O GAROTO INGLÊS"

1917-1933

I

Durante toda sua vida, sempre que preencheu um dos muitos formulários que requeriam indicar "local de nascimento", Eric Hobsbawm era obrigado a escrever o improvável local da cidade de Alexandria, no Egito. Para um homem que acreditava que pouquíssima coisa acontecia por acaso na história, era irônico que tantas circunstâncias precedentes ou referentes ao seu nascimento fossem tão acidentais. Ao mesmo tempo, como gostava de dizer mais tarde na vida, ele não teria nascido onde ou quando nasceu sem as múltiplas interseções de alguns dos grandes eventos da história do mundo.

O primeiro deles foi a conturbada relação entre a Rússia Imperial e a região conhecida no século XIX como "Reino da Polônia", cujo soberano era o czar da Rússia. Depois do fracassado levante nacionalista de 1863, o Reino da Polônia foi brutalmente incorporado ao Império Russo, com a eliminação de sua identidade e suas instituições. A região abrigava uma grande e empobrecida comunidade de judeus, cujos direitos e liberdades foram fortemente restritos pelo governo russo de São Petersburgo. Os judeus viviam nas zonas mais pobres das aldeias e cidades da Polônia, obrigados a ganhar a vida comerciando artigos de artesanato muito mal pagos e que exigiam muito trabalho.

Por isso, não surpreende que um número cada vez maior de judeus começasse a emigrar para a Inglaterra e os Estados Unidos a partir dos anos 1860. A ameaça de recrutamento pelo Exército russo, principalmente diante da perspectiva de guerra com o Império Otomano, em meados dos anos 1870, preocupava os judeus, principalmente os mais jovens. Os que conseguiram chegar a Londres começaram a formar comunidades diferenciadas entre os pobres do East End. O censo de 1861 registrou 900 deles morando no Reino Unido, e no censo de 1881 foram registrados 4.500.[1]

Entre os recém-chegados da Polônia em meados de 1870 estava o marceneiro David Obstbaum. Nascido em ou por volta de 1838, segundo a lenda da família, ele foi a pé da Polônia a Hamburgo quando se viu ameaçado de ser recrutado pelo Exército czarista.[2] De lá ele chegou a Londres com sua segunda esposa, Rosa, nascida com o nome de Berkoltz em Varsóvia, como ele. Era consideravelmente mais nova, nascida por volta de 1852. O casal chegou ao país com dois filhos: Millie, nascida em 1866 da primeira mulher de David, já falecida, e Louis, nascido em 1871 de Rosa. O nome "Obstbaum", que significava "árvore frutífera" em alemão (ou mais provavelmente em ídiche, a língua mais comumente falada pelos judeus no Reino da Polônia), dava nó na língua dos ingleses. Quando do registro de David no Departamento de Imigração de Londres, um funcionário *cockney* entendeu mal o nome, acrescentando o que deve ter suposto ser um "H" aspirado no início e descartou o impronunciável "t", e assim seu nome se tornou Hobsbaum.[3]

O casal estabeleceu uma vida estável no novo país, ainda que modesta. Um segundo filho, Philip, nasceu em Manchester em 12 de maio de 1874; seu neto, também chamado Philip Hobsbaum, nasceu em 1932, tornando-se um poeta, crítico e acadêmico conhecido.[4] O terceiro filho do casal, Aaron, conhecido como Ernst, nasceu em Londres em 1878; as filhas Edith e Margarite tornaram-se duas novas vítimas da incapacidade da burocracia britânica de lidar com nomes estrangeiros e foram registradas com o sobrenome Hobsburn. Uma filha, Sarah, conhecida como Cissy, nasceu em 1879; em 1909 ela se casou com Louis Prechner, também originário da Europa Central: o filho do casal, Denis, nasceu em 16 de novembro de 1916 em Stoke Newington, um bairro no extremo norte do East End judeu de Londres. No devido tempo, ele se tornou um proeminente crítico de jazz e produtor de discos. Denis teria um papel importante na vida de Eric.[5]

Ao todo havia 22 primos na família Hobsbaum na geração de Eric. Porém, apenas poucos tiveram algum contato com ele, espalhados como estavam em várias partes do mundo. "Nossa família", como observou mais tarde, "[...] não é muito ligada".⁶ Os dois tios que teriam papel mais importante na vida de Eric foram Solomon (Sidney), nascido em Dalston, nordeste de Londres, em 25 de abril de 1889, e Henry, mais conhecido como Harry, nascido em 9 de julho de 1888, cujo filho Roland se tornou o melhor amigo de Eric na adolescência. O fato de que sete dos nove filhos de David e Rosa Hobsbawm tenham chegado à idade adulta indica certa resiliência física na constituição genética da família, ainda que nenhum deles tenha sobrevivido até o que hoje consideramos idade avançada; somente Millie, filha de David com sua primeira mulher, escapou desse destino, tendo morrido em 1966 aos 99 anos, sessenta anos após ter emigrado para os Estados Unidos com o marido. Todos os primos em primeiro grau de Eric, com exceção de Louis, que nasceu em Varsóvia e, portanto, como os pais, foi naturalizado como cidadão britânico, nasceram na Inglaterra e assim continuaram pelo resto da vida; todos tinham o inglês como língua nativa; na verdade, alimentavam uma ambição apaixonada por se tornarem "ingleses no nome, na política e na cultura", como observou Eric mais tarde. A maioria era formada por artesãos e escriturários: não há registro de ensinamentos rabínicos ou de riqueza nos negócios na família, e poucos deles tiveram uma boa formação educacional.⁷

O pai de Eric, Leopold Hobsbaum, em geral conhecido como Percy, nasceu em Whitechapel, no coração do East End judeu de Londres, em 8 de setembro de 1881, o quinto filho de David e Rosa. Enquanto os dois filhos mais velhos de David Hobsbaum, Louis e Philip, seguiram os passos do pai e se tornaram marceneiros,⁸ os outros, inclusive Percy, talvez se beneficiando da introdução da obrigatoriedade do curso elementar entre as idades de cinco e dez anos na Grã-Bretanha em 1880, ascenderam socialmente como membros da classe média baixa. Ernest tornou-se telegrafista, depois chegando à posição de professor escolar. Harry também foi telegrafista, e sua irmã Sarah foi professora primária; Isaac estudou química e se tornou engenheiro de mineração. Sidney era um homem de negócios, embora nunca muito bem-sucedido. Até então, portanto, a história da família a partir de seu assentamento em Londres nos anos 1870 não foi atípica na história social da comunidade de imigrantes judeus da época. Como estiveram relativamente entre os primeiros a chegar, os Hobsbaum se beneficiaram das políticas de imigração liberais da era vitoriana, tendo vantagem em relação às imigrações posteriores da Europa Oriental e conseguindo escapar da terrível pobreza que caracterizava o dia a dia dos judeus do East End nos anos 1890 e 1900.⁹

Foi mais ou menos na época em que Percy chegou à idade adulta que um segundo grande aspecto da história do mundo impactou os Hobsbaum. No início do século XX a Grã-Bretanha era o centro de um vasto império global que incluía, embora não no sentido formal, países da América do Sul como o Chile, para onde Isaac, o tio de Eric, emigrou com a mulher e os filhos, inaugurando uma longa relação da família com o país. Desde 1869, um elemento-chave na manutenção do Império Britânico foi o Canal de Suez, que encurtou a rota do trajeto marítimo para a Índia em 7 mil quilômetros. Para proteger o canal, em 1882 a Inglaterra efetivamente assumiu à força a administração do Egito, até então sob o domínio do Império Otomano. Nos anos 1890, as principais instituições do país eram administradas por funcionários britânicos, oferecendo oportunidades de emprego para os que quisessem fazer uma carreira por si mesmos no exterior.[10]

Ernest, irmão de Percy, mudou-se para o Cairo algum tempo depois do fim do século XIX, onde de início lecionou na Universidade Popular Livre, antes de conseguir emprego no Serviço Postal e Telegráfico Egípcio, administrado pelos britânicos. Mais tarde, escreveu romances sobre suas experiências (*Cross and Crescent* e *Draper's Hall*), embora não muito bem-sucedidos. Quando Percy chegou à maioridade, Ernest sugeriu que arrumasse um emprego semelhante na mesma instituição. Assim, Percy se mudou para ficar junto ao irmão. Ao fazer isso, entrou também para a comunidade expatriada e multinacional no Cairo e em Alexandria, cujo idioma era principalmente o francês. A vida social era bem movimentada, e em 1913 Ernest se casou no Cairo com Jeanne Claeys: suas duas filhas, Edith e Margarite, nasceram na mesma cidade, em 1914 e 1915, respectivamente.

Foi também em 1913, em uma das instituições sociais mais importantes dos expatriados, o Sporting Club, que Percy Hobsbaum conheceu Nelly Grün, de 18 anos, uma das três filhas de Moritz Grün e sua esposa Ernestine, nascida com o nome Friedmann. A família dela morava em Viena. Moritz e a mulher foram registrados como membros da fé judaica, e se envolveram com o comércio de joias. Eram relativamente bem de vida. Nascida em 1895, Nelly acabara de se formar no curso médio, ainda um feito incomum para uma garota de Viena. Ainda por cima, se formou com louvor.[11] Por isso, como recompensa, os pais decidiram presenteá-la com férias em algum lugar fora da Áustria. Escolheram Alexandria como um destino adequado porque seu tio Albert, um comerciante bem-sucedido, tinha se estabelecido na cidade, administrando um bem fornido estabelecimento de vendas no varejo. Percy e Nelly se apaixonaram e resolveram se casar. Ficaram noivos e começaram a fazer planos para o casamento.[12]

No entanto, em meio ao planejamento, a história do mundo interveio mais uma vez, agora na forma da Primeira Guerra Mundial, que eclodiu em agosto de 1914, com a Áustria-Hungria, a Alemanha, a Turquia e a Bulgária alinhadas de um lado, e a Grã-Bretanha, a França e a Rússia do outro, depois fortalecidas pela Itália e a Romênia. Nelly trabalhou por um tempo como enfermeira num hospital militar enquanto ela e Percy decidiam o que fazer. Como Nelly era austríaca e Percy era inglês, teria sido insensato se casarem ou até mesmo se encontrarem em seus respectivos países nativos, pois poderia resultar em um ou outro serem presos como inimigos estrangeiros. Por essa razão eles se casaram em Zurique, na Suíça neutra, em 1º de maio de 1915, com a oficialização do cônsul britânico e ajudados por uma permissão especial assinada pessoalmente pelo secretário do Exterior da Grã-Bretanha, sir Edward Grey.[13] Após uma breve lua de mel em Lugano, no sul da Suíça, o casal foi para Nápoles e depois para Roma, ainda na Itália neutra (os italianos só entraram na guerra em 23 de maio de 1915, ao lado dos Aliados, apesar da aliança formal que tinham com os alemães). De lá eles zarparam para Alexandria, onde Percy e seu emprego no Serviço Postal e Telegráfico o esperavam e onde ele e a mulher, agora cidadã britânica por casamento, tinham parentes.[14]

Foi lá, em meio a lojas de artigos esportivos, entre o litoral e os espaços abertos das dunas do campo de golfe do Sporting Club do fim da era vitoriana que Eric veio ao mundo, em 8 de junho de 1917. O cônsul britânico, D. A. Cameron, não só registrou a data errada (dia 9 de junho), como também errou na grafia do sobrenome de Eric ao registrar seu nascimento, em 12 de junho: em inglês, na época "au" era pronunciado como "or" ou "ow", como em alemão, ainda comum nos dias de hoje, e por isso o cônsul ouviu mal o nome, que talvez os pais de Eric não tenham conseguido soletrar, e pôs um "w" no lugar do "u". Por essa razão, ele se tornou Eric John Ernest Hobsbawm. O primeiro nome foi inspirado em um primo nascido no ano anterior como segundo filho de Isaac Hobsbaum ("Berk"), o tio que morava no Chile. O segundo nome veio do tio estabelecido no Egito.[15] O restante da família continuou com o nome "Hobsbaum", com "u", com exceção dos poucos membros cujos nomes foram soletrados de outro modo, deliberada ou acidentalmente, como as irmãs Hobsburn ou Rolad (Ron), filho de Harry, cujos crachás escolares lhe atribuíam o sobrenome "Hobsborn", embora seu nome oficial na escola continuasse sendo Hobsbaum.[16]

Eric se lembrava de pouco ou nada dessa época no Egito, "a não ser, possivelmente, de um viveiro de passarinhos no zoológico de Nouzha e um fragmento de uma canção infantil grega, presumivelmente cantada por uma babá grega".[17] Alguns meses depois do seu nascimento, o impasse da Primeira Guerra Mundial foi interrompido pela Revolução Russa de outubro, quando Lênin e os bolcheviques tomaram o poder em São Petersburgo. O fato de Eric ter nascido no ano da Revolução Bolchevique foi na verdade uma mera coincidência, mas ainda assim de certa forma permaneceu como símbolo do compromisso político que ele assumiria mais tarde.

II

Em novembro de 1918 a guerra acabou. O rápido desenvolvimento do nacionalismo no Egito, que culminou numa revolução em 1919, seguido pela independência três anos depois, tornou o país desconfortável para os expatriados. Por isso, Nelly zarpou para Trieste assim que pôde, cidade que o acordo de paz transferiu da Áustria para a Itália. Viajou confortavelmente no primeiro navio a partir de Alexandria, o vapor *Helouan*, da Lloyd Triestino Line, com Eric a tiracolo, com dois anos de idade; Percy juntou-se a eles no início do outono.[18] O pai de Nelly estava esperando no cais de Trieste e levou a filha e o neto para Viena pela Southern Railway para morar com ele e sua mulher Ernestine num apartamento no segundo andar dos subúrbios da zona oeste, na Weissgerberstrasse 14. Ao voltar ao local pela primeira vez desde essa época, para um documentário para a televisão realizado em meados dos anos 1990, Eric apontou o quarto de hóspedes em que os pais foram morar com ele quando chegaram. "Não mudou muito", comentou, olhando para o sólido edifício de pedra do outro lado da rua. Eric não aceitou o convite do diretor para entrar.[19]

Alguns meses após a chegada da família a Viena, o pai de Eric, com as libras à prova de inflação acumuladas em seus anos no Serviço Postal Britânico em Alexandria, alugou um apartamento no primeiro andar na Villa Seutter, sobre uma colina no bairro de Hacking, em Viena, datada dos anos 1880, que Carl, o barão Seutter von Loetzen, construíra para morar com a família. Era uma construção bem grande, encimada por um domo de quatro lados em um grande terreno onde Eric brincava com os filhos da família Gold, que morava no andar térreo. Nelly se tornou próxima da mãe dele, ambas interessadas em cultura e literatura.[20] A hiperinflação do pós-guerra obrigou a outrora abastada família Seutter a alugar a vila, e levou algum tempo até recuperar o dinheiro para voltar a tomar posse da propriedade: a casa continua em posse da família até os dias de hoje. Esse talvez tenha sido o período mais próspero e com certeza o mais tranquilo da infância de Eric, embora estivesse sofrendo com uma fratura no nariz quando se mudou para lá. "Eric ficou muito doente por causa disso – com uma febre alta", recordou sua mãe alguns anos depois, "e quando nos mudamos para Hacking, em maio, ele ainda usava uma atadura. O nariz não foi perfurado, quebrou sozinho, e talvez por isso tenha demorado tanto tempo para sarar".[21]

O grande grupo familiar em que Eric passou seus primeiros anos de vida em Viena centrava-se em dois casais. O primeiro eram a mãe Nelly com o marido Percy. Em 1921 eles ganharam a companhia do tio Sidney, que acabou se casando com a irmã mais jovem de Nelly, Grete Grün, em geral conhecida como Gretl (nascida em 21 de setembro de 1897). Seu filho Peter chegou ao mundo em 30 de julho de 1926.[22] Durante a maior parte dos anos 1920, Sidney e Gretl moraram em Viena, onde Sidney tentou vários empreendimentos comerciais, até se mudarem para Berlim no fim da década.[23] Enquanto estavam em Viena, Eric ficou muito próximo da tia, quando foi mandado por um breve período a um sanatório nos Alpes para se recuperar de uma doença em 1925, onde recebeu os cuidados de Gretl, também mandada para lá a conselho médico.[24] Ainda havia os avós de Grün e agregados, primos mais distantes de Grün com quem o núcleo familiar se encontrava de tempos em tempos. A terceira e mais velha irmã de Grün, Marianne ou Mimi (nascida em 23 de fevereiro de 1893), era mais distante, mas ainda assim mantinha contato com a família.[25] Os parentes de Nelly por parte da mãe, os Friedmann, também faziam parte do círculo mais amplo da família. Havia outros parentes na Inglaterra. "Se havia qualquer coisa especificamente judaica neles", escreveu Eric mais tarde sobre os membros de sua família, "era a suposição de que a família era uma rede se estendendo por países e oceanos, [e] que mudar de país era um aspecto normal da vida".[26]

Durante os anos 1920 Eric foi criado no mundo social da burguesia vienense, ainda que até certo ponto distanciado, pois ele, os pais e a irmã Nancy (nascida em 5 de novembro de 1920) eram britânicos por formação e cidadania.²⁷ Mesmo assim, no fim da vida, quando Eric falava alemão, era com "um leve sotaque vienense antediluviano", como confessou posteriormente, "que talvez ainda seja percebido no meu alemão depois de mais de setenta anos".²⁸ A identidade nacional era fraca na Primeira República Austríaca, com a parte residual de língua alemã do antigo Império Habsburgo que restara quando os "Estados sucessores" da Iugoslávia, Checoslováquia, Hungria e Polônia se tornaram independentes depois da guerra. Reminiscências daquele império encontravam-se por toda parte: Eric lembrou-se depois de uma babá que contava histórias de lobisomens de seu país natal; seus familiares moravam ou tinham vindo de cidades agora na Polônia, Romênia e na República Tcheca; e os zeladores do prédio de apartamentos era quase com certeza tchecos. Assim, bem distante da formação inglesa do pai e de seus primeiros anos em Alexandria, Eric cresceu em um ambiente cosmopolita quase por definição. Ao mesmo tempo, o invariável meio de comunicação das classes médias era em alemão, que conferia à burguesia vienense, inclusive na mais culta população judaica, uma inabalável sensação de superioridade em relação às outras minorias.²⁹

Viena era profundamente marcada pelo antissemitismo de uma poderosa minoria da burguesia, estimulado por Karl Lueger, o prefeito de antes da guerra. Os 200 mil habitantes de descendência judaica da cidade – 10% da população, incluindo os que, como os Hobsbaum e os Grün, não eram religiosos – não podiam fugir disso. A lei austríaca exigia que todos os cidadãos fossem registrados como membros de uma religião e, embora Percy se definisse como "sem um credo [*konfessionslos*]", todos os documentos oficiais dele e da família o definiam como judeu (*mosaisch*) pela fé.³⁰ Assim, quando estava no curso médio em Viena, Eric foi dispensado do ensino do cristianismo e mandado para um curso à tarde sobre os costumes judaicos e aprendeu a ler em hebreu, um aprendizado que esqueceu quando chegou à idade adulta.³¹ No momento em que adquiriu o direito legal, ele tentou se declarar oficialmente como não pertencente a nenhuma religião, aos 13 anos, mas a mãe o impediu de seguir em frente com suas intenções. Diante de preconceitos hostis e estereótipos negativos, a mãe de Eric disse ao filho com firmeza quando ele tinha dez anos: "Você não deve fazer nada, nem parecer fazer nada, que possa sugerir ter vergonha de ser judeu".³² Eric nunca se esqueceu dessa prescrição, tendo confessado, já no fim da vida, que sempre fez o melhor que pôde para segui-la.

A vida familiar na Villa Seutter consistia de rotinas habituais. "Descobri Eric pintando um quadro para o seu aniversário", escreveu Nelly para a irmã Gretl em agosto de 1924. "Nem ele o achou muito bom." A principal preocupação de Nelly era a incompetência da empregada que fazia tudo na casa. "A capacidade dela foi muito exagerada", escreveu. A garota acabou sendo demitida, e Nelly passou pelo sacrifício de ficar sem uma empregada durante o inverno.[33] Na primavera de 1925, ela viajou para a Inglaterra para cuidar da irmã Mimi, que caíra gravemente enferma, deixando Percy e a mãe para cuidar dos filhos.[34] Eric teve licença para se ausentar da escola por três semanas para ficar com a tia Gretl em Berlim.[35] A família poderia ter vivido sem uma empregada, isso talvez fosse menos estressante, ter uma trabalhadora doméstica na Viena dos anos 1920 era um sinal de status burguês do qual Nelly Hobsbaum não queria abrir mão. "Tente nunca admitir que você consegue viver sem uma empregada!!!", disse Nelly à irmã: "Ter uma empregada é tão necessário como comida ou um teto sobre a cabeça".[36]

Nem os Hobsbaum nem os Grün estavam muito bem de vida. As economias que os Grün tinham acumulado desapareceram com a inflação em massa que se seguiu à Primeira Guerra Mundial, tanto na Áustria como na Alemanha, e as reservas em libras esterlinas que Percy trouxera de Alexandria logo se acabaram. A Viena depois do fim da guerra não era lugar para um homem que respondesse à pergunta "no que você é melhor e em que é pior?" com as palavras "em perder oportunidades. Em aproveitar as oportunidades".[37] Viena estava cheia de servidores públicos bem treinados e de ótima formação que administravam o Império Habsburgo, mas que agora vinham perdendo seus empregos porque não tinham mais ninguém para administrar a não ser os 6 milhões de habitantes do que restara da Áustria de língua alemã. Assim como eles, todos os lojistas, advogados, manufatureiros e comerciantes que dependiam do patronato da administração da agora extinta Corte Imperial dos Habsburgo para viver caíram na pobreza. Vivendo numa situação econômica muito difícil, Percy Hobsbaum não tinha a menor chance.[38] Nelly ganhava algum dinheiro traduzindo livros de ficção do inglês para o alemão, o que de forma alguma bastava para manter a família.[39] No dia 13 de maio de 1926, a família foi obrigada por necessidade econômica a se mudar da dispendiosa Villa Seutter, no arborizado subúrbio de Hacking, para um apartamento barato no segundo andar da Einsiedeleigasse 18, no bairro bem mais humilde de Ober St. Veit.[40]

A mudança obrigou Eric a se transferir para outra escola elementar, no bairro onde se situava o novo apartamento. Parece ter se dado bem lá, pois chegou à sua primeira escola média com altas notas da escola anterior em tudo, a não ser no capricho em seu trabalho. Os boletins de seu curso médio de 1928 atribuíram um grau "muito bom" em teologia, história natural e canto, "bom" em alemão, história e geografia, assim como em educação física, e "satisfatório" em matemática, desenho e redação. Era evidentemente um aluno modelo, pois os boletins definiam seu comportamento como "muito bom". Os professores o recomendaram em seus relatórios de junho de 1928 a passar para uma classe de nível superior. Mas a instabilidade de sua vida escolar afetou a educação de Eric, deixando-o por conta de seus próprios recursos intelectuais. Começou a ler intensamente por volta dos dez anos e não parou até o dia de sua morte, oitenta e cinco anos depois.

Devorava livros e revistas sobre a pré-história e o mundo natural e tornou-se um observador de pássaros entusiasta e perspicaz: em 1927, em férias na aldeia de Rettenegg, nas arborizadas montanhas da Estíria, Eric pôde contar "vi, pela primeira vez na minha vida, o grande pica-pau preto, com 50 centímetros abaixo do capacete vermelho vivo, tamborilando um toco numa clareira como um eremita maluco, sozinho na quietude das árvores".[41] Também ia ao teatro com os pais e assistia aos filmes de Charlie Chaplin no cinema local. Lia romances policiais populares e dominava a caligrafia gótica alemã. No seu tempo livre ele colecionava selos, que lhe mostravam, como se lembrou mais tarde, "o contraste entre a imutável continuidade da cabeça de George V nos selos ingleses e o caos das sobreposições, dos novos nomes e novas moedas por toda parte". Sua sensação de instabilidade foi aprofundada pelo registro das "moedas e cédulas bancárias que mudavam numa época de atribuições econômicas". Aprendeu sobre a "guerra, colapso, revolução, inflação" com os adultos à sua volta.[42] O estímulo intelectual obtido por Eric nessa época não veio do pai, cuja coleção de livros se limitava a histórias de aventuras, inclusive as de Kipling, que ele "lia sem entender", e a um volume de poemas de Tennyson, mas sim da mãe e da escola.[43]

"Ele vai bem na escola", disse sua mãe em janeiro de 1929, "mas seu comportamento deixa algo a desejar", uma observação para a qual não deu mais detalhes.[44] Eric ia bem em todas as matérias, embora a situação financeira da família às vezes não permitisse a compra de livros didáticos, notadamente um caro atlas escolar, que Eric convenceu a mãe a comprar apesar da "sensação de crise" transmitida por sua relutância.[45] "Os boletins de Eric eram muito bons", escreveu sua mãe no início de fevereiro de 1929, "ele foi bem em todas as principais matérias, com exceção de um 'bom' em história (não sei por quê) e em matemática."[46] Em matemática, Eric só conseguiu um "satisfatório" no primeiro relatório semestral de 1929. Continuou tirando notas de "muito bom" em teologia, alemão, geografia, história natural e canto. Em história só conseguiu um "bom", mas compensou isso no segundo semestre do ano com uma série de "muito bom", como em todas as outras matérias, inclusive na nova matéria de latim, mas a exceção continuou sendo matemática, educação física e caligrafia, nas quais seu desempenho caiu para "satisfatório". No geral, foi classificado como "excelente" pelos progressos na nova classe.[47]

Nelly se esforçava muito para estimular Eric a ler e estudar bastante suas lições. Também proporcionava amor e afeto, apoiando-o tanto emocional como intelectualmente. Na verdade, Eric era muito mais próximo da mãe do que do pai, que se mostrava mais distante. Anglófila apaixonada, Nelly passava boa parte do tempo corrigindo e aperfeiçoando o inglês escrito e falado de Eric, fazendo questão de que só se falasse inglês em casa.[48] Seu relatório escolar de 1929 registrou "inglês-alemão" no campo que assinalava sua "língua materna".[49] Em outras palavras, Eric era bilingue, tendo o inglês e o alemão como línguas maternas. Ele depois se lembrou de sua mãe "sonhava que eu algum dia trabalhasse no Serviço Público Indiano – ou melhor, como meu interesse por pássaros era óbvio, no Serviço Florestal Indiano, o que me levaria (e a ela) ainda para mais perto do mundo de seu admirado *O livro da selva*".[50] O exemplo que teve da mãe como escritora de romances e contos com certeza teve alguma influência na determinação de sua escolha posterior de uma carreira de escritor, assentando as fundações de seu domínio do estilo de prosa inglês e alemão mais tarde na vida.

A relação de Eric com o pai não parece ter sido nada fácil. Mais tarde ele o definiu como "inteligente, agradável, musical e um bom esportista e também um pugilista peso-leve de nível de campeonatos".[51] Percy ganhou o título de campeão de boxe amador do Egito duas vezes, em 1907 e 1908. Ficou na memória de Eric (ou talvez por causa de fotografias) como "um homem musculoso e de altura média, com um pincenê sem aro, cabelos pretos repartidos ao meio e uma testa alinhada horizontalmente". Em um álbum de autoavaliação do tipo em voga na época, Percy escreveu que valorizava a força física mais do que qualquer outra coisa num homem.[52] Não surpreende que com frequência se mostrasse impaciente com o filho sonhador e apaixonado por livros. Percy o levava a partidas de futebol, cantava músicas inglesas de teatro de variedades para ele, usava-o como catador de bola em jogos de tênis em dupla e tentou, sem sucesso, ensinar boxe ao filho.[53]

Muitos anos depois, Eric recordou-se de um incidente, quando ele tinha nove ou dez anos, que resumia o alto contraste das personalidades dele e do pai:

> Ele me pediu para ir buscar um martelo para pregar um prego, talvez alguma coisa que tinha se soltado de uma espreguiçadeira. Na época eu andava apaixonado pela pré-história, talvez por estar no meio da leitura do primeiro volume da trilogia *Die Höhlenkinder* (As crianças da caverna) de um tal de Sonnleitner, em que um casal de crianças órfãs tipo Robinson Crusoé (sem relação) crescem em um vale inacessível dos Alpes e reproduzem os estágios da pré-história humana, desde o paleolítico até algo reconhecível como uma vida de camponeses da Áustria. Enquanto eles reviviam a idade da pedra, eu construí um martelo da idade da pedra, bem amarrado ao cabo de madeira da forma adequada. Levei o martelo para meu pai e fiquei espantado com sua reação furiosa. Depois disso me disseram que ele quase sempre tinha um pavio curto comigo.[54]

No começo de 1929, a renda familiar foi suplementada por um adiantamento pago por uma editora por um romance de Nelly, mas as melhorias foram só periféricas.[55] Durante uma onda de frio no início de fevereiro de 1929, a família só tinha dinheiro para aquecer um dos cômodos do apartamento. "Em geral eu não tinha um xelim em casa", confessou Nelly. Evitava pagar contas o quanto podia, mas sabia que a qualquer momento a família poderia ser atingida por uma catástrofe.[56] Começou a atrasar o pagamento do apartamento da Einsiedeleigasse e a fazer dívidas com comerciantes: no fim de 1928 o senhorio já havia ameaçado cortar o gás, e pouco depois entrou com um pedido de despejo.[57]

III

Porém, antes de o pedido se consumar, uma tragédia súbita e totalmente inesperada se abateu sobre a família. No dia 8 de fevereiro, bateram na porta do bloco do apartamento e Nelly foi atender. Ao abrir a porta, colegas de trabalho de Percy Hobsbaum, que o haviam trazido carregado do trabalho, o deixaram na entrada, insensíveis, e foram embora.[58] Em poucos minutos ele estava morto. Ele só tinha 48 anos de idade. Nelly se lembrou depois, horrorizada, dos gemidos do marido morrendo na entrada, chamando seu nome. Relembrando a tragédia alguns anos mais tarde, Eric achou que suas lágrimas foram falsas. "A gente chora porque é o que se espera que se faça."[59] No entanto, por mais distante que se sentisse do pai, não houve dúvida a respeito do profundo impacto da tragédia em sua vida. A causa da morte de Percy foi classificada como "trauma no coração". Foi enterrado no Cemitério Novo de Viena, no túmulo número 16, fila 8, número 27, em 11 de fevereiro de 1929.[60] Eric e a irmã passaram a depender inteiramente da mãe para sobreviver.

Nelly nunca se recuperou do golpe. "O que eu passei realmente me dilacerou", escreveu uma semana depois. "Alguma coisa se rompeu dentro de mim." Talvez tenha sido algum consolo o fato de Percy ter sido poupado de uma deterioração maior da situação financeira da família. "Não teria melhorado no futuro, só teria ficado pior", revelouNelly. E também foi reconfortada porque "as crianças eram muito boas, principalmente Eric, como um homenzinho".[61] "Você não faz ideia de como esse garoto é realmente maravilhoso", escreveu Nelly para o cunhado, Sidney Hobsbaum, referindo-se ao filho em resposta a uma carta de condolências que ele mandou a Eric: "Se ao menos o pai pudesse vê-lo agora". Sidney não ficou só nas condolências: também mandou um cheque para Nelly. Ela agradeceu, dizendo que "vai me manter mais um mês".[62] Bem antes do fim de março de 1929, contudo, ela foi obrigada a admitir: "Eu vou ficar sem dinheiro nenhum em *pouco* tempo".[63] No dia 11 de março eles tiveram de se mudar do apartamento para um ainda mais barato, na Untere Weissgerberstrasse 45, no Terceiro Distrito da cidade.[64] A mudança não melhorou muito a sorte da família. "Eric era um garoto mais cordial, mais bondoso e encantador do que consigo descrever", disse Nelly à irmã Gretl: "Mas até o momento minhas tentativas de nos sustentar tiveram pouquíssimo sucesso."[65] Quando Eric precisou de um novo par de sapatos – depois do que tinha se arruinado pela neve e o gelo no inverno ("Eu me lembro de chorar de dor por causa disso na Ringstrasse", ele escreveu mais tarde) –, Nelly foi obrigada a procurar um calçado para o filho numa instituição de caridade judaica.[66]

Fez uma viagem rápida a Berlim para ficar com Sidney e Gretl e o filho mais novo Peter, na esperança de que uma mudança de cenário ajudasse a restaurar seu estado de espírito, retornando a Viena em abril de 1929; uma nota breve de Eric, com 11 anos, foi anexada à sua carta de agradecimento a Sidney e Gretl, em inglês, na caligrafia pouco desenvolvida de um estudante, o primeiro texto escrito que temos dele.

Querido tio,

Minhas desculpas por ter esquecido o seu aniversário. Que essa data feliz se repita muitas vezes! Espero que não fique zangado por demorar tanto a escrever. Está tudo bem? Mamãe me falou muito sobre o menininho e sobre todos vocês. Que ele (Peter) vai sempre ao Tiergarten para brincar lá etc. etc.

Mamãe chegou ontem em casa, logo depois de termos almoçado e nos lavado. Ela também vai escrever. Estamos todos bem e muito felizes. Tia Mimi escreveu para Grossmama [vovó] ontem de manhã.

Como estão Otto e Walter?

Que essa data se repita muitas vezes e que estejam sempre bem! Beijos a todos do seu Eric.[67]

Eric voltou a escrever em junho, sem dúvida seguindo ordens da mãe, desta vez a obrigatória carta de agradecimento depois de seu aniversário, pelo qual Sidney e Gretl mandaram de presente "o livro *A balada do velho marinheiro*" e dez marcos. "Eu ainda não sei o que vou fazer com os dez marcos", acrescentou: "Provavelmente vou guardar para a Inglaterra."[68]

Sua tia Mimi se ofereceu para hospedá-lo durante o verão e Eric viajou para a Inglaterra no fim do período escolar para ficar com ela.[69] A caminho de lá, em Koblenz, na confluência do Reno com o Moselle, um alemão num automóvel cupê mostrou a Eric uma bandeira tricolor tremulando na grande fortaleza napoleônica de Ehrenbreitstein, do outro lado do rio, sinalizando a ocupação militar da região que tivera início depois da Primeira Guerra Mundial e só terminaria um ano depois, em junho de 1930.[70] De lá, Eric viajou pelo litoral da França e atravessou o Canal para chegar a Londres, onde ficou com o tio Harry e sua mulher, Bella. Lá conheceu o filho do casal, Roland, que preferia ser chamado de Ron ou Ronnie, embora fosse conhecido na família como "Hobby". Nascido em 21 de junho de 1912 em Wanstead, no limite de Essex com a região leste de Londres,[71] Ron era cinco anos mais velho do que Eric e levou o primo num passeio de ônibus por Londres para ver a paisagem. Foi o começo de uma amizade íntima e importante para os dois garotos.[72]

Alguns dias depois, Eric viajou de trem para Southport, em Merseyside, onde ficou numa pensão administrada por sua tia Mimi. Lá ficou conhecendo revistas semanais de aventuras para meninos, como *The Wizard*. Eram muito confiante. Continuava comprometido com os escoteiros ("nós cantamos, brincamos e aprendemos").[99] Escrevia longas cartas para a mãe, e uma delas a entristeceu quando Eric disse ter comprado um terno e um par de sapatos; ele teve boa intenção, disse Nelly, mas preferia comprar ela mesma o que Eric precisasse.[100] Mas Eric já estava começando a se tornar independente. "Só fico sabendo de boas notícias de Eric", escreveu Nelly a Gretl em 20 de outubro de 1930, "até mamãe diz que acha que ele mudou para melhor". Foi designado como monitor na escola. Desfrutava de um círculo de amigos, mas eles não conseguiam substituir sua traumatizada vida familiar. Mais tarde ele se lembrou de "ficar sozinho num balanço no jardim da sra. Effenberger, tentando aprender de cor o canto dos melros, observando as variações entre eles". Tornou-se um solitário, "vivendo sem intimidade".[101] "O menino vive sozinho, uma vida muito intensa, e nenhum de nós tem um lugar nela", explicou sua mãe.[102]

"Eu estou na mesma", escreveu Nelly a Gretl e a Sidney em 12 de dezembro de 1930, "de cama e me sentindo em geral muito mal – e estou numa situação difícil em relação ao meu trabalho e tudo mais".[103] No começo de dezembro, Nelly estava fazendo planos para que Eric se mudasse a Berlim para morar com o tio e a tia.[104] Mas sentia-se preocupada com a possibilidade de eles o mimarem:

> Não fiquei sabendo como Eric reagiu ao convite de vocês, mas posso imaginar e não vejo a hora de saber por ele. Mas, pelo amor de Deus, não saiam por aí comprando presentes de Natal para ele, além de tudo mais! O que vocês estão pensando? É óbvio que ele está conseguindo realizar seu sonho, um equipamento de escoteiro, e realmente ele não precisa de mais nada – Berlim é muito melhor do que qualquer presente. Por isso, façam-me o favor de *não* comprar uma câmera ou qualquer outra coisa para ele. Em relação à câmera, de qualquer forma, receio que sairia muito cara no longo prazo.[105]

Eric fez uma breve visita à mãe pouco antes do Natal de 1930, mas ela estava com uma febre alta, sentindo-se indisposta, e não teve muitas condições para recebê-lo.[106] Eric passou o feriado com a tia e o tio e sua irmã Nancy em Berlim. "Fiquei muito comovida com a última carta dele", escreveu Nelly pouco depois de o filho ter ido para a capital da Alemanha: "Ele escreveu dizendo que preferia passar o Natal comigo, que não iria para Berlim se eu redescobri a ponte para voltar à vida, e duvido que chegue a redescobrir".[90] Ao ser informada por um especialista de que havia pouca esperança de recuperação, ela escreveu: "A tragédia desta abominável doença é que ela não mata – não parece haver a menor esperança disso no momento".[91] Quando teve uma recaída e ficou muito fraca, começou a se preocupar com o que aconteceria com os filhos se ela morresse, principalmente depois de ter sido forçada a se demitir da empresa têxtil no fim de 1929 e agora subsistia basicamente de seus trabalhos de tradução.[92] Mais para o fim das férias de verão, ela mandou os filhos para uma breve visita aos tios em Berlim. "A impressão é de que Eric não poderia ter ficado mais contente", disse Nelly depois.[93]

Gretl e Sidney voltaram com as crianças a Viena para o novo período escolar e ficaram cuidando delas por algum tempo. "Eu estou muito melhor agora e espero melhorar ainda mais em breve", escreveu Nelly a Nancy, otimista, mas ainda de cama. "Vou ficar feliz em ter você e Eric comigo de novo. Vocês são bons filhos e me orgulho de vocês. Continuem bem e em forma, é tudo o que desejo."[94] Mas o tio e a tia de Eric precisavam voltar a Berlim, e Nelly concordou em que levassem Nancy com eles. Nelly publicou um anúncio procurando alguém que fornecesse casa e comida a Eric, já que ela não conseguia mais cuidar do filho. Recebeu "um total de 90 respostas". Ao analisá-las, ela explicou: "Primeiro eu procurei pessoas que tivessem um jardim, pois Eric detesta a cidade tanto quanto eu". Afinal ele ficou com certa Frau Effenberger, uma viúva que o alojou em troca de um modesto pagamento para cobrir as despesas pessoais de Eric. A principal exigência era a de Eric dar aulas particulares de inglês ao seu filho Bertl, de oito anos, que já conhecia um pouco o idioma, mas queria aprender de forma mais apropriada.[95] O apartamento de Frau Effenberger ficava na Herbeckstrasse 12, no subúrbio de Währing, no noroeste, onde ficava o cemitério judaico, um bairro com uma alta proporção de judeus entre os moradores.[96] Eric teve de mudar para outro colégio, o Federal Gymnasium XVIII, já que a escola em que estudava era longe demais.[97]

Eric foi bem tratado, relatou Nelly em 19 de setembro de 1930,[98] mas sua inexperiência e falta de regularidade nas aulas levaram Frau Effenberger a se queixar de que o garoto estava fazendo poucos progressos. Eric redobrou seus esforços. "Agora está tudo bem, quero dizer, com a sra. E.", Eric explicou a certa altura. "Agora eu dou minhas aulas diariamente", escreveu, "e a sra. E. disse que estou fazendo isso muito melhor." Não se preocupava com o resultado dos exames na escola. "Meus estudos vão muito bem, graças a Deus", escreveu,

Seu domínio do inglês fez com que arranjasse um emprego na empresa têxtil Alexander Rosenberg, com sede em Viena e em Budapeste.[79] Finalmente parecia que a situação da família começava a melhorar. Mas em novembro de 1929 Nelly começou a sentir "estranhas alterações"[80] e, alguns meses depois, falta de ar, febres altas e uma fraqueza física cada vez mais intensa.[81] Seus parentes foram ajudá-la. Em pouco tempo ela não conseguia mais trabalhar em nada.[82] Os médicos diagnosticaram uma tuberculose, talvez acelerada por suas frequentes visitas ao túmulo do marido, onde ficava por longos períodos exposta ao frio e à umidade do inverno, sem proteção adequada contra os elementos. Começou a cuspir sangue e foi internada em um sanatório no vilarejo alpino de Weyer an der Enns para tratamento.[83]

Como agora Nelly não era mais capaz de cuidar dos filhos, Eric e Nancy foram morar com o tio-avô materno, Viktor Friedmann, e sua mulher Elsa, cujo filho Otto, dez anos mais velho do que Eric, estava morando em Berlim com os tios Sidney e Gretl de Eric, criando assim certa obrigação recíproca de também cuidarem de Eric. Eric também ficou conhecendo a filha deles, Herta, nascida em 1911 e ainda morando com os pais, mas só conheceu Otto pessoalmente quando foi a Berlim. Enquanto isso, todos os dias Eric percorria o trajeto entre o apartamento dos Friedmann, no Sétimo Distrito de Viena, até sua escola no Terceiro Distrito, atravessando o centro da cidade. Porém, Nelly não teve muitas melhoras no sanatório.

Em abril de 1930 os médicos inabilitaram e murcharam um dos pulmões, um tratamento comum para tuberculose pulmonar na época, mas não havia cura: os antibióticos só se tornariam conhecidos duas décadas depois.[84] O tratamento exigia um longo período de convalescença.[85] Felizmente, a municipalidade socialista da "Viena Vermelha" cobriu o custo com seu avançado programa de seguro social, que se aplicava a Nelly por ela ter um emprego regular remunerado.[86] No início de maio, Nelly já estava acamada no sanatório havia seis semanas sem se levantar.[87] Eric e a irmã foram se encontrar com tia Gretl e o filho Peter em Weyer an der Enns, perto do sanatório onde a mãe estava internada. Lá ele fez amizade com Haller Peter, filho da família do senhorio em Viena, e como o pai de Haller era ferroviário, e portanto um "Vermelho", o filho seguiu seu exemplo. Como Eric escreveu mais tarde: "Cheguei à conclusão de que também queria ser um deles".[88]

O tratamento de Nelly no sanatório não foi bem, e em setembro de 1930 ela ainda continuava lá.[89] Como ela escreveu à irmã Mimi: "Ainda não mais divertidas que os livros edificantes que seus parentes mandavam da Inglaterra, e ele "lia todas vorazmente, gastava todo meu dinheiro de bolso com elas e levei uma coleção para Viena".[73] Foi sua primeira experiência com garotos ingleses da mesma idade. E pela primeira vez ele manteve um diário, que Mimi mandou para a mãe dele. A mãe o encaminhou para Gretl, mas acrescentou: "Não estou mandando a carta dele porque está muito feia. Realmente me sinto envergonhada por ela".[74] "O garoto está se divertindo bastante e sou muito grata a Mimi", escreveu.[75] Por acaso, o Congresso Mundial de Escoteiros estava sendo realizado perto da pensão de Mimi, entre 29 de julho e 12 de agosto, no Arrowe Park, em Upton, Merseyside. O movimento havia sido fundado antes da Primeira Guerra Mundial como forma de ensinar jovens a desenvolver a forma física e se engajar em atividades práticas ao ar livre, que os preparariam para o papel de escoteiros militares independentes mais tarde na vida. Apesar de não ser escoteiro, Eric passou um bom tempo no congresso. Aliás, ficou tão entusiasmado pelos escoteiros que se inscreveu de imediato, assim que voltou a Viena: o primeiro grupo fechado e disciplinado a que se juntou, consistindo principalmente de garotos judeus de classe média como ele. Isso propiciou uma identidade, a estabilidade de pertencer a um grupo, algo que certamente ele ansiava desde os anos de insegurança em Viena e a súbita morte do pai. "Eu fui um escoteiro apaixonado e entusiasta", escreveu mais tarde. Chegou a recrutar inúmeros amigos. Adquiriu um exemplar de *Scouting for Boys* [Escotismo para garotos], o manual escrito pelo fundador dos escoteiros antes da Primeira Guerra Mundial, lorde Baden-Powell, embora confessasse não ter "muito talento para atividades de campo ou vida grupal".[76] A escola também contribuía com um círculo de amigos, embora nenhum deles fosse muito próximo, e o levava em excursões, inclusive à sua primeira experiência esquiando, mas foram os escoteiros que realmente atiçaram seu entusiasmo.[77]

Enquanto isso, Nelly se mantinha financeiramente dando aulas particulares de inglês, ainda que muitos alunos fossem amigos ou filhos de amigos que na verdade buscavam uma forma de subsidiá-la sem magoar seu amor-próprio. Eric também se envolveu: o primeiro dinheiro que ganhou foi ensinando inglês à filha de um dos amigos da mãe, para ajudá-la a passar no exame de admissão do colégio local.[78] Isso dispensava Nelly de dar uma mesada ao filho. Harry, o irmão de Percy em Londres, também mandava algum dinheiro. Nelly começou a traduzir livros de ficção do inglês para o alemão para a editora Rikola-Verlag, que publicara seu romance, sobre a época em que morou em Alexandria.

quisesse ou fosse a Viena, pois iria me buscar na estação! Ao mesmo tempo", ela acrescentou, "mamãe escreveu contando o quanto ele ficou feliz com a ideia de ir a Berlim".[107]

Um inchaço tubercular no pescoço convenceu os médicos de que Nelly teria de ir a Viena para passar por um tratamento.[108] Na primeira semana do início do ano ela foi transferida para um hospital no subúrbio de Währing, por sorte perto de onde Eric estava morando com Frau Effenberger.[109] "Estou indo para Viena com muito pouca esperança", escreveu.[110] Gretl voltou de Berlim com Eric, que retomou seu lugar com Frau Effenberger e o filho. Nelly fez o melhor possível de sua situação no hospital – "realmente aqui é uma maravilha, comida & cuidados excelentes e tudo do melhor"[111] – e teve uma leve melhora em maio de 1931: "Sinto que estou, realmente, começando a ficar mais forte. Não durmo mais o dia inteiro, tenho até coragem de voltar a dar alguns passos, ler os jornais etc. Claro que ainda estou tossindo etc., mas não sinto mais tanta falta de ar".[112] Mas foi a última vez em que ela sentiu alguma melhora. Ao perceberem que o fim estava próximo, os médicos a transferiram, como Eric observou,

> para um sanatório ajardinado em Purkersdorf, a oeste de Viena, onde a vi pela última vez, pouco antes de ir acampar com os escoteiros. Não consigo me lembrar de nada da ocasião a não ser o quanto ela parecia emaciada e que, sem saber o que dizer ou fazer – havia outras pessoas presentes –, olhei pela janela e vi um trinca-pinhas, um passarinho com um bico tão forte que é capaz de abrir caroços de cereja, que eu nunca tinha visto e que havia muito estava à procura. Por isso, minha última lembrança dela não é de tristeza, mas de um prazer ornitológico.[113]

A partir de maio, as cartas de Nelly para a irmã Gretl se tornaram cada vez menos frequentes, até cessarem totalmente. Seu estado de saúde piorou rapidamente e ela morreu em 15 de julho de 1931, aos 36 anos de idade. O médico que assinou o atestado de óbito foi bondoso e definiu a causa da morte como "câncer de pulmão" combinado com "ineficiência do coração", para evitar o estigma social que ainda assolava a consunção, mas não havia dúvida de que a verdadeira causa fora a tuberculose.[114] Nelly foi enterrada no Novo Cemitério de Viena em 19 de julho de 1931, no mesmo túmulo que o marido.[115] Com apenas 14 anos de idade, Eric já era órfão.

IV

A proximidade de Eric com a mãe se revela nas afetuosas cartas que Nelly escrevia quando ele vivia na Inglaterra e depois, quando ela estava no hospital.[116] Numa visão retrospectiva, Eric concluiu que sua influência sobre ele fora principalmente moral, exercida por sua honestidade e transparência; politicamente, Nelly era uma entusiasta da unificação de Europa, inspirada pelos textos de um dos primeiros precursores da causa, o conde Coudenhove-Kalergi. Mais liberal de esquerda do que socialista, Nelly desestimulava Eric a se interessar muito por política, por achar que ele era jovem demais para entender as questões.[117] Talvez mais importante do que tudo isso fosse o fato de ela ter feito parte do mundo literário, como escritora de contos, romancista e tradutora. Em abril de 1935, Eric organizou a transferência de uma caixa com as obras da mãe de Viena para Londres, onde ele agora morava. Estava muito interessado em saber "se mamãe era realmente genial, ou simplesmente talentosa, se tinha escrito grandes coisas ou simplesmente coisas boas". Quando a caixa chegou, em junho, Eric releu algumas das cartas da mãe. Ficou triste ao pensar que desde a morte dela ninguém o havia chamado de "querido".[118] Só muito mais tarde ele leu o romance escrito por Nelly, que admirou pelo seu "alemão elegante, lírico, harmonioso e meticulosamente elaborado". Mas não achou que ela fosse uma "escritora de primeira classe".[119] Depois de ler os poemas que ela havia escrito quando tinha a idade dele, 17 anos, Eric identificou influências mal digeridas de Heine, Eichendorff e outros poetas alemães, mas ficou admirado com a quantidade do material assimilado por ela, e comovido por ela expressar "uma espécie de saudade do desconhecido, de certa forma um voo do momento presente", por sua sensibilidade e por sua necessidade de ternura. O melhor dela, considerou, eram suas descrições da natureza. Queria extrair tudo que pudesse dos seus poemas, por expressarem tanto dos sentimentos da mãe que havia perdido quando só tinha 14 anos. Como Eric escreveu: "Eu quero conhecer mamãe". Mas não queria fazer isso de uma forma sentimental. "Se eu tiver que refletir sobre minha mãe, preciso julgá-la o mais friamente possível. O que ela era como pessoa, como escritora, como mãe. Explosões de sentimentos untuosos não vão me levar muito longe." Sua tia Gretl ficou chocada com a crueza do seu veredito. Mas no fim era somente um julgamento literário: Eric manteve seus sentimentos pela mãe vivos em suas memórias pessoais.[120]

A sensação de perda de Eric foi palpável.[121] Enquanto amadurecia, começou a se preocupar com que suas lembranças da mãe estavam se apagando: ela começava a se tornar um "fantasma com olhos escuros e uma expressão no rosto que eu não consigo descrever".[122] A morte da mãe, que se seguiu à do pai, mas que exerceu um impacto emocional muito mais grave em Eric, foi um golpe devastador. Eric lidou com o "trauma, a perda e a insegurança" que sofreu com aquelas terríveis tragédias familiares em parte mergulhando na leitura e na investigação intelectual, em parte ao se engajar em atividades solitárias, como a de construir um aparelho de rádio de galena. Como se recordou depois, ele desenvolveu, "como um computador [...] um compartimento de 'lixo' para apagar dados desagradáveis ou inaceitáveis".[123] Isso iria ajudá-lo consideravelmente mais tarde na vida. A dissolução de sua família aprofundou a insegurança das circunstâncias da sua vida. Nelly não deixou nenhuma propriedade, nem quaisquer possessões de algum valor. Em 1929, foram depositados 3 mil xelins austríacos numa conta para Eric e mil para Nancy, mas eles só teriam acesso a esse fundo na maioridade. Nenhum deles dispunha de meios para se sustentar. Antes de ir morar com Frau Effenberger, Eric tinha se hospedado temporariamente com sua avó, "mamãe" de Nelly, Ernestine Grün, ainda que, como as autoridades policiais observaram com desaprovação, ele não tivesse registrado a mudança, como exigia a lei. Não havia escolha para Eric e Nancy a não ser irem morar com Sidney, que foi oficialmente designado como tutor.[124] Identificando-se como inglês desde o começo, e também identificado pelos outros como tal, Eric não lamentou ter de sair da Áustria: "Não era, nunca tinha sido o meu país", comentou muitos anos mais tarde.[125]

Em 28 de julho de 1931, Eric foi mandado a Berlim para morar com a irmã, onde Sidney tinha arranjado um emprego na Universal Films, um estúdio de Hollywood administrado por um expatriado alemão, Carl Laemmle.[126] Sidney foi encarregado de organizar filmagens de locações na Alemanha e promover filmes como *Frankenstein*, estrelado por Boris Karloff, cuja reputação ele tentou usar no mercado polonês ao alegar que seu verdadeiro nome era Boruch Karloff (na verdade, era Pratt). Um cortejo de figuras improváveis passava pela casa dos Hobsbaum, inclusive membros de uma das expedições de Alfred Wegener, que explicou a Eric sua principal teoria do deslizamento continental, contando que tinha perdido todos os dedos do pé por enregelamento numa viagem à Groelândia no inverno.[127] A essa altura, Sidney tinha alugado um apartamento de uma viúva idosa no número 6 da Aschaffenburgerstrasse, em Wilmersdorf, um subúrbio na zona oeste, a alguma distância ao sul do Jardim Zoológico. Eric se lembrava de que o apartamento era claro, com paredes tão finas que do seu quarto ele ouvia as conversas do tio e da tia com seus convidados para jantar.[128] Mas agora o salário da Universal Films permitiu à família se mudar para uma casa em Lichterfelde, um bairro burguês a curta distância no sentido sudoeste. Eric recordou que a casa ao lado, que era de um músico, tinha uma piscina particular.[129]

Sidney e Gretl matricularam Eric no Prinz-Heinrichs-Gymnasium, perto do primeiro apartamento em que moraram, e a pouca distância de bicicleta da confortável casa em Lichterfelde. O colégio ficava na Grunewaldstrasse. Mais tarde, Eric o definiu como "uma escola perfeitamente convencional na tradição conservadora prussiana [...] de espírito protestante, profundamente patriótica e conservadora". Fundada em 1890, seu nome foi inspirado no irmão mais novo do *kaiser*.[130] Foi fundada como uma "escola elementar humanista" nos moldes clássicos, um colégio estadual para meninos com forte ênfase nos clássicos, em latim e nos gregos antigos, como alicerces para uma formação mais ampla e esmerada e, mais especificamente, como preparatório para a universidade. Como era o caso em quase todas as escolas alemãs, não se usava uniforme, embora os alunos que quisessem poderiam comprar e usar um boné de pano com aba de couro com as cores da escola, no qual poderiam aplicar uma fita colorida para indicar a classe a que pertenciam.[131]

Os professores sêniores eram acadêmicos formados por universidades, alguns com publicações acadêmicas assinadas.[132] Eric achou que eles eram "quase caricaturas de professores escolares alemães, quadrados, de óculos e (quando não calvos) com cortes de cabelo militares [...]. Todos pareciam conservadores ferrenhos. Patriotas alemães".[133] O professor de inglês, dr. Paetzel, referia-se rotineiramente à França como "inimiga hereditária da Alemanha" em suas aulas, enquanto o professor de latim, Balduin Fischer, que havia sido oficial da marinha na guerra e alegadamente comandante de um submarino, costumava restaurar a ordem na sala de aula vociferando as palavras "silêncio a bordo!".[134] Com seus colegas, Eric aprendeu a desviar o assunto das aulas de grego de Emil Simon fazendo-o se recordar da Grande Guerra. De forma geral as aulas eram muito chatas. Karl-Günther von Hase, um colega de classe de Eric que muitos anos depois da Segunda Guerra Mundial se tornou embaixador da Alemanha Ocidental na Inglaterra, contou que as aulas de história se concentravam principalmente no mundo antigo e nunca chegaram ao século XX.[135] Mais tarde, Eric admitiu:

> Eu não aprendi absolutamente nada nas aulas de história ministradas por um velho baixo e gordo, "*Tönnchen*" ("barriquinha"), a não ser os nomes e datas de todos os imperadores da Alemanha, dos quais já me esqueci. Ele ensinava andando pela sala e apontando uma régua para cada um de nós dizendo as palavras: "Rápido. Henrique, o Passarinheiro… as datas". Agora sei que ele se sentia tão entediado quanto nós com aquele exercício.[136]

Na verdade, Rubensohn era um acadêmico clássico reconhecido, arqueólogo e papirólogo, mas suas aulas afastaram Eric da história, ao menos na época.[137] Assim como Balduin Fischer, Fritz Lustig, também aluno da escola com Eric, lembrou-se de "textos ditados para nós por horas a fio de escritores em latim", que tornavam as aulas "extremamente chatas e totalmente ineficazes".[138] Somente uns poucos professores eram muito respeitados pela dedicação ao trabalho, em especial o dr. Arnold Bork, que ensinava história e grego e tinha a capacidade, segundo Fritz Lustig, "de despertar e manter o nosso interesse pela matéria".[139]

Mas a impressão de conservadorismo obtuso da escola transmitido por Eric em posterior avaliação não é exatamente correta, pois à época de sua admissão o colégio estava passando por uma transformação. O governo prussiano da República de Weimar, o primeiro eleito democraticamente na história do Estado, era dominado pelos social-democratas, determinados a arrancar pela raiz o sistema educacional do mundo monarquista e conservador da Alemanha de Guilherme II para transformá-lo em uma das pedras fundamentais da democracia moderna. Com esse objetivo em mente, em 1925 foram lançadas novas diretrizes para as escolas prussianas,[140] e em 1929, com a aposentadoria do decano diretor do Prinz-Heinrichs-Gymnasium, dr. Sorof (um homem que, segundo Fritz Lustig, "era muito parecido com Bismarck e muito correto e inacessível"), o governo nomeou um membro do Partido Social-Democrata para assumir o cargo. Era o dr. Walter Schönbrunn, um "homem baixo com olhos argutos atrás de óculos sem aro e uma calva avançando pela testa", que imediatamente começou a instituir reformas importantes.[141]

Schönbrunn introduziu obras modernas no programa de literatura, suplementando os tradicionais Goethe e Schiller com Büchner, Nietzsche, Thomas

Mann, Ibsen e Strindberg. Substituiu a *Andacht* das manhãs de segunda-feira, uma reunião religiosa, por uma assembleia secular em que o professor questionava os alunos sobre questões morais, com apresentações musicais de um professor ou de alguns alunos. Eliminou a da peça teatral representada em grego antigo na escola, substituindo-a pelo moderno drama inglês *A última jornada*, de R. C. Sherriff, conhecido na tradução para o alemão como *Die andere Seite* ("O outro lado"), cujo retrato da Grande Guerra como uma tragédia humana marcou um rompimento radical da celebração patriótica inculcada pelo antecessor de Schönbrunn e por vários outros professores. A biblioteca da escola, como o relatório anual de 1930-1931 tão orgulhosamente anunciou, finalmente passou a disponibilizar "obras realmente modernas". Estas incluíam autores comunistas como Bertolt Brecht e Ludwig Renn. Novos laboratórios científicos foram construídos e bem equipados. Ainda mais radical, Schönbrunn introduziu também nas aulas jornais editados e escritos pelos alunos, e estabeleceu comitês eleitorais de alunos e até um tribunal de alunos para tratar de questões como compensação por danos à propriedade de alunos.[142] Comemorou o Dia da Constituição da República de Weimar com um discurso na escola que deixou claro que ele acreditava que as coisas tinham mudado para melhor depois da abdicação forçada do *kaiser*, "um pensamento totalmente novo no nosso prédio de tijolos", como relatou um ex-aluno.[143] Não surpreende", como se recordou Fritz Lustig, "que a maioria dos professores discordasse por ele ser de esquerda, enquanto eles eram de direita".[144] Diversos professores criticaram abertamente a criação de comitês de alunos em suas aulas.[145]

Schönbrunn era especialmente adepto de caminhadas para os alunos, chegando a escrever um livro exortando suas virtudes educacionais. Só em 1931, a escola organizou cinco grandes expedições com caminhadas, e outras 11 em 1932, na região campestre ao redor de Berlim, em Brandenburgo e em Mecklenburgo, mais ao norte. Os rapazes acampavam ou se hospedavam em albergues da juventude. Essas expedições, para comungar com a natureza, eram uma tradição importante no ensino médio da Alemanha, e tinham papel-chave em movimentos juvenis em que muitas crianças da classe média se socializavam nas primeiras décadas do século. Eric participou dessas excursões, apesar de não gostar da obsessão dos garotos por sexo, de suas conversas obscenas à noite e o gosto pela música popular.[146] Preferia observar pássaros. Mais tarde, ele se recordou de ter ido de bicicleta de Lichterfelde até Riemeisterfenn, uma área pantanosa a oeste da cidade, para observar e fotografar pássaros. Deixava a bicicleta na campina e saía vadeando pelo charco. "Aqui e ali, a dez, 20 metros de distância, eu ouvia o barulho da água e o murmúrio de um pato. Quando grasnava, eu me sentia ótimo. Eu era modesto nas demandas que fazia à natureza."[147] Em parte por essa razão, Eric também gostava do clube de remo da escola, por não ser competitivo e permitir que garotos de diferentes séries se encontrassem em termos iguais. O clube tinha

> uma ravina, conhecida como "*unser Gut*" (nossa casa) no pequeno lago Sacrower See, onde a pesca era proibida, acessível somente com permissão especial por um riacho estreito. Grupos de amigos formavam tripulações para remar até lá ou se encontrar nos fins de semana para conversar, apreciar o céu no verão e nadar pelas águas verdes antes de voltar para passar a noite na cidade. Foi a primeira e única vez na minha vida que entendi o sentido de um esporte clube.[148]

Apesar de não serem remadores treinados, os garotos também exploravam os lagos interligados no lado oeste de Berlim, passando um bom tempo nas ravinas jogando voleibol ou conversando.[149]

No início dos anos 1930, havia cerca de 477 alunos e 29 professores no Prinz-Heinrichs-Gymnasium, que incluía um anexo, uma escola técnica, ou *Realgymnasium*, onde se ensinava latim, não grego, e que a ênfase era nas ciências. A maioria dos alunos – 388 – era formada por protestantes; havia 48 católicos, 35 adeptos da religião judaica e uns poucos de outras religiões. Eric era classificado como judeu, mas na verdade sempre foi conhecido como *der Engländer*, "o garoto inglês".[150] Os alunos o chamavam de "Hobsbaum" (o "au" pronunciado como "ou"); Fritz Lustig se perguntava por que o "o garoto inglês" tinha "um nome que não soava exatamente como inglês".[151] Graças à influência de alguns professores, em especial do dr. Bork, não havia um antissemitismo discernível na escola, nem quando Hitler tornou-se chanceler do Reich, em janeiro de 1933.[152] No fim do ano letivo de 1932-1933, quando Schönbrunn foi demitido por questões políticas pelos nazistas, que haviam tomado o poder na primavera, ele foi substituído por um nazista. O novo diretor foi tratado com desprezo geral tanto por professores como pelos alunos. Eles o chamavam de "Jolanthe", inspirado num porco que era o personagem central de uma comédia popular de August Hinrichs na época, *Krach um Jolanthe* ("Encrenca com Jolanthe").[153] Quando um professor de matemática judeu muito respeitado, Salomon ou "Sally" Birnbaum, foi demitido por motivos raciais em 1933, os alunos organizaram uma petição para mantê-lo no cargo e, quando não conseguiram, foram visitá-lo em sua casa para expressar solidariedade. Todos os alunos da primeira série foram visitar o professor no inverno de 1936-1937, e alguns continuaram a manter contato com ele por muito tempo depois, inclusive durante a guerra. Otto Luther (que depois se tornou um conhecido escritor com o pseudônimo de Jens Rehn) viajou de Roterdã, onde seu submarino estava em manutenção, para visitar Birnbaum. Não muito tempo depois dessa visita, Birnbaum foi preso pela Gestapo. Ele foi mandado para Auschwitz de trem, no trigésimo terceiro e último comboio de judeus levados de Berlim na chamada "ação fábrica", e assassinado nas câmaras de gás de Birkenau.[154]

Os alunos do Prinz-Heinrichs-Gymnasium vinham de famílias de classe média de boa formação – as *Bildungsbürgertum* –, muitos deles filhos de funcionários do governo. A maioria era moderadamente conservadora, como os pais, quando e se chegassem a assumir uma posição política. A experiência dos professores na guerra e o ressentimento pós-guerra em relação ao Tratado de Versalhes certamente devem ter influenciado seus pontos de vista.[155] Eric só se lembrava de um nazista convicto entre os alunos, "o filho especialmente obtuso de um homem que era o chefe local do partido em Brandenburgo".[156] Os amigos que Eric fez na escola não se interessavam muito por política – na verdade, ele nem se lembrava dos garotos discutindo política, nem mesmo nas expedições organizadas pela escola, quando todos conversavam muito durante a noite.[157] Eric era especialmente próximo de Ernst Wiemer, um entusiasmado membro do clube de remo, e de Hans Heinz Schroeder, um garoto que tocava flauta e era conhecido como "o poeta da classe". Com Wiemer ele discutia principalmente sobre "a poesia absurda de Christian Morgenstern e o mundo em geral". Schroeder era admirador de Frederico, o Grande, e colecionava soldadinhos de chumbo de seus exércitos, mas isso não impediu que fossem amigos. Eric perdeu contato com os dois quando saiu da escola. Muitos anos depois ele descobriu que, depois da tomada do poder pelos nazistas, o amigo Schroeder tinha entrado para a SS: tocando numa banda militar, não participando das atividades genocidas da organização, mas Eric não ficou menos chocado por isso. Schroeder acabou sendo morto em batalha na frente oriental durante a guerra.[158]

V

Quando chegou em Berlim, no verão de 1931, Eric percebeu de imediato o grande impacto da crise econômica mundial na efervescente capital da Alemanha, provocada pela debacle de Wall Street dois anos antes, com os bancos não honrando seus compromissos, o desemprego atingindo mais de ⅓ da força de trabalho e o que parecia ser o iminente colapso total do capitalismo. Até então, e durante toda sua vida, Eric via o capitalismo como um fracasso; agora ele o via como uma catástrofe: "Nós estávamos no *Titanic*", escreveu mais tarde, "e todos sabíamos que iria bater no *iceberg*".[159] Era um ambiente muito diferente do da Grã-Bretanha no fim dos anos 1920 e começo dos anos 1930, onde o impacto político e econômico "da debacle" foi comparativamente mais brando. Em Berlim, a catástrofe econômica deve ter parecido como o fim do mundo. Sob o peso enorme da Depressão, a Alemanha estava em meio a um aumento da violência política e a uma rápida desestabilização do sistema político. Fundada em 1919, a República de Weimar tinha conseguido administrar as primeiras ondas de agitações, assassinatos, tentativas de golpe da direita e da esquerda e a hiperinflação quase atingindo um nível sem precedentes, e encontrado um mínimo de estabilidade e prosperidade depois de 1924. Mas a Depressão mudou tudo isso. O governo da Grande Coalizão liderado pelo social-democrata Heinrich Müller desmoronou, com suas partes constituintes incapazes de chegar a um acordo sobre como lidar com a situação. Müller foi substituído por um "gabinete de especialistas", liderado a partir de março de 1930 por Heinrich Brüning, um político conservador do Partido Católico de Centro. Utilizando-se cada vez mais do poder de governar por decreto atribuído ao presidente eleito pela Constituição, o novo governo impôs medidas selvagens de austeridade para reduzir os gastos governamentais. Isso só exacerbou as tensões sociais, e logo a classe média liberal e os partidos conservadores desmoronaram, com seus votos indo para o Partido Nazista de Hitler. Antes da Depressão, os nazistas encontravam-se na periferia da política, e seu líder Adolf Hitler era uma figura obscura à margem da vida nacional: nas eleições de 1928 eles não conseguiram nem o apoio de 2,6% dos que votaram. Mas, a partir desse momento, sua popularidade escalou em grandes saltos e arrancadas. No verão de 1930, mais de 4 milhões de pessoas votaram a favor dos nazistas, e nas eleições de julho de 1932 o partido obteve 37% dos votos. O sistema político democrático estava derretendo, com o Legislativo nacional, o Reichstag, quase não mais se reunindo, enquanto os partidos de oposição não conseguiam concordar em nada a não ser em gritar uns com os outros. No fim de maio o governo de Brüning foi substituído por um ministério ostensivamente reacionário, encabeçado pelo aristocrata Franz von Papen, que depôs o governo social-democrata da Prússia à força. Quando Papen começou a buscar o apoio da massa com um acordo com os nazistas, muita gente da esquerda, abismada com o fracasso dos social-democratas em organizar uma resistência eficaz ao golpe de Papen, viu nos comunistas a melhor chance de combater o fascismo.[160]

Assim que chegou a Berlim, Eric viu pela primeira vez um movimento comunista de massa, visível em toda parte – nas ruas, nas assembleias legislativas, em jornais e revistas e não menos nos pubs e bares de Berlim, frequentados por alguns dos militantes mais sólidos e comprometidos. A debacle econômica levou um número cada vez maior de desempregados às fileiras do Partido Comunista, com o número de afiliados no país aumentando de cerca de 125 mil no verão de 1929, pouco antes da crise, para mais de 245 mil no fim de 1931 e para 360 mil um ano depois. O número de votos no Partido no país aumentou em todas as eleições, inclusive a dos representantes nacionais de 1932, quando mais de 6 milhões de eleitores elegeram 100 deputados comunistas para o Reichstag, enquanto os nazistas tiveram uma derrota substantiva em comparação à votação anterior de julho. Os comunistas eram bem organizados, dinâmicos e hiperativos: tinham um apelo especial junto aos mais jovens. No distrito central de Berlim, por exemplo, quase 60% dos membros que entraram para o partido entre 1929 e 1933 tinham menos de 30 anos, com predominância dos que tinham menos de 25. As reuniões e manifestações de massa do partido, sem contar sua ala paramilitar, os uniformizados da "Liga dos Lutadores da Frente Vermelha", atraíam milhares e milhares de trabalhadores às ruas para promover a causa comunista e defendê-la de seus inimigos.[161]

Logo, os nazistas, sob a direção local em Berlim de Joseph Goebbels, um talentoso propagandista e impiedoso estrategista político, entraram em conflito com os comunistas em constantes batalhas de rua, brigas em bares, em arruaças e violentas manifestações políticas. Centenas de milhares de camisas-marrons e tropas de assalto, armadas de porretes, cassetetes e soqueiras de ferro, invadiram as ruas, principalmente a capital, no clima febril da crise dos últimos anos da República de Weimar. A paralisação total do sistema político só foi evitada pelos social-democratas, que haviam perdido muito da credibilidade ao apoiar as políticas de austeridade dos últimos governos de Weimar, e pelo

Centro Católico, que dispunha de pouco apoio na Berlim protestante.¹⁶² Nesse ambiente altamente politizado, talvez não seja surpresa que Eric tenha logo mostrado interesse pela causa comunista ("Se tivesse ficado na Áustria, eu provavelmente teria me tornado socialista, pois os social-democratas eram o maior partido de oposição e eram claramente marxistas", comentou mais tarde. "Mas em Berlim, onde os social-democratas eram o partido no poder, os comunistas eram a maior força de oposição.")¹⁶³

Na biblioteca da escola, Eric ficou conhecendo os brilhantes poemas de Bertold Brecht, um destacado escritor comunista, numa antologia de textos alemães contemporâneos. Os poemas o levaram a ingenuamente se declarar também comunista; um "professor exasperado", Willi Bodsch, o repreendeu "com firmeza (e corretamente): 'Você claramente não sabe do que está falando. Volte à biblioteca e estude o assunto'".¹⁶⁴ O livro que encontrou foi o *Manifesto comunista*, cuja leitura ajudou a ancorar Eric, aos 15 anos, em sua nova identidade.¹⁶⁵ O primeiro verdadeiro comunista que Eric conheceu foi seu primo, Otto Friedmann, "alto, bonito, com sucesso entre as mulheres", que o impressionou muito.¹⁶⁶ Eric começou "o ritual de iniciação do típico intelectual socialista do século XX, ou seja, a breve tentativa de ler e entender *O capital*, de Karl Marx, começando pela página um", junto a um garoto mais velho, Gerhard Wittenberg, também de origem judaica e social-democrata convicto. Eles não chegaram muito longe, e Eric não simpatizou nem com o socialismo brando e moderado de Gerhard nem com a crescente convicção sionista que levou o amigo a emigrar para um *kibutz* na Palestina depois da tomada do poder por Hitler.¹⁶⁷

Ao ouvir falar de um garoto inglês que começava a se definir como comunista na escola, um dos alunos mais velhos, Rudolf Leder, "moreno, melancólico e que gostava de jaquetas de couro" e membro ativo do Partido o recrutou para a Liga dos Estudantes Socialistas da Escola (soa melhor em alemão, *Sozialistischer Schülerbund*), uma frente de organização comunista voltada especificamente a alunos de escolas de ensino médio, cuja grande parte vinha de uma formação burguesa. Leder tinha sido expulso de outra escola de Berlim, menos tolerante, por escrever artigos políticos radicais para o boletim informativo da organização, *Der Schulkampf* ("A Luta Escolar"), pouco antes da chegada de Eric. Apresentou a Eric romances soviéticos dos anos 1920, nenhum deles pintando um retrato especialmente róseo da vida depois da Revolução Bolchevique. Mas quando Eric sugeriu que o atraso social e econômico da Rússia apresentava problemas para a tentativa de criar uma sociedade comunista, "ele refugou: a URSS estava além de críticas". O colega também conseguiu obter uma coletânea de canções revolucionárias. Sob a orientação de Leder, Eric comprou um volume comemorativo do 15º aniversário da Revolução de Outubro. Eric escreveu no panfleto uma citação de *Esquerdismo: doença infantil do comunismo*, a primeira evidência registrada de seu compromisso político, como ele se lembrou depois.[168]

O próprio Leder pertencia ao movimento jovem do Partido Comunista, uma organização mais tosca e mais proletária que a Liga dos Estudantes da Escola. Eric nunca mais o viu; porém, mais tarde na vida, Leder se reinventou como Stephan Hermlin, um poeta e escritor que ganhou posição de destaque no *establishment* comunista da Alemanha Oriental. Sua obra autobiográfica, *Abendlicht* ("Luz da noite"), muito aclamada pela riqueza e pela beleza da linguagem, depois foi desmistificada por ter supostamente inventado um passado, incluindo a participação na Guerra Civil Espanhola e o aprisionamento em um campo de concentração, coisas que nunca aconteceram; mas o texto foi explicitamente escrito não como um relato factual da vida do autor, mas como um romance de ficção, descrevendo a vida de um escritor comunista com alguma semelhança com o próprio Hermlin, mas não idêntico.[169] Eric escreveu a Hermlin em 1965, quando soube que ele era o Rudolf Leder que conhecera na escola, mas recebeu a decepcionante resposta que "seu nome, para ser sincero, só me desperta uma vaga lembrança – não mais. Fui obrigado a perambular demais por aí e a ver coisas demais".[170] De acordo com Karl Corino, cujas críticas a *Abendlicht* deram início à controvérsia, "de qualquer forma, era uma reação muito característica de Hermlin, a de evitar sistematicamente entrar em contato com pessoas de sua juventude, como você tentou. Ele não queria ter nada a ver com testemunhas inconvenientes de seu passado duvidoso".[171]

A atração de Eric pelo comunismo refletia, entre outras coisas, a rigidez das escolhas políticas disponíveis para os jovens em Berlim no início dos anos 1930. De qualquer forma, teria sido impossível ele se ter se aliado aos nazistas: como um garoto inglês, Eric não poderia endossar o espírito nacionalista alemão radical da doutrina e, como judeu, não poderia apoiar uma ideologia raivosamente antissemita. O internacionalismo do movimento comunista deve ter exercido uma atração óbvia para Eric, bem como seu dinamismo e a promessa de resolver os catastróficos problemas sociais e políticos que o capitalismo havia causado ao mundo em geral, e à Alemanha e a Berlim em particular. Os comunistas alemães dedicavam-se a exortar as virtudes do Estado e da sociedade soviéticos, proclamando como seu objetivo central a criação de uma "Alemanha Soviética". Não era só porque qualquer maneira de organizar a economia e a sociedade teria de ser melhor do que o capitalismo, que causara tanta pobreza e desespero para a Alemanha: o que a União Soviética parecia oferecer era um futuro brilhante e promissor, uma alternativa positiva e que parecia atraente. Muitos intelectuais de esquerda da Europa Ocidental apoiaram a causa entusiasticamente, não só em meio às profundezas da Depressão como também depois. Para Eric, com 15 anos e vivendo na agitação política do fim da República de Weimar, numa época em que o Partido Comunista Alemão estava em grande ascensão, essa atração deve ter sido irresistível.[172]

Além do impacto desses fatores mais gerais, a decisão de Eric de se identificar com o comunismo também teve raízes em suas experiências pessoais. Como escreveu logo depois, fazia muito tempo que ele se sentia envergonhado da pobreza da própria família. Ainda em Viena, ele se sentiu muito envergonhado ao "receber o presente de aniversário da minha mãe – uma bicicleta barata de segunda mão [...] pois o quadro tinha sido visivelmente repintado e estava torto".[173] A vergonha só aumentava quando ele usava a bicicleta para ir à escola em Berlim. ("Eu chegava meia hora mais cedo à garagem das bicicletas e saía mais tarde, disfarçadamente, com medo de ser visto com ela.")[174] Os outros garotos com quem ele conviveu nas escolas de nível médio que frequentou em Viena e em Berlim vinham principalmente de famílias bem de vida ou que ao menos tinham uma vida mais confortável, mesmo em plena Depressão; a família de Eric fazia muito vivia da mão para a boca, mesmo quando o pai ainda estava vivo. As privações de sua família o envergonhavam. "Foi só invertendo essa situação e me sentindo orgulhoso por ela que eu venci a vergonha." Tornar-se comunista significava acolher a pobreza como uma virtude positiva e não se sentir envergonhado por causa disso. Com certeza foi um impulso psicológico importante em sua identificação como comunista; de fato, Eric achava que a maioria das pessoas que desenvolvia uma "consciência de classe proletária" fazia isso por razões semelhantes, para não sentirem vergonha de serem pobres.[175] Diferentemente dessa maioria, emocionalmente desorientado pela morte dos pais, Eric também encontrou no comunismo um substituto para a família, o que lhe conferiria um sentido de identidade que em longo prazo se mostraria uma parte central de sua constituição emocional. Também transformava seu status como *outsider*, de um garoto inglês numa escola de Berlim, em algo positivo: os comunistas se orgulhavam de seu status de *outsiders* na política e na sociedade alemã, e, ao se identificar com a causa, Eric conseguiu se sentir parte de um movimento, uma sensação gratificante.

Foi assim que ele se tornou um membro ativo da Liga dos Estudantes Socialistas da Escola. O movimento contava com inúmeros filhos de exilados russos que tinham saído da União Soviética, devido à perseguição cada vez maior de Stálin aos socialistas dissidentes. A organização era aberta aos dois sexos e, como um dos membros se recordou,

> no fim de nossas reuniões de estudos, nós costumávamos ir a uma cafeteria próxima para continuar a socialização. Esses encontros informais também proporcionavam uma oportunidade de conhecer membros do sexo oposto, entre os quais havia várias militantes atraentes. Também organizávamos excursões ocasionais aos domingos pela zona rural nos arredores.[176]

Porém, quando a situação política se deteriorou, em 1931-1932, e a violência dos nazistas nas ruas se tornou mais difundida, esse modo de vida mais leve ganhou um tom mais severo. Os participantes se encontravam em suas casas, às vezes em um bar perto de Halensee, na época parte da zona ocidental de Wilmersdorf.[177] O grupo tinha um *Orglei* (líder organizacional) e um *Polei* (líder político), e enviava relatórios para o *Der Schulkampf*, que em fins de 1932 era grosseiramente datilografado, reproduzido e grampeado para a distribuição. O que provavelmente deve ter sido o último número, lançado no outono de 1932, expunha o "reacionarismo" do sistema escolar e a filosofia autoritária do governo de Franz von Papen, atacava cortes nos serviços médico e dental da escola em nome da austeridade ("economia feita à custa da nossa saúde!") e criticava a campanha política pela restauração da presença alemã nas colônias do exterior, vetada pelos outros países no acordo de paz de 1919. Havia ainda relatórios individuais denunciando "alojamentos em comum para reacionários" em diversas escolas de ensino médio, ainda que não no Prinz-Heinrichs-Gymnasium.[178]

Tais atividades eram possíveis porque, como outras escolas alemãs, o horário de aulas do Prinz-Heinrichs-Gymnasium ia das oito da manhã até uma e meia da tarde, e por isso deixava muito tempo para os alunos se dedicarem a atividades extracurriculares. Apesar de continuar participando das atividades normais da escola, principalmente do clube de caminhadas, de ler muito e continuar seus estudos, Eric considerava relativamente fácil participar das atividades do Partido

Comunista. Seu tio Sidney começou a passar por dificuldades financeiras quando o governo alemão, poucos meses antes da tomada do poder pelos nazistas, decretou uma lei para aliviar o desemprego que obrigava as empresas a ter pelo menos ¾ de empregados alemães. Como cidadão britânico, Sidney foi obrigado a sair da Universal Films e, como milhões de outros na Alemanha no início dos anos 1930, ficou desempregado. Começou a procurar outras oportunidades, mas nas profundezas da Depressão não havia nada disponível de imediato. Por isso, no outono de 1932, Sidney partiu para Barcelona com Gretl e o filho Peter, deixando Eric e Nancy em Berlim para continuar os estudos. Os dois irmãos foram morar com a tia Mimi, que voltara para Berlim quando seus vários empreendimentos na Inglaterra a deixaram tremendamente endividada ("Nós temos poucas dívidas para valer a pena abrir falência", ela disse a Eric, "e por isso precisamos simplesmente seguir em frente."). Mimi sublocou o apartamento da Friedrichsruherstrasse, perto da ferrovia S-Bahn, na ponta oeste da Kurfürstendamm, e passou a acolher hóspedes pagantes, ganhando algum dinheiro extra ensinando alemão para os hóspedes ingleses.[179]

Com Sidney e Gretl há meses fora de cena e com Mimi preocupada com seus próprios negócios, Eric foi deixado meio que por conta própria. Ele e Nancy iam de bonde para suas respectivas escolas, vizinhas porém diferentes, lembrando-se "das intermináveis caminhadas durante a dramática greve de quatro dias no transporte de Berlim no começo de dezembro".[180] Nancy e Eric continuaram a crescer separados durante esse período, apesar das tentativas quase paternais de Eric de falar com a irmã sobre as verdades da vida quando Nancy completou 12 anos. Jogavam baralho juntos e conversavam com Mimi sobre quiromancia, leituras da sorte e outros interesses dela, mas a verdadeira atenção de Eric, quando não estava ocupado em leituras, foi sendo cada vez mais absorvida pela política.[181] Passava muitas noites nas salas dos fundos de pubs comunistas, discutindo sobre a desesperada situação política do momento. Lia o material do Partido, embora não tenha se engajado com o marxismo em nenhum nível intelectual mais sério – três anos mais tarde, ao avaliar retrospectivamente suas convicções políticas em Berlim, Eric as considerou ingênuas e malformadas; mais próprias de um rebelde romântico do que de um verdadeiro intelectual.[182]

Eric participou da última manifestação pública dos comunistas em Berlim, em 25 de janeiro de 1933, organizada como uma reação a uma provocativa passeata realizada por 10 mil nazistas três dias antes. A passeata nazista foi liderada pelo próprio Hitler e passou em frente ao quartel-general do Partido Comunista na Casa Karl Liebknecht, na Bülowplatz, a caminho de um cemitério ali perto onde estava enterrado o herói nazista Horst Wessel, morto a tiros por comunistas três anos antes. Aproximadamente 130 mil comunistas passaram marchando pelo mesmo prédio em 25 de janeiro, acompanhados por bandas de metais, cantando e bradando slogans, erguendo os punhos para o líder do Partido e ex-candidato presidencial Ernst Thälmann, que ficou cinco horas na frente do prédio apesar de uma temperatura de 15 graus centígrados abaixo de zero.[183] No dia seguinte, o jornalista social-democrata Friedrich Stampfer escreveu sobre a demonstração e admitiu, apesar de si mesmo, que tinha ficado muito impressionado:

> Mesmo o veredito mais crítico sobre a política da liderança do Partido Comunista não pode deixar de admirar o que essas massas realizaram. Apesar do frio inclemente e do vento cortante, todos se manifestaram durante horas com casacos esquálidos, paletós finos, sapatos esfarrapados. Dezenas de milhares de rostos pálidos que não só mostravam sua pobreza, mas também a vontade de se sacrificarem por uma causa que acreditavam ser a certa. As vozes roucas falavam de seu ódio, um ódio mil vezes justificado, por um sistema social que os condenou à pobreza e à miséria, protestando contra a insanidade grotesca, a gritante injustiça de nossas circunstâncias sociais. Você não seria um socialista se não simpatizasse com esse protesto.[184]

Com suas canções, hinos e passeatas, a manifestação comunista, assim como os escoteiros no passado, incutiu em Eric um forte e até extático sentido de identidade: "Nós estávamos juntos". Lembrava-se especialmente das músicas que cantavam, tendo mantido uma partitura esgarçada até os últimos dias de sua vida.[185] Porém, em 1932 Eric já pressentia que a República de Weimar estava condenada. Cinco dias depois da grande manifestação, Hitler foi nomeado chanceler. Já bem mais tarde na vida, Eric ainda se lembrava de ver as manchetes nas bancas de jornal no dia seguinte anunciando a nomeação, enquanto voltava da escola para casa com Nancy "na tarde fria de 30 de janeiro de 1933, refletindo sobre o significado da notícia da nomeação de Hitler como chanceler".[186] O círculo de conservadores em torno do presidente Paul von Hindenburg alçou Hitler ao poder como chefe de uma coalizão governamental para tentar obter o apoio da massa aos seus planos de desmantelar a democracia de Weimar.

Franz von Papen tornou-se vice-chanceler, e a maioria do gabinete era formada por conservadores que acreditavam ser capazes de manipular a minoria nazista e acuar Hitler. Uma greve geral convocada pelo Partido Comunista teve pouco ou nenhum efeito; numa época em que milhões estavam desempregados, foi um gesto fútil. Resistência armada estava fora de questão: o Partido estava despreparado e sem as armas e munição necessárias. Em vez disso, preparou-se para as eleições marcadas por Hitler para 5 de março.[187] Até aquele momento, apesar da escalada da violência nazista nas ruas, a implantação de uma ditadura ostensiva ainda parecia improvável.

Eric tentou retratar a situação daqueles jovens ativistas comunistas nos derradeiros dias da República de Weimar, os últimos dias de fevereiro de 1933, num conto que escreveu durante a Segunda Guerra Mundial, nitidamente baseado em sua experiência pessoal.

> Eu não conheço Chicago, mas Berlim era uma cidade de ventanias naqueles dias. O vento soprava granizo pelos espaços abertos entre os modernos conjuntos de apartamentos e no bairro onde morávamos, entupindo as linhas de bondes de folhas marrons e ensopadas. Penetrando minha capa de chuva e me fazendo encolher as mãos nos bolsos. Usamos alguns velhos forros de uma das capas do meu pai sobre o impermeável. Melhorou. O vento soprava pelos lagos, pelas arenosas plantações de pinheiros, fazendo a água tremer e deixando apenas patos selvagens e aves pernaltas no rio agitado. A cidade e a floresta se entrelaçavam como uma rede de pesca.[188]

Eric e um amigo que ele chama de Max na história entram numa loja de departamentos ao voltarem da escola para casa, em busca de calor e para examinar as prateleiras da seção de livros. O amigo fica indignado quando Eric diz ter um exemplar de *Escotismo para garotos* em casa. "Escoteiros não valem nada", diz. "Quantas vezes eu já falei que eles são reacionários?" Eric retruca: "Eu gostei dos escoteiros quando estive no Congresso de Birkenhead em 1929 [...]. Caminhar e acampar são coisas de primeira". Mas era à ideologia dos escoteiros que seu amigo se opunha, e como "ele nos ensinava economia política nas reuniões, a partir de *O valor do preço e do lucro,* de Marx", Eric não se sentiu capaz de discutir sobre essa questão com o amigo. Numa estação de metrô, os dois encontram outro amigo, que discretamente mostra uma soqueira de ferro: "Os nazistas passaram por nós ontem à noite e olha só... um deles deixou isso". Max diz que ele não deve usar a soqueira: "É o terror individual". Lênin tinha polemizado contra o uso do terror individual em detrimento do terror de massa, e por isso aquilo não seria uma atitude comunista.

Às seis da tarde eles se encontram com outros membros da Liga dos Estudantes Socialistas da Escola. "Não podemos ficar aqui parados como numa reunião pública", diz Max. "Não estamos mais em 1932." Eles se dividem, metade do grupo de um lado da rua, a outra metade do outro, enfiando panfletos comunistas nas caixas de correio de todos os andares dos conjuntos de apartamentos. Ouvem uma campainha tocar. Será que alguém chamou os nazistas? Eles sobem pela escada até o quarto andar.

> Nós precisamos sair daqui. Para onde podemos ir? Tocar uma campainha e dizer: "Sra. Mueller? Puxa, nos disseram que uma sra. Mueller morava neste andar". Por Deus, nós podemos ganhar algum tempo. "Essa garota? Ora, ela é Lisa, minha irmã. Nós viemos visitar a sra. Mueller, minha tia." Eu estou em pânico, mas Lisa não parece ter medo. Aposto que essa garota é uma bolchevique melhor do que eu.

Quando voltam para a rua eles encontram "Karbo", um dos membros mais corajosos do grupo. Ele mostra um revólver que comprou. Vai ser bem útil depois das eleições, vangloria-se. "'Guarde essa arma', diz Max. 'Não fique mostrando essa coisa.' Karbo sorri. 'Vocês podem precisar de um guarda-costas.' 'Claro que sim', diz Max. – E você nos tiraria da Maria negra e bateria nos touros [policiais] e nos sujeitos da AS e talvez também da SS. Você pode até bater no Hitler'." Uma garota do grupo pergunta o que poderia acontecer. Hitler não pode durar para sempre, diz Eric. As pessoas se voltam contra ele. De qualquer forma, continua,

> Eu não queria exatamente falar sobre Hitler. Queria falar, de modo expansivo e sentimental, sobre os lagos e barcos. De preferência de botes azuis dobráveis e pássaros [...]. Nós éramos garotos de classe média. Não sabíamos muito sobre o povo [...]. Éramos comunistas de um jeito que, em algum outro lugar, estaríamos lendo poesia uns para os outros; atraídos por um movimento complexo e profundo por exercer um grande poder magnético em crianças burguesas inteligentes que se revoltavam contra a família. Circulávamos pela periferia desse movimento, às vezes fazendo

coisas úteis, às vezes coisas sem sentido. Podíamos entender as definições de revolução cantando sobre elas. Em prosa, ainda não conseguíamos assimilá-las.

Mas as pessoas não reagiram, e Hitler durou mais tempo do que qualquer um esperava. Quanto a "Karbo", a história termina informando os leitores que ele se aliou aos nazistas não muito tempo depois.

Eric foi convocado para distribuir material de campanha para as eleições de 5 de março. Mais tarde ele se recordou de encher de panfletos as caixas de correio dos blocos de apartamentos, o tempo todo com medo de ouvir passos de botas de uma tropa de choque na escadaria.[189] Em outra ocasião, ele se viu sozinho dentro de um bonde com dois membros da tropa de choque nazista, com muito medo de ser espancado se eles vissem sua insígnia do Partido Comunista.[190] Na noite de 27 de fevereiro de 1933, quando chegaram da escola, Eric pediu a Nancy, sua irmã de 12 anos, para levar um pacote de panfletos do Partido Comunista sobre as eleições para um amigo na zona norte de Berlim, enquanto ele levava outro para jovens comunistas nos bairros do sul. Pouco depois das nove da noite, enquanto voltava de bicicleta para casa, passando pelo Portão de Brandemburgo no centro da cidade, sua irmã viu labaredas subindo do Reichstag, o prédio do Parlamento nacional. Carros de bombeiros corriam na direção da cena. Nancy continuou pedalando, e lembrou-se daquela cena dramática até os últimos dias da vida.[191]

A destruição do Reichstag, incendiado por um solitário anarcossindicalista holandês, Marinus van der Lubbe, marcou o verdadeiro início da ditadura nazista na Alemanha. Apelando para os poderes emergenciais conferidos pela Constituição de Weimar ao presidente do Reich, Hindenburg, Hitler suspendeu a liberdade de imprensa, assembleias e associações, decretou medidas para permitir que a polícia fizesse detenções em "custódia protetiva", o grampeamento de telefones e a interceptação de cartas sem ordem judicial por um período de tempo indefinido, sob o pretexto de que os comunistas tinham incendiado o Reichstag como prelúdio de um violento levante revolucionário. Logo depois, talvez surpreendentemente, as eleições de 5 de março não conseguiram resultar numa maioria nazista, apesar de outros partidos terem sido impedidos de fazer campanhas. Os comunistas ainda conseguiram 4 milhões e 800 mil votos, mas todos os eleitos para o Reichstag foram imediatamente presos, enquanto muitos membros da liderança do Partido fugiam do país.[192] A Liga dos Estudantes Socialistas da Escola escondeu seu equipamento de reprodução de panfletos embaixo da cama de Eric por um tempo, acreditando que um estrangeiro estaria mais seguro, ainda que nenhum panfleto tenha sido produzido nesse período.[193]

Com seus 8% dos votos nas eleições de março, mais os 44% dos votos nazistas, a coalizão nacionalista dos parceiros de Hitler aprovou a destruição de Hitler das liberdades civis e o passo a passo da implantação de uma ditadura. Hitler logo começou a manobrá-los, maquinando a renúncia de alguns e superando em número os que restaram ao nomear nazistas de linha dura para o gabinete. Em poucas semanas, os camisas-marrons de Hitler, recrutados como uma polícia auxiliar, começaram a prender comunistas, começando pelos 4 mil membros do aparato do Partido, abusando, torturando e, às vezes, matando-os em campos de concentração improvisados. Tornou-se extremamente perigoso pertencer a qualquer partido de oposição, mas os comunistas eram o principal alvo da perseguição. Até mesmo os números oficiais registraram mais de 600 assassinatos políticos nos primeiros seis meses de 1933, mas o total de mortos foi indubitavelmente maior. Bem mais de 100 mil social-democratas e comunistas foram presos e encarcerados nos novos campos de concentração até o verão de 1933, enquanto todos os partidos políticos a não ser o dos nazistas eram banidos ou obrigados a se dissolver.

Nas eleições de março e por algum tempo depois, o Partido Comunista da Alemanha, seguindo instruções da Internacional Comunista de Moscou, manteve sua linha ideológica anterior, ou seja, a de que a ascensão e o trinfo do nazismo não eram nada mais do que a convulsão final de um capitalismo moribundo, uma tentativa desesperada e fadada ao fracasso de impedir a inevitável revolução comunista. Os social-democratas eram criticados como "fascistas sociais" que "objetivamente" serviam aos interesses do capitalismo ao afastar eleitores da classe trabalhadora de seus verdadeiros representantes, ou seja, os comunistas. Por isso, não haveria nenhuma tentativa de formar uma frente unida entre os dois partidos da classe trabalhadora, embora seus votos somados tivessem superado os dos nazistas na eleição de novembro de 1932. Uma longa história de ressentimentos entre os comunistas e os social-democratas que remetia a 1919, quando os líderes comunistas Rosa Luxemburgo e Karl Liebknecht foram brutalmente assassinados por soldados do governo nacional social-democrata, havia sido ainda mais aprofundada pelo massacre de manifestantes comunistas pela polícia controlada pelo governo social-democrata da Prússia nos protestos do "Maio Sangrento" de 1929. No fim de 1933, um proeminente funcionário do Partido Comunista Alemão, Fritz Heckert, declarou que os social-democratas eram os "principais inimigos" do Partido, pois eram o principal bastião da burguesia.[194]

Era uma série de ideias irrealistas e autodestrutivas, como Eric logo percebeu. "Eu cresci no ponto mais sectário da cisão entre socialistas e comunistas", ele explicou mais tarde. "Agora ficou claro para todos que aquilo foi um desastre. Foi a experiência política que mais me moldou."[195] O entusiasmo dos jovens militantes do Partido Comunista era direcionado ao objetivo positivo de fazer uma revolução comunista, não para o propósito mais moroso e menos inspirador de evitar uma tomada do poder pelos fascistas.[196] Para o órfão Eric, com 15 anos, o comunismo oferecia o sentido de identidade e de fazer parte de algo pelo qual sempre ansiara, combinado com uma forma de superar a vergonha que sentia de sua pobreza, de suas roupas puídas e da bicicleta mal-ajambrada, temperado com uma impetuosa mistura de entusiasmo e aventura política. Se tivesse continuado em Berlim, teria sido grande a chance de Eric também ter sido no fim preso pela Gestapo e de ao menos ser espancado, e, possivelmente, jogado em um campo de concentração por algum tempo. O fato de que os nazistas o teriam considerado judeu só teria piorado a situação. Ele poderia ter sido morto.

Porém, circunstâncias do acaso interviram em sua vida, não pela primeira nem pela última. No fim de março de 1933, quando aumentava o poder de Hitler no país e a violência contra os comunistas atingia novas alturas, Sidney, o tio de Eric, depois do fracasso de seu empreendimento em Barcelona, voltou a Berlim com Gretl e Peter e disse que iria se mudar para Londres com a família. Mimi, tia de Eric que também se encontrava em sérias dificuldades financeiras, foi com eles, abrindo uma pensão cosmopolita em Folkestone, Kent. Embora seu tio já devesse ter notado o violento antissemitismo que os nazistas estavam implantando em Berlim, a primeira deflagração de ódio contra os judeus, o boicote organizado pelo governo de lojas e negócios pertencentes a judeus, em 1º de abril de 1933, só aconteceu depois de a família ter saído do país. Por essa razão, Eric não era um exilado qualquer da Alemanha nazista: era um cidadão britânico que se mudara da Alemanha para a Inglaterra por questões financeiras, por coincidência justamente quando os nazistas estavam assumindo o poder total no país.[197] Como ele se recordou mais tarde: "Eu não cheguei como refugiado ou emigrante, mas como alguém natural do país; embora seja difícil convencer os compiladores de dados sobre as contribuições à cultura de emigrantes intelectuais da Europa Central a vários Estados que os recebem de que eu não pertenço ao seu país".[198] O período que Eric passou na atmosfera política superaquecida de Berlim foi o começo de um compromisso com o comunismo que logo se tornou crucial para seu sentido de identidade. Mas só depois da mudança para Londres esse compromisso ganhou uma profundidade intelectual, além de emocional.

2

"FEIO COMO O PECADO, MAS QUE CABEÇA"

1933-1936

I

Quando chegou a Londres, na primavera de 1933, Eric foi matriculado como aluno na St. Marylebone Grammar School para meninos. Fundada originalmente em 1792 como a Sociedade Filológica, a instituição tornou-se uma escola pública do ensino médio em 1908. Situava-se em Lisson Grove, uma área relativamente sofisticada do norte de Londres, entre o campo de críquete Lord ao norte, a Estação de Paddington ao sul e o Regent's Park a leste. Para ficar mais perto da escola, Eric foi morar com seu tio Harry em Elgin Mansions, em Maida Vale, uma região vizinha dominada por conjuntos de apartamentos eduardianos, e depois vitorianos, enquanto Sidney procurava um lugar mais adequado para a família morar. Nascido em 9 de julho de 1888 em Bethnal Green, no East End de Londres, Harry foi posteriormente definido por um relatório da Polícia Metropolitana "como uma pessoa irônica e crítica, de fala ríspida, meio judeu na aparência, tendo um nariz comprido, cabelo rareando e olhos azuis. Sempre foi extremamente esquerdista em política".[1] Claramente, o antissemitismo estava bem vivo e passando bem na Scotland Yard quando essas frases foram escritas.

Ron, filho de Harry, até recentemente fora aluno da escola, e, assim, pensou Eric, "parecia um lugar natural para experimentar, e fiquei por lá quando encontramos lugar para morarmos em Londres, o que exercitou e fortaleceu muito os músculos das minhas pernas quando depois tive de ir de bicicleta a regiões tão distantes de Lisson Grove, como Upper Norwood e Edgware".[2] Provavelmente por causa de Ron, Eric era chamado de Hobsbaum e não de Hobsbawm no período em que estudou na St. Marylebone Grammar School.[3] Tio Harry trabalhava como telegrafista na Agência Geral do Correio de Londres, e Ron atuava como recepcionista no Museu de História Natural. Era um servidor público, o que resultava num rendimento estável e numa boa dose de segurança. Ron logo se tornou amigo íntimo de Eric, e em agosto de 1933 os dois embarcaram num trem para Folkestone e de lá voltaram a pé para Londres, trajeto que levou quase uma semana para ser percorrido (de 26 a 31 de agosto), usando tendas e equipamentos levados nas mochilas todas as noites para acampar ao ar livre.[4]

O ambiente familiar para o qual Eric se mudou quando chegou a Londres era de esquerda; Harry acabou se tornando o primeiro prefeito do Partido Trabalhista de Paddington. Eric o considerou "em geral muito chato e ocasionalmente pomposo".[5] Não havia nada de elitista no estrato social de onde a St. Marylebone Grammar School extraía seus alunos. Como Eric recordou mais tarde, não era um estabelecimento especificamente acadêmico; poucos alunos seguiam realmente para a universidade, e para muitos deles a sexta série, abrangendo as idades de 16 a 18 anos, era o estágio final educacional antes de entrarem para o comércio ou para os negócios: "Eu não acreditava que na minha época a escola era até designada para produzir cavalheiros", escreveu Eric depois. Foi tratado com leniência quando "fui descoberto vendendo exemplares de cartazes contra a guerra na sala de aula, que eu tinha pegado no intervalo para o almoço na biblioteca do quartel-general do Partido Comunista na King Street, em Covent Garden". A escola era nitidamente tolerante com ele, mais provavelmente em vista de seu indiscutível brilho acadêmico.[6]

Sob a direção de Philip Wayne, sempre mais bem conhecido como "Dickie", a St. Marylebone Grammar School tinha como modelo as "escolas públicas" inglesas ou, em outras palavras, os internatos de curso médio gratuitos, cujo etos educacional ainda era essencialmente vitoriano. Havia uniformes para os alunos, "casas" como as das faculdades de Oxbridge[1*] (apesar de não ser um

---

1 *Termo genérico usado para o conjunto de universidades de Oxford e Cambridge. (N.T.)

internato) para estimular o espírito de equipe e a competitividade, uma ética fortemente cristã (a escola tinha seu próprio livro de orações impresso para ser usado nas reuniões matinais), enfatizava os esportes praticados nas escolas públicas inglesas tradicionais (rúgbi no inverno, críquete no verão) e aplicava castigos corporais para garotos que infringiam as regras (Eric nunca foi castigado, apesar de constar que o diretor usava seu bastão "bem livremente" em alunos mais novos). Eric considerava quase tudo aquilo muito estranho, se comparado à sua experiência no ensino médio prussiano em Berlim. Falando para a associação de ex-alunos da escola em outubro de 2007, mais de setenta anos depois de ter saído da St. Marylebone, ele confessou que "chegou à escola como uma espécie de extraterrestre" que sabia pouco ou nada de seus costumes:

> Eu nunca tinha visto na vida um campo de críquete ou uma bola oval, e consequentemente fui logo descartado do roteiro esportivo da Marylebone depois de algumas horas parado no campo de críquete pensando na vida. Não me importei muito, embora lamente até hoje que o críquete continue sendo um impenetrável mistério para mim, apesar de ter frequentado uma escola ao lado do M.C.C. [Marylebone Cricket Club].[7]

Nem sequer "percebi na verdade a marcante atmosfera cristã da escola, que deveria ter incomodado um adolescente genuinamente ateu". Gostava dos "esforços do diretor para nos fazer apreciar música clássica no saguão, mas não era muito chegado a quartetos clássicos na época", confessou. Atuou em uma peça teatral da escola, mas logo saiu do grupo de dramaturgia. A característica da escola a que mais fazia objeções era o uniforme. "Quando estava na SMGS eu detestava a gravata, e principalmente o boné, mais até do que o princípio do uso de uniformes", declarou muitos anos depois. Assim, "entre os 16 e os 18 anos eu travei um persistente combate de guerrilha contra o indumentário da escola". Mas, de maneira geral, ele considerava "a maior parte do esforço de aplicar o modelo das escolas públicas em Lisson Grove mais engraçado do que sinistro", ao contrário de seu colega e depois músico de jazz e jornalista Benny Green, que detestava a escola e odiava as pretensões do diretor.

O que Eric realmente valorizava, e algo de que tirou proveito, era a educação acadêmica proporcionada pela escola. Era muito diferente, em estilo e conteúdo, da educação que sempre tivera em Berlim. Para começar, "quando Dickie Wayne me entrevistou pela primeira vez no escritório de paredes de lambri do diretor, ele me disse que lamentava que eu não pudesse estudar grego, como vinha fazendo na Áustria e na Alemanha, pois a escola não ensinava o idioma". No fim, depois de Eric já ter saído da escola, o diretor conseguiu contratar um professor de grego antigo, mas àquela altura o tema já estava em declínio. Em compensação, "Wayne me deu um volume em alemão do filósofo Immanuel Kant e de William Hazlitt, o que me levou a tratá-lo com muito respeito desde então". Contratado em 1923 para dirigir a escola até 1954, Wayne era, como seu presente para Eric indicou, um apreciador e conhecedor tanto da cultura inglesa como da alemã. Também era ambicioso em relação à escola, procurando elevar seu padrão não somente aplicando o modelo das escolas públicas inglesas como também contratando o que Eric, olhando para trás, reconheceu como "um corpo docente de primeira qualidade". "De forma alguma era uma escola de segunda", entendeu.

Imediatamente após sua admissão, Eric teve de passar o período letivo do verão de 1933 se preparando para os exames para o Certificado Geral Escolar, que o qualificaria para entrar na sexta série em setembro:

> No decorrer de um período letivo, eu tinha de passar por um exame sobre temas dos quais não sabia absolutamente nada, em um plano de ensino estrangeiro e numa linguagem que jamais havia usado para propósitos escolares. Claro que estudei como louco, mas não teria conseguido sem a ajuda daqueles velhos e experientes professores, altamente competentes no trabalho de enfiar conhecimento na cabeça de jovens despreparados, como o professor de inglês Frisby ou o professor Willis, de matemática, o professor de física, L. G. Smith, ou Snape, ou Rowlands, e o professor de francês, A. T. Q. Bluett, de quem tenho uma lembrança especialmente afetiva. Preciso observar de passagem que nenhum deles jamais falou sobre o que haviam feito na Grande Guerra, ao contrário dos professores de Berlim, que quase só falavam disso.

Eric passou no exame em dezembro de 1933, com distinção em inglês, história (da Inglaterra e da Europa), latim e alemão ("com créditos especiais no exame oral"), e com créditos em aritmética, matemática elementar e francês (mais uma vez, "com créditos especiais no exame oral"). O regulamento exigia que se passasse em matemática, o que Eric conseguiu, mas ele nunca teve um verdadeiro interesse pela matéria, sendo nitidamente melhor em línguas e em história.[8] Eric entrou na sexta série no período letivo do outono de 1933. Logo caiu nas graças do professor de inglês, sr. Maclean, que estudara com o influente professor de literatura inglesa em Cambridge F. R. Leavis. Orientado por Maclean, Eric leu todos os clássicos da "nova crítica", inclusive *Fiction and the Reading Public* (1932) de Q. D. Leavis, casada com F. R. Considerou as críticas a autores medianos como John Galsworthy como um ataque ao "vazio espiritual e à banalidade, ou, até mais irritante, à natureza pequeno-burguesa da leitura em geral", "o ópio do povo", como dissera Marx (da religião, mas que na visão de Eric se aplicava até mais aos romances e histórias populares como as de Rudyard Kipling).[9] Depois foi a vez de *Practical Criticism* (1929) de I. A. Richards (que Eric considerou "bom"),[10] do qual gostou por vincular a crítica literária a outros ramos de aprendizado, como a psicologia.[11]

No outono de 1934, Eric estava lendo o crítico literário T. S. Eliot, outro dos favoritos de Leavis.[12] Inspirado por seu professor, que o apresentou a todo um novo conjunto de ideias e uma nova área da literatura, Eric começou a ler os romances de D. H. Lawrence (que Leavis considerava o maior romancista inglês moderno, por ser o mais sério em termos morais).[13] Em seu *New Bearings in English Poetry* (1932), Leavis considerava T. S. Eliot um dos maiores poetas, por isso Eric leu tudo que pôde de Eliot, inclusive seu longo poema *A terra devastada* (1922). "Assim como Byron", considerou, "ele expressou de forma abrangente o estado de espírito do intelectual de uma época específica". No entanto, "só aqui e ali ele escreve algo realmente grandioso". Eric preferia os poemas de Gerard Manley Hopkins, outro dos favoritos de Leavis.[14] Shakespeare era uma parte essencial do currículo de literatura inglesa, e em 1934 Eric foi com uma comitiva da escola assistir a uma apresentação de *Rei Lear* no Westminster Theatre. Estrelado por William Devlin, de 22 anos, um dos mais jovens atores a interpretar o papel, Eric considerou sua atuação hipnótica, assim como os críticos profissionais: "Ele esteve excelente na maior parte de seus discursos, brilhante em algumas partes, e às vezes com um toque de gênio".[15]

Apesar de evitar muitas das atividades organizadas pela escola, Eric teve seu papel na Sociedade de Debates, em cujos comitês logo ingressou.[16] Seu primo Ron tinha ganhado a taça de melhor orador alguns anos antes, e Eric estava ansioso por se igualar a ele.[17] Falou em um debate pela primeira vez em 18 de julho de 1933, em favor da proposta "a propriedade é um incômodo". Eric foi merecidamente selecionado por um comitê presidido pelo diretor como ganhador da taça de melhor debatedor entre sete oradores, depois de um discurso que deve ter exposto de cor, pois refletia bem suas convicções políticas. Isso o lançou na carreira de principal orador da escola. Em 25 de janeiro de 1934, ele liderou os proponentes da ideia de "que esta casa deveria aceitar bem uma mulher como primeiro-ministro", uma proposta muito avançada para a época.[18] Ao voltar à Sociedade de Debates, em 1º de outubro de 1934, ocupou a tribuna para falar a favor da proposta "que esta casa aprove a entrada da Rússia na Liga [das Nações]", vencendo por grande margem.[19] Em 20 de setembro de 1933, ele apoiou a proposta "que em nenhuma circunstância a Grã-Bretanha intervenha a favor da Abissínia". Seu raciocínio foi sem dúvida influenciado pela preferência da Internacional Comunista por uma ação em conjunto por meio da Liga das Nações e pela desconfiança dos motivos dos britânicos.[20] Mas ele iria se decepcionar: no fim, nenhuma ação foi tomada, e o fracasso da Liga em impedir a invasão da Itália soou como uma sentença de morte para a segurança coletiva.[21] A moção perdeu por 55 votos contra 11, demonstrando a simpatia entre os garotos, bem como do público britânico em geral, pelo comportamento digno do imperador Haile Selassie da Abissínia, um potentado que Eric sem dúvida considerava, e com alguma razão, ser uma relíquia do sistema feudal.[22] No fim do período letivo de 1936, em seu debate final, Eric propôs à Sociedade de Debates a moção "que ousemos não confiar em Hitler agora". A inclinação política da escola e dos alunos, em geral conservadora, foi demonstrada pelo fato de a moção ter sido derrotada por 22 votos a 20.[23] Apesar disso, Eric descobriu um pequeno grupo de meia dúzia de alunos da sexta série que simpatizavam com a esquerda – o que ele considerou "um sinal gratificante".[24]

Bem pouco tempo depois de ter chegado à escola, no período letivo do outono de 1933, Eric entrou para a editoria da revista da escola, *The Philologian*, contribuindo para a edição do período letivo da primavera de 1935 com uma inteligente fantasia ficcional sobre o retorno de Shakespeare, "a notícia do século". De início a falsa notícia pegou, com todos celebrando o dramaturgo ressuscitado ("Entrevista exclusiva com o professor Dover Wilson e Bradley"). "Baconianos rangeram os dentes numa fúria impotente. Estudiosos de Oxford quiseram solucionar o problema da idade que teria o filho de Lady Macbeth." Não demorou muito para Shakespeare ser convidado para ir a Hollywood.[25] O ensaio foi precoce em sua perspicácia e imaginação, pois não só demonstrava conhecimentos sobre Shakespeare como também de seus críticos e editores.

A carreira de Eric na escola, excepcionalmente brilhante, ainda que também devida a St. Marylebone Grammar, foi típica de um estudante esforçado, do garoto brilhante que estudava muito, mas cuja participação na vida estudantil não foi muito além de escrever e editar a revista da escola e tomar parte de debates políticos. Eric foi secretário da Casa de Housman[2*] um cargo que ele não levou muito a sério, escrevendo apenas os relatórios mais curtos possíveis sobre as atividades da Casa para a revista da escola.[26] Ganhou o Prêmio Abbott de Ensaios em 1934 e chegou a ser monitor em 1935-1936, seus últimos anos na instituição.[27] Isso o fez pensar que ele agora "tinha o direito de aplicar castigos nos garotinhos. Isso me fornece uma experiência direta dos sentimentos e desejos de que as autoridades dispõem e o poder que vem junto a eles", remetendo-o ao admirável caráter do duque de Parma do romance de Stendhal que havia acabado de ler.[28] Mas, na verdade, como ele admitiu mais tarde, a não ser pelos ensinamentos, "a escola era mais ou menos periférica na minha vida".[29] "O tipo de conversas praticado por estudantes de 15 anos em Berlim – sobre política, sobre literatura, sobre sexo – não tinha lugar nas escolas inglesas. Eu ficava um pouco entediado, e passava grande parte do meu tempo lendo."[30] O que realmente o interessava, à parte seu trabalho na escola, era a vida cultural e intelectual que tinha fora da escola, na Biblioteca Pública de Marylebone (onde ele passava a maior parte do tempo livre enquanto estudante da instituição), em casa e em Londres.[31] Mais tarde, Eric considerou que tudo isso, mais o aprofundamento do compromisso com a causa comunista que adotara no Prinz-Heinrichs-Gymnasium em Berlim, acabou sendo uma influência muito maior que a Marylebone Grammar School.

Eric estudou história com Harold Llewellyn Smith, que acabou sucedendo Wayne como diretor. Llewellyn Smith "era um desses professores que revelam e inspiram", lembrou Eric: "Acho que ele era mais interessante no aspecto moral do que no intelectual. Nunca senti que tivesse um verdadeiro relacionamento com ele". Apesar disso, ele se tornou o mais importante dos professores da escola para Eric. "Bonito e socialmente seguro", era filho de sir Hubert Llewellyn Smith, um economista da Junta Comercial que ficou famoso por seus detalhados estudos sociais de diversos ofícios da classe trabalhadora no fim das eras vitoriana e eduardiana. Harold Llewellyn Smith emprestou a Eric alguns de seus livros sobre questões sociais e história do trabalhismo; "ele conhecia todos os reformistas e radicais sobreviventes. Aliás, ele mostrou meus ensaios a Sidney e Beatrice Webb. Por essa razão, Harold foi ao mesmo tempo

---

2 * Alfred Edward Housman (1859-1936), poeta e estudioso de literatura clássica inglesa. (N.T.)

um professor ideal e uma introdução à história do movimento trabalhista para um historiador adolescente de esquerda".[32] Era mais por um sentido de dever social que Llewellyn Smith lecionava na St. Marylebone e não em uma grande escola pública, ainda que certamente fosse muito capacitado para isso. "É claro", acrescentou Eric, "que trabalhar com garotos também era um atrativo, mas nenhum daqueles *History Boys* se agrupava em torno dele. Ninguém nunca insinuou um comportamento indevido. Pelo contrário, Llewellyn Smith tinha a reputação de ser reprimido e moralista, e sempre que levava os garotos ao teatro fazia questão de ter junto um acompanhante".[33]

Apesar de ter declarado depois que Llewellyn Smith "forneceu meu campo de pesquisa original: trabalhismo e socialismo na Grã-Bretanha entre 1880 e 1914", isso não se deu de imediato, pois quando começou suas pesquisas, Eric embarcou em um tema bem diferente por um breve período, só retornando à história do trabalhismo britânico com o fim da Segunda Guerra Mundial, e por questões mais pragmáticas do que intelectuais. Llewellyn Smith pode ter plantado as sementes desse interesse, e, provavelmente, foi sua inspiração que levou Eric a escrever um ensaio sobre *The Battle of the Slums*[3*] por volta desse período, mas foi uma análise mais contemporânea do que histórica. Mais tarde Eric afirmou que já "tinha tomado consciência de ser um historiador aos 16 anos",[34] mas isso também é duvidoso, pois ele se via mais como um potencial e imaginativo escritor. "Eu tive uma visão", escreveu em novembro de 1934. "Não é brincadeira. Eu nunca fui místico. Mas tive uma visão." Eric teve um rápido vislumbre de soldados comemorando o fim da guerra em 1918. A imagem não durou mais do que um segundo. "Foi desoladora, sombria, caótica, cruel, mesquinha [...]. Eu escrevi um poema a respeito. Medíocre, é claro. Será que posso me tornar um poeta ou escritor? Se pensar em poeta, e no que realizei, e no que é necessário, parece que estou condenado a ser um eterno diletante (no campo poético)." No fim, "meu futuro está no marxismo, no ensino ou nas duas coisas". A poesia não era a coisa mais importante para ele, mas tampouco o era para muitos poetas, refletiu; a maioria ganhava a vida com outras atividades. Não havia a menor alusão a pretender se tornar um historiador profissional.[35]

O que Eric mais gostava de fazer com Llewellyn Smith não era discutir sobre história, mas sim sobre temas econômicos, aos quais ele mostrava uma

---

3 * Livro-reportagem de Jacob Riis sobre as condições de moradias nos cortiços na virada do século XIX-XX, publicado em 1902. (N.T.)

abordagem marxista que o professor claramente achava interessante.[36] História não era um tópico muito presente nos pensamentos ou nas leituras pessoais de Eric. Como ele observou depois: "Eu adquiri todos os meus interesses na história de ou por meio de Marx, com exceção de meu interesse pela história do trabalhismo e dos movimentos sociais". O marxismo propiciou "um interesse na grande questão macro-histórica [de] como as sociedades humanas evoluíram", especificamente a transição do feudalismo para o capitalismo.[37] Os livros convencionais de história, segundo Eric, eram na maioria inúteis, ainda que ocasionalmente proporcionassem esclarecimentos:

> Enquanto lia e escutava, eu guardava o que era útil no meu aparato mental. Gradualmente eu vejo – muito gradualmente – como um retrato da história se cristaliza a partir do todo. No momento só vejo contornos individuais – em alguns casos, pedras angulares, em outros, simples fileiras ou montes de tijolos. É claro que você nunca junta tudo completamente, mas talvez um dia eu consiga ter todas essas pedras angulares. Graças à dialética, eu estou no caminho certo.[38]

Quando Eric lia sobre história, era sobre a história de Roma, principalmente para escrever ensaios para a escola.[39] Aqui também, contudo, ele aplicava suas leituras marxistas, observando que a filosofia e a cultura antigas forneciam claros exemplos de como tudo dependia das relações de produção. A história de Roma entre 276 a.C. e 14 d.C. – o período que teve de estudar para se matricular na universidade – forneceu "um verdadeiro e típico exemplo da transição de um sistema a outro", uma noção que prenunciou sua preocupação mais tarde na vida com a transição do feudalismo para o capitalismo. No caso de Roma, ele discerniu o começo do feudalismo quando a República deu lugar ao Império e uma oligarquia de proprietários de terras se tornou dominante, trazendo consigo elementos-chave da cultura grega para substituir a antiga religião animista do folclore popular. Assim se desenvolveu o argumento do ensaio escolar de Eric sobre as origens do helenismo na Roma antiga. Porém, autocrítico, ele estava ciente de não ter escrito nada sobre a plebe ou sobre a indústria e o comércio. Mesmo assim, seus professores devem ter se assustado ao ler ensaios sobre história antiga escritos a partir do ponto de vista do materialismo histórico, e Llewellyn Smith em particular considerou o trabalho de Eric fascinante e original.[40]

II

O novo país em que foi morar pode ter sido um refúgio seguro para Eric e sua irmã Nancy, para os tios e o filho Peter, mas na maioria dos outros aspectos ele não se impressionou com sua experiência inicial no Reino Unido.

A Grã-Bretanha foi uma terrível decepção. Imagine-se como correspondente de um jornal de Manhattan sendo transferido pelo editor para cobrir Omaha, em Nebraska. Foi como me senti quando cheguei à Inglaterra, depois de dois anos na inacreditável e entusiasmante Berlim da moribunda República de Weimar, sofisticada e explosiva em termos políticos e intelectuais [...]. Nos meus primeiros anos na Inglaterra eu me sentia como se estivesse só fazendo hora, esperando uma chance de continuar uma conversação interrompida em Berlim. É claro que, para meus familiares mais velhos da Europa Central, o fato de a Grã-Bretanha ser provinciana, chata e previsível, de não acontecer nada de mais por aqui, era uma das maiores atrações. Feliz o país, eles diziam, em que a manchete: "Crise" era sobre competições esportivas internacionais, não sobre o colapso da civilização. Mas não era o que eu sentia com 16 anos.[41]

Nem o tio Sidney nem a tia Gretl se interessavam muito por política ou cultura, embora Gretl apreciasse e conhecesse algo sobre música clássica; e em vista disso Eric às vezes sofria de um "gigantesco tédio" em casa.[42] De fato, quando o tio o encontrou lendo o romance cômico *Tristram Shandy*, de Laurence Sterne, do século XVIII, Sidney o tirou das mãos dele.[43] Assim, Eric teve de abrir o próprio caminho, tanto na cultura como na política. Quanto à sua irmã Nancy, suas tentativas de engajá-la em discussões sobre esses tópicos foram um fracasso total. "Estamos todos espantados", escreveu, provavelmente se referindo a si mesmo, ao tio e à tia, "com o quanto ela é medíocre, até mesmo tipicamente medíocre". Os pais dele eram muito mais interessantes, e seus parentes em Londres, o tio Harry e o primo Ron, eram pessoas com quem ele podia conversar. Mas não com Nancy, que não se identificava com nenhum de seus interesses e só se ocupava com os anseios e atividades de uma garota inglesa normal no início da adolescência. Às vezes, Eric jogava cartas com ela ou a levava ao cinema – em maio de 1934, por exemplo, eles foram com o primo Peter assistir *Tugboat Annie*.[44] Mas apesar de ser inteligente, Nancy não mostrava propensões acadêmicas, não tinha o hábito de leitura de Eric e não se interessava por política. Eric a considerava sensível demais e com tendência a mentir quando se sentia ansiosa com alguma coisa. Não fazia ideia de como se relacionar com a irmã. Como irmão, é claro que desejava cuidar dela. "Eu quero fazer o melhor possível. Mas será que consigo?"[45] Não sabia ao certo. "Em política", concluiu, resignado, como em outros aspectos da vida, "eu já percebi que o ser humano médio corresponde a mais de 95% da humanidade como um todo".[46]

Podemos reconstruir os pensamentos particulares de Eric sobre isso e sobre muitos outros tópicos porque, assim que chegou a Londres, ele passou a manter um diário, que começou a escrever em abril de 1934 "para fugir do tédio" e para praticar escrever em alemão. "São apenas pretextos", acrescentou mais tarde: "Na verdade eu comecei porque queria, como diz o ditado, desabafar o meu coração". Depois de algum tempo, tornou-se "uma espécie de lata de lixo ou quarto de despejo onde eu podia jogar todo tipo de pensamentos e sentimentos". Ao reler seu diário na primavera de 1935, Eric o considerou muito sentimental. Havia autoanálise demais e poucas descrições: "Realmente eu não sou como Pepys".[4*] Além disso, como costuma acontecer com adolescentes que escrevem diários, Eric também o usava para experimentos de estilo literário. Em certa ocasião, por exemplo, ele dedicou um longo trecho à descrição dos móveis da sala de jantar de Sidney e Gretl. Ele estava em busca de um estilo que lhe permitisse expressar seus sentimentos sem ser piegas.[47] Escrevia em alemão, provavelmente por seu idioma íntimo e pessoal ser mais natural para ele; isso seria revertido nos diários que escreveu anos depois, em um momento de crise emocional na vida. Com certeza não há indícios de que precisasse usar o alemão para praticar sua escrita.

Eric começou o diário registrando seu arrependimento por ter se mudado para Londres, embora tivesse sido inevitável. "Em Berlim eu tinha amigos [...]. Estava no melhor caminho para me tornar um comunista ativo. A ilegalidade só teria fortalecido meus pontos de vista." E achava que teria aprofundado seus conhecimentos sobre a teoria marxista: "Também por uma questão de perspectiva teórica foi uma pena eu ter saído de Berlim".[48] Foi na Inglaterra que ele começou a ler seriamente os clássicos marxistas. A Biblioteca Pública de Marylebone não tinha muitos exemplares, por isso ele teve de comprá-los,

---

4 * Samuel Pepys (1633-1703), autor de *Diary of Samuel Pepys*. (N.T.)

um fator que impôs limitações indesejadas a suas leituras. Eric "costumava ir até Covent Garden no intervalo do almoço na escola quando o PCGB tinha uma pequena livraria na King Street administrada por Jack Cohen, que viria a criar um movimento estudantil. Eu costumava comprar todos aqueles livrinhos: a Pequena Biblioteca de Lênin, e também textos básicos sobre marxismo em alemão".[49] Em 15 de maio de 1934, ele anotou no diário que tinha comprado *Crítica ao Programa de Gotha* de Marx e alguns ensaios sobre Lênin, mas lamentando não ter conseguido ler mais. A essa altura ele só tinha conseguido ler *Crítica à economia política*, o primeiro e o segundo volumes de *O capital* (*Miséria da filosofia* e *Coleção Marx e Engels*), *O 18 de Brumário*, *A Guerra Civil na França*, *Anti-Duhring* de Engels e *Materialismo e empiriocriticismo* de Lênin.[50] Pouco mais de um mês depois ele registrou ter lido *O imperialismo, etapa superior do capitalismo* de Lênin, *O desenvolvimento do socialismo da utopia à ciência* de Engels e alguns discursos de Lênin, o comunista alemão Wilhelm Pieck e as primeiras obras do comunista americano Farrell Dobbs.[51] Também leu *A origem da família, da propriedade privada e do Estado* de Engels,[52] bem como textos menos exigentes como *Guia da mulher inteligente para o capitalismo e o socialismo* ("muito bom").[53] Deve ser lembrado que a essa altura ele tinha acabado de completar 17 anos.

Dois anos antes, em julho de 1934, ele chegou à conclusão de que concordava com "a máxima de Mussolini, de que os homens fazem a história". Mas "isso foi antes de eu ter lido *O manifesto comunista*. Sem dúvida desde aquele tempo eu fiz algum progresso em termos ideológicos".[54] Mas, poucas semanas depois, Eric estava se punindo por sua superficialidade intelectual. "Quais de seus livros você realmente leu inteiro?", perguntou a si mesmo na privacidade de seu diário. "E você ainda se diz marxista? Sua bela desculpa: eu quero me educar. Não me faça rir!"[55] Mas apesar de uma ocasional insatisfação com o progresso de sua compreensão do marxismo-leninismo, não pode haver dúvidas sobre a profundidade de seu comprometimento emocional. Fez uma peregrinação ao túmulo de Karl Marx, no cemitério de Highgate, na época, como ele descreveu, "um túmulo simples e pequeno com uma grande caixa de vidro com rosas da URSS" (só em 1954 a caixa foi substituída pelo monumental busto de Laurence Bradshaw).[56] Eric lia a revista de propaganda soviética *Russia Today*.[57] Enfatizava repetidas vezes seu desejo de imergir totalmente no marxismo-leninismo. "Espero ir tão longe na dialética materialista a ponto de não sair mais dela"; "afogue-se no leninismo. Deixe que se torne sua segunda natureza."⁵⁸ Depois de ler 12 páginas de Lênin ele anotou: "Surpreendente como isso me anima e esclarece minhas ideias. Fiquei em ótimo estado de espírito depois".⁵⁹ Não é a sensação da maioria das pessoas que mergulha nas obras teóricas de Lênin. Era frequente Eric ter uma sensação eufórica de confiança no futuro que o marxismo previa para a sociedade humana: "É por isso que consigo ouvir calmamente quando pessoas riem de mim e das minhas ideias, e ouvir e ver como os capitalistas ainda estão nos oprimindo. Eu sei que virá. Mais cedo ou mais tarde. *Dies irae, dies illa*".⁶⁰

O marxismo que Eric absorveu no período de formação de sua vida intelectual era o marxismo da tradição clássica, estabelecida pela sucessão apostólica de Marx, Engels, Plekhanov, Kautsky e Lênin: a doutrina do "materialismo histórico" ou "socialismo científico", fundada em certezas supostamente provadas que apontavam na direção do inevitável triunfo do socialismo numa futura revolução que se pensava não estar muito longe. Nessa versão, as diferenças entre os pensamentos de Marx e Engels desapareciam, e os elementos hegelianos do primeiro davam lugar ao darwinismo simplista do segundo. Eric admirava Lênin e Stálin. Ambos estavam entre "os maiores estadistas deste século", pois tinham princípios e sabiam exatamente o que queriam, mas eram flexíveis nos meios escolhidos para conseguir o que queriam. Os grandes estadistas combinavam as virtudes do homem de princípios e do oportunista. "Lênin e Stálin eram assim, Trótski não era."⁶¹ Não obstante, na verdade a formação intelectual de Eric devia pouco a Stálin, e principalmente a Marx e Engels, como interpretados por Lênin. Por isso ele acreditava que os políticos e intelectuais ativistas deveriam formar a vanguarda do proletariado, conduzindo-os pelo caminho revolucionário, em contraste com a interpretação mais passiva de Karl Kautsky, por exemplo, o principal teórico dos social-democratas da Alemanha antes de 1914, que achava que os desenvolvimentos econômicos fariam isso por eles.⁶²

Os colegas de Eric na escola, alguns dos quais adeptos da União Britânica dos Fascistas de Oswald Mosley, então chegando ao auge de seu sucesso,⁶³ achavam "que eu sou um fanático tendencioso e bitolado, de antolhos e fechado aos ditames da razão". Eles argumentam que *O capital* de Marx "não deve ser tratado como uma Bíblia". Afinal, tudo era relativo: "não havia uma objetividade absoluta". Considerava difícil discutir tais assuntos com não marxistas.⁶⁴ Mas estava claro que "o fascismo está avançando, a guerra se aproxima a cada dia, e com ela guerra civil e revolução [...]. Eu vejo isso, como Cassandra, eu sei".⁶⁵ O hitlerismo certamente iria se esfacelar. "Se considerarmos a história do movimento trabalhista, veremos que em todos os países em que se desenvolveu um forte movimento revolucionário isso só aconteceu sob condições de grande terror."⁶⁶ "Ser um socialista significa ser um otimista."⁶⁷ E, de fato, Eric achava que "nós estamos vivendo numa época de lucros incompreensíveis, inexauríveis, avassaladores. Nenhum outro período da história pode ser comparado ao nosso".⁶⁸ "Talvez o fascismo causasse algum bem – será a escola pela qual passará o proletariado, para depois emergir vitorioso sob a liderança do PC"⁶⁹ –, uma convicção típica do desastroso "terceiro período" da Internacional Comunista, quando comunistas de todas as partes comemoraram o falecimento da "democracia burguesa" por acharem que isso traria a revolução para mais perto.

A fé de Eric na União Soviética tinha todo o absolutismo descomprometido de uma paixão adolescente. Descartou notícias na imprensa sobre uma fome na Ucrânia, depois em parte da União Soviética, como "mentiras dos Brancos" (os contrarrevolucionários russos). Agarrava-se ferreamente ao livro *Duranty Reports Russia* (1934), de Walter Duranty, uma coletânea de artigos para o *The New York Times* que depois foi muito criticado por suprimir a verdade sobre a fome. "Duranty", anotou, citando outros apologistas do gênero, "é um dos poucos burgueses que [...] tentam honestamente entender a União Soviética".⁷⁰ "A União Soviética vive hoje um estado de guerra", escreveu depois de uma visita a uma exposição de cartazes de propaganda soviéticos. Com certeza era necessário usar a arte para propósitos políticos. "Todas as forças disponíveis devem se dedicar à URSS. Sob esta luz a arte 'pura' é um beco sem saída. A arte está subordinada à política", anotou, com evidente aprovação.⁷¹ Essa fé foi fortalecida quando Eric assistiu a um dos primeiros filmes falados feitos na União Soviética, *O caminho da vida* (1931), de Nikolai Ekk, que empregava uma variedade de técnicas cinemáticas para retratar o resgate de meninos de rua russos e sua transformação em sólidos cidadãos soviéticos. Foi "o melhor filme que vi na minha vida", exortou. Aqui a arte não só se subordinava à política, mas se fundia inextrincavelmente com ela.⁷²

Sua visão política da arte não o impedia, contudo, de fazer expedições sistemáticas às principais galerias e museus de Londres para aprender alguma coisa sobre as artes visuais, inclusive à Galeria Nacional,⁷³ ao Victoria and Albert Museum, ao Museu Imperial da Guerra e à Tate Gallery, onde apreciava quadros de Cézanne, Matisse, Picasso e outros, tendo se impressionado particularmente com a arte passional e pós-impressionista de Vincent van Gogh.⁷⁴ Começou a se engalfinhar intelectualmente com conceitos clássicos marxistas de "base e superestrutura", segundo os quais a política, a cultura e a sociedade refletiam os fundamentos do sistema econômico: o feudalismo produzia uma espécie de cultura, o capitalismo, outra. Eric era muito inteligente para cair na versão simplista desse modelo apresentado pelos stalinistas. "Mesmo quando ainda estava na escola", escreveu muitos anos depois, "eu me lembro de ter me sentido indignado por um artigo na *Left Review* que relacionava as grandes tragédias de Shakespeare à fome e a colheitas fracassadas da Inglaterra nos anos 1590, e talvez tenha até escrito uma carta protestando contra essa interpretação simplista, que nunca foi publicada". Meio século depois ele ainda se preocupava com o problema.[75] Em 1935, Eric ainda sonhava com "um Magnum Opus, e isso é uma análise marxista da cultura – a solução do PROBLEMA", referindo-se ao problema da relação entre a base e a superestrutura nas artes: o imperialismo nos textos de Lawrence da Arábia, a religião na poesia de François Villon, a decadência em Botticelli, os fatores subjacentes ao gosto de uma época.[76]

Eric escreveu um ensaio para a revista da escola sobre outra exposição em que esteve, "On Seeing Surrealists", explicando aos leitores que "o que os surrealistas querem fazer é imbuir na arte o poderoso efeito de experiências irracionais – sonhos, por exemplo – ou a estranheza da conjunção de conceitos bastante incongruentes". O humor dos surrealistas era envolvente, mas "quando você vê o mesmo truque repetido uma dúzia de vezes, é uma chatice". Somente três deles eram bons: Chirico, Ernst e Picasso. Eric não gostava muito de Miró, que "parece estar degenerando em exercícios com borrões e espaços em branco". Com exceção destes, além de Masson, Man Ray e poucos outros, inclusive Henry Moore, tudo o que produziam eram "clichês, coisas sem sentido e moderninhas". Eram "pessoas preguiçosas demais para coordenar suas impressões, analisar a incoerência e se escondem atrás de Freud".[77] Eric gostou mais de uma exposição de arte chinesa, em que considerou o trabalho de Sung "fascinante. Cristaliza à perfeição muito do que a nossa civilização quer fazer e não consegue, apesar de excluir muita gente, por ser tão aristocrático".[78] O ponto de vista de Eric relacionava-se claramente com sua política, mas sua apreciação de arte ia bem mais longe do que isso. Ele enchia páginas de seu diário com extensas análises da arte da Renascença italiana, tentando analisar o equilíbrio entre o pintor individual e seu contexto social.[79] Quando saiu da escola, Eric tinha um bom e abrangente conhecimento de arte, tanto arte histórica quanto contemporânea.

III

Assim, a política não era tudo, nem o próprio Eric via a arte apenas a partir de uma perspectiva política. Desenvolveu um grande amor pela zona rural da Inglaterra. Para alguém criado em grandes cidades – Viena, Berlim, Londres –, conhecer o mundo da natureza foi uma experiência especialmente intensa. "Eu vou para o campo para relaxar", escreveu depois de umas férias com a família em Teignmouth e em Dartmoor. "Eu quero saber o mínimo possível da cidade grande e da cultura da cidade grande."[80] Gostava especialmente de acampar em Forest Green, uma zona campestre em Surrey, perto de Horsham, doada para a Marylebone Grammar School em 1930 por um ex-aluno, lorde Rothermere, o magnata da imprensa e às vezes apoiador da União Britânica de Fascistas de Mosley. O acampamento era organizado basicamente segundo as diretrizes que Eric conhecia de seu muito breve período com os escoteiros. Os garotos dormiam em grandes barracas de lona, seis em cada uma. Eram divididos em equipes e participavam de competições, jogos e expedições, inclusive em uma corrida pelo campo. Com uma caminhada por Holmbury Hill e Crossharbour. Havia uma piscina disponível para uso a qualquer momento. A ênfase era forte em atividades físicas.[81] Começou também a andar de bicicleta pela zona rural ao redor de Londres com o primo Ron nos fins de semana. Em uma viagem no verão de 1934, mais ambiciosa, os dois foram de bicicleta até North Wales e escalaram o Cader Idris.[82] E em abril de 1936 eles passaram duas semanas acampando em Snowdonia, para onde foram e voltaram de bicicleta, dormindo em tendas e escalando o maciço montanhoso de Carnedd Dafydd, o terceiro pico mais alto do País de Gales.[83]

A natureza era importante para Eric. Sentado à escrivaninha de sua casa em Londres no início de 1935, com um suéter de tricô azul e calça de flanela, de repente ele sentiu um anseio mal definido.

Pelo quê? Talvez pelo campo, pelas campinas fortes, vermelhas, profundas, vastas e acolhedoras. Ou pelo silêncio total dos bosques à noite. Ou pelo grande mar, suave, inchando levemente com seu peso, cintilando benignamente em vermelho e prateado no fim de tarde. Eu quero deitar em paz, muito mansamente, debaixo do grande sol. No sol profundo e magnífico. Quero ficar imóvel, completamente imóvel, e continuar lá deitado até adormecer, no sol, na relva tépida.[84]

Na primavera de 1935, Eric fez outra turnê de bicicleta por Devon e Dorset com Ron. Na época o primo Ron tinha começado a ter aulas noturnas de economia na Faculdade de Economia de Londres, o que o ajudou a passar no exame de admissão para o Gabinete Administrativo do serviço público, onde participa da formulação e implementação de políticas. A partir de janeiro de 1935 ele passou a ser funcionário do departamento financeiro do Ministério do Trabalho, com sede em Kew.[85] Com um salário mais alto, Ron comprou uma bicicleta esportiva fabricada pela empresa de Claude Butler, recentemente estabelecida, e nessa época Eric já tinha se livrado da velha bicicleta que tanto o envergonhara em Viena e Berlim e conseguido comprar uma melhor, capaz de percorrer longos percursos.[86]

Isso induziu em Eric uma sensação de quase êxtase ao comungar com a natureza, como ele escreveu durante uma turnê pelo oeste do país:

> É de manhã e estou deitado na barraca, de olhos semifechados e observando preguiçosamente um tentilhão no galho de uma árvore espinhosa acima de mim. É um ramo delicado, e o sol pálido tinge de luz seu tom marrom acinzentado, dando forma aos brotos prestes a se tornarem folhas. O tentilhão está cantando para o céu, competindo com o constante e recorrente som do mar [...]. Sou fascinado pelo mar, e viro a cabeça para ver a água se agitando lentamente ao redor do penhasco, com uma luz se espraiando, verde como o vidro de garrafas quebradas, cintilando prateada no caminho do sol, com sombras amorfas de nuvens se alojando [...]. Não estou nem pensando. Meramente sentido tudo isso [...] estamos perplexos, exultantes e meio com medo. Penhascos, árvores e gaivotas e nuvens, a deslumbrante iridescência, complexos redemoinhos de cores e formas nos rodeiam, como círculos ao redor da barraca branca.[87]

Ron sentia o que Eric depois definiu como "uma paixão pelo mar". Já no primeiro encontro entre os dois, Ron mostrou orgulhosamente "seus elaborados desenhos de barcos de três mastros totalmente equipados".[88] Para Ron, a maior motivação para ir de bicicleta até a beira-mar era a oportunidade de velejar.

Sob sugestão de Ron, os dois passaram uma noite a bordo de uma traineira costeira em "Brixham, Devon, com dois velhos marinheiros navegando devagar entre velas vermelhas e redes de pesca e barcos de regata brancos e luminosos até o lugar onde nossa embarcação estava ancorada". A traineira partiu resfolegante do ancoradouro em direção às águas azuis e profundas da baía de Thor. O sol batia nos penhascos vermelho-escuros e o mar cintilava como um escudo de metal polido. A costa passava ao largo; atracadouros, quebra-mares, penhascos; no fundo, como uma aranha, Torquay e Paignton. Gaivotas flutuam ao redor, tropas de mergulhões virando a cabeça ritmicamente [...]. Pequenas sombras começam a aparecer abaixo das cristas das ondas, ou melhor, entre as marolas, pois o mar está calmo. Relâmpagos coruscam pelo céu. O vermelho e o amarelo entre as nuvens se aprofundam, projetando uma imagem tremeluzente sobre o mar.

Quando a rede foi lançada, os rapazes se sentaram em caixas de peixes tomando chá e comendo chocolate. Escureceu. Torquay brilhava como "um grande vaga-lume [...]. O farol emite fachos regulares – duas piscadas, pausa, duas piscadas, pausa. O mar está fosforescente. Bolhas sobem e flutuam lentamente em nossa esteira. Faíscas verdes disparam dos dois lados". Os homens puxaram a rede. "É aberta numa puxada, uma massa de peixes cintilantes se agita nas pranchas." Eles separam o que recolheram e jogam pela amurada o que não poderiam utilizar. "É uma vida dura", refletia Eric enquanto os homens trabalhavam. "Todas as noites, primavera, verão e outono eles saem, e todos os dias no inverno." E eles mesmos precisavam "vender seus artigos, em leilões, num mercado aberto. Iríamos ver mais tarde como eles ficavam à mercê de comerciantes e leiloeiros".[89]

Parecia natural para Eric relacionar natureza com ideologia com seu entrelaçamento comum do todo abrangente. Para ele o marxismo parecia um sistema que se encaixava, assim como se encaixavam o universo e suas partes:

> Uma visão de mundo (*Weltanschauung*) é uma coisa maravilhosa. É tão grandiosa, tão perfeita, tão abrangente: como um imponente andaime de aço em um novo edifício: tão forte e completo na forma, ou como uma das grandes árvores solitárias nos parques ingleses – até do século XVIII, com gramados bem aparados abaixo e a copa larga brilhando ao sol. E o tronco com sua casca rachada ou a crosta suave e prateada – e raízes se espalhando, os galhos no alto – a harmonia do todo, "a realização do domínio da coisa!" – não, maior ainda, que mal pode ser medida numa comparação comum. É como o cosmo que abrange tudo, as profundezas do universo, das distâncias escuras das flutuantes massas de estrelas, passando por toda

a esfera negra de cetim, profunda, infinita até onde o feixe de raios claros emerge do espaço...[90]

No fim ele interrompe o trecho porque, admite, não tinha a verve poética de definir o marxismo dessa maneira.

Apesar da preferência pela natureza e pelo campo, Eric apreciava o mistério da grande neblina que caía sobre Londres de tempos em tempos nos meses de inverno, recobrindo quilômetros da cidade e dos arredores com um vapor espesso e acre, às vezes esbranquiçado, às vezes amarelo, em que era quase impossível penetrar.[91] Na segunda-feira, 19 de novembro de 1934, esse fenômeno propiciou um de seus primeiros textos de criatividade literária experimental:

A neblina estava espessa. Pairava sobre os edifícios. Uma sensação de isolamento. Aqui estou eu, é o meu mundo, uma circunferência de dez metros. Mais para além, uma brancura que suga tudo ao redor. Dá para se voltar para si mesmo e essa impressão aumenta e se aprofunda. Ando pelo Hyde Park, por exemplo. Todas as ruas estão imóveis, transformadas em pedra como Niobe, espalhando seus galhos. Fantasmas. A neblina passa pelos meus pés em pequenos retalhos, exalando o hálito do asfalto, fumaça de charuto. Mais adiante, em Marble Arch, brilha uma célula vermelha de luz, opaca, opaca e esponjosa. Lampiões dançam. Carros emitem raios de luz geométricos, profundos e penetrantes, mas a força bruta dos faróis derrete e esmaece ao longe. Luzes naturais e lanternas traseiras como vaga-lumes fantasmagóricos (está escurecendo). Sombras e indícios fantasmagóricos de casas. Ar mais claro em Park Lane. Grosvenor, Dorchester? Quem sabe? As lâmpadas incandescentes flutuam rigidamente, imóveis, como giroplanos ou falcões de madeira, projetando um halo de luz para baixo. Chuva dourada, avalanches de luz, pirâmides, lâmpadas de estúdios de filmagem. Tudo como estátuas. A neblina rola à minha frente, sugando, apagando tudo, acima, em toda parte: sono branco. Sombras. Talvez a neblina seja também Íxion e Juno na terra. Mas isso é burguês. *À la pastorale*. E depois a estação de Gypsy Hill: visível na semiescuridão (estou na plataforma ao ar livre), os tetos da estação, maciços, imensos, lombos de baleia, e um trecho da linha férrea com lascas de neblina. Meus pés. Sobre a plataforma brilham luzes tênues e esverdeadas, com blocos vagos erguendo-se mecanicamente. Atrás deles uma luz mortiça (o saguão da estação). Do outro lado dos trilhos uma parede branca, uma mancha de luz no meio (a sinaleira). Encontramo-nos mais uma vez no centro de um cosmo particular, de dez metros de raio. Os que estão fora são borrões estrelados. Os trilhos e as linhas retas da plataforma são apenas algumas coisas a que se pode apegar. Está escuro. O trem está chegando. Rugindo ao longe, como trovão. Ou como barris de cerveja rolando para os celeiros. O trem se aproxima, e a neblina transforma uma máquina, potente, maciça, precisa e maravilhosa, uma sinfonia perfeita e maciça, harmonia da mecânica, em um mosassauro escuro e deformado. As janelas cospem luz como chafarizes, que cambalhotam numa parábola.[92]

Eric deixou de tentar descrições mais elaboradas desse tipo, mas foi uma boa prática para escrever.

Na privacidade de seu diário, Eric começou também a fazer experiências com poesias, escritas como seu ensaio sobre a neblina de Londres, e na verdade com tudo o que registrava no diário, em alemão. A essa altura sua poesia era pouco mais do que slogans de propaganda e agitação. Escreveu várias versões diferentes do que chamou de "Ode ao capitalismo", ainda que fosse menos uma ode e mais uma série de frases relacionando os males do sistema capitalista, seguidas de uma "jeremiada" em que o porta-voz do capitalismo proclama: "A guerra é linda, maravilhosamente linda", "Espanquem os judeus", "Grã-Bretanha Nacional" e outros slogans, enquanto os trabalhadores declaravam "guerra civil. A bandeira vermelha vai tremular. Sozinha".[93] Escreveu outro poema depois de ler *The Babbitt Warren: A Satire on the United States* (1927) de Cyril Joad, que lecionava em Birkbeck, uma faculdade da Universidade de Londres, para alunos em cursos noturnos. Joad era um pacifista de esquerda e apoiava a esquerda do trabalhismo, mas não era suficientemente de esquerda para Eric, que gostou de certas partes do livro, mas o considerou no geral "tipicamente burguês". Gostou da visão de Joad de que "os homens não fazem história, mas sim o contrário, a história faz os homens". Mas o poema de Eric era uma série de slogans políticos, que mostrava a burguesia proclamando: "Nós levamos centenas de milhares à morte. Mas o progresso nos abandonou".[94] Só no fim de novembro de 1934 ele ensaiou alguns versos que não fossem exclusivamente dedicados a celebrar a revolução vindoura: a natureza, escreveu, foi enterrada na Frente Ocidental na Primeira Guerra Mundial, em Passchendaele e em Verdun. "Não podemos mais cantar sobre flores."[95]

Suas leituras vorazes abrangiam um amplo escopo de literatura em inglês e em alemão, que incluíam ensaios de Macaulay, *Alice no País das Maravilhas* de Lewis Carroll e o escritor cômico alemão do século XIX Wilhelm Busch, embora o considerasse "tosco" e desprovido da sofisticação de outro escritor cômico, o poeta e versejador Christian Morgenstern. Eric achava que conheceria melhor a literatura alemã se tivesse ficado em Berlim.[96] Mas sua biblioteca pessoal incluía edições de poesia alemã de Heine, Hölderlin e Rilke e poemas ingleses de Shakespeare, Donne, Pound, Keats, Hopkins, Shelley, Coleridge e Milton. Leu volumes de poesia de Auden, de Day-Lewis e de Spender, bem como os poetas religiosos do século XVII George Herbert e Richard Crashaw. Seu francês era bom o suficiente para ele ler um volume de Baudelaire.[97] Seu gosto por ficção em prosa era muito mais focado em textos contemporâneos. Comprou um volume de contos do prolífico T. F. Powys e leu a grande saga antinazista sobre a decadência de uma família judia alemã, *Die Geschwister Oppermann* (1933) de Lion Feuchtwanger, apesar de tê-lo considerado "Oh, tão burguês!". Devorava romances experimentais como *As ondas* de Virginia Woolf (1931) e *Berlin Alexanderplatz* (1929) de Alfred Doblin, que comparou à obra de John dos Passos, um escritor socialista americano popular naquela época.[98]

Então ele era realmente um comunista? Eric se preocupava com suas "dúvidas e hesitações". Duvidar, acrescentou solenemente,

> é sem dúvida um sinal de grande intelecto. Intelectuais sempre dirão que os comunistas dogmáticos não são tão espiritualmente refinados quanto eles (os intelectuais). É possível. Mas os bolcheviques dogmáticos fazem alguma coisa [...]. Vou admitir: eu tenho dúvidas, incertezas [...]. Sou um intelectual por inteiro. Com todas as fraquezas de um intelectual – inibições, complexos etc.[99]

Os intelectuais, afinal, eram uma parte da burguesia capaz de se tornar socialista.[100] (Pouco depois, ao reler esse trecho, ele exclamou: "Deus, como eu sou convencido!")[101] Definir-se como intelectual era incomum para qualquer um na Inglaterra, e muito mais para um garoto na adolescência. Mas Eric se considerava problemático. Grande parte do problema estava em sua incapacidade de colocar em ação o princípio fundamental marxista-leninista da unidade da teoria e da prática. Acreditava estar posando como intelectual para esconder seu comportamento "não bolchevique" e sua adesão às convenções burguesas.

Confessou que "não conseguia chegar a uma decisão para fazer alguma coisa. O que vou fazer, quando uma ação rápida e imediata for exigida de mim? Quando estiver sozinho sem um superior ou alguém mais bem informado em quem possa confiar?". Em outras palavras, o que ele faria quando a revolução chegasse? A resposta, decidiu, apelando para um mote imbuído em seu tempo como escoteiro, foi: "Esteja preparado!".[102]

IV

Muitas noitadas de discussões sobre essas questões com o primo Ron Hobsbaum, que, como o pai, apoiava o Partido Trabalhista, não resolveram a questão-chave: como a revolução aconteceria? Eric não depositava muita esperança no movimento comunista inglês, que nunca se tornou muito mais que uma minúscula facção na periferia da política. Ademais, ser comunista na Grã-Bretanha não era nada difícil, nem perigoso.

Os comunistas na Alemanha têm cassetetes de borracha e campos de concentração a temer, mas eles têm camaradas; os comunistas aqui não têm nada a temer e não temem. Na Alemanha as pessoas dizem: Marx é um poder, por isso vamos pôr você num campo de concentração. Os comunistas extraíam novas forças desse reconhecimento de seu poder, orgulhando-se de serem realmente oprimidos. Mas aqui Marx é um velho economista que Jevons[5*] já refutou.[103]

Eric acreditava que o comunismo realmente significava alguma coisa na Alemanha. A força de seu comprometimento com a causa derivava em grande parte do fato de ter sido politizado em Berlim em 1932-1933, não na Grã--Bretanha. Em comparação com o movimento de massa do comunismo na Alemanha – que tinha conseguido 100 cadeiras no Reichstag nas últimas eleições livres da República de Weimar –, o Partido Comunista da Grã-Bretanha não tinha nenhuma cadeira na Casa dos Comuns naquela época. Além do mais, os comunistas ingleses rejeitavam a ideia de se tornar um partido de massa, preferindo insistir em que cada membro fosse um militante ativo, um papel

---

5 * O economista e lógico inglês William Stanley Jevons (1835-1882). (N.T.)

que Eric não desejava e nem era capaz de assumir. Afinal de contas ele ainda estava na escola, concentrado em seus estudos. Não havia como entrar para o movimento, uma conclusão a que chegou baseado "em parte nas condições da célula de Croydon, e em parte no próprio PC".[104]

O único movimento de massa em que Eric via alguma possibilidade de participação era o Partido Trabalhista, que à época passava por um período de ineficácia quase total, depois de ter perdido feio as eleições gerais de 1931 para o governo nacional, liderado pelo ex-primeiro-ministro trabalhista Ramsay MacDonald, mas formado em grande parte por conservadores. Pelo menos o Partido Trabalhista não exigia o comprometimento total que ele era incapaz de conceder. Mas era "reformista de ponta a ponta".[105] E para ele o estado de desalento e desilusão do movimento era ilustrado pelos desfiles do Dia do Trabalho de 1934. Considerava o "Dia do Trabalho como o maior festival do ano, com exceção, talvez, do aniversário da Revolução de Outubro", e assinalava a ocasião não apenas listando em seu diário as grandes batalhas da luta de classes no ano anterior (uma bela série: 'trabalhadores do mundo, uni-vos!'"), mas também participando da parada. Aquilo o deixava "profundamente entristecido. No dia 1º de maio, o dia festivo de que os trabalhadores do mundo se apropriaram de forma tão passional, mal conseguia reunir mil pessoas em uma demonstração".[106]

Mas, para uma ação mais imediata, Eric resolveu se infiltrar na sede local do Partido Trabalhista para "fazer propaganda comunista".[107] "Não vou entrar para o PC, mas para o Partido Trabalhista", declarou. "Como Karl Liebknecht no exército, como os bolcheviques na Duma, eu vou entrar para o PT e me esforçar ao máximo possível para fazer propaganda." Eric marcou sua posição intransigente citando de punhos fechados o slogan dos paramilitares comunistas na Alemanha antes da tomada do poder pelos nazistas: "Três vivas para a Frente Vermelha!"[108] Sua decisão tática foi reforçada pela derrota do ativista socialista e pacifista Fenner Brockway, candidato do dissidente Partido Trabalhista Independente, de esquerda, numa eleição regional em Upton, a leste de Londres, poucos dias antes. Eric criticou os comunistas locais e os membros do PTI por terem se oposto ao Partido Trabalhista em vez de ficar "na barriga do monstro". "Não se pode construir um movimento de massa simplesmente gritando. O PC e o PTI só gritaram."[109] Estava claro, concluiu, que "o Partido Trabalhista deve se radicalizar". De outra forma a Inglaterra pode se tornar fascista (a União Britânica de Fascistas de Oswald Mosley acabara de ganhar manchetes com uma manifestação de massa no Estádio Olympia de Londres, muito propagada pelo *Daily Mail*). Se isso acontecesse, "deve ser preparada uma greve geral armada".[110]

Eric escondia do tio e da tia seu "objetivo na vida", o de ser um intelectual comunista.[111] Mas na opinião deles o Partido Trabalhista não era muito melhor. Quando a sede do Partido Trabalhista de Norwood mandou uma carta a Eric confirmando sua adesão, seu conteúdo foi registrado por Sidney e Gretl, que não ficaram contentes. Quando Eric disse que estava indo para uma reunião na sede local, os tios o proibiram.[112] O lugar era muito longe e ele iria voltar muito tarde da noite.[113] Seguiu-se uma grande crise, seguida por uma série de violentas brigas de família. Gretl já havia expressado "a esperança de que eu superaria o meu comunismo", apesar de Eric rejeitar essa ideia com certo desdém.[114] Agora a tia deixava claro que ele deveria se concentrar acima de tudo nos estudos, e não se deixar distrair por um movimento político do qual discordava radicalmente. Eric disse a si mesmo que tinha de "decidir entre a família e Marx. Mas eu já tinha decidido. Laços de família, mesmo os mais afetivos, são sentimentos burgueses".[115] O abismo entre a política e a família era intransponível. "É engraçado que eu queira bem meu tio como indivíduo, mas como comunista devo me opor a todos os empreendimentos capitalistas", e o tio dele era um homem de negócios, um capitalista por profissão.[116]

Conforme o conflito se aprofundava, Eric foi à biblioteca pública local para saber sobre os direitos de tutores em relação a tutelados. Ele ainda não era maior de idade (21 anos à época) e a informação não o deixou animado: seria preciso esperar até os 21 para se tornar legalmente autônomo.[117] "Ou fico aqui desfrutando da liberdade de ler e falar o que quiser ou, se me tornar um ativista político, saio de casa."[118] Será que conseguiria se sustentar com um emprego público e morar com amigos até encontrar um apartamento, conjeturou. Afinal, sair de casa seria seguir o exemplo de jovens que saíram de casa para ir à guerra em 1914.[119] Por outro lado, Eric não queria magoar o tio e a tia. "Tia Gretl chorou por causa de mim – ela não <u>deve</u> chorar!"[120] Acabou cedendo por "meu respeito à tia Gretl e ao tio Sidney. Não, não por isso: por minha fraqueza de caráter. O que é isso? Amor ou covardia? As duas coisas?". O comunismo não valia o sacrifício? Mas ele não quis magoar o tio e a tia. "Oh, Deus, Deus", afligiu-se.[121]

Quando o conflito atingiu seu ápice, na noite da reunião do partido, "tio Sidney ficou furioso. Começou a esmurrar o ar". Houve um "pandemônio".[122]

Enquanto a briga continuava, o tempo passava e logo ficou tarde demais para ir à reunião. Durante a semana seguinte o clima da casa ficou tenso. Sidney ficou sem falar com Eric, só rompendo o silêncio para cumprimentá-lo pelo aniversário de 17 anos, em 8 de junho de 1934. Eric ficou comovido com aquele gesto, porém mais uma vez se culpou por sua fraqueza e falta de comprometimento com a causa.[123] "Que droga, droga, droga! Por que sou tão intelectual, tão pequeno burguês?", lamentou.[124] "Covarde, sim, covarde!"[125] Tinha se comportado como um "canalha" com a classe trabalhadora por deixar de participar de uma atividade política a seu favor.[126] Mas apreciou a fé que o tio e a tia depositavam em suas qualificações acadêmicas. Sidney, concedeu, "acredita em mim", e Gretl era "tão maternal".[127] Afinal ele chegou a uma decisão: a família vinha antes da política.[128]

Seria fácil definir essas aflições como pouco mais que um produto de emoções adolescentes; mas para Eric eram marcos na estrada que o levaria a se tornar um intelectual comprometido em vez de um dedicado ativista partidário. Sidney e Gretl não o afastaram de seu compromisso, mas o episódio tornou-se mais uma carga na pressão que restringia seu compromisso somente ao domínio do pensamento. Algum tempo depois, na verdade, ele parabenizou a si mesmo por continuar a ser comunista, mesmo sendo um "bolchevique burguês", apesar dos dezoito meses respirando o "gás venenoso" de casa.[129] E, de todo modo, não demorou muito para Eric conseguir ir afinal a uma reunião do Partido Trabalhista, na qual iria falar um socialista austríaco exilado; ele escondeu isso do tio e da tia dizendo que iria visitar seu primo Denis "depois de uma (não existente) competição esportiva" na escola.[130] Não ficou impressionado com o que viu. "Então esse é o Partido Trabalhista", ponderou depois de comparecer à sua primeira reunião. "Uma coleção de senhoras e senhores idosos." Do ponto de vista de um garoto ainda frequentando a escola, eles podiam parecer velhos, mas provavelmente a maioria não passava da meia-idade. "Fórmulas e formulários parlamentares" eram "adotados o mais estritamente possível, mesmo se os tópicos em discussão não fossem importantes." Seu veredito foi mordaz. "Oh, a vanguarda do proletariado", exclamou sarcasticamente. "Os grandes construtores do socialismo." Ficou mais impressionado com o palestrante, que conclamou um levante armado contra a ditadura clérigo-fascista, que tinha assumido o controle da Áustria naquele ano, depois de quatro dias de violentos conflitos com os socialistas, e proclamando a necessidade de os socialistas governarem com baionetas assim que tomassem o poder.[131]

Nos últimos dias de outubro de 1934, Eric percebeu que o Comintern tinha abandonado sua intransigência prévia e apoiado oficialmente uma política de colaboração com os partidos socialistas em uma Frente Popular. Os comunistas ingleses concordaram em não lançar candidatos ao Parlamento onde os candidatos do Partido Trabalhista fossem "suficientemente socialistas". Eric ficou indeciso quanto aos méritos dessa política.[132] Já havia feito sua inscrição para ser membro da sede do Partido Comunista de Norwwod.[133] Se ingressasse como membro, não havia indício de que chegaria a fazer qualquer coisa pelo Partido ou sequer que frequentasse suas reuniões. Mas aceitou ajudar na campanha dos trabalhistas nas eleições locais em Borough de 1º de novembro de 1934, talvez ajudado pelo fato de ter aprendido a dirigir. "Estou dirigindo um carro para o pessoal do Partido Trabalhista. Outra nova experiência: uma eleição. Não tão importante quanto imaginei [...]. Nós transportamos aleijados para os pontos de votação, batemos nas portas [de apoiadores do Partido Trabalhista] e perguntamos se eles já votaram", incitando-os a votar se eles ainda não o fizeram.[134] Não se sentiu muito realizado nessa tarefa. Em Church Place, encontrou um eleitor especialmente obtuso, ou melhor, um não eleitor:

> Nós batemos: Você já votou? "Não." Mas por que não? "Porque não quero." Mas por quê? "Muito cansado. Se a votação fosse amanhã, então sim." Mas não vai haver votação amanhã. Vamos assim mesmo! "Eu não quero." São só cinco minutos. O automóvel é confortável. "Eu não quero ir." Mas, meu Deus, mais uma vez, o seu voto é para o seu próprio bem! (N.B.: meu companheiro é que estava falando: eu só estava sentado no carro). "Eu não quero votar." Tem certeza? "Eu não quero votar." Você pode tirar suas conclusões a respeito. É preciso criar trabalhadores conscientes da própria classe a partir disso. A partir de mulas cansadas, obtusas e do contra. Vai demorar muito tempo.[135]

Não só o Partido Trabalhista, mas toda a classe trabalhadora que conhecera até então parecia mal preparada para a revolução que Eric entendia como predestinada pelo marxismo. Nesse caso, pelo menos o resultado das eleições locais foi um triunfo do Partido Trabalhista, que conseguiu 457 cadeiras em Londres, ganhando controle de 11 conselhos e mantendo quatro. Em Southwark, a que Borough pertencia, os trabalhistas ganharam 52 cadeiras, e só uma ficou com a antissocialista Associação dos Contribuintes: só uma cadeira não foi assumida por um trabalhista, e não do distrito em que Eric havia feito campanha.[136]

V

Em uma visita que fez a Eric em 5 de maio de 1934, seu primo Denis disse, de forma bastante grosseira, que ele era "feio como o pecado, mas que cabeça".[137] Com 17 anos, como a maioria dos garotos de sua idade, Eric estava começando a pensar em garotas. "Algum dia – se minha carantonha feia permitir – eu vou me apaixonar. Aí vou me ver mais uma vez num dos meus dilemas."[138] Em outras palavras, quando arranjasse uma namorada ele estaria diante da mesma escolha que enfrentara entre a lealdade à família e a lealdade à causa. Mas de alguma forma ele estava "tentando desesperadamente me apaixonar – sem sucesso, é claro".[139] Após sua chegada à Inglaterra, Eric "quase tinha esquecido que existiam mulheres energéticas e inteligentes, e até homens, homens e mulheres modernos – sem falar dos socialistas". Ficou meio atarantado quando uma dessas "mulheres modernas" fez uma visita à sua família.[140] De todo modo, qualquer mulher jovem que via na rua lhe proporcionava uma boa sensação, fosse sexual ou apenas de natureza geral.[141] Mas Eric sentia o que ele mesmo chamava de um "complexo de inferioridade" a respeito da própria aparência. "Eu tenho vergonha da minha aparência. Isso parece bobagem, e é mesmo. Mas é verdade." Ainda em Viena, ele olhou para a vitrine de uma loja com espelhos emoldurados e viu seu perfil pela primeira vez: "Será que eu era tão pouco atraente assim?".[142] As coisas seriam diferentes "se eu tivesse uma outra aparência". Foi então que admitiu "que eu reprimo meus sentimentos sexuais".[143]

Por isso, sentiu-se ainda mais perturbado quando, alguns meses depois, ele estava atravessando o Hyde Park à noite e foi abordado por algumas prostitutas em busca de clientes. Nos anos 1930 o parque era um notório campo de caça para mulheres da noite, e era comum serem presas por se oferecerem aos homens.[144] "Você vai me perdoar", disse ao leitor imaginário de seu diário mais ou menos uma hora e meia depois do incidente, "se, como um jovem inocente e inexperiente de 17 anos que nunca sequer chegou a tocar numa mulher, eu escrever sobre isso":[145]

Se eu não fosse tão ingênuo e infantil, não teria levado tão a sério. Mas de qualquer forma foi estranho: uma excitação embotada, hesitando enquanto oscilava entre o desejo de falar com ela e ir com ela e a consciência de que não tinha dinheiro e – bem no fundo – de não querer pegar sífilis, uma sensação variando entre um grande temor e um enorme triunfo, que me fez estremecer. Meus olhos brilhavam, eu sei. Só me lembrei vagamente de ser feio. Eu queria falar, e sei que em vez de uma ironia indiferente o que sairiam seriam palavras muito hesitantes, pois achei que estivesse com medo [...] e dizer numa voz meio embriagada, com um desinteresse artificial, trêmulo e escondendo o desejo, que receio não ter dinheiro e que meus bolsos estão vazio [...]. E logo depois que me afastei, percebi que deveria ter sido mais firme, antes de dizer que não tinha dinheiro, para poder desfrutar ao menos um pouquinho, e tremi ao pensar que existem mulheres que eu poderia ter – mesmo que apenas por dinheiro (*Comme c'est triste, la jeunesse*, diz Flaubert).[146]

Eric se sentiu um tanto absurdo depois desse encontro, entendendo como o incidente tinha despertado seu complexo de inferioridade e como, ao refletir a respeito, ele poderia considerar aquilo fria e ironicamente como "um fenômeno interessante", em vez de sentir qualquer empatia pelas mulheres ou pensar sobre a natureza do trabalho delas: afinal, ele era simplesmente jovem demais, e no mínimo muito ignorante naquela matéria para isso. Mas, ainda assim, a experiência o deixou perturbado, libertando desejos que vinha tentando reprimir.

Tanto que, de fato, ele voltou a percorrer as veredas escuras do parque, "para sentir o prazer de ouvir de novo 'Olá, queridinho' – pois as prostitutas eram tão banais que não conseguiam sequer se oferecer sem uma fala romântica e cinematográfica do tipo 'solitário esta noite'?".[147] O problema, ele concluiu, era que seu intelectualismo o impedia de libertar seus instintos – apesar de ao mesmo tempo notar que todo o episódio o deixara sexualmente excitado. Ao sair do parque, já sob a luz dos postes de iluminação, teve uma sensação de alívio quando voltou a caminhar entre pessoas comuns. Tomou um trem na estação Victoria, encontrou um reservado e começou a ler *Oraison funèbre de très haut et très puissant prince Louis de Bourbon* de Bossuet, um sermão do século XVII sobre a morte do príncipe de Condé. "A emoção de Wordsworth 'rememorada com tranquilidade' vale muito", refletiu quando considerou esse incidente mais tarde, acrescentando: "Realmente, eu sou tremendamente ingênuo".[148]

Assim, Eric continuou enchendo a cabeça com marxismo. Seria um substituto para o amor sexual, algo em que de qualquer forma ele ainda não tinha experiência.

Devemos viver intensamente. A vida é curta demais, que chegue a 20 ou 80 anos, para não se aproveitar o máximo possível [...]. Faço o possível para viver intensamente, e com sucesso. Por isso estou me educando para extrair o máximo possível da minha limitada experiência pessoal – estética e de outras formas – e ampliar minha experiência por meio dos livros [...]. Minha vida é curta demais para ser esbanjada em coisas não essenciais. Eu tenho os meus "essenciais" – vamos chamá-los de marxismo. E quero me dedicar a isso. Quero mergulhar nisso como no mar, e me afogar. Quero amar, apaixonadamente [...] e também espiritualmente. Como alguém ama uma mulher.[149]

Eric sentiu que, ao se tornar um intelectual marxista, ele estava transformando sua aparência repulsiva em uma virtude. "Minha negligência com coisas externas é apenas a reação a ter percebido que sou feio." Mas ao mesmo tempo ele tentava não se envergonhar de sua aparência. "Eu viro para o outro lado e tento me orgulhar de minha aparência." Esforçava-se conscientemente para parecer realmente um intelectual. Ao se concentrar na vida mental, Eric estava superando seu constrangimento, da mesma forma que havia superado sua vergonha de ser pobre ao se tornar comunista. Sabia que era inteligente, embora também soubesse que era inexperiente nas coisas do mundo. Por isso posava como uma pessoa fria, cerebral e não emotiva, um observador sem emoções.[150]

É claro que em algumas ocasiões havia outras diversões além de ler e fazer os trabalhos da escola. Em outubro de 1934 seu tio Sidney, que tinha trabalhado na indústria cinematográfica em Berlim, o levou aos estúdios de Isleworth, perto de Hounslow, a oeste de Londres, onde, nos anos futuros, seriam realizados filmes tecnicamente apurados como *Daqui a cem anos* (1936), *O terceiro homem* (1949) e *Uma aventura na África* (1951). Eric percebeu a contradição entre o cenário do estúdio – um modelo em tamanho natural de uma estalagem espanhola – e os microfones, os holofotes e as câmeras, com a incongruente visão de um exemplar do *Daily Express* jogado no chão do estúdio. Fazer filmes era, considerou, "uma espécie de parasitismo" que se alimentava da realidade e a explorava "sem ter uma base firme" no real. Ainda assim, era "fascinante". Em comparação, o mundo da política de esquerda na Grã-Bretanha parecia obtuso e sem imaginação. Enfim, a política na Europa Central era mais excitante que a política no Reino Unido. Eric acompanhou com interesse as notícias de que no início de julho de 1934 Hitler havia prendido e executado os cabeças dos camisas-marrons na Alemanha, bem como alguns de seus ex-rivais, na chamada "Noites das facas longas". Pelo menos de início, aceitou a propaganda nazista de que os camisas-marrons estavam preparando um golpe, embora achasse difícil acreditar que duas das vítimas de Hitler, Schleicher, o ex-chanceler do Reich que fora fuzilado, e Papen, despachado para ser embaixador em Viena, estivessem envolvidas. Não cometeu o erro de alguns comunistas de interpretar essa notícia como o fim do regime nazista.[151] Aliás, Eric estava ficado cada vez mais lúcido e pessimista com a situação política da Europa. Achava que o novo governo da Frente Popular na Espanha poderia igualmente resultar numa revolução ou numa guerra civil. Tinha esperança de "que não seja uma segunda Áustria!", referindo-se ao golpe clérigo-fascista que havia esmagado o movimento trabalhista numa breve guerra civil em fevereiro passado.[152]

Vivendo em tempos terríveis, com violência e mortes eclodindo por toda a Europa, uma grande guerra no passado recente e outra provável no futuro próximo, revoluções e contrarrevoluções em toda parte, Eric achava que o único caminho moral era se dedicar a construir um futuro melhor.[153] Foi com o primo Ron visitar um jovem comunista que trabalhava numa livraria de esquerda e morava com a mulher, uma secretária, e o filho ainda bebê. A simplicidade e o estado do apartamento fizeram com que Eric percebesse o quanto as pessoas moravam modestamente: "O quanto somos plutocráticos em comparação, pensei, e me senti envergonhado. Eu deveria fazer duas vezes mais pela causa que qualquer proletário."[154] Durante os dias seguintes obrigou-se a um "fanatismo bolchevique". A causa era tudo, com certeza. Mas no fundo do coração ele sabia que nunca se despojaria de tudo para segui-la. A única esperança para o futuro estava no comunismo, portanto, quem não "se dedicar totalmente à destruição do capitalismo é um traidor. Conclusão: eu sou um traidor".[155]

Enquanto isso, continuava suas leituras dos clássicos marxistas, e em janeiro de 1935 comprou *Das Kapital: Volume I* de Karl Marx e levou o livro para casa com um intenso sentimento de orgulho, para acrescentar à sua crescente biblioteca particular.[156] "Eu uso Marx etc. como um livro-texto", escreveu, "e como uma espécie de tabela de logaritmos, isto é, quando surge alguma coisa que desejo analisar, e não quero ter o trabalho de pensar na coisa toda em termos dialéticos, eu tomo o lugar de Marx e disponho de uma análise brilhante e completa à mão."[157] Aos 17 anos, Eric ainda não tinha capacidade de pensar criticamente sobre o marxismo, o que só desenvolveria mais tarde na vida. À parte essas obras sobre a teoria marxista, ele se divertia lendo romances policiais, e em fevereiro de 1935 também se dedicou ao teatro, consumindo peças de Ésquilo, Beaumont e Fletcher, Chapman, Chekhov, Dekker, Dryden, Ford, Heywood, Jonson, Marston, Massinger, Middleton, Marlowe, O'Neill, Sófocles, Strindberg e Webster, além de enfrentar *Tristram Shandy* de Sterne (apesar das tentativas do tio de impedi-lo). *O demônio branco* de Webster levou Eric a refletir que a sociedade decadente retratada pelas peças teatrais tinha seus paralelos em cada época.[158]

Para entender a moderna dramaturgia inglesa, Eric foi ajudado pelos ensaios de T. S. Eliot, "um homem sempre valioso como crítico".[159] Mas quando se tratava de leituras obrigatórias, sentia-se repugnado pelos textos dos "escritores burgueses (a literatura esperada)" que precisava ler para a escola. Eram todos um "desperdício de papel. Isso é o que eram. Pior ainda: propaganda capitalista", embotada, tendenciosa, frágil. Claro que também reconhecia que havia "muitos livros comunistas ruins". "Nem Stálin é um grande escritor se comparado a Marx" – um veredito que qualquer um que lesse os dois autores lado a lado concordaria, mas que poucos comunistas convictos de meados dos anos 1930 ousariam concordar. A literatura burguesa só era válida se "conduzisse a mente por caminhos em que pudesse ir além". Achava que eram os casos de Shaw, Platão, Aristóteles, Wordsworth e das obras em prosa de Shelley, do historiador Vinogradoff e de alguns outros. Em comparação, até mesmo um escritor pesado como Stálin tinha algo a ensinar diretamente ao leitor, pois estava aplicando o método marxista.[160]

Eric aprovava o panteão convencional de heróis rebeldes de esquerda, começando por Spartacus, que liderou uma rebelião de escravos na Roma antiga, chegando até as manifestações de protesto dos camponeses Wat Tyler e John Ball na Inglaterra medieval, ao líder cossaco Stenka Razin, aos niveladores,[6*] a rebeldes irlandeses como Wolf Tone, aos cartistas,[7†] ao Sinn Fein,[8‡] aos trabalhadores em greve em muitos países e aos anarquistas Sacco e Vanzetti, executados nos Estados Unidos em 1927, o que provocou manifestações no mundo todo contra as acusações de assassinato pelas quais foram condenados. Seus heróis alemães incluíam os anabatistas protestantes de Münster, Karl Liebknecht e Rosa

---

6 * Partido político na Inglaterra durante o período da Guerra Civil (1642-1651) (N.T.)

7 † Adeptos do cartismo, o primeiro movimento de massa das classes operárias da Inglaterra durante a Revolução Industrial. (N.T.)

8 ‡ Partido nacionalista irlandês fundado por Arthur Griffith em 1905. (N.T.)

Luxemburgo, os líderes da República Soviética da Baviária de 1919 e Max Hölz, o guerrilheiro de ultraesquerda da Saxônia do início dos anos 1920. Mas Eric percebeu que heróis podiam ser encontrados em todas as partes do mundo, da Índia à China, do México à Namíbia: "Milhões! Centenas, milhares de milhões. Não é muito mais grandioso do que se lamuriar sobre os próprios desejos e vontades?". Bastava imaginar todos os oprimidos se unindo em todo o planeta para construir um futuro melhor. "Homem, que visão! Ah, provavelmente eu não vou ver isso. Apesar de que – eu estou com 17 anos. Imagino que vá viver até os 40. São quase 23 anos. Mais provável 30 ou 35. Não, o mais provável é que eu não veja a revolução mundial."[161]

Fazia fantasias sobre como aconteceria a revolução mundial. A experiência da Irlanda entre 1916 e 1921 tinha mostrado como um pequeno grupo compacto, bem organizado e bem equipado, contando com o apoio da massa da população, ainda que passivo, não ativo, podia travar uma bem-sucedida guerra de guerrilha de libertação. Portanto, era necessário ("já!") reunir um grupo de revolucionários, treiná-los em clubes esportivos e locais semelhantes, estocar armas em esconderijos, criar uma rede de inteligência eficaz e livre de traidores e elaborar uma lista de prédios e instalações importantes a serem invadidos. E como uma revolução só poderia dar certo se tivesse a massa de trabalhadores ao seu lado, era necessário antes ganhar o proletariado, para organizar um *coup d'état* depois da convocação de uma greve geral. As linhas férreas precisavam ser explodidas para evitar o deslocamento de tropas governamentais para pontos críticos de Londres e mantê-las isoladas do resto do país:

> Explodir a Great North Road, Edgware Road, a Great Western, Southampton, Croydon, a A20, as [estradas] de Hastings e Eastbourne. Explodir todas as estradas de ferro – ou ocupá-las. Explodir algumas pontes de ferrovias e controlar as travessias do Tâmisa. Bloquear a jusante do Tâmisa e lançar grupos [de combate] pelas ruas laterais para fornecer apoio. Ao mesmo tempo, controlar o rádio ou fechá-lo, para fazer as nossas transmissões. Construir barricadas em todos os bairros com cortiços (como em Hamburgo em 1923), Paris em 1871, Wedding [Berlim] em 1929) e tentar ocupar as fábricas e invadir bancos e edifícios públicos. Cortar os cabos de telégrafo e de eletricidade se for impossível invadir as geradoras de energia. Se não houver outra maneira, explodi-las. Bloquear as linhas de ônibus e de bondes e o maior número de ruas possível usando os trabalhadores de

transportes. Claro que isso não vai impedir que soldados entrem e saiam, mas dificultará as coisas para eles.¹⁶²

Eric achava que essas mesmas operações deveriam ser empreendidas em outras cidades inglesas.

Era possível, claro, que partes significativas do exército se aliassem aos revolucionários. Mas mesmo se isso não acontecesse, as forças armadas não iriam destruir os principais edifícios públicos, fábricas, bancos e que tais só por terem sido ocupados. No fim uma eficiente greve geral cortaria os suprimentos dos soldados e os obrigaria a se render. "Isso pode parecer um banho de sangue desnecessário", reconheceu Eric ao concluir sua fantasia adolescente de uma revolução bolchevique no Reino Unido, "mas, honestamente, eu não escrevi isso por conta de um fascínio infantil por aventuras. Queria entender claramente como uma revolução bem-sucedida segue seu curso, e como usar ao máximo possível a experiência de outras revoluções." Se pensasse por um momento no destino da Comuna de Paris em 1871, destruída por tropas militares do exterior, ou nas barricadas de Hamburgo de 1923 e de Berlim-Wedding de 1929, desmanteladas pela polícia, talvez Eric não se deixasse levar por um entusiasmo tão juvenil. Anos mais tarde, quando voltou a esse assunto com um olhar mais pessimista, nascido de décadas de observação de golpes militares de direita, foi o corpo de oficiais que lhe pareceu o mais provável iniciador de uma violenta tomada do poder, embora ainda achasse que pudesse ser derrotado por um movimento democrático popular bem organizado.¹⁶³

Como sugerem esses cenários, Eric sentia que sua vida tinha degenerado numa rotina. "Eu leio, como, penso, durmo", escreveu em março de 1935: "Compro livros – devaneio bastante. E por que não? Um pouco de realização dos desejos – dói? Talvez".¹⁶⁴ Considerava-se "incapaz de fazer qualquer coisa para a escola. Deus sabe no que vai dar o exame final do período letivo".¹⁶⁵ Como um típico adolescente, ele se sentia sem rumo, sem saber se devia mergulhar em alguma atividade ou se retirar para uma torre de marfim. Sentia-se insatisfeito com a vida e ansiava por algo diferente, sem saber o que realmente era. "Eu sou inteligente, muito inteligente, será que meus dotes intelectuais devem simplesmente apodrecer em uso privado?" Consolava-se um pouco com as reflexões de Vincent van Gogh, cujos sentimentos, expressados nas cartas que Eric estava lendo, eram semelhantes aos seus, segundo pensava. Mas se sentia frustrado por saber que nunca poderia ser um revolucionário ativo.¹⁶⁶ O poeta Arthur Rimbaud o fazia se sentir inferior, pois tinha produzido algumas grandes obras com 18 anos, enquanto Eric achava que não havia feito nada notável até este seu estágio na vida.[167] Enquanto isso ele continuava suas leituras, concluindo meia dúzia de peças de Shakespeare no começo de março, além de *Shakespearean Criticism* de Coleridge, *Os contos de Canterbury* de Chaucer, *Tom Jones* de Fielding e *Satiricon* de Petrônio.[168] Sua lista de livros lidos entre a última semana de março e a primeira semana de abril de 1935 incluía À l'ombre des jeunes filles en fleurs de Proust, *Königliche Hoheit* de Thomas Mann, os primeiros quatro livros de *Paraíso perdido* de Milton, os primeiros 15 capítulos de *Life of Dr. Johnson* de Boswell, poemas de Wilfred Owen, de Donne e Housman, cartas de Dryden e Pope e obras de Jean-Paul, Gotthold Lessing, Maupassant e outros. Considerava Proust difícil, pela visão individualista e subjetiva que adotava. Lia trabalhos do filósofo David Hume, lia biografias populares de Lênin e relatos de viagens de Dos Passos, nitidamente pensando em si mesmo quando pinçou a frase: "Eu era um escritor, escritores são pessoas que ficavam nas laterais o mais que podiam".[169]

Depois de vários meses concentrado nos estudos e nos exames, além de em suas leituras particulares, Eric resolveu se tornar politicamente ativo de novo. Mas não queria mais encrencas com a família. Disse ao tio e à tia que ia visitar o primo Denis, e aproveitou para assistir a uma apresentação de *Hamlet* depois das aulas, com John Gielgud no papel principal, que ele considerou "muito bom", embora enfatizasse demais o personagem e não tanto os versos.[170] Fez um pouco de hora numa casa de chá e em seguida seguiu para uma reunião do Partido Trabalhista tarde da noite. O clima era de um romance de capa e espada:

> Andei por ruas laterais na direção de Tulse Hill enquanto perguntava a mim mesmo se tia Gretl e tio Sidney poderiam me localizar por conta de alguma coincidência. Cogitei mais uma vez sobre a questão e mais uma vez decidi logicamente que meu comportamento era absolutamente justificável sob todos os aspectos. Mesmo assim, tinha uma sensação tola e vaga de que aquilo não estava certo. Afinal, é preciso ter uma relação saudável com os pais ou tutores — não importa quem. Com certeza não é difícil mentir para eles, mas eu preferia poder dizer abertamente: Escutem, eu vou a uma reunião, ou a uma casa, a um jardim ou coisa do gênero. Talvez eu estivesse meio abatido, pois estava com calor e tremia um pouco quando cheguei ao saguão.

Nessa reunião, a experiência de Eric com o Partido Trabalhista foi melhor que a anterior. Notou que a segurança era feita com um bastão de ferro pela sra. Anstey, "uma senhora simpática, com o rosto rosado, e muito jovial, mas não socialista". Quando leu em voz alta a lista de novos membros, ela ressaltou bastante a necessidade de todos seguirem as regras e os princípios do Partido Trabalhista, "para que nenhum cabeça-quente entre no partido". De qualquer forma, considerou os membros "muito simpáticos". Contudo, estava claro que não poderia fazer muita coisa para radicalizá-los. Quando chegou em casa, sua decepção não passou em branco. Eric não voltou mais lá.

Apesar de seu ressentimento com a hostilidade demonstrada por Sidney e Gretl em relação à sua tendência ao ativismo político, Eric sabia que morava numa casa relativamente liberal e tolerante. E acreditava que isso tinha um lado positivo e um lado negativo. Sua tia, ponderou,

> sofre com a decadência das convenções. Não suficientemente e sistemática para manter a atmosfera vitoriana, insegura demais para adotar uma forma mais moderna de nos criar, ela se encontra suspensa entre o velho e o novo. Pensa na própria infância com saudosismo, mas não faz qualquer tentativa sistemática de aplicar os métodos usados naquele tempo para educar as crianças. Por isso nós não temos uma criação. Falta o pano de fundo das convenções. É claro que respeitávamos pouco o indivíduo. Como resultado, Nancy e Peter estão crescendo por conta própria. Talvez mais tarde eles se aprumem. Nancy, provavelmente não.

Havia certa impotência em Sidney e Gretl, segundo Eric: os dois não conseguiam entender por que eram tão malsucedidos. Estariam mais bem inseridos na sociedade se tivessem vivido quarenta anos antes.[171]

VI

No dia 31 de março de 1935, um domingo, Eric partiu com a irmã, o tio e a tia, o filho Peter e um cinegrafista tchecoslovaco que o tio conhecia para uma viagem pelo litoral sul, passando por Bognor, Arundel, Littlehampton, Worthing e Brighton. Remaram no mar em Brighton, onde Eric ficou fascinado pelo movimento das ondas batendo na praia.[172] Algumas semanas depois, nos feriados da Páscoa de 1935, quis fazer mais uma excursão de bicicleta com Ron, mas Sidney e Gretl foram egoístas, já que ninguém mais na família iria viajar no feriado. Além disso, iria custar dinheiro a mais para eles por não ser as férias de Eric, mas um tempo extra de lazer. Eric argumentou que eles já sabiam há meses que ele estava planejando aquela viagem, então por que deixaram até a última hora para dizer não? Eles poderiam considerar o saco de dormir que tinham comprado para ele por uma libra como um adiantamento do seu presente de aniversário de junho. A Páscoa era a única ocasião em que Ron podia folgar no trabalho, e os tios poderiam muito bem considerar como a principal folga de Eric também e deixá-lo em casa quando saíssem nas férias de verão. O cerne da discussão, porém, estava no fato de que Eric recebia uma bolsa de estudos da escola no valor de oito libras por período letivo, que ele via como sua e a guardava numa conta poupança da agência do correio. Sidney e Gretl queriam que ele guardasse tudo, não que fizesse retiradas para gastar em férias. Esse dinheiro seria essencial se ele fosse para a faculdade, reduzindo a carga financeira que recairia sobre o casal. Uma quantia tão pequena, contrapôs Eric, não chegaria nem perto de cobrir suas despesas na universidade; ele precisava de outra bolsa de estudos, de preferência bem mais substancial. Retirar algumas libras para umas férias não faria diferença nenhuma. E tampouco ele iria deixar de comprar livros com a modesta mesada que recebia. Eric se manteve inflexível. No fim, os tios permitiram que fosse.[173]

Os garotos partiram para South West, chegando a Salisbúria em 18 de abril, seguindo depois para Shaftesbury e Sherborne, continuando até Yeovil e Crewkerne debaixo de uma chuvarada. Quase não havia trânsito, mas eles chegaram ensopados ao acampamento à beira-mar em Dunscombe Manor, em Sidmouth. Passaram os dias seguintes sem fazer muita coisa (com Eric lendo, é claro) ou realizando pequenas excursões. Sidney e Gretl devem ter abrandado, pois no sábado de Páscoa, 20 de abril de 1935, os dois foram de carro com Nancy e Peter visitar os meninos. O tempo melhorou, e quando o sol começou a brilhar Eric e Ron fizeram caminhadas ao longo da costa, subiram nos penhascos e ficaram apreciando o mar lá de cima. Quando chovia eles ficavam na barraca, conversando ou lendo: Eric às voltas com os poetas metafísicos, Marvell, Donne, Herbert e outros. "Ron estava sempre fazendo perguntas sobre agricultura, sobre pesca comercial, sobre construção de estradas, sobre tudo" e "sobre a Inglaterra e a vida."[174] Já quase no fim da viagem, Ron conseguiu mais uma vez convencer alguns pescadores a levá-los no barco.

Partiram ao amanhecer para a pedregosa aldeia de Beer, tendo embarcado às seis da manhã. No começo Eric se sentiu enjoado, mas o mar estava calmo e os garotos passaram o dia tomando banho de sol, conversando com os pescadores e comendo as rações que os homens ofereceram.

Dois dias depois eles começaram a voltar de bicicleta. No intervalo da tarde eles conversaram sobre Thomas Hardy, Dostoiévski, Gogol e *Rei Lear* de Shakespeare, discutiram se os preparativos para a guerra já estavam sendo feitos e, viajando pelo que era obviamente uma estrada romana, compararam a civilização de Roma com a civilização medieval. Eric ficou encantado ao conhecer Tolpuddle, local da famosa disputa que no século XIX dera origem aos "mártires de Tolpuddle", heróis do movimento trabalhista. Sob sugestão de Eric, fizeram um desvio para passar por New Forest, chegando aos seus limites à meia-noite, por uma estrada ladeada de árvores enormes. Seguindo atrás de Ron, Eric achou que ele se parecia com Mefisto com seu gorro de ciclista e o brilho amarelado do farol alimentado pelo dínamo à sua frente. Às vezes um carro vinha na direção deles, e os dois desmontavam da bicicleta para não serem ofuscados pelos faróis. Era uma hora da manhã quando eles saíram da floresta. "A noite tinha perdido muito da sua beleza." Estavam cansados e de mau humor. Às duas e meia eles finalmente desistiram, entraram numa clareira próxima, estenderam uma lona no chão e dormiram. Despertados duas horas depois pelo coral do amanhecer, comeram linguiça ("nunca um desjejum teve gosto tão ruim") e seguiram viagem. "Às seis da manhã Winchester parece muito bonita", observou Eric. Alguns quilômetros adiante eles encontraram uma ravina, desenrolaram os sacos de dormir e logo adormeceram. Acordaram às 11 e seguiram em frente, começando já a sentir o cheiro de fumaça e de gasolina de Londres. "Orgulhosos dos nossos bronzeados", escreveu Eric na conclusão de sua narrativa, "nós chegamos na casa do tio Harry."[175]

Eric teve a sorte de não ter dado nada errado com as bicicletas. Alguns meses depois, ele estava num passeio com o primo Ron em Amersham e Great Missenden, admirando as onduladas montanhas de Chilterns, quando a corrente de sua bicicleta se soltou e ele não conseguiu recolocá-la no lugar. Por sorte, por acaso dois colegas da escola (George e "Bilge") passaram por eles numa motocicleta, pararam e arrumaram a corrente. "Eu sempre admirei muito as habilidades mecânicas. Eles chegaram até nós como anjos da guarda, ou literalmente como um *Deus ex machina*."[176] A natureza pouco prática que já tinha incomodado seu pai acompanharia Eric pelo resto da vida. Usando quase todos os minutos de lazer para ler, ele não se encaixava muito bem na casa dos tios. Amava e admirava os dois, mas as desavenças eram frequentes, e Eric começou a achar que "na verdade era quase impossível viver em paz com o t[io] S[idney]. Tenho me esforçado muito para não discordar nesses últimos dias, mas simplesmente não funcionou". Pequenas coisas provocadas por sua falta de jeito, como derrubar uma colher, provocavam uma briga atrás da outra. Seria melhor, considerou, se ele morasse sozinho e só visitasse os tios de vez em quando. Ao nutrir esses pensamentos, Eric não estava sendo muito diferente de muitos garotos de 18 anos. Também não se dava bem com a irmã Nancy, e achava melhor que os dois mantivessem distância. De sua parte, Nancy se ressentia de a fama de estudante brilhante do irmão levar as pessoas a esperar grandes coisas dela também. Nancy não se interessava por questões acadêmicas, faltava às aulas com frequência para ir a matinês no cinema local, fumava um cigarro atrás do outro e comia doces em vez de estudar.[177] Eric também não tinha nada em comum com o primo Peter, filho de Sidney e Gretl, que também morava na casa. No fim da adolescência, seus interesses – artísticos, literários, intelectuais, acadêmicos, políticos – tinham aberto um fosso que nunca se fecharia entre seu mundo e o mundo mais convencional habitado por Nancy e Peter.[178]

Quando ia de bicicleta para a escola, como fazia todos os dias, ele via os operários saindo das fábricas ou voltando para casa de bicicleta ao seu lado, ferroviários a caminho do trabalho. Numa tarde de sábado, quando passava pela Praed Street, perto da estação de Paddington, Eric teve a oportunidade de observar a classe trabalhadora em seu tempo de lazer: os homens mais jovens de ternos baratos, com as namoradas maquiadas e com permanente nos cabelos, os homens mais velhos entrando e saindo dos pubs, crianças de roupas sujas brincando em ruelas encardidas de fuligem, garotos adolescentes fumando seus primeiros cigarros, jovens ombro a ombro com garotas de vestidos e bijuterias baratas a caminho de cinemas populares. "Toscos, brutalizados pelo ambiente, subnutridos e fracos, mesmo assim eles são – e não estou falando em termos políticos – mais 'seres humanos' do que as pessoas que conheço." Considerava a burguesia artificial, empolada: o proletariado era mais direto, mais autêntico. Achava estranho que tivesse formado sua visão política numa classe com a qual não tinha a menor experiência pessoal e cujos membros na verdade não conhecia. Anos se passariam até Eric vir a conhecer os verdadeiros proletários ingleses, e quando isso finalmente aconteceu ele achou sua cultura e sua moral bastante chocantes.

VII

No dia 10 de maio de 1935, Sidney e Gretl alugaram uma casa no número 25 da Handel Close, em Edgware, norte de Londres.[179] A mudança para Edgware significava que Eric teria de desistir de sua participação na sede do Partido Trabalhista de Norwood. Começou a frequentar a regional de Edgware, que era cheia de "aristocratas trabalhistas que moram em conjuntos habitacionais".[180] De qualquer forma, ele continuou se comportando como um intelectual distanciado. "Os intelectuais são o coro do grande drama da luta de classes", decidiu.[181] Seu papel não era tomar parte da ação, mas sim, como numa peça da Grécia antiga, comentar a respeito, mesmo que de um ponto de vista muito distante da neutralidade: mais Eurípides que Ésquilo, talvez. Mas enquanto o coro numa peça grega era impotente para influenciar a ação, o intelectual do século XX não era. Era seu papel dar voz aos que se engajavam diretamente na luta de classes. Acima de tudo, era importante defender a União Soviética. Como o único Estado socialista do mundo, tinha de ser preservado para disseminar a revolução pelo planeta. Por isso, "deve-se perdoar muita coisa do Comintern".[182] Acreditava que os revolucionários tinham de ser "totalmente inescrupulosos e afrontosamente flexíveis" em suas táticas. Entre outras coisas, isso significava se aliar a outros movimentos políticos quando fosse necessário.[183] Nessa época Eric ainda estava bastante enraizado na ortodoxia do Partido. Em 1935 ele deu ao primo Ron de presente de aniversário um exemplar de *História do Partido Comunista (bolcheviques) da URSS* de Stálin, com a dedicatória: "Para Ron, de Eric. Com sorte, eu e você veremos esta história escrita nos mesmos termos sobre a Inglaterra. Na esperança de que possa não demorar muito tempo e de ajudar a tornar a espera mais curta. Eric, 20 de julho de 1935". Ron continuou não convencido – o livro não teve anotações nas margens e parece nem ter sido muito folheado – e continuou a vida toda apoiando o Partido Trabalhista.[184] Mas nem todos os debates e discussões entre os dois eram políticos: junto ao *História do Partido*, Eric também deu a Ron as obras completas de Harold Monro, um dos chamados poetas georgianos do início do século XX cujos versos líricos respiravam uma forte sensação de nostalgia. "Para se lembrar e para olhar para a frente", escreveu na dedicatória. "Se possível, a última coisa – acho que não podemos nos dar ao luxo da primeira. Mas se nos dermos ao luxo – bem, vamos cometer o grande pecado e ser sentimentais por enquanto. Espero que siga o meu conselho."[185]

Ao mesmo tempo, contudo, Eric estava desenvolvendo um novo interesse que ia além de suas incessantes e prodigiosas leituras, que era seu amor pela natureza e sua formação como intelectual comunista. Em 1934 ele foi introduzido ao jazz pelo primo Denis. Nascido em novembro de 1916, portanto apenas alguns meses mais velho que Eric, Denis foi criado só pela mãe, pois o pai o abandonou e a sua irmã quando ele ainda era muito novo. Quando conheceu Eric, já tinha deixado a escola e estava ganhando dinheiro tocando viola de arco, que aprendia com um profissional, mas também era meio polivalente e passava boa parte do tempo ouvindo e pensando sobre jazz, seguindo um entusiasmo surgido ao assistir a uma apresentação de Louis Armstrong em Londres em 1932. Nas palavras de Eric, Denis era um jovem "de altura média, cabelos pretos com muito laquê, um sorriso de meia bochecha, uma linha vertical entre as sobrancelhas, boca grande, um dente quebrado [...] e roía muito as unhas". Ele morava em Sydenham, no sul de Londres, "em um quarto num sótão na casa quase preta com a mãe [...] mobiliado com uma cama grande, algumas cadeiras vitorianas e várias mesas e compartimentos feitos de estojos de embalagens, em um dos quais ele tinha colado uma galeria de fotografias", a maioria de jazzistas. "O gramofone ficava em cima de um pequeno barril e nós nos divertíamos esvaziando latas de leite condensado e [comendo] peixe com batatas fritas."[186]

Denis ia à casa de Eric em Norwood com frequência. Os dois discutiam com Gretl quem era o melhor violinista clássico do mundo – o experiente Fritz Kreisler ou o jovem prodígio Yehudi Menuhin.[187] A casa de Sidney e Gretl em Edgware tinha um rádio, em que Eric ouvia jazz sempre que podia, achando que aquela música o levaria à loucura se não fosse tão casca-grossa.[188] Denis trazia discos de jazz, que eles tocavam num velho gramofone, enfiando meias enroladas no megafone para não perturbar o resto da casa à noite, ouvindo Louis Armstrong, fumando e tomando leite condensado.[189] Mas, ao mesmo tempo, Eric não se descuidava da música clássica. Ouvia Mozart e achava que aquela música chegava às profundezas de sua alma.[190] Acreditava que a música em geral era a mais abstrata e talvez também a mais pura forma de arte, que falava às emoções de forma mais direta que a literatura.[191]

Em março de 1935, Denis levou Eric para ouvir Duke Ellington no Palais de Danse, em Streatham. A turnê de Ellington na Grã-Bretanha em 1933 tinha sido um sucesso fantástico, com seus concertos atraindo a elite social, inclusive o príncipe de Gales.[192] Por isso, o espetáculo de Streatham era um acontecimento muito esperado. Quando Eric e Denis chegaram, as pessoas acorriam de todos os lados (embora já fosse tarde), mas ainda que muitos pudessem ser entusiastas do jazz, nós preferíamos achar que não eram, pois é agradável ter uma paixão por uma música inovadora não compartilhada por muita gente. Passamos por homens e por garotas (era a primeira vez que eu ia ao Palais de Danse, que parecia uma reimpressão barata da Babilônia) com desprezo em nossos corações. Ouso dizer que estávamos romantizando as belas garotas do sul de Londres e seus acompanhantes, que em geral não eram depravadas [...]. Aplaudimos o Duke e sua orquestra quando entraram no palco. Aplaudimos o tempo todo e cegamente, nos preparando para aceitar o ritmo da música, que é um jeito bobo de ouvir jazz; mas nós não conhecíamos um jeito melhor. Seguíamos cada um dos músicos, cujos nomes e peculiaridades conhecíamos, víamos quando eles sentavam, quase nos fazendo perder o fôlego com a veneração daqueles heróis. Quando eles começaram a tocar nós batemos os pés em delírio, com os olhos fixos nos solistas.[193]

De sua parte, Denis declarou a Eric que gostaria de aprender sobre marxismo. Eric tinha suas dúvidas. "Se há alguém que seja absolutamente não marxista, é D. Ele vai ser um socialista emocional a vida inteira, ou algo assim. Mas ao mesmo tempo ele é marxista e quer fortalecer seu domínio da teoria, e também ascender às classes superiores [...]. Ora, você, meu marxista!"[194] Mas ainda que deixando a desejar como marxista, Denis conseguiu incutir em Eric o que se tornaria uma paixão pelo jazz por toda sua vida.

Os livros de Eric ficavam guardados na garagem, mas ele conseguiu desentocar um volume de Baudelaire, de cuja poesia gostava não só por causa de seu domínio da técnica da língua francesa como também por tratar mais da vida urbana que da natureza, apesar de os versos expressarem os aspectos negativos da sociedade da cidade grande. "O culto de prostitutas é uma coisa muito intelectual-burguesa", observou Eric, talvez pensando no fascínio que sentira em seus encontros noturnos no Hyde Park.[195] Em 20 de maio ele desempacotou todos os seus livros, empurrando impiedosamente todos os que não queria mais para Nancy e Peter, que sem dúvida tinham pouco ou nenhum interesse por qualquer um deles. Organizou sua biblioteca pessoal em quatro categorias: política e história, literatura e crítica, história natural e miscelânea.[196] Leu as cartas de Chekhov, que o fizeram "esquecer que estou vivendo no ano de 1935; que Hitler fez um discurso ontem; que o Parlamento inglês triplicou o tamanho da força aérea; que a Itália está ameaçando engolir a Abissínia". Suas leituras na época consistiam quase inteiramente de literatura francesa; há poucas menções a textos marxistas e nenhuma de livros de história a não ser *Eminent Victorians* de Lytton Strachey. Quando não estava lendo, fazia caminhadas perto do lago de Edgware, onde avistou uma grande coruja, e pelo Regent Park, onde admirava as tulipas; no verão nadava no lago, que achava muito frio.[197]

Em junho de 1935 Eric já tinha trocado a literatura francesa pelos românticos, com ênfase no radical poeta Percy Bysshe Shelley e no fabulista alemão E. T. A. Hoffmann. Ao mesmo tempo estava lendo *La Chartreuse de Parme* (*A cartuxa de Parma*, 1839) de Stendhal. Os livros escolares tinham de ser comprados, e Eric adquiriu edições de Cícero, Virgílio, *Declínio e queda do Império Romano*, volume 1, de Gibbon, peças teatrais dos escritores da Restauração – Congreve, Vanbrugh, Farquhar e Wycherley – e as cartas do marquês de Sévigné do século XVII, mas também ia lendo a correspondência selecionada de Marx e Engels.[198] Assim, mais ou menos ao mesmo tempo, com 17 anos, Eric lia muito em inglês, francês, alemão e latim. Depois de seu aniversário de 18 anos o catálogo continuou com cartas de Goethe, poemas de Villon, versos do obscuro poeta austríaco Georg Trakl e peças do mais bem conhecido dramaturgo austríaco Johann Nestroy, uma história da Itália e um pouco de Dante.[199] Ficou contente em voltar para a poesia alemã, cobrindo páginas e páginas de seu diário com reflexões a respeito. Em poucas semanas ele também estava atacando o primeiro volume da enorme sequência de romances de Proust À la recherche du temps perdu, *O príncipe* de Maquiavel e *Leviatã* de Thomas Hobbes.[200] George Bernard Shaw, Gerard Manley Hopkins, Edward Thomas e Thomas Hardy foram acrescentados à lista no fim de julho.[201] Como marxista, ele considerava que "cada obra de arte é um documento social", mas isso não o impedia de gostar de poemas, peças teatrais e romances como obras de arte em si mesmas.[202] Interesses políticos e literários se misturaram quando ele começou a ler o romance de 1934 *O don silencioso* de Mikhail Sholokhov, "certamente um dos romances mais importantes do século XX". Foi "o primeiro exemplo que conheci de um romance socialista bem-sucedido".[203] Em setembro de 1935 ele estava lendo *Os sete pilares da sabedoria*, o relato de T. E. Lawrence sobre sua participação na revolta árabe contra os otomanos durante a Primeira Guerra Mundial, enquanto continuava com Stendhal e poetas franceses como Rimbaud e Villon.[204] Em meados de novembro Eric comprou mais livros de Stendhal e também do moralista Sainte-Beuve, além de poemas de Rilke e Walther von der Vogelweide.²⁰⁵ Leu *A casa em Paris* de Elizabeth Bowen, publicado em 1926, que considerou um "Proust aguado, absolutamente nada original".²⁰⁶

No começo de dezembro de 1934, Llewellyn Smith, impressionado com a capacidade de Eric, já o tinha aconselhado a se candidatar a uma bolsa de estudos para a Balliol College, em Oxford.²⁰⁷ Eric concordou, embora se sentisse irritado por ser tratado na escola como "uma espécie de animal miraculoso, com pessoas apontando para mim e dizendo 'bem, ele sabe um bocado mais que os outros etc. etc.'". Mesmo assim, escreveu: "Eu já me vejo em Oxford. Como são infantis essas fantasias, ainda que agradáveis".²⁰⁸ Em julho de 1935 ele prestou o Higher School Examination, necessário para entrar numa universidade. Passou com distinção em história e em latim, passou direto em inglês e em francês "com especial distinção no exame oral".²⁰⁹ Resolveu escolher o curso de história da universidade, por ser muito bom na matéria. Llewellyn Smith o orientou com os requisitos do processo de matrícula, o que, como Eric comentou mais tarde, "foi vital para o filho de uma família que nunca havia mandado ninguém para uma universidade e para quem Oxbridge era tão desconhecida quanto o Tibete; aliás, até mais desconhecida, pois eu tinha lido alguns livros de um explorador sueco sobre o Tibete".²¹⁰

Porém, por motivos não esclarecidos, não foi para a Balliol College de Oxford, mas para a King's College, em Cambridge, que Eric prestou o exame de admissão em história, em dezembro de 1935: se Llewellyn Smith considerou que o clima liberal bem conhecido da King's se adequaria melhor a Eric do que a atmosfera convencional da Balliol, ele estava certo. Eric passou a maior parte do tempo em outubro e novembro se preparando para o exame; durante essas semanas, desapareceu de seu diário a enumeração anterior e regular dos romances e poemas franceses em sua "crônica de leituras" (*Lesechronik*), ainda que tenha conseguido ler *Adeus às armas* de Hemingway, sobre o *front* italiano na Primeira Guerra Mundial, o romance *Mas não se matam cavalos?* de Horace McCoy, sobre maratonas de dança nos Estados Unidos durante a Grande Depressão, o gótico *Fully Dressed and in His Right Mind* de Michael Fessier, um pouco de Karl Kraus e diversos romances policiais, tudo mais leve do que costumava consumir.²¹¹ Com a proximidade dos exames, Eric começou a incluir livros de história em suas leituras, apesar de não gostar do processo de decorar fatos e datas e preferir abordar a matéria mais como marxista que como historiador. "Não importa muito se eu souber uma data a mais ou a menos, desde que tenha noção clara dos principais estágios de desenvolvimento."

Já na escola ele havia começado a analisar os principais aspectos da transição do feudalismo para o capitalismo, um problema que se tornaria uma obsessão pelo resto da sua vida.[212] Mas era forçoso que ele aprendesse ao menos alguns fatos históricos básicos. Seus trabalhos escolares exigiam que ele lesse *Lectures on Modern History* de lorde Acton, reunidas por seus alunos a partir das anotações de palestras do grande e pouco publicado historiador de Cambridge, além de *Lectures on Foreign History*, do especialista em Revolução Francesa J. M. Thompson, e obras sobre Lutero e Calvino.[213] Sobre Acton ele comentou: "Este é exatamente o tipo de história que não é bom".[214]

Mas nesse estágio Eric ainda não pensava em se tornar um historiador profissional. "Eu vejo a mim mesmo no futuro – Hobsbawm o fogoso orador. E. J. H. o celebrado autor. E. J. H. o organizador energético e de sangue frio, o filósofo. Depois fico com vergonha por ser tão infantil e deixo minha imaginação fugir de mim." Mas essa imaginação não fugiu na direção de história ou da academia.[215] Em novembro ele se sentiu confiante de ter expandido seus conhecimentos de história da Inglaterra e da Europa e estava bem preparado para o exame. "Estou pronto para o que der e vier".[216] Chegou a Cambridge em dezembro, prestou o exame de admissão e foi entrevistado por Christopher Morris, um decano da King's e especialista no pensamento político dos Tudor. Morris era famoso pela atenção que dava a seus alunos, inclusive mandando aos candidatos longas listas de livros que precisavam ler para se preparar para o exame para a bolsa de estudos. Sempre um notório opositor, era também bem conhecido por apreciar alunos de graduação com visões não convencionais, e ficou nitidamente impressionado com Eric, a quem foi concedida uma bolsa de estudos da Fundação de 100 libras por ano, mais ou menos a metade do salário médio do país à época, mais que suficiente para se manter como estudante do curso a se iniciar em outubro de 1936. Oxford e Cambridge ainda eram bastante influentes na vida britânica, a ponto de *The Times* publicar todos os anos uma relação dos que conseguiam bolsas de estudo e, como esperado, o nome de Eric foi incluído na lista como "E. J. E. Obsbawm".[217]

Mesmo antes de prestar o exame, Eric já se sentia desconfortável na casa dos Hobsbaum. Em setembro de 1935 ele registrou no diário sua frustração ao ser tratado como criança, com o nervosismo do tio e tédio da vida doméstica.[218] Não via a hora de construir a própria vida. "Você é uma pessoa de segunda linha", dizia a si mesmo: "Está acima do normal, abaixo do nível de gênio. É talentoso, não mais do que isso". A consciência de ser pouco mais que "uma pessoa da média" e não um gênio oculto era profundamente frustrante.[219] Só partindo para a luta por si mesmo ele poderia ascender acima da média. Ao mesmo tempo, Eric resolveu parar de escrever um diário. Não sentia mais qualquer necessidade disso. Ao relê-lo, considerou algumas anotações até boas, mas outras eram piegas (*kitschig*) e imaturas. "Eu joguei meus sentimentos nessa lata de lixo, em parte para me livrar deles, e em parte para fazer pose."[220] Não precisava mais disso, agora que conseguira uma bolsa de estudos em Cambridge e tinha pela frente pelo menos três anos de liberdade. Talvez também por não precisar confidenciar com seu diário, por ter conseguido pela primeira vez "fazer uma amizade por conta própria, em vez de obtê-la de forma parasita do bolso de outras pessoas". Tratava-se de Kenneth Syers, um jovem de esquerda que deve ter conhecido quando os dois estavam para ser entrevistados em Cambridge: suas convicções políticas em comum, coisa rara entre os candidatos à admissão, obviamente forjaram uma ligação entre os dois. A amizade entre eles iria voltar para assombrar Syers durante a guerra.

Por todas essas razões, Eric começou a se sentir mais otimista em relação ao futuro. Agora não precisaria mais viver de "segunda mão", mais sim viver a vida diretamente, por si mesmo. É claro que alertou a si mesmo: "Eu estou no século XX e sei que nada é certo. E de qualquer forma não tenho tal visão esperançosa. Por mais que seja difícil, não vou alimentar quaisquer ilusões". Mas acrescentou que se ele "voltasse arrependido e voltasse a escrevinhar sua confusão de longos discursos, exercícios estilísticos, críticas e catálogos, você sabe que vai parecer ridículo". Despediu-se como "Eric John Ernest Hobsbawm, um sujeito alto, anguloso, magro, louro e feio de 18 anos e meio de idade, com o dom de assimilar rapidamente conhecimentos gerais extensivos, mesmo que também superficiais", um "poseur" que ocasionalmente revelava sua sensualidade na apreciação da arte e da natureza, "egoísta, profundamente antipático para algumas pessoas, simplesmente risível para outras, a maioria. Ele quer ser um revolucionário, mas no momento não tem talento nenhum para organização; quer ser um escritor, mas não tem nem a força criativa nem a energia. Tem esperança, mas não tanta fé". Eric conhecia bem seus defeitos. Dizia a si mesmo que era "vaidoso e convencido. É um covarde. Adora muito a natureza. E está esquecendo a língua alemã". Não sabia se voltaria a manter um diário, mas até então era uma despedida. "E. J. E. termina como começou: de segunda mão (muito). PELO MOMENTO (muito mesmo) É ISSO."[221]

VIII

Um ano antes de ir para Cambridge, no fim do verão de 1935, tio Sidney perguntou se Eric gostaria de passar alguns dias com ele em Paris enquanto cuidava de seus negócios internacionais na cidade.[222] Os dois tomaram o trem para a balsa na estação Victoria na segunda-feira, 2 de setembro, voltando no domingo, 8 de setembro. Enquanto Sidney estava ocupado com reuniões e jantares de negócios, Eric embarcou numa vigorosa turnê turística.[223] Ao escrever para a revista da escola ao voltar para Londres, Eric descreveu sua caminhada pela rue de la Gaité, em Montparnasse, onde

> vi lojas de comerciantes de arte, sentindo-me muito feliz comigo mesmo sempre que acertava quem era o pintor. Havia comerciantes de arte em toda parte, e entre eles estandes com jovens sujos e de boina gritando o preço das bananas. Era tudo muito apertado, sujo e pitoresco, eu me senti muito romântico e tive de me reprimir para conter os exageros. Então isso é o Montparnasse, disse a mim mesmo, e pensei como seria agradável morar aqui.[224]

Ao pensar melhor, contudo, a sujeira era aversiva: disseram que "havia bichos". Então ele continuou andando, até o Jardin du Luxembourg, onde ficou observando as babás falando e brincando com as crianças. Apreciou as arcadas e os pilares da Sainte-Chapelle: "Eram finos e subiam ao céu como plantas crescendo no escuro, com os santos imóveis reluzindo de vermelho, verde e amarelo nos grandes vitrais das janelas". Em Montmartre ficou admirado com a Igreja do Sagrado Coração, "cintilando como ouro suave na manhã, pálida, com toda a cidade aos seus pés, blocos de apartamentos desolados, cinzentos e irregulares, com as sombras alterando sua escala, e algo mais na neblina, o Sena". Durante o passeio um homem tentou falar com ele no metrô, "mas não consegui entender e fiquei muito envergonhado". Montmartre já era uma arapuca para turistas nos anos 1930, "e os cinemas eram muito caros, muito mais caros que na Inglaterra". As roupas vendidas ali eram "baratas, ordinárias". Saindo de Paris de ônibus, considerou Versailles outra arapuca para turistas, mas gostou do palácio, "do Salão de Espelhos e do quarto do rei, apesar dos americanos". "Eles cobravam um preço ridículo por um copo de laranjada", reclamou.

Mas Eric deixou muita coisa de fora em seu ensaio para a revista da escola. Depois da excursão a Versailles, ele voltou a Paris e foi a um muito conhecido teatro de variedades, o Casino de Paris, com altas expectativas pelo espetáculo, tendo lido a respeito do Folies Bergère, como confidenciou em seu diário:

> Eu esperava sutileza e humor, e esperava mulheres nuas (principalmente por causa do estímulo sexual). Fiquei decepcionado. A extravagância do cenário e das roupas com frequência excedia o bom gosto artístico. Quase nada era sútil, pois o espetáculo se dirigia principalmente para pessoas das províncias. As mulheres nuas eram o que me deixava mais curioso. Mas não havia nada de novo lá. Nada de obsceno exibido no Casino de Paris chegava perto da obscenidade normal que conhecíamos dos filmes americanos. É claro que de vez em quando "você fica excitado". Mas nas grandes representações era quase impossível pensar em tais coisas. Eu costumava achar o corpo masculino mais bonito que o feminino. Mudei de ideia. Nunca vi nada tão bonito quanto os números de nudez. Durante cinquenta minutos pude estudar o corpo feminino em todas as suas poses – e era mais bonito do que as mais lindas estátuas.[225]

Claro que Eric sabia que tinha pouca chance real de vivenciar o lado mais sórdido e imoral de Paris, pelo qual a cidade era tão famosa. Mas gostou de observar as mulheres andando pelos bulevares, admirar a sofisticação de suas maquiagens, enquanto lamentava "a ausência de pernas bonitas". Andou pelas partes mais pobres da cidade depois do anoitecer, vendo as garotas paradas nas esquinas, o bruxuleio dos postes de iluminação a gás, as escadas mal iluminadas visíveis através de portas entreabertas dando para a rua. "A não ser para o pintor romântico, triste, lúgubre e chato para todos os demais, não repulsivo, apenas tedioso."

Paris era mais aprazível que Londres, concluiu, ainda que Londres fosse mais imponente. Apaixonou-se pela cidade. Depois disso acabaram-se as excursões de bicicleta com Ron. Eric fazia de tudo para voltar a Paris nos meses de verão. A cidade também foi politicamente estimulante para ele. Paris tinha o único movimento trabalhista que dava razões para otimismo fora da União Soviética. Em maio de 1936 a Frente Popular desfechou o que Eric e muitos outros consideraram um golpe de massa contra o avanço do fascismo, vencendo as eleições na França e na Espanha e formando um governo fortemente de esquerda nos dois países. O triunfo foi acompanhado por uma onda de euforia na esquerda, parecendo para muitos anunciar a chegada de uma verdadeira revolução social. Dois meses depois Eric pôde ver de perto essa euforia, quando ficou três meses em Paris sob os auspícios do Conselho do Condado de Londres para aperfeiçoar seu francês, antes de começar a estudar em Cambridge.

As razões dessa visita foram provavelmente resultado de uma mistura diversa. À parte o propósito ostensivamente acadêmico da visita, a atividade ajudou Eric a superar a depressão em que se afundara em casa nos feriados do Natal, e que voltou a recorrer em intervalos durante os meses seguintes. A depressão foi causada pelo fato de sua tia Gretl, de quem era muito próximo, ter desenvolvido um tumor "do tamanho de um punho" no estômago no começo de 1936. O tumor foi diagnosticado como inoperável. Gretl morreu em junho daquele ano. "Sidney me levou para ver o corpo dela no antigo Hospital Geral de Hampstead", escreveu Eric mais tarde. "Foi o primeiro cadáver que vi." Eric conseguia conversar com Gretl sobre seus problemas, até sobre sexo, e Gretl proporcionava o amor maternal que ele tanto necessitava depois da morte dos pais. A vida em casa não foi mais a mesma sem ela. Paris, onde ele chegou pouco depois da morte de Gretl, o distrairia dessa tristeza, ou ao menos era o que ele esperava.[226]

"Eu estou num país", escreveu ao primo Ron em 5 de julho de 1936, pouco depois de chegar a Paris,

> onde os capitalistas realmente odeiam os comunistas e têm medo deles, e onde os comunistas, socialistas e outros esquerdistas anseiam – realmente anseio, note bem, não apenas teoricamente – pelo socialismo. Será que preciso insistir o quanto esse clima é revigorante para um pretenso marxista que sei lá por quantos meses – três anos e um quarto, para ser exato – fez o melhor possível para se manter comunista num país onde ainda não existe uma tradução adequado de *O capital*?[227]

Doze dias após a chegada, contou a Ron, já tinha conversado com diversas pessoas, inclusive "um comunista desempregado, um velho jardineiro comunista, um grevista contumaz, um operário, um comunista no cinema, um estudante socialista radical, um estudante *croix-de-feu* [fascista], minha senhoria, o marido dela, o filho (todos de direita)" e o agente do tio, que era comunista. Também viu uma pequena manifestação dos *croix-de-feu* e notou que "a direita hasteia bandeiras nos apartamentos e usa insínias [sic]". Via sempre anúncios e cartazes e lia um grande número de jornais, do comunista *Humanité* ao *Action Française*, de extrema-direita. Mas avisou a Ron que tudo isso era uma amostra muito pequena, que o primo deveria alertá-lo se ele começasse a se perder em grandes generalidades sobre a política na França com base em evidências tão frágeis.

Eric achou o clima político de Paris extremamente inebriante naquelas primeiras semanas do governo da Frente Popular. As frustrações políticas dos anos anteriores haviam desaparecido, e o perigo de um golpe fascista, muito evidente nos tumultos de extrema direita em Paris em 1934, tinha arrefecido. "Os comunistas estão muito confiantes, de uma forma surpreendente", disse a Ron. "É claro que eles reconhecem que há grandes dificuldades, mas estão bem convictos – os que conheci não se mostraram passionais a respeito – que o dia está chegando. 'Nós já esperamos tempo demais', como me disse o jovem desempregado." Uma greve geral convocada logo após a eleição tinha resultado em grandes melhorias legislativas nas condições de trabalho, conhecidas como os Acordos de Matignon, mas em julho algumas pessoas ainda não tinham voltado ao trabalho. A Frente Popular estava efetivando muitos esquemas imaginativos de bem-estar social e reformas culturais. Eric achou entusiasmante que "a pequena burguesia está definitivamente alinhada com a classe trabalhadora", uma afirmação evidenciada por sua conversa com o jardineiro, que tinha adaptado o famoso dito do século XIX do radical Pierre-Joseph Proudhon "a propriedade é um roubo" para o mais pequeno-burguês "*la grande propriété, c'est le vol*", "a grande propriedade é um roubo". Em outras palavras, era o "capital monopolista" que provocava sua ira e também, supunha Eric, do resto da classe média baixa. Quanto às ligas fascistas, "até onde posso julgar pelos botões tricolores e pelas insígnias, são quase exclusivamente das classes mais altas". Talvez, ponderou, 45% formados por estudantes, 35% por mulheres da classe alta, 7% de colegiais, 12% de homens de negócios e talvez 1% dos trabalhadores. A imprensa socialista estimava que 55% dos apartamentos em Neuilly ("o bairro chique, a sociedade mora lá") penduram bandeiras fascistas nas janelas. Havia muito poucas nos bairros da classe trabalhadora.

Havia, é claro, outros perigos. Alguns elementos do Partido Socialista queriam expulsar os comunistas da Frente Popular ("malditos tolos") e por outro lado havia os "revolucionários provocadores da gangue de Trótski, que não têm nada melhor a fazer do que tentar provocar levantes & tumultos entre os grevistas". As ligas fascistas estavam "bem armadas e de posse de postos-chave nos serviços públicos". Nessa situação, os comunistas precisavam da pequena burguesia. Se os comunistas franceses começassem agitações para a criação de sovietes, a abolição da propriedade privada e o estabelecimento de fazendas coletivas, "nós teríamos um golpe fascista bem-sucedido num período de poucos meses". Evitar essa linha era "um modelo de exposição de táticas marxistas que pode, se tivermos sorte, dar certo", como aconteceu afinal depois de todas as distorções e reviravoltas das táticas bolcheviques na Rússia em 1917. O jovem desempregado garantiu a Eric que não havia perigo de um golpe militar, já que os soldados conscritos da França eram todos trabalhadores também, um fato que o levou a pensar que uma conscrição bem equilibrada era uma boa ideia. Quanto à ameaça de guerra, confessou Eric, "eu ainda acho que o perigo da guerra é maior do que nunca, mas aqui ninguém está muito ansioso".

Em 13 de julho de 1936, Eric foi a uma manifestação no Buffalo Stadium (um velódromo de Paris) para ouvir o líder comunista Maurice Thorez aconselhar os operários a não pedir muito cedo demais para não amedrontar a burguesia, como tinham feito em 1848. Choveu o tempo todo, mas as 80 mil pessoas presentes pareciam não se incomodar.

> Todos se enfileiravam nas arquibancadas pelo estádio inteiro, estava escurecendo, e os alto-falantes tocavam canções revolucionárias. Quando paravam por um momento, dava para ouvir, na luz difusa, do outro lado do estádio, uma multidão gritando "*les Soviets partout*", mas soava como um sussurro depois dos alto-falantes. Em seguida outro grupo, um pouco mais distante, bradava um slogan, e depois outro, que iam passando de um para outro, e de repente mais da metade do estádio estava cantando "*les Soviets partout*"; depois mudava para "*Liberez Thälmann*", ou para "*Doriot au poteau*" – Doriot é o comunista renegado que fundou um "Partido Popular" apoiado pelo grande capital. Não havia disciplina. Pessoas saíam dos bancos para ir ao gramado assistir às danças ou aos oradores de perto e depois voltavam. Eles tinham construído uma grande plataforma onde ficavam os holofotes, e o resto do estádio era como uma grande cuia, cujo interior estava emplastrado de uma massa escura que se movimentava vagamente. Alguém da Ópera apresentou um recital de canções da Revolução Francesa, e quando ele chegou à Carmagnole[9*] todos começaram a cantar

---

9 * Carmanhola, casaco usado pelos rebeldes na Revolução Francesa que também virou uma canção. (N.T.)

juntos, muito suavemente. De repente algumas pessoas se deram as mãos no gramado e formaram uma roda e começaram a dançar. Logo chegaram outras pessoas e em poucos minutos havia um enorme círculo de homens, mulheres e crianças girando e gingando no crepúsculo enquanto a multidão na arquibancada cantava cada vez mais alto e os holofotes iluminavam o cantor sobre a plataforma e projetaram um vago brilho prateado acima das cabeças das pessoas ao redor como uma massa compacta. E quando o cantor chegou ao trecho "*ça ira, ça ira, les bourgeois a la lanterne ou leur cassera la gueule*" ("nós vamos afundar a cabeça deles a pancadas"), os mais de 70 mil estavam gritando o quanto podiam e os dançarinos na roda giravam numa velocidade estonteante.[228]

Então a música parou e todos voltaram aos seus lugares. Thorez falou, houve representações teatrais e breves discursos sobre os nomes de grandes revolucionários da história da França (será que a esquerda inglesa chegaria a entoar canções sobre Milton ou Tom Paine, ponderou Eric), e depois houve mais música até a banda atacar a "Internationale", o hino do socialismo internacional desde o fim do século XIX, e a multidão cantou a letra com os punhos fechados erguidos.

Eric e outros camaradas continuaram entoando canções revolucionárias enquanto voltavam para casa no metrô depois da manifestação, até todos no vagão repetirem o refrão "até estarmos todos gritando e sorrindo uns para os outros e bradando slogans e dando vivas ao Partido Comunista e aos Jovens Comunistas e à Frente Popular. Nas estações, podíamos ouvir as canções vindas de outros vagões". Em comparação, a tradição de dançar pelas ruas na noite de 13 para 14 de julho pareceu a Eric muito tímida, quando casais giravam indiferentes e sem entusiasmo ao som de pequenas bandas instaladas em banquinhos nos principais cruzamentos ou esquinas. Talvez fosse por conta do tempo ruim, ou por ser tarde (Eric achava um erro vulgar pensar que os franceses ficavam acordados até mais tarde que os ingleses).

Evidentemente, uma rua de Paris parece muito mais viva que uma rua de Londres, mas ainda assim, por volta da meia-noite há comparativamente poucas pessoas presentes, umas poucas prostitutas que não acharam cliente, uns poucos retardatários saindo dos teatros, uns poucos andarilhos noturnos e uma ou duas pessoas terminando de tomar um café ou alguma bebida dentro ou na frente dos cafés [...]. Quanto mais eu vejo as pessoas daqui, mais me convenço que esta é uma cidade perfeitamente normal, com uma grande parte de gente perfeitamente normal e de maneira geral um povo muito simpático [...]. Sempre que anoitece e vejo todos os zeladores e pequenos lojistas pegarem uma cadeira e sentarem na calçada na frente das casas ou lojas para ver o pôr do sol e conversar com os vizinhos eu penso com um estremecimento nas nossas ruas dos subúrbios e nos cortiços e nas peregrinações noturnas aos cinemas.

Os cinemas ingleses, acrescentou entre parêntesis, eram "mais um tipo de dope que uma forma de entretenimento". De qualquer forma, a despeito de toda a frustração após o evento, a manifestação no velódromo foi uma experiência política intensa e inebriante para um jovem de 19 anos. Não existia nada disso na Inglaterra. O acontecimento propiciou a Eric uma esperança e um entusiasmo que nunca conseguira sentir em casa.

Tio Sidney tinha vindo a Paris a negócio e Eric saiu pela noite para ver as danças em frente à Ópera de Comédia, seguindo para a Bolsa de Valores, a Porte St. Denis e finalmente para a rue Montmartre. As bandas tocando em cada quarteirão "eram tão modestas e entusiasmadas quanto o necessário", com tiras de pano atravessando as ruas com lâmpadas vermelhas, brancas e azuis, e pessoas de todas as origens sociais estavam lá, todas dançando umas com as outras. Eric arriscou um palpite. "Na prática, como descobri, não era necessário um conhecimento dos passos. Bastava ir até alguém que você gostasse e tirar para dançar e entrar num vago ritmo e deixar o resto à sorte". O todo formava uma "massa de muitas cores em movimento, como um campo florido sob o sopro do vento. Na periferia eles dançavam sozinhos, homens e garotas. Acompanhavam o ritmo balançando os braços e os quadris e riam em voz baixa enquanto os outros ficavam por perto batendo o pé no pavimento ao ritmo da música ou nos encostos das cadeiras e também sorriam." Quando conseguiu se desenredar, o último metrô já tinha partido e ele teve de voltar para casa a pé, o que demorou cerca de uma hora, parando para dançar mais uma vez no Louvre. No caminho topou com um grupo de estudantes americanos, "sujeitos adoráveis, colegiais" que perguntaram o que fazer no 14 de Julho "e eu – como um veterano parisiense – respondi". Quando finalmente chegou em casa eram duas e meia da madrugada.[299]

No dia seguinte, Dia da Queda da Bastilha, segundo palavras de Eric, "foi a tarde mais incrível, mais bonita, grandiosa e impressionante da minha experiência". Os amigos do tio Sidney chegaram ao hotel onde ele estava e o jogaram num táxi, e depois de um almoço rápido todos entraram num caminhão, equipado com uma câmera cinematográfica (de alguma forma Sidney e seus amigos conseguiram ser designados como a unidade filmadora oficial do Partido Socialista). "Você consegue imaginar um milhão de pessoas enlouquecidas de alegria nas ruas?", perguntou Eric a Ron. "Totalmente inebriadas pela consciência de sua unidade e de sua força?" Elas cantavam a "Carmagnole" e gritavam slogans antifascistas, especificamente para um fascista numa sacada com uma "bandeira majestosa e desbotada" estendida no parapeito, como um senador romano contemplando os bárbaros invadindo a capital imperial. Bandeiras vermelhas estendiam-se em parapeitos por toda parte, com bandeiras tricolores, enquanto a multidão prosseguia, "com centenas de milhares usando flores vermelhas na lapela e gravatas vermelhas ou boinas frígias, insígnias e estrelas soviéticas. Um metrô passou pela via elevada e o condutor debruçou-se na janela com os dois punhos erguidos enquanto os passageiros se debruçavam [...] nas janelas erguendo os punhos e gritando em delírio".

Empoleirados no caminhão, Eric, Sidney e seus amigos "tínhamos a melhor vista de todas". Filmaram a marcha dos sindicatos comerciais, dos trabalhadores de transportes e de funcionários públicos, e "os mineiros com suas camisas azuis e chapéus de couro, alguns arrastando os pés, outros marchando, nenhum com o passo sincronizado" enquanto passavam com bandeiras cantando a "Internationale", as vozes se sobrepondo umas às outras, "os punhos erguidos até as juntas doerem".

> Os ex-soldados chegaram com organizações de oficiais e suboficiais da reserva, de uniforme, com faixas e condecorações no peito em passo de marcha saudando solenemente a multidão que os aplaudia e entoando o hino do 17º Regimento (que vinte e tantos anos atrás se recusou a atacar grevistas). Alguns erguiam os punhos. Marchavam sincronizados, homenzinhos enrugados de pele morena como a casca das árvores e homens taurinos de ombros largos e muito solenes. Os *"mutilés de la guerre"*[230] vinham atrás empurrando uma cadeira de rodas de madeira com um homem cego e mutilado com um braço murcho e a mão amarronzada como um pergaminho, seca e retorcida, como se tivesse encostado num fio de alta tensão. Não era um punho, apenas uma teia retorcida de pele e osso

aparecendo de forma incongruente em um ângulo de 30 graus debaixo de um cobertor como se segurasse um cigarro.

Depois vieram os marroquinos, os tunisianos e os argelinos em grupos de fábricas, empunhando a bandeira vermelha com o verde muçulmano num canto, marchando "com pequenos passos determinados", bradando "*les soviets partout*", homens de todas as cores, do branco pálido ao moreno escuro, usando pequenas boinas ou barretes de papel, erguendo os punhos espasmodicamente e observando com "olhos selvagens e fanáticos. Nunca vi nada igual a eles. Se havia ali naquele dia um grupo totalmente determinado eram os cerca de 5 mil norte-africanos". Havia jovens comunistas e socialistas, mulheres, provincianos, sociedades esportivas de operários, até "intelectuais e advogados". Todos eles passaram marchando pela tribuna onde se encontravam o primeiro-ministro socialista Léon Blum, o líder comunista Maurice Thorez e outros membros de destaque da Frente Popular, erguendo os punhos enquanto Blum falava, com "a voz cheia de paixão e os outros o acompanhavam e o mais de milhão nas ruas enlouquecia de alegria". Com exceção dos que protegiam a tribuna, não havia policiais à vista. Eric acabou chegando em casa às quinze para as cinco da manhã. Nunca havia vivenciado tanta euforia desde sua marcha com os comunistas em Berlim no início de 1933. A ocasião só foi empanada pelas notícias da tentativa de golpe do general Franco e do Exército espanhol que deu início à Guerra Civil Espanhola.[231]

IX

Enquanto estava em Paris, Eric conheceu uma garota americana interessada em arte (não, disse a Ron, não era o que ele estava pensando), e que parecia exercer algum papel no mundo das artes de Nova York. Os dois foram juntos visitar o pintor surrealista Richard Oelze para tentar obter um desenho para uma futura exposição de "Arte Fantástica, Dadaísmo e Surrealismo" no Museu de Arte Moderna de Nova York. Oelze tinha estudado e depois ensinada na Bauhaus, antes de ir morar na cidade de Ascona e depois em Berlim, saindo de Paris em 1923, onde ficou conhecendo Salvador Dalí, Paul Éluard, Max Ernst, André Breton e outros surrealistas. Mas Oelze estava passando por dificuldades. Quando chegaram a seu apartamento no sexto andar de um prédio de Montparnasse, Eric e a americana o encontraram parecendo "uma caveira", nitidamente subnutrido, sem um tostão. Depois de tomarem uma garrafa de vinho com ele, os dois o levaram a um restaurante russo para tentar fazê-lo comer um pouco. Acabou sendo uma má escolha. Incauto, Eric tomou um copo de vodca, que nunca havia experimentado e pensou ser uma espécie de licor forte, e logo começou a se sentir bêbado. Os dois conseguiram levar a garota americana para casa (eu andei razoavelmente bem) e em seguida Eric foi com Oelze tomar um café na cafeteria Dome, um ponto de intelectuais bem conhecido em Montparnasse, principalmente por turistas ingleses e americanos.[232]

Quando Eric ficou sóbrio, Oelze começou a tomar vinho branco. Disse que estava esperando "duas negras que dançavam no cabaré duas portas ao lado e que sempre vinham tomar uma bebida. Às vezes parecia que ele queria dormir com uma delas, mas na maior parte do tempo só tinha um vago desejo de vê-las. Sumia de vista a cada quarenta e cinco minutos, imagino que para se encher de dope". A essa altura eram duas e meia da madrugada. "A flor dos artistas de Montparnasse estava lá para encher a cara, com algumas lésbicas selecionadas e algumas prostitutas." Ninguém parecia ter dinheiro. Era um grupo muito misturado: um norueguês bêbado que não parava de citar Shakespeare, russos, um pintor alemão, gordo e jovial, embebedando-se de Pernod, o que garantiu a Eric que ele não era um agente da Gestapo, uma garota de monóculo que dizia ser escultora, um suíço corcunda, "dois canadenses bêbados que foram imediatamente sequestrados pela menos atraente das prostitutas", americanos e muitos outros. Oelze continuava "querendo esperar suas negras" quando as carroças de leite começaram a chegar, e disse que agora já era tarde demais para ir dormir, e que de qualquer forma estava bêbado demais. Eric deixou o pintor com a escultora de monóculo e chegou em casa às cinco e meia da manhã.

Na manhã seguinte, ao pensar sobre os encontros da noite anterior, chegou a uma triste conclusão sobre o pintor alemão e seu estilo de vida dissipado, um estilo não atípico na comunidade artística de Paris nos anos 1930, ainda que numa versão bem extremada:

> Oelze é um caso terrível – o boêmio feliz e sua conclusão lógica. Tem 36 anos. Eu ficaria surpreso se ele viver até os 43. Deve morrer de inanição; embora o mais provável é que morra por dope e bebida. Está tão dopado que nem consegue pintar mais, pois seu material surrealista não é bom. Às vezes é assustador – que isso não seja inesperado. Ele sabe desenhar. Tem

mãos bonitas e finas. Mas é preguiçoso demais para trabalhar e quando não está cheio de morfina não consegue desenhar nada a não ser coisas surrealistas; coisas que são puros exercícios em técnicas de desenho – imitações do efeito de uma fotografia ou algo assim, coisas que não têm futuro. E Oelze vai morrer de fome se por acaso não encontrar um americano ou marchand que o patrocine. Usa a desculpa de todos os preguiçosos e diz que está procurando a mulher que o compreenda, pobre diabo; e enquanto isso não tem os 25 francos necessários para uma puta de Montparnasse e fica olhando as mulheres com olhos semicerrados.

Na verdade, quando Eric conheceu Oelze, o pintor tinha recém-concluído o que se tornaria seu trabalho mais conhecido, *Expectation*, que mostrava um grupo de uns 12 homens e algumas mulheres, todos de chapéu e capas de chuva beges, reunidos numa encosta, vistos de trás, contemplando uma paisagem tristonha de uma região longínqua, escura e nublada. O diretor do Museu de Arte Moderna de Nova York comprou o quadro de Oelze durante uma turnê pelos estúdios de Paris em 1935, e comentou que não tinha conseguido extrair uma única palavra do pintor, que simplesmente encostou um quadro atrás do outro na parede de seu estúdio até o americano encontrar um de que gostasse. Contudo, contra todas as expectativas, Oelze viveu até os 80 anos, depois de voltar para a Alemanha, lutar na guerra, participar das exposições *documenta* em Kassel[10*] e ganhar diversos prêmios culturais, inclusive o Prêmio Max Beckmann e o Prêmio Lichtwark, e ser eleito como membro da Academia de Arte de Berlim.[233]

X

Pouco antes de seu encontro com o surrealista bêbado, agindo por um impulso momentâneo, Eric tinha comprado um bilhete de loteria. Para sua surpresa, ele ganhou. Foi dinheiro suficiente para levá-lo de trem aos Pirineus, ajudado pelo barateamento das tarifas promulgado pelo governo da Frente Popular, uma das muitas reformas projetadas para ajudar as classes trabalhadoras. "Acho que é uma oferta boa demais para ser perdida", disse ao primo Ron.

---

10 * Documenta: exposições de arte moderna realizadas a cada cinco anos em Kassel, na Alemanha. (N.T.)

"Ida e volta por 140 francos", menos de duas libras em dinheiro inglês.[234] "Eu sempre quis conhecer o sul da França", escreveu em seu diário. Foi de trem até o extremo sudoeste da França. No trem,

> ouvi um homem de Toulouse que se orgulhava de mostrar a estrangeiros a paisagem de seu distrito, o asilo para lunáticos, a passagem de nível e a fábrica de gás venenoso. Alguém disse: "Lá estão eles" e nos amontoamos nas janelas para ver os Pirineus como uma linha azul clara na névoa matinal. E às sete da manhã um jovem inglês de calça de flanela e camisa cáqui, com uma mochila muito pesada e um bastão comprado por 2,75 francos no Samaritano e dois mapas Michelin, desceu na estação de Montréjeau, sentou num banco e ficou pensando no que fazer em seguida.[235]

Eric só encontrou uma passagem de volta barata no fim da tarde ("decididamente, os franceses ainda precisam aprender o que é uma boa publicidade"), por isso não teve tempo de fazer planos detalhados e nem mesmo de comprar um guia de viagem. Foi a pé até Lourdes, uma cidade que vivia dos poderes de cura atribuídos às suas águas desde a aparição da Virgem Maria no local no século XIX, para uma garotinha que depois foi canonizada como Santa Bernadete. Eric observou causticamente que Lourdes "vivia de sua santa assim como Cambridge vive de sua universidade e Grimsby de peixes". Era completamente comercializada. Lotada de turistas franceses e estrangeiros, com fileiras e mais fileiras de lojas vendendo suvenires marianos e cinemas exibindo filmes devocionais, a cidade organizava uma procissão à luz de archotes na qual doentes e inválidos rezavam constantes ave-marias para conseguir uma cura. "Terrivelmente sincero, é claro, mas não necessariamente religioso."

Pernoitando em albergues da juventude ou acampando, Eric seguiu a pé na direção da cidade de Cauterets, nos Pirineus. Enquanto caminhava, encontrou "um velho camponês com um velho chapéu panamá" que achou que Eric era um peregrino ou um espanhol desempregado obrigado a atravessar a fronteira, até ele conseguir explicar que era inglês. "Eu estava me sentindo muito infeliz. Eu era um tolo, disse a mim mesmo, como é que caí nessa, cansado e faminto e com sede, principalmente com sede. Morrendo de sede."

> Por volta das quatro da tarde eu cheguei a uma aldeia. Uma dessas aldeias do sul com uma rua de calcário comprida e tortuosa e casas feias e caiadas

com sombras escuras e camponeses fazendo a sesta deitados sob grandes sombras. Nenhuma janela, ou janelas muito pequenas, como seteiras. Grades e portões adornados [de ferro] batido levando a áreas cultivadas; e o sol despejando luz e fazendo tudo parecer irreal como um estúdio de cinema. E ao mesmo tempo não havia nada de irreal naquilo tudo. Afinal avistei um cartaz desbotado dizendo "Auberge". Eu precisava muito de uma bebida. Dentro estava escuro e muito frio. Uma meia dúzia de pessoas sentava-se em dois bancos. Olhei ao redor. Havia uma mesa sobre cavaletes e dois bancos no recinto, uma grande lareira com um caldeirão fervendo, a cama do estalajadeiro e uma galinha de[s]garrada morta no cobertor. Um anúncio de Byrrh num canto, o calendário da mercearia Tarbes, sujeiras de moscas. Estava escuro e porquinhos e galinhas corriam ao redor.[236]

Depois de alguns momentos conversando no dialeto local, os homens se viraram para Eric e falaram com ele em francês. Iniciou-se uma conversação. Eric perguntou sobre a Espanha. "Alguém me disse", começou a dizer, decepcionado, "que eles não ligam para política e seguem seja quem for o mais forte." De repente estava explicando o sistema de propriedade de terras na Inglaterra. "Claro que aqui é diferente, cada um tem uma pequena porção de terra, mas na verdade qual é a vantagem? Nós temos muito pouco para ser prósperos e muito para sair mendigando. É como se vivêssemos de esmola." Um dos homens ofereceu um lugar para dormir num celeiro e, como não tinham permissão para receber hóspedes, pediram que Eric escrevesse suas informações pessoais para o gendarme local.

No meio daquela quinzena Eric conheceu um jovem tcheco que o introduziu na arte de viajar de carona. Nos anos 1930, quando os veículos motorizados ainda eram uma novidade relativa, isso era muito mais fácil do que se tornou depois, e muitos, senão a maioria dos motoristas, gostavam de dar carona às pessoas. Era muito fácil, como Eric se lembrou depois, "principalmente depois que descobri que os motoristas franceses de classe média são impedidos de expressar seu ódio a Léon Blum e aos comunistas com perguntas bem sincronizadas sobre o que achavam de Napoleão — um assunto que os mantinha falando por mais de 200 quilômetros".[237] Os Pirineus foram tão decepcionantes, ao contrário dos Alpes, verdejantes e viçosos em vez de nevados e majestosos. Até mesmo as montanhas mais altas "não tinham a aspereza histérica que costumava ser a alegria dor românticos". Pareciam-se mais com as montanhas do País de Gales, apesar da beleza dos desfiladeiros e quedas-d'água e lagoas verde-esmeralda e ravinas com florezinhas de "uma incrível intensidade de brancos, amarelos, roxos e rosas no terreno cinza-amarelado das encostas das montanhas". O clima se manteve ensolarado e luminoso ("Eu não teria sido louco de atravessar o Col d'Aubert (2.500 metros) [...] se o tempo não estivesse tão bom, pois só existe um caminho mais ou menos marcado e eu tenho pouca experiência, mesmo em montanhas inofensivas"). No entanto, assim que chegou aos Pirineus do leste a paisagem se tornou menos dramática, com cadeias de montanhas se estendendo ao longe em direção ao sul e com o céu tremulando com o calor. As casinhas eram brancas, as ruas empoeiradas, a grama ocre e as montanhas de um azul empoeirado. Eric passou por "uma grande carroça puxada por dois bois brancos e feios que andam como se tivessem chifres nas patas, incrivelmente lentos e com a madeira rangendo". As pessoas falavam catalão, não francês, e a região toda parecia mais espanhola que francesa. Fazia tanto calor que Eric não conseguia andar ou pedir carona entre 11 da manhã e 5 da tarde – e, de qualquer forma, todos tiravam uma sesta durante essas horas. Não ficou impressionado com a paisagem do sul de Carcassonne, uma confusão amorfa de ravinas e árvores com as cores sugadas pelo sol. Mas viu beleza nos escuros bosques de ciprestes das encostas das montanhas e das alamedas de plátanos com as folhas filtrando a luz solar que iluminava as estradas. As pequenas aldeias, com casas cobertas de telhas vermelhas e igrejinhas quadradas no alto das colinas, formavam um todo harmônico e integrado, que parecia impenetrável visto de longe até se chegar mais perto.

Considerou a cidade medieval fortificada de Carcassonne "boa demais para ser verdade [...] perfeita demais e envolvida metaforicamente num estojo de vidro para ter qualquer (questionável) valor estético para um viajante com uma curiosidade média como eu". Na verdade, o lugar tinha sido "restaurado" mais do que o necessário no século XIX pelo arquiteto Viollet-le-Duc, que acrescentou muitos aspectos incongruentes para a cidade parecer mais autenticamente medieval. Era tudo de "uma falsa antiguidade". Só as pessoas falando baixo nos degraus das portas à tarde "e o cheiro de poeira e a imundície" pareciam realmente autênticos. Seguindo em frente, Eric continuou pelos Pirineus até um albergue da juventude em Cerdagne, perto do lado mediterrâneo da fronteira com a Espanha, e passou a noite lá. Na manhã seguinte resolveu atravessar a fronteira e ir até a cidade espanhola de Puigcerdà, cujas luzes havia visto a quatro quilômetros de distância na noite anterior. Situada a mais de 1.200

metros acima do nível do mar, a cidade era uma das muitas nas áreas remotas da Espanha que tinham sido tomadas por anarquistas em reação à tentativa de golpe militar. Eric mostrou seu passaporte aos guardas da fronteira francesa, que "me deixaram passar; porém me alertaram de uma forma sinistra". Continuou seguindo pela "estrada branca e tortuosa", e então

> entrei em um aglomerado de arbustos. À minha frente um cachorrinho brincava ao sol, e atrás dele havia um grupo de homens no meio da estrada, alguns armados. Milicianos e guardas da fronteira. Cheguei mais perto, ergui o punho e eles fizeram o mesmo. Falei: "*Salut*. É possível atravessar para Puigcerdà?". O miliciano de cabelos claros com uma blusa fechada a zíper respondeu: "Não" e sorriu. Ele falava francês. Explicou que seria necessária uma permissão por escrito do Comitê. De outra forma, sem chance.[238]

Foi uma "decepção". Eric voltou para a fronteira. Pegou uma carona até Bourg-Madame, uma comunidade próxima que também estava situada na fronteira com a Espanha.

Lá, resolveu fazer mais uma tentativa de entrar na Espanha. "O comissário francês carimbou meu passaporte e o funcionário da alfândega sorriu e tocou minha lapela para sentir se a insígnia da Frente Popular e a foice e o martelo ainda estavam lá."

> Tive que andar 300 metros em linha reta em direção ao posto da fronteira [espanhola], que era guardada por jovens marotos armados de revólveres e espingardas. Andei debaixo do sol, não havia ninguém além de mim na estrada. Conjeturei o que aconteceria se aqueles malandros (anarquistas, é claro) de repente resolvessem atirar em mim, só pela pura *joie de vivre*, por conta de um exagerado sentido de dever, ou Deus sabe por que motivo. (Um medo irracional.) O mais provável é que tivessem errado o alvo. Mesmo assim eu estava terrivelmente assustado. A sensação de andar de olhos abertos na direção de homens que poderiam atirar em mim *simplesmente porque não havia ninguém mais ali* até hoje ainda me causa pesadelos. Se fosse capaz de fazer isso sem me desgraçar, acredito que teria voltado atrás.[239] Na ponte, três ou quatro milicianos. Expliquei que gostaria de ir a Puigcerdà. Eles falaram entre si por um tempo em espanhol, em seguida um jovem armado pegou meu passaporte e pediu que o acompanhasse.

Posso garantir que me senti bem na sombra da avenida arborizada. Paramos na alfândega e expliquei em detalhes – em francês – que era um turista e queria ir até Puigcerdà só para passar o resto do dia, pois desejava conhecer tudo o que pudesse da Espanha. Deixei minha mochila no escritório da alfândega, para não ter que desfazê-la e dar uma prova concreta de que voltaria de Puigcerdà na mesma noite. E de que não iria além de Puigcerdà.[240]

Eles deixaram Eric passar e ele logo chegou à cidade. As ruas estreitas eram adornadas com roupas penduradas em varais de um lado a outro. As casas eram feias e sujas. Estava tudo em silêncio.

Mas ainda assim havia sinais da Guerra Civil. Eric notou caminhões estacionados na praça do mercado, que partiam para o *front* cheios de voluntários. Agora que dominavam a cidade, os anarquistas tinham implementado as políticas anticlericais da esquerda espanhola e do governo revolucionário da Catalunha. A igreja católica havia apoiado o golpe militar, e agora estava pagando o preço:

Parei em frente a uma igrejinha, que estava sendo demolida. Havia um aviso na porta: Propriedade da Generalitat de Catalunya e mais um: proibida a entrada. Todas as igrejas e capelas da cidade mostravam o mesmo aviso. Alguns homens removiam a ardósia do telhado. Enquanto eu observava, um deles saiu da igreja com um carrinho de mão cheio de vidros empoeirados das janelas e o encostou numa parede & depois escreveu seu nome no vidro de cima com o dedo, acho que era Angel Lopez, recuando um pouco para ler seu nome antes de voltar à igreja.

Enquanto ele se afastava, Eric viu homens armados usando os braceletes pretos e brancos do sindicato anarquista, a CNT, saindo do cassino, agora transformado num quartel. Um jovem miliciano que falava francês levou Eric até uma cafeteria na *plaza*, onde ele poderia comer alguma coisa. Eric se sentou e pediu uma refeição, apresentando-se como um "comunista inglês". Perguntou se alguém falava francês e um dos clientes se manifestou, perguntou se Eric era mesmo comunista e tentou, sem sucesso, entrar numa discussão sobre o grande anarquista rival de Marx, o revolucionário russo Mikhail Bakunin, do século XIX. "Era a hora da *siesta*, a cafeteria estava cheia, o sol iluminava a *plaza* clara." Milicianos passavam por ali ou conversavam com uma garota na banca de jornais. "Um homem entrou no quiosque, comprou um grande mapa da Espanha e logo se iniciou uma furiosa discussão sobre a guerra." A cidade estava cheia de anarquistas, observou Eric. "Sim", disse o jovem. "Você sabe, nada é mais fácil que ser um anarquista. Este é um movimento de negação, uma reação contra a fome e a tirania. Eles são incrivelmente corajosos, os anarquistas", continuou, "mas não são um movimento político, não como os comunistas, digamos assim – acho que eles vão desaparecer quando não houver mais contra o que lutar."

Essa situação tranquila logo chegou a um fim. Eric foi denunciado pelo guarda anarquista que não o deixou passar na sua primeira tentativa de atravessar a fronteira e levado até o comissário anarquista local. "Ser interrogado por amadores rápidos no gatilho à procura de contrarrevolucionários nunca é relaxante", escreveu mais tarde, um eufemismo digno de nota. Acabou tendo de voltar pela estrada até a fronteira no escuro, conduzido por milicianos de armas apontadas em riste até atravessar a fronteira.[241] Mas afinal não aconteceu nada, e Eric voltou para a França sem mais incidentes, com a impressão de que a participação dos anarquistas no esforço da guerra republicana na Espanha era casual e desorganizada e provavelmente não fariam muito para ajudar na vitória. Mas, de forma geral, ficou comovido com a coragem e o comprometimento dos milicianos, todos voluntários e de diferentes estilos de vida, "prontos para ser feitos em pedaços (e para fazer outros em pedaços) e não desistir". As pessoas que encontrou em Puigcerdà deixaram uma impressão profunda:

> Os jovens que me acompanharam até a alfandega, os milicianos trotskistas que travaram a violenta discussão com os anarquistas cabeludos sobre a natureza do "Poder"; o dirigente anarquista de cabelos claros, com casaco de lenhador e óculos de aro de chifre; o jovem português que ingressou na milícia; os dois operários que comiam melão e falavam sobre revólveres e mulheres; a garota de preto, secretária do Comitê Revolucionário; o homem de macacão azul com um revólver enorme que era o Kommissar enviado de Barcelona, de rosto moreno, cabelos bem pretos, muito bonito e incrivelmente comissarial; e o miliciano ajudando a demolir a grande igreja, levando dois vidros de janela empoeirados [...] os endurecidos e obstinados operários fanáticos fronteiriços de rosto moreno e os guardas armados e as mulheres e garotas indo ao enterro de um dos milicianos que havia morrido no hospital.[242]

Ninguém poderia duvidar do espírito de luta ou de sua determinação. Mas como conseguiriam prevalecer contra as forças armadas profissionais e bem equipadas dos nacionalistas? Pela lógica, eles já deveriam ter sido derrotados. Eram dotados de um "fanatismo puro" e nada mais. "Espero que aconteça um milagre e eles vençam", concluiu Eric.

Na verdade, o grupo anarquista que governava a aldeia não resistiu muito tempo, não por causa dos fascistas ou dos militares, mas por ações de rivais locais. Houve relatos de espionagem, passaportes falsos e corrupção. Conhecido como "o aleijado de Málaga", o prefeito local, Antonio Martín Escudero, extorquia dinheiro de refugiados que tentavam fugir para a França, matando um considerável número de fugitivos quando eles entregavam seus objetos de valor. Patrulhas anarquistas usavam a cidade para contrabandear artigos roubados de Barcelona pela fronteira com a França. Martín estava ampliando seu controle em outras regiões da fronteira, submetendo-as também a suas pilhagens. Os prefeitos de outras cidades locais resolveram pôr um fim a essas atividades e começaram a reunir uma força armada para se opor a Martín na cidadezinha de Bellver: Martín liderou um ataque à cidade, e vários de seus homens foram mortos na batalha. A propaganda anarquista o transformou em herói, reescrevendo a história para que ele parecesse ter sido morto num ataque das forças governamentais a Puigcerdà. O episódio foi um exemplo da desordem reinante nas áreas controladas pelos anarquistas. A breve passagem de Eric por Puigcerdà foi mais perigosa do que ele imaginou.[243]

Quando atravessou a fronteira e voltou à França, Eric pegou uma longa carona em Cerdagne, depois de passar uma hora sob o sol, e ainda teve que esperar mais ainda por uma carona na parada seguinte, "não porque os carros não paravam – porque simplesmente não havia carro nenhum", só uns dois ou três por hora, a maioria cheia de crianças e bagagem e sem espaço para um carona. No todo, Eric calculou que tinha viajado 200 quilômetros na primeira semana, quase sempre de carro, e 580 quilômetros na segunda semana, com apenas 15 quilômetros percorridos a pé. Ou, colocando de outra forma, seis dias de caminhada, cinco de carona, dois dias de descanso e um dia na Espanha.[244] Afinal retornou à estação ferroviária de Bagnères-de-Luchon, ao sul de Montréjeau, onde tomou um trem de volta a Paris. Quando chegou, em 8 de setembro de 1936, foi até o Velódromo de Inverno para ouvir uma comunista espanhola, Dolores Ibárruri. Conhecida como "La Pasionaria", era uma oradora famosa, "uma mulher grande de rosto pálido e cabelos pretos vestida de preto", como observou. "Sua voz era meio grave, às vezes rouca, às vezes límpida, ela fala em espanhol e é um dos melhores oradores que já ouvi."[245] "Apesar de quase ninguém na plateia entender espanhol, nós sabíamos exatamente o que ela estava dizendo", escreveu mais tarde. "Ainda me lembro das palavras '*y las madres, y sus hijos*' fluindo lentamente dos microfones acima de nós, como albatrozes escuros." Eric se sentiu politicamente impotente, incapaz de fazer qualquer coisa para ajudar a sitiada República da Espanha. "Suponho que devemos ficar na Inglaterra", disse a Ron, "nos sentindo exasperados e tentando manter nossas ideias marxistas intactas e esperando." Ainda assim, "não dá para ficar em cima do muro; no mínimo, trata-se de uma posição muito exposta". No fim, "o socialismo é uma série de derrotas constantes e profundas decepções – e algum dia a vitória".[246]

Enquanto isso ele lia escritores franceses como Mallarmé, Giono, Péguy e Céline para tentar entender os diferentes aspectos da cultura francesa que os ingleses realmente não conheciam (ao contrário de Proust, por exemplo). E lia sobre a Revolução de 1789, inclusive os trabalhos do jacobino radical St. Just, "em parte como preparação para Cambridge"; é muito improvável que seus futuros colegas de graduação lessem qualquer coisa para se prepararem para os estudos, muito menos livros de revolucionários franceses em francês. Entrementes, fazia breves viagens turísticas pela região ao redor de Paris, inclusive indo até Chartres, onde "de início fiquei decepcionado – pois esperava a catedral dos meus sonhos. Mas no fim acabou se tornando praticamente perfeita". Conheceu um turista americano, que explicou sua teoria de que as maiores contribuições à cultura eram nórdicas ou teutônicas, e Eric achou graça por ser tratado como "vocês, anglo-saxões" e "vocês, nórdicos". "Quase todo mundo acha que sou inglês", acrescentou, "embora com algumas exceções. Já pensaram que sou belga, alsaciano, suíço, alemão, espanhol (!) e russo."[247]

Quando voltou à Inglaterra, no fim do mês, Eric havia acumulado experiências incomuns, para dizer o mínimo, para um jovem de 19 anos prestes a iniciar seus estudos em Cambridge. Agora era fluente em inglês, francês e alemão. Tinha lido uma quantidade imensa de ficção e poesia nessas três línguas. Compreendia razoavelmente as ideias e os textos de Marx, Engels e Lênin. Tivera uma amostra da cultura popular de Paris e passado uma tarde com um surrealista alemão. Tinha viajado pelo sul da França e se misturado com o povo local e com outros viajantes. Conhecera a Espanha justamente na época em que o país mergulhava numa sangrenta guerra civil. E tinha participado de manifestações de massa da Frente Popular. Acima de tudo, talvez, tinha estudado história com afinco e passado nos exames de admissão de Cambridge de forma brilhante. Era o primeiro membro da família a cursar uma universidade, e o primeiro aluno de sua escola a conseguir uma vaga em Cambridge.[248] Ao fazer as malas e se preparar para o curso de história moderna a que iria se dedicar, Eric esperava encontrar um nível de estímulo intelectual que não tivera em nenhuma das escolas em que havia estudado.

3

"UM CALOURO QUE SABE SOBRE TUDO"

1936-1939

I

Ao chegar a King's College, em Cambridge, em outubro de 1936 para o início do Michaelmas Term,[1*] Eric se surpreendeu com a novidade de sua situação e com a estranheza da instituição a que agora pertencia. Escreveu ao primo Ron para transmitir suas primeiras impressões:

> Francamente, este lugar é incrível; parece juntar a isenção de qualquer responsabilidade e de todos os problemas não triviais com a possibilidade de fazer exatamente o que você quiser – limitada apenas por umas dez aulas expositivas, uma hora de avaliação por semana e o jantar às 19h30. Nunca ouvi falar de um lugar que ofereça tão pouco estímulo para se estudar; há tantas outras coisas a fazer entre o almoço e os deveres acadêmicos: clubes, esportes, associações; por outro lado, nenhum outro lugar poderia oferecer

---

1 * O ano acadêmico em Cambridge é dividido em três trimestres: Michaelmas Term (outubro a dezembro); Lent Term (janeiro a março); e Easter Term (abril a junho). (N.T.)

mais recursos para estudar: reclusão total, se você quiser, e o acervo de pelo menos três grandes bibliotecas; e tempo e tranquilidade. Principalmente tranquilidade. (Note bem, é um bom incentivo para estudar, saber que você deve cumprir a maior parte do trabalho por si mesmo sem ser controlado) [...]. E no geral é uma vida fantástica. Fica-se muito longe de qualquer coisa real ou difícil.[1]

Sob diversos aspectos, Eric via a King's como uma espécie de monastério, isolada do mundo, pacífica e reclusa.

Em meados dos anos 1930 Cambridge era uma universidade íntima e pequena. Não contava com mais de 5 mil alunos de graduação e meros 400 estudantes de doutorado. Ainda persistiam tradições como o uso de becas por professores e alunos; aliás, alunos de graduação precisavam usar beca mesmo quando se aventuravam fora da faculdade.[2] Eric não se encaixava na sociedade convencional dos alunos de Cambridge. Como ele escreveu depois:

Eu era um aluno atípico em Cambridge, a) porque ninguém da minha família ou da minha escola tinha jamais estudado em Cambridge (nem em qualquer universidade), b) porque minha formação cultural e educacional – Viena, Berlim, uma escola municipal de Londres – era muito diferente, e c) porque, consequentemente, eu não participava de algumas das atividades típicas dos alunos de Cambridge, por exemplo, passar muitas tardes praticando esportes, e d) porque eu pertencia a uma minoria que estava na universidade por causa de uma bolsa de estudos, da qual dependia financeiramente. Também por já ter chegado politizado. Cambridge ainda era essencialmente frequentada por filhos da classe média alta, que estudaram em "escolas públicas", recebiam mesadas dos pais e pretendiam continuar nos negócios da família, ou seguirem uma carreira profissional como servidores públicos: na pior das hipóteses, como professores do curso médio. (Só 10% dos alunos eram mulheres.) Não se esperava que a maioria dos alunos estudasse muito ou tivesse notas altas.[3]

Assim, os interesses de Eric, principalmente políticos, culturais e acadêmicos, eram totalmente estranhos para a vasta maioria dos alunos, para os quais sua formação cosmopolita e suas experiências devem tê-lo feito parecer muito exótico.

A atmosfera da vida em Cambridge era maravilhosa para jovens recém-saídos do curso médio, por ser um lugar onde viviam e eram tratados como adultos pela primeira vez, apesar de ainda estarem sujeitos a algum controle (jantar obrigatório no salão, o uso de becas nas aulas e nas avaliações, permissão especial para entrar e sair depois de certas horas, uma polícia universitária patrulhando as ruas etc.). A maior parte das atividades era, por assim dizer, brincar com o que os verdadeiros adultos faziam depois: discutir política no grêmio da faculdade, peças montadas pelos estudantes, clubes de música e outros e publicações estudantis.

Claro que isso não era automaticamente maravilhoso para Eric. Inclusive porque, como sugere sua descrição, o grande número de alunos do curso de graduação de Cambridge nos anos 1930 não era politizada, e muito menos de esquerda, embora se costume pensar que o fosse; se o tipo de aluno de escola pública que Eric descreve tivesse alguma visão política, o mais provável é que fosse liberal ou conservadora. Uma pesquisa realizada com alunos de graduação na eleição geral de 1935 resultou em 650 votos para o candidato conservador, 275 para os trabalhistas e 171 para os liberais.[4] Como comunista convicto, Eric encontrava-se mais uma vez entre uma pequena minoria.

A King's College contava entre seus alunos de graduação com uma proporção maior que a normal de ex-alunos da Eton, uma das mais prestigiadas escolas independentes da Inglaterra, principalmente porque as duas instituições, a Eton e a King's, foram fundadas em conjunto pelo devoto rei Henrique VI no século XV. Apesar disso, como se lembrou Eric mais tarde, a faculdade tinha "uma reputação de informalidade burguesa, de gosto pelas artes e por pesquisas intelectuais que não resultavam necessariamente em grandes realizações, de cultivo de relações pessoais, de antimilitarismo, racionalismo, música, homossexualidade e uma grande tolerância às excentricidades das pessoas, inclusive às suas opiniões". Na verdade, como ele contou ao primo Ron, era conhecida por uma "homossexualidade aguda" – o "esporte dos reis" é um bom exemplo. A faculdade às vezes era chamada de Bloomsbury do Cam,[2*] inclusive por contar com John Maynard Keynes entre seus professores, economista de destaque e membro do grupo de escritores e artistas de Bloomsbury. Um dos colegas de

---

2 * Bloomsbury é um bairro de Londres famoso por abrigar prestigiosas instituições educacionais, culturais e intelectuais. Cam é o nome do rio que atravessa Cambridge. (N.T.)

Eric no curso de graduação foi o brilhante matemático Alan Turing, de quem Eric se recorda "como um jovem pálido e desajeitado que gostava de correr". Com seu ambiente liberal e ligeiramente boêmio, a King's era o lugar certo para Eric, que não teria se adaptado tão bem em uma faculdade mais convencional.[5]

Assim como qualquer aluno do primeiro ano da King's, Eric tinha direito a um alojamento na faculdade. Não estava à altura dos padrões modernos, nem mesmo para os anos 1930. Segundo Eric se recordou mais tarde: "O lado doméstico da vida na faculdade nos anos 1930, quando se urinava na pia da cozinha comum aos alunos porque o banheiro mais próximo podia estar a três andares de escadas e a um pátio e um subsolo de distância", era espartano.[6] Eric ficou alojado com outros calouros e bolsistas "no mesmo cortiço anexo", depois demolido, "chamado de 'O Fosso'". O prédio ficava do outro lado da faculdade e da capela, atrás da sede central na King's Parade, a principal rua de Cambridge. Stuart Lyons, um aluno que morou lá pouco antes da guerra, descreve o local como

> um conjunto de celas sem janelas, acessível somente por um túnel subterrâneo. O Fosso era tão úmido e frio quanto seu nome. Naquele inverno os banheiros congelaram, e uma camada de gelo amarelado se formou a um metro das paredes. Nós tínhamos que andar pelo prédio de ceroulas e roupão para encontrar uma privada com descarga e um banho quente.[7]

Os colegas de alojamento de Eric em "O Fosso" eram todos ingleses e incluíam Peter Scott-Maldon, Jack Boyd (depois morto na guerra), Robert Vile, Jack Rice, Norman Haselgrove, John Luce e outros. O quarto de Eric era o número 2, na Escadaria N.[8] Os amigos continuaram juntos como um grupo no segundo ano, apesar de todos terem se mudado para outro alojamento. "Nós passávamos a noite conversando", recordou-se Eric, "dentro da faculdade, andando pelo gramado dos fundos sob a luz da lua, no gramado atrás da capela e do lado de fora." Em termos sociais e intelectuais, era uma vida muito melhor do que a que tinha com os alunos da St. Marylebone Grammar School. Os alunos de graduação estavam sujeitos ao toque de recolher e os portões da faculdade eram trancados bem antes da meia-noite, mas isso não intimidava Eric e seus amigos. "Eu me lembro de pular o muro com Jack depois da meia-noite para ir a Grantchester para nadar na Byron's Pool", continuou. "Era o tipo de coisa que nós fazíamos – conversando o tempo todo. Depois voltávamos pulando o muro perto do portão preto."⁹ Tudo que os alunos precisavam fazer era tomar cuidado para não ser vistos pelos bedéis ou pelos guardas, a polícia universitária, que patrulhavam as ruas para reforçar o toque de recolher.¹⁰

Eric logo se tornou um dos alunos de graduação mais bem conhecidos de sua geração. Com 1,81 de altura, era alto para os padrões da época. Magro, pesando cerca de 58 quilos e em boa forma física, com olhos azuis e uma cicatriz visível no lado esquerdo da testa, era uma figura destacada e instantaneamente reconhecível.¹¹ Seus contemporâneos mais intelectuais gostavam muito dele, entre eles Noel Adams, mais tarde um conhecido escritor e administrador acadêmico, que o achava "bem-humorado e uma boa companhia".¹² Um perfil biográfico de Eric foi publicado na revista produzida pelos alunos, *The Granta*, em 7 de junho de 1939, escrito no estilo zombeteiro e levemente irônico do jornalismo estudantil da época. O autor foi um aluno que à época era um amigo de Eric do Sri Lanka e presidente do Grêmio de Cambridge, Pieter Keuneman ("um jovem encorpado, bonito e risonho formado em uma escola pública inglesa", segundo outro contemporâneo).¹³ Eric dividiu o alojamento com ele no terceiro ano na escola. Keuneman notou que desde cedo Eric "sentia um grande e vulgar patriotismo pela Inglaterra, que nos momentos de fraqueza ele considerava seu lar espiritual".¹⁴ Modesto e autodepreciativo, com um forte senso de humor e "uma total falta de malícia pessoal até mesmo para os que o tivessem prejudicado, não era uma pessoa fácil de se conhecer". Seus amigos de Cambridge o chamavam de "o Buda": "Quando ele se senta com as pernas entrelaçadas na sua grande poltrona, há algo da condescendência de um oráculo girando em seu tripé. Mas sob a superfície é a pessoa para quem a amizade é uma coisa íntima e valiosa, e cuja honestidade nas relações pessoais deve-se respeitar".¹⁵

Apesar da amizade evidenciada nesse perfil, segundo sua própria avaliação, Eric "nunca foi particularmente próximo de Pieter" e via com desconforto a maneira como "ele queria me impressionar – ele quer impressionar todo mundo". Eric não tinha boa impressão do estado caótico do alojamento do amigo. "Eu não tinha uma opinião muito boa sobre ele. Na minha opinião ele tem uma inteligência limitada e canhestra, que só consegue juntar palavras e pensamentos com incertezas. E sofre do complexo de inferioridade dos eurasianos." Claro que ele é atraente, "seria 'byroniano' se fosse mais magro, e obviamente se molda segundo a ideia de um dândi. Preguiçoso, sem muita força de vontade ou iniciativa, com um grande charme com as mulheres, mas não com os homens. Eu me dou bem com ele por ser um tipo 'fácil de se lidar'". Eric confessou se sentir protetivo com ele como uma galinha mãe, por seus truques sociais serem tão transparentes. A relação com Keuneman foi complicada pelo fato de Eric ter se apaixonado, ou achado que tinha se apaixonado, pela namorada de Keuneman, Hedi Simon, aluna de seu conterrâneo austríaco Ludwig Wittgenstein, então professor de filosofia em Cambridge. Hedi também fez amizade com outra aluna, que depois viria a ser a primeira-ministra da Índia, Indira Gandhi, identificando-se com o povo das colônias em consequência de suas experiências negativas como judia em Viena no começo dos anos 1930, e isso a pôs em contato com Pieter. Eric sentia-se deprimido ao pensar que Pieter e Hedi (que se casaram em 1939) engordariam na meia-idade; temia perder contato com os dois, quando eles finalmente se assentassem no Sri Lanka.[16]

Notoriamente malvestido, Eric não tinha muito tempo para dândis; a elegância de Pieter lhe teria parecido um aspecto bem negativo de sua personalidade. Era especialmente sarcástico com uma das figuras mais conhecidas e comentadas de Cambridge à época, George ('Dadie') Rylands, professor de literatura inglesa na King's. Palestrante popular, Rylands apresentava seus textos de forma histriônica, lendo Shakespeare ou Jonson, como Eric descreveu,

> com uma voz muito aguda, às vezes ligeiramente rouca; longos trechos de diálogos em versos brancos com uma marcante diferenciação dos intérpretes e um rígido padrão de verso. Quando termina ele volta à sua voz normal e faz uma pequena pausa até que cessem o rangido das cadeiras e o farfalhar de anotações. Exatamente como no fim do movimento de uma sinfonia. Em seguida ele abre a boca, o lábio inferior se estende com um leve ar emburrado que faz surgir linhas verticais por um instante, mas que logo desaparecem e ele volta à explanação.[17]

Rylands não só era um sério estudioso de Shakespeare como também um farol guia na vida dramatúrgica de Cambridge, centrada no Arts Theatre, fundado em fevereiro de 1936 por Keynes. No seu tempo Rylands era, como Eric definia, "um Adônis, um anjo, um segundo Rupert Brooke", com as sofisticadas *bon-mots* de suas palestras sobre Shakespeare só compreendidas pelas mulheres de Newnham e os namoradinhos do momento tomando xerez". Eric achava que Rylands desperdiçava sua inteligência com trivialidades e, como outros estetas da época, não deixava nada por onde passava, a não ser algumas poucas histórias preservadas nas lembranças de pessoas que o conheceram.[18]

À parte sua aparência desmazelada, o que impressionava em Eric nos alunos com que estudou era acima de tudo a extraordinária erudição que demonstrava antes mesmo de chegar aos 20 anos. Em termos acadêmicos, ficava imediatamente claro que ele iria chegar longe. Noel Annan, um ano atrás de Eric, o considerava "o historiador mais brilhante da nossa geração em Cambridge – e há muitos a serem considerados nessa geração".[19] "Dispunha de conhecimentos para ter uma opinião sobre qualquer tópico obscuro que seus contemporâneos pudessem escolher para escrever um ensaio".[20] E sua reputação como alguém muito inteligente não era meramente acadêmica. Como observou Pieter Keuneman, Eric

> tinha na ponta da língua os mais estranhos detalhes sobre os mais obscuros assuntos e os nomes de todas as autoridades com que podia se relacionar com familiaridade [...]. Começaram os boatos habituais. "Há um calouro na King's que sabe sobre tudo" eram as palavras que circulavam. Era meio difícil descobrir sobre o que ele estava lendo. No clube inglês ele fazia perguntas enigmáticas sobre o simbolismo da família em Wordsworth; nas agremiações de francês e alemão ele proferia máximas de tal profundidade que só poderiam ter vindo de Deus.[21]

Keuneman não foi o único a se impressionar. "Eu me lembro como se fosse ontem", escreveu Noel Annan a Eric muitos anos depois, "das suas aparições na Agremiação de Política, totalmente autoconfiante (não convencido), totalmente no comando, de um jeito que o capacitava, como [John] Clapham, a discutir sobre qualquer assunto, & falar com uma fluência que os garotos das escolas públicas não poderiam aspirar." De fato, entre o fim do jantar e o começo da reunião, Annan costumava atravessar a rua para ir até o pub Still and Sugarloaf, com algum outro membro da agremiação, para reunir certa coragem ética para o caso de serem indicados para discutir o ensaio na intimidante presença intelectual de Eric. Depois de uma ou duas cervejas, Annan em geral pensava ter encontrado um argumento vencedor, mas quando voltavam à reunião, Annan confessou, "aquilo sempre evaporava".[22] Certa ocasião, Eric o provocou para participar de um debate. Como Annan escreveu depois: "Ele defendeu a tese de que, dadas certas circunstâncias (que para mim pareceram improváveis e indesejáveis), a guerra seguinte seria travada para salvar a democracia." Annan argumentou "que falar em luta pela democracia era uma hipocrisia. Seria uma guerra entre o fascismo e o capitalismo de Chamberlain, e nós lutaríamos por esse capitalismo para sobreviver como nação. Eu estava muito enganado. Mas, até aí, talvez ele também estivesse".[23]

A vida na King's podia ser agradável e relaxante, mas Eric considerava uma grande distração a beleza de Cambridge no começo do verão. "É difícil trabalhar aqui", queixou-se a Ron em maio de 1937:

> O clima é ótimo e o lugar mais óbvio para se levar um livro é a margem do rio; e assim que a gente se acomoda, é surpreendente como se trabalha pouco na verdade. E há sempre a tentação de sair pelo rio com um barco a vara ou uma canoa. Por que eles marcam os exames do ano letivo tão obviamente fora de hora[?] Não seria mais conveniente marcar os exames no Natal ou na Páscoa[?] Um dia, quando você for o Comissário do Trabalho e eu da Educação, nós vamos considerar essa questão em profundidade.[24]

A habilidade de manejar a longa vara que propelia os barcos de fundo chato pelo rio Cam foi muito útil quando Eric e seus amigos, todos republicanos convictos, quiseram se ausentar das festividades da coroação do rei George VI e da rainha Elizabeth, em 12 de maio de 1937. "Você não vai fugir da coroação?", perguntou Eric a Ron alguns dias antes: "Nós aqui vamos fazer o melhor possível para subir o rio o mais que pudermos para não vermos bandeirinha nenhuma, não ouvirmos nenhuma banda e ficarmos bem distantes. Se o clima estiver bom – vamos esperar que esteja –, deverá ser muito agradável."

II

Na Cambridge dos anos 1930, os alunos de história estudavam por um método composto por avaliações dos professores de ensaios individuais e aulas ministradas por acadêmicos do Departamento de História de várias faculdades diferentes. Eric assistia às aulas de Kenneth Pickthorn, "especialista no primeiro período dos Tudor e escritor de livros sobre o assunto, catedrático da U[niversidade] de C[ambridge]. Associado aos conservadores e membro do Parlamento". Eric definia Pickthorn como alguém "tateando o caminho pelos primeiros seguidores da Casa de Lancaster até chegar à parte que ele sabe de olhos vendados e de trás para frente. Ponto: História Constitucional 1399-1688".²⁵

Depois temos Manning em História da Europa Medieval, que parece se fazer de bobo e prepara suas epigramas de antemão. Às vezes muito boas – e [Steven] Runciman (o filho do ministro) sobre o mesmo assunto. A propósito, este é o homem que escreveu o livro sobre a civilização bizantina que mencionei a você algum tempo atrás; e ele fez uma boa análise das razões da decadência do Império Romano, apesar de fingir não dar importância aos fatores econômicos. Mas ele dá, é claro, e é por isso que é útil.²⁶

Manning era um historiador liberal e eclesiástico da velha guarda, que escreveu sobre o metodismo e tópicos semelhantes; dizia-se que suas aulas apresentavam a Teoria Whig³* da História, segundo a qual a história da Inglaterra se caracterizava por um firme progresso em direção à formação de uma constituição moderna, em sua forma mais pura.²⁷

Já no segundo ano, contudo, Eric vinha "se tornando cada vez mais desiludido quanto ao ensino de história na universidade, preferindo recorrer à biblioteca".²⁸ A maioria das aulas a que assistia, mais por esperança que por expectativa, era de pouco interesse, como ele concluiu. Uma aula sobre Hobbes do historiador e intelectual Basil Willey, autor de um livro muito reeditado, *The Seventeenth Century Background* (1934), foi tão chata (ministrada numa "voz seca e precisa com uma expressão desdenhosa na boca") que Eric praticamente dedicou todo o relatório que escreveu a respeito a uma descrição do ambiente e da plateia ("Tudo na sala é certinho.").²⁹ Eric acabou por desprezar a rotina das avaliações individuais dos medíocres professores da faculdade, ainda que apreciasse o método de ensinamento socrático de seus supervisores, como o historiador da era Tudor Christopher Morris (que o entrevistara para a admissão), por permitir que expandisse ideias já antecipadas nos ensaios semanais que ele precisava ler em voz alta na presença do professor.³⁰ Assim como Morris, que afinal Eric acabou considerando ser de segunda categoria, seu outro principal supervisor, o historiador de economia medieval John

---

3 * Facção e depois partido político fundado no século XVII que apoiava a monarquia constitucional em oposição à monarquia absolutista. (N.T.)

Saltmarsh, havia construído toda sua carreira na King's, depois de ingressar como estudante de graduação com 17 anos de idade. Saltmarsh dedicava boa parte de seu tempo ao estudo da história da magnificência da capela gótica da escola e preferia ensinar os alunos de graduação a publicar livros ou artigos. Ao contrário de Morris, um homem de família, Saltmarsh era a quintessência do professor solteirão: Eric respeitava sua "enorme erudição", mas não via nada de inspirador em seus ensinamentos, talvez por não frequentar suas populares e influentes palestras.[31] Segundo Saltmarsh declarou mais tarde, a história era ensinada como "uma formação geral educacional para pessoas que pretendiam entrar para a vida pública",[32] por isso supervisores da faculdade como Morris se concentravam em transformar "jovens medianos de escolas públicas em bacharéis".[33] Quando mais tarde se tornou supervisor, Eric revisou sua opinião negativa sobre a utilidade dessa abordagem.

Assim, eram poucos os professores que Eric respeitava. Entre eles, de longe o mais importante, e na verdade o único que realmente admirava, era Michael, em geral conhecido como Mounia, Postan. Professor de economia e história social da Inglaterra e da Europa, Postan tinha uma origem muito incomum para um professor de Cambridge na época. Nascido em 1899 na Bessarábia, então uma região de língua romena do Império Russo e agora parte da República da Moldávia, Postan deixou o país em 1920, depois da Revolução Bolchevique. Estudou com o proeminente historiador de economia e sociedade R. H. Tawney na Faculdade de Economia de Londres e lecionou na instituição no fim dos anos 1920 e início dos anos 1930, sustentando-se como jornalista e assistente de pesquisa da medievalista Eileen Power. Cosmopolita e poliglota, Postan fez poucas concessões quando começou a lecionar. A bibliografia que passava aos alunos para parte do curso que ministrava sobre "A História da Economia das Grandes Potências" consistia quase inteiramente de livros em alemão e em russo. Suas aulas incluíam uma boa dose de discussões teóricas sobre hipóteses como a taxa declinante de lucro no capitalismo e o empobrecimento das classes trabalhadoras, dois tópicos que interessariam Eric no início de sua carreira como historiador, depois da guerra.[34]

Em 1935 Postan transferiu-se para a Peterhouse, a faculdade mais antiga de Cambridge, tornando-se professor de história da economia em 1938, aos 39 anos. Lecionou sobre uma ampla variedade de tópicos e de períodos. Baixo e ruivo, de presença carismática, suas aulas "remetiam a um adventista do Sétimo Dia em plena ação no Hyde Park Corner".[35] "Cada aula era um drama retórico-intelectual em que uma tese histórica era exposta, em seguida totalmente desmantelada, para finalmente ser substituída pela versão de Postan, um alívio para a insularidade britânica."[36] Eric começou a assistir às suas aulas quase de imediato e o considerou estimulante, por ser opinativo e controverso, diferente dos cursos sem graça e atulhados de fatos da maioria dos professores. "Eu estou com Postan", escreveu a Ron em 21 de outubro de 1936. "Ele promete ser cáustico com as simplificações do século XIX. Já está sendo, nos remetendo a artigos sobre diversas revisões históricas", deixando os cerca de 20 calouros que assistem às suas aulas batalhando na Biblioteca Histórica de Seeley pelos importantes livros recomendados.[37]

"Postan está ficando forte", disse Eric a Ron perto do fim de seu primeiro ano em Cambridge:

> Ele acabou de dar uma ótima aula sobre a Revolução Agrária que acompanhou e condicionou a Revolução Industrial. Desnecessário dizer que foi tudo bom marxismo, e ele tem a honestidade de admitir. Você conhece esse tipo de coisa: "Apesar de eu não gostar do jargão, foi isso o que disse Marx efetivamente...". De qualquer forma, é uma admissão.[38]

O que não surpreende, embora realmente estivesse muito longe de ser marxista ("Nunca conheci um homem tão alérgico à palavra marxismo", escreveu Eric em outra ocasião: "Literalmente, parece um touro diante de um trapo vermelho"[39]), Postan "atraía marxistas como moscas, pois era o único professor que conhecia Marx [...]. É o único homem dessa turma em geral medíocre, a cujas aulas assistimos, que eu tenho a satisfação de reconhecer como meu professor. O único outro que (diferente de Postan) oferecia boas orientações era Clapham".[40] Postan era um defensor apaixonado da importância das teorias e dos métodos da ciência social para estudar o passado, uma atitude discordante da principal vertente de historiadores britânicos nos anos 1930 e por muitos anos depois. Via Marx como um cientista social que aplicara seus conceitos na história, e que portanto valia a pena estudar, apesar de supostamente ter declarado: "Eu fui comunista quando tinha 17 anos, mas depois amadureci".[41] Dizia que "todos os estudantes de história e sociologia devem ser lembrados de que dividem com os marxistas uma descendência comum da tradição científica". Ainda que, acrescentava, "eu não ache que seria certo deixar só os marxistas serem donos da verdade".[42] Mas "Postan [...] sabia que os jovens marxistas estavam do seu lado contra os conservadores", afirmou Eric muitos anos depois.[43]

Como observou Eric, portanto, "a relação de Postan com os jovens marxistas era curiosamente complexa [...] como todos os bons professores, ele não conseguia resistir aos jovens mais inteligentes. Imagino que acreditasse que a maioria deles iria superar o comunismo, o que se mostrou correto em muitos casos".[44] Dessa forma, por exemplo, Postan tentou convencer Victor Kiernan, um jovem estudante de história que se tornaria um dos amigos de toda vida de Eric, a ser seu assistente em 1938, um ano depois de ele ter ingressado na Trinity College depois de ter obtido um primeiro lugar com duas estrelas. Kiernan lecionou por algum tempo na faculdade, e logo se tornou notório por suas supervisões usando roupão e chinelos. Mas ele recusou a proposta de Postan porque, influenciado por Mohan Kumaramangalam, um comunista indiano e também amigo de Eric, ele preferia ir para a Índia para continuar suas pesquisas de doutorado.[45] Porém, quando conheceu Postan pessoalmente, Eric começou a perceber que "não dá para confiar em qualquer uma de suas afirmações sem uma verificação independente, em parte porque ele odeia admitir que não sabe a resposta a uma pergunta e por isso arranja uma, e em parte porque, pelo menos em questões pessoais, ele preferia o que desejava que fosse verdade ao que fosse verdade".[46] Apesar dessas reservas, Eric via Postan como um mentor e um exemplo nos anos antes da guerra, e ainda por algum tempo depois.

Isaiah Berlin considerava Postan "um homem inteligente mal-intencionado: & a vontade de humilhar & triunfar desfigura suas virtudes intelectuais". Achava "apropriado se considerar superior à confusão de ideias & palavras contemporâneas aplicando algum critério materialista 'duro'", uma avaliação mais precisa.[47] É fácil entender por que Eric ficou impressionado: a formação dos dois era semelhante – judeus, porém seculares, cosmopolitas, europeus, comprometidos com a noção de história como uma ciência social, fascinados tanto pela teoria como por fatos, e capazes de abarcar muitos países e muitos séculos em seus interesses históricos. Ao lado de Eileen Power, um espírito bondoso com quem se casou em 1937 (causando certo escândalo por ela ser mais de uma década mais velha), Postan concebeu e, depois da morte prematura de Eileen em 1940, executou o grande projeto da *Cambridge Economic History of Europe*, um empreendimento inovador e sem precedentes, com a contribuição de historiadores de vários países da Europa. Postan e Eileen tiveram contato e foram fortemente influenciados pelos historiadores sociais e econômicos franceses que fundaram em 1929 a revista *Annales d'histoire* économique et sociale. A publicação tinha como objetivo transformar a história no ponto de encontro de todas as ciências sociais, inclusive a geografia e a sociologia, e em seus primeiros anos tentou construir uma rede internacional que se estendesse por muitos outros países, principalmente com a organização de congressos internacionais sobre história. Os editores, Marc Bloch e Lucien Febvre, propagaram o "espírito da *Annales*", um espírito segundo o qual nada estaria fora dos limites para um historiador. Um aspecto-chave da publicação e de seus proponentes era o desejo de se libertar do paradigma histórico dominante do Estado-nação e abordar o passado sobre uma base comparativa ou transnacional. Postan conhecia os editores do periódico, e convidou Bloch para fazer uma palestra em Cambridge. Por sua vez, Bloch viajou a Londres em 1934 para recrutar a ajuda de Postan, Eileen e Tawney para a *Annales*, fundada poucos anos antes.[48] Postan apresentou Eric à escola dos *Annales*, transmitindo suas ideias centrais em seus ensinamentos enquanto Eric era ainda aluno de graduação. Isso teria uma importância crucial mais tarde em sua carreira.[49]

Porém, Postan não era conhecido pelo público britânico nos anos 1930; de longe, o mais famoso historiador lecionando em Cambridge era o grande George Macaulay Trevelyan, professor emérito de história moderna e autor de livros muito lidos sobre história da Inglaterra e da Itália. Em geral definido como o último dos historiadores de tradição de Whig, Trevelyan era um personagem patrício profundamente enraizado na tradição liberal, com um estilo literário em seus textos históricos que devia muito a seu tio-avô, o historiador e político vitoriano Thomas Babington Macaulay, também de linhagem Whig. Apesar de Trevelyan ter apenas 61 anos quando assistiu a uma de suas palestras pela primeira vez, no Michaelmas Term de 1937, Eric achou que ele parecia muito mais velho. Eric apresentou uma vívida impressão de como os alunos de graduação viram Trevelyan na época:

> Esta é uma palestra funcional. Não tem aquele ar de revivalismo que permeava as exposições de Postan às nove horas em Mill Lane, nem a solidez de Kitson Clark. Não dava vontade de jogar o jogo da velha. Quase ninguém gosta de rabiscar [...]. Às vezes ele estende a beca sobre a mesa e parece um grande pássaro; às vezes a enrola nos cotovelos e parece uma cena de um filme de Fritz Lang [...]. Fala em longas frases com voz de velho e é muito nervoso. Os cabelos são finos e brancos e os olhos são fundos; de longe,

mal dá para ver que usa óculos. Tem um bigode fino, como o dos turcos, com os cantos caídos e rugas profundas, e fala sobre a Revolução Gloriosa, da Constituição e de liberdade, o que hoje em dia está fora de moda.[50]

Claramente, Eric não ficou muito impressionado.

As descrições de Eric do clima das aulas e dos professores se tornaram tão conhecidas entre os leitores da revista da escola, *The Granta*, que uma paródia sobre elas foi publicada, com a primeira metade dedicada, como costumavam ser os perfis de Eric, a uma descrição do auditório das palestras, e a segunda ao próprio Eric:

> Ele usa uma grande capa de chuva cinzenta, abotoada firmemente até o queixo [...]. Das profundezas de sua pasta de couro ele extrai um Caderno Espiral ("Para Estudante ou Secretaria" – da Woolworth's) e põe os óculos. Começou a observar. O cenho aristocrático se enruga, o queixo cai, ele lança um olhar firme e frio ao infeliz professor [...]. Ao avistar uma cara nova entre os clientes habituais, o professor também olha para o observador, que obviamente não tem nada a fazer aqui – ele rabisca anotações nos lugares *errados*, uma palavra aqui, uma palavra ali. O restante da exposição é um duelo de olhares entre professor e observador. Para a plateia concentrada, arrebatada pela cena, as horas passam voando. Saímos em fila embaixo da chuva fina de novembro. Ao virarmos a esquina topamos com uma figura sinistra parecida com uma cegonha, apoiada numa perna só. Um correspondente da *Times* não conseguiria se sair melhor. Escreve furiosamente na pasta apoiada sobre o joelho dobrado. Silenciosamente, nós o deixamos à sua tarefa [...]. Felizmente, sem sermos notados.[51]

III

Como muitos calouros, no primeiro ano Eric se associou a uma série de agremiações estudantis, inclusive a Sociedade Histórica de Cambridge (recomendada por seu supervisor), a Sociedade Inglesa (poesia e crítica) e a Sociedade Política, fundada em 1876 por Oscar Browning, professor da King's (todos os detentores de bolsas de estudo de história tinham esse direito). Eric leu o livro de atas da Sociedade Política e descobriu "com alegria que Austen Chamberlain, um dos membros do passado, em certa ocasião votou pela abolição da propriedade privada" (Chamberlain foi ministro das Finanças no último governo conservador antes da Primeira Guerra Mundial, antes de se tornar ministro do Exterior). O presidente da Sociedade era John Clapham, "cujo otimismo em questões sociais – a julgar pelo ensaio que leu – é pelo menos tão notável quanto seu conhecimento de História da Economia", observou Eric. Entrou também para o Grêmio Estudantil de Cambridge. Achou-o "bem agradável", e gostava de beber e socializar no bar do Grêmio.[52] Em seu primeiro ano letivo, Eric participou de um debate no palco, embora, ao que parece, sem grande efeito: "MR. E. J. E. HOBSBAWM (King's)", segundo um relatório, "atacou os membros permanentes dos departamentos do governo. Não estamos bem certos se esse orador elabora claramente seus discursos antes de se apresentar." O tema do debate era uma moção sobre uma política de "Frente Unida" de partidos de esquerda.[53] Depois dessa debacle, Eric desistiu do Grêmio, poupando um bom dinheiro que seria usado nas mensalidades.[54]

A sociedade com que Eric realmente se comprometeu foi o Clube Socialista. Com cerca de 400 membros, era uma das mais fortes e ativas organizações estudantis de Cambridge. Dada a predominância de garotos de escolas públicas no corpo estudantil, Eric considerou esse fato "extraordinário". Havia até mesmo uns 30 membros na King's, e Eric foi imediatamente cooptado para fazer parte do Comitê do Grupo.[55] O clube era dominado por comunistas. Em Londres, antes de ir para Cambridge, Eric era um tipo politicamente isolado, sem contato com ninguém que compartilhasse de seus pontos de vista políticos. Nas raras ocasiões em que foi ativo politicamente, foi em favor do Partido Trabalhista. Ao contrário de suas contrapartes na Itália, na França ou na Alemanha, o Partido Comunista da Grã-Bretanha não tinha lugar para intelectuais. Homens e mulheres de formação "burguesa", ou que exercessem uma profissão, ao ingressarem no Partido tinham de se adaptar ao etos da classe trabalhadora e não dispunham de nenhuma distinção especial. Em geral, recrutas da classe média tentavam disfarçar suas origens sociais, e qualquer um com um sotaque mais "chique" ou uma formação mais privilegiada poderia ser visto com suspeita pelos ativistas do Partido. Havia um forte elemento de "proletarianismo" no Partido em seus primeiros anos de existência.[56]

Essa situação só começou a mudar na primeira metade dos anos 1930, com o advento do comunismo estudantil, surgido principalmente como uma reação ao triunfo do nazismo na Alemanha, à alarmante propagação do fascismo na Europa, inclusive na Grã-Bretanha, à crescente ameaça da guerra e, mais especificamente, à marcha da fome de Jarrow, uma manifestação ambulante de sindicalistas protestando contra a pobreza e o desemprego, tão disseminados durante a Depressão. Em 1934, os manifestantes passaram por muitas cidades, grandes e pequenas, inclusive por Cambridge, em seu caminho para Londres, chamando a atenção de todo o país. O súbito aumento do apelo do comunismo aos "intelectuais burgueses" levou o Partido a fundar sua seção estudantil em 1932. Quatro anos depois, o início da Guerra Civil Espanhola aumentou o influxo de jovens cultos e de classe média no Partido, quando o Partido Comunista Britânico levantou-se numa forte defesa do governo legitimamente eleito da República e sua luta contra a tentativa de golpe de oficiais do exército de extrema direita de 17 de julho de 1936, enquanto o Partido Trabalhista apoiava a posição de neutralidade e de não intervenção do governo britânico.[57]

Discussões tarde da noite resultaram, entre outras coisas, em que os amigos de Eric na King's, Jack Rice e Norman Haselgrove, entrassem para o Partido Comunista. "Inquestionavelmente, a Guerra na Espanha foi a principal influência na radicalização de pessoas como Jack que, à primeira vista, seriam recrutas muito improváveis para o Partido", em vista da formação em escolas públicas e de uma criação conservadora.[58] Muitos comunistas e não comunistas, inclusive o escritor George Orwell, foram para a Espanha lutar pela República nas Brigadas Internacionais. A Guerra Civil Espanhola mobilizou jovens intelectuais porque, como Eric escreveu muitos anos depois, o fascismo "se opunha por princípio a causas que definiam e mobilizavam intelectuais enquanto tais, ou seja, os valores do Iluminismo e das revoluções francesa e americana":[59]

> Qualquer um que entrasse nos alojamentos de estudantes socialistas e comunistas de Cambridge naquele tempo quase certamente encontraria a fotografia de John Cornford, intelectual, poeta e líder do Partido Comunista dos estudantes, tombado em batalha na Espanha no dia de seu aniversário de 21 anos, em dezembro de 1936. Assim como a conhecida foto de Che Guevara, era uma poderosa imagem icônica – só que estava mais próxima de nós e, sobre nossas cornijas, era um lembrete diário da causa pela qual lutávamos.

As Brigadas Internacionais gozavam de grande prestígio no mundo do comunismo estudantil: o presente de aniversário de Eric ao primo Ron, em julho de 1937, foi um livro curto, *Reporter in Spain*, de "Frank Pitcairn", pseudônimo de Claud Cockburn, um jornalista comunista que entrou para as Brigadas para escrever sobre sua experiência para o *Daily Worker*. Eric escreveu a seguinte dedicatória no livro: "Porque nós não estávamos lá".[60]

Houve outros convertidos na mesma linha. Como Jon Vickers, universalmente conhecido como "Mouse" (uma corruptela de "Muse", seu apelido no colégio), amigo de Noel Annan. Desmazelado, com um paletó rasgado nos cotovelos, segundo Eric, Vickers era nervoso demais para ser politicamente eficiente, mas com certeza era um conversador brilhante:

> Foi a única pessoa que vi usar todos os músculos numa discussão. Inclinava-se para frente com seu nariz pontudo, quebrado no boxe, farejando como um fox-terrier, os óculos cintilando de entusiasmo, os lábios amorfos movendo-se para cima e para baixo como um pistom. Dava para notar os músculos dos braços compridos se contraindo debaixo do paletó roto – o paletó estava sempre roto. Suas ideias cascateavam como uma queda d'água. Com frequência dava nos nervos quando repetia os mesmos argumentos o tempo todo, mas em geral ríamos quando ele fazia comparações com frases banais numa verve desenfreada. "Camaradas", dizia, "de certa forma, a bota está no outro pé." "Camaradas... devemos sempre ter isso em mente." Então, de repente surgia, de forma totalmente natural, uma revelação espontânea: "Camaradas, S[tálin] está certo".[61]

Ele era "burguês até a raiz dos cabelos, em aparência e comportamento", acrescentou Eric, de forma afetiva, instantaneamente reconhecível como um produto do sistema de escolas públicas da Inglaterra. Ingênuo, e espontâneo, dizia o que pensava em voz alta sem qualquer constrangimento, como

> na noite (1938) em que escalamos uma pedreira em Albury no escuro, só por diversão. Não foi fácil; a areia cedia, nós nos segurávamos, tateando em busca de um ponto de apoio, subindo a pequena ravina com a camisa cheia de areia. De vez em quando ele dizia "ótimo", "brilhante", "nós vamos conseguir". Não havia nada por trás disso, só o fato de ele gostar tanto da vida.[62]

Como Eric observou, estudantes comunistas não eram apenas "os filhos dissidentes do establishment, dos quais com certeza havia inúmeros em

Oxbridge". Alguns tinham uma formação "trabalhista não conformista ou liberal (por exemplo, Christopher Hill, Rodney Hilton, Raymond Williams) e vinham de escolas públicas". A maioria "não pertencia absolutamente à classe média alta".[63]

Os estudantes comunistas de Cambridge formavam um grupo cosmopolita e internacional: havia muito poucos judeus, como Eric se recordou em retrospecto. A certa altura o Partido pediu que Eric abordasse questões judaicas. Eric e Ephraim (universalmente conhecido como Ram) Nahum, um estudante nascido em Manchester e considerado por muitos na época o líder dos estudantes comunistas de Cambridge, tiveram uma reunião com uma delegação do Comitê Judaico do Partido. "Eu ainda consigo ver sua imagem", escreveu Eric depois, "com aquele corpo forte e atarracado, nariz grande e uma aura apaziguadora e desafetada de autoconfiança total – em alguém menos seguro de si poderia ser uma bazófia –, e ainda ouço sua voz firme."[64] Mas a reunião com o Comitê Judaico não foi um sucesso. Pelo menos, registrou Eric, "tive a oportunidade de ter contato com o estilo comediante de palco dos camaradas do East End", mas nem Eric nem Nahum estavam realmente interessados, por isso o contato não deu em nada.[65]

Um dos luminares do comunismo de Cambridge nessa época era Margot Heinemann, a namorada de John Cornford. Nascida em 1913, ela foi uma espécie de mentora política de Eric, que depois afirmou que "provavelmente ela tenha exercido mais influência sobre mim que qualquer outra pessoa que conheci".[66] Mas sua identidade como intelectual comunista já estava determinada muito antes de conhecer Margot Heinemann. Apesar de ela ter posto Eric debaixo das asas no fim dos anos 1930, há poucas evidências de que realmente tenha influenciado a maneira como ele pensava. Margot não correspondia à admiração de Eric. Ele "não tinha a menor ideia de como julgar pessoas", disse em certa ocasião.[67] Professora e funcionária de meio período do Departamento de Pesquisas Trabalhistas, uma entidade independente financiada pelo sindicato, Margot publicou inúmeros trabalhos sobre a indústria carvoeira e encerrou sua carreira como membro do conselho diretor da New Hall[4*] na Universidade de Cambridge. Continuou comunista até o fim. Envolveu-se num relacionamento com o cientista J. D. Bernal, com quem teve uma filha, mas afinal ninguém conseguiu realmente substituir Cornford em suas afeições.[68]

---

4 * Faculdade só para mulheres, fundada em Cambridge em 1954. (N.T.)

Outra figura de destaque no comunismo de Cambridge foi James Klugmann. Um ano mais velho que Margot Heinemann, formou-se com distinção em duas disciplinas, era fluente em francês e em 1934 embarcou numa tese de doutorado sobre a Revolução Francesa. Mas abandonou a perspectiva de uma carreira acadêmica para se tornar secretário da Associação Mundial de Estudantes, com sede em Paris, uma frente de organização comunista fundada no início dos anos 1930 pelo lendário comunista alemão e empresário da mídia Willi Münzenberg.[69] Nesse cargo, envolveu Eric nas conferências da instituição, tirando vantagem do seu conhecimento do idioma francês. Asceta, totalmente dedicado ao Partido, Klugmann morava sozinho, rodeado de livros. Eric não o conheceu bem, mas, ao que parece, ninguém o conhecia bem. Durante a guerra, Klugmann teve papel importante na Executiva Britânica de Operações Especiais (SOE, na sigla em inglês) na Iugoslávia, apoiando os guerrilheiros comunistas liderados por Josip Broz Tito. Doutrinário até a medula, Klugmann também atuou como agente secreto da inteligência soviética, apesar de Eric não saber disso na época. Seu trabalho era fazer comentários sobre relatórios de outros agentes na Inglaterra e recrutar possíveis ativos que quisessem trabalhar com eles.[70] E, de fato, subsequentemente o comunismo estudantil de Cambridge se tornou notório como berçário de agentes soviéticos, embora Eric não estivesse entre eles. Assim como o próprio Klugmann, os "espiões de Cambridge" – Anthony Blunt, Guy Burgess, Donald Maclean, Kim Philby e John Cairncross –, todos nascidos antes da guerra e todos já fora da universidade antes de Eric entrar.[71] O que impeliu esses homens a aderir a uma carreira de traição de segredos de Estado parece ter sido a convicção de que só a União Soviética oferecia uma chance real de derrotar o fascismo numa época em que o governo britânico não estava preparado para se opor ao movimento. Talvez, também, um amor inato pelo sigilo e a conspiração combinados com uma sensação de culpa de classe estivessem entre os fatores pessoais que os levaram a se tornar espiões: nenhuma dessas características era sequer remotamente compartilhada por Eric.[72] Mais tarde Eric confessou que teria concordado em espionar para os soviéticos naquela época se tivesse sido convidado, mas só poderia fazer isso se trabalhasse para a inteligência britânica, ou em algum departamento importante do governo, coisa que, ao contrário dos verdadeiros espiões, ele nunca fez.[73]

As reuniões do Clube Socialista às vezes eram realizadas no alojamento de Eric na King's, ou com mais frequência na Pembroke College, onde havia vários membros do Partido, que incluíam Ram Nahum, David Spencer e o germanista Roy Pascal, um dos raros professores comunistas na época. Entre seus membros figuravam inúmeros jovens radicais das colônias, não somente Pieter Keuneman, mas também Mohan Kumaramangalam e Indrajit ("Sonny") Gupta, que se tornaram proeminentes políticos de esquerda quando voltaram à Índia. Eric, que logo começou a trabalhar com o "grupo colonial" dentro do Clube Socialista, obteve assim uma precoce introdução à história e à política do subcontinente.[74] Ao final do Michaelmas Term, já no segundo ano, Eric foi eleito para o comitê, ou "secretariat", embora nunca tenha sido selecionado como principal organizador por ser considerado acadêmico demais.[75] Os grandiosamente denominados "portfólios ministeriais" sobre o comitê foram distribuídos no início do Lent Term de 1938. Eric ("Camarada Hobsbawm") foi responsável pela organização do *Bulletin*, o semanário do Clube.[76] Ele quis logo tentar aumentar seu alcance. Reclamou que o *Bulletin*

> tinha se transformado em nada mais que um glorificado quadro de avisos, não sendo lido pelos membros e sem nenhum interesse para pessoas de fora; e acreditamos que isso seja uma coisa ruim. Notícias e exortações são muito bem-vindas, são parte do trabalho do dia a dia do Clube e deveria ter o espaço que merecem, mas não há razão para que outras matérias não sejam também publicadas [...]. Por que não há nada sobre questões literárias, sobre problemas da arte, disso e daquilo, sobre sexo? Por que não há contribuições gerais ou humorísticas? [...]. Este ano letivo foi um desespero desértico.[77]

A essa altura, portanto, Eric já demonstrava um notável pensamento político independente, bem como impaciência, talvez até desprezo, em relação às monótonas tarefas cotidianas que eram parte normal do trabalho dos membros do Partido Comunista.

Para colocar a nova orientação em movimento, Eric contribuiu com uma breve nota crítica sobre um filme sendo exibido em Cambridge, *Terra dos deuses*, estrelado por Lise Rainer, que ganhou o Oscar de melhor atriz pela interpretação de um papel meio improvável, de uma camponesa chinesa. Eric descartou a atitude "ligeiramente desdenhosa" dos "rígidos socialistas" dos filmes de Hollywood; o filme era uma obra importante de educação política que deveria mostrar que os problemas dos camponeses chineses eram semelhantes aos nossos.[78] Eric fez novo apelo em 15 de fevereiro, desta vez para uma discussão sobre comentários sobre "a gigantesca controvérsia internacional em andamento sobre a natureza da arte hoje" na União Soviética, na França e nos Estados Unidos, sobre "questões de arte e literatura, realismo e formalismo. Até na Inglaterra alguns críticos, como Anthony Blunt, têm pensado a respeito do assunto".[79] No fim, no entanto, a campanha de Eric para ampliar os interesses dos estudantes comunistas de Cambridge foi frustrada pelo pensamento unidimensional de Ram Nahum, que considerava a arte e a música distrações desnecessárias da luta política, embora fosse um entusiástico jogador de bridge em seu tempo livre.[80]

IV

Principalmente por essa razão, Eric se sentiu entediado com o Clube Socialista da Universidade de Cambridge, cujas atividades ele considerava cada vez mais "triviais" se comparadas aos grandes acontecimentos fermentando no mundo como um todo. Também começou a se irritar com discussões sem sentido sobre Lênin nas sessões de leituras periódicas organizadas pelo "grupo colonial", "que passavam por todos os estágios, da escolástica à gramática".[81] No Michaelmas Term de 1937, um ano depois, ele declarou que os funcionários seniores do Clube Socialista eram culpados de "ineficiência total". O trabalho deles era "escandalosamente fraco". Os novos calouros eram mais militantes que seus antecessores, mas os "membros mais antigos" do Clube não estava tirando vantagem desse entusiasmo.[82] Por outro lado, as principais lideranças do Clube Socialista achavam que Eric só estava realmente interessado em assuntos culturais e intelectuais e não tinha uma verdadeira aptidão para a prática política. "Eric sabia tudo", comentou Harry Ferns mais tarde, "mas raramente sabia o que fazer. Ron percebeu essa fraqueza bem cedo. Mais de uma vez ele me disse: 'Que droga, Eric está transformando o Partido numa sociedade de debates'".[83] Sob a influência de Nahum, o *Bulletin* realmente não proporcionava a Eric o tipo de oportunidade que buscava.

Assim, muito cedo ele começou a escrever para a revista não política dos alunos de Cambridge, *The Granta*. "Foi no primeiro ano na escola", recordou-se Pieter Keuneman, "que ele entrou no escritório da *The Granta*, com a capa de chuva abotoada até o pescoço, e pediu um emprego."[84] Seus primeiros artigos foram publicados já no segundo ano, no Lent de 1937. Junto a Jack Dodd, ele contribuiu com uma série de "Cambridge Cameos", perfis resumidos de figuras locais. A série começou com Briscoe Snelson, um penhorista local que procurou *The Granta* pedido ajuda para localizar o paradeiro de três bolas douradas que ficavam penduradas na entrada da sua loja. Sinal tradicional de lojas de penhor, as bolas tinham desaparecido de um dia para outro, obviamente uma pilhéria estudantil. "Foi lançado o grande apelo. 'Devolva as nossas bolas douradas' estava em todas as bocas. Em três dias um triunfante editor recuperou os cintilantes emblemas e reverentemente os devolveu ao proprietário. Honra profissional, consciência pública e uma demonstração do valor da *The Granta*."[85]

O ex-editor da *Granta*, Robert Egerton Swartwout, nascido nos Estados Unidos e figura bem conhecida na sociedade de debates do Grêmio de Cambridge, foi o tema de outro perfil de Eric e Jack. Dotado de muitos talentos, ele criava palavras cruzadas para a *Spectator*, uma publicação semanal com sede em Londres, desenhava cartuns e tinha publicado uma história policial, *The Boat Race Murder* (1933), além de uma biografia imaginária do falecido político vitoriano, lorde Randolph Churchill, baseada na premissa de que na verdade ele não tinha morrido em 1895, mas vivido até idade avançada.[86] Segundo Eric e Jack Dodd, o entusiasmo de Swartwout por Lloyd George o havia transformado em um nacionalista galês, "e por isso você pode vê-lo escalando o Cader Idris em dias de sol e dirigindo-se aos compreensivos carneiros na língua nativa deles".[87] Duas outras pequenas biografias foram dedicadas a duas conhecidas lojas de ponta de estoque de Cambridge: uma filial da rede de lojas americana Woolworths ("nada acima de seis pence"), cujo gerente, Walter Clarke, tinha enchido a loja de artigos kitsch monarquistas prontos para a coroação do rei George VI;[88] e a loja de roupas para universitários Ryder & Amies, que existe até hoje, embora atualmente seus funcionários sejam bem menos intimidantes que o gerente nos tempos de Eric, o sr. Wallasey, que cortava e criava gravatas para o clube e a faculdade e sabia "identificar qualquer um dos 656 modelos que avistasse", especialmente se um deles estivesse sendo usado por alguém que não deveria.[89] "Os balconistas da loja e os professores", escreveu Pieter Keuneman em seu perfil de Eric, "temiam a figura cinzenta e de movimentos furtivos que registrava seus pontos fracos com uma caligrafia firme e arredondada".[90]

No seu segundo ano em Cambridge, Eric já nutria aspirações mais altas para seus perfis pessoais na *Granta*, que agora, escritos só por ele e sem a colaboração de Jack Dodd, tinham passado de pessoas de Cambridge para figuras de importância nacional e internacional. Conseguiu fazer uma entrevista com

Christopher Isherwood no Tulliver's Café, no centro de Cambridge, após uma palestra do poeta e dramaturgo sobre seu trabalho atual. Isherwood, que havia saído de Cambridge antes de se formar, em meados dos anos 1920, despertou o interesse de Eric também porque estiveram em Berlim no mesmo período, no início dos anos 1930. Na época Isherwood estava terminando "os livros de Berlim", os romances *Mister Norris muda de comboio* (1935) e *Adeus a Berlim* (1939), que depois resultaria no musical *Cabaret*:

> No salão do Tulliver's Café ele parece mais magro e mais jovem do que é; as sobrancelhas são caídas, às vezes lhe conferindo uma expressão preocupada [...]. Caminhando pela deserta rua Petty Cury o poeta Isherwood se dirige ao prédio da administração e ao entrevistador da *The Granta*. "Diga a eles", declara, "que eu acredito que a geração mais jovem é o que há." Ele poderia ter dito isso para a lua, ou para a Via Láctea, só que não há lua, e se houver, dá muito trabalho procurá-la no céu. Então ele me diz isso e se afasta, esbelto e jovial, andando pela Silver Street, sorrindo com rugas finas ao redor da boca e cabelos curtos, em direção ao seu alojamento.[91]

Eric achou o poeta "muito charmoso" e bastante tímido, sentindo-se impressionado com seu comprometimento com o lado republicano da Guerra Civil Espanhola, apesar de ele e o colega poeta Wystan Auden não terem conseguido obter um visto no passaporte, "talvez porque [o secretário do Exterior Sir Anthony] Eden tenha pensado que os dois pudessem fazer contrabando de tanques".

Mais característica das preocupações comuns de Eric foi uma série de quatro perfis políticos de professores visitantes ao Grêmio de Cambridge, escritos no início de 1938 com o título geral "The Stars Look Down". O primeiro foi o de Harold Laski, um professor de política de esquerda da Faculdade de Economia de Londres.[92] Laski sabia que Eric era um bom debatedor, o que deu "um tom cortante na fala anasalada e morosa de suas tiradas elegantes e na precisão de seus parágrafos labirínticos". Ele falou quase sem anotações "e com a facilidade de um homem que sabe que pode cavalgar a sintaxe como um cavalo selvagem num rodeio no Arizona". Quando seu discurso atingiu o clímax, porém, ele interrompeu as tiradas e se tornou mais premente, mais sério. "É um homem brilhante e passional, falando pelo que acredita ser a verdade." Na época, Laski estava no auge de sua fama e influência; mas acabou jogando tudo isso fora no fim da guerra com sua belicosidade e falta de tato (que levou ao famoso cala-boca do líder trabalhista Clement Attlee – "Um período de silêncio da sua parte seria bem-vindo"). Seus textos, derivativos e de segunda mão, não sobreviveram. Eric ficou menos impressionado pelo segundo palestrante cujo desempenho ele resenhou, o diplomata e escritor liberal Harold Nicolson, que depois se tornou mais conhecido pelos volumosos diários que manteve durante esse período.[93] "Aqui, realmente, pode-se dizer, está a classe alta britânica: Cortês, esta é a palavra, diplomática, culta." Ele falou para "um mundo remoto para nós", muito irrelevante para as preocupações atuais. Nicolson já tinha sido uma figura política mais destacada, mas no fim dos anos 1930 não estava mais no centro dos acontecimentos. Segundo Eric, era meramente um falador. "É um grande especialista em falar – e em falar sobre si mesmo – da mesma forma que outras pessoas o são em contabilidade, afinação de piano ou bilhar."[94]

Em seguida Eric voltou sua impiedosa visão crítica para Herbert Morrison, uma figura bem mais substancial. Político de destaque no trabalhismo, Morrison era fotogênico e sabia como gerar uma boa publicidade.

> Ele é pequeno e belicoso. Mais parecido com um buldogue que qualquer outro inglês poderia parecer decentemente. Sobe na plataforma, diante de uma tela vermelha, ao lado da mesa com o protocolar copo de água e o presidente ornamental, pernas afastadas, seu único olho apontado para a plateia, as sobrancelhas erguidas à maneira de George Robey, de vez em quando fechando a boca com uma contração tão forte que aparecem rugas verticais.[95]

Eric o definiu como uma figura inspirada em Gladstone,[5*] que se expressava em frases bombásticas alternadas com "afirmações curtas e contundentes", levantando a voz até "se tornar quase um grito estridente" antes de cair no "conversacional e no familiar", "esfregando o rosto, apontando com os dedos, debruçando-se sobre a pasta e fazendo picadinho de um tolo que fez uma pergunta usando sua rotina de décadas falando em público". O último personagem sobre o qual Eric escreveu em sua breve série de perfis de distintos convidados do Grêmio foi o cientista J. B. S. Haldane, um famoso matemático e geneticista e professor da Universidade de Londres. Também era um socialista

---

5 * William Ewart Gladstone (1809-1898), estadista e membro do Partido Liberal Britânico.

comprometido. Alertou o governo republicano de Madri para se proteger de ataques com gás na Guerra Civil. Sua aparência não tinha nada de acadêmica: "Seu corpo pesado é muito parecido com o de um grande urso".[96] Mesmo assim, mostrou uma grande convicção em sua exposição da importância da ciência na vida cotidiana e na cultura moderna, uma ciência "que pertence à vida. Por isso nós o respeitamos".

A principal atividade de Eric para a revista eram suas críticas cinematográficas. Como ele disse a Ron em fevereiro de 1937: "Por meio de algum nepotismo (mas não muito), eu consegui uma semana de ingressos grátis para o cinema como resenhista da *Granta*, e como estou economizando o máximo possível, isso é muito bem-vindo".[97] Além de qualquer outra coisa, sua designação como crítico de cinema da revista proporcionou o que Eric chamou mais tarde de "um território neutro para amigos de diferentes tendências políticas, como o jovem Arthur Schlesinger Jr., que conheci dessa forma". Schlesinger era um americano que passou o ano letivo de 1938-1939 como visitante na Peterhouse e depois se tornaria redator de discursos do Partido Democrata e membro destacado do governo do presidente John F. Kennedy.[98] Eric não se dedicava a filmes populares de Hollywood ou a produções cinematográficas britânicas padrão, preferindo filmes estrangeiros, principalmente franceses. Resenhou uma versão francesa de *Crime e castigo* de Dostoiévski, considerando o filme muito episódico e confuso e as interpretações no geral demasiado teatrais.[99] Naqueles dias, o Central Cinema estava exibindo *King Kong*, enquanto o Playhouse exibia *Uma nação em marcha*, mas Eric ignorou os dois e preferiu escrever um artigo sobre o ator francês Sacha Guitry ("O editor achou que eu estava escrevendo uma nota sobre Robert Taylor esta semana", confessou, referindo-se ao maior astro de Hollywood e estrelando dois filmes sendo exibidos em Cambridge naquele momento. "Eu achei que era sobre Sacha Guitry. Peço desculpas a todos que estavam esperando Taylor"). Ele pensou que Guitry rapidamente seria esquecido como "metade dos dramaturgos franceses do século XIX".[100]

Em edições subsequentes, Eric escreveu sobre o grande diretor austríaco Fritz Lang, o mestre da "histeria e do pânico" cujo talento, expressado de forma mais extravagante no clássico filme policial *M, o vampiro de Dusseldorf* (1931), rodado em Berlim, estava correndo perigo de ser sufocado por Hollywood quando o diretor emigrou para os Estados Unidos; mas também, talvez surpreendentemente, sobre os Irmãos Marx, cujas reviravoltas anticonvencionais Eric considerou tanto originais como agradáveis em sua "lógica perversa e, se considerarmos com atenção, bastante assustadora".[101] Sua lista dos 12 melhores filmes que assistiu em 1938 incluía dois franceses (*Le Quai des brumes* e *Un carnet de bal*), dois soviéticos (*My iz Kronshtadta* [Nós de Kronstadt] e *Mat* [Mãe]), um alemão (*Kameradschaft*) e um holandês (*The Spanish Earth*) e outros seis filmes americanos. Nenhum dos filmes de que gostou era inglês, apesar de o clássico *A dama oculta* de Alfred Hitchcock estar entre os lançamentos daquele ano, um filme que provavelmente Eric não viu. Sua ausência da lista foi "simplesmente lamentável", ele confessou.[102]

Em janeiro de 1939, Eric foi designado como editor da *Granta*. Sua contribuição mais espetacular no novo cargo foi juntar parodias de outros periódicos, reais ou imaginárias. No dia 1º de fevereiro ele produziu *The New Statesman and Nation: The Week-End Review*, satirizando a banalidade estilística, a solenidade e a total falta de originalidade da principal revista semanal de esquerda. Havia falsas cartas de leitores pedindo apoio para campanhas obscuras, como a do Comitê Britânico da Emancipação do Pensamento, da Linguagem e da Ação a favor da proibição do romance de um jovem escritor sueco sobre um jovem escritor sueco que consegue "encontrar a felicidade no Kamasutra", que lhe proporciona "uma vida sexual variada e extensiva que não pode, contudo, ser considerado obsceno, pois a forma de tratamento é artística ao extremo" e inclui "fotografias da vida real". Houve pedidos de mais informações de Hugh Walpole, que na época escrevia uma biografia de J. B. Priestley, e de J. B. Priestley, que na época escrevia uma biografia de Hugh Walpole (ambos eram romancistas ingleses populares da época). Uma sátira do Projeto de Observação da Massa, fundado em 1937, em que 500 cidadãos comuns mantinham diários ou respondiam questionários periódicos referentes à "função dos canhotos de ingressos na economia capitalista", concluía que "a massa pulsante de frustrações da vida moderna era de alguma forma canalizada pela manipulação de canhotos de ingressos. É significativo que desde Munique a mastigação de canhotos de ingressos (diferente de simplesmente esmagar) aumentou em 47% na Grã-Bretanha ao sul de Firth of Forth. No norte de Firth of Forth eles são usados para alimentar caixas de bancos". Os "concursos de fim de semana", que pediam que os leitores parafraseassem dois versos rimados sobre o amor pela mãe e pelo pai, geraram parcos resultados ("além de outras peculiaridades, os leitores desta revista não amam os pais"). O dr. Wittgenstein escreveu perguntando o que a palavra "amor" significava para os propósitos do concurso. Damon Runyon, escritor de contos nova-iorquino, chegou perto ("Se existe alguém que pode exigir a afeição de alguém, além de bonecas, com certeza são a mãe e o pai – e mais um pouco"), como fez Sigmund Freud, que detectou uma "atitude ambivalente, que é um princípio básico do complexo de Édipo [...] por morar em Viena", mas o vencedor foi o cantor de teatro de revista George Formby, com sua lapidar "está me ouvindo, mamã?" (na verdade, o bordão era de Sandy Powell).[103]

Essa brilhante coletânea de paródias levou Eric a reunir uma segunda, desta vez uma edição fictícia porém totalmente plausível de *The Granta* a ser publicada meio século depois, no dia 8 de março de 1989, quando um movimento fascista do tipo nazista teria assumido o poder na Grã-Bretanha. Os artigos adaptavam engenhosamente a linguagem do nazismo alemão para exigir que "o Diretor da Jesus College" mudasse o nome para "Horst Wessel College". As autoridades deveriam investigar outras faculdades com nomes inspirados por "um agitador hebreu" ou outros indivíduos igualmente degenerados, como Christ's College ou Corpus Christi. Um repórter dizia aos leitores que "a antiquada capela da King's foi removida para dar espaço para a reconstrução da Central Railway and Bus Terminus". Tropas de assalto deveriam se aquartelar nas faculdades para facilitar um trabalho educacional "apropriado". Aos gritos de "Hail Anglia", o chefe nazista local inaugurou uma exposição de arte anglo-saxã na sede da prefeitura. Um assassinato ritualístico foi registrado na Selwyn College (uma fundação anglicana). O calendário de eventos incluía retransmissões do discurso do Führer feito na Downing Street exigindo a incorporação de Anjou pelo Reino Unido, conforme o desejo de seus habitantes "há muito sofrendo sob a opressão brutal dos franceses".[104] Paródias da imprensa na escala e ambição das publicadas sob a editoria de Eric só se repetiriam quando o *Guardian* publicou um suplemento de sete páginas sobre a ditadura fictícia da ilha de San Serriffe em 1º de abril de 1977, o Dia da Mentira.

V

No início do novo ano acadêmico – o último de Eric –, em outubro de 1938, a crise de Munique havia recém-terminado com a ameaça de Hitler de invadir a Checoslováquia sendo resolvida com o primeiro-ministro britânico concluindo um acordo segundo o qual o país fronteiriço de língua alemã deveria ser incorporado à Alemanha. Houve um desconforto geral na esquerda, e como Eric observou no *Socialist Society Bulletin*, "o recrutamento do Clube foi extraordinário nesses últimos dias, graças à crise". De fato, "agora passou a ser o maior clube socialista de qualquer universidade" e "o maior clube político desta Universidade". Organizava grupos "ativos" nas faculdades, cujo objetivo era conseguir uma participação universitária de milhares de membros até o fim do ano letivo por meio de cartazes e reuniões. Trezentos novos membros eram recrutados por semana, segundo registros. Só na Trinity College foram 90. Cinco reuniões lotadas tinham condenado a política de Chamberlain para apaziguar Hitler. Esse rápido crescimento foi facilitado pelo fato de o Clube Socialista não ser "um partido político, nem uma máquina de propaganda, nem mesmo um clube social de progressistas", mas sim "a maior seccional da Federação Trabalhista da Universidade, que tem um voto no Congresso do Partido Trabalhista". Não se esperava que membros comunistas se inscrevessem como afiliados ao Partido Trabalhista, mas qualquer um "minimamente simpático ao Partido Trabalhista" era convocado a fazer isso. "Participação de um partido político nacional, seja o Partido Trabalhista ou o Partido Comunista, é a melhor forma de tirar os alunos de graduação da atmosfera rarefeita de 'brincar de socialismo' da Universidade e colocá-los em contato com o mundo exterior."[105]

Grande parte do Michaelmas Term de 1938 foi dedicado a levantar fundos para mandar alimento para as vítimas republicanas da Guerra Civil Espanhola, principalmente crianças refugiadas. O Clube organizou também uma formidável lista de palestrantes para o ano, que incluía políticos da liderança do Partido Trabalhista como Clement Attlee e Stafford Cripps, o secretário-geral do Partido Comunista Britânico Harry Pollitt, o poeta W. H. Auden, a escritora Naomi Mitchison e o vice-presidente da Associação Atlética de Amadores, Herbert Pash.[106] Havia ainda os Grupos de Estudo da Faculdade, com Eric presidindo a seção de história e convidando Mounia Postan, H. J. Habakkuk (um jovem e brilhante historiador econômico da propriedade de terras na Inglaterra) e o especialista em literatura marxista alemã Roy Pascal para fazerem palestras, além de um debate à noite sobre a questão "Marx escrevia boas histórias?".[107] Mas nem tudo saiu como planejado. A palestra de Attlee, proferida para um público de 1.500 pessoas, foi interrompida por uma minoria de apoiadores do Partido Conservador, inclusive os "garotos do Pitt Club", os equivalentes aos notórios amigos do Bullingdon Club de Oxford, além de "grandes, maduros e sofisticados atletas [...]. A Associação Conservadora vai ficar triste ao saber que um de seus membros, o marquês de Granby, estava distribuindo fogos de artifício". Os manifestantes "gritavam, tocavam cornetas de caça, soltavam fogos de artifício e se comportavam do jeito tradicional de alunos de graduação com muito dinheiro e pouca cabeça para beber". Não somente houve "gritos entusiasmados para Chamberlain", mas até brados de "Heil Hitler" entre os arruaceiros na plateia.[108]

Havia outras razões de preocupação para os comunistas de Cambridge. A União Soviética estava passando por uma série de levantes políticos. Após o assassinato do chefe do Partido de Leningrado, Sergei Kirov, em 1934, Stálin se voltou contra seus ex-aliados dentro do Partido Comunista Soviético, fazendo com que fossem julgados por traição. O principal rival de Stálin pelo poder nos anos 1920, o carismático intelectual Trótski, tinha sido expulso do partido e exilado e ido para o México em 1936, onde acabaria sendo assassinado por ordem de Stálin quatro anos depois. Em dois grandes espetáculos de julgamentos realizados em agosto de 1936 e janeiro de 1937, ex-líderes do Partido, inclusive Grigory Zinoviev, Lev Kamenev e Karl Radek, confessaram ter tido papel-chave nas conspirações de Trótski e foram condenados à morte; nos meses seguintes houve outros espetáculos de julgamentos envolvendo outras figuras de destaque, sendo Nikolai Bukharin o mais notável. Os julgamentos foram seguidos por um expurgo em que centenas de milhares de membros menos graduados do Partido foram presos e fuzilados ou mandados para campos de trabalhos forçados.[109]

A reação inicial do Ocidente aos julgamentos foi de consternação, mas não de ceticismo, de maneira geral. Como o então embaixador dos Estados Unidos em Moscou escreveu: "De forma geral os membros do Corpo Diplomático aceitaram que os acusados devem ter sido culpados por alguma ofensa que na União Soviética mereceria a pena de morte".[110] Só em 1938, quando as acusações de julgamentos posteriores atingiram alturas palpáveis de absurdo, foi que se estabeleceu certo grau de ceticismo. As confissões de Zinoviev e dos outros, como foi revelado muitos anos depois, foram escritas por seus interrogadores, e extraídas sob a promessa de que Stálin não executaria suas famílias se eles cooperassem e admitissem a própria culpa. Somente em poucos casos, inclusive o de Bukharin, a polícia secreta soviética usou de tortura, mas de maneira geral a aparência indefesa dos réus convenceu observadores de que as confissões foram voluntárias, e portanto verdadeiras. Alguns comunistas se voltaram contra o Partido, chocados pelos julgamentos; o mais notável entre eles foi o exilado húngaro Arthur Koestler, que se desligou do Partido em 1938 para escrever seu clássico *O zero e o infinito*, publicado dois anos depois, um arrepiante retrato do fanatismo e da disciplina mental que ele acreditava ter levado bolcheviques convictos a concordar com as denúncias contra si próprios.[111]

A liderança do Partido Comunista da Grã-Bretanha aplaudiu os julgamentos, não tendo dúvidas sobre a realidade que as conspirações se propunham a revelar. No dia 1º de fevereiro de 1937 o *Daily Worker*, carro-chefe das publicações do Partido, afirmou que "em todo âmbito do movimento trabalhista britânico a escrupulosa imparcialidade dos julgamentos, a incontestável culpa dos acusados e a justiça das sentenças são reconhecidas". Depois das revelações em Moscou, o Partido Comunista Britânico, seguindo a orientação de Stálin, chegou a desviar recursos substanciais de energia para combater uma conspiração trotskista praticamente inexistente em suas próprias fileiras.[112] Ao escrever para o primo Ron, Eric tentou defender os julgamentos:

> Considere: os seguintes fatos estão razoavelmente bem estabelecidos: os acusados são pessoas que, em diversas ocasiões no passado, discordaram violentamente da Linha do Partido, em diversas ocasiões foram expulsas do partido e exoneradas de seus cargos [...]. Segundo, nos últimos cinco anos ou mais Trótski defendeu consistentemente a ruína da URSS como um corpo não socialista e antirrevolucionário [...]. Terceiro, as acusações não são intrinsecamente impossíveis; que os trotskistas deveriam naufragar parece claro (Kirov); que eles deveriam estar querendo ceder território da URSS não é impossível: talvez no fim eles quisessem trair Hitler e o Japão, talvez julgassem ser apenas uma concessão necessária, ainda que lamentável.[113]

Eric aceitou a explicação soviética a respeito de algumas pequenas discrepâncias nas confissões (por exemplo, um alegado encontro de um dos réus com Trótski em um hotel de Copenhague em 1932, que havia sido demolido muitos anos antes). Considerou "abertos e transparentes" os métodos pelos quais as confissões foram obtidas, comentando que os acusados não tinham confessado tudo, por isso, "só onde provas cabais foram produzidas eles admitiram os fatos". O comportamento correto de Radek no banco dos réus também havia sido "tranquilizador": "Ele não pediu por clemência; não alegou irresponsabilidade. Ele disse: eu me recuso a ser julgado com destruidores e espiões comuns, sou uma figura política responsável; só estava enganado na minha estimativa da situação".

No fim, Eric concluiu "(a) que existia uma oposição clandestina que, não tendo o apoio da massa, teve de apelar para o terrorismo e a intervenção. (b) que os julgamentos foram legais e uma questão compreensível. (c) que não há nada muito improvável sobre os procedimentos". Mas os julgamentos levantaram uma incômoda questão: se os homens acusados estavam trabalhando contra a União Soviética desde o começo, como confessaram, e até antes da Revolução, por que assim mesmo foram repetidas vezes designados para as mais altos cargos no Partido? Talvez, pensou Eric, "não houvesse muitos homens experientes para as tarefas à mão?". Ou talvez eles tenham sido mantidos pelo Partido por "otimismo", ou "sentimentalismo", por serem Velhos Bolcheviques, ou por uma fé ingênua e inapropriada em sua integridade por serem marxistas. E a razão de só agora terem sido presos e levados a julgamento teria sido a nova Constituição da URSS, que entrou em vigor em 1936, sendo aclamada por simpatizantes do Ocidente, como os socialistas fabianistas Sidney e Beatrice Webb, como o projeto democrático de uma "nova civilização", "que propiciou aos sabotadores liberdade de agir". Assim, "goste-se ou não, as autoridades soviéticas devem limpar todo o país a fim de torná-lo seguro para a nova Constituição".[114]

Talvez essa elaborada e inconvincente série de justificativas tenha sido mais uma tentativa de Eric de convencer a si mesmo do que de persuadir Ron, mas não invalida a força de seu comprometimento com a causa republicana na Guerra Civil Espanhola. Ele participou da manifestação do Dia do Trabalho no Hyde Park de Londres, organizada em 1937 por membros do Partido Trabalhista. O evento foi uma demonstração de solidariedade com os republicanos, embora a política oficial dos trabalhistas fosse de uma neutralidade tática, ainda que solidária. "Foi um belo espetáculo", disse Eric a Ron, que ele tinha avistado de relance na multidão de manifestantes, mas sem conseguir fazer contato,

> melhor do que a maioria das que já vi na Inglaterra. Você se lembra como alguns anos atrás todos só se arrastavam, só com uma vaga ideia de como cantar ou gritar slogans. Bem, hoje eles estão muito melhores. Além disso, hoje se vê uma seleção bem representativa de gente da classe trabalhadora nas manifestações de esquerda, onde antes havia uma combinação de intelectuais e, de vez em quando, do *lumpenproletariat*. Isso é o que uma base de massa pode representar.[115]

O Partido Trabalhista Britânico organizava tais eventos com muito cuidado, para evitar qualquer impressão de estar colaborando com os comunistas numa versão inglesa da Frente Popular. Em vista da situação na França e na Espanha, os presságios de tal colaboração não pareciam propícios. Na Espanha em particular, quando a situação militar dos republicanos começou a deteriorar, começaram a surgir divisões entre os comunistas e os anarquistas. Eric partilhava da desconfiança do Partido Comunista em relação aos entusiasmados anarquistas, porém desorganizados, como os que conhecera em sua breve passagem por Puigcerdà. "Parece que esses anarquistas estão começando a criar encrenca na Catalunha", escreveu a Ron em maio de 1937, citando uma reportagem do *The Times*. "Se não conseguirem esperar até a guerra estar decidida – e, Deus sabe, ainda *não* está decidida –, eles vão sabotar seriamente a tarefa de vencê-la."[116]

VI

Eric voltou à França em 1937 para umas longas férias de verão, em parte financiadas pelo tio Sidney. Mais uma vez ele viajou para o sul. Saiu de Paris em 4 de agosto, indo de carona até Lyon e depois para Avignon. Pegou carona em vários veículos, inclusive uma camionete quebrada, um caminhão e muitos carros de famílias, viajando à noite até chegar a Manosque, pouco ao norte de Marselha, em 8 de agosto. Estava interessado no vilarejo porque, como escreveu durante a guerra, era a cidade natal do escritor e pacifista Jean Giono, "que eu admirava, apesar de não me surpreender absolutamente que desde então ele tenha se tornado um colaboracionista. Uma complexidade de sangue e solo confere uma certa riqueza e sensualidade no estilo, mas em geral isso acaba com o homem".[117]

Eric tinha viajado de carona até Manosque na companhia de dois garotos alemães que encontrou na estrada de Lyon para Vienne.

Eles tinham cabelos castanhos, cerca de 17 anos, com camisas xadrezes, mochila e calções, e nos entreolhamos com desconfiança, como cachorros na periferia de uma torcida de futebol. Afinal, pensei, sem dúvida esses garotos são membros da Juventude Hitlerista. Somente soldados profissionais se sentem à vontade com o inimigo. Só teremos de esperar talvez meia hora até o próximo carro passar, e mal vai dar para falar de política.

A estrada se estendia numa reta entre álamos, acho, que mal gotejavam, com a paisagem começando a ganhar aquela aparência cinza e empoeirada do sul, com o pó cobrindo as meias curtas que eles usavam.

Os dois concordaram em disputar no cara ou coroa quem pegaria a próxima carona. Os alemães ganharam. Ficaram esperando algum tempo, já que Manosque não fica em nenhuma estrada principal.

O garoto mais velho ficou na estrada, parecendo propaganda de um escoteiro com a silhueta estampada entre os álamos, eu e o mais novo nos deitamos numa valeta, para não assustar os motoristas com a visão de três potenciais passageiros de uma só vez. Deitamos de costas e apoiamos o pescoço na relva empoeirada, nos esforçando para falar em francês sobre albergues da juventude, sobre a catedral de Vienne e vários outros assuntos. É uma sensação muito estranha falar numa língua que é estrangeira para os dois. Ele tinha uma gaita de boca aparecendo no bolso do peito e uma câmera fotográfica, a onipresente câmera que os alemães sempre penduram no pescoço. Ficamos admirando a câmera até o carro seguinte passar. Então os dois se foram, e eu fiquei na valeta mais alguns minutos observando os gaviões. Nós nos despedimos sem constrangimentos.

Eric não disse aos garotos que falava alemão. Seu sotaque vienense o teria denunciado, e inevitavelmente os jovens teriam perguntado por que ele estava na França e acabariam descobrindo que ele era judeu, com possíveis consequências que sem dúvida Eric queria muito evitar.

Um motorista de caminhão deu uma carona a Eric até Manosque, onde ele conseguiu um apartamento num albergue da juventude longe do da gerente. Ela serviu a Eric um copo de suco de romã. Notou uma coleção de livros de Giono na estante do centro de vivência, mas a gerente disse para ele não falar com o escritor naquele momento, no meio da tarde. Outra garota chegou, e depois de ter se registrado ela e Eric resolveram sair em busca de algum lugar para nadar.

Atravessamos a cidade pela rua Aix com os olhos semifechados por causa do sol, quase sem nos falarmos nos primeiros dez minutos. Ela tinha vindo de bicicleta desde Briançon, era uma garota forte. Não havia carroças e não havia pássaros, com exceção de algumas pegas voando ao redor das oliveiras, não havia nada a não ser o calor e o rumorejo do rio Durance ao longe. Pus meus óculos escuros com uma incômoda sensação de vaidade.

Cansados de conversar embaixo do sol, eles seguiram em direção ao rio, onde Eric foi dar um mergulho enquanto a garota ficou na margem "com as pernas dobradas e os braços morenos apoiados na margem, os pés ligeiramente virados para fora. Era uma garota bem feia, de cabelos curtos e com pequenas marcas de espinhas no rosto". Era uma exilada judia de língua alemã com o sobrenome Goldmann. Seu primeiro nome, ou ao menos o nome que ela usava em seu exílio na França, era Marcelle. Eric a convidou para entrar na água. "Ela meneou a cabeça e deu risada." A correnteza começou a puxar Eric rio abaixo e ele saiu da água. Ficaram conversando sobre os livros de Giono enquanto ele se enxugava com a toalha dela. A garota ofereceu uma bala de menta.

Não havia nenhum significado especial em deitar na margem de um rio nos Alpes de Basses com outra turista, o tipo de combinação temporária acidental que acontece dezenas de vezes em qualquer verão. Entretanto, pessoas que se juntam de repente podem ficar muito íntimas durante o curto período em que se conhecem, principalmente para se defenderem do resto do mundo. Seria possível? Olhei para ela e pensei, é bem provável [...]. Estranhamente, nós não falamos nada sobre nós mesmos a caminho do albergue, que estava tão quente quanto lá fora.

Em vez de falarem sobre si mesmos, eles continuaram a conversar sobre Giono, mas Eric, por mais que admirasse o escritor, se sentiu desconfortável com "a atmosfera disciplinar do albergue" e começou a fazer algumas críticas. "Então por que você está aqui?", perguntou Marcelle.
Encontraram de novo os dois garotos alemães quando chegaram à cidade, e "eles sorriram para a garota, apesar de ela parecer muito judia. Aqueles dois garotos pareciam escolher o caminho através das complexidades da etiqueta entre pessoas de nível mais baixo como uma canoa navegando em gelo flutuante". Os dois eram de uma pequena cidade medieval, Gera, na Turíngia, e as antigas ruas de Manosque os faziam se sentir em casa, por isso eles "começaram a ver os franceses quase como seres humanos." Eric explicou a eles que a cidade tinha sido palco de greves de plantadores de cereais durante a

Revolução. Foi uma espécie de guerra de camponeses?, perguntou um dos garotos, pensando na guerra de 1525, no início da Reforma. "'Como a guerra dos camponeses', disse Marcelle em alemão. Os dois garotos ficaram muito corados e a conversa cessou até chegarmos ao albergue." Ao ouvir os garotos falando alemão no salão de vivência, um homem mais velho declarou de forma beligerante que estivera na frente de batalha na última guerra. "'É mesmo?', replicou Marcelle, que parecia ter prazer com a situação de uma forma abstrata, como se estivesse participando de um jogo." Mais tarde, enquanto andavam pela cidade, Eric e Marcelle conversaram sobre os dois jovens alemães. "Eu estudei com meninos como esses", disse Eric, referindo-se ao tempo em que morava em Berlim:

Eles não são perigosos. Só estão reagindo a um sentimento de inferioridade. Um dia, quando eu estava na escola, nosso professor definiu da seguinte maneira: os alemães estão para baixo. Existem duas escolas para eles se levantarem de novo – uma escola quer fazer isso aliando-se aos vitoriosos, a outra, a de Adolf Hitler, exortando o povo alemão. Por si mesmo, sem ajuda externa, o povo alemão vai se livrar de seus grilhões. Foi o que ele disse. Disse que seria uma escolha. Eu quase me tornei nacionalista naquele dia. Pareceu tão lógico.

Os dois subiram numa montanha perto da cidade. Marcelle disse que o pai dela era de Odessa. "Ficamos no alto da montanha, olhando para o vale do Durance, fascinados pela nossa intimidade. Depois nos deitamos e, afinal, fizemos amor. Eu não devia ter feito isso, provavelmente foi apenas um gesto de solidariedade por causa dos garotos nazistas que nem sequer mostraram qualquer interesse." Depois de dormir um pouco, tomar um banho e fazer uma refeição, Eric se despediu de Marcelle. Os dois nunca mais se viram. "Imagino que ela tenha passado por maus momentos desde então", escreveu alguns anos mais tarde, quando judeus na França começaram a ser presos e mandados para Auschwitz.

De Manosque Eric seguiu de carona até St. Raphael, na costa do Mediterrâneo, onde se hospedou no albergue da juventude local e encontrou vários estudantes, americanos, franco-canadenses e um tcheco. Tomou outro banho e comeu um sanduíche no jantar. Nessa região do sul da França havia mais carros e mais turistas:

As mulheres ricas parecem esplêndidas em seus Packard e não dão carona. Dificilmente existirá um lugar no mundo onde seja mais difícil pegar carona que a Côte d'Azur. Suponho que dinheiro, que pode transformar mulheres de meia-idade em jovens, uma aparência informal em elegância, seja mais útil para elas do que pensei a princípio. Na metade do caminho entre Cannes e St. Raphael, passou um Buick cheio de homens de camisas cor de laranja e mulheres em trajes de banho, com placa inglesa. Gritei quando eles passaram. O carro parou e depois de alguns minutos de conversa eles disseram "Nós achamos que você era inglês quando nos chamou". O quanto meu sotaque parece estrangeiro? Os franceses dizem "*çe grand Anglais*", os ingleses dizem "você não é inglês", só um agricultor obtuso nos Pirineus me perguntou por que eu estava caminhando por lá. Para arrumar um emprego? Respondi que sim. Então você é espanhol, ele retrucou.[118]

Na verdade, o grupo que Eric encontrou consistia de exilados e refugiados de vários países, ou melhor, como eles mesmos disseram, pessoas sem uma pátria mãe. "'Essas pessoas não são emigrantes', diz um dos membros mais velhos do grupo. 'Eles não têm pátria nenhuma. São átomos individuais que não se encaixam em lugar nenhum ou comunidade alguma, nem na língua, na economia e na cultura.'" Eric se encantou com uma jovem russa, Irina, como ele a chamou nesse episódio. Enquanto ela jogava uma partida de tênis, ele se surpreendeu "olhando com desejo os fragmentos do corpo de Irina que podiam ser vistos entre a rede e a estaca". Ficou claro que eles "tinham invadido residências exclusivas de gente rica".[119]

Eles cantaram, dançaram e conversaram sobre política. "Irina usa um vestido estampado de flores e é toda castanha. O cabelo é castanho, os olhos são castanhos, a pele é bronzeada de tomar banho de sol. Balança uma toalha na mão esquerda, pendura no pescoço, pega a toalha de novo e fica balançando para frente e para trás." O grupo resolver tomar banho de mar:

> A água parece uma seda. A água é tão boa de se ver e sentir que é difícil pensar em qualquer outra coisa. Quando nos viramos, sentindo a água passar suavemente pelos ombros, podemos ver as luzes dos cafés na praia e ouvir a música, nesse caso um pouco incômoda. Ter uma pátria significa saber tudo sobre as pessoas com quem você trabalha; conhecer

suas pequenas peculiaridades, que contos de fadas ouviram quando eram pequenas, o que fazem quando levam garotas do baile para casa à noite, que piadas infames os velhos contam, as coisas estereotipadas que dizem jogando baralho nas cafeterias, o que gostam de ler nas revistas. O que fazia as empregadas tchecas cantar canções patrióticas ou os trabalhadores irlandeses dar uns níqueis aos partidários da Clan-na-Gael?[6*] Uma emoção que pode mobilizar os politicamente subdesenvolvidos e reconfortar até os apátridas, por procuração, não pode ser negligenciada.

Assim, os primeiros pensamentos registrados de Eric sobre identidade nacional, um tópico sobre o qual refletiria muito mais tarde na vida, surgiram quando ele estava no mar Mediterrâneo, no litoral sul da França.

O grupo falou sobre política e identidade. Irina achava que política não resultava em nada, mas Eric discordou. "É preciso falar para fazer coisas. Pessoas que ficam isoladas e agem de acordo com as próprias ideias quase sempre estão enganadas. Quantos cadernos poderiam ser preenchidos com os registros estenografados das discussões que mudaram o mundo?". Depois cantarem e conversarem bastante, eles se despediram. "Agora eu posso ir embora e pensar que me apaixonei nas férias por uma linda garota, mas não fiz nada a respeito. Na Riviera, onde todos fazem amor, eu não fiz absolutamente nada a não ser voltar com um bando de gente cantando músicas não muito pertinentes." No dia seguinte ele começou a viagem de volta a Paris.[120] Passou por passar por Cannes e foi de carona até Saint Tropez e Marselha, chegando a Aix-en-Provence, onde a sorte o abandonou ("infeliz – a pé", anotou sucintamente em seu diário). Conseguiu uma carona até Aubenas, em Ardèche, onde fez um desjejum antes seguir de carona até Le Puy, mais ao norte, de onde um caminhão o levou quase até Vichy. No dia 14 de agosto Eric estava em Moulins, no município de Allier, onde fez uma refeição antes de seguir para Avernes. Chegou às 11 da noite e encontrou o albergue da juventude fechado, sendo obrigado a um "sono desesperado numa plantação de feijão". Na segunda-feira, 16 de agosto de 1937, Eric estava de volta em Paris.

Eric disse a Ron que sua experiência "deveria provar as possibilidades da carona como método de viagem!". Durante o trajeto ele conheceu pessoas

---

6 * Organização republicana irlandesa estabelecida nos Estados Unidos na virada do século XIX-XX. (N.T.)

de vários tipos, inclusive um aluno da Faculdade de Economia de Londres, um comunista australiano que estudara numa escola com Eric em Viena, a secretária de um professor de Oxford, o proeminente socialista moderado G. D. H. Cole, um homem com quem se encontraria em circunstâncias bem diferentes depois da guerra, e um amigo do seu professor de francês na St. Marylebone:

> Deus, eu passei por um bocado de coisas. Comer lesma na Burgúndia e tomar banho de mar na Riviera e conversar nos trajetos com motoristas franceses, aprender novas canções em albergues da juventude franceses e esperar duas horas no sol até um carro passar, acampar no saco de dormir e em esteiras debaixo de chuva e discutir com estudantes anarquistas franceses. Conhecer ingleses na França, alemães, holandeses, suecos, canadenses, americanos, italianos, poloneses, suíços, austríacos, belgas, espanhóis, russos e tchecoslovacos. Nada mais que tchecoslovacos. Assistir a uma banda de jazz em Manosque e os onipresentes jogos de bola. Pegar carona em automóveis marca Chrysler e Packard. Melhorar o meu francês.[121]

Quando voltou a Paris, Eric se hospedou no Hôtel Ambassador com o tio Sidney, Nancy e Peter, agora adolescentes, que tinham ido ver a Exposição Mundial, famosa pela exibição do quadro *Guernica* de Picasso, que retratava o sofrimento da cidade basca do mesmo nome durante a Guerra Civil Espanhola.

Eric ficou mais tempo em Paris instigado por Margot Heinemann, para participar de uma "Conferência Internacional da Associação Mundial de Estudantes", ocorrida de 25 a 28 de agosto. Um dos delegados era o amigo de Eric, Ram Nahum, mas não Eric. Os participantes discutiram relatórios sobre a situação de estudantes em diversos países, muitos deles otimistas por motivos implausíveis (o delegado da Alemanha, por exemplo, informou que os universitários sob o regime nazista se sentiam descontentes e decepcionados de forma geral).[122] A essa altura a Frente Popular da França passava por sérias dificuldades; a economia não estava se recuperando da Depressão, havia uma fuga de francos e os conservadores no Senado conseguiam impedir novas reformas. Os socialistas foram expelidos do governo em junho de 1937, e Léon Blum renunciou. Um ano depois a Frente Popular se dissolveu, rachada por disputas internacionais sobre a política francesa (ou a falta de) em relação à Guerra Civil Espanhola. A euforia de 1936 havia desaparecido há muito tempo.[123] Como observou Eric, "a situação política parece funesta sob todos os aspectos".[124]

Eric ganhou algum dinheiro trabalhando como intérprete em algumas sessões, a pedido de Margot Heinemann. Enquanto estava lá, fez amizade com um comunista húngaro de uns 20 anos de idade, que ele chamou de Arpad Fekete nas reminiscências que escreveu na forma de um conto. Arpad o levou ao Les Macédoines, um restaurante barato frequentado por iugoslavos, húngaros e búlgaros. Eric achou o clima bastante sinistro, a começar pela aparência do chefe dos garçons:

> Bigode cinza-ferro em forma de asas de um aeroplano, um rosto moreno muito enrugado com a pele flácida de muitas horas de trabalho em espaços fechados e olhos negros e duros como botões: ele me deu a impressão de ser um homem muito capaz disfarçado de um desanimado chefe de garçons por questões próprias; mas isso não era novidade, já que todos no *Les Macédoines*, garçons e clientes, dão a impressão de estar disfarçados de algo desimportante e respeitável. Nunca estive em um lugar que cheirasse tanto a golpes de Estado.[125]

Por ser comunista e judeu, Arpad tinha sofrido sob o regime de direita do almirante Horthy na Hungria, violentamente anticomunista e antissemita, tendo sido preso e gravemente espancado antes de fugir para Paris, onde agora morava. Eric achou que o jovem húngaro era um dândi. "Literato! Namorador! Vendedor de revoluções! Por que eles escolhem homens assim, bolcheviques de cafeteria, Don Juans de ternos risca de giz com enchimento nos ombros, para chutar os genitais?". A pergunta se responde a si mesma.

Arpad levou Eric e um amigo comunista a um bordel perto do Boulevard Sebastopol, onde eles pediram bebidas.

> Não era época de temporada. Havia poucos clientes, taciturnos, ocupando as mesas de tampo de mármore alinhadas num salão meio comprido com teto de vidro [...]. Numa das extremidades, ao lado do banheiro das mulheres, uma pequena e pouco animada banda e com blusas vermelhas de ciganos estava tocando. De tempos em tempos eles paravam e saíam recolhendo gorjetas e as mulheres paravam de dançar umas com as outras e rodeavam as mesas se oferecendo para fazer obscenos truques de salão. Arpad se recostou na cadeira de pelúcia fazendo bico com um cigarro nos lábios como se fosse um Alexander Blok ou um Toulouse-Lautrec, muito afetado.

A sete francos o copo, a cerveja era muito cara, "não havia mulheres bonitas no recinto" e "a banda", pensou Eric, "era péssima". Seus amigos tentaram fazer a banda tocar uma música húngara dançante, mas os músicos não conheciam nenhuma. Eric sentiu um irônico sentimento de culpa.

Olhe só para nós, três assim chamados comunistas, membros do maior movimento da história do mundo, os homens que descobriram o que Arquimedes estava procurando, os homens que vão dobrar a terra como se fosse feita de latão para moldá-la como plástico, discutindo sobre bandas de salão ruins num puteiro de segunda categoria. Nem ao menos um puteiro de classe. Sem nem mesmo as características de uma genuína traição à classe operária.

Uma garota veio até eles e tentou falar com Arpad, mas ele estava bêbado demais para responder, debruçado no tampo da mesa com a cabeça entre as mãos. "Venha comigo enquanto o seu amigo fica pensando, querido", disse a garota para Eric. "Venha comigo que vamos nos divertir muito." E eles foram. Em suas memórias publicadas mais tarde, Eric revelou que o verdadeiro nome de seu amigo húngaro era György Adam. Esquecendo seu encontro anterior com Marcelle, ele afirmou: "Eu perdi minha virgindade em um estabelecimento – não consigo mais me lembrar do endereço – com uma orquestra de mulheres nuas, e numa cama rodeada por espelhos de todos os lados."[126] Quanto a Arpad, ou György, Eric tentou localizá-lo em Paris pouco depois da guerra, mas, quando perguntou sobre ele no Les Macédoines, foi informado de que ninguém o via já há algum tempo. Eles achavam que ele tinha ido morar na América do Sul.[127]

VII

Quando voltou a Cambridge para o segundo ano de seus estudos, em outubro de 1937, Eric se sentiu mais em casa do que no ano anterior. Agora suas acomodações eram melhores que as de "O Fosso", no quarto 8, Escadaria U, num antigo prédio vitoriano ampliado nos anos 1920, longe da faculdade e da capela e com vista para uma área gramada perto do rio. Os quartos eram muito mais valorizados pelos alunos. Eric ficou no último andar do prédio, onde chegava subindo seis patamares de largos degraus de madeira, mas a vista do rio e da ravina era agradável, com sua tranquilidade perturbada apenas por barcos a vara que singravam as águas nos meses de verão. Por essas razões, ele continuou no mesmo quarto no ano seguinte, 1938-1939.[128]

Eric não conseguia passar muito tempo com o primo Ron, que tinha se formado pela LSE [Faculdade de Economia de Londres] com honras de primeira classe, recebido o Prêmio Gonner em economia no verão anterior e continuava trabalhando em Kew, no Ministério do Trabalho; ele se casou com a namorada pouco antes da guerra.[129] Mas os dois continuaram a se corresponder com frequência. Quando se mudou, Eric explicou a Ron:

> Até agora estou gostando mais deste ano letivo do que de qualquer um dos outros. Você sabe, no primeiro a gente chega sem conhecer ninguém e sem coragem de entrar em contato com qualquer um e incapaz de se ajustar às novas condições. No segundo e terceiro a gente se acostuma, mas há um bocado de exames e trabalhos acadêmicos, e além do mais ainda não se livrou bem da estranheza do primeiro. Este ano agora é realmente o primeiro que posso dizer que "estou em Cambridge": Não que Cambridge dê muito nos nervos. Às vezes dá vontade de chutar algumas pessoas. E é tão paroquial; recusa-se a reconhecer que o resto do mundo é algo mais que um lugar de onde vêm os ex-presidentes do Grêmio para fazer discursos políticos.[130]

Eric estava muito animado, segundo disse a Ron "desde que fui à França no começo de agosto". Considerava isso surpreendente, pois disse que era propenso a "surtos mais ou menos regulares de depressão de tempos em tempos. Imagino que voltem de repente em algum momento, no mais tardar por volta de janeiro". Eric e alguns de seus contemporâneos mais argutos tentaram remediar essa situação no Michaelmas Term de 1937. "Nós conseguimos – na nossa faculdade", disse a Ron, "organizar reuniões não oficiais entre professores e representantes dos alunos para estender nossas discussões em classe e coisas do gênero. Para uma universidade medieval como a nossa é um grande avanço."[131] Porém, assim como muitas outras iniciativas semelhantes, esta também acabou sendo vítima da indiferença dos professores. Oxford não era o único reduto de causas perdidas.[132]

No fim de 1937, Eric estava achando a situação "bem preocupante", apesar de o Partido Trabalhista ter pelo menos "começado a fazer alguma coisa a respeito da Espanha".[133] O primeiro-ministro Neville Chamberlain era "totalmente pró-fascista" e provavelmente não iria fazer nada para contrariar Hitler, Mussolini ou Franco. Mas sua política externa não era universalmente popular. Discordâncias entre o primeiro-ministro e o secretário do Exterior Eden sobre questões que incluíam a Guerra Civil Espanhola resultaram na renúncia do segundo numa segunda-feira, 21 de fevereiro de 1938, originando uma sensação de crise nacional na política externa. Em Cambridge, o Clube Socialista entrou em ação:

> Convocamos uma reunião de emergência da CUSC [sigla em inglês para Coro Sinfônico da Universidade de Cambridge] na segunda-feira feira em que Eden renunciou e mais de 200 membros compareceram. Depois tivemos uma sessão de emergência do Conselho de Paz que decidiu fazer uma reunião na quarta-feira. Na terça de manhã a CUSC distribuiu 6 mil panfletos pedindo a Renúncia [do governo] e fizemos uma passeata com cartazes com umas 40 pessoas por toda a cidade. Na tarde de terça já tínhamos um comitê conjunto dos liberais, dos socialistas e da Frente Democrática, que emitiu uma declaração em conjunto e organizou o *lobby* das terças-feiras dos MPs [membros do Parlamento]. Estamos o tempo todo enviando telegramas para os MPs – cerca de 600 até quarta. Na quarta tivemos uma reunião do Conselho da Paz na qual veio tanta gente que precisou ser transferida – umas 500 pessoas, eu diria. Na quinta fizemos mais pressão, e vai continuar nesta semana.[134]

Duzentos estudantes, 100 deles de Cambridge, 60 de Oxford e 40 de Londres, atenderam ao *lobby* dos MPs e receberam uma grande cobertura da imprensa, inclusive de diários conservadores. Eric confessou a Ron: "Passei uma boa parte do tempo fazendo trabalhos políticos e vou ter que rachar nas férias para compensar".

Ainda havia outras distrações. Como nos anos anteriores, Eric passou algumas semanas das férias lendo na biblioteca da Faculdade de Economia de Londres, que ele considerava um bom lugar para trabalhar. Estava sempre cheia de gente da Europa Central e das colônias, e por isso era bem menos provinciana que Cambridge, ainda que mais por conta de seu comprometimento com ciências sociais como demografia, sociologia e antropologia social, que não eram do interesse de Cambridge. Eric ia com frequência ao

Marie's Café, que ocupava uma esquina na fachada principal da LSE, onde fez muitos novos amigos, inclusive o futuro historiador John Saville (que na época ainda era chamado por seu nome original grego, Stamatopoulos), a namorada dele e depois esposa, Constance Saunders, Teddy (Theodor) Prager, o "cabeludo charmoso", um estudante austríaco e economista de esquerda, e muitos outros. As garotas que conheceu lá incluíam Muriel Seaman, que ele voltaria a encontrar quando a LSE se mudou para Cambridge durante a guerra. Um dos frequentadores habituais do café era um "centro-europeu solitário e calado bem mais velho que nós", que acabou se tornando o grande sociólogo Norbert Elias; seu livro *O processo civilizador* estava prestes a ser publicado na Alemanha e na Suíça, mas continuou ignorado e vendendo pouco até os anos 1960, quando se tornou um dos textos socio-históricos mais lidos e influentes do fim do século XX.[135]

Mas em fevereiro de 1938 Eric também estava achando o ambiente de Cambridge "muito bom", especialmente na King's College. "O açafrão cresce na avenida atrás do rio e à noite o ar fica suave e o rio corre depressa e em silêncio. Nós sempre caminhamos perto da capela à noite. Finalmente estou começando a gostar da verdadeira beleza da arquitetura, vivendo com ela o tempo todo." Sua vida pessoal, porém, era bem tediosa em comparação com a animação da França do verão anterior. Congratulou Ron por ter organizado seus "assuntos pessoais" em condições "satisfatórias", mas comentou com tristeza: "Os meus ainda estão – devo dizer feliz ou infelizmente – malparados como sempre. Continuo tendo momentos de prazer na política e, nesses dias, olhando o rio, enquanto meus amigos se engajam e se desengajam. Realmente acho que chegou a hora de entrar na linha, espero fazer isso algum dia, mas não adianta apressar".[136]

No fim de abril ele estava na expectativa dos exames do fim do ano, como muitos outros alunos de graduação:

> Todo mundo agora está com a "febre do exame final", e nunca vi a Biblioteca da Universidade tão lotada como nesses últimos dias. Todo tipo de gente esquisita preocupada com os exames. Na verdade, eu também não me sinto muito bem a respeito – não que não consiga ter um primeiro se tentar, se conseguir estudar bastante nas próximas quatro semanas, mas gostaria de conseguir uma estrela e isso parece um pouco distante. A não ser por uma escolha de perguntas específicas ou um inesperado golpe de sorte.[137]

Eric tinha decidido "dar um tempo na política" durante esse período, para se concentrar exclusivamente nos exames. No caso, ele obteve um primeiro com estrela; nunca houve dúvida a respeito, a não ser na cabeça dele ("Eu estava realmente bastante nervoso", escreveu pouco depois). E ainda teve outras boas notícias: uma verba de 30 libras do Fundo de Ciência Política da Universidade para ir ao Norte da África francês ("por sugestão minha") para uma pesquisa de dois meses sobre as condições agrárias da região, e outras dez libras da faculdade, "uma bela quantia", como de fato era nos padrões da época. O Conselho do Condado de Londres, que o sustentava em Cambridge, não podia deduzir essa quantia de sua pensão por ser dirigida a um propósito específico.[138] Eric não explicou por que tinha optado por esse projeto, mas é provável que tenha se interessado pela colonização europeia em consequência de discussões com seus amigos comunistas de Paris, e agora achava que seu francês era suficientemente bom para fazer a pesquisa. O professor de ciência política, Ernest Barker, escreveu uma carta de apresentação e recomendação para a embaixada francesa em Londres. Eric cuidou dos preparativos necessários para a viagem e partiu no fim de agosto.

A intenção de Eric era estudar as condições agrárias na Argélia e na Tunísia, na época duas colônias francesas. Tomou o trem e a balsa até Paris e de lá outro trem para o sul da França, embarcando num navio a vapor para o porto de Túnis, onde chegou em 25 de agosto e se hospedou no Hôtel Capitol, na avenida Jules Ferry, como registrado por um funcionário do governo local. Eric tinha chegado "absolutamente sem ser anunciado", reclamou o funcionário, "e a questão da natureza de sua atividade havia sido ignorada por vários dias".[139] Na verdade ele tinha entrado em contato com funcionários da administração local de Túnis, entrevistando-os sobre as condições sociais e econômicas da colônia e obtendo as permissões necessárias para viajar pelo interior. Passou a última noite na cidade num albergue da juventude em Sidi Bou Said, de frente para a baía, com uma das vistas mais lindas que já havia visto. No dia 31 de agosto ele partiu para Sfax, uma cidade litorânea a 270 quilômetros da capital. Como ele explicou a Ron,

> era uma das cidades menos atraentes em que já estive. É notavelmente simples pelo fato de não haver nada num raio de 80 quilômetros a não ser oliveiras em linhas retas, onde cinquenta anos atrás não existia absolutamente nada. Tanto franceses como árabes falam desse fato de forma

triunfal, um argumentando que é uma prova dos benefícios da colonização francesa, o outro que é uma prova da dependência da exploração dos árabes pelos franceses para um verdadeiro trabalho de desenvolvimento. Mas, com exceção das azeitonas, dos camelos e dos acampamentos de beduínos perto da estrada e da estátua do cirurgião do exército que descobriu a existência de fosfatos na Tunísia, não há nada de emocionante em Sfax. A estátua é de longe a coisa mais significativa da cidade.[140]

De Sfax ele voltou um pouco pelo litoral, antes de tomar um barco para Kairouan, "um dos meus poucos lapsos como um turista comum", observou; "pois até agora tive poucas oportunidades de ver muito de Túnis ou do país. Tem sido puros trabalhos forçados tentar reunir e absorver tudo sobre a estrutura política, social e econômica de Túnis no período de uma semana, e nunca mais vou fazer isso". A companhia de fosfato, informou, obtinha "lucros inacreditáveis", pois era responsável por quase ⅓ de toda a produção mundial do mineral, e fazia parte das lendárias "200 famílias" do capitalismo francês que supostamente controlavam a Terceira República.

Foi preciso algum esforço para se aclimatar ao Norte da África, disse a Ron, e que "ainda não tinha se acostumado com a ideia de uma paisagem sem nada a não ser um ocasional grupo de beduínos incrivelmente famintos" e estranhos aglomerados de arbustos. Conversava com "contatos não oficiais", como "grupos italianos antifascistas, sindicatos trabalhistas europeus locais etc. (obtidos por cortesia de Mme. Andrée Viollis e do jornal *Ce Soir*);[141] uns poucos contatos com estudantes árabes (conseguidos através da Associação Mundial de Estudantes)". O cônsul britânico em Túnis passava boa parte do tempo cuidando da grande colônia maltesa. No entanto, observou Eric:

> Não há muitos ingleses aqui, exceto alguns missionários otimistas e uma colônia de aposentados em Hammamet com fama de serem homossexuais, tanto entre árabes como entre os franceses. Na verdade eu tive de fazer uma cuidadosa análise da moral e da sexualidade britânicas para alguns estudantes tunisianos cujas ideias foram formadas pela colônia em Hammamet. Pensar que um acadêmico da King's teria que fazer isso![142]

No dia 10 de setembro Eric tomou o trem de Kairouan para a Argel, uma viagem de vinte horas.[143] Depois de fazer algumas entrevistas na cidade, ele seguiu para Tablat, na província argelina de Medea, e depois para Bou Saada, uma cidade-mercado 250 quilômetros ao sul de Argel. Seguindo mais para o interior ele chegou a Fort National (conhecida atualmente como Larbaâ Nath Irathen), quase mil metros acima dos montes Atlas. "Passei algum tempo nessas localidades com seus respectivos administradores", escreveu depois, "pois o propósito é falar com a administração local em primeira mão", preenchendo vários cadernos com as informações que obteve em suas conversas.[144]

Os frutos do trabalho de Eric foram destilados num longo documento a ser apresentado à Sociedade Política da King's College em 28 de novembro de 1938. O tema, explicou à plateia, poderia "parecer árido e especializado", e ele se concentraria em transmitir as questões centrais, os "fatos depurados" de estruturas e estatísticas:

> Meu esboço tenta apresentar os seguintes fatos: vocês precisam consubstanciá-los com dados. Vocês devem imaginar que eles dizem respeito a pessoas, árabes, muçulmanos, que vivem numa civilização peculiar, com sua arte, suas crenças e falsos juízos; camponeses tão pitorescos, ignorantes e fanáticos quanto os da Europa na Idade Média e bem mais doentes. Devem imaginar o assentamento de construtores de impérios franceses e de proprietários de terra, funcionários da alta realeza e pequenos policiais corsos, transplante, honestidade e dividendos. Devem imaginar um país árido e bonito, com as cidades medievais europeizadas pelo petróleo, por sapatos da marca Bata e por times de futebol.[145]

Era típico de Eric que a primeira coisa que dissesse sobre os árabes do Norte da África fosse sobre a sua arte; e igualmente típico que definisse a religião dos camponeses como fanatismo (embora ele tenha voltado a abordar cultos religiosos agrários com mais simpatia nos anos 1950). Mas a parte principal de seu texto foi dedicada à expropriação europeia do território árabe. Na Argélia, ele calculou, os 800 mil colonizadores europeus eram donos de 14 milhões de hectares, enquanto meros 8 milhões de hectares pertenciam a uma população árabe de 6,5 milhões. Essa distribuição desigual dos recursos fundamentais do país era "um roubo descarado", resultado de repetidos sequestros militares usados para punir as rebeliões. O mesmo processo, ainda que menos radical, tinha produzido um resultado comparável na Tunísia. O resultado era "a destruição, ou pelo menos o enfraquecimento da autossuficiência dos camponeses, e uma dependência cada vez maior de fontes alternativas de renda".[146] O auxílio do governo havia se tornado uma necessidade.[147] Não apenas era importante retirar tais questões das mãos de auditores fiscais e administrativos, continuou, "mas também ressaltar as semelhanças essenciais – com todas as adaptações necessárias – entre a história da Europa e a história dos países coloniais atrasados".[148]

O projeto de Eric para o Norte da África talvez tenha sido a primeira indicação, e também uma das verdadeiras origens, do interesse pelos pobres e despossuídos rurais que iria dar frutos em suas pesquisas na Europa nos anos 1950 sobre os "rebeldes primitivos" e movimentos agrários. Longe de serem lugares atrasados, essas colônias eram de importância vital para a França. Como ele escreveu no relatório formal que apresentou de acordo com os termos do patrocínio recebido:

> Do ponto de vista militar, econômico e político, os três países do Islã ocidental ocupam uma posição no Império Francês correspondente ao da Índia no Império Britânico. A perda desses países representaria sua desintegração. A importância dos problemas do Norte da África para a França e, portanto, para a política mundial é óbvia, apesar de no geral ser pouco estudado neste país. O Norte da África é a viga mestra do Império Francês.[149]

Desde Napoleão III, os governos da França vinham usando assuntos coloniais para aumentar sua popularidade internamente, argumentou Eric. Nas colônias, eles adotavam uma política de "dividir para governar", usando a emancipação dos judeus argelinos em 1870, por exemplo, "para desviar o ressentimento político dos árabes para canais antissemitistas".[150] Ao contrário dos administradores coloniais britânicos, os franceses tendem a aplicar práticas administrativas domésticas na Argélia, e não adaptá-las à situação local, e os colonizadores europeus exercem um papel maior na administração do que no caso britânico. Alguns eram competentes, muitos eram corruptos. Na Tunísia e no Marrocos – colônias usadas por Eric mais para pequenas comparações com a Argélia do que para estudos detalhados – o papel direto dos funcionários coloniais era menos evidente, em vista dos objetivos mais comerciais da ocupação e do status das colônias como protetorados. Em todos esses casos, contudo, o apoio da população muçulmana local era vital para o Norte da África resistir ao "impulso fascista para a dominação mediterrânea", especialmente em relação à

Tunísia. Deter a ameaça da Itália era "assunto não só da Tunísia, mas de toda a humanidade civilizada e democrática".[151]

VIII

No dia 27 de setembro de 1938, ao desembarcar em Marselha da viagem de trem e de barco desde a Argélia, Eric foi a uma cafeteria e comeu um prato de linguiça com chucrute enquanto lia no jornal o discurso feito no dia anterior por Hitler no Sportpalast de Berlim, definindo suas exigências territoriais na Checoslováquia.[152] Eric lembrou-se depois da "súbita consciência do pânico de estar totalmente sozinho diante de um futuro imprevisível. Passei a noite toda me sentindo física e mentalmente inútil. Uma lembrança terrível". O discurso o convenceu de que a guerra estava chegando.[153] E, de fato, o Acordo de Munique sobre a Checoslováquia não durou muito tempo. Em março de 1939, em flagrante desrespeito às cláusulas do acordo, Hitler invadiu a Checoslováquia e ocupou Praga. A opinião pública britânica, até então majoritária no apoio a uma política de apaziguamento, voltou-se contra a Alemanha. Depois de destruir a Checoslováquia, a propaganda nazista apontou suas baterias para a Polônia. Assim como no caso da Checoslováquia, os nazistas intensificaram as acusações de uma suposta discriminação contra uma substancial minoria étnica alemã dentro das fronteiras do país. Agora uma invasão nazista da Polônia parecia ser uma carta marcada. Chamberlain fez um ultimato a Hitler, ameaçando uma declaração de guerra se ele entrasse na Polônia. No Reino Unido, o Partido Comunista considerou necessário renovar seus argumentos por uma aliança entre a Inglaterra e a União Soviética, acusando Chamberlain de ser insincero. Somente uma frente ampla de países antifascistas poderia deter a maré da agressão fascista.[154]

Alguns meses antes, o tio Sidney de Eric, sem conseguir mais sucesso em seus negócios na Inglaterra do que tivera em qualquer outro lugar, tinha emigrado para o Chile, levando o filho e a irmã mais nova de Eric. O irmão mais velho de Sidney, Isaac (conhecido como "Ike"), já morava lá com a família havia algum tempo, garantindo assim um ambiente social favorável e contatos para ajudar Sidney, Peter e Nancy a se estabelecerem. Todos moravam em Valparaiso, e Nancy se aproximou da filha mais velha de Ike, Bettina ("Betty", nascida em 1922). Nancy, que já falava inglês e alemão, aprendeu espanhol e conseguiu emprego na embaixada britânica como datilógrafa.[155] Ninguém pensou em convidar Eric para ir junto, por conta dos exames que logo teria de prestar. Assim, Eric despediu-se deles no porto de Liverpool e voltou a Cambridge para se preparar para os exames finais. Sidney e Nancy mandavam cartas informando sobre a nova vida, "segundo as quais eles pareciam gostar do lugar e se dar bem com a família – mas é muito cedo para dizer quais são as perspectivas em termos de negócio", disse Eric a Ron em junho de 1939. "Eu não acredito que meu tio tenha grandes dificuldades para se sustentar de alguma forma, mas pode levar algum tempo e ser um pouco difícil para o resto da família; nunca se sabe."[156] A tristeza de Eric pela partida de seus familiares para o Chile só se transformou em alívio quando a guerra começou. "Quanto mais penso nisso", escreveu em julho de 1940, "mais me sinto feliz por minha família ter conseguido sair da Europa a tempo. Pelo menos não preciso me preocupar com Nancy e Peter."[157] Como Nancy o informou numa carta, Sidney continuava em dificuldades financeiras, mas o custo de vida no Chile era bem mais baixo que na Grã-Bretanha, e de qualquer forma, "mesmo quebrados, Sidney e Nancy estão melhor lá do que em algum emprego na ARP [Air Raid Precautions] ou numa fábrica de munições, respectivamente".[158]

Mais uma vez, Eric se concentrou nos estudos em detrimento da maioria de suas outras atividades. Entre elas, a editoria da *The Granta*, apesar de não ter renunciado ao cargo porque, como explicou mais tarde:

> Uma das vantagens de ser editor da *Granta* na época em que era semanal era poder ganhar dinheiro com isso, ao menos na edição da semana de maio [...]. Eu não trabalhava muito no letivo de verão, por causa dos exames. Já tinha feito a maior parte das tarefas do Lent, quando comemoramos nosso quinquagésimo jubileu (basicamente com uma linda capa do adolescente Ronald Searle), e eu e Nigel Bicknell concordamos em dividir em partes iguais os lucros. Eu precisava de dinheiro, já que não teria nenhuma renda entre o término da minha bolsa de estudos e o começo da minha bolsa de pós-graduação.[159]

Em meados de junho, como disse ao primo Ron, os exames finais tinham terminado. "Ainda não sei como me saí, embora acredite que não vá conseguir outra estrela, apesar de ter estudado bastante nesse período. Por outro lado, eu me surpreenderia se não conseguisse um primeiro." As questões variaram: "O período especial ('Utilitarismo e Democracia Trabalhista') foi inacreditavelmente terrível, o Europeu Moderno foi bem divertido, a Economia Moderna muito difícil, mas valeu a pena". "Estou muito feliz de poder sair daquela Biblioteca da Universidade", escreveu, "onde fiquei da manhã até a noite todos os dias das primeiras sete semanas do trimestre." Enquanto esperava pelos resultados durante a "Semana de Maio", que em Cambridge paradoxalmente cai sempre na primeira metade de junho, Eric curtiu "teatro, concertos e festas – foi a primeira vez em que realmente passei algumas semanas sem fazer nada a não ser me divertir". O clima estava ameno e ensolarado, e Eric tinha se tornado "bem competente em barco a vara e posso voltar aos meus passeios pelo bosque de Fellows' Garden".[160]

Eric sabia que queria pesquisar para uma tese de doutorado, e que com uma graduação de Primeira Classe[7*] ele não teria problema em conseguir uma bolsa. O tema seria alguma coisa no campo do imperialismo francês, assunto em que já tinha trabalhado em sua visita de estudos à Argélia e à Tunísia no ano anterior. Infelizmente, não havia ninguém em Cambridge, na verdade em toda a Inglaterra, que pudesse prestar alguma informação ou conselhos a respeito. "Provavelmente vou escolher algo como 'Política de Governo e Investimentos no Norte da África francesa, 1890-1912', o que vai me dar um bom escopo para restringir mais tarde." Mas como havia pouco ou quase nada sobre esse tópico na Biblioteca da Universidade de Cambridge, ele teria que consultar o material da Sala de Leitura do Museu Britânico. Uma preocupação mais imediata era como iria se manter até o início do novo ano acadêmico que só teria início em outubro. "Já me candidatei a vários empregos", escreveu a Ron: "no *Daily Mail*, em uma grande agência de publicidade, como guia turístico, mas ainda não tenho nada definido". Ter procurado emprego no *Daily Mail*, cujo proprietário, lorde Rothermere, até recentemente apoiava a União Britânica de Fascistas, foi, para dizer o mínimo, surpreendente. No caso, porém, nenhuma de suas tentativas deu certo.

Recebeu um convite de James Klugmann para fazer alguns trabalhos de tradução para a Conferência da Associação Mundial de Estudantes em Paris, que renderia algum dinheiro. Até então ele ficou em Cambridge para organizar seus assuntos e pensando em viajar de carona até Viena "para sacar meu dinheiro e gastar uma parte dele". De fato, havia uma conta em nome dele no First Austrian Savings Bank, no valor de 2.332 marcos alemães e dois *pfennigs*.

---

7 * First Class degree: graduação com as maiores notas que se pode obter. (N.T.)

Nancy também tinha uma conta, com 1.098 Reichmarks e oito *pfennigs*. O dinheiro tinha sido depositado em 1929, logo depois da morte do pai. Mas a *Anschluss* [anexação] da Áustria pelos nazistas, em março de 1938, foi logo seguida pelo bloqueio das contas de judeus, uma medida reforçada depois, em 1941, exigindo uma ordem judicial para a liberação dos fundos. Eric acabou desistindo da ideia, talvez sabiamente, dada a brutal repressão a que a população judaica da cidade vinha sendo submetida pelos nazistas desde a *Anschluss* do ano anterior: viajar de carona pela Alemanha nazista até a Viena ocupada num período em que o antissemitismo já tinha custado muitas vidas e levado milhares de judeus à prisão, e ainda por cima às vésperas da Segunda Guerra Mundial, não teria sido uma ideia razoável.[161]

Por isso, em vez de ir a Viena, Eric passou uma semana em um Curso de Verão do Partido Comunista. "Eu nunca me esqueci do acampamento de Albury", escreveu mais tarde, "onde me lembro de ter flertado com Iris Murdoch e de ser picado por uma abelha."[162] Eric achou Iris bonita e inteligente, apesar de ficar chocado com o fato de ela se dar muito bem com as filhas de outras pessoas de Ulster, principalmente da classe alta.[163] Em um volume comemorativo de perfis de alguns dos participantes, Eric foi retratado num texto bem-humorado como precocemente brilhante, fazendo palestras sobre o marxismo para operários de Viena e se tornando "o grande teórico do Sozialistische Schuelerbund, ou Banda Escolar Socialista", em Berlim. Em Cambridge, "as Impressoras da Universidade não tinham mais estrelas para seus primeiros lugares, mas ele conseguiu convencer a editora da *The Granta*. Foi necessária uma ordem direta da King Street [quartel-general do Partido Comunista] para impedir que ele lançasse um suplemento composto por obras não traduzidas de Marx e Engels". Quanto ao futuro, o redator anônimo comentou que "ele está destinado a ser professor ou jornalista, e deverá ganhar manchetes em qualquer uma das carreiras. Se você perguntar qual é o seu livro favorito, ele vai dizer que ainda não o escreveu [...]. Em resumo, ele pode fazer qualquer coisa".[164]

Realmente, Eric conseguiu se destacar com um primeiro lugar com estrela, recebendo seu diploma em uma Congregação na Casa do Senado em 20 de junho de 1939.[165] Logo depois da cerimônia de formatura ele partiu para a França, onde conseguia "viver em condições que considerava extremamente confortáveis com £ 2 por semana". Também foi ajudado pelas 50 libras que recebeu como editor da *The Granta* pela edição da "Semana de Maio", que sempre vendia especialmente bem seus comentários sobre os "Bailes de Maio" e as atividades esportivas que aconteciam ao fim do ano letivo, enquanto os estudantes de graduação ainda continuavam em Cambridge à espera do resultado dos exames. Eric passou algum tempo com seus amigos de Cambridge em Paris, principalmente com Parvati, a irmã mais nova de Mohan Kumaramangalam, "esbelta, de cabelos curtos e cheios e usando os sáris mais maravilhosos. Lembro-me de um deles, azul, preto e prateado, que fez todo o Boul[evard] Mich[el] olhar para nós, pois ela era a garota mais bonita, ou pelo menos mais estilosa do bairro". Depois Eric ficou sabendo que ela voltou à Índia e se tornou membro do Parlamento.[166]

Eric revisou as provas tipográficas da *Granta* e ficou em Paris mais algumas semanas, até a Terceira Conferência Internacional da Associação Mundial de Estudantes, que aconteceu entre 15 e 19 de agosto de 1939. Na tarde de 16 de agosto ele fez um discurso sobre "O que a democracia significa para nós. O valor das ideias da Revolução Francesa nos dias de hoje". Mas seu principal trabalho foi administrativo. Eric era responsável por reunir os dossiês sobre os movimentos estudantis de vários países, que seriam apresentados a cada um dos delegados. "Como havia cerca de 35 grandes relatórios, todos tiveram de ser traduzidos para o francês e/ou o inglês, e duplicados nas duas línguas, você consegue imaginar o volume de trabalho", escreveu a Ron em 12 de agosto de 1939. O delegado alemão chegou a apresentar três longos dossiês, totalizando 100 páginas datilografadas. "Nos últimos dias", disse Eric, "nós trabalhamos, em média, das 10 da manhã às 10h30 ou 11 da noite, inclusive aos domingos." A conferência foi patrocinada por 50 reitores e diretores de universidades, e por "uma incrível conjunção [de indivíduos] que incluía de Lloyd George ao arcebispo de York, de Einstein a Thomas e Heinrich Mann".[167]

Ao fazer um retrospecto em 1955, Eric recordou:

> Nós preparamos e traduzimos todos os tipos de relatórios (em inglês, francês, às vezes em alemão) e os duplicávamos, com capas amarelas para a versão em inglês, azul para a francesa. Eram sobre fascismo, democracia e progresso. De vez em quando tínhamos de escapar dos credores que queriam se associar para pagar o papel, as duplicações e outras coisas. A maior parte de nós estava no Quartier [Latin], onde ainda se podia conseguir um bom quarto por £ 2 por mês, e comer em pequenos restaurantes que ainda estão lá como remanescentes de uma juventude perdida. Os restaurantes franceses em geral são muito caros, nós ficávamos com os restaurantes gregos e eslavos.

No entanto, houve pelo menos algum tempo livre. "Acho que me lembro de jogarmos futebol perto de um café", recordou-se depois, "numa partida de Judeus *versus* Asiáticos, ou seja, eu e Ram [Nahum] contra alguns indonésio[s] e talvez P. N. Haksar (mas não tenho certeza)." Apesar de serem antirracistas, eles eram acima de tudo comunistas "e preocupados com a revolução mundial. Foi isso que descobrimos – ou pelo menos eu – na AME: a colaboração entre estudantes (comunistas) de todas as partes do mundo – acho que todos nós que ajudamos James [Klugmann] estávamos em PCs com esse propósito. Não pelas diferenças de cor entre nós". Os delegados estudantis "mais intelectuais" jogavam xadrez.[168]

A maioria dos estudantes achava que a guerra aconteceria mais cedo que tarde, e

> já mostravam a delicada anestesia das sensações que é muito útil como alternativa ao terror. Poucos de nós tínhamos esperança de sobreviver à guerra, ainda que nesse aspecto os ingleses que estavam conosco estivessem enganados. Nós não chegávamos a pensar que o mundo estava acabando, nem considerávamos um desperdício nossos esforços cada vez mais febris de deter Hitler nos últimos anos. Simplesmente achávamos que agora a guerra antifascista se seguiria à paz antifascista.[169]

Porém, pouco depois os comunistas de mundo todo sofreram um choque brutal. Preocupado com que a invasão da Polônia pela Alemanha posicionasse as forças armadas de Hitler muito perto da fronteira soviética, Stálin começou a manobrar para ganhar tempo para suplementar o Exército Vermelho com munição e equipamentos – devido aos prejuízos causados à eficácia do exército soviético por seus expurgos dos anos 1930 – para conseguir um estado de prontidão adequado. Em 23 de agosto, o ministro do Exterior de Stálin, Molotov, e sua contraparte alemã, Ribbentrop, assinaram um pacto de não agressão entre os dois países. O acordo incluía cláusulas secretas que dividiam a Polônia entre as duas potências e anexava os Estados bálticos à União Soviética. Até mesmo as partes do acordo divulgadas deixavam claro que os dois países tinham deixado de ser inimigos mortais para se tornarem aliados cordiais. Depois disso, a convicção dos espiões de Cambridge de que revelar segredos dos britânicos para os soviéticos era a melhor maneira de defender a civilização e deter o avanço da barbárie nazista deixou de ter qualquer validade, se é que chegara a ter alguma, já que os segredos do governo britânico transmitidos aos russos agora poderiam ser repassados aos alemães. A essa altura, porém, os espiões de Cambridge estavam tão comprometidos com suas vidas de mentira que não se deram ao trabalho de refletir mais sobre os propósitos originais. Por todo o país, muitos se desassociaram do Partido. Mas a maioria de seus membros aceitou o pacto como um golpe de mestre na estratégia defensiva de Stálin.[170]

Eric tinha esperanças em um Pacto Anglo-Soviético.[171] Mas ele não fez objeções ao Pacto Molotov-Ribbentrop. "Se não houvesse outra prova da retidão do Partido e da URSS além da relação de pessoas que assinaram declarações etc. em contrário, essa seria suficiente", escreveu ao primo Ron em 28 de agosto de 1939. Mas se justificou pelo rompimento do sistema de alianças de Hitler. Eric enumerou as razões por que pensava que o pacto deveria ser bem recebido:

1. Isola Hitler.
2. Limita (levemente) a liberdade de ação de Hitler em qualquer direção a que quiser se expandir.
3. Como a URSS & democracias não tinham planos de agressão, o pacto deixa as coisas exatamente como estavam em relação a elas.
4. Tornará muito difícil excluir a URSS de qualquer Conferência de Mesa
5. Redonda como a de Munique.

Claro que o Pacto não isolou Hitler de forma alguma; não afetou sua aliança com Mussolini, nem suas relações com países amigos como a Finlândia e a Hungria. Eric não conhecia as cláusulas secretas do Pacto, e menos ainda as profundezas da traição de Stálin ao comunismo internacional, que o levou a deportar comunistas alemães que buscaram refúgio na União Soviética para o Terceiro Reich, onde foram imediatamente jogados em campos de concentração. Na opinião de Eric, o pacto deixava a situação internacional mais segura. "Eu não acho que vai haver uma guerra", escreveu quatro dias antes de a guerra eclodir, acrescentando, "ainda que o perigo seja maior que no ano passado." A única coisa que ele conseguiu ver contra o Pacto era a probabilidade de a aliança entre a Rússia e a Alemanha proporcionar ao governo francês, cada vez mais conservador, um pretexto para esmagar o Partido Comunista, o que de fato logo começou a acontecer.[172]

IX

Quando o trabalho em Paris terminou, Eric partiu em mais uma de suas viagens de automóvel, desta vez à Britânia, não para o sul. "Existe uma linda sensação de atemporalidade em viajar de carona", escreveu. "Saí há pouco mais de dois dias e já parece que faz muito mais tempo." Percorreu o litoral norte da Britânia, chegando até a aldeia de Guingamp, em Côtes-d'Armor, antes de atravessar a península, onde achou a paisagem "meio parecida com Devon em alguns aspectos [...] pequenas plantações, muita pastagem e um clima chuvoso". Chegou a Concarneau, em Finistère, "uma cidadezinha no sul da Britânia e centro de pesca de atum", como disse a Ron em 28 de agosto. "Como é um lugar agradável", continuou, "[...] acho que vou ficar aqui alguns dias." Mas Eric estava ciente da escalada da crise internacional causada pela ameaça nazista à Polônia e se manteve atento à situação. A França já estava se mobilizando e o "amedrontados" turistas ingleses já tinham todos voltado para casa.[173] Na sexta-feira, 1º de setembro de 1939, Hitler invadiu a Polônia, desafiando a garantia da integridade territorial polonesa respaldada pelos britânicos. Em Londres, Chamberlain vacilou, tentando desesperadamente evitar a guerra, se fosse possível. Mas, como Eric escreveu poucos dias depois: "Em minha opinião foi principalmente a revolta da Casa dos Comuns, liderada por Greenwood [o porta-voz do Partido Trabalhista], no sábado, que nos obrigou a cumprir com nossas obrigações".[174] Sob pressão da Casa dos Comuns e da maioria do gabinete, o governo de Chamberlain em Londres lançou um ultimato para Hitler se retirar. Quando foi ignorado, declarou guerra à Alemanha, em 3 de setembro de 1939. Foi o começo da Segunda Guerra Mundial.

Assim que ficou claro que a guerra era mais ou menos inevitável, Eric tomou um trem de Concarneau para Angers, de onde esperava voltar a Paris. Reservistas do exército embarcavam em todas as estações, como mais tarde ele recordou:

> Angers estava ensolarada e poeirenta, como todas as cidades francesas. Pouco depois avistei uma mulher num carro esportivo, que se mostrou desconfiada, e isso eu posso entender muito bem, pois eu devia estar parecendo um proletário com minha camisa xadrez e meu rosto magro e moreno. Mas eu mostrei meu passaporte inglês e ela me deu uma carona. Devia ter entre 35 e 45 anos, muito chique e bonita, com o cabelo tingido

com hena, e me ofereceu umas frutas. Conversamos sobre a guerra. Não me lembro se àquela altura eu já sabia que os alemães tinham invadido a Polônia. Seria a guerra inevitável? Ela estava nervosa e queria chegar logo em Paris, enquanto passávamos por táxis com passageiros e automóveis cheios de gente trafegando na direção contrária. Paramos em Chartres e tomamos uma taça de vinho. No hotel eles estavam ouvindo as notícias: invasão. Mobilização geral na França e assim por diante. Parecia muito dramático. As pessoas estavam em silêncio e uma mulher chorava. Minha *chauffeuse* parecia muito perturbada. Achei que poderia desmaiar.[175]

Enquanto seguiam para Paris, eles passaram por longas filas de carros fugindo da cidade – "A classe média francesa estava fugindo *en masse* no sentido contrário, com colchões na capota de seus *Peugeot*". Ao chegarem, a mulher deixou Eric numa esquina da Place Vendôme "e nos despedimos do jeito aturdido de pessoas que andaram pensando sobre momentos históricos, mas que os consideram menos atraentes quando acontecem do que quando são imaginados, mesmo para propósitos de dramatização pessoal".

Eric precisava de dinheiro para comprar uma passagem de volta à Inglaterra, por isso foi ao Westminster Bank para fazer um saque.

Uma multidão de ingleses amontoava-se no caixa do banco, com uma atitude educada, porém visivelmente tensa. Acho que me lembro de ter ficado ao lado de Wyndham Lewis, uma figura agressiva com um grande chapéu preto, mas com um perfil sem queixo e muito irritado [...]. O trem noturno via Dieppe estava lotado, entre outras coisas por um grande número de garotas que não pareciam turistas, muito altas e muito bonitas, que também pareciam aflitas. Eram coristas de várias Folies e Cassinos de Paris que haviam sido pagas pela temporada pelos gerentes que, como todos os demais, imaginavam que as bombas começassem a cair imediatamente. Elas estavam voltando para suas cidades, Accrington e Bradford. Lembro-me de ter pensado que era ao mesmo tempo um fim da paz apropriado e um começo de guerra promissor. Não era. Marquei um encontro com uma loura alta de Brixton para a noite seguinte, depois de um desjejum meditativo [lendo os jornais] no Lyons de Victoria Street, mas ela não apareceu. De qualquer forma, eu não tinha lugar para ficar em Londres, a não ser um sofá na casa de amigos em Belsize Park, um centro multinacional da revolução. Foi lá que todos vimos a guerra chegar, de pijamas.[176]

Ao chegar a Londres Eric se encontrou com Lorna Hay, uma escocesa aluna de graduação da Newnham College, em Cambridge, e namorada de Mohan Kumaramangalam, que acabara de dizer a ela que ia voltar para a Índia para atuar como revolucionário profissional e não podia levá-la junto (ele realmente voltou, e logo foi preso por insubordinação, mas depois da independência entrou para o Partido do Congresso e trabalhou para o governo até os anos 1970).[177] Eric passou a última noite da paz no apartamento que dividia com Mohan, e os dois vivenciaram juntos o que logo se tornaria a realidade normal da guerra na capital.

> Estava inacreditavelmente escuro. Era preciso se acostumar com aquilo. Temporal com relâmpagos. Os holofotes apontavam os fachos para o céu em frente à [estação ferroviária] da King's College, e ninguém sabia ao certo se havia um ataque. Chovia muito. Não posso dizer que estava com medo, ainda que os clarões naturais dos relâmpagos tornassem o presságio da guerra muito mais perturbador que um verdadeiro ataque, e isso me entristeceu. Dormi no apartamento de Mohan. Acordamos tarde na manhã seguinte. Alguém telefonou para Lorna e disse que a guerra havia sido declarada.[178]

As sirenes começaram a soar enquanto Eric e Lorna estavam a caminho de Caterham, em Surrey. Acima deles flutuavam milhares de balões de barragem, projetados para se interporem aos ataques aéreos alemães. Um vigia de ataques aéreos os chamou para entrar, mas eles continuaram andando, sem querer demonstrar que estavam com medo.

Apesar da posição equívoca de Chamberlain em setembro de 1939, Eric achava que "as chances do governo – ou de Chamberlain – recuar nesse estágio eram muito remotas".[179] Sentiu-se energizado pela perspectiva de um duelo final com o fascismo:

> Agora que estamos envolvidos, me parece claro que nossa primeira tarefa é vencer. Esta guerra poderia ter sido evitada mil vezes, e muita gente diz isso – mas agora que já começou, tem de ser lutada com eficiência e

rapidez. Ao mesmo tempo acho que a maneira mais eficiente de conduzir essa guerra seja com o mínimo de sacrifício dos direitos democráticos, da liberdade de expressão etc. Existe também a questão de termos de tomar muito cuidado para ninguém nos impor um novo Versailles; que a guerra não degenere numa campanha de ódio contra os alemães etc. E, claro, ainda acredito que a guerra não será lutada com verdadeira eficácia enquanto o pessoal no comando for o mesmo que conduziu a política de Munique que é a principal responsável pela situação atual.[180]

Eric não "gostava nada da perspectiva de ficar sem nada definido para fazer por um período de dois meses", por isso escreveu para a Universidade de Cambridge e para o Gabinete da Guerra em Londres oferecendo seus serviços. Porém, no caso, foi obrigado a passar não dois, mas mais de quatro meses sem fazer nada até ser chamado. "Vou ficar contente se conseguir um comissionamento ou um trabalho, ou qualquer coisa estável e positiva para ajudar na guerra", disse ao primo Ron. "A inatividade dá nos nervos." Logo depois ele voltou a Cambridge, onde dividia uma casinha perto da Round Church com Pieter Keuneman, que fora surpreendido pela guerra na Suíça e não voltou mais. "Eu lia a coleção de poesia dele e os manuais sobre sexo, ouvia discos de jazz e Mahler, alimentando-me com o que se passava por comida chinesa no Blue Barn. Não me pareceu fazer muito sentido começar minha pesquisa." Lembrando-se de suas responsabilidades com *The Granta*, cujo editor já havia se alistado na Força Aérea Real, usou as impressoras da marca Messrs Spalding para lançar "uma declaração breve porém lapidar de que *The Granta* iria aguardar o retorno da civilização".

Enquanto isso, sua lealdade à causa comunista foi posta a uma dura prova com a formação da frente internacional. Com a deflagração da guerra, o Partido Comunista Britânico anunciou seu "apoio à guerra, acreditando ser uma guerra justa que deveria ser apoiada por toda a classe trabalhadora e por todos os adeptos da democracia na Grã-Bretanha". Mas logo a liderança foi obrigada a reconsiderar sua posição pelo quartel-general do Comintern em Moscou. O Partido Britânico foi comunicado que a guerra era "uma guerra injusta e imperialista, pela qual a burguesia de todas as nações beligerantes tinha igual responsabilidade". A tarefa da classe trabalhadora era "agir contra a guerra, desmascarar sua característica imperialista". Em 25 de setembro de 1939, o Comitê Central decidiu por 21 votos a três a favor da nova política, cujas implicações incluíam um elemento de "derrotismo revolucionário" segundo o qual a derrota de qualquer país, inclusive da Inglaterra, seria positiva porque provocaria uma revolução (a tática seguida por Lênin na Rússia durante a Primeira Guerra Mundial).[181] A minoria que votou contra incluía Harry Pollitt, o secretário-geral do Partido Comunista Britânico, que declarou: "Eu odeio a classe governante deste país, mas odeio ainda mais os fascistas alemães",[182] e foi obrigado a renunciar (para ser reempossado quando os alemães invadiram a União Soviética, em 22 de junho de 1941).[183]

Na época da renúncia forçada de Pollitt, a situação internacional tinha mudado radicalmente mais uma vez. Tirando vantagem da liberdade de manobra permitida pelo Pacto Nazi-Soviético, em 17 de setembro de 1939 Stálin invadiu e ocupou o leste da Polônia. Em seguida, em 30 de novembro, invadiu a Finlândia, que até 1917 fazia parte do Império Czarista, mas conseguido a independência depois de duras batalhas no fim da Primeira Guerra Mundial. Foi o começo da "Guerra do Inverno", que acabou se tornando uma humilhação para o Exército Vermelho. Soldados finlandeses bem preparados lutaram contra os invasores, que acabaram sendo rechaçados. A iminente ameaça da invasão trouxe de volta à cena o marechal Carl Mannerheim, que liderara as forças contrarrevolucionárias dos "Brancos", apoiadas pelos alemães, na guerra civil finlandesa em 1918. Anticomunista ferrenho, Mannerheim organizou a defesa do país com notável eficácia, ganhando a simpatia e o apoio da comunidade internacional, que condenou a invasão e expulsou a União Soviética da Liga das Nações em 14 de dezembro. A Internacional Comunista montou um esforço de propaganda para defender a posição da União Soviética. Na Inglaterra, o *Russia Today* impresso em 7 de dezembro abordou o tema *Finlândia: Os fatos*, retratando Mannerheim como um fascista que estava destruindo a democracia e enaltecendo o Exército Vermelho por tentar restaurar a democracia no país nórdico com um governo títere estabelecido por Stálin. O argumento não foi nada convincente: apesar de o Partido Comunista ter sido realmente proibido na Finlândia, o mesmo aconteceu com fascistas, e a realização de eleições democráticas regulares mostrou que a Finlândia estava mais perto da Suécia em sua constituição política do que as miniditaduras dos países bálticos vizinhos.[184]

Mas não foi o único panfleto produzido pelos comunistas ingleses em defesa da invasão soviética. Como se lembrou depois Raymond Williams, contemporâneo de Eric e também um dos alunos comunistas de Cambridge, o Clube Socialista, agindo sem dúvida sob instruções do quartel-general do

Partido em Londres, entrou em contato com ele, pedindo sua colaboração e a de Eric em um "rápido trabalho de propaganda":

> Eu e Eric Hobsbawm fomos designados para escrever sobre a guerra russo--finlandesa, argumentando que na verdade era uma retomada da Guerra Civil Finlandesa de 1918, que fora vencida por Mannerheim e os Brancos. O trabalho nos foi oferecido por sermos pessoas que escreviam depressa, a partir das referências históricas que nos foram fornecidas. Sendo profissionais das palavras, era comum escrever sobre tópicos de que não se sabia muito a respeito. Os panfletos lançados pelas lideranças eram apócrifos.

Eric não conseguiu obter uma cópia quando escreveu suas memórias.[185] Mas depois da publicação do livro, um colega lhe forneceu uma cópia que está agora entre seus documentos pessoais.[186] O panfleto, *War on the USSR?*, produzido pela Federação da Universidade Trabalhista, alertava seus leitores de que "o povo britânico se encontra hoje à beira de uma guerra com a Rússia Socialista" enquanto o governo britânico ameaçava intervir do lado da Finlândia. A pressão popular tinha posto um fim na intervenção na Guerra Civil da Rússia de 1918-1921 e deveria fazer o mesmo nesta nova crise (aqui a memória de Williams é falha; era este conflito que o panfleto discutia, não a Guerra Civil Finlandesa; ele confundiu seu texto com o texto publicado pelo *Russia Today*). O panfleto entrava em grandes detalhes sobre o que seus autores viam como um plano militar para uma tripla invasão da Rússia. Não mostrava a Finlândia como uma ditadura fascista, nem tentava argumentar que o governo títere designado por Stálin resultaria numa democracia no país. Simplesmente apresentava a política de Stálin como puramente defensiva, exortando os leitores a apoiá-la para preservar as realizações da Revolução de 1917 na Rússia contra uma possível intervenção por forças ocidentais usando a Finlândia como base, como aconteceu em 1918. Nem Eric nem seu colega e coautor estavam preparados para dizer o que sabiam serem mentiras. Dessa forma, eles conseguiram preservar ao menos alguma integridade política e intelectual – uma façanha notável no mundo stalinista do comunismo internacional no fim dos anos 1930.

Enquanto esperava ser convocado, como sabia que aconteceria com a maioria, Eric ficou em Londres, morando com o tio Harry e às vezes dormindo no chão ou em alguma cama vaga no apartamento de amigos. Ainda tinha direito de usar o quarto de Pieter Keuneman em Cambridge, mas a cidade, a universidade e as faculdades estavam agora vazias. Eric estava oficialmente matriculado como um aluno de doutorado, e começou a articular o início de suas pesquisas sobre as condições agrárias no Norte da África francês, "indo de carona ao Museu Britânico quando necessário ou quando as nevascas de um inverno especialmente enregelante permitiam".[187] Enquanto isso, havia pouca ação na guerra. Todos esperavam que alguma coisa acontecesse. Foi a chamada "guerra de mentira", que por muitos meses deixou Eric, assim como muitos outros, numa espécie de limbo. Ele sabia ser improvável que aquela situação perdurasse. Com poucos amigos restantes em Cambridge e a família tendo partido de Londres para o Chile, Eric estava sozinho, à deriva, diante de um futuro incerto.

4

"UM INTELECTUAL DE ESQUERDA NO EXÉRCITO INGLÊS"

1939-1946

Eric foi convocado pelo Exército inglês em 16 de fevereiro de 1940, de acordo com decreto de 3 de setembro de 1939 do Serviço Nacional (Forças Armadas), que tornou todos os homens entre 18 e 41 anos sujeitos ao serviço militar compulsório.[1] Foi alistado como soldado raso na 560ª Companhia de Campo dos Engenheiros Reais, baseada em Cambridge, e alocado numa companhia consistindo de uma mistura heterogênea formada principalmente por conscritos da classe trabalhadora.[2] Os homens receberam uniformes e foram reunidos numa área gramada no centro de Cambridge conhecida como Parker's Piece. O primeiro-sargento da companhia, um soldado profissional havia muito em serviço, dirigiu-se aos novos recrutas com um discurso que Eric anotou logo depois de memória, inclusive reproduzindo o sotaque *cockney* com que foi comunicado. Depois de mandar os soldados ficarem à vontade, o primeiro-sargento disse:

Vocês podem fumar um cigarro. Bem, o seu cabo aqui já deve ter dito que eu sou o primeiro-sargento da Companhia. Pode ser que estejam surpresos por eu ter vindo falar com vocês novatos desse jeito. Seus pais que estiveram na última guerra falaram sobre primeiros-sargentos e de como eles são uns pentelhos. Eu estou falando com vocês agora porque vocês estão no exército e é melhor ficarem logo sabendo o que é isso pra poder entender [...]. Vocês precisam ficar em posição de sentido e dizer "Senhor" quando falarem comigo. E é melhor ficarem bem em boa posição de sentido porque agora vocês estão no exército e vão ter que fazer as coisas do meu jeito ou vão ver o que acontece [...]. Porque eu vou ficar de olho em vocês, saibam ou não. Vocês podem não estar vendo, mas lá estou eu, observando vocês com o canto do olho. Não existe nada que o seu primeiro-sargento não veja, por isso enfiem isso na cabeça. Eu estou sempre com isso na cabeça. Seu primeiro-sargento nunca se esquece. Mas tem algumas coisas que vocês não podem fazer enquanto estiverem no exército. Às vezes eu vejo um homem passar pelo oficial da Companhia com a mão no bolso sem dizer nada, mas eu penso comigo mesmo: 'Esse safado não é um soldado', e quando chegar a hora de uma licença o nome dele surge na minha cabeça, por assim dizer, e eu cuido pra que ele não tire essa licença. 'Vistam esse homem com uniforme de batalha', eu digo, 'ele não é um bom soldado.'[3]

É claro que a guerra implicava que os homens seguissem as regras militares e mantivessem a disciplina do exército, mesmo se fossem recrutas civis. Se não obedecessem às ordens, eram levados para a Prisão Militar de Bedford onde, nas palavras do primeiro-sargento, os guardas "não têm coração". Mas se jogassem bem o jogo, garantiu o primeiro-sargento, eles iriam se sair bem e as coisas ficariam mais fáceis. Se não fizerem isso, continuou, vão perceber que "eu sou mesmo um pentelho, sou mesmo, se não se comportarem direito comigo".

O primeiro-sargento ensinou aos homens as várias patentes do exército, enfatizando o fato de que ele estava no exército para sempre, enquanto eles só permaneceriam lá enquanto houvesse uma guerra:

Quando a paz vier, vocês saem com roupas civis e dão adeus ao exército e ao velho sargento pentelho que tentou fazer o melhor possível por vocês. É assim que funciona. Porque eu e o major, nós continuamos aqui. Eu estou no exército desde os 17 anos e quando o meu dia chegar e vocês forem à Victoria Station com a patroa e os filhos, quem vocês vão ver lá vendendo cadarços que não seu velho primeiro-sargento, e ele vai dizer "um trocado pra um velho soldado", é o que acontece com tipos como eu.

Depois dessa fala "de coração aberto", como o primeiro-sargento definiu, os homens começaram a aprender os rudimentos da ordem unida ("Fique em posição de sentido quando falo com você, filho [...]. Você não consegue ficar ereto nem amarrado numa maldita estaca de mais de dois metros, vai continuar parecendo um arame farpado emaranhado").[4]

Havia "treinamento de marcha de manhã, treinamento com fuzil à tarde", até que os movimentos se tornassem "quase automáticos". O instrutor, o cabo Easter, "repetia as frases três vezes, achando que assim seriam mais bem entendidas". "Ficávamos alinhados no Parker's Piece e apresentávamos armas. O cabo explica a diferença dos movimentos 'sentido' e 'à vontade' de forma pornográfica. 'Esse é um movimento que vocês vão aprender fácil, diz com um sorriso'".[5] Ensinou aos homens como lidar com ataques com gás venenoso – um temor generalizado criado pela Primeira Guerra Mundial, quando gás venenoso foi usado rotineiramente no *front* ocidental (na verdade, ninguém nunca usou gás contra soldados no teatro de operações da Europa na Segunda Guerra Mundial). "O cabo é melhor na prática que na teoria e não é um grande rato de biblioteca", observou Eric. "Ele só consegue ler o inglês do Manual burocrático com alguma dificuldade."[6] "Por que os manuais do exército são escritos do jeito mais abstrato, descolorido e complicado e num jargão incompreensível para os soldados?", conjeturou. "É de partir o coração ver o cabo e os rapazes lutando com expressões inúteis [...]. Todo o sistema educacional do exército deve ser totalmente revolucionado de alto a baixo."[7] "Ordem unida da manhã até a noite era uma coisa 'cansativa'", admitiu.[8] Os homens aprendiam como fazer nós e a limpar os fuzis.[9] "Os dias são tão iguais uns aos outros que esqueço o que aconteceu de um dia para o outro [...] a rotina normal. Manhãs, fuzis em Parker's Piece, tardes, nós e cordas em um 'teste' na Christchurch Street."[10] Finalmente, no dia 18 de março de 1940, o pelotão "concluiu o treinamento".[11]

Eric tentava se distrair nas paradas recitando poemas de Morgenstern e Schiller na cabeça, mas a ordem unida exigia muito atenção e "isso não funcionava".[12] Desde o início, na verdade, Eric se sentia frustrado com a falta de oportunidades intelectuais no exército. Em 6 de março de 1940 ele encontrou uma solução: "Pensei comigo mesmo que talvez valesse a pena retomar meu diário a partir de onde eu parei, por assim dizer, no fim de 1935." Afinal de contas, ele estava obrigado "à inatividade política por um período ilimitado". Para lembrar as pessoas no futuro dos grandes momentos que estava vivendo, embora fosse improvável que ele próprio fizesse qualquer grande contribuição no momento. Talvez pudesse ajudar pessoas que o conheciam e gostavam dele a se lembrar dele no futuro.[13] Eric escrevia seu diário quase sempre em alemão, em parte porque já escrevera seus primeiros diários em alemão e por isso talvez achasse mais natural que o inglês, e em parte talvez por não querer que os soldados com quem agora vivia e trabalhava entendessem se por acaso o lessem. Com alguns intervalos, Eric continuou mantendo o diário durante os anos da guerra. No começo de julho de 1940 ele começou a pensar que, "quanto mais eu escrevo, mais chato e vazio esse diário se torna". Mas demonstrava que "eu consigo escrever. Isto é, consigo lidar com palavras em inglês e alemão como um carpinteiro trabalha a madeira ou um ferreiro lida com o ferro, mas não, porém, como um arquiteto usa o seu material. Considero-me tecnicamente apto em qualquer língua – até em francês, dentro das restrições de um vocabulário mais limitado".[14]

Sentia saudades de Sidney e Nancy, mais do que nunca, agora que moravam no Chile, a milhares de quilômetros de distância. "De tempos em tempos eu percebo o quanto sou realmente sozinho", escreveu algumas semanas depois de entrar para o exército. Não tinha família, nenhum "melhor amigo". Não tinha um bairro para o qual voltar, onde as pessoas diriam: "Ah, Eric Hobsbawm voltou para casa de licença". Para os amigos, ele refletia melancolicamente e não sem uma pitada de autocomiseração, ele era "apenas uma criatura morena, loura, com um uniforme que caía mal no corpo, que aparece de vez em quando por meia hora ou meio dia e talvez os faça lembrar de certas coisas do passado, parte de suas lembranças, mas quase nada mais de suas vidas cotidianas".[15] Pelo menos, pensava, tentando ser positivo em relação à sua situação, ele ainda estava em Cambridge,[16] morando num alojamentos perto da Round Church. Ainda podia ter um "domingo normal de Cambridge", lendo na King's, almoçando no Lyons Café com os amigos que ainda estavam por perto e ir ao cinema à noite.[17]

Chegou até mesmo a arranjar tempo para atividades políticas, apesar de as coisas não terem saído de acordo com seus planos quando ele foi a um evento em Cambridge, no início de março de 1940. William Rust, editor do jornal *Daily Worker*, do Partido Comunista, tinha sido convidado para falar nas salas de reunião do Clube Socialista da Universidade de Cambridge. Mas Eric notou que "uma multidão de aficionados iatistas do clube, estudantes reacionários e uns 30 ou 40 homens da RAF estavam reunidos e vaiando em frente ao prédio. Muitos estavam bêbados. Quando falava com eles, podia sentir o cheiro de cerveja no hálito. Como não entraram, eles corriam para cima e para baixo e jogavam bombas fedidas". Frustrada, a multidão começou a cantar "Rule, Britannia" e 'God Save the King". "Um estado de espírito quase orgíaco", comentou Eric. Aqueles jovens "não tinham cérebro e tinham dinheiro demais". Fizeram-no se lembrar do Free Corps[1*] e das tropas de assalto nazistas, escreveu depois de forma hiperbólica em seu diário; de fato, o incidente parecia mais "o som de uma classe alta britânica à procura de vitrines quebradas", na definição da vida estudantil em Oxford feita por Evelyn Waugh em seu primeiro romance, *Declínio e queda* (1928).[18]

Para ele o comunismo era "um ideal de pensamento positivo", escreveu, não uma prática política.[19] Mas Eric se via cada mais alienado da sociedade burguesa:

> Cada vez mais, principalmente agora, quando me encontro entre não intelectuais, começo a entender a desconfiança dos trabalhadores e do partido em relação aos intelectuais burgueses. Esses tipos monótonos com taças de vinho branco ou de gim, essas conversas esporádicas sobre não ter nada contra a formação de [...]. Discos de Count Basie, cabelos com permanente, a fumaça dos cigarros [...] nada disso faz qualquer sentido.[20]

Os homens com quem ele convivia no exército eram muito diferentes. "Pessoalmente", escreveu depois de entrar para sua unidade, "eu me encontro mais uma vez, para o bem ou para o mal, entre pessoas com quem, para começar, eu não tenho nada em comum a não ser o desejo, claramente formulado de minha parte, desconhecido para eles e suas partes, de estar com eles por serem trabalhadores e soldados."[21] Os homens o aceitaram sem nenhuma hostilidade. Ele cantava músicas de salão que os homens conheciam assim que aprendia a letra: "There's an old mill by the stream, Nellie Dean"; "There's an old fashioned lady in an old fashioned house"; e músicas extraídas de filmes de faroeste como "Home, home on the range".[22] Jogava futebol com os rapazes[23] e entrou

---

1 * Unidade da Waffen-SS formada por prisioneiros de guerra britânicos ou de países anexados recrutados pelos nazistas. (N.T.)

"numa academia de ginástica pela primeira vez desde o colégio". Também participava de partidas de pingue-pongue, dardos e bilhar.[24] Em certa ocasião ele tentou luta livre, embora tivesse esquecido que pouco conhecia da técnica e teve de imitar os gestos do seu oponente. Jogava 21 e ganhava, assumindo riscos consideráveis no processo, sob o olhar de desaprovação de jogadores mais cautelosos, e às vezes se envolvia numa partida de *cribbage*, um jogo de cartas popular em pubs frequentados pela classe trabalhadora.[25] Aprendeu a jogar xadrez e às vezes enfrentava homens que dominavam as regras, embora nem sempre ganhasse.[26] E praticava boxe mais ou menos regularmente, esporte que seu pai tentara lhe ensinar muitos anos antes. Tudo isso era categorizado sob o rótulo de "treinamento recreativo".[27] Percebeu que tinha pouco talento para o boxe em uma noite em que enfrentou o "cabo Peabody, que me deu (ou teria dado) uma surra".[28]

Eric nunca resistiu a fazer análises sociais. "A composição de classe dos engenheiros", comentou, "é mais uniforme que a da maioria dos regimentos [...]. A base é um núcleo de trabalhadores especializados e semiespecializados." Havia relativamente poucos homens da indústria pesada, por terem sido recrutados para trabalhos civis em fábricas de munição, como o corpo de artilharia, a marinha e a Força Aérea Real. "A maior parte dos homens estão ligados de uma forma ou de outra à indústria de construção, como carpinteiros, pedreiros, pintores etc." Os homens vêm de várias partes do país, mas eram "tímidos no uso de seus dialetos", já que os outros caçoavam quando eles faziam isso ("cf. sempre caçoando dos homens de Norfolk por dizerem 'Agora eu estou vindo', 'Agora eu estou fazendo' e 'eles faz', 'eles diz'; ou do pessoal de Notts pela expressão 'nossa juventude' para se referir a um irmão"). Como era típico dele, depois de um ano na unidade Eric começou a compilar estatísticas sobre de quais condados conseguia descobrir que os homens vinham: quatro de Lancashire, três de Londres, três de Norfolk, três de Cambridgeshire e três de Staffordshire e assim por diante.[29]

Como faria mais tarde na vida sempre que entrava em algum mundo novo para ele, Eric fazia anotações sobre palavras e expressões com as quais não estava familiarizado. Ficou fascinado com o *cockney* falado pelos homens e compilou uma lista de expressões de gíria rimadas: "carvalho-e-cinza" para dinheiro, "duque de Kent" para tenda, "Robin Hood" para madeira.[30] Listou também algumas outras gírias menos esotéricas: "estar amarronzado – de saco cheio", "girando na frente – estar ocioso durante o trabalho", "mingau – homem", "biriteiro (uma palavra corrente) – pub", "açoitar – vender".³¹ "Ditos normais na companhia", observou, incluíam "eu não tô nem aí com a boceta da vaca" e "vai foder um pato".³² Eric achava chocantes as obscenidades habituais dos pelotões. "Em três meses", considerou, "eu vou ser capaz de escrever um longo estudo sobre as técnicas sexuais do proletariado inglês." Fascinado como sempre por palavras desconhecidas, Eric compilou uma lista de gírias sexuais que ouvia os homens usarem: "dar um salto" para intercurso sexual, por exemplo, ou "curtir um pouco" seguido por "saia", "namorada", "xoxota", "boceta" e coisas do gênero.³³

Ainda mais chocante para Eric foi uma história contada por Maurice Roberts, um jovem ex-carpinteiro de seu pelotão. Antes de ser convocado, ele e três amigos tinham estuprado uma garota de 16 anos em Southend, a cidade de veraneio na foz do Tâmisa favorita dos moradores de East End. "A coisinha não disse uma palavra o tempo todo. Nem uma palavra."³⁴ Eric registrou esse fato sem comentários, mas se sentiu claramente perturbado com a história. Mas o que ele poderia fazer? Se denunciasse o incidente, os homens simplesmente negariam. Eric ficou "profundamente chocado", em outro sentido, quando soube de "um caso de analfabetismo quase total" no pelotão. Descobriu que Dick Fuller "não sabia ler nem escrever, só o próprio nome. O terrível aqui não é a natureza retardada de uma pessoa abaixo do normal, é a fraqueza de uma sociedade que tolera um caso assim no mais moderno dos países capitalistas, sem se sentir responsável por isso."³⁵ Eric fez o que pôde para ajudá-lo. Fuller não foi o único homem semianalfabeto que Eric conheceu. Alguns meses depois, ele passou "algum tempo ajudando Digger a aprender a ler e a escrever: pela primeira vez na vida ele percebe a necessidade de aprender. Eu o ensino com a revista *O Sombra*. Nunca percebi o quanto essas revistas são adaptadas para os semianalfabetos".³⁶

II

Quando o pelotão concluiu o treinamento a vida ganhou mais variedade. Os homens passaram por testes de direção em caminhões do exército (Eric não foi muito bem) e aprenderam a cavar trincheiras, observados por "enxames de crianças". Eric aprendeu a pilotar motocicleta.³⁷ Considerou isso "não muito cansativo, só o pulso esquerdo fica um pouco tenso".³⁸ Os homens tinham de organizar os depósitos de intendência, "muita poeira".³⁹ Mais indesejável era a tarefa de descascar batatas. Eric a evitava lavando latrinas – "é preciso se acostumar com isso também".⁴⁰ Um dia de exercícios na pedreira perto do vilarejo de Barrington, a sudoeste de Cambridge, escondendo-se atrás de arbustos esperando "pelo inimigo", trouxe lembranças de sua época com os escoteiros.⁴¹ Mas, com o passar das semanas, o pelotão começou a ficar inquieto com a falta de licenças. Eric convocou uma reunião:

> Juntei minhas forças, bati com o capacete de aço na porta para eles fazerem silêncio e levantei a questão da licença. "Nós precisamos fazer alguma coisa", digo. "Proponho que três homens, incluindo o cabo Reggie Platten como delegado da seção, procurem o comandante. Já estamos aqui há sete semanas sem nenhuma licença." Eles gritam "sim" e "você tem razão!". Afinal ficou decidido que iríamos Reggie, Flanagan e eu.⁴²

Depois de mais algumas discussões, eles decidiram seguir a sugestão de Eric e enviar uma petição ao comandante. Mas "sobrou tudo para mim – e eu fiquei com a responsabilidade. Ainda há outra dificuldade; qualquer delegação maior do que um homem é tecnicamente um motim".⁴³ A determinação dos homens se enfraqueceu, e logo desmoronou.

Foram chamados por um tenente, que disse que a companhia estava gastando demais do orçamento em alimentação. Agora todos teriam de apertar os cintos. Quando eles partiram para uma marcha de 30 quilômetros pelas montanhas Gog Magog, passando por Shelford e Satpleford antes de voltarem a Trumpington e a Cambridge, houve muitas reclamações. "'Estamos lutando pelo nosso país e nosso país não pode nem nos dar o que comer', disse Froment. 'Lorde Haw-Haw deveria saber disso', comentou Bill Fuller." Eric considerou típico que os soldados ingleses vissem uma propaganda do inimigo transmitida de Berlim pelo fascista renegado William Joyce ("Alemanha chamando!") como a melhor forma de expressar suas insatisfações. Mas os homens logo se animaram e cantaram durante a marcha, embora de forma tão caótica que às vezes três músicas diferentes eram entoadas em diferentes partes da coluna ao mesmo tempo.⁴⁴

Sentia-se deprimido por só conseguir "ler tão pouco. Quase exclusivamente jornais e panfletos. De qualquer forma, o que eu faria com minhas leituras? Isolado da cultura, ou a caminho de ser isolado, eu teimosamente me atenho a ela". Isso o levou a valorizar até mesmo o tipo de leitura que mais detestava e desprezava:

> No Grêmio [de Cambridge] eu me envolvo na *English Historical Review*, leio notícias áridas sobre a nova edição da *Acta Diplomatica Danica*, resenhas insípidas de livros sobre mosteiros sicilianos da Idade Média, o conceito da Constituição Acadêmica do s[éculo] XVIII etc. Leio tudo isso não só para inserir alguns tijolos na casa da minha noção de história, mas principalmente porque todos esses textos – até mesmo os infelizes trechos de documentos da igreja dinamarquesa – são sinais de vida civilizada, criativa e positiva.[45]

No fim de março de 1940, já prevendo que ficaria longe de Cambridge, Eric despachou seus livros:

> Sinto-me inacreditavelmente triste e quero chorar, mas é claro que não faço isso, pois eu raramente choro, a não ser em alguma inesperada crise de nervos. Livros são como pessoas ou árvores: eles crescem. Pode-se calcular o tempo de vida deles em três ou quatro anos. Quando eu voltar da guerra e tirar meus livros da caixa, eles vão estar sem vida. Todas as prateleiras dirão: mortos em 1939. Os livros de literatura, política, que estavam vivos no ano passado como parte da minha personalidade serão documentos de uma época [...]. É terrível enterrar bons livros. Afinal nós não apenas lemos os livros, nós vivemos com eles. Isso é civilização. Livros têm um valor social.[46]

Mas de vez em quando ele conseguia ler – em certa ocasião, "100 páginas de Stendhal na traseira de um caminhão – uma atitude civilizada".[47]

Durante uma visita a um amigo em Cambridge, Eric passou o tempo ouvindo os discos da *Symphonie Fantastique* de Berlioz, que considerou muito irregular, "não tão arrebatadora", cheia de "momentos dramáticos não musicais".[48] Preferia Bach,[49] Elgar e especialmente Mahler, cuja música ele se lembrava de ter ouvido na infância em Viena. *A canção da terra* de Mahler trazia lembranças da "burguesia humanisticamente educada" de Viena, que assimilara seus valores do mesmo tipo de educação que ele tivera. Em comparação, considerou, faltava às classes médias inglesas uma formação cultural mais ampla e abrangente; os limitados estudos de grego antigo e dos clássicos em latim a que eram submetidos não eram um substituto. Falta à burguesia inglesa, concluiu, "a atmosfera de uma classe que leva a cultura nos ossos e não somente nos lóbulos das orelhas". Tendo adquirido poder na era da religião, a burguesia inglesa considerava a cultura um luxo; a burguesia alemã, austríaca e russa via a cultura como um meio importante pelo qual os problemas da vida eram articulados.[50]

Quanto às classes trabalhadoras inglesas, era "um pequeno triunfo" quando ele conseguia fazer seus companheiros de pelotão discutirem política. Em março de 1940, quando a "Guerra de Inverno" russo-finlandesa estava chegando a um desfecho formal, ele registrou uma dessas conversas:

> Dick Wells ("pequeno burguês") olhou para o mapa do Cáucaso no espelho e disse "talvez a gente esteja lutando lá logo". Eu digo: "Isso implica uma guerra com os russos. Eu não quero lutar contra os russos, para quê? Quem quer lutar contra os russos?" – "eu", diz Les Burden. "Pra mim Stálin e Hitler são a mesma coisa." "Pra mim não", diz Bill Fuller. "Eu não quero lutar com ninguém." Alguém pergunta: "Mas enfim, por que nós estamos lutando?". "Porque é preciso", responde Bill Fuller, e essa formulação ambígua não é contestada. "É claro que é preciso, só porque estamos de uniforme cáqui, é isso", digo eu, "nós não ganhamos nada com essa guerra." "Nada", todos concordam. "Mas alguns estão lucrando com a guerra", acrescento, mais ou menos entre parênteses. Little Langley intervém. "As pessoas que têm dinheiro ganham mais, é sempre assim na guerra." Depois voltamos a falar sobre o Exército Vermelho, e eu tento explicar a Burden que a URSS não é igual a Hitler, e dou exemplos da Polônia sem muitas discordâncias.[51]

Eric apreciava o cinismo e a "absoluta falta de entusiasmo" dos homens em relação à Guerra de Inverno, mas percebeu com tristeza que a "oposição fundamental não é muito forte".[52] Assim como seus companheiros de armas, ele temia que o apoio do Ocidente à Finlândia "talvez os tivesse colocado a 24 horas de distância de uma guerra com a URSS", por isso se sentiu muito aliviado quando chegaram notícias de que fora fechado um acordo de paz. "Loucos de alegria", todos fomos ao pub para brindar ao fim do conflito.[53]

A situação mudou com a invasão da Alemanha à Noruega e a expedição britânica à costa norueguesa em abril de 1940, assim como o estado de espírito dos soldados do pelotão. "'Graças a Deus, finalmente a decisão, finalmente uma luta de verdade', dizem os rapazes, pois faz bem aos nervos deles sair da monotonia da guerra de mentira."[54] Quinze homens (que não incluíam Eric) se apresentaram como voluntários para ir à Noruega – dez foram aceitos. Eric achou que isso acontecia "porque a vida dos soldados ingleses era chata demais para eles, e por não terem nenhum parente".[55] Enquanto pensavam sobre os acontecimentos na Noruega, a determinação dos homens endureceu. Quando um dos homens do pelotão disse que "os únicos alemães bons são os alemães mortos", Eric se sentiu obrigado a discordar, mas assim mesmo, escreveu, ele pôde "simpatizar com o lado inglês pela primeira vez na guerra, provavelmente porque a atitude de Hitler é tão arrasadora e tão perfeitamente organizada, e eu ter o hábito de sempre simpatizar com o lado mais fraco".[56]

Pouco depois, quando os alemães avançaram para o sudeste e o centro da Noruega, rechaçando as forças expedicionárias aliadas, o sentimento patriótico dos homens do pelotão esvaneceu. "'Sabe de uma coisa', diz Rowling, 'eu não vejo como vamos poder vencer essa guerra.' E os outros concordaram com ele."[57] Eric achou que isso mostrava os limites da influência da imprensa e da propaganda britânicas. Eric achava que os rapazes eram "matéria-prima virgem para nós [ou seja, para o comunismo], assim como o fascismo". Enquanto descascavam batatas, Eric e alguns camaradas começaram a conversar sobre os judeus, que alguns soldados do pelotão achavam que governavam a Inglaterra. "Um dos efeitos do lorde Haw-Haw", comentou Eric. "Claro que eu discordei – e de qualquer forma o antissemitismo não era muito forte; mas o fato de um grupo de soldados comuns avaliarem essas ideias como sendo senso comum é preocupante."[58] Por outro lado, um dos homens estava lendo *The Ragged-Trousered Philanthropists* de Robert Tressell (1914), um romance passado numa comunidade da classe trabalhadora que retratava com detalhes a opressão sofrida por seus habitantes e seus esforços para assegurar os próprios direitos. "Meu pessoal [é] todo muito conservador", disse um colega soldado a Eric, "mas o que eu vi [no livro] me faz entender muito do lado socialista."[59]

O período até então relativamente tranquilo de Eric com sua unidade baseada em Cambridge encerrou-se abruptamente em 16 de abril de 1940, quando os homens foram despachados para um acampamento militar em Cranwich, Norfolk, não muito longe da cidade de Thetford, onde nasceu o escritor revolucionário Tom Paine, do século XVIII. A paisagem, formada principalmente por uma charneca não cultivada, lembrou Eric do principado de Brandenburgo, a zona rural ao redor de Berlim.[60] Mais ou menos assim que chegaram, os homens escreveram uma carta reclamando das rações muito restritas. "Na refeição da noite, o sargento Warrington entrou no salão com um sorriso inocente. "Os cabos me disseram que vocês escreveram uma petição. Vocês não podem dizer que não fiz o necessário: eu chamei o capitão." Mas alertou-os para não entregar a petição "por causa do capitão: ele poderia não gostar". Apavorados com a ideia de que suas licenças fossem canceladas, os homens desistiram de imediato da ideia.[61] Mas a questão não parou por aí. No desjejum do dia seguinte, ao depararem com um mínimo de provisões, os homens começaram a bater os pratos na mesa. Informados de que não havia mais pão, eles continuaram sentados, de tempos em tempos pedindo mais pão. "Vocês acham que podem conseguir alguma coisa desse jeito?", perguntou o cabo Carter com um sorriso de escárnio, "com sua voz inacreditavelmente burguesa." "Se não tem pão, não tem trabalho", replicaram os homens. Mas eles não tinham ideia do que fazer a seguir. O segundo-sargento entrou no recinto: "É assim que soldados se comportam?", indagou. Deu ordem para que todos se alinhassem "lá fora em cinco minutos". Chamados para a sala de palestras, foram informados com termos precisos sobre qual era a punição para um motim. O oficial no comando ameaçou prender todos. "Sigam as regras do jogo", falou.

Para Eric tudo aquilo era um sinal de que a rebelião tinha assustado os oficiais. Na hora do almoço, a comida foi nitidamente melhor.[62] Mas a disciplina foi endurecida, e licenças eram canceladas à menor irregularidade no uniforme dos homens. Eric teve uma "pequena desavença com o tenente Griffiths por causa dos meus botões". Ele foi considerado, não sem razão, o líder dos protestos. "Você é um homem culto", disse o tenente Griffiths. "Tenho certeza de que vem de uma boa família. Você pode não saber, mas é gente como você que deve dar o exemplo." Eric murmurou um pedido de desculpas – "sem a menor sinceridade", escreveu ao recordar o incidente. Mas "nas circunstâncias ele definitivamente tinha se revelado como um agitador", ainda que nem profissional nem competente.[63] Enquanto isso a vida no acampamento de Cranwich continuava como antes. Um dos homens, que estivera preso por roubo antes da guerra ("'Não tem um lugar que eu não conheça. Parkhurst, Pentonville, Brixton – já estive em toda parte. Esse sou eu.'") perguntou a Eric se ele gostaria de assaltar uma loja. ("'Eu não, malandro', respondi. 'Mas muito obrigado.'").[64]

Então, no começo de maio de 1940, de repente Eric foi informado de que seria mandado para um curso de dez dias de criptografia, com a possibilidade de ser transferido para a Inteligência do Exército. Ao todo 12 foram designados: dois oficiais, sete suboficiais e três soldados rasos. Com seu domínio de várias línguas e as altas notas em Cambridge, Eric era uma escolha óbvia. Os homens foram levados para uma casa em estilo jacobita a mais ou menos oito quilômetros de Norwich. Eric achou "surpreendente estarmos sendo tratados como seres humanos civilizados. A comida é boa e usamos pratos de louça, com talheres, chá em xícaras e não em canecas".[65] Não havia chamadas de presença, nem problema se alguém chegasse mais tarde. Os oficiais e os ajudantes falavam com os homens de uma maneira humana. "Quase celestial." Mas isso não iria durar mais de um dia para Eric:

> Na manhã seguinte o capitão me chama e explica que eu não posso fazer o curso porque minha mãe não era inglesa. O trem para Cambridge parte às 2:20 – não é nada pessoal comigo, será que eu entendo? – Sim, entendo. – Mas sabe como é, talvez você seja contra o regime [na Alemanha], mas um pouquinho de sentimento pelo país a que mais ou menos pertence ainda está aí, entende? – Sim, capitão. – Eu mesmo não tenho nenhum sentimento nacionalista, não me importa o que os países façam desde que se comportem, mas os alemães não estão se comportando bem no momento. – Não, não estão. – Vou recomendar você para um cargo de intérprete. – Sim, capitão. – Você entende, é só uma questão de princípio, não podemos ir contra. – Sim, capitão.[66]

Eric percebeu que não adiantava discutir. "Do ponto de vista do exército, ele está certo. Não se pode descuidar no que diz respeito à criptografia."[67]

Frustrado e desconcertado por esses eventos, Eric passou os dias seguintes se sentindo tão abatido que nem escreveu nada em seu diário. Tentou aprender russo de uma forma meio errática, mas apesar de registrar seu orgulho pelo progresso inicial, percebeu que não conseguiria chegar muito longe.[68] Durante um breve período de licença, ele subiu de barco o rio Cam até Grantchester para tomar um chá – "eu ainda manobro muito bem com a vara", comentou com orgulho, "apesar de o uniforme ser muito quente". Aos poucos ele foi superando o desânimo, conheceu alguns turistas franceses no restaurante Ars Theatre e conversou sobre política em francês.[69] De volta ao acampamento, poucos dias depois, a realidade voltou de forma impactante quando ele foi levado até o sargento, que gritou: "Uniforme de batalha das duas às nove horas, licença cancelada". Ele e outros cinco homens tinham pegado no sono em serviço, sendo acordados por um major. Eric admitiu que não sentia tanta raiva do uniforme de batalha, apesar de achar que o tenente Griffiths tinha aprontado com ele.[70] Ainda mais deprimente foi a notícia de que a Alemanha tinha invadido a Holanda. "Os alemães vão ganhar, esse é o sentimento geral." "Claro que sabemos por que estamos lutando", disse um dos soldados, "mas é preciso reconhecer qual é o melhor exército." Mesmo assim, a renúncia de Chamberlain, substituído por Winston Churchill como primeiro-ministro de uma coalisão nacional de governo em 10 de maio de 1940, reanimou todos eles.[71] Era inegável que Churchill se mostrava como uma inspiração para liderar uma guerra, considerou Eric: ele tinha "uma grande capacidade de debater e fazer discursos retóricos, um bocado de teimosia, um pensamento maleável e uma consciência fanática do lado do pão em que os ingleses deveriam passar a manteiga". Mas será que reconheceria o descontentamento doméstico e compensaria isso com algumas concessões? Será que teria "a grandeza como estrategista e tático político e não seria apenas uma figura de proa? Acho que não".[72]

Eric não teve muito tempo para continuar com reflexões como essas. No dia 11 de março, sem qualquer aviso, um soldado acordou Eric e seus companheiros de pelotão às duas da madrugada "e disse: Desfile com equipamento completo às 4h30".[73] A unidade foi transportada por uma coluna de caminhões para Langley Park, outro acampamento localizado nas imediações de Norwich. Lá os homens tinham de morar em barracas.[74] Enquanto um moroso dia de rotinas sucedia outro, Eric se sentia como um "cadáver de uniforme cáqui e não um ser humano".[75] No domingo, e mais uma vez na quarta-feira, o pelotão teve licença para ir a um vilarejo próximo, um lugar onde ninguém os conhecia, e onde não havia nada para fazer — "nenhuma loja, nenhum clube ou cantina". Registrou que os homens, incapazes de ficar ali, se sentiam como prisioneiros com uma licença meia hora. "Eles voltavam cambaleando ao escurecer, bêbados, trombando com transeuntes e gritando para as garotas de bicicleta."[76] Uma garota chamada Brenda, que o atendeu numa tabacaria, se mostrou mais amena.

> Nós nos revezávamos para sair com ela. Tinha uns 17 anos e calculo que tivesse tido um homem por noite nos últimos dois anos [...]. Ela chegava e se encostava na cerca, deixando as duas mãos grandes e rosadas pender do nosso lado, por cima de uma malva-rosa e dos galhos de umas

flores amarelas de que não sei o nome, olhando com olhos úmidos para a nossa barraca, como uma cadela bassê, até que alguém fosse até ela. Nós a levávamos por trilhas próximas aos trilhos do trem, entre as figueiras interrompidas por um cinturão de minas terrestres camufladas, com uma única trilha que brilha como o caminho de uma lesma na lua cheia.[77]

Pouco antes de chegar à ponte pênsil ela se deitava com quem a estivesse acompanhando numa pequena valeta atrás de um monte de junco. "Ela não tinha nada na cabeça, pelos padrões comuns, mas era uma garota forte, que parecia deslocada atrás do balcão de uma lojinha." Não tinha conversa nenhuma, por isso Eric logo desistiu. Por mais exagerada que possa ser sua descrição, esse tipo de coisa não era mesmo para ele, nem em pequenas quantidades.

Eric cumpria seus turnos de vigília, com um fuzil carregado. Todos estavam "muito nervosos, por causa dos alemães", que agora ameaçavam invadir a qualquer momento. "Eu não estava com medo", escreveu ao terminar um turno de vigília, "mas não me importo em admitir que deveria estar, se realmente acreditasse estar em perigo",[78] "e outros dizem que estão com medo. Os ratos e camundongos fazem sons farfalhantes na mata e você pensa que são passos no caminho, e se não estivesse convencido de que os alemães não viriam naquela noite eu teria disparado um tiro."[79] Depois de uma semana Eric notou que aquela guerra era "o mais longo período sem um 'bom livro' em quase quatro anos".[80] Nos preparativos para uma possível invasão alemã, a companhia distribuiu minas e colocou cargas de explosivos embaixo de pontes, usando uma broca pneumática para fazer os furos; prepararam plataformas para metralhadoras; e cavaram trincheiras antitanques ao redor de Great Yarmouth.[81] Os alarmes antiaéreos eram frequentes no meio da noite, e Eric achava que ouvia o som de explosões na floresta. "Os homens corriam no escuro para as trincheiras na orla da floresta, enquanto os holofotes giravam para todos os lados." Às vezes eles imaginavam que podiam ouvir o som de canhões do outro lado do mar do Norte, onde os alemães "moíam" os franceses. "Tínhamos uma sensação de importância ao voltar ao acampamento e dizer, casualmente: 'Alguém está sendo moído lá longe'. Foi o mais perto que chegamos da guerra."[82]

Em 8 de junho de 1940, dia do aniversário de 23 anos de Eric, ele foi até o vilarejo e tentou se embebedar no pub local, mas não tinha dinheiro suficiente. Ele escolheu uma "garota gordinha e de lábios grossos de cabelos castanhos, que trabalha na farmácia e ao menos parece um pouco adulta". Mas apesar de ter dito "as bobagens certas", Eric se sentiu ridículo e não levou as coisas mais adiante.[83] Pelo menos, quando foi mandado com outros dois homens para guardar uma pequena ponte na área plana e pantanosa entre Acle e Yarmouth, ele conseguiu "redescobrir depois de muito tempo aquela peculiar sensação de desfrutar a natureza, a sensação de relaxamento físico total e de unificação passiva com a natureza que se sente depois do coito".

> Eu nunca tinha conhecido aquela parte país. Poderia dizer que se parece muito com o que se vê em Flandres ou na Holanda, charcos planos, não muito acima do nível do mar, com inúmeros rios estagnados, fundos e lentos (e mesmo assim sem água potável!), a silhueta de moinhos e vacas e árvores agrupadas aqui e ali. Uma estrada em linha reta flanqueada por salgueiros até onde a vista alcança, e de vez em quando fábricas de açúcar de beterraba e coisas do gênero. É muito impressionante à noite. Alguém ouve um avião a distância, os holofotes se acendem um a um e varrem o céu, com os fachos se cruzando, baixando quando o avião se dirige para o interior e um novo cinturão de holofotes toma posição.[84]

Enquanto os monótonos dias se sucediam na ponte, porém, Eric se sentia inquieto, testando seus nervos subindo no parapeito. Fazia longas caminhadas, escreveu dois poemas em alemão ("um deles muito bom") e tentou escrever outros, sem concluí-los. A impossibilidade de uma atividade política e a ausência de quaisquer notícias mexiam com os nervos dele.[85]

O ócio forçado daqueles dias guardando a ponte proporcionou a Eric a oportunidade de pensar sobre o progresso da guerra. Se a Alemanha ia vencer, tinha de ser logo: "Sempre acreditei que o sistema nazista não era capaz de manter uma longa guerra de atrito". "Devido à incrível e fantástica arrogância do alto oficialato inglês e alemão, que não aprendia nem esquecia nada, os alemães tiveram uma chance de se sair bem em 1871."[86] Por isso, Eric não ficou surpreso quando ficou sabendo pelo rádio da derrota da França em 17 de junho de 1940.[87] Estremecia ao pensar na massa de alemães comuns governados agora por um sistema bárbaro administrado por "um bando de neuróticos, pervertidos, epiléticos, militares de culotes, escriturários míopes obcecados por arquivos e aristocratas com marcos poloneses".[88] Uma "paz negociada" com os nazistas não era nem provável nem desejável: "Uma paz nazista seria, falando pessoalmente, horrível demais para ser posta em palavras".[89]

A linha oficial do Partido Comunista era que a guerra era apenas um conflito entre potências capitalistas e precisava terminar assim que possível. Mas a derrota da França fez Stálin mudar de ideia. A partir desse ponto, o Partido Comunista Britânico não fez mais convocações pelo fim da guerra, e figuras da liderança começaram a apoiar o argumento de que deveria ser formado um governo do povo para fortalecer a luta contra o fascismo.[90] A retirada de Dunquerque e a queda da França foram decisivas para Eric. "Ficou claro para mim que a linha do Partido era absolutamente inútil." A Inglaterra estava sob ameaça direta da tirania nazista, e precisava ser defendida.[91] Nem os diários de Eric nem suas longas e detalhadas cartas ao primo Ron mencionavam diretamente a manutenção do Pacto Nazi-Soviético; e tampouco esboçavam qualquer tentativa de justificá-lo. Como ele disse a Ron: "Eu admiro e respeito mais os ministros do atual governo por sua capacidade do que qualquer outro governo britânico desde L[loyd] G[eorge]". Era significativo que Eric apoiasse o governo de Churchill por sua maior eficiência e por conduzir a guerra com mais eficácia. A derrota de Hitler era o que ele realmente queria, um desejo não só resultante de sua identificação com a Grã-Bretanha, mas também de sua politização no movimento antinazista em Berlim no início dos anos 1930.[92]

A derrota da França teve consequências na Europa Oriental. No dia 21 de junho de 1940 o Exército Vermelho, aproveitando-se da preocupação das potências ocidentais com os acontecimentos na França, invadiu e ocupou os Estados bálticos da Estônia, Letônia e Lituânia. "Notícia maravilhosa", registrou Eric em seu diário. Há alguns anos esses três países vinham sendo governados por ditaduras nacionalistas de direita que proibiram o Partido Comunistas. Do ponto de vista de Eric, a invasão foi um ato de progresso e liberação. Seus efeitos de longo prazo só poderiam ser progressistas. Contudo, Stálin pôs os três países num estado de imobilidade total, no estilo soviético, transferindo para lá um número cada vez maior de russos étnicos para criar uma nova elite política.[93] Ao mesmo tempo, Stálin anexou ainda a Bessarábia e a Bucovina do Norte, na Romênia, notícias que fizeram Eric "sentir vontade de cantar e dançar".[94] Os efeitos da anexação foram semelhantes também nesses casos, apesar de a ditadura do marechal Ion Antonescu na Romênia ter cometido pouco depois algumas das atrocidades antissemitas mais sádicas de toda a guerra, chegando a provocar protestos da SS alemã.[95]

III

A aflição de Eric com a queda da França, que também deve ter acometido muitos na Inglaterra, fica demonstrada em "um sonho estranho e ilógico" registrado com detalhes em seu diário em 24 de junho de 1940. "Nós estávamos na Argélia, no litoral norte de Constantina", no leste do país. Os alemães e os italianos estavam invadindo, com artilharia e blindados pesados. "De novo a mesma coisa", ele pensou tristemente. Com equipamentos obsoletos e táticas infelizes, o seu lado não teve chance e foi fragorosamente derrotado. Eric se vestiu com roupas civis, preocupado com que seus coturnos militares o denunciassem, e tomou o caminho de Argel e Orã para tentar tomar um navio que o levasse de volta à Inglaterra. Encontrou o tenente Griffiths, que lhe desejou boa sorte. Passou por um garoto cuidando de cabras e em seguida, rastejando entre os arbustos, avistou uma casa, cujos moradores ofereceram uma cama para ele passar a noite. No dia seguinte, seguindo caminho pela vegetação rasteira, chegou a uma clareira com um mendigo judeu maltrapilho e um grande e animado soldado inglês. Alertado de que o prefeito estava perseguindo vagabundos errantes, Eric deixou os dois na clareira, continuou andando e chegou a uma aldeia árabe cujos moradores dançavam alegremente numa espécie de festival.

Eric contornou a aldeia, passou cautelosamente por um acampamento militar e prosseguiu até os subúrbios amorfos de Argel. Uma garota bonita, de carro, com uns vinte e poucos anos, levou-o para a casa dela na cidade, "onde acho que dormi com ela". Leu num artigo num jornal que o soldado e o mendigo tinham sido presos e disseram aos captores que o amigo deles, um soldado inglês, "Eric Amico", também havia sido preso. Então ele estava livre da perseguição. No fim, depois de se esconder em diversos hotéis, Eric encontrou um navio e voltou para a Inglaterra. "Vou desconsiderar o conteúdo freudiano do sonho", concluiu. "Estou contando só porque gosto do sonho." Como qualquer sonho, este apresentava seus pensamentos inconscientes de forma indireta. Talvez o soldado e o mendigo judeu fossem aspectos dele mesmo, enquanto o cenário do sonho na Argélia, onde "não senti calor, apesar de o sol da África estar brilhando", expressassem seu desejo de voltar ao país algum dia, onde tinha planos de fazer suas pesquisas de doutorado. Enfim, não se pode fazer nada a não ser especular.[96]

Enquanto isso, Eric não parava de pensar sobre as perspectivas de longo prazo da Grã-Bretanha. "Francamente, para um historiador este é um momento específico", disse a Ron em julho de 1940. "Nunca houve nada tão fascinante desde a queda do Império Romano e da Revolução Francesa. É desagradável ter nascido nesta época, mas, por Deus, eu não trocaria isso por nada."[97] Mas a ideia de se tornar um historiador profissional continuava mais distante que nunca. Em vez disso, ele achava que iria se dedicar a escrever "literatura proletária" baseada no método do "realismo socialista", histórias escritas num estilo simples que qualquer um pudesse entender. "Eu quero escrever de uma forma em que todos reconheçam as casas e as ruas, os perfumes das flores, sintam as paixões." Os leitores com certeza perceberiam a vida real em seus textos, ainda que ele duvidasse de que conseguiria escrever algo mais do que contos.[98] Na verdade, ficou mais difícil pensar sobre o futuro quando foi anunciado que Hitler pretendia fixar residência em Londres dali a duas semanas. "Seu prestígio é tão grande que os soldados secretamente acreditam que ele vai conseguir fazer isso. Embora aparentem estar convencidos de que a frota naval os protegerá totalmente [...]. Essa incerteza é um dos sintomas de uma guerra que não é uma guerra do povo." Para seu desalento, Eric tinha "medo de ser contaminado por esse nervosismo cego. Enquanto meu intelecto continua me dizendo que o perigo é relativamente pequeno, que não adianta nada se preocupar, eu fico bem. Mas sinto um medo terrível de perder meu autocontrole".[99] Por outro lado, quando a "guerra de mentira" chegou a um fim tão súbito e brutal, "o medo da invasão está criando uma determinação nacional, mesmo que apenas temporária, uma convicção da necessidade da guerra, uma intolerância com os que são contra a guerra, e tudo isso é muito notável".[100]

Em 25 de junho de 1940, a unidade de Eric foi transferida para a cidade litorânea de Great Yarmouth, em East Anglian, "vazia, desolada, com o mar do Norte oculto por sacos de areia e arame farpado, mais ainda uma cidade com casas, mulheres, cinemas e até uma livraria – civilização". Ficou aquartelado em uma pousada de veraneio administrada por uma escocesa.[101] Pelo momento a vida estava tranquila, com refeições regulares, sem cabos dando ordens e com bastante tempo livre. Comprou um exemplar de *As aventuras do bom soldado Svejk* na filial local da Woolworths, um romance contra a guerra de 1923 do satirista tcheco Jaroslav Hašek, e bateu um papo com um opositor consciente que puxou conversa quando ele comprou o livro. Em julho Eric se inscreveu numa biblioteca circulante, que o supria com uma grande variedade de livros de ficção, inclusive *A lua e cinco tostões* de Somerset Maugham – que ele considerou antiquado no estilo e vazio no conteúdo – e de não ficção, inclusive *A ciência e o mundo moderno* (1925) de Alfred North Whitehead, no qual "as sentenças [são] três vezes mais longas, três vezes mais abstratas que o necessário", ainda que, acrescentou, "Meu Deus, eu mesmo escrevo desse jeito às vezes".[102] Refletiu sobre as ideias de Whitehead em várias páginas de seu diário, que realmente eram, e são, famosas por serem obscuras e difíceis de decifrar.[103]

Enquanto isso, sua unidade continuava com os preparativos para uma invasão alemã. Os homens amarraram dinamite a um viaduto ferroviário sobre a reserva natural de Breydon Water, em Yarmouth. Eric teve que andar pelo viaduto, sete metros acima da linha férrea e a 20 metros da água, para amarrar a carga, e de repente sentiu

> um medo inacreditável, enorme, avassalador. Nota: eu fui perfeitamente capaz de prosseguir. Não fiquei tonto. Não me senti impossibilitado de ficar em pé, como teria me sentido nas vigas que atravessavam a ponte de um lado para o outro e só tinham 20 cm de largura. Mas fiquei com medo porque eles esperavam que eu fizesse isso calmamente, e eu não sabia se conseguiria.

A trajetória de ida e volta ao ponto onde a carga tinha de ser colocada foi "aterrorizante". Enquanto isso, a preocupação dos homens com uma invasão da Alemanha foi diminuindo quando ficou claro que a Luftwaffe não estava conseguindo ganhar o domínio dos céus sobre o canal da Mancha. "Depois de algum ceticismo inicial", escreveu Eric em 20 de agosto de 1940, "eu acabei me convencendo da verdadeira superioridade da RAF, embora acreditasse vagamente que Goering ainda tivesse uma ou duas cartas na manga para uma verdadeira invasão."[104]

De vez em quando Eric ia a Londres quando tinha uma licença de fim de semana.[105] A cidade lhe pareceu "cheia de soldados com vários uniformes, dava para se sentir como se estivesse na velha monarquia alemã ou austríaca".[106] Em dezembro de 1940, com Londres sendo intensamente bombardeada pelos alemães, Eric passou uma noite na rua, "por interesse".

> Algumas bombas caíram perto de mim (foi um ataque de porte médio). Principalmente incendiárias. Saí andando pelo West End, com uns poucos copinhos de uísque no estômago, mas não bêbado nem fora de meu estado normal. Não senti medo nenhum. Absolutamente nenhum. Ao menos não

no primeiro quarto de hora. Não era a coragem de um herói; era apatia. Eu disse a mim mesmo: ninguém está mirando em você. Ninguém está notando você pessoalmente. Seu comportamento particular não tem influência sobre a situação: não faz diferença se os seus nervos se sustentem ou desmoronem, os pilotos alemães vão continuar deixando as bombas caírem e não sabem nada sobre você. Suas chances podem ser calculadas matematicamente, e com base nesse cálculo de probabilidades só o sistema nervoso dos esquizofrênicos será torturado. Por isso andei sem muito esforço para me manter corajoso pelos cinco quilômetros de West End até o East End, como se fosse de um lado a outro de uma sala.[107]

Mas essas saídas eram raras. Por meses sem fim eram poucas as distrações na monotonia da vida no exército.

Para preencher o tempo, Eric escreveu algumas "observações sobre o Exército inglês", que apresentou para publicação em julho de 1940.[108] As observações foram devolvidas em 15 de março de 1941 com uma tarja de rejeição. Isso deixou Eric "desapontado, mais do que gostaria de admitir".[109] Durante a guerra Eric também voltou a escrever poemas em alemão, mais por impulso, ou para fugir do tédio, ou em reação aos acontecimentos do dia, ou até, mais abstratamente, quando um grupo ou uma série de palavras específicas chamavam sua atenção por combinar sons alemães com ritmos ingleses. Alguns poemas falavam da vida no exército ou das vítimas e privações da guerra ou, mais sutilmente, do contraste entre os soldados que usavam um "uniforme de bravura" sentindo medo por dentro: "Nós somos pequenos, os tempos são grandiosos".[110] Às vezes descrevia soldados de folga indo ao cinema ou ao teatro, cozinheiros se bronzeando em frente às cantinas, homens ociosos jogando baralho e escrevendo suas cartas semanais.[111] A Rússia era uma presença recorrente nesses versos, como em um poema intitulado "Kadish para um soldado russo", escrito quando a Alemanha invadiu a União Soviética, em junho de 1941; a escolha de Eric da oração judaica para os mortos como título, em vez de um termo mais neutro como "Elegia" ou "Epitáfio", mostrava que seu senso de identidade judaica continuava subjacente a todas as experiências vividas nos anos anteriores.

Seus poemas políticos eram muito mais sofisticados que os slogans de agitação e propaganda escritos na adolescência. Em um dos poemas ele expressou as dúvidas que tinha sobre seu próprio comprometimento, definindo-se como "meio branco, meio vermelho", usando a fantasia de "um Pierrô da política".[112] Estava vivendo uma vida de "teoria sem práxis", politicamente morto: "Só há força na ação".[113] E recordava-se com nostalgia das grandes manifestações de que participara antes da guerra: "Am ersten Mai/ An unsern Kleidern wieder rote Nelken./ Die Augenzeugen von Geburt und Tod,/ Das letzte und das erste Aufgebot".[114] Pensando na Alemanha e na Áustria, Eric chegou a tentar imaginar os nazistas desfrutando da natureza apolítica de uma primavera antes de transformarem a natureza numa terra devastada.[115] Um dos poemas, "Os professores de Munique", concluído em 11 de julho de 1943, imaginava o assustador conformismo dos acadêmicos universitários alemães com o regime nazista e suas exigências. Acima de tudo, entretanto, Eric tinha uma considerável dificuldade em expressar o que desejava dizer em forma de versos regulares e estruturados. A maioria dos poemas, senão todos, mostrava graves deficiências em métrica, em rima e em outros aspectos, em geral tentando uma imagética não muito apropriada ao tema. Ao fim e ao cabo, Eric sempre foi melhor escrevendo prosa do que verso, e sempre melhor quando se baseava em fatos sobre os quais refletia: a síntese radical, a invenção imaginativa e os ritmos artificiais da poesia simplesmente não faziam parte de seus talentos.

Eric sempre se sentiu frustrado com a impossibilidade de politizar os homens com quem era obrigado a conviver: "O desnaturado e exigente papel de Tântalo de um intelectual de esquerda no Exército inglês". Para tentar escapar dessa situação, ele resolveu se candidatar a um cargo como oficial. As exigências físicas seriam menores, admitiu – "minha preguiça e amor ao conforto também se corresponderiam com as de um 'oficial'" –, mas também ansiava por um cargo que exigisse mais de sua inteligência, que ele não conseguia usar como um soldado normal. Mas Eric tinha dúvidas se conseguiria.[116] Inscreveu-se para postos nos Exércitos britânico e indiano. Havia rumores de que todos os pretendentes para os dois teatros de operações eram mandados para vários meses de treinamento de oficiais na Índia ("Não tenho nenhuma objeção a ir para lá", disse Eric ao primo Ron, embora "a Índia signifique um desperdício quase total de todos os idiomas que conheço").[117] Mas em 7 de abril de 1941 ele disse a Ron que seu requerimento para o Exército indiano havia sido rejeitado, e em 15 de fevereiro foi informado de que tampouco seria um oficial do Exército britânico – "notícias chegaram", escreveu no diário, "que um comissionamento está fora de questão; o que me deixa meio irritado".[118]

Apesar de apreciar o ambiente pacífico de Great Yarmouth, Eric se sentia entediado. Aproveitava todos os estímulos intelectuais que podia como oportunidade para continuar suas vorazes leituras. Como contou ao primo Ron:

> Estou indo regularmente à Biblioteca Pública de Yarmouth, enquanto ainda estamos aqui. Isso me lembra dos tempos do colégio, quando eu lia na Biblioteca de Marylebone o mais rápido que podia. Só agora percebo como abandonei minhas leituras genéricas enquanto estava em Cambridge – diferentes da especialização em história e política. Mas é desanimador ler e discutir coisas valiosas sem poder aplicá-las. Torna a leitura tão sem sentido quanto colecionar selos ou botões.[119]

A relativa tranquilidade de Norfolk não duraria muito. Em janeiro de 1941 a unidade de Eric foi transferida para a fronteira da Escócia. Gostou das atividades que precisava desempenhar, como passar "dias agradáveis, apesar do frio e da umidade, fazendo reconhecimentos imaginários e construindo pontes por cima de rios cheios de salmão. É de longe o trabalho mais interessante que já fiz no exército desde ter brincado com explosivos no começo do verão passado", disse a Ron.[120] A unidade foi mandada em uma missão de reconhecimento a uma ponte perto da cidade fronteiriça de Yetholm, mas Eric considerou "irrealistas" os planos de defesa contra uma possível invasão alemã.[121] Depois de concluir o reconhecimento da ponte, os homens deveriam retornar à base a pé, mas preferiram voltar de carona, e por isso foram punidos no dia seguinte com uma marcha de 11 a 13 quilômetros.[122] Em outro exercício, o esquema tático mostrou uma "grande fraqueza de A a Z: canhões em campo aberto sem nenhuma cobertura em qualquer direção. Comboios estacionados numa longa fila na estrada igualmente sem cobertura. Batalhões 'dizimados' por emboscadas. Um grande despreparo contra ataques aéreos etc. Contudo", acrescentou, "eu não posso julgar, já que minha experiência pessoal é muito fragmentada".[123]

Na segunda semana de março a unidade foi transferida para Stanley, a 11 quilômetros de Perth, para uma semana de construção de plataformas flutuantes sobre o rio Tay. Eles passavam os dias "remando rio acima e rio abaixo, construindo as plataformas na areia". "Fazemos o nosso trabalho numa curva do rio, abaixo de algumas correntezas, onde as margens deslizam facilmente." Parte do tempo eles tinham de usar máscaras contra gases: "Nós suamos muito e a saliva se acumula nos recipientes debaixo do queixo e a máscara fica molhada e escorregadia". No entanto, no geral a experiência de construir plataformas flutuantes em Perth foi "muito agradável", e às vezes animada por "invasões simuladas" e manobras.[124] Enquanto trabalhava, Eric via os pescadores que "remavam rio acima e rio abaixo arrastando uma rede, que erguiam com um guincho para retirar os peixes". Às vezes cisnes voavam ao redor: "Eu nunca notei que o pescoço deles ondula durante o voo". Nas horas de folga Eric leu *Guerra e paz* de Tolstói, e uma noite foi com alguns companheiros ao cinema em Perth, onde assistiu a *Comprando barulho*, uma comédia com James Cagney e Pat O'Brien, que achou "superficial" e cheia de "alusões, piadas com referências limitadas, recheada de palhaçadas. Cagney se esforça bastante, mas não".[125]

Além disso, não havia a rotina de "parada matinal: ordem unida com fuzil em formação de batalha", tudo "fantástico e divorciado de qualquer realidade", segundo Eric. "O problema é que nesse sistema atual os melhores homens e suboficiais se dedicam demais a treinamentos de ordem unida supérfluos e ornamentais, e não a coisas melhores."[126] Depois de intensas nevascas, os soldados receberam ordens de limpar as estradas locais.[127] "O que eles faziam em tempos de paz, quando não eram um bando de soldados?", perguntou. "Mas todos ficamos bem aquecidos. Eu gosto desse trabalho, que é bem árduo um dia sim e outro também."[128] Quando um soldado normal, certo cabo Carter, veio trabalhar com eles, Eric ficou impressionado: "*Quelle différence*. A experiência passada, sem falar da capacidade pessoal do homem. Uma lição objetiva no comportamento (e no efeito) de um bom e experiente soldado."[129] Durante a maior parte do tempo ele continuava entediado. O ócio, se queixou, junto ao "o trabalho sem alma e sem objetivo me deprimem intensamente". Para Eric, contudo, o ócio era sempre um conceito relativo. "Eu não faço merda nenhuma a não ser terminar de ler *Moby Dick*", comentou em 25 de março, "Duas semanas depois, agora encarregado do depósito de suprimentos da unidade, ele continuava se queixando. "Nada para escrever a respeito [...]. Lendo – Balzac, *O pai Goriot*, Lewis G. Gibbon, *Cloud Howe*, Sam Butler, *Way of All Flesh*, George Douglas, *House with Green Shutters* e outros."[130]

A unidade de Eric assistia a palestras sobre o uso de explosivos, sobre a "fórmula para cortar pontes", a "teoria dos arcos" e "o alinhamento de [uma] viga mestra".[131] "Palestras e todas essas palestras sem demonstrações são de pouco valor", conjeturou Eric.[132] Eram basicamente tiradas diretamente de um manual de instruções.[133] Para variar a monotonia, seis destacamentos foram selecionados para fazer pequenas palestras de improviso sobre alguns temas.[134]

Eric foi um dos selecionados, mas no dia seguinte, quando a competição acabou, ele confessou: "Minha palestra foi ruim".[135] Em resumo, ele se sentia totalmente deslocado. "Que diabos eu estou fazendo numa Co[mpanhia] de Engenheiros de Campo?", perguntou-se.[136] À noite ele costumava ir a um pub com os homens para se embebedar, apesar de às vezes ter de "passar a noite em casa porque estou duro".[137] Reclamou que a forma de pagamento era "caótica. 60% estavam inexplicavelmente devendo (70% na seção do QG. Eu estou devendo £ 1.10.0)".[138] Chegou a pedir dinheiro emprestado para Ron, que recebeu agradecido no início de abril de 1941.[139] Tentou organizar um "comitê" para discutir a questão do pagamento, mas "não houve consenso porque os que mais devem esperam que seus casos sejam considerados individualmente pelo oficial".[140] Eric ouviu os "escoceses, tremendamente tagarelas", falarem sobre um grande ataque alemão a Clydeside, sede de uma importante fábrica de navios, em 13-14 de março. Disse que o pessoal local culpou o governo por subestimar as baixas, talvez refletindo a conhecida tendência de esquerda da população de "Clydeside Vermelha".[141] Alguns homens acreditavam que a guerra terminaria com um tratado de paz entre a Inglaterra e a Alemanha, mas outros discordavam: "Prefiro me matar do que viver sob Hitler".[142]

Em abril de 1941 a unidade de Eric foi transferida para o sul de Liverpool, talvez, segundo imaginou, para se preparar para embarcar para o exterior.[143] Os homens foram aquartelados nos grandiosos arredores de Croxteth Hall, lugar de origem e propriedade da família Molyneux, na zona suburbana de West Derby. Passaram a manhã em treinamentos com baionetas e foram instruídos, no caso de sofrerem um ataque de aviões de caça, a "se perfilarem em formação e apontar os fuzis para os aviões". Essas ridículas instruções foram recebidas com escárnio pelos homens, "cada vez mais aflitos ao constatarem que ainda estavam lutando com métodos de 1917 contra um exército de 1941".[144] Pouco depois, Liverpool foi intensamente bombardeada numa série de ataques alemães durante toda a primeira semana de maio.[145] "Os prejuízos foram muito graves, e agravados, como de hábito, por uma organização ineficiente", escreveu Eric a Ron. "Sem nenhum plano sério de evacuação a não ser quando já era tarde demais, sem fazer nada a respeito do aumento do desemprego temporário etc." As ligações telefônicas foram interrompidas, dificultando a comunicação, embora o gás e a eletricidade tenham sido logo restaurados, assim como o fornecimento de água. Os moradores locais ficaram "perplexos" e "atônitos" com os ataques.[146] Eric achava que esses ataques seriam tratados de forma mais eficaz se o governo central de Londres estivesse no comando, e não o "conselho municipal local, que continuou acreditando em uma miraculosa imunidade até as bombas começarem a cair de verdade".

IV

A situação militar e diplomática foi alterada em 22 de junho de 1941, quando os nazistas e seus aliados invadiram a União Soviética na Operação Barbarossa, pondo um fim ao Pacto Nazi-Soviético. Eric se sentiu tremendamente aliviado com a notícia "de que, finalmente, nós estávamos – ao menos oficialmente – do mesmo lado. Já que a luta vai chegar, mais cedo ou mais tarde, de todo modo isso é um consolo [...]. Eu não vejo como Hitler possa vencer a URSS". Em 2 de julho, ao se recuperar do choque inicial da invasão, Stálin proferiu um grande discurso pelo rádio, convocando todos na União Soviética a se unir para derrotar os nazistas. O discurso teve um imenso efeito para levantar o moral da população. "O discurso de Stálin", explicou Eric a Ron Hobsbaum em 8 de julho, "significa a guerra de um povo em todos os sentidos – técnico e político."[147] Em poucos dias, como Eric se lembrou muitos anos depois, ele

> organizou o envio de uma bola de futebol, assinada por toda a companhia de Engenharia em que servia – inclusive pelo primeiro-sargento do regimento – para uma unidade do Exército Vermelho. Cuidei para que fosse enviada para o *Mirror* para ser encaminhada. Uma amiga da faculdade, a falecida Lorna Hay [...] trabalhava lá na época e nos deu publicidade. Ouso dizer que a bola acabou chegando na Rússia. Os rapazes fizeram fila para assinar: sem um momento de hesitação por parte de qualquer um.[148]

Eric estava otimista quanto às chances de sucesso do Exército Vermelho. "Com cada dia que resistem, a cada vitória que conseguem, com cada avião que abatem, eles aproximam mais os ingleses dos soviéticos."[149]

Entusiasmado com a eclosão da guerra entre a Alemanha e a União Soviética, e com muito tempo livre, Eric escreveu dois ensaios sobre o exército e conseguiu que fossem publicados na *Lilliput*, uma revista de bolso fundada em 1937.[150] O primeiro desses dois ensaios, "Battle Prospects", publicado na edição de janeiro de 1942, apresentava um diálogo cômico entre um major, um capitão e um tenente da classe alta que só no fim se revela não ser sobre ações militares, mas sobre uma partida de críquete em que o Exército Vermelho fornece jogadores para o time deles.[151] O segundo ensaio, "It Never Comes Off", era um monólogo muito bem escrito enunciado por um membro de um Clube Socialista Universitário que havia prometido aos seus camaradas ficar realmente "bêbado de cair" se a União Soviética entrasse na guerra. Eric captou perfeitamente a essência do discurso inebriado:

> Hurra para o glorioso Exército Vermelho que derrota os alemães. Hurra. Hip, hip, hurra. Quem diz que eu estou gritando? Você? Ainda bem que não é você; eu quebraria a cara de qualquer um que dissesse isso. Tome uma por minha conta. Eu insisto, tome uma por minha conta. Você é meu amigo ou não é? Estou fazendo uma pergunta simples e direta e quero uma resposta simples e direta, sem ironias. Lembre-se de que sou um sujeito politicamente consciente e ninguém me engana [...]. Diga para aquele sujeito no canto calar a boca. Diga que vou esfregar o chão com ele se não se calar [...]. Você acha que eu estou bêbado. Dá para perceber. Mas eu digo que não estou bêbado, que estou sóbrio como um juiz.[152]

Apesar das vitórias iniciais da Alemanha na campanha, Eric ficou muito admirado com o espírito de luta dos soldados do Exército Vermelho. Eles não desistiam tão facilmente quanto os franceses.

Enquanto isso a unidade de Eric era transferida mais uma vez, agora para Bewdley, no condado de Worcester. Mas Eric teve uma infeção num dos dedos do pé, o que primeiro o impediu de participar de exercícios de construção de pontes e depois, quando seu estado piorou, ele precisou de tratamento médico. Em agosto de 1941, foi mandado para um hospital perto de Kidderminster, "uma agradável casa georgiana, paisagem adorável, boa comida – obviamente uma coisa que as bem-intencionadas mulheres de St. Johns & da Cruz Vermelha imaginaram para os guerreiros feridos. É uma pena ser internado com nada mais marcial que um dedo do pé infeccionado".[153] Quando teve alta, Eric ficou com amigos em uma casa perto de Hay-on-Wye, na fronteira com o País de Gales.[154] Enquanto se recuperava, foi informado de que fora aceito para servir no Corpo Educacional do Exército, que na época passava por uma grande expansão. Fundado em 1920, o Corpo só alistava homens com diplomas universitários ou qualificados como professores, e todos eram imediatamente promovidos a sargento. O principal objetivo era levantar o moral ministrando cursos educacionais interessantes a soldados normais, além de ensino básico para os que tivessem pouco estudo. Muitos palestrantes de universidades se juntaram ao Corpo, e Eric era um candidato natural ao posto; também seus oficiais da unidade dos Engenheiros Reais, escreveu Eric muito depois, podem ter visto sua transferência como uma forma de se livrar de alguém obviamente inapto para o trabalho prático do regimento, e além do mais um pouco encrenqueiro.[155]

É provável que essa transferência tenha salvado a vida de Eric. A 560ª Companhia de Campo dos Engenheiros Reais já havia sido equipada com uniformes tropicais alguns meses antes de Eric partir, e assim que ele se afastou a Companhia embarcou em um navio que os levou ao Canadá, e depois atravessaram o continente americano para chegar a Singapura, onde soldados britânicos se renderam aos japoneses em 15 de fevereiro de 1942. Os homens que Eric conheceu no exército passaram o resto da guerra como prisioneiros, muitos deles trabalhando na famosa Estrada de Ferro da Birmânia, onde muitos morreram por maus-tratos, inanição e doenças.[156] Enquanto isso, no Reino Unido, no começo de setembro de 1941 Eric foi mandado para um treinamento na Escola de Educação do Exército em Wakefield, Yorkshire, uma cidadezinha que Eric definiu como "fumacenta, cheia de neblina e multidões de mulheres operárias de tamanco e avental; pouco inspiradora de se ver, mas acho que preferível a cidades descaracterizadas como Bury St. Edmunds ou Yarmouth, ou cidades maiores como Liverpool, por causa das indústrias".[157] A mudança representou uma grande mudança na vida de Eric em mais de um aspecto. Logo depois de sua chegada, ele escreveu entusiasmado para Ron: "O homem que escreve agora não é um sapador, nem um cabo ponta-de-lança, nem mesmo um cabo, mas um autêntico sargento na ativa, vamos admitir, e o que é pior, sem ser pago nesse momento." Porém, depois de 21 dias na unidade para a qual seria mandado ele passaria a receber o salário normal de sargento, que ele considerava mais que satisfatório. Melhor ainda, escreveu: "O próprio destacamento é uma agradável surpresa. Os instrutores enfatizam todas as coisas certas e as técnicas certas – e também são muito experientes em suas especialidades."

A vida na Escola de Educação do Exército era agradável, apesar das muitas horas de trabalho e dos dias cheios de atividades de vários tipos, a maioria relacionada diretamente com a educação. Eric descreveu um dia típico para Ron:

Toque de alvorada às 6h30, um quarto de hora de TF antes do desjejum; palestras e grupos de estudo das 8h30 a uma, com meia hora de intervalo; esportes e jogos das 2 às 3h30; palestras e grupos de estudos individuais das 3h45 às sete sem intervalo para o chá – não podemos sair antes das sete. Para os esportes da tarde nós temos escolha entre natação, caminhadas ou jogos de equipe – ou qualquer outro esporte que eles organizem [...]. É preferível a ficar engaiolado no prédio o dia inteiro. Não sei sobre os outros, muitos eram escriturários nas unidades a que pertenciam, mas eu não estou mais acostumado a uma vida predominantemente dentro de casa. As condições são as melhores: quartos para dois, boas condições de limpeza, garçons civis nas mesas, um bom salão de vivência.[158]

Os *trainees* eram divididos em "sindicatos", ou grupos de estudo de 18 pessoas. Os homens do sindicato de Eric incluíam "um palestrante em história da Escola de Estudos Orientais, um instrutor de TF de Nottingham, três professores escoceses, um advogado baixo e cordial de Londres, um professor de artesanato de Hackney e um ex-aluno de Oxford chamado Michael Marmorshtein, de uma nacionalidade ligeiramente mais obscura que a minha". Fora esses, a maioria dos *trainees* são do País de Gales ou de Yorkshire. "Talvez um dia desses", brincou Eric, "eles organizem um festival de música e poesia como os do País de Gales, pois são em número suficiente para fornecer bardos, coro e plateia, e posso apostar que há um bom número de compositores de música para harpa e de versos em celta."[159]

Quando concluiu o treinamento, Eric foi transferido para o Corpo Educacional do Exército anexado ao 12º Regimento de Treinamento de Campo da Artilharia Real em Bufford Camp, uma grande base militar em Salisbury Plain, em 2 de outubro de 1941. Ficou encarregado da biblioteca do *Sunday Times* da base e também ensinava alemão aos paraquedistas.[160] No início de 1942 ele recebeu uma visita de surpresa: Fritz Lustig, com quem havia estudado em Berlim em 1932-1933. Lustig tinha conseguido fugir da Alemanha em 1939, mas depois da queda de Dunquerque foi vítima das ordens de Churchill de prender e confinar todos os estrangeiros inimigos no Reino Unido ("prendam o bando!"). Ao ser libertado, Lustig entrou para o Corpo de Sapadores do Exército, na época a única unidade em que eram permitidos exilados alemães e austríacos. Era basicamente um reservatório de trabalho não qualificado para projetos de construção de engenharia militar. Mas Lustig sempre foi também um talentoso violoncelista amador, e logo entrou para a pequena orquestra organizada no Centro de Treinamento do Corpo de Sapadores de Ilfracombe, em Devon. Sua tarefa era fazer turnês de concertos musicais leves para os soldados.[161] Quando o Centro foi fechado, em janeiro de 1942, Lustig foi transferido com o restante da orquestra para Bulford. Da maneira típica do exército, os músicos precisavam limpar a biblioteca, para não ficarem desocupados durante o dia. Assim, depois de um intervalo de nove anos Fritz Lustig entrou em contato com Eric.[162]

O reencontro entre os dois logo assumiu um aspecto político e não só social. Como Lustig se lembrou depois:

> Eu era muito interessado em política de esquerda, e vivíamos numa época em que o *Daily Worker* estava proibido e eu lia o *New Statesman*, e o Partido Comunista inseriu um anúncio dizendo que estavam publicando um boletim, e eu fiquei interessado em ver isso. Então, na minha licença em Londres, fui ao escritório deles na Tottenham Court Road e pedi para ser incluído no boletim. E o Partido Comunista – isso muito antes do tempo dos computadores – era tão eficiente que descobriu que um de seus membros estava na mesma guarnição que eu. Daí Eric me abordou na biblioteca que eu estava limpando, me puxou de lado e disse: "Bem, provavelmente você vai ficar melhor na *Freie deutsche Jugend*," que era uma organização comunista – o que na época eu não sabia – "eles vão cuidar dos seus interesses".[163]

Lustig entrou para a organização, mas se irritou com a atitude dos outros membros, nenhum dos quais nas forças armadas. Achava que eles deveriam ter se alistado e tomado parte da luta em vez de ficarem fazendo críticas do lado de fora do campo. Por isso ele preferiu sair. Em 1943, foi transferido para o Corpo de Inteligência e passou o resto da guerra transcrevendo conversas gravadas secretamente de oficiais alemães capturados.[164]

Quando Lustig chegou a Bulford, o Partido Comunista estava começando uma campanha para abrir uma segunda frente na Europa, que invadiria a França para aliviar a pressão sobre o Exército Vermelho no leste. Na visão do Partido, a luta pela Segunda Frente era política; opunha-se principalmente aos pró-fascistas que queriam enfraquecer a União Soviética.[165] "Prefiro pensar que estamos entrando num período melindroso com o movimento da segunda frente", escreveu Eric em 3 de agosto de 1942: "A maioria das pessoas que conheço é muito derrotista. A linha delas é, o que adianta dizermos que queremos uma segunda frente, se o governo quiser, nós vamos ter uma segunda frente, senão, não teremos".[166] É muito provável que britânicos, concluiu melancólico, "insistam na paralisia temporária de esperar para ver". Como ele explicou ao tio Harry em setembro de 1942: "O Alto Comando parece ter resolvido *não* abrir uma Segunda Frente este ano, é o suficiente para enlouquecer qualquer um. Consigo até imaginar o que os russos estão pensando. Sei o que nós estaríamos pensando se a bota estivesse no outro pé".[167] Eric começou a defender a abertura de uma Segunda Frente no jornal mural que editava e escreveu muito a respeito, com aprovação oficial, para ser divulgado no quadro de avisos do acampamento.[168] Porém, as autoridades militares e civis consideraram essas propostas como uma insubordinação. Campanhas de propaganda entre as tropas defendendo essa linha poderia facilmente levar a críticas da conduta e da direção da guerra como um todo. Eric logo percebeu que havia limites ao que podia escrever, apesar de não desconfiar que suas atividades tinham levantado suspeitas não só de seus oficiais superiores como também da polícia política ou, em outras palavras, o Setor Especial da Scotland Yard e o serviço secreto, a Seção 5 da Inteligência Militar Britânica, ou MI5.

V

Eric chamou a atenção da Inteligência Britânica pela primeira vez por causa de sua correspondência com o líder comunista alemão exilado no Reino Unido, Hans Kahle, ex-comandante da 11ª Brigada Internacional na Guerra Civil Espanhola. Kahle estava tentando formar um Brigada de Alemães Livres na Inglaterra, e Eric estava "ansioso para que o deixassem fazer palestras em unidades do exército".[169] O coronel Archie White reportou:

> Como a maioria dos universitários recém-formados em história, Eric é politizado, e muito interessado em "assuntos atuais". Edita um jornal mural, que é divulgado semanalmente na biblioteca do *Sunday Times* de Bulford, e censurado antes da publicação. O tom da publicação é bom [...]. Eu tenho muito contato com o sargento Hobsbawm e já o ouvi falando. Não tenho razões para suspeitar de que esteja usando seu cargo para cometer

quaisquer indiscrições. Ele está ansioso para reunir e mostrar material explicativo a partir do ponto de vista da Rússia.[170]

Mesmo assim, White continuou suspeitando de Eric, e naquele mesmo mês começou a ver suas atividades sob uma ótica mais séria. Como o MI5 reportou subsequentemente:

> O coronel A. C. T. WHITE, Oficial Comandante de Educação de Salisbúria, reportou que em 31 de julho daquele ano durante visita a Bulford com o brigadeiro MAUDE ele viu uma espécie de jornal mural conduzido por HOBSBAWM que, por um mal-entendido, não havia sido censurado antes da publicação e continha argumentos a favor de um Segunda Frente que foram considerados altamente partidários, e o coronel WHITE repreendeu HOBSBAWM na presença do IAEC [Institute of the Army Educational Corps]. Em seguida leu todos os números atrasados disponíveis desse jornal mural, falou com o sargento HOBSBAWM na presença de oficiais e o repreendeu severamente por abuso de seu cargo de professor ao apresentar assuntos atuais sob uma luz partidária. O coronel WHITE considerou o material não sedicioso, mas propaganda indiciosa, e proibiu HOBSBAWM de ter qualquer outro contato com o ensinamento de assuntos atuais.[171]

Ou, como disse Eric: "Tomei uma chamada no saco do coronel por ter posto material demais sobre a segunda frente em meu jornal mural".[172]

Agora ele não poderia sequer fazer "as pequenas coisas" [...] que, mesmo sem influenciar a história do mundo, com certeza manteve nossas consciências tranquilas". Frustrado, em 26 de agosto ele pediu para ser transferido para o Serviço de Informação Móvel do Exército. Mas seus oficiais superiores agora estavam em cima dele, e barraram a transferência. Como observou White, Eric tinha "uma tendência a produzir literatura de esquerda e deixá-la exposta". Tinha tentado recrutar um oficial da guarda para o Partido Comunista, e também era possível que suas conversas com Fritz Lustig tivessem sido notadas, assim como a visita de Lustig ao quartel-general do Partido Comunista em Londres. "Eu não confio mais na discrição dele", concluiu o coronel em suas observações sobre Eric para o MI5. O MI5 concordou em que Eric não era confiável, uma vez que "o Grupo de Discussão do *Sunday Times* de Bulford" já tinha chamado a atenção "como um centro de discussões comunistas". É verdade que isso não tinha "relação específica com o sargento HOBSBAWM".[173] No entanto, o mais provável é que Eric fosse o orientador dessas discussões, pois na verdade era o encarregado da biblioteca do *Sunday Times* no acampamento.

Além do mais, o MI5 tinha instalado um dispositivo de escuta no quartel-general do Partido Comunista de Londres, e se inteirado de que a presença de Eric em Bulford era considerada uma oportunidade de fazer propaganda para as tropas. Robbie Robson, um dos membros fundadores do Partido Comunista da Grã-Bretanha e agora encarregado das relações com membros do Partido nas forças armadas, foi ouvido discutindo a possibilidade de utilizar um convidado americano comunista. Ele considerou que Eric "era, felizmente, judeu, e como todo judeu obviamente conhece alguém nos Estados Unidos, e a melhor ideia seria que o convidado fosse falar com HOBSBAWM sob o pretexto de dar notícias sobre seus parentes nos Estados Unidos".[174] Como ele iria reconhecer Eric? Robson explicou que Eric era "mais ou menos alto – bem, não é tão alto quanto magro. Não é uma pessoa especialmente notável [...] [mas] acho que você conseguiria localizá-lo se o visse fazendo perguntas. V[isitante]: Um desses tipos altos que parece um caniço, não é?".

A visita não parece ter tido quaisquer outras consequências, principalmente porque Archie White garantiu que Eric fosse efetivamente transferido de Bulford a partir de 31 de agosto para a Divisão da Guarda Blindada, como professor de alemão e mais uma vez proibido de fazer qualquer menção a assuntos militares ou políticos atuais.[175] No dia 30 de agosto Eric embarcou num ônibus que o levou com outros soldados do acampamento até Wincanton, em Somerset. Percebeu que o lugar tinha soldados por toda parte, apesar de os americanos ainda não terem chegado à região. Os moradores locais se relacionavam com os soldados com reservas. "Não se pode culpar os civis", concedeu Eric. De início os soldados ofereciam cigarros; depois os homens tinham de implorar por um cigarro. Lembrou-se de algumas semanas antes, em um trem para Londres, de ter encontrado um homem idoso que quis lhe dar dois xelins para ele comprar cigarros. "Na Inglaterra, os soldados têm uma tripla responsabilidade como beneméritos: como representantes dos membros conscritos de todas as famílias civis; como párias, e portanto merecedores de simpatia por terem sido expulsos da sociedade sem desejarem; e como pobres. Mas depois de três anos até os corações mais moles endureceram." Todos os soldados com quem ele tinha de se relacionar eram homens da Guarda, que passavam a maior parte do tempo contando histórias de sacanagem. "A tradição de 'macheza' parece fortemente desenvolvida entre os guardas." Eles enfatizavam muito a ordem unida. "Quando eu digo Em marcha, quero ver uma nuvem de pó e uma fileira de estátuas."

Afora isso, Eric achou Wincanton muito agradável. "A terra é funda e úmida, basicamente para gado e laticínios. Prados densos e verdes, sebes descuidadas, pequenos bosques e cortinas de neblina, grupos de nuvens ao longe."[176] Mas tudo "tremendamente" tedioso. "Não vou muito a pubs, exceto quando quero me embebedar, o cinema é lastimável, os outros sargentos não são muito interessantes. Também não vou conseguir uma garota aqui, primeiro porque não vejo nenhuma, e segundo porque também acho isso chato." Mais cedo ou mais tarde, talvez, ele encontraria alguém com quem pudesse se relacionar em termos pessoais ou políticos. Refletiu com pesar que depois de algum tempo passou a considerar chatos até mesmo membros do Partido. Concluiu que não sabia se integrar bem, que a culpa era só dele.[177] Preferia divertir-se observando quem estivesse ao redor:

> Tibbits (o oficial) fica no escritório como um novilho doente, com o cabelo despenteado e a nuca careca debaixo dos fios desgrenhados. Se usasse uma coroa de louros poderia ser confundido com Nero. Tem um rosto malicioso e corado, os olhinhos vagos. É totalmente desorganizado, mas quase não se esquece de nada, menos ainda alguma coisa relacionada com ele. Fica na escrivaninha a manhã toda, sempre no telefone, adaptando a voz a quem estiver na linha (depois de um tempo dá para adivinhar pelo tom se ele está falando com a mulher do general, com o A[judante] de O[rdens] do G[eneral] ou meramente com suboficiais), e quando não está ao telefone cumpre suas tarefas com monólogos sem fim.[178]

Certa vez, enquanto descansava no gramado perto da catedral de Salisbúria, Eric foi abordado por "um homenzinho de óculos de aro de metal, terno azul e mãos muito morenas, com veias salientes". O velho explicou que já havia visto cinco guerras – as duas guerras mundiais, a Guerra dos Bôeres, a Guerra do Sudão e a Guerra Anglo-Zulu. Disse que nunca tinha ido à escola, já que a primeira escola de Bromsgrove, onde tinha sido criado, só foi construída em 1879. Mas assim mesmo ele teve uma educação doméstica. "Meu jovem", disse a Eric, "trate a vida com respeito, não só a sua, mas também a dos outros."

Durante esse período, Eric continuou pensando como um intelectual comunista comprometido, refletindo sobre o que via como uma triste traição da causa por renegados como o jornalista germano-americano Louis Fischer, cuja autobiografia, *Men and Politics* (1941) marcou sua ruptura com o comunismo, e como o ex-comunista húngaro Arthur Koestler, cujo livro *Escuridão ao meio-dia* foi publicado em 1940. Segundo Eric, eles eram

> pessoas para as quais a política era meramente um ginásio de esportes para sua consciência e cultura. Políticos de verdade têm a coragem de não ter cultura e de usar clichês quando necessário. Koestler compara sua relação com a Rússia com amor. Mas a criação de um novo mundo não pode ser comparada a uma lua de mel. O que eles entendam da dedicação de antigos militantes, que sabem o que é fazer uma revolução? Com certeza não foi fácil para Dzerzhinsky mandar fuzilar pessoas. O que os mantém em ação e apoiam e justificam essa crueldade objetiva? Confiança. Fé no proletariado e no futuro do movimento [...]. A fronteira entre revolucionários e contrarrevolucionários entre os intelectuais passa por acreditar ou duvidar da classe trabalhadora.[179]

Apesar de todas as dúvidas que nutria a partir de encontros pessoais com seus representantes, Eric ainda achava que o futuro da revolução estava no proletariado.

Os meios para recrutá-los estavam na propaganda e na persuasão. Ainda assim não iria ser fácil. Agora White estava fazendo relatórios regulares sobre Eric para o Serviço de Inteligência. "Estão sendo tomadas medidas para fazer com que seus deveres sejam suficientes para não deixar tempo para ele proferir instruções sobre assuntos atuais", relatou ao MI5 assim que Eric assumiu seu novo cargo como professor de alemão dos soldados da Guarda. "Não foi observada nenhuma instância ou tendência em relação a qualquer ação subversiva. Pelo contrário, acrescentou o coronel com um comentário ao mesmo tempo complacente e genérico, "ele parece estar começando a perceber, com o contato com os oficiais da Guarda, que opiniões diferentes das dele podem se basear em leituras, viagens e conhecimento dos assuntos."[180] Eric ensinava alemão para vários grupos interessados da Corpo de Sinalização e da Guarda, que de certa forma eram um grupo de elite do Exército inglês. Não é que ele os considerasse "não inteligentes, mas sim treinados de forma a tornar a inteligência algo não operacional". Achava os guardas escoceses os mais inteligentes, mas os guardas galeses eram "um grupo esquisito [...]. O sistema de distinguir os Jones", acrescentou, referindo-se ao mais comum dos sobrenomes galeses, "é simples: eles só adicionam os últimos dois dígitos do número deles no exército", como "Jones 28, Jones 38" e assim por diante. Eric considerava isso "muito fascinante".[181]

Enquanto gastava tempo e energia rastreando Eric, um intelectual inofensivo que não estava fazendo nada para solapar o esforço de guerra dos Aliados – e sim o contrário, como ele provavelmente teria argumentado, por defender uma Segunda Frente –, o MI5 foi um fracasso total na identificação das atividades dos "Cinco de Cambridge", que já estavam envolvidos na revelação de importantes segredos de Estado aos russos, que perdurou até 1951. Afinal, Blunt, Burgess, Cairncross, Maclean e Philby eram homens com impecáveis credenciais no *establishment* britânico, enquanto Eric não era. De início o MI5 tentou ampliar sua vigilância a todos os membros do Partido Comunista, mas o rápido crescimento do Partido durante a guerra, depois que a União Soviética se tornou uma aliada da Inglaterra, com o número de membros atingindo um total de 56 mil afiliados, tornou o trabalho impraticável.[182] A certa altura, o MI5 chegou a suspeitar de que Nancy, a irmã de Eric, o primo Ron e o tio Harry fossem espiões comunistas.[183] Em agosto de 1941 Nancy aceitou um convite para ir a Trinidad, então uma colônia britânica, ao lado de vários secretários britânicos da embaixada no Chile, para trabalhar como censora "com algumas outras garotas anglo-chilenas".[184] Nesse caso o MI5 só rastreou seus passos um ano depois, informando que ela estava "empregada na Censura Imperial em Port of Spain, Trinidad", e, preocupante do ponto de vista do MI5, não havia passado por nenhum procedimento de veto.[185] Mas os serviços de segurança logo foram tranquilizados: não havia nada de político em Nancy e nem em seus colegas de trabalho a não ser as diretrizes que eram obrigados a seguir no trabalho como censores.

Embora tenha passado quase o tempo todo como professor de um idioma, assim que o exército descobriu que Eric estivera no Norte da África antes da guerra e estudado as condições sociais do local, foi permitido que ele fizesse palestras sobre o a situação na Tunísia e na Argélia para a Divisão Blindada da Guarda. "Suas palestras são apreciadas e não contêm questões que exijam comentários", foi reportado.[186] Aproveitando-se dessa oportunidade, em 8 de novembro de 1942 Eric se ofereceu para transmitir seus conhecimentos a um público mais amplo.[187] Mas a proposta não foi aceita. Os serviços de segurança continuaram desconfiados, pois estava claro que Eric pertencia a um pequeno comitê de membros do Partido Comunista de Bulford.[188] Mas a liderança do Partido Comunista também não confiava nele. O MI5 interceptou uma conversa no quartel-general do Partido em Londres em que os presentes concordaram em que Eric era "um excelente camarada": tinha "enviado um documento de 10 páginas sobre a reorganização do exército para a Central, mas que na verdade não continha nada de novo". Ele tendia a fazer "propostas desvairadas" e era necessário "tornar HOBSBAWM um pouco mais prático e menos idealista".[189] Apesar desses relatórios de vigilância, no dia 20 de dezembro de 1942 o MI5 registrou: o sargento E. HOBSBAWM foi isentado da suspeita de envolvimento em atividades subversivas ou de propaganda no exército. Não são necessárias mais ações nesta seção". Porém, o relatório acrescentava, "duvido que se possa considerá-lo apto para o Corpo de I[nteligência], se ele se inscrever para uma transferência".[190]

Essa forte insinuação ao coronel Archie White foi para frustrar no momento os planos de Eric de escapar do Corpo Educacional do Exército. Ele estava ficando entediado de novo. Algum alívio do tédio foi proporcionado pelos soldados americanos que, se consultados, levavam soldados britânicos ao bem equipado Clube Americano da Cruz Vermelha, mas era "uma chateação sair pelas ruas para desencavar um ianque". Não havia nenhum bom filme sendo exibido. Algum prazer podia ser extraído do consumo de tabaco. Como quase todo mundo na época, Eric era um fumante inveterado. Em 1943, em um breve fragmento sobre sua vida no exército, ele comentou:

> É muito comum não notarmos como vivemos. De repente a fumaça do meu cigarro (Capstan) entra nos meus olhos. Eu pisco e acordo como uma câmera. Antes de tirar quaisquer conclusões, é preciso observar e notar coisas com tranquilidade, e é o que estou fazendo. Começo pelos fragmentos de tabaco na minha língua e a fumaça que arde ao entrar nos meus olhos. Fico me perguntando se esse hábito de manter o cigarro na boca mancha meus dentes. É provável. A gente se acostuma a sentir o pequeno cilindro no lábio inferior, o gosto acre no céu da boca, a pancadinha com o dedo para descartar a cinza.[191]

Ponderando sobre o que o futuro lhe reservaria numa conjuntura em que ainda não estava claro qual seria o lado vencedor da guerra, Eric admitiu que não seria muito útil no caso de um escalada total da mobilização militar.

> Reconheço minha total inaptidão para ser soldado, e minha talvez ainda maior inaptidão como "perito" [...]. Sou medíocre e errático no tiro.

Não tenho muito elã (talvez eu adquirisse se houvesse mais observadores simpatizantes); e seria necessária uma carga de dinamite moral para me transformar uma pessoa tímida, irônica e sussurrante como eu em um oficial capaz de comandar.

Eram as coisas que não era fisicamente capaz de fazer que o amedrontavam se e quando ele tivesse de fazê-las.[192]

Em janeiro de 1943 Eric pediu permissão para acompanhar a Divisão da Guarda quando ela fosse mandada para o exterior. "Minhas funções", disse a Ron, otimista, "seriam as de um suboficial da inteligência num QG avançado com ênfase especial no alemão, ainda que em períodos mais tranquilos eu pudesse também cuidar de coisas educacionais."[193] O problema, admitiu, era o de saber muito pouco sobre o Exército alemão, cujas comunicações ele estaria presumivelmente estudando e cujos soldados ele provavelmente interrogaria quando fossem feitos prisioneiros. A questão tinha adquirido certa urgência porque com certeza a Segunda Frente seria lançada na primavera ou no verão de 1943, aproveitando o que ele imaginava como a desmoralização da *Wehrmacht* depois da rendição do 6º Exército em Stalingrado. Se a derrota do Afrika Korps de Rommel na Tunísia demorasse muito mais tempo, contudo, "tudo ficaria em suspenso até quase a metade do verão". De fato, os alemães só se renderam no Norte da África em 13 de maio de 1943, e as forças aliadas foram tolhidas por mais tempo ainda com a invasão da Sicília e depois no território italiano, que se seguiram logo depois. Apesar do otimismo de Eric, não haveria uma Segunda Frente na Europa Ocidental em 1943.

De todo modo, o coronel White e os serviços de segurança estavam determinados em que Eric continuasse na Inglaterra, onde poderiam ficar de olho nele. Em fevereiro de 1943 Eric foi informado de que "provavelmente seria contra o regulamento um sargento ir para o exterior, a não ser que fosse para um posto estático". Eric ficou indignado. "Quem diabos iria querer ir para, digamos, um Depósito de Intendência em Suez ou outra designação semelhante?", perguntou retoricamente, "Eu não quero. O que estou requerendo é um comissionamento na infantaria, estimando que teria aptidão para uma unidade de Oficiais de Inteligência (se eu não entrar para o Corpo I)." Talvez para melhorar suas qualificações, em 6 de fevereiro de 1943 Eric conseguiu seu mestrado pela Universidade de Cambridge, onde, assim como nas outras cinco universidades medievais britânicas, todos os formados com honras tinham direito ao diploma de mestrado depois de certo tempo. Eric não sabia bem de que isso adiantaria, já "tendo esquecido 75% do que sabia quando me formei. Grande coisa".[194]

Em 19 de março de 1943 Eric fez uma visita ao quartel-general do Partido Comunista de Covent Garden, grampeado pelo MI5. De acordo com a transcrição da conversa, ele disse

> que havia sido oficialmente realocado para o distrito de Salisbury Plain, de onde queria ser transferido, e que "eles estavam tentando negociar, mas que não sabia se iria dar certo". Eles discutiram sobre o número de soldados no momento em East Anglia [...] Eric falou de Unidades do C[orpo] de A[rtilharia] R[eal] em Cambridge e na região de Newmarket – onde ele estivera [...] Eric descreveu uma manobra de que havia participado, e depois eles entraram em conjeturas sobre a 2ª Frente [...] Eric achava [...] eles fariam algumas embarcações [sic] práticas e de repente perceberiam que era para valer [...] Eric falou com JACK sobre seus exercícios, dizendo que "nossa Brigada Blindada" foi totalmente derrotada. Ele fazia uma má avaliação dos canadenses.[195]

O quartel-general do Partido Comunista sabia sobre os problemas de Eric com seus jornais murais, pois um de seus oficiais era também membro do Partido.[196]

Nenhum desses esquemas deu em nada. Eric foi transferido para Bovington, em Dorset, em abril de 1943, "de volta à velha rotina". A região não era desagradável, "não tão desolada quanto os acampamentos de Norfolk, Breckland ou Salisbury Plain. Mas um pouco limitada em amenidades. Temos um jornal mural muito bom que estou tentando incrementar", disse a Ron em 18 de abril de 1943. Durante todo esse período, Eric não tinha a menor desconfiança de que os serviços de segurança estavam no controle de sua carreira. Acreditava que os obstáculos colocados para sua transferência eram apenas "um desses casos de pura burocracia que ainda grassa no exército. Se tivéssemos ido diretamente para o exterior eu também teria ido, e ninguém teria ficado sabendo de nada. Do jeito que está, eu fiquei emperrado: um problema do sistema. Não dá para fazer nada".[197] Alguns meses depois, em novembro de 1943, a decisão do exército foi reforçada quando outro relatório do MI5 confirmou que "não há dúvida de que HOBSBAWN [sic] continua sendo membro do Partido Comunista e [...] incompatível com o Corpo I".[198]

Nesse período Eric aliviava o tédio escrevendo e publicando alguns pequenos artigos na *University Forward* (a revista da Federação da Universidade Trabalhista). Talvez o mais substancial deles tenha sido "Aux Armes, Citoyens!" (sobre a Revolução Francesa):

> O Terror tem sido difamado e caluniado desde a queda de Robespierre. Nós, que estamos engajados numa guerra total, podemos julgar o momento com mais visão. Mas, para conseguir a verdadeira perspectiva, devemos aprender a vê-lo, não só com os olhos de lutadores pela liberdade de 1943, mas com os olhos dos soldados comuns que, descalços e famintos, salvaram o seu país porque era um bom país para salvar. Para eles o Terror não foi um pesadelo, mas a aurora da vida.

Outro artigo, "Sem futuro para os heróis?", era um lamento despreocupado pelo que chamou de desaparecimento do herói de Hollywood. Em termos domésticos, ele se preocupava com a possibilidade de o Partido Trabalhista sair do gabinete de coalizão, o que deixaria Churchill "à mercê dos conservadores, menos aferrados a uma vitória".[199] Acreditava que o clima para uma "Frente Popular" não sobreviveria ao provável "açodamento da situação social" quando a guerra afinal terminasse. Os americanos dariam uma guinada à direita e se engajariam em "uma caça aos vermelhos e aos liberais que faria 1919 parecer um piquenique" – uma previsão sinistra da perseguição macartista aos comunistas, supostos ou verdadeiros, iniciada em fevereiro de 1950.[200] Na Grã-Bretanha, a oposição do secretário do Interior trabalhista, Herbert Morrison, que havia lido documentos secretos do Partido Comunista, bloqueou os pedidos de afiliação do Partido ao Partido Trabalhista.[201] Eric concluiu que Morrison era "ainda a figura mais importante do partido", e que enquanto fosse esse o caso, os comunistas não tinham chance de se afiliar aos trabalhistas a não ser que aumentassem suas afiliações aos sindicatos e que os sindicatos se manifestassem no Congresso do Partido Trabalhista.[202]

IV

Eric continuou a desfrutar da vida social com velhos amigos durante seus breves períodos de licença, embora pelo menos dois deles tivessem sofrido um triste destino. Na noite de 27-28 de julho de 1942, Ram Nahum, o mais destacado estudante comunista de Cambridge antes da guerra e amigo íntimo de Eric, foi uma das três pessoas mortas num ataque de um solitário piloto alemão à cidade. Uma bomba alemã caiu diretamente na casa onde ele estava hospedado com outros membros do círculo de Eric, inclusive Freddie Lambert, que tinha se apaixonado por Nahum enquanto "Mouse" Vickers, seu marido, estava desaparecido, presumido como morto. Teddy Prager, um estudante de economia austríaco que Eric conhecera na Faculdade de Economia de Londres (FEL), estava morando na casa dos fundos, perto da Round Church (Eric também tinha morado lá por algum tempo). Ao ouvir a explosão, ele saiu correndo e ouviu os gritos de Freddie. Pegou um machado e tentou retirá-la de baixo das vigas de madeira em chamas, mas não conseguiu. Achando que Freddie iria morrer, ele gritou: "Chegou o meu fim! Viva o Partido! Viva Stálin! Adeus, rapazes!". Na verdade, porém, Freddie sobreviveu à guerra, tornou-se assistente social em Londres e viveu com "Mouse" até sua morte, em 2006, sem nunca contar a ele sobre seu caso durante a guerra. O próprio Prager, agora envolvido numa relação com Marjorie, uma velha amiga de Eric, voltou à Viena no fim da guerra.[203]

Em 1941 Eric começou um relacionamento com Muriel Seaman, "uma garota da FEL muito atraente" a quem foi apresentado por Prager. O pai de Muriel era um soldado da Guarda Coldstream cuja tarefa era cuidar das joias da coroa na Torre de Londres; a mãe era filha de um Beefeater (nome dado às sentinelas da torre proprietárias de terras). Nascida na Torre de Londres em 29 de outubro de 1916, alguns meses mais velha que Eric, Muriel era alta, com 1,78 m, tendo sido descrita depois em um relatório da Seção Especial da Polícia Metropolitana como "de corpo esbelto, compleição pálida, cabelo castanho-escuro, olhos cor de avelã". Segundo a polícia, era muito interessada em questões extremistas e acredita-se ser membro do Partido Comunista".[204] Nessa época Muriel trabalhava como funcionária pública na Junta de Comércio. Já tinha sido comunista, mas saíra do Partido; agora voltava a se afiliar para agradar Eric.[205] Os dois se encontravam em Londres ou em Cambridge nos fins de semana ou em outras ocasiões em que Eric estivesse de licença. "Hoje em dia, dormir com uma garota é uma questão relativamente simples...", refletiu Eric, "As técnicas talvez tenham sido aperfeiçoadas [desde a época vitoriana] (apesar de eu não acreditar muito nisso)."[206]

De fato, nos anos 1940 os contraceptivos eram só um pouco mais eficazes do que no século anterior, e em 1º de setembro de 1942 Eric recebeu uma carta alarmante de Muriel:

> M. escreve dizendo que não menstruou. Estranho, em primeiro lugar porque até onde sei nós tomamos todas as precauções, e em segundo por não ter havido muito perigo da última vez. Mas eu posso estar enganado. Existe uma terceira possibilidade, de ela ter dormido com alguém mais, mas como ela não teria feito isso sem tomar precauções, não é muito relevante. De qualquer forma, não acredito que ela tenha feito isso. O que devo fazer? Nosso dinheiro somado talvez dê para pagar um aborto – se chegarmos a isso. Eu não me importaria de ter um filho, mas seria difícil para ela. Vou tentar ir a Londres nesse fim de semana.[207]

No dia seguinte Muriel voltou a escrever, desta vez mais tranquila, como Eric relatou: "Está tudo bem. Ela tomou uma garrafa de gim. Deus", acrescentou pesarosamente, "eu realmente não entendo muito dessas coisas. Mas se continuar desse jeito eu logo vou me tornar um perito."[208] A natureza intermitente de seu novo relacionamento causava um bocado de ansiedade. Ademais, em 7 de setembro de 1942, depois de passar o fim de semana seguinte em Londres com Muriel, ele escreveu dizendo que o gim parecia não ter provocado o efeito desejado.

> Eu me dou bem com M. Apesar de me sentir muito ansioso por esse fim de semana – consequência da vida de aldeia de Wincanton – o reencontro não desapontou. Estranho. Como sempre ela estava com o vestido verde, o que começa gradualmente a me aborrecer. Nós dormimos na casa dos Prager [...]. O nível político de M. está aumentando, logo ela vai estar muito bem se aprender a se expressar. Ela tem capacidade para isso. Deus sabe o que aconteceu na semana passada, mas parece não ter funcionado. Ela está muito preocupada com ingerir quinino. Não tem muito medo de um aborto, mas sente medo dos primeiros meses de gravidez, com os constantes enjoos. Pouco a pouco eu vou aprendendo sobre as mulheres. Mas esqueço fácil o que observo. Pena.[209]

No fim, era tudo um alarme falso.

Eric se sentia nervoso com a proximidade com Muriel. "*Entre nous*", confidenciou em seu diário em 29 de novembro de 1942, "eu estou de mau humor porque me acostumei com M[uriel]. Ou talvez não. Talvez eu esteja de mau humor de qualquer forma e esteja projetando. Talvez. Não é bom se acostumar com pessoas." O problema era que Eric sentia falta de Muriel. "Agora que até certo ponto nos acostumamos um ao outro, está ficando mais difícil ficar longe de Londres." Eric preocupava-se com que ela conhecesse outra pessoa. "Devo concluir a partir de meus sentimentos que estou apaixonado. Provavelmente ela também." Não sentia ciúmes, mas temia que a ausência de Muriel o tornasse ciumento. Isso poderia aliviar seu tédio, mas também seria difícil.[210] No dia 21 de fevereiro ele disse a Ron: "Provavelmente eu e Muriel vamos nos casar. Você a conhece, lembra", e acrescentou:

> Suponho que seja o resultado lógico de estar com a mesma garota por mais de um ano. Como você sabe, eu tenho grandes inibições em me amarrar, mas essa vida da mão para a boca é muito menos justa para uma mulher do que para um homem, e não vejo razão lógica para não me casar. Mais cedo ou mais tarde a questão iria chegar, então por que não mais cedo? De qualquer forma, agora nós nos acostumamos um com o outro, o que é um aspecto importante, como você vai concordar, é uma coisa importante. Não tenho previsão quanto a datas [...]. Mas sem dúvida vai acontecer antes do que pensamos, sempre acontece.[211]

Para Muriel, isso mal chegava a parecer uma aprovação à ideia de um casamento. Dava a impressão que o amor não era muito importante em tudo aquilo.

É revelador notar que entre os poemas de amor escritos por Eric durante esse período, nenhum foi dedicado a Muriel, nem mesmo indiretamente.[212] Há descrições de um braço e da boca de uma mulher – "Arm, schoen wie die weissen Pferde [...]. Mund ein glaenzendes Metall" ("Braço, lindo como cavalos brancos [...] a boca um metal brilhante") –, mas não ficamos sabendo a quem pertencem essas partes do corpo; parecem quase abstratas, desligadas de qualquer pessoa.[213] Em um dos poemas ele imaginou uma garota dormindo com trotskistas, expressando um medo óbvio de traição, mas Eric rabiscou a palavra e a substituiu por "homens literários".[214] Em "Paz", ele comparou o estado de ânimo depois da guerra ao estado de ânimo de um casal depois de fazer sexo: "Nur zwischen unsern engen Koerpern lag,/ Betaeubend und gereizt wie junges Heu,/ Der Friede, die Erinnerung, die Zukunft". Porém, mais uma vez, o ponto de referência é totalmente impessoal.²¹⁵

De qualquer forma, um dia depois de ter escrito a Ron, Eric pediu Muriel em casamento. Ela disse sim. Imediatamente Eric começou a se preocupar se havia feito a coisa certa. "Ontem à noite", escreveu em 23 de fevereiro de 1943,

> eu estava um pouco deprimido, e o pensamento de ter uma mulher foi muito agradável [...]. Então eu simplesmente vou me casar com ela. Não gosto de incertezas e ainda assim acho muito difícil tomar decisões. Odeio incertezas e sou receptivo ao *fait accompli* [...]. Se tivesse sido necessário eu teria já me casado com ela dez meses atrás. E na minha última licença eu não a pressionei e descobri que é muito importante para ela e então eu vou me casar. Pessoalmente não acredito que vá durar para sempre. Ela não é ideal – nem eu, é claro –, e se alguém espera pelo ideal – ah, estou falando bobagem. Estou muito cansado para pensar logicamente, e de qualquer maneira, qual é o sentido? Provavelmente eu vou ligar para ela hoje à noite, ela vai ficar contente.²¹⁶

Mais uma vez, suas dúvidas e hesitações eram tão notáveis quando o pragmatismo morno de sua decisão.

O iminente casamento levou Eric a refletir sobre o que havia realizado até então e o que o futuro lhe reservaria. Concluiu tristemente que tinha perdido um período letivo inteiro desde o início da guerra.

> Não fiz nada de importante na guerra a não ser cavar buracos, fazer palestras e ensinar a paraquedistas [...] algumas dezenas de frases em alemão. Não fiz nada pelo P[artido] exceto uma boa ação russa e duas tarefas org[anizacionais] risíveis e triviais, logo concluídas, produzindo uns poucos documentos abstratos. Escrevi pouco e nada de muito valor. Meu único sucesso foi ter conseguido fazer minha esposa se apaixonar por mim, e eu desistiria disso com prazer se pudesse trocar por um trabalho no Partido ou na guerra. Talvez "prazer" seja um exagero. De qualquer forma, eu teria desistido.²¹⁷

Com certeza o futuro era mais importante. Provavelmente haveria uma segunda rodada de revoluções. Por isso Eric tomou uma decisão provisória de se tornar militante profissional do Partido depois da guerra. Achou que era bom em análise e propaganda, e até certo ponto em trabalho organizacional para fazer isso. Se não conseguisse um cargo desse tipo, "então qualquer função que tenha a ver com propaganda – publicidade, jornalismo ou coisa assim. Vou falar com M[uriel] sobre isso". Pelo menos ele se orgulhava um pouco dos jornais murais que produzira para o Corpo Educacional do Exército, por isso "os últimos dez meses não foram perdidos". Não pensava em se tornar um historiador, mas reconhecia que seu talento estava em escrever alguma coisa. Assim como em seus primeiros anos de vida ele tinha considerado ser um poeta, agora pensava em se tornar um propagandista. Isso não renderia muito em termos de dinheiro. De todo modo, as perspectivas de Eric e Muriel melhoraram em 18 de abril de 1943, quando ela foi promovida ao cargo de diretora da Junta Comercial, uma posição de destaque e com boas perspectivas. Com a promoção, refletiu Eric, ela iria receber "480 £; os impostos seriam de cerca de 7 £ por semana, e meu salário seria de 8.10 – o suficiente para sobreviver. Especialmente porque ela não vai gastar muito". Eles já tinham decidido se casarem mais cedo que mais tarde, disse Eric a Ron, pois "não há nada de especial a ser ganho esperando mais tempo. Acho que vai dar certo".[218]

O casamento de Eric com Muriel Seaman aconteceu em 12 de maio de 1943 no Cartório de Registro Civil de Epsom.[219] Ron ofereceu-se como testemunha, mas ainda se encontrava em Londres e a data não poderia ser alterada. Eric e Muriel tinham feito uma visita aos pais de Ron – agora os parentes mais próximos de Eric no Reino Unido e os que ele conhecia melhor – para falar sobre a intenção de se casarem, e ele disse a Ron: "Seu pai e sua mãe foram muito simpáticos a respeito e, apesar de o clima estar um pouco tenso no começo, relaxou um pouco depois, acho. Não sei qual a impressão que eles tiveram de M.", acrescentou, "mas sem dúvida com o tempo eles vão se acostumar com a ideia. Mas senti falta dos sul-americanos", referindo-se ao tio Sidney, à irmã Nancy e ao primo Peter. Muriel estava morando com os pais pelos últimos dois anos, e o casal resolveu procurar um apartamento perto de onde ela trabalhava, em Whitehall. Eric iria passar parte de sua próxima licença procurando um apartamento. "Não vai ser fácil, em vista da redução da oferta", em parte como consequência dos ataques aéreos.[220] Apesar da soma dos rendimentos dos dois, Eric e Muriel ainda estavam com pouco dinheiro, e Ron mais uma vez mandou dinheiro para o primo.[221]

A essa altura, Ron também tinha sido convocado. Naturalmente, em vista de paizão por navios e por velejar, ele escolheu a Marinha Real. Sua primeira avaliação médica o considerou inapto para servir como marinheiro normal por causa da visão, mas a marinha, com a lógica típica das forças armadas britânicas, decidiu por treiná-lo em reconhecimento aéreo. A essa altura Ron também já estava casado, com Lillian Cannon, conhecida como "Gun", sua namorada fazia muito tempo e também funcionária pública. Ron passou por uma série de transferências, servindo no HMS *Colossus*, um porta-aviões novo em folha, que zarpou de Alexandria em outubro de 1944 e passou por Taiwan, Manila, Hong Kong, Sydney e Sri Lanka. Ron foi afinal mandado para casa em novembro de 1945, depois de ter sido promovido a tenente em junho. Não surpreende que na subsequente correspondência entre os dois primos Eric tenha confessado mais de uma vez que não sabia ao certo para qual endereço mandar suas cartas.[222] Enquanto isso, depois de se casarem, Eric e Muriel encontraram um apartamento para alugar

> em Camden Town (perto do Regent's Park[)], que é conveniente por várias razões, não ser caro e ser passável, embora não seja ideal, é claro. O mobiliário está em bom estado e nós conseguimos diversos apetrechos (carpetes, utensílios de cozinha etc.) nas coisas guardadas de Sidney. Na verdade a mudança só está dependendo da data em que os utensílios poderão ser entregues.[223]

Em 7 de agosto de 1943 Eric disse que "o apartamento ainda não está bem mobiliado – faltavam os utensílios a serem entregues". Enquanto esperava, o casal ficou na Springfield Avenue 86, em Wimbledon, sudoeste de Londres.[224]

VII

Em abril de 1944, Eric voltou a ser vítima das autoridades militares. Como observou o MI5:

> O OC do 58º Regt. de Trein. do R. A. C. de Bovington reportou que o ABC e as discussões do Conselho Assessor estavam se tornando demasiado políticas e influenciadas por visões de esquerda; houve uma redução na frequência de jovens soldados que se opuseram às fortes teorias de esquerda produzidas por membros do Gabinete Permanente. O OC constatou que

o Sarg. HOBSBAWM estava na origem de tudo e expressou sua visão de que embora ele fosse um instrutor competente, a opinião era de que estava abusando de sua posição como sargento sênior e Instrutor de Educação.[225]

Seus superiores notaram que Eric "sabe perfeitamente bem que está sendo vigiado", e que depois confirmou que sabia estar sob vigilância, apesar de achar ser pelo exército e não, ao que parece, pelos serviços de segurança.[226] Ele pediu uma entrevista com seu OC "e afirmou que se considerava uma vítima política". O MI5 acrescentou: "Está claro que HOBSBAWN [sic] não está ciente de ser objeto de interesse em seu gabinete, mas está descontente por ter sido repreendido mais de uma vez por seu OC por deixar suas visões políticas influenciarem no seu trabalho".[227] Na sequência desse incidente, o exército deslocou Eric para o Quartel-General no Subdistrito da Ilha de Wight. Eric já estivera lá, assim como em Portland e em Southampton, durante algumas semanas no início do verão de 1943, "dando cursos para oficiais regimentais e suboficiais sobre a melhor forma de conduzir o 'Propósito e o Caminho Britânicos' – o programa de educação em civismo que o exército (ao menos em teoria) vinha desenvolvendo desde novembro. É um programa adequado, e o tipo do trabalho que eu gosto", contou a Ron.

Eric considerou a Ilha de Wight "superestimada, e fico contente que um monte daquelas pensões vitorianas tenha fechado. Mas foi difícil para os moradores", acrescentou.[228] Lá ele arranjou tempo para escrever alguns versos sobre a ilha, sobre o gado nas pastagens, as gaivotas projetando sua sombra na relva, o estreito molhe do porto entrando pelo mar. Avistou um "porto para destróieres" e a prisão de Parkhurst e ouviu sirenes anunciando um ataque aéreo, que espantou as assustadas gaivotas.[229] Um ano depois, com seu breve período de serviço na Ilha de Wight em 1943 sendo considerado um sucesso, Eric ganhou um posto permanente no local. O MI5 ficou horrorizado. Afinal, aquele era um dos principais campos de treinamento e preparação para a invasão da Noruega, havia muito sendo planejada, que iria acontecer em pouco mais de dois meses. "Em vista dos muitos segredos e de importantes operações em curso naquele distrito e da impossibilidade de supervisionar apropriadamente a execução de suas tarefas", eles deram ordens para que Eric fosse mais uma vez transferido, desta vez como assistente social em um hospital do exército perto de Cheltenham, uma elegante estação de águas não muito longe de Gloucester.[230] Eric saiu da Ilha de Wight em 24 de maio de 1944 para assumir seus novos deveres.[231]

Em Gloucester, como o MI5 observou depois com suspeitas, "ele considera sua posição dispondo das mesmas possibilidades, presumivelmente para propaganda comunista".[232] Em 29 de agosto de 1944 o MI5 gravou uma conversa telefônica entre Eric e Margot Heinemann: "M: Você ainda está no mesmo trabalho? E: Estou. M: E é melhor? E: Tem possibilidades".[233] No entanto, ele havia se queixado com Muriel pelo telefone em 2 de julho de 1944 que "não poderia estar mais enfurnado!" "É muita má sorte, devo dizer", replicou Muriel. "Ah, não sei", disse Eric; pelo menos ele estava longe dos bombardeios.[234] Nas dependências do hospital Eric conheceu pacientes de vários países. Conversou em alemão com um paciente polonês com uma grande atadura no pescoço, que tinha desertado do Exército alemão: "Parece um pouco indecente falar com um eslavo na língua de Hitler, mas não há escolha". Eric falava em francês com um soldado marroquino que tinha combatido com a Forças da França Livre de Gaulle contra os alemães no Norte da África em 1940, até ficar inválido em 1944. "Uma figura magra e pequena com roupas folgadas do hospital, que parece mais um daqueles mendigos tísicos e infelizes do Boulevard Montparnasse, mas ainda assim – e o guarda reconhece facilmente – mantém algo do desprendimento assustador de um guerreiro natural e instintivo." Tinha um "rosto berbere fino e simétrico com um bigode em forma de meia-lua". Mostrou a Eric com orgulho "um relógio de prata ornamentado que havia tirado de um alemão em 1940, com o mostrador levemente trincado e alguns arranhões".[235]

Mais perturbadores eram os pacientes com ferimentos graves. Um homem "com o rosto muito pálido e olhos fundos" e uma das pernas "amputadas até pouco acima do joelho" que claramente desejava morrer. "Ele saiu de um tanque em chamas, o único homem que conseguiu escapar." Recusava-se a comer e depois de três dias passou a ser alimentado à força. "Seis homens o seguraram e o fizeram engolir um tubo. Os seis homens estavam com ataduras no rosto, talas nos braços e mandíbulas quebradas. Ele grita de uma maneira roufenha e indescritível, mas a gente se acostuma com os gritos dos que não conseguem suportar a dor que sentem." O homem tinha perdido a vontade de viver por causa da culpa pela morte do irmão, que estava no mesmo tanque e morreu queimado.

Não há o que fazer. Ninguém pode ajudá-lo. No sexto dia ele morre [...]. Na mesa, ao lado do secretário-geral do *Daily Telegraph* e de uma trouxa de roupa suja do auxiliar hospitalar, o que restou dos pertences homem morto é guardado numa caixa: uma navalha, um bloco de notas e um lápis, alguns romances, duas caixas de fósforos e 80 cigarros. A ração semanal de cigarros mandada pelos guardas de turno um dia antes de sua morte. Só isso.[236]

Eric ficou chocado pelo "imprevisto de ver pessoas só com metade do rosto". "Ocasionalmente surge alguém com uma mutilação um pouco mais repulsiva e prendemos a respiração quando olhamos para ele, de medo que nossa expressão denuncie o choque da nossa repulsa." Isso o faz se lembrar do mito grego de Marsias, esfolado vivo por Apolo por tê-lo desafiado para uma competição musical. Mas também há esperança: "Os que chegam aqui sabem, no geral, que no fim vão sair mais ou menos como seres humanos normais".

Finalmente, em 6 de junho de 1944, teve início a tão esperada Segunda Frente quando tropas aliadas, depois de um longo planejamento, desembarcaram na Normandia no "Dia D". Eric notou a chegada das primeiras baixas da batalha ao hospital de Gloucester. Encontrou um grupo de mineiros galeses

andando pelo corredor mais parecendo uma delegação de balconistas de loja. Com seus melhores ternos azul-marinho, um pouco inseguros e estranhando o ambiente [...]. Dava para dizer qual era a profissão deles pelas marcas azuis no rosto. "Procurando alguma coisa?" "Sim. Poderia nos dizer onde fica a ala dos militares?" [...]. Eu os acompanho parte do caminho, até a entrada da ala. O líder, um homem baixo e calvo, olha para um pedaço de papel. "Poderia me dizer se Evan Thomas está nessa ala?" Está. "Nós somos colegas dele de trabalho. Tivemos um dia de folga, então pensamos em vir ver como ele está." Eu entro e pergunto à freira se Thomas E. pode receber visitas. Os colegas da mina ficam do lado de fora. Thomas já está com algumas visitas – os pais e um amigo, sentados ao lado da cama numa atitude amorosa e constrangida. Os mineiros ficam no corredor olhando as enfermeiras e os soldados passando, sem conversar entre si [...]. Uma das visitas do soldado sai pela porta. Os amigos do homem se aproximam e formam um pequeno grupo coletivo. Dá para ouvir algumas palavras. "Ah, olá sra. Thomas." "Como vai Ianto Evans" e assim por diante. Há um clima de muita compaixão na pequena reunião, que não consigo entender bem. Talvez por esse encontro casual cristalizar tantas afinidades específicas: entre mineiros enquanto tais, dos moradores do vale, entre amigos, entre galeses, de homens saudáveis em face da impotência. Não sei. É muito comovente.[237]

Mas Eric estava em Gloucester há poucos meses quando surgiu mais uma vez a possibilidade de um posto no exterior. Desta vez não a pedido de Eric, mas do Corpo Educacional do Exército.

Em 17 de novembro de 1944 o MI5 registrou: "Capitão Ronald, Comando Sul, telefonou para dizer que HOBSBAWM foi convocado pela Escola de Educação antes de mandado para o exterior. Ronald sabia que, neste caso, a observação havia cessado, mas sabia que estávamos interessados nos movimentos de HOBSBAWM".[238] Um agente do MI5, J. B. Milne, reiterou a insistência do serviço de segurança de que seria perigoso designar Eric para um posto no exterior:

> HOBSBAWM foi repreendido duas vezes por diferentes OCs por introduzir fortes visões partidárias nos jornais murais da unidade [...]. Ele é um membro entusiasta e muito ativo do Partido e bem considerado nos Quartéis-Generais do Partido, e se for permitido que vá para o exterior acredito ser muito provável que possa causar problemas semelhantes [...]. Se for para o E[xército] B[ritânico] do N[orte] da Á[frica] ele pode entrar em contato com o Parlamento das Forças de Bengazi, que foi formado e sobre o qual estamos investigando, e causar problemas semelhantes aos que tivemos no passado com o Parlamento das Forças do Cairo. Sugiro que primeiro averiguemos para onde HOBSBAWM será mandado e depois pensemos em impedir, em qualquer caso, pois acredito que ele estaria bem melhor perto dos nossos olhos neste país.[239]

O MI5 também informou o oficial comandante do Corpo de Educação do Exército de "todos os fatos deste caso".[240]

Porém, ao fazer novas investigações, o MI5 ficou sabendo que "este homem estava na verdade apenas na 'lista de espera' para ir para o exterior [...]. Não haveria dificuldade em retirá-lo".[241] No dia 4 de dezembro de 1944, Eric foi de fato "retirado da convocação" e realocado de novo em Gloucester.[242] Ficou confuso pelo súbito cancelamento de suas perspectivas de ser mandado para o exterior. "Todas as pontes foram derrubadas", disse em 31 de maio de 1945 pelo telefone a Margot Heinemann no Departamento de Pesquisas Trabalhistas, que estava grampeado pelos serviços de segurança: "Todas as pontes que poderiam ter me levado para Índia ou Mombaça ou outros lugares". Por isso ele estava procurando um emprego no Reino Unido. Segundo a transcrição da gravação do MI5 do telefone do Departamento, "Margot disse então que havia muitos trabalhos úteis para Eric se ele tivesse algum tempo livre – como desencavar fichas de membros do Partido Conservador no Parlamento etc.". Eric achou que poderia conseguir "alguma coisa", mas que não tinha muito tempo livre.²⁴³ Afinal, ele ainda estava no exército.

As suspeitas continuaram. O MI5 decretou um mandado de vigilância em 12 de janeiro de 1945 e começou a monitorar a correspondência de Eric.²⁴⁴ A essa altura, qualquer um ocupando uma posição delicada que estivesse associado com ele estava sujeito a ter de responder perguntas sobre Eric no MI5 ou no MI6. No inverno de 1944-1945, os serviços de segurança levantaram algumas dúvidas sobre a lealdade de um de seus funcionários, Kenneth Syers, contemporâneo de Eric na King's College, em Cambridge, que o conheceu quando os dois estavam prestes a ser entrevistados. Fluente em servo-croata, Syers foi lançado na Iugoslávia duas vezes durante a guerra, e ao voltar a Londres assumiu um cargo nos serviços de segurança pela força de seus relatórios sobre o movimento de resistência comunista. Syers começou a ser vigiado por ser um dos inúmeros funcionários do serviço de segurança que eram "tão de extrema esquerda que mal podiam ser diferenciados dos comunistas". Em novembro de 1944 Syers levantou ainda mais suspeitas quando ficou noivo de uma sobrinha em segundo grau de Maxim Litvinov, que fora ministro do Exterior da União Soviética antes da guerra. Syers conheceu a jovem na Itália num intervalo entre suas duas missões na Iugoslávia. Destacado para mais investigações, Roger Hollis, que depois foi alçado ao posto de chefe do MI5, informou que Syers tinha ligações com "um certo comunista no Corpo de Educação do Exército chamado Hobsbawm, que antes da guerra era aluno de graduação em Cambridge". O relatório foi passado para ninguém mais que Kim Philby para comentários. Philby saiu em defesa de Syers. "Syers parece ser notoriamente infeliz em sua escolha de amigos", relatou, referindo-se a Eric, mas disse que havia conversado com Syers e se assegurado de que ele pretendia sair do serviço depois da guerra para seguir carreira como jornalista. Seria inconcebível, argumentou Philby, que seu controlador em Moscou permitisse que fizesse isso se ele realmente fosse um espião. Em todo caso, Syers fez "poucas tentativas de esconder seu interesse pelo marxismo e pelos marxistas – uma atitude pouco coerente com desígnios sinistros". No caso, o inocente Syers de fato saiu do serviço para ser jornalista, enquanto Kim Philby, o verdadeiro espião, continuou, para contentar seus controladores de Moscou, até ser desmascarado afinal.[245]

Eric continuou no hospital de Gloucester por todo o resto do ano. Participou ativamente na eleição geral de 1945, ocorrida em 5 de julho, embora a contagem dos votos só tenha sido realizada em 26 de julho por causa da demora no transporte para o Reino Unido dos votos dos soldados britânicos que estavam aquartelados em outros locais. O resultado foi uma surpreendente e esmagadora vitória do Partido Trabalhista, com 47,7% dos votos. Ao ser indagado alguns anos depois sobre seu papel na campanha, Eric escreveu:

> Minha experiência foi a de apurar os votos no candidato trabalhista de Gloucester, onde eu estava aquartelado como sargento na Educação do Exército, designado como um pilar do Partido Trabalhista local. Eles não esperavam vencer [...]. Lembro-me de ter ficado surpreso, ao fazer a pesquisa nas prósperas casinhas da periferia da cidade, com o sólido apoio aos trabalhistas que constatei. Para alguém acostumado a identificar os trabalhistas em casas com terraço no centro da cidade com pubs e mercearias por perto, foi algo inesperado. Concluí que os trabalhistas iriam ganhar (eles ganharam em Gloucester – com um advogado chamado Turner-Samuels, se me lembro bem), mas não consigo imaginar muitos na região – inclusive eu mesmo – que tivessem previsto esse resultado. Quanto aos votos das forças armadas, nem eu nem ninguém na corporação ficaram nem um pouco surpresos. Que eles iriam votar nos trabalhistas era previsível e foi previsto.[246]

Sob muitos aspectos, o governo trabalhista formado por Clement Attlee "não foi muito notável [...]. Ouso dizer que chegará o tempo em que teremos de reavivar o movimento, mas por enquanto o programa parece bom".[247] "Se um partido comunista esperar o tempo suficiente sob o capitalismo", escreveu com otimismo, "terá uma chance, grande ou pequena." Porém, a liderança do Partido Britânico estava "estagnada", precisando de "uma avaliação geral e autocrítica do nosso trabalho na guerra". A democracia estava muito ausente dos assuntos do Partido. "Boa parte das discussões ocorridas no nosso partido diziam respeito a afiliações." Faltou uma visão do futuro nas tergiversações ideológicas dos anos 1930. A oposição à guerra no início dos anos 1940, sem uma ideia clara do que deveria ser feito se os nazistas invadissem a União Soviética, tinha causado "cólicas estomacais ideológicas". Onde estava o pensamento estratégico "que os grandes e verdadeiros marxistas tiveram?". Portanto, o pensamento independente de Eric já começava a entrar em atrito com a rigidez stalinista da liderança do Partido.

No fim do ano, Eric ficou sabendo que finalmente seria mandado para um posto no exterior, quando já não queria mais essa transferência, e para o lugar a que provavelmente menos desejava ir: a Palestina sob intervenção da Inglaterra, que descambava rapidamente num redemoinho de caos e violência, como tantas outras regiões do Império Britânico depois da guerra. "País interessante", disse a Christopher Meredith, um amigo comunista então servindo na Força Aérea Real na Itália, "mas não gosto de ser mandado para um lugar onde a linha divisória é tão desgraçadamente obscura que só o Diabo sabe o que é certo ou errado." Assim, em dezembro de 1945 Eric entrou com um pedido de residência para a Junta de Estudos de Pós-Graduação de Cambridge no ano seguinte.[248] No feriado natalino, seu antigo e tutor na King's, Christopher Morris, escreveu uma carta de referência, definindo Eric como "um homem de grande competência e com todas as qualificações para esse tipo de trabalho [...] um dos alunos mais talentosos que já tive em 15 anos de ensino – mais capacitado, em minha opinião, que outro aluno que já é professor da Faculdade".[249] Mounia Postan também fez uma recomendação.[250] Em 15 de janeiro de 1946, Eric apresentou uma petição formal de uma "licença para retomar seus estudo em Cambridge" a partir de 1º de fevereiro e foi liberado do exército em 6 de fevereiro, sendo transferido para a reserva em 3 de abril.[251] Prevendo sua desmobilização, as autoridades militares já havia cessado a vigilância de suas atividades em 16 de janeiro.[252] Finalmente Eric pôde retomar sua carreira acadêmica em Cambridge e começar adequadamente sua vida de casado em Londres. No entanto, nem uma coisa nem outra seriam exatamente o que ele esperava.

5

"UM OUTSIDER NO MOVIMENTO"

1946-1954

I

Quando foi desmobilizado, no começo de 1946, com 28 anos de idade, Eric já tinha chegado a uma decisão quanto ao seu futuro. Como observou mais tarde, ele tinha "escrevinhado desde os 14 anos, mas descobri como jovem adulto que poesia e ficção não eram para mim. História, que propicia um grande escopo para escrever, me caía bem".[1]

> Tornei-me um historiador profissional porque estudei história na faculdade, era extremamente bom nisso e ganhei uma bolsa de estudos de pós-graduação quando me formei, o que naquela época (1939) não era tão comum como se tornou depois. Se não tivesse conseguido a bolsa de estudos, provavelmente eu teria prestado um exame para o funcionalismo público, outra opção convencional para pessoas formadas em humanas. Também considerei um emprego como jornalista (por ter editado um semanário estudantil) ou publicitário. Nos anos 1930 ser redator publicitário em agências de propaganda estava em voga para alguns intelectuais.

Felizmente eu não escolhi nenhuma das duas coisas, pois não são da minha índole, apesar de ter trabalhado paralelamente com jornalismo. Se não reconhecesse que não sou eficiente nem bom para administrar pessoas, eu teria considerado ser um organizador político em tempo integral para o Partido Comunista, com o qual muitos de nós estávamos envolvidos na época. Mais uma vez, tive a sorte de ficar fora disso, apesar do respeito que tinha e ainda tenho pelos meus amigos que não fizeram o mesmo. Eu iria acabar causando um monte de problemas. Não pensava em ser um acadêmico profissional até sair do exército em 1946, apesar de estar razoavelmente certo de que tentaria.[2]

Eric escolheu história da economia, acrescentou, por ser o único aspecto da história que estudara que correspondia aos seus interesses e convicções como marxista, numa época em que os principais departamentos de história eram dominados por historiadores de política e de diplomacia. Como declarou muitos anos mais tarde, ele não era de fato um historiador de economia: tinha chegado à história via literatura e por seu interesse pelas relações entre a "base" e a "superestrutura" na história e na sociedade, e história da economia era o único lugar no mundo acadêmico onde era possível estudar esse problema.[3]

Quando se formou, em 1939, Eric chegou a propor uma tese de doutorado sobre o Norte da África francês, com base do trabalho que já havia feito no ano anterior. Mas como não conseguiu acessar nenhum material a respeito enquanto estava no exército e agora estava casado, achou que não seria conveniente permanecer longos períodos no exterior.[4] Por isso, saiu em busca de algum assunto que pudesse pesquisar no Reino Unido. Como era de se esperar, ele procurou seu antigo mentor, Mounia Postan, que sugeriu que Eric escrevesse uma dissertação sobre a história da Sociedade Fabianista, um grupo de intelectuais radicais fundado no fim do século XIX, e concordou em supervisionar a pesquisa.[5] Os fabianistas inspiraram seu nome em um general romano do século II a.C., Quinto Fábio Máximo, que ganhou o apelido de *Cunctator* ("o protelador"), devido às táticas que empregava diante de um inimigo superior, recusando-se a iniciar uma batalha e desgastando as forças inimigas com uma contínua guerra de atrito até chegar o momento de desferir o golpe fatal. Isso resumia a maneira como os fabianistas esperavam implantar o socialismo. Com o apoio de Postan, Eric foi admitido na Faculdade de História como doutorando e começou sua pesquisa em fevereiro de 1946, assim que foi desmobilizado, lendo muitos documentos e publicações da Sociedade Fabianista e fazendo muitas entrevistas com membros que ainda estavam vivos.[6]

Porém, quanto mais lia a respeito, mais Eric se desencantava com os fabianistas. Escritores anteriores os consideravam socialistas, mas ele não conseguia concordar. ("Duvidar das teorias dos predecessores", escreveu, "é tão natural para historiadores quanto é natural para um marinheiro desenvolver uma ginga, e igualmente útil".)[7] Do seu ponto de vista, o fabianismo não era um movimento socialista no sentido moderno.[8] Não "descartava o capitalismo", mas buscava "torná-lo mais eficiente e mais seguro".[9] "Como socialistas", concluiu, "a reputação dos fabianistas se baseia inteiramente em seu sucesso no estabelecimento do vocabulário e da doutrina de uma teoria que repudiava o marxismo, a luta de classes e a necessidade de enfrentar os problemas do poder político."[10] Em última análise, eles não eram muito importantes.[11] A partir de 1909, os fabianistas foram ultrapassados pelo surgimento de uma geração mais jovem de socialistas que realmente acreditavam na luta de classes e exerceram uma influência cada vez maior na formação do Partido Trabalhista.[12] Contudo, o aspecto mais notável da tese, em retrospecto, não era sua atitude altamente crítica com relação ao assunto, mas sim a amplitude de sua referência europeia, estranha para a maioria dos historiadores do trabalhismo britânico da época. Em especial, Eric notou a afinidade de Sidney e Beatrice Webb (e talvez também uma dívida) com as ideias de Ferdinand Lassalle, apóstolo alemão do "socialismo de Estado" de meados do século XIX, e sua influência sobre pensadores "revisionistas" alemães como Eduard Bernstein.[13] Este era apenas um dos muitos aspectos impressionantes. Com 169 páginas de texto, 69 páginas de notas de fim e seis apêndices, a tese foi um imponente trabalho acadêmico.

Eric concluiu o primeiro esboço de sua tese no verão de 1949, mas no decorrer do Michaelmas Term "percebeu, porém", como explicou à Junta de Estudos de Pós-Graduação de Cambridge, "que no curso daquele termo eu teria de reorganizar, reescrever e revisar o trabalho mais radicalmente do que imaginava naquele estágio. Mesmo após as primeiras revisões, fui obrigado a me ocupar com todas as partes da dissertação até o fim do período letivo".[14] Eric finalmente apresentou sua dissertação em 15 de dezembro de 1949, pouco menos de quatro anos após tê-la iniciado. Mas a Junta de Estudos de Pós-Graduação a rejeitou. O datilógrafo de Londres a quem Eric confiou escreveu o trabalho em páginas de 330 mm por 200 mm e não no formato menor, de 286 mm por 222 mm, além de ter sido apresentada em capa mole. "A dissertação não é aceitável em seu formato atual", foi informado com severidade. "Deveria ter sido datilografada em formato livro e ao menos uma cópia deveria ser encadernada com capa dura com o título e o seu nome claramente inscritos, de acordo com o Parágrafo 20 do Memorando aos Estudantes de Pós-Graduação, cuja cópia lhe foi enviada na sua admissão como doutorando."[15] Eric teve de obter permissão especial para apresentar a tese fora dos padrões normais. Transformando uma necessidade em virtude, Postan assegurou à Junta que o formato maior era necessário para a inclusão de tabelas estatísticas, acrescentando que redatilografar o trabalho implicaria uma substancial despesa extra que Eric não poderia custear.[16] Como Eric explicou numa carta para a Junta: "O custo da pesquisa e das taxas de inscrição para o exame e da preparação de uma tese de doutorado é em si bastante grave e, como os senhores sabem, nada disso é recuperável na forma de isenção de imposto no imposto de renda. Por isso, sinto-me relutante em acrescentar outra substancial quantia ao trabalho." Como o Comitê de Graduação da Faculdade de História se reunia com pouca frequência, só em abril de 1950 a requisição oficial pôde seguir em frente, para grande frustração de Eric. A tese foi finalmente enviada para a universidade em 30 de junho de 1950, junto aos documentos formais requeridos, incluindo uma certificação de Eric de que a tese não excedia o limite máximo de 60 mil palavras.[17]

Seguindo a prática de Cambridge, a Faculdade designou dois examinadores, um de Cambridge e outro de fora da escola, que apresentariam relatórios independentes à Faculdade antes de conduzir um exame em viva voz. Quase cinco meses se passaram enquanto os examinadores liam a tese e compilavam seus relatórios, que foram enviados para a Faculdade em 24 de novembro. O examinador externo era Robert Ensor, historiador de Oxford e político do Partido Trabalhista, mais bem conhecido por seu substancial volume *Oxford History of England*, sobre a Inglaterra de 1870 a 1914. O examinador interno era Denis Brogan, professor de ciência política da Peterhouse. Ensor não hesitou em aprovar a tese de doutorado de Eric. Elogiou a pesquisa realizada e a clareza da estrutura do trabalho, apesar de considerar que um pequeno número de "erros de gramática e de sintaxe passam a impressão de que o inglês não é sua língua nativa". Sua principal objeção foi o que considerou "falta de imaginação histórica", como a falta de referência ao impacto das eleições gerais de 1906, que alçou os liberais e a esquerda ao poder e deixou "os oportunistas ansiosos para aderir à voga" e entrar para a Sociedade Fabianista, onde se decepcionaram com seu gradualismo e começaram a causar problemas. Ensor observou que Eric tinha desconsiderado totalmente esse aspecto e não entendera a natureza das rebeliões ocorridas no fabianismo nesse período.[18] Brogan concordou com a recomendação, considerando a dissertação "uma contribuição real e importante para o nosso conhecimento da política e, até certo ponto, da história intelectual da primeira parte deste século". Elogiou a pesquisa de Eric e considerou seus argumentos, ainda que talvez demasiado severos com os líderes da Sociedade, "plausíveis e bem fundamentados": "Posicionando-se do lado de fora do <u>ambiente</u> fabianista, ele conseguiu avaliar a sociedade numa perspectiva histórica melhor que escritores anteriores."[19]

Realizado o exame oral, os dois professores recomendaram formalmente a qualificação do trabalho.[20] O Comitê de Graduação da Faculdade de História aprovou a tese por unanimidade em 1º de dezembro de 1950, e os que votaram incluíam nomes bem conhecidos como J. H. Plumb, Herbert Butterfield, Mounia Postan e dom David Knowles.[21] Em 27 de janeiro de 1951, foi concedido formalmente a Eric o grau de doutor em filosofia.[22] Na época, ainda era relativamente incomum historiadores com doutorados, e o passo seguinte mais óbvio seria a publicação da tese. Eric logo a apresentou aos conselheiros da Cambridge University Press, com as cópias dos relatórios favoráveis dos examinadores sendo enviadas para o secretário.[23] Porém, a essa altura surgiram novos problemas. Os conselheiros – acadêmicos formalmente designados para aprovar ou rejeitar manuscritos enviados para publicação em forma de livro – encaminharam a tese para mais uma opinião, a do eminente historiador de economia e socialista-cristão R. H. Tawney, autor de muitos trabalhos, inclusive *A religião e o surgimento do capitalismo*. Tawney não gostou nada da tese de Eric. Considerou-a "displicente, superficial e pretenciosa". Hobsbawm era imodesto e demasiado confiante em seus julgamentos: "Ele escolheu, por alguma razão, escrever num tom um tanto complacente, como se fosse dono de um conhecimento peremptório *a priori* da verdade e corrigindo os erros dos reles mortais à luz de seu julgamento". Tawney reconheceu que Eric "escreve com vivacidade", mas depois de catalogar uma extensa série do que categorizou como "deficiências de conhecimento e julgamento", concluiu que a tese não deveria ser recomendada para publicação. Ele preferia o trabalho de A. M. MacBriar, que acabou sendo publicado mais de uma década depois pela Cambridge University Press com o título *Fabian Socialism and English Politics, 1884-1918*.[24]

A rejeição de tese de Eric obviamente refletiu a identificação pessoal de Tawney com o fabianismo, mas houve outra razão, menos convincente, para sua hostilidade. A pesquisa de Eric ficou gravemente comprometida pelo fato de os papéis pessoais de Sidney e Beatrice Webb estarem vetados a pesquisadores até que a biografia oficial fosse publicada. E a biografia pessoal tinha sido encomendada pelos curadores literários dos Webb a ninguém menos que o próprio Tawney. Após alguma negociação, ele concordou em escrevê-la no fim de 1948, e contratou um assistente para dar início à pesquisa. No entanto, ao descobrir que Margaret Cole, uma das curadoras, estava usando os papéis para outra publicação, Tawney, agora mais velho e doente, retirou-se do projeto. Mas o estrago já fora feito. Como os outros curadores continuaram insistindo por muitos meses em vão para que Tawney retomasse a biografia, o acesso aos papéis dos Webb continuou sendo negado a outros pesquisadores, inclusive para Eric.[25]

A postura crítica de Eric em relação aos fabianistas lhe causou outros problemas. Christopher Morris, supervisor de graduação de Eric na King's, já havia comunicado que seu nome estava sendo cogitado para uma bolsa de estudos júnior na faculdade.[26] Uma das exigências era que os candidatos apresentassem uma "tese de doutorado". Eric já estava bem avançado em seu doutorado em 1948 para apresentar a maior parte de sua tese para o concurso. Porém, Gerald Shove, um fabianista professor de economia na King's, alegou "que suas memórias dos fabianistas não tinham qualquer relação com a análise de Hobsbawm", e a proposta foi rejeitada.[27] Eric não confiava muito em suas chances se apresentasse o mesmo material ou material semelhante uma segunda vez. Em suas pesquisas na biblioteca da Faculdade de Economia de Londres, Eric encontrou o material impresso reunido pelos Webb para o livro *History of Trade Unionism*, publicado em 1894. Aquilo era "um baú de tesouro histórico", lembrou-se mais tarde, que "abria a porta para uma história estrutural e baseada na visão dos problemas dos trabalhadores", muito diferente das formas de narrativa institucional e política da história do trabalhismo.[28] Durante os dez meses seguintes, Eric usou a Coleção Webb da biblioteca da FEL para pesquisar e escrever a partir do zero uma nova tese para a bolsa de estudos, "Studies in the 'New' Trade Unionism (1889-1914)" ["Estudos sobre o 'novo' sindicalismo (1889-1914)"].

Datilografada com espaço duplo em 184 páginas em páginas de 330 mm por 200 mm (de novo), foi uma obra substancial. Eric admitiu que, em vista do curto período de tempo disponível para pesquisar e escrever, a dissertação não poderia ser mais que "um esboço preliminar". Entretanto, configurava uma tentativa abrangente de explicar por que os novos sindicatos trabalhistas tinham surgido na Grã-Bretanha depois de 1870 e foram mais bem-sucedidos como organizações que os sindicatos anteriores. Um ponto-chave da tese foi sua tentativa de relacionar o desenvolvimento institucional dos sindicatos com a formação econômica, as condições de vida e as estruturas de trabalho e emprego na época.[29] Como era a prática normal, a tese de doutorado foi remetida a dois eminentes especialistas da área para seus pareceres. Como naquela época os historiadores da economia na Grã-Bretanha eram raros e pouco atuantes, foi quase inevitável que Eric tenha tido a má sorte de ser mais uma vez julgado por R. H. Tawney. Mas o grande autor teve um bocado de coisas boas a dizer sobre a dissertação:

> Ele trabalhou com fontes, tais como relatórios de sindicatos e jornais, que até então foi [sic] pouco usadas com o propósito de escrever um relato sobre o novo sindicalismo. Ele conhece bem a literatura americana, assim como a britânica, relacionada com o sindicalismo. Tem um olho arguto para o que é importante em seu material, e faz as perguntas certas. Finalmente, como o capítulo 1 e a seção conclusiva demonstram, ele tem o dom para fazer generalizações sugestivas.[30]

Por outro lado, contudo, Tawney considerou que a intepretação de Eric da história do sindicalismo britânico apoiava-se em suposições *a priori* que "exigem ser fundamentadas de forma mais eficaz por evidências e argumentos". E que a conclusão era "demasiado sucinta para um assunto tão abrangente". Nitidamente ele trabalhou pressionado pelo tempo. "O sr. Hobsbawm", concluiu Tawney num tom positivo, "ainda que às vezes tenda a ser demasiado sutil, é claramente uma pessoa de grande capacidade e amplo conhecimento no campo coberto por suas pesquisas."

Um segundo relatório foi mandado por T. S. Ashton, outro destacado historiador da economia e especialista em história da industrialização na Grã-Bretanha. Professor da Faculdade de Economia de Londres desde 1946, Ashton era convictamente antimarxista, tendo usado sua aula inaugural para desfechar um ataque devastador contra os que usavam conceitos como "capitalismo" e "determinismo econômico". Exortou os profissionais a "descartarem" de uma vez por todas os exponentes dessas ideias "da casa" da história da economia.[31] Ao contrário de Tawney, Ashton considerou a avaliação do crescimento dos sindicatos de Eric "decepcionante", criticando especialmente a ausência de estatísticas. Foi "empírico e não analítico em sua abordagem". Deixou de se referir ao contexto econômico mais abrangente, como o crescimento da população, os custos de produção e os efeitos da exportação de capital no mercado de trabalho. A disseminação de sindicatos estava relacionada com mudanças na tecnologia, mas não com mudanças no ciclo do comércio.[32] Em termos de estilo, criticou o "uso indevido de parênteses e uma tendência a anteceder com 'é claro' afirmações nem sempre tão evidentes". Apesar dessas observações críticas, Eric foi recomendado pelos professores para uma bolsa de estudos júnior de quatro anos, a ser efetivada a partir do início do ano acadêmico de 1950-1951, provavelmente pela força do elogio de Tawney à sua "grande capacidade e amplo conhecimento" e também por reconhecerem sua inteligência e seu potencial. Seu novo cargo era o que hoje seria chamado de bolsista de pós-doutorado, implicando pequenos deveres discentes, mas voltado principalmente a propiciar tempo livre para assentar as bases de uma carreira como pesquisador. Não era especialmente bem pago, mas incluía refeições e alojamento gratuito na faculdade.

Diferentemente do seu trabalho sobre os fabianistas, que o acabou levando a um beco sem saída, a pesquisa de Eric sobre os movimentos sindicalistas do fim da era vitoriana e da era eduardiana proporcionava uma base de pesquisas para escrever inúmeros artigos acadêmicos para futura publicação em periódicos especializados. Sua carreira de historiador acadêmico profissional foi lançada com "General Labour Unions in Britain, 1889-1914", publicado em 1949 na *Economic History Review*. Essa síntese de sua dissertação de doutorado foi acompanhada em paralelo por um artigo mais extenso e mais ostensivamente ideológico para o periódico comunista americano *Science and Society* (neste contexto, "ciência" significava "socialismo científico").[33] Este foi seguido por um artigo semelhante sobre "The Labour Aristocracy in Nineteenth-Century Britain", publicado em um volume de estudos históricos marxistas produzido em 1954 pela Lawrence and Wishart, editora do Partido Comunista.[34] O conceito de uma "aristocracia trabalhista" baseou-se muito no trabalho de Lênin, que por sua vez o tomou emprestado do teórico marxista austro-alemão Karl Kautsky. Lênin argumentava que os sindicatos de artesãos e seus membros foram convencidos a se afastar da ideia de formar um partido revolucionário da classe trabalhadora por um acordo que garantia uma parcela no status e nos lucros da burguesia capitalista. O argumento ficou sob fogo cruzado, como era natural, e em artigos posteriores Eric admitiu que qualquer consideração de que a classe trabalhadora "tosca" fosse naturalmente mais revolucionária que a classe média "respeitável" era insustentável no contexto britânico. E, claro, que artesãos e artífices, como os sapateiros, começaram a adotar ideias revolucionárias já no início do século XIX. De todo modo, esse foi um dos primeiros exemplos da capacidade de disparar controvérsias históricas frutíferas, que seria um dos aspectos mais distintos da carreira de Eric.[35]

Eric também publicou trabalhos mais focados e especializados, a melhor maneira de ganhar uma reputação como pesquisador acadêmico sério no pequeno mundo da história social e econômica. Sua principal publicação foi um artigo sobre "o artesão itinerante", uma figura conhecida no continente europeu como os *Wanderburschen* e os *compagnonnages*, mas pouco pesquisada no caso da Inglaterra. Utilizando principalmente relatórios e manuais de regras de sindicatos trabalhistas, o artigo acompanhava o surgimento do sistema dos artesãos itinerantes especializados, ou "empregados temporários", argumentando que seu declínio a partir dos anos 1860 refletia o aumento da especialização no trabalho, a substituição do trabalho informal pelo emprego permanente e o advento de benefícios para os desempregados, que não se aplicavam a trabalhadores sem residência fixa. Sem desejar que seu artigo fosse abatido por seus seniores, que inevitavelmente o revisariam para publicação na *Economic History Review*, Eric o enviou para um comentário informal e preliminar aos dois homens que até então se mostravam os maiores obstáculos à sua carreira acadêmica: R. H. Tawney e T. S. Ashton.

Tawney achou o artigo "muito interessante: o assunto, até onde sei, até agora foi quase que totalmente ignorado". Sugeriu que poderia haver mais referências aos textos do radical Francis Place, do começo do século XIX. Eric replicou que esses textos já tinham sido extensivamente utilizados por historiadores anteriores, e por isso achou que nesse caso poderia se utilizar de fontes secundárias. Porém, diplomaticamente, agradeceu ao conselho de Tawney de prestar mais atenção às peculiaridades locais, especialmente no caso de Londres. Ashton também ficou bem impressionado e chancelou sua aprovação ao artigo. Com essa tática, Eric garantiu que o artigo chegasse tranquilamente às páginas da *Economic History Review*, o que de fato aconteceu em 1951, após os habituais atrasos editoriais.[36] Isso abriu caminho para uma exploração mais abrangente das relações entre o surgimento dos movimentos trabalhistas e o desenvolvimento da economia industrial da Inglaterra em "Economic Fluctuations and Some Social Movements Since 1800", publicado no volume de 1952-1953 da *Economic History Review*. Com três artigos baseados em pesquisas publicados no principal periódico da história social e econômica da Grã-Bretanha, a carreira de Eric como historiador acadêmico respeitável deslanchou.

II

Assim como nos tempos de estudante de graduação, Eric também "se sentiu isolado na Cambridge do pós-guerra" como bolsista de doutorado.[37] Seus amigos de graduação tinham se dispersado por várias partes do mundo, o velho Partido Comunista dos estudantes tinha desmoronado e não havia mais ninguém com quem compartilhar sua vida política e intelectual, nem na cidade nem na universidade. No entanto, havia um grupo social no qual ele se encaixou de imediato. No Easter Term de 1939, Eric recebeu uma proposta para entrar para a Sociedade de Converzacione de Cambridge, um pequeno e exclusivo grupo de elite cujos 12 membros, conhecidos como Apóstolos, consistiam de estudantes de graduação e de pós-graduação selecionados pelo clube por sua inteligência e articulação em algumas poucas faculdades, inclusive a King's. A identidade dos membros era mantida como um segredo bem guardado. A aprovação de Eric foi confirmada em 11 de novembro de 1939.[38] "Claramente a sugestão partiu de John Luce", recordou-se mais tarde, "que me levou para tomar um chá com Andreas Mayor no café do Arts Theatre, possivelmente para ser avaliado por Andreas, que não me conhecia. Ele não disse quase nada e eu não o vi mais desde então. Ele nunca aparecia nos jantares." Eric foi informado por Leo Long, um dos Apóstolos que também era membro do Partido Comunista, sobre o folclore e as convenções da Sociedade.[39]

As propostas de discussões nas reuniões variavam muito, porém raramente eram acadêmicas. A tradição apostólica retrocedia à era vitoriana.[40] Talvez por causa de todo o sigilo, nos anos entreguerras o grupo foi associado à homossexualidade e aos "espiões de Cambridge". Eric fazia tudo para negar, mas talvez houvesse um pouco disso, ao menos nos anos 1930. No dia 11 de março de 1939, pouco depois da admissão de Eric, por exemplo, os nove membros presentes discutiram a questão "Nós dormiríamos com nossos amigos ou amigas?", à qual um deles acrescentou o comentário: "'dormir' significando todas as formas de desfrute físico extático, sodomia, foder, carícias", enquanto outro observou: "Não acreditem em 'amigas' mulheres no sentido não sexual". Cinco dos presentes responderam sim, com dois casos especificando só mulheres, dois casos tanto homens como mulheres, e em um caso só homens.[41]

Como Eric registrou mais tarde, na verdade havia poucos comunistas entre os Apóstolos no fim dos anos 1930:

> O critério para a eleição (talvez relaxado em casos de beleza excepcional, como a do alpinista Wilfred Noyce) não era a ideologia ou ter uma boa cabeça, mas sim o de ser "apostólico" – uma atitude mais fácil de reconhecer do que definir. A Sociedade passava um tempo enorme discutindo o que era. Acredito que nem o Apóstolo mais comunista teria considerado, digamos, Lênin, como "apostólico". A partir do início dos anos 1930 [...] acredito que o tom da Sociedade não era particularmente vermelho.[42]

Mesmo assim, como ressaltou depois Noel Annan, amigo de Eric: "Dos 39 membros eleitos para a sociedade entre 1927 e 1939, 15 eram comunistas ou *marxisant*".[43] A influência de Guy Burgess, que depois se tornou produtor radiofônico e agente de inteligência, e do historiador da arte Anthony Blunt era óbvia. Ambos eram frequentadores regulares dos jantares anuais da Sociedade, onde os membros atuais se reuniam com ex-membros, conhecidos como "Anjos"; os dois eram homossexuais, e ambos foram depois desmascarados como espiões soviéticos, assim como Leo Long. Mas a maioria dos Apóstolos não era comunista, e nem a maioria dos "espiões de Cambridge" era homossexual.

Eric não achou que a maioria dos membros fosse "particularmente notável":[44]

> Eu apreciava as reuniões porque gostava de argumentar e ouvir os argumentos, e especial entre amigos, mas eles contribuíram em pouco ou nada para meu desenvolvimento intelectual. Por outro lado eu foi enormemente influenciado pelo estilo e o ambiente apostólicos, os quais, como a maioria dos confrades, eu apreciava [...]. Uma das coisas que as discussões apostólicas havia herdado, provavelmente da era eduardiana, era um toque de leveza intencional, um estilo ligeiramente irônico, um gosto por tiradas espirituosas e irônicas, muito distantes do "Ernst tierischer" [da maior

seriedade], mesmo quando apresentavam opiniões mais sérias e com muita convicção. Outra característica, e claro que a principal, era a insistência na honestidade total (ou o máximo que alguém pudesse encarar) na presença de amigos nos quais todos confiavam totalmente.

Eric "não era o tipo para quem as pessoas, ao menos as pessoas que não o amavam ou não eram amadas, desnudavam suas almas", mas fora das reuniões os confrades falavam com ele sobre seus problemas e gostos sexuais, com a mesma sinceridade com que Eric não tentava esconder sua visão política, "mesmo nessa fase muito militante da minha vida no P[artido] C[omunista]". No entanto, os Apóstolos "não criticavam uns aos outros com a sinceridade e até com a brutalidade com que eu estava acostumado nos grupos do partido, onde havia uma proximidade diferente, ainda que comparável sob certos aspectos, pelo menos entre os historiadores".

Na primeira reunião a que compareceu, em novembro de 1939, em uma sala da Escadaria D da King's College, em frente à Capela, Eric respondeu à pergunta "Uma grande mentira ou muitas pequenas mentiras?", ficando com a opção de "Uma grande mentira". Mas houve apenas mais uma reunião, em 25 de novembro de 1939, antes de a guerra irromper e dispersar os seus membros, principalmente pelas forças armadas. A reunião seguinte registrada na Ata da Sociedade foi um jantar no restaurante Ivy, em Londres, para Apóstolos e Anjos, em 20 de junho de 1942, em que estiveram presentes, entre outros, o economista John Maynard Keynes, o romancista E. M. Forster, o crítico literário Desmond MacCarthy, o psicanalista James Strachey, Anthony Blunt e Guy Burgess. Outra reunião, em 17 de julho de 1943, foi presidida por Blunt no restaurante White Tower, na qual também estava presente o escritor e editor Leonard Woolf (marido da romancista Virginia Woolf, que tinha se suicidado em 1941), além de MacCarthy, Strachey e Burgess. A reunião seguinte da Sociedade foi no lendário restaurante Kettner's, no Soho, para o primeiro jantar pós-guerra, em 29 de junho de 1946. Blunt estava presente, assim como MacCarthy, o filósofo G. E. Moore e James Strachey. Como um dos dois estudantes ainda ativos em Cambridge, Eric foi nomeado vice-presidente nesse jantar e teve de fazer um discurso depois da refeição. Os Anjos o encarregaram da tarefa de reviver a Sociedade. "A Sociedade foi revivida", ele anotou depois brevemente, mas triunfante, na Ata da Sociedade. Depois das primeiras poucas reuniões, realizadas no alojamento de F. R. Lucas, um professor de literatura inglesa conservador que ficou famoso por cortante resenha crítica de *A terra devastada* de T. S. Eliot, eles passaram a se reunir no alojamento de E. M. Forster, na King's College.[45]

De início, para fazer número, compareciam os Anjos e os Apóstolos. Depois de uma consulta, Eric e o professor de literatura inglesa Matthew Hodgart propuseram a admissão de novos membros do corpo estudantil. Deve-se notar que, depois de reformulada por eles, os Apóstolos contavam com muito poucos homossexuais e com nenhum comunista.[46] O crítico literário e depois biógrafo de Forster, P. N. Furbank, que com pouco mais de 20 anos já ensinava literatura inglesa na Emmanuel College, foi proposto por Hodgart e admitido em 21 de outubro de 1946. Eric recrutou seu amigo, o historiador e intelectual Noel Annan, agora bolsista júnior na King's, Michael Jaffe, estudante de graduação de história e um dos primeiros alunos de Eric, e o historiador Jack Gallagher, agora um ex-comunista que havia voltado a Trinity College para concluir sua graduação depois de ter servido na guerra. Em 3 de fevereiro de 1947 Eric propôs outros dois membros, o estudante de matemática Robin Gandy e Peter Shore, futuro ministro do governo do Partido Trabalhista. A média de idade dos primeiros Apóstolos do pós-guerra era atipicamente alta, pois muitos tiveram de interromper os estudos por causa da guerra. E, de qualquer forma, como se recordou Eric, tanto ele como Matthew Hodgart estavam "isolados dos alunos de graduação, e por isso procurávamos novos membros principalmente entre estudantes de pós-graduação e outros contemporâneos".[47]

Na discussão de 4 de novembro de 1946, Eric assumiu os dois lados da questão "O período em que vivemos pode ser considerado característico de uma era proeminentemente iluminista?", pois achava que se tratava de um período iluminista, mas não tão proeminente. Em resposta à pergunta de 2 de dezembro, "História – a escrita ou a correta?", Eric respondeu "correta", mas "só por uma questão de equilíbrio", já que seu voto resultou num empate de cinco para cada lado. Na reunião seguinte Eric respondeu sim à pergunta "Estamos preparados para confiar em nossas previsões para o futuro?". Em 17 de fevereiro de 1947, após ter concluído seu trabalho de recrutamento, Eric renunciou à vice-presidência. Depois de responder a pergunta proposta nessa reunião – "Evidente ou deslumbrante?" – com o que já havia se tornado sua marca registrada de concessões paradoxais ("Evidente, mas não sem um deslumbramento ocasional"), Eric não foi mais às reuniões até iniciar seu curso de pós-graduação, embora continuasse indo regularmente aos jantares.[48] Mas ele se manteve em contato, e em fevereiro de 1948 escreveu para Noel Annan congratulando-o por sua admissão como Apóstolo, acrescentando um veredito implicitamente autocrítico de seu desempenho como recrutador: "Pensando no passado e em apóstolos realmente eminentes, não no presente, uma safra menos impressionante, mas nós continuamos considerando uma grande honra".[49] Os Apóstolos fizeram bastante para mitigar a solidão que Eric sentia em Cambridge como doutorando, isolado do mundo dos estudantes de graduação até mais do que antes, em um ambiente em que estudantes de pós-graduação ainda eram animais muito raros.

III

Enquanto assentava as fundações de sua carreira acadêmica, Eric estava também retomando contato com a família depois dos traumas e separações decorrentes da guerra. Logo ficou claro que os que tinham ficado na Europa sofreram muito com a perseguição antissemita e as políticas de genocídio dos nazistas e seus aliados.[50] O tio-avô de Eric por parte de mãe, Richard Friedmann, e sua mulher Julie, proprietários de uma loja de artigos de luxo em Marienbad, uma estação de águas na Checoslováquia invadida pelos nazistas no início de 1939, foram deportados para Auschwitz e assassinados, assim como sua tia Hedwig Lichtenstern.[51] Outro tio-avô, Viktor Friedmann, e a esposa Elsa tinham fugido de Viena para Paris depois da *Anschluss*. Eric tinha ficado na casa deles em Viena durante o estágio final da doença da mãe. Os dois moraram em Montmartre por algum tempo (Eric encontrou-se com eles lá em 1939), mas depois da invasão dos alemães, em 1940, fugiram para mais a oeste. Presos em Bordeaux e encarcerados em separado por um tempo, seguiram depois para Nice, onde se reencontraram, mas foram presos novamente em 18 de novembro de 1943 e levados para um campo de concentração temporário em Drancy, perto de Paris, onde chegaram em 19 de novembro. No dia seguinte foram postos no transporte número 62, um trem com cerca de 1.200 judeus amontoados, e levados ao campo de Auschwitz-Birkenau. Chegaram lá em 25 de novembro e, depois de uma "seleção", foram levados às câmaras de gás e ficaram entre o total de 895 deportados no transporte número 62 que foram mortos. A filha do casal, Herta, que Eric conheceu bem durante sua estada com eles no começo dos anos 1930, sobreviveu à guerra, trabalhou por um tempo para as autoridades de ocupação americana e depois emigrou para Nova York, assumindo o nome de Herta Bell e se empregando em um hotel antes de seguir viagem para as Filipinas, onde desapareceu dos registros. O irmão dela, Otto, que Eric tanto admirava quando morava em Berlim em 1932-1933, emigrou para a Palestina, mudando o nome para Etan Dror, e casou-se com "uma antiga paixão de Viena que saiu da Áustria para segui-lo por amor"; em 1957 Otto voltou a morar em Berlim para reconstruir sua vida na Alemanha, mas a essa altura Eric já havia perdido contato com ele também.[52]

Outros membros da grande família de Eric sobreviveram, ainda que por pouco. Algum tempo depois do fim da guerra, sua prima Gertruda Albrechtová ("Traudl"), agora morando na Bratislava, retomou contato com ele. Em 1944, quando o governo títere da Hungria, sob as ordens das forças de ocupação alemãs, começou a prender e a deportar judeus, contou Traudl, "eu e papai fomos para os campos, papai para Bergen-Belsen, eu para Theresienstadt. Minha avó já tinha sido deportada de Viena, esteve em 11 campos diferentes, foi libertada na França, veio para cá e morreu em 1947. Papai morreu no verão de 1946 por causa de sequelas do campo". Traudl estudou inglês e alemão na faculdade, conseguindo seu doutorado na Universidade Charles de Praga, de língua alemã. Ela se lembrou de ter sido levada à Tate Gallery por Eric quando o visitou em Londres em 1934 ou 1935. Além de Philip Hobsbaum, ela foi o único outro membro da família de Eric a conseguir alguma distinção acadêmica.[53]

Eric perdeu contato com o primo Denis durante a guerra, mas os dois logo reestabeleceram relações cordiais quando a paz chegou, baseadas em seu amor comum pelo jazz. Denis tinha se casado com uma colega musicista, Queenie Pearl, pouco depois do início da guerra, e mudou legalmente o nome de Prechner para Preston. Durante a guerra ele fez carreira como radialista em programas musicais da BBC e também trabalhou como promotor de concertos de jazz e jornalista para a *Melody Maker* e a *Musical Express*. Logo depois do fim da guerra, divorciou-se de Queenie e se casou com Noni Jabavu, uma sul-africana da proeminente família Xhosa. Em 1948 Denis estava trabalhando na Decca Record Company, contratando músicos afro-americanos para gravar calipsos e músicas de percussão. Seu entusiasmo pelo jazz continuou a inspirar Eric durante os anos pós-guerra. Denis e a mulher se encontravam com Eric regularmente, em geral em restaurantes indianos, então uma novidade exótica, quando conversavam sobre música e política.[54]

Entrementes, Sidney, o tio de Eric, voltou a se casar depois da mudança para o Chile. A nova esposa, Lily Kaufmann, era uma refugiada alemã que ele conheceu lá. O casamento não durou muito: Sidney morreu pouco depois do fim da guerra. Nancy, a irmã de Eric, que trabalhou para as autoridades da Censura Imperial Britânica em Trinidad, voltou para a América do Sul depois da guerra e conseguiu emprego como secretária na Embaixada da Inglaterra em Montevidéu, no Uruguai. Lá, conheceu e se apaixonou pelo intrépido capitão da Marinha Real Victor Marchesi, filho ilegítimo de sir Vincent Caillard, parceiro de negócios do notório comerciante de armas pré-1914, sir Basil Zaharoff. A mulher de Caillard era viciada em morfina, sendo cuidada pela companheira italiana Romani Marchesi, com quem sir Vincent teve um caso apaixonado. A família não tentou esconder o parentesco com Victor. Ele herdou o nome aristocrático da mãe ao nascer e foi criado na casa dos Caillard-Marchesi até se alistar na Marinha Real. Por ter experiência velejando pelos mares do sul, assumiu o comando do HMS *William Scoresby*, o principal navio participando da Operação Tabarin (o nome foi tirado de um famoso cabaré de Paris, o Bal Tabarin). O principal objetivo da operação era estabelecer uma presença britânica na região da Antártida e evitar que argentinos e outros reivindicassem aqueles territórios, impedindo assim que fossem usados como bases para submarinos alemães.

Durante três anos, a partir de 1943, Victor ajudou a estabelecer e fornecer suprimentos para bases na Antártida, nas Shetlands do Sul, na Geórgia do Sul, nas Orkneys do Sul e nas Ilhas Falklands, atracando para manutenção e suprimentos durante três meses por ano em Montevidéu. Foi numa dessas visitas que ele conheceu Nancy. Os dois se casaram nas Falklands em 1946.[55] Mas havia outro aspecto, muito mais secreto, na Operação Tabarin. Certa ocasião, Victor recebeu ordens para partir do *William Scoresby* em um barco a motor, rebocando uma pequena barcaça com uma jaula sem teto no deque cheia de carneiros. Quando se afastaram até uma distância segura, Victor e um colega oficial jogaram uma garrafa de leite cheia de trapos na jaula e voltaram ao navio, onde uma equipe de cientistas estava à espera. Os trapos estavam entranhados de esporos de carbúnculo, uma doença mortal, e a operação foi um experimento para ver se poderiam ser usados numa guerra biológica. Felizmente, talvez, a arma nunca foi usada.[56]

Nancy achava que seu emprego no governo a obrigava a se manter distante de Eric, sempre escrevendo seu nome como "Hobsbaun", com "u" e "n", antes de se casar. Tampouco compartilhava a identidade residual judaica de Eric. Como o filho dela, Robin Marchesi, nascido em 1951, recordou-se mais tarde:

> Acho que ela só queria uma vida tranquila e esquecer que era judia, em parte por eu ter ficado sabendo dos livros publicados por Eric e de um jovem se virando para mim e dizendo: "Você deve ser judeu". – "É claro que não", mas depois pensei a respeito. "Sim, eu sou judeu." E quando perguntei a minha mãe, ainda consigo lembrar como ela levou as mãos às orelhas, rompeu em lágrimas, parou de chorar e me disse: "Nunca diga isso, Robin! Nunca diga isso!". Então ela foi realmente afetada pelo que aconteceu na Alemanha [...]. Acho que a reação dela foi fingir isso, e foi essa a razão de ter se casado com alguém que considerava um inglês muito decente.

Victor e Nancy se mudaram para a Inglaterra depois da guerra por Nancy ter contraído tuberculose em Trinidad e precisar de tratamento.[57] Não ajudava muito seu estado de saúde o fato de fumar até 60 cigarros por dia. O advento dos antibióticos no fim dos anos 1940 provavelmente salvou sua vida, embora Robin se lembrasse de "ela sempre respirar com dificuldade". Alugou uma casa em High Wycombe com Victor, que assumiu a responsabilidade por Nancy e também por Peter, filho de Gretl, depois da morte de Sidney, chegando a pagar as mensalidades e suas despesas na Universidade McGill de Montreal, no Canadá, com uma herança deixada por lady Caillard.

Eric retomou contato com a irmã quando ela voltou para a Inglaterra. Porém, Victor Marchesi começou a sentir cada vez mais que aquela relação familiar próxima com um conhecido comunista estava arruinando sua carreira na marinha. Isso porque em 1947 a aliança dos tempos de guerra com a União Soviética estava se desintegrando. Em março de 1947, o presidente dos Estados Unidos, Harry S. Truman, anunciou que os Estados Unidos iriam evitar que a União Soviética ganhasse influência em países onde já não estivesse estabelecida. Stálin reagiu obrigando nações da Europa Oriental ocupadas pelo Exército Vermelho a estabelecer sistemas políticos no estilo dos soviéticos. Berlim, a capital da Alemanha, dividida em quatro zonas de ocupação, situava-se na zona soviética de ocupação, e em junho de 1948 os russos cortaram todas as rotas para o oeste com um bloqueio que continuou por quase um ano. Berlim Ocidental, administrada pelos britânicos, franceses e americanos, continuou sendo mantida pela famosa operação Ponte Aérea de Berlim até o bloqueio finalmente ser suspenso. No outono de 1949, foram criados dois Estados separados na Alemanha – a República Federal, no oeste, uma democracia parlamentar, e a República Democrática, dominada pelos comunistas, no leste. Comunistas nos países ocidentais começaram a ser vistos como subversivos e cada vez mais considerados oficialmente suspeitos.[58]

Foi o início da Guerra Fria. Eric começou a sentir seu impacto já em 1947-1948, quando se envolveu por breve período na reconstrução da Alemanha depois da guerra. Walter Wallich, um Apóstolo que depois se tornou tradutor literário, escreveu para Eric em 4 de julho de 1945 sobre as possibilidades de reconstrução da sociedade alemã depois do nazismo. Ele dizia concordar com a visão otimista de Eric, "que, ao divorciar os nazistas de suas circunstâncias naturais e separando-os em uma sociedade civilizada, é possível chegar a algum lugar com eles". "Chutar os alemães de todas as formas", disse Wallich, "mas pelo amor de Deus, vamos chutar em uma direção definida, não somente em círculos."[59] Não muito depois disso, o Ministério do Exterior, lembrando-se por alguma razão de que Eric falava alemão, contratou-o para "reeducar" alemães em uma cabana de caça em Lüneburg Heide, no norte da Alemanha, como parte da política britânica de desintoxicar professores da ideologia nazista. Eric fez suas primeiras palestras de reeducação em Lüneburg Heide durante as três primeiras semanas de agosto de 1947.[60] "O que essas pessoas aparentemente inofensivas não fizeram entre 1933 e 1945?", perguntou-se. Um dos alunos se tornaria o historiador Reinhard Koselleck – "Eu ensinei a democracia a ele", disse-me Eric certa vez, com um sorriso lupino. Koselleck tinha lutado com a *Wehrmacht* na Frente Oriental e foi capturado pelos russos. Reconhecendo um espírito generoso, Koselleck ficou amigo de Eric e fez um retrato de seu rosto, que Eric preservou entre seus pertences. Depois das muitas atrocidades cometidas pelos soldados do Exército Vermelho na invasão da Alemanha, não era surpresa, observou Eric, que "o ódio e o medo penetrassem" a atmosfera da Alemanha, "tanto entre os nativos como no grande número de refugiados". "Quanto mais tempo fico aqui, mais deprimido me sinto", escreveu. "Esperança? Não consigo ver nenhuma."[61] O programa foi descontinuado pouco depois. No ano seguinte, ao saber que Eric era "um membro da histórica seção do Partido Comunista" e que sua mulher era comunista, William Hayter, presidente do Comitê Conjunto de Inteligência dos Chefes de Gabinete, um diplomata profissional que depois se tornou diretor da New College, em Oxford, expressou preocupação por haver "uma proposta de mandar esse homem em uma turnê de palestras na zona britânica da Alemanha", e disse ao MI5 que "pretendia fazer com que ele não vá para a Alemanha".⁶² E, realmente, Eric ficou muitos anos sem voltar ao país.

Eric não escreveu sobre a perseguição nazista aos judeus, nem sobre o assassinato de seus familiares em Auschwitz. Anos mais tarde, ao responder ao historiador de esquerda americano Arno J. Mayer, que mandara para ele o manuscrito de seu livro *Why did the Heavens not Darken? The "Final Solution" in History* (1988), Eric confessou: "Desde que o primeiro material sobre os campos foi divulgado, no começo dos anos 1950 e fim dos 1940, eu me mantive distante. Ao ler essas primeiras publicações – fiquei particularmente impressionado/deprimido com Kogon¹* –, eu achei emocionalmente muito difícil de ler".⁶³ Eric fechou o livro "ainda não convencido de que entendo o extermínio", mas observou que já estava implícito nas exigências de alguns austríacos antissemitas no início dos anos 1900 que pediam que os judeus fossem privados de seus direitos e confinados em campos de prisioneiros. Também não foi convencido pelos paralelos apontados por Mayer com as Cruzadas ou com a Guerra dos Trinta Anos. Mesmo na história do barbarismo, campos como Treblinka, dedicados exclusivamente a matar judeus e nada mais, continuavam sendo um caso especial que ainda não havia sido explicado de forma satisfatória. Eric não estava sozinho em sua relutância a comentar publicamente sobre o genocídio de judeus pelos nazistas. Nos primeiros anos que se seguiram ao pós-guerra, quase nada foi publicado sobre esse tópico. A maioria dos judeus que sobrevivera à guerra simplesmente queria voltar às suas vidas normais. Além do mais, a Guerra Fria demonstrava que governos e instituições de radiodifusão como a BBC tornavam-se cada vez mais relutantes em criticar os alemães numa época em que uma aliança com a Alemanha parecia vital para o Ocidente.

IV

No começo da guerra, Eric havia se candidatado a um emprego na BBC e aguardava uma entrevista, mas, quando foi chamado, soube pelo oficial comandante da sua unidade que aquilo estava fora de questão e a entrevista teve

---

1 * Eugen Kogon (1903-1987), historiador judeu alemão sobrevivente do Holocausto. (N.T.)

de ser cancelada.⁶⁴ Em abril de 1945 Eric voltou a considerar a ideia e pediu para ser liberado do exército para assumir um emprego em período integral na BBC. O trabalho envolvia cuidar de transmissões educacionais para suplementar a tarefa de instrutores do serviço público em salas de aula durante a desmobilização, e incluía palestras e discussões de vinte minutos sobre história e literatura. A BBC ficou bem impressionada.

> Ele foi entrevistado aqui e considerado um candidato muito adequado para a nova Unidade de Serviços Educacionais da Corporação. Já havia servido no exército por cinco anos e nesse período parecia ter tido experiências em quase todas as áreas do trabalho educacional do exército e também tem um excelente currículo acadêmico, tendo passado com louvor nas duas partes dos exames de história de Cambridge.⁶⁵

Mas o MI5 temia que, se fosse designado para o cargo, "o mais provável é que HOBSBAWM não perca qualquer oportunidade de disseminar propaganda e obter recrutas para o Partido Comunista".⁶⁶ Os serviços secretos deram ordens para que "no caso de se candidatar a um emprego na BBC em qualquer data futura, seu nome seja submetido a nós para avaliação antes que se tome qualquer outra ação".⁶⁷ "Pode parecer estranho para a BBC", acrescentou em 8 de maio de 1945 o agente do caso de Eric, J. B. Milne, "que devamos recusar um pretendente que realizou trabalho semelhante no Corpo de Educação do Exército por tanto tempo para esses deveres, mas o fato em questão só chegou até nós quando HOBSBAWM já estava no CEE há mais de um ano e certamente teria sido recusado se tivesse sido avaliado por nós."⁶⁸ A partir desse momento, a BBC ficou ciente de que não seria boa política oferecer a Eric um emprego permanente ou em período integral, e em 14 de março de 1947 um executivo da rádio comentou confidencialmente, em memorando sobre "E. J. Hobsbawn" [sic] que "qualquer acordo com este homem envolvendo um emprego na BBC" deve ser enviado a instâncias superiores, acrescendo à nota: "Por favor, mantenha isto em destaque" no arquivo.⁶⁹

Entretanto, essa rejeição não impediu Eric de prestar serviços específicos à BBC. Em 11 de dezembro de 1946 ele escreveu da King's para a diretora do Third Programme da divisão BBC Talks oferecendo uma análise de *Le Canard Enchaîné*, um "semanário satírico francês que, acredito, tenha a maior circulação de todos os periódicos franceses e é bastante original". Prontificou-se a fazer isso ao ouvir no Third Programme uma análise sobre a revista *New Yorker* e achou "admirável a ideia de resenhar publicações periódicas". E acrescentou:

> Como leitor apaixonado (e regular, no que permitem as circunstâncias) da Canard nesses dez anos eu gostaria de fazer isso, se possível. Não acredito que a dificuldade da língua seja insuperável. Na prática, a *New Yorker* é desconhecida pela maioria dos ouvintes do Third Programme a não ser por descrições, e um Programme com a Canard seria produzido de forma semelhante.

Eric anexou à carta uma detalhada sinopse, dividindo o programa proposto em oito seções, começando pela aparência da revista, seus redatores e cartunistas e seus estilo e convenções (aqui ele admitiu uma "dificuldade inicial para ingleses não familiarizados com a política francesa"). Sabendo da necessidade de entreter os ouvintes, ele propôs a inclusão de uma discussão sobre "A barba e a Terceira República" e o "Efeito do desaparecimento de socialistas radicais barbados em seus torturadores mais leais", presumindo ser mais difícil ironizar políticos bem barbeados em cartuns do que os que usavam grandes costeletas. Também propôs uma breve discussão sobre "Vinho, mulheres e a República". Finalmente, depois de falar sobre "Do que a Canard ri" e "A Canard e as artes", ele queria concluir perguntando por que a revista não era mais bem conhecida na Grã-Bretanha. No entanto, a razão era bastante óbvia: por ser escrita em francês.[70]

Qualquer outra emissora poderia ter considerado essa proposta esotérica demais para ser realizada. Mas Eric estava com sorte. Criado em 1946, o Third Programme da Rádio BBC era dedicado à música clássica e a assuntos culturais e intelectuais.[71] A produtora, Anna Kallin, uma tradutora nascida na Rússia que tinha estudado na Alemanha e trabalhado para o Serviço Europeu da BBC durante a guerra, estava determinada a manter os padrões mais altos possíveis no programa pelo qual era responsável. O filósofo Isaiah Berlin, de Oxford, que a conheceu por meio de um amigo em comum, a definia como "uma típica intelectual de Moscou, de alto nível, erudita [...] uma mulher brilhante e interessante". Em 1984, seu obituário no *The Times* a definiu como "uma personalidade independente, com intensas convicções e intolerante a qualquer displicência, tanto no pensamento quanto na execução". Anna vinha de uma abastada família de comerciantes judeus e chegou à Inglaterra em 1921, com pouco mais de 20 anos, ciente do perigo que corria como uma "intelectual burguesa" se continuasse em Moscou. Cosmopolita, internacional, europeia, "ouvinte atenta, uma interlocutora passional", Anna ficou impressionada pela sinopse de Eric e aceitou a proposta.[72]

Eric apresentou a resenha de *Le Canard Enchaîné* em 4 de fevereiro de 1947 em uma transmissão de vinte minutos, das 7h40 às oito horas da noite.[73] Escreveu para Anna agradecendo por sua "gentileza em me acompanhar em meu primeiro programa – uma experiência assustadora, sabe".[74] Anna tinha ouvido o programa "com uma simpática plateia que tentou me convencer que você é francês".[75] Encorajado pela secretária de Anna Kallin, Eric sugeriu outras palestras, começando por uma sobre o escritor austríaco Karl Kraus, cuja obra máxima, a peça teatral impossível de ser apresentada, *Die letzten Tage der Menschheit*, "Os últimos dias da humanidade", havia sido recentemente republicada. "Ninguém conhece Kraus aqui", ressaltou Eric, "apesar de sua reputação ter aumentado enormemente desde sua morte dez anos atrás, e no geral é uma grande figura." O sindicalista francês do começo do século XX, Georges Sorel, autor do celebrado *Reflexões sobre a violência*, seria outro tema possível, assim como os "panfletários britânicos de hoje", ou "journalese" (uma comparação entre a linguagem do jornalismo britânico, americano, francês e austríaco). Eric sugeriu ainda uma série sobre "A Visão da História", de natureza "não técnica", abordando "todos esses desenvolvimentos que normalmente levam uns 30 anos para serem filtrados pelas universidades via livros populares e escolas para leigos cultos". Mas a BBC não se entusiasmou. Sob orientação do executivo responsável, Peter Laslett, que depois se tornou um historiador profissional, o diretor dos programas de palestras escreveu a Eric informando que "não produziremos uma série na linha de suas observações, nem na verdade nenhuma grande série histórica por alguns meses. Ainda estamos tateando nosso caminho nessa questão".[76]

Seu entusiasmo pelo rádio mostrou que, ainda nesse primeiro estágio como historiador, Eric já se preocupa em tornar suas palavras acessíveis e disponíveis para o grande público. Anna respondeu afirmativamente à sua sugestão de uma palestra sobre Kraus. "Acho que sou uma das poucas pessoas que conhece alguma coisa sobre ele (neste país!)", escreveu, "e me sinto encantada pelo seu interesse."[77] O programa foi transmitida em 8 de abril de 1947, entre 7h55 e 8h15 da noite.[78] A palestra de Eric sobre panfletagem na Inglaterra, de 1870 até o presente, se seguiu no dia 24 de junho, embora Anna Kallin o tenha convencido a fazer grandes correções, o que o deixou irritado. "Parece haver uma diferença de gosto entre nós", escreveu; "não apenas nessas questões de apresentação ou clareza em que você está numa posição muito melhor para julgar do que eu."[79] Além do entusiasmo de lançar uma carreira no rádio, havia também um modesto pagamento (geralmente de seis guinéus) pagos pela BBC;[80] e Eric recebia dez guinéus (10 libras e 10 xelins) como consultor de uma série de quatro meses para as palestras das noites de sexta-feira sobre "Revolução Industrial", para o Serviço para o Extremo Oriente da BBC, tratando da "industrialização na Grã-Bretanha, nos Estados Unidos, na URSS, no Japão e em regiões subdesenvolvidas da África etc.". Eric prestava assessoria na seleção dos locutores, os orientava e coordenava os roteiros.[81] O próprio Eric proferiu uma palestra sobre "Novas atitudes britânicas na industrialização das colônias".[82]

Outras sugestões de Eric não foram bem recebidas pela BBC, talvez por serem demasiado herméticas – por exemplo, a resenha de um livro de seu examinador de doutorado, Denis Brogan, *The Development of Modern France*, e o breve ensaio *Die deutsche Katastrophe* ("A catástrofe alemã", sobre as origens da ditadura de Hitler), do historiador alemão Friedrich Meinecke ("um dos últimos velhos professores da era pré-nazista. Fascinante, mas muito desalentador", escreveu Eric).[83] Nessa época, a Guerra Fria já começava a afetar as transmissões radiofônicas. Em março de 1948 o diretor da Spoken Word da BBC baixou diretrizes sobre "o tratamento do comunismo e de palestrantes comunistas".[84] Dois anos depois, a BBC encontrava-se sob fogo dos conservadores, que achavam que a emissora deveria ser essencialmente um braço da propaganda do governo. Lorde Robert Vansittart, figura proeminente no Ministério do Exterior antes da guerra (e germanófobo radical, até raivoso, durante a guerra), se queixou na Câmara dos Lordes sobre a presença de comunistas numa série de instituições importantes:

> Vou começar minhas ilustrações com a BBC, o que ela deveria ser, mas não é, a arma mais poderosa na guerra fria. Pouco tempo atrás a BBC se recusou a se livrar de comunistas, e consequentemente os comunistas permaneceram. Não há mistério sobre isso: a BBC admite a presença deles, e naturalmente eu conheço alguns dos contraventores [...]. O percentual é pequeno mas, como o Lorde Presidente também observou, os comunistas sempre conseguem se arrogar um grau de influência fora de proporção em relação a seus verdadeiros números.[85]

Tais pressões tendiam a ter algum efeito.

No dia 4 de fevereiro Eric apresentou uma palestra de dezenove minutos sobre "A teoria política de Auschwitz" para o Serviço Europeu em Língua Inglesa da BBC, até então sua única reflexão conhecida sobre o nazismo.[86] Voltou ao Third Programme no mês seguinte, em 4 de março, quando participou de uma série de três discussões sobre a tomada do poder pelos nazistas, organizada por Alan Bullock, um professor de Oxford que ficou famoso como convidado regular do programa de debates *The Brains Trust*.[87] Porém, ao saber do futuro programa de Eric, a diretora da BBC Talks, Mary Somerville, disse ao produtor da série, Michael Stephens: "O fato de Hobsbawn [sic] estar lá para falar sobre a visão marxista deve ser explicado, por ex., numa nota introdutória".[88] Em outras palavras, ele não poderia ser apresentado como um colaborador objetivo. No entanto, havia influências poderosas por trás do programa, inclusive a Universidade de Oxford.[89] Eric participou da série radiofônica sem restrições, e o programa resultou numa boa publicidade para a volumosa biografia de Bullock, *Hitler: Um estudo sobre a tirania*, publicada no mesmo ano.

Mas a situação foi se tornando cada vez menos favorável para Eric como radialista. Uma das executivas reclamou que seu estilo radiofônico era "um pouco monótono", apesar de em sua opinião ser melhor que o de Rodney Hilton, que era "um pouco professoral", e bem melhor do que Christopher Hill, que "não era recomendado" porque "gagueja", e de qualquer forma não era considerado um "historiador de renome".[90] Outra proposta de Eric, sobre o ensinamento das artes na Grã-Bretanha, foi rejeitada por Anna Kallin ("Esse tipo de palestra que pede demais e é ligeiramente didática não fica bem no ar"), apesar de ela ter gostado da ideia de uma resenha do que chamou de uma "série lúgubre" de programas sobre revoluções comunistas de Hugh Seton-Watson, na época construindo uma reputação de historiador bastante conservador da Rússia moderna e da Europa Oriental.[91] Esta tampouco foi realizada, e quando Eric propôs um programa sobre "Religião e o movimento trabalhista britânico", no início de 1954, a ideia foi solenemente rejeitada pelo chefe de Anna Kallin, J. C. Thornton:

> Seu propósito é claramente descredenciar as influências religiosas no movimento trabalhista. Não é muito objetiva e para mim não se apoia em nenhuma base confirmada [...]. Não é um trabalho histórico diretamente objetivo, tratando o assunto de forma controversa, e não se encaixa em nossos planos atuais lidar com o assunto desta maneira.[92]

Thornton sugeriu que a BBC deveria ou "rejeitar totalmente" ou procurar outras opiniões. Se o programa fosse transmitido, "Hobsbawm seria taxado como marxista". No fim, a palestra foi rejeitada. Anna teve de retransmitir as opiniões de seus superiores, dizendo a Eric:

> Acho que você não tratou o problema com suficiente objetividade, como um verdadeiro trabalho histórico. Há certa falta de documentação (provavelmente inevitável numa palestra curta), e não apresentaria um quadro completo de uma situação muito complexa ao ouvinte; na verdade, a abordagem seria unilateral e não muito clara.[93]

Eric sentiu-se logrado com o pagamento de "15 guinéus para cobrir o trabalho e o tempo envolvidos".[94]

Eric reagiu com cortesia e compreensão, dizendo que Anna não precisava se desculpar: "O principal é que a BBC pagou, o que, afinal das contas, era o principal propósito que eu tinha em mente desde o começo". Todavia, apesar de admitir que talvez exposição fosse "demasiado controversa", Eric disse a Anna que "você queria que alguém pusesse o pescoço para fora, para deixar mais interessante". Sentia muito ter interpretado mal as intenções dela. "Como você sabe", acrescentou, "meu 'tour d'esprit' é ser um intelectual um tanto ultrajante – às vezes mesmo aqueles com quem concordo politicamente têm essa opinião – e não preciso ser um *enfant terrible* em temas explosivos." Sugeriu "uma volta, em algum momento, a assuntos seguros, pois relativamente obscuros, sobre os quais eu costumava falar. Ainda gostaria muito de fazer um programa sobre Nestroy ou Giraudoux, dois autores que eu adoro (e espero que você também)".[95] Por um golpe de sorte, a BBC transmitiu a adaptação de um peça de Nestroy poucos meses depois, e Eric conseguiu fazer uma palestra de vinte minutos sobre o autor para o Third Programme de 12 de outubro de 1954.[96] Eric interessava-se por Nestroy por ele ter sido "o porta-voz dos vienenses que depuseram Metternich em 1848, numa revolução que o próprio Nestroy aprovou totalmente, ainda que com ceticismo".[97] É duvidoso que os ouvintes do Third Programme da BBC tivessem entendido muito do que Eric tinha a dizer se não houvessem ouvido a peça antes.

Enquanto isso, Eric havia encontrado um canal alternativo para suas opiniões sobre a literatura da Europa Central quando escreveu para o *Times Literary Supplement*, em 1951, uma resenha sobre a sátira tcheca clássica da

Primeira Guerra Mundial, *As aventuras do bom soldado Svejk*, de Jaroslav Hašek, publicada pela primeira vez em 1923, cuja tradução Eric leu durante a guerra. Eric detectou na forma como as autoridades eram retratadas no livro um claro paralelo com a Grã-Bretanha na fase inicial da Guerra Fria: "O detetive Breitschneider farejando atividades antiaustríacas no bar, o sargento da polícia em Putim, certo de ter apanhado um importante espião russo, não são mais apenas extravagâncias da Europa Central". O livro tinha um "apelo universal".[98] Porém, de modo geral, o tempo de Eric como colaborador regular da BBC encerrou-se em meados dos anos 1950. Era apenas uma de diversas áreas em que a Guerra Fria começava a ter um impacto negativo em sua carreira.

V

Nos anos seguintes à guerra, Eric não morava em tempo integral em Cambridge. Seu casamento com Muriel Seaman em 1943 o levava a passar a maior parte do tempo em Londres, o que também era conveniente para o seu trabalho, pois a biblioteca da FEL oferecia praticamente todas as fontes de que precisava para seus artigos e dissertações. O primeiro lugar onde o casal morou ficava na Gloucester Crescent 30, bem perto de Camden Town, onde se podiam ouvir os rugidos dos leões do Zoológico de Regent's Park; barato, central e em voga para intelectuais formados em Oxbridge.[99] Em outubro de 1947 eles se mudaram para o apartamento 5 da Wilberforce House, em Clapham Common North Side, SW4, no sul de Londres. Seus vizinhos incluíam, por coincidência, Fritz Lustig, que estudara na mesma escola que Eric em Berlim e que se reencontrou com ele no exército em 1942.[100] A vida de Eric em Londres apresentava uma oportunidade de escrever um pouco sobre a vida na grande cidade. A revista *Lilliput* publicou um comentário de Eric sobre quatro quadros coloridos em Camden Town, no norte de Londres, encomendados especialmente a James Boswell, um pintor nascido na Nova Zelândia que ingressara para o Partido Comunista em 1932 e trabalhou como editor de arte da revista da entidade até 1950. O bairro, segundo escreveu Eric, era muito normal e antiquado:

> Com a pessoas nas ruas, com bancas vendendo laranja, frutos do mar, enguias gelatinosas e artesanatos esquisitos, o cheiro, o brilho dos teatros de variedades e toda a fuligem gordurosa espalhada indiscriminadamente

pela LNER [London and North Eastern Railway] e pela LMS [Midland and Scottish Railway]. Não é tão vistoso como Shoreditch, nem tão austero quanto Canning Town. É apenas normal.[101]

Ao escrever sobre os imigrantes irlandeses na região, sobre os pubs com "decorações de latão e copos filigranados", os "malandros bem vestidos" e os bêbados, os comentários sobre arte se tornavam uma reportagem social, com a prosa ambiental combinando perfeitamente com o foco das pinturas nos aspectos mais comuns da vida diária.[102]

A necessidade de passar mais tempo em Londres não era somente devido às pesquisas na biblioteca da FEL, mas também por conta do compromisso agendado para 24 de fevereiro de 1947 com a Birkbeck College, da Universidade de Londres, para dar aulas sobre história social e econômica em meio período para turmas noturnas de alunos adultos. Esse novo emprego foi conseguido graças a seu antigo supervisor no curso de graduação na King's College em Cambridge, Christopher Morris, que escreveu uma calorosa e detalhada carta de recomendação para Eric.[103] O comitê de contratações também deve ter se impressionado com as altas notas de Eric. Sob certos aspectos, a Birkbeck proporcionava o trabalho acadêmico ideal para ele. As aulas noturnas deixavam o dia livre para escrever e pesquisar. Eric a chamava de a "All Souls College dos pobres", comparando-a à faculdade de Oxford, famosa por não ter alunos e por não ensinar. Com sua missão de ensinar pessoas comuns, era natural que a Birkbeck atraísse acadêmicos de esquerda. "O clima na pequena e congestionada sala dos professores indicava ser majoritariamente composta por eleitores dos trabalhistas", escreveu Eric mais tarde. A faculdade "oferecia uma proteção intrínseca e isenta contra as pressões externas da Guerra Fria".[104]

Esse emprego de Eric causou certa consternação em Cambridge quando a Junta de Estudos de Pós-Graduação, à qual Eric respondia como doutorando, ficou sabendo a respeito. Parte de suas exigências era que os bolsistas e alunos de graduação residissem em Cambridge durante o período letivo. Os que trabalhavam fora de Cambridge precisavam obter uma permissão prévia. Eric não havia feito isso. "Acabei de ser informado pela sua faculdade", advertiu severamente o secretário da Junta em 21 de julho de 1947, "que você não morou aqui no último Easter Term, por estar trabalhando em Londres." O que ele andava fazendo?[105] A resposta – de que agora ele era professor da Birkbeck – foi um choque para a Junta, que o advertiu energicamente:

Você deveria ter feito uma requisição para trabalhar fora de Cambridge antes de sair de Cambridge, e deveria ter feito a requisição informando à Junta de Estudos de Pós-Graduação que estava se propondo a aceitar um cargo como professor de história na Birkbeck College, para que eles pudessem considerar se a aceitação desse cargo seria congruente com sua permanência no Registro da Junta de Estudos de Pós-Graduação. A Junta de Estudos de Pós-Graduação vai querer saber o quanto do seu tempo será exigido por seus deveres como professor da Birkbeck College, inclusive o tempo que necessariamente vau dedicar à preparação das aulas que terá de ministrar.[106]

"Uma situação altamente insatisfatória foi revelada", escreveu o secretário do Comitê de Graduação da Faculdade de História, o filósofo Michael Oakeshott, em 26 de novembro de 1947. Havia dúvidas se Eric poderia continuar os estudos de seu doutorado sob essas circunstâncias.

Mais uma vez, Postan chegou para o resgate. "A tese de Hobsbawm foi praticamente concluída na primavera passada", assegurou à Junta de Estudos de Pós-Graduação em 28 de outubro de 1947, exagerando consideravelmente o progresso da dissertação de Eric, que só havia começado no ano anterior. Ele esperava apresentá-la no fim do Easter Term. As fontes de que precisava estavam em Londres. Postan gostaria de continuar seu trabalho de supervisão. O trabalho de Eric na Birkbeck era limitado, e sempre à noite, deixando os dias livres para a pesquisa. De qualquer forma, "tenho sérias dúvidas se o trabalho que exerce em Londres exija mais do seu tempo que as supervisões pelas quais ele e outros do mesmo nível passaram na faculdade no ano passado".[107] De sua parte, Eric pediu desculpas à Junta por sua "descortesia" de não ter feito a requisição previamente. "Minha única desculpa é a de ter tido pouco tempo para aceitar a proposta, e a iniciativa de começar a lecionar de imediato, e manter paralelamente os meus deveres foi um tanto confusa." Em resumo, ele garantiu à Junta que seu compromisso na Birkbeck se resumia a não mais de três ou quatro horas de aulas por semana, e uma hora a cada duas semanas para os alunos. A preparação das aulas não tomava mais que duas horas por semana, "e cada vez menos, acredito, quando minhas exposições abordam períodos sobre os quais não considero serem necessárias revisões". A Junta cedeu e renovou o registro de Eric, com a condição de que seu trabalho na Birkbeck não excedesse a doze horas por semana, que Postan continuasse como supervisor de sua pesquisa e que lhe fosse concedida uma interrupção retroativa nos seus estudos para o Lent e o Easter Term de 1947, que portanto não constaria do período exigido da residência em Cambridge. A Junta entendeu que os materiais para sua pesquisa estavam todos em Londres, e por isso permitiu que se ausentasse para consultá-los.[108] Assim, para seu grande alívio, Eric não foi obrigado a decidir entre continuar seu doutorado em Cambridge e as aulas em Londres. Porém, trabalhar fora envolvia abrir mão de seus privilégios na King's, inclusive de sua bolsa de estudos. Mas isso era compensado pelo salário da Birkbeck. Por mais que fosse incomum, o acordo foi aceito por todas as partes.

VI

Não muito tempo depois de ter concluído sua dissertação de doutorado, porém, o casamento de Eric começou a passar por dificuldades. Em novembro de 1950 ele recomeçou mais uma vez a escrever seu diário, sentindo necessidade de refletir sobre esses problemas. Assim como antes, Eric escrevia em alemão, a língua a que se voltava quando desejava expressar suas emoções mais profundas e privadas. "Parece que só escrevo nas páginas do meu diário quando me sinto solitário, quando estou entediado, quando a rotina normal material e mental entra em colapso (e funcionaria sem isso?)." É claro que Eric não conseguia deixar de descrever coisas que aconteciam com ele e com as pessoas que conhecia. Mas o principal propósito desse diário privado era introspectivo. "No fim", escreveu, "eu não estou escrevendo para outras pessoas, mas como uma catarse particular, e se tudo isso parece sentimental e banal ao ser relido, não há nada que possa ser feito a respeito."[109]

Para refrescar a memória sobre os primeiros tempos de seu casamento, Eric consultou os diários que havia escrito pouco depois de se casar com Muriel. Percebeu que não se sentira "especialmente entusiasmado" com a perspectiva, de forma bem incisiva: "Não vai durar, pensei naquela época (corretamente). O ponto crítico deverá surgir quando estivermos casados há alguns anos – 6-7. Não escrevi isso na época, mas me lembro de ter pensado". Então, por que ele se casou? Porque estava sozinho, concluiu. Nunca esteve "realmente apaixonado", nem na época e nem depois. Mas "quando me acostumei com ela e com a vida doméstica, quando as coisas melhoraram na cama, quando ela ficou mais bonita – como aconteceu, com sua compleição melhorando de forma notável depois de 1942, mesmo quando ganhou alguns cabelos grisalhos –, eu dizia a mim mesmo, isso também é um tipo de amor". Dezessete meses depois, em junho de 1949, Muriel ficou grávida, mas não quis levar o processo adiante. Não era tanto por não querer ter filhos; era mais por se sentir aterrorizada pelas dores do parto. O aborto foi ilegal no Reino Unido até 1967, e era comum as mulheres procurarem o que se tornou conhecido como "aborto clandestino", com um prático pouco qualificado. Contudo, Muriel estava determinada a evitar o vazamento de qualquer informação sobre o aborto. Por isso ela optou por fazer o aborto em casa, e Eric foi obrigado a ajudar. Cuidou dela enquanto estava acamada, convalescendo, servindo-a, levando suas refeições, fazendo a limpeza, esvaziando o penico. Esse tipo de intimidade e ternura, considerou, pode não ter sido amor genuíno, do tipo que mexe com o coração ou faz alguém tremer à espera de um telefonema, mas ao menos era algum tipo de sentimento. Mas a experiência o deixou traumatizado e foi marcantemente prejudicial para a relação.[110]

Muriel tinha pouco em comum com ele, concluiu. Já havia notado, por exemplo, que quando ele se enlevava com a música em um concerto, Muriel não compartilhava da mesma euforia.

> E ela tem medo de mim em termos intelectuais, como tanta gente. Não sei por quê. Mas de fato eu assusto as pessoas. Por isso nunca consegui que ela lesse as minhas coisas. Sempre que eu tento, quando escrevo um artigo ou algum outro texto: "Leia isso e me diga o que achou: vamos, pode criticar". E esses momentos eram terríveis para nós dois, enquanto eu esperava, certo de que ela não iria dizer nada – nada, nem uma sílaba; enquanto procurava desesperadamente alguma coisa que pudesse me dizer. Eu sabia que ela conseguiria dizer alguma coisa para outras pessoas; ela fazia isso. Mas não, ela tinha medo de mim. Até que afinal desisti.

E, assim, foi se tornando cada vez mais difícil conversar um com o outro. "Só o que restou foi a cama."[111] A crise começou em março de 1950, numa noite em que Muriel voltou do trabalho para o apartamento em Clapham e disse que o casamento estava acabado. Os dois não iriam mais fazer sexo. Ela iria procurar outra pessoa. De início Eric não a levou a sério. Em junho, Muriel admitiu que tinha um amante, mas nem assim Eric se sentiu magoado: ficou mais preocupado pelo homem não ser membro do Partido Comunista do que com o adultério da esposa. Numa tentativa de consertar as coisas, os dois foram passar umas férias de verão na Córsega. Foi um desastre. Passaram o tempo gritando um com o outro. Quando voltaram, concordaram em que não havia esperanças de remediar a situação.

Eric sentiu necessidade de se afastar do que estava se tornando uma situação cada vez mais impossível. A França era um destino óbvio. Já estivera no país pouco depois da guerra, viajando com Margot Heinemann e três outros membros do Partido para as primeiras comemorações da Queda da Bastilha depois da guerra.[112] "O que me lembro mais vividamente sobre a França depois da guerra", escreveu depois, "não era a destruição, com a qual éramos todos muito familiares em Londres, mas o fato de as garotas usarem sapatos pesados, combinando solas grossas com saltos altos."[113] Em 1950, Paris foi sede do Congresso Internacional de Ciências Históricas, o primeiro desde a guerra, e Eric resolveu ir. O encontro proporcionou não somente um alívio de suas aflições domésticas como também uma rara oportunidade de trocar opiniões e pontos de vista com profissionais de toda a Europa e, em número menor, do resto do mundo.[114] "O nascimento da historiografia do pós-guerra aconteceu numa seção sobre história social", recordou-se mais tarde. Eric acreditava que "foi quando esse campo fez sua primeira aparição internacional". Eric ficou encarregado da sessão "contemporânea", presidindo o que chamou de uma "estranha coleção de anomalias e marginais".[115] A experiência deixou Eric determinado a fortalecer seus contatos com colegas do exterior e voltar para o congresso seguinte, onde quer que se realizasse.

Mais ou menos um mês depois de ter retornado a Londres depois do congresso, Eric voltou de uma noite de trabalho na Birkbeck e percebeu que Muriel tinha mudado os móveis de lugar. "Era a casa de um estranho." Ela disse que seria melhor ele se mudar logo, assim que possível. Sua designação para uma Bolsa de Estudos Júnior na King's College nesse exato momento incluía aposentos grandes para morar, e ele poderia fazer as refeições no refeitório da faculdade. Eric não precisava mais do apartamento da Clapham. Era chegado o momento do rompimento final. Muriel disse de forma grosseira que se sentia sexualmente insatisfeita havia anos: tinha até procurado um médico por causa disso. Que estava no auge da vida. "Precisava ser comida a noite inteira." Claro que Muriel nunca tinha dito isso a ele: "Meu Deus, ninguém fala sobre essas coisas".[116]

Num só golpe, Muriel tinha tirado sua confiança na própria masculinidade "e a lançado como um grande manto no outro homem, que a está satisfazendo".

Eric não conseguia tirar aquela conversa da cabeça. "Eu sei que é verdade", confessou. Agora Eric sentia que precisava reagir. "Ela cravou uma adaga no meu peito. Não quero me evadir, eu quero voltar. Quero telefonar para ela todos os dias de Cambridge, dar presentes a ela." Eric iria tentar consertar o casamento. "Então agora eu estou infeliz – pela primeira vez em muito, muito tempo." No passado, já se sentira inquieto ou chateado algumas vezes. "Mas essa infelicidade frenética, que me faz chorar e não me deixa dormir à noite (pela primeira vez em Deus sabe quanto tempo), isso é novo." "Minha única máxima era: você pode sobreviver a qualquer coisa, não vai sentir pena de si mesmo. E agora eu sinto pena de mim mesmo." Também queria que outras pessoas sentissem pena dele. "Eu perdi meu amor-próprio." "Não consigo trabalhar", escreveu, "não consigo dormir e por algum tempo mal conseguia comer [...] porque quase sem saber eu construí minha vida privada nos últimos sete anos quase totalmente ao redor dela." Não poderia "viver sem a pele macia e as rugas que ela tem, sem os seios caídos que sempre foram pequenos demais para o meu gosto, sem todos os papos inacreditavelmente chatos que tínhamos, sem tudo o que tornava o nosso casamento impossível".[117]

O rompimento não foi nem claro nem total. Como confessou em seu diário:

> No começo eu não queria vê-la. Queria deixá-la em paz. Então eu ligava para ela e ela me pedia para continuar telefonando. Depois almoçamos juntos, duas vezes (na segunda-feira da semana passada e duas semanas atrás), e uma vez eu a levei ao teatro. Não foi bom [...]. Também escrevemos algumas cartas, eu disse o quanto tinha medo, ela me disse como a mudança do meu comportamento a está constrangendo: ela vai se encontrar com o namorado na Índia no Natal para "saber se na verdade não foi só um caso". Mas mesmo se foi, ela não me promete nada.

A depressão de Eric se aprofundou. Ele pensou em se matar, depois abandonou a ideia; mas "na semana que vem, amanhã, eu posso voltar a ser um suicida". Essa era "a primeira vez na minha vida em que esse pensamento entrou seriamente na minha cabeça", escreveu, mas ao menos durante o dia sempre restava um grãozinho de otimismo em seu espírito que afastava essa ideia. À noite era atormentado por sonhos com Muriel. Pelo menos conseguiu terminar dois artigos para a *Economic History Review*, sobre os artesãos itinerantes e flutuações econômicas e movimentos sociais, cujo prazo de entrega se tornou premente por conta da crise emocional que estava vivendo: "O cumprimento dos prazos é sempre uma sorte para mim". Pensou muito se deveria fugir da cena de sua infelicidade indo para o sul da França, ou a Paris, mas logo desistiu da ideia. "Então é só esperar, esperar, esperar."[118]

Eric tinha concordado em que Muriel ficaria por enquanto no apartamento, e que ele ficaria no conjunto de cômodos na King's em que se alojara no início de sua bolsa de estudos, em outubro de 1950, no número 6 da Escadaria G do Gibbs Building. Os cômodos ficavam no último andar, onde se chegava subindo seis lances de escada com largos degraus de madeira. Eram espaçosos, com teto alto e janelas grandes: a sala de estar, com uma magnífica vista da fachada da faculdade bem à frente e a capela do lado esquerdo, tinha uns seis metros por seis, com um pequeno corredor ligando ao escritório, um pouco mais comprido e estreito, de frente para um gramado muito bem cuidado ao lado do rio Cam. Da janela de trás dava para ver o rio e a ravina do outro lado com o gado pastando em meio às árvores. De uma portinha no canto esquerdo da sala de estar saía uma estreita escada de madeira em espiral que subia vertiginosamente até um minúsculo quarto de dormir. O conjunto todo não podia ser muito menor que o apartamento que Eric tinha acabado de vagar em Clapham. As maiores desvantagens eram típicas das velhas faculdades de Cambridge: o banheiro ficava oito lances de escadas abaixo, num porão escuro e sombrio, e os quartos eram quase sempre frios: não havia aquecimento central e as pequenas lareiras, uma em cada um dos dois grandes cômodos, alimentadas no inverno por um empregado da faculdade, não produziam calor que fizesse muita diferença; o quarto e o banheiro no porão não tinham aquecimento nenhum. Só na "cozinha" havia água corrente e uma bacia, no patamar ao lado de fora da sala de estar no alto da escada principal. Mas, com espaço suficiente para os seus livros, uma sala pare receber os amigos depois do jantar e silêncio e tranquilidade para trabalhar, Eric não tinha muita razão para reclamar. Ficou morando nesses cômodos pelos três anos seguintes, tendo se mudado em 1953 para o quarto 3 da mesma escadaria, no último ano de sua bolsa de estudos.[119]

Mas a mudança não melhorou em nada o estado de espírito de Eric. Em Cambridge, no fim do Michaelmas Term, ele encontrou

> uma King's vazia, com gelo no gramado, sem alunos, e com o resíduo chato dos professores residentes – ou seja, os solteirões ao redor da mesa:

o grotesco, furtivo e mirrado diretor; Donald, com sua barriga palaciana que esconde toda a essência de tato e *comme-il-faut* em dobras bem disfarçadas; o velho solitário e misógino Pigou, um velho doente; o chato e aposentado Scholfield; e John Saltmarsh, cuja vida de solteiro aposentado se extinguia em histórias sobre professores do ano de 1740. Ele não para de contar essas histórias, mas de forma divertida [...]. Esta é a minha vida.[120]

Quando não aguentou mais ficar na King's, Eric passou dez dias em Londres, de 18 a 28 de dezembro de 1950. Conseguiu esquecer Muriel por algum tempo, enquanto fazia pesquisas na biblioteca da FEL. Quando se sentia "muito desesperado", conversava com uma garota numa casa de chá Lyons. Mas, quando voltaram a se encontrar, ele se sentiu totalmente frio e a deixou sentada tomando café enquanto seguiu para um jantar marcado na casa do colega Angel Walter Wallich, onde se embebedou com conhaque Courvoisier, entrando num estado de espírito do tipo "que se dane". Alguns dias depois, em um jantar com outros dois amigos, Eric descobriu que Muriel ainda estava na cidade, com sua partida para a Índia marcada para o dia seguinte. Por impulso, ligou para ela. Muriel disse que tinha mandado um presente de Natal para ele em Cambridge, um pequeno vaso. "Ela parecia estar com a consciência pesada. Pedi que voltasse, mas ela desligou. Burro, burro, burro!" Encomendou um buquê de cravos vermelhos para mandar para Muriel na ala de partidas do aeroporto de Heathrow. Mais uma vez, ficou arrasado emocionalmente. Imaginando o voo para a Índia. "Agora ela está em Roma, no Cairo, em Karachi. Agora está em Calcutá. Agora está se encontrando com ele. Agora estão dormindo juntos."[121] Achou um tédio tomar uns drinques com Nancy e Victor no Natal. Era "terrível" que "Victor vá à missa por ser uma tradição, e é uma chatice", e "ainda mais terrível" porque Nancy foi com ele. "Se ao menos eu tivesse alguma coisa em comum com Nancy! Eu nem consegui falar sobre M. com ela [...]. Aliás, um Natal desastroso."

Em 27 de dezembro Eric foi tomar chá com Jack Tizard e sua esposa Barbara, ambos psicólogos. Os dois moravam em Clapham, no apartamento em cima do dos Hobsbawm.[122] "Infelizmente, Jack deixou escapar que tinha a chave", escreveu Eric, que a pegou para dar uma olhada. Remexeu nos arquivos de Muriel e descobriu cartas de um advogado parlamentar com quem claramente ela começara um novo caso. As cartas abrangiam de 25 de outubro a 12 de dezembro. Eram de um advogado de 42 anos chamado Peter Sée. Parecia mais inteligente que Geoffrey Brazendale, seu amante anterior.[123] A descoberta do novo caso foi como "se eu tivesse sido atropelado por um ônibus". Não conseguiu mais comer nem beber, nem falar, até Jack lhe servir uma grande dose de conhaque para soltar sua língua. "Engoli um quarto de uma garrafa de conhaque, depois uísque e uma grande dose de gim, e aí fiquei melhor. Graças a Deus eu não estava com o estômago cheio, então funcionou." Mas o choque foi muito maior que a notícia do primeiro caso de Muriel. "Como as coisas deviam estar terríveis para ela, para abandonar os dois por um terceiro homem." Eric achava que o comprometimento dos dois com o Partido Comunista havia sido uma parte central do relacionamento. "Se ela realmente nos abandonar, então está tudo acabado [...]. Para nós não existe uma vida digna de um ser humano sem tomar parte de um movimento como o nosso." Era como pertencer a uma igreja. Com esse pensamento na cabeça, Eric consultou Santo Agostinho para se consolar, animando-se um pouco com a afirmação do santo sobre a igreja, de que "não existe outro lugar para viver em uma vida eterna, apesar de haver outros onde se pode realizar a glória humana".[124]

O exame se aproximava, mas Eric tinha "dificuldade para escrever minha palestra, continuar o artigo e assim por diante". Acordou às dez da manhã depois de uma noite quase insone, de um estranho sonho com um milionário sul-africano nas ilhas Seychelles vendendo fatias de melão para ele e Muriel. "Depois nós não sabíamos o que fazer com a casca. Parece que ninguém podia jogar coisas na rua nas Seychelles." Também se lembrou do sotaque cantarolado dos negros ("sim, negros!") que moravam lá. Sua obsessão por Muriel chegou a penetrar em sua mente inconsciente. Conseguiu comer um pouco e ler *Capitalismo, Socialismo e democracia* (1942) do economista austríaco Joseph Schumpeter, cuja combinação de erudição, rigor, lógica e estilo o remetiam a Freud.[125] Eric começou a escrever uma crítica sobre Schumpeter, e isso o fez se sentir melhor: recuperou o apetite e dormiu a noite inteira. Mas continuava obcecado por Muriel. "Uma existência como essa dos últimos dias, desde a noite de quarta-feira, não vale a pena", refletiu no domingo, véspera do ano-novo.

Voltou a Londres para ver velhos amigos de Cambridge, Hedi Simon e Pieter Keuneman. Incapaz de suportar a vida de pobreza de um ativista comunista como Keuneman no Sri Lanka, Hedi tinha se divorciado e voltado a Londres no fim da guerra. Eric e Pieter tomaram "alguns copos de uísque no Captain's Cabin" e conversaram sobre questões pessoais. "Bem, nós ficamos sentimentais. Hedi tinha fugido dele, Muriel tinha fugido de mim."[126] Hedi foi buscar refúgio na bem-aventurada domesticidade de Hampstead com Peter Stadlen, quando ele ainda era concertista de piano (foi só depois de sofrer um problema neurológico no dedo que teve de desistir de tocar e se concentrar em contribuições para a bolsa de estudos Beethoven).[127] Eric notou que a biblioteca dele era quase toda em alemão, com uma pequena seção de literatura inglesa e americana. Ele era um homem "atraentemente feio", talvez uma imagem no espelho do próprio Eric. Em comparação, Hedi estava ficando "ainda mais magra, e de alguma forma até mais sem vida". Mas naquele momento ele não pensou que já tinha sido apaixonado por ela.

Gostou de discutir com Stadlen assuntos como a crítica oficial soviética a compositores "formalistas" como Dmitri Shostakovich e Sergei Prokofiev no fim dos anos 1940, e sobre a visão marxista da arte e da cultura. Stadlen, um homem culto, inteligente e vigoroso, que depois escreveu críticas e ensaios para o *Daily Telegraph*, defendeu muito bem seus pontos de vista com Eric. O que se pode fazer, refletiu Eric, a não ser deixar o próprio ponto de vista bem claro? "Se alguém quer realmente convencer as pessoas, é preciso uma operação combinada de experiência, sentimento e lógica; com o acréscimo de uns poucos truques de tática e estratégia. A união entre a teoria e a prática. Essa também é uma crise que preciso superar."[128] A discussão fez Eric voltar a refletir mais uma vez sobre o perene dilema que o atormentava desde seu compromisso com a causa, ainda adolescente, como pensador, não como ativista. Achava que, como "um intelectual por profissão", ele estava limitado por seu apego ao racional.

> Se alguém quiser assumir a responsabilidade como um professor universitário marxista, mesmo assim deve fazer algo útil. Ótimo, eu posso convencer a mim mesmo que publicar meus livros e artigos é útil. Posso até me convencer de que o fato de ser (espero) um bom historiador me dê renome no Partido (ou poderia dar, se eu fosse Dobb ou Bernal). Mas isso não é uma evasão? Principalmente nos dias de hoje? É de se perguntar a si mesmo: no presente não é o caso de se convencer as pessoas? Será que alguém pode ser dar ao luxo de um academicismo liberal – por ex., o luxo de falar sobre coisas que nos interessam...?[129]

Talvez, considerou, mais cedo ou mais tarde ele teria de se tornar "um político inferior de segunda classe ou talvez até um organizador de terceira classe e não um historiador marxista de segunda classe alta".

Ainda em Londres, na tarde de 4 de janeiro de 1951, Eric perambulava pelas ruas sem destino, entrando em livrarias para dar uma olhada, quando notou uma garota bonita e bem vestida em Leicester Square. Abordou-a, eles começaram a conversar e tomaram um chá juntos no Watergate Theatre Club. Ela era atriz, e pareceu achar Eric atraente. Tinha vindo para a Inglaterra ainda criança, antes da guerra, e falava alemão. "É inacreditável como me é fácil conversar com uma garota hoje em dia", refletiu mais tarde. "Em primeiro lugar por causa do estado estupefato e vazio em que me encontro. Só pensar em não estar sozinho já é suficiente, pensar em um quarto com a bagunça de uma mulher espalhada, meias de seda, maquiagem e coisas assim." Também percebeu que estava ficando bêbado com mais facilidade que antes, e que por isso perdia suas inibições. Um copo de uísque já era suficiente.

> Em segundo lugar, contudo, já é um alívio estar com uma mulher com características de que sempre senti falta em M.; uma mulher que me excita sexualmente de imediato, que é mais nova (apesar de não tão bonita), com quem se tenha uma ou outra coisa em comum (por exemplo, o alemão); e principalmente que fala comigo desse jeito à vontade, divertido, de certa forma sentimental, num tom meigo e irônico, quase sempre acompanhado por brincadeiras sexuais tão tranquilizadoras e reconfortantes para mim (e provavelmente para a maioria dos homens).

Tomou um táxi com a jovem atriz em Londres, e achou que ela parecia querer beijá-lo, mas pensou melhor a respeito. Os dois trocaram números de telefone. Sentiu-se reconfortado pelo fato de uma mulher jovem e bonita ainda o achar atraente "com minha carantonha feia". Encontrou-se de novo com ela poucos dias depois, mas, "como sempre na segunda vez", ele se sentiu entediado; a garota não conseguiu tirar Muriel da sua cabeça.[130]

Retornando a Cambridge em 11 de janeiro de 1951, Eric voltou a se sentir deprimido. Rememorando o Natal de 1949, percebeu que o presente de Muriel para ele, um exemplar de *1984* de George Orwell, que retratava o peso esmagador do comunismo no espírito humano, tinha sido uma declaração de guerra. Não havia percebido o quanto ela vinha se tornando hostil até ser chamado à atenção por um amigo em comum. Esses pensamentos dificultaram a preparação de suas aulas, e Eric ficou preocupado com que não estivessem boas.[131] O estranhamento cada vez maior com Muriel também foi expressado de outras maneiras. Quando seu cunhado, Victor Marchesi, ficara hospedado com Eric e Muriel no apartamento em Clapham, ele notou que Muriel lia ostensivamente o *Daily Telegraph*.[132] Eric não pareceu notar esse fato. Registrou um sonho em que Muriel não só o abandonava como também motejava dele; Eric correu atrás dela "e a mordi até ela sangrar". Quando acordou, não se sentiu tão deprimido quanto antes.[133]

Eric passou o dia 13 de janeiro "quase o tempo todo sozinho" nos seus aposentos. À noite conversou com outros professores da King's no jantar, mas estava "entediado demais" para continuar, como era costume, tomando um vinho do porto de "sobremesa" em outra sala. "Como se desenvolveu essa convenção em Cambridge", conjeturou, "de ninguém falar sobre nada sério?"

> O ideal numa mesa em Cambridge não era nem inteligência (como acreditam as pessoas de fora) nem a erudição, mas uma infindável série de narrativas de casos, em que nem mesmo importa a comicidade, mas sim a adaptação a uma certa atmosfera privada, bem fora da realidade, muito pedante, muito antiquada e superficial. A quintessência, por assim dizer, seria uma história desconexa com uma conclusão decididamente sem graça, em que se tocava nos seguintes assuntos: a) as excentricidades particulares de um professor falecido (de preferência de alguém morto antes de 1840); b) a faculdade hoje (de preferência sua arquitetura); c) um ou dois formados pela faculdade que entraram para a vida pública (referindo-se a alguém que sente o pulso do grande mundo real); d) um leve toque de erudição (para se demonstrar que todos tinham o seu ganha-pão); e) um leve toque de arte ou música (para se demonstrar que ninguém é um especialista bitolado). Tudo isso talvez temperado com um pouco de malícia, e um pouco da excentricidade de cada um.

Se eles conseguissem falar sobre o próprio trabalho, pensava Eric, até mesmo o mais chato entre eles ("e Deus sabe como eles são chatos") poderia dizer alguma coisa interessante. Só o filósofo Richard Braithwaite, conjeturou, estava preparado para fazer isso, e Eric achava "reconfortante sentar ao lado dele e falar sobre Deus sabe o quê, filosofia, ou matemática lógica; muito melhor do que, como hoje, ouvir os espasmódicos murmúrios de John Saltmarsh".

VII

Com o passar do tempo, Eric começou a ver a falta de sentido de sua obsessão por Muriel. Não conseguia ler essas anotações sentimentais de seu diário sem ficar corado. Via-se como um molambo, sem rumo, fraco e preguiçoso. Chegara o momento de desistir. Muriel acabou voltando da Índia, mas não para Eric. Ele acabou se recuperando e voltou a se concentrar no trabalho. Conseguiu entregar seus trabalhos do Lent Term e, em março de 1951, logo depois da conclusão do letivo acadêmico, ele fugiu da infelicidade de Cambridge e viajou para a Espanha pela primeira vez desde a vitória do general Franco na Guerra Civil. Para legitimar a viagem, conseguiu um contrato para escrever uma reportagem para o *New Statesman* sobre uma greve geral irrompida em Barcelona. Apesar de a Espanha ser uma ditadura pós-fascista, onde a repressão brutal estava na ordem do dia, o país era também um aliado da Grã-Bretanha e dos Estados Unidos na Guerra Fria, e qualquer tipo de subversão comunista se mostrava altamente suspeita para os serviços de segurança britânicos, que ainda tinham Eric em seus arquivos. Ao descobrir a pretendida viagem, o MI5 entrou imediatamente em estado de alerta. "Parece haver alguns meios secretos pelos quais comunistas e esquerdistas conseguem ir à Espanha sem as autoridades espanholas saberem sobre eles", foi a resposta da polícia à agência de inteligência.[134] Mas o resultado das investigações foi decepcionante: "Parece que Eric HOBSBAWM foi à Espanha em nome do *New Statesman and Nation*. E portanto foi uma viagem perfeitamente legal."[135]

Como já havia feito em suas visitas à França antes da guerra, Eric manteve um diário de viagem. Seu domínio do idioma espanhol era bom o suficiente para falar com "espanhóis comuns", começando por Barcelona, onde a greve, segundo lhe disseram, tinha sido "exagerada [...] só por ser na Espanha, a imprensa mundial está fazendo alarde". Os distúrbios tinham começado no início de março de 1951 com uma manifestação contra um aumento da passagem dos bondes. Um estudante disse a Eric: "Eu achei que o espírito das pessoas tinha morrido. Isso me deu fé no povo de novo".[136] Um *barman* falou que os salários estavam tão baixos que as pessoas precisavam viver de trapaças e do mercado negro.[137] "Eles dizem que nós não somos bons patriotas", alguém comentou. "Mas não se pode ser patriota quando não se tem o que comer."[138] Ao ir para Tarragona, Eric ficou deprimido ao encontrar mendigos, jovens e velhos, uma cena que já havia visto também em outras cidades. Não teve dificuldades para localizar velhos republicanos no bar embaixo do hotel em que se hospedou. Todos pertenciam a um Clube de Apoiadores de Greves. Em um bar em Murcia ele conheceu um garçom que pertencia a um grupo de oposição ilegal que se autodenominava Escoteiros ("engraçado ler o Manual dos Escoteiros em Murcia como um manifesto político"). Quando não estavam falando de política, eles falavam sobre touradas. Eric foi a uma tourada, sentindo compaixão no momento em que o touro finalmente foi atingido pelo *coup de grâce*.[139]

Conheceu um homem que o tratou com hostilidade, culpando os ingleses pela derrota dos republicanos na Guerra Civil; mas uma garota que o ajudou a encontrar o hotel confessou que admirava a Inglaterra porque lá as mulheres eram emancipadas. Alguns apoiadores de Franco garantiram que "tudo está melhorando". Eric ficou deprimido com "a monotonia das refeições", mas ao menos eram baratas e generosas. "Por que eu não deveria comer até me fartar por 25 P[esetas]?", perguntou.[140] O transporte era caótico ("Ah, a organização espanhola!"), mas conseguiu um carro que o levou numa viagem de seis horas até Valencia.[141] Considerou "a paisagem muito decepcionante, como de costume", com "a grande exceção" da catedral. Os preços do mercado, que Eric registrou em detalhes, eram baixos, onde frutas, ovos e vegetais podiam ser comprados muito baratos. Na cafeteria, onde as conversas eram principalmente sobre touradas, os clientes sentiam "uma admiração geral pelos catalães", segundo observou. Eles recebiam notícias sobre as greves e no geral ficavam sabendo "da verdade sobre a Espanha" não a partir da mídia controlada oficialmente, mas de emissoras de rádio estrangeiras.[142]

Em outra cafeteria, os moradores locais lamentavam o fato de "o povo na Espanha ser mais pobre que em qualquer outra parte do mundo". Era melhor antes da Guerra Civil?, perguntava Eric. "Era", respondeu um homem na cafeteria com a família. "Os tempos de Primo de Rivera foram os melhores", disse a mulher do homem, mencionando o ditador que governou a Espanha nos anos 1920: "Desde então tudo ficou ruim, uma coisa depois da outra". As pessoas estavam morrendo de fome, disse um jovem. Uma garota que trabalhava no hotel reclamou que não ganhava o suficiente para comprar meias. Os frequentadores em geral aprovavam as greves, das quais tinham notícias via motoristas de caminhões que percorriam longos trajetos. "Mais cedo ou mais tarde vai desmoronar – não pode continuar desse jeito, com as pessoas não tendo o que comer."[143] Em Murcia, quando passou por um "mendigo totalmente esfarrapado encostado numa parede", um conhecido que encontrara numa cafeteria virou-se para Eric com as seguintes palavras: "Isso é o símbolo da Espanha".[144] Eric achou a Espanha muito afundada nas profundezas do passado. Mais perto da região central do país as pessoas diziam simplesmente que eram muito atrasadas para seguir o exemplo dos catalães – "eles são lutadores, mas isso é exceção". Da janela do hotel onde ficou em Murcia, certa noite Eric viu a procissão da Sexta-feira Santa, com suas fraternidades mascaradas e encapuzadas. Via nas ruas moças jovens com suas damas de companhia, algumas vielas com bordéis, fazendeiros nas cafeterias na praça do mercado, dezenas de crianças acompanhadas por governantes uniformizadas brancas e negras, todos os prédios num estilo barroco-rococó. Imaginou que poderia estar numa "cidade provinciana dos Habsburgo" do século XIX.[145]

A viagem de Eric acabou sendo mais um passeio turístico que uma investigação jornalística. Não descobriu muita coisa sobre a greve geral em Barcelona, que afinal malogrou quando o regime de Franco mobilizou as forças armadas contra os grevistas, ainda que mais para intimidá-los. Nos últimos dias de março a greve foi contida e o governo libertou a maioria dos que haviam sido presos. Os grevistas não conseguiram muita coisa em termos de melhorias diretas das condições de vida, mas a iniciativa assentou as fundações para o ressurgimento do movimento trabalhista em meados dos anos 1950, quando a economia da Espanha começou gradualmente a melhorar e a se modernizar.[146] De volta à Inglaterra, Eric organizou algumas petições pela libertação de grevistas espanhóis que ainda estavam detidos (o MI5 ironizou, chamando-o de "um incansável (e cansativo) organizador de petições e defensor de causas perdidas"). Mas, por outro lado, Eric precisava se concentrar no trabalho.[147]

As aulas na Birkbeck iam das seis às nove da noite nos dias de semana, e era possível juntar tudo em dois dias por semana, por isso Eric ficou com amigos em Londres durante aquele período letivo. Durante o restante dos dias e nos fins de semana ele ficava nos seus aposentos na King's. Assim que o Easter Term terminou, contudo, ele voltou a sentir necessidade de fugir de sua infeliz situação pessoal e viajar para o exterior. Em 27 de junho de 1951 ele escreveu a Delio Cantimori, um historiador comunista italiano que estava traduzindo o volume 1 de *Das Kapital*. Eric tinha sido apresentado a Cantimori por Beryl Smalley, um medievalista de Oxford. Disse a Cantimori que iria partir da Inglaterra para passar as férias na Itália em 12 de agosto, e que estaria em Roma na segunda metade do mês.[148] Partindo de Verona em 18 de agosto e de Perugia no dia 22, Eric chegou a Roma em 23 de agosto, para seguir a Florença uma semana depois.¹⁴⁹ Não só Cantimori encontrou-se com Eric como também forneceu mais algumas cartas de apresentação, além de recomendá-lo ao economista marxista Piero Sraffa em Cambridge.¹⁵⁰ Eric quase não sabia nada de italiano, como confessou em anotações feitas durante a guerra.¹⁵¹ Mas conseguiu se virar com uma mistura de inglês e francês. Em Roma, conheceu Ambroglio Donini, professor de história e membro do Comitê Central do Partido Comunista Italiano, que despertou sua curiosidade ao falar sobre as seções rurais do Partido, onde alguns grupos de cristãos milenares tinham grande influência. As discussões que tiveram acabariam levando Eric a publicar seu primeiro livro.¹⁵²

VIII

No começo do verão de 1952, a tristeza pessoal de Eric afinal se resolveu por si só. Ele tinha combinado um encontro com Muriel no fim do Easter Term, mas ela preferiu escrever uma longa carta em 12 de junho, não deixando dúvidas de que a relação estava definitivamente acabada. Eric guardou a carta entre seus papéis pelo resto da vida, a única explicação por escrito de sua mulher a respeito do fracasso do casamento:

Meu querido, você me pediu várias vezes para voltar. Você tem sido tão paciente & gentil que me odeio pela dor que vou causar ao dizer – e é apenas justo dizer agora sem mais demora que sei a minha posição sobre a questão – que não posso voltar a viver com você, e que espero que você me conceda o divórcio.
Paciência & gentileza, veja, não são o suficiente – mesmo se conseguissem sobreviver a uma segunda tentativa de vivermos juntos. Existem muitos conflitos no nosso casamento – emocionais e outros, entre a sua desconfiança nas relações pessoais & meu sentimentalismo, entre a camaradagem intelectual que você queria & o aconchego monótono que eu buscava no casamento – e eu não conseguiria encarar essas coisas com nenhum otimismo.
Existe ainda – como você já deve ter percebido – outro homem envolvido, Peter Sée. Você deve pensar, sem dúvida, que como ele já está envolvido na cena fazia muitos meses eu já devo saber que não vou voltar para você

& poderia ter sido poupado de um bocado de incertezas & desconfortos ao dizer isso. Acontece que não é bem assim: apesar de ele ser meu amante já há algum tempo, só agora com a minha resolução sobre eu & você que incidentalmente cheguei ao ponto de me determinar a morar com ele de forma permanente – & a me casar com ele assim que puder. Mas essa decisão agora é definitiva, & de agora em diante nós vamos viver juntos. Dezoito meses atrás você disse, com toda justiça, que eu parecia não saber o que queria. Agora eu sei – à custa de um bom inferno para várias pessoas – & acima de tudo para você, meu querido. Não me orgulho da minha atitude – mas posso dizer que me desgastei um bocado nesses últimos dois anos.

Não tenho coragem de dizer isso na sua cara: (se eu já não tivesse feito isso – & depois ficado histérica – da última vez), você ao menos já teria se livrado de toda essa encrenca dois anos atrás. É por isso que estou escrevendo agora, em vez de manter o nosso encontro para amanhã à noite & para dizer então. E agora que pedi o divórcio – & se você se decidir a fazer isso – acredito que a prática é não nos encontrarmos sem o aconselhamento de um advogado. Então, você pode me escrever e me informar qual é a sua proposta? E o que, a propósito, você gostaria que eu fizesse com os jogos de porcelana da sua família & assim por diante? Eu não disse nada para minha mãe – & não pretendo fazer isso até saber de você.

É mais ou menos tudo o que há a dizer sobre essa mórbida ocasião. A não ser agradecer por ter sido tão bondoso & gentil & muito querido – não é culpa sua que eu seja neurótica demais para me sentir satisfeita com isso. Detesto pensar em você solitário & triste. Seja feliz, meu querido. Muriel.[153]

Eric não teve escolha a não ser aceitar o pedido de Muriel. Os dias em que ainda tinha esperanças e acreditava que o casamento poderia ser salvo ficaram no passado. Concordou com Muriel em que deveriam contratar um advogado. Eric escolheu Jack Gaster. Comunista desde os anos 1930, Gaster era um dos sócios de um escritório de advocacia de esquerda em Chancery Lane, que representava doqueiros, sindicalistas e outros, mas também se prontificava a ajudar membros do Partido com suas questões pessoais.[154]

Até 1969, as leis da Inglaterra exigiam uma prova de que "uma ofensa matrimonial" tivesse sido cometida antes de conceder um divórcio. O procedimento normal em um divórcio consensual como o de Eric era de que a parte culpada alugasse um quarto de hotel em Brighton, por alguma razão tradicional, e levasse um amigo do sexo oposto para fazer o papel de "corresponsável" no processo de divórcio. A parte ofendida contratava um detetive particular para ir a Brighton, entrar no quarto do hotel e fotografar o casal, em geral sentado tranquilamente na cama, fornecendo assim a "evidência" de adultério, apoiada por cópias do recibo do hotel por um quarto de casal. Já que se sentia, com boas razões, como a força motora no rompimento do casamento, Muriel concordou em seguir esse procedimento, sendo assim fotografada na habitual posição comprometedora no quarto de hotel em Brighton por um detetive contratado por Eric. Em carta que escreveu a Gaster, Eric anexou as fotografias para começar o processo de divórcio: "Aí estão as fotos [...] e uma carta da minha esposa sobre toda a questão [...]. Se esta carta, mais qualquer material como contas de hotel que os advogados dela possam fornecer forem suficientes para o nosso propósito, pode seguir em frente".[155] Foi o que Gaster fez, dando início ao longo processo de um divórcio. A data da audiência foi finalmente marcada para 21 de janeiro de 1953, quando Eric foi com Jack Gaster apresentar sua petição; uma ordem provisória foi concedida incondicionalmente.[156] No dia 9 de março, seguindo a protelação mandatória de seis semanas depois da ordem provisória, Eric conseguiu a sentença final do divórcio, "em razão de a Responsável ter sido culpada de adultério com Peter Henri Sée, o Corresponsável".[157] Eric nunca mais viu Muriel depois da audiência no tribunal. Muriel Seaman e Peter Sée morreram num acidente de automóvel em Portugal dez anos depois.[158]

Eric não estava mais se sentindo obcecado ou deprimido como no ano anterior, mas o caráter definitivo da carta de Muriel o deixou nitidamente perturbado, e os alunos perceberam seu estado de espírito melancólico. Um deles, Tyrrell Marris, tinha com os irmãos "um elegante (porém furado) veleiro de 1904" com qual tinha aprendido a "navegar à vela".[159] Era um barco verde claro de um mastro, chamado *Zadig*, e Marris e amigos – três alunos – convidaram Eric para velejar com eles até Portugal e a Espanha. Em 18 de agosto de 1952, todos se encontraram em Salcombe, na costa de Devon, onde carregaram o barco de mantimentos. "Ficamos particularmente impressionados por podermos comprar caixas de uísque no freeshop para a viagem", contou Eric mais tarde.[160] Depois de uma parada em Plymouth, o barco seguiu para Ushant, onde chegaram em 23 de agosto. "Apesar do mar agitado", comentou Eric, ele "não ficou enjoado." Depois de atravessar a baía de Biscay e velejar em direção a oeste, tiveram problemas com o motor e decidiram parar em Sevilha para reparos. Como Eric escreveu em um relato da viagem pouco depois, eles "chegaram pelo Guadalquivir com a maré da tarde a um lugar com bandos de cegonhas, uma lagoa salgada e ranchos de gado", singrando "pela água amarelada de solo erodido" e manobrando entre as boias. "Olhei para a praia de binóculos e vi pássaros pretos e brancos e cabanas baixas sem janelas sobre estacas e ficamos chocados, mas não surpresos, em ver que lá moravam pessoas que acenavam para nós." Eles corresponderam aos acenos, comeram "espaguete, melões e chocolate e tomamos uísque em homenagem a nós mesmos". Atracaram o barco no centro de Sevilha, perto da arena de touros, e ficaram lá por vários dias enquanto os mecânicos consertavam o motor.

> Sevilha [...] é poeirenta, espalhada, distorcida e derrubada como qualquer cidade provinciana que cresceu demais. O que a unifica como cidade não são prédios ou ruas, mas um tecido denso e em movimento de barulhos e ritmos. Em pouco tempo começamos a perceber alguns padrões ocasionais: um bater de palmas rítmico numa rua lateral, uma frase melódica cantada pelo trabalhador escavando a salina ou uma garota atravessando a ponte na direção do mercado, o barulho dos bondes durante o dia, o som de um violonista indo de bar em bar à noite.[161]

Eric ficou surpreso com a quase ausência de alvoroço e de negócios no porto. "O mato cresce entre as pedras e os postes de amarração, menos onde as redes são estendidas para secar. Havia mais pescadores com varas do que barcos."
Ficou tomando sol e lendo no convés enquanto os outros foram até a cidade:

> Foi agradável ficar deitado no teto da cabine, rodeado pela bagunça que um barco inevitavelmente acumula atracado em um porto, principalmente quando metade do piso e da cozinha está aberta para o conserto do motor: toalhas, caixas de fósforos, maços de cigarros, cuias de latão com restos de cereais do desjejum, calças, canecas, cavaletes e velames incompletos, meu dicionário e meu livro de frases, o barbeador de alguém, os cobertores de alguém.

O grupo logo fez amizade com a amistosa tripulação de um grande iate com bandeira da Bélgica chamado *Astrid* atracado ali perto. Dois jovens, Domingo e Luis, estavam tomando conta do iate por alguns meses enquanto os donos estavam fora. Na maioria das noites, disseram a Eric, eles atravessavam o rio num barco a remo até um salão de baile e traziam mulheres para o navio. Não muito diferentes de Marí e Salud, que os ingleses viram saindo do *Astrid* certa manhã. Salud era uma garota de uns 18 anos, escreveu Eric, com "curvas encantadoras. Dizer que praticamente qualquer homem gostaria de dormir com ela na hora chega a ser desnecessário. Seu corpo roliço, firme e moreno não era a única coisa que ela tinha. Ainda assim, qualquer um gostaria de dormir com ela; pelo menos eu gostaria."[162]

Convidado para subir a bordo do *Astrid*, Eric juntou-se aos dois rapazes e suas garotas, tomando café e fumando. Alguém ligou o rádio numa música flamenga e Salud, ao que parecia uma dançarina profissional, começou a dançar, não muito bem, segundo Eric, mas de uma forma natural e espontânea, com os passos tradicionais das dançarinas mediterrâneas:

> Ela se encantava sem afetação com os próprios movimentos, de sapatos de salto alto, o corpo encantador, os quadris largos e as coxas requebrando na nossa frente, os grandes seios arredondados que ela ressaltava com as mãos, os dois brincos dourados em forma de argolas, os sete braceletes de metal branco, o cabelo curto e preto e tudo mais. Ela não queria excitar ninguém nem tirar vantagem de ninguém. Enquanto dançava, sorria para si mesma e cantarolava, e quando se sentia casada se atirava num sofá e enterrava a cabeça e o peito no colo de alguém, de Luis, de Marí, de quem estivesse mais perto. Não era nada coquete e claramente muito bobinha.

Era difícil conversar, pois o espanhol de Eric ainda não era muito bom e os outros falavam depressa e com um forte sotaque de inflexão andaluz. Eles convenceram Marí, também cantora e dançarina profissional, a cantar algumas músicas flamengas, que todos acompanharam batendo palmas, enquanto Salud dançava. O barulho atraiu dois dos estudantes que formavam a tripulação do *Zadig*, que subiram a bordo. Eric providenciou uma garrafa de gim e eles começaram a tomar vinho e a dançar um com o outro, mas "sem sucesso, pois todos começaram a rir, se beijando e bebendo depois de alguns compassos". "Fizemos brindes, tocando copos uns com os outros."

Marí se vestiu de homem e Domingo se vestiu de mulher, com maquiagem e batom, e os dois tentaram dançar um com o outro, mas logo caíram na risada.

Eric achou que seus alunos, produtos da educação unissexuada das escolas públicas inglesas, ficaram deslumbrados, "encharcados de gim e de desejo", mas também "pálidos e constrangidos". Quando Salud cuidou da situação com facilidade e desembaraço, Eric reconheceu que talvez tivesse "exagerado um pouco ao dizer que ela era desmiolada. Prefiro pensar que nos víamos no papel de intelectuais neuróticos e complicados entre crianças da natureza, como um Bougainvilles[2*] moderno encontrando seu Taiti no Guadalquivir".[163] Afinal as garotas adormeceram. Os dois espanhóis começaram a falar sobre a Guerra Civil, que tinha acabado há pouco mais de uma década. Luis disse que o pai e o tio foram fuzilados pelos franquistas. Domingo, um pouco mais velho, também se lembrava: "Eles executaram muita gente em valas comuns [...]. Passavam pelas aldeias escolhendo pessoas para fuzilar". Na aldeia dele todos eram vermelhos. "Por toda a Andaluzia", observou Eric, "as crianças que tinham seis ou nove anos no verão de 1936 se lembravam de pais sendo assassinados nessas noites, apesar de aqui não haver mais combates há quinze anos; apesar de já deverem ter se esquecido, como nos esquecemos dessas coisas nessa idade."

Eric percebeu que o grupo a bordo do *Astrid* tinha ficado sem dinheiro e sem comida, por isso o inglês improvisou uma refeição para eles. As garotas retribuíram fazendo limpeza, enquanto Luis e Domingo foram comprar mantimentos na cidade. Os estudantes mostraram truques de baralho e tentaram ensinar canções inglesas e jogos de salão. As garotas não ficaram impressionadas. "O ímpeto de colegiais irrequietos passou perto das saias de algodão." O clima ficou pesado. Quando Luis e Domingo voltaram, todos foram escrever seus nomes, mas perceberam que Salud era analfabeta. No fim ela foi embora com Luis, e Eric desembarcou para andar sozinho pela cidade. Encontrou-se casualmente com Marí e convidou-a para ir ao cinema. Depois voltaram ao *Astrid* e ficaram esperando os outros no convés até a temperatura cair e eles entrarem na casa do leme, onde deitaram num colchão e fizeram amor. Na manhã seguinte ficou claro para Eric que "era amizade e não amor o que ela queria". Aliviado, saiu em busca de Salud. O endereço que tinha o levou ao que percebeu chocado ser um bordel, com "pesados grilhões de ferro" e uma "madame desmazelada". "Senti-me enojado e perdi toda a vontade de dormir com qualquer uma, até com Salud." De todo modo, ela não estava lá. "Talvez o cavalheiro queira outra moça?" Eric declinou a oferta. "Na maioria das cidades

---

2 * O almirante e explorador francês Louis Antoine de Bougainville (1729-1811). (N.T.).

europeias é possível diferenciar uma prostituta das outras mulheres", refletiu, "mas não em Sevilha, onde as garotas normais não têm como se sustentar." Quando afinal encontrou Salud, foi só para se despedir. Trocaram um aperto de mão. "A cerimônia da inocência tinha naufragado." Eric tomou um trem de Sevilha para Paris, e só lembrou tarde demais que tinha esquecido de se despedir de Marí. Com o motor do *Zadig* consertado, os alunos de Eric seguiram rio abaixo e chegaram até Tânger, antes de voltar à Inglaterra via Britânia, onde encalharam na pequena aldeia pesqueira de Audierne e tiveram de ser rebocados pelo *bâteau de sauvetage*.[164] De qualquer forma, no todo a viagem foi um grande sucesso. Eric continuou se lembrando dela com prazer pelo resto da vida, o que sempre ajudava a restaurar seu estado de espírito.[165]

IX

Depois de passar um breve período em Paris no fim de julho de 1952, Eric chegou a Cambridge bem a tempo de começar o Michaelmas Term. Havia muito poucos especialistas em história social e econômica na Faculdade de História de Cambridge, por isso, como *fellow* bolsista júnior ele foi requisitado para preencher a lacuna dar aulas e fazer supervisões na matéria. Deixou alguns colegas mais conservadores chocados por se vestir casualmente e usar tênis brancos nas aulas, contribuindo para sua reputação de se trajar de forma não convencional.[166] Mas Eric era popular entre os alunos, que diziam que ele era um dos poucos professores conhecidos por "estar sempre disponível para ajudar os alunos".[167] Eric nunca se esqueceu de uma coisa que Postan havia lhe dito: "'As pessoas por quem você está lá não são os alunos brilhantes como você', disse meu velho professor. 'São os estudantes medianos com intelectos convencionais que tiram notas desinteressantes na faixa inferior da segunda categoria, cujas exposições nos exames dizem todas a mesma coisa. Os alunos de primeira categoria vão cuidar de si mesmos, apesar de você gostar mais de ensinar para eles. São os outros que precisam de você'".[168]

Um desses alunos, como reconheceu Eric, era Joan Rowlands (depois Joan Bakewell, a radialista). Segundo suas lembranças: "Eu era uma garota humilde vinda de uma escola estadual com um enorme problema de ser de Stockport e ter um sotaque, cercada por figurões de boas escolas públicas que me apavoravam". Sua vantagem, por outro lado, era o fato de ser inegavelmente uma "garota atraente, pertencente a uma minoria, sujeita a uma grande 'demanda' masculina (por assim dizer)". Joan ingressou na Newnham, uma faculdade só para mulheres, em 1951, e tinha aulas de história da economia no século XIX com Eric. O curso envolvia oito ensaios semanais, aos quais Eric como supervisor fazia críticas e os usava como base para uma discussão pessoal de uma hora levantando outros aspectos da matéria. Ao contrário da maioria dos professores, que não falava nada enquanto os alunos liam seus ensaios e só depois começavam uma discussão, Eric pedia que o ensaio lhe fosse enviado três dias antes para poder lê-lo e fazer anotações.[169]

Em outubro de 1953 Joan foi para a King's no início do período letivo para conhecer Eric, sem saber nada sobre ele:

> Eu era muito tímida, e me senti muito intimidada com o encontro com ele. No Gibbs Building. Numa sala grande e bonita. Com aquela figura alta e magra andando lá dentro – como que preenchendo o ambiente com sua seriedade. Quero dizer, ele era muito sério. Ele se sentiu constrangido comigo. Não teria me escolhido como aluna porque eu tinha um intelecto de segunda categoria. Quero dizer, estava claro que eu não iria me destacar em nada. E ele se interessava muito por pessoas de destaque, pois me perguntou várias vezes sobre algumas delas: "Você conhece fulano de tal? Por acaso conhece Sicrano de tal?". Ele queria saber onde estavam os mais inteligentes, e quando eram mulheres ele se interessava mais ainda [...]. Achei que era um tipo solitário em busca de companhia.[170]

Joan achou Eric intimidante em termos intelectuais. "Eu sabia que ele era um crânio", disse, "simplesmente porque ele exsudava inteligência." Mas Eric fez o melhor possível para deixá-la à vontade:

> Eric era bom de se conversar. Quero dizer, mesmo com um peixe pequeno como eu; ele não foi paternalista comigo nem nada disso – falou de coisas sem baixar o seu nível, e sabe que percebi que meus olhos lacrimejavam ao tentar mais ou menos acompanhar seu raciocínio. Ele era um professor maravilhosamente atencioso, pois aceitou o fato de eu não ter o conhecimento ou a formação para o nível em que estava falando. Então ele me ensinava fazendo perguntas [...]. Foi Eric quem me ensinou como perguntar sobre as coisas. Sempre me lembro dele falando sobre os luditas – e acho que devo

ter interpretado como um termo desdenhoso – e ele dizendo "por que você acha que eles quebravam coisas? Será que... será que eles não tinham um pouco de razão?" [...]. Foi ele que me incitou a dizer "ah, sim, entendi, é verdade, sim", porque eu não era muito ousada nas minhas ideias.

As origens e o desenvolvimento dos sindicatos eram uma parte central do curso. Joan vinha da classe trabalhadora: os avós eram operários e a história dos sindicatos estava no seu sangue. O que Eric dizia "apelava para minha formação política, por isso eu me sentia muito à vontade com o que ele me falava. Você sabe, eu nunca pensei algo como 'Céus, estou passando por uma lavagem cerebral para ser marxista'".

Até aquele momento, Joan se identificava com o movimento sindical e suas origens, sua história e desenvolvimento até o presente. O que Eric fez foi fazê-la entender

> como o movimento – o movimento sindicalista – fazia parte da sociedade e se desenvolveu a partir de suas origens. Então ele me mostrou que a história não são coisas que acontecem de repente – e que vão piorando, de um jeito ou de outro –, mas que havia uma espécie de surpreendente fluxo de construto na história que se podia identificar [...]. Eu fiquei lá e – ele gesticulando com os braços o tempo todo, eu lembro – e me perguntando "o que você acha?" – "Mas é claro" – você sabe. E me fazia uma espécie de discurso.

No fim, Joan sentiu que, "francamente, ele não ficou impressionado comigo [...]. Eu era uma garotinha comum com uma pequena bolsa de estudos de uma cidade do Norte, totalmente embevecida com tudo o que estava acontecendo". Mais tarde na vida, porém, com o nome de Joan Bakewell, ela teve uma carreira de muito sucesso como jornalista, escritora e apresentadora de rádio e televisão, provavelmente mais conhecida pelo público britânico do que Eric chegaria a ser.

Eric nunca foi indelicado ou condescendente com seus alunos. Outro aluno, Tam Dalyell, era escocês e ex-aluno de Eton. Dalyell recordou-se que em 1952 era um nervoso calouro na King's, recém-saído do exército, e teve Eric como supervisor em história. "As fofocas da faculdade diziam que o comunista Eric Hobsbawm ia fazer picadinho de você", como contou a Eric muitos anos depois. "Muito pelo contrário, você não poderia ter sido mais simpático ou construtivo com um garoto muito ignorante de uma escola pública que nunca tinha estudado nada de história avançada."[171] Muito diferente foi a experiência de Neal Ascherson, outro escocês da velha Eton. Eric definiu Ascherson como "talvez o aluno mais brilhante que já tive. Na verdade eu não ensinei muita coisa para ele, só o deixei seguir em frente".[172] Não surpreende que Ascherson tenha sido logo convocado pelos Apóstolos. À época, os homens ingleses tinham por lei que prestar um período de serviço nas forças armadas – Serviço Nacional, como era chamado. Ascherson serviu como oficial com os Fuzileiros Reais de julho de 1951 a setembro de 1952, tendo sido mandado para a Malásia, onde os britânicos tentavam conter uma insurgência nacionalista iniciada em 1948. Quando chegou à King's para estudar história, em outubro de 1952, Ascherson tinha sérias dúvidas quanto ao seu papel na ação contra os insurgentes. "Quando você é muito velho, como eu", confessou para mim já octogenário, "você se sente muito pior por ter matado pessoas do que aos 18 anos, mas ainda assim aquilo pesou em mim." Ascherson saiu do exército com uma medalha e uma consciência culpada.[173]

Pouco depois de Ascherson entrar para a King's, houve uma festa na escola e os novos estudantes de graduação foram convidados.

> Eu ainda estava tentando me adaptar a tudo aquilo, me sentindo meio por fora, como seria normal [...] e as pessoas estavam todas bem vestidas, então eu pensei: "Bom, *eu* também vou me engalanar". Aí, muito tolamente, eu usei a minha medalha – você sabe, a da campanha na Malásia [...]. E fui ao jantar – todos bebemos muito, demais – e aí as pessoas perguntaram: "Bom, e para onde nós vamos? – Vamos para o alojamento de Eric". Então eu pensei: "Bom, vamos lá!" [...]. O quarto de Eric era no Gibbs Building, eu fui até lá e todos bebemos bastante; um bocado de vinho foi consumido por mim também; eu estava bem bebinho, acho. Enfim, a certa altura da noite, eles trouxeram um homem alto e magro até a mim e alguém disse "Esse é Neal Ascherson". Ele olhou para mim, depois olhou para a medalha e disse: "O que é isso?". Eu respondi: "Ah, isso é minha medalha por ter servido na marinha, você sabe, na Malásia". E ele falou: "Você devia ter vergonha de usar isso" com uma intensidade considerável, e fiquei repugnado – absolutamente rígido – em parte porque, olhando para trás, subconscientemente, se alguém acredita em subconsciente, eu já estava esperando que alguém dissesse alguma coisa como aquela, porque

meus sentimentos quanto ao que eu tinha feito – e com aquilo em especial – eram extremamente conflitados [...]. Eu saí de lá. Fui até o gramado da frente [...]. Fiquei andando, chorando. Eu me lembro de estar chorando. Eu estava bem bêbado. E fiquei andando em círculos no escuro e afinal, num desses círculos eu simplesmente tirei a medalha e guardei no meu bolso, e nunca mais a usei.

Mais tarde, numa visão retrospectiva, Ascherson considerou "catártico" seu primeiro encontro com Eric. De alguma forma estranha, sentiu-se grato por Eric ter exposto seu sentimento de culpa. Os dois nunca mais se referiram a isso, mas o incidente marcou o começo de uma amizade íntima que duraria toda uma vida.

O encontro teve uma coda curiosa. Décadas mais tarde, bem depois da virada do século, quando já era um jornalista e historiador de destaque, Ascherson conheceu Daniel Ellsberg, um ex-analista militar do governo dos Estados Unidos que causou uma tempestade em 1971 ao vazar para a imprensa uma grande quantidade de documentos secretos sobre a condução da política americana na Guerra do Vietnã, ainda em curso. A publicação do que ficou conhecido como *Os Papéis do Pentágono* fez com que Ellsberg fosse preso e julgado por espionagem e furto, mas o tribunal suspendeu todas as acusações e ele saiu livre. O nome de Eric foi mencionado na conversa e, segundo lembrança de Ascherson, Ellsberg falou: "'O problema com Eric, bem, você sabe, ele pode ser *muito cruel*'. E continuou: 'Eu estive presente num incidente em que ele conversou com um aluno de graduação, olhou para uma medalha que usava e falou: 'Você devia ter vergonha de usar isso'. 'Ah, é mesmo? [...]. Esse aluno era eu! E você estava lá?' 'Estava'". Na verdade Ellsberg chegou à King's na mesma época que Ascherson, com uma bolsa de estudos de um ano da Fundação Woodrow Wilson, para estudar economia. Ficou tão chocado com o que ouviu Eric dizer que nunca mais esqueceu a cena pelo resto da vida.[174]

Eric foi professor de história da economia de Ascherson, que "não era a minha praia": estava mais interessado por história política revolucionária, que não era ensinada em Cambridge à época.[175] Suas supervisões com Eric eram

mais como conversar com um velho amigo. Não era uma supervisão propriamente dita. Quer dizer, eu escrevia um ensaio sobre algum assunto e mostrava a ele. Às vezes ele lia, e às vezes nem lia – só dava uma olhada no tema e então discutíamos, sabe. E depois desviávamos para outros tipos de discussões interessantes que não tinham nada a ver com o assunto da supervisão [...]. Eu me lembro de tomar vinho tinto com ele e das conversas – e do jeito que sempre mudávamos de assunto.[176]

No entanto, por mais interessante que fosse a discussão, e por mais vinho tinto que tomassem, Eric sempre encerrava a sessão no fim da hora marcada. Merecidamente, Ascherson passou com um primeiro lugar com duas estrelas em história, e naturalmente Eric queria que ele seguisse uma carreira acadêmica. "Você realmente deveria se dedicar a pesquisas, não sair por aí por outras áreas", recomendou. Mas Ascherson preferiu jornalismo e foi trabalhar no *Guardian*.

Eric se entrosava bem socialmente com os alunos de graduação da King's, como demonstra a viagem de barco a Sevilha. Mas não se dava muito bem com os outros professores. Considerava-os obtusos, ainda que não tão terríveis como sugerido pelos diários pessimistas da época, que afinal foram escritos por um Eric em profunda depressão. Nem tinha muitos contatos na Faculdade de História, que naquele tempo ainda era notavelmente conservadora, tanto em política como em metodologia. Uma exceção era um dos alunos de Trevelyan, J. H. (Jack) Plumb, um brilhante historiador da política da Inglaterra do século XVIII, que na época ainda era de esquerda. "Era um homem de muitos talentos", lembrou-se Eric mais tarde, "e eu gostava de conversar com ele nos anos 50, apesar de não ter mantido contato quando ele deixou de ser um Vermelho dos anos 1930."[177] Posteriormente, Plumb deu uma guinada radical para a direita. Eric disse que "nunca consegui entender como ele acabou se tornando um político tão reacionário".[178]

Solitário e emocionalmente vulnerável no período que esteve em Cambridge, Eric ficou surpreso com os possibilidades de socialização dos estudantes de graduação, ajudados pelo fato de os professores e alunos da King's não almoçarem em mesas separadas, como era costumeiro em muitas outras faculdades. Em seu primeiro dia na King's, em outubro de 1951, Geoffrey Lloyd, um jovem bolsista que ingressara para ler os clássicos, foi convidado por Eric ("um rosto escarpado, *jolie laide*") para tomar um café em seus aposentos:

> Havia muitas outras pessoas lá. Não me lembro dos nomes, mas eles começaram a falar sobre quase tudo – romances, jazz, filmes, política [...]. Fiquei conhecendo esse grupo de pessoas que parecia ser capaz de falar

abertamente sobre tudo. Eu não sabia que ele era um pesquisador. Achei que aquilo era um paraíso, um paraíso intelectual.[179]

O bom relacionamento social entre os professores mais jovens e os alunos se devia algo ao fato de que, como observou Geoffrey Lloyd: "A geração de alunos de graduação que estava na King's [incluía] [...] ainda alguns que tinham lutado na guerra". As garotas de faculdades só para mulheres eram importantes nessas festas improvisadas, mas Eric não parecia estar atrás delas. Lloyd sabia que Eric era casado, mas achava que a esposa morava no exterior. Eles nunca falaram a respeito disso.

A coisa mais importante sobre a vida social na King's eram as conversas. Disposto a falar sobre qualquer coisa com conhecimento do assunto, receptivo e sem pedantismo, Eric logo se tornou um dos favoritos nessas reuniões. Como Neal Ascherson lembrou-se depois:

> Ele sempre ia às nossas festas. Assim, se um de nós tivesse, você sabe – nada formal –, mas se alguns de nós resolvessem tomar um drinque e ouvir uns discos e se acomodar numa sala para falar sobre o mundo e tudo mais, Eric aparecia, ou alguém dizia "vamos lá, Eric", você sabe, ele vinha [...]. Antes do incidente com a medalha, mas ainda antes de eu começar a ser supervisionado por ele [...] [havia] almoços nos aposentos de Geoffrey Lloyd, e todo mundo sentava no chão comendo espaguete à bolonhesa, que era uma coisa aventurosa a se fazer naquele tempo. E Eric estava lá. Falando sobre a Espanha (ele tinha acabado de voltar da Espanha) [...] eu achava que com muita veemência, sobre touradas e coisas assim, de que ele era fã. E ele me disse uma coisa: "E então, é claro, o matador – *torero* – pegava aquela coisa vermelha que se pendura na ponta da espada e gesticulava desse jeito – isso se chama... não sei como se chama". E eu disse: "Chama-se *muleta*". Pairou uma espécie de silêncio terrível. Ele me olhou *de um jeito* [...]. Mas eu só sabia disso porque parte da minha família vive na França [...] então eu sabia como era feito e os nomes das partes, por assim dizer. Enfim, foi um momento estranho e inaudito.[180]

Eric nunca gostava quando alguém sabia mais do que ele.

Além de socializar com os alunos nessas reuniões improvisadas, Eric também voltou a frequentar os Apóstolos, comparecendo às reuniões com uma regularidade que não conseguia manter enquanto morava com Muriel em Londres. A honestidade e a intimidade da Sociedade, escreveu depois, "me ajudaram muito numa época em que eu estava infeliz".[181] Mas ele se sentia cada vez mais isolado pela diferença de idade e de experiência, e agora era o único comunista entre os Apóstolos, o que o situava num comprimento de onda intelectual diferente dos outros. A essa altura a aura homossexual da Sociedade também tinha quase esvaecido, embora Eric se lembrasse de "um texto sobre sodomia de Annan, casado na época, mas falando com grande experiencia no assunto".[182] No entanto, a revelação de que Guy Burgess era espião soviético chamou uma atenção indevida dos serviços de segurança e da mídia para os Apóstolos. Quando Guy Burgess fugiu para Moscou, em 1951, para não ser preso, causando sensação na imprensa diária, ele telefonou para Eric certa manhã para se desculpar por não poder ir ao jantar anual dos Apóstolos, assegurando assim, pensou Eric, "com absoluta certeza, que meu telefone desde então estaria grampeado. O recado dele ajudou a tornar o jantar um grande sucesso", contou Eric em tom divertido muitos anos depois.[183]

X

De fato, os serviços de segurança continuaram de olho em Eric nos primeiros tempos do pós-guerra. Uma "fonte segura e confiável" na King's College, Cambridge, que "teve contato pessoal com HOBSBAWM" reportou em 1951 que Eric "tem aposentos na Escadaria G, Gibbs Building. Seu alojamento é cheio de literatura comunista, ele parece ser um militante comunista e não faz segredo de seus pontos de vista políticos. Ele se veste de um jeito desleixado. Acredita-se ser casado com a filha de um ex-sargento dos Guardas Granadeiros".[184] Mas eles logo se atualizaram e começaram a reportar que Eric havia "se separado recentemente da esposa e a deixou de posse do apartamento e do conteúdo. Ele voltou para Cambridge, onde a King's fornece uma série de quartos gratuitamente e continuou com seu salário de £ 300 por ano".[185] Comenta-se que recentemente ele teve um colapso nervoso.[186] Porém, isso não o tornava menos perigoso aos olhos do MI5, principalmente por estar em contato com Alan Nunn May, um médico que fora preso por passar segredos nucleares para os russos na Segunda Guerra Mundial.[187] Na verdade, esse contato era totalmente inócuo. Mesmo assim, os serviços de segurança continuaram desconfiados. "Sem dúvida Eric

HOBSBAWM", observou o MI5 sarcasticamente, "fará um bom trabalho de propaganda entre o corpo estudantil de Cambridge."[188]

As suspeitas do MI5 eram quase totalmente infundadas. Eric não tinha nada de militante comunista. Sabia que em termos políticos ele vivia "uma vida estranha como um outsider do movimento". Sempre achou que não era capaz de se comprometer totalmente, por ser "fraco e vacilante" e se apegar demais à velha sociedade convencional para conseguir se dedicar a construir uma nova sociedade.[189] A "autobiografia do partido" de Eric, um documento que todos os membros precisavam escrever, foi apresentada em 2 de novembro de 1952 e ele não se poupou de autocríticas. "A maioria das pessoas tem diferenças com o Partido de tempos em tempos. Eu as expus e depois aceitei as decisões do partido até que a linha mudou", escreveu. "De que outra forma poderão ser solucionadas? Eu tentei me manter no centralismo democrático." Porém, desde que saiu do exército, passou "a me isolar mais das massas, e até do trabalho normal do partido (quando nos núcleos da universidade eu tentei fazer o trabalho básico comum, mas não me envolvi em trabalhos de responsabilidade). Moderadamente satisfeito com o trabalho do sindicato".

Eric era de fato secretário regional da Associação de Professores Universitários de Cambridge e foi um dos delegados de sua comissão, mas devia estar ciente de que isso não chegava a evidenciar um comprometimento com o tipo de militância industrial em que o Partido estava interessado. O mesmo podia ser dito de editar e escrever quase toda a *University Newsletter* de Cambridge, de cunho comunista, de outubro de 1951 a novembro de 1954, investindo contra a discriminação que os acadêmicos comunistas vinham sofrendo cada vez mais, comparando-a com a exclusão dos social-democratas de cargos universitários na Alemanha do *kaiser*.[190] De uma forma um tanto irrealista, Eric queria "ter mais o que fazer com operários de fábrica. Já considerei trabalhar nisso em tempo integral, mas acho que não sou suficientemente bom em organização para levar a ideia a sério. [...]. Não acho que tenha feito o que poderia para o Partido", concluiu, "ou que esteja avançando na minha capacidade de fazer isso".[191]

Em relação ao sindicato e a seus membros, a principal atividade de Eric consistia em escrever e fazer palestras sobre a situação social e econômica dos professores universitários. Em 25 de setembro de 1949, falando numa conferência organizada pelo Comitê Cultural do Partido, ele afirmou, segundo um relatório do MI5, que um camponês dos BALCÃS com um mínimo de estudo, que hoje está ajudando a construir e ordenar a sociedade, é mais livre que os professores universitários neste país. Afirmou que [durante] os períodos em que os intelectuais aderiram ao povo, eles realizaram seus melhores trabalhos. Nos períodos em que os intelectuais se retiraram para suas "torres de marfim" eles não produziram nada de valor devido à desassociação com o povo.[192]

Em dezembro de 1950, quando Eric compareceu à conferência anual da Associação de Professores Universitários na Royal Holloway College, em Egham, no sudoeste de Londres, a Guerra Fria já exercia alguns efeitos nas políticas da agremiação. Embora tenha apoiado as decisões do conselho, Eric não foi eleito e na verdade acreditava, corretamente, que nunca seria. Nem chegavam a pedir que ele assinasse petições ou que participasse de campanhas. Tudo o que os membros do Partido podiam fazer, concluiu, era exercer alguma influência nos bastidores, pois eram vistos com desconfiança. "Isso dói", escreveu.[193]

Durante esses anos Eric andava quase sempre às turras com o Partido. Os comunistas britânicos passavam por um teste específico de lealdade, provocado pelo racha surgido em 1948 entre Stálin e o comunista iugoslavo Josip Broz Tito, que tinha liderado seus guerrilheiros à vitória durante a guerra e agora implantava uma política econômica relativamente liberal no país. A expulsão da Iugoslávia do Cominform, sucessor do Comintern, foi seguida por uma série de espetáculos de julgamentos de "titoístas" por toda a Europa Oriental. Eric sabia que muitos búlgaros, tchecos e húngaros não acreditavam nas acusações e nem na virada do Partido Comunista Britânico, que em 1947 enalteceu a Iugoslávia como aliado próximo da União Soviética, mas que em 1948 acusou o país de ser capitalista.[194] Eric deixou bem claro em conversas privadas que não seguia a linha ortodoxa do Partido contra o "revisionismo" da Iugoslávia. Em carta para a revista *Listener* [da BBC] em janeiro de 1949, Eric criticou um polêmico programa da rádio de A. J. P. Taylor sobre a situação, mas não disse nada em defesa de Stálin, tampouco em qualquer outra ocasião.[195] Em 1953, seus amigos e alunos de graduação Neal Ascherson e Geoffrey Lloyd foram para a Iugoslávia como voluntários de uma "brigada jovem" para reconstruir a estrada de ferro da Bósnia, que ainda sofria com os efeitos da guerra. Os dois ficaram hospedados com famílias sérvias da classe trabalhadora e "se divertiram muito", principalmente porque o projeto foi cancelado por falta de pás, segundo Geoffrey. Eles passaram boa parte do tempo no Danúbio, perto de Belgrado, "nadando numa espécie de prainha agradável, com garotas com pretensões ao estrelato, com pernas muito peludas, e algumas delas foram a Cambridge, quer dizer, como visitantes", segundo recordou Geoffrey. Quando os dois voltaram a Cambridge, Eric não os censurou por terem se envolvido com o "titoísmo"; segundo Ascherson, ele ficou "muito satisfeito por termos ido até lá para tentar construir aquela estrada de ferro, sabe, motivados pelo entusiasmo de uma jovem brigada não partidária".

Para os comunistas mais comprometidos, o próprio Eric poderia parecer um "revisionista". Ascherson se recordou de uma de suas amigas, uma chinesa, Gioietta Kuo,

uma comunista passional e incandescente; e que também era física nuclear – não só isso, era uma tremenda física nuclear – com notas altíssimas em Cambridge, muito comentada, sabe. O propósito dela, acho – bem, na verdade ela dizia isso às vezes –, era voltar e construir uma bomba para a China. Enfim, por alguma razão ela ficou tremendamente interessada no Eric [...]. Acho que Eric era a fim dela. Não sei se aconteceu alguma coisa – provavelmente não –, pois ela era meio austera, sabe, do jeito dos primeiros maoístas. Bem, ela era muito bonita e costumava repreender Eric por ele ser revisionista e se mostrar mole nisso e naquilo – por apreciar muito a cultura ocidental e não perceber o quanto era degenerada. E ela realmente o repreendia muito – lembro-me de ter visto isso várias vezes – e Eric [...] não reagia.[196]

Na verdade, Gioietta achava que Eric era homossexual, porque nunca falava sobre mulheres; como muitas outras pessoas em Cambridge, ela não sabia que Eric era casado. Gostava de ir ao alojamento dele depois de um exame, onde podia relaxar enquanto ele preparava um chá e servia biscoitos e os dois falavam sobre comunismo e a China, onde a mãe dela era uma diretora de cinema. No devido tempo, Gioietta foi a Birmingham para fazer um doutorado em física nuclear, depois se casou com um croata e, ironicamente, foi morar na Iugoslávia, continuou a fazer pesquisas em Oxford e em Princeton e acabou sendo chefe de um instituto na Califórnia.[197]

Eric também era conhecido na King's como um comunista heterodoxo. Como reportou J. H. Money, um funcionário do MI5, em outubro de 1953:

Quando fui à King's em junho deste ano, ouvi um dos professores, chamado HARRIS, discutindo sobre HOBSBAWM. Ele dizia que HOBSBAWM estava totalmente desatualizado no seu comunismo e que ainda estava "nos tempos da frente popular; que provavelmente não sobreviveria se os russos chegassem" [...]. Antes disso, outro professor observou: "HOBSBAWM lamentaria ter que nos fuzilar".[198]

Os líderes do Partido Comunista de Londres também sabiam bem que Eric não se conformava com seus moldes de como deveria ser um comunista ativo. Como depois comentou a romancista Doris Lessing, ela mesma um membro do Partido na época: "A pressão sobre escritores – e artistas – para fazer algo mais além de escrever, pintar, fazer música, por essas coisas não serem nada mais que prazeres burgueses, continuava forte".[199] Um comunista só deveria escrever para a imprensa do Partido, por exemplo, mas Eric escrevia para diversos periódicos "burgueses" como a *Lilliput* e o *Times Literary Supplement*. Um comunista deveria vender exemplares do jornal do Partido nas esquinas, o *Daily Worker*, mas Eric não parecia fazer isso.

Na verdade, em 1948 o MI5 disse que Eric estava engajado em organizar "uma colaboração regular de artigos sobre história para o *Daily Worker*", e o MI5 foi informado de que "alguns artigos também começaram a sair no *World News* e na *Communist Review*".[200] Mas os textos de Eric não seguiam em nada a linha ortodoxa do Partido. O escritório central do Partido mandava cartas com frequência exigindo que se comportasse como um verdadeiro comunista, mas ele as jogava fora. O MI5 relatou uma conversa, ocorrida na sede grampeada do Partido na King Street, em que a liderança confessava ter mais ou menos desistido de Eric. Dorothy Diamond, professora de ciência, membro do Partido e secretária honorária do Conselho Britânico para a Democracia Alemã, e Idris Cox, um mineiro galês, ex-editor do *Daily Worker* e até recentemente organizador nacional do Partido e secretário do Departamento Internacional do PCGB, expressaram nessa ocasião sua frustração em relação a Eric:

DIAMOND perguntou se havia algum sentido em lançar outro ataque contra Eric HOBSBAWM(?). Seguiu dizendo que achava que algo deveria ser feito a respeito – Eric tinha simplesmente deixado de responder as cartas! COX perguntou se ele era associado ao Comitê Cultural. (A resposta a esta pergunta não ficou clara.) Depois de uma explosão de gargalhadas, COX disse que poderia fazer uma averiguação a respeito da posição de Eric.[201]

Mas ele não deve ter feito isso. Assim como antes, o Partido se concentrava principalmente em atividades sindicais. A não conformidade de um só intelectual não era uma questão de grande importância.

De qualquer forma, depois de se mudar para Cambridge, em 1950, Eric desistiu totalmente de participar de atividades ortodoxas do Partido, sobre as quais confessou mais tarde: "Eu não tinha o gosto natural ou o temperamento adequado. A partir daquele momento, passei a operar só em grupos acadêmicos ou de intelectuais".[202] Escrevia cartas ocasionais para a imprensa, como a que definiu como ilegal a resolução do Conselho de Segurança da ONU que provocou a Guerra da Coreia ("A Organização das Nações Unidas não pode ser um instrumento do Ocidente"), ou denunciando a intervenção militar da França na Indochina. Mas seu comprometimento não se estendia a campanhas ativas ou a trabalhos para o Partido. Em 1960 ele fez comentários sobre a mídia ter criticado os soviéticos por terem abatido o avião espião americano U-2, pilotado pelo jovem aviador Gary Powers ("O que teria acontecido se um avião soviético tivesse sido abatido sobre Kansas City?"). Mas Eric não escrevia em nome do Partido, como faziam seus membros de forma geral; escrevia como um acadêmico independente e politicamente engajado.[203]

Eric era mais ativo no apoio aos partidos comunistas fora do Reino Unido. Era membro da Associação de Amizade Anglo-Chinesa.[204] Também se envolveu no apoio à República Democrática da Alemanha, fundada em 1949 na zona soviética de ocupação, juntamente com a República Federal da Alemanha Ocidental. Muita gente de esquerda considerava que a República Federal mostrava muitas continuidades com o regime nazista, onde um grande número de funcionários públicos, juízes, homens de negócio e professores estava sendo reintegrado aos seus cargos, demonstrando portanto que a maior esperança em um novo começo, livre do fardo histórico da Alemanha, residia no Leste. Em setembro de 1949 Eric concordou em assumir a editoria de um boletim mensal, *Searchlight on Germany*, como representante do Conselho Britânico para a Democracia Alemã, uma frente de organização comunista.[205] O trabalho administrativo era conduzido por Dorothy Diamond. A circulação era de cerca de 500 exemplares. "Desde que este homem assumiu a editoria", reportou o MI5, "a qualidade da revista melhorou." Mas ainda não havia dúvidas de que Eric fosse um "intelectual doutrinário".[206]

Mas, segundo observou o Partido, nem Eric nem Dorothy "estavam fazendo todas as coisas que deveriam fazer". A publicação passava por dificuldades financeiras. No fim de 1950, Eric saiu da editoria.[207] Na época ele vivia uma vida "meio nômade entre Londres e Cambridge", o que tornava difícil se comprometer integralmente com o trabalho do Partido em Londres. "Não posso pagar três passagens de Cambridge a Londres por semana", disse a Dorothy Diamond. Se as reuniões coincidissem com o dia em que lecionava em Birkbeck, ele perderia o dia de trabalho. O melhor que podia fazer (com a ajuda de Dorothy) era fornecer aos jornais e revistas do Partido Comunista "fatos sobre a Alemanha – devidamente digeridos etc. – para eles escreverem sobre eles".[208] De qualquer forma, Eric tinha razões para deixar o cargo, numa época em que a Alemanha Oriental estava passando por um processo rápido e brutal de stalinização. Mesmo assim, suas atividades e seus contatos mais uma vez levantaram suspeitas do MI5. Em 3 de janeiro de 1952 o Ministério do Interior emitiu um mandado para monitorar a correspondência de Eric, baseado no fato de ele ser "um membro do Conselho Britânico para a Democracia Alemã e, como tal, ter frequentes contatos com comunistas alemães e austríacos. O objetivo da investigação era estabelecer as identidades de seus contatos e desentocar intelectuais comunistas, ostensivos ou encobertos, que podem ser desconhecidos para nós".[209] No entanto, abrir a correspondência de Eric foi uma total perda de tempo. Nada de interesse foi revelado, e em 10 de junho de 1952 o mandado foi suspenso até segunda ordem.[210]

Eric era também membro do Comitê de Londres da Liga da Amizade Anglo-Tchecoslovaca, dedicada a estabelecer boas relações com os novos governos comunistas do país. Eric conhecera inúmeros jovens historiadores tchecos no Festival Mundial da Juventude em Praga de 1947, não muito depois de o Partido Comunista ter conseguido notáveis 38% de votos numa eleição geral livre. Mesmo depois do que foi efetivamente um golpe dos comunistas no país no início de 1948, seguido por uma acelerada deterioração nas relações com os partidos não comunistas, Eric continuou acreditando na causa da mudança política no que representava a única democracia funcional da Europa Central e da Europa Oriental antes da guerra. Seus pontos de vista foram revelados quando, em 1949, Eric compareceu ao jantar anual dos Apóstolos, realizado no Royal Automobile Club e presidido por Guy Burgess, ainda na Inglaterra e ainda não desmascarado. A principal contribuição de Burgess para a discussão teria sido pedir aos presentes que concordassem em que católicos não fossem admitidos entre os Apóstolos, por estarem impedidos de discutir questões de forma aberta e honestamente devido à sua adesão aos dogmas da igreja (um argumento cujas múltiplas camadas de ironia só se tornariam claras em retrospecto).[211] Um dos presentes ao jantar era Michael Straight, um americano contemporâneo de Eric em Cambridge que havia sido recrutado como espião por Anthony Blunt, tendo conseguido ocupar um cargo no Departamento de Estado em Washington durante a guerra. Ex-Apóstolo que à época se tornara um editor de revistas bem-sucedido, ele se encontrou por acaso com Burgess numa rua de Londres e foi convidado para o jantar.

A essa altura Straight já era um anticomunista convicto, e na verdade poucos anos depois foi importante na revelação do papel de Blunt como ex-espião. Seu relato da conversa com Eric no jantar não foi lisonjeiro:

> Sentei-me ao lado de um historiador em ascensão chamado Eric Hobsbawm. Lembrei-me de Hobsbawm como membro do movimento comunista estudantil em Cambridge. Ele deixou claro, pelo menos para mim, que não tinha desistido de suas convicções. Fiz alguns comentários cáusticos sobre a ocupação soviética da Checoslováquia. Hobsbawn [sic] rebateu com uma observação sobre os americanos que haviam sido presos sob o Decreto Smith. Com um sorriso onisciente, afirmou: "Existem mais prisioneiros políticos nos Estados Unidos hoje que na Checoslováquia". "Isso é uma grande mentira!", gritei. Continuei gritando com Hobsbawm. Percebi que outras pessoas começaram a olhar para mim. Eu não estava me comportando de maneira apropriada para um membro da sociedade.[212]

Não estava mesmo. Mas aquilo era um indicativo das paixões que a Guerra Fria começava a instigar até mesmo no ambiente normalmente educado da Sociedade de Conversazione de Cambridge.[213] Depois disso, contudo, Eric não fez mais nada pela amizade entre britânicos e tchecos, principalmente quando amigos que ele tinha conhecido antes e durante a guerra foram vítimas da última rodada de espetáculos de julgamentos de Stálin, inclusive por serem judeus.[214]

XI

As atividades convencionais de esquerda em apoio aos comunistas não eram o foco principal das atividades de Eric no Partido durante esses anos. A maior parte de seu engajamento era com o Grupo de Historiadores do Partido

Comunista, originalmente estabelecido em setembro de 1938 e reconstituído depois da guerra. Mais tarde Eric definiu o grupo como "em guerra com o stalinismo" desde 1946. "Na verdade nós éramos comunistas críticos."[215] Eric também defendia a admissão de não comunistas, e por isso propôs que não se exigissem as identificações de membros do Partido no início de cada reunião. O comitê rejeitou o pedido, proposto no começo de 1948, mas aprovou a ideia de que simpatizantes de fora fossem incluídos nas reuniões.[216] O espírito ativo na formação do grupo foi uma não acadêmica de origem de classe média alta, Dona Torr, formada em literatura inglesa antes da Primeira Guerra Mundial, que trabalhava na Lawrence and Wishart. Fluente em alemão, também fez traduções para o inglês para a edição de *A correspondência entre Marx e Engels* (1934), patrocinada pelos soviéticos, da qual Eric havia comprado um exemplar e lido ainda nos tempos de colégio.[217] Muitos anos depois Eric se lembrou dela como

> uma mulher pequena sempre com um lenço vermelho na cabeça e de opiniões muito firmes tanto sobre o Partido Comunista como sobre a história do marxismo. Ao contrário das gerações mais jovens de radicais políticos de famílias de classe média respeitáveis, ela conservava o sotaque e os modos da família. Não faço ideia de como conseguiu se livrar de sua formação familiar [...]. Tinha grande conhecimento sobre a história do trabalhismo, principalmente nos trinta ou quarenta anos antes da Guerra Mundial 1, mas escrevia muito pouco [...]. Era muito conceituada entre os intelectuais do PC e gostava de se ver como uma espécie de guru e patrona de jovens historiadores antes e depois da Guerra Mundial 2.[218]

Eric era praticamente o único membro do grupo com doutorado, e portanto com alguma experiência em escrever livros, por isso foi menos influenciado por Dana do que muitos outros. Quando indagado por um colega e camarada austríaco sobre uma lista de leituras sobre o movimento trabalhista inglês, Eric não foi capaz de indicar o trabalho dela.[219] O papel de Dana no grupo era quase puramente de assessoria e organização, embora fosse muito importante para alguns membros.[220]

O grupo se encontrava em Londres, no segundo andar do restaurante Garibaldi, em Farringdon ou, às vezes, na Marx House em Clerkenwell Green. Seu objetivo era mobilizar a história a serviço de ideias revolucionárias,[221] e suas principais metas eram a popularização da história por meio do movimento trabalhista, fornecendo uma perspectiva histórica de todas as partes na luta pela realização do socialismo [...]. Conhecimentos de história devem ser utilizados para fortalecer a confiança dos trabalhadores em seu próprio poder, com a total assimilação das realizações do passado da própria classe. Particularmente importante aqui é o desenvolvimento do conhecimento da história do nosso próprio Partido; não só por causa de sua importância em ajudar a entender o marxismo, mas também porque um claro entendimento das raízes históricas do Partido no movimento trabalhista é uma das melhores maneiras de superar o sectarismo e o sensação de isolamento.[222]

Os membros do grupo faziam palestras sobre a história da classe trabalhadora e tinham planos para um livro-texto, no qual Eric escreveria a seção do século XVIII; estimulavam a fundação de grupos de história locais (em Manchester, Nottingham e Sheffield); organizavam conferências; e esperavam dar início a um projeto de identificação de parcialidades em livros escolares convencionais sobre história.[223]

Poucas ou quase nenhuma dessas metas foram atingidas. Na prática, as atividades do grupo eram confinadas a seminários para os próprios membros sobre problemas históricos. "Para os marxistas, ao menos naquele tempo", recordou Eric mais tarde, "o problema de como o capitalismo se desenvolveu era o principal problema da história." Contudo, "nenhum britânico, ou aliás qualquer outro [historiador] marxista tinha abordado esse problema de frente, à luz de pesquisas mais atualizadas, inclusive as de historiadores 'burgueses'". A maior influência era o trabalho do economista de Cambridge Maurice Dobb, cujas palestras eram notoriamente enfadonhas e raramente assistidas por algum aluno, até mesmo por Eric, mas cujo livro *A evolução do capitalismo*, publicado em 1946, causou considerável impacto nos membros do grupo.[224] Dobb compareceu a muitas dessas reuniões, mas em geral sentava-se nas filas de trás durante as discussões.[225] O grupo era dividido em seções por período histórico. Eric fazia parte da seção do século XIX. Sua primeira contribuição registrada se deu em uma conferência realizada em 6 de junho de 1948 sobre "O impacto do capitalismo sobre os trabalhadores", para a qual ele contribuiu com uma extensa crítica do que via como impropriedades no trabalho do historiador comunista alemão Jürgen Kuczynski sobre o padrão de vida na Inglaterra durante a Revolução Industrial.[226] Participou de uma discussão geral sobre o clássico de Leslie Morton, *A história do povo inglês*, publicado em 1938.[227] Fez críticas ao livro *The Common People 1746-1938* de G. D. H. Cole, publicado em 1945 de coautoria com Raymond Postgate, um exemplo, segundo Eric, dos deméritos e também dos méritos "de uma história liberal, reformadora social e humanitariamente avançada".[228]

Em 1947, o Grupo de Historiadores do Partido Comunista organizou um curso de verão, e uma assembleia geral em 1948, mas depois disso começou a decair, com as setores de estudantes e professores entrando em inatividade temporária em 1951, com a seção moderna passando por "um período de grandes dificuldades" e a seção medieval entrando em colapso em 1953. Os crescentes compromissos dos principais membros atrapalhavam a regularidade dos comparecimentos. Eric deixou o cargo de tesoureiro e saiu do comitê em 1950, e nessa época sua frequência passou a ser bem menos regular.[229] Porém, é difícil não ver isso como uma consequência da profunda crise pessoal por que estava passando, pois ele retornou ao comitê em setembro de 1952, na verdade substituindo o medievalista Rodney Hilton como presidente.[230] Reavivou planos para um livro-texto escrito coletivamente sobre a história da Inglaterra e reuniu uma lista atualizada das pesquisas dos membros do Partido nessa área.[231] A consequência mais importante do reengajamento de Eric foi um ambicioso curso de verão que organizou sobre a ascensão e o declínio do capitalismo britânico, realizado no imponente Netherwood Hotel em Grange-over-Sands, em Lake District, em meados de julho de 1954.[232] "O propósito deste curso", declarou Eric em seu discurso de abertura, "é esclarecer nossas mentes sobre a história do capitalismo na Grã-Bretanha."[233] As diversas anotações de Eric para essa exposição abrangiam desde o papel do metodismo ao papel do império. Já pensava numa escala global ao adiantar teses sobre o papel dos colonizadores brancos e as elites colaboracionistas nativas na manutenção do colonialismo, numa época em que as metrópoles capitalistas claramente perdiam seu domínio.[234]

Fazendo um resumo no fim do encontro, Eric considerou que "a crescente convergência de ideias nas discussões era um sinal de nossa crescente maturidade". De forma característica, lamentou a falta de discussões sobre cultura, demandando "uma grande melhoria no nosso conhecimento do povo comum na determinação e desenvolvimento da história". Sugeriu que deveriam ser realizados outros cursos de verão para historiadores marxistas de tempos em tempos.[235] Contudo, o curso de verão de 1954 acabou sendo o canto de cisne do grupo. Alguns anos depois, o historiador inglês Edward Thompson confessou que sentia falta do grupo e de suas reuniões; que as conferências acadêmicas não eram um substituto: "Artigos em demasia, tentando ser brilhantes, e todos muito curtos".[236] No entanto, permanecia a questão de o grupo ter sido "formado dentro de certa matriz cultural unificada, um certo 'momento'", de forma que "devemos parecer um pouco com um clube fechado, que compartilha senhas e definições implícitas e opera dentro de uma problemática compartilhada que hoje não pode ser abordada da mesma maneira".[237] Essas ideias e suposições em comum deram aos ex-membros do grupo um perfil diferenciado quando começaram a produzir seus principais trabalhos históricos no fim dos anos 1950 e nos anos 1960.

Eric queria ampliar o trabalho do grupo para o continente europeu. Em julho de 1952 ele escreveu a Delio Cantimori, depois de uma visita a Paris, sugerindo um "encontro conjunto anglo-francês" de historiadores marxistas no fim do ano, para discutir a transição do feudalismo para o capitalismo e a transição anterior, da sociedade comunitária ao feudalismo. O especialista francês em história da economia da Espanha, Pierre Vilar, foi envolvido nos planos.[238] Os historiadores marxistas italianos, pensou Eric, também deveriam participar, e de forma mais geral queria estabelecer uma colaboração maior entre historiadores marxistas da Europa Ocidental.[239] A conferência aconteceu entre 28 e 30 de dezembro de 1952, com a participação de Eric, Christopher Hill, Rodney Hilton, Robert Browning, Victor Kiernan, John Morris e Louis Marks, embora não se saiba quem participou como representante da França.[240] Mas esse ambicioso esquema não resultou em nada no longo prazo. Na melhor das hipóteses, os marxistas se encontravam de tempos em tempos na periferia de congressos mundiais ou europeus sobre história. Os historiadores comunistas franceses eram dogmáticos e stalinistas demais para um diálogo produtivo. O Grupo de Historiadores do Partido Comunista nunca conseguiu dar o salto para o outro lado do canal da Mancha.

Porém, pouco depois da morte de Stálin, em 1953, quatro membros do grupo, Eric, Christopher Hill, Robert Browning e Leslie Morton, foram recompensados por um convite da Academia Soviética de Ciências para ir à Rússia durante as férias acadêmicas de inverno de 1954-1955.[241] O grupo atravessou a Europa de trem, tendo sido calorosamente recepcionado. No dia seguinte à chegada de Eric e seus companheiros, eles foram levados ao Teatro Bolshoi, onde foram servidos de vodca e caviar e assistiram a uma apresentação de *Eugene Onegin* de Tchaikovsky. No dia seguinte, uma quarta-feira, compareceram a uma recepção da Academia e em seguida foram levados a um circo "terrivelmente antiquado e encantador", com uma panóplia de domadores de leões, malabaristas, acrobatas, equilibristas na corda bamba e palhaços. Na quinta houve uma "longa sessão no Instituto de História", depois da qual o grupo foi levado para ver os corpos embalsamados dos fundadores da União Soviética, sendo admitidos sem muita espera por terem sido colocados na "fila dos privilegiados". Eric ficou "muito impressionado [...] Lênin parece mais magro e de rosto mais afilado do que se imaginava, e Stálin, maior". Sentiu-se particularmente impressionado com a grandiosidade do metrô de Moscou, como qualquer um que o tenha visto certamente deve se sentir. Mas queixou-se em particular da dificuldade para obter bebidas alcoólicas além da vodca que serviam nas ocasiões cerimoniosas, e por ser quase impossível ouvir jazz. E não havia dúvida de que não tinha nada a ver com o povo russo comum ou, na verdade, com a vida cotidiana na Rússia.

Em seguida o grupo viajou no famoso Trem Vermelho noturno para Leningrado (São Petersburgo) para um colóquio sobre história. Eric achou a cidade "limpa e bem cuidada [...]. Uma cidade magnífica em todos os sentidos". Ficou menos impressionado com as mulheres russas. Os "penteados são horrorosos", e "os vestidos poderiam ser muito mais elegantes [...]. De maneira geral é triste, pois apesar de suas formas serem rechonchudas demais para o nosso gosto, seria possível se acostumar com isso". Visitaram a sinistra Fortaleza de Pedro e Paulo, onde tantos revolucionários foram aprisionados, e assistiram a uma apresentação de *O lago dos cisnes* de Tchaikovsky no Balé Mariinsky, e no fim ficaram surpresos quando, como era de costume, a primeira bailarina, ainda transpirando por seus esforços, veio até o camarote para ser apresentada aos visitantes. Também visitaram a "maravilhosa cole[ção]" do Museu Hermitage. Eric ficou impressionado com "o apaixonado interesse cultural" dos russos, com "filas nas livrarias", além de multidões nos teatros e salas de concerto. Havia inclusive um mercado negro de clássicos literários que não podiam ser encontrados nas livrarias comunistas censuradas, embora as pessoas "não falem em particular como falam em público", quando poderiam ser ouvidas por agentes da polícia secreta. Mas, no todo, "a principal impressão positiva é de uma vasta energia e expansão".[242]

Sentiu-se deprimido pelas cicatrizes que ainda restavam da guerra na Rússia, e da atmosfera impregnada de segredos na qual nem mesmo catálogos telefônicos ou mapas se encontravam disponíveis. Ficou impressionado com a proximidade de destacados cientistas com suas raízes camponesas, evidenciada pela capacidade de citar provérbios russos à vontade. Quase não conheceram ninguém de seus ramos, apesar de a mídia soviética ter divulgado um relato da visita na qual os convidados britânicos teriam se envolvido em "animadas discussões" com colegas soviéticos sobre questões como a Conquista Normanda, a ideologia de trabalhadores britânicos e levantes medievais. A visão política de Eric não foi afetada por essa experiência. Fossem quais fossem os problemas e dificuldades para manter o comunismo no estilo soviético, ele continuou a achar que era preferível ao imperialismo do Ocidente, e por isso precisava ser defendido com mais força que nunca.[243]

XII

O produto mais duradouro dos longos debates e discussões realizados pelo Grupo de Historiadores do Partido Comunista foi a publicação de um periódico. As discussões começaram com a iniciativa de John Morris, um membro do Grupo que ensinava história de Roma na Universidade de Londres. Em 6 de janeiro de 1950, Morris fez uma visita a Eric na King's para discutir "a nova revista sobre história. Só Deus sabe o quanto o homem é irritante", confessou Eric, "mas consegui mais ou menos manter a paciência com ele". A conversa de noventa minutos o deixou cansado.[244] Mas Morris persistiu, e a fundação da revista aconteceu alguns meses depois na mesa da cozinha de sua casa. Além de Eric e Morris, estavam presentes Christopher Hill e Rodney Hilton. Na reunião, Morris foi designado como editor da publicação, função que ocupou até 1960. Cada membro se comprometeu a contribuir com o dinheiro que tivesse para subsidiar os custos de publicação.[245] Reuniram 25 libras entre eles para começar, com Morris contribuindo com a mesma quantia e três outros benfeitores participando com mais oito libras. A maior parte desse dinheiro foi usada na impressão de 15 mil folhetos e para enviá-los para bibliotecas anunciando o lançamento da publicação. Ao serem instados a contribuir, vários membros do Partido o fizeram, ainda que relutantes.[246] Em outubro de 1951, a publicação tinha 217 assinantes, um número tão pequeno que o grupo fundador chegou a pensar em desistir do projeto. Mas eles seguiram em frente quando Morris encontrou um impressor que poderia produzir a revista a um custo suficientemente baixo para cobrir as despesas com uma circulação de 400 exemplares.

Morris queria chamar o periódico de *Bulletin of Marxist Historical Studies*, mas Eric e outros membros do grupo acharam que a publicação poderia lançar sua rede com um foco muito mais amplo reduzindo a importância do passado para entender o presente num sentido mais geral. Tomando emprestado o título de uma série de livros históricos de curta duração editada depois da guerra pelo arqueólogo V. Gordon Childe, a nova revista foi chamada *Past & Present*, com o descomprometido subtítulo marxista *A Journal of Scientific History*. Os editores escreveram cartas pedindo a historiadores simpatizantes que enviassem artigos. A pedido de Eric, Delio Cantimori apresentou um artigo em janeiro de 1952.[247] Os preparativos para a publicação estavam indo bem, garantiu Eric a Cantimori; eles já tinham um artigo do historiador soviético E. A. Kosminsky, respeitado especialista em história agrária medieval da Inglaterra, e convenceram Georges Lefebvre, o grande historiador da Revolução Francesa, a se tornar membro do conselho editorial.[248] Eric fez o melhor possível para aumentar as vendas, perguntando se Cantimori poderia conseguir uma mesa para expor a publicação no Décimo Congresso Internacional de Ciências Históricas, realizado em Roma em 1955, sob os cuidados de alguns estudantes de graduação.[249]

O talento administrativo de Morris era mínimo. Dizia-se que ele guardava o dinheiro da revista numa caixa de sapatos embaixo da cama. Para começar, em um ano foram lançadas duas edições de 60 páginas cada uma. O design da capa era simples. Editores assistentes voluntários e "administradores de empresa" foram recrutados do círculo de amigos e de estudantes do grupo. Os membros do conselho editorial escreviam eles mesmos os artigos ou os encomendavam a amigos e colegas. Foi decidido não incluir resenhas de livros porque não havia onde guardar os livros.[250] Eric esboçou uma declaração inaugural em dezembro de 1950 que, com acréscimo de outros, acabou se tornando o manifesto da revista.[251] O objetivo era ambicioso: nada menos que se contrapor às principais tendências historiográficas da era pós-guerra na Grã-Bretanha. Foi principalmente pela influência de Eric que *Past & Present* se propôs a desenvolver um conceito de história amplo e abrangente, em que os editores buscavam representantes de disciplinas adjacentes. Depois Eric definiu a revista como "a equivalente britânica da *Annales*".[252] O primeiro parágrafo do editorial da primeira edição prestava um tributo à "tradição do falecido Marc Bloch e seu associado, Lucien Febvre", por estudar as mudanças no passado "não por meio de artigos metodológicos e dissertações teóricas, mas com exemplos e fatos".[253]

Alguns anos depois Eric escreveu para o historiador social francês Pierre Goubert, que havia conhecido no Congresso Internacional de História em Roma em 1955, solicitando uma colaboração. Goubert se lembrava do historiador "de braços e pernas compridos", que podia ser visto em vários momentos do congresso falando em cinco ou seis línguas; já havia lido alguns artigos interessantes daquele "marxista com estilo inglês"; e concordou em mandar alguma coisa.[254] A proximidade da revista com a *Annales* foi ressaltada pela participação do medievalista Le Goff na edição de número 100, em que ele lembrou que os historiadores franceses não tinham ideia do perfil político da equipe editorial original por trás da *Past & Present*. Le Goff confessou, de um jeito bem francês, "ser um dos leitores desde o começo, e admirador, amigo, quase (se posso dizer assim) um amante secreto".[255]

Em pouco tempo, a característica básica da revista foi estabelecida a partir de um consenso entre os editores marxistas e os não marxistas. Desde o início eles compartilhavam de

> uma hostilidade em comum ao "tipo de artigo que saía na *English Historical Review*", ou seja, baseados numa historiografia ortodoxa tradicional. Nesse sentido, ainda que menos delineado, partilhávamos da revolta da Annales contra sua própria tradição histórica nos anos 1930 – e estávamos cientes dos paralelos [...]. Em certo sentido, nos tornamos os porta-vozes da nova geração de historiadores pós-guerra para os quais, marxistas ou não, a dimensão econômica e social da história era mais importante que antes, que estavam prontos para escapar da jaula político-institucional arquivística e ortodoxa para usar novas fontes, técnicas e ideias.[256]

Muito imbuído desse espírito, a primeira contribuição de Eric para a nova revista foi um artigo sobre os luditas, ativistas que quebravam máquinas no começo da Revolução Industrial na Grã-Bretanha. Discordando do ponto de vista de Jack Plumb, de que o ludismo era "uma rebelião industrial frenética e sem sentido", Eric argumentou que em algumas circunstâncias era uma forma racional de negociação de parte dos trabalhadores com a indústria – exatamente o aspecto que enfatizara com a aluna Joan Rowlands em sua supervisão sobre a história da economia britânica.[257]

A este se seguiram dois artigos substanciais, desenvolvidos a partir das anotações que havia feito numa sessão do Grupo dois anos antes, em 8 de março de 1952, sobre a crise do feudalismo nos séculos XVII e XVIII.[258] Os dois textos foram publicados em 1954 sob o título "The General Crisis of the European

Economy in the 17th Century". Foi a primeira vez que se tornou totalmente evidente a força das impetuosas generalizações de Eric, baseadas numa espantosa amplitude de referências colhidas de todo o continente europeu. Partindo de seu território habitual, as pesquisas sobre a história do trabalho na Inglaterra no século XIX, e extrapolando-as para economias de diversos países inspirado em referências à literatura publicada em vários idiomas europeus, Eric identificou uma crise econômica em comum que levou à disseminação de uma série de rebeliões e revoltas, e a mais radical e bem-sucedida foi a deposição da monarquia inglesa nos anos 1640, que ele considerava a primeira revolução burguesa completa.[259]

Os artigos de Eric foram imediatamente discutidos na *Annales*, que definiu seus textos como um raro exemplo de generalização abrangente e ambiciosa de um historiador inglês.[260] De maneira mais geral, os artigos dispararam um grande debate histórico quando Hugh Trevor-Roper, especialista no século XVII, contribuiu com um artigo focado nas consequências políticas da crise e ao mesmo tempo criticando a análise de Eric da transição econômica do feudalismo para o capitalismo. Seguiram-se diversos artigos de uma ampla gama de historiadores, que acabaram sendo publicados em livro. O debate continua reverberando no século XXI, com o enfoque mais recente na mudança climática da "pequena Era Glacial" que fundamenta a crise, descartada por Eric como um fator extrínseco com pouca relevância para a história humana da época. O debate sobre a "crise geral" foi a primeira participação de Eric em uma controvérsia histórica de grande escala. E estava longe de ser a última.[261]

De início, a *Past & Present* não teve muito sucesso. "Por alguns anos, com exceção dos marxistas, poucos estavam preparados para escrever para a revista", lembrou-se Eric mais tarde. "Alguns, como o historiador da Grécia antiga Moses Finley, ele próprio uma vítima do macartismo, se mantiveram distantes da publicação durante anos. Outros, como o historiador da arte Rudolf Wittkower, se retiraram porque algumas pessoas disseram que não seria bom para suas carreiras. O Instituto de Pesquisas Históricas chegou a se recusar a assinar nossa revista por muitos anos."[262] Mounia Postan teve papel importante na desaprovação da nova revista. Os membros do conselho editorial, disse Postan a R. H. Tawney, que se recusara a participar, "são quase todos comunistas e companheiros de viagem [...]. Nem é preciso dizer que eles vão tentar fazer com que muitos não comunistas cooperem, e podem até publicar ocasionalmente um artigo não marxista ou antimarxista. No entanto, concordo com você em que o mais provável é que a revista se torne um dos corpos satélites do PC".[263] "Acho que você subestima o nível de desconfiança em torno do conselho constituído no presente", escreveu para Eric o historiador de esquerda e especialista nas origens da aristocracia inglesa moderna Lawrence Stone ao ser convidado a participar. Só depois que a maioria dos comunistas da equipe editorial saiu do Partido, em 1956, e quando Stone e outros não marxistas entraram para o conselho editorial, em 1958, que a revista conseguiu ampliar sua base de colaboradores para se tornar, no devido tempo, a revista acadêmica sobre história social mais respeitada nos países de língua inglesa do mundo.[264]

Os problemas enfrentados pela revista nos primeiros anos não foram o único aspecto em que a Guerra Fria afetou a carreira de Eric. No início dos anos 1950, Eric era lembrado na King's como "uma figura combativa e ligeiramente exótica". Seu brilhantismo era reconhecido de forma geral, mas "parecia haver uma cerca invisível ao redor de suas perspectivas. A versão britânica do 'macartismo' era frágil e errática", e abalaria seu futuro em Cambridge e já em 1952 parecia deixá-lo mais isolado que nunca entre os professores.[265] De forma geral, os anos entre o fim da guerra e a conclusão de sua bolsa de estudos em Cambridge, em 1954, foram difíceis para Eric, apesar de ter tido seu cargo confirmado como permanente na Birkbeck em 1950, depois da conclusão dos três anos de experiência requeridos.[266] A Guerra Fria já havia prejudicado sua carreira no rádio. Ele só obteve uma bolsa de estudos na King's na segunda tentativa, e não conseguiu publicar sua tese de doutorado em forma de livro. Assegurou um cargo permanente na Birkbeck e publicou seus primeiros artigos acadêmicos da *Economic History Review*, mas Eric ainda parecia muito distante de uma carreira acadêmica bem-sucedida. Teve papel importante na fundação da nova revista *Past & Present*, mas sua proximidade com o Grupo de Historiadores do Partido Comunista o impedia de ser amplamente aceito pelo mundo acadêmico. O próprio Grupo estava caindo na apatia e na inação. Eric sabia muito bem que deixava a desejar como membro do Partido Comunista, contribuindo pouco com suas atividades políticas. Mesmo assim, suas tentativas de garantir uma posição no meio acadêmico foram impedidas por sua adesão ao comunismo. A crise e o término de seu casamento o levaram a mergulhar numa profunda depressão emocional da qual lentamente começava a se recuperar. A vida em Cambridge era insatisfatória ao extremo e ele a evitava sempre que podia, não só com suas estadas em Londres como também no exterior, na Espanha, na Itália e principalmente, como veremos agora, na França, que teve papel crucial tanto em sua formação intelectual como em sua recuperação emocional durante os anos 1950.

6

"UM PERSONAGEM PERIGOSO"

1954-1962

Em meados dos anos 1950, Eric viajou muito para diversos lugares, tanto por motivos profissionais como pessoais. Em 1955 o amigo Delio Cantimori o convidou para o Décimo Congresso Internacional de Ciências Históricas, que começaria em Roma em 9 de agosto. Foi um grande acontecimento histórico, reunindo 2 mil delegados de todo o mundo. Pela primeira vez, incluía historiadores do bloco soviético, entre eles 24 representantes da URSS.[1] Como contou Cantimori, Eric estava ansioso "para organizar uma espécie de reunião com nossos muitos amigos dos países do Leste, e também para conhecer historiadores progressistas do Europa Ocidental para trocar pontos de vista".[2] No entanto, os congressos ainda eram dominados por historiadores políticos e diplomáticos, e apesar de ter mantido um plenário sobre a burguesia no encontro de Roma, Mounia Postan e Fernand Braudel tomaram a decisão, contra forte oposição da secretaria do comitê organizador do congresso, de fundar uma instituição dissidente quase imediatamente depois, a Associação Internacional de História Econômica.[3] Eric se lembraria depois do congresso principalmente por causa do clima agradável, que o levou a tirar uma folga dos procedimentos com George

Rudé, um companheiro comunista inglês e precursor da história das massas na Revolução Francesa, para ir a "uma praia em Ostia [...] com uma garrafa de vinho e trajes de banho".[4]

Concluída a parte profissional de sua visita, Eric seguiu para Siracusa, na Sicília, via Florença, onde embarcou num vapor para Malta para visitar a irmã Nancy e família.[5] O marido dela, Victor Marchesi, fora transferido para a ilha pela Marinha Real depois de dois anos a bordo de um porta-aviões durante a Guerra da Coreia. A essa altura o casal já tinha dois filhos, Anne, nascida em 1948, e Robin, nascido em 1951; um terceiro filho, Jeremy, nasceu em Malta em 1957. As visitas ocasionais de Eric eram muito apreciadas pelas crianças. Como Robin se lembrou mais tarde:

> Eric aparecia e a gente sabia que era uma grande ocasião., Ah, o tio está chegando, porque nós não tínhamos uma família e era bem estranho, pois todo mundo tinha um monte de parentes, grandes famílias, e consigo lembrar que aquilo era um pouco estranho. Mas essa foi a primeira vez que consigo me lembrar de tê-lo encontrado, e ele me comprou *O Caranguejo das garras de ouro* e eu nunca esqueci, aquilo me ensinou muito, e todo ano ele me mandava uma revista do Tintin, e foi assim que eu aprendi a ler, com Tintin.[6]

Certa vez Eric mandou para ele uma caixa de ferramentas, que Robin achou uma bobagem, já que não tinha nenhum interesse por aquilo, assim como Eric quando criança. Depois disso Victor foi transferido para a Irlanda do Norte, onde a família ficou por dois anos antes de voltar ao Reino Unido, no fim de 1957. A família ainda acompanhou Victor em um posto na Nigéria, antes se assentar em Greens Norton, em Northampton, em 1962.

Eric também manteve contato com o primo e amigo de adolescência Ron Hobsbaum, conhecido na família como "Hobby", agora morando com a família em Romford e depois em Shenfield, em Essex. Ron trabalhava como economista na Departamento de Pesquisas Financeiras do Serviço Público. A filha Angela, nascida em 1944, lembrou-se da duradoura amizade entre os primos nos anos 1950:

> Eu me lembro de Eric em visitas ocasionais como no Natal ou no verão, e sempre me lembro de Hobby e Eric tendo longas discussões sobre Deus sabe

o que, provavelmente economia ou política, com certeza sobre economia e política, e eu e minha mãe ocupadas cozinhando e cuidando da limpeza.⁷

Eric também fazia visitas regulares a Denis Preston, outro primo em primeiro grau com quem era muito ligado por uma paixão em comum pelo jazz. Agora Denis trabalhava como produtor de discos, especializado principalmente em jazz tradicional inglês. Exuberante e bem-sucedido, tinha uma Mercedes e usava ternos da Savile Row.¹* Ainda nessa época, apesar de ter se divorciado em 1954 de Noni, sua esposa sul-africana, e se casado com outra mulher, Denis continuava ativo em campanhas antirracistas, tendo conseguido retirar da biblioteca de muitas escolas o livro *A história do negrinho Sambo*, racista e paternalista.⁸

Com o fim de sua bolsa de estudos júnior na King's, em setembro de 1954, e já sem um alojamento grátis na faculdade, Eric se mudou definitivamente para Londres, alugando um apartamento espaçoso e muito caro na Gordon Mansions 37, próximo a Birkbeck, tão perto que ele podia dar uma passada em casa entre uma aula e outra. Era um "apartamento grande e meio escuro", recordou-se mais tarde, "cheio de livros e discos, dando para a Torrington Place". Para compensar o alto custo do aluguel, Eric dividia o apartamento principalmente com amigos e conhecidos do Partido Comunista que incluíam Henry Collins, membro do Grupo de Historiadores, o crítico literário marxista Alick West e Vicente Girbau, um refugiado espanhol. No começo de 1956, o MI5 notou que Eric estava dividindo o apartamento com Louis Marks, também historiador e figura ativa do Partido. Havia ainda espaço para hóspedes de surpresa, e diversos visitantes estrangeiros e outros amigos e conhecidos passaram por lá. "Para ser honesto, era muito mais divertido que morar numa faculdade de Cambridge."⁹

No decorrer dos anos 1950, Eric passou a maior parte de suas férias em Paris, como fazia antes da guerra.¹⁰ Lá ele ficava hospedado com Henri Raymond e Hélène Berghauer, um casal mais ou menos da idade dele a que havia sido apresentado por uma jovem francesa que conhecera no Congresso Internacional de História anterior, em 1950.¹¹ Os Raymond não tinham filhos – os médicos disseram a Hélène que ela tinha pouca chance de conceber.¹² Henri, nascido em 1921, trabalhava na estrada de ferro nacional da França, escrevia poesia

---

1 * Tradicional rua de Londres especializada em roupas masculinas. (N.T.)

e estudava sociologia com o proeminente pensador marxista Henri Lefebvre. Acabou se tornando professor da matéria na École Nationale Supérieure des Beaux-Arts, tendo publicado uma longa série de artigos e exercido forte influência nas gerações mais jovens de arquitetos e sociólogos urbanos. A esposa Hélène era pintora e ilustradora e ganhava a vida trabalhando no consulado brasileiro em Paris; judia e meio-polonesa, tinha fugido da França com a família em 1941 e passado os anos da guerra no Brasil.[13] Eric a definiu como "uma mulher charmosa muito atraente". Como fazia com todos os amigos parisienses, Eric conversava com eles em francês, que agora era praticamente perfeito.[14]

Eric já tinha ficado com o casal uma vez quando voltava da Espanha, em julho de 1952. Como anotou em suas memórias, eles moravam em um

> apartamento bem básico de classe trabalhadora no boulevard Kellermann [...]. Quando viajavam eu ia com eles no carrinho que tinham para onde concordássemos em ir – para o vale do Loire, para a Itália, para onde fosse. Quando estavam na cidade eu saía com eles observando a paisagem, como os tradicionais cafés Flore e o Rhumerie, passando o dia com conhecidos integrantes da *intelligentsia* – Lucien Goldmann, Roland Barthes, Edgar Morin. Quando eles estavam fora eu ficava lá sozinho, usando o apartamento como uma ilha deserta particular.[15]

O círculo de amigos e conhecidos dos Raymond, que também incluía Henri Lefebvre e o romancista Roger Vailland, ambos ex-membros da Resistência no tempo da guerra, consistia principalmente de intelectuais marxistas heterodoxos ou que estavam se afastando cada vez mais do marxismo.

O Partido Comunista Francês, bem como sua contraparte britânica, aderia rigidamente à ortodoxia stalinista, e os intelectuais que seguiam essa linha, inclusive vários historiadores que se tornariam bem conhecidos como Emmanuel Le Roy Ladurie, François Furet, Annie Kriegel e Alain Besançon, não tinham nada a ver com Eric e com seus companheiros intelectuais heterodoxos daquela época. Os funcionários do Partido conheciam muito bem o inconformismo de Eric, e nunca se atreveram a entrevistá-lo ou convidá-lo para qualquer reunião.[16] Ficou também amigo do grande fotógrafo Henri Cartier-Bresson, cujo trabalho admirava. E passava um bom tempo nos clubes parisienses como o Club St. Germain e o Le Chât Qui Pêche, onde se podia ouvir o melhor do jazz, apesar de Eric considerar o som de segunda categoria, bem inferior ao que se podia ouvir até mesmo em Londres. Só o clarinetista Sidney Bechet, que morava em Paris, contava com sua entusiasmada aprovação.[17] O lendário café Les Deux Magots ficava próximo, e também propiciava um estímulo intelectual. O filósofo Jean-Paul Sartre era um de seus clientes habituais; o café ficou famoso por ter sido ponto de encontro de Pablo Picasso com seus companheiros artistas algumas décadas antes. Havia ainda outros clubes, como o Sigale, onde Eric ia para ouvir música popular do Norte da África.[18]

Eric conheceu bem Sartre e o encontrava com frequência. Como lembrou Robin Marchesi, sobrinho de Eric:

> Topei com Eric em Paris quando eu morava em Paris com minha esposa americana – namorada, na época – em 1982 [...]. Sempre me lembro de ele nos levar para comer no La Coupole. E [...] sempre, sabe, nós já tínhamos ido lá antes e [...] sempre pedia o cordeiro ao curry. E minha namorada dizendo [com sotaque americano] "Você deve ser a única pessoa que vem aqui e pede o cordeiro ao curry!". OK, quando tio Eric nos convidou para ir ao La Coupole, minha ex-mulher virou-se para Eric e perguntou: "Quando foi a primeira vez que você veio aqui?".
> "Bom, acho que foi nos anos 1950, quando vim almoçar com Jean-Paul Sartre."
> E ela falou: "Puxa, meu Deus! E sobre o que ele falava?".
> Eric olhou para ela e disse: "Ele me falava: 'Só há uma coisa para se comer aqui, Eric, é o cordeiro ao curry'".[19]

Ao se relacionar basicamente com intelectuais de esquerda inconformistas ou dissidentes, Eric se manteve distante do stalinismo e conheceu um amplo arco de ideias heterodoxas.[20]

Durante os anos 1950, os Raymond subsidiaram as estadas de Eric em Paris. Havia sempre um quarto reservado para ele no apartamento, bem como algum dinheiro para o caso de Eric chegar quando eles estivessem viajando. ("Querido", dizia um recado de Hélène, "você vai encontrar seu dinheiro na gaveta desta mesma mesa. Eu deixei aí porque a nova governante [deve] ser honesta [...]. Espero que se divirta muito sem mim se possível. Beijos. Hélène.")[21] Eles tinham um interesse em comum por muitos tópicos que diziam respeito aos comunistas e, de maneira mais geral, à esquerda do início dos anos 1950, desde o espetacular julgamento de Rudolf Slansky e outros líderes comunistas tchecos – quase todos judeus – acusados de "sionismo" e "titoísmo" no inverno de 1952-1953, até as últimas atividades do líder comunista Maurice Thorez, um stalinista ferrenhamente dogmático. Hélène preocupava-se com o que parecia ser uma disseminação do antissemitismo na França.[22] Eles discutiam sobre livros de interesse mútuo, filmes, questões mundiais, os últimos empreendimentos dela no mundo das artes e, claro, sobre planos de se encontrarem, fosse em Paris, Cambridge ou Londres.[23] "Sabe que eu estou guardando o seu gim com o maior cuidado", ela disse a Eric numa carta. "Se você vier logo eu vou poder oferecer mais de um copo. Não é uma boa razão para vir?"[24]

Não era uma correspondência normal entre camaradas políticos e intelectuais. As cartas de Hélène a Eric eram cheias de expressões de afeto e amor nada convencionais, irresistivelmente francas e sinceras. "Como você está?", ela perguntou em outubro de 1952, poucos meses depois de Eric ter ficado um breve período com os Raymond pela primeira vez: "E o seu coração?".[25] Se as cartas dela eram relativamente contidas no outono e no inverno de 1952, elas perderam todas as reservas depois da estada dele em Paris no ano seguinte. Hélène mandou um poema sobre amantes. ("O quarto dos amantes / o mundo inteiro ria lá.")[26] Terminou uma das cartas com uma citação do Soneto 43 de Elizabeth Barrett Browning – "como eu te amo? Deixe-me contar as maneiras".[27] O marido Henri parecia não se incomodar. Não era capaz de sentir ciúmes, ela garantiu a Eric quando o caso começou entre os dois, em julho de 1952.[28] "Como vai sua vida sexual?", perguntou certa vez a Eric depois de algum tempo sem se verem.[29] Tinha esperança de ter sempre um lugar privilegiado no coração de Eric, escreveu em outra carta.[30] Apesar de se sentir ávida por liberdade depois de cinco anos com o marido, ela não poderia jamais se separar dele, segundo disse a Eric.[31] Hélène não hesitava em falar com Eric de outros casos de amor quando estavam separados – "eu sou uma criatura encantadora e adorável", declarou, e "estou encenando aqui uma pequena intriga sentimental".[32] Tampouco mantinha segredo sobre sua relação com Eric com o marido; na verdade, às vezes até incluía saudações dele no fim de uma carta. De sua parte, Henri também tinha seus casos, e Hélène comentou com Eric que pelo menos um deles era "uma relação séria. Amor", acrescentando sarcasticamente: "Ah, o amor é bom". No fim da década, com a desintegração cada vez mais óbvia do casamento, ela começou a pensar em se mudar do apartamento.[33]

Em 1957 Eric passou umas férias com os Raymond em Rodi Garganico, uma cidade litorânea na costa do Adriático no sul da Itália, escolhida pelos

Raymond por ser o cenário do romance *La Loi*, de um amigo do casal, Roger Vailland, vencedor do Prix Goncourt daquele ano. Eric conheceu outro casal na praia, Richard e Elise Marienstras, "ele um louro alto e troncudo, ela baixinha, magra e morena", ambos de famílias judias polonesas que de alguma forma conseguiram sobreviver à guerra na zona não ocupada da França. Mais tarde Richard se tornaria um notório estudioso de Shakespeare, enquanto Elise escrevia sobre a resistência dos ameríndios nos Estados Unidos. Os Marienstras estavam a caminho de um período como professores na Tunísia, um país que Eric conhecera antes da guerra, e eles imediatamente se envolveram em animadas conversas que acabaram forjando uma amizade para o resto da vida. Muitos anos mais tarde, ao se lembrar desse primeiro encontro, Elise Marienstras disse que não conseguiu decifrar a relação entre Henri, Hélène e Eric: "Basicamente eu não sabia se ela era ex-mulher de Eric, ou amante de Eric, ou a amante de Henri Raymond. A relação deles sempre foi incompreensível para mim". Talvez, imaginou, Hélène ainda seja casada com Eric. Não entendia a recusa de Hélène em adotar o nome do marido, coisa ainda muito incomum nos anos 1950. "Dava para perceber que não estava muito bem", observou Elise, falando sobre a relação de Hélène com Henri, "com alguns momentos difíceis e realmente nenhuma demonstração de intimidade" nem nesse primeiro encontro. Os Marienstras se tornaram amigos estáveis de Eric, mas não dos Raymond.[34]

O interesse comum pela independência da Argélia, a principal questão política na França em meados dos anos 1950, os manteve em contato. O envolvimento de Eric com o Norte da África antes da guerra e suas frequentes visitas a Paris puseram-no em contato com o movimento de independência da Argélia, a Frente de Libertação Nacional, ou FLN. Em 1954, uma sublevação organizada pela FLN na Argélia logo degenerou numa violenta guerra civil, situação que ficou ainda mais complicada com a oposição de muitos colonos franceses à ideia de independência do país. Atentados a bomba, massacres, assassinatos e tortura foram praticados de forma rotineira pelos dois lados. Quando 400 mil soldados franceses foram mandados para a Argélia o conflito começou a se alastrar pelas metrópoles francesas. Em 17 de outubro de 1961 a polícia francesa, comandada por Maurice Papon, responsável pela prisão e deportação de judeus para Auschwitz durante a guerra no regime colaboracionista de Vichy, matou entre 100 e 300 pessoas numa demonstração pacífica em Paris pela independência da Argélia.[35] O Partido Comunista Francês apoiava a independência da Argélia, e naquela situação, com a vida de membros da FLN e seus militantes ativos correndo perigo, alguns membros deram início a uma operação para escondê-los da polícia francesa, em alguns casos evacuando-os pelo canal da Mancha. Eric se envolveu nesse esquema, e perguntou a Neal Ascherson se ele poderia ajudar. Como Ascherson recordou-se mais tarde: "A ideia era que nós escondêssemos pessoas – militantes, quem aparecesse – só Deus sabe como, com nomes falsos e coisas assim – e protegê-los até a costa estar livre, fosse lá o que isso significasse. E eu me envolvi naquilo. Mas acontece que nunca fui chamado para esconder ninguém", acrescentou. "Naquela época eu estava casado, tinha um filho bebê. Quantas pessoas mais estavam envolvidas, ou quantos militantes foram escondidos eu não sei."[36] Enquanto isso, a partir de abril de 1961, a Organisation Armée Secrète, ou OAS, apoiada por vários colonizadores franceses, iniciou uma campanha de atentados a bomba e outras afrontas na França e na Argélia, com o objetivo de impedir a independência da Argélia. Nesse momento, Hélène foi visitar Eric em Londres, como ele se lembrou mais tarde, e disse que havia comprado temporizadores para equipar bombas numa campanha de oposição à OAS. "Perguntei onde ela tinha conseguido aquilo. 'Na Harrods, é claro', ela respondeu. É claro, onde mais?"[37]

A essa altura o casamento dos Raymond estava em fase terminal. Hélène saiu do apartamento no começo de 1962 e o casal passou por um processo de divórcio formal.[38] Henri casou-se de novo, desta vez com uma mulher financeiramente independente, enquanto Hélène continuou a ter seus casos.[39] Em 1965 ela começou a fazer psicoterapia por conta de depressão, insônia e ansiedade, e disse a Eric que não conseguia mais fazer sexo casual.[40] Os dois perderam contato, não se encontraram nem se escreveram mais até Hélène escrever para Eric muito anos depois, em 17 de outubro de 1985, para dizer que estava com câncer no seio.[41] O tratamento foi bem-sucedido por algum tempo, mas o câncer voltou e Hélène morreu no início de julho de 1992.[42] Mas, enquanto durou, esse *ménage à trois* proporcionou a Eric algo que ele depois definiu como "a coisa mais próxima que tive de uma família".[43]

II

De volta à Inglaterra, Eric continuou tentando fazer sua carreira como historiador. Depois de publicar seus primeiros artigos acadêmicos na *Economic History Review* e na *Past & Present*, ele achou que tinha chegado o momento de reunir suas leituras e pesquisas em um livro contando a história da ascensão da classe trabalhadora na Grã-Bretanha a partir do fim do século XVIII. Intitulado *The Rise of the Wage-Worker*, o livro seria publicado pela Hutchinson's University Library – previamente conhecida como Home University Library –, uma bem-sucedida série de livros didáticos abrangendo praticamente todos os temas acadêmicos. A sinopse que Eric enviou para a editora em 17 de novembro de 1953 se propunha como uma obra em oito partes ou capítulos:

> Basicamente, o assunto de cada parte seria organizado como um corte transversal de todos os países industrializados, não como uma série de seções para cada nação industrializada. Cada parte seria dividida em segmentos cronológicos: início do industrialismo, meados do industrialismo, industrialismo moderno. (Na Grã-Bretanha esses períodos corresponderiam, aproximadamente, a 1780-1850, 1850-1900, 1900-).[44]

A proposta de Eric foi recebida com entusiasmo por Ruth Klauber, editora responsável da Hutchinson, que considerou o livro "tremendamente interessante e perfeitamente apropriado a esta série".[45] A seção de história era editada por G. D. H. Cole, o historiador de esquerda com ideias socialistas. Cole escreveu para Eric em 28 de novembro de 1953. Sua reação foi positiva, e as críticas pontuais que fez à sinopse foram pequenas.[46] Depois de um encontro com Cole, Eric assinou um contrato em janeiro de 1954.[47] Demorou um pouco mais do que ele previa para concluir o trabalho. A Hutchinson esperava que o livro fosse entregue na Páscoa de 1955 (que resultaria em sua publicação no primeiro trimestre de 1956), embora o contrato estipulasse a data de 31 de julho. No caso, Eric mandou o livro no dia 7 de agosto.

"Acho que ficou de bom tamanho", disse a Ruth Klauber. "Posso cortar grandes trechos dos primeiros estágios e reduzir para 60 mil, mas não fiz uma verificação detalhada do tamanho final, principalmente porque não sei bem como calcular a extensão das notas." As notas eram longas, ele avisou, pois

> Infelizmente o assunto não pode ser simplesmente resumido a partir de alguns livros maiores. Receio que *precise* ter pelo menos esse número de referências [...] que inseri pequenas citações de poesias – todas de canções folclóricas, blues, canções populares etc. – no início de cada capítulo. Espero que elas possam permanecer, se necessário em corpo menor. a) elas são

bonitas e b) acrescentam um pouco do espírito humano e podem entreter o leitor. Não vejo por que se deveria menosprezar o interesse humano por um livro sério, e isso pode até atrair um ou dois compradores a mais.[48]

Dois meses depois, Cole devolveu o manuscrito a Eric informando que o livro fora rejeitado.[49] Que tinha mandado o texto para um renomado historiador britânico – procedimento habitual em obras acadêmicas, mesmo para livros didáticos – e o veredito foi de que o texto era muito parcial para uma publicação dirigida a estudantes de graduação.[50] Imediatamente Eric consultou seu advogado, Jack Gaster, o mesmo que o havia orientado em seu divórcio poucos anos antes.[51] Escreveu, mas não enviou, uma carta a Ruth Klauber pedindo "sugestões concretas para revisões e alterações. Depois farei o melhor possível para fazer as alterações exigidas, desde que não envolva reescrever ou reformular o manuscrito de forma substancial. Como você sabe", acrescentou, "meu ponto de vista foi e é o de que o encomendado está inteiramente adequado para a série Hutchinson's University como um todo".[52] Em outros comunicados, porém, a editora alegou que o manuscrito infringia os termos do contrato assinado com Eric, que incluía uma cláusula determinando que o livro não contivesse nada que fosse "contestável" na visão da editora.[53]

Eric lembrou a Ruth Klauber que já havia se oferecido para fazer alterações para solucionar o problema alegado:

> Você me passou a opinião de um crítico anônimo, cuja qualificação para a tarefa de criticar um trabalho acadêmico especializado, e até pioneiro sob certos aspectos, eu necessariamente desconheço. Isso me deixou no escuro sobre o que devo fazer para agradá-la. Apresentei uma lista bem detalhada de minhas perplexidades, assim como comentários sobre diversos pontos em que o crítico pareceu ter se enganado. Você simplesmente respondeu dizendo que o relatório deveria me fornecer orientação suficiente para fazer as alterações, e que se eu não fizesse essas vagas e indefinidas mudanças o livro não será publicado.[54]

Os livros para a Hutchinson's University Library, respondeu Ruth Klauber a Eric, "devem ser escritos sem um ponto de vista". Gaster afirmou que aquilo era um importante ponto de discórdia, e ajudou Eric a escrever uma carta para a editora refutando esse ponto no argumento central. Depois de reafirmar que era a editora, não ele, que estava rompendo o contrato, Eric disse a Ruth Klauber que "sugerir que uma obra acadêmica séria não deve refletir o ponto de vista do autor à luz de suas pesquisas é claramente impossível, e acho que você não defenderia seriamente esta sugestão se concordasse com minha visão ou com minhas conclusões".[55]

Muitos livros da Hutchinson's University Library, observou, "não podem ser definidos como 'informativos sem parcialidade'". *Trade Unions*, de Allen Flanders, "polemiza abertamente contra o comunismo", por exemplo, enquanto *Roman Catholicism*, do padre Corbishley, era "uma apresentação do catolicismo romano não de um escritor imparcial, mas de um destacado católico romano. Não se pode esperar que apresente visões opostas de uma maneira justa". "Inúmeros livros na seção do Império Britânico também foram claramente escritos por autores com fortes vieses favoráveis", comentou.[56] Eric insistiu em que seu papel como historiador acadêmico podia ser separado de seu papel como comunista:

> Ao me propor a escrever um livro para a Hutchinsons University Library eu certamente não poderia contemplar a produção de qualquer coisa que não um trabalho acadêmico. Por outro lado, eu tampouco poderia, nem poderia se esperar de mim, escrever um livro que não se utilizasse da análise marxista como eu a entendo [...]. Um estudioso tem certas obrigações: pesar as evidências e argumentos e julgar ambos de acordo com os critérios específicos do método científico. Se distorcer ou omitir evidências, ou menosprezar argumentos, ele deve ser criticado. Mas não pode ser criticado por escrever como marxista se ele *for* marxista. Se os editores não acreditavam que um escritor marxista fosse capaz de escrever o tipo de livro que deseja, não deveriam tê-lo contratado. Se a editora o contratou, não deveria se queixar por receber um manuscrito marxista (que não deve ser confundido com propaganda comunista).[57]

Os editores sabiam que Eric era marxista, mas mesmo assim assinaram o contrato com ele. Duas outras editoras tinham rejeitado a proposta antes de a Hutchinson aceitá-la. Praticamente "sem nenhuma restrição". Por que o livro de repente foi rejeitado?

A essa altura Eric estava bastante alarmado. Afinal, era o segundo livro que ele tentava publicar a ser rejeitado por conta de seu "viés"; o primeiro foi sua tese de doutorado, cuja publicação fora vetada por intervenção de Tawney. O que mais o irritava era saber que o "especialista" sob cuja orientação Cole rejeitara *The Rise of the Wage-Worker* claramente não era um especialista no assunto, apesar de os editores insistirem que era. Como ele escreveu a Ruth Klauber:

> Não acredito que o grau de especialização de seu leitor anônimo seja muito relevante para as diferenças entre nós, a não ser que você queira argumentar que meu livro é inaceitável por impropriedades acadêmicas ou de conhecimento, uma imputação da qual realmente muito me ressinto e que no caso não pode ser consubstanciada [...]. Seu leitor não comentou como especialista, mas como alguém com um viés muito diferente do meu e não a partir de um ponto de vista "informativo sem parcialidade".[58]

Não obstante, estava claro que a Hutchinson não iria ceder. "Obviamente nós chegamos a um impasse", concluiu Eric. O contrato permitia que as discordâncias fossem remetidas à arbitragem, e agora era isso que ele propunha. Quando Jack Gaster escreveu formalmente aos editores, os advogados da Hutchinson (ironicamente, "Birkbeck & Co.") responderam reafirmando "que nossos Clientes não estão querendo publicar o livro em sua forma atual". A Hutchinson tinha encomendado um segundo relatório independente, que chegou à mesma conclusão que o primeiro.[59] Como estavam confiantes em que sua posição era legalmente defensável, eles ofereceram a Eric uma compensação de 25 guinéus (26 libras e 25 pence em moeda corrente moderna britânica).[60] A essa altura, com as causas compiladas por Eric sobre a disputa concluídas, o mais provável era que ele jogasse a toalha e aceitasse a oferta, por mais modesta que fosse. Como Gaster o informou, Eric dificilmente ganharia um processo legal contra os editores: "Você pode encontrar gente para testemunhar sobre sua posição acadêmica, mas eles vão encontrar mais gente para testemunhar que você é parcial".[61] Sob as condições da Guerra Fria, provavelmente era verdade.

Mas, afinal, quem foi o autor do relatório condenatório que causou a rejeição de *The Rise of the Wage-Worker*? Como era de se esperar, os editores jamais revelaram. Tampouco Eric expressou nenhuma suspeita sobre a identidade do autor. Mas deixou seu ponto de vista claro ao incluir no dossiê que compilou sobre o caso a cópia de uma carta que mandou a seu colega, William Henry Chaloner, que foi sucessivamente conferencista, leitor e professor de história econômica na Universidade de Manchester. Chaloner foi o principal historiador da Revolução Industrial, particularmente em potência a vapor, tecnologia e transporte. Os dois homens devem ter se encontrado de vez em quando na Sociedade de História Econômica ou nas suas conferências anuais e se conheceram pessoalmente: a história econômica era um pequeno mundo no início dos anos 1950. A carta de Eric foi endereçada como "Meu caro Chaloner", a forma comum de tratamento entre colegas acadêmicos à época. Consistia de uma longa e detalhada refutação a um artigo publicado por Chaloner na popular revista *History Today* com seu colaborador habitual, o historiador anglo-germânico William Otto Henderson. Os dois tinham uma visão extremamente positiva da Revolução Industrial. "Eu li o artigo seu & de Henderson na *History Today* com muita perplexidade", escreveu Eric: "O que o levou a assinar seu nome? Simplesmente não vale!" Nas várias páginas seguintes Eric desmantelou os argumentos do artigo que atacavam violentamente seu trabalho sobre os padrões de vida durante a Revolução Industrial. Alertou Chaloner que repetiria aquelas críticas em público.[62] Era muito provável que Chaloner tivesse escrito o segundo relatório condenatório sobre o livro de Eric, já que Cole, que não era especialista em história econômica da Grã-Bretanha, provavelmente havia pedido a Chaloner que sugerisse um nome.

The Rise of the Wage-Worker nunca foi publicado, mas o manuscrito ainda está entre os papéis de Eric. Os oito capítulos abordam a divisão de trabalho, recrutamento, educação e treinamento, o contrato salarial, condições de vida e cultura, com dois capítulos finais sobre, respectivamente, os aspectos políticos e econômicos do movimento trabalhista ou, em outras palavras, sindicatos e greves, e a atitude dos empregadores e do governo em relação a eles e o surgimento do socialismo organizado. Com mais de 250 páginas de 24 cm por 30 cm (um formato um pouco menor que o atual A4), era uma obra substancial de síntese acadêmica. O tom era cuidadosamente didático, com explicações de termos e evitando artifícios literários, em forte contraste com os livros que Eric escreveria a partir dos anos 1960. Mas não media palavras sobre o processo de industrialização que "quase com certeza foi a mudança mais catastrófica a oprimir as pessoas comuns do mundo" (Cap. 2, p. 2). As condições de trabalho deterioraram no período entre 1800 e 1850, uma afirmação que o livro sustentava com estatísticas (coletadas em vários países europeus) que levavam em conta a taxa de mortalidade, tuberculose, o peso do recrutamento pelo exército e que tais. As condições de vida só melhoraram nos estágios mais avançados da industrialização, principalmente graças à pressão de organizações trabalhistas.

No capítulo 6, Eric voltou-se para "a cultura dos trabalhadores", e aqui, como em outros capítulos, com exceção de uma breve discussão de trabalhadoras mulheres, o foco era exclusivamente nos homens: o trabalhador rural cantava canções, "ele" participava de eventos na aldeia, e "o território de sua vida era mapeado e sinalizado". Desde que Eric escreveu esse livro, nos anos 1950, o grande número de pesquisas e publicações sobre trabalhadoras mulheres, mulheres em comunidades rurais, mulheres na família e no lar e temas semelhantes talvez tenha tornado esse aspecto de *The Rise of the Wage-Worker* mais obsoleto que quaisquer outros.

Uma das melhores partes do livro era uma discussão sobre as mudanças na cultura popular, das canções folclóricas ao teatro musical, do flamengo ao jazz, e sobre o surgimento de centros especializados de entretenimento urbano como o *Prater* de Viena ou o Blackpool no noroeste da Inglaterra. O capítulo 7 se debruçava sobre o advento do sindicalismo, começando com clubes funerários e sociedades de amigos, passando para cooperativas de trabalhadores e comitês de greves. No capítulo 8, a narrativa aborda o desenvolvimento de organizações políticas, com foco no socialismo e depois no comunismo. A seção de conclusões discutia as reações do Estado ao surgimento do trabalhismo, com governos menos inteligentes tentando reprimir o movimento, levando, em alguns casos (notavelmente na Rússia), a uma revolução, enquanto os mais inteligentes (Bismarck em especial, com suas políticas sociais) esvaziaram o movimento com acomodações de algumas questões para desviar seus imperativos revolucionários para canais reformistas. Se tivesse sido publicado, o livro teria sido uma ferramenta de ensino eficaz, informativa para os estudantes e, talvez até mais, fornecendo aos professores uma boa base para argumentos e discussões.

Um dos pontos-chave da disputa entre Eric e Chaloner era o padrão de vida na Inglaterra durante a Revolução Industrial. Não era um assunto novo, é claro: comentaristas sociais do século XIX já haviam ressaltado o impacto negativo da industrialização na qualidade de vida das pessoas comuns, e ecoados pelo casal J. L. e Barbara Hammond no século XX.[63] Uma nova geração de historiadores da economia, em especial J. H. Clapham e T. S. Ashton, se utilizou de evidências estatísticas sobre salários reais para defender o contrário.[64] Em artigo publicado na *Economic History Review* (como avisou a Chaloner que faria), Eric adotou uma abordagem mais abrangente, evocando fatores como taxas de mortalidade e de desemprego e usando detalhadas estatísticas de preços de alimentos e incidência de tuberculose para questionar a visão de que os salários reais tinham aumentado. O historiador de Oxford nascido na Austrália Max Hartwell, que se tornou editor da *Economic History Review* em 1960, publicou uma resposta robusta, criticando as estatísticas de Eric e defendendo um desenvolvimento positivo no padrão de vida da classe trabalhadora no decorrer da industrialização. Uma troca de pontos de vista e de evidências estatísticas cada vez mais acrimoniosa se seguiu nas páginas da revista.[65]

Não demorou para que outros participassem da discussão, pois o debate se tornou um grande foco de atenção acadêmica e entrou para os currículos de história nas universidades como uma questão essencial na história social e na economia britânica moderna.[66] Um dos críticos de Eric, talvez surpreendentemente, foi Edward Thompson, cujo volumoso e inovador *A formação da classe operária inglesa* estava prestes a ser publicado, em 1963. Quando foi lançado, Thompson confessou que na controvérsia sobre os padrões de vida da classe trabalhadora, ele não se sentiu à vontade para ficar do lado de Eric:

> Minha posição aqui é ambígua, e acredito que o meio do livro mostre isso. Se você não tivesse contribuído com esta controvérsia (e ninguém mais fez muito para ajudá-lo nesse caso), onde nós estaríamos? [...]. Uma centena de interessantes questões jamais teriam sido levantadas. Por outro lado, achei que você lutou demais no campo que eles escolheram, e não no seu campo tradicional (ou novo); e (embora eu seja provavelmente a última pessoa a se queixar sobre isso) acho que você foi provocado por idiotas como Hartwell a adotar um tom infeliz (por ex., nesta última investida na EHR) que dá a impressão de que você se enterrou tão fundo em posições das quais não consegue sair para discutir as evidências com um espírito de intercâmbio. Fico imaginando se você algumas vezes não se sentiu mais isolado do que deveria estar.[67]

Thompson declarou que não estava na verdade capacitado para trabalhos estatísticos, e confessou que o capítulo sobre "Padrões e experiências" era o mais fraco de seu livro ("até o momento de entrar no prelo eu ainda pensava em eliminá-lo totalmente"). De sua parte, Eric considerou o livro de Thompson importante, porém prejudicado por "uma falta de autocrítica" que tornava *A formação da classe operária inglesa* "excessivamente longo, sem na verdade ser abrangente".[68]

Embora o resultado final possa ser visto como inconclusivo, o debate Hobsbawm/Hartwell inspirou um grande número de pesquisas nas décadas seguintes.

Durante esse período, o escopo do debate se ampliou continuamente: as trocas de ideias originais, por exemplo, foram consideradas quase unanimemente terem se concentrado estritamente nos salários reais dos trabalhadores homens, negligenciando o padrão de vida de mulheres e crianças. Estatísticas sobre a estatura média de crianças e adultos de várias idades, o impacto de doenças, e muito mais além disso, trouxeram novas evidências à tona. Em termos gerais, pode-se dizer agora que a industrialização realmente teve um efeito negativo nos padrões de vida da classe trabalhadora na Grã-Bretanha por um longo período, com certeza entre o fim do século XVIII a meados do século XIX, mas depois disso os padrões de vida começaram a melhorar – exatamente como os argumentos de Eric tinham adiantado em *The Rise of the Wage-Worker*.[69]

III

Praticamente desde o começo, Eric foi um pragmático em política. Seu comunismo nunca foi sectário ou dogmático, nem nos primeiros anos de comprometimento adolescente com a causa. Afinal, ele fez campanha para o Partido Trabalhista em 1935 e em 1945. Sua lealdade não era tanto ao Partido Comunista como com a causa abrangente do socialismo de maneira geral. Nunca fez as coisas que os membros do Partido Comunista deveriam fazer, como só escrever para órgãos do Partido, vender jornais do Partido nas esquinas, se isolar da sociedade "burguesa" para manter o estoque de pólvora pronto para a Revolução e a consciência lúcida para o futuro socialista.[70] Sempre acreditou na unidade da esquerda, não em qualquer tipo de sectarismo marxista. Em privado, sempre manteve ressalvas com a linha oficial do Partido Comunista, desde os anos 1930. Mas em meados dos anos 1950 essas ressalvas foram expostas de forma radical pelos eventos ocorridos na União Soviética.

Quando saiu vitorioso da disputa entre as facções que lutavam pelo poder depois da morte de Stálin, em 1953, o novo líder soviético, Nikita Khrushchev, começou a libertar a União Soviética da camisa de força imposta pelo ditador. Em 1955, Khrushchev surpreendeu comunistas de todas as partes ao estabelecer uma reconciliação pública com Tito, obrigando todos a uma segunda reversão sobre a política adotada sobre a questão em menos de uma década. Mas foi no dia 25 de fevereiro de 1956, o último dia do Vigésimo Congresso do Partido Comunista da União Soviética, que aconteceu o rompimento decisivo com

Stálin. Em discurso secreto (logo tornado público para o mundo pela CIA), Khrushchev denunciou o "culto de personalidade" construído ao redor de Stálin, acusando-o de um sem-número de assassinatos e atrocidades e distribuindo o testamento confidencial escrito por Lênin pouco antes de sua morte, alertando seu sucessor a não confiar em Stálin. Para os comunistas no mundo inteiro, Stálin estava além de qualquer crítica. Agora parecia que sua reputação havia sido construída sobre mentiras.[71] De início a liderança do Partido Comunista da Grã-Bretanha tentou ignorar o discurso de Khrushchev, censurando reportagens no *Daily Worker* e reafirmando sua visão de que no geral Stálin fora um força para o bem em uma sessão secreta do congresso anual do Partido no início de abril de 1956.[72] Mas logo ficou claro que o debate não poderia ser abafado por muito tempo.

A iniciativa de exigir uma discussão sobre o discurso de Khrushchev foi tomada por Eric, Christopher Hill, Edward Thompson e outros membros do comitê do Grupo de Historiadores do Partido Comunista. Eles se reuniram em 6 de abril de 1956 e lançaram uma severa repreenda ao Congresso do Partido por não ter feito uma declaração expressando o arrependimento do Partido por seu "endosso acrítico a todas as políticas e visões soviéticas no passado". Harry Pollitt, o secretário-geral do Partido, reagiu à resolução dizendo que uma declaração ainda estava sendo redigida. Em 8 de abril, com Leslie Morton na presidência, o Grupo se reuniu mais uma vez para discutir a situação. O historiador do trabalhismo John Saville condenou a "adesão escrava" do Partido Britânico ao stalinismo.[73] Em 5 de maio, finalmente Pollitt comentou as denúncias feitas a Stálin pelos expurgos, pelos espetáculos de julgamentos e execuções de proeminentes comunistas nos anos 1930. Expressou o choque da liderança ao saber "que muitos dos que foram apresentados como traidores da causa do povo eram, de fato, comunistas dedicados, vítimas do que agora é revelado como violações deliberadas da justiça". Era preciso aprender as lições, concedeu, e era importante aperfeiçoar a democracia no Partido e ouvir todos os pontos de vista.[74]

Em 19 de maio de 1956 o debate ganhou as páginas da revista do Partido, *World News*, quando John Saville reclamou que "a tradição de controvérsia dentro do Partido tinha ficado muito mais fraca nos anos recentes" e que precisava ser revivida.[75] Eric teve peso nessa discussão ao exigir que o Grupo dos Historiadores seguisse "o novo pensamento dos historiadores soviéticos" em relação aos crimes de Stálin.[76] O Partido Britânico precisava se engajar numa autocrítica para avaliar seu próprio passado, pois tinha fracassado ao se tornar um movimento de massa no Reino Unido. A melhor tática para implementar a causa socialista era apoiar o Partido Trabalhista onde os candidatos fossem de esquerda, e voltar a buscar, como o Partido Comunista fizera durante a guerra, uma afiliação com os trabalhistas.[77] Porém, um debate aberto dentro do Partido sobre essa e outras questões só será possível se os seus órgãos, principalmente o *Daily Worker*, o jornal diário do Partido, não tentassem censurar ou retardar as exigências de mudança, o que não estava acontecendo.[78]

Houve novo enfrentamento quando Eric apresentou uma carta ao *Daily Worker* criticando o Partido por sua decisão de disputar uma cadeira no Parlamento no distrito de Leeds South na eleição geral seguinte. A cadeira estava ocupada pelo líder trabalhista Hugh Gaitskell.

O Partido decidiu lutar contra Leeds South na Eleição Geral. Por quê? Nós temos esperança de ganhar a cadeira? Não. Temos um registro consistente de atividades eleitorais e apoio no distrito eleitoral? Tenho dúvidas. Nós estaríamos lutando se por acaso não se tratasse da cadeira de Gaitskell? O que esperamos ganhar da disputa a não ser a oportunidade de fazer ataques individuais ao líder do Partido Trabalhista? É claro que ele é de direita e muitos de nós sabemos que não é absolutamente um socialista. Mas será que lançar uma candidatura de propaganda contra direitistas específicos é a melhor e mais responsável maneira de conseguir uma unidade trabalhista? Isso não vai nos fazer ganhar em South Leeds. Certamente vai entrar em conflito com muitos apoiadores honestos dos trabalhistas lá e em outras localidades. Pelo amor de Deus, vamos repensar esse tipo de aventureirismo eleitoral. Fraternalmente seu, E. J. Hobsbawm.[79]

George Matthews, o editor do *Daily Worker*, chamou Eric para uma reunião e perguntou se ele se importava se a publicação da carta fosse "adiada por algumas semanas". "Porém, HOBSBAWM", reportou o MI5, que tinha um dispositivo de escuta no quartel-general do Partido em Londres, "não concordou com isso, e eles continuaram a discutir acaloradamente."[80] Eric acusou Matthews de "estar fazendo uma abordagem muito restrita". Matthews "retaliou dizendo que HOBSBAWN [sic] não estava considerando os membros do Partido como um todo". Eric saiu "abruptamente" e foi agendada outra reunião para o dia seguinte. Matthew disse a Eric que sua carta não podia ser publicada porque "poderia ir contra os interesses de longo prazo do Partido". A decisão de se opor a Gaitskell tinha sido tomada pelo Partido local, que vinha ganhando força. Retirar a candidatura "representaria uma reversão pública, que seria ruim para o Partido".[81] Eric concordou em amenizar o tom da carta, devidamente publicada no *Daily Worker* depois de um longo adiamento, em 30 de julho de 1956.[82]

Outro membro de destaque no Grupo de Historiadores, Edward Thompson, escrevendo em 30 de julho de 1956, comparou o Partido à igreja medieval, com sua costumeira condenação de heréticos. Havia uma robusta tradição de debates na Inglaterra, afirmou, citando Milton, cujo propósito era dialético – "chegar à verdade por meio do choque de pontos de vista opostos".[83] Isso provocou uma reação alérgica em Matthews, que havia comparecido pessoalmente ao Vigésimo Congresso do Partido na União Soviética. Thompson, afirmou, estava pintando "uma caricatura do nosso Partido", usando todos os clichês da propaganda anticomunista.[84] Em maio de 1956 o Comitê Executivo concordou em estabelecer uma "Comissão sobre a Democracia Interpartidária" para tentar se afastar do "dogmatismo, da rigidez e do sectarismo", que agora admitia ter até então caracterizado suas atitudes. Contudo, a comissão foi preenchida por funcionários de tempo integral do Partido, e acabou resultando num relatório tão tímido e acrítico que os reformistas, liderados por Christopher Hill, produziram um relatório em separado das minorias (que não foi considerado pelo Partido).[85]

Em julho de 1956, Harry Pollitt, John Gollan e Bert Ramelson, da liderança do Partido, foram a Moscou para saber sobre as orientações de Khrushchev. Quando voltaram, ficou notável que eles assumiram uma abordagem muito mais cautelosa quanto às exigências de mudanças.[86] Enquanto isso, o debate sobre democracia interpartidária ocupava quase metade de todas as edições da *World News*. Eric contribuiu com uma longa carta insistindo em que o teste final era se a política poderia ser mudada a partir da base. O Grupo de Historiadores do Partido Comunista, do qual Eric era presidente havia algum tempo, exigia uma história aberta e propriamente pesquisada do Partido no Reino Unido.[87] Os historiadores soviéticos estavam fazendo uma crônica dos "erros do passado de omissão, de nomeações e até as mentiras" na própria história do Partido, e o Grupo de Historiadores do Partido Britânico deveria fazer o mesmo "para o caso de haver erros semelhantes" na história do Partido Britânico. O Partido precisava pensar por que tinha tão poucos eleitores. Era necessário entender que o caminho soviético para o socialismo não era o único.[88] A iniciativa de Eric foi recebida com protelações e táticas de negação pela liderança; foi montada mais uma comissão oficial, desta vez para preparar uma história do Partido, mas, assim como a comissão sobre democracia interpartidária, foi contornada pela liderança, representada por James Klugmann. Eric continuou sendo membro do Partido, mas sem conseguir nada com seus argumentos. Afinal o próprio Klugmann foi designado como historiador do Partido, e alguns anos mais tarde entregou uma crônica de seus primeiros anos totalmente acrítica e celebratória.[89]

Frustrados com a situação, John Saville e Edward Thompson começaram a publicar um periódico mimeografado chamado *The Reasoner*, que atuava como um veículo das demandas pela democratização do Partido. A liderança do Partido os "instruiu" várias vezes a suspender a publicação. Membros do Partido, por uma longa tradição, não publicavam em órgãos rivais dos periódicos do Partido. Os dois reagiram ameaçando sair do Partido se fossem amordaçados. A resposta do Comitê Executivo, anunciada em novembro, foi suspendê-los do Partido por operarem "fora da organização e dos procedimentos do Partido, sem o referendo dos membros do Partido, e sem autorização dos comitês eleitos do Partido". Estava claro que as figuras da liderança do Partido estavam fazendo tudo que podiam para suprimir o debate.[90]

A crise se aprofundou em outubro de 1956, quando estudantes e cidadãos comuns de Budapeste, instigados por greves e manifestações na Polônia, exigiram a renúncia do governo stalinista húngaro, que se recusava a responder de alguma forma às revelações de Khrushchev. O governo foi substituído por um novo regime, sob o comunista reformista Imre Nagy, exonerado do cargo de primeiro-ministro no ano anterior sob ordens de Moscou por seguir o caminho do liberalismo. A liderança soviética deu sua resposta em 4 de novembro na forma de uma invasão militar, seguida pela execução de Nagy, prisão de vários outros liberais e a reimplantação de um regime liderado por stalinistas de linha dura. Cerca de 2.500 húngaros e de 700 soldados do Exército Vermelho morreram no conflito, e mais de 200 mil húngaros emigraram.[91] "Para comunistas fora do império soviético", escreveu Eric depois, "em especial intelectuais, o espetáculo de tanques soviéticos avançando contra um governo do povo chefiado por reformadores comunistas foi uma experiência dilacerante, o clímax de uma crise que, desde as denúncias de Khrushchev a respeito de Stálin, trespassaram o cerne da fé e da esperança."[92]

O Partido Comunista Britânico declarou que o regime de Nagy, apoiado pelo reacionário cardeal católico Mindszenty, tinha como objetivo uma contrarrevolução. O "perigo do fascismo" e da restauração do "capitalismo e dos latifúndios" tinha se tornado "agudo", e havia o perigo de a Hungria se tornar "um bastião do imperialismo e do reacionarismo ocidentais no coração da Europa", e por isso uma ameaça à própria sobrevivência do socialismo, inclusive na União Soviética.[93] Isso foi demais para muitos defensores da democracia dentro do Partido. Em 9 de novembro de 1956, Eric condenou a intransigência do Partido em carta ao *Daily Worker*. Mostrou-se nitidamente preocupado em deixar espaço para a liderança do Partido se retirar sem capitular totalmente, por isso concedeu que "um regime com Mindszenty seria um grave perigo e uma ameaça para a URSS, a Iugoslávia, a Checoslováquia e a Romênia, que tinham fronteiras com o país. Se tivéssemos na posição do governo soviético, nós deveríamos ter intervindo". Por outro lado, também destacou:

> *Primeiro*, que o movimento contra o antigo governo húngaro e contra a ocupação russa era um grande movimento *popular*, ainda que mal orientado. *Segundo*, que o erro pela criação de uma situação na qual o Partido dos Trabalhadores da Hungria ficou isolado, e em parte odiado, pelo povo devia-se tanto à política da URSS como à do Partido dos Trabalhadores da Hungria. *Terceiro*, que a repressão de um movimento popular, por mais equivocado que fosse, por um exército estrangeiro é na melhor das hipóteses uma necessidade trágica e deve ser reconhecida como tal. Apesar de aprovar, com o coração pesado, o que está acontecendo agora na Hungria, devemos também dizer francamente que achamos que a URSS deveria retirar suas tropas do país assim que possível.

Afirmou que não era bom para Partido desconsiderar ou distorcer os fatos. Isso apenas resultaria numa perda de apoio, o que realmente aconteceu.[94] A liderança do Partido Comunista Britânico simplesmente apoiou a invasão soviética da Hungria sem nenhuma consulta aos seus membros.

O ano de 1956 abriu uma grande cisão. Um quarto dos membros saiu do Partido, com ⅓ da equipe do *Daily Worker*.[95] A liderança do Partido criticou todos eles. Declarou que eles estavam "profundamente enganados", e que suas ações estavam sendo "recebidas com grande alegria pelos conservadores e pelos inimigos tradicionais da classe trabalhadora". Exortou seus membros a "fechar fileiras em torno do Partido".[96] Enquanto isso, Thompson e Saville usavam o *The Reasoner* para investir contra a invasão soviética da Hungria.[97] Exigiam a retirada imediata das tropas soviéticas da Hungria e uma convocação extraordinária do Congresso do Partido Comunista Britânico para discutir a situação.[98] Eric concordava. Em 12 de novembro de 1956, Betty Grant, um dos membros do Grupo de Historiadores, afirmou a Edwin Payne, o secretário do Grupo: "A Hungria foi a última gota d'água para E[ric] [...]. Eric conhece pessoalmente seis pessoas que saíram do Partido". Payne sugeriu que eles deveriam continuar a tratar os que haviam saído, como Thompson e Saville, "como membros do Grupo, que no futuro não serão mais (se é que já foram) estritamente obrigados a ser membros do Partido". De forma mais abrangente, ele achava que, com a debandada em massa de elementos da oposição, o movimento pela democracia interpartidária estava sendo progressivamente enfraquecido, e talvez fosse isso mesmo que a liderança desejasse; dessa forma, não se preocupariam muito com futuras defecções.[99] No dia 15 de novembro, uma conversa ao telefone gravada pelo MI5 deixou claro que Eric era visto como uma figura líder, até radical, nessa campanha. "Eric está tendo uma atitude belicosa em relação à liderança", afirmou um dos correligionários pela democracia no Partido, "[...] e encaminhou uma proposta à liderança de que Eric deveria ter permissão para organizar uma Oposição Nacional." Era duvidoso que essa permissão fosse concedida. "ERIC está pendurado em um galho, que pode ser serrado, o que seria uma pena, pois, independentemente de Eric, isso enfraqueceria o caso para todos eles." Havia, é claro, "elementos moderados, que desejavam melhorar as coisas, mas não tão drasticamente quanto ERIC", que rejeitou uma carta para a liderança "por não ser forte o suficiente. Ele quer convocar a deposição da liderança e uma nova política". Christopher Hill já estava até falando em "ERICismo".[100]

Eric assinou uma carta escrita por Christopher Hill e Rodney Hilton, rejeitada pelo *Daily Worker* e publicada, a pedido dos autores, na *New Statesman* de 18 de novembro, condenando "o apoio acrítico do Comitê Executivo do Partido Comunista à ação soviética na Hungria" como "a indesejável culminação de anos de distorção de fatos, e o fracasso dos comunistas britânicos de pensar problemas políticos por si mesmos". E continuava: "A exposição de graves crimes e abusos na URSS, e a recente revolta de trabalhadores e intelectuais contra as burocracias pseudocomunistas e os regimes políticos da Polônia e da Hungria mostraram que durante os últimos doze anos nós temos baseado nossas análises políticas em uma falsa apresentação dos fatos".[101] A carta foi considerada radical demais pela hierarquia do Partido, e uma traição ao comunismo por ter sido publicada numa revista "burguesa". Eric respondeu reafirmando sua demanda por uma maior democracia interpartidária, afirmando que "o teste da democracia interpartidária é se a política e a liderança podem ser modificadas a partir *da base*". As regras do Partido, argumentou, deveriam ser alteradas para permitir que membros comuns participassem da *formulação* da política, não apenas da sua discussão, e para reconhecer que decisões erradas, mesmo que apoiadas por uma maioria, podem levar "membros a 'votarem com os pés'". Exigiu um "reconhecimento, de toda a nossa liderança em todos os níveis, que nem sempre ela está certa".[102]

Em 22 de novembro de 1956, por sugestão de James Klugmann, Eric telefonou para John ('Johnnie') Gollan, o sindicalista escocês que sucedera a Harry Pollitt como secretário-geral na ocasião de sua renúncia, por se sentir doente, cansado e incapaz de controlar a situação. O telefonema foi monitorado pelo MI5. A reação de Gollan não foi amistosa. Acusou Eric de estar citando erroneamente Lênin que, ao contrário do que Eric afirmava, não tolerava facções internas no Partido.

"Estamos chegando a um estágio em que todos apontam pistolas para a nossa cabeça, se não sair no WORLD NEWS uma semana vai sair no New Statesman na semana seguinte e devo dizer bem francamente que não gosto dessa atitude como um todo. Porém vai sair no WORLD NEWS."
JOHNNIE deu um suspiro profundo por ter tirado aquilo do peito.
ERIC: "Sim, bem, de qualquer forma, obrigado".
JOHN: "Você não tem por que me agradecer".
ERIC: "Bem, de qualquer forma esperava que dissesse isso mesmo. Mas [...] por outro lado, sinto muito por tudo".
JOHN: "Vejo os camaradas querendo as duas coisas, querendo manter a luta no Partido e querendo manter a luta fora do Partido. E não dá para ser desse jeito, a vida não é assim".
ERIC: "É, bem, eu acho que ninguém quer levar isso para fora".
JOHN: "Ah, mas é o que eles ESTÃO fazendo, isso está se tornando bem legítimo agora e também estão usando de ameaças, e devo dizer que reajo a ameaças, você sabe. Eu tenho lutado a vida toda e pretendo continuar lutando e não gosto de ameaças, e não gosto desse tipo de atitude. Não acho que seja uma atitude exatamente comunista e não acho que seja exatamente uma atitude de camaradas [...]. Mas sugerir que eu faça algo

que na verdade foi proposta por Trótski, e isso foi quando... 1921, é uma referência sua à crise do Partido de 1921 e a situação à época, que não é a situação aqui. E você como historiador, você devia estar me dizendo isso, e não [eu], que não sou historiador, dizendo a você. Você sabe mais do que eu sobre isso".
ERIC: "Bem, eu só estava tentando mostrar que isso foi considerado uma forma perfeitamente legítima de procedimento por Lênin...".
JOHN: "Acho que isso não é muito justo, Eric, e acho que não é muito justo na sua carta e não é bom (com ênfase) para a sua reputação. O jeito que você pegou um pedaço da citação que se ajusta ao seu propósito e deixa de fora as palavras seguintes que mostram que Lênin desaprovava isso totalmente. Enfim, você também tem que pensar a respeito".[103]

A conversa não resolveu nada. A referência de Gollan a Trótski foi um insulto grave à integridade de Eric como comunista, e foi intencional.

Nenhuma das demandas de Eric foi atendida. Em uma conversa em particular, secretamente gravada pelo MI5, os membros da liderança concordaram em que aquelas demandas não seriam toleradas. John Williamson, um sindicalista de Glasgow e ativista de longa data, deportado dos Estados Unidos sob o Decreto Smith no ano anterior, "mencionou alguma coisa escrita por HOBSBAWM e disse que ele era um personagem perigoso. [Reuben] FALBER achava que HOBSBAWM era um oportunista".[104] A liderança do Partido claramente considerava Eric perigoso porque, em vez de renunciar, ele seguia em sua campanha para democratizar o Partido por dentro. Também estava atropelando princípios básicos da disciplina do Partido ao manter relações próximas com membros que tinham saído ou sido suspensos. Tinha tentado formar uma oposição interpartidária. E vinha fazendo campanha pela deposição da liderança existente no Partido.

IV

O Grupo de Historiadores se desfez sob a tensão desses acontecimentos. Mais da metade dos membros saiu do Partido no decorrer de 1956. Eric fez o melhor que pôde para salvar o grupo, propondo que passasse a ser um "grupo de Historiadores Marxistas não partidários, mais amplo e independente", com o qual esperava ter a aprovação da liderança do Partido,[105] mas as opiniões estavam muito divididas para sua ideia ser apoiada. Em 3 de dezembro de 1956 um dos membros do Grupo, Betty Grant, afirmou que a posição de Eric não representava a visão do Grupo como um todo. Declarou que "eu e ele temos pontos de vista fortemente contrários" e reclamou que o dela não estava sendo considerado. Disse que havia escrito a John Saville pedindo para ele reingressar no Partido, mas que sua resposta fora apenas mandar uma justificativa para suas ações. Saville continuou:

> Quanto ao Grupo de Historiadores, tive um breve encontro com Eric uns oito dias atrás e ele me disse em termos gerais o que estava sendo proposto, frente a frente, que a nova agremiação seria um Grupo de Historiadores Marxistas não afiliado ao PC. Não achei que havia outra alternativa, pois embora todos nós aqui fora queiramos muito continuar os contatos pessoais, políticos e intelectuais que desenvolvemos na última década, não deveríamos estar preparados para continuar dentro de uma estrutura partidária.[106]

Betty ficou assustada. Ela tinha feito o que podia para evitar a expulsão de Saville e para ajudá-lo de várias maneiras, "mas existem limites além dos quais não se pode ir". De sua parte, segundo a liderança do Partido, Saville "estava preocupado com a displicência de Abramsky e Hobsbawm, tendo dito aos dois que eles teriam de tomar uma atitude se quisessem causar alguma impressão no C[omitê] E[xecutivo]".[107]

Eric insistiu em que suas propostas não representavam um rompimento de todas as ligações entre o Grupo dos Historiadores e o Partido. Sua atitude estava sendo mal interpretada por Grant.[108] No entanto, em 10 de dezembro de 1956, diante de acusações de falta de companheirismo pela liderança do Partido, Eric assegurou a George Mathews, o secretário-assistente do Partido, "que nós não somos um grupo", ao menos não uma facção ideológica interna, ao mesmo tempo que afirmava seu direito como indivíduo de fazer coisas das quais o Comitê Executivo discordasse. Defendeu a anexação de sua assinatura em outra carta para o *New Statesman*.[109] Com outros signatários, que incluíam os historiadores Robert Browning, Henry Collins e Edward Thompson e a romancista Doris Lessing, Eric provocou uma longa diatribe de Mathews, acusando-os de violar as regras do Partido e de repudiar as realizações do Partido dos últimos anos. A carta foi "um ataque ao próprio Partido". Em carta particular a Eric, datada de 19 de dezembro, Mathews declarou que a publicação da carta em um órgão que não era do Partido, quando poderia ter sido discutida internamente, era repreensível: "Eu não considero isso um bom exemplo de uma relação honesta, franca e aberta entre os camaradas do Partido".[110] Nos bastidores, Mathews e a liderança do Partido, expressando suas opiniões em memorando datilografado em 7 de dezembro, consideraram Eric e o Grupo de Historiadores "um bando de desorientados, potencialmente muito perigosos e até certo ponto perniciosos. Não há uma ideia clara [do] que eles querem a não ser 'liberdades' para conduzir o partido à anarquia". "Quem sabe quantos grupos desse tipo podem estar em existência neste mesmo momento?", ponderou a liderança.[111]

Em 12 de janeiro, Mathews voltou à carga com uma longa condenação de uma carta "negativa e derrotista" e "não marxista" publicada por Eric e outros na *New Statesman* e na *Tribune* em 1º de dezembro de 1956. Os signatários, declarou, estavam ignorando os avanços da classe trabalhadora resultantes da pressão comunista desde a guerra. Não perceberam que a intervenção soviética na Hungria era de interesse da classe trabalhadora húngara. A atitude deles em relação ao Partido era "desdenhosa". Eles estavam publicando em órgãos que não os do Partido, que normalmente divulgavam "difamações maldosas antissoviéticas" aos seus leitores. A carta dos historiadores, organizada por Rodney Hilton, que já havia ingressado no Partido Trabalhista, e Christopher Hill, era "um ataque ao próprio Partido". Os intelectuais do Partido também precisavam de um "senso de disciplina" no "combate a ideias pequeno-burguesas".[112]

Em resposta a essa diatribe, Eric atacou o que chamou de "complacência monumental" de Mathews. Por que o Partido Comunista Britânico era o mais fraco da Europa, apoiado por não mais de 1% do eleitorado? "Nós não estamos na política só para fazer declarações 'corretas', mas para influenciar as massas. Se não as influenciamos, podemos também fazer declarações 'incorretas' ou não fazer declaração nenhuma, pois na prática isso não faz diferença." Mathews continuou a negar os fatos sobre o papel de Stálin na União Soviética, fatos que o Partido preferiu ignorar durante anos. "Muitos de nós nutríamos fortes suspeitas sobre esses fatos, que se acumularam numa certeza moral por anos antes de Khrushchev ter falado, e me surpreende que o camarada Mathews não desconfiasse de nada. Havia razões retumbantes na época para se manter em silêncio", acrescentou, "e nós estávamos certos ao fazermos isso."[113]

Provavelmente Eric estava se referindo aos anos 1930, quando os comunistas acreditavam que a defesa da União Soviética era a única forma de derrotar o fascismo. Mas Eric foi vigorosamente criticado pela historiadora e pedagoga Joan Simon, que condenou seu "ponto de vista descaradamente oportunista", que desacreditava a causa que ele se propunha a representar.[114]

Em uma conversa particular em 28 janeiro de 1957, gravada pelo MI5, John Gollan, secretário-geral do Partido, discutiu com George Mathews sobre a contribuição de Eric na Assembleia Geral Anual do Comitê Nacional de Professores Universitários do Partido Comunista, quando o principal ponto debatido foi o papel dos intelectuais no Partido: "De acordo com Colin [isto é, Gollan], HOBSBAWM havia usado um bocado de palavrório arrogante, mas Brian SIMON, Arnold (KETTLE) e Ron BELLAMY tinham 'organizado uma boa batalha sobre esse negócio de intelectuais'." De fato, a defesa de Eric do papel dos intelectuais no Partido provocou uma campanha anti-intelectualista para reforçar a linha do Partido.[115] O debate prosseguiu até o 25º Congresso do Partido, realizado em Londres em abril de 1957, em que o desejo dos delegados de uma grande demonstração da unidade orquestrada pelo Partido diante de todas as crises por que havia passado no ano anterior conseguiu encerrar a discussão. Fielmente, o Partido lançou uma série de ataques desmoralizantes contra o que Andrew Rothstein, assessor de imprensa da missão soviética na Grã-Bretanha, chamou de "grupos de intelectuais covardes e gelatinosos que se voltaram contra as próprias emoções e frustrações". Com muita relutância, Hill e vários outros historiadores abandonaram o Partido.[116] Na primavera do ano seguinte, quase todos os intelectuais já haviam saído.

Muitos deles, senão a maioria, tinham entrado para o Partido para lutar contra o fascismo e o nazismo e para apoiar os republicanos na Guerra Civil Espanhola, considerando o comunismo o único oponente organizado, determinado e sem compromissos com o fascismo de direita, com o ultranacionalismo e o militarismo que assolavam o continente europeu nos anos 1930. Em meados dos anos 1950, porém, a ameaça do fascismo havia desaparecido, levando com ela as razões para aderir ao comunismo.[117] A maioria dos intelectuais de destaque, Eric inclusive, gravitou em direção a um grupo de discussão que veio a ser conhecido como Clube da Nova Esquerda, ou simplesmente Nova Esquerda, organizado em torno da *New Reasoner*, depois *Universities and Left Review*, mais tarde a *New Left Review*, fundada por homens como Raphael Samuel e o teórico cultural Stuart Hall, nascido nas Antilhas, ainda na casa dos

20 anos, com participantes que incluíam o diretor de cinema Lindsay Anderson, os historiadores Isaac Deutscher e Edward Thompson, e até o socialista moderado G. D. H. Cole. Eric também fazia parte do conselho editorial da nova publicação.¹¹⁸ Continuou pessoal e politicamente próximo dos amigos da Nova Esquerda, que incluíam Edward Thompson, John Saville, Rodney Hilton e muitos outros. Não havia grandes discordâncias políticas além do fato meramente simbólico de pertencerem ou não ao Partido, e todos estavam engajados no objetivo comum de formular um novo tipo de história política e social "a partir de baixo". Eric tentou convencer a liderança do Partido a levar a sério a Nova Esquerda. "Em termos organizacionais, é uma bagunça total e é quase certo que se desfaça", explicou, mas "parece ter uma base de massa surpreendentemente firme e duradoura [...] as reuniões da *U[niversities] and L[eft] R[eview]* atraem o mesmo tipo de público que o Left Book Club²* atraía nos anos 1930: principalmente da classe média e do meio artístico/intelectual, vagamente rebelde e 'progressista'".¹¹⁹ Mas o Partido meramente os acusou de serem "pequenos-burgueses".¹²⁰

Eric renunciou à presidência do Grupo de Historiadores e continuou desafiando todas as regras e convenções do Partido ao continuar escrevendo para a *New Reasoner* e defendendo a inclusão de artigos da revista na bibliografia da história da Inglaterra aprovada pelo Partido "à luz do marxismo", como havia proposto no ano anterior.¹²¹ A liderança do Partido vetou. Gollan disse que "era infrutífero gastar 2½ horas argumentando com ERIC HOBSBAWM, pois ele não se convenceria".¹²² Chegou a ser realizada uma reunião, mas Eric se recusou a ceder. Seria constrangedor, afirmou, se esses artigos não fossem mencionados. Em outras discussões, George Mathews

> disse que se isso provocasse a saída de HOBSBAWM do Partido, em sua opinião seria uma coisa boa; achou que ele teve a coragem de falar sobre estar sendo envergonhado [...] a *New Reasoner* era um coisa perniciosa e anticomunista que tinha começado com o objetivo de lograr o Partido, principalmente HOBSBAWM, que escreve para o Suplemento [Literário] do *Times* da mesma forma que THOMPSON escrevia para a *New Reasoner*.¹²³

---

2 * Grupo editorial que exerceu forte influência de esquerda na Grã-Bretanha entre 1936 e 1948. (N.T.)

Aparentemente, a maioria da liderança do Partido esperava que ele saísse.[124]
"ERIC é um porco", concluiu Bill Wainwright, vice-secretário do Partido.[125] Sua participação no Comitê Cultural do Partido ficou sob fogo.[126] A liderança considerou que havia um "bom estado de espírito" entre os membros, e que "todos eles agora, com exceção de ERIC HOBSBAWM, realmente falavam como comunistas nas reuniões".[127] Eric "só comparecia às reuniões para disseminar cinismo, nem precisava abrir a boca". No entanto, Wainwright ressaltou "que HOBSBAWM encontrava-se completamente isolado do Comitê Cultural. Em certa ocasião ele fora derrotado de forma devastadora numa discussão por pessoas que ele considerava camaradas".[128] Wainwright também reclamou que Eric atraía mais críticas por escrever "com uma postura de outsider, e 'não de alguém de dentro'".[129] E que não deveria ter de forma alguma ter publicado no *Universities and Left Review*.[130] As discussões sobre a expulsão de Eric continuaram até 1959 e ele foi afastado do Comitê Cultural, mas apesar de ele sempre "fazer exatamente o que achava que deveria fazer" e de Wainwright ter declarado "que ele não deveria estar no Partido e não continuar", Eric se recusava a sair e exigia que eles os expulsassem, e Wainwright "não via razão para não fazer isso".[131] "Ele definitivamente queria mantê-lo no Partido", acrescentou, "[...] por causa do seu grande talento."[132] Eric ("aquele jovem patife que sabe muito bem o que faz", como o definiu Harry Pollitt) foi chamado ao quartel-general do Partido e informado por Wainwright "que eles queriam que ele continuasse no Partido sem fazer coisas que pudessem deixá-lo de fora[.] ERIC se mostrou assustado e preocupado[,] jurando que nunca quis sair".[133]

Eric estava com um pé em cada mundo. Por um lado estava ligado num nível profundamente emocional à ideia de pertencer ao movimento comunista, mas por outro lado não queria se sujeitar à disciplina exigida pelo Partido. Sua recusa de andar na linha causou considerável frustração na liderança do Partido, que sabia de seu valor, mas detestava sua falta de disciplina. Bill Wainwright queixou-se de que Eric era "um sujeito que já tinha lhes causado problemas de vez em quando e era um tipo sempre esquivo e irresponsável com os outros e nunca se conseguia uma resposta direta dele".[134] No fim, a liderança decidiu que era melhor ter Eric dentro do Partido do que fora, e relutantemente concedeu implicitamente que escrevesse o que quisesse para quem quisesse. De sua parte, Eric começou a frequentar as reuniões na sede do Partido na Universidade de Cambridge e, em novembro de 1959, na visão de John Gollan, ele "parecia em geral muito mais otimista".[135] Joan Simon concordou, afirmando em janeiro de 1960 que "ele não estava falando sobre o Partido da maneira que teria falado dezoito meses atrás".[136] Na verdade Eric estava inclusive fazendo notáveis doações financeiras ao Partido.[137] Do ponto de vista do Partido, ele era praticamente o único historiador "de verdade" que havia sobrado.[138] No entanto, como James Klugmann observou no começo de 1962, se Eric era "muito bom em história", já não era "tão bom em política".[139] A essa altura, até o MI5 já reconhecia a "frágil afiliação partidária de HOBSBAWM".[140] Na visão do serviço secreto, Eric havia se "reabilitado apenas parcialmente" aos olhos do Partido no fim da década.[141]

"A coisa de que melhor me lembro de 1956", escreveu Eric mais tarde, "é de Deutscher vindo até mim em uma das primeiras reuniões da *University* [sic] *and Left Review* depois dos debates e dizer com franqueza: 'Você não deve sair do Partido'."[142] "Eu me deixei ser expulso em 1932 e desde então me arrependo", acrescentou.[143] Isaac Deutscher, um trotskista de longa data cujas biografias de Stálin e Trótski estavam sendo muito aclamadas, era uma figura importante entre os intelectuais de esquerda. Eric levou seu conselho muito a sério. Então, afinal ele decidiu ficar no Partido. A coisa mais importante era se manter leal à ideia e à inspiração do comunismo, e sua participação no Partido era um símbolo vital, mesmo que num nível mais ou menos formal. Afinal o Partido também não expulsou Eric, embora ele se mostrasse, nas palavras de Johnny Campbell, editor do *Daily Worker*, não muito "comprometido politicamente com o Partido".[144]

V

A desavença de Eric como o Partido Comunista em 1956 o deixou à deriva do que há mais de duas décadas vinha sendo sua base espiritual e política. Seu relacionamento com Hélène Berghauer, tanto intelectual como político e sexual, sob certos aspectos era uma continuação de sua busca por um uma união pessoal de camaradagem, uma busca que havia fracassado de maneira tão lúgubre no casamento com Muriel. O fato de ter se envolvido numa relação com uma mulher que não era uma ativista do Partido era um sinal de que Eric já estava se emancipando dessa visão restrita do casamento, numa época em que começava a criticar abertamente o comunismo britânico. Em 28 de janeiro de 1956 Eric começou um caso amoroso com Marion Bennathan, uma estudante de psicologia de Birkbeck, já madura e casada.[145] Marion o conheceu numa festa, e achou que ele tinha "um rosto interessante, que não parecia feliz", mas era "sensível" e "vivaz".[146] Eles trocaram cartas de amor e cartões-postais, planejavam encontros e conversavam interminavelmente ao telefone quando não estavam juntos.

Mas Marion ficou grávida, e em 3 de abril de 1958 escreveu para dizer a Eric: "Então, agora você tem um filho", nascido na noite anterior. Ela deu ao bebê o nome de Joshua, abreviando-o para Joss.[147] Eric queria que ela se separasse do marido, Esra, um exilado judeu alemão que tinha estudado economia na Universidade de Birmingham e se tornado professor em Bristol, mas Marion se recusou a desfazer o casamento. Sabia que seria feliz com Eric, explicou, que nunca amaria nenhum outro homem além dele. Mas, continuou: "Eu só deixaria Esra se não tivesse certeza de que isso significaria sua ruína total – tanto mental como até um suicídio. Eu não conseguiria viver comigo mesma depois disso, e nem você conseguiria", escreveu a Eric antes de a criança nascer. Os dois se angustiaram com o dilema por meses.[148] Eric sugeriu que eles fossem para a Itália. Mas a resolução de Marion se firmou quando Joss nasceu. E ela escreveu a Eric:

> As razões pelas quais não posso deixar Esra são fortes & para você, inconvincentes. A vida com ele não está melhorando – para nenhum de nós dois. Não tenho tempo para escrever sobre isso agora. E não melhoria as coisas se escrevesse. Não é ou foi que eu não amo você tanto quanto poderia amar alguém. Mas quando eu estava pensando em & pretendendo deixá-lo, tive de argumentar comigo mesmo em termos de que só uma pessoa estaria sendo arruinada. Você não ficou arruinado de eu não ter ido até você (nem eu) e tenho uma boa noção de sua imensa necessidade de mim. Se você fosse um fraco eu não teria me apaixonado por você. Acho que nunca fui apaixonada por Esra. Casei-me com ele por causa de minhas grandes necessidades à época, por ele ser desprovido das más qualidades que teriam impedido fazer dele o que eu queria ver.[149]

Os dois continuaram se encontrando durante os anos seguintes,[150] mas as frequentes viagens de Eric dificultavam os encontros, e ele se sentia cada vez mais relutante em se encontrar com ela, pois quando se viam Eric achava difícil não imaginar como poderia ser a vida deles juntos se ela tivesse concordado

Eric (direita) com a irmã Nancy, o primo Ron (último à esquerda), tia Gretl (cabeça oculta) e o filho dela Peter (na frente), no litoral sul da Inglaterra, abril de 1935, e o tio de Eric, Sidney, desajeitadamente operando a câmera.

© Cortesia de Angela Hobsbaum

Eric descendo do Carnedd Dafydd, o terceiro pico mais alto de Snowdonia, no País de Gales, que escalou com o primo Ron em 26 de abril de 1936, depois de ter vindo de Londres de bicicleta em uma de suas inúmeras excursões para acampar.

Caricatura de Eric em 1947 num campo de "reeducação" na Alemanha para ex-integrantes da Wehrmacht, desenhada por um de seus alunos, o futuro historiador Reinhard Koselleck. "Eu ensinei democracia a ele", disse Eric mais tarde.

Eric conheceu Marlene Schwarz em novembro de 1961, quando ela voltou a Londres após ter trabalhado para a Organização das Nações Unidas no Congo, onde esta fotografia foi tirada em 1960. Sabiamente, ela recusou um pedido do futuro ditador Joseph-Desiré Mobutu de lhe dar aulas de inglês.

A paternidade transformou a vida de Eric a partir dos anos 1960. Andy nasceu em 1963 e Julia, no ano seguinte.

Por alguns anos, Eric acreditou que a América Latina tinha mais potencial revolucionário do que qualquer outra parte do mundo. Em 1971, ele viajou pelas cordilheiras do Peru a cavalo.

Eric com Ticlia, a gata de rua adotada pela família quando ele voltou da América Latina, em 1971, que ficou na casa até morrer, quinze anos depois. "Ticlia sabia que Eric era o mais importante", disse Marlene, "pois era quem menos fazia festa com ela".

Contemplando o abismo: por mais de duas décadas, Eric e família passaram muitas temporadas no vale do Croesor, no Parque Nacional de Snowdonia, onde ele fazia longas caminhadas pelas encostas íngremes do Cnicht, o "Matterhorn galês".

© Walter Craveiro

Eric Hobsbawm durante palestra na primeira edição da Festa Literária Internacional de Paraty, Flip, em 2003. O historiador viveu dias de estrela de rock, dando autógrafos por toda a cidade.

em se casar com ele.[151] Imediatamente depois do nascimento do filho, Marion contou ao marido sobre a paternidade do garoto e Esra concordou que eles criariam Joss como se fosse filho do casal. Depois disso, ela escrevia a Eric regularmente, mas as cartas, obviamente, passaram a ser mais distantes e formais depois do fim do caso.[152] No fim, o caso com Marion Bennathan foi o produto da busca de Eric por estabilidade emocional nos anos seguintes ao fim do seu primeiro casamento. Eles tinham muito pouco em comum para haver alguma chance de uma relação duradoura. A sensação de estar à deriva de Eric sem dúvida se tornou mais aguda com o fim de seu sentimento de compromisso e pertencimento ao Partido Comunista Britânico. Demoraria algum tempo para ele encontrar alguma felicidade e satisfação completa.

No entretempo, privado de sua família substituta no Partido Comunista, Eric encontrou outro tipo de família substituta no mundo do jazz. A partir de meados dos anos 1950 ele começou a passar mais tempo com aficionados e praticantes, um grupo de pessoas muito unido, "uma espécie da maçonaria internacional quase clandestina", como ele os chamava. Os amantes de jazz, considerava, eram um "grupo pequeno e em geral combativo mesmo entre o gosto da minoria cultural".[153] O ambiente jazzístico combinava uma sensação de intimidade e identidade grupal com uma sensação de estar fora da vertente principal e longe do centro da sociedade.[154] Ouvir jazz era sempre uma forma de relaxamento para Eric, em contraste total como o exigente mundo intelectual da história e da política. Gostava da natureza do jazz como uma forma de improvisação controlada, em especial nos trechos de solo, em que os músicos podiam se emancipar do rigoroso confinamento da música clássica de reproduzir as notas escritas por um compositor. Ao mesmo tempo, por tocarem como parte de um grupo maior, os jazzistas desenvolviam sua individualidade apenas em relação aos outros músicos que os acompanhavam; não havia nenhum culto à liderança, nem mesmo nas maiores das grandes bandas, algo que Eric também apreciava.[155]

Eric achava que o jazz oferecia uma alternativa estética radical à "falência da maioria das artes ortodoxas da época". Acreditava que a arte convencional, a música e a literatura, estava passando por uma crise tripla:

> É uma crise formal, que se origina da aparente exaustão de certas convenções técnicas essenciais como o realismo na pintura e a harmonia tonal. É uma crise tecnológica, devida à revolução industrial: novos métodos e

materiais (métodos de reprodução, por exemplo) e o puro aumento do consumo de massa nas artes transformaram a situação criativa. Artes recém-inventadas, como as fotográficas, anexaram uma boa parte do território antes em mãos tradicionais. Por último, é também uma crise nas relações entre o artista e o público.[156]

Durante um tempo o público das artes clássicas consistia de consumidores passivos, mas o jazz aboliu a distinção entre o criador e o apreciador, entranhando-se nas atividades sociais de uma forma que as artes clássicas não conseguiram. Assim, mostrava "que há outras maneiras de desenvolver uma arte séria e viva diferente da que foi criada com a sociedade de classe média e que está morrendo com ela". Havia diversas réplicas óbvias a essa afirmação: no fim, a sociedade da classe média se mostrou mais do que capaz de se renovar e sobreviver, as artes visuais contemporâneas acabaram se tornando mais resilientes e até mais populares na era da modernidade e da abstração do que muitos previram, e a música modernista, pós-romântica, ainda conseguia tocar um acorde do público com trabalhos de compositores como Britten, Shostakovich, Tavener, Pärt e outros, além de encontrar um grande público com temas compostos para filmes e, mais tarde, para videogames. Talvez por isso houvesse menos causa para pessimismo sobre o futuro do que o implícito pela melancólica visão de Eric da ameaça da borra cultural produzida em massa de afogar tanto produtor quanto consumidor num pântano de mediocridade.[157] E realmente, com o tempo, Eric veio a apreciar pelo menos alguns aspectos da música moderna de tradição clássica.

O envolvimento de Eric com o jazz no fim dos anos 1950 foi ajudado por uma mudança radical na postura tomada em relação a esse tipo de música pelo movimento comunista internacional. A atitude oficial comunista em relação ao jazz, estabelecida pela União Soviética, foi muito negativa durante os anos de Stálin, quando muitos jazzistas soviéticos desapareceram em campos de trabalhos forçados do "Arquipélago Gulag". Em 1949, saxofonistas eram banidos pelas autoridades soviéticas e milhares de instrumentos foram confiscados. Em 1952, a *Grande enciclopédia soviética* afirmou que "o jazz é o produto da degeneração da cultura burguesa dos Estados Unidos". Depois da morte de Stálin, contudo, alguns jazzistas foram parcialmente reabilitados e libertados dos campos, e em 1955 um degelo cultural permitiu que bandas de jazz voltassem a tocar na União Soviética. Em 1957, um visitante a Moscou viu "um entusiasmo pelo jazz na Rússia mais fanático que em qualquer lugar em que já estive". E em 1962 havia uma vicejante comunidade jazzística na República da Checoslováquia, que pretendia realizar em Praga um festival com representantes de toda a Europa Oriental.[158] Para os comunistas, o jazz, e principalmente o blues, podia agora ser apresentado como a música da classe trabalhadora negra oprimida pelo capitalismo nos Estados Unidos. E os ditadores culturais de regimes comunistas da Europa Oriental já tinham encontrado outra espécie de decadência capitalista para proibir no fim dos anos 1950 – o rock and roll.[159]

Não surpreendentemente, o status do jazz foi motivo de alguma controvérsia dentro do Partido Comunista da Grã-Bretanha. Os puritanos do Partido, que queriam uma juventude dedicada à atividade política, consideravam a dança do jazz e do suingue particularmente deplorável. Certamente estava errado, comentou um deles em 1948, "transformar-se num selvagem babão, num horror psicopata, em um feixe de fibras espasmódicas de emoções sensuais".[160] Essa visão ganhou peso em uma conferência organizada pelo Partido em Londres em 29 de abril de 1951 sobre uma suposta ameaça à cultura britânica representada pelos "tipos arrogantes que mascam chicle" ou, em outras palavras, pelos americanos.[161] O Partido preferia músicas folclóricas. Estava mais próxima das massas, ou ao menos era o que o Partido pensava, embora Eric se mostrasse cético de eventos onde "o grupo de músicos se vestia com trajes que ninguém mais usava em Wisbech desde a última revolta dos *fenmen*".[3*] Ele notou a ausência de "revolucionismo" no movimento em prol de canções folclóricas e, uma deficiência fatal aos seus olhos, a proximidade de seu fundador, Cecil Sharp, com os fabianistas.[162] Em meados dos anos 1950, por alguma razão o jazz se tornou mais aceitável para o Partido.[163] Mesmo assim, Eric tomou o cuidado de não informar à liderança do Partido Comunista sobre seus textos sobre jazz para a imprensa; quando Bill Wainwright ficou sabendo, em 1959, que Eric era crítico de jazz nas horas vagas, ele fez uma observação desabonadora, dizendo que Eric "deve estar dando 'uma de espertinho' nisso".[164]

O jazz proporcionou a Eric uma oportunidade de voltar ao rádio, por ser considerado pela BBC uma área segura e politicamente neutra da cultura. Ao ficar sabendo que a lista de locutores e roteiristas enviada pela BBC para aprovação incluía o nome de Eric, o MI5 não deixou de informar a BBC mais

---

3 * Habitantes de The Ferns, zona alagadiça no oeste da Inglaterra, que se rebelaram contra a drenagem da região nos anos 1630. (N.T.)

uma vez que "HOBSBAWM continua sendo um comunista ativo e membro da Sociedade para Relações Culturais com a URSS".[165] De todo modo, em 14 de dezembro de 1955 Eric gravou um programa sobre "A arte de Louis Armstrong", com créditos em seu nome e transmitido no início de fevereiro de 1956.[166] É claro que ele não iria apenas tocar discos. "No geral acho melhor uma abordagem biográfica (ou, se preferir, uma abordagem histórica)", disse a Anna Kallin.[167] Eric explicou que Armstrong era "universalmente reconhecido como o maior músico de jazz, ou ao menos o maior solista". Depois acrescentou mais um ponto de venda para o Third Programme, o de que "o jazz está se tornando agora bem respeitável intelectualmente, como posso observar entre meus alunos de graduação; o que deixa feliz um antigo aficionado como eu".[168]

A apresentação de Eric não agradou muito a alguns fãs de jazz, um dos quais ("uma pessoa educada, inteligente, razoável e tranquila chamada sr. Horsman") telefonou para a BBC para criticar "o programa sobre Armstrong afirmando que era uma abordagem intelectual e paternalista demais do jazz. Achou que Hobsbawm não entendia de jazz e nem se entusiasmava pela música, e que deu a impressão de um intelectual tentando convencer outros intelectuais a apreciar algo muito singular".[169] Como Eric disse a Anna Kallin:

> A julgar pelos telefonemas de jornais depois que a BBC anunciou minha futura palestra sobre jazz, existe mais valor na curiosidade de um professor universitário gostar de jazz do que pensei. Lembra-se da história do agente de Hollywood que aconselhou Marilyn Monroe em início de carreira: Quando você sair, leve sempre um livro de um sujeito chamado Spinoza debaixo do braço e quando perguntarem o que é você diz "esse é Spinoza; eu estou lendo"? Agora eu me considero uma espécie de Marilyn Monroe ao contrário.[170]

Kallin respondeu: "Nós recebemos montes e montes de carta[s] sobre sua palestra sobre jazz, e também algumas sugestões extremamente bobas sobre o assunto. Fico muito contente por ter sido um sucesso".[171] Eric ficou realmente "embasbacado pelo valor publicitário de um professor no jazz". Ele também foi "inundado por cartas e recortes que amigos mandaram, até do *New York World Telegram* e do *Wisconsin State Journal* [...] percebo que meu prestígio entre estudantes subiu tremendamente, o que significa que agora devo escrever artigos e dar palestras para eles sem receber nada". A "principal função social" do programa, concluiu, provavelmente seria "dar aos garotos de escola um argumento incontestável contra pais que acham que eles estão perdendo tempo com discos de jazz. No todo, um negócio muito peculiar, mas divertido".[172]

Novos programas se seguiram, inclusive um sobre "A Arte de Bessie Smith", gravado em 24 de janeiro de 1957 e transmitido dois meses depois.[173] Teve menos sucesso na BBC uma tentativa de Eric de fazer um programa apresentando o notoriamente difícil filósofo marxista alemão Ernst Bloch. Em maio de 1962, aproveitando uma das raras visitas de Bloch ao Reino Unido, Anna Kallin conseguiu convencer a BBC a gravar uma discussão entre Eric e Bloch sobre "Marxismo, Filosofia e Música".[174] Infelizmente, não foi um sucesso. "O inglês de Bloch é ruim demais", observou um executivo da BBC; mas mesmo se fosse sua língua nativa, acrescentou, "duvido que alguém tivesse conseguido entender o que ele chamou de – para citar Hobsbawm – paixão, turbulência & confusão". Mas como Bloch era um dos poucos filósofos marxistas importantes no tema da existência, uma conversa entre ele e Eric (seu pupilo, amigo, acólito) ainda pareceu uma boa ideia, já que Eric seria capaz de dar às suas ideias uma coerência que parecia faltar quando o grande homem tentava apresentá-las por si mesmo.[175] Mas isso não aconteceu. Talvez Eric tenha considerado a perspectiva assustadora demais. Jazz era uma aposta mais segura, mesmo diante do público intelectualizado do Third Programme da BBC.

VI

Por ter de pagar o aluguel de um apartamento em Bloomsbury em vez de morar em um alojamento gratuito numa faculdade de Cambridge, Eric precisava de algum dinheiro além de seu modesto salário como acadêmico. Mas os ocasionais cachês da BBC não eram suficientes, mesmo levando em conta que ele geralmente dividia o apartamento com algum hóspede pagante. Por isso, quando Eric soube que o romancista Kingsley Amis, que com certeza sabia menos de jazz do que ele, estava escrevendo sobre o assunto para um jornal nacional, o *Observer* de domingo, ele superou sua timidez e pediu a Norman Mackenzie, que conhecera na FEL e era da equipe editorial da *New Statesman*, para arranjar um cargo como crítico de jazz na revista.[176] Eric conseguiu o trabalho e começou a escrever na publicação como repórter regular de jazz com o pseudônimo de "Francis Newton" (nome de um dos poucos músicos de jazz americanos conhecido por ser comunista) por acreditar, corretamente, que não faria muito bem para sua carreira acadêmica assinar o próprio nome, e talvez também por não querer que seu trabalho como crítico de jazz fosse uma distração para seus alunos.[177] A identidade de "Francis Newton" era uma espécie de segredo em aberto no mundo do jazz:

> O dr. E. J. Hobsbawm pode ser visto durante o dia ensinando história a seus alunos da Universidade de Londres. Francis Newton, crítico de jazz da *New Statesman*, pode ser encontrado depois do anoitecer nos clubes de jovens do West End na companhia de músicos, quentes ou calmos, brancos ou de cor. Dr. Hobsbawm não precisa de um frasco com alguma efervescente substância química para assumir a personalidade de Mr. Newton, ao ritmo de *Back of Town Blues*, a uma cheirada ou duas de Sonny Rollins.[178]

Mesmo assim, parece que Eric conseguiu esconder a existência de seu *alter ego* da maioria de seus colegas acadêmicos.

Nos anos 1950, o jornalismo era visto com certa desconfiança nos círculos acadêmicos, como demonstrado pelo opróbio acumulado por A. J. P. Taylor por escrever regularmente para a imprensa popular.[179] Mas como os leitores da revista eram principalmente funcionários públicos do sexo masculino, quarentões com vidas bem monótonas, explicou o editor do *New Statesman*, Kingsley Martin, Eric era contratado para escrever suas colunas mensais mais como repórter cultural que como crítico de música. Além de ir a concertos de jazz e a clubes, ele também frequentava o Downbeat Club na Old Compton Street, "onde músicos e outros do ramo gostavam de aparecer para uns drinques, para fofocar e ver as dançarinas – músicos raramente são bons dançarinos – e talvez dar uma canja na banda".[180] Funcionando como uma academia para os profissionais, o clube era "facilmente reconhecível pela clientela de homens com estojos de instrumentos e os *hipsters* e gente da noite que se reuniam à sua volta".[181] Nas palavras de um dos frequentadores regulares do clube, o escritor Colin MacInnes:

> A melhor coisa do mundo do jazz, e de todos os garotos que aderem a ele, é que ninguém, nenhuma alma, se importa de que classe você é, de que raça você é, ou quanto você ganha, ou se você é homem ou mulher, suas tendências ou versatilidade, ou o que você é – desde que você curta a cena

e saiba se comportar, e não leve seus problemas para lá quando passar pela porta do clube de jazz. O resultado de tudo isso é que, no mundo do jazz, você encontra todos os tipos de gente, em termos absolutamente iguais, que podem fornecer dicas de todos os tipos – em termos culturais, em termos sexuais e em termos raciais [...] na verdade, seja qual for o lugar, você vai para aprender.[182]

No romance *Absolute Beginners* de MacInnes, o Downbeat Club, ligeiramente disfarçado como "Dubious Club", "não era um clube de jazz. É um clube para se beber onde se reúne gente da comunidade de jazz".[183]

Os músicos, explicou Eric mais tarde, "me aceitavam como uma raridade na paisagem", como uma "espécie de livro de referência ambulante que podia responder perguntas (não musicais)".[184] Eric também se associou ao notório Muriel Belcher's Colony Room, na Dean Street 41, registrando-se como membro número 216 com o nome de "Francis Newton". Suas dependências esquálidas e malcheirosas eram frequentadas por uma clientela composta em grande parte por gays e bebedores pesados, que incluía o pintor Francis Bacon, a quem a proprietária se referia como "filha". Eric se sentia bem deslocado ("acampamento alcoólico não era minha cena, nem o jazz era a deles") e não ia lá com muita frequência.[185] No entanto, atraído pela "boemia cultural de vanguarda", ele se tornou um observador participante da vida do Soho no fim dos anos 1950, acordando tarde, lecionando na Birkbeck das seis às nove da noite e passando noite após noite em "lugares onde o pessoal diurno se livrava de suas inibições depois de escurecer", misturando-se com rebeldes e não conformistas como o cantor George Melly, o velho trompetista de Eton, Humphrey Lyttelton, o crítico teatral Kenneth Tynan e o cartunista Wally Fawkes ("Trog").[186] Suas explorações do Soho também eram, segundo reconhecia, parte de um fenômeno mais amplo, o interesse cada vez maior de ao menos alguns intelectuais, como ele mesmo, por um mundo subterrâneo de cultura alternativa onde podiam escapar das convenções de respeitabilidade, de controle e de burocracia.[187]

Eric escreveu sete artigos para a *New Statesman* desde que começou como crítico de jazz da revista como "Francis Newton", de junho de 1956 até o fim do ano, depois mais ou menos um por mês durante mais alguns anos – treze em 1962, oito em 1963 e treze em 1964. Depois disso suas colaborações declinaram drasticamente em número, com apenas cinco artigos em 1965. Sua última contribuição como "Francis Newton" foi em 25 de março de 1966. Eric não atendeu ao pedido de Kingsley Martin de se concentrar no estilo boêmio da vida no Soho e não escreveu sobre o Downbeat Club ou o Colony Room, mas sobre música. O escopo dos comentários de Eric era deslumbrante. No início de 1961, por exemplo, ele escreveu uma coluna sobre música cigana húngara, que começava com um virtuoso *tour d'horizon* do panorama folclórico no mundo inteiro: "No geral, a música popular não viaja bem", começou:

> Bandas militares alemãs, canções de cervejaria de *Schlager* (sucessos musicais) não têm apelo a não ser para quem tenha uma criação cultural teutônica. Desde o século XIX, quando os românticos incorporaram alguns temas folclóricos no repertório de salões de baile, as danças populares europeias têm sido deixadas principalmente para seus praticantes nativos. Citaristas foram deixados em seus locais de origem, exceto em raras ocasiões em que os gregos, os chineses malásios e as bandas sul-africanas de jazz produzem uma novidade que obtém sucesso por uma um duas semanas.[188]

Basicamente, Eric escrevia sobre o jazz do Reino Unido e dos Estados Unidos. Alguns artigos se concentravam em jazzistas específicos, inclusive Count Basie, cuja banda ele considerava "de alta classe", embora desaprovasse os uniformes ("a banda apareceu em um cenário que parecia projetado para um piscina de leões-marinhos, supostamente simbolizando sua música").[189] No entanto, novos cantores como Ray Charles, influenciado pela música gospel, que Eric considerava de segunda categoria, representavam um refúgio dos protestos para um mundo de sentimentos íntimos: "Charles é uma estrela. Mas não se pode deixar de pensar que um mundo onde ele é uma estrela é um mundo doente e infeliz".[190]

Eric achava que o jazz estava em decadência. "Desde meados dos anos 1930 o próprio jazz, de um jeito ou de outro, se tornou uma proposta para pagantes, e o público insiste em ouvir a música improvisada de boa inspiração e sessões de jazz em horas marcadas e em plataformas sob holofotes; uma demanda tão irrealista quanto a enfrentada por poetas laureados." A espontaneidade no coração do bom jazz estava se perdendo, e apresentações públicas eram "brilhantes, mas não criativas". Era melhor ouvir jazz em discos, já que nos estúdios de gravação era mais fácil criar um estado de inspiração do que em público: "Os músicos tocam para eles mesmos e um ou outro para suas esposas e namoradas, e talvez para uns poucos técnicos".[191] Além do problema da comercialização, havia "o eclipse da garota cantora", pois "o público de massa não ouve mulheres". Só Sarah Vaughan chegou perto de se comparar às grandes cantoras mulheres dos anos pré-guerra,[192] ainda que Eric também admirasse a cantora gospel Mahalia Jackson e a cantora de jazz britânica de uma geração mais jovem, Annie Ross, cujo brilho, contudo, ainda precisava ganhar o reconhecimento do público.[193]

Eric considerava que a oposição entre jazz moderno e jazz tradicional era um gosto da minoria, uma "fuga do apelo de massa", apesar de admirar o deslumbrante virtuosismo de Dizzy Gillespie.[194] O jazz produzido nos anos 1950 era ou "parasitário das realizações do anos anteriores", ou produzido por experimentalistas 'cool' indistinguíveis de dezenas de outros".[195] O classicismo cerebral e contido do Modern Jazz Quartet rejeitava "o velho jazz, vigoroso e espontâneo [...] porque os lembrava da opressão, do analfabetismo, de negros fazendo palhaçadas para recolher migalhas dos brancos". O intelectualismo dos integrantes marcava um apelo para os afro-americanos fazerem uma música da mesma complexidade da vertente principal da música clássica branca, mas que afinal acabaria se tornando um beco sem saída.[196] Eles eram marcadamente superiores a outro grupo de "cool jazz", o Dave Brubeck Quartet, cujo som Eric achava "sem vida e superficial".[197] O introvertido trompetista Miles Davis, muito elogiado pelos críticos, era um "intérprete de técnica surpreendentemente limitada e pouco alcance emocional", e "a maioria de seus discos não são muito bons".[198] O pianista Thelonious Monk não tinha "nem a maestria técnica nem o poder estável" de um músico como Ellington e em geral parecia distanciado, até entediado quando estava tocando.[199] Erroll Garner poderia ter sido o melhor pianista do início dos anos 1960, mas "boa parte de sua improvisação é mero embelezamento; um bocado é de um maneirismo altamente estilizado".[200]

Eric achava que o jazz tinha se desligado de suas raízes na classe trabalhadora negra dos estados do Sul dos Estados Unidos. Nos anos 1950, as grandes bandas estavam sendo deslocadas do panorama jazzístico por pequenos grupos.[201] As plateias se tornavam mais brancas e mais intelectuais, principalmente nos clubes onde se tocava o jazz moderno mais recente.[202] Talvez surpreendentemente, Eric considerava o saxofonista de vanguarda Ornette Coleman "inesquecível", por causa da incomparável paixão com que tocava. Ainda assim, com o passar do tempo, pensou, "a busca pelo jazz vigoroso" iria superar os modernistas, até que "o calor ultrapassado [...] lentamente derreteria o gelo até mesmo dos caras mais frios".[203] Às vezes ele reagia fortemente a experimentos mais extravagantes: em 1966, Eric liderou uma saída em massa de um concerto no

Instituto de Artes Contemporâneas quando uma apresentação do grupo de improvisação de jazz AMM de Cornelius Cardew se transformou numa mistura de sons eletrônicos aleatórios e ruídos instrumentais muito distantes do jazz progressivo de vanguarda.[204]

O "trad jazz" do tipo tocado por Chris Barber ou Acker Bilk era um fenômeno puramente inglês, segundo Eric. Era a única forma de jazz que chegava a um público popular, principalmente por ser "hoje a música dançante da juventude britânica". Era, na verdade, escreveu em 1960, "um possível sucessor da voga do rock-and-roll, que, finalmente, graças a Deus, está desaparecendo" (como ele estava enganado).[205] Admirava especialmente o jazzista e *bandleader* inglês Humphrey Lyttelton, que conheceu pessoalmente no Downbeat Club. Ele tinha produzido

> aquele tipo raro, talvez único de banda britânica que "salta" com autenticidade. Era uma visão memorável ver o nobre artista e cavalheiro (no sentido antiquado do termo) se levantar da mesa, ajustar o grande paletó por cima de uma camisa cor-de-rosa com abotoaduras em forma de *poodles* e, com um anel de diamante cintilando no dedo, mostrando generosidade na cabeça raspada, subir no palco como um hipopótamo para interpretar o blues como deveria ser cantado.[206]

Fora isso, a qualidade superior das bandas americanas estava tirando os ingleses do negócio, para tristeza do Sindicato dos Músicos do Reino Unido.[207] Muito disso tinha a ver com a perspicácia comercial dos promotores de concertos e turnês americanos, que Eric via como corruptores capitalistas e exploradores de artistas vulneráveis.[208] Somente uns poucos agentes de concertos ganhavam seu elogio, como Norman Granz, "um intelectual de Beverly Hills de terno de *tweed* cinza" que organizava o espetáculo de jazz ambulante "Jazz at the Philharmonic". Granz pagava e tratava bem os artistas, "lutando incansavelmente contra as barreiras de cor", gravava instrumentistas que de outra forma não poderiam ter se imortalizado em vinil e trabalhava no negócio mais por idealismo que por uma questão de lucro.[209]

Havia um aspecto do panorama jazzístico britânico que Eric admirava de coração, que era a atitude em relação à raça. Clubes de jazz, observou, eram locais onde pessoas negras e brancas se misturavam tranquilamente, e isso num tempo em que a hostilidade racista branca em relação à imigração das Antilhas estava se alastrando.[210] "Não parece haver qualquer diferença entre brancos e negros no Downbeat Club", escreveu mais tarde, "e a jovem Cleo Laine se sentia perfeitamente à vontade se definindo como 'uma negra cockney'."[211] Entre 30 de agosto e 5 de setembro de 1958, manifestações por questões raciais se disseminaram pelo bairro de Notting Hill, no oeste de Londres. Jovens brancos, muitos vestidos na moda dos Teddy boys, começaram a atacar casas de antilhanos, estimulados pelos fascistas de Oswald Mosley. Um grupo formado por músicos e cantores de jazz logo redigiu um panfleto condenando os manifestantes, seguido de um programa educativo, inclusive com cartas para revistas especializadas, dirigido principalmente a homens jovens e brancos.[212]

A aversão de Eric ao rock and roll só aumentou com o tempo. Quando ouviu Elvis Presley, sentiu "uma leve ânsia de vômito".[213] Bill Haley e seus Cometas estava entre os grupos musicais mais "embusteiros", e "a loucura terá se esvaído antes de a máquina do rock-and-roll conseguir sair da linha de produção".[214] Os Beatles, opinou Eric em 1963, quando o grupo estava no auge da fama e do sucesso, eram "uma turma de garotos agradáveis", e os adolescentes atualmente não compravam discos a não ser o que eles produziam, mas "daqui a 20 anos nada sobreviveria deles".[215] Também não apreciava muito o cantor Bob Dylan, que se apresentou no Royal Festival Hall de Londres em 17 de maio de 1964. Sua forma de cantar "não era profissional", faltava musicalidade a suas composições e suas letras eram "pouco mais que pastiches". "Está claro – especialmente pelos inúmeros versos ruins de Dylan – que ele vem daquela civilização de massa da *Reader's Digest* que atrofiou não só a alma dos homens como também sua linguagem."[216] Eric fez uma pergunta retórica, em termos chocantes, durante uma de suas visitas à Itália: "Será que os Platters, Elvis Presley, Bill Haley e o restante não só vão abafar as velhas árias operísticas (só encontrei um disco de Gigli numa vitrola automática), como também a música popular nativa do país, que está reduzida a cerca de 25 por cento do repertório?". A cultura popular italiana está sendo atolada por "uma massa de bobagens". Só nas regiões mais remotas do sul, incluindo "os pequenos portos pesqueiros da Apúlia onde escrevo estas notas", essas manifestações mais antigas sobrevivem, registrou.[217]

A autenticidade estava sendo eliminada da cultura popular pelo comercialismo desenfreado. Segundo Eric, a civilização de massas estava se tornando internacional. Ao visitar Tenerife, nas Ilhas Canárias, em janeiro de 1964, ficou desalentado ao ver a cultura local quase obliterada pela padronização cosmopolita da indústria do turismo internacional, cujos hotéis asseguravam que suco de laranja (engarrafado na Inglaterra) pode ser pedido a garçons que entendem alemão, com um campo de minigolfe à vista. É o tipo de lugar onde os ingleses podem aprender como é um livro de bolso finlandês e qual a palavra sueca para lavanderia, mas onde é bem mais difícil se achar a comida local– a não ser que se vá aos bairros nativos – do que aperitivos com linguiças Klaus "como a mamãe prepara", prontamente disponíveis à beira-mar.[218]

Quanto à música, a "cor local", reclamou, era providenciada por apresentações de flamengo em boates, que não tinha nada a ver com a música local, nem mesmo com o artigo genuíno, que ele veio a adorar na Espanha. Nos hotéis, os hóspedes comiam seus Wienerschnitzels acompanhados por orquestras embaixo de palmeiras, onde Strauss e Lehár eram interpretados por esses "violinistas de meia-idade atemporais que são os húngaros honorários do mundo [...]. Esta é a cultura internacional do dinheiro, agora democratizada".

A diferença fundamental que Eric traçava entre o jazz como uma música folclórica urbana de protesto que aspirava o status de grande arte e os produtos comercializados da indústria do rock and roll que produziam mingau industrializado surgiu com uma clareza específica em outubro de 1960, quando ele falou sobre jazz e música popular em uma conferência do Sindicato Nacional dos Professores em Londres. O tema era "Cultura Popular e Responsabilidade Social", e abordava a influência da mídia de massa em crianças e o surgimento de um novo tipo de cultura jovem que nitidamente começava a exercer efeito em alunos de escolas. O conjunto de palestrantes era impressionante, incluindo o secretário do Interior (R. A. Butler), sociólogos de destaque como Mark Abrams e Richard Titmuss, os radialistas John Freeman e Huw Wheldon, o dramaturgo Arnold Wesker, o crítico de arte Herbert Read, o pintor Richard Hamilton, o especialista em literatura Raymond Williams e o compositor Malcolm Arnold. Mais de 300 associações de voluntários estavam representadas. Eric ("que não representa nada em especial", como explicou o presidente) foi convidado para falar sobre jazz. A principal tônica do breve discurso de Eric foi "o problema do aviltamento da música pela mídia de massa". Música pop não era uma expressão de criatividade, mas um produto industrial do grande negócio. "A verdadeira música pop surge como resultado de uma divisão de trabalho em que a criatividade quase desaparece." "Os efeitos", continuou, "são chocantes." Os professores podiam conter essa tendência resistindo nas escolas, introduzindo música folclórica e jazz nas salas de aula no lugar da música pop moderna.[219] Desnecessário dizer que seu apelo irrealista, que refletia ecos mais altos da linha comunista dos anos stalinistas que os artigos mais nuançados escritos para a *New Statesman*, não foi atendido.

VII

Eric adorava o jazz em si, mas também se sentia intrigado pela história social da cena jazzística. Era fascinado pelo fato de muitos jazzistas morrerem jovens, como o lendário Bix Beiderbecke. Era um aspecto da cena jazzística que mais uma vez o situava no mundo dos oprimidos. "Os jazzistas da velha guarda que morreram precocemente na época não sucumbiam ao *Weltschmerz* [cansaço do mundo], mas a algo como a TB, induzida por anos tocando em pequenos clubes noturnos ganhando pouco. Quando morria de tanto beber, ou por excessos, era depois de uma vida rabelaisiana, falstafiana, como a do pianista Fats Waller."[220] "A lista dos que não chegaram aos 45 anos é abominavelmente longa", observou. Havia muitas razões para essa alta taxa de mortalidade: más condições de trabalho ("A média dos bares ou clubes em que se passava a vida de trabalho de muitos músicos não passaria por um inspetor de fábricas em 1847"), uma interminável e exaustiva sequência de apresentações noturnas em uma cidade atrás da outra, muitas horas de trabalho estendendo-se noite adentro e um baixo rendimento, boa parte do qual era apropriado por agentes e empresários.[221] E também havia as drogas: "Álcool e marijuana, os tradicionais estímulos dos músicos de jazz", observou, "fazem os homens sentirem que o que não podem realizar normalmente está ao seu alcance; a agulha simplesmente faz com que deixem de tentar." O jazz moderno, ponderou, era tocado principalmente por drogados, que tinham se viciado pelas mesmas razões por que o abuso de heroína era tão comum nos guetos das grandes cidades dos Estados Unidos.[222]

A morte da cantora Billie Holiday em 1959, aos 44 anos de idade, levou Eric a escrever uma elegia sentida ("Poucas pessoas buscaram a autodestruição com mais sentimento que ela"); por ocasião de sua morte "ela havia se transformado em uma ruína física e artística" por conta de uma vida bebendo muito e tomando drogas, com seus dias de grandeza há muito deixados para trás, deixando discos em que ainda se pode ouvir "aqueles sons de textura rouca, sinuosos, sensuais e insuportavelmente tristes que lhe deram um lugar seguro na imortalidade".[223] O diretor de cinema Joseph Losey, uma das vítimas da lista negra de Hollywood na era macartista e que havia se mudado para a Europa, escreveu uma carta pessoal a Eric em 24 de agosto de 1959 sobre seu "brilhante e comovente obituário de Billie Holiday". Apesar de ter escrito para "Frankie Newton" aos cuidados do *New Statesman*, Losey "sabia que o nome que você assina em seus artigos é um *nom-de-plume*", acrescentando que "John Hammond [um produtor de discos] há muito tempo me passou seu verdadeiro nome e seu número de telefone e sugeriu que eu ligasse".[224]

Mas tudo isso ainda estava intensamente focado na música e nas pessoas que a cantavam ou tocavam. Em algum momento Kingsley Martin deve ter dito a Eric que ele não estava cumprindo a tarefa de fornecer aos leitores homens de meia-idade a vibração que os faria continuar lendo a coluna, o que ele fez em 24 de março de 1961 da forma mais espetacular, com um artigo de página inteira, mais do dobro de seu espaço normal, sobre os clubes de *strip-tease* do Soho. Com todas as características de uma pesquisa minuciosa, foi uma pequena obra-prima em termos de reportagem e história social. "Com o fechamento de cinco grandes clubes de *strip-tease*", começou, "uma era da história da sociedade afluente pode estar chegando ao fim." O número de clubes de *strip-tease* havia aumentado rapidamente entre 1957 e 1960, liderado pelo Revuebar de Paul Raymond, um clube particular inaugurado na Walker's Court no Soho em 1958, que prosperou apesar das frequentes batidas policiais que mostravam que os clientes eram principalmente homens, mas não os leitores do *New Statesman*, e talvez politicamente mais de direita.[225] Para Eric, um clube de *strip-tease* não era mais que um negócio:

> Na verdade, o *strip-tease* é um exemplo ideológico de entretenimento privado mais puro que a maioria, pois não pode ser defendido ou propagado sob nenhum outro argumento a não ser o de se ganhar dinheiro com ele. Não produz bens nem serviços, pois o único verdadeiro serviço na cabeça dos homens que assistem a um *strip-tease* é o que eles não vão ter. Se poderia ou não ser uma arte é discutível, mas não é. "Eu não faço de conta que é uma grande arte", disse-me um gerente honesto, e por isso compreensivo. "Aliás, eu nunca digo que é uma arte. Só digo que da última vez que lidei com arte eu perdi £ 6.000." Nem é um tipo de performance que exija qualquer talento raro ou treinamento. "Qualquer garota pode

fazer isso se tiver um corpo bonito", é a visão de um jovem gerente realista de um dos menores clubes do Soho, "desde que ela se decida a encarar se despir em público."[226]

Antes da guerra e por algum um tempo depois, o velho Windmill Theatre já apresentava espetáculos de nudismo, uma tendência levada adiante pelos teatros musicais que sobreviveram, para evitar a bancarrota, mas foi a descoberta de que as leis contra a obscenidade poderiam ser contornadas (ao menos até certo ponto) transformando locais públicos em clubes particulares que levou à proliferação de bares de *strip-tease* no fim dos anos 1950, e a concorrência cada vez maior entre eles forçou os melhores a se tornarem mais profissionais em suas apresentações. Consta que um dos operadores se queixou com a polícia durante uma batida: "Como posso estar apresentando um espetáculo obsceno, eu tenho um coreógrafo!".

Administrar um clube de *strip-tease* estava se tornando um negócio custoso, e como Eric observou no começo do artigo, inúmeros estabelecimentos mais ambiciosos sucumbiam por gastarem demais. Por sua vez, esses problemas levaram à proliferação de clubes mais modestos, com taxas de inscrição mais baratas e despesas de manutenção dentro de limites estritos:

> Eles variam de ambientes razoavelmente sofisticados a salões com umas poucas cadeiras de cinema ocupadas por homens solteiros que assistem a uma sucessão de garotas (intercalada por filmes de *strip-tease*) tirando a roupa desdenhosamente ao acompanhamento de um disco e meio. Recentemente alguns estabelecimentos mais caros (onde trouxas compram licor de groselha a preços exorbitantes até perceberem que não vão conseguir nada das garotas que lhes empurram esta e outras bebidas decepcionantes) se transformaram em bares de strip-tease [...]. Nos níveis mais baixos as garotas ganham não mais que £ 1 por um *strip* de cinco minutos. Nos níveis mais altos elas podem receber de £ 15 a £ 25 (esperam-se apresentações especiais). £ 16 por semana por 11 strip-teases por dia (com as garotas pagando o próprio seguro) é o cachê de um clube, mas os gerentes relutam em citar números. O Sindicato dos Atores poderia muito bem investigar essa situação que atualmente enche o West End de louras ofegantes correndo de um clube para outro.

Segundo Eric, era difícil um clube superar os outros, já que o espetáculo no centro das atenções era quase sempre o mesmo em todos, e aquilo era um mundo de corpos femininos anônimos onde não havia estrelas de destaque como Rose Lee ou Josephine Baker. Na verdade as garotas nem eram na verdade dançarinas, e afinal fazia pouca diferença se usassem ou não tapa-sexo. Talvez levando as recomendações de Kingsley Martin literalmente demais, Eric recomendou aos seus leitores especificamente o Nell Gwynne Club, na Dean Street 69, que ele "parabenizou por ter um elenco estável de garotas e uma 'estrela principal' que se fiava mais em movimentos que em seios grandes", e o Casino por seu "excelente guarda-roupa" e a relativa sofisticação de seus números.

Eric não deu seguimento a esse artigo com outros despachos do submundo dos clubes do Soho. Mas essa coluna marcou uma mudança de marcha em seus textos para a *New Statesman*. A partir dali, suas breves críticas apreciativas de músicos individuais e bandas deram lugar a ensaios em geral mais extensos sobre aspectos da cultura popular. Em setembro de 1961, Eric começou a se cansar de seu trabalho como crítico de jazz:

O panorama jazzístico me parece no momento estar marcando compasso. Sinto-me como se estivesse começando a ficar sem coisas diferentes a dizer sobre as mesmas pessoas repetindo o mesmo tipo de coisa. Talvez essa sensação seja pior neste país, onde nossos músicos nativos são muito poucos e não mudam – é raro conseguirmos alguém novo no estagnado panorama atual –, mas do ponto de vista de qualquer um escrevendo a respeito seria bom ter alguma verdadeira inovação de que se pudesse falar a respeito. Já estou preocupado com o que mais haverá a dizer sobre o MJQ, que voltará a tocar aqui mais uma vez, e depois deles X e Y e Z, apresentando-se exatamente como X e Y e Z.[227]

Antes da Segunda Guerra Mundial, a independência cultural do jazz foi preservada por seu baixo status social, mas assim que as primeiras gerações de jazzistas dominaram sua técnica e chegaram a uma maturidade estilística e musical – por volta dos anos 1930 –, elas ficaram onde estavam, sem se preocupar em se desenvolver mais além.[228] Duke Ellington, um dos principais exemplos, ainda era grande, é claro, porém, pensou Eric, "sua orquestra vai acabar morrendo com ele, e só os discos preservarão suas obras irreprodutíveis".[229] Abrindo mão do ritmo e da tonalidade, novos músicos como Cecil

Taylor representavam uma nova modernidade cultural que se afastou muito do jazz de suas origens.[230] Em consequência, o jazz encontrava-se numa "grave crise" no fim dos anos 1960. Em Nova York, alguns clubes passaram a abrir somente nos fins de semana, deixando excelentes músicos desempregados ou trabalhando como balconistas de lojas, enquanto grupos de jazz tocavam em estabelecimentos com apenas 1/5 da lotação. O jazz estava "em depressão".[231] Durante vinte anos o jazz realmente seria eclipsado pelas novas tendências da música popular e, quando finalmente ressurgiu, foi para atender ao gosto de uma minoria, um nicho musical, e não mais como um veículo de rebelião moral e social contra as convenções e a propriedade: a década de paz e amor dos anos 1960 fechou essa conta, e a música pop da época refletia a rebeldia rala de jovens afluentes, não o ira justa dos despossuídos.[232]

O declínio do interesse de Eric por concertos e clubes de jazz em parte foi um reflexo do fato de à época ele já ter expressado todos os seus pontos de vista sobre o mundo do jazz. Por meio do primo Denis, Eric entrou em contato com uma editora, a MacGibbon & Kee, fundada em 1949 pelo historiador e jornalista Robert Kee e pelo editor e ex-comunista James MacGibbon, que já havia produzido livros de Humphrey Lyttelton e Colin MacInnes e estava sendo resgatada de dificuldades financeiras por Howard Samuel, um abastado apoiador do Partido Trabalhista. Eles convenceram Eric a escrever um livro sobre jazz, que foi publicado em 1959 como *The Jazz Scene*, com seu pseudônimo da *New Statesman*, "Francis Newton".[4*][233] Eric recebeu um modesto adiantamento de 200 libras.[234] Alguns aspectos do livro refletiam o apanhado introdutório pretendido pela editora, em especial os capítulos sobre "como reconhecer jazz" em estilo, em instrumentos e sobre a relação do jazz com outras artes, mas basicamente era um trabalho sobre história social contemporânea e, como tal, apresentava todas as marcas de outros trabalhos de Eric sobre assuntos mais acadêmicos.

Como de hábito quando entrava em um novo ambiente social, Eric escreveu um apêndice sobre a "linguagem do jazz" explicando a diferença entre uma banda e um grupo, elucidando os apelidos atribuídos aos músicos de jazz e passando pelas constantes mudanças na designação de substâncias ilegais como a marijuana ("baseado, bagulho, erva, chá, fumo, maconha, produto, cânhamo, jasco, charo, diamba, *beck*").[235] O escopo de referências do livro era muito

---

4 * No Brasil, *A história social do jazz*, sob o nome Eric Hobsbawm. (N.T.)

abrangente, incluindo, por exemplo, uma seção desdenhosa sobre a influência do jazz em compositores modernos como Milhaud e Stravinsky e uma informada discussão sobre os aspectos comerciais do jazz ao vivo e em gravações. Assim como a dissertação de doutorado de Eric sobre os fabianistas, continha um apêndice estatístico mostrando a classificação social de seus pesquisados, nesse caso baseada nos cartões de inscrição de 820 membros da Federação Nacional do Jazz (só cinco eram mulheres, e o restante era uma mistura eclética de jovens trabalhadores de colarinho branco e artesãos especializados, "homens que se realizaram culturalmente por si sós", em geral de origem proletária, revoltados contra a respeitabilidade da geração dos pais e o mundo da cultura de classe alta). "Era um mundo de escolas de baixo nível e de bibliotecas públicas, não o de escolas públicas e universidades; de casas de chá e restaurantes chineses, não de festas elegantes."[236] Mas o essencial de *A história social do jazz* estava em seu relato das origens e da ascensão do jazz, começando em New Orleans no fim do século XIX e inspirado em toda uma gama de fontes de ritmos africanos chegando até os cantores de gospel. Para Eric, a música continuava com raízes profundas na música folclórica dos negros pobres dos Estados Unidos, as pessoas que a criaram, e que na Europa se transformou na música dos "discriminados e opositores às convenções sociais [...] o meio em que viviam os gângsteres, cafetões e prostitutas".[237] Contudo, Eric via a rebelião dos músicos de jazz e seu público não como o prelúdio de uma resistência organizada à exploração, mas como uma distração da ação política.

Como era inevitável, alguns especialistas em jazz viram furos em algumas das avaliações de Eric. "Este é um livro de leigo", escreveu Ramsden Greig. "Um conhecedor já saberá a maior parte do que contém."[238] De sua parte, Eric considerava os críticos de jazz profissionais limitados e conservadores.[239] Outra resenha reclamou que a "seriedade do livro era quase intimidante", embora "os últimos cinco capítulos" fossem "a melhor coisa já escrita sobre o panorama jazzístico – por alguém de fora". O autor era realmente "O especialista no longo caso de amor entre intelectuais e o jazz".[240] No mesmo registro, outro americano, Clancy Sigal, romancista, roteirista e ocasionalmente namorado de Doris Lessing, gostaria que Eric conseguisse "se deixar relaxar de verdade e curtir jazz, sem ter de racionalizar sobre sua apreciação com um puritanismo utilitário que, na última hora, faz com que ele restrinja suas apostas".[241] De qualquer forma, o livro demorou a ganhar leitores que não fossem aficionados ao especializado mundo do jazz. A Penguin Books publicou o livro em formato de bolso em

1961, mas um estudante de pós-graduação escreveu para a editora alguns anos mais tarde se queixando de que não conseguia encontrar um exemplar nem em livrarias nem em bibliotecas, sugerindo que estava na hora de uma reimpressão. Peter Wright, o editor de Eric, respondeu que o livro era "um notável fracasso de vendas no nosso catálogo, e por isso agora que estava esgotado não podemos considerar uma reimpressão. Isso é muito triste", acrescentou, "mas sabemos que não há como transformar livros desse tipo em sucesso".[242] Devido à convicção de Eric de que o jazz estava estendendo seus vínculos aos protestos dos negros e "tornando-se culturalmente mais respeitável", os consumidores de livros agora queriam ler a respeito, por sua importância. Mas demorou alguns anos para *A história social do jazz* chegar a um público maior de leitores.[243] O livro foi relançado em 1975, em 1989 e em 1993 (esta última edição acrescida de uma seleção de ensaios de Eric para o *New Statesman*), mas foi relativamente pouco traduzido (só para o tcheco (1961), para o italiano (1961), para o japonês (1961) e o francês (1966)). Depois disso o interesse diminuiu até o livro ser lançado em grego, em 1988. Sua edição estrangeira de mais sucesso foi publicada no Brasil, onde se tornou muito conhecido na virada do século: os direitos autorais da edição brasileira do livro chegaram a quase 10 mil libras entre 1997 e 2007.[244] Em 2014 o livro foi relançado em inglês pela Faber & Faber. De maneira geral, *A história social do jazz* talvez tenha sido o produto mais duradouro do período de dez anos de Eric como crítico de jazz, acabando por se tornar "indispensável para a biblioteca de qualquer amante do jazz".[245]

VIII

Um subproduto inesperado dos anos de Eric no Soho foi uma relação iniciada com uma jovem que conheceu em 1958 no Star Club, na Wardour Street, antes de ser fechado pela polícia (e depois reaberto como Club Afrique). Com 22 anos de idade e uma filha nova, Jo (não é seu verdadeiro nome) era uma profissional do sexo em meio período, uma maneira de ganhar algum dinheiro para pagar seu hábito em drogas e cuidar da filha. Como tanto costumava fazer ao entrar em um novo mundo social, Eric compilou um glossário da linguagem e terminologia de seus frequentadores: "pico" era "injetar drogas com [uma seringa] hipodérmica", "barato" era "a sensação proveniente de drogas", "chapado" era "bêbado, em geral de maconha ou outras drogas", "fissura" era "vício", "haxixe era fumado em baseados (cigarros)" e "cafungar" era "cheirar" cocaína (Em uma noite, acrescentou Eric, "Jackie S (que vende) diz que pode ganhar até £ 60 se não for muito cuidadoso. Faz as pessoas falarem muito"). A ignorância de Eric em gírias sexuais era algo surpreendente: "um encontro", observou, era "encontrar-se com alguém para ter intercurso sexual", uma definição que certamente excluía vários estágios intermediários do processo de sair para um encontro. Mais esotérico era "dar para ele", como em "deixar que ele faça sexo", que significa "deixar alguém ter intercurso sexual". "Dar uma voltinha" era uma referência à prostituição: "uma garota dá uma v. para pegar algum cliente. Nos automóveis, na rua ou coisa assim". "Cair de boca" era "cair de boca em carícias na genitália de outra pessoa". "Sair para o trabalho" era "pegar um cliente". Um "programa" rendia algo entre cinco e dez libras, o suficiente para se sustentar se vários clientes fossem "pegados" por noite.[246]

Jo era fã de jazz e presença regular em alguns dos clubes que Eric frequentava, principalmente o Downbeat, onde ela costumava ir tomar uma bebida antes de sair pela rua, por isso eles se encontravam com frequência. Jo morava num quarto mobiliado com duas camas, um cômodo com um fogão a gás e uma pia, um telefone no patamar da escada, "roupas de baixo secando nas janelas" na Cromwell Road no oeste de Londres, com outra prostituta de meio período chamada Maxine. Era uma "região tristonha e mal-afamada". Eric levou as duas garotas à Tate Gallery para ver uma exposição de pinturas e desenhos de Toulouse-Lautrec, cujos temas costumavam incluir prostitutas ("Gostei muito da ideia de levar duas mulheres da vida para ver Toulouse-Lautrec.") Mas "não acredito que elas tenham achado grande coisa". "Nessas situações", acrescentou, "eu sempre me perguntei se elas achavam que meu interesse por elas era como putas ou se demonstrava meu fascínio pela prostituição. A resposta às duas perguntas é provavelmente sim." Certa noite, na primavera de 1961, ele se lembrou, "quando a levei da minha sala de estar até a porta, depois de chamar um táxi, eu disse perto da entrada: 'Eu gostaria de ir com você um dia, sabe', e ela disse alguma coisa como (resignada, aceitando, sem chegar a suspirar) 'Bom, mais cedo ou mais tarde isso iria surgir'". Os dois desenvolveram uma rotina regular: Eric pegava Jo no Downbeat por volta das sete da noite para irem ao teatro ou ao cinema, depois jantavam num restaurante de carnes ou indiano. Às vezes voltavam ao Downbeat ou iam ao clube de jazz de Ronnie Scott. Jo levava uma sacola de roupas quando os dois saíam para a noite e ficava no apartamento de Eric.

"Só Deus sabe quando foi que afinal dormimos juntos", escreveu Eric em 1962, quando a relação já tinha terminado. "[...]. Acho que tivemos nosso momento em maio-junho" (1961). Começou a levá-la a ocasiões sociais, inclusive a uma festa memorável em Belsize Park a que havia sido convidado em um dos dias marcados para sair com ela. Eric considerou se ela estava apresentável ("sempre me preocupei com esse tipo de coisa"), mas Jo sem dúvida estava ("ela estava extraordinariamente bonita naquela primavera"). A festa foi "meio que um fracasso":

> Ficamos na cozinha comendo, tomando vinho, depois subimos para o sótão onde uma espécie de grupo de [jazz] tradicional tocava para as pessoas dançarem. Na maior parte do tempo ficamos sentados em almofadas e coisas assim. Estava lá o ator Patrick Wymark (de Aldwych) [...] J. foi ficando cada vez mais bêbada, uma moleca de rua francesa brechtiana. Pegamos um táxi para voltar para casa perto das duas, com J. muito embriagada e muito afetuosa. Os outros convidados ficaram considerando quem era ela, e eu imaginando se eles achavam que fosse uma puta ou só uma garota que eu tinha encontrado, e concluí que não fazia diferença [...]. Foi uma noite em que ela se mostrou muito amável ou, mais precisamente, que ela demonstrou seus sentimentos, mas acabou mudando de ideia. Pode ter sido a ocasião em que ela me disse no táxi indo para a Cromwell Road que achava que eu era um farsante, mas que tinha mudado de ideia. Sobre jazz, quero dizer. Eu disse que não sabia m-nenhuma, mas tentava escrever direito. Tive a impressão de que ela estava mais ou menos apaixonada por mim. Não me lembro se fizemos amor, mas desconfio que ela estava chapada demais, e nem tinha tomado um banho, e deixei o casaco dela na sala de estar. Levei-a para cama já meio dormindo e ela adormeceu quase imediatamente.[247]

Quando Eric a levou para assistir ao Balé de Leningrado com um amigo, o arquiteto Martin Frishman e sua esposa, Jo estava "chapada (de maconha) e muito quieta e retraída. Mas claro que comigo ela sempre ficava calada, muito diferente das intermináveis conversas e piadas com Maxine".

Jo gostava de ficar no apartamento de Eric sem fazer nada enquanto ele escrevia, apesar de ele confessar que "não conseguia trabalhar muito quando ela estava perto. Se passássemos um domingo juntos eu acabava propondo que saíssemos para assistir a um filme. Mas não era uma coisa chata". Mas o caso não podia durar muito. Como Eric admitiu:

> Eu estava com medo. Não era o meu mundo. Não achava que poderia lidar com uma garota que exigia tantos cuidados: preguiçosa, inerte, incapaz de administrar dinheiro, bebendo como um gambá e obviamente dependendo muito de mim e de tudo de que se aproximava [...]. Com exceção de algumas noites, ela nunca deu qualquer sinal de gostar de mim fisicamente e só conseguimos nos ajustar uma ou duas vezes, e mesmo assim eu tive medo de não ter o suficiente para ela. Jo me admirava e depois de algum tempo percebeu que eu não estava sendo paternalista, explorando o submundo ou sendo condescendente. Bem, eu tentei ser honesto. Para dizer a verdade, eu sempre tinha que tomar cuidado com as pessoas para quem eu a mostrava. Algumas pessoas a aceitavam, outras não. Numa palavra, uma combinação de medo e avareza (ela conseguia passar por um monte de dinheiro sem perceber) e um pouco de esnobismo, mas principalmente medo.

No fim, Eric chegou à conclusão de que não era o homem certo para ela. De todo modo, nenhum dos dois era muito bom em dizer o que sentia. Eles meramente comparavam anotações, "como duas pessoas isoladas, infelizes e difíceis que se agarram à vida com as unhas". Jo brigou com Maxine e se mudou, ficando numa série de quartos baratos, às vezes pagos por Eric. Afinal Jo se mudou de vez para Brighton com a filha. "Sabe de uma coisa, por um momento eu achei que poderia ter alguma coisa com você", ela disse a Eric. "Não para sempre, mas talvez por um ou dois anos." Afinal de contas ele era "o melhor amigo" dela. "Mas você nunca disse nada", continuou. "Talvez fosse por isso que ela estava deprimida. Não estava apaixonada, mas disse que nos dávamos bem. Foi legal. Ela se sentiu relaxada. Ela me curtia."

A narrativa de Eric dessa relação se expressa num idioma que passa a impressão de um *alter ego* escrevendo. Claramente, "Francis Newton" podia ser mais que um pseudônimo. É difícil imaginar Eric usando frases como "ela me curtia" em conversas do dia a dia na Birkbeck. Fora do ambiente dos clubes do Soho, provavelmente ele nunca chamava homens de "caras" ou mulheres de "gatas". A diferença de idade entre Eric, agora já passado dos 40, e os 22 anos de Jo conferia certo constrangimento de sua parte, como se estivesse fingindo pertencer ao mundo dela quando na realidade ele nunca poderia realmente entrar nesse mundo. Essa ligação era realmente muito diferente da imaginada relação de camaradagem que achava ter tido com Muriel. Baseava-se acima de tudo numa paixão mútua pelo jazz. Mas ele não se envergonhava por isso, e não fazia nenhuma tentativa de escondê-la. Em suas aulas sobre história social e econômica da Grã-Bretanha em Birkbeck ele às vezes falava sobre "minha amiga, a prostituta": não era, como observou um de seus alunos, por "querer chocar", era simplesmente por "não ter medo" de mencionar pessoas que outros poderiam ver com maus olhos.[248] Depois disso Eric voltou a se relacionar com Jo como amigo, continuando a apoiá-la financeiramente em algumas ocasiões até o fim da vida enquanto ela percorria seu caminho pelo mundo.

IX

Em meados dos anos 1950, em conversas com comunistas italianos, principalmente com Giorgio Napolitano, que muitos anos depois seria presidente da República da Itália, Eric ficou fascinado ao ouvir histórias das tendências milenares de algumas sedes rurais do Partido. Visitou o país várias vezes nos anos subsequentes, em geral na companhia dos Raymond, usando contatos fornecidos pelo economista marxista de Cambridge Piero Sraffa, mas também se entrosando no ambiente local sempre que lá passavam as férias. Elise Marienstras lembrou-se de uma caminhada com o marido numas férias no sul da Itália em 1957, não muito depois de ter conhecido Eric, por uma estradinha escavada numa montanha com vista para algumas plantações na planície abaixo.

Não era muito alto, e nós vimos dois homens numa plantação, os dois altos e magros, conversando enquanto andavam por lá. E eu disse ao meu marido: "Olha só, é o Eric!". E era mesmo Eric, com um camponês. Ele estava entrevistando o camponês [...]. Mesmo de férias, ele nunca esquecia as coisas que o interessavam no mundo de ontem e mesmo no mundo ao seu redor.

Eric tinha uma rara sintonia com pessoas simples, explicou Elise. Depois ela ficou sabendo que o camponês estava contando a Eric histórias sobre salteadores.[249] Eric fez anotações em algumas dessas viagens, falando com todas as pessoas comuns que conseguia. Na Catânia, na Sicília, ele encontrou um "velho comendo espaguete numa cafeteria perto [da] estação. Na verdade [ele] é [o] proprietário". "Os camponeses hoje são como lordes", disse o homem. Conheceu antigos "camisas-negras", membros do movimento fascista de Mussolini, que ainda acalentavam a lembrança do *Duce*. "Antes da guerra ninguém sonharia em ver mulheres dançando e namorando em público", disse um deles. "Agora olha só para elas!" Queixou-se de que a Catânia estava ficando como o norte da Itália, e claramente não achava que era uma coisa boa.[250] Nessa época o italiano de Eric era "cheio de erros", mas ele se fazia entender, e ganhou fama entre colegas acadêmicos da Itália por isso, por mais que fosse impreciso.[251]

Em expedições como essa, Eric ficava fascinado por uma forma de ativismo dos camponeses,

> na qual as políticas do século XX de alguma forma pareciam estar incrustradas na ideologia da Idade Média. Também descobri os textos de Gramsci sobre a questão das chamadas "classes subalternas". Ao mesmo tempo que os antropólogos sociais ingleses tentavam explicar problemas análogos em movimentos de libertação colonial. Um historiador me perguntou se havia quaisquer movimentos semelhantes na história da Europa, por exemplo, a rebelião mau-mau de Kikuyu no Quênia.[252]

A pergunta foi formulada em um seminário sobre o tema a que Eric compareceu já no Reino Unido, e sua participação resultou num convite do antropólogo social Max Gluckman, um anticolonialista feroz de origem sul-africana, para Eric fazer uma série de palestras na Universidade de Manchester. Impressionado com as palestras, Gluckman sugeriu que Eric as publicasse pela Manchester University Press, com alguns capítulos adicionais. Eric concluiu o manuscrito no início de 1958, que foi avaliado pelo Comitê da Manchester University Press em 13 de fevereiro. O comitê era formado pelo vice-diretor John Stopford (um anatomista de destaque), pelo professor de história Albert Goodwin (um historiador liberal da Revolução Francesa), pelo professor de literatura alemã Ronald Peacock (especialista em poesia alemã), pelo professor de literatura francesa Eugène Vinaver (que escreveu sobre Racine e Flaubert) e pelo bibliotecário da universidade e secretário de Imprensa Moses Tyson.[253] Por se sentirem pouco especializados para chegar a uma decisão, eles mandaram o manuscrito para John Plamenatz, um montenegrino exilado, teórico político e historiador das ideias da Nuffield College em Oxford e autor de estudos sobre utilitarismo e marxismo; entre outras obras, ele tinha escrito um livro curto chamado *What is Communism?*, publicado em 1947. Plamenatz compareceu à reunião do comitê realizada em 1º de maio de 1958 e "chamou a atenção para uma série de falhas e deficiências" em *Rebeldes primitivos*. Desde que estes fossem corrigidos, contudo, ele recomendou a publicação. O comitê continuou achando "que eles estavam argumentando demais no escuro", e postergaram uma decisão até uma reunião marcada para 5 de junho. Nesse ínterim, Tyson informou que havia lido o manuscrito e o considerado "muito interessante e bem escrito". Disse ser a favor da publicação. Peacock, porém, tinha tentado ler o texto, mas era "muito distante de seu campo" para que pudesse chegar a um julgamento. Edward Robertson, professor emérito de idiomas semitas, também compareceu à reunião do comitê, bem como o tesoureiro da universidade, e a maioria votou a favor da publicação.

O livro finalmente foi lançado no ano seguinte, 1959, com o título *Rebeldes primitivos: estudos sobre formas arcaicas de movimentos sociais nos séculos XIX e XX*. Relativamente curto, com pouco mais de 200 páginas, constituía-se de nove capítulos, acrescentado de 13 documentos nos quais os "rebeldes primitivos" contavam suas histórias "com as próprias vozes". Três dos capítulos eram dedicados à Itália. Como era sua característica, Eric se preparou para escrever lendo um grande e abrangente volume de literatura do sul da Itália, parte do que ele via como um "renascimento da cultura medieval". Ficou particularmente impressionado com coletâneas de autobiografias de camponeses, geralmente baseadas em entrevistas. Como demonstra esse material, "todas as regiões do sul eram primitivas", em variados níveis, colonizadas internamente pelo norte da Itália, mais avançado. O remoto vilarejo de Orgosolo, na Sardenha, até recentemente estava praticamente intocado pela civilização moderna e continuava assolado por violentas rixas de sangue na segunda metade do século XX.[254] O livro também discorria sobre a máfia siciliana e o movimento milenar do messias toscano Davide Lazzaretti, que sobreviveu até a era pós-guerra, apesar de seu líder ter sido morto a tiros pela polícia em 1878.[255] O anarquismo espanhol, argumentou em um capítulo em que relembrou seu breve encontro de 1936, apelava principalmente aos camponeses empobrecidos e aos trabalhadores rurais, que dirigiam sua raiva para o governo, adotando uma forma rudimentar de milenarismo em que a deposição violenta da igreja e do Estado deixaria que eles próprios governassem suas aldeias. Desorganizados, espontâneos e indisciplinados, estavam fadados ao fracasso. Aos estudos sobre a Espanha e a Itália impressos em *Rebeldes primitivos* ele acrescentou ensaios sobre o sectarismo religioso na industrialização da Grã-Bretanha e nas populações das cidades pré-industriais, mais uma vez principalmente na Grã-Bretanha, derivando desse primeiro projeto o surgimento da classe trabalhadora.

Se *Rebeldes primitivos*, como Eric escreveu mais tarde, fazia parte da reavaliação que estava fazendo depois da debacle de 1956, então também era "uma tentativa de ver se estávamos certos ao acreditarmos em um partido fortemente organizado", ao que a resposta foi "sim"; mas também era uma demonstração, ou uma descoberta, de que a suposição comunista de só haver "um caminho para a frente" estava errada, e de que "havia muitos outros tipos de coisas acontecendo em que deveríamos prestar atenção".[256] Mas ao consignar esses assuntos à categoria de "primitivo", ou, em outras palavras, pré-político, Eric os encaixava numa teleologia marxista que não os resgatava totalmente do que Edward Thompson chamou, numa frase famosa, de "a enorme condescendência da posteridade". Abaixo da superfície, contudo, como observou com perspicácia John Roberts, um historiador conservador que estudava sociedades secretas e seus mitos na Europa do século XIX: "O sr. Hobsbawm às vezes se permite simpatizar por um momento com suas aspirações e seus fanatismos".[257] O mais famoso historiador britânico da Itália moderna, Denis Mack Smith, também notou que as simpatias de Eric eram especialmente calorosas com os bandidos.[258]

Rebeldes primitivos continuou sendo o livro favorito de Eric. "Por quê? Porque eu me diverti escrevendo-o."[259] O livro introduziu novos conceitos no debate historiográfico – "rebelião primitiva" e "banditismo social". Eric retornaria a essas ideias mais tarde. Naquele momento, entretanto, estava claro que sua vida entre os marginais transgressores e inconformistas dos clubes do Soho, sua avaliação crítica do jazz como uma forma de rebelião cultural não organizada e seus estudos históricos sobre bandidos, milenários, anarquistas, luditas e outros "rebeldes primitivos" compunham um todo: seus textos e sua vida se misturavam perfeitamente, com os aspectos pessoal e profissional formando dois lados da mesma moeda. Tudo isso estava muito distante de seu primeiro foco no surgimento do trabalho assalariado e do crescimento do movimento trabalhista organizado, assim como as relações bem diferentes que forjou com Hélène, Marion e Jo estavam muito distantes de sua malfadada tentativa de um casamento de camaradagem com Muriel Seaman.

Sob certo aspecto, a decisão de escrever sobre pessoas diferentes e marginais trouxe recompensas mais tangíveis a Eric. O sucesso de *A história social do jazz* e de *Rebeldes primitivos* fez com que o agente literário David Higham entrasse em contato com Eric no dia 24 de novembro de 1959, dizendo que "nós poderíamos ser úteis para você em relação ao seu trabalho e especialmente aos seus livros", e propondo um encontro.[260] Agentes literários sabem negociar contratos com muito mais profissionalismo que qualquer autor possa aspirar, e têm um olho clínico para letras pequenas e cláusulas e condições que de outra forma podem passar despercebidas. Naquela época, eles costumavam ser mais ativos na busca de direitos subsidiários do que a maioria das editoras, inclusive com traduções, sempre importantes para Eric. O encontro com Higham foi um sucesso.[261] Agora com um agente, pela primeira vez Eric estava a caminho de ter um bom rendimento com suas publicações.

X

Em 1955 Eric se envolveu numa controvérsia com o formidável Hugh Trevor-Roper, um irredutível guerreiro da Guerra Fria que estivera envolvido com o Congresso para a Liberdade Cultural, financiado pela CIA. Trevor-Roper publicou na *New Statesman* uma resenha de uma seleção de cartas do historiador suíço-alemão da cultura do século XIX, Jacob Burckhardt. O entusiasmo de Trevor-Roper pela obra de Burckhardt representava bem a amplitude de suas simpatias, tão em contraste com a visão restrita da maioria dos historiadores britânicos da época. Ele definiu Burckhardt como "um dos historiadores mais profundos", bem mais profundo, considerava, que Marx, cujas grandes profecias nunca haviam sido realizadas. Eric replicou iradamente, condenando suas "tolas afirmações". Por que um elogio a Burckhardt deveria envolver denegrir Marx, que afinal era bem mais conhecido e um escritor muito mais discutido?[262] Trevor-Roper, que nunca fugia de uma controvérsia, reagiu, e a discussão continuou por várias edições. Isaiah Berlin tomou o lado de Trevor-Roper, avaliando que as previsões de Burckhardt haviam sido de "uma surpreendentemente precisão e originalidade". Seu método de estudo da história proporcionava "um poderoso antídoto para interpretações unilaterais dos fatos defendidos por seguidores intolerantes de muitas doutrinas fanáticas". Trevor-Roper admitiu que o marxismo havia exercido uma profunda influência "sobre todas as formas de textos históricos", mas afirmou que se os historiadores marxistas tivessem feito alguma contribuição, nunca fora como marxistas.[263]

Mas Trevor-Roper deplorava a perseguição de comunistas nos Estados Unidos da era macartista. Segundo seu ponto de vista, era uma versão moderna da caça às bruxas dos séculos XVI e XVII sobre a qual ele escreveu de forma tão contundente. Ciente de sua posição a respeito do macartismo, Eric escreveu para ele em 1960, meio timidamente, pedindo seu apoio para um pedido de visto para os Estados Unidos. "Por favor, não hesite em dizer se não puder me ajudar", escreveu: "Afinal de contas, existem muitas razões, todas válidas, para você não querer fazer nada a respeito do que é, de todo modo, um pedido ligeiramente impertinente, pelo qual eu peço desculpas". "Com certeza eu vou ajudar no que puder", respondeu Trevor-Roper, agora professor régio de história moderna em Oxford, anexando uma carta para Eric apresentar às autoridades de imigração americanas apoiando sua requisição. Eric estava de viagem para a Universidade Stanford, na Califórnia, para fazer uma série de palestras a convite dos economistas marxistas Paul Sweezy e Paul A. Baran, editores da revista de esquerda *Monthly Review*. A carta de Trevor-Roper funcionou, além do prestígio propiciado por Stanford, uma das melhores universidades americanas. O pedido de vista de Eric foi concedido.[264] A concessão foi facilitada pela inexperiência dos funcionários do consulado americano em Londres, que deixaram de perguntar sobre a história de Eric no Partido Comunista. "Não me fizeram quaisquer perguntas", ele contou a Joan Simon: "Há um treinamento para intercâmbio de professores que as evita, sem dúvida para alívio de todos os envolvidos, inclusive as autoridades americanas."[265] O MI5 não se impressionou quando foi informado por funcionários da imigração de Heathrow, em 10 de junho de 1960, que Eric havia conseguido um visto para entrar nos Estados Unidos.[266] "Não fomos consultados sobre o pedido de visto de HOBSBAWM", reclamou o MI5, "e portanto os americanos não estão cientes de sua ficha." Mas era tarde demais para fazer qualquer coisa a respeito. O FBI só teria sido informado se tivesse feito uma requisição específica.[267]

Em San Francisco, Eric foi apresentado por Baran a Harry Bridge, líder do Sindicato dos Estivadores, um esquerdista cujas ligações com a máfia foram motivo de grande fascinação para Eric. Estava claro que o sindicato precisava trabalhar com os gângsteres, pois eram eles que controlavam os portos litorâneos. Eles conseguiram coexistir estabelecendo uma cultura de respeito mútuo. Eric já soubera sobre a máfia durante suas primeiras pesquisas sobre os "rebeldes primitivos", e baseou-se nisso em suas discussões sobre o contexto bem diferente do crime organizado nos Estados Unidos.[268] Claro que também usou suas ligações no mundo do jazz para explorar clubes e salas de concerto de San Francisco (onde teve uma "noite desastrosa" tentando fazer Baran gostar de jazz, que normalmente não fazia parte do gosto de marxistas em tempo integral nos Estados Unidos, em um concerto de Miles Davis). Fez novos amigos na cena jazzística local, inclusive o promotor de concertos John Hammond, que há muito tempo tinha descoberto Billie Holiday e estava para lançar Bob Dylan no mundo, e o jornalista Ralph Gleason, que Eric visitou várias vezes em Berkeley dirigindo o primeiro carro que teve, um Kaiser 1948 "comprado por $100 e vendido no fim do trimestre de verão para um lógico e matemático mundialmente famoso por $50".[269]

Gleason apresentou a Eric alguns de seus contatos jazzistas em Chicago, para onde foram de automóvel com três alunos de Stanford, revezando-se ao volante. Conheceu Studs Terkel, um radialista de esquerda que estava a caminho de se tornar um dos precursores da história oral nos Estados Unidos, e por seu intermédio a cantora gospel Mahalia Jackson, de quem Terkel tinha sido agente. Convidado a ouvi-la cantar, Eric foi a uma missa batista de negros. As músicas, escreveu, "subiam e trovejavam no ar pesado, carregado de anseios, esperanças e alegria capazes de fazer até um santo esquecer os ratos do tamanho de *terriers* e o cheiro de lixo estagnado e decadência que permeia o lugar onde o Filho do Homem deitaria a cabeça se viesse a Chicago". Considerou tudo um espetáculo, sincronizado a cada minuto, e mesmo se "algumas mulheres ficavam histéricas e tinham de ser levadas para fora", elas logo voltavam "bem revigoradas. Era tudo um pouco como uma puta fingindo estar tendo um arrebatamento sexual com um cliente". Nem mesmo as interjeições da multidão eram casuais. Musicalmente, não foi impressionante nem original. Não tinha nada a ver com jazz. Mas assim mesmo foi um belo espetáculo.[270]

Dessa forma, Eric conheceu os Estados Unidos não só pela via acadêmica, mas também por seu ventre, tendo contato com marxistas dissidentes, promotores musicais, sindicalistas, cantoras gospel, jazzistas e outros: o mesmo tipo de gente com que estava envolvido na Grã-Bretanha e na França na época. "Os homens e mulheres que conheci com ou por intermédio de pessoas como Ralph Gleason e Studs Terkel", escreveu depois, não eram "americanos da média." Mais tarde na vida Eric seria definido como antiamericanista, mas a cordialidade com que registrou suas experiências em 1960 mostram a falsidade dessa acusação.[271]

Em sua viagem de volta dos Estados Unidos, Eric conseguiu fazer uma visita a Cuba. A ditadura corrupta de Batista, com suas ligações com o crime organizado, tinha sido recentemente deposta por socialistas jovens e idealistas liderados por Fidel Castro, e um deles, Carlos Rafael Rodríguez, convidou Eric, junto a Baran e Sweezy, para uma visita. Àquela altura a revolução ainda não tinha virado comunista, como Eric logo percebeu, por isso ainda era possível viajar diretamente entre Cuba e os Estados Unidos. Ele chegou a Havana e arranjou tempo para viajar um pouco e melhorar seu já competente espanhol. Escrevendo para a *New Statesman* em 22 de outubro de 1960, Eric se entusiasmou com a socialização das fábricas e das plantações, citando um amigo que afirmou que "esta é uma boa revolução. Não houve um banho de sangue [...]. Ninguém está sendo mais torturado".[272] Quando voltou para a Inglaterra, Eric falou para Comitê de Assuntos Internacionais do Partido Comunista sobre o estado de coisas em Cuba. Disse que Castro "começou como alguém muito confuso", mas quando chegou ao poder foi mais longe do que pretendia originalmente, sobretudo na reforma agrária. O comunismo havia sido influente no movimento de Castro, mas ainda não o dominava. Recomendou visitas à ilha, laços comerciais mais próximos e um empreendimento educacional de um tipo não político.[273]

Não demorou muito, porém, para as relações entre Cuba e os Estados Unidos se deteriorarem drasticamente, empurradas para uma direção negativa pelas preocupações geopolíticas do presidente John F. Kennedy e campanhas de um número cada vez maior de refugiados de direita da classe média que fugiam da ilha para fixar residência na Flórida. Kennedy logo se decidiu por uma ação direta. No dia 15 de abril, aviões americanos bombardearam aeroportos cubanos em preparação para o ataque de um grupo paramilitar patrocinado pela CIA, que desembarcou na baía dos Porcos em Cuba na noite de 16/17 de abril com o objetivo de depor Castro. A invasão foi um fiasco. A inteligência cubana fora informada sobre a invasão de antemão. Em três dias a incursão tinha sido rechaçada. O ataque provocou reações indignadas de simpatizantes da revolução cubana no mundo todo. Eric escreveu para o *The Times* condenando a invasão americana como uma agressão aos valores democráticos, uma vez que Castro claramente tinha o apoio da maioria do povo cubano.[274] No Reino Unido, o crítico teatral e escritor Kenneth Tynan, que Eric conhecia do Downbeat Club, resolveu lançar uma campanha de apoio a Castro.[275]

Em 16 de abril, Tynan telefonou para Eric, foi até seu apartamento na Gordon Mansions e o recrutou para a causa. Foi realizada uma reunião formal no apartamento de Eric com o ator, escritor e agente literário Clive Goodwin (que, segundo Eric, "agia como o Sexta-Feira de Ken naqueles tempos"), a romancista Penelope Gilliatt, que pouco depois se casaria com o dramaturgo John Osborne, e o loquaz sindicalista galês Clive Jenkins. Alguns dias depois, em 28 de abril, foi formado o Comitê Britânico de Cuba. Os membros do Comitê, Eric entre eles, abordaram uma série de pessoas proeminentes que conheciam para assinar manifestos, que incluía o MP [Membro do Parlamento] trabalhista de esquerda, escritor e jornalista Michael Foot. Eles organizaram novas reuniões, realizadas no apartamento de Penelope Gilliatt na Lowndes Square, e foi organizada uma passeata de protesto em maio na Soho Square. Como Eric se recordou:

> Aconteceu no domingo, dia 23 [...] [e] depois as pessoas vieram tomar uns drinques no meu apartamento. Talvez uma festa organizada por Ken na Mount Street no dia 18 tenha ajudado a mobilizar seus amigos. Lembro-me da ocasião da demonstração mais vividamente que a data – nós marchamos pela Oxford Street até o Hyde Park, e a ocasião foi notável pela maior concentração de garotas deslumbrantes – [do] teatro e de agências de modelos, presumo – que já tinha visto numa manifestação política.[276]

O Partido Comunista não foi envolvido, fato que fez com que uma liderança enfurecida e decepcionada culpasse a falta de compromisso de Eric com a organização. O dispositivo de escuta do MI5 instalado no quartel-general do Partido em Londres gravou um funcionário dizendo: "Bem, nós todos conhecemos HOBSBAUM [sic] e vocês sabem que se houver qualquer razão para nos manter (de fora?) ele seria o principal homem a fazer isso".[277]

Tynan deu seguimento à demonstração enviando uma carta com termos fortes para o jornal *Observer*, propondo uma delegação para visitar Cuba numa demonstração de solidariedade com os revolucionários. Depois de muitos atrasos, um grupo do Comitê, incluindo Eric, Clive, Goodwin e o líder do sindicato dos gráficos Richard Briginshaw (que Eric descreveu como "não desinteressado em sexo estrangeiro"), resolveu viajar para Cuba perto do fim do ano. Eles tinham de viajar via Praga, pois o aperto das sanções americanas implicava não haver mais voos para Cuba a partir de países não comunistas. De início o grupo foi acompanhado por Joan Littlewood, fundadora e diretora do esquerdista Theatre Workshop em Stratford, no leste de Londres, mas, como registrou Eric, "ela foi conosco até Praga, mas os intermináveis atrasos acabaram com sua paciência. Ela insistiu em desembarcar do avião enquanto esperávamos no aeroporto em outro atraso com tempo indefinido, e a última vez que a vimos ela era uma pequena figura sozinha na pista voltando a pé para o terminal".[278] O avião decolou, mas teve problemas e precisou voltar. O voo foi reprogramado para o ano-novo. Enquanto isso, o Partido Comunista Britânico ficou sabendo da composição da delegação e conseguiu inserir dois delegados mais aceitáveis, o comunista ganhador do Prêmio Internacional da Paz Stálin em 1954, Denis Pritt, e um membro da executiva do Partido, Arnold Kettle, no grupo de Eric, "que", relatou o MI5, "não é muito bem visto pelo PCGB".[279]

Eric chegou a Cuba em janeiro de 1962 com o resto do grupo, menos Littlewood, e com a adição dos dois comunistas designados, um variado grupo de desarmamentistas nucleares e ativistas de esquerda e "um jovem africano de fala rápida" que ele viu como "um vigarista negro explorando a ignorância ou os reflexos anti-imperialistas de progressistas brancos" (os cubanos se recusaram a ter qualquer coisa a ver com ele). Ao chegarem a Cuba, como contou Pritt à liderança do Partido quando voltaram ao Reino Unido, eles descobriram que "os intérpretes eram simplesmente péssimos, e o próprio PRITT fora culpado pelo fato de quase todos falarem inglês em Cuba menos os intérpretes! Eles tiveram de usar HOBSBAWM como intérprete em várias ocasiões e ele se saiu muito bem". Na verdade, de maneira geral, como relatou Pritt evidentemente decepcionado, "aquele traste do ERIC HOBSBAWM tinha se comportado muito bem".[280] Aliás, ele tinha traduzido um discurso de Che Guevara, que substituiu Castro em uma reunião realizada no antigo Hilton Hotel em Havana. Guevara, afirmou, era uma bela figura masculina, embora não tivesse muito a dizer.[281]

Um dos membros da delegação descreveu as atividades para os serviços de segurança, apesar de ter pouco a dizer sobre Eric, pois, como o informante disse ao MI5, ele "não ficou muito com o grupo em Cuba, principalmente por ter seus próprios contatos, que conhecera em uma visita anterior a Cuba cerca de nove meses atrás".[282] Um desses contatos, o diretor de um novo Instituto de Etnologia e Folclore, Argeliers León, o levou aos *barrios* negros de Havana, onde Eric não perdeu a oportunidade de conhecer a cena musical do lugar. Tradições religiosas e influências africanas ainda eram evidentes quando fraternidades rituais comemoravam o aniversário da consagração de seus tambores, todos usando faixas verdes e amarelas, as cores da Virgem do Cobre:

> Os mesmos quatro tambores e dois sinos de mão (tocados com baquetas) batiam alguns mesmos ritmos interminavelmente, enquanto os dançarinos

subiam individualmente no tablado, para dançar até serem possuídos, até a senhora da casa servir cerveja, refrigerante e bolos, ou até eles saírem beijando um tambor de cada vez. O som dos tambores se espalha pela tranquila tarde de domingo em Guanabacoa, um subúrbio de Havana. Atrás da cerca da porta ao lado duas criancinhas dançam o twist num quintal sujo. Rua abaixo uma mulata de vestido amarelo, atraída pelos tambores a caminho de algum lugar, ginga os quadris tranquilamente sob o sol. Suponho que estou presenciando o sempre repetido renascimento da música popular cubana. Mais uma vez ritmos africanos se afastam de suas origens rituais, para serem fundidos com elementos europeus para o entretenimento secular de um subúrbio de Cuba.[283]

O regime revolucionário liderado por Fidel Castro havia feito o melhor possível para estimular tais tradições da música folclórica ao lado de vertentes mais comerciais. Eric ficou entusiasmado: considerou que "o estágio evolucionário atual da música cubana corresponde ao do jazz americano antes de sair do Sul".

A amizade de Eric com Kenneth Tynan o colocou em contato com círculos bem distantes do mundo da academia. Em maio de 1973 Tynan convidou Eric para uma festa organizada por ele no Young Vic para o aniversário de 21 anos da filha. Os convidados incluíam os comediantes Eric Morecambe e Frankie Howerd, o filósofo Freddie Ayer, a cantora Liza Minnelli, os atores do cinema Peter Sellers e Lauren Bacall, a romancista Edna O'Brien, o compositor Stephen Sondheim e o escritor marxista Robin Blackburn. O entretenimento fico a cargo do pianista e comediante Dudley Moore, do satirista John Wells e ("desastrosamente") do artista de teatro musical Max Wall. "Uma extravagante mistura de pessoas", exultou Tynan.[284] O eminente crítico teatral acabou a noite cheirando cocaína nos bastidores com a filha, cujo posterior livro de memórias apresentou um vívido relato da ocasião, acompanhado de divertidos detalhes do turbulento casamento dos pais ("ver os dois era como assistir a um filme de terror").[285]

XI

Como observou Robin Marchesi, sua mãe, Nancy, costumava dizer sobre Eric, irmão dela: "Ele é um homem tão feio, não consigo entender como todas essas mulheres se sentem atraídas por ele!".[286] "Ele era horrivelmente feio", concordava Elise Marienstras, mas "ele adorava mulheres" e elas se sentiam atraídas por ele: Eric estava em forma e era fisicamente ativo; só o seu rosto era feio.[287] De qualquer forma, algumas mulheres se sentem atraídas por homens inteligentes e cultos, seja qual for sua aparência, e Eric era também um bom ouvinte, sempre fascinado por pessoas e pelas histórias que tinham para contar. Ao longo dos anos 1950 ele esteve envolvido numa busca por felicidade marital e estabilidade econômica. Apesar de ter se recuperado do fim do casamento com Muriel em meados da década, não conseguia ter sucesso na busca de uma relação de longo prazo. Em novembro de 1961 tudo isso mudou, quando Marlene Schwarz entrou em sua vida.[288] Nascida em Viena em 1932, em uma secular família judia, era a terceira filha de Theodor Schwarz, nascido no Tirol, um homem de negócios da indústria têxtil casado com Louise, conhecida como Lilly. Ela tinha dois irmãos mais velhos, e o mais velho, Victor, acabou assumindo os negócios do pai, enquanto o menino do meio, Walter, tornou-se um correspondente bem conhecido, trabalhando para o jornal *Guardian*. Em setembro de 1937, suspeitando antes que a maioria de que Hitler ia invadir a Áustria, Theodor levou a família para Londres, mudando-se para Manchester no ano seguinte.[289] Marlene tirou seu diploma de ensino médio na Manchester High School for Girls depois da guerra, seguido por um breve e infeliz período como evacuada e depois num internato quacre. O gregário círculo de amigos do pai incluía, entre outros, o historiador A. J. P. Taylor, então lecionando na Universidade de Manchester. Entre os muitos atrativos que Eric via em Marlene era o fato de ela falar francês fluentemente e de ser bem versada em literatura e na cultura francesas. O pai era um grande francófilo, e sua influência a levou a viajar a Paris para trabalhar para uma família como *au pair* durante um ano depois de se formar, em 1949, para aprender francês. De manhã ela tinha aulas de francês na Alliance Française. Uma das professoras a convidou para morar com ela e o marido e cuidar do bebê recém-nascido e ela aceitou, e no seu segundo ano em Paris Marlene teve aulas de literatura francesa na Alliance Française e na Sorbonne. Costumava usar o tempo livre explorando Paris com amigos e aperfeiçoando seu domínio da língua.

Elise Marienstras, amiga de Eric, caracterizava Marlene "ao mesmo tempo pela beleza e pela cultura, pela elegância e pela simpatia. Mas claramente muito inglesa".[290] Em Londres, Marlene tinha uma vida social ativa, que incluía regularmente noites de terça-feira "em casa" em reuniões com os irmãos e convidados, ouvindo discos e consumindo refrigerantes. Um dos amigos que fez nessas reuniões foi o jovem Tom Maschler, nascido em Viena, que trabalhava para o editor André Deutsch e que depois também se tornou um destacado editor. Assim, de certa forma ela já estava entrando para o mundo da literatura e do jornalismo. Em meados dos anos 1950, Marlene já havia assimilado várias habilidades secretariais, que proporcionaram sua qualificação para seu primeiro emprego, como secretária de assinaturas e distribuição da *Pulpit Monthly*, uma revista cuja principal função era fornecer esboços de sermões para clérigos. Mariella de Sarzana, uma garota italiana com quem ela dividia um alojamento em Putney, convidou-a para ir a Roma, e Marlene se apaixonou pelo país durante uma visita a Capri e resolveu morar lá. Em 1955 ela conseguiu emprego na Organização das Nações Unidas para a Alimentação e a Agricultura, com sede na capital italiana. Ficou morando lá cinco anos, usando seus períodos de férias para viajar pela península com o namorado Osvaldo. Mariella estava tentando entrar para o ramo de entretenimento e queria seguir carreira em Hollywood, e por meio dela Marlene conheceu a cantora de teatro musical Grace Fields e o ator Kirk Douglas, os quais as duas jovens acompanharam em uma viagem de trem de Nápoles a Roma, desfrutando dos flertes e das atenções de Kirk. No fim desse período Marlene estava também fluente em italiano, além de em francês.

Em 1960, uma violenta e profunda crise política no Congo, que conseguiu a independência da Bélgica em junho, levou a Organização das Nações Unidas a enviar uma força de paz que acabou chegando a 20 mil soldados. Marlene atendeu a uma convocação de voluntários para ajudar na missão, e depois de uma visita à família em Londres viajou para Léopoldville (hoje Kinshasa), onde cuidou do bem-estar e de atividades de lazer da maioria dos membros americanos da missão da ONU, que chegou no fim de julho de 1960. Seu trabalho envolvia o fornecimento de livros, filmes e equipamentos esportivos e organizar eventos de entretenimento para as tropas. À noite e nos fins de semana Marlene socializava com os correspondentes de imprensa estrangeiros. Em uma dessas festas, em 1961, um jovem oficial do exército, Joseph-Désiré Mobutu, ex-assistente do primeiro-ministro nacionalista de esquerda, Patrice Lumumba, que o designou como chefe de gabinete, pediu a Marlene que lhe desse lições de inglês, mas ela sabiamente declinou (de qualquer forma, Marlene estava para deixar o país); homem cruel e ambicioso, Mobutu já havia engendrado um golpe com a ajuda da Bélgica em 1960 e mandado assassinar Lumumba.

Em 1965 ele implantou uma ditatura militar que logo ficou conhecida por sua corrupção e brutalidade, que se prolongou até ser deposta, em 1997.

Retornando a Londres de um Congo cada vez mais instável e violento, Marlene assumiu o cargo de secretária particular de Garran Patterson, supervisor de notícias europeias nos escritórios de Londres da Canadian Broadcasting Corporation. Nessa época, seu irmão Walter morava com a mulher Dorothy e os filhos pequenos no subúrbio de Hampstead Garden, onde costumava organizar jantares festivos para amigos e conhecidos com certa frequência. Dorothy estava estudando história em período parcial em um curso para adultos na Birkbeck. Como sua tese de mestrado era supervisionada por Eric, ela o convidou para um desses jantares em novembro de 1961. A festa foi um sucesso. Eric tinha muito mais em comum com Marlene do que com qualquer outra de suas namoradas, inclusive Hélène: não somente a formação vienense e a cultura francesa, mas também a familiaridade e o amor pela Itália. Apesar de não ser comunista, Marlene era de esquerda, e Eric sentiu-se instantaneamente fascinado por sua experiência com a ONU no Congo. Mais tarde, nem Eric nem Marlene conseguiam lembrar qualquer coisa a respeito das outras pessoas presentes. Marlene estava dividindo o grande apartamento do irmão no West End, na elegante região da Mansfield Street, com duas jovens enquanto Victor fazia uma longa viagem para o exterior, e as meninas resolveram organizar um jantar por conta própria em que cada uma convidaria um amigo. Marlene ligou para Eric convidando-o. A sorte os ajudou: foi exatamente nesse momento que o avião que levaria Eric e seus colegas delegados de Praga a Cuba teve um problema no motor e teve de voltar, fazendo Eric retornar a Londres para um apartamento vazio com um diário sem anotações, nada para comer e nada para fazer, como contou a Marlene. Eric aceitou o convite com entusiasmo. "O que você está fazendo AGORA?", perguntou quando Marlene ligou, muito interessado por ela. Assim que voltou de sua viagem a Cuba, em janeiro de 1962, Eric começou a ir com Marlene a clubes de jazz, a concertos de música clássica, ao teatro e ao cinema. Os dois logo se apaixonaram. Aos poucos ele a apresentou aos seus amigos, tanto os boêmios de Londres como os acadêmicos de Cambridge, onde Gabriele, a esposa de Noel Annan, depois disse que eles estavam curiosos em relação a Marlene por acharem que Eric era um solteirão convicto e dificilmente se casaria com alguém de fora do ambiente comunista: esperando conhecer uma marxista ferrenha e comprometida, foi uma surpresa agradável ver que Marlene não era nada disso.

Eric tinha organizado uma turnê de três meses pelo Brasil, Argentina, Chile, Peru, Bolívia e Colômbia para o fim de outubro de 1962, patrocinada pelo Fundação Rockefeller, para fazer uma pesquisa sobre "rebeldes primitivos" na América Latina. Persuadida pela requisição, a Fundação Rockefeller aprovou a viagem e Eric marcou passagem num voo para Buenos Aires para o dia 31 de outubro. A crise dos mísseis em Cuba, provocada pela decisão da União Soviética de instalar mísseis nucleares em solo cubano e pela declaração do presidente John F. Kennedy de que resistiria àquela ação usando de força, se necessário, irrompeu no início de outubro, e a ameaça de uma guerra nuclear entre as duas superpotências chegou a um clímax aterrorizante. Enquanto assistiam a uma apresentação do quinteto de jazz de George Shearing, que Eric iria resenhar para a *New Statesman*, e discutiam a futura turnê de Bob Dylan pelo Reino Unido, de repente Eric disse a Marlene: "Acho que nós deveríamos sair de nossas programações e encontrar tempo para um casamento antes de eu partir."

Marlene concordou e eles se registraram num cartório. Mas como o cartório exigia uma espera de três semanas antes da cerimônia, os dois logo organizaram uma lua de mel pré-matrimonial e viajaram para a Bulgária, foram a uma ópera em Sofia e relaxaram na praia numa pousada no mar Negro. Quando voltaram, eles se casaram no Cartório de Registro Civil de Marylebone. O padrinho de Eric foi o arquiteto Martin Frishman, e houve uma pequena recepção na casa da família Schwarz em Golders Green. Depois de passarem uma breve segunda lua de mel num fim de semana em Castle Combe, um típico vilarejo inglês em Wiltshire, com Eric dirigindo um automóvel cordialmente emprestado por Victor, irmão de Marlene, os dois voltaram e Eric começou a preparar sua partida. Vestido de forma desleixada como sempre (Marlene ainda não tinha cuidado do seu guarda-roupa), Eric parecia mais velho do que realmente era. "O seu pai está indo para Buenos Aires?", perguntou um funcionário do aeroporto a Marlene, o que ela achou engraçado. "Se as coisas derem erradas e os Estados Unidos e Rússia entrarem em guerra", disse Eric quando os dois se despediram, "você compra uma passagem só de ida a Buenos Aires – tem dinheiro suficiente no banco, e eu vou me encontrar lá com você."[291]

7
"ESCRITOR DE LIVROS DE BOLSO"

1962-1975

I

Antes de partir para a América do Sul, Eric já tinha dado o primeiro passo para escrever seriamente sobre história para um público leitor fora dos limites da academia. Fazer isso ao mesmo tempo em que seguia uma carreira acadêmica não era nada fácil, como ele se lembrou mais tarde:

> Era uma época em que os historiadores acadêmicos britânicos teriam se chocado ao pensar em si mesmos como potenciais escritores de livros em forma de brochura, isto é, para um público maior. No período entre as duas guerras mundiais quase nenhum historiador fez isso a não ser G. M. Trevelyan. Muitos chegavam a hesitar em escrever qualquer tipo de livro, tentando ganhar reputação com artigos eruditos em publicações especializadas e fazendo críticas ferozes a colegas incautos o bastante para se desnudarem em livros de capa dura. Mais ou menos pelas mesmas razões eles se recusavam a escrever livros escolares sobre história, que eram deixados para os professores, e dois deles produziram um clássico do curso

médio, diferente de história para universitários: *1066 and all That*, de Sellar e Yeatman. Tudo isso mudou. Minha geração, principalmente os palestrantes apaixonados e educadores mais populares, marxistas e outros radicais, escreviam avidamente, tanto para os especialistas acadêmicos como para o público não especialista. Os editores, cada vez mais aconselhados por acadêmicos, logo perceberam que o público leigo aumentava de forma espetacular com a expansão da educação média e universitária, e o abismo entre os níveis médios e universitário desapareceu.[1]

Essas considerações serviram de base para o primeiro livro que despertou sua atenção para um público leitor mais amplo: *A era das revoluções*, publicado em outubro de 1962, bem no momento em que Eric estava se casando de novo e partia para sua turnê pela América Latina. O livro era diretamente dirigido "àquele construto teórico, o cidadão culto e inteligente", sem desmerecer o público, mas "tornando acessível um pensamento mais sério".[2]

A produção de *A era das revoluções* deveu-se à visão de George Weidenfeld, um editor nascido em Viena que teve a ambiciosa ideia de encomendar uma *História da civilização* em 40 volumes, abrangendo todo o planeta e todo o passado. Em 1949, Weidenfeld tinha se associado a Nigel Nicolson, filho do diplomata e escritor de diários Harold Nicolson, e sua esposa, a romancista Vita Sackville-West, para abrir uma nova editora, a Weidenfeld & Nicolson (com o & comercial no nome desde o início), especializada em não ficção. Weidenfeld vendeu os direitos de tradução dos livros que detinha para editores estrangeiros e usou parte do dinheiro para pagar adiantamentos aos autores, algo que dificilmente eles receberiam de outra editora. Aconselhado por três sumidades de Oxford – Hugh Trevor-Roper, o régio professor de história moderna de Oxford, pelo filósofo sir Isaiah Berlin e pelo historiador da antiguidade sir Ronald Syme –, Weidenfeld encomendou 40 títulos a uma grande variedade de historiadores de vários países. Para a Europa do século XIX, provavelmente sob indicação de Berlin, o primeiro que ele procurou foi o historiador polonês-israelense Jacob Talmon, que estudara na França e obtivera doutorado pela FEL. Talmon era um anticomunista feroz, tendo ganhado fama com seu livro em dois volumes *The Origins of Totalitarian Democracy* (1952, 1960), em que relacionava o "messianismo político" dos bolcheviques aos textos de Jean-Jacques Rousseau. Mas Talmon desistiu do trabalho poucos meses depois, e assim, talvez agora seguindo uma sugestão de Trevor-Roper, eles procuraram Eric, cujos textos sobre a crise do século XVII, sobre a classe trabalhadora inglesa e os "rebeldes primitivos" da Espanha e da Itália demonstravam uma abrangência de conhecimento semelhante à de Talmon.[3] Weidenfeld contratou Eric. Foi uma atitude ousada, dado que Eric era um comunista conhecido. Mas que se mostrou ser uma escolha inteligente.[4]

Eric já estava bem preparado por uma série de aulas sobre história moderna na Birkbeck, que ele logo usou como base para *A era das revoluções*, acrescentando outros materiais de palestras que foi produzindo enquanto escrevia.[5] Seu estilo expositivo se inspirou muito em sua experiência ensinando alunos na Birkbeck, todos maduros e no período noturno, que haviam passado anos afastados de uma educação formal e por isso constituíam precisamente o público geral ao qual seus livros se dirigiam:

> Como palestrante eu sei que a comunicação é também [uma] forma de showbiz. Estamos desperdiçando o tempo de todos se não conseguirmos manter a atenção da plateia ou do leitor. Tentei três maneiras de manter essa atenção: comunicando paixão (isto é, a convicção do escritor de que o assunto é importante), escrevendo o que faz os leitores desejarem ler a próxima sentença – e a dose certa entre um ligeiro alívio e afirmações chamativas. De forma geral eu elaborei meus livros primeiro como cursos para estudantes, porque as aulas são uma boa maneira de testar se um historiador mantém sua plateia. Também mostram o que o escritor ou escritora deve ter em mente: um grupo de pessoas a quem nos dirigimos e que devem entender nossa mensagem. Contudo, a palavra falada não é como a escrita, o que deve ser aprendido e, acima de tudo, praticado, como um instrumento – e as palavras são os instrumentos dos escritores: seu "estilo" é o que o "som" é para um músico. O jornalismo (ou seja, editar bem) foi o que provavelmente me ensinou mais sobre o ofício de escrever, principalmente como escrever de forma não técnica para não especialistas e o quanto pode ser encaixado dentro de um tamanho preestabelecido.[6]

Um estilo claro e direto é o que melhor se assenta em um texto acadêmico, e a esse respeito os historiadores modernos no geral não eram piores que seus predecessores. Na verdade, Eric achava que "nós estamos vivendo em algo como uma era de ouro da popularização".[7]

Eric montou a base de sua abordagem à síntese histórica em um longo artigo publicado pelo *Times Literary Supplement* em outubro de 1961, intitulado "A

New Sort of History: Not a Thread but a Web" ["Um novo tipo de história: não um fio, mas uma teia"]. Uma história baseada numa narrativa política cronológica, como no livro didático padrão de Grant e Temperley, *Europe in the Nineteenth and Twentieth Century*, não poderia "nem ser escrito hoje em dia, nem na verdade – em vista de suas omissões – se poderia ganhar algo com sua leitura". O encapsulamento da história em componentes nacionais discretos estava sendo suplantado por uma abordagem transnacional, pois os vínculos entre escrever a história e a construção de nações estavam sendo rompidos. Assim, era inteiramente possível discutir tendências na história sobre uma base genuinamente europeia.[8]

Eric identificou três correntes atuando contra os modos conservadores de escrever sobre história que haviam se firmado na Grã-Bretanha depois da Primeira Guerra Mundial, deslocando a dominação liberal e esquerdista da profissão de historiador até aquele momento: o marxismo, a escola de historiadores da *Annales* e as ciências sociais. "Nada comparável, ou realmente de qualquer importância real, resultou dos ramais tradicionais da história."[9]

A era das revoluções era um livro determinadamente temático e analítico, e desbancou a tradição britânica de narrativa política. Cobria todos os aspectos da civilização europeia, não só a política como também a economia, a sociedade, a cultura, as artes e as ciências. E retratava a Europa no contexto mais abrangente da história global de uma forma inteiramente nova e que teve poucos imitadores até o advento da "história global", no começo do século XXI. "A combinação de história sintética e analítica do livro", considerava Eric, "vem direto da inspiração marxista."[10] Mas também é plausível ver seu foco na *longue durée*, no seu despojamento da narrativa política e na sua aspiração à história total como que refletindo a influência da escola da *Annales*. De fato, alguns anos depois, Noel Annan declarou que o livro "foi considerado pelos Annalistes – e não só por eles –uma contribuição à história digna de ser mencionada na mesma frase que a história do Mediterrâneo de Baudel".[11]

A era das revoluções não era apenas um apanhado geral da história da Europa entre 1789 e 1848: era também um livro com uma tese. Sua intenção, como explicou Eric no prefácio, foi a de traçar o impacto da "revolução dual" no mundo – a revolução francesa política e ideológica de 1789 e a Revolução Industrial britânica, ambas mais ou menos no mesmo período. "Se sua perspectiva é principalmente europeia, ou mais precisamente franco-britânica", explicou, "é porque nesse período o mundo – ou ao menos grande parte dele

– foi transformado a partir de uma base europeia, ou melhor, franco-britânica." Como era sua característica, e da forma como já fizera tantas vezes antes ao escrever sobre outros assuntos, Eric começou o livro com uma lista de palavras: "indústria", "estrada de ferro", "liberal", "cientista" e assim por diante; o fato de tantos conceitos passarem a existir durante esse período era uma indicação da profundidade das mudanças ocorridas. A era das revoluções viu a fundação do mundo moderno. E realmente, o conceito de "revolução dual" exerceu uma enorme influência nos textos e ensinamentos de história no último meio século e até mais, especialmente na Alemanha, onde, por exemplo, esse conceito forma a ideia central e aglutinadora do segundo volume do monumental *Deutsche Gesellschaftsgeschichte*, de Hans-Ulrich Wehler.[12]

A estrutura do livro incorporava sua premissa metodológica central, que a economia ou, para usar o termo marxista, o modo de produção determinava todo o restante; por isso começava com um apanhado da Revolução Industrial. Já na seção de abertura fica evidente sua profunda originalidade. A perspectiva global adotada em *A era das revoluções* não atribui à Revolução Industrial na Grã-Bretanha qualquer suposta superioridade tecnológica ou científica dos britânicos, mas ao domínio britânico dos mares, em especial a partir de 1815, capaz de criar um virtual monopólio na exportação de algodão para a Índia e a América Latina. A análise da Revolução Francesa de Eric seguia na maioria dos aspectos a interpretação marxista padrão da época, dominada pelo grande historiador francês Georges Lefebvre.[13] O Terceiro Estado é equiparado à burguesia, um "grupo social coerente" dirigindo a mudança política quando a monarquia francesa, mergulhada numa profunda crise financeira depois da Guerra de Independência americana, perdeu o apoio da aristocracia feudal.[14] Os *sans-culotes*, cujas revoltas e manifestações de rua radicalizaram o processo revolucionário, são definidos como a pequena burguesia lutando contra a maré da história; o proletariado só entraria em cena no século XIX, com a industrialização.[15] Diferentemente de Lefebvre, Eric não atribui nenhum papel de destaque aos camponeses, um grupo social que considerava ser "pré-político", à luz dos estudos que reuniu em *Rebeldes primitivos*: "Os camponeses nunca apresentaram uma alternativa política a ninguém", observou Eric; "eram meramente, de acordo com os ditames da ocasião, uma força quase irresistível ou um objeto quase inamovível."[16]

O livro foi recebido com êxtase por colegas historiadores de esquerda, que perceberam sua proeza em apresentar interpretações marxistas para um público leitor maior. Edward Thompson escreveu para cumprimentar Eric por seu "esplêndido livro; sua capacidade de dizer algo tanto profundo como original e *com brevidade* (!) é uma coisa que eu deveria tentar ensinar a mim mesmo" (ele nunca fez isso).[17] O acadêmico literário e filósofo da arte austríaco comunista Ernst Fischer gostou particularmente da maneira perfeita como o livro integrava economia e sociedade, estatísticas e casos corriqueiros, cultura e política. "Essa é a maneira como se deve escrever a história", observou. O marxismo era aplicado sem jargões: "O leitor inocente não faz ideia do porquê de a questão ser tão saborosa, e digere o marxismo como se fosse um tempero estimulante".[18] Victor Kiernan, amigo de Eric, elogiou a facilidade de leitura do livro em uma longa resenha na *New Left Review*. "Muitos marxistas e outros autores socialistas se mostraram inclinados a motivar e subjugar seus leitores, mas Hobsbawm não é um deles."[19]

Nas principais vertentes política e historiográfica, os historiadores econômicos foram mais generosos com o livro que os historiadores políticos. O historiador da economia americano Rondo Cameron, especialista na história comercial da França, definiu *A era das revoluções* "como um verdadeiro *tour de force*", apesar de algumas reservas sobre a "bifurcação cronológica" envolvida na divisão de tópicos em duas partes do livro, entre "desenvolvimentos" e "resultados".[20] Jacob Talmon, o historiador originalmente designado por Weidenfeld para escrever o livro, e seus assessores consideraram que *A era das revoluções* mostrava alguma influência marxista, mas que era mais "revisionista" que ortodoxo. "Há pouca coisa nele que um liberal progressista ou até mesmo um conservador esclarecido não pudessem ter dito, ainda que com mais reservas e mais qualificações." O maior problema do livro, considerou, era o grande menosprezo do nacionalismo como uma das causas das revoluções de 1848. Na verdade, não foi absolutamente a última vez que Eric foi acusado de interpretar mal o papel do nacionalismo na história da Europa no século XIX.[21] O primeiro modernista G. R. Potter achou que o livro se concentrava excessivamente na economia: "George III e George IV não são mencionados, Wellington é elogiado por sua culinária e as Guerras Napoleônicas são discutidas em poucos parágrafos". Nitidamente, não era o tipo de livro com que Potter, editor de um dos volumes da *New Cambridge Modern History*, estava acostumado.[22]

O analista político Max Beloff foi o único resenhista a identificar influências francesas na abordagem de Eric, embora tenha comentado que "falta a capacidade da escola francesa (ou ele não assimilou o escopo) para contextualizar os fatos da demografia, da economia e da mudança cultural com um uso mais intensivo e imaginativo de gráficos, diagramas e mapas".[23] Beloff também estava certo ao considerar que os editores na Inglaterra sempre hesitaram em incluir tais artifícios gráficos em livros dirigidos para o leitor mais leigo. O leitor mais leigo também hesita diante disso. De maneira mais geral, o marxismo de Eric, aguçado pela crise dos mísseis em Cuba, provocou reações alérgicas na maior parte dos resenhistas conservadores. O historiador irlandês T. Desmond Williams achou que Eric "tendia a ser cativo da filosofia que adotou tão reservadamente". Por isso ele teria menosprezado o papel dos reformadores sociais de motivação religiosa: "Lorde Shaftesbury, desnecessário dizer, não faz parte deste mundo". Ainda assim, até mesmo o conservador professor irlandês teve de admitir que o livro fez a história se mostrar viva, coisa que a *Cambridge Modern History* não conseguia fazer. "É como um tratamento televisivo em sua forma mais hábil e atrevida", escreveu, fazendo um cumprimento um tanto desajeitado.[24]

Ao mesmo tempo, contudo, nem todos os resenhistas se convenceram da tese central da "revolução dual" do livro que, de diferentes maneiras, levou a burguesia ao poder. Asa Briggs, escrevendo para o *Times Literary Supplement* (apocrifamente, de acordo com a política do periódico na época), comentou: "O dr. Hobsbawm não diz como, ou se, as revoluções francesa e industrial estavam relacionadas uma com a outra". A Revolução Francesa não resultou na industrialização da França; na verdade, é provável que tenha ajudado a retardá-la ao criar uma grande classe de pequenos agricultores independentes. Por outro lado, a Revolução Industrial britânica não resultou numa revolução política que desbancasse a Constituição britânica existente. De certa forma era uma observação injusta, na medida em que as duas revoluções aconteceram ao mesmo tempo, em 1848, quando o desenvolvimento da economia continental, sob o impacto da industrialização na Inglaterra, confluiu para uma mistura explosiva de ideologias revolucionárias, inclusive o nacionalismo e o liberalismo, que foram inventados, ou ao menos tiveram um grande impulso, na França em 1789.[25] Observações semelhantes foram feitas por A. J. P. Taylor, o historiador britânico mais conhecido e mais popular da época: a análise de Eric era estimulante, ainda que "tudo seja feito por um truque de mágica", pois a burguesia econômica levada ao poder na Grã-Bretanha pela Revolução Industrial e a burguesia política levada ao poder na França pela Revolução

Francesa não tinham nada em comum. "Robespierre e Cobden não teriam se dado bem [...]. Tudo que Balzac sabia sobre Lancashire era que lá as mulheres morriam de amor, uma afirmação que, embora interessante, não é verdadeira." "O sr. Hobsbawm", concluiu, "escreveu uma poderosa introdução histórica para uma revolução que não aconteceu."[26, 27]

Na outra extremidade do espectro político, o ex-produtor da BBC Peter Laslett, agora um conservador historiador das ideias em Cambridge, foi a exceção no que viu como o viés de esquerda do livro:

> É de mau gosto. Maria Antonieta tem "cérebro de galinha e é irresponsável": nós a acompanhamos com seu marido *idiota* (parece que ele nunca aparece sem o adjetivo) até o momento da execução. Nenhum lampejo de empatia, nenhuma nota de tragédia – nenhum nobre sofre do início ao fim desta história de tumultos, opressão, guerra e júbilo. Todos os aristocratas são patetas, todos os ingleses são homens de negócio aquisitivos e agressivos, a não ser, é claro, quando estão expropriando camponeses e explorando trabalhadores. Ademais, todos os artistas parecem ideólogos burgueses [...]. Qualquer um capaz de acreditar nisso como uma história cultural mal pode ser levado a sério como acadêmico.[28]

Conduto, sobre ter visto como um erro do livro não ter levado em conta a "tragédia" de Luís XVI e de Maria Antonieta, o historiador marxista austríaco Ernst Wangermann comentou: "Como Laslett pode não ter percebido a verdadeira grande tragédia com que Hobsbawm está preocupado em seu livro – a tragédia que atingiu milhões de pessoas comuns com o rompimento da sociedade tradicional que garantia a eles segurança e sustento?". Wangermann, um estudioso da história cultural e social da monarquia dos Habsburgo, declarou: "Não sei de nenhuma outra obra histórica em que essa tragédia tenha sido retratada de forma mais comovente que nos trechos escritos por Hobsbawm" sobre o destino dos tecelões e dos pobres da zona rural.[29]

A era das revoluções foi um tremendo sucesso. Continuou tendo reimpressões contínuas desde a publicação e foi traduzido para 18 línguas, inclusive para o árabe, farsi, hebreu e japonês. Alguns de seus pontos, como a tese de que o início do capitalismo industrial passou por uma queda da taxa de lucro e a visão de movimentos políticos como produtos diretos do reducionismo de classes sociais, agora parecem desatualizados, mas a clareza com que expressa esses pontos faz do livro um contínua e profícua fonte de discussões e debates para estudantes, acadêmicos e para o leitor leigo.

II

Quando Eric partiu para a América do Sul, em 31 de outubro de 1962, financiado pela Fundação Rockefeller para continuar suas pesquisas sobre "rebeldes primitivos" na região, a crise dos mísseis em Cuba já estava resolvida, com a frota russa cedendo às pressões dos Estados Unidos e voltando para casa levando os mísseis que pretendia instalar em Cuba.[30] A partida de Eric foi acompanhada pelos serviços de segurança, preocupados com a "penetração comunista" em movimentos camponeses locais.[31] "Sem dúvida os americanos estão interessados nessa movimentação", opinou sarcasticamente um funcionário do MI5.[32] Era tarde demais para vetar a bolsa de Eric, é claro; aliás, a notícia da viagem de Eric só chegou ao MI5 várias semanas depois do início de sua turnê.[33] Ele começou pelo Brasil, onde viajou para a cidade de Recife, no nordeste do país, encontrando "uma pobreza desesperadora em toda parte. Os habitantes parecem não ter feito uma refeição decente há dez gerações: raquíticos, nanicos e doentes". No entanto, havia "sinais de revolta", e as Ligas Camponesas tinham aprendido a se comunicar com seus eleitores. "O potencial de organização camponesa é imenso." Ao contrário do MI5, contudo, Eric parecia não saber que o Partido Comunista Brasileiro, operando ilegalmente, estava por trás da maior parte do ativismo das Ligas Camponesas.[34]

Em comparação, em São Paulo ele viu "uma espécie de Chicago do século XIX: pujante, ágil, dinâmico, moderno [...]. Os arranha-céus se espalham, as luzes de neon brilham, os automóveis (a maioria fabricada no país) inundam as ruas aos milhares numa típica anarquia brasileira". A vertiginosa industrialização era um caso único na América Latina. Mas, com a ausência de um crescimento doméstico estável e de mercados de exportação, tinha "o jeito de uma pirâmide equilibrada no cume". A esperança residia no aumento da colaboração entre o movimento trabalhista e a burguesia industrial, cujo nacionalismo os unia numa luta comum pela "independência do imperialismo dos Estados Unidos". Eric conheceu o bairro que os músicos populares tinham como base, que considerou surpreendentemente semelhante à sua contraparte em Londres: "Os mesmos personagens ousados, boêmios e ligeiramente vorazes frequentam os mesmos tipos de escritórios, transbordantes de discos e exemplares atrasados da *Billboard* e da *Cashbox*. A mesma mistura de letristas, disc-jockeys, jornalistas e violonistas enche os bares, comendo sanduíches, telefonando e falando sobre trabalho". Não era surpreendente que a música popular brasileira, como a bossa nova, comercializada nos Estados Unidos como um estilo de música para dançar, no Brasil permanecesse enraizada na população local como "uma forma de tocar e cantar. Quando mostrei os diagramas de salões de baile que as emissoras de rádio dos Estados Unidos vinham distribuindo para ajudar os ouvintes a aprender os novos passos, os músicos locais deram gargalhadas. Para eles é uma dança não mais especial que o jazz".[35]

Quando Eric chegou ao Peru, encontrou mais razões para ter esperança. "Se há um país que esteja maduro e que necessite de uma revolução social, é o Peru." No mercado de Quillabamba, "um homem tranquilo, de cara chata e forte" interveio numa discussão em que Eric estava envolvido auxiliado por um carpinteiro, que falava espanhol e a língua indígena local e atuava como intérprete: "Veja só, existem duas classes. Uma não tem nada, a outra tem tudo: dinheiro, poder. A única coisa que os trabalhadores podem fazer é se unir, e é o que eles fazem". Eu pergunto: "Mas vocês não têm medo da polícia e dos soldados?". "Não, agora não", responde o carpinteiro. "Não mais." Na longa viagem de trem à Bolívia, Eric conversou com um agente de seguros, que culpou o fracasso dos proprietários de terra em investir em suas terras ou em ajudar a população indígena. "Há índios andando descalços, mesmo nas casas dos donos de terra, e dormindo no chão enquanto o proprietário gasta 2 ou 3 mil sóis por noite numa festa. Existem clubes: carteado – mais uísque, garçom! E eles nem percebem o contraste. Agora as coisas estão começando a mudar."[36]

Na Colômbia, Eric viu "a maior mobilização armada de camponeses (como guerrilheiros, salteadores ou grupos de autodefesa) da história recente do hemisfério ocidental". O potencial para uma revolução social genuína era enorme. A Colômbia "pode ter um papel decisivo no futuro da América Latina, ao passo que provavelmente Cuba não pode fazer isso", considerou, principalmente graças à localização estratégica do país. Também nesse caso Eric parece não ter reconhecido o papel do Partido Comunista na organização dos camponeses. Mas conheceu o grande poeta comunista Pablo Neruda, com quem se manteve em contato depois.[37] A América Latina, concluiu Eric ao fim de sua viagem, era "a área mais crítica do mundo". A possibilidade de uma verdadeira revolução social poderia ser remota na Europa e na África ou até mesmo no subcontinente indiano, mas na América Latina "o despertar do povo" já estava ligado.³⁸

"Eu sou louco pelo continente", escreveu a Anna Kallin não muito depois de sua chegado ao Chile, sugerindo uma breve série de programas de rádio: "Mas não uma *palestra*, cujo único propósito seria o de me render algum dinheiro, o que não preciso neste momento específico" (claramente, o sucesso de *Rebeldes primitivos* e de *A história social do jazz* já estava tendo algum efeito positivo em suas finanças).³⁹ Quando voltou ao Reino Unido, em março de 1963, sua proposta de três programas radiofônicos foi aprovada pelos executivos da Rádio BBC, que queriam agir rapidamente: "Precisamos pegar Hobsbawm ainda 'quente' da sua viagem. Ele é um bom locutor e escreve bem, com imaginação e muito conhecimento da 'Kulturgeschichte' [história da cultura] (sendo um bom habsburguiano – mas sem o *menor* sotaque!), bem como de política, economia, sociologia".⁴⁰ No caso, os três programas foram reduzidos a dois. No primeiro, Eric explicou como os políticos latino-americanos confundiam categorias e definições normais das políticas europeias.⁴¹ No segundo programa sobre a América Latina, ele descreveu como o enorme número de migrantes indo para as cidades levavam com eles "o mundo mental da Idade Média europeia, que é afinal de contas todo o mundo do século XVI levado até eles pelos conquistadores". Mas havia esperança. "A velha América Latina está entrando em colapso. Algo radicalmente novo deve tomar seu lugar."⁴²

Os programas de rádio de Eric não passaram despercebidos dos serviços de segurança. Um funcionário ("Mr. Barclay") disse em uma reunião em 23 de maio de 1963 que tinha ficado "perplexo" por Eric, um "comunista bem conhecido", não só ter obtido permissão para viajar para a América Latina como também, como indicado por seus artigos na *Listener*, chegar até a falar sobre sua visita na BBC. "A questão agora deveria ser levada [...] a algum executivo sênior da BBC."⁴³ O que realmente aconteceu, ainda que sem nenhum resultado palpável.⁴⁴ A pressão oficial sobre o serviço de radiodifusão nacional continuava. Os serviços de segurança também podiam seguir os pontos de vista de Eric por meio dos dispositivos de escuta instalados no quartel-general do Partido Comunista em Londres, onde Eric falou sobre suas descobertas em 1º de abril de 1963. Eric disse aos seus ouvintes que o necessário na América Latina era a inserção nos movimentos camponeses de um fermento de comunistas profissionais que conseguissem organizá-los segundo as diretrizes dos guerrilheiros do Exército Vermelho de Mao Tsé-Tung na China no fim dos anos 1940. Acontecia muito pouca coisa nas capitais, não se podia falar de qualquer radicalismo da classe trabalhadora. De maneira geral, a exposição de Eric não chegou a ser muito estimulante para a os *apparatchiks* do Partido Comunista Britânico.[45]

O interesse de Eric pela América Latina aumentou porque, como observou Neal Ascherson, "era um novo campo no qual sua ideia de uma luta revolucionária ampla e libertadora poderia se realizar, o que era não dogmático, estimulante e romântico".[46] Eric voltou à América Latina em 1969 e mais uma vez em 1971. Desta vez ele foi mais cauteloso em seus prognósticos políticos. Na Colômbia, por exemplo, considerou que a agitação camponesa tinha atingido o auge nos anos entre 1925 e 1948, mas que depois fora eclipsada por "uma guerra civil anárquica e sangrenta" cuja violência havia jogado os camponeses uns contra os outros e inibido de forma importante o desenvolvimento de movimentos de protesto camponeses.[47] Na Bolívia, uma sucessão de governantes militares havia suprimido as mudanças sociais, e no processo derrotado um movimento guerrilheiro liderado pelo ex-revolucionário cubano Che Guevara, capturado e executado em 1967, deixando um legado que continuaria a inspirar revolucionários e estudantes radicais no mundo todo.[48] Os movimentos guerrilheiros na América Latina, segundo Eric, eram limitados em sua eficácia e precisavam de organização política para ter um impacto real. Como disse um ex-guerrilheiro colombiano a Eric: "Neste país qualquer um pode reunir um bando armado entre os camponeses. O problema é o que acontece depois".[49] Os oficiais do Exército do Peru estavam aderindo ao nacionalismo, inclusive confiscando indústrias e terras açucareiras de propriedade de estrangeiros.[50] Deixavam claro que pretendiam realizar um transformação total da sociedade.[51] Na ausência de qualquer "movimento de massa hegemônico marxista", contudo, aquilo era principalmente uma revolução feita de cima para baixo.[52]

A eleição de um governo de uma Frente Popular no Chile em novembro de 1970, liderada pelo marxista Salvador Allende, era um sinal de que a combinação entre menosprezo e exploração pelos Estados Unidos estava disseminando a revolução pelo continente.[53] Estava claro que Allende buscava uma transição pacífica para o socialismo. Eric considerou a atitude "uma perspectiva emocionante". Na extrema direita, porém, ele observou sinais "paranoicos" de "histeria burguesa": "o terror já assola a região, a polícia está apoiando grupos de assassinos de membros da esquerda, e assim por diante".[54] Em particular, embora Eric não tenha percebido esse fato terrível, essa paranoia permeava o alto oficialato das forças armadas chilenas. Em uma visita anterior ao Chile, ele desdenhou a incapacidade das forças armadas chilenas de organizar um golpe, na sequência de um protesto não violento de um regimento de artilharia ("por sorte, os chilenos não têm experiência nesse campo, nem generais e nem civis [...]. De que adianta um golpe militar sem um único veículo blindado numa esquina?"). As instituições democráticas do país pareciam suficientemente seguras. Num curto período, os acontecimentos provariam que Eric estava espetacularmente enganado.[55]

Os meados dos anos 1970 viram uma série de reversões abruptas de movimentos progressistas na América Latina. No Chile, um golpe apoiado pelos Estados Unidos depôs Allende em 1973, matando-o no processo e iniciando uma ditadura brutal e violenta que não teve problemas para torturar e assassinar milhares de opositores. No Peru não houve uma intervenção americana direta, mas o regime militar, como Eric desconfiou, deu uma guinada mais conservadora em 1967, encerrando o período de experiências radicais.[56] A ditadura militar cruel e corrupta existente desde 1954 no sonolento e atrasado Paraguai, sob o general Alfredo Stroessner, tinha se tornado a norma no fim dos anos 1970.[57] Ainda assim, no Brasil, onde um golpe havia alçado os militares ao poder em 1964, os primeiros sinais de um degelo na ditadura levaram acadêmicos de esquerda da Universidade de Campinas, no estado de São Paulo, a convidar Eric em maio de 1975 para o que foi uma de suas conferências mais importantes apresentadas aos intelectuais de esquerda no país desde o golpe.

Ao lado do historiador da modernidade de esquerda Arno J. Mayer, de Princeton, do cientista político espanhol Juan Linz, de Yale, e do historiador holandês Rudolf De Jong, Eric estava lá, segundo declarou, para ensinar as pessoas a "pensar de uma nova maneira". Contudo, era preciso pisar com cuidado, e consta que sua declaração de que era um historiador marxista "alarmou o público". Eric falou sobre os movimentos camponeses milenares no Brasil e foi considerado a estrela da conferência, inclusive porque sabia bem mais sobre o Brasil que a maioria dos outros expositores estrangeiros. A conferência realmente teve um papel na abertura da vida intelectual e cultural brasileira; a crescente pressão popular e da classe média obrigou o regime a decretar uma anistia para crimes políticos em 1979, e em 1985 o Brasil voltou a ter um governo civil e democrata.[58] Não menos graças a essa conferência, de todos os países da América Latina, o Brasil seria o país em que Eric obteria sua maior fama.

III

Enquanto Eric estava em sua turnê pela América Latina, em 1962-1963, Marlene mudou-se para o apartamento dele na Gordon Mansions, na Huntley Street, perto da Birkbeck. Quando ele voltou, a vida de casado dos dois começou propriamente. Marlene começou a estabelecer uma rotina doméstica. "Se houvesse massa no jantar, eu punha a água no fogo, ligava para Eric e a comida estaria pronta quando ele chegasse em casa."[59] Em poucos anos eles tiveram dois filhos, Andy (nascido em 12 de junho de 1963) e Julia (nascida em 15 de agosto de 1964). Eric e Marlene estavam jantando com o primo dele, Denis Preston, e sua mulher no restaurante Bertorelli's, perto da Birkbeck, quando Marlene inesperadamente entrou em trabalho de parto com Andy; Denis teve que levá-los de carro ao hospital.[60] Não era de costume que pais assistissem ao nascimento dos filhos em meados dos anos 1960, e assim, quando o bebê nasceu, Marlene pediu à enfermeira da sala de parto para dar a Eric a boa notícia. A enfermeira iria reconhecer Eric, disse Marlene, quando "saísse no corredor e visse alguém lendo, não andando de um lado para o outro".[61] A chegada de Andy e Julia pôs um ponto-final nas expedições noturnas de Francis Newton e sua colaboração com a *New Statesman*. A paternidade também reduziu o ritmo dos textos e das pesquisas de Eric. Como ele disse a Jack Plumb em agosto de 1964: "Agora eu estou casado e tenho dois filhos pequenos (14 meses e algumas semanas), e é surpreendente o grau com que isso diminui a produtividade. Sonho com os confortos vitorianos, quando os maridos não precisavam se revezar com as esposas para alimentar os filhos no meio da noite etc.".[62] Como isso sugere, Eric realmente fez sua parte no atendimento das necessidades dos filhos.

Em dezembro de 1965, Eric e Marlene se mudaram do apartamento na Gordon Mansions 37, WC1, para a Larkhall Rise 97, em Clapham, SW4, uma vila de meados do século XIX de dois andares com um subsolo, uma fachada com três janelas, quartos amplos e proporcionais, uma escada de nove degraus desde a porta da frente acima do nível da rua e um andar térreo de fundos visível da rua pela janela da frente.[63] Eles dividiam a casa com o dramaturgo Alan Sillitoe, nascido em Nottingham (mais conhecido por seus romances *Sábado à noite e domingo de manhã* e *A solidão do corredor de longa distância*, ambos adaptados em filmes de sucesso) e sua esposa e filho, por obra de um amigo, o arquiteto Max Neufeld, que converteu a casa em dois apartamentos. Os Sillitoe ocupavam parte do térreo e do primeiro andar, os Hobsbawm ficavam no andar térreo e no resto do piso superior e do primeiro andar, e as duas famílias compartilhavam um grande jardim. Na época Clapham ainda não tinha sido modernizada, e os vizinhos achavam difícil entender o estilo de vida de Alan Sillitoe. "Eles não conseguiam entender por que ele não saía para trabalhar. O que ele faz? Ele não sai para trabalhar [...]. Nunca imaginaram que quem morava lá era um escritor." Marlene fez um quarto de brinquedos para as crianças no subsolo, "e as pessoas ficavam em frente ao meu quarto de brinquedos, que era só livros e brinquedos da Galt e tudo muito classe média e certa vez uma senhora perguntou: 'O que é isso, uma escola?'. Ela não conseguia acreditar que alguém tivesse todos aqueles brinquedos de madeira só para os filhos e que aquilo não fosse uma escola".[64]

Mas Clapham ficava a uma distância inconveniente dos pais de Marlene, que moravam no norte de Londres, e embora o arranjo com os Sillitoe funcionasse muito bem, os rendimentos de Eric com seus livros agora eram suficientes para ele conseguir um empréstimo para em seguida, em julho de 1971, dar entrada em uma casa vitoriana semigeminada de três andares e seis quartos em Hampstead, na Nassington Road 10, perto de Heath.[65] Marlene começou a tarefa de colocar a casa em ordem. "Marlene reformou completamente o jardim da Nassington Road", escreveu Eric em 11 de junho de 1973 (seu interesse por jardinagem era mínimo, mas não pelo jardim de Marlene).[66] Na Nassington Road ele montou um escritório e organizou uma rotina de trabalho com seus textos durante o dia, antes de descer a ladeira até South End Green para tomar o ônibus número 24 para as aulas noturnas na Birkbeck. Era comum ele encontrar o político trabalhista de esquerda Michael Foot no ônibus e se envolver em animadas conversas sobre os assuntos do dia, antes de descer na Goodge Street, deixando Foot seguindo para Westminster. Ao longo dos anos, os dois se tornaram celebridades para os passageiros regulares na rota 24.[67]

Enquanto isso, a casa se tornou uma meca para intelectuais da Europa Oriental – "intelectuais poloneses, intelectuais tchecos, húngaros", como recordou Neal Ascherson: "Todos eles conheciam Eric Hobsbawm, sabe. E os membros do Partido 'caducados' ou 'céticos' dessas camadas intelectuais o conheciam bem". O mais provável é que tivessem lido sua obra em inglês ou alemão.

> Eles o viam como [...] um revisionista [...] uma saída para a rigidez do stalinismo e uma forma mais aberta, refletida e com liberdade de expressão [...] [de comunismo] [...]. Sempre que eu mencionava a questão da censura

[...] com Eric, ele sempre se mostrou totalmente contra. Em momento nenhum apoiou esse tipo de intervenção de partidos no governo, ao contrário, sempre simpatizou com intelectuais rebeldes, alguns deles nem tão rebeldes quanto ele pode ter imaginado.[68]

Os filhos falaram sobre um fluxo aparentemente interminável de convidados para refeições noturnas ou hospedados na casa. Nas festas, "intelectuais britânicos podiam se encontrar em menor número que editores alemães, historiadores tchecos e romancistas latino-americanos", no que alguns conheciam como "o mais distinto salão para centro-europeus do norte de Londres".[69] Eric "não gostava de solidão".[70]

Durante o dia, porém, Eric "trancava-se no escritório sozinho", como recordou Elise Marienstras, apesar de sempre deixar a porta aberta. Mas "não acredito que os filhos sofressem dessas ausências intelectuais, e ele se tornou um bom pai".[71] No fim dos anos 1960 os filhos estavam matriculados nas escolas elementares locais. Segundo observou Andy mais tarde, era comum que Eric os deixasse na escola e os fosse buscar.

> Ele era um pai mais velho, então quando eu estava na escola Eric era aquela figura com uma sacola [no ombro]: o pai "professor distraído" [...]. Houve um período quando éramos mais novos em que todos os pais vinham pegar os filhos com trajes esportivos, e era um pouco constrangedor aquele [...] sujeito de cabelos ralos [...] distraído aparecer sendo bem mais velho que eles. Então eu me lembro disso como um [...] momento de formação.[72]

Mais tarde na vida, os filhos de Eric se lembravam dele, como Andy notou, sempre "absorvido e lendo: a cabeça enterrada em papéis. Não de uma forma exclusiva, mas era como ele era; e o som da máquina de escrever e ele meio enterrado em informações". Um cheiro forte de fumaça de cachimbo emanava do escritório. Quando estava trabalhando, sempre concluía o que estava pensando antes de responder às interrupções dos filhos. Julia se recordou da imagem do pai no escritório:

> Sentado, escrevendo. E eu podia literalmente ver pilhas e pilhas de papel, as anotações escritas; ele ficava cercado literalmente por um mar de livros abertos e anotações. Depois, a certa altura da noite, ele parava e assistia

[...] a programas de TV populares como *Kojak* e – lembra-se de *The Golden Shot* e coisas do gênero? [...]. Ele tinha esse jeito maravilhoso de vegetar na frente da TV.

Todas as superfícies de todos os cômodos da casa na Nassington Road eram forradas de livros, onde Eric "pastava" quando passava, segundo se lembra Julia. "Acho que nem sempre ele conseguia calibrar como estar com filhos muito novos", acrescentou, ficando com Julia quando ela estava doente, tentando fazer palavras cruzadas com a filha, quando ela só queria ficar sozinha. Roderick Floud, um historiador da economia que se tornou um colega na Birkbeck, achava que Eric "era muito bom com os filhos, os nossos filhos. Acho que ele não era tão bom com os próprios filhos.". Certa ocasião, quando a filha entrava na adolescência, "Eric estava no [ônibus] 24 e Julia entrou no ônibus [...] e sentou perto de mim. E ele nem percebeu que ela estava lá [...] não reconheceu a própria filha sentada ao lado dele!". Como sempre, Eric estava totalmente absorvido lendo um livro.[73]

Quando Julia tinha nove anos, Eric deu a ela

um livro acadêmico, para adultos, *Maria Theresa* [...] depois de ter decidido que a imperatriz seria um tema perfeito para um projeto da escola sobre "Mulheres importantes na história". Era uma publicação da série "Great Lives Observed" da Prentice-Hall: bem diferente dos livros em formato brochura da Puffin. Eu ainda sinto uma pontada de ressentimento e me lembro exatamente de me sentir absolutamente inútil quando pego agora aquele bem-intencionado presente nas minhas mãos de adulta.[74]

Para filhos sem uma vocação acadêmica, Eric podia realmente parecer intimidante em termos intelectuais.

Apesar de não ser na verdade o tipo de pai que obrigava os filhos a ler as *Grandes Obras* – ele leu todos os álbuns de Tintim em voz alta para nós e adorava gritar "com mil milhões de macacos!" como o capitão Haddock, e nós adorávamos ouvi-lo exclamar essa expressão. Acho que às vezes ele esquecia que éramos crianças comuns e não acadêmicos intelectuais [...]. Quando criança às vezes eu me sentia inseguro e fora de sintonia com ele, mas na idade adulta ele foi o melhor pai que um filho pode ter: muito legal.

Ao mesmo tempo, Eric aprendeu com os erros cometidos com os filhos, adaptando suas sugestões de leituras ao que percebeu que eles gostavam. Eric e Marlene levavam os filhos a exposições – Andy se lembrou em especial de uma mostra de Lucien Freud na Whitechapel Art Gallery, que, explicou, "me impressionou de verdade" – o que os tornou apreciadores de arte para sempre.[75] Não os envolveu em sua paixão pelo jazz enquanto ainda eram novos. Nem na verdade esperava que se tornassem intelectuais ou se enterrassem em livros como ele quando era criança. "Não era um pai que tivesse uma ideia de como a vida era e como ele era como pai, ou como os filhos eram e quisesse consertar isso", comentou Julia. "Ele realmente via *como* nós éramos, e reagia de acordo." Tampouco tentava influenciar a visão política dos filhos, embora numa casa de esquerda eles naturalmente tenham tendido para a esquerda enquanto cresciam. Mais profundo foi o sentido instilado neles da importância da justiça social e de ser justo na sociedade e na vida.[76]

Um pouco antes, em 1966, Eric e a família começaram a passar o verão e outras épocas do ano na Snowdonia, em Bryn Hyfryd, um chalé num conjunto de quatro localizado no terreno do rico e excêntrico arquiteto Clough Williams-Ellis, que construiu a aldeia de Portmeirion, em estilo italiano, numa encosta com face sul com vista para o mar perto de Porthmadog. A casa da família do arquiteto, Plas Brondanw, uma mansão de pedra do século XVII com um sofisticado jardim na encosta com arbustos de teixo em formas geométricas, ficava a alguns quilômetros ao norte, no vale do Croesor. Eric ficou conhecendo a região por meio do amigo e ex-apóstolo Robin Gandy, que o levou para passar alguns dias num chalé que alugara no vale do Croesor, dizendo que Eric estava estressado e precisava relaxar um pouco nas montanhas remotas de Snowdonia. A região já era popular entre o pessoal de Cambridge que conhecia Williams-Ellis e sua esposa, um membro da família Strachey, que incluía o filósofo Bertrand Russel, o cientista Patrick Blackett, o historiador da ciência Joseph Needham e o professor de Eric, Mounia Postan. Eric ficou maravilhado com a experiência, não só impressionado pela beleza natural da paisagem mas também fascinado pelas ruínas pós-industriais da produção de ardósia, com suas pedreiras abandonadas, grandes lajes de ardósia, trilhos de bitola estreita abandonados e fazendas desertas nas encostas, cuja base econômica fora destruída com o colapso da indústria de ardósia no início do século.[77]

Eric já tinha uma ligação com a região por conhecer Clough Williams-Ellis e sua família desde os anos 1930, quando um amigo de Cambridge se casou com a filha de Clough, Susan.[78] Na época, ele escreveu: "Nós queríamos um chalé porque minha mulher achava o vale do Croesor um dos lugares mais bonitos que já tinha visto. As duas casas que ocupamos eram ruínas, restauradas para poderem ser habitadas pelo proprietário em épocas diferentes". Realmente, um dos outros chalés do conjunto ainda estava em ruínas. As condições da moradia eram muito básicas: havia água e eletricidade, mas não aquecimento central, e Eric teve de instalar um aquecedor a parafina para eliminar a penetrante umidade. Passava muitas horas rachando lenha para uma lareira quando fazia frio. Julia achava que ele gostava de ficar lá porque a natureza básica das condições de vida o lembrava de Cambridge dos anos 1930.[79] Walter, o irmão de Marlene, ia com eles e a família, alugando uma pequena residência de caseiro ali perto. Edward Thompson e sua esposa e colega historiadora Dorothy Thompson também tinham um chalé na região. Todos ficaram conhecidos como "o grupo galês de Bloomsbury". Como Marlene se recordou: "Dizia-se que no nosso vale se podiam ouvir mais máquinas de escrever do que passarinhos".[80] Às vezes eles iam à praia, principalmente a de Portmeirion, para a qual William-Ellis fornecera, como fazia com todos os locatários, um passe de entrada permanente como cortesia, na forma de "uma carta, uma espécie de mistura entre 'A quem possa interessar' e uma espécie de carta de fiança", como se lembrou Julia,[81] mas o que mais faziam eram caminhadas revigorantes, escalando as trilhas de carneiros nas encostas íngremes da montanha local, a Cnicht, "o Matterhorn de Snowdonia", banhado por lagos ocultos em suas reentrâncias, visitavam uns aos outros para fazer refeições e conversarem até tarde na noite. Em 1976, Eric e Marlene deram entrada num chalé maior e um pouco mais glamouroso, o Parc Farmhouse, na parte mais baixa das encostas da montanha. O fazendeiro vizinho, Dai Williams, criava carneiros, mas não havia outros animais nas proximidades.[82] Como Julia depois se recordou:

> Meu pai costumava me levar a pé com meu irmão até os lagos com vista para Beddgelert, onde os únicos movimentos num raio de quilômetros eram os estranhos pássaros mergulhões, um carneiro abocanhando capim e o rumorejo de algum riacho límpido na montanha. Nós parávamos perto de algumas rochas e procurávamos nossas fendas habituais, "A Caverna dos Ladrões". Lá dentro, nosso pai servia nossas barras de chocolate: Ice Breakers para nós e Bourneville para ele. Ficávamos ali, reunidos na penumbra

tranquila e musgosa com nossos archotes e chocolates, e ele parecia tão feliz quanto alguém poderia se sentir.

As lembranças da caverna de Julia eram tão preciosas que ela levou seus filhos lá muito depois de Eric ter se mudado do vale do Croesor.

Em 1973 ficou no chalé com os filhos por uma semana enquanto Marlene fazia um curso de música de verão. "Foi a primeira vez [...]", comentou Marlene, "que ele ficou cuidando sozinho das crianças por uma semana inteira."[83] Mas ela não precisava ter se preocupado, como explicou:

> O trabalho de administração por enquanto ok: o frango foi suficiente e no resto do tempo nos mantivemos com linguiça, costeletas e coisas assim. Claro que hoje as crianças estavam com muita fome. Elas dormiram na tenda em um acampamento de fanáticos por estradas de ferro muito simpáticos que estão planejando reconstruir uma estrada de ferro de Port[hmadog] até Beddgelert (Clough diz que nem vai começar) com vários filhos. Eles os fizeram trabalhar na limpeza e (Andy) recolheu material para a estrada de ferro como trilhos velhos e parafusos etc. [...]. Os dois convidaram um garoto de seis para dormir com eles na barraca, que quer se casar com Julia, mas a barraca estava montada perto da dos pais dele, sem problema [...]. O clima está perfeito, mas estou com problemas para focar o telescópio em qualquer estrela. Parece ser um céu muito limpo e sem estrelas [...]. Os Thomson estão aqui – nós vamos jantar juntos hoje à noite [...]. Não fizemos muita coisa por aqui: estivemos em Votti e em Portmeirion. Mas com esse acampamento de malucos por estradas de ferro, as crianças têm estado muito ocupadas.[84]

A imitação de uma torre em ruínas construída na encosta do outro lado da Brondanw, uma loucura de William-Ellis, virou o lugar favorito para as brincadeiras e fantasias das crianças. "Nós escrevíamos um diário da família, que era uma folha de papel dividida em quatro", lembrou-se Julia. "Você sabe, ele dizia 'Hoje eu rachei lenha', e mamãe dizia 'Eu fiz isso'. Então ele era muito chegado à família, e muito afetuoso."[85] Aliás, foi no País de Gales que Eric esteve mais próximo da família, passando tempo com ela e não lecionando ou viajando, como fazia com muita frequência quando não estava lá.

A forte ligação com a família também fez com que Eric mantivesse contato com outros parentes, inclusive e em especial com a irmã Nancy. À época seu marido, Victor Marchesi, já estava aposentado da Marinha Real, depois de ocupar diversos postos, inclusive o de capitão do *Cutty Sark*, o famoso veleiro do século XIX, ou "veleiro do chá" – agora em um museu num estaleiro em Greenwich, no sudeste de Londres –, e o casal foi morar em Menorca. A essa altura os filhos estavam crescidos e já tinham saído de casa. Nancy às vezes ainda se sentia ressentida pelo brilho e a reputação do irmão. Disse seu filho Robin: "Outra coisa que minha mãe me disse que sempre vou lembrar, eu tinha 15 anos, ou na verdade era até mais novo. 'Bem, se você quiser ser um escritor, Robin, seja um escritor DE VERDADE, não como o seu tio Eric!!'".[86] O parente de quem Eric provavelmente era mais próximo era o primo em primeiro grau Ron, funcionário público aposentado, que passava um bom tempo com a família velejando pelo rio Blackwater depois de ter adquirido um pequeno barco com cabine que mantinha ancorado em Burnham-on-Crouch, em Essex. Eric continuou o visitando, agora com Marlene, duas ou três vezes por ano, em especial pouco antes do Natal, apesar de não participar de suas atividades náuticas.[87]

A véspera do Natal era uma ocasião muito especial, como se lembrou Julia muitos anos depois em conversa com o irmão:

> Véspera de Natal – nós sempre tivemos essa coisinha engraçada na véspera do Natal. Nós fazíamos uma espécie de Natal da Europa Central [...] – era sempre uma mistureba, mas basicamente nós recebíamos refugos – acadêmicos que não tinham aonde ir quando o Museu Britânico [a Sala de Leitura] fechava no dia de Natal. Então o dia de Natal tinha sempre uma organização esquisita. Mas na véspera do Natal era só a nossa família. De dia mamãe arrumava a casa e papai nos levava para exposições e ao cinema antes de nós quatro abrirmos os presentes de acordo com a tradição continental. Eu adorava nossas vésperas do Natal. Isso porque... você sabe, por ele ser um pai fisicamente distante, por causa das viagens, certo? Isso tornava a data uma ocasião especial [...] muito memorável.[88]

A véspera do Natal, como Marlene a descreve, era a ocasião mais coreografada da família no ano. Os "refugos" ainda não tinham chegado, por isso eram só Eric e os filhos quando eles voltavam de suas saídas, e Marlene, que recheava e preparava o peru à tarde ouvindo a Santa Missa e as músicas de Natal na capela da King's College pelo rádio. Depois, no dia de Natal, chegavam os amigos e as visitas, em especial, durante muitos anos, o historiador da arte Francis Haskell e sua esposa russa Larissa, que não tinham filhos e nem aparelho de televisão até bem mais tarde, a mãe de Marlene e a prima Gretl, e Arnaldo Momigliano, um eminente especialista em historiografia antiga e catedrático da Universidade de Londres. Em geral havia cerca de 14 pessoas na mesa de jantar quando Eric trinchava o peru. No dia seguinte chegavam mais convidados para um bufê frio, já que a Sala de Leitura da Biblioteca Britânica continuava fechada. Depois, no dia 27, Eric e Marlene embrulhavam as sobras de comida e iam de carro para o País de Gales para o ano-novo. Como Marlene se lembrou, era "a única coisa conduzida como um ritual na nossa casa".[89]

A família de Eric incluía ainda, de maneira mais distante, seu filho ilegítimo, Joss Bennathan, nascido em 1958. Eric achava que Joss deveria ter sido informado sobre quem era seu verdadeiro pai na primeira oportunidade, mas Marion, a mãe, esperou até 1972, quando ele tinha 14 anos, para dizer a verdade. Parece que Joss recebeu bem a surpreendente revelação, sentindo certo orgulho de ser filho de um famoso historiador.[90] Não via Eric com muita frequência, porém mais tarde escreveu: "Deus sabe como e por que nossos laços de sangue são tão importantes e especiais, mas são, e estou contente com a nossa relação, seja como for que a definirmos".[91] Suas cartas a Eric eram sempre fluentes e sofisticadas, revelando um espírito rebelde que pode muito bem ter sido herdado do pai, tendo contado certa vez ter abandonado os estudos no começo de 1974, depois de fazer seus exames de nível "O", "como protesto contra a chatice total & completa de tudo isso".[92] Os filhos de Eric só souberam da existência do meio-irmão bem mais tarde, mas depois estabeleceram uma forte amizade com ele.

Assim, a partir do início dos anos 1960 a vida de Eric se estabilizou numa espécie de rotina que até então ele não conhecia. Como se recordou Roderick Floud: "Marlene era muito importante em termos de [...] administrar uma casa de família bem lubrificada [...] Eric não era um pai muito envolvido, e era um pai mais velho, até pelos padrões modernos, e por isso acho que Marlene foi uma peça-chave para, bem, para um monte de coisas na verdade, para o seu caminho, para a vida dele".[93] "Quanto aos livros", lembrou-se Marlene mais tarde, "acho que eu ajudei de uma forma misteriosa, pois ele escrevia suas melhores coisas quando estávamos juntos. Às vezes me mostrava um capítulo ou dois e talvez eu dissesse algumas coisas a respeito, mas só em relação ao tamanho ou à clareza, mais que sobre o conteúdo [...]. Acho que eu ajudava indicando o que não entendia ou que as frases eram muito longas etc.".⁹⁴ "Não sei se o casamento e a estabilidade realmente mudaram a vida dele", refletiu Elise Marienstras. "Em primeiro lugar, ele manteve o gosto por viajar por toda parte, uma espécie de universalismo prático. E depois, ele pesquisava cada vez mais; publicava cada vez mais."⁹⁵ Mas sem dúvida o casamento mudou a vida de Eric sob vários aspectos, proporcionando uma família que amava e um lar seguro. Acima de tudo, o casamento o fez feliz. Às vezes, mais tarde na vida, por um lapso inconsciente, ele se referia a Marlene como Muriel, mas ela parecia não se incomodar; sabia que era ela que Eric realmente amava, por mais profundas que fossem as cicatrizes de seu primeiro casamento.⁹⁶ A partir do início dos anos 1960, com sua recente estabilidade, Eric produziria suas obras mais famosas e mais lidas, firmando sua reputação mundial como o maior historiador de sua época.

IV

Apesar de ter deixado de frequentar os clubes de jazz e os bares de Soho depois do casamento, especialmente depois do nascimento dos filhos, Eric se ausentava três noites por semana durante o ano letivo, lecionando para os alunos do curso noturno da Birkbeck, que afinal foi por muitos anos a principal fonte estável de rendimento da família. Seus cursos para alunos de graduação eram merecidamente populares. Pat Robinson, uma de suas alunas de graduação na Birkbeck, lembrou-se de ter dito a ele depois

> o quanto seu estilo de ensino era dinâmico no curso de teoria política [...] a aula sobre utopias em que você começou com a música "Big Rock Candy Mountain" de Burl Ives [...]. Com suas aulas na Birkbeck eu percebi que a história era tremendamente fascinante por envolver ideias e fatos e ultrapassar todos os limites.⁹⁷

"Apesar de a maioria das aulas serem baseadas em anotações minuciosamente preparadas, às vezes muito antecipadamente", explicou Alan Montgomery, que assistiu às aulas de Eric sobre história moderna da Europa no início dos anos 1960, "as exposições do dr. Hobsbawm tinham uma espontaneidade e um frescor que as tornavam muito aguardadas."⁹⁸ Outro ex-aluno lembrou-se de

Eric "relacionando a crescente influência da classe média com a disseminação de clubes de golfe & tênis ou com o aumento do impacto da cultura europeia por apresentações de óperas clássicas em locais tão improváveis como o Egito ou o Amazonas. O aumento da estatura dos recrutas da Ligúria, se me lembro corretamente, era outro indicador social".[99] Em uma exposição sobre as condições de trabalho na "economia informal", Eric não hesitou em usar os próprios filhos como exemplo:

> Meus dois filhos fazem entregas de jornais ou trabalhos semelhantes, que são aceitos como uma forma de os filhos da classe média ganharem mais dinheiro do que a maioria dos pais querem lhes dar. Eles gostam, nós não nos incomodamos, e Hampstead (ao contrário de partes de Kentish Town, digamos) tem melhores serviços nesses aspectos. Mas os garotos são *mal pagos* e podem estar expostos a um trabalho excessivo (se levarmos em conta a escola e os deveres de casa).[100]

As aulas de Eric na Birkbeck eram também abertas a estudantes de história de outras faculdades da Universidade de Londres. Como observou a jovem historiadora indiana Romila Thapar: "Mesmo quando ainda era um jovem professor, ele já era uma espécie de ícone entre os alunos".[101]

Os alunos consideravam suas aulas "brilhantes, incisivas e inspiradoras [...]. Uma noite com Eric Hobsbawm era sempre uma experiência eletrizante". Edward Glover, na época iniciando o que seria uma carreira de sucesso no Ministério do Exterior, recordou-se: "Com ele eu aprendi a questionar e, quando exigido, a ser heterodoxo. Em resumo, desde então, minha abordagem a um problema era que nada deveria ficar fora de questão". Às vezes Eric transmitia uma sensação de ele mesmo pertencer à história, como quando, durante uma aula sobre a Revolução Russa, contou aos alunos que havia conhecido Alexander Kerensky, o premiê do Governo Provisório de 1917, que viveu como exilado em Nova York até 1970: "Era como se presenciássemos um dos acontecimentos mais notáveis da história moderna pelos olhos de Eric".[102]

Eric ensinava com uma mistura de palestras e seminários, e quanto aos últimos, de acordo com a lembrança de Pat Stroud:

> Eric sentava de pernas cruzadas na beira da mesa em frente aos alunos enquanto nos revezávamos lendo nossos ensaios mais recentes em voz

alta para a classe. Ele ouvia com atenção, enquanto, para nós, o aspecto mais interessante era o seu comportamento durante as leituras. Fumante de cachimbo inveterado, ele tirava o cachimbo, batia o tabaco queimado no cesto de lixo ao lado, pegava a bolsa de tabaco e começava a preparar um novo cachimbo. No estágio seguinte do procedimento apareciam três caixas de fósforos, vários dos quais tinham de ser riscados na sola do sapato para acender o cachimbo, com os fósforos usados sendo jogados no lixo. Certa ocasião, enquanto falava sobre a Revolução Francesa, ele esvaziou o cachimbo no cesto de papel aos seus pés, que logo pegou fogo, e quando ele tentou apagar as chamas ficou com o pé entalado no fundo do cesto, tendo que lutar um pouco para se livrar. Durante todo o episódio, ele mal parou de fazer comentários sobre o ensaio do aluno.[103]

Lois Wincott, uma professora e depois palestrante e professora de treinamento para faculdades que estudou para um bacharelado em história em Birkbeck de 1962 a 1967, mais de meio século mais tarde ainda se lembrava de detalhes das aulas de Eric sobre o surgimento da Europa moderna. Sempre ministradas sem anotações, elas conseguiam prender a atenção dos alunos desde o começo:

Ele começou pela Guerra dos Trinta Anos, dizendo que foi uma guerra particularmente sangrenta, e assim logo chamou nossa atenção [...]. E depois falou sobre o Cerco de Viena [1683] pelos turcos [...] como as senhoras austríacas assaram uma pequena forma de lua crescente [...] a origem do *croissant*. Mas eram essas pequenas coisas, que de alguma forma tornam a história viva, que faziam a gente ouvir as outras coisas.[104]

As aulas eram tão fascinantes que ela se esquecia de fazer anotações. Então, quando "você começava a fazer uma revisão, não tinha nenhuma anotação para consultar!".

Lois voltou a Birkbeck em 1973 para um curso de mestrado de dois anos em história econômica e social dos séculos XIX e XX, um curso exclusivo criado recentemente por Eric. Ela achou o curso fascinante, porque "sabe quando você está diante de uma pessoa muito capaz. Que nunca faz você se sentir inferior". O curso de mestrado constava de um seminário de duas horas por semana, cobrindo tópicos como as classes trabalhadoras na Inglaterra de 1815 a 1914, e fontes e historiografia em história social e econômica da Grã-Bretanha de 1815 a 1970. Peter Archard, um professor de sociologia que fez seu mestrado no início dos anos 1980, recordou que "Eric invariavelmente fazia uma pausa com os alunos no meio do seminário de duas horas, para tomar um drinque e saber suas opiniões sobre os fatos atuais. Eram ocasiões extremamente agradáveis e proporcionavam uma visão de seu pensamento sobre uma ampla gama de assuntos".[105] "Aqueles dois anos com Eric transformaram meus interesses acadêmicos", ele escreveu depois. Nascido e criado na Argentina, Archard resolveu fazer um doutorado em história do trabalhismo mexicano. Equipado apenas com uma mochila e uma carta de recomendação de Eric, viajou para a Cidade do México e bateu na porta do gabinete do historiador da economia Enrique Semo. "Minha chegada e meu pedido pouco ortodoxos de trabalhar com ele foram vistos com ceticismo – até eu mostrar a carta de Eric."[106]

Durante muitos anos, Eric ministrou um seminário de pesquisa em história econômica e social modernas no Instituto de Pesquisas Históricas. Um dos participantes depois descreveu os que ele assistiu no começo dos anos 1970 como "a experiência intelectual mais importante da minha vida [...]. Com eles, a história se desdobrou numa amplitude e profundidade de uma forma que só acontece uma vez na vida".[107] E, claro, Eric supervisionou um número substancial de dissertações de doutorado, principalmente nos anos 1970 e no início dos 1980, quando já era famoso. Como se lembrou Geoffrey Crossick, que concluiu sua tese de doutorado sob supervisão de Eric:

> Minha escolha por Eric foi intencional – a maioria dos historiadores sociais de esquerda meus contemporâneos teria procurado Edward Thompson, mas mesmo então eu sabia que queria alguém que considerava ter uma abordagem mais internacional e mais sistemática e analítica. Eu queria ser um historiador do tipo de Eric, não de Edward.[108]

Ao manter as práticas normais dos supervisores de doutorandos na época, quando burocracias, relatórios regulares e um monitoramento próximo não eram necessários, o método de Eric era o de deixar o aluno livre. Como se recordou Crossick:

> Minha experiência com Eric como supervisor foi a de ele me ver muito ocasionalmente – mesmo no primeiro ano, duvido que o tenha visto mais

que umas poucas vezes e realmente perdi meu rumo naquele ano, sem me concentrar muito bem nas questões que conduziriam minha tese e sem identificar quais fontes me possibilitariam abordar aquelas questões. Eu trabalhava arduamente, mas precisava de mais orientação. E quando já tinha resolvido essas questões no meu segundo ano, ainda assim Eric me via apenas ocasionalmente, e tinha um toque muito leve como supervisor. Demorava muito tempo para ler os capítulos que eu entregava, e ficou com o esboço final da minha tese mais ou menos uns seis meses antes de ler.

Porém, como ele próprio admitiu, Crossick passou tempo demais participando de movimentos contra a Guerra do Vietnã do que trabalhando em sua tese. Eric não fazia objeções – como poderia? – e Crossick afinal concluiu merecidamente seu doutorado, seguindo uma proeminente carreira em diversos cargos acadêmicos, inclusive na diretoria do Goldsmiths College de Londres. Outros alunos de doutorado se lembraram de Eric como um supervisor mais exigente. Como se recordou Chris Wrigley, que começou trabalhando em uma dissertação sobre os primeiros movimentos trabalhistas ingleses no começo do século XX em 1968, Eric sempre devolvia seus textos com sugestões de mais leituras, principalmente de natureza comparativa. "Quando entreguei para ele uma seção sobre Lloyd George e o trabalhismo, ele falou: 'Você não pensou muito a respeito dos camponeses peruanos', e eu respondi: 'Não, Eric, eu não pensei sobre os camponeses peruanos, nem vou pensar!'".[109]

Eric também atraía estudantes de doutorado em temas continentais europeus. Donald Sassoon, cuja formação cosmopolita se comparava à de Eric – cidadão britânico, nascido no Cairo, estudou em Paris e Milão e diplomado por Londres e pela Pensilvânia –, procurou o professor em 1971 porque

> eu tinha ficado muito impressionado com os trabalhos de Louis Althusser e queria fazer alguma coisa sobre o Partido Comunista Italiano, tratando o Partido como um organismo intelectual, como Gramsci teria feito, e escrevi a Eric na Birkbeck dizendo que queria fazer meu doutorado com ele [...] [ele era] alguém em quem eu podia confiar e alguém que considerava muito e tudo mais. E Eric me respondeu de imediato, com uma carta meio curta e sucinta, resumida em pontos 1, 2 e 3. Ponto 1: Eu estou interessado no assunto; Ponto 2 [...]. Birkbeck não tem dinheiro e Ponto 3: Eu não sou um admirador incondicional dos trabalhos de Louis Althusser.[110]

"Teses de doutorado não precisam ser chatas", Eric disse a Sassoon. "[...]. Junte punhados de factoides que sejam interessantes, mas sem mudar as coisas, só para esclarecer e iluminar." Sassoon era politicamente ativo, e ficou muito impressionado com a teoria e a prática do eurocomunismo, por isso perguntou a Eric se poderia ingressar no Partido. Mas Eric o aconselhou a não fazer isso: "É uma total perda de tempo! Você vai passar a maior parte do seu tempo lutando contra stalinistas. Eles são em cinco, e existem cinco eurocomunistas [na liderança do Partido Comunista da Grã-Bretanha]. Não faça isso". Sassoon preferiu entrar para o Partido Trabalhista.

Estudantes de esquerda de vários países queriam estudar com Eric. Um deles era Youssef Cassis, assistente da Universidade de Genebra, muito envolvido com a política maoísta no ambiente pouco promissor de uma afluente cidade da Suíça e ansioso para fazer alguma coisa mais produtiva num ambiente menos provinciano. Em vez de seguir o caminho normal de esquerdistas e escrever uma dissertação sobre a história do trabalhismo, Cassis resolveu estudar "o inimigo" e sugeriu um projeto sobre a burguesia financeira do século XIX. Eric fez algumas sondagens, decidiu que era viável e apresentou Cassis a livros sobre banqueiros na Inglaterra. Eric leu e fez comentários sobre seu trabalho em intervalos regulares, e não fez qualquer diferença que Cassis, sem muita confiança em seu domínio do inglês, tenha resolvido escrever em francês e apresentá-lo à Universidade de Genebra. Eric foi seu supervisor assim mesmo.[111]

O estilo de Eric era bem diferente da desestimulante formalidade e da secura do professor de história e chefe permanente do Departamento, R. R. Darlington, um homem pequeno em todos os sentidos da palavra, cujos principais empreendimentos acadêmicos dedicavam-se à produção de edições de crônicas e mapas medievais. Um dos ex-alunos de Eric na Birkbeck recordou sua "desconfortável entrevista" com Darlington, cujos ensinamentos sobre a Inglaterra anglo-saxã claramente não o fascinaram:

"Ah, sr. Sharpe, o dr. Ruddock parece bem satisfeito com o seu trabalho, assim como os drs. Dakin e Hobsbawm, sou só eu quem tem dúvidas sobre a sua graduação." (Longa pausa, durante a qual ele sugava um cachimbo apagado.) "Mas devo lembrá-lo que todos os meus colegas o estão julgando sobre ensaios preparados, enquanto eu o estou julgando por um exame escrito. Devo lembrá-lo que a sua graduação será outorgada baseada no seu desempenho em um exame escrito. Boa noite!"[112]

Supostamente, Darlington barrou a promoção de Eric por ele não usar fontes manuscritas, embora possa ter havido também algum ressentimento político. Noel Annan, que conhecia Darlington por ter sido seu colega na Universidade de Londres, disse que o professor sempre "afirmou que havia pelo menos dois outros no departamento que eram superiores a Hobsbawm – apesar de a pesquisa não ter conseguido identificá-los".[113] O mais provável é que os dois fossem o próprio Darlington e seu colega sênior Douglas Dakin, que ele respeitava por ser editor de *Documents on Foreign Policy*, o tipo de projeto histórico que Darlington entendia. Dakin, que também era um destacado historiador da Grécia moderna, tentou conseguir a promoção de Eric, mas consta que a resposta de Darlington foi: "Só por cima do meu cadáver!".

Apesar de seus artigos acadêmicos com certeza justificarem sua promoção a livre-docente em meados da década, Eric continuou como professor durante a maior parte dos anos 1950. A liderança do Partido Comunista pensou se mandava ou não uma carta de congratulações para ele, mas John Gollan disse a outros *apparatchiks* do Partido que isso não era uma prática normal, como o MI5 observou ao transcrever conversa gravada a esse respeito.[114] Segundo Eric, não havia nada de anormal no atraso de sua promoção. Comunistas que tinham cargos antes da ponte aérea de Berlim de 1948 mantiveram seus cargos, mas "quase com toda certeza ficaram dez anos sem promoções e também não conseguiram empregos nesses dez anos […]. Claro que os marxistas eram isolados ao máximo possível; tanto por verdadeira descriminação como pela desconfiança generalizada, e justificável, da URSS".[115] A geração mais velha de historiadores universitários alertava seus alunos contra Eric. Como se lembrou Donald Sassoon:

> Na Universidade de Londres nos anos 1960, eu fiz um curso sobre história econômica da Inglaterra. O professor encarregado (cujo nome esqueci, de tão pouco destacado que era) […] nos alertou: "[…] Hobsbawm é um bom historiador, perfeito, mas cuidado: ele é marxista […]. Thompson também é um bom historiador, mas fiquem alertas: ele também é marxista". Ele não mencionou ninguém mais. Eu não tinha ouvido falar de nenhum deles na escola. Naturalmente, quando a aula acabou, muitos de nós atravessamos a rua correndo para comprar os livros de Hobsbawm e Thompson com o entusiasmo de adolescentes comprando livros de sacanagem.[116]

O historiador em questão provavelmente era W. H. Chaloner, que havia colidido de forma tão espetacular com Eric alguns anos antes.

Frustrado com a falta de reconhecimento da Birkbeck à sua crescente reputação diante do público, Eric começou a buscar outras possibilidades. Em 1965 ele se candidatou à cadeira de história da economia de Cambridge, vaga por conta da aposentadoria de Postman, mas o cargo foi para David Joslin, uma figura obscura que morreu poucos anos depois, antes de produzir qualquer trabalho realmente importante. Eric se candidatou de novo em 1971 após a morte de Joslin, e mais uma vez foi passado para trás, em favor do historiador de negócios Donald Coleman, um historiador competente, mas tão abaixo de Eric quanto Joslin.[117] Foi a última chance de Eric em Cambridge, mas havia outras possibilidades. Em 18 de setembro de 1966 Eric recebeu uma abordagem informal e extraoficial de Noel Annan, agora reitor da Universidade de Londres, perguntando se ele estaria interessado em assumir um cargo de professor de história social e econômica na instituição. Sua resposta foi afirmativa:

> Estou ficando cansado da Birkbeck, em parte porque o futuro do lugar é muito incerto, em parte porque já estou aqui há muito tempo, e também por questões locais. Embora tenha recusado cadeiras em vários lugares muito distantes de Londres, naturalmente eu gostaria de uma posição em Londres, com certeza aceitaria a UL agora que, sob sua direção, será ainda mais importante que antes. (Esta distinção não se aplica sem qualificação ao atual departamento de história.) Eu não tinha pensado seriamente sobre isso, já que não havia uma cátedra vaga, e imagino que Cobban seja contra mim por questões ideológicas.[118]

Acrescentou que estava sendo considerado para uma cadeira na Universidade de Sussex, e havia dito a Asa Briggs, o vice-reitor e eminente historiador social da Inglaterra vitoriana, que "em princípio gostaria de estar aí", mas "eu e Marlene preferiríamos um emprego em Londres [...]. Na verdade eu não quero ir para Brighton, mas não é muito longe e estou preparado para aceitar".

No fim ele não tentou ir para Brighton, mas a iniciativa de Annan acabou gerando frutos para uma requisição para uma cadeira de história da França na Faculdade da Universidade de Londres, que havia vagado em 1968 com a morte de Alfred Cobban. Procedimentos de agendamento e uma entrevista tinham de ser seguidos, é claro, e mais uma vez Eric se viu impedido por opositores políticos dentro do departamento; a cadeira foi para Douglas Johnson, especialista na França do século XIX. No ano anterior, ele tinha se candidatado para um cargo de professor de história da economia em Oxford, uma posição ligada à Fellowship of All Souls e vagada por H. J. Habakkuk com sua eleição para o cargo de diretor da Jesus College. Foi convocada uma Junta Eletiva, na qual a figura dominante era Hugh Trevor-Roper, professor régio de história moderna. Trevor-Roper respeitava Eric como historiador, mas o detestava como comunista e estava determinado a vetá-lo. Como Keith Thomas, historiador de Oxford, lembrou-se depois: "Eu ouvi Trevor-Roper numa rodada de bebidas depois de um seminário no [hotel] Eastgate se gabar de ser admirado pela turma por ter conseguido impedir Eric de ocupar a cadeira de história da economia". O candidato escolhido foi Peter Mathias, da Queen's College de Cambridge, cujo único livro era um estudo da indústria cervejeira na Inglaterra entre 1700 e 1830. Talvez prudentemente, Mathias adiou assumir a cadeira até 1969, data da publicação de *A primeira nação industrial*, uma história da economia britânica do século XVII ao século XX, uma obra lúcida e magistral. Quanto a Eric, sua perda foi uma bênção disfarçada: ele teria odiado All Souls e sua ligação próxima com o Partido Conservador, seus membros profundamente reacionários e o diretor, o bibliófilo beberrão John Sparrow, um advogado mais conhecido pelo público em geral como autor de um artigo na revista *Encounter* criticando a absolvição da Penguin Books por acusações baseadas no Decreto de Publicações Obscenas por ter publicado *O amante de Lady Catterley* de D. H. Lawrence.[119]

Sob indicação de Tim Mason, um jovem historiador social da Alemanha nazista e cofundador da Oficina de História, e sua seccional acadêmica, o Grupo de História Social, Raymond Carr, diretor da Faculdade de St. Antony, escreveu para Eric em 1969 sugerindo que ele ocupasse o cargo de diretor de um proposto Centro de História Social que ele esperava estabelecer em Oxford.[120] Mas Carr não conseguiu levantar o dinheiro. Depois de um intervalo mais longo, finalmente Eric foi promovido à cadeira de professor da economia e história social da Birkbeck em março de 1970, com um salário de 4.300 libras anuais, algo acima do piso para um professor, que era de 3.780 libras, com um subsídio de 100 libras para Londres, tudo datado a partir de 1º de janeiro de 1970. A promoção foi conseguida pelo diretor da faculdade, Ronald Tress, logo após a morte de Darlington, em 1969.[121] Por melhor que fosse tudo isso, o cargo de professor implicava novas e não muito desejáveis responsabilidades. Em particular, Eric queria, se possível, evitar o tédio de afazeres administrativos da universidade, e acima de tudo não ser designado como chefe de departamento, o que reduziria o tempo necessário para escrever e dificultaria suas viagens, ao menos durante o período letivo. Depois da aposentadoria de Darlington, o cargo de chefe do Departamento de História da Birkbeck foi para Douglas Dakin, mas o próprio Dakin estava prestes a se aposentar em 1974. Assustado com a perspectiva de ter de assumir o seu posto, Eric começou a buscar uma maneira de escapar da situação.

Ele decidiu se aproximar de um jovem historiador da economia, Roderick Floud, então lecionando em Cambridge e preparando seu primeiro livro para publicação, sobre o maquinário e a indústria britânica entre 1850 e 1914. O pai de Floud, Bernard, tinha ingressado no Partido Trabalhista antes da guerra e foi eleito membro do Parlamento em 1964; por não ter conseguido aval do MI5 em questões de segurança, por ser erroneamente suspeito de ter sido membro do círculo de comunistas de Oxford nos anos 1930, Bernard se suicidou em 1967. Seu filho já havia adquirido reputação como eficiente administrador acadêmico, o que depois o levaria a se tornar vice-reitor da Universidade Metropolitana de Londres. Mais tarde, Roderick Floud se recordou:

> Conheci Eric num elevador em uma reunião da Sociedade de História Econômica, deve ter sido em 1973 [...]. E quando saímos do elevador ele meio que me puxou de lado e perguntou se eu estava interessado em me candidatar à cadeira de história em Birkbeck? [...]. Fiquei surpreso, realmente, porque eu só tinha [...] 32 anos. Nós conversamos um pouco sobre isso e nos separamos e eu pensei um pouco a respeito e voltei a falar com ele, até onde me lembro, e depois me candidatei. Imaginei que ele estava no comitê de seleção e que teria muita influência para me conseguir o trabalho. Então foi assim que nos conhecemos, e logo ficou claro que um dos seus motivos para eu ocupar o cargo ou presumivelmente qualquer outro era que ele não queria a responsabilidade de ser chefe de departamento ou qualquer outra coisa, por isso não queria ocupar esse cargo. Isso, acredito, era uma característica permanente de sua atitude, o de não estar absolutamente interessado em administração.[122]

Floud foi devidamente designado como professor de história em 1975 e conduziu o departamento com segurança durante os turbulentos anos que se seguiriam. Quando estavam em Birkbeck, os dois almoçavam juntos "três ou quatro vezes por semana" e depois ou mais tarde se encontravam na casa de Eric: conversavam sobre política britânica e mundial, sobre fofocas da faculdade e sobre o trabalho de Floud. "Mas ele sempre se mostrava muito reticente ao falar sobre suas pesquisas, a ponto de me fazer sentir bem tolo, pois de repente surgia um livro sobre o qual eu não sabia nada a respeito." No fim, conversar sobre história era muito parecido com falar sobre compras.

V

Depois de publicar *A era das revoluções*, Eric reuniu seus primeiros artigos sobre a história do trabalhismo inglês no século XIX em um volume intitulado *Os trabalhadores*, publicado pela Weidenfeld & Nicolson, assim como *A era das revoluções*. Embora coletâneas de ensaios raramente tornem-se bestsellers, o livro foi muito resenhado pela imprensa, talvez por *A era das revoluções* ter tornado Eric muito conhecido de editores de resenhas de livros. Críticos hostis identificaram Eric como um "marxista sofisticado, ligeiramente moderado", que era "muito injusto com os fabianistas" e muito propenso a disputas acadêmicas internas, detalhes obscuros e longas notas de rodapé para exercer um apelo mais amplo, ao menos em seus livros.[123] Um comentário mais inteligente foi escrito por George Lichtheim, um dos maiores estudiosos do marxismo da época. Lichtheim lamentou a ausência de material comparativo com o continente europeu, e ainda que o leninismo de Eric, segundo seu ponto de vista, fosse mais que "residual", às vezes interferia em sua análise, por exemplo, no seu tratamento da aristocracia trabalhista. Com uma formação mais continental, Lichtheim concordava em que os fabianistas eram "chatos e provincianos", mas achava que Eric não conseguira explicar por que eles conseguiram influenciar o movimento trabalhista britânico enquanto os marxistas fracassaram. O fato de os fabianistas serem da classe média não implicava que não pudessem ser socialistas.

A simples verdade é que um movimento marxista (ou qualquer outro) só pode estabelecer seu papel na sociedade se começar ganhando a adesão da elite intelectual. Isso – como o sr. Hobsbawm sabe muito bem – foi o segredo do comunismo italiano. O inverso explica por que o PC Britânico sempre foi um fracasso sem esperança. Os trabalhadores por si sós não podem fazer uma revolução. Lênin sabia disso; assim como os fabianistas. Sr. Hobsbawm também sabe. Por que ele não diz isso?[124]

Lichtheim tinha certa razão. De qualquer forma, o livro como um todo foi um tremendo sucesso. Surgido num momento em que a história do trabalhismo ganhava lugar na academia, *Os trabalhadores*, que inaugurava uma abordagem totalmente nova à história do trabalhismo britânico, sem se concentrar em instituições, mas sim em contextos, teve uma influência duradoura sobre o assunto.[125]

Com a publicação de um livro-texto genérico e sintético, Eric conseguiu um grande número de leitores entre os estudantes do campo da história social e econômica da Grã-Bretanha. Já em junho de 1961 ele assinou um contrato para escrever o terceiro volume em edição de bolso sobre a história econômica de Inglaterra, publicado pela Pelican, o selo de não ficção da Penguin Books.[126] Como muitos empreendimentos do tipo à época, a série foi criada pelo historiador de Cambridge, Jack Plumb, que Eric conhecia desde os anos 1950. Plumb encontrou-se com Eric, junto ao editor responsável da Penguin, Dieter Pevsner, para almoçar no Oxford and Cambridge Club em Pall Mall, em Londres, em 8 de junho de 1961, para discutir o projeto depois de Eric ter aceitado o trabalho no início do mês anterior.[127] O livro foi concebido para fazer dupla com um volume moderno anterior, de Christopher Hill; na sequência, um volume sobre a Idade Média foi encomendado a Mounia Postan. O plano original era Eric cobrir o período de 1750 a 1900, com um quarto volume de outro autor abordando o século XX, mas no caso Eric conduziu a história quase até o momento presente. O livro deveria ser curto, com 80 mil palavras: Eric recebeu um adiantamento de 400 libras com direitos autorais de 7,5%, e o editor otimistamente marcou a data de entrega para 31 de dezembro de 1962.[128] Os três livros seriam primeiro publicados em capa dura pela Weidenfeld & Nicolson, mas estava claro que na verdade o objetivo principal era o mercado de livros de bolso, já que fora a Penguin que na verdade os havia contratado.[129]

Como era inevitável, em vista de seus muitos outros compromissos, Eric não conseguiu cumprir o prazo apertado imposto pelo contrato. Em 17 de janeiro de 1963, David Higham assegurou à Penguin, depois de ter telefonado a Eric, que "ele vai entregar isso a vocês até a metade do ano. Ele se atrasou com isso por ter recebido uma inesperada bolsa da Rockefeller e por essa razão esteve viajando pelo exterior".[130] Porém, em julho de 1963 Eric informou seu agente que "ele duvida muito que consiga terminar o livro antes do fim de 63 ou do fim de janeiro de 64. Ele pretende trabalhar durante suas longas férias, mas realmente acha que não pode se comprometer em entregar até outubro".[131] Janeiro de 1964 chegou e se foi e nem sinal do livro. Foi acordada uma data revista para julho de 1964, e a Penguin fez Jack Plumb "escrever a ele uma nota dizendo o quanto você está decepcionado, e como espera sinceramente que ele mantenha esta nova data".[132] Mas toda essa pressão acumulada sobre Eric não levou a nenhum resultado. "Agora que julho chegou", escreveu Pevsner a Higham no dia 13, "creio que preciso ter alguma [informação] realmente definitiva sobre quando Hobsbawm se propõe a entregar este livro."[133] Nenhuma data foi marcada. Eric escreveu à Penguin Books em 24 de agosto:

> Se os seus dois outros autores se encontram, no curso da preparação de um livro, com dois filhos pequenos nas mãos (uma nascida algumas semanas atrás) e as complicações adicionais de comprar e reconstruir uma nova casa, espero que a redução da produtividade deles não seja tão grande quanto a minha. Tenho trabalhado como um louco e o quanto posso para a Penguin, mas o progresso tem sido mais lento que imaginei. Com mais alguns meses o livro estará concluído, se o ritmo da vida doméstica voltar a se estabilizar.[134]

Eric escreveu também a Plumb nos mesmos termos.[135] Mas toda essa pressão não conseguiu obter o resultado desejado. Pevsner começou a perder a paciência. "Estou começando a sentir um medo terrível", escreveu para o agente de Eric em 28 de agosto, "de ficar azedo com Hobsbawm e com todos os demais envolvidos se esse livro não for concluído rapidamente".[136] Essa ameaça também não funcionou. A data de entrega foi adiada mais uma vez, agora para julho de 1965.[137]

Eric trabalhou arduamente no livro durante as férias de verão, e afinal conseguiu terminá-lo no fim de dezembro de 1965.[138] No entanto, ao ler o manuscrito no começo de 1966, os editores da Penguin não ficaram satisfeitos com a seção do século XX, que mostrava sinais de ter sido escrita às pressas, o que não era algo surpreendente em vista da pressão sobre Eric para concluir o livro rapidamente. No dia 8 de fevereiro, o editor de história da Penguin, Peter Wright, disse a Eric:

De maneira geral, não temos quaisquer comentários a fazer até o fim do Capítulo 10. Contudo, depois de 1918, nós da Penguin sentimos um leve sentimento de apreensão quanto ao equilíbrio geral do livro da forma em que está. Há um bocado de padrões de vida etc. de indivíduos na sociedade (cerca de 50 páginas), alguns dos quais nos parece estar um pouco expandidos demais e beirando a periferia [...]. Nossa impressão é que o Capítulo 11 deve ser expandido um pouco e explicar especificamente de forma mais completa coisas como as que causaram o Desemprego [...]. O único outro ponto geral que nos incomoda é que em todas as esferas (inclusive na agricultura – Capítulo 10), a discussão dos anos posteriores a 1951 é extremamente breve. Da forma em que está, acreditamos que seria melhor ou expandir consideravelmente a discussão dos quinze anos anteriores ou terminar a obra como um todo em 1951.[139]

No decorrer dos acontecimentos, Peter Wright encontrou-se com Eric para um almoço e leu o manuscrito com ele. Em outubro de 1966, Eric atendeu às críticas dos editores e apresentou um capítulo final bem revisado e ampliado.[140] "O novo capítulo me parece esplêndido, pelo que muito agradeço", escreveu Peter Wright a Eric em 24 de outubro.[141]

Ainda assim, a opinião geral da Penguin foi do que o livro era "mais forte no século XIX que no século XX", apesar de que, visto como um todo, era um "bom material de esquerda".[142] Seguiram-se novos atrasos, desta vez em razão de complicadas negociações sobre os direitos da edição em capa dura com George Weidenfeld e André Schiffrin, da editora americana Pantheon Books. O processo de produção também não foi nada simples. Julian Shuckburgh, da Weidenfeld & Nicolson, reclamou do "grande investimento em tempo e esforços que Hobsbawm envolveu para nós". "Hobsbawm foi lento e esteve inacessível durante os últimos doze meses e o livro dele contém 52 desenhos complexos e deveria ter (até uma decisão bem recente) 50 ou 60 fotografias."[143] Finalmente, o livro passou pelos processos editoriais e de produção e foi publicado em capa dura pela Weidenfeld & Nicolson em 11 de abril de 1968, mais de cinco anos depois da data estabelecida.[144]

Com pouco mais de 300 páginas, *Indústria e império* foi uma obra-prima de síntese elegante e exposição compacta. A Revolução Industrial, que Eric via corretamente como "a transformação mais fundamental da vida humana na história do mundo registrada em documentos escritos", assumiu o centro do palco e ocupou quase ⅓ do livro. Assim, a revisão de Eric não correspondeu totalmente às queixas da editora sobre o desequilíbrio da cobertura. O que tornou o livro tão impactante e original foi sua visão global do assunto, situando-o num contexto bem mais abrangente que o esboçado pelas tentativas anteriores de explicar por que o processo de industrialização começou na Grã-Bretanha e não em outro lugar, tentativas que se concentravam principalmente em fatores localizados na economia e na sociedade britânicas. O argumento de Eric, como já havia sido em *A era das revoluções*, era de que foi a expansão do império ultramarino britânico no século XVIII que forneceu o ingrediente essencial para a aquisição de novos mercados e a eliminação da concorrência doméstica nos países colonizados. Vendas maciças de artigos de algodão na África e, mais tarde, na Índia tiveram como resultado o estímulo à mecanização, a redução dos preços e causaram um rápido acúmulo de capital na Grã-Bretanha.[145]

Indústria e império tinha muitas coisas interessantes a dizer sobre a história política e social e a história da economia. A sociedade britânica – e Eric realmente quis dizer britânica, com espaço dedicado à Escócia, País de Gales e Irlanda, além da Inglaterra – foi transformada tanto social quanto economicamente, com uma grande classe trabalhadora industrial propiciando a base para o surgimento do Partido Trabalhista depois da virada do século. Os resenhistas, até mesmo os mais críticos, reconheceram que o livro talvez fosse mais importante em sua insistência em "que nossa atual situação difícil é inexplicável a não ser em termos de argumentos históricos, que anatomias da Grã-Bretanha em que falte esta dimensão são frágeis e insubstanciais".[146] Nesse sentido, foi uma contribuição para o debate sobre a "decadência da Grã-Bretanha" que assolou a política e a mídia durante os anos 1970.

A reputação de Eric, impulsionada pela publicação de *A era das revoluções* seis anos antes, foi o suficiente para o livro ser resenhado pela mídia qualificada. *Indústria e império*, claramente baseado nas aulas de Eric na Birkbeck sobre história econômica da Grã-Bretanha, talvez fosse mais um livro-texto que qualquer outra coisa que tenha publicado antes. Mas ainda assim foi escrito com um estilo capaz de esclarecer o público leitor leigo. David Rubinstein, um americano de esquerda que ensinava história econômica e social na Universidade de Hull, explicou a originalidade do livro aos leitores da revista *Tribune*, do Partido Trabalhista:

A história da economia vem sendo atormentada desde o fim da guerra por uma aparente determinação por parte de seus praticantes de tornar o assunto tão obscuro quanto possível para o público em geral. Uma preocupação maior com estatísticas do que com as pessoas, jargão especializado, disputas eruditas e uma visão do passado como que consistindo principalmente de produção, investimentos e gráficos de lucros tenderam a transformar a história da economia na ciência sombria dos anos 1960. Essa abordagem agora foi confrontada por um de nossos mais destacados historiadores. Embora a prosa de Eric Hobsbawm nem sempre seja fácil de acompanhar – seus argumentos são minuciosamente apresentados e economicamente enunciados –, ele nunca se esquece que está escrevendo sobre pessoas.[147]

Rubinstein selecionou diversos epigramas notáveis do livro. "Por mais fortes que sejam os ventos da mudança em outros lugares, assim que atravessam o canal da Mancha eles ficam morosos", observou Eric, por exemplo. Essas vinhetas ajudavam a tornar o livro mais palatável. Outros concordaram. Em uma resenha caracteristicamente opinativa, A. J. P. Taylor concordou em que, apesar de a maior parte da história da economia ser entediante, *Indústria e império* não o era, pois consignava a história da economia a apêndices estatísticos e se concentrava na história social no texto. Isso indicava que, como acontecia com frequência, Taylor na verdade não havia lido o livro que estava resenhando.[148] Mais crítica foi a resenha de Harold Perkin, cuja visão do período, expressa em seu livro de 1969, *The Origins of Modern English Society, 1780-1880*, e subsequentes trabalhos, era muito diferente da de Eric. Perkin refutava a avaliação pessimista de Eric dos padrões de vida da classe trabalhadora durante a industrialização, preferindo se concentrar em sua melhoria estável a partir dos anos 1840. O retrato de Eric da história social e econômica da Inglaterra, afirmou ostensivamente, era "como Lênin nos vê".[149]

O impacto global de *Indústria e império* foi obviamente limitado por seu foco exclusivo na história da Inglaterra. Uma versão em alemão foi lançada quase de imediato, apesar de Eric ter considerado a tradução deficiente em diversos aspectos, desde "a periclitante tradução literal" de boa parte do texto a erros de tradução de muitos termos econômicos. Eric leu minuciosamente o manuscrito da tradução, fazendo anotações, e instou a editora a contratar uma pessoa competente para revisá-la antes de entrar no prelo.[150] Uma tradução em português foi lançada no Brasil no mesmo ano, 1969, seguida por uma em italiano em 1972, uma em francês em 1976 e subsequentes traduções em farsi, turco, coreano e espanhol. *Indústria e império* garantiu seu lugar como um livro pioneiro no gênero e, assim como outros livros de Eric, nunca saiu de catálogo.

VI

Em 1969, *Indústria e império* foi seguido por um livro que combinava os dois assuntos que absorviam Eric desde os anos 1940 – o impacto do capitalismo na sociedade e as formas de resistência "primitiva" e desorganizada ao sistema no campo: *Capitão Swing*, escrito em colaboração com George Rudé. Nascido em 1910, alguns anos mais velho que Eric, Rudé ganhou fama com uma detalhada pesquisa sobre a composição das grandes revoltas de massa em Paris, que fez muito para levar à frente a Revolução Francesa de 1789. Sua tese, concluída na Faculdade da Universidade de Londres em 1950 e publicada pela Oxford University Press como *The Crowd in the French Revolution*, marcou-o como um dos pioneiros da "história feita de baixo para cima".[151] Rudé não conseguiu garantir um cargo universitário nos anos 1950, antes da expansão das universidades nos anos 1960: ele achou que era velho demais, e de todo modo só se formou em história quando fez seu doutorado. Rudé conseguiu um cargo na Universidade de Adelaide, na Austrália, para o qual, segundo ele, seu supervisor Alfred Cobban, bastante conservador – que Eric responsabilizou por obstruir sua carreira, já que Rudé era membro do Partido Comunista –, na verdade foi de grande ajuda. Mais tarde, Rudé foi designado professor da recém-construída Universidade de Stirling, na Escócia, mas sua mulher, Doreen, ao visitar a região, não se agradou, e por isso ele se demitiu antes mesmo de chegar lá. Por indicação de Eric, a Universidade Concordia de Montreal, onde seu ex-aluno Alan Adamson tinha uma cadeira no comitê de pesquisa, ofereceu um cargo a Rudé, que ele aceitou com entusiasmo.[152]

As origens da colaboração entre os dois remetiam a 1962, quando Rudé disse a Eric em uma de suas idas a Londres que estava interessado em escrever sobre as agitações do "Capitão Swing" na zona rural da Inglaterra em 1830 (o nome derivava do fato de muitas cartas ameaçando destruir máquinas debulhadoras e incendiar montes de feno serem assinadas por um fictício "Capitão Swing"). O personagem tinha aparecido nos registros que Rudé descobriu na

Austrália com os homens que o transportaram para lá como punição por sua participação nos distúrbios. Eric recordou-se mais tarde:

> Eu tinha feito algum trabalho sobre Swing em Wiltshire anos antes para a Victoria County History daquele condado, que por alguma razão foi rejeitado e ou não publicado, e sugeri nossa colaboração por essa razão: eu tinha pensado sobre o problema, e sabia de pelo menos um condado. Na verdade, mais de um, pois também fui supervisor de um doutorado sobre Swing no SE da Inglaterra. Então me pareceu natural. Ele era um parceiro ideal.[153]

Reagindo favoravelmente à sugestão, Rudé concordou em que o livro deveria assumir uma visão abrangente da indústria rural, a Lei dos Pobres e a repressão de agitações na agricultura. "Concordo totalmente", acrescentou, "sobre a necessidade de seguir o curso cotidiano do distúrbio com a ajuda de mapas (*Grande Peur* de Lefebvre ser um modelo)."[154]

Porém, como se encontrava no outro lado do mundo, Rudé só poderia pesquisar o destino dos contraventores que foram levados para a Tasmânia; as pesquisas em arquivos ingleses teriam de esperar por uma licença no período de estudos de Eric, programada para 1963 ou 1964. E ele ainda teria de concluir um volume da série História da Europa da editora Fontana (*Revolutionary Europe, 1783-1815*), publicado em 1964, mas depois disso, garantiu a Eric, "eu posso tocar o projeto de 1830 a todo vapor e com certeza vou pensar a respeito e completar meu material australiano bem antes". Com a maior parte da pesquisa detalhada conduzida por Rudé (com exceção da análise da distribuição dos tumultos no Capítulo 9) e os capítulos interpretativos de fundo escritos por Eric, o livro foi publicado em 1969 pela Lawrence and Wishart, e nos Estados Unidos por André Schiffrin da Pantheon. Em essência, *Capitão Swing* era um estudo da violência, principalmente em face da incipiente mecanização, cometida numa desesperada forma de acordo coletivo por trabalhadores estabelecidos e respeitáveis. Como tal, pertencia a um grupo de publicações nessa mesma linha de outros historiadores de esquerda do período, em especial o ensaio de Edward Thompson sobre a "economia moral da multidão inglesa" nesse período.[155] Uma envolvente narrativa e análise do que seus autores chamaram de "o episódio mais impressionante na longa e malfadada luta contra a pobreza e a degradação dos trabalhadores da terra ingleses", o livro chamou muita atenção e logo foi lançado pela Penguin Books em edição brochura.[156]

Assim como muitos resenhistas e na verdade também como os próprios autores, A. J. P. Taylor só reconhecia e apreciava os únicos estudos anteriores sobre os tumultos, de autoria dos historiadores liberais de esquerda J. L. e Barbara Hammond, mas observou que *Capitão Swing* ia muito mais longe que outros trabalhos, tanto em termos de pesquisa como de esclarecimento. Era "um livro em um mil".[157] Jack Plumb, contudo, repreendeu os dois autores por negligenciarem os protestos populares do século XVIII e também a longa tradição geral de violência agrária, bem como o envolvimento de radicais de cidades pequenas. Revoltas camponesas desse tipo, ressaltou, costumavam ser de tendência retrógrada, afirmando direitos tradicionais em vez de exigirem novos direitos.[158] Richard Cobb, historiador da vida do povo e de levantes populares na França durante a Revolução, que escrevia para o *Times Literary Supplement*, considerou o livro um casamento perfeito entre a capacidade de pesquisa empírica de Rudé e a "argúcia e percepção de Hobsbawm, sua verve para metáforas impactantes e sua abundante imaginação histórica". Ao mesmo tempo, Cobb concordou com Plumb ao enfatizar as atitudes naturalmente diferenciais da maior parte dos homens de "'Swing' [...]. Estes não são igualitários rurais, eles aceitam a ordem estabelecida da sociedade do vilarejo e suas expectativas são fantasticamente mínimas".[159] Apesar dessas vozes críticas, o livro se firmou como um clássico de pesquisas empíricas e análise das reações rurais ao impacto do capitalismo e da mecanização na zona rural inglesa e, assim como outros livros de Eric, continuou tendo novas edições desde sua publicação.

A despeito de sua escolha – e de Rudé – da Lawrence and Wishart como editora de *Capitão Swing*, Eric tinha uma relação íntima com Weidenfeld nessa época. Ele ajudava o editor a encontrar novos autores interessantes e talentosos que pudessem escrever sobre temas históricos de uma forma que apelasse a um grande número de leitores. Keith Thomas só conheceu Eric pessoalmente quando entrou para a junta editorial de *Past & Present*, em 1968. Não muito tempo depois, ele relembrou:

> Em seu papel de caçador de talentos para a Weidenfeld & Nicolson, ele me perguntou se eu gostaria de publicar com eles o que fosse que eu estivesse escrevendo, que por acaso era *Religião e o declínio da magia*. Como eu ainda não estava pensando numa editora e tinha algumas dúvidas se

alguém iria querer publicar meu trabalho, aceitei com entusiasmo, e o livro foi publicado em 1971, muito bonito, com papel bom e notas de rodapé, mas por um preço (£ 8) tão ultrajante pelos padrões da época que o TLS o transformou (o preço, não o livro) em tema de um grande artigo, seguido por cartas entre as quais, se me lembro bem, alguém sugeriu que poderia ser melhor gastar aquele dinheiro levando a esposa para um fim de semana em Londres para assistir a algum espetáculo. Não sei quanto Eric ganhou com isso (ele sempre foi muito atento com *royalties* e feroz guardião de seus direitos autorais), mas para mim foi um péssimo negócio, e até hoje a Weidenfeld (hoje Orion) detém 50% dos *royalties* da edição em brochura da Penguin. Na época eu era um ingênuo.[160]

Foi realmente um péssimo negócio: o volumoso livro se tornou um clássico instantâneo e vendeu bem por muitos anos.

Eric sentia-se grato a George Weidenfeld por diversas razões naquele tempo, e enquanto concluía sua parte de *Capitão Swing*, em dezembro de 1965, ele concordou em escrever um livro curto sobre *Bandidos* para a nova série ilustrada de Weidenfeld, *Pageant of History*, editada pelo acadêmico literário e editor John Gross. A série incluía *Highwaymen*, do popular historiador Christopher Hibbert, *Gladiators*, do historiador de Roma Michael Grant, e *Nihilists*, do russianista Ronald Hingley.[161] Eric começou a escrever o livro após a conclusão de *Indústria e império*, mas logo começou a ficar apreensivo, como escreveu a David Higham em 16 de novembro de 1967:

> Continuo trabalhando com o livro *Bandidos* para Weidenfeld, mas estou muito preocupado. O livro vai ser lançado numa série, da qual os primeiros quatro volumes já estão circulando. Francamente, eles me assustam bastante. Parecem ruins e baratos (eu estava supondo que seguiriam linha da World Univ. Library com texto e ilustrações integrados), e o título geral é bem terrível, e na verdade a coisa toda agora parece uma boa ideia que não foi realizada. George [Weidenfeld] diz que eles vão mudar a aparência nos volumes subsequentes e espero que mudem. Do jeito que está a série vai ser um fiasco e arrastar todos os livros com ela. O que a torna ainda pior é que quatro vols. de uma espécie de miscelânea são publicados juntos. E foram portanto entregues como um pacote aos habituais resenhistas "gerais", o que significa a) que são resenhados por ignorantes e b) que cada volume

só merece uma ou duas linhas anódinas como tapinhas no ombro. Isso foi o que aconteceu até agora. Não quero que meu livro seja lançado de um jeito que arruíne suas chances desde o início. Esse livro pode ir muito bem, se não for estrangulado no nascimento.[162]

Higham prometeu falar com Weidenfeld sobre as apreensões de Eric.[163] Weidenfeld redesenhou as capas e desistiu de publicar os livros em lotes de quatro.[164] Eric entregou o manuscrito de *Bandidos* no começo de outubro de 1968 e o livro foi publicado no ano seguinte.[165]

Em *Bandidos*, Eric baseou-se no tema de *Rebeldes primitivos*, mas expandiu amplamente seu campo de visão, enfocando bandidos do mundo inteiro, da China ao Brasil. Talvez seja o livro mais agradável de se ler de Eric, enriquecido por cerca de 50 ilustrações admiráveis e apresentando uma gama de informações exóticas, histórias, lendas e biografias. Nada desse tipo havia sido publicado até então. Reuniu uma grande quantidade de material conhecido e desconhecido para apresentar um conjunto de argumentos coerentes sobre todo o fenômeno do banditismo. O bandido social, argumenta o livro, era um representante da sociedade rural, vivendo às suas margens e lutando pela redistribuição da riqueza, como Robin Hood, ou vingando-se por males cometidos, como o brasileiro Lampião, ou organizando uma resistência esporádica e desorganizada contra o Estado, como os *haiduks* do sudoeste da Europa que lutaram contra seus governantes otomanos no século XVIII. "O banditismo social" era uma tentativa política pré-organizacional e pré-ideológica, mas ainda assim, num sentido mais amplo, buscava a libertação não das classes industriais, mas dos pobres pré-industriais, como as outras "formas arcaicas de movimento social" estudadas em *Rebeldes primitivos*.

Em termos da trajetória do pensamento de Eric, foi impactante ele ter se deslocado dos meados dos anos 1950, quando escrevia sobre o surgimento da classe trabalhadora, para escrever sobre os despossuídos e os marginalizados, sobre a história dos que afinal seriam vitoriosos, segundo seu ponto de vista, passando para os perdedores da história. A empatia de Eric com seus retratados brilhava através de uma estrutura teológica. Homens como Francisco Sabaté Llopart, escreveu, bandido e participante da luta de resistência na Espanha de Franco até o fim dos anos 1950, eram heróis: heróis trágicos e malfadados, mas não menos heróis. Alguns resenhistas perceberam a admiração de Eric por seus retratados, observando que viver sob o controle de bandidos poderia implicar violência, assassinatos e extorsões e era profundamente opressivo para muitos moradores do campo comuns. Para Eric, no entanto, o maior elogio feito ao livro foi de um grupo de camponeses radicais no México dos anos 1970, que escreveram dizendo ter aprovado o que ele havia escrito. "Isso não prova que a análise apresentada por este livro esteja correta", escreveu na edição revisada de 1999. "Mas pode proporcionar aos leitores certa confiança de que o livro é mais que um exercício em antiguidades ou em especulação acadêmica. Robin Hood, mesmo em suas formas mais tradicionais, ainda significa alguma coisa no mundo de hoje para pessoas como esses camponeses mexicanos. Há muitos deles. E eles devem saber disso."

Nos círculos acadêmicos, o livro disparou um debate duradouro sobre seu conceito central de "banditismo social". O antropólogo holandês Anton Block, cujo livro *The Mafia of a Sicilian Village* seria publicado em 1974, considerou (nitidamente com base em sua própria experiência) que Eric tinha desconsiderado a relação de muitos bandidos com os donos do poder estabelecidos.[166] Mas Eric sabia muito bem que em alguns casos essas relações eram próximas. "A máfia siciliana é essencialmente um método de enriquecer a classe média por meio de extorsões baseadas em assassinatos", escreveu em 1964. Em muitos casos a máfia tinha papel-chave para garantir votos para o governo italiano nas eleições. Depois da Segunda Guerra Mundial, os americanos cooptaram a máfia na luta contra o comunismo.[167] A máfia não era uma verdadeira forma de banditismo. Mas até mesmo bandidos que faziam parte da sociedade camponesa local costumavam ser violentos, intimidando e chantageando as comunidades rurais em que tiveram origem para obter fundos e para escondê-los das autoridades. No fim, talvez, o mito fosse mais importante que a realidade por expressar, como o fazia, o profundo anseio dos camponeses pobres e oprimidos por uma celebração compensadora da resistência à autoridade que pode bem ter tido apenas uma base limitada na realidade.

Bandidos foi serializado pela *Observer* e atraiu uma atenção muito além do confinamento da academia.[168] O sucesso do livro levou George Bluestone, um produtor cinematográfico americano mais conhecido por seu livro *Novels into Film*, de 1957, a fazer uma proposta pelos direitos para um filme. A intenção era fazer um documentário. Eric ficou preocupado com a possibilidade de vulgarização. "Será que eu tenho direito de retirar meu nome (75% do crédito do roteirista)", perguntou, "se eles, digamos, decidirem que o pobre Sabaté seria um material melhor como um vaqueiro de rodeios texano conservador cantando músicas caipiras?"[169] Mas ele se sentiu mais propenso a seguir em frente com a Bluestone a aceitar uma proposta de outra companhia, a David Paradine Productions, administrada pelo empresário e personalidade televisiva David Frost.[170] No fim, as duas propostas não deram em nada. O livro, porém, continuou vendendo bem em várias línguas. Em 2009, quarenta anos depois da primeira edição do livro em inglês, a editora de Eric no Brasil, a Paz e Terra, fez uma proposta pelos direitos do livro em português.[171] E uma história do banditismo na América Latina publicada em 2015 comentou que "Eric Hobsbawm ainda domina a literatura sobre a teoria do banditismo".[172]

Os livros de Eric publicados no fim dos anos 1960 e começo dos anos 1970 tiveram um papel central na revolução da historiografia britânica ocorrida nesse período: o surgimento da história social. Juntamente com as publicações de Christopher Hill, Rodney Hilton, Victor Kiernan, Edward Thompson e outros ex-membros do Grupo de Historiadores do Partido Comunista fizeram os historiadores marxistas ingleses ganharem fama internacional. Logo eles estavam sendo tratados por escritores sobre historiografia no mesmo nível que a escola da *Annales*, inaugurando o que o historiógrafo germano-americano George G. Iggers chamou de *New Directions in European Historiography*, título de um livro muito influente publicado em 1975.[173] Ainda assim, a história social ainda era um campo subdesenvolvido. Não tinha uma representação independente no programa de ensino de história nas universidades, nenhum livro-texto e, ao menos na Grã-Bretanha, nenhuma instituição própria (a Sociedade de História Social do Reino Unido foi fundada em 1976, e a revista *Social History* publicou seu primeiro número no mesmo ano.) A história social no antigo sentido da história dos "movimentos sociais", declarou Eric num artigo de grande influência, estava sendo substituída por uma história da sociedade com uma base mais ampla.[174] A mensagem chamou a atenção principalmente da geração mais jovem de historiadores ingleses, que entraram na profissão com a rápida expansão das universidades nos anos 1960 (eu fiz parte dessa geração, concluindo meu doutorado e conseguindo meu primeiro emprego em 1972). Logo os livros de Eric estavam sendo lidos em cursos de história social em todo o país.

VII

Em 1966, Eric recebeu uma proposta de um período de seis meses como professor visitante em humanas do Instituto de Tecnologia de Massachusetts

(MIT) em Cambridge, Massachusetts, na periferia de Boston. Desta vez as autoridades americanas estavam preparadas para ele.[175] O pedido de visto de Eric informava às autoridades de imigração que entre outros países que ele havia visitado recentemente estavam Cuba, Checoslováquia, Hungria, Alemanha Oriental, Bulgária e Iugoslávia.[176] O pedido foi remetido ao FBI, que reportou em 9 de janeiro de 1967 que Eric "foi considerado pelo Departamento de Estado inelegível para obter um visto por ser membro do Partido Comunista da Grã-Bretanha de 1936 até o presente, assim como da Sociedade de Relações Culturais com a União das Repúblicas Socialistas Soviéticas de 1953 até hoje". Eles fizeram uma considerável pressão sobre o MIT, resultando numa série de "conversas telefônicas cada vez mais frenéticas" com Eric enquanto o MIT tentava esclarecer a situação. Sem dúvida motivado pela falta de informações precisas da parte do FBI, os patrocinadores oficiais do MIT perguntaram se Eric era, ou tinha sido, presidente do Partido Comunista Britânico (é evidente que eles confundiram o Partido com seu Grupo de Historiadores). Eric conseguiu responder com a consciência tranquila: não.

Afinal o Departamento de Estado cedeu, concedendo a Eric "admissão temporária aos Estados Unidos conforme a seção 212(d)(3)(A) do Decreto de Imigração e Nacionalidade; apesar de inadmissível pela Seção 212(a)(28) do Decreto". Segundo o relatório do FBI, "o Departamento de Estado fez uma forte recomendação de que sua admissão seja autorizada na condição de que os cursos ministrados por ele no MIT sejam considerados pelo Departamento de História da instituição como importantes em termos educacionais". Também foi decidido "que o itinerário proposto pelo pedido seja aprovado, sem desvios ou extensão da estada a serem autorizados sem aprovação prévia pelo diretor distrital em Washington".[177] Esta última condição implicava Eric se reportar à administradora responsável pelos professores visitantes da universidade sempre que saísse da área de Boston. "Vocês estão dizendo que eu não posso passar a noite em Nova York sem o seu OK?", perguntou Eric à administradora. Ela viu o absurdo daquela exigência e não insistiu, embora o FBI tenha demonstrado grande interesse por uma palestra ministrada por Eric em 9 de maio de 1967 no Clube da Faculdade da Universidade Columbia, em Nova York, para 100 pessoas, patrocinada pelo Instituto Americano de Estudos Marxistas em conjunto com o Estudantes por uma Sociedade Democrática, um movimento radical cuja principal atividade era protestar contra o recrutamento de jovens pelas forças armadas para lutar na Guerra do Vietnã.[178] Contudo, o FBI sentiu-se apto a reportar mais tarde, em resposta a uma inquirição, que concedera um visto a Eric porque em sua visita anterior "seu registro não incluiu nada que indicasse ter agido em desacordo com o escopo estabelecido de sua visita".[179] Eric foi para Boston com a família e passou um semestre lecionando no MIT sem nenhum contratempo.

Em nenhum momento do monitoramento da sua estada o FBI percebeu o fato de Eric ter voltado à Cuba nesse interim, e de uma maneira bastante pública. Em 1968 Eric compareceu ao Congresso Cultural de Havana, uma reunião de cerca de 500 pessoas de 70 países que "simbolizou de uma forma curiosa um retorno do clima de comprometimento intelectual característico dos anos 1930". Eric considerou a ocasião uma reminiscência do Congresso de Escritores organizado em Madri nos anos 1937. "Assim como o fascismo uniu os intelectuais nos anos 1930, os Estados Unidos os uniram em Havana." Eric disse que o Congresso mostrou como um grupo abrangente e heterogêneo de intelectuais podiam ser mobilizados em defesa de movimentos de libertação no "Terceiro Mundo" e dos movimentos de direitos civis nos Estados Unidos. A variedade de pontos de vista refletia a relutância do governo cubano de seguir o velho estilo dos partidos comunistas, preferindo se unir à Nova Esquerda. De qualquer forma, os debates "não só não sofriam restrições como também às vezes beiravam o anárquico". Estavam presentes neodadaístas, trotskistas surrealistas, reichianos discutindo a função política do orgasmo e outros representantes "dessa periferia de entusiasmo tão engajadora num partido de esquerda". Eric viu com certo ceticismo convocações para os participantes se juntarem a movimentos de guerrilhas: "As atividades públicas de intelectuais não podem ser confinadas a portar metralhadoras".[180] Teóricos franceses de vanguarda produziram o maior incidente do Congresso quando "velhos surrealistas atacaram fisicamente o artista mexicano Siqueiros, que certa vez foi associado aos planos para assassinar Trótsky, na abertura de uma mostra de arte, embora não fosse claro até que ponto aquilo foi uma discórdia artística ou política". Um resultado positivo do congresso para Eric foi ter conhecido o poeta e escritor alemão de esquerda Hans Magnus Enzensberger, mas no geral ele se sentiu deprimido pela "evidente bagunça que Cuba havia feito em sua economia".[181]

As autoridades britânicas foram menos tolerantes com as viagens de Eric ao exterior que suas contrapartes americanas. Em 1968 ele foi convidado para ir à Índia pelo proeminente historiador Sarvepalli Gopal, num intercâmbio em que universidades indianas hospedavam dois historiadores ingleses todos os anos para participar de seminários e discussões, pagando suas estadias enquanto estavam no país, com as despesas de viagem assumidas pelo consulado britânico. Em 1967, Richard Cobb e Keith Thomas tinham ido à Índia nesse esquema. Mas Gopal foi obrigado a dizer a Eric que o consulado se recusara a pagar sua passagem aérea, claramente por ele ser marxista. Eric mobilizou Noel Annan em seu apoio. Annan disse ao Conselho Diretor que Eric nunca havia escondido suas simpatias políticas, mas que

> de qualquer forma ele é um historiador de destaque, cujos livros têm feito grande sucesso – tanto assim que ele foi convidado para um semestre no MIT e as autoridades americanas lhe concederam um visto. Ele é um homem refinado, de forma alguma restrito e sectário – incidentalmente, um especialista em jazz – e, por mais que seus colegas historiadores possam discordar de sua ênfase em tal ou qual ponto, ninguém negaria que é um homem merecedor de sua reputação internacional.
> Consta que a recusa do consulado britânico de pagar a passagem aérea de Hobsbawm causou considerável surpresa e até certa irritação na Índia – tanto que eles estão pensando em levantar o dinheiro para pagar a passagem por meios próprios. Entrementes, Gopal informou a Hobsbawm que a razão ostensiva dada pelas autoridades do consulado britânico para a recusa do Conselho é de que quando está no exterior Hobsbawm é imprudente em seu tratamento das mulheres. Eric Hobsbawm achou isso muito engraçado. Considera como algo extremamente lisonjeiro, mas continua convencido de estar sendo descriminado por conta de suas opiniões políticas.[182]

Annan disse ao consulado britânico que Eric era um homem "feliz no casamento", acrescentando que, "se o consulado britânico estava disposto a se arriscar com Richard Cobb", que era um conhecido beberrão, "eu acredito que eles poderiam se arriscar com Hobsbawm". Utilizando-se de seus modos oficiais mais convincentes, Annan concluiu que duvidava "se seria prudente, em vista de qualquer acordo com outro país, que o consulado britânico fosse visto exercendo descriminação política, quando o outro país convidou um acadêmico específico para fazer uma visita". Alertou que "essa questão poderia explodir publicamente" e causar um considerável prejuízo ao Conselho.

Graças a Annan, Eric foi para a Índia, onde ficou de 12 de dezembro de 1968 a 11 de janeiro de 1969. Para sua grande surpresa, foi recebido na pista do aeroporto por seu velho amigo de Cambridge, Mohan Kumaramangalam, agora um membro do Partido no Congresso e diretor da Indian Airlines.[183] Eric achou a arquitetura mongol da Índia "fabulosamente elegante, mas o que realmente mais me impressionou são essas vacas andando pelas ruas sozinhas comendo lixo". Ficou impressionado com a variedade de espetáculos no país, "por causa de toda essa mistura de religiões, costumes, cores etc.", apesar de ter se sentido chocado com a pobreza – "Duvido que seja possível ser mais pobre que os pobres daqui". Gostou das "encantadoras bicicletas riquixás ornamentadas com adoráveis deusas e deuses indianos (ou talvez atualmente estrelas de cinema) nas mais vívidas cores como as da Sicília. As crianças iriam gostar", disse a Marlene em uma de suas muitas cartas para casa. Os bens de vida moravam em casas "inspiradas nos bangalôs suburbanos de servidores públicos na Índia que há muito já se foram, depois de construírem Wimbledons no Império". Eric almoçou com o secretário do primeiro-ministro e jantou com o vice-reitor da Universidade de Aligarh, uma instituição muçulmana à qual foi convidado para falar.[184]

Eric já era conhecido pela mais nova geração de historiadores indianos, leitores assíduos de *Past & Present* que conheciam seus livros, principalmente o notável *Bandidos*. A historiadora Romila Thapar lembrou-se mais tarde:

A presença dele foi importante para aqueles de nós que estávamos defendendo a inclusão da história social e econômica no programa de ensino da maioria das universidades indianas, sendo o currículo da época mais dedicado à história política e diplomática. Suas discussões sobre a abordagem marxista da história também despertaram muito interesse, pois era uma época em que a história marxista começava a ser levada a sério, não tanto nos departamentos de história de algumas universidades indianas como entre historiadores.[185]

Eric ficou frustrado pelo que viu como ineficiência indiana, mas gostou da experiência e não menos dos indianos. Conseguiu fazer um pouco de turismo, apesar de todo o trabalho, e ficou satisfeito por não ter tido "nenhum problema estomacal [apesar] de não fazer exercícios [e estar] comendo demais".[186] Visitou os templos de Orissa e Konark e ficou admirado, como contou a Marlene, como todas as mulheres (e os homens) na zona rural se vestem em adoráveis tons de verde, roxo e uma espécie de alaranjado queimado, e com os cocos verdes – mas também com figuras pequenas, magras e não deificadas da Índia rural. Os indianos se sentem um pouco envergonhados do templo Konark. Muito falatório sobre como todos os lados da vida são representados pelas estátuas, mas na verdade 80% delas são puramente eróticas, inclusive boa parte das formas interessantes de jogo sexual e de foder que se pode imaginar, muito lindamente expostas. Isso me fez pensar em você mais do que o habitual. Só existe um problema: uma das posições mostra o homem em pé & carregando uma mulher pequena, que implica ou um homem muito grande ou uma mulher muito pequena, ou ambas as coisas. No todo, uma forma encantadora de arte e uma forma de escultura realmente *maravilhosa*.[187]

Considerou os indianos que conheceu numa ceia de Natal organizada para ele "todos terrivelmente ingleses apesar do *biryani* [arroz indiano] e as nozes de areca. O velho império ainda sobrevive na alma deles, mesmo quando são comunistas". Eric só voltaria à Índia muito tempo depois, mas a partir desse momento sua reputação no subcontinente começou a aumentar rapidamente.

A relutância do consulado britânico em financiar a viagem de Eric foi seguida não muito depois por outro caso de desaprovação oficial de sua visão política. Quando o diretor-geral da Organização das Nações Unidas para a Educação, Ciência e Cultura (Unesco), René Maheu, abordou Eric para convidá-lo para comparecer a uma conferência a ser realizada na Finlândia para marcar o centenário do nascimento de Lênin, em 1870, funcionários do Ministério Britânico de Desenvolvimento no Exterior fizeram objeções.[188] Um mandarim do Ministério do Exterior se opôs a Eric com base em ele ser "um comunista de destaque". Eric recomendou um protesto formal contra o diretor-geral. No fim ficou se sabendo que Maheu tinha convidado Eric com sua "autoridade pessoal", depois de ficar bem impressionado com ele em um encontro anterior. Ao saber disso, o Ministério Britânico de Desenvolvimento no Exterior se manifestou com o que chamou de "forte objeção pessoal", alegando que o convite era "capaz de causar considerável prejuízo à reputação da Unesco no Reino Unido" e poderia ser visto "como evidência de influência comunista indevida" dentro da Unesco. Um funcionário enviado para se encontrar com Maheu e protestar pessoalmente contra o convite a Eric não chegou muito longe. "Quando eu disse que ele é membro do Partido Comunista Britânico", relatou o funcionário, "M. Maheu respondeu 'E daí?'". A desavença se desfez quando Eric declinou o convite por outras razões.

A visão política de Eric também causou problemas quando foram transmitidas pela rádio BBC. Eric foi contratado para quatro programas da BBC Radio 3 (como se chamava o Third Programme) na primavera de 1972 para a série "A Personal View".[189] Eric propôs quatro palestras sobre "Os Estados Unidos e o Vietnã", em 13 de maio; "Os motivos por trás do terrorismo", em 27 de maio; "Problemas do capitalismo excessivo", em 10 de junho; e "Administradores de lojas são uma boa coisa para o capitalismo", em 24 de junho.[190] No fim, "Problemas do capitalismo excessivo" foi cortado, possivelmente porque seu título foi considerado polêmico demais pelos executivos da BBC. O programa sobre terrorismo seguiu em frente, com Eric refletindo sobre os inúmeros assassinatos políticos e atentados à bomba do início dos anos 1970. Sua conclusão foi que os ataques terroristas, ainda que devastadores, eram "mais gestos do que atos com um propósito".[191] Em seu programa sobre administradores de lojas, ele argumentou que a democracia industrial era uma forma de participação política direta, especialmente nos intervalos entre eleições parlamentares.[192]

Mas o programa da série "Por que os Estados Unidos perderam a Guerra do Vietnã" se mostrou controverso demais para a BBC e parte dos seus ouvintes. Eric não fazia segredo de seu comprometimento com a causa vietnamita. Fez parte da grande demonstração contra a guerra realizada em Londres em 1968, que acabou com um violento confronto com a polícia em frente à embaixada americana em Grosvenor Square. "Eu cheguei lá", recordou-se Claire Tomalin, editora literária da *New Statesman*, "e lá estava Eric, e ele pegou meu braço e o enlaçou com o dele e disse 'Vamos lá!', e nós meio que corremos, não muito depressa, mas ficamos correndo em círculos, e aquilo me proporcionou a maravilhosa sensação de estar fazendo alguma coisa certa e de estar politicamente engajada."[193] Em sua reflexão sobre a guerra no programa, ele começou: "Nem sempre acontece na política mundial que os bons derrotem os maus, em especial quando os bons são fracos e pequenos e os maus são extremamente fortes". Apesar de a guerra ainda estar em andamento (na verdade, só terminaria no outono de 1975 com a queda de Saigon), não havia dúvidas de que os americanos tinham perdido (como eles admitiram de forma implícita ao aceitar os Acordos de Paz de Paris em janeiro de 1973). Os Estados Unidos tinham sido derrotados pela própria arrogância, "a incapacidade do grande homem branco de acreditar que pequenos amarelos pudessem vencê-los", pela loucura de presidentes determinados a afirmar a própria virilidade com demonstrações globais de machismo e pela capacidade de os políticos acreditarem em suas próprias mentiras. "A história", concluiu, "não perdoará os que devastaram os países da Indochina para uma geração, que expulsaram, mutilaram, corromperam e massacraram seus povos por conta de seus cálculos de jogadores de pôquer. Nem quem os apoiou, ainda que de forma ineficaz. Ou nem mesmo aqueles que mantiveram a boca fechada quando deveriam proclamar aos gritos sua indignação."[194]

Foi uma das mais fortes polêmicas de Eric. E causou uma forte reação da embaixada americana, que fez pressão para a BBC apresentar uma réplica à exposição de Eric por parte de Dennis Duncanson, um funcionário da inteligência britânica que havia trabalhado para as autoridades da Malásia na brutal repressão à insurgência comunista. Duncanson rotulou a fala de Eric como produto da ignorância e da credulidade diante da propaganda mentirosa do Vietnã do Norte. Mas o programa não foi muito eficaz. Quando Duncanson explicou aos ouvintes que as forças do Vietnã do Norte eram muito maiores que as do Sul, ficou suficientemente óbvio para qualquer um que o ouvisse que ele tinha deixado de mencionar o poder de fogo vastamente superior dos americanos. Os americanos, ele declarou na conclusão, não tinham realmente perdido; de qualquer forma eles não poderiam ficar lá indefinidamente, e a "vietnamização" em andamento do sistema político do Sul deixou intactas as instituições essenciais de uma economia de mercado e de uma sociedade aberta (talvez sabiamente, ele não afirmou que havia uma democracia funcional no país, já que não havia).[195]

Mas os problemas de Eric com as autoridades americanas em outros aspectos já estavam quase superados a essa altura. Em junho de 1969, ele voltou aos Estados Unidos por uma semana, para comparecer a um simpósio da Academia Americana de Artes e Ciências de Boston, sobre estratificação e pobreza, e mais uma vez em outubro de 1970, para receber o Prêmio Silas Marcus Macvane de História Europeia, de Harvard. Em dezembro de 1970 ele esteve na conferência anual da Associação de História Americana, uma grande reunião de vários milhares de historiadores profissionais em Boston, e do fim de abril a fim de junho de 1973 fez uma turnê de palestras e conferências que passou por Chicago, Madison (Wisconsin), Rutgers (Nova Jersey) e Nova York.[196] Essas e outras visitas posteriores foram todas registradas pelo FBI, mas sem medidas de precauções especiais. Até o FBI agora o definia como um "historiador notável".[197]

As experiências de Eric nessas visitas foram variadas. Considerou Madison "um paraíso para os estudantes, mas provavelmente não para os professores, que devem se sentir um pouco claustrofóbicos nesse lindo gueto, tão pouco americano, tudo limpo e funcionando, lagos, sol e céu azul, onde não podem se afastar dos colegas".[198] Em Chicago ficou espantado com a corrupção do governo do prefeito Daley e pela rígida segregação racial que o prefeito parecia ter imposto nos arredores da cidade. "No gueto [...] casas vazias e arruinadas e uma desmoralização inacreditável."[199] No entanto, Chicago "ainda era o lugar do blues", que ele vivenciou na zona oeste "em um lugar chamado Ma Bea's, onde as faxineiras negras têm um clube social e a banda e cantores são mais para dançar [...]. Como são maravilhosos esses bares de blues. Eu fico chapado só de ouvir". Ficou impressionado pela última moda "entre os homens negros, que deixaria louco qualquer um na King's Road. No momento estão em voga uns chapéus fantásticos: chapéus de palha com grandes fitas de metal brilhante, boinas extravagantes, até as mulheres usam chapéu de palha sem aba. Paletós roxos e saias com calças largas xadrezes, grandes cruzes usadas como enfeite".[200] Em Nova York ele jantou com Bob Silvers, editor da *New York Review of Books* ("um vegetariano convicto").[201] A cidade tinha mudado, segundo sua visão:

> Apesar de eles terem limpado um pouco a Times Square & colocado alguns policiais lá, o lugar está pior do que eu me lembrava. Nova York está rolando ladeira abaixo, só quando se chega a pequenas áreas do East Side e no meio daqueles grandes arranha-céus que parecem penhascos de vidro da Sexta Avenida e da Park Avenue ainda se pode se sentir entusiasmado como antes [...]. Parece que todo mundo agora fala espanhol em Manhattan – mais do que nunca.

Realmente, Nova York estava deteriorando e ficando cada vez mais perigosa, e essa decadência não seria revertida até o início dos anos 1990. Eric voltou aos Estados Unidos em agosto de 1975, passando mais uma vez por Nova York e também indo a San Francisco.[202] A essa altura, enquanto Eric ainda repetia o tipo de experiências que tivera nos Estados Unidos no início dos anos 1960, suas visitas eram principalmente de caráter acadêmico e ele se misturava mais com intelectuais de classe média.

VIII

Os contatos de Eric com o comunismo britânico durante os anos 1960 eram esporádicos, e não fazia sentido dizer que era um membro ativo ou comprometido do Partido. Na verdade, ele tinha sérias reservas, como provavelmente sempre teve, quanto ao custo humano das políticas comunistas da era de Stálin. Como explicou Isaiah Berlin em 1972:

> Outro dia perguntei a Eric Hobsbawm se ele não achava que seu partido, do qual ele ainda é um membro leal – ou talvez desleal, mas um membro –, não era responsável por muito mais dores que felicidade, derramando sangue demais com muito pouco a mostrar, em termos comparativos, se fôssemos considerar essas coisas em termos de seres humanos e não de inexoráveis forças cósmicas [...]. Surpreendentemente ele concordou, mas de que isso vale eu simplesmente não sei. Gostei muito do nosso encontro. Ele é [...] uma relação muita adequada para mim.[203]

De fato, os dois ficaram amigos, reconhecendo um no outro a insaciável curiosidade intelectual, uma atitude cosmopolita, muita inteligência e o escopo de conhecimento que ambos valorizavam.

Fossem quais fossem suas dúvidas quanto à causa comunista, Eric continuou e em certos aspectos aprofundou seu engajamento com os textos e as ideias de Marx e Engels. Durante os anos 1960, foram redescobertos ou republicados muitos textos de Marx. Entre eles o assim chamado *Grundrisse*, um caderno de notas imenso e incompleto elaborado no fim dos anos 1850, porém só publicado em 1939. Nenhuma tradução para o inglês foi tentada até os anos 1970. Um dos temas importantes dessas anotações era a transição do feudalismo ao capitalismo, um tópico que continuava a instigar a imaginação de Eric. Não deve ter sido fácil extrair qualquer coisa coerente de *Grundrisse*, mas os trechos mais relevantes foram publicados em Berlim Oriental em 1952 e depois traduzidos para o inglês com o título *Formações econômicas pré-capitalistas*, lançado em 1964 pela editora Lawrence and Wishart. A pedido da editora, Eric escreveu uma longa introdução. O ponto crucial que ele enfatizou foi o de que Marx não postulou uma série de estágios unilineares pelos quais a história caminhava até o presente e o futuro. O livro era de interesse principalmente para marxistas, mas resultou numa resenha no *Times Literary Supplement* em que, não pela primeira nem pela última vez, foi apontado que "os preconceitos de Eric são bem óbvios, mas ele nunca deixa que atropelem seu academismo".[204]

A colaboração de Eric nesse pequeno livro o levou a se envolver num projeto bem maior. Em 1968, em um artigo apócrifo para o *Times Literary Supplement*, ele assinalou o aniversário de 150 anos do nascimento de Karl Marx ao ressaltar o grande apelo universal do pensador. "Sua reputação no presente é genuinamente global". Era essa a razão por que uma nova edição de suas obras completas estava sendo produzida. Esse gigantesco empreendimento era necessário inclusive porque a *Marx-Engels-Gesamtausgabe*, a famosa e, até onde chegou, indispensável edição produzida sob a égide do Instituto Marx-Engels de Moscou, fundado pelo velho bolchevique David Ryazanov, que começara a monumental tarefa de edição em 1927, havia sido "abreviada" (Eric deixou de mencionar que a causa foi Ryazanov ter sido uma das primeiras vítimas dos expurgos de Stálin, expulso do partido em 1931 e preso e fuzilado sete anos depois). Os padrões acadêmicos de Ryazanov eram impecáveis, e ele havia trazido à luz muitos trabalhos previamente desconhecidos, mas a edição posterior, uma série bem menos acadêmica de 40 volumes produzida pelo Instituto para o Marxismo-Leninismo-Stalinismo da Alemanha Oriental (o "Stalinismo" foi cortado logo após a morte de Stálin), tinha muitas lacunas e não publicava todas as diferentes versões dos textos de Marx, apesar de ele ter revisado constantemente *Das Kapital* e outras obras.[205]

Eric entrou para a junta editorial desse ambicioso projeto, organizado pela Progress Publishers em Moscou em 1968 e publicado em inglês pela Lawrence and Wishart em 50 volumes entre 1975 e 2004.[206] Nick Jacobs, na época trabalhando para Lawrence e Wishart, foi designado como editor-executivo e nesse papel foi falar com Eric para envolvê-lo no projeto. Como ele se lembrou mais tarde:

> Eu fui ao escritório dele na Birkbeck [...]. Ele estava de pé, abrindo envelopes via aérea com golpes muito eficientes com um abridor de envelopes. E eu tive a impressão de que ele não sabia bem quem eu era ou por que estava lá. Mas afinal ele leu as cartas do Brasil ou de algum outro lugar – tenho certeza de que eram do Brasil – e começamos a falar sobre Marx/Engels [...]. Ele tinha editado três volumes de correspondência. Tinha feito isso pela causa, sem receber nada. Gostou de ver que o alemão idiomático de

Marx e Engels, e também o francês, encontrou os termos certos em inglês. Por isso ele era o mestre do passado.[207]

Os editores soviéticos financiaram todo o empreendimento, a impressão e os aparatos acadêmicos, que Jacobs editou, negociando com os russos sobre quantas citações de Lênin ele poderia cortar. Assim que um volume era concluído, ele ia de bicicleta até a delegação comercial soviética em Highgate West Hill com o enorme manuscrito ("nós nunca fizemos cópias, quer dizer, eles eram tão enormes que não era possível fazer uma segunda cópia, nós não tínhamos pessoal para fazer isso"), deixava-o com o porteiro e voltava de bicicleta para começar a trabalhar com Eric no volume seguinte. Os editores soviéticos insistiam em que eles tivessem a última palavra, mas ao menos em alguns tópicos os editores ingleses prevaleceram, por exemplo, a notória *História diplomática secreta do século XVIII* de Marx, um trecho em que Marx soltava as rédeas de suas teorias conspiratórias paranoicas sobre a colaboração entre a Rússia e a Grã-Bretanha. Os soviéticos queriam deixá-la de fora porque poderia prejudicar a reputação do grande homem, mas Jacobs e sua equipe acabaram os convencendo a mantê-la.

Eric não comparecia aos comitês editoriais em Londres, mas lidava com muitos problemas surgidos nas relações entre os editores russos e britânicos e os detentores dos originais em língua alemã a partir dos quais as traduções tinham de ser feitas. Introduções específicas foram escritas para os volumes em língua inglesa, que também se tornaram tema de discórdias. Como Eric informou ao especialista em Marx, David McLellan, em 7 de novembro de 1969: "É como se os russos [...] ainda anseiem por introduções que contenham 'orientações políticas' [...] mas o nosso ponto de vista é que as introduções não contenham essa questão".[208] Além disso, talvez por tratarem os textos de Marx e Engels como escrituras sagradas, os russos insistiam em uma dolorosa tradução literal, sem se importar com o quanto poderia se tornar inteligível. Uma tradução feita pelo sociólogo marxista Tom Bottomore foi rejeitada pela seguinte razão. "Nós não podemos usar o seu texto", observou Eric. "O tipo de tradução próxima que eles querem mudaria totalmente a característica da sua versão. No fim não havia nada a fazer. Até onde posso dizer não há nenhum elemento ideológico na objeção deles, mas apenas uma discordância fundamental sobre o quanto o texto de Marx pode ser traduzido livremente. Eu estou do seu lado nesse debate", acrescentou.[209] De maneira geral, ainda assim a edição foi uma grande façanha, apesar de alguns furos, e a parte de Eric foi uma de suas últimas contribuições conhecidas para a academia.

Eric também se envolveu intimamente com os debates, às vezes ferozes e polêmicos, a respeito de outros pensadores mais recentes na tradição marxista, que surgiram em cena nos anos 1960 e no início dos anos 1970, em particular com os textos do filósofo comunista francês Louis Althusser, que se tornou moda entre os estudantes marxistas de extrema esquerda nos anos 1970. Suas ideias não contavam com a aprovação de Eric, por mais que ele as considerasse brilhantes. A tentativa de Althusser de retirar a influência de Hegel do pensamento de Marx na verdade implicava quase excluir Marx da definição de marxismo de Althusser, embora "M. Althusser, reconhecidamente, sempre se permitiu um considerável escopo para a originalidade com um belo argumento demonstrando que a grandeza de Marx consistia não no que ele dizia, mas em tornar possível para Althusser dizer o que ele queria dizer". Tampouco Eric concordava com os ataques do filósofo ao "empirismo" e ao "humanismo" como importações estrangeiras na teoria marxista. Se havia quaisquer características que distinguiam a abordagem da história de Eric, essas questões certamente tinham um alto valor. Para Eric, um bocado do que Althusser dizia eram meras "coisas sem sentido" ou "retóricas de palanque, e um pobre exemplo desse tipo de coisa". Sua discussão da teoria marxista do Estado era "infantil". As "palavras vazias" de Althusser se designavam simplesmente a capacitá-lo a "explicar o corpo do pensamento marxista que ele deseja descartar como uma sobrevivência pequeno burguesa".[210] Eric tinha se desentendido com Louis Althusser bem antes de Edward Thompson entrar na briga com sua forte denúncia, ainda que exagerada, das ideias do francês em seu panfleto *A miséria da teoria* (1978). Como historiadores, nenhum dos dois conseguiram seguir essa trilha por respeito às evidências empíricas enunciadas por Althusser.

IX

Segundo Eric, os intelectuais marxistas ingleses eram muito mais isolados da política na Grã-Bretanha do que suas contrapartes na Itália ou na França o eram das políticas de seus países.[211] Somente um dos da nova geração, Raphael Samuel, que participara do Grupo de Historiadores do Partido Comunista e agora ensinava história na Ruskin College de Oxford, fundada pelo sindicato, tentou romper as restrições políticas e culturais que normalmente limitavam a influência de intelectuais de esquerda no Reino Unido. Seu primeiro empreendimento foi a criação em 1958 da Partisan Coffee House, na Carlisle Street, no Soho de Londres, onde pretendia ver conversações políticas e intelectuais acontecendo segundo as diretrizes de semelhantes instituições culturais da Parisian Left Bank. Eric, que nominalmente era o supervisor de doutorado de Samuel, concordou em ser o diretor da empresa nesse empreendimento. De alguma forma Samuel conseguiu levantar o dinheiro para começar, com figuras simpatizantes como Ken Tynan, Doris Lessing e outros, mas a empresa fechou em dois anos, uma aventura quixotesca que Eric considerou simbólica da inviabilidade e da falta de um propósito claro da maior parte da Nova Esquerda.[212]

O projeto seguinte de Samuel, lançado alguns anos mais tarde, foi mais bem-sucedido. Foi o movimento "History Workshop", nascido no fim dos anos 1960, por meio do qual acadêmicos simpatizantes e estudantes uniriam forças com trabalhadores que estivessem escrevendo a própria história. Os Workshops de História anuais eram acontecimentos estimulantes, com mais de mil participantes em cada ocasião e palestras pioneiras e textos dos alunos de Samuel, homens e mulheres maduros de formação nas classes trabalhadoras. Eric os definiu como "a coisa mais próxima da Durham Miners' Gala[1*] para historiadores militantes, tanto profissionais como, em números substanciais, para não profissionais: uma mistura ímpar de conferências eruditas, manifestações políticas, encontros nostálgicos e feriados prolongados".[213] Mas ele tinha suas dúvidas sobre a vigorosa, porém eclética, categoria da "história do povo" que o Wokshop procurava promover:

> Sua força e fraqueza hoje são a de ser amplamente inspiradora: uma recuperação dos ancestrais, uma busca pelos mudos e inglórios Hampdens e Miltons nas aldeias, que podemos mostrar que não foram nem mudos nem inglórios, uma transformação do passado, por meio da identificação, em um épico do dia a dia [...]. O problema com esse tipo de história [...] é o de sacrificar a análise e a explanação em prol da celebração e da identificação.

---

1 * Grande encontro anual realizado no segundo sábado de julho na cidade de Durham, na Inglaterra. (N.T.)

Eric não era o único historiador de esquerda a se frustrar com o caos ao redor de Samuel, um escritor brilhante que realizou menos que poderia ter realizado, principalmente por causa de sua maneira desorganizada de trabalhar. Era comum vê-lo quase soterrado sob montanhas de livros e publicações especializadas na Sala de Leitura do Museu Britânico, e quando produzia um artigo era em geral a partir do meio de uma semelhante pilha de cadernos de anotação e fichários que levava para os seminários. Depois de ouvir uma palestra dele em 1969, Eric lhe deu um conselho muito necessário:

Se você se perder em material contemporâneo a fim de recriar o passado, em que isso difere (exceto na matéria em questão) do tipo tradicional de história da qual queremos nos libertar? *Ponha alguma coisa no papel.* Essa sua conversa, desbastada de 80% das citações que na verdade a tornam tão volumosa, daria um bom artigo para a P&P [*Past & Present*]. Você só precisa tornar explícitas as conclusões implícitas nela. Por favor, não se incomode com a minha pressão. Você é tão talentoso, e o seu estudo é tão importante, que seus amigos não querem ver você e seu trabalho desperdiçados.[214]

"Obras póstumas", acrescentou Eric causticamente em resposta à resposta de Samuel, com a qual tentara se defender ao afirmar que estava preparando um bocado de livros e artigos, mas que demoraria muito tempo e por isso só poderiam ser publicados após sua morte (ele tinha 42 anos à época), "são *escritas* durante o tempo de vida do autor, e só publicadas depois de sua morte. Se os escritos forem adiados por muito tempo, tendem a não ser realizados: então, não existe obra nenhuma (cf. Acton)."[215] De fato, lorde Acton, historiador do fim da era vitoriana, acumulou uma grande quantidade de conhecimento, como atesta sua coleção de cadernos cheios de anotações, preservados na Biblioteca da Universidade de Cambridge, mas sempre achou que havia algo mais a aprender e por isso nunca publicou nada.

Por essa razão, Eric mostrou-se cético quando, em 1976, na sequência de uma série de volumes de ensaios pioneiros extraídos do trabalho de seus alunos e colegas simpatizantes, Samuel lançou o *History Workshop Journal*, um empreendimento que o pôs em dificuldades financeiras. Em 1977, ao ser solicitado para fazer uma doação para manter o projeto à tona, Eric não foi nada solidário. Baseado em sua experiência com a *Past & Present*, ele disse a um dos editores da publicação:

Desde o começo eu achei que isso não podia funcionar. É grande demais – o que pode ser progressista em se comprometer com edições regulares tamanho jumbo que, como é evidente, não podem ser preenchidas sem enchimento? É barata demais. Nunca chegou a ter 2.500 a 3 mil assinantes e, com esse preço, isso precisaria acontecer *imediatamente*. Em resumo, parecia um típico empreendimento de Raph Samuel. Imaginei que afundaria em três edições, e é evidente que vai afundar, sem alguma ajuda externa.[216]

De fato, Raphael Samuel manteve um longo recorde de projetos iniciados que foi incapaz de concluir; sua bibliografia é atulhada de obras de dois volumes dos quais só o primeiro chegou a ser lançado. Depois de sua morte prematura em 1996, aos 61 anos, seus amigos produziram uma coleção em três volumes de seus ensaios, *Teatros da memória*, dos quais somente dois volumes foram publicados.

Talvez não surpreenda que os History Workshops tenham se tornado palco de acrimoniosas disputas entre diferentes facções da esquerda enquanto duraram, sendo tomados por professores radicais do ensino médio e acadêmicos de esquerda, deixando de lado os trabalhadores e ativistas sindicais cujos textos contando a própria história dominavam os primeiros encontros. Os Workshops diminuíram e acabaram deixando de existir no início dos anos 1990, assim como os próprios sindicatos se reduziram sob o ataque do thatcherismo. Porém, apesar das previsões de Eric, o *History Workshop Journal* sobreviveu, tornando-se cada vez mais acadêmico, mantendo-se à tona reduzindo o número de páginas e aumentando o número de assinantes. Em uma resenha mordaz, David Cannadine descreveu a trajetória do movimento History Workshop como "um dos exemplos mais espetaculares de *embourgeoisement* dos anos 1970", ao seguir "o caminho já trilhado por aquele primeiro *enfant terrible*, *Past and Present*, passando de uma oposição amotinada a um respeitável dissenso".[217] Menos bem-sucedida foi a tentativa imatura de Samuel de converter as reuniões em uma instituição acadêmica, o Centro de História Social, registrado como uma companhia limitada da Companies House. Eric concordou em ser um dos diretores, mas logo percebeu que a entidade era tão mal gerida que deixou de declarar suas contas e ele começou a receber cartas intimidantes da Companies House ameaçando-o e a outros diretores "com penalidades terríveis". O Centro chegou a ignorar o pedido de Eric de ser excluído da diretoria. No fim tudo acabou sendo acertado, mas Eric não escondeu sua irritação.[218]

Eric achava que outros membros da Nova Esquerda também poderiam ser intelectualmente indisciplinados. Segundo Eric, Edward Thompson, por exemplo, era um escritor genial, mas "a natureza se omitira de providenciar para ele um subeditor inato e uma bússola inata", por isso lhe faltava a capacidade de se expressar com brevidade e ele sucumbia à tentação de se deixar levar por temas marginais.[219] Mas, na visão de Eric, a natureza caótica da Nova Esquerda era apenas uma das razões para seu isolamento e ineficácia. O principal problema era não ter uma expressão organizacional. Ademais, a característica basicamente de classe trabalhadora do Partido Comunista permanecia inalterada, e intelectuais continuavam a mal serem tolerados em suas fileiras. Tentando tirar vantagem da revolta do ativismo estudantil de esquerda no fim dos anos 1960, o Partido nomeou Martin Jacques, um estudante de graduação de 22 anos, para sua executiva. Mas, como Jacques veio a perceber:

> Havia quase uma muralha entre as gerações [...]. Eu me sentia como um marciano na executiva do Partido Comunista [...]. Eles chegavam usando as roupas conservadoras do movimento trabalhista britânico. Eu me vestia no estilo da época. Usava suéter. Quando ia ao Congresso, era o único no local que não estava de terno.[220]

O mesmo poderia ser dito do Partido Trabalhista. Em termos de organização política, não havia para onde a Nova Esquerda pudesse ir.

Mas ainda assim o movimento foi bem mais influente do que Eric às vezes afirmava. Isso se tornou muito claro em 1968, quando o descontentamento estudantil por toda a Europa e nos Estados Unidos irrompeu numa maciça onda de protestos e demonstrações, abalando os alicerces não só da educação superior como de governos. Eric estava em Paris em 8-10 de maio de 1968, participando de uma conferência organizada pela Unesco para assinalar o aniversário de 150 anos de Karl Marx. Durante a Guerra Fria, era natural que a organização tivesse de pagar o devido tributo aos interesses intelectuais dos Estados comunistas do bloco oriental, e a conferência, realizada em seu quartel-general, localizado na capital francesa, foi o resultado. Segundo Eric, a conferência

> foi de alguma forma reconhecidamente eclipsada pelos acontecimentos no Quartier Latin, que Marx poderia ter considerado um conveniente lembrete de sua existência. As pichações, feitas às pressas com carvão ou

tinta nas paredes da Rue d'Ulm e da Rue Gay-Lussac, entre os escombros das barricadas e a persistente irritação do gás lacrimogênio, com certeza teriam sido ao gosto do grande revolucionário: "*Vive la Commune 10 Mai*" ou: '*Camarades si tout le peuple ferait comme nous?*".[221]

Eric ficou desalentado com a rigidez e o dogmatismo dos participantes europeus orientais na conferência, considerando mais estimulantes aqueles que desejavam que as análises de Marx fossem atualizadas. Entre eles estavam os estudantes radicais, cujas demonstrações de massa em 6 de maio e depois em 10 de maio marcaram o verdadeiro início das revoltas daquele ano.

Eric observou que houve dois estágios nos "acontecimentos" de 1968 na França. No primeiro, entre 3 e 11 de maio, os estudantes se sublevaram espontaneamente, em protesto contra as condições que eram obrigados a aguentar no novo mundo de educação superior de massa. No segundo, de 14 a 27 de maio, receberam o apoio de uma greve geral de trabalhadores parisienses, que mais uma vez confundiram o governo e comentaristas conservadores, criando a possibilidade real de uma genuína revolução política. A essa altura o presidente de Gaulle, que havia exercido uma repressão moderada ao movimento estudantil, o que só resultou em sua radicalização, chamou o exército. Mas a recuperação da coragem de De Gaulle, as divisões da oposição – entre comunistas e socialistas, trabalhadores e estudantes – condenaram a revolução ao fracasso. Aos estudantes faltava o tipo de programa político coerente que só um partido organizado poderia lhes fornecer.[222] De sua parte, os comunistas, como observou Elise Marienstras, ficaram chocados com a explosão utópica da juventude nas ruas de Paris em 1968 e não souberam como tirar proveito daquilo.[223]

Neal Ascherson lembrou-se de ter ouvido uma palestra de Eric para estudantes em Berlim Ocidental, no auge da revolta estudantil que também se disseminava pela ex-capital da Alemanha. Os estudantes o convidaram

> e Eric foi, pois é claro que o nome dele apareceu muito quando todo o movimento estudantil começou em Berlim Ocidental [...]. Sua atitude em relação a tudo aquilo foi razoavelmente severa ou austera. Quero dizer, ele achou que era realmente uma coisa infantil e que não daria em nada, pois não se baseava numa análise de classes correta e tudo mais, e era frívola – garotos de classe média fazendo quebra-quebra [...]. Todo mundo estava pensando "será que ele vai dizer que nos apoia?", e ele não apoiou.[224]

Apesar de todo o ceticismo de Eric, talvez Ascherson estivesse dando muita ênfase ao lado negativo de sua visão de 1968. Como Eric observou em julho daquele ano, ninguém achava que os estudantes iriam criar uma revolução genuína, "mas um mês depois, 10 milhões de trabalhadores estavam em greve – e *não* exatamente por questões econômicas tampouco. Uma situação nova fez aflorar potenciais revolucionários".[225] Não era inevitável que esses potenciais nunca se materializassem. Olhando em retrospectiva para a revolta estudantil quarenta anos depois, Eric admitiu que foi uma experiência seminal para os jovens, uma experiência da qual ele já estava muito velho para participar; seu legado político podia ter sido pequeno, mas pelo menos estimulou uma nova geração de políticos de esquerda que ganhou proeminência nas décadas seguintes.[226]

No verão de 1968, outra dramática série de acontecimentos se desencadeou na Europa, desta vez na Checoslováquia comunista. Mais cedo naquele ano, o governante linha-dura e stalinista do país havia sido deposto e o Partido Comunista de Praga assumiu o poder com Alexander Dubček, que com seus associados começou a mudar o regime para uma direção mais liberal e mais democrática. Suas reformas provocaram críticas cada vez mais veementes de Moscou, até que finalmente, em 21 de agosto, soldados soviéticos, auxiliados por forças de outros países do Pacto de Varsóvia, inclusive a Alemanha Oriental (o que despertou lembranças infelizes da ocupação alemã anterior, trinta anos antes), invadiram o país, prenderam Dubček e a liderança liberal comunista e reestabeleceram um governo stalinista de linha-dura. O fato de Eric não se envolver em todos os amargos debates sobre a invasão que agitaram os círculos da liderança do Partido Comunista Britânico foi uma medida de seu distanciamento da instituição. Dez anos mais tarde, ele deixou bem claro seu apoio ao modelo do socialismo democrático do regime de Dubček em longo artigo para *Marxism Today*, a revista dos intelectuais do Partido.[227]

Assim, a posição ideológica de Eric no fim dos anos 1960 e início dos anos 1970 estava longe de ser simples, um fato ilustrado fartamente por uma coletânea de artigos curtos e basicamente não acadêmicos intitulada *Revolucionários: ensaios contemporâneos*, publicada em 1973 pela Weidenfeld & Nicolson. Nesse caso ele se distanciou tanto do comunismo ortodoxo como das teorias exóticas da Nova Esquerda. Em um dos ensaios, publicado pela primeira vez em 1969, ele abordou o vínculo, exposto explicitamente por Wilhelm Reich e implicitamente por Herbert Marcuse, entre a permissividade sexual e a revolução sociopolítica, um vínculo que se traduziu da teoria à prática com considerável entusiasmo na rebelião estudantil de 1968, aproveitando-se da introdução da pílula anticoncepcional no início da década. Eric jogou água fria nessa ideia ao lembrar que a maioria das revoluções foram puritanas em sua abordagem da sexualidade. "Os Robespierres sempre ganham dos Dantons", observou, reproduzindo uma frase semelhante de *A era das revoluções*. A revolução sexual já tinha acontecido na sociedade burguesa na época em que a rebelião estudantil começou. Era algo irrelevante para a questão da revolução social.[228]

Revolucionários teve muitas resenhas. Alguns críticos ficaram surpresos com a postura política de Eric, mais aberta agora do que em suas obras históricas. *The Economist* considerou que poucos leitores "bateriam os calcanhares quando o rosnado do comissário surge em sua prosa aprazível". Parece que Eric achava que a política dos estudantes revolucionários lembrava as do movimento anarquista do velho estilo mais que qualquer outra coisa.[229] Tom Kemp, da Universidade de Hull, autor de alguns livros simplistas porém úteis sobre a história da economia da França e membro do grupo trotskista de ultraesquerda liderado por Gerry Healy, que se dividiria em oito ou nove diferentes *grupelhos* quando foi revelado que Healy abusava rotineiramente de suas jovens seguidoras, condenou Eric como um "sofisticado apologista" do comunismo ortodoxo. Eric era, afirmou Kemp, "uma valiosa condecoração do tisnado brasão do stalinismo britânico".[230] No entanto, o sociólogo americano David Halle achou que Eric

> obviamente se considera um marxista, mas o que ele quer dizer com isso não está claro. Ele rejeita dogmas e sectarismos e se recusa a igualar o marxismo com qual seja o conjunto de crenças que os russos ou qualquer outro partido comunista mantenha em qualquer momento. Mas ainda assim ele implica a existência de algo que pode ser chamado de marxismo "correto". O que isso poderia ser é difícil determinar.[231]

Ainda assim, por menos clara que fosse sua natureza exata como ideologia, o comunismo de Eric, como todos os resenhistas a não ser Tom Kemp pareceram concordar, era muito pouco convencional.

O jornalista americano e cruzado anticomunista Arnold Beichman disse que Eric era "o tipo de comunista que, se vivesse na União Soviética, estaria num asilo para lunáticos arrependendo-se de seus desvios ou tentando obter um visto para Israel".[232] E de fato, como Eric observou depois: "Nenhum de meus livros nunca foi publicado na Rússia no período soviético [...]. Na Hungria, sim. Na Eslovênia, sim. Era preciso escrever dentro de uma diretriz direta, e tudo que escrevi não se encaixava".[233] O filósofo político de Oxford, Steven Lukes, também reconheceu que "a posição política de Hobsbawm é distinta e cada vez mais se desvia da linha ortodoxa".[234] O marxólogo Leszek Kolakowski, cuja posição foi gradualmente mudando para a direita depois de sua fuga da Polônia, achou que o livro mostrava a "posição desconfortável de alguém que tenta combinar a abordagem clássica marxista em estudos históricos, a abordagem leninista clássica em lealdades políticas e a determinação de manter os padrões tradicionais de conduta intelectual".[235]

X

Na esteira do sucesso de *A era das revoluções*, Eric foi bombardeado por propostas de várias editoras e, lisonjeado pela atenção e persuadido por seu agente, aceitou mais do que poderia cumprir. Também lançou seus próprios esquemas editoriais, que consumiriam muito tempo. Em 1964 Eric abordou Weidenfeld com a proposta de uma série chamada "Epochs of England", "uma sequência de dez livros cobrindo a história social do povo inglês desde o período da Regência até o presente". Cada livro cobriria um período relativamente curto e não teria mais de 60 mil palavras, com "40% do número total de páginas com ilustrações". Os autores deveriam ser "historiadores jovens e escritores de formação católica, não acadêmicos em atividade".[236] No decorrer das conversas com o editor, o título original da série foi descartado e o escopo se ampliou para o que se tornou uma "History of British Society". A busca por autores, conduzida por Eric com grande persistência, no fim acabou contando com acadêmicos em atividade, apesar de suas intenções originais. Os volumes incluíam o livro de sucesso de Geoffrey Best, *Mid-Victorian Britain*. Houve problemas específicos com o volume sobre os eduardianos, do jovem precursor da história oral Paul Thompson. Mesmo Eric considerou que o livro continha "citações demais em tamanho excessivo"[237] – uma falha comum em obras sobre história oral, que à época tinha uma forte tendência ao fetiche de minuciosas entrevistas gravadas com testemunhas contemporâneas da história. Os editores o consideraram um livro-texto menos útil que os outros volumes e propuseram publicá-lo somente em capa dura. Eric ficou furioso. "Fiquei sabendo e absolutamente horrorizado", escreveu a George Weidenfeld em 30 de abril de 1975, "que sua empresa resolveu lançar o livro de Paul Thompson sobre os eduardianos, que é parte da série sobre história social que eu edito, *apenas* numa edição de capa dura de mil exemplares ao preço de £ 10 [...]. O livro só será comprado por um punhado de bibliotecas." Os estudantes não poderiam comprá-lo. Um "truque grosseiro de vigarice" estava sendo feito com os autores, que acreditavam estar escrevendo para o mercado estudantil. "A não ser que essa decisão seja rescindida", alertou, "você realmente não me deixa outra escolha a não ser desistir formal e publicamente da edição da série e explicar a qualquer um que queira saber a razão de eu fazer isso."[238] O livro acabou sendo impresso em brochura. No entanto, como acontece com frequência em tais empreendimentos, só uns poucos livros do projeto foram afinal impressos.

Em 1966 Eric assinou um contrato com Weidenfeld para um livro intitulado *History of Revolution*, recebendo um adiantamento de 4 mil libras.[239] Mas pouco depois ele postergou o projeto em troca de uma oferta melhor, um estudo comparativo de revoluções, um de uma série de 12 volumes sobre aspectos-chave da história.[240] O projeto encontrou certas dificuldades, pois a série ("contendo alguns autores de alto calibre e muito bem pagos", como observou David Higham) seria publicada no Reino Unido por Jonathan Cape com os serviços do agente literário Hilary Rubinstein. Eric perguntou a George Weidenfeld se esse acordo não o incomodava e, como relatou Higham, como Weidenfeld era o editor regular de Eric, "George se sentiu extremamente incomodado e disse isso e depois me ligou e nesse momento nós falamos do assunto".[241] Cape rejeitou a ideia de uma publicação em conjunto, pois pareceria estranho à luz do fato de que todos os outros volumes da série de 12 terem sido publicados só por eles. Por sua vez, Weidenfeld se mostrou "realmente chocado pela falta de cooperação da parte deles". Em vista dessas discórdias, Eric se retirou da série, apesar de manter a intenção de escrever um livro sobre revoluções a longo prazo (a ser entregue em quatro anos, estimou seu agente, com otimismo).[242] O livro sobre revoluções de Eric agora teria o título de *The Pattern of Revolutions*, mas, como observou David Higham em 1968 depois de falar com Eric pelo telefone, "Hobsbawm não [tem] certeza de que deseja escrevê-lo".[243]

Pouco depois Eric recebeu outra proposta, de outra editora americana, a Prentice-Hall, que queria que ele contribuísse com um texto para um livro com diversos autores chamado *Europe Since 1500*. Cada seção teria a extensão de um livro curto. O objetivo era recrutar as maiores autoridades sobre cada um dos quatro grandes períodos a fim de assegurar a maior utilização possível para ensino em faculdades. O editor-geral do livro seria H. Stuart Hughes, um historiador cujos textos sobre a história do pensamento moderno vinham exercendo uma grande influência tanto academicamente como de forma mais geral. Seu trabalho seria "garantir que o livro seja um volume coeso e ajudar os autores britânicos, se necessário, com um equilíbrio transatlântico".[244] A seção medieval seria escrita por Richard Southern, um destacado medievalista de Oxford.[245] A seção sobre o século XVI seria escrita por A. G. Dickens, eminente historiador da Reforma na Inglaterra e no Continente. Outro autor contratado era Maurice Ashley, um ex-assistente de pesquisa de sir Winston Churchill. Southern e Dickens já tinham produzido obras importantes, mas Ashley só havia escrito textos meio amenos para estudantes sobre a Guerra Civil Inglesa.

Eric calculou que sua seção sobre a virada do século XIX para o século XX teria de 350 a 400 páginas, e disse a seu agente que precisaria de um assistente para a pesquisa.[246] A Prentice-Hall concordou com a nova quantia e ainda se ofereceu para pagar mil dólares, ou mais se necessário, para um assistente de pesquisa para "melhorar o cronograma" de Eric.[247] Porém, em 27 de agosto de 1969 a agência informou à editora que "o problema com Hobsbawm é na verdade que ele tem dois livros para escrever antes do livro da Prentice-Hall. No momento ele não vai se comprometer com uma data de entrega que não seja no fim de 1973".[248] Mesmo assim, em 1970 ele assinou o contrato, e os editores disseram a Eric que "nosso entusiasmo pelo projeto e nosso prazer em tê-lo como um de nossos autores permanecem ilimitados".[249] Porém, Eric começou a ter dúvidas quando foi aos Estados Unidos em outubro de 1970 e fez uma visita aos escritórios da Prentice-Hall em Englewood Cliffs, em Nova Jersey.[250] Colegas que encontrou em Harvard o informaram que o adiantamento de 10 mil dólares oferecido estava bem abaixo do esperado, ou na verdade até menos, como explicou Higham, do que ele poderia ganhar se publicasse o trabalho no Reino Unido como um livro isolado, pois seria "em si uma grande contribuição para seu *opus* pessoal". "No momento", ele continuou:

> Eric não precisa de dinheiro imediato – na verdade é um acadêmico e autor muito bem pago. O adiantamento é pago em parcelas, como você sabe. A substancial quantia que ele quer receber da Prentice-Hall é também uma soma a ser paga no longo prazo. A quantia que ele quer garantida é de 100 mil dólares, e ele concordaria em receber 10 mil dólares por ano.

Havia ainda outra dificuldade, talvez insuperável. "Entre os colaboradores desse volume, ele não dá muito crédito a um homem chamado Ashley: valoriza bem mais um homem chamado Dickens", informou Higham. "Mas a verdadeira questão é que esses dois homens já entregaram suas partes do livro e em cada caso essas partes estão sendo publicadas em livros separados." Mas Eric sequer tinha começado a escrever sua parte, que cobriria o período moderno. Assim, se e quando ele a concluísse, o livro consistiria de sua contribuição e duas outras que já teriam sido lançadas como livros. Higham explicou que "isso prejudica gravemente as possibilidades da grande vendagem a que o volume como um todo se propunha".[251]

Em 22 de fevereiro de 1971, a Prentice-Hall voltou com uma proposta melhor, de 35 mil dólares.[252] Eric achou a proposta "muito atraente" e também considerou aceitá-la.[253] Mas a agência discordou.[254] Em 19 de março, seguindo o conselho de Higham, Eric rejeitou a proposta de 35 mil dólares e pediu 50 mil dólares, que foi aceita, resolvendo a questão no momento.[255]

Bem distante de tudo isso, Weidenfeld vinha fazendo pressão para que Eric escrevesse uma continuação do muito bem-sucedido *A era das revoluções*. Outro contrato foi devidamente assinado. Em outubro de 1969 Eric respondeu a um questionamento de Weidenfeld sobre o progresso do "livro pós-revoluções" informando: "Já estou com a substância de três capítulos e meio dos cerca de 15 capítulos completa e estou de fato no meio do trabalho. Se tivesse tempo para me dedicar inteiramente ao livro eu certamente estaria com ele pronto em seis meses, mas é claro que em termos de tempo não será possível trabalhar intensivamente no manuscrito". Ele não se sentia mal ao entregar depois da data marcada, teve de confessar.[256] A data de entrega foi adiada diversas vezes, inclusive por causa do tempo despendido na mudança para a casa da Nassington Road, como Eric escreveu em 19 de novembro de 1970:

> Eu estava seguindo em frente muito bem até minha esposa resolver vender/comprar/reformar casas, que é um negócio que exige tempo, e tão complicado que me obrigou a guardar minha biblioteca num depósito por alguns meses. Só agora os livros foram desembalados. Já estou com a metade do livro, mas não vou conseguir terminar no fim de 1970. Ainda tenho esperança de concluí-lo até o fim de março, mas, veja, não posso garantir [...]. Duvido que o livro possa estar pronto antes do término de 1971, principalmente porque ninguém ainda pensou nas ilustrações.[257]

Em agosto de 1971, Bruce Hunter, assistente de David Higham, garantiu a Julian Shuckburgh, da Weidenfeld & Nicolson, que Eric pretendia entregar o manuscrito completo no fim do ano.²⁵⁸ Mas apesar das pressões de Hunter, preocupado com o fato de Eric já ter recebido a maior parte do adiantamento pelo livro e "de ter supostamente escrito a maior parte", ele não parecia nem perto de concluir o texto em 1972.²⁵⁹ Weidenfeld tinha planos de publicar o livro naquele ano, e as exigências da equipe editorial eram tão inoportunas, transmitidas por meio de David Higham, que Eric simplesmente parou de responder suas cartas por algum tempo.²⁶⁰

No verão de 1971 Eric estava seriamente assoberbado. Em 22 de julho David Higham foi obrigado a dizer a Eric que "Julian Shuckburgh da Weidenfeld escreveu de novo perguntando 'como ele via agora seu planejamento do livro' e quando eles iriam ver os três livros encomendados". Havia o contrato com a Prentice-Hall, depois *Revolutionaries*, o livro de ensaios "político-históricos" ("para ser entregue sem falta em maio") (na verdade só foi entregue em 1972), a sequência de *A era das revoluções* e o livro sobre revoluções em geral ("Se você tiver uma previsão sobre a data de entrega desse livro, sei que Shuckburgh ficaria feliz em saber – assim como nós").²⁶¹ Eric estava sob constante pressão dos editores por seus manuscritos.²⁶² Estava claro que alguém tinha de ceder. No fim, o livro sobre revoluções jamais foi escrito, nem a seção combinada com a Prentice-Hall, embora só em 6 de fevereiro de 1987 a agência de David Higham tenha afinal cancelado o contrato assinado por Eric em 1970. "Não é um livro que Eric Hobsbawm tenha qualquer interesse em escrever e ele prefere que o acordo seja definitivamente cancelado."²⁶³ E assim foi.

Bem antes desses acontecimentos, o sucesso de Eric como escritor finalmente estava garantindo sua segurança financeira. Em 22 de junho de 1961 ele recebeu um adiantamento de 200 libras pelo que se tornaria *Indústria e império*, e uma quantia menor, de 75 libras, por *Os trabalhadores*. O adiantamento foi de fato muito modesto, pois os cheques correspondentes aos direitos autorais de *Os trabalhadores* começaram a chegar: quase 200 libras em junho de 1965, por exemplo, e mais 234 libras em novembro do mesmo ano, com mais 166 libras entrando no ano seguinte, principalmente por conta de uma edição em japonês; uma edição nos Estados Unidos rendeu mais 233 libras em 1967. O livro continuou vendendo regularmente, com 1.566 exemplares saindo das prateleiras só em 1968, e mais 828 exemplares em formato brochura vendidos em 1974: Eric estava claramente se beneficiando do interesse pela história trabalhista no ensino e de pesquisas realizadas nos últimos anos. Conseguiu um adiantamento de 150 libras por *Bandidos* e quantias significativas já sendo pagas por *Indústria e império* por direitos autorais no exterior e outros subsidiários: em 1960, Eric recebeu 729 libras pelo livro no seu primeiro ano de publicação, já descontada a comissão dos agentes. O livro continuou vendendo bem, inclusive graças ao seu uso disseminado como livro de história didático de economia nas novas universidades que proliferaram nos países de língua inglesa nos anos 1960 e no início dos anos 1970. Na segunda metade de 1972, o livro vendeu mais de 10 mil exemplares, e na primeira metade de 1975, 6.837 exemplares. O sucesso de Eric como escritor aumentou seus adiantamentos em direitos autorais, refletindo a confiança cada vez maior dos editores na expectativa de venda de seus livros. Em 1972, André Schiffrin, da Pantheon Books de Nova York, pagou 2.500 dólares por *Revolucionários*, sua coletânea de ensaios contemporâneos. Essas quantias podem parecer insignificantes pelos padrões do século XXI, porém nos anos 1960, somadas, elas chegavam a mais do que a média anual do salário de um professor universitário já bem antes do fim da década.[264] "O número de escritores que consegue viver só de seus livros caberia num quarto não muito grande", escreveu Eric em 1964. A maioria deles não ganhava mais do que recebia em média um datilógrafo pelo seu trabalho. Eric ainda precisava do salário da Birkbeck para sustentar a família. Mas ao menos agora ele estava financeiramente seguro.[265]

No geral, os anos 1960 e começo dos 1970 foram um período de espantosa produtividade para Eric, com a publicação de uma série de livros e coletâneas de ensaios – *A era das revoluções*, *Bandidos*, *Mundos do trabalho*, *Indústria e império*, *Revolucionários* e *Capitão Swing* – além da edição de Marx-Engels e uma série de livros de que foi editor. Assim como outros historiadores marxistas ingleses, Eric se sentia independente por ter se livrado das restrições políticas e intelectuais do movimento comunista britânico. O casamento com Marlene e o nascimento de seus dois filhos propiciaram a estabilidade que tanto faltara nos anos 1950, proporcionando felicidade e satisfação a Eric. Seus interesses tinham se ampliado de forma notável, abrangendo especialmente a história recente e as políticas contemporâneas da América Latina. Engajou-se mais intimamente que antes com o legado teórico do marxismo. Pela primeira vez, desfrutava de sucesso financeiro pessoal e acadêmico. Ao lado de Edward Thompson, começava a exercer uma poderosa influência intelectual nas novas gerações de historiadores que chegavam às universidades, que aumentaram em número na esteira do Robbins Report.²* Contudo, o afastamento sob todos os aspectos a não ser o formal do Partido Comunista deixou Eric politicamente à deriva, e só nos anos 1980 ele voltou mais uma vez a se engajar diretamente com a política da Grã-Bretanha. Sua crescente reputação e o impacto de suas publicações asseguravam que ele seria ouvido com respeito. Mas a mensagem que tinha a transmitir estava muito longe dos dogmas e das doutrinas do Partido Comunista da Grã-Bretanha.

---

2 * Publicado em 1963 sob iniciativa do Comitê de Educação Superior, o relatório recomendava a expansão de universidades e que todas as faculdades de alta tecnologia ganhassem status de universidade. Como consequência, o número de universitários em tempo integral aumentou de 197 mil no ano acadêmico de 1967-1968 para 217 mil no ano acadêmico de 1973-1974. (N.T.)

8

"GURU INTELECTUAL"

1975-1987

Eric demorou muito tempo para concluir o manuscrito da prometida sequência de *A era das revoluções*. Mesmo depois de o texto chegar à editora, Eric continuou mandando inúmeros acréscimos e alterações. O arquivo de livros da Weidenfeld & Nicolson está cheio de páginas substituídas, trechos riscados, correções e alterações a lápis ou tinta verde. Eric só entregou as epígrafes que prefaciavam cada capítulo num estágio bem posterior.[1] Seu novo editor, Andrew Wheatcroft, quis inúmeras alterações nos capítulos iniciais, principalmente para reduzir as sobreposições com *A era das revoluções* ("Será que você não poderia começar o capítulo mais ou menos na página 24 (b)", escreveu a Eric em resposta a um dos primeiros esboços, só para dar um exemplo entre muitos outros).[2] Com mudanças indo e voltando de autor para editor e vice-versa, não surpreende que a conclusão do livro tenha se atrasado várias vezes.

A certa altura durante o processo, o título do livro mudou. Originalmente iria se chamar *The Age of Steam-Power*, mas quando Eric foi corrigir as provas tipográficas, em junho de 1975, já tinha mudado para *A era do capital*.[3] Talvez isso refletisse o foco do livro na era de prosperidade e expansão da Europa desde o malogro das revoluções de 1848 até o colapso econômico de 1873 e a consequente depressão. *A era do capital* foi afinal publicado em outubro de

1975, como mais um volume no ambicioso projeto *History of Civilization*. O livro teve uma primeira impressão em capa dura de 4 mil exemplares, com mais 2 mil a serem publicados pela Scribner's de Nova York. O adiantamento de direitos autorais foi de 2 mil libras para a edição no Reino Unido e de 2.350 libras para cada uma das edições americana, italiana, francesa, alemã e espanhola. Em 20 de outubro de 1977 o livro foi publicado em formato brochura pela Sphere e rendeu a Eric um adiantamento adicional de 500 libras.[4] Os direitos autorais foram relativamente altos, de 12,5% nos primeiros 4 mil livros, subindo para 15% a partir de 10 mil e 17,5% nas vendas subsequentes.[5] Foram termos generosos para a época, que refletiam o sucesso de *A era das revoluções*.

Assim como seus antecessores, o novo trabalho tinha como objetivo o leitor leigo; estudantes poderiam consultá-lo em busca de ideias, mas alguns resenhistas acreditaram que eles ainda precisavam de livros com uma narrativa mais antiquada para obter uma orientação básica.[6] O historiador de economia americano Herbert Kisch, da Universidade do Estado de Michigan, concordou: como se pode esperar que os estudantes de classe média do Meio-Oeste consigam entender as muitas alusões e visões culturais com um passado apolítico de ignorância cultural?[7] Eles precisariam de algumas leituras mais sérias de formação para assimilar o que e quando aconteceu antes de voltarem a enfrentar o livro. E, de fato, o livro tinha a mesma estrutura temática ambiciosa de *A era das revoluções*, com os 16 capítulos divididos em duas partes, "desenvolvimentos" e "resultados", e prefaciado por um capítulo introdutório narrando e analisando os acontecimentos de 1848-1851. Assim como o anterior, começava com a economia, depois partia para a sociedade e a política antes de cobrir os mundos rural e urbano, classes sociais, ciência, cultura e as artes na segunda parte do livro. O escopo geográfico era mais amplo que o do anterior, refletindo a expansão do impacto da "revolução dual" no período abordado.[8] O foco era europeu, como observou o historiador da Grã-Bretanha vitoriana J. F. C. Harrison, mas o contexto era global.[9]

A mais brilhante e combativa de todas as resenhas do livro foi uma longa discussão no *Times Literary Supplement* do historiador de economia americano David Landes, autor de *Prometeu desacorrentado* (1969), um estudo soberbo de inovações tecnológicas e seu impacto na Revolução Industrial. Ele começou a resenha num estilo bem atualizado:

> Eu adoro ler Eric Hobsbawm. Ele sabe tanto; lê tudo; traduz poesia alemã para o inglês rimado; e sobre o que quer que escreva, tem sempre alguma coisa importante a dizer. Também discordo muito dele, de forma que ler um de seus livros ou artigos é como um jogo de *squash*: você sai cansado, porém revigorado e se sentindo virtuoso pelo esforço.[10]

Landes detectou inúmeros exemplos de vieses no apanhado do livro. Processos que outros poderiam considerar positivos, como a legalização dos sindicatos ou as grandes migrações de europeus pobres e perseguidos que atravessaram o Atlântico em direção às Américas, eram explicados no livro como aspectos da exploração capitalista. Não havia lugar para o idealismo: a Guerra Civil Americana, de acordo com Hobsbawm, girava toda em torno da efetiva exploração do trabalho e da liberação de território para o capitalismo, não pela abolição da escravidão ou pelo ideal de liberdade e dignidade humanas. Os interesses comerciais eram tudo. A disseminação do capitalismo para regiões do mundo fora da Europa só levou a mais exploração (Landes tinha uma visão positiva dos efeitos econômicos do colonialismo com que poucos concordariam nos dias de hoje).

A exemplo de outros críticos, ele viu uma falha no livro ao negligenciar, ou a subestimar a força do nacionalismo, entre outros pontos. Landes discordou ainda da explicação apresentada pelo livro do fracasso da revolução de 1848 em termos do temor da burguesia em relação à revolta proletária, bem como a facilidade com que os camponeses foram comprados pela reforma agrária (na verdade, o argumento de Eric passou pelo teste do tempo).[11] Ainda mais imprecisa foi a objeção de Landes à maneira como o livro tratava o nacionalismo como uma ideologia, como o socialismo e o comunismo (mas o que mais seria?). A visão cor-de-rosa de Landes dos empregadores das fábricas como "bons pais e provedores para os trabalhadores" e dos empregados como "dóceis" ou até "obedientes, embotados e burros" já vinha sendo detonada por diversos estudos de protestos de trabalhadores, organizações sindicais, greves e revoltas, acontecendo em paralelo com muitas demonstrações de práticas cruéis de intimidação gerencial e autoritarismo. Landes tinha seus próprios vieses, que batiam de frente com os de Eric: para ele, a política de massa dos trabalhadores desembocou na "equanimidade do terror", enquanto as políticas da burguesia, dentro e fora da fábrica, levaram simplesmente à "desigualdade da influência".

"De maneira geral", concluiu Landes, "*A era do capital* é o retrato de um sistema desagradável gerido por pessoas desagradáveis." Era "reducionista" e Eric era "uma vítima da doutrina". Era sistematicamente parcial, por exemplo, em sua incondicional admiração por Karl Marx e seu tratamento sarcástico de outros pensadores, como o positivista Auguste Comte. O livro era "sistemático demais, talvez até cerebral demais" em seu tratamento da sociedade. "Falta ao povo de Eric a substância que acompanha a empatia e a intimidade." No fim o livro era "profundamente a-histórico ou até anti-histórico", e ainda que estudantes e "leigos inteligentes" devessem realmente ler *A era do capital*, "o livro deveria conter um aviso de MANUSEIE COM CUIDADO". A resenha de Landes pode ser justificavelmente considerada a resposta do porta-voz do capitalismo ao crítico do capitalismo. Por trás da retórica conservadora, contudo, Landes desferiu alguns golpes sagazes. O tratamento do gênero e do papel das mulheres e da família no livro era menos que adequado, segundo o resenhista. E sua hostilidade palpável ao nacionalismo proporcionava um relato pouco convincente do que foi, afinal, uma das ideologias políticas mais importantes do século XIX. Eric entendeu tudo isso, e voltaria ao assunto numa tentativa de realizar um apanhado mais sistemático e satisfatório.[12]

A classificação de Landes do marxismo do livro como "reducionista" não foi aceita por outros resenhistas. Na opinião de J. F. C. Harrison, o marxismo de Eric estava "mesmo ligeiramente esgotado, e havia pouca coisa no livro que a maioria dos socialistas, e muitos liberais, já não soubesse ou aceitasse". Apresentava uma espécie de ponto de vista consensual de esquerda que qualquer um que não fosse um conservador radical deveria concordar.[13] Eric podia ser marxista, concedeu Asa Briggs, "mas sua visão da história não era cruamente determinista". Quanto à falta de simpatia pela burguesia, Briggs apontou a vivacidade da evocação de Eric dos triunfos materiais das décadas pós-1848: "Mesmo os mais brutais aventureiros de negócios são considerados por seu valor" – homens como Henry Meiggs, um corrupto, mas empreendedor e realizador no mundo selvagem da América Latina do século XIX: "Alguém que já tenha visto a Estrada de Ferro Central do Peru", perguntou Eric retoricamente, "pode negar a grandeza do conceito e das realizações dessa imaginação romântica, ainda que ignóbil?"[14]

Houve outras críticas, inevitáveis para um livro de tal escala e escopo. James Joll, historiador de movimentos radicais do século XIX, ficou surpreso com a desatenção com a religião. "Suponho que tanto Gladstone como Bismarck", comentou, "discordariam da opinião de que 'comparada com a ideologia secular, a religião em nosso período é comparativamente de menor interesse, não merecendo um tratamento mais estendido'."[15] Paul Thompson, um dos precursores da história oral, encontrou outra lacuna na avaliação, pois, embora *A era do capital* incluísse uma ampla discussão sobre a alta cultura e as artes, não fornecia mais que uma breve referência à cultura popular, a esportes de massa ou até mesmo à vida social das classes trabalhadoras.[16]

Talvez a crítica mais comum ao livro tenha sido o que muitos resenhistas viram como seu eurocentrismo. O historiador galês de esquerda Gwyn Alf Williams achou que "a perspectiva global às vezes é tênue e tímida".[17] Não há como negar que os conhecimentos de Eric eram mais aprofundados e abrangentes em relação à Europa. O historiador da escravidão americano David Brion Davis criticou "o tratamento leviano da história americana".

> As discussões de Hobsbawm sobre a sociedade americana não apenas são ralas e distorcidas como também refletem uma tendência comum dos ingleses de ver os Estados Unidos do século XIX como uma ex-colônia excessivamente grande, monstruosa e de certa forma exótica – como uma Austrália ou um Canadá enlouquecidos. Apesar de Hobsbawm utilizar ocasional e imprecisamente alguns dos melhores livros recentes de história, ele se apega à obsessão estereotipada e curiosamente inglesa pelo "Oeste Selvagem" e os "barões ladrões" dos Estados Unidos.

Simplesmente não se aplicava. Eric estava perdendo uma oportunidade de ouro para explorar o desenvolvimento do capitalismo no continente americano e isso enfraquecia o livro.[18] Na verdade, é claro que Eric estava longe de ser um eurocentrista paroquial em seus interesses. Ele escreveu sobre a Índia e o Japão, tanto quanto sobre a Europa e a América Latina.[19] Interessava-se pela apropriação por parte do Japão dos modelos industrial e econômico europeus no século XIX,[20] e lamentava a aceitação das estruturas sociais hierárquicas na sociedade japonesa.[21] O eurocentrismo de suas histórias sinópticas era derivado de sua tese de que a industrialização começara na Europa e se disseminara de lá para o resto do mundo. Mas sua antipatia pelos Estados Unidos foi muito comentada.

Entretanto, e não surpreendentemente, *A era do capital* foi recebido em termos muito positivos pela maioria dos resenhistas. O livro mostrava todas as virtudes que já haviam se tornado aparentes em trabalhos anteriores. Solidificou a reputação mundial de Eric como historiador que combinava análises penetrantes com a capacidade de atingir um grande público leitor. O livro foi imediatamente traduzido para o italiano, francês, português, alemão, húngaro, holandês, norueguês e espanhol, logo seguido por outras edições estrangeiras que incluíram o grego, o turco e o árabe no decorrer do tempo. Só a edição brasileira vendeu 96 mil exemplares.[22] O livro continha todas as certificações da maturidade acadêmica de Eric – generalizações ousadas, detalhes envolventes, facilidade de leitura, hipóteses instigantes e às vezes expressas de forma epigramática, abrangência de cobertura, impressionante erudição e uma exposição convincente e estilística. Assim como seus livros anteriores, foi instantaneamente reconhecido como um clássico. Logo estava sendo produzido numa edição mais barata, em formato brochura, nunca saiu de catálogo e continua sendo reeditado e usado amplamente no ensino mais de quarenta anos depois de sua primeira edição.

II

Em meados dos anos 1970, quando *A era do capital* foi publicado, Eric não somente gozava de grande sucesso comercial como também do reconhecimento acadêmico. Sua ascensão ao panteão do *establishment* foi marcada ainda por sua eleição ao Ateneu Club de Pall Mall, em Londres, habitat de acadêmicos de renome e de clérigos (dizia-se abrigar mais bispos por metro quadrado que qualquer outro lugar do mundo que não o Vaticano). Contava entre os membros que por lá passaram com mais de 50 ganhadores do Prêmio Nobel. A entrada de membros do sexo feminino só foi permitida em 2002. A eleição dependia do apoio de um número substancial dos membros existentes, mas não havia um sistema de "bola preta", segundo o qual um único membro era capaz de vetar a entrada de alguém de quem não gostasse em alguns clubes londrinos. Os membros precisavam se vestir formalmente, como ainda o fazem, mesmo para o café da manhã. No início dos anos 1980 a reputação de Eric era tal que ele foi eleito sem dificuldades. O historiador Keith Thomas, de Oxford, ficou surpreso, "quando me tornei membro do Ateneu, ao ver aquela figura de terno escuro no bar, meio escondida atrás do *Times*". Era Eric. Thomas "observou que ele tinha um forte sentido do que fazia ou não parte do *establishment*, e à sua maneira Eric era elitista e com certeza um intelectual esnobe".[23] Como observou de forma perspicaz a historiadora do trabalhismo francês Michelle Perrot, depois de visitar Eric em Cambridge, ele era "o marxista que se opunha à sociedade estabelecida e ao mesmo tempo tinha um profundo respeito pelas tradições da sociedade britânica que o recebera em seus braços".[24]

Outro gesto de reconhecimento aconteceu quando o economista Nicholas Kaldor, um proeminente assessor da liderança do Partido Trabalhista, recomendou Eric para ser Membro Honorário da King's College, em Cambridge. "Muitos de nós", escreveu, "o consideramos o mais importante historiador de economia do país." Eric foi relevado para nomeações magisteriais em Cambridge em mais de uma ocasião, observou, "e quase não há dúvidas de que preconceitos ideológicos tiveram um papel importante quando candidatos menos ilustres foram eleitos". Por isso, acrescentou, torná-lo um Membro Honorário da King's "seria uma espécie de reconhecimento, não só de sua excepcional distinção intelectual, mas também por ter sido relevado por Cambridge".[25] A proposta de Kaldor foi aceita pelos membros da King's e Eric foi eleito como Membro Honorário da faculdade em 1973. Dois anos antes ele havia sido eleito Membro Honorário Estrangeiro da Academia Americana de Artes e Ciências, com o historiador da antiguidade sediado em Londres Arnaldo Momigliano e o violinista Yehudi Menuhin.[26]

Em 1976 ele finalmente foi eleito membro da Academia Britânica, que era, e ainda é, para as artes, para as ciências humanas e sociais, o que a Sociedade Real é para os cientistas. Apenas um ou dois especialistas em história moderna eram eleitos para essa augusta instituição a cada ano, e Noel Annan escreveu para Eric congratulando-o e dando sua opinião de que essa honra já lhe era devida havia muito tempo.

> Eu sempre admirei a maneira com que você lidou com as rejeições do velho *Establishment*, desde a guerra. Achei monstruoso você nunca ter conseguido uma cátedra em Cambridge, e ainda mais monstruoso não lhe terem oferecido uma cadeira em história da economia em Oxford ou em Cambridge, e mais monstruoso ainda aquele hipócrita da Birkbeck impedir a outorga do seu título até se aposentar. Sua reação foi de uma resignação irônica, e assim você ganhou a admiração de todos os seus amigos pela forma como simplesmente continuou escrevendo livros e artigos admiráveis sem se deixar perturbar. Tanta gente é consumida por uma sensação de

injustiça e se despedaça por isso. Foi muito graças ao seu senso de humor que você não fez o mesmo.[27]

Em seu estilo tipicamente do *establishment*, Annan mandou o bilhete antes de Eric ter recebido a notificação oficial como membro. Eric respondeu calorosamente:

Você não precisava se compadecer retrospectivamente. Eu não me senti gravemente vitimizado desde o fim dos anos 1950 porque sempre houve pessoas em cujo julgamento eu confiava que achavam que eu era bom (provavelmente melhor do que eu me considerava): como você, para citar apenas um. As coisas que fiz foram reconhecidas tanto comercialmente como por estudantes etc. O reconhecimento formal chegou durante os últimos seis ou sete anos. Nunca duvidei que um dia conseguiria uma cadeira, e também nunca duvidei que por fim conseguisse ser um membro da Academia. Na verdade, é bastante conveniente que essas coisas cheguem mais tarde do que mais cedo. Evitam aquela sensação de anticlímax no começo da meia-idade, quando percebemos que a ascensão está no fim. É claro que esses atrasos foram mais toleráveis principalmente porque pessoas como você me proporcionaram, por assim dizer, um reconhecimento moral. Além do mais, alguém como eu não podia perder. Ter sido mantido fora do *Establishment* é uma vantagem para alguém que construiu sua reputação como outsider. Meu problema agora, que o *Establishment* está cada vez mais me acolhendo em seu seio internacional – e, francamente, sou vaidoso o bastante para gostar desse tipo de coleção de iniciais – é uma forma de manter minha sinceridade de intenções como velho bolchevique, o que em si é agora um papel antiquado e respeitável pelos padrões dos jovens insurrectos. De qualquer forma, ninguém consegue escapar do próprio destino, e existem consideráveis compensações...[28]

Em conversas particulares, Keith Thomas dizia que Eric "dava um bocado de importância ao fato de ser membro da Academia Britânica".[29]

Raramente a tranquilidade erudita da Academia Britânica e suas atividades eram perturbadas por diferenças e desacordos. Uma das grandes exceções, talvez, tenha sido o clamor irrompido a respeito da revelação de Margaret Thatcher no Parlamento, em 5 de novembro de 1979, de que sir Anthony

Blunt – membro da Academia Britânica, supervisor das fotografias da rainha e renomado historiador da arte cuja monografia sobre Poussin é até hoje uma obra de referência – tinha sido espião para os soviéticos durante a guerra, passando códigos de encriptação de transmissões de rádio dos alemães para os russos, em especial quando relacionadas com a Frente Oriental. Um dos riscos implicados nessa prática foi que na Batalha de Kursk, por exemplo, as informações poderia ter alertado os alemães para o fato de que suas supostas mensagens secretas estavam sendo decifradas, levando-os a alterar os códigos utilizados e assim tornando-as inacessíveis aos ingleses. Talvez ainda mais grave, Blunt tinha recrutado John Cairncross como espião soviético, e desde o começo sabia que Guy Burgess também trabalhava para o serviço secreto soviético, mas não disse a ninguém o que os dois estavam fazendo. Em 1963, Michael Straight contou aos serviços de segurança britânicos que havia sido espião soviético. Blunt confessou em troca da promessa de imunidade de sofrer um processo. O MI5 concordou em manter o assunto em sigilo por quinze anos.

Em 1979, quando o prazo esgotou, rumores de sua traição começaram a circular, levando Margaret Thatcher a fazer um pronunciamento público na Casa dos Comuns expondo a culpa de Blunt. Blunt desmoronou, escondendo-se no apartamento de seu ex-aluno Brian Sewell e depois com o amigo e historiador James Joll, que foi obrigado a renunciar à cátedra na Faculdade de Economia de Londres quando seu papel no caso foi revelado.[30] Os três eram homossexuais, e a mídia inglesa foi tomada por um surto de homofobia. A casa do amigo de Eric e historiador da arte Francis Haskell foi sitiada por repórteres, desconfiados de que ele estava escondendo Blunt (Haskell o havia recebido numa palestra recentemente e era casado com uma russa). Blunt perdeu seu título de cavaleiro das ordens da rainha e privado de seu posto de membro honorário da Trinity College em Cambridge.[31] Os repórteres apontaram o dedo para os Apóstolos de Cambridge, rotulando-os como um círculo de espiões soviéticos homossexuais.

Sempre alerta à censurável possibilidade de uma caça às bruxas, Hugh Trevor-Roper repudiou a perseguição a Blunt empreendida pelos jornais. Isso não pode servir a nenhum propósito útil possível, ele escreveu na *Spectator*.[32] Encorajado por sua atitude pública, Eric escreveu para ele em particular em março de 1980. Disse a Trevor-Roper que não poderia, é claro, falar como membro da academia:

À parte ser contraproducente ou classificado como parcial, gente como eu não pode deixar de ser vista como defendendo o próprio passado [...]. Se alguém puder impedir a Academia de se expor ao ridículo (e a nós), isso só cabe a pessoas como você. Hesito em dizer "por você", apesar de ter certeza de que sua voz individual tem um peso grande e talvez decisivo, já que não pode ser suspeito de nenhuma simpatia pelas visões passadas de Blunt, e por ter um registro de condenação de suas atividades extracurriculares, sem mencionar sua postura pessoal.[33]

Trevor-Roper, que recentemente havia criado o título não transmissível de Lorde Dacre of Glanton como membro do Partido Conservador, concordou com Eric, que disse ao presidente da Academia, o classicista Sir Kenneth Dover: "Expulsar um membro em qualquer circunstância – isso já aconteceu antes na nossa Academia? – é um passo grave [...]. Considerar sua expulsão por questões que não têm nada a ver com os critérios que determinaram sua eleição é um passo ainda mais sério e exige muita ponderação". A única razão legítima para uma expulsão era uma conduta acadêmica imprópria (por exemplo, plagiar o trabalho de alguém), principalmente por haver uma base sobre a qual os membros poderiam concordar, uma vez que o elegeram (ou a elegeram) sobre premissas acadêmicas. "Acho que a reputação da nossa Academia e deste país por seu comportamento civilizado sofreria se expulsássemos Blunt, seja qual for a nossa opinião sobre sua conduta. Tampouco acredito que eu esteja sozinho nessa opinião."[34]

Mesmo assim, o Conselho da Academia Britânica aprovou com uma pequena margem (nove a oito) fazer uma moção antes da reunião geral dos membros, em 3 de julho de 1980, pela expulsão de Blunt. Os membros a rejeitaram, fazendo uma moção de advertência a Blunt sem expulsá-lo, proposta por Isaiah Berlin e Lionel Robbins. Por 42 votos a 20 e 25 abstenções, eles aprovaram passar para o item seguinte da pauta. Como o membro Dover explicou em 22 de agosto, "foi um pronunciamento claro, firme e absolutamente decisivo o de considerar a adequação de uma pessoa a ser membro à luz de uma má conduta não acadêmica".[35] O debate esquentou dos dois lados, e os membros contrários a Blunt começaram a ameaçar renunciar se ele não fosse obrigado a abrir mão de sua cadeira. Jack Plumb foi especialmente eloquente em sua condenação da Academia por se recusar a expulsar Blunt, e organizou uma campanha com o historiador político do século XIX Norman Gash para reverter a decisão.[36] Do ponto de vista de Eric, no entanto, a votação já deveria ter encerrado a questão. Já era tempo de curar as feridas, disse a Dover, e deveria ser feito um apelo aos membros – tanto apoiadores como oponentes – que haviam renunciado a rescindir suas renúncias.[37] Em sua resposta à carta de Eric, Dover explicou que as opiniões entre os membros estavam mais profundamente divididas que nunca:

> Desde que me foi pedido em dezembro último para "iniciar um forte movimento" (no caso, para a expulsão de Blunt) e também ante à expectativa de impedir que a ideia de expulsar Blunt fosse adiante, percebi que não havia nenhum curso de ação aberto para mim, em qualquer estágio, que todos considerassem consonante com meus deveres.[38]

Depois da nota, contudo, Dover considerou-se livre para pedir que Blunt considerasse a própria renúncia e, cansado da batalha, o ex-espião concordou, o que levou A. J. P. Taylor, que havia jurado renunciar sua cadeira se Blunt fosse obrigado a sair, a cumprir sua promessa e deixar a Academia em sinal de protesto.[39]

Claro que o próprio Eric, assim como Blunt, estava sob vigilância dos serviços de segurança havia muitos anos, ainda que, ao contrário de Blunt, Eric jamais houvesse pensado em espionar para a União Soviética, e na verdade sequer esteve numa posição para fazer isso. A exemplo de Blunt, Eric tinha chegado a uma considerável eminência acadêmica. Mas ainda por todas essas razões, ele ainda se sentia suscetível quanto à própria reputação na esquerda. O longo período em que ficou sob vigilância do MI5 teve uma curiosa coda em meados dos anos 1980. Em 1986, o romance *Um espião perfeito* de John le Carré (pseudônimo de David Cornwell, agente de inteligência do MI5 no fim dos anos 1950 e início dos anos 1960) fazia menção na página 233, como Eric comentou com ele depois de Noel Annan ter chamado a sua atenção a respeito, a "uma equipe de espiões britânicos falando com uma delegação da CIA sobre um 'Hobsbawn, apoiado pelo Serviço de Segurança'. Felizmente ele não reaparece e não diz nada". Ainda assim, a implicação era óbvia:

> O nome é – posso assegurar a você – mais sistematicamente grafado de forma errônea que qualquer outro que eu conheça. É também inteiramente identificável com um número razoavelmente limitado de pessoas reais [...]. Suponho que nenhum H. na verdade irá considerar difamação uma

afiliação ficcional ao MI5, apesar de, falando como alguém nos registros desde pelo menos 1942 (ao menos foi o que me contou um sujeito amistoso), isso me deixar um pouco intranquilo [...]. Da mesma forma, você poderia considerar chamar o homem por outro nome nas muitas edições subsequentes do seu livro.

Minha pergunta é simplesmente a seguinte: como diabos você chegou a esse nome? Será uma piada esotérica, algo extraído de associações subconscientes ou o quê? Por que o nome dele só é mencionado dessa vez – ou terá escapado da eliminação total? Todos nós que escrevemos encontramos coisas inesperadas e não intencionais se inserindo em nossa prosa. Eu tenho uma noção de como elas se inserem na minha. É sempre interessante descobrir como elas se inserem na prosa de outra pessoa.[40]

Eric não ameaçou diretamente com nenhuma ação legal, mas a implicação ficava clara naquelas entrelinhas.

Le Carré respondeu logo. Não era a primeira vez que ele encontrava uma pessoa real cujo nome havia usado em um de seus romances de espionagem, embora Eric tivesse razão em observar que seu nome, ainda que mal grafado, era extremamente raro e portanto de fácil identificação. Assim, Le Carré negou qualquer intenção específica ao ter usado aquele nome. E assegurou a Eric: "Não faço ideia da razão de ter escolhido um nome semelhante ao seu, já que nunca soube de você conscientemente, ou de outros com o seu nome. Não foi uma piada irônica...".[41]

Le Carré explicou ainda que simplesmente escolhia os nomes por sua musicalidade e impacto visual: Hobsbawn tinha se destacado como diferente, uma maneira de ressaltar o personagem. Embora expressando dúvidas sobre o resultado de qualquer ação legal, ele se ofereceu, caso Eric se sentisse particularmente incomodado, a alterar o nome nas futuras edições do romance. No entanto, com mais de 50 editores para entrar em contato, ele alertou que isso exigiria "uma certa caçada".

É perfeitamente possível que Le Carré tenha pegado o nome de uma vaga lembrança de algum arquivo que tenha visto quando trabalhava para os serviços de inteligência, e que sua afirmação de que jamais ouvira o nome de Eric talvez não fosse totalmente verdade.

Em sua resposta, Eric reiterou seu pedido para que o nome fosse retirado de futuras edições e reimpressões do romance:

Foi feita uma identificação comigo (ver resenha do livro de Noel Annan na *New York Review* – ele também acha que é uma piada esotérica), e não me agrada a perspectiva de conversas jocosas sobre o assunto de minhas supostas relações com o MI5. Nunca saberemos se cabe alguma ação legal em inserir alguém que soe como eu em seu romance sobre um agente de segurança, pois seria tanto pomposo como ridículo tentar descobrir. Mas é ligeiramente desconfortável figurar como tal para alguém como eu, que tem um registro fazia muito estabelecido como marxista de esquerda. E não é nada impossível que entre meus leitores, digamos, em algumas repúblicas latino-americanas (onde sou muito conhecido entre o público universitário) haja pessoas cuja sofisticação não esteja à sua altura e nem da minha. Nunca se deve subestimar a capacidade de alguns leitores tomarem fatos ao pé da letra.[42]

Mas o intercâmbio foi encerrado com uma nota positiva, com Eric garantindo ao romancista que admirava seu trabalho e que assim pôde "usar esta ocasião para enviar uma carta de admirador que já pensei em escrever algumas vezes". Desnecessário dizer que Le Carré nunca fez a correção do texto pedida por Eric.

III

Eric não aceitava todas as honras que lhe eram oferecidas: em 1987 ele recusou o convite de comparecer a Ford Lectures, uma prestigiosa série realizada anualmente na Universidade de Oxford, baseado em que pelo estatuto as palestras tinham de ser sobre a história da Inglaterra, e que ele agora estava trabalhando "em linhas comparativas".[43] De qualquer forma, o simples fato de ter sido convidado demonstrava que agora Eric era amplamente aceito como eminente historiador da Grã-Bretanha no mundo acadêmico. Como era previsível, contudo, sua gravitação em direção ao *establishment* não agradou a todos da esquerda. Peter Brown, então secretário da Academia Britânica, lembrou-se de uma ocasião em que foi a uma palestra com Eric no Instituto Francês em South Kensington.

E na festa a seguir alguém se aproximou e foi violentamente agressivo por ter ele se vendido ao *establishment*. Eric ficou muito desconcertado, e quem não ficaria? – e timidamente murmurou uma desculpa pouco convincente de que era melhor fazer parte de algo para poder mudá-lo por dentro. Aquilo me fez sorrir, pois no ambiente da Academia e do Ateneu, onde eu mais o encontrava, até onde sei ele não tomou nenhuma atitude para mudar qualquer coisa.[44]

Eric era avesso demais a esquemas e planejamentos para fazer qualquer tentativa para mudar as augustas instituições a que agora pertencia.

Muito mais importante que isso para ele era ter uma vida familiar estável e uma família que amava. O historiador irlandês Roy Foster, colega da Birkbeck e amigo da família, achava que uma das realizações de Marlene com Eric era "animá-lo, e fazer ironias muito delicadas com ele, quando necessárias, e emular as coisas desfrutáveis da vida – você sabe, convencer Eric […] a ir a uma matinê de, acho que era Tristão, quando ele deveria estar escrevendo um livro. Era uma espécie de triunfo".[45] Uma das convidadas frequentes para a casa de Eric e Marlene em Hampstead era Claire Tomalin, a biógrafa literária, que conheceu Eric ao contratá-lo para um trabalho de editor literário da *New Statesman*:

> Eu fui convidada para ir à Nassington Road e conhecer Marlene, e sempre tive um enorme respeito, uma verdadeira admiração por Eric, e fiquei totalmente surpresa ao constatar que era uma maravilhosa casa burguesa, muito confortável, muito hospitaleira, cheia de amigos, amigos diferentes, nada que eu de alguma forma esperasse (uma casa bem austera). E muito irreverente […]. Perguntei como, sendo comunista, como ele conseguia combinar isso com o tipo de vida que tinha em Hampstead com todos os confortos e prazeres. E ele me respondeu […] "Se você estiver viajando num navio que vai afundar, é melhor estar na primeira classe".[46]

Claire ficou chocada com o "charme vienense de Eric […] aquele jeito extraordinário de atrair amigos e nunca se esquecer deles, mantendo o clima afetuoso e apresentando uns para os outros". Marlene tinha as mesmas características. Claire achou que os dois eram "um casal ideal, feitos um para o outro […]. Eles se divertiam muito juntos".

Acho que Marlene proporcionava uma espécie de aconchego que ele não tinha antes. Ela tornava possível que os dois recebessem pessoas, preparava pratos maravilhosos, você sabe. "Ah, apareça aqui para fazer alguma coisa no domingo", e enormes quantidades de comida. Ela organizava a casa, cuidava do jardim, do chalé no País de Gales, assumia toda a responsabilidade, proporcionava a Eric um ambiente em que ele podia viver, trabalhar e se sentir feliz e confortável.

Eric era um amigo leal e dedicado. Claire Tomalin ficou surpresa por ele ter ido assistir a todas as peças do seu marido, Michael Frayn, e de ler todos os livros dela.

O fluxo de visitantes que passava pela casa era constante. Incluía colegas e amigos de muitos países: em 1967-1968, por exemplo, Carl E. Schorske, Eugene Genovese e Elizabeth Fox-Genovese, Martin Bernal e Charles Tilly dos Estados Unidos, Madeleine Rebérioux, Patrick Fridenson, Michelle Perrot e Jacques Revel da França, Dieter Groh da Alemanha e outros convidados da Itália, Dinamarca, Áustria, Argentina, do Chile e da URSS.[47] Em 1980-1981, Eric e Marlene receberam cerca de 50 visitantes, incluindo Emmanuel Le Roy Ladurie (França), Carlo Ginzburg (Itália), Hans Medick (Alemanha), Romila Thapar (Índia), Arno Mayer, Immanuel Wallerstein e Eric Foner (Estados Unidos, separadamente), Ivan Berend (Hungria) e muitos acadêmicos da América Latina. Eric e Marlene já tinham começado a organizar jantares festivos para esses e outros, amigos e conhecidos que moravam na cidade, fazendo da casa deles na Nassington Road um centro para diversos frequentadores de esquerda de todos os tipos. Depois dos jantares, sua velha amiga Elise Marienstras e muitos outros notaram a falta de sentido prático de Eric, quando todos iam para a cozinha (antes de as lava-louças se tornarem comuns) e "ele não sabia como lavar, só sabia como enxugar os pratos".[48] Antes das refeições, Eric ficava na cozinha assistindo a uma pequena televisão, "não só notícias, mas também futebol, tênis. Era sempre engraçado vê-lo assistindo ao futebol com interesse, e ele sabia, entendia o que estava acontecendo".

Em meados dos anos 1970, os filhos de Eric estavam entrando na adolescência, na fase rebelde comum de desenvolvimento, no caso deles mais amena.[49] Julia não obteve notas suficientemente altas para ingressar no curso de literatura inglesa, em sua intenção original, por isso foi para a Politécnica de Londres Central – agora Universidade de Westminster – para estudar línguas modernas, que ela detestava. Tirou um ano sabático para trabalhar para o grêmio estudantil, apaixonou-se pelo seu presidente, Alaric Bamping, com quem se casou depois e nunca mais voltou a estudar. Eric ficou "totalmente consternado".⁵⁰ Julia achou que o pai estava mais preocupado com o futuro dela do que por ter virado as costas para a academia. Arrumou um emprego como pesquisadora na televisão, o que o deixou muito aliviado. A revolta de Andy foi de alguma forma mais séria. "Eu era tão contra academias e exames", recordou-se, "que dei um basta [...]. Estava simplesmente muito descontente e confuso e acabei faltando muito [à escola]." Eric e Marlene foram chamados para uma reunião na escola, onde ficou claro que se não tirassem Andy da escola, o mais provável é que ele fosse expulso. Eric pediu conselho ao amigo Garry Runciman, que sugeriu a Branson, uma escola, segundo Andy, para "desajustados" perto de Montreal, no Canadá. Era um internato pago com forte ênfase em atividades ao ar livre, mas Eric e Marlene decidiram que era a melhor solução para a situação de Andy, como realmente acabou sendo. Eric suavizou o caminho ao pedir a seu ex-aluno Alan Adamson, que morava perto de Montreal, que ficasse de olho na situação, embora, como se provou depois, isso nem fosse necessário.⁵¹

O sucesso de *A era das revoluções* e os efeitos sobre seus impostos levou Eric a contratar um contador para administrar suas finanças. Arredondando, os rendimentos de Eric como escritor *freelance*, autor e radialista aumentaram de 1.300 libras em 1962-1963 para 19.098 em 1985-1986 e para 91.557 em 1989-1990. Até 1978 seu salário acompanhou o que ganhava como escritor, palestrante e radialista autônomo. A inflação prejudicava seus ganhos tanto quanto qualquer um, mas ainda assim essas quantias estavam bem longe do normal.⁵² A maior parte dos rendimentos de Eric como *freelance* vinha de direitos autorais de seus livros; os programas radiofônicos e resenhas eram apenas uma pequena proporção do todo: em 1987-1988, por exemplo, ele ganhou pouco mais de 2 mil libras com trabalhos jornalísticos, pouco mais de 2.200 libras com palestras e quase 18 mil em direitos autorais e adiantamentos por seus livros.

Boa parte de sua recente prosperidade era devida à energia e à perspicácia de seu agente literário, David Higham. Só que Higham morreu inesperadamente em março de 1978, depois de passar um curto período doente, como Eric foi informado por Bruce Hunter, que assumiu a tarefa de cuidar dele na agência.⁵³ "Coitado do David! Não vai mais ficar numa mesa de canto no Étoile", exclamou Eric. "Mas ele deve ter escrito suas memórias – se um agente literário não fizer isso a tempo, quem mais faria? – e viveu bem mais que as idades das escrituras. Restou algum outro patriarca?"⁵⁴ A relação entre Eric e Bruce Hunter não foi muito fácil no começo. Em outubro de 1983, quando Hunter revelou suas intenções de negociar um contrato para mais um livro de ensaios sobre a história do trabalhismo (originalmente intitulado "More Labouring Men", depois *Worlds of Labour*), Eric respondeu rispidamente que já havia proposto a ideia muito tempo atrás e que os editores estavam com ela "desde eras atrás". Por que estavam demorando tanto tempo?

Para piorar as coisas, Hunter havia se referido aos seus volumes sobre o século XIX como obras sobre "história econômica". Eric continuou:

> Caro Bruce, estive associado a Higham desde que David nos apresentou vinte anos atrás, quando eu estava longe de ser bem conhecido no meu campo. Devo muito a ele e não me importei em pagar comissão a você por não fazer muita coisa desde que tive a sorte de ter mais propostas para escrever livros do que posso conseguir, e com todas ou a maioria dessas edições internacionais com que conto muito. Na verdade, nos últimos dez anos ou mais eu me vi forçando Higham a conseguir melhores termos do que eles inicialmente imaginavam conseguir obter. Mas um autor precisa sentir que seu agente conhece e se empenha com seus negócios. Sua carta não indica que nesse caso ele faça isso.[55]

Eric achava que a agência tinha clientes muito mais lucrativos que ele, principalmente por não publicar um livro já há algum tempo, e por isso estava sendo negligenciado (na verdade, segundo Bruce Hunter, Eric era um dos clientes mais lucrativos).[56] As propostas de publicações vinham de Eric para eles, não o contrário. "E hoje, quando a publicação de novos livros está se tornando uma questão de mais urgência e importância para mim, assim como um levantamento de meu acervo passado, acredito que não posso confiar muito no que você está fazendo." Assim, Eric estava procurando um novo agente que representasse seus interesses com mais energia. Bruce Hunter logo se desculpou por ter se referido aos livros de Eric como "história econômica" e se defendeu quanto à falta de progresso de "More Labouring Men", pela qual ele culpava a editora.[57] Essa atitude, acompanhada por um agradável almoço, pareceu amansar Eric e ele afinal continuou na agência, acabando por confiar muito nos conselhos de Hunter.

Apesar de seu sucesso, as cicatrizes deixadas pela pobreza de sua infância permaneciam. "Mesmo depois de seus livros venderem milhões, comentou Roderick Floud […] acho que ele estava sempre preocupado com dinheiro."[58]

Como se recordou Elise Marienstras, "Eric era muito econômico" e "cuidava de cada centavo". Quando ele foi a Paris já com bastante idade, quando tinha dificuldades para andar, "nem pensava em pegar um táxi: ele tinha de usar o metrô". Em sua casa em Hampstead, Elise notou que Eric reclamava quando Marlene comprava algum produto alimentício mais caro: "Veja como essa marca é cara, custa mais barato na outra mercearia". Mas era generoso com os colegas, que costumavam se hospedar com ele e Marlene, em geral mais de uma vez – "os dois quartos de hóspedes no segundo andar estavam sempre ocupados".[59]

Seus contadores faziam o que qualquer bom contador faz, apresentando uma variedade de sugestões sobre como reduzir a carga de impostos sobre seus rendimentos. Até os anos 1990, eram relativamente poucas as oportunidades de acadêmicos obterem subvenções de instituições como a Academia Britânica ou o Leverhulme Trust para aliviar a carga de suas aulas para eles dedicarem tempo a pesquisas. Tampouco a Birkbeck era uma instituição rica a ponto de prover fundos de pesquisas para viagens e estadias no exterior. Por isso, aconselhado pelos contadores, Eric declarava suas despesas de viagens e de pesquisas como dedutíveis de seus rendimentos como autor, escritor e palestrante *freelance*. Como *freelance* ele também lançava despesas com telefonemas, selos, artigos de papelaria e equipamentos (máquina de escrever, por exemplo). Além disso, como muitos acadêmicos, Eric também apelou para o uso da moradia como escritório, a compra de livros didáticos, a contratação de assistentes de pesquisa e assinaturas de periódicos e em bibliotecas.

As quantias declaradas para despesas como *freelancer* eram bem substanciais, e por muito anos reduziram seus impostos a uma fração de seu rendimento bruto. Isso não só por ele gastar bastante em viagens, mas também por pagar regularmente datilógrafos, secretários e assistentes de pesquisas. Era uma época em que datilógrafos eram necessários para preparar a versão final de livros e artigos para publicação e, em vista dos parcos recursos da Birkbeck, não era possível usar os funcionários da faculdade para essa função. Em 1984-1985 Eric contratou o dr. R. Avery e Susan Haskins como assistentes de pesquisa, e a dra. Pat Thane para substituí-lo em algumas aulas, totalizando 1.550 libras em pagamentos por esses serviços.[60] Era um aspecto normal na prática do trabalho de Eric. Lançou também sua "subsistência nos Estados Unidos" como despesas a serem descontadas do imposto. Isso implicava guardar recibos de alimentação e outros itens básicos, uma prática trabalhosa que no fim valia a pena, pois eram quantias consideráveis – 5.885 libras no ano fiscal de 1985-1986, por exemplo.

Eric Hobsbawm: salário/pensão, rendimentos como freelance, despesas 1962-1987 (em libras).

Eric investia habitualmente dinheiro em fundos mútuos, bancos e companhias de seguro (com seguro de vida e anuidades), mas para lidar com os rendimentos vindos de exterior, no início dos anos 1990 ele abriu contas em bancos na França e na Suíça, e em 1984-1985 pela primeira vez seus impostos registraram investimentos em empresas em que o dinheiro era administrado por seu banco na Suíça. Estas incluíam a Quebec Hydro e três empresas do Reino Unido (Distillers, M&G Second General Trust e Shell Transport and Trading); a renda total por esses investimentos era de 5.586 libras anuais. Em 1989-1990 seus rendimentos incluíam 8 mil libras auferidos de aluguel de imóveis. Eric tinha ações de diversas empresas e instituições, apesar de serem basicamente contas de poupança; não comprava e vendia ações nem especulava no mercado de capitais, como Karl Marx fez em sua época.[61]

IV

Durante todo esse tempo, Eric fez constantes viagens ao exterior. Mantinha um meticuloso registro de suas viagens para poder contabilizar as despesas no imposto de renda. No ano fiscal de 1977-1978, Eric passou 55 dias fora do país, indo a Paris para uma conferência (21-23 de abril), em conferências na cidade de Nova York e em Cornell, no norte do estado de Nova York (27 de abril-25 de maio), em conferências em Stuttgart, Konstanz e Winterthur (23-26 de junho), mais uma vez em Paris para um encontro com seus editores e realizar algumas pesquisas (2-8 de novembro), em Viena para uma palestra e pesquisas ((14-19 de novembro), em Florença para uma palestra e uma reunião editorial (9-11 de dezembro) e na América do Sul de 31 de março a 4 de abril, o último dia do ano fiscal. Continuou na América do Sul entre 5 e 22 de abril, no Peru e no Brasil, para "conferências, pesquisas, contatos com editores, palestras". Entre 11 e 14 de junho ele esteve em Berlim para uma conferência, e depois de um breve retorno ao Reino Unido voltou à Alemanha entre 21 e 26 de junho, desta vez para Göttingen e Frankfurt para conferências e reuniões com seus editores. Passou os dias de 15 a 18 de setembro em Torino e em Genebra cuidando de negócios editoriais, de 5 a 7 de outubro em Hamburgo em um congresso, entre 20 a 22 de outubro em Frankfurt para a Feira do Livro anual e esteve em Paris de 1º a 8 e de 18 a 22 de dezembro fazendo palestras na École des Hautes Études en Sciences Sociales. Uma viagem a Florença de 9 a 12 de fevereiro para uma reunião com editores e mais uma ida a Paris para "contatos" de 9 a 11 de março completaram os 61 dias que passou fora do país no ano fiscal de 1978-1979.[62] Foi um ano mais ou menos típico: agora tão conhecido a ponto de constar no *Who's Who*, Eric lançava seus gastos recreativos como "despesas de viagem". Amigos e colegas encontravam-se com ele nos lugares mais inesperados. Como relatou Alan Mackay, um proeminente cristalógrafo da Birkbeck com muitos contatos internacionais:

> No verão de 1987 eu estava de licença em Seul num salão de chá no centro da cidade com um amigo japonês, quando avistei uma figura não coreana bamboleando pela rua. Não consegui ver o rosto, mas o andar era de Eric Hobsbawm. Corri para fora e era ele mesmo, que se juntou a nós para uma rápida xícara de chá. Estava em visita a convite de editores, que mesmo assim pirateavam seus livros. Sobre Seul, Eric observou que a União Soviética seria assim se as políticas de Bukharin tivessem sido implantadas.[63]

Essas viagens constantes continuariam até quase o fim da vida de Eric.

Apesar de costumar ir a Paris diversas vezes por ano, os contatos pessoais de Eric com a França e com os franceses diminuíram bruscamente em frequência e duração com o fim de sua relação com Hélène Berghauer. Por outro lado, o casamento com Marlene, com sua longa e íntima experiência na Itália e seu grande círculo de amizades no país, fez aumentar a familiaridade de Eric com o país e aprofundou seus contatos em número e importância. Havia também uma dimensão política nessa mudança de orientação. Pois enquanto o Partido Comunista Francês continuava atolado na ortodoxia stalinista que Eric considerava tão árida e detestável, o Partido Comunista Italiano, chocado com a invasão da Checoslováquia em 1968, tomou como base o exemplo do comunismo liberal e reformista inaugurado em Praga para desenvolver um conjunto de doutrinas semelhantes, partilhadas pelo Partido Comunista da Espanha, o que ficou conhecido nos anos 1970 como "eurocomunismo". Ademais, ao contrário de sua contraparte britânica, o comunismo italiano era um história de sucesso: um movimento de massa com 2 milhões de membros nos anos 1950 e que pouco diminuiu nas décadas seguintes. Também não tinha nada a ver com o anti-intelectualismo do Partido Britânico.[64]

Rebeldes primitivos e *Bandidos* tinham despertado um considerável interesse na Itália por sua cobertura de assuntos italianos. Os livros foram traduzidos para o italiano, seguidos pelos livros da série *A era* e outros. Seu editor, Giulio Einaudi, convidava Eric para ir a Torino, onde "ele me levava (com os direitos autorais) autores como eu para jantar no opulento restaurante Cambio, intocado desde que [conde] Cavour tinha planejado em suas mesas a transformação do Reino de Savoia no Reino de Itália".[65] Einaudi fazia com que cada livro que Eric publicava com ele fosse intensamente discutido nos jornais, inclusive em jornais comunistas. Isso chamou a atenção dos leitores comunistas. Em meados dos anos 1960 Eric começou a escrever artigos, em italiano, para a revista mensal do Partido, *Rinascita*, reproduzidos por *L'Unità*, o jornal diário do Partido Comunista, sobre assuntos como "Ilusões e decepções dos sindicatos britânicos", "O Partido Trabalhista: impotência e decepção", "Londres pensa sobre o que acontece depois de Wilson", ou simplesmente "Relatos sobre a esquerda inglesa". Foi a primeira vez que Eric fez comentários ativos sobre a política inglesa, e começou a gostar. Era frequentemente entrevistado sobre as condições da esquerda na Europa, sobre o terrorismo do IRA (com o qual não simpatizava de jeito nenhum, em vista dos impulsos católicos e nacionalistas por trás), sobre o futuro do Partido Comunista Italiano, sobre eleições na Inglaterra e muito mais.[66]

Nos dias 1º e 2 de outubro de 1975 Eric gravou uma série de entrevistas com a figura líder do Partido Comunista Italiano em aspectos culturais e econômicos, Giorgio Napolitano, e a conversa prosseguiu quando Napolitano foi a Londres, em 19 de março de 1977. Os dois se tornaram amigos, continuando próximos até o fim da vida de Eric, quando Napolitano havia se projetado como uma figura dominante no pós-comunismo na Itália, cumprindo dois mandados como presidente do país. Assim como muitos outros destacados comunistas italianos, ele entrou para o Partido Comunista durante as lutas contra o fascismo da última fase da guerra. Nascido em Nápoles, como seu nome indica, ele via o Partido Comunista como a maneira mais promissora de reconstruir e renovar o Sul da Itália, atolado em décadas de violência, pobreza e corrupção. Considerava que o legado fascismo teria de ser superado erradicando as raízes sociais do movimento de Mussolini, por um lado com a reforma agrária e por outro com a criação de movimentos políticos democráticos de massa no eleitorado rural e outras medidas.[67]

Os comunistas italianos fizeram parte do primeiro governo pós-guerra e tiveram importante papel na política e na administração locais.[68] Essa integração no sistema político nacional os impulsionou numa direção reformista e gradualista, apesar de alguns equívocos em 1956 na questão da invasão da Hungria pela União Soviética. Os dois concordavam em que o caminho italiano para o socialismo era a via democrática. Chocados com a violenta deposição do governo Allende no Chile em 1973, os comunistas italianos fecharam o que chamaram de um "compromisso histórico" com os Democratas Cristãos conservadores, apoiando seu governo e levando a Frente Popular um passo adiante no interesse da democracia italiana. Eric ficou especialmente surpreso com o papel dos intelectuais do Partido. O Partido continuava casado com o marxismo, mas rejeitava a degeneração da teoria em dogma e refletia atentamente sobre o avanço do comunismo num mundo onde uma revolução proletária se mostrava extremamente improvável. A publicação das entrevistas num pequeno livro aumentou consideravelmente a reputação de Eric entre os comunistas italianos.

Seu perfil foi ressaltado poucos anos depois com seu trabalho sobre banditismo e quando a máfia da Sicília ganhou súbito destaque com o início da *mattanza* ("matança"), com a deflagração da violência entre famílias rivais da máfia siciliana que deixou mais de 400 mortos e 140 "desaparecidos" nos dois anos seguintes. A violência se espalhou numa campanha de assassinatos de policiais, juízes e promotores, principalmente os envolvidos na tentativa do Estado italiano de acabar com a *mattanza* prendendo figuras de liderança das duas gangues rivais. Em março de 1981, quando Eric foi convidado a Palermo para fazer uma conferência sobre banditismo e a máfia, o *L'Unità* publicou:

> Ele se viu objeto de um inesperado interesse e atenção. Quatro dias [...] passados principalmente entre um público jovem ou muito jovem resultaram numa série de observações que se mostraram dramaticamente atuais num sentido político [...]. Hobsbawm se viu no centro de um debate apaixonado em relação ao problema crucial da coexistência civil na Sicília: os ataques no estilo de gângsteres pela máfia especializada no tráfico de heroína e a nova relação entre a máfia e o poder [...]. O historiador inglês reconheceu [...] [que] a ilha [da Sicília], que na época da gangue de Giuliano funcionou como um observatório para o falso mito de [Robin] Hood, está agora devastada – afirmou o historiador – por um grave processo de colonização do Estado e de suas instituições pela máfia, que é característica da situação da Itália como um todo, e pelas sangrentas consequências desse processo.[69]

Em outras palavras, Eric estava dizendo que os promotores públicos, os policiais e os advogados que tinham tentado conter ou até eliminar a máfia eram uma minoria em suas profissões: a corrupção desenfreada havia posto os que restavam nos bolsos da máfia. Nisso ele sem dúvida estava certo; mas afinal o prosseguimento de campanhas da máfia de assassinatos de funcionários judiciais tornou inevitável a perseguição dos matadores e processos de acusação a seus chefes, quando centenas foram presos e condenados numa série de grandes julgamentos em meados dos anos 1980.[70]

A proximidade de Eric com o Partido Comunista Italiano foi particularmente fortalecida por sua admiração pelas ideias de seu líder nos anos 1920, Antonio Gramsci, cujos textos se tornaram um dos impulsos para a reorientação política do Partido nos anos 1970. Gramsci foi preso no regime fascista e morreu por motivos de doença em 1937, pouco depois de ser libertado. No tempo em que esteve preso, ele escreveu o equivalente a cerca de 4 mil páginas de reflexões teóricas notavelmente heterodoxas, publicadas em italiano em seis volumes entre 1948 e 1951. Eric já tinha começado a ler seu trabalho nos anos 1950 e reconhecido que tinha papel importante no desenvolvimento de sua abordagem da história.[71] Em 1974, a publicação de seus cadernos de anotações e cartas em inglês deram a Eric a oportunidade de escrever longamente sobre as ideias de Gramsci.[72] Ele definia Gramsci como "talvez o pensador comunista mais original do Ocidente no século XX". Mais do que qualquer outro pensador marxista, Gramsci salientava o papel-chave dos intelectuais na sociedade civil. Eles eram importantes na criação da "hegemonia", ou de uma liderança não coercitiva e não do Estado exercida pela classe dominante na sociedade civil. Da mesma forma, a derrubada da classe dominante no capitalismo e os movimentos revolucionários das classes "subalternas" na cidade e no campo precisavam de seus próprios intelectuais, fossem profissionais formados em universidades ou "intelectuais orgânicos" originários da própria classe trabalhadora. Gramsci acreditava que o comunismo tinha de substituir o sistema stalinista de "centralismo burocrático" por um novo "centralismo democrático", assim como Eric, sob sua influência, tinha exigido do Partido Comunista Britânico durante a crise de 1956. As massas italianas, contudo, havia muito encontravam-se lamentavelmente passivas, e era dever do Partido e de seus intelectuais sublevá-las e liderá-las para criar sua própria forma de hegemonia socialista que suplantasse o papel da burguesia.[73] O entusiasmo de Eric por Gramsci se entrosava com o do próprio Partido Comunista Italiano; ambos viam as ideias de Gramsci como uma força importante por trás do eurocomunismo.

Nesse momento, Eric tinha muito mais em comum com o Partido Comunista da Itália que com o Partido Comunista da Grã-Bretanha. Na Itália ele era celebrado como um intelectual importante; na Grã-Bretanha era tratado pelo Partido como um estorvo, ainda que ocasionalmente útil. Mas a importância de suas publicações em italiano não era apenas uma demonstração da sua proximidade com a esquerda italiana. Eric nunca havia feito comentários públicos sobre a política britânica, e seu novo papel como uma espécie de correspondente no Reino Unido do Partido Comunista Italiano marcou o início de uma nova fase em seus textos, que acabaria o envolvendo diretamente nas políticas do Partido Trabalhista da Inglaterra.

V

Quando Eric retomou suas viagens regulares a Paris, em meados dos anos 1970, foi por conta de seus interesses acadêmicos, não pessoais ou políticos. Ele já conhecia Fernand Braudel, a figura dominante da escola *Annales*, que o definiu em 1973 como "um dos meus muito raros amigos ingleses".[74] De sua parte, Eric admirava o trabalho de Braudel, não menos por sua "pura curiosidade":

Os historiadores simplesmente precisam ser curiosos sobre qualquer coisa que vejam, em especial coisas que não são particularmente evidentes, coisas periféricas aos arquivos ou periféricas às fontes. E Braudel, um grande historiador, certa vez me disse, ele disse que historiadores nunca tiram folgas ou entram em férias. Eles estão sempre, por assim dizer, fazendo seu trabalho. Sempre que entro num trem, explicou, eu aprendo alguma coisa. E acho muito importante por se tratar de outra maneira de dizer "esteja aberto a novos fenômenos".[75]

Os contatos de Eric com os historiadores da *Annales* se intensificaram consideravelmente nos anos seguintes. Em 1974, Georges Haupt, um sobrevivente do Holocausto, exilado da Romênia comunista e historiador do socialismo, concebeu a ideia de organizar uma série de mesas-redondas internacionais para discussões sobre história social. Clemens Heller, um historiador da economia austro-americano e cofundador com Braudel da Maison des Sciences de l'Homme em Paris, levantou o dinheiro com fundações alemãs (Eric ficou conhecendo-o muito bem; os dois costumavam conversar mais em alemão que em francês).[76] O objetivo dos seminários era estimular o livre debate, centrado em documentos, mas sem a expectativa de publicação.[77] Apesar de suas ambições internacionais, ao menos no começo foi um intercâmbio anglo-saxão, e Eric considerou seu principal valor permitir que ele e os outros historiadores ingleses que participaram (inclusive Edward Thompson e sua esposa Dorothy, historiadora do cartismo[1*]) conhecessem pesquisadores franceses nesse campo, como Michelle Perrot, Patrick Fridenson, Madeleine Rebérioux e Maurice Agulhon. O historiador e sociólogo americano Charles Tilly comparecia ocasionalmente, bem como os historiadores americanos David Montgomery e Joan Scott, a italianista Louise Tilly (esposa de Charles) e o historiador alemão da democracia social Dieter Groh. Nem todos falavam francês, e era comum Eric atuar como intérprete. O teórico social Pierre Bourdieu se sentia especialmente entusiasmado com a participação de Eric, e os dois se tornaram bons amigos. Michelle Perrot observou que "havia certa oposição, um pouco de rivalidade também, entre Thompson e Hobsbawm. O marxismo de Eric Hobsbawm era mais clássico, enquanto o de E. P. Thompson era mais inovador"; Thompson

---

1 * Movimento social inglês do século XIX pela inclusão política da classe operária, representada pela Associação Geral dos Operários de Londres. (N.T.).

"achava que Eric não era suficientemente crítico do marxismo e principalmente do comunismo", enquanto Eric considerava Thompson "um pouco polêmico demais". Para Michelle Perrot os momentos em que os dois entravam em conflito eram um dos pontos altos dos seminários. A espontaneidade e ausência de formalidade dos encontros eram o que mais a atraíam. Diferentemente da maioria dos debates, em que os participantes liam textos já preparados seguidos de uma curta discussão, as sessões das mesas-redondas proporcionavam um fórum para discussões genuínas, livres e fluidas. "Fora as amizades pessoais que fiz", observou Eric, "a dívida intelectual que tenho com esses encontros é substancial, e acho que isso se aplica à maioria de nós."[78]

De início os encontros eram centrados na história do trabalhismo, depois passaram para a história das classes médias. Uma das sessões foi sobre mulheres na classe trabalhadora, outra sobre industrialização e a família. Uma análise da história social das artes atraiu especialistas de fora, como o historiador americano do *fin-de-siècle* vienense Carl E. Schorske e o amigo de Eric e historiador da arte Francis Haskell. No fim dos anos 1970, um grupo de historiadores sociais alemães do Instituto Max Planck de História de Göttingen, principalmente Hans Medick, David Sabean e Alf Lüdtke, introduziram um elemento de antropologia social nas discussões, atraindo os antropólogos britânicos Jack Goody e Marilyn Strathern. No fim dos anos 1970 o círculo começou a se desfazer quando seus membros começaram a ascender na hierarquia acadêmica e assumiram funções mais absorventes. O encontro em Konstanz, onde Dieter Groh trabalhava, foi o último, principalmente por ter mostrado conflitos insolúveis sobre o tema de consciência de classe entre marxistas e não marxistas do grupo. Puxando-a de lado, Edward Thompson perguntou a Michelle Perrot: "Você ainda acha que nos resta algo a dizer um para o outro?". Michelle achou que para ele estava claro que não havia mais nada.

A disposição para continuar foi também seriamente abalada pela morte súbita de Georges Haupt, aos 50 anos, vítima de um ataque cardíaco no aeroporto de Roma. Figura central nos seminários, de alguma forma ele parecia indispensável: como se recordou Patrick Fridenson: "Nós percebemos que os anos que tínhamos vivido, de 75 a 77, nunca seriam reconstruídos sem Georges Haupt". Mas Eric continuou indo a Paris com frequência, muito grato com a Maison des Sciences de l'Homme por lhe fornecer uma escrivaninha e um escritório compartilhado, permitindo que se encontrasse com estudantes e discutisse questões de interesse comum.[79] Para Eric, era "o ponto de encontro entre intelectuais internacionais mais importante da Europa e talvez no mundo […]. Ninguém passa pela MSH sem sair com uma nova ideia, um novo projeto ou um novo contato. Esta foi a minha experiência".[80]

Sua admiração pela escola *Annales* e por seus historiadores não o impediu de ser crítico com alguns de seus trabalhos. Considerou o livro *La Sorcière de Jasmin* de Emmanuel Le Roy Ladurie (publicado em tradução para o inglês em 1987), por exemplo, "relativamente especializado", "relativamente superficial" e mostrando sinais de "ter sido escrito às pressas". Ainda assim, era "um fascinante trabalho de detetive e, como sempre, extraordinariamente inteligente e estimulante, além de bom de ler […]. Eu sou admirador desse grande historiador", acrescentou, sempre "disposto a detectar a pegada do leão até mesmo onde outros não a viam".[81] Era igualmente indulgente, ao menos em nível pessoal, com Louis Althusser, que ficou hospedado com Eric e Marlene durante uma breve visita a Londres, aparentemente para comparecer a um seminário, mas de fato para tentar recrutar Eric para "alguma iniciativa maluca e estratosférica", como Eric se lembrou mais tarde. Marlene teve de cuidar dele quando Eric e o anfitrião oficial de Althusser estavam ocupados certa manhã e Althusser, ao ver o piano de armário de Hobsbawm, disse que se lembrara de ter vindo para comprar um piano de cauda; fez Marlene procurar a loja de pianos mais próxima e insistiu que o levasse até lá. Althusser comprou um piano de cauda de concerto exorbitantemente caro, dizendo ao vendedor que queria despachá-lo para Paris. Quando seu anfitrião chegou, Althusser fez questão de que ele o levasse a uma exposição de automóveis em Mayfair, para comprar um Rolls-Royce (ou talvez um Jaguar). Foi com certa dificuldade que as lojas foram persuadidas a não seguir suas ordens. Quando regressou a Paris, o estado mental de Althusser deteriorou ainda mais. Em 16 de novembro de 1980 ele estrangulou a mulher e foi internado num hospital psiquiátrico; subsequentemente um tribunal o considerou incapaz para ser julgado. Eric se declarou "muito triste pelo pobre Althusser, o estrangulador de Paris. Louco de pedra, mas eu previa um suicídio, não um homicídio".[82]

VI

Em 1976, Eric foi nomeado professor visitante da Universidade Cornell, uma faculdade de altíssimo nível da Ivy League em Ithaca, no norte do estado de Nova York. A ideia por trás do título era convidar até 20 intelectuais de classe internacional de todo o mundo para passar uma semana na universidade a cada período de dois a três anos com a simples função de ativar a vida cultural e intelectual da escola. Eric fez seu primeiro estágio em 1977, chegando a Nova York no fim de abril antes de ir para Ithaca em um avião menor, onde ficava o campus. "Andei um pouco para cima e para baixo pela Broadway", relatou, "e comi um <u>maravilhoso</u> sanduíche de carne para dizer um alô a Nova York." Achou Cornell "lindamente situada em colinas à beira de um lago. Um tipo de cenário meio austríaco, mas não tão bem arrumado". Ficou hospedado num abrigo para estudantes, que era "bastante civilizado", embora a comida fosse "bem horrível".[83] Estava trabalhando muito, disse a Marlene em sua primeira visita, conhecendo pessoas, fazendo palestras informais na hora do almoço e socializando com colegas e estudantes. O campus era agradável, e "anda-se bastante porque as distâncias são muito grandes. Felizmente minha experiência galesa me permite subir as ladeiras sem problema".[84] A universidade era uma espécie de ilha cultural num deserto rural, "isolado e inacessível" e quase totalmente autossuficiente. Não o surpreendeu que suicídios fossem "bastante comuns entre estudantes e outras pessoas".

Travou conhecimento com professores americanos que trabalhavam na Europa e já tinha saído algumas vezes com visitantes europeus:

> Os europeus concordam entre si que os americanos são incompreensíveis […] o povo mais estrangeiro da terra fora os japoneses. Os americanos não sabem como são os estrangeiros, e se veem como ingleses, franceses, italianos etc. honorários, mas eles não são nada disso. Os mais fáceis de se relacionar são os judeus de Nova York (que, é claro, tendem a se casar com beldades de famílias sulistas ou protestantes da Nova Inglaterra), pois eles são iguaizinhos a Woody Allen.[85]

À parte uma ida ao seminário de Immanuel Wallerstein em Binghamton, também no norte do estado, Eric passou a maior parte do tempo na biblioteca, lendo "qualquer coisa que me venha à cabeça". Foi levado para ver as belezas naturais nas montanhas, mas não as considerou "muito silvestres" se comparadas ao País de Gales. "Os seminários […] todos se confundem na minha lembrança como se fossem um só. As rodadas de bebidas e refeições com colegas também (com exceção das realizadas ao ar livre)." Estava ficando cansado de recepções organizadas para ele, de "ficar em pé sorrindo fixamente e tentando lembrar se já conhecia aquelas pessoas de algum lugar. Acho que três semanas serão bem o suficiente".[86] Na sua segunda visita, Eric continuou achando a vida em Cornell "bem chata. Não vale a pena ir ao centro da cidade de Ithaca", escreveu para Marlene durante a segunda estadia, "parece estar ficando ainda mais provinciana e malcuidada desde que estive aqui da última vez – e não acontece muita coisa no campus".[87]

De volta aos Estados Unidos em março de 1981, Eric parou primeiro em Nova York, onde visitou, parece que pela primeira vez, a Metropolitan Opera ("grande demais, parece mais um campo de futebol que uma ópera"), considerando a produção de *Don Carlos* "vitoriana e ultrassuntuosa". Atravessando os Estados Unidos até a Califórnia, primeiro ele ficou no "maravilhoso" Laguna Hotel, na praia, depois teve de aguentar "três dias difíceis [de] [...] conferências, palestras, intermináveis conversas chatas e irritantes, para não dizer exasperantes, com colegas e estudantes, jantares – todo o infernal circuito acadêmico. Eles têm boas intenções, mas mesmo quando me levam de carro para me mostrar Hollywood não param de falar e fazer perguntas".[88] Para se afastar disso tudo, Eric se hospedou no Miramar, um "imenso hotel-resort" em Santa Barbara, recomendado por amigos, e foi até lá sozinho de carro. "Foram alguns dias de descanso, ainda que eu não teria escolhido este lugar e nem a música que soa automaticamente quando tranco meu carro alugado da Hertz". Apesar do clima quente da primavera californiana, Eric ficou surpreso pelo fato de "ninguém nadar no mar. Na verdade a praia fica vazia, e pode-se admirar os pássaros marítimos e os poços de petróleo. As pessoas nadam em piscinas, que são realmente aquecidas, tanto que até eu posso entrar sem tremer e é possível ficar por horas. Não há nada a fazer a não ser nadar e assistir tv em cores". Eric voltou de carro para Los Angeles para tomar um avião em direção ao norte para uma palestra em Santa Cruz, ainda considerando os Estados Unidos alienantes:

> Dirigindo por aquelas inexpressivas ruas de Los Angeles, só fábricas, Holiday Inns, garagens e bagunça geral, e pela rodovia, ouvindo comentários sobre esportes que não entendo e música de rock medíocre é como fazer parte de um baile a fantasia. Paro num posto de gasolina e encho o tanque de gasolina (70p por um galão) e me sinto como alguém experimentando uma máscara engraçada. Acabo de ter minha primeira oportunidade de lavar

camisas, meias e cuecas, e isso, curiosamente, me faz sentir um verdadeiro indivíduo – alguém que pertence a outro lugar e está só de passagem, não apenas numas pequenas férias da vida [...]. Lugar estranho, gente estranha.

Depois disso Eric foi a San Francisco, alugou outro carro e se hospedou num hotelzinho no condado de Marin, tentando, sem sucesso, ver as baleias passarem pelo mar embaixo dos penhascos, e em seguida fez uma visita a um bosque imenso, "uma sensação <u>extraordinária</u> a de estar entre aquelas árvores gigantescas [...] e ainda mais a de estar totalmente <u>sozinho</u> – pois são 20 milhas por uma estrada de terra". Continuou a se espantar com os americanos, observando que um homem, um produtor de programas de televisão a quem deu carona, perguntou se Londres "era uma cidade grande ou uma cidade pequena", falando o tempo todo em termos de "psicologia barata".[89]

Eric achava que entendia melhor a América Latina, mas o que viu em sua visita seguinte não foi animador. No começo de abril de 1978 ele chegou a Lima para uma conferência, depois de uma difícil viagem envolvendo defeitos do computador de tráfego aéreo, conexões perdidas e o furto de sua sacola do freeshop.[90] Escreveu a Marlene que Lima

> está decaindo. Negligenciada, abandonada, imunda, empobrecida. O centro da cidade está horrível, apesar de Miraflores [o bairro nobre da cidade] parecer só um pouco desgastado. Poucos e velhos carros circulando, muito mais gente pobre, novas *barriadas* [favelas] e um ar geral de desesperança. Puxa vida [...] quando penso que em 1971 parecia haver um ar de modesta esperança. O Arquivo Agrário (onde eles guardam todos os registros de *haciendas*) é um cortiço: tem um teto (só), mas os vidros das janelas quebrados [...]. Até um antigo restaurante burguês onde eu costumava ir na cidade, enquanto ainda estava trabalhando, está com o reboque descascando e ninguém conserta. Ninguém tem dinheiro, pois mesmo a classe média está sofrendo muito.[91]

O país, que começava uma transição para a democracia depois de anos de ditadura militar, estava assolado por uma inflação galopante, que demorou alguns anos para ser controlada. Eric foi "assediado por peruanos que estudaram em Londres e tiveram de voltar sem terminar suas teses, e agora queiram fazer consultas".

Mas havia lugares piores na América do Sul para se estar. A Argentina estava agora sob uma brutal ditadura militar que, com o apoio clandestino dos americanos, prendia, torturava e "desaparecia" dezenas de milhares de cidadãos suspeitos de aderir ou apoiar movimentos de resistência armada. Eric notou que Lima estava "cheia de argentinos exilado [sic] comiserando-se uns com os outros". As coisas estavam igualmente ruins no Brasil, onde uma ditadura militar continuava no poder, embora chegando perto do fim. "Minha velha conhecida do Brasil, Eulália Lobo", acrescentou, "diz que vai fazer uma longa viagem pelos Andes (La Paz, Potosi) antes de voltar ao Rio. Eu digo: 'Eu tenho um pouco de medo de fazer viagens curta por aquelas alturas'. Ela responde: 'Bem, quando estava sendo torturada na prisão eu me acostumei a ter dores de cabeça, por isso acho que consigo aguentar'. Claramente, hoje em dia nesse continente é preciso ter um senso de humor negro."

Eric voltou à América do Sul em 1986, indo à Colômbia e se hospedando no Hotel Tequandama, em Bogotá. Como ele contou a Marlene:

> Este luxuoso hotel (pelos padrões locais) acabou de hospedar Ariel Sharon, o ministro israelense, e por isso o lugar esteve cheio de soldados colombianos & policiais e os guarda-costas do homem. Agora ele foi embora e a Miss Universo está aqui. Poucos soldados, mas um maior interesse por parte de homens civis. Só posso dizer que essas garotas, vistas de perto, não parecem nada melhor que muitas que se podem ver nas ruas de Londres.[92]

Num gritante contraste com tudo isso, a matança continuava nas ruas "numa proporção que impressiona até os colombianos", com 57 juízes mortos a tiros em quatro anos. Esquadrões da morte paramilitares andam por aí "assassinando pequenos criminosos, prostitutas, homossexuais e esquerdistas".

As coisas não estavam muito melhores em Medellín, para onde Eric foi a seguir, para comparecer a uma conferência na Universidade Nacional da Colômbia.

> Era a cidade que batia o recorde de tráfego de drogas e de esquadrões da morte que circulavam de motocicletas matando quaisquer prostitutas, homossexuais, mendigos, sem falar de "subversivos" que avistam [...]. O último acontecimento da "semana universitária" para a qual eu estava lá foi durante um espetáculo equino organizado pela Faculdade de Veterinária

no campus. Como os mais entusiastas criadores e proprietários de cavalos, como todo mundo sabe, são os barões da droga, um deles – ou melhor, o pai dele, um sujeito grande e gordo parecido com o Poderoso Chefão – chegou com uma tropa de guarda-costas. Um bando de estudantes, fiéis ao machismo latino-americano, fez uma demonstração contra ele. Os guarda-costas sacaram as armas e dispararam para o alto, ainda bem. Os estudantes começaram a atirar pedras. O Chefão disse que nunca tinha sido tão insultado na vida e ameaçou retirar seus cavalos do espetáculo. O vice-reitor para Assuntos da Academia (!) enxugou a testa e tentou acalmar as coisas. Durante vinte minutos de suspense. Depois de um intervalo decente, o reitor cancelou o resto do espetáculo, pois a universidade não poderia garantir a segurança dos participantes. Tudo muito diferente da Birkbeck College.[93]

De lá Eric foi para o México, que também considerou assustadoramente violento: "Pessoas estavam sendo mortas a torto e a direita, principalmente nas universidades". Chovia continuamente, disse, e ele foi obrigado a comprar um guarda-chuva ("os mexicanos acham inconcebível um inglês não ter um guarda-chuva"). Eric já estivera no México com Marlene e os filhos, e sentiu falta deles dessa vez. De todo modo, disse a Marlene que "a tequila continua boa".[94] De maneira geral, sua experiência na América Latina nos anos 1980 foi muito menos positiva que em suas visitas anteriores. Demoraria algum tempo até as coisas começarem a mudar para melhor.

VII

Suas muitas viagens internacionais não impediu Eric de se engajar com a política britânica de forma mais próxima que antes. A mudança de foco de seus comentários políticos aconteceu em parte por seus relatos sobre a Grã-Bretanha para a imprensa comunista italiana, mas também por causa de uma relação bastante intensificada com a "publicação teórica" do Partido Comunista Britânico, *Marxism Today*. Eric já havia colaborado com artigos para a revista durante os anos 1950 e 1960, mas a maioria era sobre tópicos históricos como "História e 'os sombrios moinhos satânicos'", "Do feudalismo ao capitalismo", "Karl Marx e o movimento trabalhista britânico", "Desenvolvimento capitalista:

alguns problemas históricos" ou "O movimento trabalhista e golpes militares".[95] Contudo, em 1977 a editoria foi assumida por Martin Jacques, que tentou usar a revista como veículo da tendência eurocomunista no comunismo britânico, mas logo perdeu a esperança de converter o Partido como um todo e começou a transformar a *Marxism Today* em um veículo geral de debates sobre o futuro da política britânica. Ampliando a base de colaboradores e atraindo pessoas bem conhecidas para escrever, a circulação da revista aumentou de cerca de 2 mil exemplares, quando Jacques assumiu, para 25 mil quando foi fechada em 1991, na sequência do colapso do comunismo.

Nessas circunstâncias, era natural que Jacques pensasse em pedir a Eric que colaborasse com a publicação. "Eu liguei para ele um dia", lembrou-se mais tarde, "e [...] nos encontramos para um almoço na Birkbeck." Jacques pediu a Eric para escrever sobre o décimo aniversário dos acontecimentos de 1968, e ele entregou um artigo caracteristicamente abrangente, vendo tudo de uma maneira "imensamente abrangente", como ninguém mais conseguiria fazer. Assim como muitos outros colaboradores convidados por Jacques, Eric não usava o jargão padronizado do Partido nem se restringia a temas habituais do Partido. Jacques o considerava uma "pessoa de pensamento independente, que [era] muito autoconfiante quanto à sua capacidade como historiador, quanto à sua capacidade como escritor e, acho, muito autoconfiante politicamente. Você sabe, ele não tinha o rabo preso com ninguém, nem com qualquer coisa". Eric era um pensador, não um ativista ("Eu nunca o ouvi falar sobre reuniões de seccionais ou de vender jornais ou esse tipo de coisa.") Jacques continuou a publicar artigos de Eric até o fim dos anos 1980. "Eric era o único autor cujo texto eu nunca, nunca editei", recordou-se. Seus artigos sempre chegavam perfeitos, diferentes dos escritos pelos muitos outros colaboradores.[96]

Se Eric havia contribuído com dez artigos para a revista nos dezoito anos entre 1958 e 1976, nos quatorze anos seguintes, até 1991, ele não escreveu não menos de 30. Quando afinal a *Marxism Today* deixou de ser publicada, em 1991, Jacques disse a Eric:

> Você escreveu algumas coisas brilhantes [...]. Sem você, a *MT* estaria na terceira divisão, não na primeira divisão. E, claro, você foi meu mentor, meu conselheiro, meu apoio, minha inspiração [...]. Quando cheguei em Londres eu mal o conhecia, só tinha uma grande admiração pelo seu trabalho. Lembro-me do nosso primeiro almoço na Birkbeck, meu esforço

para convencê-lo a escrever (acho que o primeiro artigo foi sobre 68?), para participar da junta editorial e escrever, escrever e entrevistar [...] e [...]. Você foi maravilhoso.[97]

Foi por meio de *Marxism Today* que Eric ganhou um papel no debate político na Inglaterra, catapultando a revista à proeminência ante o público no processo. Em 1978, Jacques "topou com uma palestra" de Eric, anunciada no jornal *Morning Star*, com o título "The Forward March of Labour Halted?" ["O avanço do trabalhismo foi detido?"] e pediu a ele uma cópia (na verdade isso aconteceu na Marx Memorial Lecture anual, que Eric fez em 17 de março de 1978). "Assim que eu li o título", lembrou-se, "achei que era exatamente o tipo de artigo que eu queria para a Marxism Today", e por isso perguntou a Eric se poderia publicá-lo e ele concordou. Jacques sabia que aquilo provocaria um debate.[98] Baseando-se em Gramsci, Eric argumentou que o "trabalheirismo" do movimento trabalhista britânico estava obsoleto. A expansão do sistema universitário na Grã-Bretanha e em outras partes pós anos Robbins nos anos 1960, com milhares de novos professores se empregando para preencher vagas recém-abertas, tinha criado um novo corpo de intelectuais críticos da sociedade capitalista. "Na Grã-Bretanha, o típico candidato trabalhista entreguerras era um mineiro ou trabalhador de estrada de ferro. Hoje, é mais provável que ele ou ela sejam alguém definido como 'professor'". Havia um lado negativo nisso: os novos intelectuais tinham a perigosa tendência de se sentir superiores aos trabalhadores manuais. Mas isso poderia ser corrigido. De qualquer forma, intelectuais eram essenciais se a esquerda entendesse a natureza da crise do capitalismo que começara com o aumento dos preços do petróleo cinco anos antes.[99]

Eric lembrou que no fim do século XIX a expansão contínua do capitalismo industrial havia levado socialistas de todas as partes, inclusive no Reino Unido, a acreditar que os trabalhadores da indústria acabariam sendo a maioria da população. Essa convicção apoiou o aumento da confiança nos sindicatos e movimentos trabalhistas por muitas décadas. Porém, desde a Segunda Guerra Mundial, a ascensão do trabalho de colarinho branco e a expansão do setor de serviços causaram um relativo declínio da força da classe trabalhadora industrial. O resultado foi uma queda na adesão a sindicatos e uma redução dos votos no Partido Trabalhista. "O avanço do trabalhismo britânico [...] começou a enfraquecer trinta anos atrás." Estava na hora de reconhecer isso e fazer o que era necessário. Eric não dizia o que era; seu ensaio fazia sugestões para agir. Mas as implicações deixavam claro que ele estava dizendo que o movimento trabalhista e da classe trabalhadora precisavam agora fazer alianças táticas com outros grupos da sociedade e da política se quisessem chegar novamente ao poder.[100]

O artigo desencadeou uma tempestade de controvérsias entre os leitores da revista, e na verdade foi muito além. Não só porque, no ano seguinte, um "inverno de descontentamento" em que a militância sindical, expressando-se na prática com uma longa série de greves, alienou grandes setores do público em geral. Uma eleição geral realizada em 3 de maio de 1979 derrotou o governo trabalhista liderado pelo centrista James Callaghan e levou os conservadores ao poder. Liderado por Margaret Thatcher, o novo governo introduziu uma política radical de redução do papel do Estado na economia, cortando gastos públicos, desregulando o setor financeiro e restringindo direitos dos sindicatos. O consenso pós-guerra foi rompido, e a economia neoliberal assumiu uma posição dominante na formulação política. O descontentamento com as políticas de Callaghan no Partido Trabalhista provocou uma guinada radical para a esquerda. Em certo sentido, portanto, a palestra de Eric levantou a cortina de um período de crise profunda e autoavaliação do movimento trabalhista, o que de certa forma explica a controvérsia que causou.[101]

Surfando nas asas da tempestade, Jacques conseguiu que Eric fizesse uma longa entrevista com Tony Benn, que havia surgido como uma das principais figuras da esquerda trabalhista. Benn já tinha ouvido falar de Eric, mas não conhecia muito bem seu trabalho: "Martin Jacques ligou", anotou Benn em seu diário em 21 de março de 1980, "e disse que Eric Hobsbawm tinha concordado em me entrevistar no âmbito de um seminário na Birkbeck College (onde ele é professor emérito) a ser reproduzida em *Marxism Today*. Realmente, estou muito entusiasmado com isso: ser entrevistado por um destacado filósofo marxista será uma experiência extremamente interessante e exigente."[102] Realizada em Birkbeck, onde certamente Eric jamais havia sido professor emérito, em 15 de julho de 1980 e publicada em outubro de 1980 em nove páginas, a conversa abrangeu muito da cena política. Como Eric observou corretamente, havia uma crise de toda a ordem política e social que vinha aumentando desde a Segunda Guerra Mundial. Benn acusou o Partido Trabalhista de se contentar com a defesa do cenário pós-guerra e o Estado de bem-estar, em vez de usar esses fatores como um trampolim para maiores transformações. Era necessário um movimento democrático popular para romper o estrangulamento das lideranças sindicais e parlamentares do partido como um todo, que o impedia de superar as políticas da era pós-guerra.[103]

Dada a influência de Gramsci e os argumentos de sua Palestra Memorial de Marx, não surpreende que Eric tenha mencionado que ⅓ dos trabalhadores de colarinho azul tivesse votado em Thatcher, e era necessário não somente tentar recuperá-los como também apelar para um espectro mais amplo da sociedade, inclusive "os intelectuais da classe média". Contudo, ele concordava em que o problema da redução das adesões não era só dos governos trabalhistas dos anos 1960. "Acho que Wilson foi quase a pior coisa que aconteceu com o Partido Trabalhista", observou: não teve uma política coerente e seu governo fez pouco mais que saltar de crise em crise. Sua maior realização fora o liberalismo social impulsionado por Roy Jenkins na Secretária do Interior. Era necessário assegurar que o próximo governo trabalhista fosse genuinamente radical. "É por meio do Partido Trabalhista e de governos trabalhistas que é possível acontecer qualquer mudança social neste país se a primeira instância for conseguida", disse a Benn, repetindo a convicção que mantinha desde meados dos anos 1930. De sua parte, Benn argumentou que a transformação social só aconteceria com a descentralização do poder e democratização de instituições-chave, mas Eric forçou-o a dar algum conteúdo concreto a esses conceitos. "Estou achando as suas perguntas muito difíceis", replicou Benn pesarosamente, mas disse que tinha predileção por uma economia mista em que as grandes companhias fossem "de propriedade pública ou controladas pelo governo", com acordos de planejamento estatutários que obrigassem "as 100 maiores empresas" a serem responsáveis publicamente. Eric concordou.

Pouco depois da publicação da entrevista, o Partido Trabalhista obteve uma grande vitória após a renúncia de Callaghan, quando Michael Foot foi eleito líder do partido, em novembro de 1980, por uma margem de dez votos sobre seu rival de direita (e candidato favorito de Callaghan) Denis Healey. Em resposta a esses acontecimentos, em 26 de março de 1981 quatro destacadas figuras moderadas do trabalhismo, lideradas por Roy Jenkins, mas sem incluir Healey, renunciaram para formar um novo Partido Social Democrático, que logo passou a registrar um apoio do mesmo nível que os trabalhistas nas pesquisas de opinião. Nessa crise, em 27 de setembro de 1981, a esquerda trabalhista indicou Tony Benn para a vice-liderança do Partido. Healey venceu Benn por menos de 1% na eleição, mas isso só pareceu incentivar os "bennistas". Agora a luta política interna tomava conta do Partido Trabalhista, quando tanto radicais como moderados lutavam pelo poder, deixando Foot incapaz de estabelecer qualquer controle.

Em sua entrevista com Eric de 1980, Benn declarou que uma das diferenças-chave entre os anos 1930 e os anos 1980 na Grã-Bretanha era que "a opção da guerra como uma solução do problema do desemprego havia se tornado absurda, embora não impossível, por causa do desenvolvimento das armas nucleares". Fosse ou não uma solução para o problema da depressão na economia, contudo, logo forneceu um inesperado remédio para a impopularidade do Partido Conservador. Em 2 de abril de 1982 a ditadura militar argentina, liderada pelo general Leopoldo Galtieri, tentando reverter suas dificuldades domésticas, organizou uma invasão anfíbia das Ilhas Falklands (ou Malvinas), um território soberano inglês no Atlântico Sul a alguma distância do litoral argentino, bem como das ilhas de South Georgia e South Sandwich, mais distantes; havia muito tempo a Argentina reivindicava essas ilhas e a invasão era uma causa popular. Depois de uma débil resistência, os 1.680 habitantes das Falklands se renderam, liderados pelo governador Sir Rex Hunt. O governo Thatcher imediatamente organizou uma flotilha naval armada, que partiu para as ilhas. No fim do mês começaram os disparos da guerra, com aviões de combate se enfrentando sobre o mar e dois navios, o cruzador argentino *General Belgrano* e o destróier britânico HMS *Sheffield* sendo afundados com uma considerável perda de vidas. As tropas britânicas aportaram nas Falklands em 21 de maio. Depois de encarniçadas batalhas em terra, elas recapturaram as ilhas Falklands em 14 de junho, e também as ilhas South Georgia e South Sandwich alguns dias depois. As baixas fatais dos dois lados chegaram a mais de 900 vidas.

O líder trabalhista Michael Foot apoiou a guerra instintivamente: em sua visão, foi um ato de agressão não provocado desfechado por uma ditadura militar que precisava ser combatida, assim como a agressão de Hitler teve de ser combatida em 1939. Eric não ficou convencido, nem pelo deliberado recurso do governo de Thatcher de apelar para imagens da Segunda Guerra Mundial, com seu "Gabinete de Guerra" e repetidas invocações a Churchill (ou "Winston", como Thatcher o chamava com intimidade), nem pela impensável reedição de Foot da retórica de patriotismo democrático que havia aderido em sua cruzada contra o apaziguamento décadas antes. Em discurso proferido no fim de 1982 para o "Espetáculo de Esquerda Ambulante" da *Marxism Today*, Eric investiu contra a atitude dos parlamentares, argumentando que a reivindicação da Argentina às Falklands, localizadas perto da costa do país, era mais forte que a do Reino Unido, situado a muitos milhares de quilômetros de distância. O governo de Thatcher tinha provocado uma crise para si mesmo ao subestimar a defesa das ilhas ao retirar o único navio atracado na costa e errando ao antecipar a invasão, embora tenha sido repetidamente alertada pelos relatórios de inteligência.[104] Reconheceu ainda que o país fora tomado por uma "sensação geral de ultraje e humilhação" vinda de todos os lados, inclusive do trabalhismo de esquerda. Mas, observou:

> O surgimento dessa sensação não teve nada a ver com as Falklands propriamente ditas [...] um território estabelecido nas névoas do cabo Horn sobre o qual não sabemos nada e com o qual nos importamos menos ainda. Tudo teve a ver com a história deste país desde 1945 e a aceleração visível da crise do capitalismo britânico a partir do fim dos anos 1960 e em particular do desemprego do fim dos 1970 e começo dos 1980 [...]. Isso foi uma reação à decadência do Império Britânico que já havíamos previsto tanto tempo atrás.

Eric citou a condenação de Thatcher aos "vacilantes de coração fraco" que achavam que "a Grã-Bretanha não era mais a nação que tinha construído um império e dominado ¼ do mundo. "Bem, eles estavam enganados", acrescentou. A guerra, concluiu Eric, "não provou nada desse tipo". Um acordo com a Argentina antes do início das hostilidades seria perfeitamente possível, mas Thatcher rejeitou a ideia de imediato.

Como era sua característica, Eric notou a incompreensão despertada pela ação militar britânica por todo o continente. "A maioria dos europeus não conseguiu entender a razão de toda essa agitação." A guerra não tinha nada a ver com a verdadeira política internacional ou com interesses materiais ou estratégicos. Tinha tudo a ver com a política doméstica britânica. A guerra era popular porque "animou as pessoas" numa situação econômica difícil, "como se tivéssemos ganhado a Copa do Mundo com armas". As consequências ficaram claras na eleição geral realizada em 9 de junho de 1983, vencida pelos conservadores por grande parte, resultando em mais de 60% das cadeiras na Casa dos Comuns. Em parte eles ganharam porque o trabalhismo entrou na campanha com um manifesto duro de esquerda, definido por um membro do Parlamento como "o bilhete de suicídio mais longo da história", que exigia um desarmamento nuclear unilateral, a nacionalização de bancos e indústrias-chave, grandes aumentos de impostos, a abolição da Casa dos Comuns e a saída da Grã-Bretanha do que depois se tornou a União Europeia. Thatcher continuava colhendo os benefícios do "efeito Falklands", é claro, mas acima de tudo, como apontou Eric, os conservadores triunfaram porque os social-democratas, que puxaram 25% dos 28% dos votos nos trabalhistas, tinham dividido a oposição ao meio, permitindo que candidatos conservadores ganhassem muitos distritos pelos sistema eleitoral britânico de "maioria simples de votos", que de outra forma não poderiam ter ganhado.[105]

Depois da derrota esmagadora, Michael Foot renunciou imediatamente à liderança do Partido Trabalhista, sendo sucedido em 2 de outubro de 1983 pelo muito mais jovem Neil Kinnock, membro de esquerda do Parlamento do País de Gales, embora não da facção de Benn. O centrista Roy Hattersley foi eleito vice-líder do partido. Analisando o resultado das eleições na *Marxism Today* em artigo intitulado "Labour Lost Millions" ["A perda de milhões dos trabalhistas"], Eric não viu "nenhum lampejo de consolo". O voto trabalhista tinha caído intensamente em todos os estratos sociais; a maioria da classe trabalhadora agora não votava mais nos trabalhistas. Muitos do movimento trabalhista estavam "engajados em uma guerra civil e não combatendo a direita [...]. Cruamente falando, para muitos [da esquerda] um governo Thatcher era preferível a um governo reformista dos trabalhistas". O thatcherismo estava comprometido com uma transformação reacionária do capitalismo britânico, na verdade do sistema político britânico, e derrotá-lo era "a condição de sobrevivência de uma Grã-Bretanha decente". Por isso, eram necessários pactos eleitorais entre os social-democratas, os liberais e os trabalhistas, e o movimento trabalhista teria de ampliar seu apelo, tornar-se "mais que um partido de classe", abandonando o sectarismo e reconhecendo que seu manifesto de 1983 tinha fracassado ao apelar até mesmo para a maioria da classe trabalhadora. Como era sua característica, Eric instou o partido a se inspirar no exemplo da França, onde o líder do Partido Socialista, François Mitterrand, fora eleito presidente em 1981, e da Espanha, onde Felipe González, líder do Partido dos Trabalhadores Socialistas, tinha vencido a eleição geral de 1982. Partidos neossocialistas como esses, e até certo ponto também o Partido Comunista Italiano, estavam indicando o caminho, não só colaborando com outros partidos políticos. Era necessária a união de todas as forças progressistas e democráticas para deter a revolução conservadora de Margaret Thatcher.[106]

Mais uma vez, Eric provocou um apaixonado debate dentro do movimento trabalhista. Seus argumentos encontraram forte oposição, principalmente de Ralph Miliband, sociólogo marxista e proeminente figura da Nova Esquerda. Em janeiro de 1984 Miliband disse a Eric "que seu ataque à esquerda está errado e joga com as mãos do povo com o qual você não tem nada em comum". Na verdade, ele "estava pedindo que a esquerda ficasse quieta e deixasse a direita e o centro dominarem o Partido Trabalhista, sem dúvida com alguns ocasionais ossos sendo jogados à esquerda, como sempre aconteceu no passado".[107] Em resposta, Eric afirmou que o efeito de seus textos e palestras nessa área desde 1978 tinham sido:

1) Levantar questões que deveriam ter sido discutidas muito antes pela esquerda, e assim ajudar num debate que tem sido útil [...]. Devo acrescentar que isso aconteceu não por eu ter lançado uma campanha política – eu não tinha tais intenções quando fiz minha palestra original em 1978 da qual se originou todo o debate –, mas porque os *sectários* ficaram indignados com meu ponto de vista e insistiram em refutá-los, o que levou outras pessoas *da esquerda* a dizer: "Espere um pouco, o homem pôs o dedo em alguns problemas reais que causam dificuldade no nosso trabalho". Minha contribuição foi ajudar a mobilizar a esquerda não sectária. 2) Meus pontos de vista foram aceitos, com alívio, por membros da liderança da "esquerda soft" – *não* pela direita – do Partido Trabalhista, principalmente por Kinnock, que as citou e foi aprovado na Conferência do Partido Trabalhista de 1982, e mais uma vez na de 1983. Tenho sido chamado de "o marxista favorito de Kinnock", mas não, até onde sei, de Heal[e]y ou de Hattersley. Mas sem dúvida meus pontos de vista, vindos de alguém com um longo histórico de ser de esquerda, têm o efeito de demonstrar que a palavra "esquerda" não pode ser monopolizada pela "esquerda dura" de 1980-1983. Mas a não ser que você acredite que a única esquerda foi aquela que, digamos, se alinhou à campanha de Benn para a vice-liderança do Partido (na qual eu fui um dos muitos a considerar como equívoca, desnecessária e desastrosa), isso não é prejudicial para *toda* a esquerda, mas apenas para um tipo específico de esquerda. Tampouco eu estava de forma alguma soando um "toque de retirada". Ao contrário, estava prevendo, de forma precisa, como se viu, que o trabalhismo vinha flertando com a derrota e favorecendo uma política diferente que *poderia* levar a uma retomada

de seu avanço. E, realmente, desde a eleição de Kinnock, o partido tem mostrado sinais de renascimento.[108]

Miliband reagiu chamando Kinnock de "Harold Wilson Marco II". Se Benn tivesse ganhado a disputa pela vice-liderança, isso teria ao menos "fortalecido a mudança para a esquerda de que você foi a favor".[109] De sua parte, ao responder uma pergunta de um aluno de doutorado em 2002, Eric explicou que "eu era a favor de Tony Benn até ele jogar fora suas chances de liderar um Partido Trabalhista unido em jan[eiro] de 1981 depois da assembleia geral do partido, preferindo buscar o controle sozinho baseado na esquerda sectária". Considerava que seus artigos "tiveram certo impacto, pois eu estive entre os primeiros a prever problemas para o Partido Trabalhista, e por ser um opositor apaixonado dos bennistas, mas com um inegável histórico de extrema esquerda. Por isso meu nome e meus textos foram úteis para Kinnock".[110]

Sem nunca querer perder uma oportunidade, principalmente uma propiciada pela controvérsia em torno do "A perda dos milhões dos trabalhistas", Martin Jacques pediu permissão ao gabinete do novo líder trabalhista para Eric entrevistar Kinnock para a *Marxism Today*. A secretária de imprensa de Kinnock, Patricia Hewitt, disse a Kinnock que isso seria "uma excelente oportunidade de expor suas ideias" e também pediu que o *Guardian* publicasse trechos para a abertura do Congresso do Partido Trabalhista na segunda-feira.[111] O extenso intercâmbio de pontos de vista teve lugar em 3 de setembro de 1984, um mês antes da Assembleia do Partido Trabalhista, quando Kinnock faria seu primeiro discurso como líder, e foi publicado durante a própria assembleia. O Partido Trabalhista, observou Eric, precisava de uma visão de "um tipo específico para a Grã-Bretanha", um conjunto coerente de ideias e – como admitiu Kinnock – ainda não havia conseguido isso. Numa série de longas réplicas que confirmaram sua reputação de falador, Kinnock se defendeu dos golpes do questionamento de Eric atacando repetidamente as políticas de Margaret Thatcher como retrógradas e reacionárias. Martin Jacques, que estava presente e gravando a entrevista, depois se lembrou de que "a certa altura Eric me deu uma olhada, e nós dois concordamos, sabe, que aquilo seria uma experiência muito chata e infrutífera".[112] A resposta de Eric foi apontar que o thatcherismo representava o desmantelamento do cenário do pós-guerra e uma dependência quase exclusiva do mercado – "uma espécie de anarquismo burguês" –, e quis saber que combinação de planejamento, de propriedade pública e de empresas privadas o líder do Partido preferia.[113]

Kinnock reiterou o compromisso dos trabalhistas de renacionalizar indústrias-chave, centralizar o planejamento e criar um banco de investimento nacional. O problema era, como Eric ressaltou, que poderia ser impossível restaurar as indústrias, como as de carvão e aço, que Thatcher havia destruído. Talvez, sugeriu, um governo trabalhista pudesse buscar inspiração em outros países europeus, como a França e a Suécia. Kinnock não achava que outros países fossem um bom exemplo. Eric levantou a questão da relação dos trabalhistas com os sindicatos, principalmente com o sindicado dos mineiros, então engajado numa dura disputa com o governo e que terminaria numa derrota total. Kinnock teve o cuidado de não fazer nenhuma crítica ao sindicato dos mineiros, mesmo com Eric se oferecendo para desligar o gravador se ele achasse o assunto delicado demais para ser registrado. Mas estava claro que o líder trabalhista se sentia desconfortável lidando com uma questão de militância sindical, que tinha sido explorada para tal efeito pelo governo conservador.[114] De sua parte, Eric era particularmente um crítico incisivo do líder dos mineiros, Arthur Scargill, cuja intransigência e autoglorificação tinham causado a derrota dos grevistas, resultando numa catástrofe para o movimento sindical em geral. Um de seus alunos se lembrou de uma ocasião em que "seu desprezo por Scargill [...] ressoou durante uma meia hora de refrega com [John] Saville, efetivamente encerrando uma festa de surpresa para Raphael Samuel em 3 de janeiro de 1985".[115]

No todo, a entrevista não conseguiu extrair nenhuma declaração muito concreta do líder trabalhista. Deve ser notado que Eric usou constantemente a primeira pessoa do plural ao se referir ao Partido Trabalhista na entrevista com Kinnock – "nós", "nos", "nosso". Sua identificação com o partido parecia total, deixando de lado o Partido Comunista. A essa altura Eric tinha lançado um ataque radical ao que chamava de "retirada para o extremismo" em setores do movimento trabalhista, acusando seus críticos de falta de realismo político (perguntando "se eles estão vivendo no mesmo país – ou até no mesmo planeta – que todos nós?"). Alianças políticas, declarou, invocando o exemplo do governo da Frente Popular na França e na Espanha dos anos 1930, não implicavam o abandono do socialismo. Estava na hora de o movimento trabalhista britânico deixar de ser tão paroquial.[116]

Em 1987, não muito antes de uma eleição geral, Eric expressou ainda mais enfaticamente sua convicção de que derrotar o thatcherismo, cujo objetivo sem precedentes era destruir o movimento trabalhista, seria a prioridade máxima.

O voto tático era imperativo. Onde os candidatos liberais ou social-democratas tivessem mais chance de derrotar um conservador, os eleitores trabalhistas deveriam votar a seu favor. Os social-democratas eram o partido da *intelligentsia* e das classes profissionais liberais, e naturalmente se opunham mais aos conservadores que aos trabalhistas, especialmente agora que Neil Kinnock estava devolvendo o Partido Trabalhista para o centro. Uma aliança social com o voto do cerne da classe trabalhadora era vital. Uma coalizão governamental com o trabalhismo seria o resultado mais provável de um forte desempenho dos partidos de centro, comprometidos com a administração social da economia, com melhorias na educação e na modernização da infraestrutura em frangalhos da Grã-Bretanha.[117] Esses argumentos eram centrais para o futuro do movimento trabalhista como um todo e tiveram uma enorme influência a longo prazo. Em 1987, porém, não conseguiram nenhum impacto. O voto tático não teve grande adesão. A persistente divisão dos votos anticonservadores, combinada com a forte recuperação da economia, desembocou num resultado mais ou menos igual ao que confirmara Thatcher no poder em 1983.

Os artigos de Eric sobre o Partido Trabalhista e seu futuro foram reunidos em sua coletânea *Politics for a Rational Left: Political Writing 1977-1988*, publicada pela Verso (New Left Books) em maio de 1989. Em uma longa resenha do livro, Ross McKibbin, historiador da Grã-Bretanha do século XX de Oxford e observador atento e arguto das políticas trabalhistas, observou: "É difícil não concluir que as classes com maior nível educacional no pensamento de Hobsbawm agora fazem o papel que antes pertencia à antiga classe trabalhadora". Na sequência, reproduzindo ensaios em ordem cronológica, McKibbin considerou que os argumentos do livro iam se tornando cada vez mais minimalistas e táticos. Não havia nada especificamente marxista na argumentação. "É como se o colapso daqueles movimentos trabalhistas clássicos, nos quais Eric investiu muito de sua vida política e intelectual, tenha deixado seu marxismo momentaneamente sem rumo." De fato, a evidência desses ensaios indicava que "Hobsbawm hoje vê o 'socialismo' na prática como uma economia mista, com o Estado como supervisor geral com sua função regulatória – diferindo um pouco do tipo de organização social que Keynes parece ter visualizado em sua *Teoria geral*". Em termos semelhantes, o escritor político R. W. Johnson observou "uma ausência de qualquer análise marxista viável". Marxista ou não, contudo, no longo prazo os argumentos de Eric venceram. A esquerda dura, organizada dentro da "tendência militante" trotskista, foi derrotada, e Kinnock convenceu o partido a abandonar políticas que alienassem os eleitores, como se retirar da Otan e da Europa, aumentar impostos e desistir das armas nucleares. Depois da esmagadora derrota eleitoral de 1987, a terceira em seguida, o Partido Trabalhista não pôde mais evitar um confronto fundamental com o problema que enfrentava. Margaret Thatcher tinha ganhado mais confiança em sua missão de transformar a Grã-Bretanha, destruindo o tradicional movimento trabalhista no processo. Eric notou que ela tinha começado a falar não de seu governo, mas de seu "regime". Isso, ele sugeriu, era "a linguagem de uma 'Nova Ordem' [...] a linguagem do autoritarismo de um governo de um só partido criando sistematicamente as condições para continuar dessa forma". A tarefa de derrotá-lo era mais urgente que antes.[118]

No entanto, não muito depois da eleição geral de 1987, o governo de Margaret Thatcher começou a ter problemas. Políticas impopulares como a introdução de um "imposto único", que provocou manifestações em massa nas ruas de Londres, aumentaram o crescente dissenso dentro do governo sobre a Europa e situaram os trabalhistas bem à frente nas pesquisas de opinião. Eric ficou mais otimista em relação às chances de uma vitória trabalhista na eleição seguinte.[119] A cada vez mais estridente oposição de Thatcher a uma integração com a Europa fez com que ela fosse derrubada pelos membros do Parlamento conservadores em novembro de 1990. Seu sucessor, John Major, fez um apelo com os pés no chão aos eleitores na eleição geral de abril de 1992, enquanto Kinnock exagerou em encenar uma campanha excessivamente profissional que só afastou eleitores, principalmente quando tropeçou. Armados de uma maioria pequena, porém utilitária, os conservadores continuaram no poder, enquanto Kinnock foi obrigado a renunciar. Depois de um breve intervalo, o duunvirato de Tony Blair e Gordon Brown renomeou o Partido Trabalhista como "Novo Trabalhismo", ampliando seu apelo, recuperou eleitores que havia desertado dos social-democratas (agora liberais) e venceu uma série de eleições gerais, chegando ao poder em 1997 e continuando no governo até 2010.

"Se o 'Novo Trabalhismo' teve fundadores intelectuais", como concluiu Ben Pimlott, biógrafo de Harold Wilson, "Eric certamente poderia afirmar ter sido um deles."[120] Perry Anderson, um dos fundadores da *New Left Review*, acreditava que, à medida em que tivera qualquer influência no complexo sistema de mudanças dentro do movimento trabalhista, Eric tinha provocado uma derrota catastrófica para a esquerda. Mas ele não estava entendendo. Eric não tinha ajudado na derrota da esquerda trabalhista – isso foi motivado principalmente por Kinnock –, mas sim na reorientação do partido em direção a um apelo aos intelectuais no sentido mais abrangente, para profissionais liberais e as classes médias urbanas. Nesse caso sua influência foi inegável. No início dos anos 1980, como lembrou Roderick Floud, Eric "não era, eu diria, um ativista político em qualquer sentido. Quero dizer, ele estava escrevendo, claro que sim, e claramente foi se tornando cada vez mais um guru, se já não era, para vários grupos de esquerda. Mas foi só essa a extensão de seu ativismo político".[121] Deve-se dizer que Floud também não estava entendendo bem. A influência de Eric era exercida por seus textos, principalmente na *Marxism Today*. Como concluiu Martin Jacques, "nessa época Eric era visto [...] como [...] um guru intelectual no Partido Trabalhista [...]. Depois de ser um intelectual comunista, ele se tornou *o* intelectual da esquerda".[122]

VIII

Em novembro de 1980, disse Eric a seu ex-aluno Alan Adamson: "Eu vou me aposentar em dezoito meses, e acho que vai ser uma tristeza, depois de todos esses anos — apesar de não me faltar trabalho a fazer ou lugar para onde ir".[123] Tendo chegado então à idade estatutária de 65 anos, Eric saiu da Birkbeck no dia 30 de julho de 1982 e foi imediatamente nomeado professor emérito de história econômica e social, um título puramente honorífico que não implicava obrigações, mas reconhecia sua proeminência acadêmica e seus 35 anos de serviço na faculdade.[124] Eric continuou frequentando a Birkbeck depois de sua aposentadoria, para pegar a correspondência que chegava e encontrar velhos amigos e colegas. Mas ele adorava lecionar e se sentia frustrado por não mais fazer isso. Por essa razão, quando foi abordado no início de 1984 por Ira Katznelson, da New School for Social Research de Nova York, com uma proposta para lecionar lá, Eric ficou muito interessado. A New School jactava-se de uma história de radicalismo desde sua fundação por acadêmicos dispensados da Universidade Columbia de Nova York, por terem se oposto à participação dos Estados Unidos na Primeira Guerra Mundial. Nos anos 1930 a escola foi um refúgio para cientistas sociais alemães forçados ao exílio pelos nazistas. Mantida por verbas particulares, chegou a passar por um período difícil nos anos 1970 mas, graças ao generoso apoio de Dorothy Hirshon, uma rica viúva (sua fortuna foi resultado de um breve casamento com o filho do magnata da mídia William Randolph Hearst), a situação financeira da instituição estava se recuperando.

Katznelson, um cientista social versado nas disciplinas de política, sociologia e história, fora contratado quando trabalhava na Universidade de Chicago como reitor para criar uma faculdade na interseção entre a história e a ciência social. Sob sua gestão, os renomados historiadores de ciências sociais Charles e Louise Tilly foram contratados em 1984, e enquanto buscavam atrair figuras comparáveis para Nova York, Katznelson pensou em Eric, que ele sabia ter se aposentado recentemente da Birkbeck "por causa da idade – não por alguma enfermidade mental". Ao contrário da situação no Reino Unido, nos Estados Unidos não havia uma idade limite para aposentadoria compulsória, por isso Katznelson resolveu convidar Eric. Os dois não se conheciam, embora tivessem um amigo em comum em Ralph Miliband. Porém, Katznelson estava decidido.

> Eu liguei para ele diretamente, mais ou menos [...]. Falei: "Sou eu, o novo reitor da..." Quero dizer, meu nome não era totalmente desconhecido para ele, mas acho que Eric nem sabia que eu estava na New School quando liguei e expliquei a natureza do projeto – as ambições de uma nova turma que estava chegando – e "será que ele estaria interessado em participar?". E sem perguntar nada sobre as condições, ou "quanto vocês vão me pagar", [ele] respondeu: "Eu estou muito interessado", e logo constituímos um relacionamento que o tornou [...] um participante regular da instituição.[125]

Eric disse a Katznelson que "adoraria a oportunidade de continuar lecionando, principalmente numa instituição que tinha muitos aspectos em comum com a Birkbeck", inclusive o foco no ensino de estudantes já formados e mais maduros.[126]

Eric concordou em lecionar para estudantes de mestrado e de doutorado (que, nos Estados Unidos, eram obrigados a apresentar trabalhos escritos, diferentemente das universidades inglesas) a cada semestre do outono, a partir do começo de setembro ou logo depois do Natal. A New School providenciou um apartamento para Eric, apesar de mudar a cada ano: como se lembrou Katznelson, durante um ano Eric morou num alto conjunto de apartamentos com vista para o East River. Chamava-se "Waterside – e me lembro que ele gostou muito de ter um escritório de onde podia ver os barcos passarem [...]. Ele morou – como era sua característica – em diversas acomodações mobiliadas de pessoas que se encontravam em períodos sabáticos". Ao chegar a Nova York, em setembro de 1986, Eric ficou realmente impressionado com o apartamento em frente ao East River, que era "magnífico, com vista para o East River e tudo mais". A Waterside Plaza era "uma espécie de colônia insular que tinha de tudo – uma adorável praça para se ficar, com uma vista do Chrysler Building e da ONU e cheia de crianças pequenas, lojas de artigos básicos etc.". Ficava a uma hora e meia a pé da New School "e mais ou menos o mesmo tempo de ônibus", mas Eric não se incomodava com isso.[127]

Eric foi designado para dois comitês interdisciplinares, organizados para determinar as diretrizes dos estudos históricos e sociais da New School: o Centro de Estudos de Mudança Social, liderado por Charles Tilly, e o Comitê de Estudos Históricos. Eric era bem mais que um professor visitante formal:

> Ficou entendido que Eric seria um professor visitante constante, e portanto figurava como membro da faculdade. Ele comparecia às reuniões da faculdade. Uma das principais características da época de Eric na New School era o quanto ele era comprometido em termos institucionais, com na Birkbeck; e dizia que a Birkbeck e a New School eram muito parecidas. E era um tremendo cidadão da New School [...]. A faculdade tinha cerca de 70 alunos – quando ele chegou eram uns 45 ou 50, mas o número aumentou em meados dos anos 1970 – e nos reuníamos uma vez por mês [...] para discutir os assuntos em pauta. Quando estava de visita, Eric encontrava-se sempre presente e era um participante ativo. Também ajudava a administrar o Centro de Mudança Social.[128]

Menos formalmente, Eric costumava ir às sextas-feiras a um workshop intitulado "Pensar e depois beber", do qual era também um participante ativo. Como observou Katznelson, Eric era muito sociável, principalmente quando Marlene, que o visitava por períodos relativamente curtos, não estava lá – "muito vibrante, sempre almoçando com alunos da faculdade – um verdadeiro ator, no bom sentido do termo". Todos os anos, na quarta quinta-feira de novembro, ele e Marlene eram convidados para a festa anual de Ação de Graças organizada por Eric Foner, um historiador americano da Universidade Columbia que Eric havia posto sob suas asas tempos atrás, quando ele fazia pesquisas em Londres, onde, lembrou-se Foner, os seminários de Eric o ensinaram como fazer história social. A família Foner convidava pessoas do exterior, ou de lugares nos Estados Unidos muito distantes de Nova York, para "um jantar essencialmente americano – com peru etc. (e mais alguns pratos italianos, em homenagem à herança italiana da minha esposa). Claro que a presença de Eric garantia muitas discussões interessantes sobre política". A história também se fazia presente: Foner lembrou-se em particular de uma conversa sobre mulheres bandidas em um dos anos, entre Eric e Millicent Hodson, um conhecido coreógrafo e historiador da dança, famoso por sua recriação da coreografia de Nijinsky para a primeira apresentação de *A sagração da primavera* de Stravinsky.[129]

Ao lado de Charles Tilly, que logo se tornou seu amigo, Eric

> apresentava aos alunos um notável modelo de como ser muito conhecido e ainda assim estar nas trincheiras, ensinando menos por palavras do que demonstrando o que significava ser um artesão: como estabelecer altos padrões e [...] como fazer história analítica [...]. Era aberto, tolerante com as pessoas – com os estudantes – e com muitas perspectivas diferentes [...]. Ele sabia alguma coisa sobre tudo, e sabia um bocado sobre muitas coisas. Era difícil achar um assunto em que qualquer aluno de graduação ou membro da faculdade estivessem trabalhando que de alguma forma não abordasse questões que Eric conhecia e tinha opiniões a respeito.[130]

Eric se entusiasmava particularmente com estudantes que vinham da América Latina para estudar na New School, e "os ajudava a se sentirem em casa". Katznelson achava Eric "extremamente caloroso. Você sabe, ele era um amigo muito afetuoso e solidário". Gostava de ir aos seus antigos clubes e bares de jazz de Nova York, às vezes só para tomar uma bebida sozinho, às vezes levando amigos e colegas. Aqueles locais o faziam se sentir nostálgico, despertando lembranças que "só podia compartilhar com outros que tinham o mesmo passado, e eu continuava pensando em alguém como meu primo Denis enquanto observava sozinho no bar (em meio aos habituais fãs de jazz japoneses ou coreanos mais velhos), ouvindo e tomando uma bebida".[131] Porém, era mais comum ele ir à Metropolitan Opera, principalmente quando Marlene estava lá para acompanhá-lo.[132] Convivia bastante com seu editor, André Schiffrin, e família, e recebia um fluxo constante de amigos e conhecidos que passavam por lá. Perry Anderson, na época também lecionando na New School, morou por um tempo no mesmo conjunto de apartamentos e costumava tomar café da manhã com Eric.

Era um convidado regular aos jantares na casa de Bob Silvers, em geral frequentados por figuras culturais e literárias de destaque, muitas das quais escreviam para a *New York Review of Books*. Certa ocasião, depois de uma festa organizada por George Weidenfeld num hotel em Nova York, Eric contou:

> Eu cumprimentei Jack (sir John) Plumb no bar, que uma vez contratou Christopher [Hill] e a mim para escrever livros para a Penguin (Indústria e império) e agora é um velho reacionário rico infeliz e um gay solitário hospedado no Carlyle e tomando um drinque com o senador Daniel Moynihan e sua mulher, o senador parecendo menor na vida real que na tela da TV, o que é incomum e inesperado. George também parece grande. Trocamos algumas palavras. Perguntei por que ele não fazia algumas propostas concretas de vez em quando. Nós nos despedimos como velhos amigos.[133]

Em meados dos anos 1980 Nova York ainda era um lugar perigoso, antes de ser pacificado, depois de a polícia ser expurgada da corrupção e grandes áreas serem "restauradas", como Eric observou:

> Eu estou sempre colecionando histórias de Nova York. A última me foi contada por alguém numa festa na casa de Bob Silvers. Parece que a polícia de NY tem como hábito, quando encontra um cadáver (nesse caso era de uma senhora de idade de classe média que morreu em seu apartamento), vender os cartões de crédito por $ 50 ou 100 para o comprador e fazer uma compra (nesse caso de uns $ 700) e todo mundo fica contente menos a empresa do cartão de crédito [...]. Outras vinheta[s] de Nova York. Mulheres conversando umas com as outras no ônibus: "Eles não podem expulsar um homem do ônibus por estar bêbado e roncando". "Ora, ele não fez nada de mal. Os que causam problemas não estão bêbados. Meu marido foi assaltado no Brooklyn, e eles não estavam bêbados." "Isso não é nada. Eu fui assaltada bem aqui na Rua 20." Mas isso não aconteceu comigo por enquanto, bata na madeira.[134]

Ainda demoraria algum tempo até as ruas de Nova York se tornarem seguras para se andar.

Em 1988 Eric voltou à New School para ministrar mais algumas aulas, embora não tivesse gostado tanto como antes, em parte por não estar se sentindo muito bem "ou porque não consigo trabalhar bastante, ou talvez só por causa do cheiro de urina nos degraus do metrô estar mais penetrante". Em um jantar organizado pelos Schiffrin, ele conheceu a jovem escritora Annie Cohen-Salal, a quem André havia encomendado uma biografia recém-publicada de Jean-Paul Sartre – "uma garota judia magra, de rosto anguloso, bem neurótica e muito inteligente do Norte da África, antissionista fanática, que está em NY por alguns dias com uma das ex-amantes de Sartre (e também ex-amante de André Breton, aliás, uma das que Simone de Beauvoir costuma sentir um ciúme maluco)". Eric a levou ao Museu de Arte Moderna no dia seguinte, talvez adorando a oportunidade de passar uma manhã falando francês. Fez uma palestra na Bard College, em Annandale-on-Hudson, onde encontrou "o habitual alemão antigo, o habitual ex-professor de Harvard que não conseguiu emprego lá e se tornou muito mais radical, o habitual professor ansioso para discutir a atmosfera cultural de Londres" – com um ar de ambições frustradas pairando sobre todos eles.[135] Com certeza esse não era o caso da New School. Eric adorava as oportunidades decorrentes de seu cargo, não só a de continuar lecionando, mas também de se misturar com a cena social de Nova York e com alguns destacados intelectuais americanos. Eric continuou trabalhando na New School até boa parte dos anos 1990.

IX

Assim como antes, durante esse período Eric teve um papel-chave na junta editorial da *Past & Present*. Continuava a tradição, estabelecida em 1952 com a fundação da revista, de todos os membros da junta lerem todos os artigos apresentados à revista. Originalmente projetada para assegurar a aprovação tanto dos membros marxistas como dos não marxistas de todos os artigos aceitos para publicação, a tradição tinha o mérito de apresentar aos pretendentes um amplo escopo de pontos de vista e críticas de seus trabalhos. As anotações feitas por Eric nos artigos apresentados eram sempre expressas com vigor. Ele não gostava de artigos escritos com jargão especializado, mesmo se fosse com jargão marxista. Queria conceituação, mas ao mesmo tempo tinha de estar baseada em pesquisas empíricas robustas que a justificassem. Gostava que os artigos tivessem uma dimensão comparativa. Os problemas abordados tinham de ser claramente formulados e originais, e acima de tudo precisavam tratar de questões de mudanças sociais. E tinham de lidar com a causalidade. Eric lia praticamente todos os artigos apresentados, inclusive os que estivessem fora de suas áreas de interesse, e também tinha o que uma editora posterior, Joanna Innes, chamava de "uma atitude editorial: fazendo sugestões para que outros membros da junta lessem um artigo, ou o que poderia ser dito para o autor à luz das respostas fornecidas". Como Keith Thomas se lembrou:

> Eric era uma figura dominante na diretoria da *Past and Present*, parecendo onisciente e com fortes pontos de vista sobre todos os assuntos. Ele usava um daqueles gorros de bolchevique e parecia um verdadeiro revolucionário. Fiquei surpreso com seu hábito eduardiano de dizer alguma coisa importante e em seguida buscar aprovação, perguntando a seguir: "O quê, o quê?".

Quando o amigo Francis Haskell entrou para a diretoria, Eric deixou de almoçar com os outros para ir comer com Francis e Larissa Haskell na casa deles na Walton Street, em Oxford, mas fora isso seu envolvimento com a *Past & Present* permaneceu imutável.[136]

Em 1987, quando fez 70 anos, Eric saiu da diretoria, junto a Rodney Hilton, provocando um protesto de Edward Thompson: "Você É a *P&P*. Não poderíamos aceitar *ninguém* mais. O trabalho que você fez é notável, é difícil pensar em qualquer precedente [...]. Espero que essa 'saída' seja apenas ficcional e formal".[137] E era mesmo. Assim como outros membros da junta editorial designados antes da introdução do limite de setenta anos nos anos 1990, Eric continuou comparecendo às reuniões anuais de verão da diretoria até boa parte dos anos 2000 e colaborando ativamente em suas deliberações. E continuou fazendo comentários sobre os artigos apresentados muito tempo depois de seu afastamento da junta, dando sua opinião sobre uma grande variedade de períodos e temas. Tipicamente, ele pediu que um artigo no campo da história da medicina fosse "reformulado" por "ser íntimo demais com o assunto para não especialistas". Na outra ponta do espectro, ele foi contra a publicação de um artigo por se tratar de "jornalismo altamente genérico [...]. Uma versão abreviada seria melhor para a *Prospect* [uma revista mensal sobre atualidades]". Demonstrava seus enormes e abrangentes conhecimentos para descartar um bom número de colaborações por não serem originais, não inovarem ou repetirem debates surgidos décadas antes. Vetava artigos puramente empíricos com o comentário de não levantarem questões históricas; também era igualmente severo quando farejava qualquer bafejo de pós-modernismo ("um exercício sem sentido em metodologia de seminários" foi um de seus comentários diante de um artigo do gênero).[138] Não hesitava em exigir cortes em artigos que considerava longos demais ("As últimas duas páginas", escreveu para um colaborador, "não acrescentam muito ao argumento.") Histórias diplomáticas tradicionais sempre provocavam suas faculdades críticas ("uma nota de rodapé na história de debates sobre a culpa da guerra" foi seu comentário sobre outro artigo).[139]

Um dos livros mais influentes de Eric foi um coletânea de artigos editados a partir de uma conferência organizada pela Past and Present Society, o grupo que passou a supervisionar a publicação da revista. A essa altura a revista tinha também dado início a uma série de livros, publicados pela Cambridge University Press. Intitulado *A invenção das tradições*, o volume, editado por Eric e pelo historiador africano Terry Ranger (outro membro da junta editorial), que morava em Manchester, foi aceito para publicação na série pelos representantes da Cambridge University Press em abril de 1978 com a recomendação de Trevor Aston, o editor da revista. O contrato estava muito distante dos acordos comerciais com que Eric estava habituado. Nenhum direito autoral seria pago antes da venda de mil exemplares, 10% desde então até 5 mil exemplares, e 15% dali em diante, com 7,5% para as edições em brochura.[140] Os pagamentos seriam feitos diretamente para a Past and Present Society, não para os autores ou editores.[141] O trabalho para realizar o livro foi lento.[142] Os dois autores fizeram objeções ao pedido da editora de compilar o índice remissivo ("Acho que nunca me pediram para fazer meus índices remissivos como autor ou editor há quase uma geração", comentou Eric, embora Ranger afinal tenha concordado, desde que fosse algo curto e simples).[143] O contrato só foi redigido em 26 de abril de 1982, quando o pagamento dos direitos autorais entre mil e 15 mil exemplares foi reduzido para 5,5% e o pagamento mais alto depois de 5 mil exemplares desapareceu.[144] O livro foi afinal publicado em abril de 1984.

Eric depois se recordou que teve a inspiração para a ideia por trás de *A invenção das tradições* quando ainda estudava na King's College, em Cambridge, e percebeu que a famosa Missa de Natal de Nove Lições e Cânticos só havia sido concebida poucos anos antes de sua admissão, em meados dos anos 1930.[145] Apesar de incomum para um volume de ensaios acadêmicos baseados em procedimentos de uma conferência acadêmica, *A invenção das tradições* foi largamente resenhado pela imprensa, em parte porque vários dos colaboradores eram todos bem conhecidos no mundo acadêmico, e em parte, sem dúvida, por causa do título chamativo. Quase todos os resenhistas se contentaram em registrar sua surpresa e deleite com os ensaios que compunham o livro, comentando sobre alguns dos argumentos centrais apresentados. Nenhum tentou questionar sua premissa central, embora o biógrafo literário e editor das obras completas de Daniel Defoe, P. N. Furbank, apresentado aos Apóstolos por Eric muitas décadas antes, tenha expressado algum ceticismo sobre o conceito de "tradição" como apresentado no livro. Com certeza Eric e seus colaboradores estavam confundindo tradição com costumes, como no caso das transmissões radiofônicas dos monarcas no Natal. Um candidato mais plausível era o *kilt* xadrez escocês, inventado no século XVIII e agora clamando, ao menos implicitamente, para retornar às brumas da antiguidade – tema de um ensaio galhofeiro e iconoclasta de Hugh Trevor-Roper.[146] Subjacente ao livro, contudo, havia um profundo ceticismo quanto à pretensão de países de remeter sua identidade a um passado remoto, e sua originalidade em particular era o foco nos meios simbólicos pelos quais essa pretensão era articulada.[147] O problema do nacionalismo ainda preocupava Eric no começo dos anos 1980, e pouco depois ele trataria do tema mais longamente, e numa análise mais abrangente, nas Wiles Lectures de 1985.[2*]

X

Apesar de há muito ter se afastado do campo em que começou sua carreira acadêmica, a história do trabalhismo britânico, Eric ainda achava que tinha alguma contribuição a fazer, e em 1984 ele reuniu os ensaios sobre o tema que publicou em *Os trabalhadores* em uma segunda coletânea, intitulada *Mundos do trabalho*, publicada em 1984. A publicação do livro deu aos resenhistas a oportunidade de avaliar o impacto causado por Eric na história do trabalhismo na Grã-Bretanha. Roy Foster observou corretamente que "o trabalho de Hobsbawm é marcadamente diferente da historiografia do trabalhismo prevalecente antes de ele deixar sua marca", acima de tudo em sua "combinação de cosmopolitismo e intelectualismo". Isso não era uma característica dos escritores que dominaram a história do trabalhismo britânico antes dele". Esses homens eram socialistas corporativos, liberais radicais ou moralistas cristãos cujo trabalho – como os

---

2 * Série regular de palestras sobre temas históricos patrocinadas pela Universidade de Belfast e posteriormente publicadas pela Cambridge University Press. (N.T.)

dos Hammond – era "difuso e emocional em suas análises e literário no tom". Os primeiros trabalhos de Eric "tiveram um forte efeito nesse tipo de história". Colocava de novo na agenda a questão da exploração e das condições de vida durante a Revolução Industrial, mostrando como o marxismo não era um instrumento do dogma stalinista, mas sim uma criação da segunda metade do século XIX, "não mais assustador ou apocalíptico que as panaceias da maioria dos outros analistas econômicos". A história do sindicalismo, então parte da narrativa legal e institucional do crescimento dos sindicatos desde a era vitoriana até o presente, foi desvirtuada de sua teleologia por Eric, e apresentada em relação à economia britânica de seu tempo, que Eric via como arcaica e em muitos aspectos espelhada pela estrutura descentralizada e pelo reformismo inveterado dos sindicatos.[148]

Embora tenha criticado o livro pela insistência "ultrapassada" na nitidez das divisões de classe na sociedade inglesa, o jovem historiador do sindicalismo Alastair Reid ecoou Foster ao reconhecer o impacto de Eric na disciplina, apesar de "ainda não ser totalmente reconhecido pelos próprios historiadores do trabalhismo, que tendem a ser muito antiquários em seu estudo das instituições e dos acontecimentos trabalhistas, e consequentemente negligenciam o contexto mais amplo de seus estudos".[149] Mais seriamente, contudo, começava a ficar claro que a história do trabalhismo entrava agora num período de crise – crise terminal, como seria demonstrado. Mais do que a maioria das abordagens históricas, estivera relacionada com uma ideologia específica – o socialismo – e com as suposições culturais e intelectuais subjacentes. O avanço do trabalhismo havia sido detido, e com isso o avanço da história do trabalhismo.[150]

A essa altura Eric já estava ficando mais tranquilo em relação a prazos de entrega e a participar de novas aventuras editoriais. Havia várias possibilidades, disse a Bruce Hunter em 1977, mas ele não sabia bem se queria embarcar nelas:

> Eu ainda tenho um contrato com George W. para um livro sobre "Revolução". Depois disso tenho um plano geral para um livro que quero escrever generalizando o tipo de coisas de *Rebeldes primitivos* e *Bandidos* num trabalho sobre "Políticas populares antes da invenção da política", mas isso vai ter que esperar mais um pouco. Eu também poderia, de imediato, elaborar uma ou duas coletâneas de ensaios na mesma linha de "Revolucionários" sobre diversos temas históricos, porém, mais uma vez, eu não tenho pressa.[151]

De fato, tanto ele não tinha pressa que nenhum dos dois livros que mencionou chegaram a ser escritos, enquanto a coletânea de ensaios só foi publicada em 1998. Sua preocupação mais imediata era a questão de como estavam indo seus títulos já publicados. *Indústria e império*, ele concordou com Bruce Hunter, ainda estava vendendo, ainda que não nos Estados Unidos. A Penguin fazia uma nova reimpressão a cada ano no Reino Unido, as edições em alemão e em francês continuavam sendo impressas, esta última em particular, acreditava Eric, se beneficiando do fato de "a Inglaterra moderna estar no *programme d'agrégation*". Suas esperanças não foram concretizadas. *Indústria e império* foi um fracasso na França, logo superado pela história social da Inglaterra moderna de François Bédarida, um livro bem ao estilo então popular no sistema francês, cheio de mapas e gráficos, quase tanto sobre geografia histórica como sobre história social.[152] Ademais, *Indústria e império* estava ficando ultrapassado, como Eric começou a perceber, e precisava ser revisto. Pediu para seu ex-aluno de doutorado, Chris Wrigley, trabalhar nisso, corrigir as estatísticas (que com certeza precisavam ser atualizadas) e reler o texto (o que ele não fez). Wrigley também achou que o livro precisava de um capítulo final extra cobrindo o período mais recente. Eric conversou com ele sobre o que incluir, mas aí, como contou Wrigley: "Eu fiquei tremendamente assustado quando Eric disse 'Você escreve' […] [Mas] ele leu e disse; 'Isso está realmente muito bom', e eu quase morri de choque!".[153] Em sua nova edição, *Indústria e império* ganhou o subtítulo de *O nascimento da Revolução Industrial*, reconhecendo assim o desequilíbrio da cobertura observado quando do lançamento. O livro continuou sendo usado em cursos de história social e econômica em universidades do Reino Unido e é utilizado até hoje.

Eric estava menos satisfeito com as vendas de *Bandidos*, que achou que a Penguin havia parado de reimprimir. Acreditava que "existe um mercado para esse livro, que pode continuar vendendo modesta e regularmente, como *Rebeldes primitivos* desde 1959". Queria que Bruce Hunter avaliasse a possibilidade de revivê-lo: "Não é um livro específico para venda a estudantes, infelizmente, mas dá para ler". As edições estrangeiras estavam indo bem, assim como as traduções de *Revolucionários*, menos nos Estados Unidos. (Na verdade, a edição da Penguin continua sendo impressa até hoje, vendendo até 2 mil exemplares por ano, com cerca de 6 mil exemplares no estoque.)[154] "A recém-lançada edição em alemão (uma má tradução) provavelmente vai sofrer com a redução do público a obras de esquerda." Para decepção de Eric, *A era do capital* não foi adotada como livro-texto pela Open University (a instituição de ensino universitário a distância do Reino Unido, com muitos milhares de alunos), mas as edições estrangeiras estavam indo bem. O principal problema era a falta de uma edição em brochura nos Estados Unidos: "Só vai vender se sair em brochura, pois só assim será recomendado para faculdades, e acontece que esse é o único público que eu tenho lá". Era preciso encontrar uma editora "com ligações com os muitos professores radicais com 30-[3]5 anos, que recomendariam um Hobsbawm".[155] O livro foi afinal publicado nos Estados Unidos em formato brochura pela Vintage Books, parte do império da Random House.

Uma das razões de esses novos projetos mencionados por Eric a Bruce Hunter terem sido postos de lado foi que, ao mesmo tempo que Eric se correspondia com ele, estava embarcando em um grande livro novo. Em 1974, antes até da publicação de *A era do capital*, o editor-chefe de história na Weidenfeld, Andrew Wheatcroft, falou com Eric sobre a ideia de uma sequência do livro:

> O último dos três volumes sobre o século XIX da História da Civilização nunca foi preenchido [...]. Uma das coisas que me impressionou ao ler A ERA DO CAPITAL foi a sensação de continuidade entre esse livro e A ERA DAS REVOLUÇÕES. Não achei que havia um retrato unificado sendo apresentado que ajudasse a entender melhor o período além de estudos desconexos. Isso me fez pensar se você consideraria assumir um terceiro volume, de 1875 a 1914. Nitidamente, a grande atração do ponto de vista dos leitores seria a continuidade da abordagem e a apresentação do século como um todo. Posso entender que, do seu ponto de vista, tendo já escrito dois, a perspectiva de um terceiro pode enchê-lo de horror. Parece ser um período fascinante que foi esparsamente coberto. Claro que há uma abundância de estudos especializados, mas nunca encontrei um estudo apropriado e unificado.[156]

Respondendo à sugestão de Wheatcroft, Eric confessou: "Eu gostaria de pensar um pouco sobre a ideia [...]. Até agora eu na verdade não tinha pensado em prosseguir até 1914".[157] Mas enquanto continuava pensando em *A era do capital*, Eric lembrou-se depois, "ficou claro para mim que eu estava me envolvendo numa grande síntese analítica da história do século XX". O volume seguinte iria se tornar "o primeiro volume planejado conscientemente, *A era dos impérios*".[158]

Na verdade Eric não foi a primeira escolha de Wheatcroft para escrever o livro sobre o fim do século XIX para a série *History of Civilization* da Weidenfeld. Ele já havia abordado Robert Rhodes-James, um membro conservador do Parlamento e autor de um livro crítico sobre Churchill, mas Rhodes-James recusou a proposta – provavelmente uma boa decisão, já que sabia relativamente pouco sobre história que não fosse da Grã-Bretanha e na verdade sobre história que não fosse da política, e como membro conservador do Parlamento não teria mesmo tempo para tocar um projeto dessa escala.[159] Eric com certeza tinha, pois seu ritmo de trabalho estava tranquilo, não só porque a essa altura da carreira ele não tinha mais necessidade urgente de dinheiro. Eric começou a trabalhar no livro em 1977, como disse a Bruce Hunter:

> Eu tenho feito algumas leituras e pensando sobre o terceiro volume sobre o século XIX na sequência de "Era da rev" e "Era do cap", mas não estou com pressa para trabalhar nele. No momento meus direitos autorais são bem satisfatórios – um bocado de edições estrangeiras de Era do cap foram lançadas este ano – e a maior parte dos meus outros livros continuam sendo impressos em vários países. Eu preferiria não apressar as coisas. Vou me aposentar da universidade daqui a três anos, e seria essa a ocasião presumível de ter outro impulso nos meus rendimentos que não a minha pensão. Imagino que os editores estão fazendo pressão, mas você pode dizer que estou trabalhando no livro, o que é bem verdade. Esse vai ser o próximo grande trabalho.[160]

De qualquer forma, desde o início Eric considerou "o terceiro livro sobre o século XIX [...] na verdade uma proposta entusiasmante, mais divertida que Era do Cap[ital]". Achou que poderia resultar em um pacote com os três volumes num conjunto completo, talvez com edições revisadas do dois primeiros (embora ele nunca os tenha revisado).[161] Eric começou a escrever *A era dos impérios* em maio de 1980,[162] e trabalhou firme no livro durante a primeira metade dos anos 1980, mas num ritmo lento, e só depois de quase uma década desde o início da preparação ele chegou ao texto final. O livro foi concluído em 1986 como eminente acadêmico da Universidade da Fundação James S. McDonnell, no Instituto Mundial para o Desenvolvimento de Pesquisas Econômicas da Universidade da Organização das Nações Unidas em Helsinque, onde realizou alguns seminários, formais e informais, e entregou o manuscrito de *A era dos impérios* a Juliet Gardiner, sua editora na Weidenfeld, pouco antes do Natal de 1986.[163]

O livro rompeu a divisão do assunto entre "desenvolvimentos" e "resultados", que ajudaram a estruturar os dois primeiros volumes da série, apresentando o material como uma única e longa sequência de capítulos. Em outros aspectos, contudo, Eric seguiu o mesmo padrão de começar pela economia e continuar com relatos extensos e extremamente abrangentes sobre a política, a sociedade e a cultura. Assim como os primeiros dois volumes da série, combinava as agora habituais virtudes de Eric de legibilidade, penetração analítica e detalhes vívidos, e foi considerado um clássico instantâneo pela maioria dos resenhistas, que completava uma das grandes obras históricas do século XX. Um aspecto inteiramente novo foi a introdução de um capítulo sobre as mulheres. Eric achou que o surgimento da mulher na história nos anos 1970 não lhe deixou escolha. Mas, como observou Michelle Perrot, ela mesma uma precursora sobre a história das mulheres na França, o assunto na verdade não interessava a Eric. Ao contrário, "deixava-o pouco à vontade, por achar que o feminismo se confrontava com o movimento trabalhista e com o marxismo".[164] Na tradição marxista, os movimentos feministas independentes eram uma distração "burguesa" da luta por uma revolução social, que, quando fosse vitoriosa, proveria os meios pelos quais a verdadeira igualdade das mulheres seria conseguida. No fim Eric se viu incapaz de escapar dessa maneira de abordar o assunto.[165] Historiadores que trabalhavam com esse tema consideraram o capítulo pouco satisfatório. Martin Pugh, um especialista nessa área, observou:

> Hobsbawm continua convencido de que a história é feita por pessoas que saem para trabalhar. Para ele as mulheres só são levadas em conta na medida em que são parte da força de trabalho, de preferência da força de trabalho organizada. O máximo que ele admite é que houve nesse período um movimento de mulheres da classe média, que não levou a nada a não ser às poucas participantes que ingressaram no movimento universal pelo socialismo. Assim, ele conclui, as mulheres continuaram "fora da história do século XIX". Se isso tivesse sido escrito por A. J. P. Taylor o leitor teria entendido como uma brincadeira, mas na história vitoriana para meninos do professor Hobsbawm parece ser um julgamento sincero.[166]

Até mesmo Michael Foot, ex-líder do Partido Trabalhista e socialista de longa data, reclamou que o livro não ia muito longe ao inserir o movimento feminista na história ou na definição ou avaliação do aumento da independência e da autoafirmação da mulher: "A Nova Mulher só consegue uma introdução ligeiramente constrangida de seu galante patrocinador, ainda que tardia."[167] Mais severa, a historiadora feminista e socialista Catherine Hall criticou a ignorância de Eric de recentes estudos sobre gênero e lamentou o fato de as mulheres receberem um capítulo à parte no livro, "enquanto os homens marcham pelo restante, conquistando impérios, fazendo revoluções, criando novas conceitualizações de mundo".[168] Como um dos pioneiros da "história feita debaixo", seria de esperar que Eric tivesse uma perspectiva diferente do papel da mulher na época sobre a qual estava escrevendo.

Não foi a primeira vez que Eric teve problemas com historiadoras feministas. Enquanto trabalhava no capítulo sobre as mulheres em *A era dos impérios*, Eric publicou um artigo na *History Workshop Journal* sobre "homem e mulher na iconografia socialista", usando entre as ilustrações uma gravura semipornográfica de uma mulher nua feita pelo pintor belga do século XIX Félicien Rops, depois reproduzida em *A era dos impérios*. Eric a definiu como inspirada pelo socialismo, uma "poderosa" imagem do "povo". Mas não só Rops não era socialista, o que levou feministas a questionar a razão de a ilustração ter sido utilizada, como Eric tinha claramente, na visão das feministas, interpretado mal seu desenho. Nas edições seguintes da *History Workshop Journal*, com exceção de uma, três historiadoras feministas expressaram suas objeções (inclusive duas que haviam sido supervisionadas por Eric, enquanto estudantes de graduação, Anna Davin e Sheila Rowbotham). Afirmaram que Eric simplesmente não estava atualizado com a recente literatura sobre o tópico sobre o qual havia escolhido escrever a respeito. Algumas edições depois, Ruth Richardson, autora de um importante livro sobre os Anatomy Acts do século XIX,[3*] condenou enfaticamente o artigo de Eric que a deixou profundamente zangada:

> A imagem de Rops não é "poderosa" – é absurda, lasciva, rasa e desprezível. O que me irritou tão profundamente no artigo do professor Hobsbawm foi que se propunha a apresentar um exame não sexista da historiografia socialista. Em vez disso, reproduziu ao menos uma imagem profundamente sexista, que não pode sequer ser chamada de socialista. Não somente essa

---

3 * Decreto do Parlamento do Reino Unido que liberou médicos, professores de anatomia e estudantes de medicina para dissecar corpos doados, em 1832. (N.T.)

imagem foi reproduzida acriticamente, como o comentário a respeito compõe o seu sexismo.[169]

Os resenhistas estavam certos ao apontar a impropriedade e, abaixo da superfície, a insinceridade do capítulo de Eric sobre mulheres. No fim, seria um afastamento muito radical da abordagem marxista da história para Eric levar a sério. Ele não respondeu a Ruth Richardson nem a outras críticas de feministas, e reproduziu a imagem sem comentários nem correções numa coletânea posterior de suas obras.

A era dos impérios foi também a era do imperialismo, e inúmeros críticos notaram que o livro não seguia as teorias clássicas de Lênin ou de Rosa de Luxemburgo, que postulavam a superprodução de capital ou, alternativamente, a necessidade desesperada de matéria-prima como razões para a expansão do império formal, com a disputa pela África e o desenvolvimento subsequente das relações da Europa com o resto do mundo. Ademais, como comentou Catherine Hall:

> O marxismo clássico em que se baseia *A era dos impérios* não é tão clássico quanto já foi [...]. Já se foram os tempos em que classe era conceitualizada exclusivamente em termos econômicos. A burguesia de *A era dos impérios* afia a consciência de si mesma como classe em campos de golfe e quadras de tênis. Eles reconhecem uns os outros por sua cultura de classe específica em comum, mais que por suas relações de produção em comum. Trabalhadores do mundo são unidos da mesma forma por meio do símbolo em comum do gorro de pano.[170]

Porém, a historiadora conservadora americana da cultura vitoriana Gertrude Himmelfarb observou que "relativamente pouca atenção foi [dada] ao proletariado" no livro. A maioria dos capítulos sobre "Trabalhadores do mundo" foi dedicada a organizações da classe trabalhadora, não à vida da classe trabalhadora. O mesmo caso – como em *A era do capital* – com relação à cultura popular. Gertrude também notou a ausência de qualquer discussão real dos padrões de vida da classe trabalhadora, talvez porque, comentou causticamente, "as condições do povo, pelo menos na maioria dos países ocidentais, melhoraram significativamente no período coberto por este volume, desmentindo a teoria marxista de 'miseribilização' do proletariado".[171]

A era dos impérios ainda retratava a estrutura de classes e o antagonismo de classes como os princípios fundamentais de mudança social, mas o historiador americano Geoffrey Field argumentou que o livro não levou adequadamente em conta o poder e a influência das elites aristocráticas pré-industriais, um ponto também comentado por James Joll na *New York Review of Books*. A resposta de Eric foi que sua preocupação foi "tentar detectar a manifestação do novo na história". Foi também a razão de ele ter falado tão pouco sobre agricultura em *A era dos impérios*, ao contrário dos dois livros anteriores da série.[172] Outros críticos se concentraram na hostilidade de Eric à cultura modernista. Joll achou que *A era dos impérios* subestimava consideravelmente a popularidade de Picasso. Multidões tinham acorrido às suas exposições no mundo todo. Por isso, o desprezo de Eric pela arte modernista como o gosto incompreensível de uma minúscula elite estava mal colocado.[173]

A periodização foi outro problema. Se a data inicial de 1875 pareceu de alguma forma arbitrária, para alguns o mesmo ocorria com o ponto-final em 1914. Para John Campbell, que começava uma carreira como biógrafo de políticos que incluíam as vidas de Edward Heath, Margaret Thatcher e Roy Jenkins, a verdadeira data terminal implícita em *A era dos impérios* não era 1914, mas sim 1917, que pairou no horizonte no fim do livro sem na verdade aparecer em suas páginas. A publicação do livro completava "um arco de fé estendendo-se de um pico climático a outro, atravessando uma grande planície burguesa de meados do século":

> O conhecimento de que o fim do livro verá o holocausto da Europa burguesa confere à sua análise um ar de satisfação sombria. Seu tema agora são as tensões e contradições, as "fissuras" no monólito aparente, as ironias que a história – Hobsbawm acredita muito na força impessoal da história – guarda para as ingênuas classes médias da *belle époque*. *A era dos impérios* vê a nêmese da sociedade arrogante descrita em *A era do capital*.[174]

Mas a impressão de que a hegemonia da burguesia liberal estava se esfacelando, atacou Campbell, só era conseguida ao definir "burguês" de uma forma limitada como *haut bourgeois*, e liberalismo como liberalismo clássico. "Ele estabelece um paradigma de 'verdadeiro capitalismo' e depois trata todos os afastamentos desse modelo não como um desenvolvimento, mas como desintegração e decadência." Estabelece um "espantalho" para poder dançar em seu túmulo. Na mesma vertente, David Cannadine exclamou: "Como é fascinante ver o mais cosmopolita e sofisticado historiador marxista de sua época escrever o que com efeito é uma elegia do liberalismo da classe média dos meados da era vitoriana".[175]

Se soubesse mais sobre a história da Europa continental no fim do século XIX, Campbell teria entendido que Eric estava certo ao mapear a desintegração das políticas liberais e da cultura sob o impacto da ascensão do socialismo e da esquerda e o surgimento do populismo nacionalista e das políticas católicas de direita, assumindo diferentes formas em diferentes países, mas expelindo muito do centro liberal do poder político em 1914. A influência disruptiva de uma cultura modernista que deslocou as velhas certezas do realismo na arte e a tonalidade na música foi outro golpe mortal para a cultura burguesa. Claro que isso não significou o desaparecimento total da burguesia, ou que o capitalismo estava se tornando obsoleto.[176] Mas significava que o capitalismo, a hegemonia da classe média e a cultura burguesa estavam entrando num longo período de crise extrema da qual só se recuperariam décadas mais tarde, em meados do século XX, totalmente transformados.

A publicação de *A era dos impérios* foi uma oportunidade de acesso ao que era agora uma história da Europa em três volumes sobre o "longo século XIX", de 1789 a 1914, mais uma das invenções conceituais de Eric que exerceu forte influência em estudos históricos subsequentes. Perry Anderson escreveu uma das mais perspicazes de todas as resenhas sobre a trilogia. Assim como outros resenhistas, ele ficou tremendamente impressionado pela façanha de Eric. Os três livros, escreveu,

> mostram a mesma espantosa fusão de talentos: economia de síntese; vivacidade de detalhes; escopo global, aliado a um senso preciso de diferenças regionais; fluência polímata, igualmente à vontade com colheitas e mercado de capitais, países e classes, estadistas e camponeses, ciências e artes; amplitude de simpatias por agentes sociais discrepantes; poder de narrativa analítica; e não só um estilo de clareza e energia notáveis, cuja assinatura é o súbito clarão de eletricidade metafórica na superfície de uma argumentação fria e pungente. É admirável com que frequência esses lampejos de figuração são extraídos do mundo natural ao qual ele diz ter sido tão próximo na juventude: "A religião, por ser algo como o céu, da qual nenhum homem consegue escapar e que contém tudo que existe acima

da terra, se tornou algo como um banco de nuvens, um aspecto grande porém limitado de mudança no firmamento humano".

Anderson considerou que embora não houvesse um "retinir de uma armadura teórica", o tratamento era "classicamente marxista em sua lógica", com cada volume começando pela economia, seguida pela política, por classes sociais e pela vida cultural e intelectual. Os volumes eram claros em sua simpatia pela esquerda, "o tom de julgamentos específicos era sempre individual".[177]

Não obstante, continuou Anderson, a escala da realização de Eric tinha inibido a crítica. Portanto, ele continuou a apresentar o que definiu como "alguns pensamentos soltos [...] quicando nessas superfícies polidas com elegância". Achou que o poder explanatório da trilogia decaía na sequência. Eric explicou a Revolução Industrial britânica com muita força e originalidade ao citar o papel do império na Índia. Mas no volume seguinte a análise da economia se tornou mais diversa e menos convincente. Ademais, quando *A era das revoluções* passa a analisar a revolução de 1830, sua afirmação de que isso "marcou a derrota definitiva da aristocracia pelo poder burguês na Europa Ocidental" foi certamente prematura, caso contrário, "qual a necessidade dos levantes de 1848?". Além disso, por que Eric afirma em *A era do capital* que, entre 1848 e 1875, "na maioria dos países a burguesia, ainda que bem definida, claramente não controlava ou exercia o poder político"? Será que o capital tinha triunfado sem o concomitante triunfo da burguesia no domínio da política? A evasão explanatória aqui era agravada no livro, segundo Anderson, ao distribuir as grandes rebeliões políticas da época – a unificação da Alemanha e da Itália, a restauração Meiji,[4*] a Guerra Civil Americana e assim por diante – ao longo de capítulos diferentes e não relacionados. Tampouco o uso do conceito gramsciano de "hegemonia" conseguia na verdade preencher a lacuna. Em *A era dos impérios* o liberalismo, o capitalismo e a burguesia eram categorias analíticas separadas. O capitalismo não exigia um papel da burguesia; a burguesia não precisava mais do liberalismo.[178]

As críticas de Anderson, é claro, apontavam para a desconexão entre a teoria marxista clássica e os elementos empíricos e descritivos dos três volumes de Eric. Essencialmente, Anderson estava dizendo que o que Eric descrevia como historiador não se coadunava com o que Marx e Engels previram como

---

4 * Evento que restaurou o governo imperial do Império do Japão em 1868 sob o imperador Meiji. (N.T.)

teóricos políticos. Mas isso não significava necessariamente que ele estivesse errado. Durante toda sua carreira como historiador, Eric foi puxado por um lado por seu compromisso com o comunismo e, de forma mais ampla, pelo marxismo, e por outro por seu respeito aos fatos, aos registros documentais e às descobertas e argumentos de outros historiadores cujos trabalhos ele reconhecia e respeitava. Em alguns pontos dos três volumes, o primeiro vence o segundo, mas no todo é o segundo que prevalece.

Ao se defender dos ataques de ter se concentrado quase exclusivamente na Europa, Eric argumentou: "Eu sempre tentei ter uma visão mais global do que restrita da Europa nos meus vols. do século XIX, embora eles tendessem a dar mais espaço para a Europa". Afinal, ele ficou conhecendo o mundo não europeu depois de sua visita de estudos ao Norte da África antes da guerra:

> Mesmo em *A era das revoluções* eu prestei atenção à expansão do islã [...]. Basicamente, meus livros se baseiam na suposição de que o sistema pioneiro nos países da Europa na costa do Atlântico penetra a captura o restante do mundo e o transforma. No período em que, falando em termos de economia, a Grã-Bretanha é o país central, o mundo não europeu é particularmente indispensável, já que (no meu ponto de vista) a peculiaridade da industrialização da Inglaterra se baseia exatamente no estabelecimento de relações privilegiadas ou simbióticas com economias não europeias.[179]

Talvez mais grave tenha sido a crítica por Eric ter mais uma vez deixado de dar o peso adequado à força do nacionalismo. Ele sabia desse déficit, e já enquanto escrevia *A era dos impérios* estava pensando mais profundamente sobre o problema. Suas ponderações logo dariam frutos em uma de suas mais influentes publicações, *Nações e nacionalismo desde 1780*.

No ano em que *A era dos impérios* foi publicado, Eric comemorou seu aniversário de 70 anos. Como observou Neal Ascherson, Eric tinha mudado pouco com o passar dos anos. "A figura magra e arqueada, os óculos, os abundantes cabelos grisalhos, a tendência a usar camisa de colarinho aberto – tudo isso continua como era, bem como sua voz curiosa e evocativa: algo como uma mistura de fala arrastada de Bloomsbury com um toque *Mitteleuropa*".[180] Sua produtividade não tinha diminuído em nada. Entre meados dos anos 1970 e meados dos 1980 ele publicou dois grandes livros, *A era do capital* e *A era dos impérios*, editou uma coletânea de ensaios, *Mundos do trabalho*, a edição de um volume tremendamente influente em *A invenção das tradições* e inúmeros artigos, a maioria agora mais popular que acadêmica. Tornou-se um destacado intelectual na Grã-Bretanha com o debate sobre "o avanço do trabalhismo parou", e também até certo ponto na Itália, onde encontrou um lar político congênito no reformismo do Partido Comunista do país. Retomou seu contato com a França, embora agora seu envolvimento fosse mais acadêmico que pessoal. Aposentou-se pela Birkbeck, mas continuou a lecionar no ambiente bastante similar da New School de Nova York. Como antes, continuou viajando muito, aprofundando em particular seus conhecimentos sobre a América Latina, e no processo libertando-se das ilusões que o acompanharam em suas primeiras visitas ao local. Sua vida doméstica com Marlene e os filhos se assentou numa rotina estável e agradável. Conseguiu segurança financeira e reconhecimento público como acadêmico e entrou para o grupo do *establishment*. Mas não tinha nenhuma intenção de parar, muito menos de desistir. "Ele acumulou privilégios, mas gostava de seu status de outsider", lembrou-se seu colega da Birkbeck, Roy Foster.[181] Na década seguinte, Eric seria lembrado mais de uma vez por sua capacidade de apaziguar os ânimos, provocar controvérsias candentes e desafiar ortodoxias.

9
"JEREMIAS"

1987-1999

I

Em 1988, numa longa entrevista ao jornal brasileiro *O Estado de S. Paulo*, Eric se mostrou entusiasmado com as políticas introduzidas por Mikhail Gorbachev na União Soviética, nomeado secretário-geral do Partido Comunista três anos antes. Segundo Eric, as políticas da *glasnot* (abertura) e da *perestroika* (reestruturação) desmentiam a noção de que a União Soviética era totalitária. Os muitos anos em que Leonid Brezhnev estivera no poder tinham ao menos estabelecido um desejável período de estabilidade depois das revoltas dos anos de Stálin e Khrushchev, mas a corrupção e a estagnação que se seguiram tornaram inevitável uma reforma, e a política de Gorbachev demonstrou finalmente que um sistema comunista era capaz de mudanças.[1] O otimismo de Eric, contudo, logo seria frustrado. Num curto período de tempo, dificuldades econômicas que as políticas de Gorbachev não conseguiram superar provocaram uma total reversão na política externa anterior, quando líderes soviéticos promulgaram o que ficou conhecido como "a doutrina Sinatra" – deixar os países-satélites da Europa Oriental "fazer do jeito deles".[1*] Se eles queriam se libertar do co-

---

1 * Referência à canção "My Way" (Meu jeito), grande sucesso de Frank Sinatra. (N.T.)

munismo, a Rússia não iria fazer objeções. No início da primavera de 1989, protestos populares estavam promovendo a substituição dos regimes comunistas de todos os países da Europa Oriental. As barreiras a movimentos de libertação de cidadãos em toda a "cortina de ferro" começaram a desmantelar, culminando na pacífica abertura do Muro de Berlim no dia em que muitos acontecimentos cruciais da história da Alemanha tinham se dado, 9 de novembro.

Da forma como aconteceu, isso foi apenas o começo. Eleições livres em todos os países tiraram os comunistas do poder. Forças do mercado começaram a substituir o planejamento econômico por toda a Europa Oriental. Em 1990, a pressão popular levou à fusão da Alemanha Oriental com a República Federal da Alemanha Ocidental. Uma tentativa de comunistas ferrenhos para depor Gorbachev só levou à dissolução do Partido Comunista da União Soviética e à substituição de Gorbachev por Boris Yeltsin. No fim de 1991, a própria União Soviética não mais existia, e 11 novos Estados haviam surgido em territórios que pertenciam ao país. A Letônia, a Lituânia e a Estônia recuperaram a independência, e a Iugoslávia começava seu rompimento sob as forças centrífugas do nacionalismo que se intensificaram rapidamente no que acabou se tornando cinco novos Estados. Em 1992, a Checoslováquia se dividiu em República Tcheca e Eslováquia. Outros países pelo mundo, da Etiópia ao Camboja, abandonaram a ideologia comunista. Foi o ato final de um drama iniciado ¾ de século antes, na Revolução Bolchevique de 1917, encenado com uma surpreendente velocidade e finalidade.

Enquanto esses espantosos acontecimentos se desenrolavam, Eric estava em uma conferência em Upsala, onde durante um almoço alguns jovens historiadores suecos perguntaram o que ele achava de quais seriam as consequências do colapso do comunismo. O historiador francês Patrick Fridenson, que estava presente, lembrou a reação de Eric e o choque que causou:

> Eles esperavam – em vista da ideia que tinham a respeito da liberdade de pensamento de Eric – que ele apoiasse o que estava acontecendo. Eric se mostrou frio como gelo; e disso eu vou me lembrar até os meus últimos dias [...] Eric respondeu: "Com a União Soviética nós tínhamos paz; agora vamos ter guerra". E continuou por mais uns quinze minutos, o que – num almoço – é um tempo muito longo. Os jovens historiadores suecos, seus admiradores, ficaram totalmente furiosos – não se atreveram a contradizê-lo – mas ele pôde ver [...] a brecha aumentando entre ele e os historiadores

suecos. Eu fiquei totalmente chocado [...]. Mas claro que ele estava certo. Nós tivemos guerras. Tivemos um bocado de guerras no Leste.[2]

Eric reconheceu imediatamente que "o socialismo nascido da Revolução de Outubro está morto". O conflito global entre socialismo e capitalismo estava acabado: o capitalismo tinha vencido. A esquerda estava em retirada. "A queda do sistema do tipo soviético, sobre o qual todas as ilusões já não existiam havia muito tempo, é menos significativa que o aparente fim do sonho do que era a versão de um pesadelo", escreveu Eric em 1990. Era o fim do leninismo, não o fim do marxismo, declarou esperançoso.[3] Mas os partidos políticos marxistas de toda parte entraram em colapso ou se transformaram em formas moderadas de social-democracia. O Partido Comunista Italiano se adaptou à nova situação em 1991, mudando seu nome para "Partido Democrático da Esquerda", ao custo de perder muitos de seus membros da linha dura. No longo prazo, como observou Eric em 2010, perdendo "tanto seu sentido do passado como seu sentido de um futuro".[4] O Partido Comunista Britânico já tinha se dividido em grupos eurocomunistas e stalinistas, e agora efetivamente deixava de existir, pondo um fim à adesão de toda uma vida de Eric. A revista *Marxism Today* foi outra baixa na dissolução quando ficou sem dinheiro com o colapso de seus financiadores.

A ordem política dos novos Estados independentes da Europa Central e Oriental era, segundo Eric, inerentemente instável. "A perspectiva de uma democracia liberal na região deve ser frágil, ou ao menos incerta. E a alternativa, dada a improbabilidade de uma volta ao socialismo, provavelmente será militar ou de direita, ou ambas." Poucos prognósticos políticos de Eric foram mais prescientes que este, apesar de ter levado alguns anos para se concretizar. Um quarto de século depois, a Polônia e a Hungria se encontravam nas garras de regimes autoritários de direita, e outros países, inclusive a República Tcheca, pareciam estar seguindo o mesmo caminho. As previsões de Eric de guerras geradas por "rivalidades e conflitos nacionalistas" em regiões antes dominadas por regimes comunistas também se mostraram corretas quando violentos conflitos eclodiram pela Europa Oriental, da Bósnia à Ucrânia, da Geórgia à Moldávia. Talvez fosse a lembrança dos anos 1930 e do início dos anos 1940 que o levou a pensar que a Alemanha, agora a força dominante do continente europeu, havia se transformado numa ameaça à paz, "porque o nacionalismo alemão tem perigosos negócios inacabados – a recuperação de grandes territórios perdidos em 1945 para a Polônia e para a URSS", mas essa possibilidade não ocorreu: a Alemanha e os alemães simplesmente não estavam interessados em recuperar nada a não ser o crescimento econômico, retardado pelo esforço da absorção da economia falida da antiga República Democrática da Alemanha.

Por outro lado, o temor de Eric de um conflito no Oriente Médio, onde o "aventureirismo" estava "mais uma vez de volta à agenda", acabou se tornando mais que justificável: de fato, quase de imediato, em agosto de 1990, o ditador do Iraque Saddam Hussein invadiu o pequeno Kuwait, rico em petróleo, o que fez com que uma coalizão militar liderada pelos Estados Unidos acabasse expulsando suas tropas no fim de fevereiro de 1991.[5] Eric não era um pacifista, mas se opôs a qualquer guerra que as potências ocidentais participassem durante as duas décadas finais e pelo resto da vida. A Guerra do Golfo o deixou em desespero:

> A guerra é horrível. Posso entender por que o banco da frente [trabalhista], com medo de que, mais uma vez [depois da Guerra das Falklands de 1982] a bandeira da Inglaterra seja o para-brisa do trabalhismo, queira evitar qualquer coisa que pareça menos patriótica que o governo. (A nota-chave desse presente infeliz é "minha guerra é tão justa e sagrada quanto a sua".) Mesmo assim, na verdade eles não precisam dizer "eu também" de maneira tão acrítica. Principalmente com uma guerra em que não acreditam e que não resolverá nada à custa de um sofrimento inacreditável, incidentalmente imposto com a desculpa de "minimizar baixas".[6]

No mundo todo, considerou Eric melancolicamente, a visão mais ampla do socialismo estava sendo substituída por "versões piores e sonhos mais perigosos, como o fundamentalismo religioso, o fanatismo nacionalista ou, de forma mais geral, essa xenofobia racialmente maculada que parece se tornar a principal ideologia de massa do *fin de siècle*". Os próprios socialistas haviam abandonado o pensamento utópico que os motivara por tanto tempo. Mas o socialismo era, ou deveria ser, a resposta aos dois grandes problemas enfrentados pelo mundo na última década do século, a "crise ecológica" causada pelo capitalismo predador e sem rédeas e a "lacuna que aumentava drasticamente" entre ricos e pobres, vistas numa escala global.[7] Dois anos depois, no Brasil para discutir mais uma vez as consequências do colapso do comunismo, Eric declarou que o fim da URSS significava que os avanços sociais no Ocidente estavam em perigo. O Estado de bem-estar social, segundo Eric, fora construído como reação à ascensão do comunismo, um argumento que parecia deixar de lado o que com certeza era a principal razão, ou seja, os impulsos coesivos propiciados pelas guerras mundiais às sociedades ocidentais. Fossem quais fossem as consequências do colapso, contudo, Eric só conseguia vê-las com pessimismo.[8]

Entrevistado pelo jornalista Paul Barker para o *Independent on Sunday* em 1990, Eric – "magro, quase anguloso", um homem, segundo Barker, "que gostava de concluir um argumento com uma piada rápida e um súbito esgar" – assumiu um ponto de vista mais brando, menos alarmista. O colapso do comunismo na Europa Oriental, disse, fora uma coisa boa para tchecos e para os alemães orientais e, com algumas reservas, para os húngaros. Mas, acrescentou, mais uma vez profético: "Não sei se a libertação de todas as forças mantidas cristalizadas por mais de setenta anos será uma coisa boa para o resto do mundo". O colapso do Império Austro-Húngaro em 1918 "quase só teve resultados negativos". As pessoas poderiam achar o mesmo sobre o colapso da União Soviética. Poderia resultar em um caos. De forma mais geral, quando indagado sobre as realizações do comunismo, se houvera alguma, Eric admitiu que tinha havido, se não um beco sem saída, ao menos um desvio histórico. Para diversos países, contudo, o crescimento e o desenvolvimento foram estimulados. Mas o socialismo em um só país – na Rússia – não era uma boa ideia. "Olhando para trás, teria sido melhor se eles tivessem escolhido algum outro caminho." A vontade de Stálin de uma industrialização rápida havia sido "uma das piores coisas que qualquer país, capitalista ou socialista, tinha vivido no século XX". Mas faltava à Rússia uma sociedade civil, por isso "era o que tendia a acontecer". Ao pedirem para ele fazer uma comparação entre a queda do comunismo em 1989-1990 e as revoluções de 1948, Eric as definiu como "o outono do povo, não como a primavera do povo". No entanto, desconfiava que uma ascensão do nacionalismo seria o resultado, e ao menos na Rússia era uma força obscurantista, "totalmente irracional".[9]

Indagado sobre a razão de não ter saído do Partido Comunista muito tempo depois de a entidade ter se esfacelado, Eric respondeu a Barker:

> Não gosto de estar em companhia do tipo de gente que vi saindo do Partido Comunista e se tornando anticomunista. Existem certos clubes dos quais eu não desejo ser sócio. Não quero renegar o meu passado, nem amigos e camaradas, muitos deles mortos, alguns mortos por seu próprio lado, que

admirei e que de muitas formas são modelos a seguir por seu altruísmo e dedicação. Essa é uma visão pessoal. É a visão de alguém que se politizou em 1931 e 1932 em Berlim e que nunca se esqueceu disso.

O comunismo foi um "sonho de libertação geral, a libertação da humanidade, a libertação dos pobres". Esse ideal atraiu muita gente realmente boa. Foi algo por que valeu a pena lutar. Como expressou Garry Runciman, Eric tinha uma "relutância real" a se colocar "numa posição em que pudesse ser rotulado como alguém que tinha perdido a fé".[10]

A tristeza de Eric diante do futuro se aprofundou quando os desenlaces do cenário pós-guerra continuaram. Em maio de 1992 ele observou:

> A situação do mundo parece estar ficando cada vez mais sombria o tempo todo. Mais uma vez as pessoas estão morrendo de fome e matando umas às outras em grandes partes do mundo, e o fato de não estarmos no momento correndo o risco de uma catástrofe nuclear não deveria nos fazer esquecer como muitas pessoas podem ser mortas, torturadas e condenadas à morte por métodos mais primitivos que parecem mais uma vez estar em moda em grande parte da Europa e da Ásia.[11]

Já no verão de 1991, violentos conflitos eclodiram entre a Sérvia e a Croácia por conta de disputas territoriais radicalmente nacionalistas, não só na Bósnia. Acompanhados por massacres e "limpezas étnicas" – um eufemismo para genocídio –, eles continuaram até o fim da década e foram além. As mortes de todos os lados foram estimadas em mais de 130 mil, e mais de 4 milhões de pessoas foram expulsas de suas casas. Em uma entrevista posterior, Eric criticou a comunidade global por não reconhecer o perigo da guerra nos Balcãs, declarando que era moralmente mais que defensável pegar em armas para defender os bósnios da ameaça da Sérvia.[12]

Alertou que os historiadores "devem resistir à formação de outros mitos nacionais, étnicos e outros, como os que estão se formando". Os acontecimentos na Europa Oriental e nos Balcãs também salientavam a convicção de Eric de que o nacionalismo nunca era uma força do bem. Já em 13 de maio de 1988, em resposta a uma pergunta sobre sua aparente atitude negativa em relação ao nacionalismo irlandês de James D. Young, um escocês nacionalista de esquerda e historiador do trabalhismo, Eric escreveu:

Eu continuo na curiosa posição de não gostar, desconfiar, desaprovar e temer o nacionalismo *onde* ele exista, talvez até mais que nos anos 1970, ainda que reconheça sua enorme força, que deve ser detida pelo progresso, se possível. E às vezes é possível. Não podemos deixar a direita ter o monopólio da bandeira. Algumas coisas podem ser conseguidas mobilizando sentimentos nacionalistas. Alguns dos grandes triunfos da esquerda – principalmente durante o período antifascista, e na China, no Vietnã, teriam sido impossíveis se não tivéssemos conseguido mobilizar os sentimentos nacionalistas pelo *progresso*. Por acaso também gosto de alguns povos e simpatizo com seus sentimentos nacionais, mas isso é uma questão de gosto pessoal: é uma coisa que acho agradável em pequenos países e em suas tentativas de construir ou manter uma cultura à parte, como os estonianos e os finlandeses. No entanto, não posso ser um nacionalista, assim como, em teoria, nenhum marxista pode ser.[13]

Eric já estava destilando seus pensamentos sobre nacionalismo num pequeno livro, *Nações e nacionalismos desde 1780: programa, mito e realidade* (1990), baseado em suas palestras nas Wiles Lectures da Universidade de Belfast, realizadas em 1985. Depois de um intervalo, em que concluiu *A era dos impérios*, Eric começou a trabalhar no livro na ocasião em que escreveu para Young, concluindo-o durante sua segunda estada no Instituto Mundial para o Desenvolvimento de Pesquisas Econômicas da Universidade da Organização das Nações Unidas em Helsinque.[14]

No decorrer dos anos, sua compreensão do nacionalismo se desenvolveu desde considerá-lo como uma forma de política de classe burguesa a vê-lo como uma espécie de "política de identidade", refletindo mais o rompimento de alianças de classe do que uma articulação entre elas.[15] Os acontecimentos de 1990, sem mencionar o que se seguiu, pareceram provar que ele tinha razão. Como comentou Eric pouco depois da publicação com Bill Davies, seu editor na Cambridge University Press, o livro "por acidentes da história, parece surgir no exato momento em que todas as pessoas alfabetizadas estarão muito interessadas na força que (ao que parece) tem revolucionado o leste da Europa e a União Soviética aparentemente sem aviso prévio. Isso deve tornar o livro muito promissor/vendável".[16] De fato, a formação de países estava na ordem do dia no início dos anos 1990. Mas o argumento, datado do início do século XIX pelo nacionalista italiano Giuseppe Mazzini, de que todas as nações deveriam constituir um Estado era, e sempre fora, inviável em termos étnico-linguísticos. Não mais que uma dúzia de Estados no mundo, deixando de lado alguns minúsculos países insulares, poderiam afirmar com legitimidade serem linguística e etnicamente homogêneos. As políticas de identidade ofereciam um apelo rude, mas poderoso, às pessoas da Europa Oriental a que foram negadas uma educação e uma experiência políticas sob as décadas do governo comunista e que agora estavam em busca de certezas em um mundo desorientado. A linguagem estava começando a substituir conceitos como direitos civis e constituições. Segundo Eric, esse desdobramentos tendiam a ser uma ameaça à democracia e um estímulo à violência.[17] Certamente era necessário um período de reflexão sobre os perigos do nacionalismo desenfreado, e Eric tinha esperança que seu novo livro ajudasse no processo.

De forma geral, como Eric admitiu em palestra realizada na Associação Antropológica Americana em 1991, os historiadores tinham feito pouco ou nada para desestimular a ascensão do nacionalismo. Pelo contrário, sempre foram uma parte essencial do nacionalismo. "O que faz uma nação é o seu passado, o que justifica uma nação contra outra é o passado, e os historiadores são as pessoas que o produzem." O problema era que os historiadores engajados nessa atividade eram construtores de mitos e não estudantes sérios do passado. Para Eric, a ideia de uma etnia profundamente enraizada num passado remoto, como postulado por historiadores nacionalistas, era outro exemplo de uma tradição inventada. Etnia não precisava estar ligada a nacionalismo (não o era, por exemplo, nos Estados Unidos), mas o importante era perceber o fato de ser mutável e não fixa. Mesmo assim, "a nação" aparecia como a "última garantia" quando a sociedade fracassava, como aconteceu com o colapso do comunismo. "Nada de bom advirá disso", declarou, "mas não vai durar para sempre."[18]

Eric era crítico do nacionalismo e de identidades políticas porque, como insistia, "o projeto político da esquerda é universalista".[19] Nações eram construtos artificiais. O livro demolia todos os argumentos adiantados em favor da ideia de que não o fossem. A opressão de minorias nacionais em qualquer Estado dominado por um grupo nacional ou linguístico específico demonstrava também que o Estado-nação não proporcionava exatamente a melhor garantia de direitos civis e políticos, e não só para a minoria. Isso ficara especialmente óbvio no decorrer da construção de "Estados-nação" na Europa nos anos 1920 e 1930, seguindo o triunfo do princípio de autodeterminação nacional da conferência depois da guerra, em 1919.[20] Não surpreende que o cientista político irlandês Brendan O'Leary, na época professor da Faculdade de Economia de Londres, achasse que Eric se afastava de seus habituais padrões acadêmicos sempre que se pronunciava sobre o nacionalismo. "O professor Hobsbawm deixou claro que odeia nacionalismos." Contestando sua posição, O'Leary replicou que a autodeterminação nacional era o único princípio que postulava uma alternativa viável e democrática a impérios mundiais como os de Stálin e Hitler. (Esta era, claramente, uma falsa alternativa: não foram as entidades supranacionais mais bem-sucedidas que obliteraram soberanias nacionais, mas sim as que reconheciam a soberania dos países, como o Concerto da Europa do século XIX ou a União Europeia do século XX.)

Assim, a ideia de nação era uma invenção moderna que não dependia necessariamente de ligações étnicas anteriores. Tinha um papel-chave na modernização social e política. Inspirado no trabalho de Miroslav Hroch sobre nacionalismo entre os pequenos Estados europeus, Eric prosseguiu para uma abordagem ampla do processo de construção de nações, que ele via como passando por três fases: movimentos literários, históricos e folclóricos; a politização da etnia; e a aquisição de apoio de massa. No século XIX, os liberais viam isso como o caminho mais rápido para se chegar aos direitos civis e a governos parlamentaristas, principalmente quando havia grandes impérios autoritários no caminho ou quando pequenos despotismos regionais se mostravam como um obstáculo. No entanto, somente grandes Estados-nações era viáveis, um ponto de vista que Eric compartilhava implicitamente com liberais como John Stuart Mill e até com os próprios Marx e Engels.[21]

O problema fundamental que o nacionalismo sempre colocara para os marxistas era a dificuldade de explicá-lo em termos de materialismo histórico e de reduzi-lo a qualquer tipo de análise de classe coerente. O marxista austríaco Otto Bauer tentou reconciliar esses princípios, mas sem muito sucesso. O filósofo político americano Michael Walzer afirmou que *Nações e nacionalismo* não conseguia superar esse problema teórico. E, em vez de contar longas histórias ou examinar quaisquer movimentos nacionalistas em profundidade, seus

> exemplos são como testemunhas em um julgamento, chamadas para o banco, interrogadas sobre algumas questões e logo dispensadas: não se permitiu, por assim dizer, que falassem por si mesmas. Isto é erudição histórica com um propósito polêmico. Hobsbawm quer que cheguemos

a um veredito sobre o nacionalismo: que seu programa está errado, que seus mitos são perigosos, que sua realidade é feia.

Por que, por exemplo, ele afirmou que o nacionalismo surgiu "para preencher a lacuna emocional deixada pela retirada ou desintegração [...] de *verdadeiras* comunidades humanas"? O que eram essas verdadeiras comunidades humanas ele não diz, nem explica como ou por que elas teriam se desintegrado. No fim, todas as comunidades são artificiais e imaginárias, e não seria nenhum menosprezo dizer o mesmo de algumas comunidades nacionais. Ao dissipar todos os mitos, o livro tornou incompreensível o fenômeno do nacionalismo.

Depois da unificação da Itália, um estadista italiano afirmou: "Nós fizemos a Itália, agora precisamos fazer os italianos". Então por que, perguntou Walzer, a Itália conseguiu fazer uma nação com os toscanos, os sicilianos e outros cidadãos da península que na maioria dos casos nem falavam italiano, enquanto não tornaram italianos os libaneses e os etíopes? (A pergunta não era justa, pois ignorava o racismo com que os italianos, como todos os outros europeus brancos, viam os africanos de pele escura: na verdade eles nunca tiveram qualquer interesse em tratar os habitantes das colônias italianas a não ser como raças subalternas.)[22] Walzer prosseguiu questionando a equação que o livro fazia envolvendo nacionalismo com chauvinismo, mas também era uma acusação mal embasada: Eric conhecia o suficiente da história da Europa do século XIX para reconhecer explicitamente seus aspectos liberais e tolerantes; afinal, foi essa a razão de o conceito de chauvinismo ter sido cunhado, para diferenciar nacionalismo de xenofobia. Mais ainda, a libertação de colônias europeias como a Índia ou a Indonésia foi em si baseada acima de tudo na ideologia do nacionalismo, como Eric também entendia, embora a cobertura de seu livro se limitasse quase exclusivamente à Europa. *Nações e nacionalismo* não era tão hostil e cruel com a questão abordada como Walzer e inúmeros outros entenderam. Mais uma vez, Eric mostrou como conseguia causar controvérsias com uma perspectiva histórica de um problema atual, e o livro desponta ao lado de outras grandes contribuições à literatura como a afirmação de uma abordagem relativista e histórica de um problema central da história moderna.[23]

Publicado pela Cambridge University Press e tendo de seguir as regras impostas pelas Wiles Lectures, *Nações e nacionalismo* não foi um grande sucesso de Eric, mas nunca saiu de catálogo e foi quase de imediato traduzido para o francês e publicado pela Gallimard. Eric se queixou de que os termos apresentados "não parecem particularmente generosos, e isso me parece típico de outras editoras francesas. Sem dúvida a Gallimard acha que a honra de ser publicado por eles compensa sua avareza".[24] Mas ele não conseguiu melhorar os termos do contrato e o livro foi publicado em francês em janeiro de 1992. Os termos oferecidos pelos direitos autorais em alemão pela Campus Verlag, uma editora acadêmica independente, foram ainda piores, na verdade *"extremamente* baixos para um autor tão eminente", como informou Christine Oram, gerente de direitos autorais da Cambridge University Press, "e muito abaixo dos termos que aceitamos para outras línguas". A proposta foi devidamente melhorada e o livro foi lançado em alemão no outono de 1992.[25] A essa altura a edição italiana também já havia sido lançada, sendo divulgada por entrevistas com Eric na imprensa.[26] O livro foi também publicado na Espanha (1991), na Indonésia (1992), na Croácia (1993), na Finlândia, na Grécia, na Coreia e na Suécia (1994), na Albânia e na Bulgária (1996), na Hungria, na Moldávia e em Taiwan (1997); foi lançado em português em 1998, em árabe em 1999, em tcheco e em caracteres simplificados em chinês em 2000, em japonês e holandês em 2001, em hebreu em 2006 e em turco (data incerta). *Nações e nacionalismo* foi um dos livros mais influentes e discutidos de Eric, e continua a ser um texto essencial sempre que o tema do nacionalismo é ensinado ou debatido.

II

Durante o período em que esteve pensando e escrevendo sobre isso, Eric foi confrontado pelo nacionalismo de uma maneira diretamente pessoal. Nos anos 1980, o surgimento do nacionalismo radical no País de Gales, concentrado nas regiões de língua galesa de Snowdonia, onde Eric e família alugavam um chalé, começou a dificultar cada vez mais a vida de pessoas que deixavam suas casas vagas por um longo período do ano, como faziam os Hobsbawm. Embora as casas pudessem decair se permanecessem desocupadas, enquanto a economia local continuava a deteriorar, os nacionalistas radicais argumentavam que chalés de férias estavam destruindo comunidades locais por impedir que pessoas mais jovens conseguissem um lugar relativamente barato para morar. Os mais extremistas entre eles, organizados num grupo clandestino chamado Meibion Glynŵr, nome do líder da última rebelião galesa contra os britânicos, no início do século XV, lançaram uma campanha de incêndios criminosos contra chalés de férias de propriedade ou alugados pelos quase sempre ausentes ingleses. Durante um período de doze anos, entre 1979 e 1991, cerca de 228 chalés de férias foram atacados, a maioria ao longo da costa norte galesa, em Anglesey e Snowdonia. Houve rumores de que alguns policiais locais eram simpatizantes da causa. Uma coisa é certa: apenas uma pessoa foi presa durante toda a campanha.[27]

Eric e Marlene ficaram preocupados com a situação, inclusive com a atitude cautelosa do locador, Richard Williams-Ellis, que ficou naturalmente preocupado com os acontecimentos e começou a alugar suas casas para pessoas de língua galesa onde conseguisse e a pressionar o casal para sair do vale do Croesor e procurar um local mais seguro. Em 1991 eles encerraram o contrato da Parc Farmhouse depois de quinze anos, e com a ajuda do adiantamento do próximo livro de Eric compraram outro chalé, o Hollybush, muito mais ao sul, no vale de Wye, na aldeia de Gwenddwr, em Erwood, perto de Hay, onde o festival anual de literatura atraía escritores de lugares longínquos. Como Frank e Rutley, corretores da Jonathan Lovegrove-Fielden of Knight, admitiram numa carta a Eric, "do seu ponto de vista, é de alguma forma menos nacionalista e, portanto, de alguma forma mais seguro como um segundo lar!".[28] O novo chalé situava-se entre montanhas mais baixas, que resultava em caminhadas menos extenuantes do que pelas encostas íngremes e radicais de Cnicht, e era mais bem equipado e em geral mais confortável que a Parc Farmhouse, menos exposto a correntes de ar e com aquecimento central. Desde então, Eric e Marlene passaram a frequentar regularmente o festival literário anual realizado em Hay-on-Wye, ali perto, além de ficarem no novo chalé em outras épocas do ano. Com o tempo, Eric se tornou presença constante no festival, assim como os jantares organizados por ele e Marlene no chalé para convidados seletos. Como se recordou Peter Florence, diretor do festival, em 2012.

> As participações dele no Festival de Hay eram sempre arrebatadoras, em especial as conversas polêmicas com Christopher Hitchens e Simon Schama, sempre brilhantes e espirituosas. As interessantes discussões com Niall Ferguson sobre o legado do Congresso de Viena são o equivalente historiográfico de Fischer vs. Spassky. Eric falava num espanhol perfeito em Segóvia e em italiano em Mântua, e seu português também era muito bom. Por conta de a longa relação de Eric com Hay ter sido motivada

por se estabelecer com a família em Erwood, foi ele quem começou nossa história de amor com a América Latina, sendo indiretamente responsável pelo Festival de Hay ser atualmente realizado na Colômbia e no México, devendo se expandir para o Chile e o Peru nos próximos dois anos.[29]

No fim, Florence acabou designando Eric como presidente do festival, um cargo altamente honroso que prestava tributo não só ao seu íntimo e duradouro comprometimento com o festival como também à sua extraordinária proeminência no mundo da literatura e também no mundo da história.

Eric se interessou muito pelo Gwenddwr Show, realizado todos os anos no último sábado de julho, e gostava de "ficar na tenda com fazendeiros e tomar uma cerveja com eles".[30] Em 1997, Eric comemorou seu aniversário de 80 anos em Gwenddwr (um entre inúmeros eventos como esse em diferentes lugares). Como se recordou seu vizinho Richard Rathbone:

> Havia um calejado filho da terra chamado Winston – o que era uma justaposição improvável, Winston e Eric – e os dois comemoraram os aniversários juntos na casa que tinha sido de lorde Birt e lady Birt, Jane Birt, e eles dividiram o palco na sacada e Eric fez um longo discurso sobre longevidade e *longue durée* e a vida e coisas assim, com Winston fazendo um discurso bem mais curto. Mas foi muito íntimo, eles eram amigos próximos de uma forma muito genuína.[31]

Uma conferência que durou o dia inteiro foi realizada na Birkbeck, na qual membros do passado e do presente do Departamento de História, inclusive eu e Roy Foster, leram textos abordando temas que Eric tanto havia feito para esclarecer ao longo dos anos. Em 1992 Eric procurou o Departamento de História da Birkbeck pedindo um escritório e algumas instalações para ajudá-lo a lidar com seu sempre crescente volume de cartas, postagens, fotocópias e coisas do gênero. A proprietária da Birkbeck, baronesa Tessa Blackstone, com toda uma vida ligada ao Partido Trabalhista, concordou, mas com a condição (ela me contou) "de que Eric falasse para os membros mais jovens do Departamento". Ela não precisava ter inserido essa condição no acordo. Como se lembrou Frank Trentmann, um jovem historiador da economia que entrou para a Birkbeck como professor em 1998:

A porta dele estava sempre aberta, independentemente do tamanho da sacola do correio cheia de prestigiosos convites, cartas, livros e cópias de artigos publicados pelo mundo todo [...] Eric não se importava se você era um colega mais novo ou aluno, desde que levasse história a sério. História era uma missão, não um emprego, e ele não deixava sua reputação atrapalhar em nada [...]. Quando os alunos o convidavam para falar, ele atendia, muito tempo depois de já estar aposentado. Porque a discussão, assim como a história, não terminava nunca. Conversar e caminhar com Eric era como ser arrebatado pelo espírito da história enquanto ele se desviava do trânsito, com a echarpe se agitando ao vento e às vezes voando para longe.[32]

Em 2002, o longo comprometimento com a Birkbeck seria reconhecido quando ele foi nomeado presidente, um cargo honorário cujos deveres incluíam entregar diplomas e graduações anuais.

O aniversário de 80 anos de Eric foi comemorado na Itália com uma noite de debates no palco com Giorgio Napolitano e outros em "um Teatro Carlo Felice lotado em Gênova" no fim de setembro. O debate girou em torno de temas como globalização que, declarou Eric, era inevitável, mas não precisava ser conduzida sob auspícios neoliberais, e sobre o movimento de secessão do norte da Itália que, segundo Eric, não tinha uma base histórica diferente, digamos, do movimento nacionalista na Escócia.[33] Os 80 anos de Eric foram ainda lembrados por artigos na imprensa britânica. Escrevendo no *Guardian*, Keith Thomas comentou que Eric "talvez seja o historiador inglês vivo mais conhecido, com certeza um dos que tiveram sua obra traduzida para a maioria das línguas". Com certeza ele não era um "habitante de arquivos", mas sim, como "uma das mentes mais brilhantes do nosso tempo", Eric tinha a rara capacidade de divisar ou disseminar novos conceitos que deixam uma marca duradoura na história escrita". Era "um supremo exemplar daquela cultura burguesa que ele disseca de forma tão memorável".[34] Numa posição mais conservadora, o jovem historiador da Rússia moderna, Orlando Figes, que logo seria um dos professores de Birkbeck, concordou: Eric era "provavelmente o historiador vivo mais bem conhecido do mundo", cujos livros eram lidos por "milhões" e cuja "erudição", ao lado de "suas análises brilhantes e incisivas", teria impressionado o próprio Marx. Figes considerava algumas das opiniões de Eric "muito difíceis de engolir". Era "simplesmente errado", por exemplo, argumentar que não havia alternativa além dos bolcheviques em outubro de 1917, ou defender como necessário em termos historiográficos o terror que desencadearam nos meses seguintes. Não obstante, Figes continuava impressionado pelo espantosa abrangência da cultura de Eric e convencido pela sua rejeição ao relativismo pós-moderno, à época no auge de sua influência em departamentos de humanas das universidades.[35]

Um mês depois de Eric ter completado 80 anos, o Novo Trabalhismo, liderado por Tony Blair, venceu uma eleição geral de forma esmagadora. Na ocasião, Donald Sassoon estava em um jantar na Nassington Road com Nina Fishman (uma ex-aluna de doutorado de Eric) e seu marido italiano. "E nós brindamos à eleição de Tony Blair, mas Eric se recusou…", lembrou-se Sassoon. "Eu ou Nina dissemos: 'Ora, depois de todos esses anos de governo conservador?'. 'Ah', replicou Eric, 'brindem *vocês*.' […]. Estávamos todos aliviados por um longo período de governos conservadores ter se encerrado. Mas Eric não estava convencido."[36] Mas Blair se sentia em débito com Eric por seu papel no assentamento das fundações intelectuais do Novo Trabalhismo. Estava na hora certa de suas realizações como o historiador britânico mais internacionalmente famoso, influente e amplamente lido receberem algum tipo de reconhecimento oficial, um reconhecimento que ele não teve chance de receber sob os conservadores. Keith Thomas, presidente da Academia Britânica de 1993 a 1997, foi uma das figuras seniores a recomendar Eric para um título de nobreza. Sabendo que dificilmente ele aceitaria, no entanto, Tony Blair, como primeiro-ministro, também lhe deixou a alternativa de uma nomeação de um Companion of Honor (CH, Companheiro de Honra), uma ordem paralela instituída em 1917 para reconhecer os serviços de 50 (depois 65) indivíduos que fizeram contribuições notáveis às artes, às ciências, à política, à indústria ou à religião na Grã-Bretanha e no Commonwealth. Eric aceitou o CH porque, explicou, sua mãe gostaria que ele fizesse isso. Mas também ficou impressionado pelo CH também ter sido aceito por Jack Jones, o sindicalista de esquerda e ex-combatente das Brigadas Internacionais na Guerra Civil Espanhola. "Eu não poderia ter aceitado o título de nobreza", disse-me Eric à época: "Eu nunca mais conseguiria olhar na cara dos meus antigos camaradas. O CH é para o esquadrão desairado. Qualquer ordem que tenha Jack Jones como membro é boa o bastante para mim, não?". Muitos notarão o simbolismo quando um pedaço de reboco caiu do teto ao chão durante a cerimônia formal de investidura no Palácio de Buckingham no momento em que Eric se ajoelhou no tamborete para receber da rainha a fita e a medalha dos Companheiros de Honra.[37]

A honraria provocou previsíveis uivos de protesto na direita política. Andrew Gimson, parlamentar recém-aposentado e colunista político do *Daily Telegraph*, escrevendo na revista conservadora *Standpoint*, editada por Paul Johnson, filho de Daniel, definiu Eric como um "Companheiro de Desonra", observando que se fosse um fascista em vez de comunista, Eric não teria sido tratado tão favoravelmente (não é necessário acrescentar, claro, que o fascismo, ao contrário do comunismo, era um credo político caracterizado por anti-intelectualismo e não fazia qualquer contribuição à compreensão e ao conhecimento histórico).[38] Igualmente expressivo foi Alfred Sherman, membro do grupo político que Eric mais desprezava, os que percorreram o caminho de comunista comprometido – Sherman também tinha lutado nas Brigadas Internacionais na Guerra Civil Espanhola –, até se tornar um conservador e reacionário ferrenho (foi assessor de Margaret Thatcher, que lhe concedeu um título de nobreza por seus serviços). Em 1983 Sherman foi exonerado do Centro de Estudos Políticos, um núcleo de pesquisas de direita por seu comportamento racista e intratável, e nos anos 1990 tornou-se um destacado defensor da causa sérvia na Guerra dos Balcãs daquela década.[39] A nomeação, trovejou, tinha "causado surpresa e ressentimento [...]. Tudo o que Hobsbawm apresenta são seus slogans do ano passado".[40] Na esquerda, Eric foi acusado de ter se vendido ao Establishment. James D. Young disparou que tudo fazia parte de seu "stalinismo branco europeu", mais uma prova que atestava sua adesão fundamental às forças da ordem e sua rejeição a qualquer tipo de revolta ou rebelião "desorganizadas". Em longo e ostensivo ataque ao trabalho de Eric, Young hesitou em sugerir, colocando a palavra "inglês" entre aspas quando mencionava seu nome, ou sendo sarcástico e insinuante, que ele realmente não era inglês de todo.[41]

III

Já no fim dos anos 1980 Eric tinha começado a pensar em escrever uma história cobrindo o século XX. O século havia se mostrado como "a era mais revolucionária da história registrada do planeta", e mesmo assim aqueles que, como ele próprio, viveram esse período tinham "fracassado totalmente em entender ou até – no caso dos políticos – de se conscientizar do que estava acontecendo". Era importante compreender o período em termos históricos e numa genuína perspectiva global. E quem escrevesse precisaria começar pelo modo de produção na vida material ("Tente de qualquer outra forma e veja o que vai conseguir").[42] O agente de Eric, Bruce Hunter, concordou em que seria lógico estender sua história do período de 1789-1914 para cobrir "o curto século XX".[43] George Weidenfeld logo ficou sabendo do projeto, e em 1987 disse a Eric:

> Gostaríamos que você considerasse muito seriamente escrever sua maior obra que, num golpe magistral, seria uma avaliação cultural e social, bem como política, da "nossa era", abordando os últimos cem anos ou algo assim. Este não é o momento de receitar ou definir o seu conteúdo, mas estou convencido de que um livro como este seria um enorme sucesso mundial e estou confirmando minha decisão oferecendo um adiantamento de £ 100.000 pelos direitos autorais mundiais quando concordarmos quanto à extensão e o escopo do conteúdo.[44]

Durante os meses seguintes Eric preparou uma sinopse do novo livro, enviando-a ao seu agente em 28 de abril de 1988.[45]

Porém, em vez de seguir os planos de Weidenfeld, Bruce Hunter resolveu oferecer o livro num leilão para um grande número de editoras, com a aprovação de Eric, já que claramente o potencial de sucesso era enorme. Hunter mandou a sinopse de Eric para vários editores,

> falando sobre a concorrência de que participariam [...] Hamish Hamilton não se interessou, por já ter encomendado [uma] história do século XX para Norman Stone que, apesar de ser obviamente diferente da sua, eles acham que não poderiam fazer justiça aos dois livros no mesmo catálogo e espero que estejam certos. As seguintes editoras querem concorrer com Weidenfeld: Cape, Simon & Schuster, Collins, Sidgwick & Jackson, Heinemann, Michael Joseph e Century Hutchinson, e mandei a todos a sinopse e resenhas.[46]

A atitude causou consternação na Weidenfeld. "Juliet Gardiner parece de alguma forma aborrecida por estarmos testando o mercado", disse Hunter, referindo-se à editora de história da empresa, "e sugeriu que não encontraríamos ninguém preparado para oferecer mais do que eles."[47] George Weidenfeld disse a Bruce Hunter que "preferimos desistir do que participar de um leilão".[48]

Irritado, falou com Hunter pelo telefone: "Isso é um grande erro – os historiadores não têm nada que escrever sobre o presente. Ele é um historiador, deveria se ater ao que conhece".[49]

Mas Weidenfeld ainda continuava no jogo, apesar de se sentir traído por ter sido dispensado depois de um relacionamento tão longo e frutífero com Eric. Hunter procurou Stuart Proffitt, que ele imaginava ser o editor ideal, mas Proffitt à época estava trabalhando na HarperCollins, de propriedade de Rupert Murdoch, "e era simplesmente impossível pensar em Eric sendo publicado por Rupert Murdoch". Cem mil libras era o limite máximo para a Cape, a Collins e a Heinemann, embora a Century Hutchinson tenha aumentado a oferta para 125 mil libras.[50] No entanto, assim como as outras propostas, seria um adiantamento por direitos autorais internacionais, e nesse estágio de sua carreira Eric era um nome conhecido em muitos países onde editores poderiam oferecer quantias consideráveis pelos direitos de tradução. Do seu ponto de vista, a melhor proposta era de Michael Joseph e de sua editora Sphere, especializada em formato brochura, que ofereceu 65 mil libras só pelo mercado britânico, deixando a David Higham Associates negociar contratos com o resto do mundo. Hunter propôs então que o leilão fosse reaberto só para os direitos no Reino Unido e no Commonwealth.[51] Michael Joseph aumentou sua oferta para 90 mil libras. George Weidenfeld não podia cobrir essa quantia por não ter nenhuma associação com edições de brochura que lhe permitissem pagar direitos autorais por inteiro em edições de capa mole. Em todo caso, ele recusou a proposta e restringiu sua oferta anterior somente para os direitos no Reino Unido e no Commonwealth.[52]

O desfecho foi que Michael Joseph ofereceu um contrato a Eric em dezembro de 1988. Não somente era a melhor oferta financeira na mesa, como Hunter também respeitava a editora que iria cuidar do livro de Eric, Susan Watt, casada com David Watt, um "jornalista intelectual" e – não só por essa razão – "ao menos teria uma boa noção da razão de Eric ser importante e da importância da sua obra".[53] Cautelosa, em vista da idade de Eric, a editora insistiu na inclusão de "cláusulas de morte" com providências para o caso de Eric não conseguir concluir o trabalho. Eric ficou apreensivo com que "Marlene de repente tivesse de ressarcir milhares que haviam sido pagos adiantados. Isso foi resolvido. Suponho que seja melhor pensar em um poss. autor alternativo se eu cair fora…". Eric assinou o contrato em 5 de dezembro de 1988. Entrementes, insistiu em que a Pantheon, a editora americana dirigida pelo amigo André Schiffrin, publicasse a edição nos Estados Unidos, o que eles fizeram.[54]

Escrever a história da própria época é notoriamente difícil. "A coisa mais básica na história", declarou Eric numa entrevista à Rádio BBC 3 em 1º de novembro de 1994, "é exatamente que se tenha um distanciamento", e quando escreve sobre a época em que viveu "você está muito próximo dela" e "acha muito difícil diferenciar suas ações e opiniões no período [...]. Quando você escreve sobre o seu tempo de vida, está escrevendo sobre algo em que está emocionalmente envolvido."[55] Eric elaborou esses pensamentos quando fez uma tradicional palestra na Universidade de Londres em 1993, em homenagem e patrocinada pela viúva de um bispo vitoriano de Londres, Mandell Creighton, um destacado historiador em sua época. Falando a uma plateia lotada em Beveridge Hall, a maior sala de conferências abertas ao público da Universidade de Londres, sobre "O presente como história: escrevendo a história da própria época", Eric disse que tinha intencionalmente se mantido afastado do século XX em seus escritos profissionais, ainda que não nos jornalísticos. Ao entrar no século XX ele chegou com uma visão específica – Viena nos anos 1920, Berlim e Cambridge nos anos 1930, anos cheios de experiências que moldaram sua visão geral do mundo. Como um soldado comum em 1940 ouvindo Churchill dar voz à resistência do povo britânico pelo rádio, ele sabia que estava certo que "havia uma grandeza despretensiosa naquele momento". A memória e a experiência pessoal comunicavam um julgamento histórico de uma forma que só poderia acontecer com a história do próprio tempo de vida.[56]

Em troca de um honorário de 300 libras, a universidade normalmente ficava com os direitos autorais das Conferências Creighton e o direito exclusivo de publicá-las.[57] Eric não ficou feliz com essa condição. Insistiu em manter os direitos autorais, como escreveu ao diretor da Universidade de Londres em 13 de novembro de 1993, acrescentando: "Se isto for inaceitável para a Universidade, é claro que eu devolverei o honorário a vocês. Por favor, me perdoe se escrevo, neste caso, como um escritor e palestrante profissional e não como professor aposentado da Universidade de Londres. Eu sou ambas as coisas, mas meus rendimentos atuais dependem só de uma delas".[58] Esta foi na verdade a primeira vez desde o início das palestras, em 1907, que alguém levantava a questão dos direitos autorais.[59] Em resposta, Eric foi informado de que teria o direito de republicar a palestra como quisesse e que a universidade não se oporia.[60]

Assim como em seus livros sobre o século XIX, Eric adotou uma abordagem temática e analítica em seu novo livro. Rejeitou a estrutura cronológica de outra avaliação que seria lançada em 1997, *História do século XX*, de sir Martin Gilbert, publicado pela HarperCollins. Eric concluiu: "'Os fatos', sejam quais forem, não são suficientes, menos ainda numa sequência cronológica próxima. Eles clamam por uma visão geral e explicação".[61] Quando começou a considerar como estruturaria sua história do século XX, Eric primeiro pensou em dividir o século em duas metades por volta de 1945, apresentando-o "como uma espécie de díptico" no qual uma calamitosa primeira metade seria seguida por uma segunda metade de desenvolvimento próspero e pacífico. Mas depois de trabalhar alguns anos no projeto, no fim dos anos 1980 ele mudou de ideia, influenciado pelo colapso do comunismo em 1989, que o forçou a ver os acontecimentos desde 1973 sob uma luz mais sombria.[62] Alterou então a periodização para uma estrutura tripartite, começando com "a era da catástrofe", de 1914 a 1945, depois "a era de ouro", de 1945 a 1973, e finalmente a "avalanche", de 1973 a 1991, quando "o mundo perdeu a direção" depois de um brusco declínio econômico causado por um forte aumento dos preços de petróleo no mundo forçado pelos produtores.

Para ajudá-lo nessa revisão, Eric requisitou os serviços de Lise Grande, que em 1992 começou o curso de mestrado em pesquisas sociais na New School depois de ter trabalhado para uma das seccionais da Organização pela Libertação da Palestina. Lise foi sua última assistente, sem receber nada, porém entusiástica. Como ela se lembrou depois:

> Ele me pedia para fazer duas coisas. Me mandava em viagens para tentar confirmar estatisticamente e nos arquivos coisas que desejava para o livro, então eu fazia isso, e depois me dizia coisas como "descubra o que aconteceu com o movimento muçulmano na Índia em 1920" [...]. E daí ele dizia "e eu quero isso em uma semana". Era quando eu entrava numa área na qual não tinha competência nenhuma...[63]

Quando ela começou, Eric pediu que não fizesse nenhuma pergunta ("agora, não me aborreça"), e durante os três anos em que trabalhou com ele Lise Grande realmente não fez perguntas: Eric queria uma pesquisadora, não uma coautora. Lise considerou o trabalho com Eric desafiador sob vários aspectos. Era uma época sem internet, e a World Wide Web ainda não tinha revolucionado a pesquisa de informações: fatos e números tinha de ser obtidos em livros e artigos, em geral obscuros e de difícil acesso.

Além disso, ela percebeu que Eric estava achando muito difícil repensar sua avaliação do século XX:

> Nós dividíamos um escritório – pequeno, minúsculo [...]. E uma mesa comprida, uma escrivaninha comprida, e eu sentava desse lado, perto da parede, e ele sentava ao lado e datilografava. E quando ficava irritado ele tirava o papel e [o] amassava. E [...] jogava o papel no cesto de lixo e é claro que acertava em mim! Você sabe, eu me virava para ele e ele inclinava a cabeça para trás [e] tamborilava [com os dedos] [...]. Quer dizer, Eric era um tipo excêntrico e irritável.

Como quase todos que o conheciam, Lise ficou surpresa com a variedade e o número de suas amizades. Certa ocasião, ele a mandou buscar algumas estatísticas sobre quantas pessoas tinham emigrado da Polônia, "e é claro que ele nunca dizia como fazer isso". Lise consultou os arquivos eslavos, bálticos e do leste europeu da Biblioteca Pública de Nova York:

> Eu procurei o arquivista e nós passamos horas vasculhando documentos e conseguimos tudo, e Eric estava muito nervoso e disse: "Assim que você conseguir esses dados, traga depressa para mim". Então eu fui para o apartamento e quando cheguei lá, eram talvez umas nove horas da noite, tinha alguém lá, era um homem de aspecto muito interessante, e eu trouxe os documentos e Eric disse: "Sim, obrigado", e aquele homem interessante falou: "Fique para tomar um café", e eu olhei para o Eric e disse: "Não, não, obrigada, boa noite". E no dia seguinte eu perguntei ao Eric: "Quem era aquele homem?". Era o Gabriel García Márquez.[64]

Depois de três anos de trabalho, Eric deu a Lise um cheque de mil dólares e a mencionou como "a excepcional srta. Grande" nos agradecimentos do livro: "Se alguém tivesse me dito que Eric tinha essa consideração por mim, eu não teria acreditado". Mas em vez de seguir uma carreira acadêmica, Lise Grande aceitou um convite da Organização das Nações Unidas para trabalhar para a entidade na Palestina. Perguntou a Eric se não haveria problema. "E ele disse: 'Bem, você nunca foi uma historiadora *muito* boa [...]. Você é boa, mas não terá muito destaque, por isso meu conselho é que aceite esse trabalho.'" Lise passou a assumir cargos cada vez mais importantes trabalhando para a ONU no Congo, em Angola, no Sudão do Sul e em outras zonas conflagradas, e atuando como representante especial da Missão de Assistência da ONU no Iraque. Continuou em contato com Eric, escrevendo longas cartas de várias partes do mundo e o visitando na Nassington Road quando ia a Londres.

Para obter uma ajuda adicional para seu livro sobre o século XX, Eric deu um curso na New School. Lise Grande fez o curso:

> Na época ele estava claramente repensando duas questões muito abrangentes, e usava suas aulas para de certa forma explorar suas reconsiderações. Uma delas era uma grande preocupação sobre o século XX ter acabado de maneira tão bárbara, por que a tortura ressurge, por que existe destruição em massa, por que se permitem assassinatos e assassinatos em massa [...]. E também estava repensando a forma como o socialismo real existente tinha implodido [...]. As aulas do curso giravam em torno dessas coisas – claro que ele estava falando sobre tudo, mas era com essas coisas que estava realmente preocupado [...]. Ele se sentia moralmente decepcionado e de certa forma meio indignado com a forma como tudo tinha dado errado [...]. Não era um curso neutro – bem, ele nunca era neutro –, não era ministrado de forma neutra, era apresentado com veemência e com uma raiva constante e uma pontada de decepção. Eu me lembro, eu e os professores nos lembramos de Eric muito irritado com o que estava ensinando [...]. Outro ponto em ser aluna dele era sua insistência para escolher um lado, ser honesto, sabe. E que você tinha responsabilidade de escolher o lado certo como um receptor privilegiado de educação superior. Então ele também era muito guerreiro. Era irritável, guerreiro, determinado.

Lise percebeu como Eric se sentia moralmente indignado com o ressurgimento da tortura como instrumento governamental em países que já a haviam abolido. "Isso era uma ofensa para ele. Sabe, não havia nada de *blasé*, bem, todos os países se comportam mal, isso era de se esperar, nós sempre fizemos isso uns com os outros."

Lise considera que trabalhar com Eric e frequentar suas aulas e seminários ajudou em sua carreira. Eric deu a ela uma noção de "como funcionava a ideologia e o que tudo isso significava. Eu nunca teria conseguido ter feito tudo isso se não tivesse sido aluna de Eric". Sem isso, ela não teria conseguido lidar com as guerras civis e os violentos conflitos que encarou em suas tentativas de entrar com comboios de ajuda em zonas deflagradas:

> Sabe, esse mundo totalmente caótico, esse mundo aparentemente caótico – não é caótico. É compreensível. E era essa confiança incrível que a gente ganhava [ao] ser aluno de Eric [...] que era possível olhar para isso e saber. Exigia uma aplicação sistemática de sistemas e pensamentos e perspectiva. E ele passava isso para os alunos. Era um grande talento [...]. Havia essa solidez, isso que agora eu entendo como uma pessoa mais velha, como o vigor e a força moral, e ele esbanjava isso, mesmo já velho e diante de um projeto que tinha desmoronado. E isso foi uma das coisas de ter sido uma de suas últimas alunas, foi muito comovente trabalhar com Eric. Porque ele tinha perdido, o lado dele não tinha vencido.

Como Eric afirmou em sua palestra na Creighton Lecture, destruindo numa única frase a afirmação vulgar e ignorante, mas muito comum, de que a história é escrita pelos vitoriosos: "Os perdedores produzem os melhores historiadores".[65]

No finalzinho de 1993, Eric concluiu o texto final. Bruce Hunter o considerou "realmente muito bom", mas não tinha tanta certeza com relação ao título. Ele sugeriu *A era das convulsões* ou *A era das divisões*. De qualquer forma, ele achava que deveria haver um subtítulo – *O breve século XX 1914-1991*.[66] Mas prevaleceu *Era dos extremos* (o artigo foi acrescentado em outras reimpressões, para manter a uniformidade com os três volumes sobre o século XIX). O livro foi enviado pela editora para um editor de texto no início de 1994. Preocupado com a data da publicação, marcada para outubro, em tempo para as vendas de livros no Natal, Eric pediu a Michael Joseph uma equipe extra para trabalhar no livro, principalmente por achar que as ilustrações escolhidas pela editora eram inadequadas e também precisavam ser trabalhadas.[67] O livro foi lançado no devido prazo.

É provável que *Era dos extremos* tenha sido mais resenhado que qualquer outro livro de Eric. As anotações que fez para resumi-las chegaram a 80 páginas em letras miúdas.[68] Neil Ascherson, ex-aluno de Eric, falou em nome de muitos quando louvou o espantoso escopo do conhecimento de Eric no livro. Depois de deixar seus contemporâneos deslumbrados com sua erudição sessenta anos antes, Eric agora atraía comentários de admiração como o escrito por Ascherson no *Independent on Sunday*:

Nenhum historiador escrevendo atualmente em inglês pode se comparar ao supremo domínio de fatos e fontes de Hobsbawm. Mas a palavra-chave é "domínio". A capacidade de Hobsbawm de armazenar e extrair detalhes chegou agora a uma escala normalmente só obtida em grandes arquivos com muitos funcionários. Apropriadamente nascido em Alexandria, ele é uma Biblioteca de Alexandria ambulante de conhecimento, principalmente em relação ao século XIX. Ao mesmo tempo, não existe nenhum sinal de pedantismo. Bem ao contrário: com o passar dos anos, o talento de Eric Hobsbawm para generalizações surpreendentes e quase sempre sedutoras a partir de seu material só aumentou. Ele é um historiador, não um romancista, mas o motor dentro de sua cabeça detalhista é como o de um Rolls- Royce.[69]

A essa altura a reputação de Eric se estendia bem além do campo da história para um grande público leitor como um todo, de forma que *Era dos extremos* foi resenhado por inúmeros intelectuais proeminentes e conhecidos, e talvez o mais notável tenha sido Edward Said, um palestino que lecionava na Universidade Columbia em Nova York e um dos fundadores dos estudos pós-coloniais com seu livro *Orientalismo*, publicado em 1978. Said considerou *Era dos extremos* não só um trabalho literário. Talvez previsivelmente, contudo, considerou sua abordagem eurocêntrica demais, com os desdobramentos políticos no resto do mundo vistos como imitações do que acontecia na Europa. Pensadores não europeus foram negligenciados ou ignorados, disparou. Em consequência dessa perspectiva restrita, *Era dos extremos* parecia incapaz de transmitir "o motor ou o impulso subjacente de uma época específica" e de uma "visão de dentro" proporcionada pelos que a vivenciaram, as comunidades oprimidas ou ameaçadas, os sujeitos à discriminação racial ou social, os originários da resistência, principalmente quando inspirados por religiões, da mesma forma como o livro não levava em conta os movimentos islâmicos. Seu tratamento da cultura era reducionista, considerando-a um mero produto da política e da economia e não relativamente autônoma. A visão do modernismo de Eric era nada menos que uma "caricatura". No todo, porém, Said considerou o livro uma obra-prima, apesar dessas deficiências.[70]

Como sugere a longa análise de Said, o livro foi minuciosamente avaliado por escritores e pensadores da esquerda. Nas mais de 40 páginas dedicadas ao livro pela *New Left Review*, o sociólogo marxista sueco Göran Therborn elogiou a espantosa abrangência do livro, mas criticou o que viu como uma subestimação do nacionalismo como uma força de defesa da democracia, por exemplo, no entreguerras na Espanha e em períodos de guerra na Noruega e outros países, a análise empolada das mudanças sociais ("uma área em que a cintilante prosa narrativa do historiador lhe falha") e finalmente, mais uma vez, o obstinado eurocentrismo do livro. A análise do sociólogo político comparativo Michael Mann foi mais crítica. Mesmo considerando o livro impressionante ("outras histórias gerais sobre o século XX parecem arrastadas, fragmentadas ou ideológicas em comparação"), Mann achou que Eric poderia ter se beneficiado de um maior entrelaçamento da imagem geral com suas próprias experiências de vida. O livro também de debruçava pouco sobre o socialismo democrático, e não tratava adequadamente o fascismo como fenômeno de gênero, um rompante, dizendo mais cruamente, de uma masculinidade insatisfeita. Sobre a Rússia soviética, Mann achou que Eric tinha uma visão muito cor-de-rosa da Revolução Bolchevique e suas consequências imediatas. Assim como outros críticos, Mann ficou chocado com os prognósticos sombrios de Eric para o futuro: "Erik e o século XX estão ficando mais velhos, e ele não gosta disso". Para concluir, não achou a periodização do livro nem útil nem convincente: "Hobsbawm pode ter sido vítima de sua predileção por metáforas de Era".[71]

Kevin Davey, na *Tribune*, a revista da esquerda trabalhista no Reino Unido, também criticou o "conservadorismo cultural" do livro, que condenava a poesia, a pintura, a música pós-guerra e "a decadência de gêneros clássicos da arte e de literatura superiores". Havia "alguma verdade em sua formulação desajeitada e bem convencional de que as artes anteciparam os rompimentos sociais que se seguiram", mas não contava absolutamente a história toda.[72] De forma semelhante, o escritor e editor escocês de esquerda Angus Calder percebeu "uma irrefreável nostalgia dos tempos em que os romances realistas e as sinfonias eram fundamentais para a civilização" por trás das "opiniões depreciativas de Hobsbawm sobre o rock, a TV e a literatura e a pintura pós-1945". E considerou "decepcionante que um homem que escreveu tão bem no passado sobre jazz possa afirmar que Simenon é o único escritor policial que pode ser levado a sério como literatura – e quanto a Raymond Chandler? Chester Hines?". Assim como outros, ele pôde apontar facilmente as lacunas na cobertura de Eric – nesse caso, "a música de Mapfumo e a poesia de Serote", não omissões, talvez, que qualquer um teria pensado em destacar.[73]

Em artigo escrito para o *Times Literary Supplement*, Ross McKibbin destacou particularmente a distância ideológica percorrida por Eric desde seus primeiros tempos como comunista. "Este livro não tem uma teleologia marxista; ao menos não uma dialética." Porém o livro se baseava numa abordagem fundamentalmente marxista que o tornava uma "história total", em que tudo estava interligado e no fim retornava à história do "capitalismo e sua temível dinâmica". "Toda a estrutura é apoiada, embora não necessariamente determinada, pela base material da sociedade." Mais à esquerda, Perry Anderson concordou que "*Era dos extremos* era a obra-prima de Hobsbawm". Seu rompimento com a trilogia anterior sobre o século XIX era marcado em particular pelo "total desaparecimento da visão da burguesia, que – diferentemente do xadrez, das drogas ou do futebol – não tem sequer um verbete no índice remissivo. Teria desaparecido da história em agosto de 1914?". Anderson fez uma pergunta retórica. Deixando esse pensamento de lado, ele passou para a periodização do livro. Essencialmente, observou, as três subdivisões da "era dos extremos" eram econômicas, a primeira marcada pela demanda insuficiente, a segunda pela administração eficaz da demanda, e a terceira pelo excesso de demanda. Sem questionar os fundamentos dessa divisão tripartite, Anderson sugeriu que ela só se aplicava a certas partes do mundo e não, por exemplo, à China, onde era muito fácil argumentar que a "Era de Ouro" foi na verdade uma era de fome e desastre econômico produzidos pelo homem, desde a guerra civil, passando pelo catastrófico Grande Passo a Frente até as calamidades da "revolução cultural", e as décadas a partir do início dos anos 1970 não tinham sido uma era de estagnação, mas de crescimento econômico sem precedentes. As guerras e os conflitos civis na Coreia, no Vietnã, no Oriente Médio, na Indonésia e na África entre os anos 1950 e os anos 1970 talvez tenham matado 35 milhões de pessoas. O "ângulo da visão de Eric [...] em Viena, em Berlim e em Londres" não levou em conta o Leste da Ásia, para prejuízo do livro.[74]

Refletindo essa perspectiva fundamentalmente europeia, na visão de Anderson, Eric tinha também negligenciado a história dos Estados Unidos no século XX, além de evitar qualquer corte transversal da sociedade ocidental como um todo, e em especial qualquer análise da burguesia ocidental. "O índice remissivo contém duas vezes mais vocábulos sobre a URSS que sobre os Estados Unidos, mas a disparidade de atenção é ainda mais marcante que isso", disparou Anderson, porque enquanto a União Soviética merece três análises completas, os Estados Unidos só receberam uma. Assim, na avaliação do século XX de Eric, a "centralidade do perdedor ressalta ainda mais a relativa marginalização do vencedor". Ao omitir a burguesia, e em especial a burguesia americana, "*Era dos extremos* apresenta um retrato decapitado da sociedade contemporânea". Além disso, sua visão negativa do período mais recente da história global ignorava o indubitável desenvolvimento positivo da disseminação da democracia por todo o mundo, quando o número de países democráticos no planeta mais que dobrou entre 1973 e 2000, um processo já bem encaminhado quando Eric escreveu este livro, não só na América Latina, o que deveria ao menos ter lhe proporcionado uma pausa para pensar. Embora a análise de colapso da democracia e a ascensão de várias formas de totalitarismo entre as guerras fosse um *tour de force*, Eric não apresentava um tratamento comparável da reconstrução e disseminação da democracia depois da guerra.[75]

Mais para o centro e para a direita do espectro político, o jornalista americano Christopher Caldwell situou o livro na tradição de A. J. P. Taylor, E. P. Thompson e outros, como "um desses grandes historiadores ingleses que escrevem tanto para polemizar quanto para instruir. Seu estilo", continuou, "que não é tanto esclarecedor quanto revigorante, exige não só uma atenção paciente como um engajamento alerta – e a história de Hobsbawm do século XX é um dos últimos grandes livros que teremos nessa grande tradição".[76] Eugene D. Genovese, velho amigo de Eric e prolixo colaborador da revista americana *New Republic*, o definiu como "um dos poucos e genuínos grandes historiadores do nosso século". A posição política cada vez mais conservadora de Genovese se refletiu em seu elogio ao ataque de Eric ao "intenso desejo de libertação pessoal". Segundo Genovese, o livro destruía um lema da esquerda atrás do outro, incluindo "a irracionalidade da teoria feminista radical e, por extensão, boa parte da conversa fiada que se passa agora por teoria social radical". Paradoxalmente, Genovese fez o livro parecer bastante conservador ao salientar esses aspectos.[77]

Talvez o mais crítico dos resenhistas tenha sido Tony Judt, especialista em história do socialismo francês no século XX. Judt considerou que "a história do século XIX de Eric Hobsbawm é a história da decadência de uma civilização, a história de um mundo que desabrochou todo o potencial cultural e material do século XIX e traiu sua promessa [...]. Há um ar de Jeremias de iminente desgraça em boa parte da narrativa de Hobsbawm".[78] Judt enalteceu o reconhecimento de Eric em vários trechos do livro de ter se enganado em seu julgamento dos eventos. Mas, nas grandes questões, Eric parecia não ter mudado de ideia desde os anos 1930. Definiu a defesa da Espanha Republicana na Guerra Civil como uma causa pura e genuína, ignorando o papel pernicioso dos comunistas ao solapar o processo. Insistiu em que a Revolução de Outubro na Rússia de 1917 foi um levante popular de massa, ignorando todas as pesquisas que demonstraram ter sido um golpe de uma pequena e determinada minoria. Ignorou as características revolucionárias e até o impacto revolucionário do fascismo, principalmente durante a guerra. "O socialismo real existente" na Europa Oriental do pós-guerra mereceu meras seis páginas em 600, com um só parágrafo sobre os julgamentos espetaculosos dos anos 1950. A omissão de Estados como a Hungria, a Polônia, a Romênia e a Checoslováquia o levou a praticamente ignorar o processo cruel e homicida da tomada de poder de Stálin nesses países no fim dos anos 1940 e início dos anos 1950. Judt concluiu acusando Eric de minimizar o reinado de terror de Stálin nos anos 1930. Acima de tudo, "em sua versão do século XX, ele ignorou o implacável olhar questionador que o tornou um guia tão indispensável para o século XIX".

Niall Ferguson lamentou que a esquerda tivesse essa brilhante avaliação à sua disposição, enquanto a direita, à qual ele declarava sua indubitável adesão, não dispunha de algo equivalente ("onde está a *nossa* história do século XX? Onde está o *nosso* Hobsbawm?").[79] Andrew Roberts, outro historiador e biógrafo inglês, de direita e menos generoso, considerou o livro tão parcial a ponto de ser "inútil para o público leitor em geral" e o definiu como nada mais que "podridão" escrita por um "extremista". Até mesmo um leitor do *Daily Telegraph* teria considerado um ataque tão polêmico e violento brutal demais para seus gostos.[80] Outro jovem neoconservador da geração Thatcher, Daniel Johnson, invectivou *Era dos extremos* em termos igualmente fortes como "unilateral", baseado em um "incrível sofisma". Tinha esperança de que Martin Gilbert, biógrafo oficial de Churchill, produzisse um relato menos ideológico do século, embora no caso o livro acabou sendo mais uma crônica que uma história, como Eric observou ao resenhá-lo.[81] O canadense pós-modernista e conservador Modris Eksteins reclamou

> que os comentários mais cáusticos de Hobsbawm não se dirigem a Hitler ou a Stálin, a Mao ou a Pol Pot, os assassinos de massa do nosso século, mas a pessoas como John F. Kennedy ("muito superestimado"), Henry Kissinger ("brutal e insincero"), Richard Nixon ("muito desagradável") e aos Estados Unidos como um todo. Não surpreendentemente, os Estados Unidos são

culpados pela Guerra Fria, pela subsequente instabilidade política em muitas partes do mundo, pela degradação do meio ambiente e por uma vulgaridade sem paralelo: Se nosso século teve um império do mal, Hobsbawm parece estar dizendo que foram os Estados Unidos, a sede do capitalismo moderno.[82]

Segundo Bruce Hunter, escrevendo do ponto de vista de um agente literário profissional, essas reações hostis não eram totalmente indesejáveis: a controvérsia pública em torno de um livro sempre fez maravilhas para aumentar as vendas.[83]

Respondendo a essas críticas, Eric insistiu em que seu livro não era "uma tentativa de *repensar* as posições de toda uma vida, não de justificá-las. É um mal-entendido bizarro, quase absurdo, ver o livro como principalmente, ou de alguma forma significativa, como uma defesa da posição comunista ou, um absurdo ainda maior, como uma posição pró-soviética". Afirmações genéricas nesse sentido eram baseadas numa má interpretação intencional do texto. Eric defendeu seu argumento de que a União Soviética de Stálin havia salvado o Ocidente ao ressaltar que a aliança fora apenas temporária. A maioria dos leitores aceitou sua posição. Quanto à suposta deficiência ao lidar adequadamente com Auschwitz, Eric afirmou que foi por não acreditar que aqueles horrores pudessem ser adequadamente imaginados. Talvez tenha sido irônico ele ter usado mais espaço com "as coisas terríveis feitas por Stálin e Mao que os horrores de Hitler", mas era "por não poder haver dúvidas sobre o que um historiador judeu sente a respeito do genocídio nazista, ao passo que um historiador marxista pode ser mal entendido se não registrar claramente sua rejeição aos horrores perpetrados em nome de sua própria causa. Entretanto", admitiu, "provavelmente tivesse sido melhor dizer tanto contra Hitler e contra Stálin", especialmente à luz das recentes pesquisas que mostravam o envolvimento de cidadãos comuns alemães no genocídio.[84]

Por mais controversas que tenham sido as resenhas, o livro foi um sucesso comercial instantâneo, ajudado pelas aparições de Eric no rádio e na televisão depois de sua publicação.[85] Para os leitores, o livro esclarecia um período caótico e enigmático. Trechos antecipados foram serializados no *Independent on Sunday*, e os direitos foram vendidos ao clube do livro por 10 mil libras. Sempre alerta ao advento de novas tecnologias, Eric perguntou a Bruce Hunter se era "possível anunciar o livro & publicar trechos na INTERNET (rede de computadores internacional)" – ele tinha feito recentemente um curso sobre como usar a internet e como enviar e-mails.[86] "A receptividade pré-publicação na Grã-Bretanha está melhor do que imaginei", disse Eric a Bruce Hunter em 12 de outubro de 1994.[87] A lista de convidados para um almoço organizado por Michael Joseph incluía uma mistura de historiadores e intelectuais de várias tendências políticas, jornalistas e radialistas, além de esquerdistas de longa data.[88] Poucos dias após a publicação, em 27 de outubro de 1994, *Era dos extremos* chegou ao sexto lugar na lista dos livros mais vendidos do *Sunday Times*.[89] Em 28 de novembro de 1994, a revista especializada *Bookseller* colocou o livro no 14º lugar na lista oficial dos mais vendidos.[90] O livro ganhou o prêmio Silver PEN de não ficção, e Eric ganhou também o Prêmio Wolfson Foundation History pelo conjunto de sua obra em 1997, uma das sete ocasiões que tal prêmio foi outorgado. (O presidente do júri, Keith Thomas, teve alguma dificuldade para convencer Leonard Wolfson, presidente da Trustees, que tinha a palavra final, para aprovar a entrega do prêmio a um homem com uma visão política diametricamente oposta à sua, mas afinal conseguiu prevalecer no fim.)[91]

Em poucos anos, *Era dos extremos* foi traduzido para cerca de 30 línguas. Eric revisou minuciosamente a tradução para o italiano e forneceu à editora uma longa lista de correções.[92] Também verificou a tradução da edição alemã, que foi revisada mais amplamente e em mais detalhes que qualquer outra, inclusive a edição em inglês, e foi tema de uma dezena ou mais de discussões e resenhas transmitidas por emissoras de rádio alemãs.[93] Muitos resenhistas alemães ficaram chocados com o tom pessimista do livro, considerado estranho num país que só recentemente havia sido reunificado e continuava no caminho pacífico e próspero em que embarcara nos anos 1950.[94] Entre outras coisas, foi muito notado que o livro era bem menos marxista que muitos livros anteriores de Eric. Como a jornalista Franziska Augstein observou: "Em *Era dos extremos* ele abandonou categorias nas quais pensou por toda sua vida. Assim, ele não usa a categoria de 'classe' em seu retrato do século XX […]. Até mesmo sua noção de luta de classes, escorada por teorias sociais e culturais, mal consta neste último livro".[95] A edição alemã vendeu 11 mil exemplares no primeiro mês da publicação, janeiro de 1996, e muitos milhares mais nos meses seguintes.[96]

Mas foi no Brasil que *Era dos extremos* teve o maior sucesso. Desde o fim dos anos 1980, os laços de Eric com o país se tornaram especialmente próximos. Em 1988 ele foi convidado a tomar parte de conferências que marcavam o centenário da libertação dos escravos pela princesa Isabel, regente do Brasil, e sua reputação no país, principalmente depois da restauração da democracia, em 1985, era tamanha que sua chegada, em 8 de junho de 1988, foi manchete de primeira página no jornal *Folha de S.Paulo*. Acompanhado por Marlene, Eric esteve no Rio de Janeiro e em São Paulo, falando sobre racismo e movimentos trabalhistas na Europa no século XIX (*A era dos impérios* foi publicado no Brasil em agosto de 1988). Eric ficou na casa de seu editor, Marcus Gasparian, em São Paulo. Certa ocasião, Gasparian lembrou-se mais tarde, ele estava levando Eric e Marlene para Barra do Sahy, uma praia no estado de São Paulo. O carro em que viajavam foi parado por um policial, por nenhuma razão específica, e Marcus não estava com sua carteira de motorista. Mas tinha com ele a *Folha de S.Paulo* daquele dia, com uma grande foto de Eric estampada na capa. Explicou quem era Eric e o policial, olhando para as inconfundíveis feições de Eric, deixou que seguissem viagem sem mais comentários. Foi a primeira vez, como lembrou Eric, que ser historiador o fez ser favorecido pela polícia.

Eric voltou ao Brasil em 1992, quando conheceu o líder sindicalista e futuro presidente do país Lula da Silva.[97] Os dois se deram bem de imediato, e Lula comprou e leu todos os livros de Eric quando foram lançados em português. Outro amigo era Fernando Henrique Cardoso. Sociólogo histórico, acadêmico e intelectual conhecido, Cardoso foi um dos diretores associados de estudos na École des Hautes Études en Sciences Sociales de Paris no fim dos anos 1960: "Eu me lembro de ter me encontrado com Eric e Alain Touraine", declarou em uma entrevista, "perambulando pelas 'barricadas' de Paris em maio de 1968 (houve uma grande conferência sobre Marx na Unesco e nós dois participamos)." Em 1994 Cardoso foi eleito presidente do Brasil com a maioria, e convidou Eric a fazer parte de um seminário em Brasília, a capital do país.[98] Cardoso também convidou Eric para a cerimônia oficial de posse em 1995, e também mais tarde para o Palácio de Buckingham quando foi convidado pela rainha, e para o Sheldonian Theatre em Oxford quando recebeu um título honorário. Disse que Eric teve importante influência em seu pensamento, um reconhecimento feito publicamente por seu sucessor alguns anos mais tarde.[99]

Os editores da edição brasileira de *Era dos extremos* organizaram uma visita ao Brasil para Eric e Marlene em 1995 "para fazer de seu livro um grande sucesso aqui".[100] Com a aprovação pública do presidente, com certeza. *Era dos extremos* ficou no topo da lista dos livros mais vendidos no Brasil de 1995, não só como não ficção como também nas listas gerais, incluindo todos os livros de todos os gêneros. No total, as vendas do livro no Brasil chegaram a surpreendentes 265 mil exemplares. No total, as vendas de todos os livros de Eric no Brasil, mesmo antes de *Era dos extremos*, foram estimadas em cerca de 600 mil exemplares. O extraordinário sucesso do livro no Brasil conferiu a Eric o status de celebridade sempre que ele visitava o país.[101] Poucos anos depois, quando Peter Florence fez uma visita ao país, ele se lembrou:

> Eu fui a Parati, no litoral do Rio de Janeiro, para ajudar a grande editora da Bloomsbury, Liz Calder, a organizar o festival que se tornou a Flip. Fui a uma livraria local e perguntei, numa hesitante mistura de português com turistês, quem era o escritor de língua inglesa mais vendido no Brasil. O vendedor abriu um grande sorriso e disse "Enrique Hobsbawm". "Não, não", repliquei, confuso. Obviamente eu devo ter usado as palavras erradas. "Desculpe. Eu quis dizer quem vende mais livros no Brasil." Mesmo sorriso, mesma resposta. Continuei perplexo, porém encantado [...]. Os leitores brasileiros eram loucos por Eric. Então eu mandei um e-mail para ele de uma cafeteria com internet na cidade e expliquei onde estava e perguntei se não queria vir [...]. O presidente mandou seu ministro da Cultura, Gilberto Gil, para recepcionar Eric na cidade e inaugurar o festival com toda a mídia brasileira a tiracolo. Houve música, discursos e troca de ideias. O tipo de estrelato que faz as coisas acontecerem e mudam vidas.[102]

Tudo considerado, *Era dos extremos* foi o livro de maior sucesso de Eric, e fez mais do que qualquer outro para projetar sua reputação em escala global. Com certeza foi traduzido para mais idiomas que qualquer outro de seus livros. As traduções para as línguas da Europa Ocidental, onde o nome de Eric já era conhecido, foram as primeiras. Mas a França não estava entre elas, um fato que no devido tempo provocou uma grande controvérsia pública, não só na França como também em outros países.

IV

Em certo sentido, a controvérsia não começou na França, mas nos Estados Unidos. Em 1989, Eric proferiu uma série de três palestras na Universidade Rutgers, em Nova Jersey, por ocasião do bicentenário da Revolução Francesa. Ao expandir suas palestras e transformá-las num livro, *Ecos da Marselhesa*, publicado no ano seguinte, Eric montou uma defesa apaixonada da tradicional interpretação marxista da Revolução. Argumentou que a Revolução, sua memória e suas consequências não só dominaram a política europeia do século XIX como também tiveram um impacto global.[103] O ano de 1917 na Rússia era cheio de paralelos, como demonstrava a história da Revolução Bolchevique de Trótsky. O desejo de evitar, ou emular o Terror Jacobino de 1793-1794, a reação de Termidor e a ditadura militar de Napoleão tiveram um efeito material no comportamento político dos envolvidos em subsequentes revoluções.[104] Para a geração de historiadores franceses de Georges Lefebvre, a luta contra o fascismo, a resistência à ocupação nazista e o regime de Vichy e a luta pela democracia se alimentaram da celebração da Revolução de 1789.[105]

Era contra essa tradição que escritores dos anos 1980 e 1990, como François Furet, um ex-comunista, estavam reagindo. Em uma série de publicações, iniciada já nos anos 1970, Furet rejeitou o que chamou de "catecismo revolucionário", a narrativa marxista ou neojacobina que atribuía à Revolução origens sociais e econômicas de longo prazo, considerando-a em termos de luta de classes e comemorando os levantes populares que a impulsionaram. O Terror de 1793-1794, argumentou, não foi um desvio das primeiras fases da Revolução, mas sim sua conclusão lógica. De modo geral, a Revolução tinha causado um atraso de décadas na economia e na sociedade francesas. Seus efeitos de longo prazo, se houve algum, tinham sido tremendamente negativos. Em *Ecos da Marselhesa* Eric expôs ao ridículo "o absurdo de supor que a Revolução Francesa tenha sido simplesmente uma espécie de tropeço na longa, lenta e eterna marcha da França".[106] A posterior modernização da economia francesa, nos anos pós-guerra, tinha destruído o mundo social da era pós-revolucionária e tornado 1789 irrelevante para uma nova geração de historiadores. Homens como Lefebvre eram de formação humilde e mantinham suas raízes numa "França não reconstruída, antiga e pré-tecnológica" que remetia ao século XVIII e até antes. Em comparação, os revisionistas representavam a nova classe média alta criada pela modernização da economia. Não admira que eles rejeitassem ideias de 1789 em favor do elitismo e do neoliberalismo.[107]

O bicentenário da Revolução foi comemorado na França com a devida pompa e circunstância, mas era impossível esconder o fato de que, com o declínio e a queda do comunismo, a própria Revolução não parecia mais ter a importância de que já desfrutara. Ademais, pensou Eric, o que Furet rejeitava não era apenas 1789, mas também 1917. Nisso ele logo se provou certo, pois em 1995 Furet publicou um ataque arrasador contra o comunismo: *O passado de uma ilusão: ensaio sobre a ideia comunista no século XX* (publicado numa tradução para o inglês em 1999 pela Chicago University Press como *The Passing of an Illusion: The Idea of Communism in the Twentieth Century*). Assim que o livro foi lançado, Eric foi convidado a participar de um debate na revista *Le Débat* sobre sua tese central. O convite foi feito por Pierre Nora, diretor de estudos da École des Hautes Études en Sciences Sociales, a sede da *Annales*, e pioneiro em estudos da memória histórica da França, que conhecia Eric dos seminários em Paris de que os dois haviam participado alguns anos antes.

A essa altura Eric ainda não havia lido o livro de Furet, e tinha dúvidas sobre outros participantes propostos no debate escrito, que incluíam Ernst Nolte e Renzo De Felice, que considerava "defensores do fascismo" e ultraconservadores. Sugeriu a inclusão de alguns "liberais" na lista de participantes. Mas, "em princípio, eu vou", disse a Nora (*en principe, je marche*).[108] Eric escreveu uma resposta a Furet, publicada no número 89 de *Le Débat*. Furet tinha tentado igualar o comunismo ao fascismo, afirmou, mas com tantas classificações que no fim não sobrava muita coisa. Quanto ao antifascismo, Eric salientou que as críticas de Furet ignoravam a natureza existencial da ameaça fascista nos anos 1930 e início dos anos 1940, que obrigou os adeptos da esquerda e do centro liberal a uma aliança e angariou milhões de novas adesões aos partidos comunistas, já que eram de longe os mais comprometidos e ativos opositores ao fascismo. Reconheceu que "o movimento comunista de fato baseava-se numa ilusão", mas isso não invalidava seu papel na criação de uma frente popular nos anos 1930.[109]

O cargo de Nora na Gallimard fazia dele de longe a figura mais importante na história editorial francesa não subsidiada. Tanto a "Biblioteca de Ciências Sociais" como a "Biblioteca de História", ambas editadas por ele, teriam sido o ambiente natural para a publicação de *Era dos extremos* em francês, como haviam sido para muitas outras obras traduzidas, algumas bem longas. Nora já tinha organizado uma edição em francês de *Nações e nacionalismo* e Eric, ao informar sobre a entusiasmada receptividade de *Era dos extremos* no Reino Unido, até mesmo da imprensa conservadora ("Confesso que tive alguma dificuldade em me acostumar com resenhas que começavam com as palavras 'Este maravilhoso livro'"), disse a Nora que, apesar de o livro estar sendo traduzido para todas as línguas da União Europeia, os direitos autorais ainda estavam disponíveis para o francês. Por isso pediu ao seu agente para mandar um exemplar a Nora, ao menos "como um presente de amizade", mas claramente com a esperança de que Nora publicasse o livro em francês.[110] Nora recebeu o livro e escreveu para

Eric em maio e de novo em julho de 1995 para dizer que o estava lendo "com grande interesse e admiração" e que apesar de "a tradução não ser fácil" ele achava que não havia nenhum equivalente em francês e por isso com certeza havia uma abertura para o livro no mercado.[111] Mas não quis se comprometer. Depois de se passarem muitos meses sem nenhuma proposta formal, Eric começou a perder a paciência. Recusou uma oferta de ajuda do Partido Comunista Francês ("Acho que neste momento a última coisa de que preciso é de ajuda para a publicação de *Era dos extremos* em francês com uma identificação formal com o PC.") Porém, em janeiro de 1996 ele se queixou de que

> Nora continua me tolhendo. Ele ligou outro dia e teve uma longa conversa com Marlene sobre o quanto tudo era/poderia ser difícil. O livro seria massacrado pelos críticos quando fosse lançado etc., e eles não recuperariam o investimento e blá-blá-blá [...]. Vamos ver se ele vai ter coragem de recusar oficialmente o livro. De qualquer forma, acredito que ele possa sentir a consciência pesada se/quando fizer isso.[112]

Nora acabou mesmo recusando o livro. Como explicou em 24 de janeiro de 1996, embora fosse um livro de alta qualidade, que ele adoraria traduzir e publicar, havia dois graves obstáculos à realização deste objetivo. O primeiro era o custo da tradução, que aumentaria o preço a um nível que dificultaria a venda do livro. O segundo era ideológico. "Você corre o risco de atrair críticas desfavoráveis da própria *esquerda*, pois a tendência atual – no que tange aos comunistas! – não é o que se vê no seu livro." Ele não tinha medo das críticas dos historiadores, temia as críticas dos que tinham afinidades políticas com Eric. Quem sabe não pudesse haver uma discussão com Furet nas páginas de *Le Débat*.[113] Mas Eric rejeitou a ideia. "Eu gostaria de evitar a todo custo que meu livro seja considerado uma simples oposição a Furet. De todo modo, meu livro está longe de ser uma defesa do comunismo..."[114] Enquanto isso, a proposta de publicar uma tradução em francês de *Era dos extremos* ia sendo rejeitada por uma editora atrás da outra. Albin Michel rejeitou o livro porque a empresa tinha acabado de assinar contrato com Marc Ferro, um conhecido historiador moderno da escola *Annales*, para uma história do século XX (que nunca foi lançada).[115] Editores citavam as baixas vendas de *A era das revoluções* em francês, que só chegaram a 3.700 exemplares. Havia outros exemplos do tipo. Mas só no caso de Eric havia um elemento de "sectarismo ideológico" na recusa.[116] O

Holocausto tinha passado para o centro da memória cultural nos anos 1990, mas, como Nora (que era judeu) disse a Elise Marienstras, Auschwitz só tinha uma menção solitária no livro. Eric "não estava absolutamente interessado no Shoah", considerou Elise: "Ele deixou isso de lado, assim como o fez com os *gulags*". Para um homem com sua visão global e abrangente, acrescentou, os judeus eram apenas mais uma série de vítimas de uma guerra em que mais de 20 milhões de pessoas tinham sido mortas.[117]

A Fayard também rejeitou o livro. Eric ficou ainda mais irritado com a atitude da editora do que com a de Nora. "Depois de se recusar por um longo tempo a pôr qualquer coisa [no papel] sobre a decisão, ou até a admitir que tinham tomado uma decisão, nós agora temos duas explicações igualmente implausíveis", escreveu em 1999. Uma delas foi de um editor anônimo "que quase com certeza não tinha lido o livro em inglês" e decidiu "que não era bom", enquanto a outra fora do diretor-geral de uma empresa, que afirmou que a tradução custaria caro demais e que mesmo se alguém cobrisse esse custo o livro ainda daria prejuízo se fosse publicado. "Usando os números do próprio diretor", observou Eric, "calculei que o déficit que estavam imaginando teria sido coberto com a venda de 400 exemplares extras."[118]

Quando Ania Corless, da agência de Eric, a David Higham Associates, foi a Paris para discutir a questão com Olivier Bétourné, o segundo homem da Fayard, ela contou que ele ficou "constrangido", mas insistiu mais uma vez em que os custos da tradução e produção seriam simplesmente altos demais.[119] Apesar de a editora ter publicado livros anteriores de Eric, nem Bétourné nem o editor-chefe Denis Maraval aceitaram *Era dos extremos*, o que levou um comentarista a insinuar uma cumplicidade com Furet na questão.[120] Por isso, não chegou a ser surpresa quando Eric começou a se sentir irritado. Como indagou em sua carta a Nora rejeitando a ideia de um debate com Furet: "Não seria um pouco absurdo apresentar e discutir na *Le Débat* um livro que os leitores da revista só teriam a possibilidade de ler em inglês, alemão, italiano, espanhol, português, holandês, dinamarquês, sueco, grego, chinês japonês, coreano e russo, sem falar de albanês?".[121]

No fim, houve um debate na *Le Débat*, mas não diretamente sobre o livro de Eric: nas edições de março/abril de 1996 e de janeiro/feverciro de 1997, Eric resumiu os argumentos centrais de *Era dos extremos*, enquanto Furet retrucou afirmando que o nazismo e o stalinismo tinham mais semelhanças do que diferenças. Em sua participação no simpósio de 1997, Nora afirmou que dificuldades financeiras haviam impedido a publicação do livro na França, embora os intelectuais franceses também considerassem constrangedor o partidarismo de Eric pela "causa revolucionária" e preferiram ignorá-lo. A disputa chegou à imprensa francesa. *Le Monde Diplomatique*, um periódico mensal de esquerda reproduzido em diversas edições estrangeiras, foi particularmente direto em sua condenação da indústria editorial francesa. "Os recém-chegados aos pontos de vista dissidentes terão de aprender inglês", declarou o jornal. "Ou uma das outras 19 línguas que o macartismo editorial ainda não contaminou." A reação de Eric aos editores franceses foi igualmente irônica. "Eles estão baixando as pontes levadiças, e se imaginando como o centro da civilização em combate", comentou. "Não traduzir o meu livro simplesmente ressalta a singularidade dos franceses."[122]

Finalmente, foi fechado um acordo com a Éditions Complexe, uma pequena editora independente com sede em Bruxelas e especializada em história e literatura.[123] Seu diretor, André Versaille, "ouviu os rumores vindos de Paris e não hesitou por um instante". Por que os franceses estavam se recusando a lançar o livro?, perguntaram a ele.

> Mais do que sobre censura [ele respondeu], prefiro falar de uma intolerância obsoleta comum aos círculos partidários convencionais e politicamente corretos. Na verdade, a questão é se alguém acha que se pode ser ao mesmo tempo marxista e historiador hoje em dia. Sobre essa questão, os editores franceses responsáveis respondem que o marxismo não está mais na atmosfera contemporânea. Na atmosfera *deles*, deveria ser mais propriamente dito! Mesmo assim é um pouco chocante ver como uma pequena elite intelectual está decidindo o que é bom ou não para o público francês.[124]

Como comentou o historiador Enzo Traverso, que morava em Paris, certamente também era dever dos editores "resistir à atmosfera dos nossos tempos": se não fosse esse o caso, a Pantheon Books jamais teria publicado críticas ao macartismo no começo dos anos 1950, Einaudi não teria ficado em silêncio durante os anos do fascismo na Itália e exilados alemães não teriam publicado uma palavra entre 1933 e 1945.[125] Escrevendo para o *Le Monde*, o crítico Philippe-Jean Catinchi afirmou que o livro realmente havia se tornado "um símbolo de resistência a um domínio ideológico [sobre as editoras francesas] do qual Pierre Nora, editor da Gallimard e diretor do periódico *Le Débat*, é a encarnação".[126] Não deixava de ser relevante, além disso, o fato de Nora ser cunhado de Furet. Com certeza, observou o jornalista Robert Verdussen, *Era dos extremos* era caracterizado por certa indulgência em relação ao comunismo; seus detratores nem sempre estavam errados a esse respeito. No entanto, o livro tem uma impressionante relevância na sua análise do capitalismo e do consumismo, e só por isso vale a pena ser lido.[127]

A tradução para o francês, cuidadosamente revisada por Eric e em parte subsidiada por *Le Monde Diplomatique*, finalmente foi lançada em outubro de 1999.[128] Foi preparada uma elaborada programação de aparições no rádio e na televisão para os últimos dias de outubro em Paris, envolvendo debates públicos com proeminentes intelectuais franceses como Marc Ferro e Alain Finkielkraut, bem como um debate com Pierre Nora, para crédito deste último.[129] Em 29 de outubro, dirigindo-se a uma plateia lotada no lançamento oficial, organizado por *Le Monde Diplomatique* no Grand Amphitheatre da Sorbonne, em seu francês fluente habitual, e agora, segundo Bruce Hunter, "bem antiquado, mas lindo e perfeito e de fácil compreensão", Eric disparou os dois canos de sua escopeta polêmica contra o *establishment* intelectual francês.[130] Declarou que seu livro

> foi publicado em todas línguas da União Europeia exceto uma: e nos idiomas dos países ex-comunistas da Europa Central e Oriental: em polonês, em tcheco, em magiar, em romeno, em esloveno, em servo-croata e em albanês. Mas até hoje, não em francês. Ao contrário de editores da Lituânia (3,5 milhões de habitantes), da Moldávia (4,3 milhões de habitantes) e da Islândia (270 mil), os editores franceses (60 milhões) parecem não ter considerado possível ou desejável traduzir o livro para sua língua.[131]

No entanto, muitos de seus livros anteriores haviam sido publicados em francês, lembrou Eric, e alguns até em formato brochura. Então por que não esse? Eric instilou certo desdém na afirmação de Nora de que no momento o anticomunismo na França era irresistível porque o comunismo francês era stalinista há mais tempo que em qualquer outro país. Rejeitou a ideia de que sua lealdade retrospectiva aos comunistas se encaixasse mal na atmosfera da época atual. Como ele já tinha tentando explicar em vão, *Era dos extremos* não fora concebido como uma defesa do comunismo, mas como uma história do século XX. Concluiu agradecendo muito não só ao seu editor e ao tradutor como também aos "amigos parisienses que nos últimos anos vêm provando que nem todos os intelectuais franceses tinham a visão malévola de que seus compatriotas poderiam ler a obra de autores que não desfrutavam dos favores das ortodoxias em voga dos anos 1990".[132]

A celeuma, que provocou comentários bem além das fronteiras da França,[133] certamente não era por causa de dinheiro, como Eric declarou a um jornal italiano quando o contrato belga foi assinado. "O livro vai encher as livrarias de Paris [...] rendendo mais ou menos o mesmo que as editoras inglesas, alemãs ou italianas, ou seja, bastante. Isso parece uma história da Guerra Fria", acrescentou, incrédulo, "só que aconteceu no fim do século."[134] E, de fato, depois de tanta celeuma – denominada ironicamente por um jornal como '*l'affairette* Hobsbawn [sic]'[135] – gerando considerável publicidade antes mesmo do lançamento, o livro tinha tudo para ser um sucesso na França, principalmente depois que *Le Monde Diplomatique* abriu uma lista de assinantes na qual 5 mil pessoas se inscreveram antes de o livro ter sido sequer lançado. Chegou instantaneamente à lista dos mais vendidos e foi reimpresso três vezes em poucas semanas, vendendo 40 mil exemplares até meados de novembro e levando o editor belga a encomendar traduções de outros livros de Eric.[136]

Como era previsível, houve muitas críticas, boa parte em tom agressivo ou até de repúdio. Uma das resenhas acusou Eric de ter feito pouco mais que escrever uma longa justificativa de sua carreira como comunista, definindo a polêmica com Furet e Nora como um ato de "terrorismo cultural" que lembrava os julgamentos espetaculosos dos anos 1950.[137] Outra, após afirmar que todos os partidos comunistas haviam sido ferramentas de Moscou, aconselhava os leitores a "considerar nossos novos e antigos progressistas com a indulgência irônica que suas débeis justificativas merecem".[138] Outros resenhistas, contudo, foram mais positivos, e foi importante os editores de Eric terem conseguido persuadir vários jornais e revistas a publicar trechos do livro.[139] Porém, alguns anos depois, a edição francesa teve outro tipo de problema quando André Versaille saiu da Complexe para estabelecer sua própria editora e tentou levar *Era dos extremos* com ele, já que a Complexe não estava mais vendendo o livro. Como observou Ania Corless em junho de 2008, porém, de início essa tentativa de levar o livro para a nova empresa de Versaille não resultou em nenhuma reação a não ser ameaças legais acusando-o de uma "quebra de contrato abusiva". A Complexe não recebia dinheiro nenhum desde 2000. Mas a Complexe estava exigindo uma compensação de Eric em pessoa por ter aprovado a transferência do livro para a nova editora. "Minha impressão", escreveu Ania Corless um tanto causticamente para a Complexe, "é que em vez de o autor ter de pagar uma compensação, é a Éditions Complexe que deveria pagar o dinheiro devido." O que Ania definiu como uma "situação ridícula" acabou sendo resolvida por Versaille, que generosamente pagou a Eric os direitos autorais que faltavam.[140]

V

A publicação de *Era dos extremos* em inglês propiciou a oportunidade de dois programas da rádio pública, sem dúvida organizados pelos editores de Eric. O primeiro foi em *Desert Island Discs*, uma série muito popular e apreciada levada ao ar desde 1942, em que se pedia a pessoas de destaque que se imaginassem abandonados numa ilha deserta com um gramofone e oito discos. Cabia a elas escolher os oito discos, assim como um livro (que não fosse a Bíblia ou algum de Shakespeare, que, supostamente, já estivesse com o náufrago) e um artigo de luxo. Entre as explicações sobre os itens escolhidos, os convidados eram entrevistados sobre sua vida e seu trabalho. A participação de Eric no programa foi gravada em 24 de janeiro de 1995 e transmitida em 5 de março do mesmo ano, para coincidir com a publicação do livro. Sua escolha consistiu de três temas de jazz – "Parker's Mood" de Charlie Parker, "He's Funny That Way" com Billie Holiday e um tema com o Kenny Barron Trio – e cinco peças clássicas: a Cantata número 80 de Bach, "Ein feste Burg ist unser Gott", escolhida por Eric por sua natureza combativa e otimista; o primeiro movimento do Quinteto em Dó de Schubert; o minueto do último ato da opereta *Orfeu no inferno* de Offenbach; a ária "Casta diva" da ópera *Norma* de Bellini; e *Das Lied von der Erde* de Mahler, quando ele pediu para tocarem o trecho final, em que um voz de contralto se esmaece na eternidade.[141] Isso mostrava que o jazz, embora ainda importante para ele, ocupava apenas um lugar pequeno em sua vida musical. Como artigo de luxo ele escolheu um binóculo para observar os pássaros, e o livro escolhido foi uma volume de poemas em espanhol de Pablo Neruda, que ele conhecera no Chile muitos anos antes.

A apresentadora, a radialista Sue Lawley, concentrou-se principalmente nas convicções políticas de Eric, tratando-o distanciadamente como "professor Hobsbawm", sem fazer menção a seus textos como historiador. Foi incansável e persistente ao questionar sobre a tendência polícia de Eric e o programa se transformou num interrogatório. Se tivesse havido uma chance de implantar a utopia comunista, teria valido a pena o sacrifício de milhões de vidas?, perguntou. Sim, respondeu Eric sem hesitar, assim como a vitória sobre Hitler na Segunda Guerra certamente tinha valido o sacrifício de milhões de vidas. Mas ele não sabia sobre a verdadeira extensão dos criminosos expurgos de Stálin nos anos 1930, e mesmo se tivesse se inteirado de quaisquer relatos a respeito ele não teria acreditado (como, de fato, aceitou as negativas de Walter Duranty sobre a fome na Ucrânia naquele período). Estava claro que o sonho tinha fracassado. Por que Eric quis continuar no Partido Comunista depois de 1956 se reprovava tanto do que o Partido acreditava e tanto do que havia feito no passado? Eric fez o melhor possível para responder as perguntas cada vez mais hostis de Sue, normalmente tão anódina, e falou de lembranças do tempo que passou em Paris e na Itália quando citou os discos, mas o clima era gelado e os ouvintes pouco souberam sobre Eric ou sua vida. "Foi muito ruim", disse a Eric o historiador de economia Maxine Berg, "que esse programa [...] tenha perguntado tão pouco sobre os seus textos de história e tanto sobre sua vida política."[142] No fim, os ouvintes poderiam ter se perguntado por que afinal Eric havia sido convidado para o programa.

Eric também foi convidado para uma longa entrevista na televisão pelo escritor e intelectual canadense Michael Ignatieff, realizada alguns meses antes. Também nessa ocasião ele chegou perto de confessar que ainda achava que a utopia comunista valia o sacrifício dos milhões que morreram em seu nome. O trecho deve ser lido com atenção, tanto pelo que Eric não diz como pelo que diz:

ignatieff: Em 1934, milhões de pessoas estão morrendo no experimento da União Soviética. Se soubesse disso, teria feito alguma diferença para você naquela época? Para o seu comprometimento? Em ser comunista?
hobsbawm: [...]. Provavelmente não.
ignatieff: Por quê?
hobsbawm: Porque em um período em que, como você pode imaginar, assassinatos em massa e sofrimentos em massa são absolutamente universais, ainda valeria a pena apoiar a chance de um novo mundo nascer com grandes sofrimentos [...]. Os sacrifícios foram enormes; foram excessivos por quase todos os padrões e excessivamente grandes. Mas agora olho para trás e estou dizendo isso porque acontece que a União Soviética não foi o começo da revolução mundial. Se tivesse sido, eu não sei ao certo.

ignatieff: O que se resume a dizer que se o radiante amanhã tivesse realmente sido criado, a perda de 15, 20 milhões de pessoas teria se justificado?
hobsbawm: Sim.

Porém, é claro, como Eric admitiu, o radiante amanhã não havia sido criado. Sua aparente defesa dos assassinatos em massa conduzidos em nome de Stálin se baseou numa declaração hipotética, não no que realmente havia acontecido.[143]

Eric considerou a entrevista de Michael Ignatieff na televisão "profundamente hostil" para com ele.[144] Essa visão teve o apoio do produtor do programa, David Herman, que pediu desculpas a Eric, dizendo "sentir muito que o programa final tivesse um aspecto mais confrontador que a entrevista original". O *Times* comentou que foi muito difícil, mas que Eric se saiu bem. Mas, é claro, o editor tinha escolhido os trechos mais dramáticos ou, em outras palavras, as partes mais agressivas do que originalmente tinha sido uma discussão muito mais longa, já que eram os melhores para a televisão. "O programa não foi planejado como uma tourada, nem mesmo uma tourada em que o touro se aguentasse", escreveu Eric a Herman. "Acho que não foi justo nem com Michael nem comigo, sem mencionar o livro que era o tema principal." E acrescentou: "Ainda assim, um surpreendente número de pessoas assistiu ao programa, e algumas saíram para comprar o livro, então acho que devo agradecer pelo efeito publicitário. E os que cortejam a publicidade devem pagar um preço".[145]

As duas entrevistas refletiram uma nova hostilidade pós-Guerra Fria entre um número cada vez maior de jornalistas à causa comunista, que agora era muito fácil criticar por ter sido derrotada. "Eu agora ando sendo entrevistado com tanta frequência", queixou-se Eric em junho de 1997, "que estou sentindo o que se pode chamar de 'fadiga de entrevistas'."[146] Mas ele reagiu a entrevistadores como Sue e Ignatieff com uma cordialidade impecável ao defender sua fidelidade política de toda uma vida ao princípio do comunismo, ainda que não à sua prática. Sua fé na causa, confessou, o deixava relutante em criticá-la:

> Embora eu acredite que nunca escrevi ou disse qualquer coisa sobre a União Soviética pela qual me sinta culpado, tenho preferido evitar lidar diretamente com isso, pois sabia que se tivesse feito algo assim eu deveria ter escrito coisas que teriam sido difíceis para um comunista dizer sem afetar minha atividade política e os sentimentos de meus camaradas. Essa

é também a razão de eu ter escolhido ser um historiador do século XIX e não do século XX. Eu não queria me envolver em debates que, ou teriam me levado para o outro lado, ou teria criado em mim um conflito com minha consciência como acadêmico.[147]

Mas Eric reconheceu que o sofrimento e as mortes infligidas por Stálin não podiam ser "nada além de vergonhosos e indisfarçáveis, muito menos justificáveis", não só em vista do fato de a utopia prometida não ter chegado e nem ter sido provável:

> Eu nunca tentei minimizar as coisas horríveis que aconteceram na Rússia, embora nunca tenhamos percebido a extensão total dos massacres [...]. Nos primeiros dias nós sabíamos que um novo mundo estava nascendo em meio a sangue e lágrimas e horrores: revolução, guerra civil, fome – nós soubemos da fome no Volga no começo dos anos 1920, senão no começo dos anos 1930. Por causa do colapso do Ocidente, nós tivemos a ilusão de que mesmo esse sistema brutal, experimental, iria funcionar melhor que o Ocidente. Era isso ou nada.

Realmente tinha sido uma ilusão, mas as pessoas precisavam se imaginar nos dias sombrios dos anos 1930, quando a escolha parecia ser cada vez mais entre o comunismo ou o fascismo, e naquela situação ninguém que pensasse racionalmente poderia ter preferido este último.

VI

Assim que acabou de escrever *Era dos extremos*, Eric passou a abordar outros assuntos em suas aulas sobre o século XX na New School. Ministrou um curso sobre "Historiografia e Prática Social: Revoluções: Significados e Métodos dos Historiadores" na New School no semestre do outono de 1993, tendo como instrutor-assistente Aldo Lauria-Santiago. O objetivo do curso era analisar como historiadores explicavam e conceituavam revoluções de um tipo ou de outro na Europa e na América Latina desde o século XVII – um tema que teria surgido no livro sobre revoluções que ele chegou a ser contratado para escrever. Os alunos tinham de escrever análises críticas sobre o trabalho proposto e também um longo ensaio historiográfico. Também ministrou um curso com Louise Tilly sobre epistemologia e metodologia históricas, focando os trabalhos de E. H. Carr, Max Weber, Fernand Braudel, Georges Lefebvre e outros sobre tópicos como análise marxista, sociologia histórica, etnografia, história do trabalhismo, história da família e assim por diante. Os dez alunos que responderam a uma avaliação classificaram o curso bem acima da média de 3 numa escala de 1 a 5, com uma média de 4, e se disseram dispostos a recomendar o curso a seus colegas. Um deles comentou que o curso era bastante fragmentado, mas que "os professores eram acadêmicos muito bons" (querendo dizer muito bons acadêmicos).[148] Em 1944 Eric ministrou uma espécie de amalgama dos dois cursos com Margaret Jacob, historiadora da ciência.[149]

Também realizou um seminário semanal de pesquisas no Centro de Estudos de Mudanças Sociais com Charles ("Chuck") Tilly. Como relatou sua assistente Lise Grande, que frequentava os seminários regularmente:

> Muita gente vinha para a New School para estudar com Eric. Então, no seminário você tinha o que ele chamava muito ironicamente de gente do tipo U[niversidade] de N[ova] Y[ork] [sociólogos da história], todos meio que em volta de Chuck. Jeff Goodwin [sociólogo da UNY] estava lá e Theda Scokpol [socióloga de Harvard] vinha lá de Cambridge [Massachusetts], era um monte de gente. E tinha todos aqueles estudantes de esquerda do Peru, sabe, de Malawi, e todo mundo ali para estudar com Eric. E tinha outra parte da faculdade, os antropólogos, todos preocupados com o pós--modernismo e significantes e coisas do gênero. Eric era muito sarcástico com tudo isso. Se algum deles se inscrevia no seminário, ele dizia: "Quando você ficar sério, quiser falar sobre alguma coisa real, você pode vir". Então essas pessoas eram mantidas à distância, mas a verdadeira batalha era com o que ele considerava uma sociologia neutra ostensivamente focada no institucional representada por [Chuck Tilly] – ele respeitava muito Chuck, mas achava que isso era uma diminuição das grandes questões da época [...]. Que privilégio foi estar lá.[150]

"Então muita gente procurava, aquele seminário era lotado", recordou-se Lise. Os padrões de Eric eram notoriamente altos: ele não tinha paciência com tolos, e podia ser duro com participantes de seus cursos que achava não estarem à altura. Em particular, contudo, ele tinha muita pena dos alunos mais fracos.

"Então você via esse tipo de esforço extraordinário para manter um padrão público muito alto, e depois a generosidade e a delicadeza da pessoa com quem a gente lidava um dia depois do outro."

Em 1995 Eric anunciou que iria deixar de lecionar na New School no semestre seguinte.[151] "Concluir um semestre vem exigindo muito esforço ultimamente – principalmente por causa da Marlene, que não pode abandonar seu trabalho para ficar quatro meses em Nova York. Já estou com 78 anos e meus médicos dizem que eu preciso desacelerar um pouco. Então é o que me proponho a fazer."[152] A reitora, Judith Friedlander, propôs uma redução da carga de trabalho, envolvendo de três a quatro semanas a cada semestre do outono durante três anos, com uma palestra aberta ao público a cada vez e um seminário para graduados, tudo por um total de 20 mil dólares mais as despesas.[153] Eric concordou.[154] Naquele ano ele ministrou um curso reduzido na New School sobre "O Ocidente numa perspectiva global". Voltou a fazer o mesmo nos dois anos seguintes, antes de afinal se aposentar de vez.[155]

Eric continuou sua vida social ativa enquanto estava em Nova York. Um dos pontos altos foi um jantar organizado pelo romancista mexicano Carlos Fuentes em 11 de novembro de 1998, para comemorar seu aniversário de 70 anos. Os outros convidados incluíam a crítica e ensaísta Susan Sontag, o historiador Fritz Stern, o dramaturgo Arthur Miller e o cientista político Richard Sennett.[156] Arthur Schlesinger Jr., que também conhecia Eric desde os tempos em que os dois estudavam em Cambridge, no fim dos anos 1930, também estava lá, e registrou a ocasião em seu diário:

> Na segunda-feira fui a um jantar muito agradável – Carlos Fuentes [...] e Sylvia, Edna O'Brien, Murray Kempton e Barbara Epstein, Aubrey (Abba) e Susie Eban, Eric Hobsbawm, Brian e Sidney Urquhart, Ronald e Betsy Dworkin. Foi um tremendo sucesso. Muitas conversas genéricas: Eban sobre Israel e os palestinos, "Há um túnel no fim da luz" [...]. Eric descrevendo os três colapsos do século XX, 1918, 1945 e 1989, dos quais, afirmou, o último foi o pior. Aparentemente a referência dele é a produção industrial que, afirmou, se recuperou muito mais depressa depois das duas guerras mundiais do que está se recuperando hoje. Eu disse que 1918 parecia pior pelos choques psicológicos – o fim da autoconfiança da Europa, as crescentes dúvidas sobre democracia, o surgimento do fascismo e do comunismo. Eric continuou insistindo que 1989 foi o pior. Murray

Kempton cochichou para mim, "o último stalinista". De certa forma é verdade, mas eu continuo gostando de Eric.[157]

Mas a essa altura as aulas de Eric na New School estavam chegando ao fim. Havia inúmeras razões além da idade para ele não renovar seu contrato depois de 1998.

Para começar, o clima no mundo acadêmico, ao menos nos Estados Unidos, não era algo que Eric continuasse achando adequado. Judith Friedlander percebeu a "impaciência total de Eric com o politicamente correto. Ele não media palavras".[158] Às vezes isso podia criar problemas. Um aluno se queixou (anonimamente, nem precisa dizer) a Judith sobre o que ele ou ela considerava o "humor racista" de Eric ao dizer, durante uma aula sobre Nacionalismo, Etnia e o Estado: "Bem, vamos chamar de crioulo [provavelmente: um crioulo de crioulo]. Espero que me perdoem essa piadinha, mas falando de afro-americanos…". O queixoso vociferou que isso era "chocante" e um "abuso ostensivo de privilégios e legitimidade cultural". Algumas linhas depois a observação solitária se tornava plural ("comentários raciais insultuosos"), embora nenhum outro exemplo tenha sido apresentado.[159] Mas é difícil ver como o uso de "crioulo" pode ter sido usado como uma ofensa, pois a palavra era usada no mundo do jazz dos anos 1950 onde Eric a aprendeu: a reclamação (que não teve consequências) mostrou como era preciso pisar com cuidado no campo minado da política racial dos Estados Unidos nos anos 1990. Não que Eric se importasse especificamente com isso. Como se recordou Judith, "o forte comprometimento dele em ver o mundo historicamente através de uma análise de classes abriu brechas no essencialismo da ascensão da hegemonia do 'relativismo cultural'. Para tolos que não aceitavam isso, era uma bala no meio da testa".[160]

Em 1997-1998 Eric sentiu que a New School não era mais o que era quando ele tinha chegado lá, mais de uma década antes. Em meados dos anos 1990 a instituição tinha passado por algumas dificuldades financeiras e teve de fazer economia. A administração transferiu o Comitê de Estudos Históricos de suas dilapidadas porém agradáveis instalações para um prédio novo e feio com restrição nas horas de acesso. Charles Tilly, nas palavras de sua mulher, ficou "tão irritado com a falta de apoio para o Centro [de Estudos de Mudanças Sociais] e o [Comitê de] Estudos Históricos que pediu demissão em 1996 e assumiu uma cátedra na Universidade Columbia. Margaret Jacob também saiu e foi para a Universidade da Pensilvânia". Restou apenas Louise Tilly, presidente do Comitê de Estudos Históricos, desesperada para encontrar professores para os cursos.[161] Na verdade, ela disse a Eric, o Comitê estava "sendo radicalmente reduzido, e apesar do meu orçamento já ser pequeno, ainda está sendo encolhido". Estava claro que "não há muito apoio na faculdade para estudos históricos como os concebemos".[162] Além disso, a redução do corpo docente tinha piorado ainda mais com a morte súbita e inesperada de um dos membros da faculdade. Louise Tilly abordou Eric no início de 1996 com a finalidade de preencher pelo menos parte dessa lacuna, e ele concordou com o pedido formal da reitora para continuar lecionando ainda por mais algum tempo.[163]

Com a lealdade tão característica que tinha com os amigos, Eric ficou indignado com essas mudanças. Em 1997, quando a New School organizou uma festa para comemorar o aniversário de 80 anos de Eric, Jonathan Fanton, como presidente, e Judith Friedlander, como reitora, fizeram um breve discurso em sua homenagem. Talvez incautamente, Judith elogiou Eric por "sempre dizer o que pensa, por se recusar a jogar de acordo com as regras". Para Eric, foi uma oportunidade boa demais para ser perdida. "Quando eu terminei", recordou-se Judith,

> Eric se levantou e amaldiçoou Jonathan e a mim por termos destruído o Estudos Históricos e por termos expulsado seu querido amigo Charles Tilly da New School [...]. Não era uma ocasião social conveniente para discutir a saída muito sentida de Chuck e, desnecessário dizer, as circunstâncias envolvendo a decisão de Chuck eram muito mais complicadas que as implicadas pela acusação de Eric [...]. Eric, o sempre leal Eric, aceitou o lado de Chuck da história sem ter falado comigo ou com Jonathan. E usou seu aniversário de 80 anos para nos dizer o que achava daquilo.[164]

De fato, os motivos de Charles Tilly não foram nada simples: independentemente de qualquer outra coisa, a mudança para Columbia foi em parte motivada por sua decisão de se separar da mulher, e continuar trabalhando com ela no mesmo departamento teria sido difícil. Na verdade, o Comitê de Estudos Históricos sobreviveu, assim como a faculdade, que atualmente ocupa a nona posição, com um grande número de professores afiliados.

A lealdade de Eric também pode ser observada na continuação de sua amizade com o historiador marxista americano Eugene D. Genovese, autor dos brilhantes estudos gramscianos sobre escravidão e propriedade de escravos no Sul antes da Guerra Civil, apesar da radical guinada de Genovese para a direita na época e apesar de sua conversão ao catolicismo. Uma influência-chave na mudança de posição de Genovese foi uma amarga controvérsia envolvendo sua mulher, Elizabeth ('Betsey') Fox-Genovese, também historiadora, que passou por uma transição semelhante e acabou se tornando talvez a mais destacada "feminista conservadora" dos Estados Unidos. Em 1992 ela foi demitida pela Universidade Emory da diretoria de seu Programa de Estudos de Mulheres, do qual fora a fundadora. O programa, reclamou Eugene, estava agora sendo "entregue aos considerados politicamente corretos".[165] Quando soube que a universidade não tinha apoiado Elizabeth Fox-Genovese, Eric ficou indignado.

> Eu esperaria que a) mesmo as feministas que não concordam com Betsey apreciassem as suas contribuições, sem mencionar sua distinção; e b) que a Emory teria tido coragem de resistir aos extremos do p.c. O problema do feminismo, ou seja qual for a tendência no feminismo que seja ortodoxa no momento, é que ninguém – de direita ou de esquerda – numa democracia quer estar do lado errado de metade dos votantes. Por mais lunáticas que sejam as visões dos que afirmam falar em seu nome – e não sei de nenhuma pessoa inteligente de qualquer posição política que não admita em particular que muito desse negócio é pura besteira –, ninguém quer se arriscar a ser visado como um inimigo das mulheres [...]. Você pode dizer, realisticamente – eu disse isso a mim mesmo com muito tato (mas não o suficiente para evitar ser rotulado como um conhecido "antifeminista") –, que não vai conseguir uma maioria de mulheres votando pelo lesbianismo compulsório com um só genitor, ou qual possa ser o slogan. No entanto, em democracias com participação política notoriamente baixa [...] mesmo as feministas loucas são temidas, porque podem controlar pacotes de votos que podem vir a ser vitais [...]. Nada disso faz o que aconteceu com Betsey não ser outra coisa que não intolerável. Ela tem minha total simpatia.[166]

Em última análise, Eric via o tipo de feminismo que imaginava como o representado pelas críticas de Betsey como um resultado de 1968, que lamentavelmente tinha substituído a esquerda tradicional por novos movimentos sociais ("feminismo, verdes, coalizões de arco-íris, gays/lésbicas etc.") que eram "o oposto do movimento marxista", já que apresentavam "uma radicalização desmiolada, libertária e em geral basicamente individualista (*i.e.*, antissocial)". "O radicalismo de 1968 não proporcionou nem proporciona nenhuma base para uma política progressista", concluiu.[167] Esta foi outra razão para a decisão de Eric de encerrar seu trabalho na New School.

VII

De volta à sua casa na Inglaterra, a vida de Eric continuou sendo o que agora se tornara uma rotina regular. Passava a maior parte ou quase o tempo todo escrevendo, já avançando nos 80 anos. Definiu o processo de escrever e pesquisar em 1977, em resposta a uma pergunta de William Palmer, professor da Universidade Marshall nos Estados Unidos que preparava seu livro *Engagement with the Past: The World War II Generation of Historians*, publicado em 2001. Eric disse a Palmer que Londres era bem equipada de grandes bibliotecas, mas quando estava fora do país fazendo palestras ou conferências ele também normalmente estava perto de bons recursos bibliotecários – uma indicação de como passava seu tempo livre no exterior, provavelmente uma necessidade se quisesse concluir quaisquer de seus livros, em vista do número de viagens que fazia. Os prazos de entrega ajudavam a imprimir um sentido de urgência ao trabalho, e às vezes ele conseguia usar assistentes para as pesquisas. "Eu escrevi muitos dos meus livros baseado em cursos ou palestras, principalmente para estudantes."

> Apesar de pertencer à geração dos cartões de fichários, nunca me senti confortável com esses cartões. Para pesquisar eu usava uma combinação de arquivos sobre assuntos específicos, cadernos de anotações indexados razoavelmente bem elaborados com o que até recentemente era uma boa memória. Para um livro eu consultava anotações relevantes de meus antigos arquivos de pesquisas, fazia um bocado de leituras pertinentes e começava a escrever, rodeado por pilhas de livros e anotações. Em geral começava o esboço mais cedo, e lia para preencher as lacunas de conhecimento ou argumentos. Raramente meus esboços tinham a ordem final dos capítulos. A ordem em que eles são escritos varia.[168]

Muita coisa era rabiscada ou alterada durante o processo de escrita. "Quando eu escrevia numa máquina de escrever, como tenho feito desde meus dias de aluno de graduação, eu começava uma página, escrevia até a metade e a rasgava – a coisa habitual."

Sua experiência como jornalista, iniciada muitas décadas antes com publicações estudantis, deu a Eric um senso inato de como escrever um texto que coubesse no tamanho requerido.

Adquirir sensibilidade quanto ao tamanho é uma boa ajuda para escrever bem. Escrever bastante é essencial. E, do meu ponto de vista, lembrar que você está tentando se fazer claro para leitores que não são necessariamente especialistas. Escrever para impressionar outros acadêmicos é fácil. Eu tentei fazer isso algumas vezes, mas quando se consegue uma posição reconhecida isso não é mais necessário.

Os historiadores que Eric admitia admirar eram principalmente os franceses – Marc Bloch, o medievalista Georges Duby, Georges Lefebvre, Fernand Braudel – mas também reconhecia a grandeza do historiador das leis F. W. Maitland. Porém, ele confessou: "Eu não desenvolvi meu estilo de prosa lendo historiadores, apesar de ter havido muitos com bom estilo na Grã-Bretanha. Sempre considerei Bernard Shaw como modelo do que um homem inteligente pode fazer com a prosa: eu tive de ler todos os textos dele para minha tese de doutorado". E teve sorte, afirmou, de ter trabalhado na Birkbeck, onde as aulas eram das seis às nove da noite e deixavam os dias livres para escrever e pesquisar.

Eu lia em qualquer período em que as bibliotecas ou arquivos estivessem abertos ou onde houvesse livros disponíveis, mas em geral me sinto muito cansado para escrever à noite. A manhã é o meu melhor período, o que causa problemas porque não sou de acordar cedo. Mas demora algumas semanas para me envolver em um livro. Quando engato a marcha, talvez seja a única ocasião em que consigo continuar escrevendo à noite. Eu fumava cachimbo enquanto escrevia, mas já não faço isso há muitos anos. Quando me sinto seco eu saio para uma caminhada, vou a uma biblioteca ou desisto até o dia seguinte.

As noites eram para socializar, relaxar em frente à televisão ou ler um livro, ou um dos jantares que ele e Marlene organizavam regularmente na Nassington Road.

Os filhos Andy e Julia, ambos nascidos nos anos 1960, agora já estavam crescidos e fazendo carreiras ou estabelecendo a própria vida. Em 1993, depois de trabalhar como pesquisadora na televisão, Julia abriu uma empresa de relações públicas com Sarah Macaulay, uma antiga amiga de colégio.[169] Conhecida como Hobsbawm Macaulay Communications, seus clientes eram principalmente de esquerda, inclusive o Partido Trabalhista, a *New Statesman* e diversos sindicatos. Por meio de seu trabalho, Sarah Macaulay conheceu e se tornou sócia do político Gordon Brown, do Partido Trabalhista, ministro das Finanças pela maior parte dos anos 1990, e chanceler quando o Partido Trabalhista ganhou as eleições gerais de 1997. Os dois se tornaram parte do círculo social de Eric e Marlene. Certa noite, a ex-aluna e assistente de pesquisa de Eric na New School, Lise Grande, chegou do Tajiquistão, onde estava trabalhando para a ONU, e se atrasou para o jantar na Nassington Road. Chegou no meio de uma conversa animada à mesa de jantar sobre o Tratado de Maastricht (1992), que estabeleceu as fundações para novos passos em direção à integração da Europa, inclusive a criação de uma união monetária. Ficou particularmente impressionada com as observações de um dos participantes da conversa, um escocês que todos chamavam de Gordon:

> Ele estava discorrendo sobre o euro e a moeda e tudo isso, e achei tudo muito interessante, por isso no fim eu falei: "Meu Deus, isso é realmente extraordinário. Eu nunca tinha entendido bem. O que você faz, Gordon?". E todos na mesa, inclusive Eric, caíram na risada e [...] Gordon Brown disse: "Eu sou o ministro das Finanças", e a resposta de Eric foi brilhante: ele disse "bem, provavelmente nós podemos dizer com segurança que essa é a primeira vez em muitos anos que alguém chama um ministro das Finanças de competente!".[170]

Sarah Macaulay e Gordon Brown se casaram em 2000, e Brown continuou como ministro até 2007. Julia partiu para fundar a empresa Editorial Intelligence, uma rede de conhecimentos compartilhados.

Depois de se formar, Andy Hobsbawm participou de uma banda de rock, a Tin Gods, em seguida trabalhou para uma editora de revistas antes de partir para a mídia digital e abrir uma empresa, Online Magic, em 1995. Quando a empresa foi assumida pela Agency.com, ele continuou trabalhando para os novos proprietários, tornando-se presidente das operações europeias e depois, algum tempo mais tarde, foi um dos fundadores da empresa sem fins lucrativos de sustentabilidade Do The Green Thing e da empresa Everything, de software na internet. Eric comprou um apartamento para Andy por 30 mil libras no início de 1990, e buscou maneiras de minimizar as consequências do presente nos impostos, talvez como "um empréstimo livre de juros que poderia ser deduzido a cada ano pela quantidade permitida de presentes que recebia".[171] Andy pagou a dívida em parcelas de 100 libras por mês, apesar de às vezes ainda precisar pedir dinheiro a Eric para pagar as contas até se tornar bem-sucedido na nova carreira.[172] Tanto Andy como Julia escreviam; Andy foi correspondente de mídia do *Financial Times* por um tempo, e Julia escreveu três livros sobre equilíbrio entre trabalho e vida pessoal, comunicações e networking.

Enquanto isso, Joss, o filho de Eric com Marion Bennathan, concluiu o curso médio e entrou para o curso de estudos americanos na Universidade de Sussex, depois do que estudou arte dramática na Filadélfia, antes de voltar ao Reino Unido para um curso de professor de dramaturgia. Seguiu uma carreira bem-sucedida em produções teatrais e educação, trabalhando próximo a estudantes do ensino médio, principalmente no East End de Londres, onde fundou o Theatre Lab e criou sua própria companhia teatral, a Present Moment.[173] Antes dessas realizações Joss foi um adolescente difícil. Aos 14 anos foi informado de que Eric era seu pai, e parece que por um tempo isso o fez perder o rumo. Saiu de casa aos 16 anos para morar com a namorada, Jenny Corrick, também de 16 anos, casando-se com ela em 1976; os dois tiveram uma filha, Ella, e um filho, Matthias, apesar dos insistentes conselhos de Eric de evitar filhos, por interferirem em seus estudos. A relação não durou muito, terminando em divórcio. Em 1991 Joss escreveu a Eric dizendo que de alguma forma o segredo de sua própria paternidade tinha vazado para os filhos: "Matty e Ella me perguntaram se eu conhecia meu pai biológico e eu contei a história a eles. Eu sei que, no passado, você quis conhecê-los. Também sei que eu, assim como minha mãe antes de mim, me preocupei com que a semelhança pudesse ser percebida". Os dois foram os primeiros netos de Eric. Então agora não havia mais obstáculos para Eric ter contato com os dois, embora não precisasse se sentir responsável por eles de forma alguma e as crianças não sentirem qualquer necessidade de um avô substituto. "Eles entendem", acrescentou Joss, "que os seus filhos não sabem sobre mim, ou sobre eles, e por quê."[174]

E continuou:

Há uma certa ironia no fato de eles terem descoberto mais ou menos na mesma idade que eu. Mas claramente a informação é de menos importância imediata para eles do que foi para mim. Eu contei a eles, depois de muito pensar e discutir com Jenny, por diversas razões. Imaginar que eles pudessem descobrir por acaso era muito assustador. E também por ser algo sobre mim que parece justo e apropriado que eles saibam, da mesma forma que todos sabemos de coisas sobre a infância e as experiências de nossos pais. Em parte também foi por mim. A ocultação e o segredo me causavam um sentimento de culpa e vergonha com que demorei anos para começar a me reconciliar. (Esses sentimentos eram e são irracionais, mas isso não vem ao caso. Claro que mamãe e papai não tinham intenção de me fazer sentir assim. Igualmente óbvio, você não teve participação nisso.) Contar a verdade a Ella e Matty faz parte do meu processo de cura, uma declaração de que não tenho nada de que me envergonhar. Como disse a eles, os dois devem pensar nisso como algo mais relacionado com a natureza peculiar da relação dos seus avós.

Joss Bennathan morreu de câncer em 2014, com 56 anos, deixando um grande legado no campo da educação teatral, entre outras coisas seu livro, *Making Theatre: The Frazzled Drama Teacher's Guide to Devising* (2013).[175]

Nancy, irmã de Eric, e o marido Victor tinham se mudado anos antes para o oeste da Inglaterra, onde ela trabalhou como secretária de Peter Walker, um conservador e membro do Parlamento que chegou a ser ministro. Mais tarde os dois se mudaram para Minorca, já aposentados.[176] Fumante inveterada, Nancy teve problemas pulmonares por algum tempo, e em 1990 ficou gravemente doente. Victor chamou Anne, a filha do casal, para cuidar dela, mas seu estado piorou e ela morreu poucos meses depois. Robin, também filho do casal, lembrou-se de ter ligado para Eric para dar a notícia: "Fui eu quem tive de dizer que minha mãe tinha morrido, e ele começou a chorar", contou.

Fiquei muito espantado, me lembro de ter ido até uma cabine telefônica e dito "eu preciso informar a você que mamãe morreu" e ele rompeu em lágrimas. Por coincidência nós pegamos o mesmo voo para o funeral, só que ele estava na primeira classe e [...] quando chegamos a Palma, tivemos uma espera de algumas horas e eu falei: "Ah, primeira classe, Eric", e ele disse: "Eu não consegui comprar uma passagem normal!".

Estávamos nos feriados da Páscoa e todos os lugares da classe turística estavam ocupados. Quando eles chegaram, Anne agradeceu a Eric por ter ido. "Eu só queria me despedir dela", disse Eric. Apesar das diferentes trajetórias que a vida dos dois tinha seguido, eles ainda eram muito unidos pelos fortes laços emocionais forjados pelos anos de infância e pela morte precoce dos pais.[177]

VIII

De forma devidamente apropriada, Eric comemorou seus 80 anos publicando uma longa introdução à nova edição de *O manifesto comunista*, lançado pela Verso (New Left Books) para marcar o 150º aniversário da primeira publicação do panfleto. Mas não foi uma reimpressão comum. Talvez surpreendentemente, o livro logo atraiu um bocado de atenção, chegando ao terceiro lugar na lista dos mais vendidos do *Village Voice*, revista com sede no Greenwich Village, em Nova York. Talvez por ter sido publicado numa "edição elegante", com o objetivo de "transformar Karl Marx e Friedrich Engels na última moda para a radical chique". Foi lançado com uma capa em papel-mate preto com uma bandeira vermelha brilhante preenchendo quase todo o espaço livre, mais o título, autores e editor (Eric) com caracteres sofisticados.[178] Um irônico comunicado à imprensa da agência de notícias Associated Press, enviado a mais de 250 revistas e jornais americanos, informava que haviam sido impressos 20 mil exemplares, com o objetivo de capitalizar uma sensação de "a festa não pode continuar para sempre em Wall Street":

> Preso a uma alça, o livro poderia se tornar um chamativo acessório em um vestido feito por encomenda", diz Simon Doonan, diretor de criação da Barneys. "Seria possível saracotear para o novo milênio com as palavras de Marx e Engels do século XIX penduradas ao lado." Doonan está considerando a ideia de lançar o "Manifesto" com batons vermelhos – na vitrine, como "arte conceitual". Seus assistentes estão em busca do batom certo – de preferência com um nome que soe como russo. Com o comunismo ofegando ao redor do mundo, "está certo ver o livro como brega", afirma. Em Wall Street, a capital do capitalismo, a livraria Borders do World Trade Center pretende expor o livro na frente da loja. A Barnes & Noble também vai vender o "Manifesto" em suas 486 superlojas com

"exposição na frente". A nova edição foi projetada em duas tendências, a dos artistas de Nova York, nascidos na União Soviética, conhecidos como Komar e Melamid. Com páginas finais carmesins e um marcador de página da mesma cor, "é elegante o bastante para adornar uma mesinha de centro", diz [Colin] Robinson [da Verso]. Não é bem o que seus autores tinham em mente.[179]

Robinson disse a outro repórter que "o tomo é tão fino que cabe no bolso de um vestido de Donna Karan 'sem deformar o caimento'". "Consumidores de todo o mundo, uni-vos!", dizia o título de uma reportagem: "Não temos nada a perder a não ser nossos cartões de crédito".[180] "Karl Marx", declarou outro reporte, "tornou-se um objeto de prazer, nostalgia e ironia, um objeto inócuo, kitsch e fofinho", não muito diferente do icônico cartaz de Che Guevara antes à vista em qualquer parede de estudantes e hoje usado, entre outras coisas, para promover relógios Swatch, esquis e artigos do gênero.[181]

Os críticos de esquerda não acharam graça. A nova edição comercializava e trivializava ideias revolucionárias, emasculando seu radicalismo no processo, dispararam. Barbara Ehrenreich, escritora e ativista socialista feminista, vituperou que as "classes sibaritas" de Nova York estavam "desfilando com seus exemplares de luxo". O *Manifesto*, declarou, tinha se tornado "um acessório, um presente de Natal, uma insígnia do consumado capitalista maneiro". E mais: "Com meras 96 páginas, você pode imaginar o livro como um cartão comemorativo, ou até como uma espécie de chamada de atenção para aquela pessoa especial na sua vida – por exemplo, o seu chefe".[182] Por que a esquerda não deveria usar o comercialismo moderno para propagar suas ideias?, outros perguntaram. "Marx não estava rompendo os grilhões de ninguém ensanduichado no subsolo da seção de ciências políticas entre Herbert Marcuse e Charles Murphy, mas que droga, ele estava acumulando poeira com *dignidade*." Talvez fosse o momento de espaná-lo e jogá-lo novamente no mercado de ideias.[183] Os resenhistas ficaram chocados com a repercussão contemporâneo do livro:

> O mundo retratado em *Manifesto* é o mundo de transferência eletrônica de fundos e indústrias maquiladoras, de fusão de bancos e fábricas indonésias com trabalhadores explorados mandando tênis Nike para Van Nuys, ou o Fundo Monetário Internacional obrigando a Coreia a dispensar seus operários, da administração da Mercedes realocando suas fábricas para

climas mais baratos, obrigando a Alemanha a reduzir seus salários. Em resumo, é o mundo de 1998.[184]

Ou, expressando em outras palavras, no auge da grande onda da globalização que se seguiu à queda do Muro de Berlim, se seus princípios fossem ajustados à nova estrutura do capitalismo global (uma tarefa não muito difícil), o *Manifesto* tinha uma nova e inegável relevância nos dias atuais.[185]

A publicidade conferida à nova edição foi tão disseminada que a *Sacramento Bee* achou necessário publicar uma lista dos "19 mitos sobre Marx", começando com o que se pensava ser a crença comum de que "Marx era russo", continuando com outras falsas interpretações como a afirmação de que "Marx mandou espiões para dar início à revolução russa".[186] Com um novo acordo com uma grande editora dos Estados Unidos, a W. W. Norton, a reedição aumentou os lucros da Verso e se juntou à edição de *Diários de motocicleta* de Che Guevara na lista dos mais vendidos.[187] Talvez também algumas pessoas que compraram o livro na verdade o tenham lido e pensado sobre suas ideias e não só o deixaram à mostra em suas bolsas da Gucci: "O inventário de Marx ressurge com uma dica de 150 anos", afirmou o *The New York Times*.[188] A publicidade em torno dos 150 anos da publicação e o relançamento do *Manifesto* com certeza fizeram muito para ressaltar a relevância da análise marxista do capitalismo nos anos 1990, e talvez tenha também alimentado as ansiedades que se acumulavam com a proximidade do fim do milênio. "A visão de Marx do empreendimento livre agora está sendo ecoada por muitos homens de negócio que prefeririam ser açoitados a serem rotulados como marxistas", observou um comentarista.[189]

O livro foi um enorme sucesso no Reino Unido, assim como nos Estados Unidos. No entanto, o agente de Eric descobriu que, mais de doze anos depois da publicação, a Verso ainda não tinha pagado nada dos direitos autorais devidos a Eric. Praticamente nenhum outro livro da editora havia gerado qualquer lucro significativo, por isso talvez isso tenha sido meramente devido a algum descuido. "Parece ser um hábito infeliz da Verso que sempre que vocês fazem sucesso com um livro quem é penalizado é o autor", disse David Higham aos editores. Em junho de 2011 eles responderam com certo constrangimento, admitindo que "isso certamente foi uma grande aberração por parte da Verso, algo que desejamos muito corrigir. A quantia em questão é substancial (£ 20.678,19). Infelizmente, a Verso não tem condições de pagar a soma total de imediato". Talvez o autor pudesse aceitar um pagamento inicial de £ 10.000 com o restante sendo pago em parcelas? O agente de Eric se mostrou cético: "Estou ouvindo a mesma história triste de como eles não podem pagar uma soma vultosa como essa de uma só vez", informou a Eric. Mas Eric, que conhecia bem as dificuldades financeiras da Verso, propôs que os pagamentos fossem feitos em quatro parcelas de 5 mil libras, uma sugestão aceita com alívio pelos editores.[190]

Eric publicou ainda uma coletânea de 21 de seus ensaios sobre problemas de historiografia, com o título de *Sobre a história* – seus últimos cursos ministrados na New School foram parte dos preparativos para o livro. Assinou um contrato com sua antiga editora, a Weidenfeld & Nicolson, embora os direitos da edição em brochura tenham ficado com a Abacus, um selo do grupo Little, Brown. A coletânea incluía inúmeras discussões sobre marxismo e história, a *Annales*, "história da identidade" e pós-modernismo. Uma das mais longas e mais argutas resenhas da coletânea saiu da pena do velho antagonista de Eric, Hugh Trevor-Roper, agora com uns 85 anos. Trevor-Roper reconheceu não somente a erudição e a sofisticação de Eric, mas também a influência de Marx nos historiadores em geral:

> Ele conferiu ao nosso assunto uma nova filosofia de organização e fez isso numa época em que era muito necessário: quando o material da história se tornou esmagador e os antigos filósofos da história estavam secando. Sua influência tem sido imensa e frutífera: alguns dos mais instigantes historiadores modernos reagiram a isso, direta ou indiretamente.[191]

É claro, acrescentou, que Marx partiu de, e sob alguns aspectos distorceu, correntes mais abrangentes do pensamento histórico e filosófico alemão, como na verdade fez a escola *Annales*, que *Sobre a história* reconheceu com uma generosidade negada a pensadores como Tocqueville ou Weber. Ainda assim, enquanto o comunismo soviético solidificava a tradição marxista em uma ortodoxia estéril, "no Ocidente seu pensamento fluiu livremente, misturando-se a outras correntes: um fluxo fertilizante". No fim, Trevor-Roper afirmou que o comunismo de Eric poderia e deveria ser separado de seu marxismo, que, "como uma contribuição à filosofia da história", poderia "continuar, revisada e modificada, para enriquecer nossos estudos".

Outra análise crítica sobre a abordagem da teoria e prática da pesquisa histórica e o texto *Sobre a história* foi feita pelo medievalista John Arnold, que salientou que a afirmação de Eric no livro (referindo-se ao mau uso da história para propósitos de agressões e construção de mitos nacionalistas) de que "as sentenças datilografadas em teclados aparentemente inócuos podem ser sentenças de morte" foi um exemplo da afirmação pós-modernista de que a linguagem constrói realidade que em outras partes do livro Eric passou tanto tempo zombando.[192] De fato, com certeza o fascínio de Eric de toda uma vida pela linguagem, suas frequentes listas de palavras pertencentes a novos mundos que descobria, suas análises da invenção de uma linguagem nacional como instrumento na formação da consciência nacional, tudo indicava que ele estava reunindo versões extremas e versões moderadas do pós-modernismo em sua condenação a uma abordagem em textos históricos baseada no discurso: em sua prática como historiador, Eric demonstrou repetidas vezes que a linguagem construía a realidade, embora não a substituísse.

A coletânea foi traduzida para 15 línguas. Ao resenhar a edição alemã, Jürgen Kocka observou: "Como historiador, Hobsbawm estava bem distante do Partido Marxista ou dos comunistas. Seria difícil encontrar sequer vestígios de dogmatismo". Já há muito tempo, continuou, Eric descartou o esquema de uma base-superestrutura como mero "marxismo vulgar" – uma opinião com que muitos resenhistas concordaram; aliás, a discussão do historiador Paul Smith do livro no *Times Literary Supplement* teve como título "Sem marxismo vulgar".[193] Como observou Kocka, a história da cultura tanto fascinava Eric que ele não conseguia aplicar um determinismo econômico bruto ao passado. Sempre respeitara os fatos, mas o advento do hiper-relativismo pós-moderno tinha provocado a mudança de uma visão crítica anterior da história como uma disciplina retrógrada por conta de sua fixação nos fatos para uma tendência, cada vez mais pronunciada nos anos 1990, de afirmar que a evidência histórica deve ser a base da investigação histórica.[194]

Essa visão também transpareceu em *Pessoas extraordinárias, resistência, rebelião e jazz* (1998), a muito planejada sequência de *Revolucionários* (1973), publicada pela Weidenfeld & Nicolson e com uma edição em brochura mais uma vez lançada pela Abacus. A segunda coletânea de artigos não acadêmicos de Eric demonstrou mais uma vez a alienação do autor em relação à rebelião estudantil de 1968, sua reprovação à preocupação dos jovens radicais com o sexo e sua rejeição do desenvolvimento de uma cultura popular desde o advento dos Beatles.[195] Sem um tema unificador e eclético na cobertura, o livro não foi tão bem quanto seus primeiros trabalhos, sendo lançado em meia dúzia de línguas estrangeiras, ainda que muito mais que a vasta maioria dos livros de história publicados no Reino Unido. O título *Pessoas extraordinárias*, como ressaltou John Horne, historiador da França moderna morando em Dublin, "remete a uma história da classe trabalhadora britânica da qual também marca seu distanciamento". (A obra em questão era *The Common People* (1938) de G. D. H. Cole e Raymond Postgate.) O novo livro de Eric reestruturava esse clássico argumento central, que pessoas normais e movimentos populares eram a verdadeira narrativa da história da Grã-Bretanha.

Muitos resenhistas ficaram assustados com a hostilidade de Eric na coletânea à arte e à música de vanguarda, também expressada em sua palestra na Walter Neurath Memorial Lecture em 1998, quando ele sentenciou a decadência e a queda das vanguardas do século XX. Argumentou que a pintura moderna tinha perdido o rumo por estar ligada a modos tradicionais de produção, em particular à ideia da obra de arte única produzida por um único criador, que as verdadeiras revoluções artísticas vinham das propagandas de massa e do cinema. "Um mundo real, fluindo em todas as horas de vigília com um caos de sons, imagens, símbolos, a presunção de uma experiência comum, tinha tirado do negócio a arte como atividade específica." A obra de arte mais original produzida entre as guerras, afirmou Eric, era o mapa do metrô de Londres.[196] A palestra revelou um persistente ponto cego no mundo mental e emocional de Eric, que parecia ter se tornado ainda mais marcante desde os tempos em que ele considerava Picasso um grande artista.

Quando *Pessoas extraordinárias* foi publicado o século XX estava se encerrando, e em janeiro de 1999 o jornalista Antonio Polito convidou Eric para uma longa entrevista, ou uma série de entrevistas, em italiano, sobre "o fim do século".[197] As entrevistas foram realizadas pouco depois, e publicadas em inglês no ano seguinte como *The New Century*. Eric aproveitou a oportunidade para fustigar o aumento da desigualdade social, a debilidade das instituições globais, a decadência da ideologia política, a degradação do meio ambiente, a desorientação da esquerda, os despolitizados, os jovens, o isolamento causado pelo desaparecimento do sentido de solidariedade social e muito mais além disso. O futuro da esfera pública, concluiu, "era obscuro. É por isso que, no fim do século, eu não consigo olhar para o futuro com grande otimismo".

Até que ponto a perspectiva de Eric ainda estava enquadrada pelo marxismo? Quando indagado por Polito sobre o que era o marxismo, Eric respondeu que acima de tudo o marxismo "mostra que, ao ter compreendido que um estágio específico da história não é permanente, a sociedade humana é uma estrutura bem-sucedida por ser capaz de mudar, e por isso o presente não é o seu ponto de chegada". Como comentou Noel Malcolm, não injustamente, em longa entrevista para o *Sunday Telegraph*: "A maioria dos leitores comuns vai hesitar diante dessa observação, seja por ser uma afirmação do óbvio, ou por claramente não dizer nada". O que aconteceu com a luta de classes?, perguntou. O que aconteceu com o determinismo econômico? *The New Century* retratava as forças que moviam a história acima de tudo como ideológicas. Se Eric condenava os Estados Unidos como um poder imperialista e atribuía isso ao impacto no longo prazo da ideologia revolucionária da Declaração de Independência, era "para chegar a uma conclusão de Marx", comentou Malcolm, "a partir de uma direção radicalmente não marxista", derivando a política americana no século XXI não dos "imperativos econômicos de um avançado estágio de capitalismo", mas "das ideias que zuniam ao redor das cabeças de vários cavalheiros de peruca nos anos 1770". Eric parecia ter "perdido sua posição ideológica [...]. Só se pode perguntar, portanto, o quanto na verdade ele pode nos orientar a respeito dos eventos do século vindouro".[198] De fato, o livro olhava tanto para trás, ou talvez até mais, do que para frente. Mais uma vez, Eric tinha se reconciliado com toda uma vida comprometida com a ideia do comunismo:

> Como muitos outros comunistas, eu nunca concordei com as coisas terríveis que aconteceram sob o regime [soviético]. Mas se pensarmos que o comunismo é algo maior que história de países atrasados onde o comunismo tomou o poder, a história não é razão suficiente para abandonar a causa escolhida. Se eu me arrependo? Não, acho que não.[199]

Eric tinha passado boa parte da década justificando suas escolhas políticas em livros, artigos e entrevistas no rádio e na televisão. Chegado o fim do século, ele sentiu que era hora de olhar para trás, para sua vida e carreira, com mais alcance. O livro seguinte que escreveu, cedendo a pedidos de amigos e colegas, seria sua autobiografia.

10
"TESOURO NACIONAL"

1999-2012

I

"Meu editor", disse Eric a Elise Marienstras durante uma visita a Paris no fim dos anos 1990, "está insistindo muito para eu escrever minha autobiografia, então, ótimo, eu vou escrever, apesar de não saber como."[1] Mas Eric elaborou uma proposta formal e a mandou para Bruce Hunter. Depois de muitas negociações, o contrato para as memórias de Eric foi remetido a Michael Joseph, representante do império da Penguin Books desde 1985, em troca de um adiantamento de 90 mil libras. Eles já tinham publicado *Era dos extremos*, o que irritou muito a Weidenfeld & Nicolson, e agora eles queriam garantir o mesmo sucesso para as memórias de Eric. George Weidenfeld tentou mais uma vez trazer Eric de volta. Mas no fim, como declarou Bruce Hunter, "afinal a Weidenfeld não achou que poderia competir com Michael Joseph".[2] Com efeito, isso representou o fim do longo relacionamento de Eric com George Weidenfeld. A fama adquirida como escritor nos anos 1990 o tornou maior que a editora.

Foi redigido o devido contrato. Porém, em maio de 2000, como informou Bruce Hunter, "Michael Joseph me disse agora que eles não são mais a editora certa para este livro". Apesar de continuarem lançando memórias no mercado, eles agora estavam se concentrando mais na exploração comercial de livros de estrelas do mundo do showbiz e do esporte. Eric não ficou descontente com essa decisão, já que sua editora original, Susan Watt, que tinha conduzido o processo de publicação do bem-sucedido *Era dos extremos*, não trabalhava mais na empresa e ele não queria trabalhar com pessoas mais jovens. Ademais, um editor específico vinha ganhando recentemente as manchetes e despertado a admiração de Eric: Stuart Proffitt, agora na Penguin Press. Realmente, de início Hunter achou que ele seria o editor ideal para *Era dos extremos*, não fosse o fato estar trabalhando para a HarperCollins de Murdoch. Mas, em 1998, Proffitt, então com uns 35 anos, tinha se demitido da HarperCollins porque Murdoch forçou pessoalmente a editora a vetar as memórias do último governador colonial de Hong Kong, Chris Patten, baseado na premissa (não reconhecida) de que o livro era muito crítico com os chineses, os quais Murdoch queria preservar. Proffitt era o editor de Patten e criou uma grande tempestade na mídia por conta de sua demissão, irritada e pública, em face do que via como uma traição do dono da editora. O pedido de Eric para Proffitt editar suas memórias foi logo aceito. Foi uma boa escolha. Proffitt era um editor meticuloso e fez muito para melhorar o livro com uma longa série de reuniões e troca de cartas com Eric nos meses seguintes.

Eric concluiu o primeiro esboço num período relativamente curto, já que quando começou a escrever o livro ele já não mais lecionava e estava livre de muitos outros compromissos que retardaram seus textos no início da carreira. As memórias não exigiram muita pesquisa; na maior parte do tempo Eric pôde se basear nas suas lembranças, complementadas por consultas a seus primeiros diários e outros documentos e, de todo modo, ele acabara de concluir *Era dos extremos*, sobre o mesmo período e com base em muitas leituras e pesquisas, por isso o material de apoio já existia e não precisava ser atualizado. Apesar da rapidez com que a concluiu, porém, Eric definiu suas memórias como "o livro mais difícil de escrever. Como eu poderia interessar o leitor numa vida acadêmica nada espetacular?". Por essa razão ele dirigiu o livro a jovens leitores que queriam saber algo sobre como havia sido "o século mais extraordinário da história", e também "para aqueles com idade suficiente para terem vivido algumas de suas paixões, esperanças, sonhos e desilusões".[3]

Não surpreende que Stuart Proffitt tenha achado que o primeiro esboço "de certa forma é uma repetição de *Era dos extremos* de uma perspectiva pessoal".[4] Considerou que as memórias diziam muito pouco sobre as opiniões pessoais, sentimentos e experiências de Eric. "Era um livro que olhava para fora, não para dentro." Por isso achou que sua tarefa como editor seria "pedir que ele refletisse um pouco mais *internamente*". Era um livro sobre "o homem público e a vida pública. Por isso tentei fazê-lo falar um pouco mais de coisas mais íntimas; não cheguei muito longe [...]. Não era muito fácil ter conversas íntimas com Eric, não era nada fácil".[5] Proffitt também achou que o primeiro esboço deixava de transmitir aos leitores exatamente por que Eric havia sido comunista durante toda sua vida. "*Por que* o socialismo, na verdade o comunismo, é a melhor forma de organização do mundo?", perguntou a Eric. "Nós temos aqui uma oportunidade para uma declaração ideológica substancial: sem dúvida você é mais qualificado que quase qualquer um para fazer isso, e não poderia haver lugar melhor do que na sua biografia." Achou que Eric era muito defensivo quanto às suas convicções: ele precisava fazer "uma grande declaração *positiva* [...]. Nessas circunstâncias, o ataque realmente poderia ser a melhor forma de defesa!".[6] Proffitt conseguiu fazer Eric reconhecer que sua adesão ao comunismo durante toda a vida era acima de qualquer outra coisa "uma questão tribal". Eric tinha se comprometido com os ideais da Revolução de Outubro na adolescência e continuado leal a eles a vida toda. "Acho que nesse momento eu realmente cheguei ao coração do homem", concluiu Proffitt, "e que ele estava dizendo como tinha sido sua vida, e isso era nitidamente o cerne profundo de sua crença, e tive esperança de colocarmos isso no livro."

Durante esse processo, Proffitt mandou inúmeros pedidos e perguntas para esclarecer com Eric onde ele achava que as declarações precisavam de mais explicações, ou onde soavam "autocongratulatórias", o que ele achava que poderia ir bem na França, mas não na Grã-Bretanha, onde a exposição de modéstia era uma maneira de ganhar respeito. Queria mais sobre o passado de Marlene, e disse a Eric que a descrição de um jantar como "agradável" "faz você falar como Roy Jenkins!". Depois de ter exigido mais detalhes íntimos e pessoais, Proffitt recuou quando Eric confessou que "apresentou Marlene à pílula e ao DIU – "será que as pessoas querem saber disso?", perguntou retoricamente. Proffitt também se sentiu inquieto com a menção de Eric a seu filho ilegítimo, Joss Bennathan: "Meu instinto seria não dizer absolutamente nada ou dizer mais", escreveu. "Do jeito que está, só vai provocar especulações e talvez investigações por parte da imprensa." Em alguns trechos o texto precisava ser "condensado" ou até sofrer alguns cortes, mas por outro lado ele pediu uma discussão mais longa sobre os Estados Unidos e sua política atual, em especial porque parecia que o presidente George W. Bush iria invadir o Iraque (como invadiu, apoiado pela Grã-Bretanha, em 20 de março de 2003). Também queria que alguns capítulos fossem reestruturados e pediu alguns cortes substanciais no material sobre a família e os parentes de Eric (no fim, um capítulo inteiro sobre esse assunto foi eliminado). Proffitt criticou o fato de Eric muitas vezes parecer "enfadonho", cheio de ressentimentos, principalmente sobre sua marginalização forçada pelas autoridades britânicas durante a guerra, e isso não passaria uma boa impressão aos leitores. Em diversos trechos Eric também precisava deixar mais clara sua atitude em relação à "linha do Partido". Ainda mais radical, Proffitt queria que o texto que concluía o esboço fosse transposto para a abertura, já que dizia aos leitores por que eles deveriam ler o livro. Não fazia muito sentido colocá-lo no fim ("se chegarem tão longe, os leitores não vão precisar ser informados sobre isso").[7] Eric aceitou.

Eric criou muitos problemas por causa do design da capa e das ilustrações. Os editores tendem a querer uma imagem do autor na capa de uma autobiografia, mas Eric rejeitou todas as fotografias apresentadas por mostrarem-no feio (a vergonha pela sua aparência, evidenciada pela primeira vez em seus diários de adolescente, persistiu até o fim). De sua parte, Proffitt rejeitou a sugestão de Eric de uma pintura de Paul Klee, que parecia não ter nada a ver com o assunto do livro. No fim, foi escolhida uma fotografia em preto e branco mais recente de Eric. "De todas as fotos suas que analisamos, esta é a que obteve a melhor reação", disse a Eric. "Nós a deixamos exposta (muito grande!) no estande de Frankfurt [Feira de Livros], onde causou comentários dos mais favoráveis. Eu gosto particularmente do efeito da meia-luz", acrescentou, "e o jeito como seu rosto está virado para o lado. Acho o efeito como um todo muito chamativo." Entendeu que Eric não quisesse uma foto de si mesmo na capa, mas insistiu em que "essa é melhor maneira de publicar e vender o livro".[8] Geralmente o editor tem a última palavra nessas questões. E, como em todos os casos de livros sobre pessoas vivas, eles também têm a última palavra no que, em todo caso, teria de ser eliminado por questões legais. O departamento jurídico da Penguin, na época envolvido num grande processo legal contra a editora movido por David Irving, por negar o Holocausto, estava mais preocupado que o habitual com possíveis processos legais, e foi verificar quais das muitas pessoas mencionadas no livro ainda estavam vivas. Os advogados questionaram as alegações sobre as ligações da família Kennedy com a máfia, o suposto comportamento corrupto do prefeito Daley (com possíveis implicações para seu filho, também prefeito) de

Chicago, e sugeriu usar palavras qualificativas ("aparentemente", por exemplo) em trechos no fim do livro sobre a invasão do Iraque. Porém, de modo geral, eles acharam que não havia muito com que se preocupar, e as alterações por motivos legais foram reduzidas ao mínimo.[9]

O livro foi publicado em 2002 com o título *Tempos interessantes – uma vida no século XX*. O título, acrescentado por Eric num estágio relativamente tardio do processo de publicação[10] era uma alusão a uma suposta maldição chinesa antiga: "Possa você viver em tempos interessantes" (um ditado citado pela primeira vez por um embaixador britânico na China nos anos 1930, não documentado em nenhuma fonte mais antiga, nem na China nem em qualquer outro lugar). Em alemão a ironia foi retirada e o livro se chamou *Tempos perigosos*.[11] Os capítulos da autobiografia originalmente seguiriam uma ordem cronológica, com títulos como "Retrato de um inglês relutante (Londres, 1933-1936)", "Uma guerra desinteressante", "Escrevendo história: tornando-se bem conhecido e por quê", "Um respeitável professor (1970)" e "Um nova-iorquino de meio período" sobre os anos 1980 e 1990. Capítulos sobre países específicos seriam integrados numa estrutura: "França e os franceses" (geral, mas relacionado com os anos 1950)", "Em busca de rebeldes primitivos: Itália e Espanha (1951-1960)" e assim por diante.[12] Contudo, quando foi publicado, Eric tinha mudado de ideia e a parte final do livro é estruturada tematicamente, com capítulos sobre os diferentes países que ele conheceu bem, fornecendo uma oportunidade de análise que uma abordagem mais cronológica poderia não ter conseguido.

Proffitt ficou contente com a estrutura do livro e achou que seria um grande sucesso. Foram feitos todos os esforços para promovê-lo. A Penguin lançou o livro numa festa em seus grandes escritórios nos andares superiores da Strand 80 em 1º de outubro de 2002, em Londres, com discursos do autor e do editor e uma multidão de amigos, entusiastas e correspondentes de jornais e revistas. Eric apresentou o livro dez dias depois no Festival Literário de Cheltenham e em seguida numa conversa com Peter Hennessy no Purcell Room no South Bank Centre de Londres em 16 de outubro. Em 24 de outubro Eric foi até a livraria Heffers de Cambridge para promover o livro e foram agendadas entrevistas nos programas *Newsnight* da BBC 2, *Nightwaves* da Rádio 3, na Rádio 4, na Rádio 2 e no World Service.[13] Em 5 de dezembro de 2002 o livro já havia sido reimpresso várias vezes, vendendo 15 mil exemplares na edição de capa dura.[14] As memórias foram lançadas em 16 línguas estrangeiras, com as melhores vendas no Brasil, como era agora norma com os livros de Eric, onde foram vendidos mais de 27 mil exemplares.[15]

Tempos interessantes foi muito resenhado pela imprensa e pela mídia, não só graças à fama angariada por Eric com o enorme sucesso de *Era dos extremos*.[16] O tom relativamente impessoal de boa parte da narrativa foi amplamente comentado; no fim, Stuart Proffitt estava certo ao confessar que não tinha conseguido deixar o livro mais íntimo. Os capítulos mais relevantes cobriam a infância e a adolescência de Eric, enquanto um tom mais impessoal se destaca com sua chegada a Cambridge. Em particular, na discussão de sua carreira como comunista, como salientou Perry Anderson numa resenha perspicaz, "nós" tendia a substituir "eu", envolvendo a "supressão de uma subjetividade" que deveria ter esclarecido a natureza de seu comprometimento numa espécie de "síntese interior". Poderia ser contestado lembrando que o comunismo é um movimento coletivo, em que a individualidade humana tem de ser sublimada por uma dedicação ao Partido e à causa, por isso não surpreende que "nós" surja na narrativa com mais frequência nesse estágio.[17] Ainda assim, Anderson tinha certa razão.

Tony Judt classificou Eric como um romântico cuja nostalgia pelo ardor do movimento comunista na Weimar de Berlim dava cor a todos os seus textos sobre comunismo, mesmo sobre a Alemanha Oriental, terrivelmente conformista. Judt admirou a coerência de Eric em permanecer no Partido, mas observou que isso implicava um preço a pagar. "O prejuízo mais óbvio é à sua prosa. Sempre que entra em uma zona politicamente sensível, Hobsbawm se refugia numa linguagem canhestra e encapuzada, recendendo a discursos do Partido." E, continuou Judt, o comprometimento de Eric também prejudicava seu julgamento histórico. Por exemplo, ele se referia ao discurso de Khrushchev de 1956 como "a denúncia brutal e implacável dos delitos de Stálin", mas não definia esses delitos nem como brutais nem como implacáveis. O reconhecimento dos erros do comunismo era uma coisa, disparou Judt, mas "Hobsbawm se recusa a olhar o mal de frente e chamá-lo pelo nome; ele nunca questiona a herança moral nem política de Stálin em seus trabalhos".

Eric conhecia Judt, principalmente dos tempos em que estiveram juntos em Nova York nos anos 1980 e 1990 (Judt era professor da Universidade de Nova York). Eles admiravam o trabalho um do outro, apesar de Eric caracterizá-lo como "um acadêmico brigão", mais um advogado apaixonado que um acadêmico desapaixonado.[18] Mas havia algo da Inquisição nas ostensivas exortações para que Eric se retratasse para não cair em desgraça. Anthony Sampson, o decano de "a condição da literatura na Grã-Bretanha", foi mais equilibrado: "É o autoquestionamento de Eric que confere a este livro um constante elemento de surpresa e vigor e o torna uma excepcional memória da política".[19] De fato, tanto em *Era dos extremos* como em *Tempos interessantes* é a visão envolvente e comovente de alguém que foi comunista a vida toda lutando na velhice para se reconciliar não só com o fracasso político da causa a que se dedicara a maior parte da vida, mas também para chegar a um entendimento da razão do fracasso e o quanto causou de prejuízo.

Em várias resenhas de sua autobiografia, Eric detectou um ressurgimento do pensamento da Guerra Fria desde meados dos anos 1990, causado em grande parte por um novo "discurso moral sobre o bem e o mal absolutos", em voga depois da destruição das Torres Gêmeas de Nova York por terroristas islâmicos fundamentalistas em 11 de setembro de 2001:

> Alguns anos atrás, minha história do "Breve século XX" não foi recebida como uma obra de propaganda ou justificativa ideológica, nem mesmo pelos conservadores – ao menos fora da França. Hoje as coisas estão diferentes. Nas últimas semanas alguém concluiu a partir da minha autobiografia que "nós deveríamos estar enojados com Eric Hobsbawm" (Johann Hari no *Indep on Sunday*) e alguém mais [...] me cita como um clássico justificador do mal: "Eric Hobsbawm, por exemplo, com suas elaboradas racionalizações acerca dos milhões de mortos em nome do ideal comunista ao qual ele adere pessoalmente" (*Times* 2, 13/1/03). Não vou me dar ao trabalho de comentar essas opiniões. Esse tipo de coisa indica um ressurgimento do tipo de conversa que considera o comunismo e tudo relacionado como um mal tão absolutamente evidente que qualquer um que tenha simpatizado com isso deve ser desconsiderado como intencionalmente malvado, escolhendo a causa de Satã em vez de Deus, ou ignorante demais ou muito tolo para saber a diferença: um safado ou um louco.[20]

Mas houve resenhas mais ponderadas. Richard Vinen, um professor da Universidade de Londres que começou como historiador da França, mas preferiu escrever livros sobre a história da Inglaterra moderna, questionou o fato de Eric se apresentar "como uma figura marginal que foi afastada de empregos por sua visão política". Ele estava se referindo implicitamente apenas à impossibilidade de assegurar um cargo de professor em Oxbridge; na verdade Eric teve uma carreira acadêmica em tempo integral na Birkbeck de 1947 até se aposentar, embora durante algumas décadas fosse possível dizer que, como professor noturno numa faculdade para alunos em regime de meio-período, ele mal fizesse parte da vertente dominante da academia. "A profissão de historiador inglês no século XX era dominada por acadêmicos solitários que operavam fora das instituições do *establishment*", afirmou Vinen. "Os melhores historiadores – Lewis Namier no início da carreira, A. J. P. Taylor no fim, e E. P. Thompson durante quase toda sua carreira – mal tiveram emprego em universidades." Claro que era uma lista bem seletiva: poderiam ser citados muitos historiadores igualmente bons que tiveram, começando com Christopher Hill, que se tornou professor emérito da Balliol. O historiador Adrian Gregory, de Oxford, fez uma análise ligeiramente diferente, observando que Eric se sentia "mais confortável na orla das coisas, não exatamente fora dos acontecimentos, nem mesmo muito fora do *establishment*, mas [a] uma distância que ele mesmo se impôs", uma posição que Gregory considerava em última análise ideal para um historiador ocupar.[21]

Entretanto, havia certa verdade no argumento de Vinen de que Eric "sempre foi um homem de instituições. Ele passou quase toda sua vida adulta em universidades. Deve ser um dos primeiros grandes historiadores britânicos do período moderno a se dar ao trabalho de concluir um doutorado, e foi um assíduo frequentador de conferências". Eric foi, prosseguiu Vinen, "de uma maneira estranha, uma figura muito inglesa", um sócio de clubes para cavalheiros como os Apóstolos, a Academia Britânica e o Ateneu:

> Até mesmo o muito propalado cosmopolitismo de Hobsbawm se encaixa na identidade inglesa. O *establishment* inglês sempre teve um ponto fraco por pessoas como Isaiah Berlin, amigo de Hobsbawm, que consegue explicar ideias estrangeiras com uma prosa elegante. O apelo de Hobsbawm às classes médias inglesas – as afirmações abrangentes e confiantes, as demonstrações casuais de vasta erudição e a evocação de uma exótica cultura europeia – poderia ser comparado, sem muita frivolidade, ao de Elizabeth David.

A comparação foi chocante: Elizabeth David tinha apresentado a Inglaterra pós-guerra à culinária francesa e italiana numa série de receitas lindamente escritas e tecnicamente intransigentes (ainda que totalmente funcionais) da autêntica culinária estrangeira e às vezes com ingredientes originais difíceis de se obter, de certa forma uma espécie de contraparte culinária dos textos históricos de Eric.

Vinen também observou que os talentos de Eric foram reconhecidos por editoras comerciais antes de serem considerados por editoras acadêmicas. Sua fama como escritor se disseminou rapidamente, e "*Rebeldes primitivos* chega a ser citado por um dos personagens de *A fogueira das vaidades* de Tom Wolfe" (um grande romance satírico sobre a Nova York dos anos 1980), onde o termo é aplicado a um líder do movimento pelos direitos civis da cidade. Vinen acreditava que "Hobsbawm foi levado a um interessante engajamento com a história social para fugir das questões complexas levantadas pela história política". Mas ele se encontrava num terreno mais instável, talvez, quando afirmou: "A relativa insignificância do PCGB ajudou a tornar Hobsbawm mais significativo". O Partido não acreditava realmente que "intelectuais confeririam à instituição sua única influência real", como afirmou Vinen – aliás, o Partido desprezava intelectuais, e as relações de Eric com a entidade sempre foram prenhes de dificuldades. No fim foi a política que forneceu o principal conteúdo do livro, por isso quase não surpreende que muito da vida pessoal e emocional de Eric tenha sido deixado de fora. Mas Marlene foi uma das que não se surpreendeu. "As partes não escritas são as melhores", escreveu em um cartão-postal a Eric quando ele estava em Nova York por ocasião do aniversário de casamento dos dois.[22]

II

No início do novo século, a vida de Eric havia muito tinha se assentado em um padrão regular. A maior parte do tempo ele trabalhava na Nassington Road, lendo com a voracidade de sempre e escrevendo um fluxo contínuo de artigos, ensaios e textos jornalísticos. Em 2018, uma fotografia de Eamonn McCabe do escritório de Eric apareceu numa série de artigos semanais na revista *Guardian* de sábado sobre os aposentos do escritor, com um texto explicativo do próprio Eric. O escritório era forrado de livros do piso ao teto, com um único espaço livre ocupado por uma fotografia de Billie Holiday. Grandes pilhas de papel equilibravam-se precariamente sobre todas as superfícies horizontais, espremendo seu laptop, no qual agora ele escrevia todos os seus textos, num minúsculo espaço da escrivaninha, ao lado de uma luminária ajustável. Quase não era perturbado, disse a McCabe: apesar de ter um toca-discos na sala, "eu quase não ligo. A música se impõe demais".

> Eu trabalho no que era o quarto do nosso filho Andy, no andar de cima de uma edícula em Hampstead. O recinto mudou drasticamente desde que deixou de ser usado por um adolescente para ser usado por um homem de idade, a não ser no quanto parece caótico, ainda que de outra forma. Na verdade, a maior parte é formada por: pilhas de anotações de pesquisas, impressos, textos, cartas não respondidas, contas e livros recém-chegados, tudo recobrado por uma memória não mais confiável. Por ser um historiador que trabalha rodeado por muitos papéis, eles tendem a se acumular na superfície das minhas duas mesas ao redor do laptop, sem o qual eu não conseguira mais funcionar, depois de ter sido arrastado para a era do computador no fim dos anos 1980 por meus alunos de Nova York.

Tratava-se enfaticamente de um local de trabalho, sem espaço para socialização. A maioria dos livros atulhados nas prateleiras e atrás da mesa eram edições estrangeiras de seus próprios livros, que serviam, "em momentos de desanimo, como um lembrete de que um velho cosmopolita não tinha fracassado em cinquenta anos tentando comunicar a história para os leitores do mundo. E como um estímulo para continuar enquanto eu puder".[23]

Eric e Marlene continuavam organizando seus já lendários jantares na Nassington Road. "Ele abria a porta", recordou-se Nick Jacobs, "com um gim tônica na mão e uma bengala, fazendo tudo ao mesmo tempo, e era um anfitrião maravilhoso [...]. Marlene preparava as refeições e Eric ajudava, servia os convidados e parece que sempre lavava os pratos depois [...]. Eric sempre fazia o café, as coisas tradicionais, a limpeza e punha os pratos na máquina de lavar."[24] Alguns convidados olhavam de soslaio para a divisão de papéis muito tradicional entre Eric e Marlene e achavam aquilo muito "germânico".[25] Mas a atitude de Eric com as mulheres não era na verdade germânica; as primeiras influências da mãe dele, escritora e tradutora independente, também se contrapunham a essa visão; a atitude dele em relação às mulheres era mais decorrente de sua experiência com o mundo do jazz, depois de ter superado a ideia de um casamento camarada e político que se mostrara tão desastroso na sua relação com Muriel Seaman: um mundo em que as mulheres eram "as minas", apêndices dos músicos ("os caras"), mas não suas iguais. De todo modo, a primeira coisa que o atraiu em Marlene, além de sua beleza, charme e inteligência, não foi o fato de ela não ser um membro reconhecido da literatura estabelecida pelo *establishment*, mas a abrangência de seus interesses culturais, seu cosmopolitismo, seu domínio do francês e do italiano e sua experiência aventureira de trabalhar para a Organização das Nações Unidas no Congo. Quanto aos jantares, sua perene e notória falta de senso prático felizmente o impedia de assumir o papel de cozinhar ou preparar os pratos.

De acordo com Nick Jacobs, as conversas na mesa de jantar concentravam-se em "fofocas políticas, eu diria [...] acho que Eric não queria ter conversas sérias nesses jantares".[26] Mas o editor de Eric na Penguin, Stuart Proffitt, que também frequentava esses jantares, achava que ele

> não era muito de conversa fiada [...]. Havia uns vinte segundos de "como vai?" seguidos por "então, como você vai se livrar dessa encrenca em que se meteu?". Ele queria logo ir direto ao ponto. Queria falar sobre a política atual, política mundial. A qualidade da informação que tinha sobre o mundo, já numa idade extremamente avançada – ele devia estar com 93, 94 anos, algo assim –, mas sabia exatamente o que acontecia no mundo. Quero dizer, era como uma espécie de Unidade de Inteligência Econômica reunida num só homem; era extraordinário, realmente extraordinário. E esperava que a gente conseguisse se engajar nesse nível de imediato. Você sabe, sem nenhuma folga![27]

Roy Foster tinha uma definição ligeiramente diferente: a conversação tendia a se concentrar em "fofocas [...] não sociais ou sexuais, não eram fofocas proustianas, mas fofocas sobre coisas literárias, as más resenhas que pessoas recebiam [...] típicas do norte de Londres, mas com um toque cosmopolita".[28] Como recordou a historiadora da Índia Romila Thapar: "A casa deles se tornou uma espécie de centro para onde acorriam pessoas de todo o mundo de tendência mais radical" – quer dizer, radical de uma maneira antiquada, em geral no sentido marxista. "Nenhuma noite nunca foi chata."[29] Roy Foster lembrou-se de

> Marlene, em um desses grandes jantares, perto do Natal, entrando na sala de estar ou na sala de jantar, onde o grupo estivesse, dizendo: "Eu estou tão cansada de viver rodeada de comunistas desiludidos! Gostaria

de falar sobre alguma outra coisa!". Nisso, os desiludidos se reuniam em outras salas e ela ficava com os liberais mais frívolos, e nós éramos liberais frívolos, acho.[30]

A essa altura Eric era um sobrevivente entre seus contemporâneos. "Agora parece que eu só faço ir a serviços fúnebres", ele comentou comigo nessa época. "Estou começando a me sentir como um monumento histórico", disse Eric ao estudioso da história da França Douglas Johnson em 19 de junho de 2002. Sentiu-se particularmente triste com a morte de Rodney Hilton, em 7 de junho daquele ano. "É verdade", comentou, "a geração de historiadores marxistas dos anos 1930 se mostrou longeva, mas agora está ficando bem rarefeita." Edward Thompson tinha morrido em 1993, Christopher Hill morreu dez anos depois. O historiador da arte Francis Haskell, amigo de Eric, morreu em 2000. Victor Kiernan, pouco mais velho que Eric, viveu tanto quanto ele e morreu em 2009, com 95 anos. Raphael Samuel sucumbiu a um câncer muito mais novo, em 1996. O primo de Eric, Denis Preston, conhecido produtor de discos, tinha falecido em Brighton muitos anos antes, em 21 de outubro de 1979, encerrando uma longa amizade baseada no amor em comum pelo jazz.[31] Outro primo, Ron Hobsbaum, morreu em 2004: quando voltou a Londres, nos anos 1990, ele foi morar não muito longe de Eric e Marlene, e assim as duas famílias renovaram o relacionamento numa base mais frequente que antes.[32] Até certo ponto, Eric preencheu as lacunas que eles deixaram em sua vida com um grupo de amigos mais jovens e seus parceiros e parceiras: Leslie Bethell, Roderick Floud, Roy Foster, Martin Jacques, Nick Jacobs, Stuart Proffitt, Richard Rathbone e outros.

Talvez surpreendentemente, Eric se dava bem com Niall Ferguson ("de direita, mas infelizmente não burro", como Eric o definia).[33] Em outra ocasião ele escreveu: "Ele tem um talento enorme e realizou um trabalho extremamente interessante, mas nunca conseguiu resistir à tentação de ser um *provocateur*". Seu livro mais recente, *A guerra do mundo: a era do ódio na história* (2006), foi um "escândalo", segundo Eric, especialmente por conta de sua "perigosa sociobiologia de amador". "Eu lamento", acrescentou, "pois ele é um homem muito inteligente e encantador e nós nos damos muito bem."[34] O fascínio de Ferguson com os problemas do determinismo econômico proporcionava a base comum em que se encontravam. O diário de bolso de Eric registra um jantar com ele em 23 de junho de 2004, entre outras ocasiões.[35] O historiador da África Richard Rathbone, que morava em Londres e que Eric ficou conhecendo por meio de vizinhos no País de Gales, se surpreendeu com a admiração mútua entre os dois, que atribuiu à gratidão de Eric pelos elogios rasgados de Ferguson ao seu trabalho. Rathbone ficava ainda mais chocado quando Eric falava em termos positivos do príncipe Charles, por causa de suas obras de caridade, e dizia que a monarquia era o melhor sistema que podia imaginar para o Reino Unido. Admirava os conservadores pelo seu pragmatismo e sua atitude de continuar tocando o trabalho. "De vez em quando os pés de barro aparecem sob o penhoar majestoso", comentou causticamente o esquerdista convicto Rathbone.[36]

Eric e Marlene continuavam indo ao chalé do País de Gales duas ou três vezes ao ano, ficando uma semana de cada vez, sempre comparecendo ao Festival Literário de Hay. Ele e Marlene organizavam um almoço no chalé durante o festival, "pelos escritores falecidos que foram amigos de toda uma vida – Amartya Sen e Emma Rothschild; Claire Tomalin e Michael Frayn; sir John Maddox e a esposa, a escritora Brenda Maddox", como se lembrou Julia mais tarde, "e Tom Stoppard, que parece ter baseado o professor Red Cambridge de sua peça teatral *Rock 'n' Roll* no meu pai".[37] Eric acabou transferindo seu distrito eleitoral parlamentar para Brecon and Radnorshire, que incluía seu chalé em Gwenddwr. Segundo disse a Fritz Lustig em 2005, "foi e continua sendo um distrito eleitoral marginal, mas onde o voto contra os conservadores deve ser liberal-democrata, por isso eu não preciso votar em Blair de jeito nenhum. Marlene, que vota em Glenda Jackson em Hampstead, não tem problema: o histórico de Glenda é bom sobre a guerra [do Iraque] e em tudo mais". Hampstead era um local onde os trabalhistas estavam seguros e o voto dele lá não era necessário.[38] Tinha mais peso em Brecon and Radnorshire, e realmente o distrito eleitoral, que votou nos conservadores em 1992, voltou-se para os liberais democratas cinco anos depois.[39]

Como isso indica, fazia muito tempo que Eric já tinha se desiludido com o governo do Novo Trabalhismo de Tony Blair; na verdade, já se mostrava cético quanto ao seu radicalismo desde o começo. Como escreveu em 2005: Blair estava "sistematicamente planejando virar o governo para a direita: na direção da sociedade de mercado [...]. A maioria das pessoas do partido teria preferido Brown, que representa uma tradição mais social-democrata, mas ele é fraco".[40] Certa vez ele me disse que Blair era "uma Thatcher de calça". Entrevistado em 2007, pouco depois de Tony Blair ser substituído como primeiro-ministro por Gordon Brown, de que se tornara amigo íntimo, Eric mostrou um otimismo político que não era uma característica sua:

Onde Blair errou mais feio foi no Iraque. A certa altura um sujeito que começou como um político brilhante, intuitivo e vencedor de eleições descobriu que tinha vocação para salvar o mundo com intervenções armadas, e já mostrava isso mesmo antes de se envolver com os americanos. O segundo pior erro foi ter esquecido totalmente que o governo é para as pessoas comuns. A ideia de que a única coisa que conta é o livre mercado e ficar rico e famoso e celebrado e construir os valores de uma sociedade baseado nisso – esse eu acho que foi o erro de Blair; talvez ele tenha sido levado por esse caminho inconscientemente. Gordon Brown vai ser uma grande melhora, ao menos para os que consideramos impossível apoiar o Partido Trabalhista na última gestão de Blair. Gordon conhece o sentido das tradições do movimento trabalhista, e acima de tudo tem um senso de igualdade e justiça social.[41]

No entanto, as opções de Brown estavam circunscritas pelas restrições da globalização. Não era mais possível um retorno à antiga democracia social ou a governos do Partido Trabalhista em relativo isolamento do resto do mundo. "O verdadeiro problema de Gordon e para todos os demais é exatamente como essa globalização pode ser separada de um capitalismo totalmente livre, que tende a resultar em enormes dificuldades."

Com o avanço da idade, Eric começou a declinar de entrevistas, talvez se recordando de suas experiências dolorosas nas mãos de Sue Lawley e de Michael Ignatieff nos anos 1990, ainda que as entrevistas promocionais para *Tempos interessantes* tenham ido muito bem. Indagado em 2007 se concordaria em participar de um programa da BBC chamado *The Interview*, que envolvia sessões de perguntas e respostas de meia hora só com um entrevistador, Eric disse que estava muito ocupado, apesar de os entrevistados anteriores incluírem figuras internacionalmente famosas como o secretário-geral da ONU Kofi Annan, o músico Daniel Barenboim e o romancista Toni Morrison.[42] Por outro lado, ficou muito contente ao falar para a Jewish Book Week sobre Karl Marx, que havia acabado de ser eleito pelos ouvintes da Rádio 4 como o filósofo favorito de todos os tempos.[43] Continuou expondo seus pontos de vista, ocasionalmente, sobre política na Inglaterra e internacional sobre temas em que se sentia seguro. Pouco antes, Eric estivera com Perry Anderson e Raphael Samuel na Universidade Palestina de Bir-Zeit, na Margem Ocidental, em Ramallah, ocupada pelos israelenses desde a Guerra dos Seis Dias, em 1967. Escreveu que viver sob ocupação militar era uma experiência de sobriedade: soldados israelenses armados e colonos estavam por toda parte: "Armas [...] são a marca de identificação dos que governam". Em toda parte havia medo e arbitrariedades. As pessoas se recolhiam das ruas depois do anoitecer. Estudantes e às vezes membros da faculdade eram presos e mantidos em locais não revelados sem julgamento. "O assédio constante é o trocado cotidiano do governo arbitrário." O regime israelense nem chegava a "alegar que oferecia aos palestinos qualquer coisa a não ser expropriação, emigração ou sujeição". Ainda mais deprimente era o fanatismo dos colonizadores israelenses ultrarreligiosos, que consideravam a expansão de Israel e a expulsão dos árabes uma ordem divina. Alguns anos mais tarde, numa conversa comigo, Eric usou o termo "limpeza étnica de baixo nível" para o que estava acontecendo, e vinha sendo assim desde 1948.[44]

Havia muito Eric não confiava no sionismo, inclusive por considerá-lo uma forma de nacionalismo. Não tinha sido bem-sucedido por seus próprios esforços: "Não fosse por Hitler, provavelmente não existiria uma Israel independente", escreveu em 1987.[45] Em carta ao *Times Literary Supplement* em 13 de fevereiro de 2003, ele condenou as políticas do governo de direita israelense de Ariel Sharon. Considerava "importante que judeus que não sejam sionistas digam em público que pertencer à nossa comunidade não implica apoio às políticas israelenses ou na verdade à ideologia nacionalista por trás delas".[46] Dois anos depois ele assinou uma carta para o *Guardian* com mais 72 acadêmicos condenando "a longa e brutal ocupação da Palestina por Israel", inclusive sua "violação de liberdade acadêmica" na Faixa Oeste. Embora não se opusessem ao boicote das instituições de educação superior israelenses convocado por acadêmicos palestinos, os signatários acreditavam que o sistema "precisa ser pensado com mais cuidado". A carta terminava com um apelo de ajuda aos acadêmicos palestinos e a exigência de que "a academia israelense precisa levar em conta o seu papel nesta situação".[47]

Mas Eric não era indiscriminadamente hostil ao Estado de Israel. "Ele era um crítico feroz", comentou Ira Katznelson, "e tinha sua parcela de lealdade, que em parte eram judaicas." Ele tinha

> um sentimento – com todas as suas críticas – de apreciação: que aquilo era um local de refúgio, num momento em que poucos lugares – não havia muitas opções, por assim dizer. Então, esse aspecto da experiência de Palestina-Israel acho que ele aceitava, e achava que alguém tinha de ser

uma espécie de – não é uma frase que teria usado – cretino moral para não reconhecer que a comunidade que vivia ali, em parte, surgiu de uma história que ele compartilhava com modéstia – de uma maneira diferente.[48]

No fim de 2008, as tensões entre árabes e israelenses foram mais uma vez deflagradas numa guerra aberta na Faixa de Gaza, onde o governo israelense reagiu a um constante fogo de barragem de mísseis disparados pela organização Hamas, no governo, em alvos civis do outro lado da fronteira. Israel bombardeou a região e mandou tropas de infantaria para destruir as bases de foguetes. Houve os inevitáveis "efeitos colaterais" infligidos a civis. Eric juntou-se a outros na esquerda condenando o "barbarismo" da ação militar israelense. Dificultou ainda mais uma solução duradoura para o problema, afirmou. E também teve grandes ramificações:

> Gaza escureceu a perspectiva do futuro de Israel. Também escureceu a perspectiva de 9 milhões de judeus que vivem na diáspora. Mas deixe-me ir direto ao ponto: criticar Israel não implica antissemitismo, mas as ações do governo de Israel causam vergonha entre judeus e, mais que qualquer outra coisa, hoje dão margem ao antissemitismo. Desde 1945 os judeus, dentro e fora de Israel, têm se beneficiado enormemente da má consciência de um mundo ocidental que recusou imigrantes judeus nos anos 1930 antes de se comprometerem, deixando de resistir ao genocídio. Quanto restou hoje dessa consciência culpada, que praticamente eliminou o antissemitismo no Ocidente durante sessenta anos e produziu uma era de ouro para sua diáspora?[49]

Não era comum Eric falar, como o fazia quando se dirigia ao emaranhado do Oriente Médio, explícita e abertamente como judeu. Mas, como observou Elise Marienstras: "Ele nunca escondeu o fato de ser judeu. Era muito normal para ele, era parte da sua vida, mas, ao mesmo tempo, ser judeu só significava para ele o fato de ter tido pais judeus, e de ter vivido uma vida de judeu ainda criança em Viena e em Berlim". Muitos dos seus amigos eram judeus, acrescentou, mas para ele o judaísmo era parte de sua identidade, assim como nascer e ser criado como católico ou protestante era para outras pessoas. No fim, talvez não fizesse muita diferença. Na opinião de Elise, Eric não se importava muito com religiões ou minorias nacionais ou religiosas, aliás nem com a sobrevivência de linguagens de minorias como o iídiche, uma língua com a qual ela e o marido se sentiam comprometidos por suas origens na Europa Oriental. "Faria alguma diferença se o iídiche desaparecesse?", ele perguntava retoricamente. "Um punhado de línguas está desaparecendo, é normal." O que importava para Eric, segundo Elise, era classe, não nacionalidade ou religião: o importante era construir uma sociedade de iguais onde todos tivessem os mesmos direitos como indivíduos.[50]

III

A vida cultural de Eric em Londres continuou ativa. Apesar da imagem pública de admirador de jazz, ele adorava ópera, principalmente óperas italianas: Roy Foster relembrou Eric fazendo "descrições líricas de ter ouvido 'Casta diva' nos terraços italianos". Ele não morava muito longe do pianista Alfred Brendel e, segundo Foster, "os Hobsbawm costumavam assistir aos concertos de Brendel e às vezes iam à casa dele depois". Um grande interesse em comum pelas artes visuais era um dos motivos de sua amizade com o grande fotógrafo Henri Cartier-Bresson, que Eric conheceu em Paris nos anos 1950. Seus diários de anotações registram visitas com Marlene a Wigmore Hall em várias ocasiões, o principal palco de música de câmara da cidade, mais frequentes até do que suas visitas ao clube de jazz de Ronnie Scott até janeiro de 2011, e a Royal Opera House em Covent Garden. Foi assistir a uma peça teatral no Young Vic em 9 de março de 2010, uma exposição na Tate Gallery em 27 de outubro de 2008 e um concerto no Royal Festival Hall em 22 de fevereiro de 2006.[51] Mas essas expedições agora se tornavam cada vez mais cansativas. Em 2005, Nick Jacobs estava na casa da Nassington Road e impulsivamente perguntou se Eric não queria ir com ele a uma exposição no Museu Marítimo Nacional em Greenwich, sobre Napoleão e Wellington:

> Acho que ele estava num estágio em que não saía desacompanhado. E falou: "Acho que realmente não é o meu tipo de coisa [...]. E Marlene disse: "Mas você é um historiador, não é? Não é uma coisa que você deveria ver?". E Eric respondeu: "Ok, ok". E nós fomos de barco, ele pareceu gostar muito da viagem de barco até lá e ficou fascinado com a exposição, que era maravilhosa e tinha, por exemplo, o traje – um lindo traje azul – que

Napoleão usou na Batalha de Marengo. Incrível. Tinha sido lavado a seco, tenho certeza! Então Eric disse: "Sabe de uma coisa, acho que para mim já está bom". Acho que ele estava falando em termos físicos, não intelectuais. E nós voltamos de barco. Mas foi um dia muito prazeroso, e era fácil estar com Eric, eu diria.[52]

Eric continuou indo à festa de Natal da *London Review of Books*, onde, em sua visita final, em 2010, ele ocupou imponente uma cadeira num canto da livraria da LRB lotada para falar com quem quisesse bater um papo com ele, o que muitos desejavam.

As viagens de Eric para o exterior continuaram de forma intermitente, mas quase sempre por breves períodos, no máximo alguns dias. Suas idas a Paris eram ainda relativamente frequentes, embora ele agora sempre fosse com Marlene, em geral se hospedando no Hôtel L'Angleterre, na rue Jacob: ele esteve lá em março e em outubro de 2000, em junho de 2003, em junho e novembro de 2004. Tampouco a idade ou doenças o impediram de viajar para mais longe, em geral para fazer palestras, para Torino em maio de 2000, para o Festival de Salzburgo em agosto de 2000 e a Mântua em setembro de 2000, para Lausanne em janeiro de 2000 e para Nova York por uma semana em maio de 2002, mais uma vez para Itália por cinco dias em novembro de 2002 e novamente por um período maior em março-abril do ano seguinte, para Veneza em fevereiro de 2003 e para Munique e Berlim em novembro de 2003. No ano seguinte ele estava em Pisa em janeiro, indo a Los Angeles para ficar duas semanas logo em seguida. Mas em 14 de junho de 2005 Eric se queixou a Bruce Hunter que "devido à minha idade, minhas viagens para palestras no exterior estão agora muito restritas".[53] Era o caso específico de viagens transatlânticas. Como ele declarou em maio de 2005 ao historiador e músico de jazz germano-canadense Michael Kater: "Como estou ficando muito velho (88 anos em junho), estou reduzindo minhas viagens transoceânicas, apesar de não ter me tornado totalmente sedentário".[54]

Sua última viagem transoceânica aconteceu em dezembro de 2004, para a Índia, "o país mais fascinante e mais miserável que se pode imaginar". A diferença entre ricos e pobres era mais visível que nunca. "Ao mesmo tempo que o atual governo está estimulando (o novo primeiro-ministro me lembrou de que eu avaliei seu trabalho sobre economia quando ele estava em Cambridge nos anos 1950)."[55] Eric fez inúmeras palestras, e participou de uma mesa-redonda com historiadores indianos presidida por Romila Thapar, no Centro Internacional da Índia, em 14 de dezembro. Como observou Shahid Amin: "Como muitos de nós, historiadores de meia-idade que estamos aqui, nós crescemos lendo a Penguin Books e Christopher Hill/EricHobsbawm/Edward Thompson".[56] Sua última aparição pública se deu na França, um sinal de honra para qualquer historiador, ainda mais para um inglês: Eric foi convidado a fazer uma palestra, em francês, no Senado, em 22 de setembro de 2008 sobre o tema "Europe: Histoire, Mythe, Réalité".[57] O acontecimento foi um tremendo sucesso, com Eric sendo aplaudido de pé.[58] Uma versão resumida da palestra foi publicada no diário francês *Le Monde* na manhã seguinte.

Em 2005 ele estava em Torino para uma reunião de estadistas mais velhos patrocinada por Mikhail Gorbachev. Entre 4 e 6 de março, mais de 100 políticos e líderes mundiais aposentados compareceram. "Não consigo me lembrar de nenhuma experiência como essa", declarou Eric: "Raramente historiadores se encontram na presença de seus assuntos *en masse* [...]. É uma visão inesperada, como visitar o museu de Madame Tussauds e descobrir que os modelos de cera foram substituídos pelos originais".[59] Mais para o fim do mês ele foi a Potsdam; depois para Salzburgo, mais uma vez para o festival, e em seguida à Veneza em outubro e para Roma em novembro; e finalmente para Roma entre 18 e 21 de novembro. Viajou com Marlene a Paris diversas vezes para passar dois ou três dias, em geral na época do Natal, com Maurice Aymard e família, e depois com Elise Marienstras e o marido. Viajou no trem da Eurostar pelo túnel do Canal da Mancha, mais agradável e conveniente que uma viagem de avião, e ficou em Paris de 13 a 15 de dezembro de 2002, de 21 a 25 de dezembro de 2005 e de 7 a 11 de dezembro de 2007, passando boa parte do tempo com os Marienstras.[60] "Nós estávamos *en famille*", como se recordou Elise: "Só nós quatro [...]. Realmente como uma família. A sensação de estarmos velhos, de termos atravessado toda essa vida, de termos uns aos outros por tanto tempo e a sensação de afeto uns com os outros [...]. Foi ótimo."[61]

Com Marlene, Eric estava desempenhando um novo papel, o de avô de crianças pequenas: "Nós estamos nos divertindo com todos esses pequenos", comentou em julho de 2005.[62] Como Julia se recordou:

> Ele se envolvia na vida de todos nós, dos dois filhos e da filha, dos nove netos e de sua bisneta mais nova. Sempre me perguntava avidamente a cada visita: "Como vão os negócios?", e gostava das minhas histórias sobre a linha

de frente do capitalismo. Comemorava cada passo empreendedor à frente, mas sempre meio ansioso, deixando mensagens na secretária eletrônica dizendo: "É o papai. Só para saber como vocês estão. Não exagere. Beijo, beijo". Meu pai, o historiador acadêmico e gigante da "esquerda", e eu, sua filha sem diploma e politicamente plural que adorava fazer negócios.

Em junho de 2007 Eric comemorou seu aniversário de 90 anos. Estava muito bem-disposto, lembrando-se de que estivera recentemente no aeroporto de Heathrow e de se sentir aliviado ao ver no portão de embarque o aviso "atrasado", e depois mais aliviado ainda quando o aviso anunciou "cancelado". A embaixada da Áustria em Londres realizou um concerto em sua homenagem, com um quarteto de cordas tocando obras de Mozart, Haydn, Mendelssohn, Schubert, Grieg e Shostakovich.[63]

Na festa do seu último aniversário, de 95 anos, em junho de 2012, como se lembrou Claire Tomalin, "ele conversou muito conosco, com verve e sabedoria, o espírito não ofuscado pelas dores físicas. Quando fez piadas sobre viver para ver o fracasso do capitalismo eu olhei ao redor, vi como ele tinha se tornado parte do *establishment* inglês e pensei: 'Eric é um mágico'".[64] Nessa ocasião, Elise Marienstras achou Eric "muito abatido fisicamente". Ele estava "lá como num trono. Sendo empurrado numa cadeira de rodas e a gente precisava entrar na fila para dar um abraço". A festa aconteceu no sede do Instituto Real dos Arquitetos Britânicos, na Portland Place. "As mesas tinham nomes de óperas; os lugares eram indicados antes de se entrar no salão." A comida foi suntuosa. Mas "todos sabíamos muito bem que Eric estava perto do fim, e havia aquela espécie de reverência com ele, foi muito curioso".[65]

Eric continuou sendo agraciado por prêmios e homenagens. Recebeu uma declaração pública de apreciação do ministro do Exterior da Alemanha, Joschka Fischer (definido pelo embaixador alemão como "um grande admirador do seu trabalho").[66] Em 2008 foi nomeado Membro Honorário da Sociedade de Estudos da História do Trabalhismo, instituição de que era presidente desde a morte de Edward Thompson.[67] Em 2006 foi eleito, muito tardiamente, para a Sociedade de Literatura Real. Em 2000 foi agraciado com o Prêmio Ernst Bloch, concedido pela cidade de Ludwigshafen por importantes contribuições para a cultura europeia com base filosófica; em 2008 ganhou cidadania honorária da cidade de Viena e no mesmo ano o Prêmio Bochum de História para Economia e História Social. Recebeu títulos honoríficos de muitas universidades, de Montevidéu a Praga; e, talvez mais importante, ganhou o Prêmio Balzan, concedido em 2003 por importantes contribuições à história de Europa. Como se recordou Keith Thomas:

> Eu fui parcialmente responsável por Eric ter recebido o Prêmio Balzan. Foi uma decisão tremendamente controversa e alguns membros do comitê nunca se reconciliaram com isso. Aqueles que se lembravam da RDA, sobre a qual Eric sempre dizia algo favorável, ficaram particularmente exasperados. Não se sentiram mais animados quando, por Eric não comparecer à cerimônia por não estar bem de saúde, Julia foi a Berna para receber o prêmio, usando intencional[mente] um par de sapatos vermelho vivo.[68]

O prêmio foi no valor de ¾ de milhões de francos suíços, e metade tinha de ser dedicada a um projeto de pesquisa. Eric escolheu "Reconstrução imediatamente depois da guerra: um estudo comparativo da Europa, 1945-1950", com sede na Birkbeck, com duas pesquisas de pós-doutorado de membros da faculdade pagas com dinheiro do prêmio, além de quatro oficinas ou conferências. O envolvimento de Eric foi necessariamente limitado, mas o projeto foi bem, produzindo inúmeras publicações importantes nos anos seguintes.[69]

IV

Tempos interessantes, publicado quando Eric tinha 85 anos, foi seu último livro. "Eu não posso mais escrever livros", ele declarou à época: "Não tenho mais a energia intelectual." Talvez, mas com ou sem energia, é difícil manter a perspectiva de longo prazo necessária para pesquisar e escrever um livro grande, um projeto que em geral exige cinco anos ou mais, quando alguém está se aproximando dos 90 anos de idade. Ao se aproximar de sua décima década, Eric estava "desacelerando visivelmente, e apesar de continuar escrevendo palestras/artigos/resenhas", disse a Victor Kiernan em junho de 2006, "eu não tenho mais energia para outro livro, mas espero reunir vários pequenos ensaios, publicados, não publicados e talvez ainda não escritos num só volume".[70] Profícuo escritor de artigos, tanto acadêmicos como jornalísticos, Eric acumulou uma vasta coleção de textos curtos, e agora preferia se concentrar na republicação numa série de coletâneas em forma de livros. Na verdade, ao sentir a intimação da mortalidade ao entrar na casa dos 90 anos, ele pretendia que esses volumes continuassem a ser publicados após sua morte. Eric já havia pedido a Nick Jacobs para atuar como seu testamenteiro literário junto a Chris Wrigley, mas agora achava que precisava de alguém que pudesse lidar com o lado comercial das publicações e procurou Bruce Hunter, que concordou. Wrigley considerou que Hunter "entraria com o conhecimento histórico/editorial, e eu esperava diminuir o seu ritmo, para deixar um intervalo suficiente entre os livros para que fossem vendidos, cuidar da ordem em que os livros seriam publicados e fazer com que ele só publicasse material de primeira classe, sem achar que qualquer fragmento fosse lançado".[71] Eric concordou: "Sua carta tirou um grande peso da minha mente. Eu e Marlene somos muito gratos".[72]

Eric se sentiu energizado com a ideia de publicar uma série de coletâneas de seus artigos e ensaios. De acordo com Wrigley:

> Ele tinha planos grandiosos para os volumes – acho que falava em nove ou 11 volumes de ensaios. Eu engoli em seco: por mais leal que eu fosse, teria pensado que sete já seria algo forçado, mas acho que Bruce achou que cinco já era um exagero [...]. Eu li tudo [...] os textos não publicados e fiz uma lista [...] mas fiz isso rapidamente e li todo o lote em vários dias, e a repetição tornou-se aparente. Pensei que obviamente havia algumas coisas que Eric não gostaria muito que fossem reimpressas.[73]

A sequência de coletâneas publicadas por Eric em sua última década de vida demonstra a precisão do comentário de Wrigley e a presciência da apreensão de Hunter: de forma geral são textos desiguais em termos de qualidade e com frequência não muito coerentes. Por outro lado, a série contém algumas joias preciosas, e algumas jamais haviam visto a luz do sol. Embora as primeiras coletâneas de ensaios, inclusive *Sobre a história* e *Pessoas extraordinárias*, tivessem sido publicadas pela Weidenfeld & Nicolson, os novos livros foram lançados pela Little, Brown, principalmente porque a editora podia publicá-los em formato brochura pelo selo Abacus, sem que Bruce Hunter precisasse negociar os contratos em separado, como havia feito nos dois primeiros livros.[74]

Na primeira dessas coletâneas, *Globalização, democracia e terrorismo* (2007), Eric reimprimiu principalmente trabalhos recentes, incluindo palestras não publicadas alertando contra a globalização, não só devido ao aumento desigualdade, mas também porque, com sua retórica enganosa sobre direitos humanos e democratização, acabava funcionando como uma fachada para a "megalomania" da política externa dos Estados Unidos. A rápida expansão do capitalismo transnacional e da mídia global estava colocando Estados-nações diante de desafios sem precedentes. A democracia liberal poderia ter empurrado com o cotovelo ditaduras militares tão características da segunda metade do século XX (ao menos na África e na América Latina), mas estava mal equipada para resistir ao poder da globalização.[75] Apesar de o conteúdo ter sido reunido às pressas, o livro logo foi traduzido para 11 línguas estrangeiras, como sempre com a edição brasileira sendo a mais bem-sucedida em termos de vendas.

On Empire: America, War, and Global Supremacy foi publicado em 2008 pela The New Press, uma editora sem fins lucrativos fundada por André Schiffrin, amigo de Eric, no início dos anos 1990, depois de ser demitido da Pantheon por sua companhia associada, alegadamente por não conseguir atingir os lucros planejados. Com pouco menos de 100 páginas, foi a mais curta das coletâneas de ensaios finais, apresentando somente dez textos, todos escritos entre 2000 e 2006. O principal tema da coletânea era mais uma vez o declínio da democracia, a forma como as instituições eletivas estavam sendo anuladas por um capitalismo global fora de controle. As instituições convencionais perdiam o poder nessa situação. "Mais tagarelices absurdas e insignificantes são enunciadas no discurso público do Ocidente hoje sobre democracia e especificamente sobre as miraculosas qualidades atribuídas a governos eleitos por maiorias aritméticas de eleitores entre partidos rivais do que sobre quase qualquer outra palavra ou conceito político."[76] Os governos democráticos da Ucrânia pós-soviética, por exemplo, e na conflagrada Colômbia não haviam causado melhorias notáveis, nem nos padrões de vida nem na ordem civil.[77] Lá estava o mais recente de Eric com o máximo de seu pessimismo, não vendo nada além de escuridão no futuro.[78]

O último livro publicado de Eric em vida foi *Como mudar o mundo: Marx e o marxismo*, uma coletânea de seus ensaios a respeito do tema das décadas passadas, mais uma vez produzida pela Little, Brown. A ideia foi originalmente concebida por Gregory Elliott, autor de uma avaliação crítica do pensamento político de Eric, para Tariq Ali, um marxista de longa data e diretor da Verso. Tariq disse a Eric que todos na Verso "estavam entusiasmados com a proposta, pois acreditamos que este livro seria uma resposta impactante para o que sem dúvida será a orgia de autocongratulações e triunfalismo (orquestrada pela União Europeia e seus aparatos culturais) para marcar os vinte anos desde o colapso do Muro de Berlim e do comunismo".⁷⁹ Contudo, apesar de Eric se dizer "entusiasmado", a proposta financeira da Verso foi "muito abaixo do que seria aceitável". A Verso tinha pouco dinheiro para concorrer com editoras mais comerciais (aliás, nessa época a editora pedia que seus autores abrissem mão de seus direitos autorais para manter a empresa à tona).⁸⁰ O livro acabou sendo publicado pela Little, Brown em 2011. O subtítulo original era *Tales of Marx and Marxism*, mas Eric não gostou. "Sua opinião", informou seu agente, "é que ele nunca foi muito bom em 'Tales' ('Contos') como descrição, por ser mais sugestiva de uma obra de ficção."⁸¹

O lançamento foi postergado, em parte pelo manuscrito original ter sido entregue aos editores "composto por páginas fotocopiadas de uma variedade de diferentes publicações e páginas datilografadas com máquina elétrica, com muito erros tipográficos, correções feitas à mão, pedaços de textos faltando, diferentes estilos para cada capítulo, ausência de detalhes nas anotações ou a necessidade de textos adicionais e assim por diante", como se queixou Richard Beswick, editor de Eric na Little, Brown.⁸² As inúmeras correções e melhorias feitas por Eric no texto final editado e nas provas tipográficas resultaram na metade do custo da composição tipográfica. Eric concordou em pagar 740 libras pelos custos adicionais, um acordo razoável nas circunstâncias.⁸³ Uma editora americana considerou "*Como mudar o mundo* uma tarefa difícil em termos de relançar Eric aqui nos Estados Unidos".⁸⁴ Eric achava que nos Estados Unidos o público leitor do livro estaria "quase exclusivamente nas universidades".⁸⁵ O livro foi recusado nos Estados Unidos pela Basic Books, pela Public Affairs, pela Pantheon e pela Simon & Schuster, mas acabou sendo assumido pela Yale University Press, disposta a pagar um adiantamento relativamente modesto (para Eric) de 10 mil dólares.⁸⁶

Porém, quando foi lançado, em 2010, o contexto havia mudado totalmente desde o planejado inicialmente por Tariq Ali, pois o colapso do banco Lehman Brothers de Nova York, em 15 de setembro de 2008, acionou uma grande reversão econômica global. Quaisquer triunfalismos sobre o fim do comunismo em 1989 foram esquecidos. No contexto de uma crise econômica e financeira mundial, declarou Eric, chegara o momento de voltar a levar Marx a sério. Mas talvez o título fosse um tanto enganoso: "Qualquer um procurando conselhos sobre como fomentar a revolução", escreveu o filósofo Alan Ryan, "ou até mesmo em como votar nas próximas eleições não vai encontrá-lo aqui."⁸⁷ Ainda assim, o livro postulava algumas questões cruciais. Será que afinal Marx não tinha razão em toda sua análise das causas da queda do capitalismo? Um novo livro sobre o assunto, escrito pelo historiador mais conhecido e mais lido do mundo, poderia fornecer algumas respostas. E, realmente, para muitos isso aconteceu: em janeiro de 2011 o livro chegou ao topo da lista dos mais vendidos na livraria on-line do *Guardian*, derrubando o romance *A pequena ilha* de Andrea Levy para o décimo lugar.[88]

A poucos meses de seu aniversário de 95 anos, Eric continuava trabalhando em dois livros, inclusive *When the Tsunami Struck: What Happened to Western Culture?* e *Politics before Politics,* uma coletânea de ensaios que envolvia a tradução de alguns artigos do alemão, coisa que ele não estava disposto a fazer. O primeiro tratava da cultura burguesa europeia e o que Eric considerava seu falecimento no século XX; seu título foi mudado para *Tempos fraturados*. O segundo era uma edição planejada de mais textos de Eric sobre o tema de "rebeldes primitivos".[89] Eric deixou o segundo livro de lado e trabalhou com afinco no primeiro, apesar de estar internado em um hospital, como escreveu em março de 2012. O livro acabou sendo publicado em 2013.[90] No livro, Eric não só retornou ao mundo cultural de sua juventude, mas também ao seu fascínio por seu legado judaico. Ele já havia escrito algumas vezes sobre o papel dos judeus na política e na cultura da Europa Central, mas neste caso seu profundo conhecimento e amor pela cultura judaica na Europa Central do século XIX e do início do século XX ficaram claros nos melhores textos do que se mostrou uma coletânea bastante desigual, como seus outros últimos livros de ensaios.[91] O satirista austríaco Karl Kraus teve lugar de honra na obra, mas muitos outros também foram mencionados. Solapada pela democratização, pelas mudanças tecnológicas e pelo advento do consumismo, Eric argumentou que a cultura burguesa foi também destruída pelo extermínio por Hitler de judeus que tiveram papel tão central na criação e no curso de sua emancipação política e social no século XIX. Assim, *Tempos fraturados* foi em grande parte um réquiem para um mundo desaparecido.

Nos anos seguintes outras coletâneas de ensaios de Eric continuaram sendo lançadas intermitentemente,[92] mas o projeto de um livro não chegou a ser realizar. Entre 2006 e 2012, Hans-Ulrich Obrist, historiador da arte e diretor artístico da Serpentine Gallery de Londres, teve uma série de conversas com Eric como parte de um longo programa de entrevistas com figuras culturais de destaque, que incluíram o arquiteto Zaha Hadid, a cantora e pintora Yoko Ono e muitos outros. Algumas foram publicadas em forma de livros, outras pela revista cultura *032c* de Berlim. Quando Obrist mostrou interesse em publicar as entrevistas com Eric em forma de livro, Chris Wrigley leu o texto e não ficou animado. "Para começar, é uma leitura agradável", declarou. "É como estar em um jantar com Eric, a melhor das conversas." Mas depois da seção de abertura "o livro desce ladeira abaixo". Havia muita repetição, muitos pontos que Eric havia exposto melhor em outros textos. "A partir da página 48 deixa de ser de interesse público e seria muito prejudicial para a memória de Eric, em minha opinião, para ser publicado." Seria preciso eliminar mais da metade das 25 mil palavras. Ele recomendou a Bruce Hunter que recusasse a proposta de publicação da Verso. No fim, uma versão radicalmente abreviada foi publicada na *032c*.[93]

V

A saúde de Eric se manteve estável durante os anos 1990, apesar de ter sido forçado a escrever em 14 de junho para o *Evening Standard* se queixando: "Sua informação de que Julia Hobsbawm (London's top 400, 10 de junho) é filha do 'falecido historiador Eric'. Se a sua informação estiver correta, a presente carta, que prova que existe vida depois da sepultura, deveria ser notícia com manchete".[94] Emma Soames, a editora responsável, respondeu de imediato "com profusas desculpas por o termos matado".[95] Mas seus anos finais foram marcados por um número cada vez maior de doenças. Como Marlene me contou, foram "os anos no hospital". Os problemas começaram em 2001, quando Eric passou por duas operações no Royal Free Hospital de Hampstead, em 6 de setembro e em 2 de novembro, para retirar um intumescimento canceroso da parte inferior da perna esquerda.[96] As cirurgias foram bem-sucedidas, mas em seguida Eric começou a ter problemas na próstata, mantidos sob controle, mas ainda assim preocupantes.[97] Recuperou-se desses problemas e ficou mais otimista pelos anos seguintes. "Apesar de estarmos testando a capacidade do Serviço Nacional de Saúde de todas as formas", escreveu em julho de 2005, "o instituto passa muito bem pelos testes – no geral ainda estamos em boa forma, considerando a avançada marcha do tempo."[98] Porém, em 2007 Eric desenvolveu uma leucemia linfática crônica, uma forma de doença sanguínea de efeito lento que exigia quimioterapia para ser controlada. Ainda assim, "parece que estou me aguentando muito bem em face da quimioterapia", declarou em junho de 2007.[99] A quimioterapia continuou por muito tempo. "Meus problemas médicos voltaram a ser administráveis", escreveu em junho de 2009,

> depois de alguns meses no início deste ano, quando o tratamento do meu tipo de leucemia – crônica, mas em princípio controlável – deu errado. Agora isso já foi estabilizado e a perspectiva parece boa, embora provavelmente me limite atividades como viagens ao exterior um pouco mais do que estou acostumado. É um pouco deprimente, já que até recentemente eu também achava que não tinha muito do que me queixar.[100]

De qualquer forma, Eric começava agora a pensar o que iria acontecer com o grande volume de seus textos após sua morte. Ele tinha guardado todos, em um monte de caixas, pastas, arquivos, cadernos de anotações e fichários, enchendo todo o espaço disponível na sala do último andar da Nassington Road, dificultando até mesmo a entrada pela porta. Em 2006 ele pediu conselhos a Bruce Hunter sobre o que fazer com aquilo. "Senti-me inclinado a dizer", escreveu, "que se eles valem um bom dinheiro a melhor coisa seria usar tudo como uma doação em lugar de impostos pós-morte ou reduzir mais os impostos sobre herança [...]. Enquanto isso", acrescentou, "já fiz arranjos para formar uma bibliografia completa composta por meus textos publicados."[101] Hunter achou que o ponto-chave era manter todos os papéis juntos com sua biblioteca pessoal de trabalho, com os exemplares de seus livros num mesmo lugar. "O valor do arquivo e da biblioteca fica muito reduzido se estiverem incompletos." Além disso, ele aconselhou Eric

> a manter tudo sob seu controle enquanto for possível. Não se pode garantir totalmente a exclusão de olhos cobiçosos se o arquivo for guardado em uma instituição, sejam quais forem as condições impostas de início por um doador ou vendedor. Seria necessário manter todos os estudiosos afastados dos papéis até um biógrafo autorizado concluir a pesquisa com eles e só então torná-los disponíveis para consulta. E eu já anotei que você me disse que não quer que nenhuma biografia sua seja publicada no seu tempo de vida ou no de Marlene.[102]

Foi uma das poucas ocasiões em que Eric entendeu mal sua esposa: Marlene conhecia quase todos os detalhes da vida de Eric, e de qualquer forma não ficaria chocada por quaisquer revelações contidas nos papéis e divulgadas por um biógrafo.

Eric deixou a questão em aberto por algum tempo, voltando a ela quando ficou mais uma vez gravemente enfermo, em 2010. Mas agora não estava mais tratando diretamente com Bruce Hunter na David Higham Associates. Em outubro de 2010 Hunter disse a Eric que iria se aposentar em janeiro de 2011. Eric respondeu: "Sua carta, embora não inesperada, foi um tanto chocante [...]. Afinal de contas, nós estamos trabalhando juntos há muito tempo. Vou sentir falta não só da sua capacidade de negociação como, principalmente, de seus conselhos e seu julgamento. De forma mais notável sobre minhas futuras publicações...".[103] Hunter recomendou como seu sucessor Andrew Gordon, que já tinha trabalhado na Little, Brown, agora a principal editora de Eric, antes de se tornar chefe do selo de não ficção da Simon & Schuster, e que recentemente começara a trabalhar na David Higham Associates.[104] Nesse meio-tempo, Eric decidiu doar seus papéis para o Centro de Registros Modernos da Universidade de Warwick, que abrigava os arquivos de sindicatos e sindicalistas de destaque. O Centro concordou em ficar com o material de Eric, que seria transferido para lá por partes. Se houvesse alguma vantagem fiscal nisso, eles a converteriam em doação no devido tempo.[105] Eric pretendia manter os papéis enquanto vivesse, já que ainda usava parte do material.[106] Em 14 de novembro de 2010, Eric disse a Gordon que precisava contratar alguém para catalogar o material. Gordon sugeriu Owen Jones, um jovem jornalista e escritor de esquerda do *Guardian*. Eric concordou, e Jones foi contratado para o trabalho.[107] Começou selecionando os papéis, estabelecendo gradualmente certa ordem no caos do escritório do último andar da Nassington Road, embora muita coisa ainda precisasse ser feita. Em 2016 a maior parte do arquivo já havia sido mandada para Warwick e catalogada de forma mais organizada pelos arquivistas.

No início de fevereiro de 2010 Eric contraiu pneumonia, uma doença perigosa para alguém de idade tão avançada. Como se recordou Julia quando foi buscá-lo na Nassington Road, em 12 de fevereiro, para levá-lo ao hospital:

> Eric mal parecia vivo e eu sabia que ele achava que não iria sobreviver. "Como está se sentindo?", perguntei. "Em péssimo estado", ele respondeu. Todos estávamos lutando para levá-lo escada abaixo. Mas quando chegou no térreo ele insistiu em protelar. Com movimentos extremamente vacilantes, pegou um livro da prateleira mais alta da sala da frente, em cima de seus

LPs de jazz. Como sempre, essa leitura de emergência era um livro tamanho de bolso, com uma capa dura vermelha, de impressão elegante. Tinha sido um presente da adorada "mamã" quando ele era garoto em Viena, oito décadas antes. Nessa ocasião ele ficou bem mais animado durante alguns dias, quando os antibióticos fizeram efeito. Liguei para o celular dele para saber como estava e perguntei se precisava de alguma coisa. Ele gostava muito de doce, e imaginei que fosse pedir alguma geleia de frutas favorita, ou talvez chocolate escuro. "Eu acabei trazendo um livro muito bombástico", disse em tom de desculpas. "Você se incomodaria em me trazer alguma coisa melhor?" Acontece que o livro que ele tinha pegado, supondo ser o último que leria, era uma edição em alemão de *Os irmãos Karamazov*, e agora com a crise ultrapassada não era mais do seu gosto. Conhecendo a fraqueza dele por policiais – uma das paredes de estante era cheia de livros policiais em formato brochura da Penguin com lombadas verdes, seus velhos livros de Ed McBains e os mais recentes de Elmore Leonards –, eu levei para ele *A garota da tatuagem de dragão* de Stieg Larsson. Amenizou o tédio do hospital e ainda provocou uma discussão bem vigorosa sobre o quanto de fornicação marital o livro mostrava. "Demais", ele disse.[108]

Eric se recuperou, recebendo alta em 3 de março.
Mas a doença o deixou mais fraco. Agora ele precisava de duas bengalas para conseguir andar. Fez um tratamento fisioterapêutico e passou por uma série de testes no Whittington Hospital, no norte de Londres, em 22 de junho de 2010. Melhorou a ponto de ir até o País de Gales na primeira semana de abril, e mais uma vez a Nova York, e até para viajar a Roma por alguns dias, entre 18 e 21 de novembro.[109] Em agosto de 2010 ele se sentiu tão bem que aceitou um convite para visitar o recém-inaugurado Museu de Arte Islâmica em Doha, no Qatar. O romancista e comentarista social egípcio Ahdaf Soueif, que dois anos antes tinha fundado o Festival Palestino de Literatura, convidou diversos intelectuais bem conhecidos para visitar o museu e escrever sobre sua arquitetura ou sobre alguma das pinturas, tesouros e objetos expostos. Os ensaios seriam publicados numa coletânea pela Bloomsbury. Eram sete horas de voo em qualquer trajeto e o clima estaria bem quente. Bruce Hunter considerou que "desde que a esposa Marlene esteja com ele, acredito que Eric está pronto para isso. Há pouco tempo ele foi a Paris de trem para fazer uma palestra. E com a neve deste inverno ele foi de ônibus de Hampstead, onde ele mora no alto da

colina, até a Biblioteca de Londres".[110] E lá se foram Eric e Marlene, viajando de primeira classe pela Qatar Airlines, evitando o calor locomovendo-se em automóveis com ar-condicionado e ficando em quartos com ar-condicionado, como fizeram todos os demais convidados.

Mesmo assim, a decadência física de Eric era óbvia para qualquer um, talvez menos para ele mesmo. Estava ansioso para realizar uma ambição de muito tempo de ir a Isfahan, no Irã, para apreciar seus incomparáveis tesouros da arte islâmica, que ele adorava; Eric conhecia alguns acadêmicos iranianos (ele conhecia acadêmicos de todos os lugares) que lhe mostrariam a cidade, mas Marlene achou que Eric estava fraco demais para sair de casa, o que o deixou muito aborrecido e frustrado. A essa altura, suas internações hospitalares foram ficando cada vez mais frequentes. Como Julia observou mais tarde:

> Durante boa parte de 2010, 2011 e 20012, a rotina sombria de me preparar psicologicamente para "o fim" era seguida por uma sensação de alívio quando ele se reanimava, pela força do espírito – dele e da minha mãe – e pela medicina moderna que o mantinha vivo. Mas na periferia dos meus sentidos pairava uma matiz solitária de alguma coisa um tanto acabrunhante: saber que aquela angústia iria voltar, sabendo que ele ia morrer, inevitavelmente, e enquanto isso ficar esperando, impotente.[111]

Em março de 2011 Eric sofreu uma queda, pois sua perna esquerda não conseguia mais sustentar seu peso, nem com a ajuda de bengalas. O ferimento na perna esquerda, causado pela operação de dez anos antes, abriu e começou a ulcerar. Hospitalizado em 5 de maio de 2011, sofreu uma pequena trombose venal enquanto estava internado, que provocou algum dano no lado esquerdo do rosto. Mas ele continuou escrevendo durante todo o tempo em que ficou no hospital.[112] Recebeu alta em 10 de maio. No dia 13 de maio passou por uma angioplastia para desobstruir as veias da perna esquerda, o que resultou em alguma melhora.[113] Em julho de 2011 Eric foi obrigado a usar um andador para caminhar, "já que andar com 2 bengalas (meu modo de locomoção habitual) é lento demais para distâncias de mais de umas dezenas de passos", e teve de instalar um elevador na Nassington Road para levá-lo até o primeiro andar, onde Alaric, o marido de Julia, tinha organizado a transferência dos livros e dos papéis essenciais de seu escritório no último andar para Eric poder continuar trabalhando.[114] Apesar da deterioração da saúde, ainda conseguiu ir a uma ópera em Covent Garden em 16 de novembro de 2011 para assistir a uma apresentação de *Anna* de Mark-Anthony Turnage, mas esta foi sua última excursão cultural.[115]

Eric continuou indo ao Festival Literário de Hay quase até o fim, mostrando seu status como presidente honorário e se sentindo energizado pelos convites para falar diante de uma grande plateia. Como se lembrou Julia:

> Sabe de uma coisa, houve um momento maravilhoso quando ele já estava perto do fim. E [...] ele falou para mil pessoas no estande da Barclays Wealth em Hay, e eu e mamãe estávamos praticamente o remendando para estar fisicamente apto. Ele estava realmente mal, sabe. E se levantou – Tristram Hunt estava conversando com ele – o auditório estava lotado – mil pessoas – naquele estande incongruentemente chamado de Barclays Wealth. E foi meio fantasmagórico – ele simplesmente se transformou num homem de 45 anos, bem na nossa frente, no palco. E desempenhou um verdadeiro *tour de force*; foi absolutamente maravilhoso. O pessoal do Hay realmente o adorava.[116]

Na Birkbeck, Eric continuou presidindo cerimônias de diplomação enquanto conseguiu, sentado numa cadeira no palco do Instituto de Educação Logan Hall e trocando apertos de mão com os formandos. Quando Joan Bakewell foi indicada como sua sucessora, ela foi apresentada a Eric e "meio que examinada como sucessora. Eles queriam saber se Eric ficaria satisfeito", como ela depois se lembrou. Os dois não se viam desde ela ter sido supervisionada por Eric como aluna de graduação.[117]

Richard Rathbone lembrou-se de que Eric nunca deixou de gostar de abrir garrafas de champanhe. Ele foi a um jantar na Nassington Road em 2011 ou 2012,

> e abriu-se champanhe, ou acho que o que Marlene estava servindo era gim-tônica. E Eric cochichou no ouvido de Marlene que precisava subir porque estava cansado, e subiu pelo elevador Stannah e disse que queria que ficássemos com um livro da estante dele. É claro que Marlene pegou alguma coisa. Não me lembro se era *Era dos impérios* ou algo assim – de qualquer forma, foi uma espécie de presente na hora da morte [...]. Mas nós voltamos lá outra vez e foi feita a mesma oferta, e dessa vez foi uma

escolha dele, algo muito abstruso que tinha escrito em forma de panfleto, que eu não entendi, mas [...]. Ele estava com a sensação de que ia partir, não há dúvida quanto a isso.[118]

Como se recordou Julia, a sede de conhecimento de Eric se manteve até o fim. Ele leu incessantemente toda sua vida e nunca deixou de ler, nem mesmo quando estava muito doente. Numa das internações hospitalares ele não levou um livro. O que iria fazer? Como se lembrou Julia mais tarde:

> Eu tinha acabado de fazer o download de *A lebre com olhos de âmbar* de Edmund de Waal no meu iPad. Aí mostrei a ele como navegar usando o toque na tela. Percorreu as palavras com os dedos compridos e murmurou em voz baixa algo próximo de admiração: um antigo ET em um mundo cuja modernidade estava se tornando estranhamente alienígena. Nós os visitávamos aos domingos, já com ele perto do fim, eu levava jornais "de direita" como um contrabando: o *Sunday Telegraph* e o *Sunday Times* ou o *Spectator*. Enquanto as crianças jogavam frescobol no jardim ele lia o *Observer* com ansiedade, curtindo seu desgosto com a posição política do jornal e às vezes se manifestando de forma deletéria e com as piores críticas a David Cameron: "Ele é um peso-leve".

Eric sempre se mostrou ávido para aprender o que o inimigo estava aprontando.

Quando Lise Grande fez uma visita a Eric, em julho de 2012, ele já não tinha muito tempo de vida, mas sua curiosidade não tinha diminuído. Ela tinha acabado de ser nomeada chefe da missão humanitária da Organização das Nações Unidas na Índia, e quando contou isso Eric ficou "muito a fim de conversar sobre o papel do Congresso e sobre o que estava acontecendo no grande subcontinente, sobre a modernidade e tudo isso".[119] Continuou trabalhando intensamente em *Tempos fraturados*. Mas no fim do verão de 2012 Eric já estava claramente morrendo. "Agora eu me encontro bem incapaz fisicamente", escreveu em agosto de 2012 no que pode bem ter sido sua última carta, para seu ex-aluno Tyrrell Marris, aquele que o levara naquela memorável viagem de barco à Espanha mais de seis décadas antes, "e nem mesmo o exercício de apreciar catedrais francesas são mais viáveis para mim. Na verdade, nada que implique movimentos físicos."[120] Vinha tendo problemas para engolir há quase dois anos. O problema se agravou, mas ele se recusava a ser alimentado artificialmente, e por isso, como contou Marlene, "no fim a perda de peso não permitia mais que ele lutasse contra qualquer infecção".

No dia 24 de setembro de 2012, Marlene foi com ele ao Royal Free Hospital para uma das transferências de sangue habituais que recebia por causa da leucemia – um processo com que se sentia confortável, pois permitia que continuasse lendo, e que sempre o fazia se sentir melhor depois. Em geral Marlene ia buscá-lo por volta das quatro da tarde e ele estava se sentindo melhor, mas, seguindo um palpite, ela apareceu para vê-lo na hora do almoço e ele parecia ter deteriorado. Uma das enfermeiras falou: "Realmente eu acho que você não deveria levá-lo para casa hoje, ele não está muito bem. Seria melhor passar a noite aqui". Marlene ficou com ele num quarto anexo, mas na manhã seguinte os médicos que o tratavam regularmente não apareceram como de costume, e ficou claro que ele seria transferido para cuidados paliativos. Como mais tarde ela recordou:

Os médicos disseram: "Nós vamos mantê-lo confortável o quanto pudermos e acompanhar seu dia a dia". Telefonei do hospital para Andy e Julia e disse que eram os últimos dias. Depois liguei para a cuidadora favorita dele, uma senhora indiana que adorava tanto o comunismo quanto Jesus. Ela o barbeou (as enfermeiras não tinham tempo para isso). Ele continuou vivo mais seis dias e parecia estar bem. Sofria alguns desconfortos, mas não dores – estava tudo sob controle. É claro que os netos vieram e eu liguei para alguns amigos e organizei as visitas o melhor que pude. Por sorte, um dos melhores amigos dele, Leslie Bethell, que mora no Rio de Janeiro, estava em Londres na época. Aquelas visitas fizeram bem para ele: Eric estava lúcido e muito normal. Morreu no hospital no dia 1º de outubro de 2012.

"Foi uma morte em paz", escreveu Marlene, "e ele esteve lúcido até o fim. Mas percebi que nunca se pode realmente esperar o esperado e por isso nós três ficamos num choque total."[121]

A morte de Eric foi anunciada no mundo todo, em muitos países, nos principais noticiários de rádio e televisão do dia. Já há algum tempo Eric era um intelectual respeitável e reconhecido, não só na Grã-Bretanha mas também como o mais famoso e o mais lido historiador do mundo. Jornais e periódicos de toda parte o homenagearam com longos artigos. Sua morte foi o principal tema do noticiário da TV BBC e mereceu um editorial do *Times* de Londres. O líder do Partido Trabalhista, Ed Miliband, homenageou Eric em um discurso na Convenção do Partido. O presidente da República de Chipre mandou uma carta de condolências: "Seus textos seminais ocupam orgulhosamente amplos espaços até mesmo nos lares mais humildes, pois ele tinha o dom de influenciar e ensinar pessoas de todas as tendências do mundo todo".[122] A mídia britânica concentrou-se em sua vida como marxista e sua adesão supostamente inflexível ao comunismo, e as discussões no rádio e na televisão em particular praticamente ignoraram suas obras históricas. Um punhado de inveterados guerreiros da Guerra Fria, lutando bravamente pelo que imaginavam ser a causa do Ocidente agora que não havia mais inimigos a ameaçá-los, despejaram vitríolo em seu túmulo. O escritor A. N. Wilson, em artigo tipicamente impulsivo, sem se dar ao trabalho de pensar sobre o assunto, sem mencionar quaisquer evidências atuais, afirmou que Eric "odiava a Grã-Bretanha" e insinuou que poderia ter sido espião soviético. Seus livros eram pouco mais que propaganda e não seriam lidos no futuro. Sua reputação "afundaria sem deixar vestígios".[123]

Homenagens de historiadores mais sérios se concentraram diretamente nos livros de história de Eric e em sua contribuição para a compreensão da história. Estes incluíram figuras tanto da direita como da esquerda. "Diferentemente de muitos intelectuais do continente", escreveu Niall Ferguson, "o historiador Hobsbawm nunca foi um escravo da doutrina marxista-leninista. Seus melhores trabalhos se caracterizaram por uma notável abrangência e profundidade de conhecimento, pela clareza elegante e analítica, pela empatia com o 'homenzinho' e pelo amor de relatar detalhes". Segundo Ferguson, seus quatro livros "Era de" eram uma das grandes obras sobre história do século XX. Alguns políticos conservadores também o elogiaram. Depois da morte de Eric, como Julia se recordou,

> recebi um bilhete muito gentil escrito à mão de Boris Johnson relembrando uma conversa que tivera recentemente com papai no salão verde de Hay. Boris disse que meu pai olhou para ele da cadeira de rodas "com a sabedoria de uma árvore cheia de corujas". Lembro-me muito bem dessa conversa porque fui eu que os apresentei: ele fez o prefeito conservador de Londres hesitar um pouco ao perguntar diretamente se ele se divertia ao irritar "tanta gente no seu partido e tanta gente ao mesmo tempo". Desconfio que meu pai apreciava o amor de Boris Johnson por livros, mas não sua política.[124]

Quando Julia telefonou para encomendar um anúncio fúnebre no *The Times*, "o jovem ao telefone pareceu tenso: me pediu para repetir o número do cartão de crédito várias vezes e de repente falou que tinha estudado história na faculdade e adorava os livros do meu pai". Ex-alunos de Eric no mundo todo telefonaram: Marlene falou com eles ao telefone durante várias semanas. Mais de mil mensagens de condolências chegaram a Nassington Road pelo correio. Quando a família estava fora de casa, o carteiro deixava um comunicado impresso informando que não tinha conseguido entregar a correspondência, mas também escreveu um bilhete dizendo: "Eu gostava do trabalho dele e só queria dar os meus pêsames".

Como observou o jornalista especializado em América Latina Richard Gott, Eric era "um profeta mais reconhecido no exterior do que em seu país [...]. Conseguia lotar estádios em muitas partes do mundo, mas na Grã-Bretanha tinha de se contentar com palestras em anfiteatros. Aparece com mais frequência nos *feuilletons* da Europa ou das Américas (do Norte e do Sul) que nos de Londres. Suas opiniões são mais valorizadas pelas emissoras de rádio da Itália que pela BBC". A fama adquirida por Eric no Brasil como autor do bestseller *Era dos extremos* garantiu que seus últimos livros também tivessem altas vendagens. No topo da lista estava a coletânea de ensaios *Sobre história* (1997), com 40.700 exemplares, seguido por *Tempos interessantes* com 27.200 e *O novo século*, com o mesmo número. *Globalização, democracia e terrorismo* vendeu 27 mil exemplares, *Como mudar o mundo* vendeu 13 mil, *Tempos fraturados* vendeu 10 mil e *Ecos da Marselhesa*, 6 mil exemplares.[125] "No Brasil", contou Julia, "estudantes universitários levantaram bandeiras dizendo 'Viva Hobsbawm'".[126] O ex-presidente Lula da Silva mandou uma mensagem de condolências a Marlene:

> Acabo de receber com profunda tristeza a notícia da morte de seu marido, meu querido amigo Eric Hobsbawm. Ele foi um dos mais lúcidos, brilhantes e corajosos intelectuais do século XX. Desde que o conheci, muitos anos atrás, recebi de Eric, como ele preferia que eu o tratasse, incontáveis estímulos para o estabelecimento de políticas que dariam uma parte da riqueza e dos benefícios do Brasil aos trabalhadores [...]. Mais do que um privilégio, foi uma honra ser um contemporâneo de Eric Hobsbawm e ter compartilhado momentos com ele.[127]

Somente a revista *Veja*, que à época se voltara para a extrema direita, engajando-se numa campanha contra o que chamou de "doutrinação marxista" nas universidades brasileiras, o acusou de ser um "idiota moral" por ter supostamente defendido Stálin. Essa acusação provocou uma resposta à altura da Associação Nacional de História que defendeu Eric por "dar voz a homens e mulheres que não sabiam escrever, que não imaginavam que suas greves, boicotes e até mesmo os partidos eram uma parte da história". Definiu Eric como "um dos homens mais importantes do século XX".[128]

A morte de Eric ganhou a primeira página dos jornais diários do subcontinente indiano. Como lembrou-se Romila Thapar, agora uma historiadora de renome na Índia:

> Um ícone entre historiadores de várias idades e escolas de pensamento da Índia. Isso aconteceu em parte porque seus livros são agora leitura obrigatória no currículo dos tempos atuais, e também porque ele comentava sobre acontecimentos no mundo que incluíam mudanças ocorrendo na Índia [...]. Sob vários aspectos, eram aos textos dele que recorríamos quando falávamos sobre a necessidade de incluir a história entre as ciências sociais. Esta foi uma importante mudança, pois nos tempos coloniais a história era tratada na Índia como parte da indologia, mais focada em reunir informações do que em tentar analisá-las.[129]

A reputação de Eric no subcontinente era realmente imensa, indo bem além dos limites da profissão de historiador acadêmico. Depois de sua última visita a Eric, Lise Grande foi direto para a Índia. De início teve dificuldade de se encontrar com políticos mais influentes e funcionários do governo mais graduados, mesmo sendo chefe da missão humanitária da ONU no país. Mas tudo mudou quando eles ficaram sabendo que ela conhecia Eric, e a mera menção de ter sido aluna dele era suficiente para abrir todas as portas, inclusive a do primeiro-ministro. Lise logo percebeu a importância do nome dele. "A primeira coisa que eu dizia a qualquer um era 'eu fui aluna de Eric', e, bem, pode entrar." Lise garantiu o apoio do economista de desenvolvimento Amartya Sen, vencedor do Prêmio Nobel, para estabelecer o Centro de Desenvolvimento Humano da ONU em Nova Deli, e na cerimônia de abertura ele declarou: "A única razão de eu estar aqui é [...] ela ter conhecido Eric". Quando Lise Grande foi convidada para jantar com o líder do Partido Comunista do governo de Kerala, no sul da Índia, ele começou a falar sobre comunistas famosos que conhecera e, sem saber que Lise tinha sido aluna de Eric, disse aos convidados:

"Eu fiz uma peregrinação a Londres e fui até a Nassington Road 10." Virei-me para olhar e ele disse: "Fiquei na porta, do lado de fora, porque queria ver onde Eric Hobsbawm morava". Brilhante. E ele não fazia ideia de quem eu era. Era só uma história que estava contando para os homens, camaradas sentados em torno da mesa. Então eu falei: "Bem, sabe, na verdade eu já jantei lá. Eu conheço Eric".[130]

Foi assim em muitos outros países.

Eric finalizou as instruções para o seu funeral em 23 de novembro de 2009 observando que "isso não tem a intenção de comprometer os que sobreviveram a mim". Ele queria que fosse uma cerimônia privada, embora seus amigos mais próximos, inclusive Nick Jacobs, Chris Wrigley e Leslie Bethell, devessem ser avisados, com todas as famílias na Grã-Bretanha e no Chile, e Marion Bennathan, Joss e seus filhos. Uma nota de falecimento estava para ser publicada no *Guardian* e possivelmente no *Times*, e para informar os antigos vermelhos sobreviventes, por que não no *Morning Star* (o diário publicado pelo que restava do Partido Comunista da Grã-Bretanha ou, mais precisamente, a organização que o sucedeu). Para a agência funerária, pensando em mais de setenta anos atrás, Eric achou que "a Levertons de Belsize Park foi muito boa com Gretl", e eles ainda estavam ativos, como sempre estiveram desde 1789, o ano, bem apropriado, da deflagração da Revolução Francesa. Eric deu instruções para que organizassem a cerimônia no Crematório de Golders Green, uma instituição secular fundada em 1902, seguida do enterro de suas cinzas no lote comprado por Marlene no Cemitério de Highgate. A cerimônia seria "não religiosa, mas eu gostaria que alguém dissesse o Kaddish, que é recitado quando os judeus morrem. Ira Katznelson é a escolha óbvia". No fim da vida, Eric estava reconhecendo mais uma vez sua identidade judaica, mais que residual. Não queria muitos discursos no funeral. "Para evitar complicações eu gostaria que um de meus filhos falasse. Acho que deveria ser Andy. Também gostaria que Nick Jacobs falasse. Emma Rothschild? Duvido que Marlene queira se apresentar em público nessa ocasião." A música teria de ser decididamente secular: o lindo e enternecido trio "Soave sia il vento" da ópera *Così fan tutte* de Mozart – "Em sua viagem, que os ventos sejam gentis; que as ondas estejam calmas; que todos os elementos atendam aos seus desejos" – e um excerto do movimento lento do *Quinteto de cordas* de Schubert, uma peça igualmente comovente e sublime. Ambas falavam acima de tudo de amor e perda; ambas tinham uma característica de despedida, a de Mozart quando as duas heroínas se despedem de seus amores e (supostamente) partem para a guerra, e a de Schubert à própria vida, quando o compositor, mortalmente enfermo, pairava à beira da morte. Em gritante contraste, Eric escreveu que "gostaria de uma gravação da Internationale quando eu partir", um último lembrete de seu comprometimento de toda uma vida.[131]

O funeral de Eric, realizado no Crematório de Golders Green em 10 de outubro de 2012 no norte de Londres, começou com uma homenagem de Roy Foster, seguida por um trecho gravado de *Archduke Trio* de Beethoven para violino, violoncelo e piano, opus 97, em substituição a Schubert. Em seguida Nick Jacobs leu *An die Nachgeborenen* de Brecht: "Para aqueles que nasceram antes de nós", com a frase de abertura "Realmente, eu vivo em tempos sombrios" e seu lamento de que "o objetivo estava muito distante; era claramente visível, ainda que para mim mal seja alcançável". O neto de Eric, Roman Hobsbawm Bamping, leu um trecho de *Tempos interessantes*, seguido por uma gravação do trio de *Così fan tutte* e o belo pronunciamento de Andy. Helena Kennedy, advogada escocesa de esquerda e companheira de trabalhismo aparentada com Marlene por um casamento, leu reminiscências de Eric sobre sua época como colunista de jazz nos anos 1950. Numa homenagem à paixão de Eric pelo jazz, seguiu-se uma gravação do Kenny Barron Trio tocando "Slow grind", escolhido por Eric no programa *Desert Island Discs*.[132] No fim, Ira Katznelson lembrou-se de ter se aproximado do caixão. "'Agora vou recitar a clássica oração judaica, o Kaddish, a pedido de Eric', falei. E houve uma espécie de – deu para ver algumas pessoas surpresas, e eu simplesmente fiz a récita."[133] Estava no programa, por isso ninguém deveria ter se surpreendido, mas talvez as pessoas tenham estranhado a introdução de uma prece judaica numa cerimônia que Eric tinha insistido em que seria decididamente secular: o Kaddish é endereçado, em hebreu, para a Deidade, embora na versão usada no funeral de Eric também incluísse o pedido para estender a misericórdia divina "para todos os filhos de Adão". Eric já havia pedido para Katznelson recitar a oração em 2007, quando tratava dos primeiros preparativos para sua morte. Como se lembrou Katznelson: "Claro que eu me senti profundamente comovido, honrado e surpreso, pois não teria previsto, sabe, que seria uma das coisas que Eric iria querer no seu funeral". Foi uma recordação de sua mãe, que tantos anos atrás lhe dissera para nunca falar ou fazer qualquer coisa que o fizesse sentir vergonha de ser judeu. "Então", observou Julia, "no encerramento, quando Ira, acabando de chegar de avião de Manhattan, leu a oração mais importante dos judeus, eu sabia que meu pai – que nunca na vida foi praticante da fé judaica – estava agora cumprindo o desejo da mãe em sua memória, possivelmente quando mais importava".[134]

Entre os presentes estava sua antiga namorada Jo, com quem Eric havia reestabelecido contato em meados de 1960, agora casada e ao lado da família. Jo tinha visitado Eric e Marlene em Clapham e em Hampstead muitas vezes ao longo dos anos e Eric a ajudava financeiramente, principalmente no Natal, já que ela tinha pouco dinheiro. A paixão pelo jazz foi o elo que manteve a amizade entre os dois. "Ela nunca sentia pena de si mesma e ria bastante", recordou Marlene. "Era sempre uma boa companhia e muito amável com Andy e Julia, que formaram seus próprios laços com a família dela. Foi Julia que falou com Jo quando Eric morreu."[135] Enquanto a família e os convidados saíam em fila sob os acordes da Internationale, o corpo foi consignado às chamas para ser cremado. As cinzas foram entregues à família para serem enterradas.

Alguns dias depois, família e convidados foram até o Cemitério de Highgate, como Julia relatou:

> O lote no cemitério, localizado "logo à direita de Karl Marx", como meu marido Alaric observou depois, tinha sido escavado recentemente. Seguimos um caminho estreito, escorregadio e enlameado debaixo de uma garoa persistente [...]. Marlene, minha mãe, tinha comprado um lote num gesto expansivo e dispendioso de amor muitos anos antes [...]. Meu pai gostou de saber que iria acabar lá. A ala leste do Cemitério de Highgate está repleta de figuras icônicas da *intelligentsia*. Posso imaginar meu pai, óculos na testa alta, olhando de longe para o guia contratado pelos Amigos do Cemitério de Highgate falando sobre sua história, absorvendo as palavras e transmitindo-as para nós de forma precisa e incisiva. "Ah, sim", ele diria, energizado como uma bateria recém-carregada pelo que tinha lido, "você entende que o realmente interessante a respeito disso é..." [...]. Um pouco antes, eu estava comprando um buquê de flores para deixar no túmulo quando tive um grande desejo sentimental de dar ao meu pai uma última coisa para ele ler: parecia algo impossível que ele nunca mais emitisse ideias. Comprei o *London Review of Books*, do qual ele foi um colaborador constante em vida, que por caso tinha o obituário dele escrito pelo amigo Karl Miller. Deixamos o exemplar em cima, novo e dobrado, e depois o coveiro concluiu seu trabalho.[136]

CONCLUSÃO

"Havia sempre algo de 'muito íntegro' em Eric, e é disso que mais tenho saudade", escreveu Marlene depois. "E da sua voz adorável. É pior agora sem o drama da morte e do funeral. Mesmo que não me incomode estar aqui sozinha na casa onde sinto a presença dele."[1] Enquanto isso, era preciso lidar com a organização das coisas. Eric "sempre teve consciência de ser bem mais velho que Marlene", observou Roderick Floud, "e por isso sempre sentiu a responsabilidade de organizar seus negócios de forma que ela ficasse segura".[2] Já havia feito um testamento em 1962 "antecipando-me ao casamento com Marlene Schwarz", deixando tudo para ela e a indicando como única testamenteira.[3] Porém, meio século depois, em 27 de junho de 2012, em vista da morte iminente, Eric escreveu um novo testamento, mais ponderado e detalhado que o primeiro. Manteve Marlene como testamenteira, com a prima dela, Patsy Blair, acrescentando também Garry Runciman, de quem se tornou próximo em 1995. Como se recordou Runciman, à época Eric e Marlene estavam hospedados com ele e a família na região rural de Berkshire, "e de repente ele disse, sem mais nem menos: 'Você estaria preparado para considerar…'". Runciman ficou surpreso, mas respondeu: "Se você me pedir, eu aceito". Herdeiro de um título de nobreza, tendo sido membro do que depois se tornou a Financial Services Authority e presidente da Academia Britânica entre 2001 e 2005, Runciman era "alguém com experiência na vida pública – de mundo, por assim dizer", e Eric achou que "seria alguém útil por essa razão: para lidar com advogados e contadores".[4] Bruce Hunter e Chris Wrigley foram confirmados como executores literários.

Eric deixou a maior parte de suas posses para Marlene e, depois da morte dela, para os filhos. Houve pequenas doações: ele deixou uma estátua japonesa para Marion Bennathan e uma primeira edição de *Die letzten Tage der Menschheit* de Karl Kraus, que ganhara de presente da mãe, para Nick Jacobs, com um pequeno legado para Jo. Depois de discutir a questão com Esra Bennathan, Eric combinou com ele de deixar alguma coisa para Joss Bennathan e os filhos. Os organizadores do espetáculo de julho em Gwenddwr, do qual foi um frequentador tão assíduo durante o tempo que passou no chalé que foi eleito presidente honorário, por coincidência (espera-se) no ano em que Eve, a filha de Andy, ganhou o prêmio de bebê mais bonita com menos de seis meses, receberam algum dinheiro para o espetáculo continuar.[5]

Eric imaginou também que seus amigos iriam querer organizar um evento memorial para ele e deixou algumas instruções para isso:

> Estritamente não religiosa, Birkbeck, a faculdade, deveria ser consultada. Espero que eles queiram fazer alguma coisa e provavelmente o depto. de relações públicas deles poderá ajudar. MAS NÃO ACEITAR NENHUM LOCAL DENTRO DA BIRKBECK, POIS NÃO HÁ UM LUGAR ADEQUADO. Se a King's quiser fazer alguma coisa, por mim tudo bem, mas não acho que um grande acontecimento na Capela seja do nosso estilo. Consultar Roy Foster sobre isso. Possíveis oradores: Neal Ascherson, Keith Thomas para falar, se quiserem. E/ou (sir) Ian Kershaw. Tristram Hunt? Seria bom se Gordon Brown quisesse dizer uma ou duas palavras ou mandar uma mensagem.

No fim das contas, o memorial para Eric foi realizado na Casa do Senado da Universidade de Londres em 24 de abril de 2013. Houve homenagens prestadas por amigos e família, inclusive Roderick Floud, Leslie Bethell, Neal Ascherson e Donald Sassoon, Claire Tomalin, Simon Schama, Frank Trentmann e Martin Jacques, além de uma homenagem musical de Giorgio Napolitano. A New School de Nova York organizou outro memorial, das quatro às seis na tarde de 25 de outubro de 2013. Na Birkbeck, foram levantados fundos por seus amigos e ex-colegas para algumas bolsas de estudo de pós-graduação em seu nome e foi realizada uma grande conferência internacional entre 29 de abril a 1º de maio para avaliar seu legado: alguns textos foram reunidos e publicados pela Oxford University Press em 2017 com o título dado pela conferência, *History after Hobsbawm*. Editado por John Arnold, Matthew Hilton e Jan Rüger, o livro explorava a natureza e o impacto da obra de Eric – assunto de um detalhado ensaio de Geoff Eley – e discutia os diversos aspectos das habilidades que um historiador deveria desenvolver no século XXI. Como quase sempre acontecia com Eric, a história estava pontificando a lacuna entre o passado, o presente e o futuro.

Poucas avaliações da natureza e do significado do impacto de Eric como historiador foram mais honestas e equilibradas que as produzidos por ele mesmo em seus últimos anos de vida. Quando olhou para o passado e avaliou sua vida pouco antes de completar 90 anos, ele se sentiu grato por

> ter tido a boa sorte de pertencer a uma geração de historiadores do mundo todo que revolucionou os textos de história entre os anos 30 e a virada da historiografia dos anos 70 do século anterior, principalmente por meio de novas relações entre a história e as ciências sociais. Não formaram uma escola ideológica, mas estavam engajados na luta pela "modernidade" historiográfica contra a velha historiografia rankeana,[1*] fosse sob as bandeiras da história da economia, da sociologia e da geografia francesa como as da *Annales*, do marxismo ou de Max Weber. A razão de os marxistas terem tido um papel-chave na Inglaterra ainda não foi explicada, mas as contribuições e a influência do periódico que fundaram, *Past and Present*, corriam em paralelo com a francesa *Annales* e com a "escola Bielefeld" alemã de história social. Todos consideravam uns os outros como aliados. Meu desenvolvimentos historiográficos passaram pela Sociedade de História Econômica do meu velho professor Mounia Postan, por um grupo bem conhecido de historiadores comunistas, também como cofundador da *Past and Present* e como membro, já em 1950, da seção de história do Comitê Internacional de Ciências Históricas, fundado sob iniciativa dos franceses. Meu trabalho como historiador tem raízes nesses grupos de colegas, camaradas e amigos, e minha contribuição para o surgimento da chamada história social ou societal, por exemplo, não pode ser apartado desses coletivos.[6]

---

1 * Em referência ao historiador alemão Leopold von Ranke. (N.T.)

Eric achava que sua contribuição pessoal se baseava em primeiro lugar na sua capacidade de chegar a historiadores não profissionais de muitos países com seus livros. "Acredito que talvez tenha me tornado o historiador britânico mais conhecido internacionalmente, pelo menos desde Arnold Toynbee", afirmou orgulhosamente:

> Gostaria muito de me descrever como uma espécie de historiador guerrilheiro, que não marcha diretamente em direção ao objetivo atrás do fogo de artilharia dos arquivos, mas sim ataca dos arbustos nos flancos com uma Kalashnikov de ideias. Sou basicamente um curioso ou historiador motivado por problemas que tenta abrir novas perspectivas para se apoiar em antigas discussões apresentando novas questões e abrindo novas arenas. Algumas vezes consegui fazer isso, mesmo que a maioria das minhas teses não tenha prevalecido. O que conta é que meu capítulo sobre bandidos em rebeliões sociais desencadeou uma grande e crítica literatura sobre a história do banditismo social. O fato de abordar a história de forma intuitiva e sem muito planejamento me ajudou a esse respeito. Pois às vezes me permitiu reconhecer instintivamente o momento em que certos problemas como que surgiam da agenda da ciência [histórica], e às vezes captá-los numa frase. Essa é a razão de o meu trabalho sobre rebeldes sociais ter ganhado reputação internacional quase imediata entre jovens historiadores, sociólogos e antropólogos. É a razão mais provável de a minha pequena frase "A invenção da tradição" e o livro que se originou dela ainda ser discutida até hoje. E o motivo de o meu livrinho sobre Nações e Nacionalismo estar circulando em 24 línguas apesar de alguns erros óbvios.[7]

Todos os livros de Eric publicados desde os anos 1950 ainda estavam, ele comentou com orgulho, no prelo de uma forma ou de outra. Mas ele não se importava com o quanto eles permaneceriam. "A obsolescência é o destino inevitável do historiador." Os únicos que perduraram foram os que atingiram o status de literatura, como Gibbon, Macaulay ou Michelet, e Eric não achava que pertencia a esse grupo, embora não desse para saber: "Só o futuro pode decidir".[8]

Havia inevitáveis pontos cegos em seu conhecimento. Além da Argélia e da Tunísia, os temas de dissertações de alunos de graduação e a África do Sul sob o domínio do *apartheid*, Eric não sabia muito e nem se interessou muito pela África, com certeza não a África subsaariana. Lise Grande percebeu que, quando falou com Eric sobre seu trabalho no sul do Sudão e a missão humanitária da Organização das Nações Unidas na África subsaariana, "ele não ficou muito interessado [...]. Não achou que era importante [...]. 'Bem, você sabe, nem todos os lugares são igualmente importantes. Alguns nitidamente não são...' E um desses lugares certamente era a África".[9] Eric absorveu suas atitudes culturais principalmente da Europa Central e especialmente da tradição austríaca de alta cultura em que foi criado. Suas pesquisas sobre a história dos séculos XIX e XX continham pouco sobre cultura popular, e menos ainda de culturas folclóricas que amalgamaram grandes massas de europeus pela maior parte do período. Muitas vezes deixou clara sua aversão pela música pop e pela aparente cultura jovem pós-1968. Sua hostilidade à arte de vanguarda da era moderna, na verdade ao modernismo em geral, era indisfarçável. Apesar de definir em seus textos (inclusive uma provocativa palestra proferida no Festival de Salzburgo) a música clássica como uma repetição infindável e estéril do já conhecido e a música moderna como incompreensível e irrelevante, na verdade Eric tinha uma grande coleção de gravações de repertórios clássicos e assistia a óperas e concertos regularmente. As artes visuais continuaram sendo uma inspiração por toda sua vida, desde quando explorou os grandes museus e galerias de Londres ainda adolescente, mas parece que seu interesse parou em algum momento dos anos 1920. Um terceiro ponto cego era a história das mulheres, principalmente como produto da influência marxista no seu pensamento, que priorizava a classe em detrimento do gênero e considerava o feminismo um desvio irrelevante da luta por uma revolução social que por si só resultaria na igualdade das mulheres. Embora tenha feito o melhor possível, principalmente em *A era dos impérios*, para compensar esse déficit, seus esforços nunca foram muito entusiasmados, e ao tratar desse tópico sua certeira abordagem habitual costumava falhar.

Eric conheceu a teoria marxista e os ideais comunistas na Berlim do início dos anos 1930, onde o Partido Comunista parecia para muitos jovens da sua geração a única esperança de derrotar o nazismo e construir um mundo melhor. O sentimento de êxtase de fazer parte de um grande movimento de massa cujos membros eram estreitamente ligados por seus ideais em comum engendrou um sentimento visceral e emocional de fazer parte de alguma coisa que durou toda sua vida e formou um substituto de sua fragmentada vida familiar; antes disso, por um breve período, o movimento dos escoteiros exerceu função semelhante. Esse sentimento perdurou, soterrado no fundo da alma, pelo resto da sua vida. Nos anos imediatamente após a guerra, este foi o combustível de seu trabalho acadêmico, direcionado à reconstrução de um avanço do movimento trabalhista, levado pelas marés da história. Mas ao se desiludir com as realidades do comunismo, Eric voltou seu trabalho e sua vida pessoal para pessoas marginais ou fora dos padrões, chegando ao fim do que havia imaginado ser um casamento político com uma camarada com sua primeira mulher, Muriel Seaman. Sua busca por uma comunidade que proporcionasse alguma espécie de equivalente emocional de uma família o levou por algum tempo ao mundo do jazz, mas ele também acabou desiludido com isso. No momento certo, entrou em seu segundo casamento, com Marlene Schwarz, e com ela construiu uma vida familiar estável e emocionalmente sustentável. Essa nova base, sólida e permanente, por sua vez sustentou as sínteses de larga escala que o tornaram famoso.

Eric continuou sendo parte de uma rede global de intelectuais de esquerda pelo resto da vida, gradualmente combinando isso com realizações financeiras e sociais de sucesso em sua ascensão nos grupos do *establishment* britânico. Sua autoimagem como intelectual comunista e não como militante ou ativista foi forjada muito cedo, pela desilusão com o status marginal do movimento comunista britânico quando comparado ao movimento de massa de sua contraparte alemã. A ideia de comunismo, de pertencer a um movimento de massa vasto e global para criar uma sociedade justa e igualitária continuou presente durante toda sua vida, mas na idade adulta ele raramente seguiu de boa vontade a linha do Partido e absorveu, principalmente em Paris nos anos 1950, formas dissidentes e heterodoxas do marxismo, repudiando a ortodoxia mesmo antes de romper de vez com o Partido, em 1956. Continuou no Partido Comunista até o fim acima de tudo porque, para Eric, ser um membro era uma parte importante da identidade que formara enquanto adolescente; em termos de prática política, sempre esteve mais próximo do Partido Trabalhista Britânico, mesmo depois de transferir sua lealdade política formal do Partido Comunista Britânico para o Partido Comunista Italiano. Eric nunca foi stalinista, e sua convicção de que a esquerda precisava reconhecer os crimes e erros do stalinismo foi um aspecto essencial em seu rompimento com o Partido em 1956. Seu marxismo foi se tornando mais difuso à medida que ele ia ficando mais velho, mas nunca desapareceu totalmente, aglutinando-se numa mistura singular com muitas outras influências que absorveu, desde Cambridge, em sua prática como historiador.

Eric era acima de tudo um escritor, tendo aprendido seu ofício muito antes de se voltar à história como profissão. Alguns de seus textos mais vívidos foram focados em suas próprias experiências pessoais, registradas em diários e cartas, além de ensaios e contos. Chegou ao exercício da história por meio da literatura, depois de ler um vasto número de obras clássicas de poesia e ficção em diversas línguas, e isso foi com certeza uma parte importante de seu apelo global, além da grande abrangência de seus conhecimentos, da capacidade de ilustrar argumentos históricos com narrativas e citações contemporâneas e o talento para introdução de vinhetas e para frases sintéticas. É por essa razão, tanto quanto por quaisquer outras, que sua obra perdurou por tanto tempo.

Como declarou na conferência organizada na Birkbeck para assinalar seu aniversário de 80 anos, nunca houve algo como "hobsbawmismo" ou pessoas "hobsbawmistas", ou qualquer escola de história específica que se reunisse ao seu redor. Como observou seu amigo, o historiador americano Eugene D. Genovese, que morreu alguns dias antes de Eric: "A combinação incomum de clareza de teoria e uma incrível atenção a detalhes sugestivos se combinaram com sua espantosa abrangência de referências cruzadas de diversos países, continentes e séculos, baseadas em fontes em uma ampla variedade de línguas, tornou seu exemplo difícil, se não impossível, de ser seguido".[10] Mas, como notou Tony Judt, havia uma "geração Hobsbawm, cujo interesse pelo passado recente" foi irrevogavelmente moldado pelos textos de Eric Hobsbawm, que lia tudo o que Eric escrevia, debatia sobre os textos, absorvia-os, brigava com eles e lucrava com isso.[11] Assim, é difícil precisar a influência de Eric porque, embora fosse muito ampla, era também muito difusa e multiforme. Tudo isso são razões por que seus livros e ensaios ainda são lidos e debatidos até hoje, e continuarão sendo lidos e discutidos por muitos anos no futuro.

LISTA DE ABREVIAÇÕES

AEC	Army Educational Corps [Corpo Educacional do Exército]
BBC WAC	British Broadcasting Corporation Written Archives Centre (Caversham) [Centro de Arquivos Escritos da British Broadcasting]
Bulsc	Bristol University Library Special Collections [Coleções Especiais da Biblioteca da Universidade de Bristol]
CCAC	Churchill College Archives Centre (Cambridge) [Centro de Arquivos da Faculdade Churchill]
CH	Companion of Honour [Ordem dos Companheiros de Honra]
CP	Communist Party [Partido Comunista]
CPGB	Communist Party of Great Britain [Partido Comunista da Grã-Bretanha]
CUL	Cambridge University Library [Biblioteca da Universidade de Cambridge]
DHAA	David Higham Associates Archive (Londres) [Arquivos Associados David Higham]
EJH	Eric J. Hobsbawm
FLA	Fritz Lustig Archive (Londres) [Arquivos Fritz Lustig]
FLN	Front de Libération Nationale
HFA	Hobsbawm Family Archive (Londres) [Arquivos da Família Hobsbawm]
HRC	Harry Ransom Center (Universidade do Texas em Austin) [Centro Harry Ransom]

IT	Interesting Times [Tempos interessantes]
KCAC	King's College Archive Centre (Cambridge) [Centro de Arquivos da King's College]
LBA	Little, Brown Archive (Londres) [Arquivos da Little, Brown]
LHA	Labour History Archive and Study Centre, People's History Museum (Manchester) [Centro de Estudos e Arquivos da História do Trabalhismo, Museu de História do Povo]
LSE	London School of Economics [Faculdade de Economia de Londres]
MRC	Modern Records Centre (Universidade de Warwick) [Centro de Registros Modernos]
NATO	North Atlantic Treaty Organisation [Organização do Tratado do Atlântico Norte (OTAN)]
OAS	Organisation Armée Secrète
PBA	Penguin Books Archive (Londres) [Arquivo da Penguin Books]
RJE	Richard J. Evans
TB	Tagebuch (diário)
TNA	The National Archives (Kew) [Arquivos Nacionais]
UMA	University of Manchester Archive [Arquivo da Universidade de Manchester]
Unesco	United Nations Educational, Scientific and Cultural Organisation [Organização das Nações Unidas para a Educação, a Ciência e a Cultura]
WNA	Weidenfeld & Nicholson Archive (Londres) [Arquivo Weidenfeld & Nicholson]
WSA	World Student Association [Associação Mundial de Estudantes (AME)]

NOTAS

PREFÁCIO

1   EJH, *Interesting Times. A Twentieth-Century Life* [Tempos interessantes: uma vida no século XX] (Penguin/Allen Lane, 2002, doravante *IT*), p. xii, xiv.
2   Entretien entre Elise Marienstras et Charlotte Faucher, 27.6.2016 à Paris.
3   MRC 937/8/2/35: Stefan Collini, "The saga of Eric the Red", *Independent* magazine, 14.9.02.
4   *IT*, p. xiii.
5   MRC 937/7/8/1: "Rathaus/history", jan. 2008.

CAPÍTULO 1: "O GAROTO INGLÊS"

1. Jerry White, *London in the Nineteenth Century: "A Human Awful Wonder of God"* (Londres, 2007), p. 154. Para as horrorosas condições de vida na Polônia nessa época, ver David Vital, *A People Apart: The Jews in Europe, 1789-1939* (Oxford, 1999), p. 299-309.
2. Entrevista com Robin Marchesi, 6.12.2016.
3. EJH, *The Age of Empire 1875-1914* [A era dos impérios] (Londres, 1987), p. 2-3.
4. HFA: *Daily Telegraph*, 1º de julho de 2005. Outro filho mais velho de Philip se tornou Reuben Osborn, autor de um pioneiro estudo sobre *Freud and Marx*, publicado pelo Left Book Club em 1937. Eric cobriu a história das famílias de seus pais em um capítulo de *Interesting Times* que seu editor, Stuart Proffitt, o convenceu a cortar por "deixar o ritmo da narrativa mais lento". Eric o expandiu para os leitores de sua família, mas o capítulo não foi publicado e atualmente se encontra no Arquivo da Família Hobsbawm na forma de 62 páginas datilografadas com o título "Two Families". Para Reuben Osborn, ver ibid., p. 42.
5. HFA: "Family Tree", também para o que se segue.
6. MRC 937/1/6/7: EJH para Brian Ryder, 29.4.96.
7. EJH, *The Age of Empire*, p. 2, também para o que se segue; "Two Families", p. 35.
8. HFA: Extraído do censo de 1901.
9. Para a formação, ver David Feldman, *Englishmen and Jews: Social Relations and Political Culture, 1840-1914* (Londres, 1994).
10. HFA: "Family Tree"; Lanver Mak, *The British in Egypt* (Londres, 2012).
11. HFA: Reifezeugnis Nelly Grün, com outros relatos da escola.
12. EJH, *The Age of Empire*, p. 2; HFA: "Family Tree"; *IT*, p. 2-4, 37-40; MRC 937/7/1/8: carta de (indecifrável) para EJH, 23.11.2001; Archiv der israelitischen Kultusgemeinde, Wien: Geburts-Buch für die Israelitsche Kultusgemeinde in Wien, p. 101, Nr. 1006.
13. MRC 937/7/1/2: Nelly Grün (Hobsbaum) cartas, 16.4.15 e 20.4.15; Archiv der israelitischen Kultusgemeinde, Wien: Geburts-Anzeige Nancy Hobsbawm, Nr. 2238; MRC 937/7/1/1: cópia de uma certidão de casamento de Moritz Grün e Ernestine Friedmann, emitida em 9.4.15 para o casamento de Percy Hobsbaum com Nelly Grün, e Cópia Certificada do Registro de Casamentos, Distrito do consulado geral britânico em Zurique, Suíça, 1.5.1917.
14. MRC 937/7/1/2: 8.5.15; Nelly para as irmãs, 9.5.15.
15. *IT*, p. 2; MRC 1215/17: TB 8.6.35: "Today's my birthday". Ver também MRC 937/1/6/6: Andy, filho de Eric Hobsbaum para EJH, desejando feliz aniversário, 9.6.1995: "Eu sei que estou um dia atrasado, mas consultei o calendário oficial da editora deste ano. Você sabe, aquele em que você nasceu em 9 de junho!". Muitos artigos e pequenas biografias sobre Eric, senão todos, inclusive minhas memórias, "Eric John Ernest Hobsbawm", *Biographical Memoirs of Fellows of the British Academy*, XIV (2015), p. 207-60, ainda registram a data de seu aniversário como 9 de junho. Para os nomes de Eric, ver EJH, "Two Families", p. 44-6.
16. Agradecimentos à filha de Ron, Angela Hobsbaum, que gentilmente me mostrou os crachás da escola com o nome do pai. A certidão de nascimento de Eric também grafa o nome de seus pais com "w", e não com "u", mas é claro que o nascimento de Percy foi registrado oficialmente muito antes da Guerra com a grafia correta: HFA: Cópia da certidão de um registro de nascimento no distrito do consulado-geral britânico em Alexandria, Egito.
17. *IT*, p. 3.
18. MRC 937/7 /1/3: Nelly para os pais, s.d. (maio de 1919).
19. "Stories my country told me: On the Pressburgerbahn", *Arena* (1996).
20. *IT*, p. 3-7. A família Gold mudou-se para a Pérsia em 1930, onde Franz Gold trabalhou no National Bank, e por isso sobreviveu à perseguição nazista. Eles retornaram à Viena depois da Guerra, local em que os quatro filhos escolheram a profissão de atores. Ver MRC 937/7/8/1: Melitta Arnemann para EJH, 8.12.2000.
21. MRC 937/7/1/3: Nelly para Gretl, 17.4.31.
22. Archiv der israelitischen Kultusgemeinde Wien: Geburts-Buch für die isr. Kultusgemeinde in Wien, Nr. 2463; ibid., Trauungsbuch für die israelitische Kultusgemeinde in Wien, 1. Bezirk (Innere Stadt), 228.

23 TNA KV2/3980, 14a: Metropolitan Police, 17.8.42.
24 *IT*, p. 11.
25 Archiv der israelitischen Kultusgemeinde Wien: Geburts-Buch für die isr. Kultusgemeinde in Wien, Nr. 407.
26 *IT*, p. 15.
27 Archiv der israelitischen Kultusgemeinde, Wien: Geburts-Anzeige Nancy Hobsbawm, Nr. 2238.
28 MRC 937/7/8/1: "Wien 2003 5 Mai. Dankesworte" (discurso para a ocasião da outorga da grande medalha de ouro da cidade de Viena). Foi mais que uma leve insinuação, como descobri no fim dos anos 1990 ao gravar uma entrevista em conjunto em alemão sobre o estado presente e futuro da história como disciplina para a Österreichische Zeitschrift für Geschichtswissenschaften: ver "Die Verteidigung der Geschichte. Ein Gespräch zwischen Richard Evans, Eric Hobsbawm und Albert Müller", Österreichische Zeitschrift für Geschichtswissenschaften, v. 9, n. 1 (abril de 1998), p. 108-23. Neal Ascherson, que o ouviu falar num evento em Berlim em 1968, também ficou surpreso com o "forte sotaque austríaco" (entrevista com Neal Ascherson, 26.7.2016).
29 *IT*, p. 9-11. Para a data de aniversário de Nancy, ver também TNA KV2/3980, 14a, Metropolitan Police, 17.8.42.
30 Archiv der Fichtnergasse-Schule, Wien, Hauptkataloge der Jahrgänge 1927/28 und 1928/29.
31 *IT*, p. 20-5.
32 *IT*, p. 12-25. Ver Peter Pulzer, *The Rise of Political Anti-Semitism in Germany and Austria* (Londres, 1964).
33 MRC 937/7/1/3: Nelly para Gretl, 13.8.24, 19.9.24.
34 Ibid.: Nelly para Gretl, 23.3.25.
35 MRC 937/7/1/2: Nelly para Gretl, 7.3.25 e 18.3.25.
36 *IT*, p. 3, citando Nelly para Gretl, 5.12.28.
37 *IT*, p. 31.
38 *IT*, p. 30-1; Peter Eigner e Andrea Helige, Österreichische Wirtschafts-und Sozialgeschichte im 19. und 20. Jahrhundert (Viena, 1999).
39 Ver, por exemplo, Martha Ostenso, *Die tollen Carews. Roman* (Deutsch von Nelly Hobsbaum (Wien, 1928)). O romance tinha sido publicado em inglês no ano anterior como *The Mad Carews*. A tradução de Nelly já havia vendido 10 mil exemplares até o fim de 1928.
40 *IT*, p. 27; Wiener Stadt- und Landesarchiv, BG Hietzing, A4/1-1A: (Leopold) Percy Hobsbaum, Nr. 3543040320: Meldezettel für Haupt (Jahres und Monats) wohnparteien, data do selo 13.5.26.
41 *IT*, p. 14.
42 *IT*, p. 9.
43 *IT*, p. 30-1.
44 MRC 937/7/1/3: Nelly para Gretl, 11.1.29.
45 *IT*, p. 15. Talvez por causa disso Eric manteve o atlas pelo resto da vida.
46 MRC 937/7/1/3: Nelly para Gretl, 5.2.29.
47 Archiv der Fichtnergasse-Schule, Wien: Bundesgymnasium und Bundesrealgymnasium Wien 13: Hauptkataloge der Jahrgänge 1927/28 und 1928/29. Os boletins da escola grafavam seu nome como "Erich Hobsbawn". Ver também: Landesgymnasium in Wien, 13. Bezirk, Jahreszeugnis Schuljahr 1927/29: Hobsbawn, Erich.
48 MRC 937/1/5/2: EJH para Christhard Hoffmann, 18.7.88.
49 Archiv der Fichtnergasse-Schule, Wien: Bundesgymnasium und Bundesrealgymnasium Wien 13: Hauptkataloge der Jahrgänge 1927/28 und 1928/29.
50 *IT*, p. 34.
51 *IT*, p. 2.
52 *IT*, p. 26-31; MRC 937/7/1/8: Merkbuch für Bekenntnisse.
53 *IT*, p. 26-9.
54 *IT*, p. 28.
55 Ibid., notas; Nelly para Gretl, 5.2.29, 1.3.29.
56 MRC 937/7/1/2: Nelly para Gretl, 5.2.29.
57 *IT*, p. 27; Wiener Stadt- und Landesarchiv, BG Hietzing, A4/1-1A: (Leopold) Percy Hobsbaum, Nr. 3543040320: Meldezettel für Haupt (Jahres und Monats) wohnparteien, data do selo 13.5.26.

58 Entrevista com Robin Marchesi, 6.12.16.
59 MRC 1215/15: TB 28.11.34.
60 Archiv der israelitischen Kultusgemeinde Wien: Matrikenamt der IKG Wien, Sterbe-Buch über die in Wien bei der israelitischen Kultusgemeinde vorkommenden Todesfälle, Fol. 173, Nr. 392.
61 MRC 937/7/1/2: Nelly para Gretl, 15.2.29.
62 Ibid.: Nelly para Sidney, 13.3.29.
63 Ibid.: Nelly para Gretl, 24.3.29.
64 Wiener Stadt-und Landesarchiv MA 8: BG Hietzing A4/1-1A: (Leopold) Percy Hobsbaum, gest. 8.2.1929: Meldezettel für Haupt (Jahres-und Monats) wohnparteien, data do selo 13.5.26.
65 MRC 937/7/1/2: Nelly para Gretl, s.d.
66 *IT*, p. 31-2.
67 MRC 937/7/1/2: Nelly para Gretl, 28.4.29; EJH para Sidney, 26.4.29. Otto e Walter eram dois primos adolescentes, ambos morando em Berlim.
68 Ibid.: Nelly para Gretl, s.d.; EJH para Gretl, s.d. (ambas de junho de 1929).
69 MRC 937/7/1/3: Nelly para Gretl, 24.5.29; MRC 937/7/1/2: Nelly para Gretl, 1.3.29.
70 MRC 1215/21: TB 24.6.40.
71 TNA KV2/3980, 14a: Metropolitan Police, 20.8.42, p. 2.
72 HFA: EJH, discurso no funeral de Roland Matthew Hobsbaum, s.d.
73 *IT*, p. 35.
74 MRC 937/7/1/2: Nelly para Gretl, 21.7.29. O diário, como todos os escritos por Eric antes de 1934, não sobreviveu.
75 Ibid.: Nelly para Gretl, 5.8.29.
76 *IT*, p. 35.
77 MRC 937/7/1/3: Nelly para Gretl, 24.2.30.
78 Ibid.: Nelly para Gretl, 15.5.29.
79 MRC 937/7/1/2: Nelly para Gretl, 6.11.29; MRC 937/7/1/3: Nelly para Gretl, 3.5.29; *IT*, p. 31-2.
80 MRC 937/7/1/2: Nelly para Gretl, 6.11.29.
81 Ibid.: Nelly para Gretl, 9.4.30, 15.4.30, 23.4.30.
82 MRC 937/7/1/3: Nelly para Gretl, 17.1.30.
83 Ibid.: 2.3.30, 5.5.30.
84 Ibid.: 9.4.30, 11.4.30, 25.4.30.
85 Ibid.: 18.4.30.
86 *IT*, p. 33.
87 MRC 937/7/1/3: Nelly para Gretl: 28.4.30, 5.5.30.
88 *IT*, p. 13.
89 Ibid.: 5.9.30.
90 MRC 937/7/1/2: Nelly para Mimi, 14.9.30.
91 Ibid.: Nelly para Mimi, 28.9.30.
92 Ibid.: Nelly para Gretl, 19.9.30, 23.9.30; MRC 937/7/1/3: Nelly para Gretl, 17.1.30.
93 MRC 937/7/1/2: Nelly para Sidney, 11.9.30.
94 Ibid.: Nelly para Nancy, 3.11.30.
95 *IT*, p. 35-7. Ver também MRC 937/7/1/2: Nelly para Gretl, 20.4.21 (data errada, data incerta); Ibid.: Nelly para Gretl, 19.3.31, para a mudança de Nancy para Berlim; MRC 937/7/1/3: Nelly para Gretl, 30.8.30.
96 http://adresscomptoir.twoday.net/stories/498219618/, acessado em 2.11.2015.
97 *IT*, p. 36.
98 MRC 937/7/1/3: Nelly para Gretl, 19.9.30.
99 MRC 937/7/1/2: Eric para Gretl e Sidney, 6.2.31.
100 Ibid.: Nelly para Gretl, 24.11.30.
101 *IT*, p. 42.
102 MRC 937/7/1/2. Nelly para Gretl, 27.10.30; MRC 937/7/3: Nelly para Gretl, 20.10.30, 27.11.30.
103 Ibid.: Nelly para Gretl, 12.12.30.
104 Ibid.: Nelly para Gretl, 4.12.30.
105 Ibid.: Nelly para Gretl, 12.12.30.

106 Ibid.: Nelly para Gretl, 20.12.30.
107 Ibid.: Nelly para Gretl, 20.12.30.
108 Ibid.: Nelly para Gretl, 20.10.30.
109 *IT*, p. 36.
110 MRC 937/7/1/2: Nelly para Gretl, 1.1.31; MRC 937/7/1/3: Nelly para Gretl, 20.12.30.
111 Ibid.: Nelly para Sidney e família, 24.4.31.
112 MRC 937/7/1/3: Nelly para Gretl e Sidney, 6.5.31.
113 *IT*, p. 37.
114 Archiv der israelitischen Kultusgemeinde Wien: Matrikenamt der IKG Wien, Sterbe-Buch über die in St. Polten bei der israelitischen Kultusgemeinde vorkommenden Todesfälle, Fol. 24, Nr. 145. O registro oficial do enterro errou na data da morte, como tendo sido em 16 de julho; Eric lembrou-se erroneamente como tendo sido em 12 julho.
115 *IT*, p. 26-34, 37-41.
116 MRC 937/7/1/4, passim.
117 *IT*, p. 39-40.
118 MRC 1215/16: TB 13.4.35.
119 *IT*, p. 39.
120 MRC 1215/16: TB 2.5.35; *IT*, p. 39.
121 MRC 1215/17: TB 4.6.35.
122 Ibid.: TB 12.7.35.
123 *IT*, p. 41.
124 Wiener Stadt-und Landesarchiv, BG Landstrasse, A4/4/4A: Nelly Hobsbawm, gest. 15.7.1931, Nr. 8066691950: Todesfallaufnahme, 24.7.31. O registro oficial evidentemente supôs que o sobrenome de Nelly fosse o mesmo de Eric. Ver também ibid.: BG Hietzing, A4/1-1A: Leopold (Percy) Hobsbaum, gest. 8.2.1929, Nr. 3543040320: Meldezettel für Unterparteien, data do selo 16.11.30. Coisa rara, o documento contém a data correta do nascimento de Eric.
125 HFA: EJH, "Two Families", p. 58.
126 Wiener Stadt-und Landesarchiv: BG Hietzing, A4/1-1A: Leopold (Percy) Hobsbaum, gest. 8.2.1929, Nr. 3543040320: Meldezettel für Unterparteien, data do selo 16.11.30.
127 *IT*, p. 33-5, 51; MRC 937/7/1.2: Nelly para Sidney, 4.3.31.
128 *IT*, p. 48.
129 *IT*, p. 59.
130 *IT*, p. 49-55.
131 Fritz Lustig Archive (FLA): memórias de Fritz Lustig: "The Prinz-Heinrichs-Gymnasium".
132 Ibid.
133 *IT*, p. 54. Contudo, eles não eram chamados pelo título de "professor", como Eric afirma em suas memórias. Ao ser informado que tinha errado, Eric disse a Fritz Lustig: "Isso mostra como nunca se pode confiar somente na memória". Ver FLA: EJH para Fritz Lustig, 5.3.2003; e *IT*, p. 54.
134 Fritz Lustig, "PHG-Erinnerungen", *Prinz-Heinrichs-Gymnasium Vereinigung ehemaliger Schüler*, Rundbrief Nr. 45, agosto de 1982, p. 12-18, em p. 17; FLA: Fritz Lustig, memórias: "The Prinz-Heinrichs-Gymnasium".
135 "Karl-Günther von Hase", *Prinz-Heinrichs-Gymnasium Vereinigung ehemaliger Schüler*, Rundbrief Nr. 49, fev. de 1982, p. 2-12, na p. 7 (reimpressão do artigo de Hase para Rudolf Pörtner [ed.]), *Mein Elternhaus: ein deutsches Familienalbum* (Berlim, 1984). Ver também *IT*, p. 49.
136 *IT*, p. 55.
137 Ibid.
138 Lustig, "PHG-Erinnerungen", p. 17.
139 Ibid., p. 13-14.
140 Margret Kraul, *Das deutsche Gymnasium 1780-1980* (Frankfurt, 1984), p. 127-44.
141 Entrevista com Fritz Lustig, 30.5.2016.
142 Entrevista com Fritz Lustig, 30.5.2016; Heinz Stallmann, *Das Prinz-Heinrichs-Gymnasium zu Schöneberg 1890-1945: Geschichte einer Schule* (impressão particular, Berlim, 1965), p. 44-55; *IT*, p. 49-54. Eric não percebeu à época, nem muito tempo depois, que Schönbrunn era na verdade um membro do Partido Social Democrata: FLA: EJH para Fritz Lustig, 5.3.2003. Sinto-me muito grato a Fritz Lustig

143   MRC 937/1/3/11: *Excerto from the memoirs of Theodore H ("Ted") Lustig (1912-2001)* [impressão particular], p. 47-8.
144   Entrevista com Fritz Lustig, 30.5.2016.
145   Lustig, "PHG-Erinnerungen", p. 13.
146   MRC 1215/17: TB 12.7.35.
147   MRC 1215/21: TB 16.3.40.
148   *IT*, p. 52; Lustig, "PHG-Erinnerungen", p. 18.
149   MRC 937/1/3/11: *Extract from the memoirs of Theodore H ("Ted") Lustig (1912-2001)* [impressão particular], p. 32-6.
150   FLA: Fritz Lustig para EJH, 24.4.95.
151   FLA: Fritz Lustig para EJH, 26.2.2003.
152   Lustig, "PHG-Erinnerungen", p. 16.
153   FLA: memórias de Fritz Lustig: "The Prinz-Heinrichs-Gymnasium".
154   *IT*, p. 53; N. Blumental (ed.), *Dokumenty i materialy*, Vol. 1, *Obozy* (Lódz, 1946), p. 117; Martin Löffler, "PHG-Lehrer: Jüngere Generation", *Prinz-Heinrichs-Gymnasium Vereinigung ehemaliger Schüler*, Rundbrief 47 (setembro de 1983), p. 17-19. Outro professor judeu, Rubensohn, emigrou: Stallmann, *Das Prinz-Heinrichs-Gymnasium*, p. 131-5.
155   "Karl-Günther von Hase", p. 7; entrevista com Fritz Lustig, 30.5.2016.
156   *IT*, p. 52. O administrador nazista Wilhelm Kube foi designado para governar Belarus ocupada durante a Guerra e morto em 1943 por uma bomba colocada embaixo do colchão por um membro da resistência que conseguiu emprego como camareiro em sua casa. Ver Ernst Klee, *Das Personenlexikon zum Dritten Reich* (Frankfurt, 2005), p. 346.
157   *IT*, p. 56-7.
158   Fritz Lustig para EJH, 26.2.2003 (também em MRC 937/1/3/11); FLA: EJH para Fritz Lustig, 5.3.2003; *IT*, p. 56-7.
159   *IT*, p. 57.
160   Richard J. Evans, *The Coming of the Third Reich* (Londres, 2003), para detalhes.
161   Klaus-Michael Mallmann, *Kommunisten in der Weimarer Republik. Sozialgeschichte einer revolutionären Bewegung* (Darmstadt, 1996), p. 94-106. Mais genericamente, ver Eric D. Weitz, *Creating German Communism, 1890-1990: From Popular Protests to Socialist State* (Princeton, NJ, 1997), p. 100-87; e Eve Rosenhaft, *Beating the Fascists? The German Communists and Political Violence, 1929-1933* (Cambridge, 1983).
162   Evans, *The Coming of the Third Reich*.
163   Nicolau Sevcenko, "Hobsbawm chega com 'A era dos impérios'", *Folha de S.Paulo*, 8.4.1988.
164   *IT*, p. 54.
165   *IT*, p. 54.
166   *IT*, p. 47.
167   *IT*, p. 62.
168   *IT*, p. 56-65.
169   Karl Corino, "DDR-Schriftsteller Stephan Hermlin hat seinen Lebensmythos erlogen. Dichtung in eigener Sache", *Die Zeit*, 4 de outubro de 1996; Karl Corino, *Aussen Marmor, innen Gips. Die Legenden des Stephan Hermlin* (Düsseldorf, 1996); Stephan Hermlin, "Schlusswort", *Freibeuter* 70 (1996); Christoph Dieckmann, "Das Hirn will Heimat. DDR im Abendlicht – Blick zurück nach vorn. Ein aktueller Sermon wider die Kampfgruppen der Selbstgerechtigkeit", *Die Zeit*, 25 de outubro de 1996, p. 57; Fritz J. Raddatz, "Der Mann ohne Goldhelm. Ein Nachwort zum Fall Stephan Hermlin", *Die Zeit*, 18 de outubro de 1996, p. 63.
170   *IT*, p. 64; MRC 937/1/5/2: EJH para Stephan Hermlin, s.d.; MRC 937/7/8/1: Stephan Hermlin para EJH, 16.3.65.
171   MRC 937/1/5/2: Karl Corino para EJH, 28.6.2007.
172   Entre muitas pesquisas pertinentes, ver Archie Brown, *The Rise and Fall of Communism* (Londres, 2009), p. 56-100, e David Priestland, *The Red Flag: Communism and the Making of the Modern World* (Londres, 2009), p. 103-81.
173   *IT*, p. 42.

174	*IT*, p. 60.
175	*IT*, p. 58; MRC 1215/15: TB 27.11.34. Ver também Felix Krolikowski, "Erinnerungen: Kommunistische Schülerbewegung in der Weimarer Republik", cópia em MRC 937/7/8/1, e Knud Andersen, "Kommunistische Politik an hoheren Schulen: Der Sozialistische Schülerbund 1926-1932", *Internationale Wissenschaftliche Korrespondenz zur Geschichte der deutschen Arbeiterbewegung* 42 (2006), 2/3, p. 237-55.
176	MRC 937/1/3/11: *Extract from the memoirs of Theodore H ("Ted") Lustig (1912-2001)* [impressão particular], p. 52-3.
177	MRC 937/1/6/2; EJH para Bergmann, s.d.
178	MRC 937/6/1/1: *Der Schulkampf*, out. 1932. O editor pediu colaborações para dezembro, mas é duvidoso se na verdade chegaram a ser publicadas.
179	*IT*, p. 59.
180	*IT*, p. 60. A greve foi notória pela colaboração tácita entre os comunistas e os nazistas. Para uma narrativa concisa, ver Heinrich August Winkler, *Der Weg in die Katastrophe. Arbeiter und Arbeiterbewegung in der Weimarer Republik 1930-1933* (Bonn, 1990), p. 765-73.
181	*IT*, p. 60.
182	MRC 1215/17: TB 9.5.35.
183	Annemarie Lange, *Berlin in der Weimarer Republik* (East Berlin, 1987), p. 1.064-7.
184	Citado em Hermann Weber et al. (eds), *Deutschland, Russland, Komintern: Nach der Archivrevolution: Neuerschlossene Quellen zu der Geschichte der KPD und den deutschrussischen Beziehungen* (Berlim, 2014), p. 912-13. Para outro relato das duas manifestações, ver Ronald Friedmann, *Die Zentrale Geschichte des Berliner Karl-Liebknecht-Hauses* (Berlim, 2011), p. 71-83.
185	*IT*, p. 73-4.
186	"Quando eu digo aos meus alunos americanos", ele escreveu em 1994, "que consigo me lembrar o dia em Berlim que Hitler se tornou chanceler da Alemanha, eles me olham como se achassem que tivesse contado que estava presente no teatro Ford quando o presidente Lincoln foi assassinado em 1865. Ambos os eventos são igualmente pré-históricos para eles. Mas para mim 30 de janeiro de 1933 faz parte do passado que ainda é parte do meu presente" (EJH, "The time of my life", *New Statesman*, 21.10.94, p. 30). Ver também EJH, "Diary", *London Review of Books*, 24.1.2008.
187	Ben Fowkes, *Communism in Germany under the Weimar Republic* (Londres, 1984), p. 168-9.
188	MRC 937/4/3/4/1: "I do not know about Chicago", conto não publicado, também para os parágrafos seguintes abaixo.
189	*IT*, p. 75-7.
190	MRC 1215/13: TB, 24.7.34.
191	Entrevista com Robin Marchesi, 6.12.2016.
192	Fowkes, *Communism*, p. 169-70.
193	"Diary", *London Review of Books*, 24.1.2008.
194	Citado em Hermann Weber, *Die Wandlung des deutschen Kommunismus. Die Stalinisierung der KPD in der Weimarer Republik* (Frankfurt, 1969), p. 265-6.
195	"The Guru Who Retains Neil Kinnock's Ear", *Observer*, 9 de setembro de 1985.
196	*IT*, p. 65-75.
197	Para um típico exemplo da suposição errônea de que Eric, como a maioria dos "judeus alemães", teve uma "sorte extraordinária ao obter um visto para a Inglaterra quando Hitler tomou o poder no país", ver Richard Grunberger, "War's aftermath in academe", *Association of Jewish Refugees Information*, setembro de 1997, cópia em MRC 937/1/6/11. Grunberger também era judeu, nascido Viena, e foi para o Reino Unido em um *Kindertransport* como parte de um esquema às vésperas da Segunda Guerra Mundial para tirar crianças judias da Alemanha e da Áustria governadas pelos nazistas. Neal Ascherson, que depois foi aluno de Eric na King's College, em Cambridge, estava igualmente equivocado, afirmando erroneamente em um perfil biográfico que "ele foi mandado para a Grã-Bretanha para fugir de Hitler" (MRC 937/8/2/22/2: Neal Ascherson, "The Age of Hobsbawm", *Independent on Sunday*, 2.10.94, p. 21). Noel Annan, amigo e colega de Eric do curso de graduação em Cambridge, também o definiu erroneamente como "um refugiado de Hitler" (Noel Annan, *Our Age. Portrait of a Generation* [Londres, 1990], p. 267). Para um relato particularmente propenso a erros, ver MRC 937/8/2/35: Richard Gott, "Living through an age of extremes", *New Statesman*, 23.9.02, p. 48-50.
198	HFA: "Two Families", p. 57.

CAPÍTULO 2: "FEIO COMO O PECADO, MAS QUE CABEÇA"

1   TNA KV2/3980, 14a: Metropolitan Police, 20.8.42, p. 2.
2   HMC 937/7/8/1: EJH, discurso para os Velhos Filólogos, outubro de 2007. Edgware fica a vários quilômetros ao norte de Marylebone, Upper Norwood fica mais longe ainda, do outro lado do rio, a sudeste.
3   Todas as referências a ele na revista da escola, *The Philologian*, grafam o nome de Hobsbawm com u, e não com w.
4   Entrevista com Angela Hobsbaum, 30.3.17.
5   HFA: EJH, "Two Families", p. 53.
6   MRC 937/7/8/1: EJH, discursos para os Velhos Filólogos, outubro de 2007, também para o que vem a seguir.
7   MCC era (e é) o Clube de Cricket de Marylebone, em cuja sede no campo de *cricket* de Lord foram criadas as regras do *cricket* moderno. *Long-stop* é uma posição no campo de *cricket* localizada na linha atrás do rebatedor, e há pouquíssimo a fazer ali a não ser deter uma bola ocasional que passe o rebatedor e o guarda-meta e continue até o limite do campo, com ou sem a o uso do taco. Em geral, é reservada em jogos de *cricket* escolares para garotos pouco atléticos e sem interesse pelo jogo; eu mesmo ocupei essa posição inúmeras vezes quando estava na escola.
8   HFA: certificados.
9   MRC 1215/13: TB 14.5.34.
10 Ibid.: TB 27.7.34.
11 MRC 1215/14: TB 5.8.34.
12 MRC 1215/15: TB 26/28.10.34; o livro que Eric estava lendo era o *Selected Essays 1917-1932* de Eliot (1932).
13 MRC 1215/13: TB 10.4.34, 23.6.34. Ensinado em inglês na escola por Guy Deaton, um aluno de uma geração posterior, eu passei exatamente pela mesma sequência de leituras em meados dos anos 1960, também concluindo com D. H. Lawrence. Para uma útil biografia recente de Leavis, ver Richard Storer, *F. R. Leavis* (Londres, 2010). Para Deaton, ver as memórias de meu colega, o historiador militar Richard Holmes, "My Mentor", *Guardian*, 26 de agosto de 2006 (on-line).
14 MRC 1215/15: TB 18-23.11.34.
15 *The Philologian*, v. 7, n. 1 (período letivo do outono, 1934), p. 25-6.
16 *The Philologian*, v. 8, n. 1 (período letivo do outono, 1935), p. 22, para Eric como membro do comitê.
17 HFA: EJH, proferido no funeral de Roland Matthew Hobsbaum, s.d.
18 "Debating Society", *The Philologian*, v. 6, n. 2 (período letivo da primavera, 1934), p. 56.
19 *The Philologian*, v. 7, n. 2 (período letivo da primavera, 1935), p. 57.
20 Ver Jonathan Haslam, *The Soviet Union and the Struggle for Collective Security in Europe, 1933-1939* (Londres, 1984), p. 66.
21 MRC 1215/18: TB 12.9.35.
22 *The Philologian*, v. 8, n. 1 (período letivo do outono, 1935), p. 21.
23 *The Philologian*, v. 8, n. 3 (período letivo do verão, 1936), p. 83.
24 MRC 1215/16: TB 12.7.35.
25 MRC 937/4/3/5/1/1: *The Philologian*, v. 7, n. 2 (período letivo da primavera, 1935), p. 46-7. J. Dover Wilson editou uma edição muito utilizada de peças de Shakespeare; *Shakespearean Tragedy* de A. C. Bradley, publicada em 1904, ainda considerada a maior obra de crítica shakespeariana trinta anos mais tarde; "os baconianos" eram os que achavam que as peças tinham sido escritas pelo polímata elisabetano sir Francis Bacon. Em *Macbeth* Shakespeare revela que lady Macbeth tinha um filho, mas não diz sua idade e nem se ela teve outros filhos.
26 MRC 937/4/3/5/1/1: *The Philologian*, v. 7, n. 2 (período letivo da primavera, 1935), p. 62; ver seu relato em *The Philologian*, v. 8, n. 1 (período letivo do outono, 1935), p. 24, cuja brevidade confirma a indiferença do autor ao conteúdo, restrito a matérias sobre esporte; também as cinco linhas em *The Philologian*, v. 8, n. 3 (período letivo do verão, 1936), p. 85.
27 MRC 937/4/3/5/1/2: *The Philologian*, v. 8, n. 3 (período letivo do verão, 1936), p. 89.
28 MRC 1215/16: TB 22.6.35.
29 MRC 937/7/8/2: EJH, discurso para os Velhos Filólogos, outubro de 2007.

30   Miriam Gross, "An Interview with Eric Hobsbawm", *Time and Tide*, outono de 1985.
31   MRC 937/7/8/2: EJH, discurso para os Velhos Filólogos, outubro de 2007.
32   Ibid.; obituário de Llewellyn Smith em *The Philologian*, 1975/77, p. 43-6; MRC 937/1/1/4: EJH para James D. Young, 13.5.88.
33   MRC 937/7/8/1: EJH, discurso para os Velhos Filólogos, outubro de 2007. *The History Boys*, uma peça teatral de Alan Bennett, estreada em 2004 e apresentando um professor de história homossexual. Foi transformada em filme em 2006, estrelado por Richard Griffiths.
34   *IT*, p. xiii.
35   MRC 1215/14: TB 8-10.11.34.
36   MRC 1215/13: TB 4.10.34.
37   MRC 937/7/8/1: segunda entrevista para *Radical History Review*, texto datilografado. Ver também Ibid.: Rathaus/history, jan. 2008, onde ele diz que se tornou historiador quando leu o *Manifesto comunista*, uma declaração que, como veremos, causou muitas guinadas e distorções em sua história de vida antes de Eric se tornar historiador, em 1946.
38   MRC 1215/15: TB 14/17.1.35.
39   MRC 1215/16: TB 18/20.1.35.
40   Ibid.
41   MRC 937/7/8/2: EJH, discurso para os Velhos Filólogos, outubro de 2007.
42   MRC 1215/13: TB 29/30.7.34; MRC 1215/15: TB 29.11.34.
43   MRC 1215/13: TB 15.4.34. O livro era *The Life and Opinions of Tristram Shandy, Gentleman*, de Laurence Sterne (Londres, 1759-1767).
44   MRC 1215/13: TB 27.5.34. *Tugboat Annie* é uma comédia americana lançada em 1933 com Marie Dressler e Wallace Beery.
45   Ibid.: TB 20.6.34.
46   Ibid.: TB 12.4.34.
47   Ibid.: TB 27.11.34, 15.4.34; MRC 1215/15: 29.11.34; MRC 1215/16: 5.5.35; MRC 1215/17: 17.5.35.
48   MRC 1215/13: TB 10.4.34.
49   "Eric Hobsbawm's *Interesting Times*: An interview with David Howell", *Socialist History* 24 (2003), p. 1-15.
50   MRC 1215/13: TB 15.6.34.
51   Ibid.: TB 23 e 27.6.34.
52   Ibid.: TB 1.7.34.
53   Ibid.: TB 14.4.34.
54   MRC 1215/14: TB 9.7.34.
55   Ibid.: TB 29.8.34.
56   MRC 1215/13: TB 9.5.34.
57   Ibid.: TB 17.4.34.
58   Ibid.: TB 14.4.34, 28.5.34.
59   MRC 1215/14: TB 5.9.34.
60   MRC 1215/15: TB 23.10.34. Grifado no original. *Dies irae, dies illa* é uma citação da missa em latim para os mortos: refere-se ao Dia do Juízo Final, "aquele dia da ira".
61   Ibid.: TB 12/17.11.34.
62   Da vasta literatura sobre as diversas tradições marxistas, George Lichtheim, *Marxism* (Londres, 1961), é uma das análises mais inteligentes, e David McLellan, *Marxism after Marx* (Londres, 1979), uma das mais úteis.
63   MRC 1215/13: TB 15.5.34.
64   MRC 1215/14: TB 15/16.7.34.
65   MRC 1215/13: TB 28.6.34.
66   Ibid.: TB 26.5.34.
67   Ibid.: TB 14.4.34.
68   MRC 1215/15: TB 8.12.34.
69   MRC 1215/13: TB 23.5.34.
70   MRC 1215/14: TB 27.7.34. Ver Sally J. Taylor, *Stalin's Apologist: Walter Duranty: The New York Times's Man in Moscow* (Nova York, 1990). Posteriormente foi dito que Duranty havia escrito em particular para a embaixada britânica em Moscou afirmando que 10 milhões de pessoas tinham morrido na fome (um exagero assustador, principalmente vindo de Duranty). Mais tarde houve pedidos para que seu

	Prêmio Pulitzer fosse revogado. Para o verdadeiro impacto da fome, ver Robert Conquest, *The Harvest of Sorrow: Soviet Collectivization and the Terror-famine* (Oxford, 1986).
71	MRC 1215/13: TB 23.1.34.
72	MRC 1215/17: TB 21.9.35.
73	MRC 1215/15: TB 12.11.34.
74	MRC 1215/13: TB 21.4.34; TB 12.5.34; TB 28.4.34.
75	MRC 937/7/8/1: segunda entrevista para *Radical History Review* (texto datilografado), p. 4. A *Left Review* era um periódico cultural fundado em 1934 pela seção britânica da Internacional de Escritores, uma organização patrocinada pela Internacional Comunista. Deixou de ser publicada em 1938.
76	MRC 1215/18: TB 25.9.35.
77	MRC 937/4/3/5/1/2: *The Philologian*, v. 8, n. 3 (período letivo do verão, 1936), p. 68-9.
78	Ibid., p. 74-5.
79	MRC 1215/18: TB 27.8.35.
80	MRC 1215/14: TB 6.9.34.
81	www.themillforestgreen.co.uk/memory-lane. Acessado em 22.4.2016.
82	Entrevista com Angela Hobsbaum, 30.3.17.
83	Angela Hobsbaum para RJE, 5.5.17.
84	MRC 1215/15: TB 5.1.35.
85	Entrevista com Angela Hobsbaum, 30.3.17.
86	HFA: EJH, proferido no funeral de Roland Matthew Hobsbaum, s.d.
87	"In Camp", *The Philologian*, v. 7, n. 3 (período letivo do verão, 1935), p. 82-3.
88	HFA: EJH, proferido no funeral de Roland Matthew Hobsbaum, s.d.
89	"Devon Fishing", *The Philologian*, v. 7, n. 1 (período letivo do outono, 1934), p. 7-9.
90	MRC 1215/16: TB 18/20.1.1935.
91	Ver Christine L. Corton, *London Fog: The Biography* (Londres, 2015).
92	MRC 1215/15: TB 18-23.11.34. Na mitologia grega, Niobe é transformada em pedra por Ártemis depois de se gabar imprudentemente de seus muitos e talentosos filhos. Íxion foi um rei que assassinou o sogro; seu ato o enlouqueceu, mas Zeus ficou com pena dele e o transportou para o Olimpo. Mas ele se comportou mal lá também, desejando Hera, a esposa de Zeus (Juno na versão romana do mito), por isso Zeus fez uma nuvem com a imagem de Hera e atraiu Íxion para se acasalar com ela. Os centauros são descendentes dessa união. Íxion foi expulso do Olimpo a amarrado a uma roda de fogo por toda a eternidade. O mesossauro era um dinossauro aquático de 17 metros de comprimento. O Dorchester e o Grosvenor eram dois grandes hotéis.
93	MRC 1215/13: TB 29.7.34.
94	MRC 1215/15: TB 23.10.34.
95	MRC 1215/16: TB 28.11.34.
96	MRC 1215/13: TB 10.4.34.
97	Ibid.: TB 23.6.34; MRC 1215/15: 28.11.34, 30.11.34.
98	MRC 1215/13: TB 15.4.34, 15.6.34; MRC 1215/15: 28.10.34.
99	MRC 1215/13: TB 28.5.34.
100	Ibid.: TB 21.4.34.
101	Ibid.: TB 20.7.34.
102	MRC 1215/15: TB 30.4.34, 28.11.34.
103	Ibid.: TB 3.12.34. William Stanley Jevons (1835-1882) desenvolveu o conceito de utilidade marginal, oferecendo uma alternativa à teoria do valor do trabalho adotada por Marx.
104	MRC 1215/13: TB 10.4.34. Para a situação do comunismo britânico nesta época e antes, ver Henry Pelling, *The British Communist Party. A Historical Profile* (Londres, 1958), p. 1-72.
105	MRC 1215/13: TB 21.4.34.
106	Ibid.: TB 30.4.34.
107	Ibid.: TB 5.5.34.
108	Ibid.: TB 30.4.34.
109	Ibid.: TB 15.5.34.
110	Ibid.: TB 30.5.34. Para a Manifestação de Olympia, ver Stephen Dorril, *Black Shirt. Sir Oswald Mosley and British Fascism* (Londres, 2006), p. 295-7.

111 MRC 1215/15: TB 28.11.34.
112 Sobre a carta, ver MRC 1215/16: TB 7.4.35.
113 MRC 1215/13: TB 5.5.34.
114 Ibid.: TB 14.4.34.
115 Ibid.: TB 29.5.34.
116 Ibid.: TB 13.4.34.
117 Ibid.: TB 1.6.34.
118 Ibid.: TB 31.5.34.
119 Ibid.: TB 31.5.34.
120 Ibid.: TB 1.6.34, grifado no original.
121 Ibid.: TB 31.5.34.
122 Ibid.: TB 1/64, 1.6.34.
123 Ibid.: TB 15.6.34.
124 Ibid.: TB 31.5.34.
125 Ibid.: TB 1.6.34.
126 Ibid.: TB 2/3.6.34.
127 Ibid.: TB 1.6.34.
128 Ibid.: TB 9.6.34.
129 MRC 1215/15: TB 3.12.34.
130 MRC 1215/16: TB 7.4.35.
131 MRC 1215/14: TB 26.9.34.
132 MRC 1215/15: TB 26-28.10.34. "Comintern" era a Internacional Comunista.
133 MRC 1215/13: TB 9.5.34.
134 MRC 1215/15: TB 29.10.34-1.11.34.
135 MRC 1215/14: TB 30.10.1934.
136 Alan Willis e John Woollard, *Twentieth Century Local Election Results, Volume 2: Election Results For London Metropolitan Boroughs* (1931-1962) (Plymouth: Local Government Chronicle Elections Centre, 2000).
137 MRC 1215/13: TB 5.5.34.
138 Ibid.: TB 18.6.34.
139 MRC 1215/15: TB 30.8.34.
140 MRC 1215/17: TB 18.6.35.
141 Ibid.: TB 24.7.35.
142 IT, p. 42.
143 MRC 1215/15: TB 12.10.34.
144 Stefan Slater, "Prostitutes and Popular History: Notes on the 'Underworld' 1918-1939", *Crime, History and Societies*, v. 13, n. 1 (2009), p. 25-48; Julia Laite, *Common Prostitutes and Ordinary Citizens: Commercial Sex in Londres, 1885-1960* (Londres, 2012), p. 255 n. 95.
145 MRC 1215/16: TB 27.3.35, à meia-noite.
146 "How sad youth is."
147 Ibid.: TB 27.3.35, também para o que se segue.
148 Ibid.: TB 28.3.35.
149 MRC 1215/15: TB 12.10.34.
150 Ibid.: TB 27/28.11.34.
151 MRC 1215/13: TB 1.7.34, 3.7.34.
152 MRC 1215/14: TB 8/9.10.34.
153 MRC 1215/15: TB 5.1.35.
154 MRC 1215/16: TB 6/7.1.35.
155 Ibid.: TB 8/11.1.35.
156 Ibid.: TB 14/17.1.35.
157 Ibid.: TB 23/28.1.35.
158 Ibid.: TB 1-14.2.35, 15-17.2.35, 28-14.2.35.
159 Ibid.: TB 18-24.2.35.
160 Ibid.: TB 22.1.35. Ver também Ibid.: TB 2-6.2.35. Sir Paul Vinogradoff foi um historiador nascido na Rússia, exilado pelo governo dos czares por suas opiniões progressistas, que se estabeleceu na Grã-Bretanha e tornou-se um proeminente especialista em história agrária da Inglaterra.

161   Ibid.: TB 31.1/4.2.35.
162   Ibid., também para o que se segue.
163   EJH, "How to Plot Your Takeover", *New York Review of Books*, 21.8.69.
164   MRC 1215/16: TB 18.2-3.3.35.
165   Ibid.: TB 13.3.35.
166   Ibid.: TB 16.3.35.
167   Ibid.: TB 7.5.35.
168   Ibid.: TB 13.3.35.
169   Ibid.: 29/30.1.35. Ver Virginia Spencer Carr, *Dos Passos: A Life* (Chicago, 2004), p. 289 para esta citação; também John Dos Passos, *In All Countries* (Nova York, 1934), um livro que continha uma visão favorável da União Soviética.
170   MRC 1215/16: TB 7.4.35, também para o que se segue.
171   MRC 1215/17: TB 29.5.35.
172   MRC 1215/16: TB 31.3.35.
173   Ibid.: TB 13.4.35.
174   HFA: EJH, proferido no funeral de Roland Matthew Hobsbaum, s.d.
175   MRC 1215/16: TB 21-28.4.35.
176   MRC 1215/17: TB 7.8.35.
177   Entrevista com Robin Marchesi, 6.12.2016.
178   MRC 1215/17: TB 7.8.35, também para o que se segue.
179   TNA KV2/3980, 14A: Metropolitan Police, 20.8.42.
180   MRC 1215/16: TB 5.5.35.
181   MRC 1215/17: TB 4.6.35.
182   Ibid.: TB 24.7.35.
183   MRC 1215/18: TB 20.9.35.
184   HFA: cópia em posse de Angela Hobsbaum.
185   Citado em Angela Hobsbaum para RJE, 31.3.17.
186   MRC 1215/10: "Listening to the blues"; Val Wilmer, "Denis Preston" em H. C. G. Matthew e Brian Harrison (eds), *Oxford Dictionary of National Biography*, 45 (Oxford, 2004), p. 255-6.
187   MRC 1215/15: TB 29.11.34.
188   MRC 1215/17: TB 4.6.35.
189   HFA: Richard Preston para Marlene Hobsbawm, 25.4.2016 (e-mail).
190   MRC 1215/18: TB 25.9.35.
191   Ibid.: TB 8.11.35.
192   A. H. Lawrence, *Duke Ellington and his World. A Biography* (Londres, 2001), p. 206-25.
193   MRC 1215/10: "Listening to the blues".
194   MRC 1215/16: TB 24/28.1.35.
195   MRC 1215/17: TB 10/11.5.35.
196   Ibid.: TB 10/11.5.35, 20.5.35.
197   Ibid.: TB 20.5.35, 23.5.35, 29.5.35, 8.6.35.
198   Ibid.: TB 4.6.35.
199   Ibid.: TB 3.7.35.
200   Ibid.: TB 12.7.35.
201   Ibid.: TB 20.7.35.
202   Ibid.: TB 24.7.35.
203   MRC 1215/18: TB 18.8.35.
204   Ibid.: TB 13.9.35.
205   Ibid.: TB 18.11.35.
206   Ibid.: TB 24.11.35.
207   MRC 1215/15: TB 3.12.34
208   Ibid.: TB 4.12.34.
209   HFA: Universidade de Londres, Certificado do Curso Médio.
210   EJH, discurso para os Velhos Filólogos, outubro de 2007. O explorador era Sven Hedin, que escreveu vários livros sobre suas viagens pelo Tibete, inclusive *Abenteuer in Tibet* (*Adventure in Tibet*, Leipzig, 1904).
211   MRC 1215/18: TB 6.11.35.

212 MRC 1215/17: TB 3.8.35.
213 MRC 1215/18: TB 25.9.35.
214 HFA: "Eric Hobsbawm's Interesting Times", p. 3.
215 MRC 1215/18: TB 25.9.35.
216 Ibid.: "Es kann losgehen".
217 MRC 937/7/8/1: "Scholarships at Cambridge" (recorte de jornal); *IT*, p. 106-7.
218 MRC 1215/18: TB 29.9.35.
219 Ibid.: TB 6.10.35.
220 MRC 1215/19: TB 9.1.36, também para o que se segue.
221 Ibid.: TB 9.1.36.
222 MRC 1215/18: TB 25.8.35.
223 Ibid.: TB 2-8.9.35.
224 *The Philologian*, v. 8, n. 1 (período letivo do outono, 1935), p. 10, também para o que se segue.
225 MRC 1215/18: TB 2-8.9.35, também para o que se segue.
226 *IT*, p. 83.
227 MRC 1215/1: EJH para Ron Hobsbaum, 5.7.36, e para os parágrafos seguintes.
228 Ibid.: EJH para Ron Hobsbaum, 13.7.36, também para os parágrafos seguintes. Ernst Thälmann, o popular líder do Partido Comunista Alemão na República de Weimar, foi mantido desde 1933 em um campo de concentração, onde foi assassinado pelos nazistas pouco antes do fim da guerra; os slogans que a multidão gritava eram "Soviéticos em toda parte" e "Doriot para o pelourinho"; a Carmagnole era uma música revolucionária francesa, acompanhada por uma dança, que ridicularizava o regime pré-revolucionário da França, e "ça ira" ("vai ser bom") era outra música do começo dos anos 1790, reescrita para incluir a injunção de "enforcar os burgueses no poste de iluminação".
229 Ibid.: EJH para Ron Hobsbaum, 20.7.36, também para os parágrafos seguintes.
230 Inapto para a guerra.
231 Ibid.: EJH para Ron Hobsbaum, 20.7.36 e 25.7.36.
232 Ibid.: EJH para Ron Hobsbaum, 5.8.36, também para os parágrafos seguintes abaixo.
233 Ibid., também Alfred H. Barr (ed.), *Fantastic Art, Dada, Surrealism* (Nova York, 1936), e a entrada em Oelze em Martin Wiehle (ed.), *Magdeburger Persönlichkeiten* (Magdeburg, 1993). Há um croqui muito bem-feito do personagem do artista em Wieland Schmied, "Schweigende Bilder", *Die Zeit*, 13.6.80, também on-line. No drama *Trilogie des Widersehens* (1976) de Botho Strauss, um dos personagens é obcecado por montar uma exposição dos quadros de Oelze, coisa que não consegue fazer. Ninguém que escreveu sobre Oelze menciona seu alcoolismo ou seu vício em drogas.
234 Ibid.: EJH para Ron Hobsbaum, 5.8.36.
235 MRC 1215/10: "I always wanted to go to the South of France", and MRC 1215/1: EJH para Ron Hobsbaum, fim de agosto de 1936. Eric escreveu ainda breves narrativas das viagens pela França e pela Alemanha, que podem ser encontradas no mesmo arquivo, que também contém diversas versões das mesmas. Os parágrafos seguintes são baseados na versão em inglês.
236 *Byrrh é um aperitivo aromatizado feito com vinho tinto, aguardente de uva e quinino.* Tarbes era o nome do vilarejo.
237 *IT*, p. 234.
238 MRC 1215/10: "I always wanted to go to the South of France".
239 Ibid., e Miscelânea HFA I: 22.1.43.
240 MRC 1215/10: "I always wanted to go to the South of France".
241 *IT*, p. 338-42.
242 MRC 1215/1: EJH para Ron Hobsbaum, fim de agosto de 1936, também para o resto deste parágrafo.
243 Hugh Thomas, *The Spanish Civil War* (Londres, 1986 edition), p. 653, para a lenda; Paul Preston, *The Spanish Holocaust: Inquisition and Extermination in Twentieth-Century Spain* (Londres, 2012), p. 399-400, para a verdadeira história.
244 MRC 1215/1: EJH para Ron Hobsbaum, fim de agosto de 1936.
245 Ibid.: EJH para Ron Hobsbaum, 12.9.36.
246 *IT*, p. 133.
247 MRC 1215/1: EJH para Ron Hobsbaum, 12.9.36.
248 *IT*, p. 105.

CAPÍTULO 3: "UM CALOURO QUE SABE SOBRE TUDO"

1   MRC 1215/1: EJH para Ron Hobsbaum, 21.10.36, também para o resto do parágrafo.
2   *IT*, p. 103-5.
3   MRC 937/7/8/1: EJH para Hiroshi Mizuta, s.d. (março de 1998), também para o que vem a seguir.
4   Noel Annan, *Our Age. Portrait of a Generation* (Londres, 1990), p. 174; Thomas E. B. Howarth, *Cambridge Between Two Wars* (Londres, 1978), p. 156-8.
5   MRC 937/7/8/1: "Private Lives" (texto datilografado): versão publicada em "Tinker, tailor, soldier, don", *Observer*, 21.10.1979; MRC 1215/1: EJH para Ron Hobsbaum, 21.10.36; *IT*, p. 108-9.
6   *IT*, p. 102-3. O "quarto do servente" era uma pequena despensa mantida nas residências por um servente da faculdade conhecido como "*bedder*", que fazia a cama dos estudantes e limpava os quartos.
7   KCAC: brinde pelo aniversário de 50 anos feito por Stuart Lyons CBE, 2012. "Gibbs" é um grande edifício do século XVIII com o nome de seu arquiteto, James Gibbs. Ficava perto da Capela, formando um ângulo reto com ela.
8   KCAC: informação da dra. Patricia McGuire. Nos anos 1960 "The Drain" foi substituído pelo Keynes Building, uma estrutura feia e moderna.
9   MRC 937/1/1/5: EJH para Diana Rice, 23.8.2002.
10 Para as memórias de um contemporâneo em Cambridge, ver Ralph Russell, *Findings, Keepings: Life, Communism and Everything* (Londres, 2001), p. 115-16.
11 TNA KV2/3980: página de rosto e número do arquivo 73a, "Extract from Army Paper" (1940). O Exército registraria suas condições físicas como "A1".
12 Annan, *Our Age*, p. 267.
13 *IT*, p. 112; Henry Stanley Ferns, *Reading from Left to Right: One Man's Political History* (Toronto, 1983), p. 101.
14 Pieter Keuneman, "Eric Hobsbawm: A Cambridge Profile 1939", reimpresso em Raphael Samuel e Gareth Stedman Jones (eds), *Culture, Ideology and Politics. Essays for Eric Hobsbawm* (History Workshop Series, Londres, 1982), p. 366-8, na p. 366 (originalmente Pieter Keuneman, "In Obscurity", *The Granta May Week Number*, 7.6.39). A rubrica "In Obscurity" era usada para retratos feitos a bico de pena de editores do *The Granta* que se aposentavam, para contrastar ironicamente com os artigos da revista sobre perfis de personagens mais destacados de Cambridge (*IT*, p. 106). O Grêmio de Cambridge foi fundado em 1815 e é o grupo de discussões mais antigo do mundo.
15 Keuneman, "Eric Hobsbawm", p. 367.
16 HFA TB 1.8.40.
17 MRC 937/4/3/1/5: EJH "Mr. Rylands Lectures", *The Granta*, 10.11.37.
18 HFA TB 11.7.40. Para um retrato mais simpático, ver Noel Annan, *The Dons. Mentors, Eccentrics and Geniuses* (Londres, 1999), p. 170-82.
19 KCAC NGA/5/1/452: Noel Annan para EJH, 21.5.76.
20 Annan, *Our Age*, p. 189.
21 MRC 937/4/3/1/5: Keuneman, "Eric Hobsbawm".
22 MRC 937/1/1/4: Noel Annan para EJH e Marlene Hobsbawm, 6.2.87. Clapham, professor de história da economia, era vice-reitor da King's.
23 Annan, *Our Age*, p. 189.
24 MRC 1215/1: EJH para Ron Hobsbaum, 5.5.37, também para o que vem a seguir.
25 Ibid.: EJH para Ron Hobsbaum, 3.2.37.
26 Sobre a admiração de Eric pelo especialista em Bizâncio Steven Runciman, ver Minoo Dinshaw, *Outlandish Knight: The Byzantine Life of Steven Runciman* (Londres, 2016), p. 85-6 e 592. Runciman era membro da Trinity, mas renunciou em 1938 ao receber uma herança substancial. Partiu para escrever uma história das Cruzadas em três volumes, uma das maiores obras de história escritas no século XX. Seu pai, Walter Runciman, era presidente da Câmara de Comércio do Governo Nacional.
27 Howarth, *Cambridge Between Two Wars*, p. 141.
28 MRC 1215/1: EJH para Ron Hobsbaum, 3.2.37.
29 MRC 937/4/3/1/5: EJH: "Mr. Willey Lectures", *The Granta*, 17.11.37, p. 113.
30 *IT*, p. 106-7; Noel Annan, "Obituary: Christopher Morris", *Independent*, 1.3.93.
31 *IT*, p. 107. Sobre Saltmarsh como professor, ver Ferns, *Reading from Left to Right*, p. 122.

32 MRC 937/1/8/1: EJH para Hiroshi Mizuta, s.d. (março de 1998).
33 *IT*, p. 107. O termo "Tripos" [bacharéis], denotando o grau do curso e os exames, foi derivado do banquinho de três pernas em que os graduados tinham de se sentar na Idade Média ao passar por um exame oral. O curso e o exame tinham duas partes, não três, por isso um "Primeiro duplo estrelado" significava Honras de Primeira Classe em cada parte.
34 Maxine Berg, *A Woman in History: Eileen Power, 1889-1940* (Cambridge, 1996), p. 187-90.
35 Howarth, *Cambridge Between Two Wars*, p. 200.
36 MRC 937/8/2/35: EJH, "Old Marxist still sorting out global fact from fiction", *Times Higher Education Supplement*, 10/2 (12.7.02).
37 MRC 1215/1: EJH para Ron Hobsbaum, 3.2.37.
38 Ibid.: EJH para Ron Hobsbaum, 5.5.37.
39 Ibid.: EJH para Ron Hobsbaum, 20.8.40.
40 MRC 937/1/1/3: EJH para Thomas E. B. Howarth, sem data. (1978).
41 Citado em Howarth, *Cambridge Between Two Wars*, p. 200.
42 M[ichael] M. Postan, *Fact and Relevance. Essays on Historical Method* (Cambridge, 1971), p. ix, e para sua visão crítica porém bem informada de Marx de forma mais genérica, ibid., p. 154-68.
43 MRC 937/8/2/35: EJH, "Old Marxist still sorting out global fact from fiction", *Times Higher Education Supplement, 10/2 (12.7.02)*; "Panel Discussion: Conversations with Eric Hobsbawm", *India Centre International Quarterly* 34/1 (primavera de 2005), p. 101-25.
44 MRC 937/1/3/11: EJH para Victor Kiernan, 29.3.2003.
45 Ibid.: Victor Kiernan para EJH, 26.2.2003. Kiernan foi recrutado para o Partido Comunista por Guy Burgess em 1933. Para suas aulas, ver Ferns, *Reading from Left to Right*, p. 76-8. Kumaramangalam também foi presidente do Grêmio de Cambridge.
46 MRC 937/1/3/11: EJH para Victor Kiernan, 29.3.2003.
47 Isaiah Berlin para Noel Annan, 13.1.54, em Isaiah Berlin, *Enlightening: Letters 1946-1960*, ed. Henry Hardy e Jennifer Holmes (Londres, 2009), p. 422.
48 Carole Fink, *Marc Bloch: A Life in History* (Cambridge, 1989), p. 103 e 179.
49 Berg, *A Woman in History*, p. 210-15; Stuart Clark (ed.), *The Annales School: Critical Assessments* (Londres, 1999); Peter Burke, *The French Historical Revolution: The Annales School, 1929-1989* (Stanford, CA, 1990).
50 MRC 937/4/3/1/5: EJH, "Prof. Trevelyan Lectures", *The Granta*, 27.10.37. George Kitson Clark, então na casa dos 30 anos, dava aulas de história da Inglaterra no século XIX e faria fama como um historiador revisionista das Leis dos Cereais.
51 MRC 937/4/3/1/5: "E.J.H. Observes", *The Granta*, 17.11.37.
52 MRC 1215/1: RJH para Ron Hobsbaum, 21.10.36.
53 MRC 937/4/3/1/5: "Union United", *The Granta*, 9.6.37, p. 486.
54 *IT*, p. 111.
55 MRC 1215/1: RJH para Ron Hobsbaum, 21.10.36.
56 Kevin Morgan, Gidon Cohen e Andrew Flinn, *Communists and British Society 1920-1991* (Londres, 2007), p. 80-3; Kenneth Newton, *The Sociolog y of British Communism* (Londres, 1968), p. 76. "Donkey-jacketism" refere-se aos paletós de lã forrados de couro nos ombros usados por trabalhadores nessa época. Ver Raphael Samuel, *The Lost World of British Communism* (Londres, 2006), p. 203-14.
57 Newton, *The Sociolog y of British Communism*, p. 67-76; Pelling, *The British Communist Party*, p. 81; Andrew Thorpe, *The British Communist Party and Moscow, 1920-1943* (Manchester, 2000), p. 231; C. Fleay e M. Sanders, "The Labour Spain Committee: Labour Party Policy and the Spanish Civil War", *Historical Journal*, v. 38 (1985), p. 187-97.
58 MRC 937/1/3/11: EJH para Victor Kiernan, 29.3.2003.
59 EJH, "War of Ideas", *Guardian*, seção Saturday Review, 17.2.07, p. 1-6, também para o que se segue.
60 HFA: cópia em posse de Angela Hobsbaum.
61 MRC 1215/21: TB 21.6.40.
62 Ibid. Ver também Martin Kettle, "Jon Vickers", *Guardian*, 23 junho de 2008.
63 MRC 937/1/1/4: EJH para Ms Wells, s.d.; "Cambridge Communism in the 1930s and 1940s", *Socialist History* 24 (2003), p. 40-78. Christopher Hill e Rodney Hilton estiveram em Oxford nos anos 1930.
64 MRC 937/1/6/3: EJH para Brian Simon, s.d. (novembro de 1993); ver também *IT*, p. 112.

65   MRC 937/7/8/1: EJH para Jason Heppell, 30.6.97.
66   *IT*, p. 122.
67   TNA KV2/3981, 136b; Excerto, 20.5.49.
68   Ver David Margolies e Maroula Joannou (eds), *Heart of the Heartless World: Essays in Cultural Resistance in Memory of Margot Heinemann* (Londres, 2002). A colaboração de Eric para o livro está nas p. 216-19. Para Bernal, ver EJH, "Red Science", *London Review of Books*, 9.3.2006.
69   Geoff Andrews, *The Shadow Man. At the Heart of the Cambridge Spy Circle* (Londres, 2015), p. 74-9.
70   Vasiily Mitrokhin e Christopher Andrew, *The Mitrokhin Archive*, v. I (Londres, 1999), p. 82-5; *IT*, p. 122-4.
71   *IT*, p. 100-114.
72   Ian Buruma, "The Weird Success of Guy Burgess", *New York Review of Books*, LXIII/20, 22.12.2016, p. 77-9.
73   *IT*, p. 100-114. Em meio à vasta e em geral sensacionalista literatura sobre os "espiões de Cambridge", o ponto de partida para informações confiáveis deve ser o competente *The Defence of the Realm. The Authorized History of MI5* de Christopher Andrew (Londres, 2009).
74   Eric foi sucedido em seu cargo por Jack Gallagher, que depois se tornou um influente historiador do imperialismo britânico.
75   MRC 937/6/1/2: *Cambridge University Socialist Club (CUSC) Bulletin*, 30.11.37; MRC 937/6/1/3: EJH para Brian Simon, s.d. (novembro de 1993); *IT*, p. 112-13.
76   MRC 937/6/1/2: *Cambridge University Socialist Club (CUSC) Bulletin*, 18.1.38.
77   Ibid., 1.2.38.
78   MRC 937/6/1/2: *Cambridge University Socialist Club (CUSC) Bulletin*: "How about films?", de EJH.
79   Ibid., 22.2.38: "The fight about realism in art".
80   Ferns, *Reading from Left to Right*, p. 109-10.
81   MRC 1215/21: TB 22.3.40. Sobre o grupo de leitura, ver Ferns, *Reading from Left to Right*, p. 102-3.
82   MRC 1215/1: EJH para Ron Hobsbaum, s.d. (outubro de 1937).
83   Ferns, *Reading from Left to Right*, p. 114.
84   MRC 937/4/3/1/5: Pieter Keuneman, "Eric Hobsbawm".
85   Ibid.: "Cambridge Cameos – Another Local Figure", *The Granta*, 3.3.37, p. 3: EJH para Diana Rice, 18.8.2002. Em suas memórias, Eric me parece injustamente depreciativo para com *The Granta* de sua época (*IT*, p. 113).
86   R. E. Swartwout, *It Might Have Happened. A sketch of the later career of Rupert Lister Audenard, First Earl of Slype, etc.* (Cambridge, 1934).
87   MRC 937/4/3/1/5: "Cambridge Cameos: The Oldest Inhabitant", *The Granta*, 10.3.37 (recorte).
88   Ibid.: "Cambridge Cameos: Nothing Over Sixpence: Woolworth's", *The Granta*, 21.4.37, p. 351.
89   Ibid.: "Cambridge Cameos: Ties With a Past: Ryder and Amies", *The Granta*, 26.5.37, p. 438.
90   Ibid.: Pieter Keuneman, "In Obscurity", *The Granta May Week Number*, 7.6.39.
91   Ibid.: EJH, "New Writing and a New Theatre: Christopher Isherwood", *The Granta*, 17.11.37, p. 121. Petty Cury era então uma rua decadente e de má reputação no centro de Cambridge.
92   Ibid.: EJH, "The Stars Look Down, I. Professor Laski", *The Granta*, 26.1.38, p. 215, também para as linhas seguintes. Eric voltou ao tema de Harold Laski muitos anos depois em "The Left's Megaphone", *London Review of Books*, v. 15, n. 13 (8.7.93), p. 12-13. Ver Michael Newman, *Harold Laski: A Political Biography* (Londres, 1993).
93   Nigel Nicolson (ed.), *The Harold Nicolson Diaries 1907-1963* (ed. revisada, Londres, 2004).
94   MRC 937/4/3/1/5: EJH, "The Stars Look Down, II. Harold Nicolson", *The Granta*, 2.2.38.
95   Ibid.: EJH, "The Stars Look Down, III. Herbert Morrison", *The Granta*, 9.2.38, também para a parte a seguir deste parágrafo. George Robey era um famoso cantor e comediante de teatro de revista.
96   Ibid.: EJH, "The Stars Look Down, IV. J. B. S. Haldane", *The Granta*, 23.2.38, p. 285, também para o restante deste parágrafo.
97   MRC 1215/1: EJH para Ron Hobsbaum, 3.2.37.
98   *IT*, p. 113.
99   MRC 937/4/3/1/5: EJH, "Crime et Châtiment", *The Granta*, 19.10.38, p. 33.
100 Ibid.: EJH, "The Film Editor Speaks: Guitry", *The Granta*, 2.11.38, p. 69.
101 Ibid.: EJH, "The Film Editor Speaks: Fritz Lang", *The Granta*, 9.11.38, p. 89; e "The Marx Brothers", *The Granta*, 18.11.38.

102 Ibid.: EJH, "The Year of Films", *The Granta*, 30.11.38, p. 157.
103 Ibid.: EJH (ed.), *The Granta New Statesman and Nation: The Weekend Review*.
104 Ibid.: EJH (ed.), "Fifty Years On – Perhaps *The National Granta: For a Pure Cambridge*", 8.3.1989 (i.e. 1939). Ver também "Leaves from the Nazigranta", 26.4.39.
105 Ibid.: *CUSC Bulletin*, 14.10.38, 18.10.38.
106 Ibid.: folheto datado de outubro de 1938.
107 Ibid.: *CUSC Bulletin*, 14 e 18.10.38.
108 Ibid.: *CUSC Bulletin*, 1.11.38.
109 O relato clássico continua sendo Robert Conquest, *The Great Terror: Stálin's Purges of the 1930s* (Londres, 1968). Para mais evidências, ver *The Great Terror: A Reassessment*, do mesmo autor (Oxford, 1990).
110 Joseph E. Davies, *Mission to Moscow* (Garden City, NJ, 1941).
111 Ver Vadim Z. Rogovin, *1937: Stálin's Year of Terror* (Oak Park, MI, 1998).
112 Joseph Redman [i.e. Brian Pearce], "The British Stalinists and the Moscow Trials", *Labour Review*, v. 3, n. 2 (março-abril de 1958), p. 44-53; Thorpe, *The British Communist Party and Moscow*, p. 237. Mais genericamente, ver Giles Udy, *Labour and the Gulag. Russia and the seduction of the British Left* (Londres, 2018).
113 MRC 1215/1: EJH para Ron Hobsbaum, 3.2.37, também para o que vem a seguir. Stálin usou o assassinato de Sergei Kirov, o chefe do Partido em Leningrado, como pretexto para começar os expurgos.
114 Ver Sidney e Beatrice Webb, *Soviet Communism: A New Civilisation?* (2 v., Nova York, 1936), e, para relatos de comunistas britânicos que também aceitaram a validade das confissões, Saville, *Memoirs from the Left*, p. 34-6; Russell, *Findings, Keepings*, p. 145-8; e Claud Cockburn, *I, Claud* (Londres, 1957, ed. rev. 1967), p. 262-4.
115 MRC 1215/1: EJH para Ron Hobsbaum, 5.5.37; Chris Wrigley, "May Day in Britain", em Abbey Paterson e Herbert Reiter (eds), *The Ritual of May Day in Western Europe: Past, Present and Future* (Londres, 2016), p. 133-59, na p. 148.
116 MRC 1215/1: EJH para Ron Hobsbaum, 5.5.37.
117 MRC 937/4/3/4/1: "A Non-Political Affair" (texto datilografado), também para o que vem a seguir.
118 Ibid.: "Passport, Love", de J. Share (EJH), também para o que vem a seguir.
119 Ibid. O verdadeiro nome da garota era Zhenia (anotações no Diário de HFA: em alemão, "Interim Report", 12.11.50, p. 2). Eric tentou encontrá-la de novo quando foi a Paris em agosto de 1950, mas não conseguiu ("como é ridículo", escreveu, "procurar alguém em Paris em agosto, quando todo mundo está de férias"). Ver também MRC 1215/10, anotações sobre o sul da França.
120 MRC 937/7/2/1, passim, também para o que vem a seguir.
121 MRC 1215/1: EJH para Ron Hobsbaum, 22.8.37, também para o restante deste parágrafo.
122 MRC 937/6/1/4: Conferência Internacional da Associação Mundial de Estudantes.
123 Ver Julian Jackson, *Popular Front in France: Defending Democracy 1934-1938* (Cambridge, 1988).
124 MRC 1215/1: EJH para Ron Hobsbaum, sem dada (outubro de 1937).
125 MRC 937/4/3/4/1L: "The Defeatist" de J. Share (EJH), e para o restante abaixo.
126 *IT*, p. 315.
127 "The Defeatist".
128 KCAC: informação fornecida pela dra. Patricia McGuire.
129 Entrevista com Angela Hobsbaum, 30.3.17.
130 MRC 1215/1: EJH para Ron Hobsbaum, s.d. (outubro de 1937), também para o que vem a seguir.
131 Ibid.: EJH para Ron Hobsbaum, 6.12.37.
132 Para um bom relato das atividades de estudantes comunistas em Oxford, muito semelhantes às de que Eric participou em Cambridge, ver Denis Healey, *The Time of My Life* (Londres, 1989), p. 32-8.
133 MRC 1215/1: EJH para Ron Hobsbaum, 6.12.37.
134 Ibid.: EJH para Ron Hobsbaum, 28.1.38, também para o que vem a seguir [esta deve estar com a data errada, pois Eden só saiu em fevereiro, por isso o mês da carta deve ser fevereiro, não janeiro].
135 *IT*, p. 121-2. Na época Elias estava no mesmo alojamento que o exilado socialista alemão Francis Carsten, que trabalhou na Executiva de Guerra Política durante a guerra e depois se tornou um eminente historiador. Quando Carsten visitou o editor suíço depois do fim da guerra, a pedido de Elias, ele descobriu, como me contou, que suas prateleiras ainda estavam lotadas de exemplares do livro de Elias; nenhum exemplar havia sido vendido.
136 MRC 1215/1: EJH para Ron Hobsbaum, 28.1.38 [i.e. 28.2.38].

137 Ibid.: EJH para Ron Hobsbaum, 29.4.38.
138 Ibid.: EJH para Ron Hobsbaum, 13.6.38.
139 Centre des Archives Diplomatiques de Nantes, 1 TU/701, Service des Renseignements Généraux de Tunisie, Dossiers Nominatifs, numéro 96: Hobsbawm, Eric Ernest, 24754, também para o que se segue. Sou grato ao dr. Daniel Lee por disponibilizar esse documento para mim.
140 MRC 1215/1: EJH para Ron Hobsbaum, 3.9.38, também para o que se segue.
141 Andrée Viollis era uma jornalista não feminista da junta editorial do jornal vespertino comunista *Ce Soir*, comandado pelo poeta Louis Aragon.
142 Hammamet era uma cidade pequena no litoral, perto de Tunis.
143 MRC 1215/1: EJH para Ron Hobsbaum, 9.9.38 (cartão-postal).
144 TNA KV2/3980, folha de rosto e arquivo 20x: Eric para o Gabinete do D[epartmento] E[ducacional], 8.11.42.
145 MRC 937/7/4/1: "Land and Colonisation in North Africa. A Paper read to the Political Society, King's College, on November 28th, 1938. By E. J. Hobsbawm, King's College".
146 Ibid., p. 16.
147 Ibid., p. 22-3.
148 Ibid., p. 23.
149 MRC 937/7/4/1: "Report on a Journey to Tunisia and Algeria made under the Political Science Travel Grant: Some notes of French administration in North Africa" (1938), p. 1-2.
150 Ibid., p. 22.
151 Ibid., p. 36.
152 Para o texto, ver Max Domarus (ed.), *Hitler: Speeches and Proclamations 1932-1945. The Chronicle of a Dictatorship*, II: *The Years 1935-1938* (Londres, 1992), p. 1.183-94.
153 MRC 937/7/2/2: TB 2.7.40.
154 Ibid.: PCGB "Political Letter to the Communist Party Membership", 25.4.39.
155 HFA "Family Tree"; entrevista com Robin Marchesi, 6.12.2016.
156 MRC 1215/1: EJH para Ron Hobsbaum, 12.6.36.
157 Ibid.: EJH para Ron Hobsbaum, 1.7.40.
158 Ibid.: EJH para Ron Hobsbaum, 7.4.41.
159 MRC 937/7/8/1: EJH, "As usual during a World Crisis, a superb day". Ronald Searle depois se tornou um cartunista famoso.
160 MRC 1215/1: EJH para Ron Hobsbaum, s.d. [12 de junho de 1939], também para o que se segue.
161 Wiener Stadt-und Landesarchiv: Bez. Ger. Hietzing Abt. 1 P 52/1929, datado de 24.7.41.
162 MRC 937/6/4/6: Eric para Brian Simon, 15.1.79. Iris Murdoch, um estudante de graduação de Oxford, depois se tornou professor de filosofia e romancista bem conhecido.
163 Peter J. Conradi, *Iris Murdoch: A Life* (Londres, 2001), p. 98.
164 MRC 937/6/1/6: Escola de Estudantes do Partido Comunista 1939: Eric Hobsbawm.
165 HFA: Certificado de diploma.
166 *IT*, p. 119-21.
167 MRC 937/6/1/5/1-2: Terceira Conferência Internacional da Associação Mundial de Estudantes sobre Democracia e Nação, Paris, 15-19 de agosto de 1939; MRC 1215/1: EJH para Ron Hobsbaum, 12.8.39.
168 MRC 937/1/6/3: EJH para Brian Simon, s.d. (novembro de 1993); MRC 937/7/8/1: "As usual, during a World Crisis, a superb day". P. N. Haksar estudou na Faculdade de Economia de Londres e depois da independência entrou para o Ministério do Exterior da Índia, tornando-se embaixador na Áustria e na Nigéria e finalmente primeiro-secretário da primeira-ministra Indira Gandhi e primeiro reitor da Universidade Jawaharlal Nehru de 1991 a 1996. Ver suas memórias, *One More Life* (1990).
169 MRC 937/7/8/1: "As usual during a World Crisis, a superb day".
170 *IT*, p. 117-25 (citação na p. 124).
171 MRC 1215/1: EJH para Ron Hobsbaum, sem data. (cartão-postal, data no selo 31.7.39).
172 Ibid.: EJH para Ron Hobsbaum, 28.8.39.
173 Ibid.: EJH para Ron Hobsbaum, 28.8.39.
174 Ibid.: EJH para Ron Hobsbaum, 8.9.39.
175 Miscelânea HFA I: 1.9.42.

176 MRC 937/7/8/1: "As usual during a World Crisis, a superb day". Eric pode ter se enganado quando identificou o romancista e pintor Wyndham Lewis: segundo seu biógrafo, ele não estava na França à época, pois já tinha reservado passagens para viajar com a mulher por mar até Quebec, partindo de Southampton em 2 de setembro de 1939 (Paul O"Keeffe, *Some Sort of Genius: A Life of Wyndham Lewis* [Londres, 2000], p. 400).
177 *IT*, p. 126.
178 Miscelânea HFA I: 10.9.42, também para o que se segue.
179 MRC 1215/1: EJH para Ron Hobsbaum, 8.9.39, e para o que se segue.
180 Os termos punitivos impostos à Alemanha pelo Tratado de Versailles foram amplamente responsáveis pela ascensão e triunfo do nazismo.
181 Para os debates desencadeados pelo Pacto Nazi-Soviético na liderança do Partido Comunista Britânico, ver Francis Beckett, *Enemy Within. The Rise and Fall of the British Communist Party* (Londres, 1995), capítulo 6.
182 Citado em Neil Redfern, *Class or Nation. Communists, Imperialism and Two World Wars* (Londres, 2005), p. 97.
183 Sobre as discussões e divisões na alta cúpula do Partido, ver Francis King e George Matthews (eds.), *About Turn. The British Communist Party and the Second World War. The Verbatim Record of the Central Committee Meetings of 25 September and 2-3 October 1939* (Londres, 1990); e John Attfield e Stephen Williams (eds), *1939: The Communist Party of Great Britain and the War. Proceedings of a Conference held on 21 April 1979, Organised by the Communist Party History Group* (Londres, 1984), em especial o documentário *Appendices*. Sobre o papel de Moscou no levante, ver Thorpe, *The British Communist Party and Moscow*, p. 246-9, 256-60.
184 Ver Robert Edwards, *White Death: Rússia's War on Finland 1939-1940* (Londres, 2006).
185 *IT*, p. 154; Raymond Williams, *Politics and Letters: Interviews with New Left Review* (Londres, 1979), p. 43.
186 MRC 937/6/1/2: *War on the USSR?* Produzido pelo Clube Socialista da Universidade, Cambridge. Publicado pela University Labour Federation.
187 *IT*, p. 152-3.

CAPÍTULO 4: "UM INTELECTUAL DE ESQUERDA NO EXÉRCITO INGLÊS"

1   Ver Roger Broad, *Conscription in Britain 1939-1963: The Militarization of a Generation* (Londres, 2006).
2   TNA KV2/3980: folha de rosto e número do arquivo 73a: Excerto de Jornal do Exército.
3   MRC 1215/28: Apresentação ao Exército britânico, Cambridge, fevereiro de 1940, também para o que se segue.
4   Ibid. Ombro, armas.
5   MRC 1215/21: TB 6.3.40, 8.3.40.
6   Ibid.: TB 12.3.40.
7   Ibid.: TB 15.3.40. "O treinamento com armas", observou o contemporâneo de Eric em Cambridge Ralph Russell, de classe mais baixa, mas com um passado rural, "era cheio de insinuações sexuais e obscenas" (Russell, *Findings, Keepings*, p. 171).
8   MRC 1215/21: TB 10.3.40.
9   Ibid.: TB 14.3.40.
10   Ibid.: TB 15.3.40.
11   Ibid.: TB 18/19.3.40.
12   Ibid.: TB 8.3.40.
13   Ibid.: TB 6.3.40.
14   Ibid.: TB 6.7.40.
15   Ibid.: TB 29.4.40.
16   Ibid.: TB 6.3.40.
17   Ibid.: TB 10.3.40, 24.3.40.
18   Ibid.: TB 8.3.40.
19   Ibid.: TB 8.3.40.
20   Ibid.: TB 15.3.40.
21   Ibid.: TB 6.3.40.
22   MRC 1215/28: maio-junho de 1940, números 12-14.
23   MRC 1215/21: TB 8.3.40.
24   Ibid.: TB 12.3.40, 14.3.40, 8.4.40.
25   Ibid.: TB 16.4.40; MRC 1215/22: TB 26.2.41.
26   Ibid.: TB 11.2.41, 26.2.41.
27   Ibid.: TB 19.2.41.
28   Ibid.: TB 20.2.41.
29   MRC 1215/28: Observações sobre a linguagem do exército. Notts era abreviação de Nottinghamshire.
30   Ibid.: *Gíria com rima.*
31   Ibid.: Algumas outras expressões de gíria.
32   Ibid.: Ditos correntes na Companhia.
33   Ibid.: *Gíria obscena.*
34   MRC 1215/21: TB 9-12.4.40.
35   Ibid.: TB 15.3.40.
36   MRC 1215/22: TB 12.2.41. O Sombra era um detetive americano criado por Walter Gibson. O personagem apareceu numa popular série radiofônica nos anos 1930, estrelada por Orson Welles, e formou a base para uma revista em quadrinhos publicada de 1940 a 1942, quando foi cancelada devido à falta de papel. Ver Thomas J. Shimfield, *Walter B. Gibson and The Shadow* (Jefferson, NC, 2003).
37   MRC 1215/21: TB 20.4.40.
38   Ibid.: TB 20/21.3.40.
39   Ibid.: TB 25.3.40.
40   Ibid.: TB 23.3.40.
41   Ibid.: TB 2.4.40.
42   Ibid.: TB 3.4.40.
43   Ibid.: TB 3.4.40.
44   Ibid.: TB 4-7.4.40.
45   Ibid.: TB 6.3.40.

46   Ibid.: TB 23.3.40.
47   Ibid.: TB 29.4.40.
48   Ibid.: TB 27.3.40.
49   Ibid.: TB 31.3.40.
50   Ibid.: TB 16.3.40.
51   Ibid.: TB 11.3.40. William L. Trotter, *The Winter War: The Russo-Finnish War of 1940* (5. ed. rev., Stanford, CA, 2002), p. 235-9. Sobre a "linha do Partido" nessa época, ver Neil Redfern, *Class or Nation: Communists, Imperialism and Two World Wars* (Londres, 2005), p. 95-9, e Thorpe, *The British Communist Party and Moscow*, p. 159-61.
52   MRC 1215/21: TB 11.3.40; observações similares, muito mais curtas, em TB 29.3.40.
53   Ibid.: TB 12.3.40.
54   Ibid.: TB 9.4.40.
55   Ibid.: TB 29.4.40.
56   Ibid.: TB 9-12.4.40.
57   Ibid.: TB 29.4.40.
58   Ibid.: TB 9-12.4.40.
59   MRC 1215/22: TB 11.2.41.
60   MRC 1215/21: TB 16.4.40.
61   Ibid.: TB 17-18.4.40.
62   Ibid.: TB 19.4.40.
63   Ibid.: TB 22-28.4.40.
64   MRC 1215/22: TB 12.2.41.
65   A comida do exército era normalmente servida em pratos de metal, não de louça.
66   MRC 1215/21: TB 2-3.5.40.
67   Ibid. Depois Eric afirmou que foi recusado por ser membro do Partido Comunista, mas outros membros do Partido conhecidos, notavelmente seu colega historiador Christopher Hill, conseguiram ser designados para o Corpo de Inteligência sem dificuldade (FLA: Fritz Lustig para EJH, 11.6.2003).
68   *IT*, p. 111.
69   MRC 1215/21: TB 2-3.5.40, 3-9.5.40; ver também TB 17.5.40.
70   Ibid.: TB 5.5.40.
71   Ibid.: TB 10.5.40.
72   MRC 1215/1: EJH para Ron Hobsbaum, s.d. (fim de setembro de 1940).
73   Ibid.: EJH para Ron Hobsbaum, s.d. ("Monday evening").
74   MRC 1215/21: TB 11.5.40.
75   Ibid.: TB 25.5.40.
76   Ibid.: TB 17.5.40, 25.5.40.
77   MRC 937/4/3/4/1: texto datilografado não publicado, em vermelho, também para o restante do parágrafo. Não datado, porém referências a charcos, diques e coisas do gênero deixam claro que o lugar era Norfolk e portanto a data era 1940.
78   MRC 1215/1: EJH para Ron Hobsbaum, s.d. ("Monday evening").
79   MRC 1215/21: TB 17.5.40.
80   Ibid.: TB 17.5.40; *IT*, p. 159-60.
81   MRC 1215/28: "Very often one doesn't notice" (texto datilografado).
82   *IT*, p. 159-60; MRC 1215/21: TB 17.5.40.
83   Ibid.: TB 15.6.40, 24.7.40.
84   MRC 1215/1: EJH para Ron Hobsbaum, 10.6.40.
85   MRC 1215/21: TB 17.6.40.
86   MRC 1215/1: EJH para Ron Hobsbaum, 10.6.40.
87   MRC 1215/21: TB 15.6.40, 17.6.40.
88   Ibid.: TB 17.6.40.
89   MRC 1215/1: EJH para Ron Hobsbaum, 1.7.40, também para o que se segue.
90   Thorpe, *The British Communist Party and Moscow*, p. 265-7.
91   MRC 937/8/2/22/2: Martin Walker, "Old comrades never say die", *Guardian*, 15.10.94, p. 29.
92   MRC 1215/1: EJH para Ron Hobsbaum, 1.7.40.
93   MRC 937/7/2/2: TB 26.6.40.

94	Ibid.: TB 2.7.40.
95	Ver Richard J. Evans, *The Third Reich at War* (Londres, 2008), p. 231-4.
96	MRC 937/7/2/2: TB 24.6.40.
97	MRC 1215/1: EJH para Ron Hobsbaum, 1.7.40.
98	MRC 937/7/2/2: TB 6.7.40.
99	Ibid.: TB 2.7.40.
100	Ibid.: TB 6.7.40.
101	Ibid.: TB 26.6.40.
102	Ibid.: TB 2.7.40, 8.7.40, 4.8.40.
103	Ibid.: TB 4.8.40.
104	MRC 1215/1: EJH para Ron Hobsbaum, 20.8.40. Hermann Goering era o comandante da Força Aérea Alemã, a Luftwaffe.
105	MRC 1215/21: TB 1.4.40.
106	Ibid.: 12-14.4.40.
107	MRC 1215/23: TB 22.1.43.
108	MRC 937/7/2/2: TB 2.7.40.
109	MRC 1215/28: TB 15.3.41 e MRC 937/4/3/4/1: "On the same side of the road he saw Taylor" (conto não publicado sobre um soldado ferido e desfigurado); "A Very Dishonest Guy" (conversação não publicada e minuciosamente elaborada cujo desfecho é a revelação de que três lindas garotas cujas fotos estão ao lado da cama de um dos homens não são suas namoradas, como todos na barraca supõem, mas sim suas irmãs); "The Armed Guard", conto não publicado e bem desconexo sobre um soldado que se ausenta sem permissão; "Ted", esboço abandonado de uma história sobre alguém que se finge doente e um sujeito suspeito, que parece ter sido arrancada do diário de Eric de 1941 (p. 55-71 e 143-9); "The Letter", um manuscrito mais coerente sobre um jornal diário, apresentando uma composição coerente de uma carta para casa; e "Guard in Winter", outro manuscrito, este completo, descrevendo o tédio de estar de guarda; todos são manuscritos bem incoerentes.
110	MRC 1215/29: "Pause im Krieg"; "Kriegspause II"; "Ritter Tod und Teufel, oder Die Unmilitärischen". ("43") – "Diante de nós, estão os covardes e os nervosos/ Um uniforme colorido de bravura,/ No qual eles costumam forçar nossos membros [...] Nós somos pequenos,/ Os tempos são grandes".
111	MRC 1215/29: "Pause im Krieg" I e II (abril de 1942).
112	Ibid.: "Bedingtes Gedicht"; "Anfang 1942" ("Die Zukunft rettet uns"); "Halb Weiss halb rot", 24.1.43; "Uebergang".
113	Ibid.: "Theorie ohne Praxis"; também "Predigt", em que Eric imagina a unidade entre a teoria e a prática cochilando, quase dormindo.
114	Ibid.: "No Primeiro de Maio/ Cravos vermelhos na casa dos nossos botões/ O testemunho do nascimento e da morte/ a primeira e a última ordem de batalha" ("Die Strasse"); em "Lied" ("Canção") ele escreveu sobre a "duvidosa paz" vindoura, enquanto "começam os tempos difíceis".
115	Ibid.: "Nazis im Fruehjahr".
116	MRC 937/7/2/2: TB 11.7.40.
117	MRC 1215/1: EJH para Ron Hobsbaum, 1.2.41.
118	Ibid.: EJH para Ron Hobsbaum, 7.4.41; MRC 1215/22: TB 15.2.41.
119	MRC 1215/1: EJH para Ron Hobsbaum, 6.11.40.
120	Ibid.: EJH para Ron Hobsbaum, 1.2.41.
121	MRC 1215/22: TB 10.2.41.
122	Ibid.: TB 11.2.41.
123	Ibid.: TB 4.3.41.
124	MRC 1215/1: EJH para Ron Hobsbaum, s.d. (março de 1941, com adendo 7.4.41).
125	MRC 1215/22: TB 8.3.41, 11.3.41, 12.3.41, 14.3.41.
126	Ibid.: TB 10. 2. 41
127	Ibid.: TB 20.2.41.
128	Ibid.: TB 27.2.41.
129	Ibid.: TB 25.2.41.
130	Ibid.: TB 17.3.41, 21.3.41, 22.3.41, 23.3.41, 25.3.41, 7.4.41 e MRC 1215/1: EJH para Ron Hobsbaum, s.d. (março de 1941, com adendo 7.4.41). Nenhum desses romances é particularmente fácil de ler. Presumivelmente nessa época ele tinha acabado de ler *Guerra e paz*.

131	MRC 1215/22: TB 23.2.41, 1.3.41.
132	Ibid.: TB 18.2.41.
133	Ibid.: TB 19.2.41.
134	Ibid.: TB 22.2.41.
135	Ibid.: TB 23.2.41.
136	Ibid.: TB 7.4.41.
137	Ibid.: TB 19.2.41, 20.2.41.
138	Ibid.: TB 22.2.41.
139	MRC 1215/1: EJH para Ron Hobsbaum, s.d. (março de 1941, com adendo 7.4.41).
140	MRC 1215/22: TB 23.2.41.
141	MRC 1215/1: EJH para Ron Hobsbaum, s.d. (março de 1941, com adendo 7.4.41); John Macleod, *River of Fire: The Clydebank Blitz* (Londres, 2010).
142	MRC 1215/22: TB 12.3.41.
143	MRC 1215/1: EJH para Ron Hobsbaum, s.d. (março de 1941, com adendo 7.4.41) e 25.4.41.
144	Ibid.: EJH para Ron Hobsbaum, s.d. (maio de 1941, com o cabeçalho "560 Field Coy Reg, Croxteth Hall, West Derby, Liverpool 12").
145	Richard Whittington-Egan, *The Great Liverpool Blitz* (Liverpool, 1987).
146	MRC 1215/1: EJH para Ron Hobsbaum, s.d. (maio de 1941, com o cabeçalho "560 Field Coy Reg, Croxteth Hall, West Derby, Liverpool 12"), também para o que se segue.
147	Ibid.: EJH para Ron Hobsbaum, 8.7.41.
148	MRC 937/1/1/4: EJH para Tom Pocock, 14.7.81.
149	MRC 1215/1: EJH para Ron Hobsbaum, 8.7.41, também para o que se segue.
150	Richard Bennet (ed.), *The Bedside Lilliput* (Londres, 1950), contém uma antologia de artigos dos anos 1937-1949.
151	EJH, "Battle Prospects", *Lilliput*, 1º de janeiro de 1942, p. 43-4.
152	EJH, "It Never Comes Off", *Lilliput*, 1º de março de 1942, p. 212-14.
153	MRC 1215/1: EJH para Ron Hobsbaum, 13.8.41.
154	MRC 1215/23: TB 1.9.42.
155	*IT*, p. 156-7.
156	MRC 1215/1: EJH para Ron Hobsbaum, s.d. (março de 1941, com adendo 7.4.41).
157	Ibid.: EJH para Ron Hobsbaum, 18.9.41, também para o que se segue. Archie White, *The Story of Army Education, 1643-1963* (Londres, 1963). Sobre White, ver *IT*, p. 164.
158	MRC 1215/1: EJH para Ron Hobsbaum, 18.9.41.
159	Ibid.: EJH para Ron Hobsbaum, 18.9.41. Um *eisteddfod* é um festival cultural em idioma galês apresentando principalmente música e poesia. Tais eventos eram surpreendentemente comuns nas forças armadas britânicas durante a guerra: meu pai fez papel de bardo em um *eisteddfod* realizado em sua unidade da RAF no sul da Itália em 1945.
160	Ibid.: EJH para Harry Hobsbaum, 27.9.42.
161	Ver Helen Fry, *The King's Most Loyal Enemy Aliens: Germans Who Fought for Britain in the Second World War* (Stroud, 2013), que também inclui uma entrevista com Fritz Lustig.
162	Entrevista com Fritz Lustig, 30.5.2016.
163	Ibid. Ver também MRC 937/1/6/6: Fritz Lustig para EJH, 24.4.95, e EJH para Fritz Lustig, 30.4.95, também para o que vem a seguir.
164	"The Germans who bugged for Britain", *Jewish Chronicle*, 10.5.2012.
165	MRC 937/6/4.2: *Dieppe and the Don* (Londres, August 1942); *The Second Front: Six Objections answered by the Daily Worker* (Londres, 1942).
166	TNA KV2/3980, 12a: Eric para John (Gollan), 3.8.42, também para o que vem a seguir.
167	MRC 1215/1: EJH para Harry Hobsbaum, 27.9.42.
168	Ver S. P. Mackenzie, "Vox populi: British army newspapers in the Second World War", *Journal of Contemporary History*, v. 24 (1989), p. 665-82; e MRC 1215/18, 31: "Wall-Newspapers. By Sgt. Inst. E. Hobsbawm A. E. C.", um estudo sobre jornais murais com sugestões sobre como deveriam ser montados e apresentados.
169	TNA KV2/3980, 11a: Cel. Alexander para Seção Especial. 17.7.42.
170	Ibid.: 8a, Queixa-se dos instrutores A.E.C., 10.7.42.
171	Ibid.: 65: "Note on the Case of No. 2003227 Sgt. Eric John HOBSBAWM, A.E.C.". O acrônimo "I.A.E.C." referia-se a outros instrutores do Corpo Educacional do Exército.

172	Ibid.: 12a, Eric para John (Alexander?), 3.8.42, também para o que se segue.
173	Ibid.: 65: "Note on the Case of No. 2003227 Sgt. Eric John HOBSBAWM, A.E.C."; também 73a: Excerto de Jornal do Exército, e 8a: Queixa-se de instrutores A.E.C.
174	Ibid.: 16x: Excerto Y Box 2128, 24.8.42, também para o que se segue.
175	TNA KV2/3980: 65: "Note on the Case of No. 2003227 Sgt. Eric John HOBSBAWM, A.E.C.".
176	MRC 1215/23: TB 30.8.42.
177	Ibid.: TB 10.9.42.
178	Ibid.: TB 12.9.42, também para o que se segue.
179	Feliks Dzerzhinsky foi o primeiro comandante da polícia política soviética, a Cheka, e executor do "terror vermelho" pós-revolucionário na Rússia.
180	TNA KV2/3980: 25a, 30.9.42.
181	MRC 1215/1: EJH para Ron Hobsbaum, 10.10.42.
182	Andrew, *The Defence of the Realm*, p. 173. Para uma avaliação sarcástica das atitudes e suposições sociais dos serviços de inteligência, ver Hugh Trevor-Roper, *The Philby Affair: Espionage, Treason, and Secret Services* (Londres, 1968).
183	TNA KV2/3980: 21/22, 13.9.42.
184	MRC 1215/1: EJH para Ron Hobsbaum, 13.8.41.
185	TNA KV2/3980: 23a, 16.9.42.
186	Ibid.: 31a, 14.12.42.
187	Ibid.: 20x: Eric para o G[abinete] do D[epartmento] E[ducacional], 8.11.42.
188	Ibid.: 34, 12.2.43, p. 2.
189	Ibid.: 29y, 23.11.42 e 39z, 25.11.42.
190	Ibid.: 33, 20.12.42.
191	MRC 1215/28: Anotações dos tempos de guerra: "Com muita frequência nós não notamos" (texto datilografado). "Capstan" era uma marca popular de cigarros baratos com teor muito alto de nicotina.
192	MRC 1215/23: TB 22.1.43.
193	MRC 1215/1: EJH para Ron Hobsbaum, 9.1.43, também para o que vem a seguir.
194	Ibid.: EJH para Ron Hobsbaum, 21.2.43; HFA: Certificado de Diploma, 6.2.43. Ver também TNA KV2/3981, 149b: Relatório confidencial, 22.11.50.
195	TNA KV2/3980: 371, Excerto do arquivo número PF 211, 764, 19.3.43. "Jack" era o apelido de David ("Danny") Gibbons, um comunista escocês e veterano da Guerra Civil Espanhola que fora indicado no ano anterior para organizar o trabalho do Partido nas forças armadas.
196	Ibid., p. 2.
197	MRC 1215/1: EJH para Ron Hobsbaum, 18.4.43.
198	TNA KV2/3980: 65: "Note on the Case of No. 2003227 Sgt. Eric John HOBSBAWM, A.E.C.".
199	MRC 1215/1: EJH para Ron Hobsbaum, 18.4.43.
200	Ibid.: EJH para Ron Hobsbaum, 21.2.43.
201	Beckett, *Enemy Within*, p. 94-5.
202	Cópias em MRC 937/6/1/2; também MRC 1215/1: EJH para Ron Hobsbaum, 30.6.43.
203	www.andrewwhitehead.net/blog/category/ram-nahum; *IT*, p. 112; Sally Vickers, "I felt he wasn't my real father", *Guardian*, Family Section, 12 de novembro de 2012. Freddie contou sobre o caso à filha quando Sally era jovem, o que a fez se convencer de que era na verdade filha de Ram Nahum, embora não fosse. "Mouse" morreu em 2008. Para um relato de uma testemunha ocular dos bombardeios, ver Theodor Prager, *Bekenntnisse eines Revisionisten* (Viena, 1975), p. 56-8.
204	TNA KV2/3981, 152a: Seção Especial, 5.12.51.
205	*IT*, p. 166, 176-7.
206	MRC 1215/23: TB 31.1.43.
207	MRC 1215/23: 1.9.42.
208	Ibid.: 2.9.42.
209	Ibid.: 7.9.42, p. 2.
210	MRC 1215/23: TB 29.11.42.
211	MRC 1215/1: EJH para Ron Hobsbaum, 21.2.43.
212	MRC 1215/29: Poemas: "Lied".
213	Ibid.: Poemas: "Du bist wie eine blanke schwarze Strasse" (Mitte julho de 43).
214	Ibid.: Poemas: "Das Mädchen" (7/42).

215	Ibid.: Poemas: "Im Frieden" ("Em paz"): "Somente entre nossos corpos próximos jaz, dormente e atiçado como feno recém-cortado, paz, memória, o futuro".
216	MRC 1215/23: TB 23.2.43.
217	Ibid.: TB 7.7.43 [data correta: 7.5.43], também para o que se segue.
218	MRC 1215/1: EJH para Ron Hobsbaum, 18.4.43.
219	TNA KV2/3980: 73a: Excerto de Jornal do Exército.
220	MRC 1215/1: EJH para Ron Hobsbaum, 4.5.43.
221	Ibid.: EJH para Ron Hobsbaum, 30.6.43.
222	Entrevista com Angela Hobsbaum, 30.3.17; HFA Angela Hobsbaum, "R M Hobsbaum Naval Career" (texto datilografado).
223	MRC 1215/1: EJH para Ron Hobsbaum, 30.6.43.
224	Ibid.: EJH para Ron Hobsbaum, 7.8.43.
225	TNA KV2/3980: 65: "Note on the Case of No. 2003227 Sgt. Eric John HOBSBAWM, A.E.C.".
226	Ibid.: 47a: Secreto Pessoal, 1.5.44.
227	Ibid.: 50a: Sargento-instrutor Eric John Ernest HOBSBAWM.
228	MRC 1215/1: EJH para Ron Hobsbaum, 30.6.43.
229	MRC 1215/29: "Verne Citadel, Portland, 1943". A Cidadela de Verne, localizada no ponto mais alto da ilha, era usada como plataforma de canhões e baterias antiaéreas.
230	Ibid.: 65: "Note on the Case of No. 2003227 Sgt. Eric John HOBSBAWM, A.E.C.".
231	Ibid.: 43d: Do Cel. R. E. Pickering, comandante do subdistrito IOW, 31 de maio de 1944.
232	TNA KV2/3980: 78/79, 8/12.1.45.
233	Ibid.: 55d: Holborn 4079, 29.8.44.
234	Ibid.: 43d, Holborn 4071, 2.7.44.
235	MRC 1215/28: "The foreigner", p. 1-2.
236	Ibid., p. 4-5, também para o que se segue.
237	Ibid., p. 6-7.
238	TNA KV2/3980: 61, 17.11.44.
239	Ibid.: 61a, Relatório Milne, 17.11.44. As forças do Parlamento do Cairo, no qual comunistas e trotskistas tinham importante papel, votaram a favor de muitas medidas socialistas que queriam que fossem tomadas depois da guerra, inclusive a nacionalização de bancos. Ver Andy Baker, *The Cairo Parliament, 1943-1944: An Experiment in Military Democracy* (Leigh-on-Sea, Essex, 1989).
240	TNA KV2/3980: 62, 18.11.44.
241	Ibid.: 67, 24.11.44.
242	Ibid.: 69, 4.12.44.
243	Ibid.: 94, relato de telefone grampeado do Departamento de Pesquisas Trabalhistas, 31.5.45.
244	Ibid.: 78/79, 8/12.1.45.
245	Keith Jeffery, *MI6. The History of the Secret Intelligence Service 1909-1949* (Londres, 2010), p. 561.
246	MRC 937/1/1/4: EJH para Tom Pocock, 14.7.81. Moss Taylor-Samuels ganhou a cadeira de um membro do parlamento conservador havia muito no posto, mantendo-a durante as três eleições seguintes antes de sua morte, em 1957; a cadeira continuou com os trabalhistas até a vitória dos conservadores nas eleições gerais de 1970. Meu pai, acantonado na Itália, sempre disse que os soldados votavam nos trabalhistas por se sentirem irritados por não terem sido desmobilizados assim que a guerra acabou.
247	LHA CP/IND/MISC/12/1: Papéis de Christopher Meredith: EJH para Meredith, 23.8.45, 13.12.45, também para o que se segue.
248	CUL UA BOGS 1/1951, Pasta 123: W. J. Sartain para EJH, 8.12.45.
249	Ibid.: Morris para Sartain, 26.12.45.
250	Ibid.: Postan para Sartain, 22.12.45.
251	HFA: Certificado de Transferência para a Reserva do Exército, 3.4.46.
252	TNA KV2/3981, 115a, 16.1.46, 117a, 28.1.46 e carta escrita à mão de George Cholmondley, comandante, 10ª Unidade Civil de Reassentamento, para Bailey, 16.1.46; CUL UA BOGS 1/1951, Pasta 123: EJH para o secretário, Junta de Estudos de Pós-Graduação, Univ. de Cambridge, 15.1.46.

CAPÍTULO 5: "UM OUTSIDER NO MOVIMENTO"

1. MRC 937/7/8/1: "Paperback Writer" (texto datilografado, 2003), p. 1.
2. MRC 937/1/1/4L EJH para Graziano, 1.12.80, também para o que se segue.
3. "Panel Discussion: Conversations with Eric Hobsbawm", *India Centre International Quarterly* 34/1 (primavera de 2005), p. 101-25.
4. EJH, entrevista com Pat Thane e Elizabeth Lunbeck, em *Visions of History* (Mid-Atlantic Radical Historians' Organization, Nova York, 1983), p. 29-44.
5. *IT*, p. 121.
6. CUL UA BOGS 1/1951, Pasta 123: Postan para W. J. Sartain, 29.1.46; Eric Hobsbawm, "Fabianism and the Fabians 1884-1914" (Doutorado pela Universidade de Cambridge, 1950), Prefácio.
7. Ibid., p. 2.
8. Ibid., p. 1.
9. Ibid., p. 7.
10. Ibid., p. 166.
11. Ibid., p. 103.
12. Ibid., p. 109, 112-14, 155-7.
13. Ibid., p. 43, 168.
14. CUL UA BOGS 1/1951, Pasta 123: EJH para W. Sartain, secretário da Junta de Estudos de Pós--Graduação, 15.1.50, também para o que se segue.
15. Ibid.: W. J. Sartain para EJH, 24.12.49.
16. Ibid.: Postan para Sartain, 8.3.50.
17. Ibid.: W. J. Sartain, secretário da Junta de Estudos de Pós-Graduação, para EJH, 3.4.50; EJH para Sartain, 1.4.50.
18. Ibid.: Relatório dos examinadores sobre tese apresentada para doutorado intitulada "Fabianism and the Fabians, 1884-1914", de E. J. E. Hobsbawm, 24.11.50: (1): De Mr. R. C. K. Ensor.
19. Ibid.: (2): Pelo professor D. W. Brogan.
20. Ibid.: Relatórios de Brogan e Ensor, s.d. Brogan e Ensor depois receberam o título de nobreza por seus serviços à educação.
21. Ibid.: Recomendação do Comitê de Graduação, 1.12.50.
22. HFA: Diploma de Graduação, 27.1.51.
23. CUL UA BOGS 1/1951, Pasta 123: Sartain para R. J. L. Kingsford, Cambridge University Press, 18.12.50; Kingsford para Sartain, 16.12.50.
24. Biblioteca da LSE Library, papéis de Tawney, 6/11. Ver Lawrence Goldman, *The Life of R. H. Tawney: Socialism and History* (Londres, 2013), p. 280-1.
25. Goldman, *The Life of R. H. Tawney*, p. 276-7.
26. MRC 1215/21: TB 22.3.40.
27. KCAC NGA/5/1/452: Observação de Noel Annan sobre Eric Hobsbawm.
28. MRC 937/7/8/1: "Rathaus/history", janeiro de 2008, p. 3-4.
29. KCAC/4/11/1/Hobsbawm.
30. KCAC/4/11/2/8/3-5: Relatórios do professor R. H. Tawney e do professor T. S. Ashton sobre a dissertação do sr. E. J. E. Hobsbawm de 1949, "Studies in the 'New' Trade Unionism (1889-1914)": Relatório do professor Tawney, também para o que vem a seguir.
31. MRC 937//2/11: Herbert Kisch, "Hobsbawm and *The Age of Capital*", *Journal of Economic Issues*, XVI/1 (março de 1982), p. 107-30, na p. 107, rememorando a palestra que o autor havia assistido "como calouro e como veterano ao voltar da guerra".
32. KCAC/4/11/2/8/3-5: Relatório do professor Ashton.
33. EJH, "Trends in the British Labor Movement since 1850", *Science and Society*, XIII/4 (outono de 1949), p. 289-312.
34. John Saville (ed.), *Democracy and the Labour Movement. Essays in Honour of Dona Torr* (Londres, 1954), p. 201-39.
35. EJH, "The Labour Aristocracy: Twenty-Five Years After", *Bulletin of the Society for the Study of Labour History*, v. 40 (1980), revisado e expandido em EJH, "Debating the Labour Aristocracy", em seu *Worlds*

	of Labour: Further Studies in the History of Labour (Londres, 1984), p. 214-26; também "The Aristocracy of Labour Reconsidered", ibid., p. 227-51, e "Artisans and Labour Aristocrats", ibid., p. 252-72.
36	MRC 937/1/6/1: Tawney para EJH, 4.11.49; EJH para Tawney, 8.11.49.
37	MRC 937/1/3/11: EJH para Victor Kiernan, 19.3.2003.
38	KCAC/39/1/17: Ata da Sociedade de Conversazione de Cambridge, 11.11.39.
39	MRC 937/7/8/1: "Apostles" (texto datilografado).
40	William C. Lubenow, *The Cambridge Apostles, 1820-1914: Imagination and Friendship in British Intellectual and Professional Life* (Cambridge, 1998).
41	KCAC/39/1/17: Ata da Sociedade de Conversazione de Cambridge, 11.3.39, 17.7.43.
42	MRC 937/1/6/5: EJH para Miranda Carter, 11.7.94, em resposta à Miranda Carter para EJH, 5.7.94. Ver Miranda Carter, *Anthony Blunt: His Lives* (Londres, 2001); MRC 937/7/8/1: "Apostles" (texto datilografado).
43	Annan, *Our Age*, p. 236.
44	MRC 937/7/8/1: "Apostles" (texto datilografado), também para o que se segue.
45	*IT*, p. 186-90.
46	Annan, *Our Age*, p. 236.
47	MRC 937/7/8/1: "Apostles" (texto datilografado, s.d.).
48	KCAC/39/1/17: Ata da Sociedade de Conversazione de Cambridge, 29.6.46, 21.10.46, 4.11.46, n.d., 2.12.46, 3.2.47, 17.2.47; *IT*, p. 186-90; MRC 937/7/8/1: "Apostles" (texto datilografado, s.d.).
49	KCAC NGA/5/1/452: EJH para Noel Annan, s.d. (fevereiro de 1948).
50	HFA: "Two Families" (texto datilografado não publicado), p. 23-6.
51	*IT*, p. 177-8.
52	Arquivo do Serviço de Rastreamento Internacional (ITS), US Holocaust Memorial Museum TID 525.312-3: Ministère des Anciens Combattants et Victimes de la Guerre, Bureau des Déportés to ITS (Bad Arolsen), 9.1.59; Viktor Moritz Friedmann, Elsa Friedmann; Serge Klarsfeld, "Memorial to the Jews Deported from France 1942-1944: Convoy 62, November 20, 1943"; Etan Dror para ITS, 26.7.57; Serge Klarsfeld, *Memorial to the Jews Deported from France, 1942-1944* (Paris, 1983), "Convoy 62, November 20, 1943"; EJH, "Two Families", p. 23-5.
53	MRC 937/1/1/1: Gertruda Albrechtová para EJH, 29.3.64; MRC 937/1/5/2: Gertruda Albrechtová para EJH, 10.10.64.
54	Val Wilmer, "Denis Preston" em H. C. G. Matthew e Brian Harrison (eds), *Oxford Dictionary of National Biography*, 45 (Oxford, 2004), p. 255-6; HFA: Richard Preston para Marlene Hobsbawm, 14.9.2016 (e-mail).
55	Entrevista com Robin Marchesi, 6.12.2016; "Captain Victor Marchesi", *Daily Telegraph*, 13.2.2007.
56	Entrevista com Robin Marchesi, 6.12.2016, também para o que se segue. Ver Stephen Haddesley (com Alan Carroll), *Operation Tabarin. Britain's Secret Wartime Expedition to Antarctica 1944-1946* (Londres, 2014). Victor continuou a trabalhar com guerra biológica por algum tempo depois da guerra (ibid., p. 227).
57	Comunicado de Jeremy Marchesi, 21.11.2016.
58	John L. Gaddis, *The Cold War: A New History* (Londres, 2005).
59	TNA KV2/3981: Walter Wallich para EJH, 4.7.45.
60	BBC WAC RCONT 1: EJH para Far Eastern Talks Dept., 1.8.47.
61	*IT*, p. 174-9.
62	TNA KV2/3981, 129: 12.7.48.
63	MRC 937/1/1/4: EJH para Arno Mayer, s.d. (nov. 1987/jan. 1988), também para o que se segue. Eugen Kogon, *Der SS-Staat. Das System der deutschen Konzentrationslager* (Munique, 1946), traduzido para o inglês como *The Theory and Practice of Hell* (Nova York, 1950), foi o primeiro grande estudo dos campos, baseado numa síntese de experiência pessoal e conhecimento histórico. Eric certamente o leu quando foi publicado.
64	MRC 1215/1: EJH para Ron Hobsbaum, 7.4.41.
65	TNA KV2/3980: 94a, E. Shelmerdine para mr. Sams, MI5, 2.5.45.
66	Ibid.: 94a, 12.5.45. Sobre o cargo, ver E. Shelmerdine, Chefe do Corpo de Administrativo, BBC, para MI5, 26.4.45, arquivado com o mesmo número.

67	Ibid.: 89, D. Osborne para srta. Shelmerdine (BBC), 23.4.45.
68	Ibid.: folha de rosto número 93, 8.5.45.
69	BBC WAC RCONT 15: observação: "Por favor manter isto em cima".
70	BBC WAC RCONT 1: EJH para diretor da BBC Talks, Third Programme, 11.12.46.
71	Asa Briggs, *Sound and Vision: The History of Broadcasting in the United Kingdom* IV (Oxford, 1979), p. 65-7.
72	Isaiah Berlin (ed. Henry Hardy e Jennifer Holmes), *Enlightening. Letters 1946-1960* (Londres, 2009), p. 794. Kallin não é mencionado na história oficial da BBC de Asa Briggs.
73	BBC WAC RCONT 1: Requisição de Agendamento de Palestras (Anna Kallin para A. A. Talks, 13.1.47).
74	Ibid.: EJH para Anna Kallin, 13.2.47.
75	Ibid.: Anna Kallin para EJH, 20.2.47, também para o que se segue.
76	Ibid.: N. G. Luker para EJH, 9.7.47.
77	Ibid.: Anna Kallin para EJH, 20.2.47.
78	Ibid.: Requisição de Agendamento de Palestras, Anna Kallin para A. A. Talks, 17.3.47.
79	Ibid.: EJH para Anna Kallin, s.d.; Anna Kallin para EJH, 14.5.47; EJH para Anna Kallin, s.d. (junho de 1947).
80	Ibid.: Retrospectiva de Palestras (ao vivo ou gravadas), 25.11.47.
81	Ibid.: Lionel Millard para mr. Boswell, gerente de Agendamento de Palestras, 15.5.48.
82	Ibid.: Ronald Boswell para EJH, 10.6.47.
83	Ibid.: EJH para Anna Kallin, s.d. (julho de 1947).
84	*IT*, p. 424 n. 11.
85	House of Lords Debates, 29 de março de 1950, v. 166 cc607-61, em 611-12.
86	BBC WAC RCONT 1: Requisição de Agendamento de Palestras: mr. Steedman para Eur. Prog. Ex., 20.1.53. Infelizmente a palestra não sobreviveu nem em forma escrita nem gravada.
87	Ibid.: Michael Stephens para EJH, 4.2.53; Requisição de Agendamento de Palestras, Michael Stephens para gerente de Agendamento de Palestras, 26.2.53.
88	Ibid.: Mary Somerville para Michael Stephens, 16.2.53.
89	Ibid.: Michael Stephens para EJH, 17.2.53.
90	Ibid.: Lorna Moore para C. T. "Confidential", 10.3.53.
91	Ibid.: Anna Kallin para EJH, 6.10.53.
92	Ibid.: J. C. Thornton, observação "D. S. W." 22.3.54, também para o que se segue.
93	Ibid.: Anna Kallin para EJH, 26.3.54.
94	Ibid.: Ronald Boswell para EJH, 30.3.54.
95	Ibid.: EJH para Anna Kallin, 8.4.54.
96	Ibid.: Ronald Boswell para gerente de Agendamento de Palestras, Requisição de Agendamento de Palestras, 30.9.54. Essas palestras geralmente eram sob medida para caber nos intervalos de transmissões de concertos ao vivo. Eric recebeu um cachê de 20 guinéus para a palestra sobre Nestroy: Ronald Boswell para EJH, 27.1.55.
97	MRC 937/4/3/1/8: EJH, "The Viennese Popular Theatre", *Times Literary Supplement*, 11.2.55, p. 81-2.
98	Ibid.: EJH, "Little Man on Guard", *Times Literary Supplement*, 27.4.51.
99	*IT*, p. 176; sobre a vida na Gloucester Crescent nos anos 1980, essencialmente inalterada a não ser pelos funcionários, ver Nina Stibbe, *Love, Nina: Despatches from Family Life* (Londres, 2013).
100	BBC WAC RCONT 1: EJH para Anna Kallin, s.d.; Anna Kallin para EJH, 14.5.47 ("Espero que você e sua esposa tenham se acomodado em sua bela casa"); FLP: EJH para Fritz Lustig, 30.4.95; KCAC NGA/5/1/452: EJH para Noel Annan, s.d. (fevereiro de 1948).
101	Eric Hobsbawm, "Portrait of a Neighbourhood", *Lilliput*, 1.4.47, p. 310-16. The LNER era a ferrovia Norte-Leste de Londres; a LMS era a ferrovia de Londres, Midland e da Escócia.
102	Ibid. Sua outra colaboração para a revista depois da guerra foi um breve ensaio biográfico sobre o político da Regência "Humanity Dick" Martin, pioneiro das leis contra crueldade com animais: EJH, "Dumb Friends' Friend", *Lilliput*, 1.5.48, p. 64-5. "Spiv" era a gíria contemporânea que designava um homem vistosamente trajado comerciando no mercado negro ou com artigos roubados.
103	TNA KV2/3981, 148a: Cambridge.
104	*IT*, p. 181-2; EJH, "Red Science", *London Review of Books*, 9.3.2006.
105	CUL UA BOGS 1/1951, Pasta 123: EJH para Sartain, s.d. (agosto de 1947); Sartain para EJH, 21.7.47.

106 Ibid.: Sartain para EJH, 8.10.47.
107 Ibid.: Postan para Sartain, 29.10.47.
108 Ibid.: Oakeshott para Sartain, 26.11.47; Sartain para EJH, 8.10.47; EJH para Sartain, 19.10.47; Sartain para EJH, 22.10.47; Sartain para Postan, 22.10.47; Postan para Sartain, 29.10.47; EJH para Sartain, n.a. [novembro de 1947].
109 HFA Anotações no diário: na Alemanha, 13.1.51, também para o que se segue.
110 Ibid.: "Interim Report", 12.11.50, p. 2; e-mail de Marlene Hobsbawm, 4.7.17. Eric não mencionou o aborto em seu "Interim Report", provavelmente porque se tivesse sido descoberto, na época ele e Muriel poderiam ser processados.
111 HFA Anotações no diário: na Alemanha, "Interim Report", 12.11.50, p. 3, também para o que se segue.
112 MRC 937/1/3/11: Evelyn Pear para EJH, 21.1.2003.
113 Ibid.: EJH para Evelyn Pear, 29.1.2003.
114 *The Great Soviet Encyclopedia* (Moscou, 1979), verbete sobre "Congressos Históricos: Internacional".
115 MRC 937/8/2/35: EJH, "Old Marxist still sorting out global fact from fiction", *Times Higher Education Supplement*, 10/2 (12.7.02).
116 HFA Anotações no diário: em alemão, "Interim Report", 12.11.50, p. 4.
117 HFA Anotações no diário: em alemão, 14.12.50, também para o que se segue.
118 Ibid., 16.12.50.
119 KCAC: informação fornecida pelo dra. Patricia McGuire. Sou grata ao atual ocupante dos cômodos, sr. James Trevithick, por me mostrar o lugar e explicar como deveria ser nos anos imediatamente após a guerra.
120 HFA Anotações no diário: em alemão, 14.12.50, também para o que se segue. O reitor era sir John Tressider Sheppard, um classicista que se afastou do cargo em 1954 que Eric desprezava de coração ("uma das poucas pessoas na minha vida por quem vim a sentir um ódio genuíno", *IT*, p. 108); Donald era Donald Beves, professor de francês que se manteve em contato com a França "fazendo turnê pelos seus restaurantes em férias com amigos em seu Rolls-Bentley" (ibid.); Scholfield era Alwyn Faber Scholfield, supervisor aposentado da Biblioteca da Universidade; John Saltmarsh era um eminente historiador da economia e da economia medieval e história social; Arthur Cecil Pigou tinha se aposentado de sua cátedra de economia nos anos 1950 por questões de saúde e consta que se tornou um recluso. Todos eram solteiros e moravam na faculdade.
121 HFA Anotações no diário: em alemão, 28.12.50.
122 Neil O'Connor, "Tizard, Jack", *Oxford Dictionary of National Biography*.
123 HFA Anotações no diário: em alemão, 31.12.50, p. 3.
124 Augustine of Hippo, *The City of God*, Parte V, Capítulo 18.
125 HFA Anotações no diário: em alemão, 30.12.50, p. 1.
126 Alan Rusbridger, "Hedi Stadlen. From political activism in Colombo to new insights on Beethoven", *Guardian*, 29.1.2004.
127 HFA Anotações no diário: em alemão, 6.1.51.
128 Ibid., 2.1.51, p. 1; ibid., 3.1.51, p. 2. Meus pais pegaram o *Daily Telegraph* e me lembro de ter ficado impressionado pelo poder intelectual dos textos de Stadlen.
129 Ibid., p. 2-3, também para o que se segue. J. D. Bernal era um comunista ativo que ensinava e pesquisava cristalografia na Birkbeck; Maurice Dobb era um economista comunista de Cambridge.
130 Ibid., 12.1.51, p. 1-2.
131 Ibid., 11.1.51, p. 1.
132 Entrevista com Robin Marchesi, 6.12.2016.
133 HFA Anotações no diário: em alemão, 12.1.51, p. 2.
134 TNA KV2/3981, 163: relatório sobre Eric HOBSBAWM 23.5.51.
135 TNA KV2/3981, 165a: Excerto do arquivo PF 211.764. O título oficial da revista incluía *The Nation*, adotado algum tempo antes, mas em geral era conhecido simplesmente como *New Statesman*.
136 MRC 937/7/2/3. Caderno de anotações na Espanha, p. 1-2.
137 Ibid., p. 9-10.
138 Ibid., p. 11.
139 Ibid., 20.3.51, 25.3.51 (tourada), 27.3.51 (mendigos, escoteiros).
140 Ibid., 20.3.51.

141 Ibid., 21.3.51.
142 Ibid., 22.3.51.
143 Ibid., 23.3.51.
144 Ibid., 27.3.51.
145 Ibid., 24.3.51.
146 Michael Richards, "Falange, Autarky and Crisis: The Barcelona General Strike of 1951", *European History Quarterly*, v. 29 (1999), n. 4, p. 543-85.
147 TNA KV2/3983: Excerto do relatório S.B. sobre Winifred Thelme VENESS, suspeito de simpatizar com os comunistas, 1953, mencionando HOBSBAWM.
148 Archivio della Scuola Normale di Pisa: EJH para Delio Cantimori, 27.6.51 (em francês). Ver EJH, "Obituary: Delio Cantimori 1904-1966", *Past & Present*, n. 35 (dez. 1966), p. 157-8.
149 Archivio della Scuola Normale di Pisa: EJH para Delio Cantimori, 4.8.51.
150 Ibid.: EJH para Delio Cantimori, 12.9.51.
151 EJH Anotações dos tempos de guerra: "The foreigner" (texto datilografado), p. 3.
152 *IT*, p. 346, que data a visita em 1952, embora a correspondência com Cantimori deixe claro que a viagem ocorreu no ano anterior.
153 HFA: Muriel Hobsbawm para EJH, 12.6.52.
154 Victoria Brittain, "Jack Gaster", *Guardian*, 13 de março de 2007.
155 HFA: EJH para Jack Gaster, s.d. (junho de 1952).
156 TNA KV2/3982: cópia interceptada de carta de Gaster para EJH, 6.1.53. O MI5, como de costume, não estava muito a par da situação, relatando em outubro de 1953 que "as indicações são de que a sra. HOBSBAWM não é mais simpatizante do comunismo" (TNA KV2/3982: David H. Whyte, cópia do relatório em Thistlethwaite, 19.10.53).
157 HFA: Certificado de ter cumprido o Decreto Nisi (divórcio), 9.3.53.
158 Maya Jaggi, "A Question of Faith", *Guardian*, 20 de setembro de 2002. A maioria dos relatos atribui erroneamente a data do divórcio ao ano de 1951.
159 Tyrrell G. Marris, "Letter: Peter Marris", *Guardian*, 21.7.2007.
160 MRC 937/1/6/23: EJH para Tyrrell Marris, s.d. (agosto de 2012, A última carta que se conhece de Eric antes de sua morte), e Tyrrell Marris para EJH, 4 e 17.8.2012.
161 MRC 937/4/3/4/1: "On the river" (texto datilografado em inglês, em papel azul), também para os parágrafos seguintes abaixo.
162 O relato foi uma das muitas memórias escritas por Eric como um conto, alterando alguns detalhes, incluindo alguns nomes, talvez para o caso de serem descobertas entre seus papéis, ou talvez pensando em publicá-las em algum momento, mas, até onde se pode julgar, atendo-se à sequência verdadeira e aos detalhes dos acontecimentos. Ver também o conjunto de anotações no diário que ele reuniu sobre a viagem e as usou como base para a narrativa; aqui ele usa os nomes Marí e Salud para as garotas, mas chama os rapazes espanhóis de Paco e Antonio (MRC 1215/25: Sevilha).
163 Louis-Antoine de Bougainville foi um navegador e explorador francês do século XVIII que aportou no Taiti em 1767 e requisitou o local para a França. Sua descrição retratava a ilha como um paraíso natural habitado por nobres selvagens.
164 MRC 937/1/6/23: EJH para Tyrrell Marris, s.d., e Tyrrell Marris para EJH, 4 e 17.8.2012; MRC 1215/25, "Segelfahrt" e anotações no diário (as notas são intituladas "Quiros", mas claramente se referem ao bordel em que Salud trabalhava; Eric e os rapazes não foram ao Quiros, que fica nas Astúrias, no continente).
165 E-mail de Marlene Hobsbawm, 4.7.2017.
166 "Eric John Ernest Hobsbawm", *King's College, Cambridge, Annual Report* 2015, p. 81-6.
167 TNA KV2/3983: "Lascar": Encontro do Comitê Nacional Funcional de Estudantes, 3.4.56 (transcrito de conversações monitoradas no quartel-general do Partido Comunista).
168 MRC 937/4/3/1/7: EJH, "The New Threat to History", *New York Review of Books*, 16.12.93, p. 62-4.
169 "Eric John Ernest Hobsbawm", *King's College, Cambridge, Annual Report* 2015, p. 81-6.
170 Entrevista com Joan Bakewell, 22.7.16, também para o que se segue.
171 MRC 937/1/1/6: Tam Dalyell para EJH, 14.4.2005. Ver também Tam Dalyell, *The Importance of Being Awkward: The Autobiography of Tam Dalyell* (Londres, 2011). Depois ele se tornou um proeminente legislador trabalhista na Casa dos Comuns.

172	Nicholas Wroe, "Romantic Nationalist", *Guardian*, 12 de abril de 2003.
173	Entrevista com Neal Ascherson, 26.7.2016, também para o que se segue.
174	Ver Tom Wells, *Wild Man: The Life and Times of Daniel Ellsberg* (Londres, 2001).
175	"The SRB Interview: Neal Ascherson", *Scottish Review of Books*, 3.8.2014.
176	Entrevista com Neal Ascherson, 26.7.2016, também para o que se segue.
177	MRC 937/1/3/11: EJH para Ivan Avakumovic, 21.1.2004.
178	Ibid. Ver o brilhante ensaio de David Cannadine sobre o obituário, "John Harold Plumb, 1911-2001", *Proceedings of the British Academy* 124, *Biographical Memoirs of Fellows* III (2005).
179	Entrevista com sir Geoffrey Lloyd, 22.3.17, também para o que vem a seguir.
180	Entrevista com Neal Ascherson, 26.7.2016.
181	MRC 937/7/8/1: "Apostles" (texto datilografado, s.d.).
182	Ibid.: *Guardian* "Diary" 7.5.85; ibid., "Apostles" (texto datilografado, s.d.).
183	*IT*, p. 101.
184	TNA KV2/3981, 181: relatório sobre o dr. E. HOBSBAWM.
185	Ibid., 152a.
186	Ibid., 87: Excerto do relatório B.L.F., 20.6.52.
187	TNA KV2/3982: "Extract" do Quartel-General do Território do Oriente Médio 19.10.53. Sobre maio, ver sua anotação no *Oxford Dictionary of National Biography*. O relatório menciona uma "FAITH" que, informa, era namorada de "ERIC". Esta era Faith Henry, uma agente literária da Coward-McCann, pertencente ao Putnam Group. Entre outros livros, ela conseguiu para eles *O espião que saiu do frio* de John Le Carré (1963). Na casa dos 30 anos, era glamourosa e atraente, mas, apesar de seus vários encontros com Eric, Faith não conseguiu adquirir os direitos para nenhum livro de seus livros. Extensas investigações dos que sobreviveram a ela e de descendentes de seu círculo não conseguiram encontrar sequer a mais leve insinuação de um relacionamento sexual, e Faith não é mencionada em nenhum dos papéis de Eric (Agradeço a Bruce Hunter e a Orlando Figes por esta informação). Foi um dos muitos mal-entendidos do MI5. Em outra ocasião, um relatório do MI5 definiu Eric como "um judeu holandês" (TNA KV2/3982: "Segredo [...] de uma fonte estabelecida e confiável", 16.12.52).
188	TNA KV2/3981, 152b: B.1, 28.12.50.
189	HFA Anotações no diário: em alemão, 14.12.50.
190	*IT*, p. 183 e n. 10.
191	MRC 937/7/8/1: EJH para David Howell, 25 de abril de 2003, e anexo. Uma cópia da autobiografia do Partido de Eric (presumivelmente com cópias de muitos outros) foi obtida por um agente do MI5 que conseguiu se infiltrar na família que mantinha os registros se apresentando como inquilino, como parte da Operation Party Piece, e pode ser encontrada na ficha de Eric no MI5: TNA KV2/3983: "Autobiography"; ver Andrew, *The Defence of the Realm*, p. 400-1.
192	TNA KV2/3981, 140a: Excerto, 28.9.49.
193	HFA Anotações no diário: em alemão, 28.12.50.
194	*IT*, p. 191-6.
195	MRC 937/4/6/1: *Listener*, 27.1.49.
196	Entrevista com Neal Ascherson, 26.7.2016; entrevista com sir Geoffrey Lloyd, 22.3.2017.
197	Gioietta Kuo, *A Himalayan Odyssey* (Milton Keynes, 2002); entrevista com Gioietta Kuo, 28.7.2018.
198	TNA KV2/3982: J. H. Money para D. N. Whyte (cópia), 19.10.53.
199	Doris Lessing, *Walking in the Shade* (Londres, 1997), p. 23.
200	TNA KV2/3981, 127a: Excerto, 5.5.48.
201	Ibid., 180: Excerto do arquivo PF 211764, 29.5.52.
202	*IT*, p. 190.
203	MRC 937/4/6/1: Carta para o *Manchester Guardian*, 29.7.1950, e carta para Arthur Clegg (rascunho), 8.5.1953; carta para *The Times*, 21.5.1960.
204	TNA KV2/3982: N. Dabell para miss N. E. Wadeley (cópia), 14.4.53.
205	TNA KV2/3981, 128c, 27.9.48.
206	Ibid., 130a, 5.1.49, e 128d, 8.12.48.
207	Ibid., 152b: B.1, 28.12.50 e 144a, Excerto P.F.211764, 18.4.50.
208	Ibid., 166a: EJH para Dorothy Diamond, 23.6.51.
209	Ibid., 172a: J. L. Vernon para Cel. M. F. Allan, 3.1.52.

210 Ibid., Vernon para Allan, 10.6.52.
211 *IT*, p. 101.
212 Straight, *After Long Silence*, p. 102-7, 229-30. O Smith Act, ou Decreto de Registro de Estrangeiros, para dar seu título adequado, foi passado em 1940. Transformou em uma ofensa criminosa defender a deposição do governo dos Estados Unidos e serviu de base para o indiciamento e a prisão de 11 membros da liderança do Partido Comunista em 1949. Mais tarde o decreto foi repelido pela Suprema Corte com diversas condenações consideradas anticonstitucionais. Ver Richard W. Steele, *Free Speech in the Good War* (Nova York, 1999).
213 TNA KV2/3981, 146: Excerto P.F.211763, 26.7.50. Isaiah Berlin também teve problemas com Michael Straight, que ele considerava ser um maldoso divulgador de falsos boatos: "Direito [Straight] no nome mas não na natureza". (Isaiah Berlin para Arthur Schlesinger, 27.8.53, em Berlim, *Enlightening*, p. 386-7).
214 *IT*, p. 192-4.
215 MRC 937/8/2/23/1: Didier Eribon, "Ma passion du XXe siècle", *Le Nouvel Observateur*, 22-27/10/99, p. 136-8 [Entrevista com EJH].
216 LHA CP/CENT/CULT/05/11: Ata do Comitê 1946-51: minuto 10.4.48.
217 John Saville, Christopher Hill, George Thomson e Maurice Dobb (eds), *Democracy and the Labour Movement. Essays in honour of Dona Torr* (Londres, 1954).
218 MRC 937/1/3/11: EJH para Susan Edwards, 12.12.2003.
219 Ibid., também Dokumentationsarchiv des österreichischen Widerstandes, 50120: Korrespondenz Steiner: Hobsbawm, Eric, 1957-1994: EJH para Herbert Steiner, 6.3.57.
220 Antony Howe, "Dona Torr", *Oxford Dictionary of National Biography*, mais detalhes em Torr.
221 MRC 937/6/2/1: Diretrizes de desenvolvimento: Declaração e discussão sobre o conteúdo do curso de história na escola secundária (1948).
222 MRC 937/6/2/2: O Grupo de Historiadores do Partido Comunista – uma declaração sobre a situação presente (janeiro de 1952), também para o restante do parágrafo.
223 LHA CP/CENT/CULT/05/11: Ata do Comitê 1946-1951: minuto 26.9.47.
224 MRC 937/1/6/6: EJH para Raphael Samuel, s.d. (agosto de 1994). Ver também Saville, *Memoirs from the Left*, p. 87-9.
225 Ibid.: Grupo de Historiadores. Seção do século XVI e século XVII, 8.9.48.
226 MRC 937/6/2/2: Conferência do Grupo de Historiadores a ser realizada na Marx House domingo, 6 de junho de 1948; EJH "A Note on Kuczynski's Statistics" e carta anexada, s.d., para Dona Torr. Jürgen Kuczynski publicou *A Short History of Labour Conditions under Capitalism in Great Britain* em 1946.
227 MRC 937/6/2/1: Anotações para discussão sobre "A People's History of England", p. 18.
228 MRC 937/6/2/2: três conjuntos de anotações datilografadas sobre "Reformism and Empire" and "Suggestion for Conference on 'Labour and Empire'". Seu foco no radicalismo do século XIX suscitou uma reunião especial, realizada em Birmingham em 28 de junho de 1953 (MRC 937/6/2/2: "Discussion on Radicalism").
229 LHA CP/CENT/CULT/05/11: Ata do Comitê 1946-1951: minuto 14.1.50.
230 Ibid.: minuto 3.9.52.
231 Ibid.: minutos 14.11.54 e 20.2.55.
232 LHA CP/CENT/CULT/08/02: Relatório sobre o trabalho do Grupo de Historiadores, dezembro de 1954.
233 MRC 937/6/2/3: "Introduction – The General Law of Capitalist Development", p. 1; e acréscimos; texto integral, datilografado com notas escritas à mão.
234 MRC 937/6/2/3: Seção XI: Mudando a característica do império depois de 1880. Discussão. Ver também, no mesmo arquivo, e em notas de EJH escritas à mão, "Period 1830-1880", discussão sobre "Nature and Character of Bourgeoisie".
235 Ibid.: Sessão Treze: Conclusão do relatório e discussão (tarde de sexta-feira, 16 de julho de 1954). Mais cópias das palestras de EJH em LHA CP/CENT/CULT/10/01: Papéis de Bill Moore.
236 MRC 937/1/2/12: Edward Thompson para EJH, 23.11 sem ano (1963).
237 Ibid.: Edward Thompson para EJH, 25.10. (1975). Ver David Parker (ed.), *Ideology, Absolutism and the English Revolution: Debates of the British Communist Historians, 1940-1956* (Londres, 2008); EJH, "The Historian's Group of the Communist Party", em Maurice Cornforth (ed.), *Rebels and their Causes*

238 (Londres, 1978); Harvey J. Kaye, *The Education of Desire: Marxists and the Writing of History* (Londres, 1992); Raphael Samuel, "British Marxist Historians", *New Left Review* 120 (1980), p. 21-96.
238 TNA KV2/3982: Pierre Vilar para EJH, 18.10.52 (cópia de carta interceptada).
239 Archivio della Scuola Normale di Pisa: EJH para Delio Cantimori, 13.7.52.
240 TNA KV2/3982: "Note", 12.11.53.
241 LHA CP/CENT/CULT/05/11: Ata do Comitê 1946-1951: minuto 29.8.54.
242 MRC 1215/26: Diário de Moscou. Em suas memórias, Eric preferiu enfatizar a pequenez de Stálin, conjeturando sobre como alguém tão miúdo poderia ter tido tanto poder.
243 *IT*, p. 197-201; TNA KV2/3983: "British Historians in Moscow", Excerto de Sumário de Transmissões Mundiais – Parte I – URSS.
244 HFA Anotações no Diário: em alemão, 6.1.50.
245 Sou grato ao sr. Andrew Morris por esta informação.
246 EJH, Christopher Hill e Rodney Hilton, "*Past & Present*: Origins and Early Years", *Past & Present* 100 (agosto de 1983), p. 3-14, também para o que se segue.
247 Archivio della Scuola Normale di Pisa: EJH para Delio Cantimori, 31.1.52.
248 Ibid.: EJH para Delio Cantimori, 8.1.52; ver também TNA KV2/3982: Cantimori para EJH, 18.11.52 (cópia de carta interceptada).
249 Archivio della Scuola Normale di Pisa: EJH para Delio Cantimori, agosto de 1955.
250 MRC 937/7/8/1: EJH para missivista sem nome, s.d.
251 HFA Anotações no Diário: em alemão, 16.12.50.
252 MRC 937/8/2/23/1: Didier Eribon, "Ma passion du XXe siècle", *Le Nouvel Observateur*, 22-27/10/99, p. 136-8. Ver também "Panel Discussion: Conversations with Eric Hobsbawm", *India Centre International Quarterly*, 34/1 (março de 2005), onde Eric define a escola *Annales* como o equivalente francês do Grupo de Historiadores Marxistas Britânicos.
253 "Introduction", *Past & Present* 1 (fevereiro de 1952), p. i.
254 MRC 937/8/2/23/1: Pierre Goubert, "Marxiste a l"anglaise", *Le Monde*, 28.10.99, p. 32.
255 Jacques Le Goff, "*Past & Present*: Later History", *Past & Present* 100 (agosto de 1983), p. 14-28.
256 MRC 937/7/8/1: EJH para missivista sem nome, s.d., p. 3-4.
257 EJH, "The Machine Breakers", *Past & Present* 1 (fevereiro de 1952), p. 57-70.
258 MRC 937/6/2/2: Grupo de Historiadores do Partido, Seção do século XVI e século XVII, 8.3.52. Eric não fazia parte da Seção, mas às vezes comparecia às reuniões. Ver também Parker (ed.), *Ideology, Absolutism and the English Revolution*.
259 EJH, "The General Crisis of the European Economy in the 17th Century", *Past & Present* 5 (maio de 1954), p. 33-53, e 6 (novembro de 1954), p. 44-65.
260 MRC 937/8/2/1: Frédéric Mauro, "Sur la 'crise' du XVIIe siècle", *Annales ESC*, XIV/1 (1959), p. 181-5. Isso deu origem a um convite para Eric ler um texto na École des Hautes Études en Sciences Sociales, a sede da *Annales* em Paris, que depois foi publicado na revista: "En Angleterre: Révolution industrielle et vie materielle des classes populaires", *Annales ESC*, 17 (1962).
261 H. R. Trevor-Roper, "The General Crisis of the 17th Century", *Past & Present* 16 (novembro de 1959), p. 31-64; Trevor Aston (ed.) *Crisis in Europe 1560-1660: Essays from Past & Present* (Oxford, 1965); Geoffrey Parker e Lesley Smith (eds), *The General Crisis of the Seventeenth Century* (Londres, 1978).
262 MRC 937/7/8/1: "The Cold War and the Universities" (texto datilografado, Nova York, 13.11.97), p. 4.
263 Postan para Tawney, 3.1.51, citado em Goldman, *The Life of R. H. Tawney*, p. 280.
264 EJH, Christopher Hill e Rodney Hilton, "*Past & Present*: Origins and Early Years", *Past & Present* 100 (agosto de 1983), p. 3-14.
265 MRC 937/8/2/22/2: Neal Ascherson, "The Age of Hobsbawm", *Independent on Sunday*, 2.10.94, p. 21.
266 HFA: Troup Horne para EJH, 16.2.50.

CAPÍTULO 6: "UM PERSONAGEM PERIGOSO"

1   *The Great Soviet Encyclopedia* (Moscou, 1979), verbete sobre "Historical Congresses: International".
2   Archivio della Scuola Normale di Pisa: EJH para Delio Cantimori, 16.11.54.
3   Maxine Berg, "East-West Dialogues: Economic Historians, the Cold War, and Détente", *Journal of Modern History*, v. 87, Non. 1 (março de 2015), p. 36-71.
4   EJH, "George Rudé: Marxist Historian", *Socialist History Occasional Pamphlets* 2 (1993), p. 5-11, na p. 11.
5   Archivio della Scuola Normale di Pisa: EJH para Delio Cantimori, verão de 1955. Na carta a data foi alterada à mão para 1952. Mas em 1952 Eric estava morando na King's College, Cambridge, não na Gordon Mansions, o endereço dado no cabeçalho da carta; ele só foi morar lá quando sua bolsa de estudos na King's terminou, no fim do verão de 1954.
6   Entrevista com Robin Marchesi, 6.12.2016, também para o que se segue.
7   Entrevista com Angela Hobsbaum, 30.3.17.
8   Val Wilmer, "Denis Preston" em H. C. G. Matthew e Brian Harrison (eds), *Oxford Dictionary of National Biography*, 45 (Oxford, 2004), p. 255-6. Lembro-me de ter aprendido a ler com esse livro quando era criança, no início dos anos 1950.
9   TNA KV2/3983: Excerto de Relatório da Seção Especial sobre Louis Frank MARKS; *IT*, p. 219.
10 Ibid.: Relatório da Metropolitan Police (Seção Especial), 27.5.55, informando sua partida para a França ("Foi observado que o passaporte dele continha vários vistos de entrada para a 'cortina de ferro'").
11 *IT*, p. 329.
12 MRC 937/1/2/10: Hélene Berghauer para EJH, 18 de maio (sem ano, provavelmente 1953).
13 Dan Ferrand-Bechmann, "A propos de Henri Lefebvre et Henri Raymond: Témoignage pour l'histoire de sociologie", *Socio-logos*, postada on-line em 28 de março de 2007, consultada em 30 de maio de 2017, http://socio-logos.revues.org/902/2007; Jack Robertson, *Twentieth-Century Artists on Art: An Index to Writings, Statements, and Interviews by Artists, Architects, and Designers* (2. ed., Londres, 1996), p. 110.
14 Entretien entre Elise Marienstras et Charlotte Faucher, 27.7.2016.
15 *IT*, p. 328-9. Lucien Goldmann era um sociólogo e filósofo franco-romeno que buscou uma ideologia nova, mais flexível e menos dogmática como saída para o que considerava a crise do marxismo nos anos 1950. Roland Barthes era um teórico literário que nessa época escrevia uma coluna sobre cultura popular francesa em uma revista parisiense, reunindo os artigos para sua antologia *Mitologias*, publicada em 1957; em 1960 ele fundou um centro de estudos de comunicações com Edgar Morin, outro filósofo e sociólogo envolvido na Resistência durante a guerra e que à época estava se afastando de sua adesão original à doutrina marxista.
16 Entretien entre Maurice Aymard et Charlotte Faucher, 27.7.2016; Entretien entre Michelle Perrot et Charlotte Faucher, 20.9.2016; Patrick Fridenson, notas sobre as publicações de Eric na França por Charlotte Faucher.
17 Francis Newton, "St.-Germain Soprano", *New Statesman*, 15.9.56, p. 310.
18 Francis Newton, "Parisian Jazz", *New Statesman*, 12.7.58, p. 44.
19 Entrevista com Robin Marchesi, 6.12.16.
20 *IT*, p. 328-30; Entretien entre Elise Marienstras et Charlotte Faucher, 27.7.2016.
21 MRC 937/1/2/9: Hélene para EJH, 16.3.56; cabeçalho da carta "Paris, 23".
22 Ibid.: *Hélène para EJH, 25.11.54.*
23 Ibid.: *Hélène para EJH, 9.11.56,* para um exemplo de uma das visitas dos Raymond a Londres. Gioietta Kuo (entrevista, 28.7.2018) lembrou-se de ter encontrado o casal nos aposentos de Eric na King's.
24 TNA KV2/3982: cópia de carta interceptada de Hélène para EJH, 27.11.52.
25 Ibid.: *cópia de carta interceptada de Hélène para EJH, 14.10.52.*
26 MRC 937/1/2/9: "Les Amants", H. Raymond.
27 Ibid.: *Hélène para EJH, 14.5.53. O soneto continua: "Eu te amo até as profundezas e a amplidão e a altura/ Minha alma pode alcançar".*
28 Ibid.: *Hélène para, 26.7.52.*
29 Ibid.: *Hélène para EJH, 28.3.57.*
30 Ibid.: *Hélène para EJH, 5.5.58.*

31 Ibid.: *Hélène para EJH, 5.5.58.*
32 Ibid.: *Hélène para EJH, 19.7.60.*
33 Ibid.: *Hélène para EJH*, s.d., com cabeçalho "lundi 4".
34 Entretien entre Elise Marienstras et Charlotte Faucher, 27.7.2016. Henri Berghauer, irmão de Hélène, indagado sobre o que sabia de sua relação com Eric, disse que a havia encontrado com Eric diversas vezes, mas não sabia sobre o caso entre os dois; como a essa altura da entrevista ele não fora informado pelo entrevistador sobre o caso, segue-se que de fato não devia saber nada a respeito (Entretien entre Charlotte Faucher et Henri Berghauer, 20.9.2016).
35 Jim House e Neil MacMaster, *Paris 1961: Algerians, State Terror, and Memory* (Oxford, 2006).
36 Entrevista com Neal Ascherson, 26.7.2016.
37 *IT*, p. 329-30.
38 MRC 937/1/2/10: Hélène para EJH, 24.1.62.
39 Ibid.: *Hélène para EJH*, s.d. ("Le 12 Mai").
40 Ibid.: *Hélène para EJH, 15.2.65.*
41 MRC 937/1/2/9: Hélène para EJH, 17.10.85.
42 MRC 937/2/6/3: Henri para EJH, 15.7.92.
43 *IT*, p. 328.
44 MRC 937/1/3/1: Sumário da correspondência entre EJH e Hutchinson; "The Rise of the Wage-Worker" (sinopse).
45 Ibid.: Ruth Klauber para EJH, 18.11.53.
46 Ibid.: "Summary of Correspondence between EJH and Hutchinsons", carta de Cole, 28.11.53.
47 Ibid.: EJH para Cole, s.d.; Cole para EJH, 7.12.53; EJH para Cole, s.d.; Hutchinson para EJH, 21.1.54, com contrato.
48 Ibid.: EJH para Ruth Klauber, 7.8.55.
49 Ibid.: "Summary of Correspondence between EJH and Hutchinsons", carta de Cole, 25.10.55.
50 *IT*, p. 184-5.
51 MRC 937/1/3/1: EJH para Jack Gaster, 26.10.55.
52 Ibid.: EJH para Ruth Klauber (rascunho, s.d.).
53 Ibid.: "Summary of Correspondence between EJH and Hutchinsons".
54 Ibid.: EJH para Ruth Klauber, s.d., provavelmente dezembro de 1955.
55 Ibid.: EJH para Ruth Klauber, 9.3.56.
56 Ibid.: "Alguns livro de Hutchinson da Biblioteca da Universidade".
57 Ibid.: "Declaração do autor", também para o que se segue.
58 Ibid.: EJH para Ruth Klauber, 22.3.56, também para o que se segue.
59 Ibid.: Birkbeck & Co. para Gaster e Turner, 17.4.56.
60 Ibid.: Jack Gaster para EJH, 25.4.56.
61 *IT*, p. 184.
62 MRC 937/1/3/1: EJH para W. H. Chaloner, s.d.
63 Edwin Chadwick, *Report on the Sanitary Condition of the Labouring Population of Great Britain* (Londres, 1832, reimpresso com um prefácio de Michael W. Flinn, Edimburgo, 1972); John L. e Barbara Hammond, *The Town Labourer 1760-1832: The New Civilisation* (Londres, 1917).
64 John Harold Clapham, *An Economic History of Modern Britain* (3 v., Cambridge, 1926-1928); Thomas S. Ashton, *The Industrial Revolution, 1760-1830* (The Home University Library, Londres, 1948).
65 EJH, "The British Standard of Living, 1790-1850", *Economic History Review* X (1957-1958), reimpresso com adendos em seu *Labouring Men: Studies in the History of Labour* (Londres, 1964), p. 64-104; "The Standard of Living During the Industrial Revolution: A Discussion", *Economic History Review* XVI (1963-1964), p. 119-34, seguido por uma resposta de Hartwell nas p. 397-416; ver também *Labouring Men*, p. 120-57.
66 Arthur J. Taylor (ed.), *The Standard of Living in Britain in the Industrial Revolution* (Londres, 1975), incluindo um "pós-escrito" de EJH nas p. 179-88.
67 MRC 937/1/2/12: Edward Thompson para EJH, 23.11. sem ano (1963), também para o que se segue.
68 EJH, "Organised Orphans", *New Statesman*, 29.11.63.

69   Apoio para os argumentos de Eric, utilizando estatísticas sobre saúde e nutrição, fornecido por Roderick Floud, *Height, Health and History: Nutritional Status in the United Kingdom, 1750-1980* (Cambridge, 1990). Contudo, o debate ainda ressoa no século XXI.
70   Para um retrato comovente e esclarecedor desse tipo de comunismo sectário, ver David Aaronovitch, *Party Animals: My Family and Other Communists* (Londres, 2016).
71   *IT*, p. 201-4.
72   Beckett, *Enemy Within*, p. 130-3.
73   MRC 937/6/2/2: Implicações do 20º Congresso de Historiadores, 8.4.56; Resposta de Harry Pollitt, 13.4.56; Resoluções aprovadas na reunião trimestral do Grupo de Historiadores, realizada na Central do Partido em 6 de abril de 1956; LHA CP/CENT/CULT/05/11: Ata do Comitê 1946-1951: minuto 8.4.56.
74   Harry Pollitt, "The 20th Congress of the C.P.C.U. – and the role of Stalin", *World News*, v. 3, n. 18 (5.5.56), p. 278-81, 285.
75   John Saville, "Problems of the Communist Party", *World News*, v. 3, n. 20 (19.5.56), p. 314.
76   LHA CP/CENT/CULT/05/11: Ata do Comitê 1946-1951: minuto 27.5.56.
77   TNA KV2/3983: EJH, "Labour Unity", *World News*, 16.6.56.
78   Ibid.: "Lascar" grampo telefônico 18.6.56.
79   MRC 937/6/4/3: rascunho s.d.
80   TNA KV2/3983: "Lascar: Top Secret", s.d., Temple Bar 2151 grampo telefônico 21.6.56; "Lascar" 21.6.56 grampo telefônico, também para o que se segue.
81   Ibid.: "Extract" transcrito de conversa grampeada no quartel-general do Partido, 22.6.56.
82   Ibid.: EJH, "Communists and Elections", recorte do *Daily Worker*, 30.7.56.
83   Edward Thompson, "Winter Wheat in Omsk", *World News*, v. 3, n. 26 (30 de junho de 1956), p. 408-9.
84   George Matthews, "A Caricature of Our Party", *World News*, v. 3, n. 26 (30 de junho de 1956), p. 409-10.
85   Citado em Pelling, *The British Communist Party*, p. 171; ver também Matthews, *The Shadow Man*, p. 189-99.
86   Pelling, *The British Communist Party*, p. 173.
87   LHA CP/CENT/CULT/05/11: Ata do Comitê 1946-1951: minuto 7.7.56.
88   Ibid.: Ata do Comitê 1946-1951: minuto 8.7.56; ver também LHA CP/CENT/CULT/11/02: EJH para Alf Jenkin, 1.7.56.
89   James Klugmann, *History of the Communist Party of Great Britain*, I: *Formation and Early Years, 1919-1924* (Londres: Lawrence and Wishart, 1969) e II: *The General Strike 1925-1927* (Londres: Lawrence and Wishart, 1969). Eric atacou esses livros em "Problems of Communist History", EJH, *Revolutionaries: Contemporary Essays* (Londres, 1973), p. 3-10. Quanto aos motivos, ver Andrews, *The Shadow Man*, p. 197-9.
90   "Statement by the Executive Committee of the Communist Party on '*The Reasoner*'", *World News*, v. 3, n. 46 (17 de novembro de 1956), p. 726.
91   *IT*, p. 205-14; Paul Lendvai, *One Day That Shook the Communist World: The 1956 Hungarian Uprising and Its Legacy* (Princeton, NJ, 2008); György Litván, *The Hungarian Revolution of 1956: Reform, Revolt and Repression, 1953-1963* (Harlow, 1996).
92   EJH, "Could it have been different?", *London Review of Books*, 16.11.2006.
93   Editorial, *World News*, v. 3, n. 45 (10 de novembro de 1956), p. 713.
94   MRC 937/6/4/3 Partido Comunista 1956: Recorte do "Daily Worker", 9.11.56 (EJH: "Suppressing facts").
95   *IT*, p. 205.
96   "Rally Round the Party", *World News*, v. 3, n. 47 (24 de novembro de 1956), p. 756.
97   Pelling, *The British Communist Party*, p. 175.
98   Saville, *Memoirs from the Left*, p. 116.
99   TNA KV2/3983: Betty Grant para Edwin Payne, 12.11.56 (cópia de carta interceptada).
100 Ibid.: Excerto de T/C sobre TREND o/g ligação de PETER para RALPH em CHQ 7535, 15.11.56.
101 *New Statesman*, 18.11.56 (seção de cartas); TNA KV2/3983: Cópia de cheque no Temple Bar 2151, QG do Partido Comunista.
102 MRC 937/6/4/3: EJH, "Improving Party Democracy", *World News*, 13.10.56.

103 TNA KV2/3983: Secreto: Temple Bar 2151, QG do Partido Comunista. Entrada: 22 de novembro de 1956 (grampo telefônico).
104 Ibid.: "Lascar" Excerto, 4.12.56. Pouco depois Reuben Falber foi nomeado assistente do secretário-geral do Partido Comunista da Grã-Bretanha, e neste cargo recebia malas de dinheiro da embaixada da União Soviética (Leonard Goldman, "Reuben Falber", *Guardian*, 6.6.2006).
105 LHA CP/CENT/CULT/05/11: Livro de Atas do Comitê 1946-1951: minuto 25.11.56.
106 TNA KV2/3983: Betty Grant para W. E. Payne, 3.12.56, cópia de carta interceptada, também para o que se segue.
107 LHA CP/CENT/ORG/18/06: Atividade Fracionada, 1956-1957: memorando de 7.12.56. Chimen Abramsky, nascido em Minsk, era especialista em livros judaicos antigos, os quais colecionava avidamente, e um estudioso sério do marxismo; com Henry Collins, publicou *Karl Marx and the British Labour Movement* (Londres, 1965). Era tio de Raphael Samuel por afinidade. Acabou saindo do Partido em 1958 e partiu para uma carreira de professor de estudos judaicos. Para uma recordação maravilhosamente evocativa, ver Sasha Abramsky, *The House of Twenty Thousand Books* (Nova York, 2015).
108 LHA CP/CENT/CULT/05/11: Ata do Comitê 1946-1951: minuto 9.12.56.
109 MRC 937/6/4/3 Partido Comunista 1956: EJH para George Matthews, 10.12.56.
110 Ibid.: Matthews para EJH, 19.12.56.
111 LHA CP/CENT/ORG/18/06: Atividade Fracionada, 1956-1957: memorando de 7.12.56.
112 George Matthews, "Lessons of a Letter", *World News*, v. 4, n. 2 (12 de janeiro de 1957), p. 24-6, 32.
113 EJH: "Three Alternatives Face Us", *World News*, v. 4, n. 4 (26 de janeiro de 1957), p. 61-2 (o cabeçalho iletrado foi inserido por um subeditor; Eric jamais teria falado de "três alternativas").
114 Joan Simon, "Communist Criticism and the Intellectual", *World News*, v. 4, n. 8 (23 de fevereiro de 1957), p. 125-6.
115 TNA KV2/2886: Joseph Peter Astbury ("Lascar"): Discussões a respeito do Comitê dos Corpos Docentes da Universidade Nacional AGM, realizadas em 26/27 jan. de 1957. Astbury foi um dos contemporâneos de Eric em Cambridge e também um Apóstolo. Entrou para o Partido em 1936 e era conhecido por ter passado segredos nucleares para os russos por meio de um intermediário. Arnold Kettle era professor universitário de literatura inglesa (ver Martin Kettle, "What MI5's records on my father tell us about the uses of surveillance", *Guardian*, 27.7.2011). Ron Bellamy era um funcionário do Partido em tempo integral; Brian Simon era especialista em educação.
116 Beckett, *Enemy Within*, p. 135-8.
117 Pelling, *The British Communist Party*, p. 169-86.
118 LHA CP/CENT/ORG/18/06: Atividade Fracionada, 1956-1957: memorando de 7.12.56.
119 EJH, "Some Notes about the *Universities and Left Review*", relatório à Reunião da Executiva do Partido Comunista, 10-11.5.1958, em LHA CP/CENT/EC/05/08, citado em Andrews, *The Shadow Man*, p. 203.
120 Andrews, *The Shadow Man*, p. 205.
121 LHA CP/CENT/ORG/18/06: Atividade Fracionada, 1956-1957: memorando de 7.12.56.
122 TNA KV2/3985: "Lascar" Excerto 12.11.58 (conversa gravada por dispositivo de escuta no quartel-general do PCGB).
123 Ibid.: 13.11.58.
124 Ibid.: 15.12.58.
125 Ibid.: 2.1.59.
126 Ibid.: 31.3.59.
127 Ibid.: 5.5.59.
128 Ibid.: 5.5.59.
129 Ibid.: 3.6.59.
130 Ibid.: 9.6.59.
131 Ibid.: 2.6.59, p. 20.
132 Ibid.: 5.6.59.
133 Ibid.: 10.6.59 (352a e 357a).
134 Ibid.: "Lascar", 5.8.59. Evidentemente os burocratas da MI5 ainda consideravam em 1959 que era indelicado grafar integralmente a imprecação "maldito" até mesmo em um relatório carimbado como "TOP SECRET".

135 Ibid.: 9.11.59.
136 Ibid.: 4.1.60.
137 Ibid.: 1.2.60.
138 Ibid.: 13.5.60.
139 TNA KV2/3986: "Lascar", conversa monitorada, 15.1.62.
140 TNA KV2/3985: PA. em P.F. 211,764, HOBSBAWM, assinou P. F. Stewart, 24.3.60.
141 Ibid.: *Cópia de ata sobre P.F.74.102, de R. Thistlethwaite, 24.3.60*.
142 MRC 937/6/4/6: EJH para Brian Simon, 15.1.79.
143 *IT*, p. 202.
144 TNA KV2/3986: "Lascar", conversa monitorada, 18.11.60.
145 MRC 937/1/2/1: Marion Bennathan para Eric, 1º de junho (sem ano, provavelmente 1964).
146 Ibid.: Marion para Eric, "Birmingham, 13th March" (1960).
147 Ibid.: Marion para Eric, do Queen Elizabeth Hospital, terça-feira, s.d. (3.4.58).
148 Ibid.: Marion Bennathan para Eric, s.d. (1957).
149 Ibid.: Marion Bennathan para Eric, s.d. (1958).
150 Ibid.: Marion para Eric, carimbo no selo 1959.
151 Ibid.: Marion para Eric, 13.5.60; também s.d., carta datilografada mencionando o julgamento por obscenidade da Penguin Books pela publicação de *O amante de Lady Chatterley* de D. H. Lawrence, que aconteceu no fim de setembro e início de outubro de 1960.
152 *IT*, p. 221.
153 Ibid., p. 81.
154 EJH, "Diary", *London Review of Books*, v. 32, n. 10 (27.5.2010), p. 41.
155 Martin Niederauer, "Kein Manifest! Hobsbawm an die Frage von Herrschaft und Befreiung im Jazz", em Andreas Linsenmann e Thorsten Hindrichs (eds), *Hobsbawm, Newton und Jazz. Zum Verhältnis von Musik und Geschichtsschreibung* (Paderborn, 2016), p. 111-30. Ver também ensaio de Christian Brocking no mesmo volume, "Distinktion, Kanon, Transgression: Wie Musik den Wunsch nach gesellschaftlicher Veränderung ausdrücken, implizieren und bewirken kann", p. 131-50. No mesmo volume, a acusação de Daniel Schläppi, "Hobsbawm reloaded. Oder wie sich Francis Newton der improvisierten Musik des beginnenden 21. Jahrhunderts hätte annähern können", p. 151-200, de que Eric tinha um conceito clássico de genialidade e o culto de sua atitude para com líderes de orquestras, como Ellington and Basie, que o cegavam para a natureza coletiva do jazz (p. 165-6), não convencia. Ver apologia de Eric à "peculiaridade da simbiose anarquicamente controlada com seus músicos", que "produzia uma música criada *tanto* pelos instrumentistas *como* inteiramente moldada pelo compositor" (Francis Newton, "The Duke", *New Statesman*, 11.10.58, p. 488). Eric escreveu sobre jazz com o pseudônimo "Francis Newton".
156 Francis Newton, "Requiem for an Art", *New Statesman*, 11.8.61, p. 192, também para o que se segue.
157 Francis Newton, "On the Assembly Line", *New Statesman*, 1.9.61, p. 281, um dos ensaios mais brilhantes de Eric sobre crítica cultural nessa época.
158 Francis Newton, "No Red Squares", *New Statesman*, 16.3.62, p. 390.
159 Timothy W. Ryback, *Rock Around the Bloc: A History of Rock Music in Eastern Europe and the Soviet Union* (Oxford, 1990); Josef Skvorecky, *Talkin' Moscow Blues* (Londres, 1989); David Caute, *The Dancer Defects. The Struggle for Cultural Supremacy during the Cold War* (Oxford, 2003), p. 441-67.
160 Citado em Kevin Morgan, "King Street Blues: Jazz and the Left in Britain in the 1930s-1940s", em Andy Croft (ed.), *A Weapon in the Struggle. The Cultural History of the Communist Party in Britain* (Londres, 1998), p. 123-41, na p. 148.
161 Sam Aaronovitch, "The American Threat to British Culture", *Arena: A Magazine of Modern Literature*, v. 2 (junho-julho de 1951), n. 8, p. 4, citado em Philip Bounds, "From Folk to Jazz: Eric Hobsbawm, British Communism and Cultural Studies", *Critique: Journal of Socialist Theory*, 40 (2012) 4, p. 575-93.
162 Francis Newton, "Traditional", *New Statesman*, 24.10.59, p. 538-40. No século XVII, os habitantes da região alagadiça de The Fen conhecidos como "os tigres de Wisbech" resistiram ferozmente à drenagem dos charcos ao redor da cidade de East Anglian. Ver também Bounds, "From Folk to Jazz". Wisbech é uma cidade no centro dos charcos de Norfolk.
163 Morgan, "King Street Blues", p. 148.
164 TNA KV2/3985: conversa monitorada, 27.5.59.

165	TNA KV2/3983: "Eric John HOBSBAWM", 239b, 126.1.55.
166	BBC WAC RCONT 1: Anna Kallin, Requisição de Agendamento para Talks, para diretor de Agendamento de Talks, 2.12.55.
167	Ibid.: EJH para Anna Kallin, 17.3.55.
168	Ibid.: EJH para Anna Kallin, 3.3.55.
169	BBC WAC RCONT 1: Leslie Stokes citando Thomas Crowe, "Announcer's Comment", 26.2.56.
170	Ibid.: EJH para Anna Kallin, 19.2.56.
171	Ibid.: Anna Kallin para EJH, 19.3.56.
172	Ibid.: EJH para Anna Kallin, 27.3.56.
173	Ibid.: Anna Kallin para diretor de Agendamento de Talks, Requisição de Agendamento de Talks, 10.1.57. A palestra provocou um protesto do Departamento de Gramofone da BBC, que achou que deveria ter sido consultado (ibid., Donald Maclean para Anna Kallin, 23.5.57).
174	Ibid.: Requisição de Agendamento de Talks, secretário de Anna Kallin para diretor de Agendamento de Talks, 21.5.62; EJH para Anna Kallin, 16.4.62; Anna Kallin para EJH, 13.4.62, acrescentando que ela desejava se encontrar com Bloch "para prestar homenagem pessoalmente a um grande homem".
175	Ibid.: "Talks (Live or Recorded) P. T. T. – Talks Meeting", s.d.
176	*IT*, p. 225; EJH, "Diary", *London Review of Books*, v. 32, n. 10 (27.5.2010), p. 41.
177	*IT*, p. 225.
178	MRC 937/8/2/3: "Dr Hobsbawm is Mr Newton", recorte apócrifo.
179	Chris Wrigley, *A. J. P. Taylor. Radical Historian of Europe* (Londres, 2006), p. 233-8.
180	Francis Newton, "Band Discord", *New Statesman*, 25.1.58, p. 102-3.
181	Francis Newton, "Significant Sims", *New Statesman*, 17.11.61, p. 757.
182	Colin MacInnes, *Absolute Beginners* (Londres, 1960, edição em formato brochura 2010), p. 83. O romance foi transformado em filme com o mesmo título em 1986, com David Bowie, Patsy Kensit, Steven Berkoff e Mandy Rice-Davies. O filme foi arrasado pelos críticos e foi mal de bilheteria, provocando o colapso da até então bem-sucedida produtora Goldcrest Films.
183	MacInnes, *Absolute Beginners*, p. 173.
184	EJH, "Diary", *London Review of Books*, v. 32, n. 10 (27.5.2010), p. 41, também para o que se segue.
185	HFA: carteirinha de associado, com data de validade até 31.12.64. Ver Sophie Parkin, *The Colony Room Club* (Londres, 2013).
186	*IT*, p. 226-7; EJH, "Diary", *London Review of Books*, v. 32, n. 10 (27.5.2010), p. 41. Para uma descrição do ambiente dos clubes e seus frequentadores, ver Daniel Farson, *Soho in the Fifties* (Londres, 1987).
187	Francis Newton, "The Wild Side", *New Statesman*, 8.4.62, p. 500.
188	Francis Newton, "How about Playing, Gypsy?", *New Statesman*, 3.2.61, p. 191, também para o que se segue.
189	Francis Newton, "Basie", *New Statesman*, 6.4.57, p. 438.
190	Francis Newton, "God", *New Statesman*, 17.5.63, p. 768.
191	Francis Newton, "After Armstrong", *New Statesman*, 30.6.56, p. 760.
192	Francis Newton, "No Time for Thrushes", *New Statesman*, 13.2.60, p. 218.
193	Francis Newton, "Mahalia", *New Statesman*, 14.4.61, p. 598; "Annie Ross", *New Statesman*, 17.1.64, p. 90.
194	Francis Newton, "The Uncommercials", *New Statesman*, 17.8.57, p. 198; "Atoms for the Juke Box", *New Statesman*, 22.3.58, p. 374-5; "Masked Man", *New Statesman*, 24.11.61, p. 807.
195	Francis Newton, "Too Cool", *New Statesman*, 16.1.60, p. 68.
196	Francis Newton, "The Quiet Americans", *New Statesman*, 7.12.57, p. 774; "MJQ", *New Statesman*, 6.10.61, p. 487; e "Three plus Basie", *New Statesman*, 13.4.62, p. 539-40. O Modern Jazz Quartet era um conjunto estabelecido com piano, vibrafone, bateria e contrabaixo que buscava uma forma cool e não emocional de blues influenciado por instrumentos musicais.
197	Francis Newton, "Hornrimmed Jazz", *New Statesman*, 1.3.58, p. 266. Dave Brubeck usava óculos com armação de chifre; também "Masked Man", *New Statesman*, 24.11.61, p. 806.
198	Francis Newton, "Miles Away", *New Statesman*, 21.5.60; novamente em "Jazz and Folk Records", *New Statesman*, 17.3.61, p. 447.
199	Francis Newton, "Reluctant Monk", *New Statesman*, 5.5.61, p. 725-6.
200	Francis Newton, "Errol Garner", *New Statesman*, 1.6.62, p. 807.

201 Francis Newton, "Band Call", *New Statesman*, 23.8.58, p. 220-1.
202 Francis Newton, "Manhattan Solo", *New Statesman*, 2.7.60, p. 12-14, também para o que se segue.
203 Francis Newton, "Back to Grassroots", *New Statesman*, 23.5.59, p. 723.
204 Logie Barrow, "Anatomising Methuselah" (texto datilografado não publicado).
205 Francis Newton, "Mr Acker Requests", *New Statesman*, 17.11.60, p. 736.
206 Francis Newton, "Too Much Jazz?", *New Statesman*, 12.10.57, p. 458-9.
207 Francis Newton, "Band Discord", *New Statesman*, 25.1.58, p. 102-3.
208 Francis Newton, "Nothing is for Nothing", *New Statesman*, 5.12.59, p. 796-7.
209 Francis Newton, "Mr Granz Makes Music", *New Statesman*, 10.5.58, p. 600-1. Ver também "News from everywhere", *New Statesman*, 3.12.60, p. 876, para a resenha de um evento de "Jazz at the Philharmonic" no Festival Hall de Londres.
210 EJH, "Diary", *London Review of Books*, v. 32, n. 10 (27.5.2010), p. 41; David Kynaston, *Modernity Britain: Opening the Box, 1957-1959* (Londres, 2013), p. 169-82.
211 EJH, "Diary", *London Review of Books*, v. 32, n. 10 (27.5.2010), p. 41. Cleo Laine tornou-se uma cantora de jazz bem conhecida e se casou com o *bandleader* John Dankworth.
212 Francis Newton, "Denmark Street Crusaders", *New Statesman*, 27.9.58, p. 409.
213 Francis Newton, "The Trend Guessers", *New Statesman*, 21.12.57, p. 852-3.
214 Francis Newton, "Pied Pipers", *New Statesman*, 16.2.57, p. 202.
215 Francis Newton, "Beatles and Before", *New Statesman*, 8.11.63, p. 673, e "Stan Getz", *New Statesman*, 20.3.64, p. 465.
216 Francis Newton, "Bob Dylan", *New Statesman*, 22.5.64, p. 818. A *Reader's Digest* era uma revista para famílias americanas com um conteúdo composto por obras de ficção anódinas e estilisticamente insípidas e artigos de "interesse humano". Bob Dylan ganhou o Prêmio Nobel de Literatura de 2016.
217 Francis Newton, "The Cats in Italy", *New Statesman*, 28.9.57, p. 378-80.
218 Francis Newton, "Palm Court", *New Statesman*, 31.1.64, p. 180.
219 MRC: "Popular Culture and Personal Responsibility. Verbatim Report of a Conference held at Church House, Westminster, 26th-28th October, 1960" (texto datilografado), p. 124-5.
220 Francis Newton, "Bix", *New Statesman*, 11.8.56, p. 160.
221 Francis Newton, "Post-mortem", *New Statesman*, 27.7.57, p. 112-14.
222 Francis Newton, "People's Heroin", *New Statesman*, 3.3.61, p. 358-9.
223 Francis Newton, "Travellin' All Alone", *New Statesman*, 15.8.59, p. 191.
224 MRC 937/1/4/2: Joseph Losey para EJH, 24.8.59.
225 Frank Mort, *Capital Affairs: London and the Making of the Permissive Society* (New Haven, 2010); Paul Willetts, *Members Only: The Life and Times of Paul Raymond* (Londres, 2010).
226 Francis Newton, "Any Chick Can Do It", *New Statesman*, 24.3.61, p. 436, também para o que se segue.
227 MRC 927/1/4/2: EJH para Bill Randle, 3.9.61.
228 Francis Newton, "New Thing", *New Statesman*, 28.5.65, p. 85; "The Man and the Boys", *New Statesman*, 25.3.66 (O último artigo de Eric para o *New Statesman* como "Francis Newton").
229 Francis Newton, "Duke", *New Statesman*, 21.2.64, p. 308; "Ellington and Ella", *New Statesman*, 18.2.66 (reimpresso na edição de 25.4.2013, p. 141, com o verdadeiro nome de Eric).
230 Francis Newton, "New Thing", *New Statesman*, 28.5.65, p. 855.
231 Francis Newton, "Doldrums", *New Statesman*, 29.3.63, p. 469.
232 EJH, *The Jazz Scene*, edição de 1989, Introdução, p. vii, 22.
233 *Ii*, p. 226.
234 BULSC DM 1107/5190: Tom Maschler para Reg Davis-Poynter, diretor administrativo, MacGibbon & Kee, 13.10.58.
235 EJH (Francis Newton), *The Jazz Scene* (Londres, 1989 [1959]), p. v, 275-80.
236 EJH, *The Jazz Scene*, p. 239-40, 271-4. Ver também Francis Newton, "Lonely Hipsters", *New Statesman*, 23.11.62, p. 754, definindo os amantes de jazz britânicos como "principalmente da classe média".
237 EJH, *The Jazz Scene*, p. 256-7.
238 MRC 937/8/2/3: Ramsden Greig, "The Jazz Bohemians are missing", *Evening Standard*, 26.5.59.
239 Francis Newton, "The Cautious Critics", *New Statesman*, 9.11.57, p. 604.
240 MRC 937/8/2/3: Benedict Osuch, "Jazz Scene: a must!", *Jazz Today*, recorte de jornal s.d., p. 12.
241 Ibid.: Clancy Segal, "That Remarkable Noise", *New Statesman*, 30.5.59, p. 768.

242 BULSC DM 1107/5190: John White para Penguin Books, 10.7.69; Peter Wright para John White, 15.7.69.
243 Francis Newton, "Status Verking", *New Statesman*, 26.9.59, p. 392.
244 DHAA BH 2009: Conselho sobre pagamentos, 4.12.08.
245 Tony Coe, "Hobsbawm and Jazz", em Raphael Samuel e Gareth Stedman Jones (eds), *Culture, Ideology and Politics. Essays for Eric Hobsbawm* (History Workshop Series, Londres, 1982), p. 149-57.
246 HFA: Pasta 11: Diários/Anotações autobiográficas: Anotações JM (1962), também. Um "blower" ["assoprador"] era um telefone.
247 "Gamine" ["moleca"] é como uma garota abandonada; "frech" ["malcriado"] é insolente.
248 Entrevista com Lois Wincott, 20.9.2016.
249 Entretien entre Elise Marienstras et Charlotte Faucher, 27.7.2016.
250 MRC 1215/5: Anotações de entrevista: Catânia.
251 Anna Maria Rao, "Transizioni. Hobsbawm nella modernistica italiana", *Studi storici* 4, ottobre-dicembre 2013, p. 768.
252 MRC 937/7/8/1: "Rathaus/history", jan. de 2008, p. 4-5.
253 UMA USC/63/1/3: ata de reunião do Comitê de Imprensa Universitário, 13.2.58, também para o que se segue.
254 MRC 937/4/3/1/8: EJH, "Voices of the South", *Times Literary Supplement*, 21.10.55, p. 613-14. A aldeia foi o cenário do filme clássico de Vittorio de Seta, *Banditti a Orgosolo* (1960).
255 Sobre a máfia, ver também Ibid.: EJH, "Transatlantic Racket", *Times Literary Supplement*, 21.9.62.
256 *Visions of History* (Nova York, 1983), p. 3-44, na p. 33.
257 MRC 937/8/2/2: John Roberts, "The Losers", *Observer*, 3.5.59.
258 Ibid.: Denis Mack Smith, "The Meaning of Bandits" [recorte de jornal apócrifo], também para o que vem a seguir.
259 MRC 937/1/3/7: EJH para "Mr Yoken and friends", s.d. (1995?).
260 HRC B39: David Higham Associates, 387-388: David Higham para EJH, 24.11.59.
261 Entrevista com Bruce Hunter, 26.7.2016.
262 TNA KV2/3983: EJH, "Marx as Historian", *New Statesman*, 20.8.55, e cópia datilografada de carta de EJH 24.9.55.
263 Isaiah Berlin para o editor da *New Statesman*, 25.9.55, em Isaiah Berlin, *Enlightening: Letters 1946-1960*, ed. Henry Hardy e Jennifer Holmes (Londres, 2009), p. 499-500.
264 Adam Sisman, *Hugh Trevor-Roper. The Biography* (Londres, 2010), p. 263-6. Sobre a controvérsia, ver *New Statesman*, 6, 20 e 27 agosto, 10 e 24 de setembro, 1, 8, 15, 22 e 29 de outubro de 1955. Sobre o visto de entrada, *IT*, p. 389-90.
265 TNA KV2/3985: EJH para Joan Simon, 10.5.60 (carta interceptada).
266 Ibid.: Excerto de T/C sobre Tom McWHINNIE, 16.5.60.
267 TNA KV2/3985: John Lawrence para H. G. M. Stone, embaixador britânico, Washington, 20.5.60.
268 EJH, "The Economics of the Gangster", *Quarterly Review*, 604 (abril de 1955), p. 243-56.
269 *IT*, p. 397-402, também para o que se segue.
270 Francis Newton, "The Sound of Religion", *New Statesman*, 8.10.60, p. 522-4.
271 *IT*, Capítulo 22, passim.
272 EJH, "Cuban Prospects", *New Statesman*, 22.10.60, reimpresso em Leslie Bethell (ed.), *Viva la Revolución! Eric Hobsbawm on Latin America* (Londres, 2016), p. 29-33, e "Introduction", p. 2-3. Estimativas do número de execuções perpetradas pelo regime de Castro entre 1959 e 1970 variam loucamente, mas nenhuma fica abaixo de 200. *When the State Kills: The Death Penalty v. Human Rights*, Publicações da Anistia Internacional (Londres, 1989), dá um número pouco maior que 200 entre 1959 e 1987. Ver mais genericamente Jonathan C. Brown, *Cuba's Revolutionary World* (Cambridge, Mass., 2018).
273 TNA KV2/3986: "Report: International Affairs Committee", 1.11.60 (um relatório integral sobre a palestra de Eric, que o agente do MI5 presente considerou "realmente interessante").
274 MRC 937/4/6/1: *The Times*, 23.4.61; também *New Statesman*, 21.7.61.
275 Kenneth Tynan para David Astor, 1.4.61, em Kathleen Tynan (ed.), *Kenneth Tynan: Letters* (Londres, 1994), p. 264.
276 MRC 937/1/6/5: EJH para Andrew Weale, 21.4.94. Ver também o relatório do MI5 observando que a manifestação planejada para Trafalgar Square havia sido cancelada: TNA KV2/3986: 18.4.61.

277 TNA KV2/3986: 9.5.61.
278 MRC 937/1/6/5: EJH para Andrew Weale, 21.4.94.
279 TNA KV2/3986: "Lascar" – Anotação para arquivo, p. 211, 764 HOBSBAWM, n. 394a. Para Arnold Kettle, ver Martin Kettle, "What MI5's records on my father tell us about the uses of surveillance", *Guardian*, 28.7.2011.
280 TNA KV2/3986: transcrição monitorada 9.2.62.
281 *IT*, p. 255-6.
282 TNA KV2/3986: Excerto de relatório do MI6, 2.3.62.
283 Francis Newton, "Rumba Patriotica", *New Statesman*, 26.1.62, p. 138-9, também para o que vem a seguir.
284 John Lahr (ed.), *The Diaries of Kenneth Tynan* (Londres, 2001), p. 137.
285 Tracy Tynan, *Wear and Tear: The Threads of My Life* (Nova York, 2016). Impecavelmente leal, Eric depois defendeu Tynan, cuja crescente obsessão por sexo estava começando a provocar comentários hostis, contra acusações de misoginia (MRC 937/4/6/1: carta para *The Times*, 6.2.1976).
286 Entrevista com Robin Marchesi, 6.12.16.
287 Entretien entre Elise Marienstras et Charlotte Faucher, 27.6.2016.
288 Entrevista com Marlene Hobsbawm, 6.6.2013, e-mail de Marlene Hobsbawm para RJE, 30.12.2016, e anotações relacionadas de Marlene.
289 MRC 937/1/3/11: EJH para Richard Koenig, 19.11.2004; anotações de Marlene Hobsbawm e entrevista 6.6.2013 e 30.12.2016, também para o que se segue; Walter Schwarz, *The Ideal Occupation* (Londres, 2011), p. 9-11, e Marlene Hobsbawm, *Conversations with Lilly* (Canterbury, 1998), p. 37-8.
290 Entretien entre Elise Marienstras et Charlotte Faucher, 27.6.2016.
291 Entrevista com Marlene Hobsbawm, 6.6.2013, e e-mails de Marlene Hobsbawm para RJE, 30.12.2016 e 6.8.2017, e anotações.

CAPÍTULO 7: "ESCRITOR DE LIVROS DE BOLSO"

1. MRC 937/7/8/1: "Paperback Writer" (texto datilografado, 2003), p. 3. Walter Carruthers Sellar e Robert Julian Yeatman, *1066 and all That: A memorable history of England, comprising all the parts you can remember, including 103 good things, 5 bad kings, and 2 genuine dates* (Londres, 1930), uma sátira sobre livros de história escolares com seu moralismo obsoleto e obsessão por fatos e datas.
2. MRC 937/7/8/1: "Paperback Writer" (texto datilografado, 2003), p. 3-4 (a paginação difere nas duas cópias no arquivo).
3. Ibid.: "Rathaus/history", jan. de 2008, p. 5-6.
4. George Weidenfeld, *Remembering My Good Friends. An Autobiography* (Londres, 1994), p. 243-5; *IT*, p. 185.
5. MRC 937/7/8/1: "Rathaus/history/", jan. de 2008, p. 6.
6. Ibid.: "Paperback Writer" (texto datilografado, 2003), p. 4-6.
7. MRC 937/4/3/1/8: EJH, "The Language of Scholarship", *Times Literary Supplement*, 17.8.56, p. viii.
8. Ibid.: "A New Sort of History: Not a Thread but a Web", *Times Literary Supplement*, 13.10.61, p. 698-9.
9. EJH, "Where are British Historians Going?", *Marxist Quarterly*, 2/1 (janeiro de 1955), p. 27-36.
10. MRC 937/7/8/1: segunda entrevista para *Radical History Review* (texto datilografado), p. 4.
11. Annan, *Our Age*, p. 267.
12. Hans-Ulrich Wehler, *Deutsche Gesellschaftsgeschichte 1815-1845/49: Von der Reformära bis zur industriellen und politischen "Doppelrevolution"* (Munique, 1987), cobrindo a "revolução dual alemã" na indústria e na política. O conceito inspirou também cursos de história em universidades de muitos países.
13. Georges Lefebvre, *1789* (Paris, 1939); *La Révolution Française* (2 v., Paris, 1951 e 1957).
14. EJH, *The Age of Revolution: Europe 1789-1848* (Londres, 1962), p. 82.
15. Ibid., p. 84.
16. Ibid., p. 84.
17. MRC 937/1/2/12: Edward Thompson para EJH, 23.11 (1962).
18. MRC 937/1/5/2: Ernst Fischer para EJH, 20.6.63.
19. Victor Kiernan, "Revolution and Reaction 1789-1848", *New Left Review* 19 (abril de 1963), p. 69-78.
20. MRC 937/1/1/1: Rondo Cameron para EJH, 20.11.62.
21. MRC 937/8/2/4: J. L. Talmon, "The Age of Revolution", *Encounter*, setembro de 1963, p. 11-18.
22. Ibid.: Prof. G. R. Potter, "Monarchy under the microscope", *Sheffield Telegraph*, 29.12.62. Para comentários semelhantes sobre Wellington, ver a sarcástica resenha (no mesmo arquivo) do filósofo Anthony Quinton, mais tarde membro dos conservadores, "Fixing the Blame for Social Evil", *Sunday Telegraph*, 18.11.62.
23. Ibid.: Max Beloff, "Progress through Upheaval", *Daily Telegraph*, 25.1.63.
24. Ibid.: T. Desmond Williams, "The Barricade Mind", *Spectator*, 28.12.62.
25. Ibid.: "Freeing the Middle Class", *Times Literary Supplement*, 11.1.63.
26. Ibid.: A. J. P. Taylor, "Umbrella Men, or The Two Revolutions", *New Statesman*, 30.11.62.
27. Ibid.: A. J. P. Taylor, *Observer*, 23.12.62.
28. Ibid.: Peter Laslett, "The new revolutionism", *Guardian*, 30.11.62, também para o que se segue.
29. Ibid.: Ernst Wangermann, "The Age of Revolution", *Marxism Today*, março de 1983, p. 89-92.
30. Dokumentationsarchiv des österreichischen Widerstandes, 50120: Korrespondenz Steiner: Hobsbawm, Eric, 1957-1994: EJH para Herbert Steiner, 29.10.62, sobre a data de partida.
31. TNA KV2/3987: "Top Secret" 020/1/E1/N10, datado de 18.1.63.
32. Ibid.: carta para H. M. Gee, 22.1.63.
33. Bethell (ed.), *Viva la Revolución!*, p. 4-5. Este volume reapresenta inúmeros ensaios mencionados nas páginas seguintes.
34. MRC 937/7/8/1: EJH "South American Journey", *Labour Monthly*, julho de 1963, p. 329-32, também em *Viva la Revolución!*, p. 34-9.
35. Francis Newton, "Bossa Nova", *New Statesman*, 21.12.63, p. 910-11. *Billboard* e *Cashbox* eram duas populares revistas americanas sobre música.
36. MRC 937/7/8/1: EJH, "South American Journey", *Labour Monthly*, julho de 1963, p. 329-32.
37. MRC 937/1/5/4: Pablo Neruda para EJH, 10.6.65.
38. MRC 937/4/3/1/6: EJH, "Latin America: The Most Critical Area in the World", *Listener*, 2.5.63, também em *Viva la Revolución!*, p. 43-50.

39   BBC WAC RCONT 1: EJH (de Santiago do Chile) para Anna Kallin, 6.12.62.
40   BBC WAC RCONT 12: Anotação anexada a EJH para Anna Kallin, sinopse em anexo, s.d.
41   EJH, "Latin America: The Most Critical Area in the World".
42   MRC 937/4/3/1/6: EJH, "Social Developments in Latin America", *Listener*, 9.5.63, p. 778-9, 806, também em *Viva la Revolución!*, p. 51-8.
43   TNA KV2/3987: "Mr Hobsbawm's Visit to Latin America", 23.5.63.
44   Ibid.: "3. Mr Eric Hobsbawm".
45   Ibid.: "Lascar": IDRIS COX e JACK WODDIS com Visitante (Eric HOBSBAWM), 1.4.63.
46   Entrevista com Neal Ascherson, 26.7.2016.
47   EJH, "Peasant Movements in Colombia" (1969), in *Les Mouvements Paysans dans le Monde Contemporain*, ed. Commission Internationale d'Histoire des Mouvements Sociaux et des Structures Sociales, 3 v., Nápoles, 1976, v. III, p. 166-86, também em *Viva la Revolución!*, p. 196-221.
48   EJH, "A Hard Man: Che Guevara", *New Society*, 4.4.1968, também em *Viva la Revolución!*, p. 264-70. Um desses regimes militares de vida curta foi liderado pelo esquerdista J. J. Torres, deposto em 1971: lembro-me de uma festa organizada por ex-alunos membros do seu governo na St. Antony's College, Oxford, em 1972, na qual a canção "Hasta Siempre, Comandante", com a promessa de que Guevara triunfaria sobre a morte, foi cantada mais de uma vez.
49   EJH, "Guerrillas in Latin America", em Ralph Miliband e John Saville (eds), *The Socialist Register 1970* (Londres, 1970), p. 51-63, e "Latin American Guerrillas: A Survey", *Latin American Review of Books*, v. 1 (1973), p. 79-88, também em *Viva la Revolución!*, p. 271-95.
50   EJH, "What's New in Peru", *New York Review of Books*, 21.5.70. Ver também EJH, "Generals as Revolutionaries", *New Society*, 20.11.69.
51   EJH, "A Case of Neo-Feudalism: La Convención, Peru", *Journal of Latin American Studies*, v. I (1969), n. 1, p. 31-50; EJH, "Peasant Land Occupations: The Case of Peru", *Past & Present* 62 (fevereiro de 1974).
52   EJH, "Peru: The Peculiar 'Revolution'", *New York Review of Books*, 16.12.71. Ver também a discussão sobre "índios" peruanos, *New York Review of Books*, 15.6.72.
53   EJH, "Latin America as US Empire Cracks", *New York Review of Books*, 25.3.71.
54   EJH, "A Special Supplement: Chile; Year One", *New York Review of Books*, 23.9.71.
55   HFA: EJH para Marlene, 22.10.1969.
56   Esses longos artigos foram reimpressos em *Viva la Revolución!* com outros textos citados acima.
57   EJH, "Dictatorship with Charm", *New York Review of Books*, 2.10.1975.
58   "Preste atenção em Campinas", *VEJA*, 4.6.1975; Luiz Sugimoto, "Sobre Hobsbawm, que veio à Unicamp duas vezes", comunicado à imprensa da Unicamp, 1.10.2012; MRC 1215/4: cadernos de anotações sobre a América Latina 1969 e 1975.
59   Anotações de Marlene Hobsbawm.
60   HFA: Richard Preston para Marlene Hobsbawm, 25.4.2016. Em seguida Denis levou Eric em uma rápida viagem de negócios na Espanha, onde Eric atuou como tradutor em negociações com músicos espanhóis. Richard, filho de Denis, desconfiou de que "isso era mais uma oportunidade para os dois saírem juntos, beberem umas cervejas e dar um jeito no mundo".
61   Julia Hobsbawm, "Remembering Dad", *Financial Times*, 19.8.2013.
62   BULSC DM1107/A898: EJH para Plumb, 24.8.64.
63   www.britishlistedbuildings.co.uk/101115734-97-larkhall-rise-sw8-clapham-town-ward; HRC B-40: David Higham Associates 806: aviso de mudança de endereço.
64   Entrevista com Marlene Hobsbawm, 16.10.2016.
65   WNA "The Age of Capital": "Accounts", 31.7.71; WNA "The Age of Capital": aviso de mudança de endereço, 30.7.71.
66   MRC 937/1/1/3: EJH para Elizabeth Whitcombe, 11.6.73.
67   Marlene Hobsbawm para RJE, 9.9.2017 (e-mail). Lembro-me em certa ocasião, nos anos 1990, de ver Michael Foot num ônibus, parecendo muito fraco, sendo saudado pelos passageiros e atendido gentilmente pelo motorista.
68   Entrevista com Neal Ascherson, 26.7.2016.
69   MRC 927/1/1/2: Marlene Hobsbawm para Lubomir Doruska, 23.5.73.
70   Entrevista com Richard Rathbone, 15.12.2016.

71	Charlotte Faucher, entretien avec Elise Marienstras, 27.7.2016.
72	Entrevista com Andy e Julia Hobsbawm, 11.7.2016, também para o que se segue.
73	Entrevista com Roderick Floud, 14.9.2016.
74	Julia Hobsbawm, "Remembering Dad", *Financial Times*, 19.4.2013, também para o que se segue.
75	MRC 937/1/6/3: Andy Hobsbawm para EJH, s.d. (1993).
76	Entrevista com Andy e Julia Hobsbawm, 11.7.2016.
77	*IT*, p. 233-9. Meu avô sempre foi meio pedreiro, lascando e moldando pedras em forma de telhas numa pedreira da região, e me lembro de ter visitado as ruínas da outrora próspera indústria nos anos 1950, andando pelos antigos trilhos da ferrovia abandonada Corris Railway.
78	Entrevista com Robin Marchesi, 6.12.2016; entrevista com Andy e Julia Hobsbawm, 11.7.2016.
79	MRC 937/1/1/3: EJH para H. Morris-Jones, s.d. (maio de 1975).
80	HFA: Anotações de Marlene Hobsbawm; Marlene para RJE, 6.9.2018.
81	Julia Hobsbawm, *Fully Connected: Surviving and Thriving in an Age of Overload* (Londres, 2017), p. 109-10, também para o que se segue.
82	HFA: "Welsh Cottage: Parc Correspondence", cópia do contrato.
83	MRC 937/1/1/3: Marlene Hobsbawm para Christian Rasmussen, 4.7.73.
84	HFA: EJH para Marlene, n.d. (1973). A ferrovia era a Welsh Highland Railway, uma linha férrea de bitola estreita que só foi reinaugurada em 2011.
85	Entrevista com Andy e Julia Hobsbawm, 11.7.2016.
86	Entrevista com Robin Marchesi, 6.12.2016.
87	Entrevista com Angela Hobsbaum, 30.3.2017.
88	Entrevista com Andy e Julia Hobsbawm, 11.7.2016, revisada 8.9.2018.
89	Marlene Hobsbawm para RJE, 9.9.2017 (e-mail).
90	MRC 937/1/2/2: Joss Bennathan para EJH, 30 de julho de 1973; MRC 937/1/6/3: Joss Bennathan para EJH, 29.10.91.
91	MRC 937/1/6/3: Joss Bennathan para EJH, 29.10.91.
92	Ibid.: Joss para Eric, 25.1.74.
93	Entrevista com Roderick Floud, 14.9.2016.
94	Anotações de Marlene Hobsbawm.
95	Charlotte Faucher, entretien avec Elise Marienstras, 27.7.2016.
96	Anotações de entrevistas: Charlotte Faucher e Marie-Louise Heller, 28.8.2016.
97	MRC 937/1/1/5: Pat Robinson para EJH, 19.1.2001. A "Big Rock Candy Mountain" era uma região utópica onde comida e bebida eram grátis e ninguém precisava trabalhar.
98	Alan E. Montgomery para RJE, 26.3.2013.
99	MRC 937/1/1/5: Alan Webb para EJH, 14.9.2002.
100	MRC 937/1/1/4: EJH para Graeme Shankland, s.d. (1984).
101	Romila Thapar, reminiscências de EJH não publicadas.
102	John Arnold para RJE, 18.3.2013, e anexos (incluindo anotações de Edward Glover).
103	Pat Stroud para RJE, 25.3.2013 e 11.6.2016.
104	Entrevista com Lois Wincott, 20.9.2016, também para o que se segue.
105	Peter Archard para RJE, 7.6.2016, e anexos (incluindo análise da frequência de tópicos que caíam nos exames para o curso).
106	Peter Archard, "A world of connections", *BBK Connect*, agosto de 2001, p. 5.
107	MRC 927/1/1/6: John Person para EJH, 7.5.2008.
108	Geoffrey Crossick para RJE, e-mail, 5.9.2017.
109	Entrevista com Chris Wrigley, 5.10.2016, também para o que se segue.
110	Entrevista com Donald Sassoon, 20.10.2016, também para o que se segue.
111	Youssef Cassis, entrevista com Grazia Schiacchitano, s.d.
112	MRC 937/7/8/1: Pip Sharpe para EJH, 28.3.2007.
113	Annan, *Our Age*, p. 267 (nota de rodapé).
114	TNA KV2/3985: "Lascar", conversa monitorada 8.12.59.
115	MRC 937/7/8/1: "The Cold War and the Universities" (texto datilografado, NY, 13.11.97), p. 3-4.
116	Donald Sassoon, "Eric Hobsbawm, 1917-2012", *New Left Review*, 77, set.-out. de 2012. Lembro-me de ouvir de um professor de Oxford mais ou menos na mesma época que o livro *The Making of the*

	English Working Class de Thompson provavelmente tinha atrasado em vinte anos o desenvolvimento da história da Inglaterra.
117	Ver a história longa e detalhada em Negley Harte, "The Economic History Society 1926-2001", www.history.ac.uk/makinghistory/resources/articles/EHS.html, acessado em 30.1.2018.
118	KCAC: NGA/5/1/452: EJH para Noel Annan, 18.9.66, também para o que se segue; agradeço também ao dr. John Thompson, da St. Catharine's College, Cambridge, que foi professor de história na Faculdade da Universidade de Londres nos anos 1960. O historiador francês Alfred Cobban era decididamente antimarxista. Eric também rejeitou tentativas de abordagem de Harvard, Yale, Berkeley e Stanford no decorrer dos anos 1970, apresentando como razão o fato de sua família estar bem estabelecida em Londres (cartas em MRC 937/7/4/4).
119	Anotações datilografadas de Keith Thomas sobre EJH. Em 1980, quando eu lecionava na Universidade Columbia, Stephen Koss, que tinha acabado de voltar de uma bolsa de estudos como professor visitante na All Souls, me disse que havia visto um dos membros ao dar uma olhada na lista de convidados para jantar, chamou o mordomo e disse: "Estou vendo que uma *mulher* vem para o jantar desta noite. Eu vou jantar no meu quarto!". Depois a faculdade fez uma transição bem-sucedida para o século XX.
120	MRC 937/1/1/2: Raymond Carr para EJH, 18.12.69.
121	Ibid.: Michael Flinn para EJH, 6.5.70; HFA: Ronald Tress para EJH, 23.3.70 e documentos anexos.
122	Entrevista com Roderick Floud, 14.9.2016, também para o que se segue.
123	MRC 937/8/2/5: A.F. Thompson, "Ingenious Marxman", recorte apócrifo; Margaret Cole, "So unfair to the Fabians", *Tribune*, 8.1.65; A. J. P. Taylor, "Men of Labour", *New Statesman*, 27.11.64; Asa Briggs, "Mapping the world of labour", *Listener*, 3.12.64, p. 893-4; Lionel Munby, "Caviar to the working man", *Daily Worker*, 5.11.64.
124	MRC 8/2/5: George Lichtheim, "Hobsbawm's Choice", *Encounter*, março de 1965, p. 70-4. Após ter produzido uma série de magistrais estudos sobre o marxismo e a teoria socialista, Lichtheim, um estudioso freelance que morava em Londres com o eminente historiador alemão Francis Carsten, suicidou-se aos 61 anos por achar que não tinha mais nada a dizer, ignorando os pedidos dos que acreditavam que ele ainda estava no auge de seu intelecto "com a determinação de um romano diante dos argumentos" (EJH, "George Lichtheim", *New Statesman*, 27.4.73).
125	Para uma avaliação positiva de sua contribuição para a história do trabalhismo, ver resenha de E. P. Thompson no *Times Literary Supplement*, 31.12.1964.
126	BULSC DM1107/A898: Memorando de Acordo, 21.6.61.
127	Ibid.: Plumb para Pevsner, 16.5.61; Plumb para Pevsner, 12.5.61.
128	Ibid.: Memorando de Pevsner, 26.5.61.
129	Ibid.: Jacqueline Korn (David Higham Associates) para Pevsner, 15.8.61, e Pevsner para Higham, 9.8.61.
130	Ibid.: Korn para David Duguid, 17.1.63.
131	Ibid.: Korn para Pevsner, 1.7.63.
132	Ibid.: Pevsner para Plumb, 13.12.63.
133	Ibid.: Pevsner para Higham, 13.7.64.
134	HRC B-42 David Higham Associates 722: EJH para srta. Korn, 24.8.64.
135	BULSC DM1107/A898: EJH para Plumb, 24.8.64.
136	Ibid.: Pevsner para Korn, 28.8.64.
137	Ibid.: Peter Wright (editor de história da Penguin) para EJH, 21.5.65.
138	Ibid.: Bruce Hunter para Dieter Pevsner, 29.12.65.
139	Ibid.: Peter Wright para EJH, 8.2.66.
140	Ibid.: Peter Wright para Anthony Burton (Weidenfeld & Nicolson), 2.11.66.
141	Ibid.: Peter Wright para EJH, 24.10.66. O arquivo contém ainda uma correspondência com Christopher Hill sobre suas contribuições para a série.
142	Ibid.: Anotações Informativas, 26.11.66.
143	Ibid.: Julian Shuckburgh para Peter Wright, 16.11.67.
144	Ibid.: Julian Shuckburgh para Peter Wright, 26.1.68; Dieter Pevsner para David Higham, 9.4.68.
145	MRC 937/8/2/7: E. P. Thompson, "In orbit over the Empire", *Times Literary Supplement*, 27.2.69, p. 202, afirma que este argumento simplesmente repete o do livro anterior, embora com mais alguns detalhes.

146 Ibid. Ver também resenha de Asa Briggs, "What Was, What Is", *The New York Times Book Review*, 3.11.66, no mesmo arquivo.
147 Ibid.: David Rubinstein, "History which makes sense", *Tribune*, 14.6.68, também para o que se segue. "A ciência desalentadora" foi o termo usado pelo escritor vitoriano Thomas Carlyle para se referir à economia, principalmente por causa das previsões funestas do teórico populacional Thomas Malthus.
148 Ibid.: A. J. P. Taylor, "Greatness and after", *Observer*, 25.5.68.
149 Ibid.: Harold Perkin, "As Lenin sees us", *Guardian*, 19.4.68. Aquela fera rara, um historiador social conservador, Perkin sempre comparecia a conferências sobre história social trajando um terno imaculadamente bem passado, enquanto o resto de nós usávamos jeans e camiseta.
150 Ibid.: carta datilografada de EJH para Frau Harder (Suhrkamp Verlag, sua editora na Alemanha), 3.12.68.
151 Para uma (extremamente positiva) avaliação, ver EJH, "The Rioting Crowd", *New York Review of Books*, 22.4.65.
152 MRC 937/1/3/11: Olwen Hufton para EJH, s.d. (janeiro de 2003); EJH para Olwen Hufton, 15.1.2003; também Judith Adamson para RJE, 28.6.2017.
153 MRC 937/1/6/6: EJH para James Friguglietti, 10.2.94; ver também contribuição de EJH para o memorial para Rudé, "George Rudé: Marxist Historian: Memorial Tributes", *Socialist History Occasional Pamphlet* 2 (1993), p. 5-11.
154 MRC 937/1/1/1: Rudé para EJH, 22 março de 1962, também para o que se segue. O estudo clássico de Lefebvre focava no "Grande Medo" de 1789, quando camponeses franceses atacaram seus senhores e em muitos casos incendiaram seus castelos.
155 Publicado pela primeira vez em 1971 e reimpresso em Edward Thompson, *Customs in Common* (Londres, 1991), p. 185-258.
156 Eric Hobsbawm e George Rudé, *Captain Swing* (Londres, 1973 [1969]), esp. p. xi-xvi, xxii (também para uma resposta às críticas de muitos resenhistas ao livro).
157 A. J. P. Taylor, "Revolt of the secret people", *Observer*, 9.2.69. Ver também John Lawrence Hammond e Barbara Hammond, *The Village Labourer 1760-1832: a study in the government of England before the Reform Bill* (Londres, 1911).
158 MRC 937/8/2/9: J. H. Plumb, "Farmers in Arms", *New York Review of Books*, 19.6.69, p. 36-7.
159 Richard Cobb, "A very English rising", *Times Literary Supplement*, n. 33, 524 (11.9.69), p. 989-92.
160 Keith Thomas, anotações datilografadas sobre EJH. *Religion and the Decline of Magic* foi publicado também em formato brochura pelo selo Peregrine da Penguin Books.
161 HRC B-40 David Higham Associates 806: David Higham para EJH, 10.12.65
162 HRC B-41 David Higham Associates 1028: EJH para David Higham, 16.11.67.
163 Ibid.: David Higham Associates 1043: David Higham para EJH, 20.11.67.
164 Ibid.: David Higham para EJH, 30.11.67.
165 Ibid.: David Higham para EJH, 14.10.68.
166 MRC 937/8/2/8: Anton Blok, "The Peasant and the Brigand: Social Banditry Reconsidered", *Comparative Studies in Society and History*, 14/4 (setembro de 1972), p. 494-503.
167 EJH, "Armed Business", *New Statesman*, 12.6.64, p. 917.
168 HRC B-41 David Higham Associates 1117: Bruce Hunter para EJH, 14.8.69.
169 Ibid 84: EJH para Hilton Ambler, 7.3.70.
170 Ibid.: Hilton Ambler para J. S. Stutter, 23.12.69.
171 DHAA BH 2009: Jessica Purdue para Marigold Atkey, 25.6.09 (e-mail impresso).
172 Pascale Baker, *Revolutionaries, Rebels and Robbers. The Golden Age of Banditry in Mexico, Latin America and the Chicano American Southwest, 1850-1950* (Londres, 2015), p. 4.
173 Publicado pela Wesleyan University Press, Middletown, Connecticut.
174 EJH, "From Social History to the History of Society", *Daedalus* 100 (1971), 1, p. 20-45; também em EJH, *On History* (Londres, 1997), p. 20-45, e Felix Gilbert e Stephen Graubard (eds), *Historical Studies Today* (Nova York, 1972).
175 Departamento de Justiça dos Estados Unidos: Bureau Federal de Investigações (Washington): 105-161920: Eric John Ernest Hobsbawm, memorando de 7.4.67.
176 Ibid.: Visto de imigração para os Estados Unidos US 7.10.66: Requerido em Londres.
177 Ibid.: Comissário assistente de adjudicações, 9.1.67.

178	Ibid.: Eric John Ernest Hobsbawm, 7.9.67; *IT*, p. 388-91.
179	Ibid.: L. Patrick Gray III (diretor interino, FBI) carta de 8.8.72.
180	MRC 937/4/3/1/8: EJH, "The Cultural Congress of Havana", *Times Literary Supplement*, 25.1.68, p. 79-80 (artigo assinado).
181	*IT*, p. 256-7.
182	KCAC NGA/5/1/452: Annan para sir John Henniker-Major, 22 de outubro de 1968, também para o que se segue. O delicado Sarvepalli Gopal, sempre trajando um terno elegante, que eu conheci quando era aluno de graduação na St. Antony's College, era, ironicamente, notório por seus "imprudentes relacionamentos com mulheres".
183	*IT*, p. 365. Mohan participou do governo da sra. Gandhi, mas morreu tragicamente num acidente aéreo em 1973.
184	HFA: EJH para Marlene, s.d.
185	Romila Thapar, reminiscências sobre EJH não publicadas.
186	HFA: EJH para Marlene, 21.12.68.
187	Ibid.: EJH para Marlene, 26.12.68, e para o que se segue.
188	TNA FCO 61/581, passim: há um sumário desses documentos num blog on-line em http://blog.nationalarchives.gov.uk/blog/hobsbawm-unescoand-notorious-communists/, acessado em 1.8.2017.
189	BBC WAC R51/1213/1: "Personal View", 4.1.72 [datado equivocadamente, conforme acontece às vezes no começo de janeiro, como sendo do ano anterior]; ibid., Adrian Johnson para Ed. D. T. P. (R), 19.1.72.
190	BBC WAC: Cartões indexados.
191	MRC 937/4/3/1/6: EJH, "Terrorism", *Listener*, 22.6.72.
192	Ibid.: EJH, "Shop Stewards", *Listener*, 27.7.72.
193	Entrevista com Claire Tomalin, 8.3.2017.
194	MRC 937/3/4/1/6: "Why America Lost the Vietnam War", *Listener*, 18.5.72, p. 639-41.
195	Ibid.: "O 'Listener' publicou recentemente dois artigos sobre a Guerra do Vietnã – de Eric Hobsbawm e Anthony Lewis. A Rádio 3 agendou essa palestra com Dennis Duncanson, que em parte é responsável pelo programa de rádio com Hobsbawm", *Listener*, 20.7.72, p. 77-9.
196	Departamento de Justiça dos Estados Unidos: Bureau Federal de Investigações (Washington): 105-161920: memorandos de 19.5.69, 18.9.70, 26.10.70, 19.1.71, 3.12.70, 3.4.73.
197	Ibid.: Memorando de 18.9.70.
198	HFA: EJH para Marlene, 4.5.73.
199	Ibid.: EJH para Marlene, 6.5.73.
200	Ibid.: EJH para Marlene, 13.5.73.
201	Ibid.: EJH para Marlene, s.d., também para o que se segue.
202	Ibid.: EJH para Marlene, 27.8.1975.
203	Isaiah Berlin, *Building. Letters 1960-1975* (ed. Henry Hardy e Mark Pottle, Londres, 2013), p. 47 (Berlin para Robert Silvers, 9 de fevereiro de 1972). Berlin já havia deixado claro que respeitava Eric como historiador, mesmo se discordasse de seus pontos de vista políticos (ibid., p. 378, Berlin para John Fulton, 4 de março de 1963).
204	MRC 937/8/2/6: "Marx and Sons", *Times Literary Supplement*, 18.2.65.
205	MRC 937/4/3/1/8: EJH, "Marx in Print", *Times Literary Supplement*, 9.5.68.
206	MRC 935/1/3/4: "Marx: summary of talks between LW and Progress reedition of Marx and Engels"; *Marx/Engels Collected Works*, 50 v., Londres, 1975-2004 e diversas edições em línguas estrangeiras.
207	Entrevista com Nick Jacobs, 16.8.2016 revisada 8.9.2018.
208	MRC 935/1/3/4: EJH para David McLellan, 7.11.69, e para o que se segue.
209	Ibid.: Eric para Tom Bottomore, 8.11.72. Após o colapso do comunismo em 1989-1990, o Instituto Internacional de História Social, um arquivo em Amsterdã que abrigava os papéis de Marx-Engels e muitos outros registros socialistas, principalmente alemães, assumiu a administração do projeto e Eric colaborou para levantar fundos para a continuação do empreendimento. A equipe de Moscou entrou em contato com novos grupos editoriais na Dinamarca, na França, no Japão e nos Estados Unidos. Eric continuou participando da junta editorial (MRC 937/1/5/1: carta de EJH, 9.1.99).
210	MRC 937/4/3/1/8: EJH, "Marxism without Marx", *Times Literary Supplement*, 3.12.71, resenhando Louis Althusser, *Lenin and Philosophy and Other Essay* (Londres, 1971).
211	EJH, "A Difficult Hope", *New Statesman*, 1.3.74.

212 *IT*, p. 211-15.
213 EJH, "In Search of People's History", *London Review of Books*, 19.3.1981, também para o que se segue.
214 MRC 937/1/6/1: Eric para Raph Samuel, 13.5.69.
215 Ibid.: EJH para Samuel, 22.5.69.
216 MRC 937 1/1/4: EJH para Stan Shipley, s.d. (c. 1977).
217 David Cannadine, "Down and Out in London", *London Review of Books*, v. 3, n. 13 (16 de julho de 1981), p. 20-1.
218 MRC 937/1/6/2: EJH para Joanna Innes, 11.6.1991; MRC 937/1/6/3: EJH para P. Sweeney, Seção da Promotoria, Registro de Empresas, s.d. (1991).
219 *IT*, p. 215-17.
220 Citado em Beckett, *Enemy Within*, p. 167.
221 "Comrades if the whole people did as we do?"; MRC 937/4/3/1/8: EJH, "Commentary", *Times Literary Supplement*, 16.5.68, p. 511.
222 EJH, "Birthday Party", *New York Review of Books*, 22.5.69.
223 Entretien entre Elise Marienstras et Charlotte Faucher, 27.6.2016 a Paris.
224 Entrevista com Neal Ascherson, 26.7.2016.
225 MRC 927/1/1/1: EJH para Truman, 22.7.68.
226 EJH, "1968: Humanity's Last Rage", *New Statesman*, 12.5.2008, p. 33.
227 Reuben Falber, "The 1968 Czechoslovak Crisis: Inside the British Communist Party", www.socialis-thistorysociety.co.uk/czechoslovak-crisis/; EJH, "1968: A Retrospect", *Marxism Today*, maio de 1978, p. 130-6.
228 EJH, *Revolutionaries: Contemporary Essays* (Londres, 1973), p. 216-19.
229 MRC 937/8/2/10: "Bending the bars", *The Economist*, 1.9.73, p. 93. O título ["Entortando as grades"] referia-se à abertura da resenha, que retratava Eric como prisioneiro na jaula de sua ideologia marxista: "mesmo se ele às vezes entortar as grades para pegar uma flor no canteiro de fora, a jaula está sempre ali".
230 Ibid.: Tom Kemp, "Mr Hobsbawn [sic]: the sophisticated apologist", *Workers Press*, 2.7.73, p. 8-9. A facção trotskista era conhecida principalmente por seus membros contarem com a atriz Vanessa Redgrave e seu irmão Corin.
231 Ibid.: David Halle: "Spent Revolutionaries", *Congress Bi-Weekly*, 21.6.74, p. 18-19.
232 Ibid.: Arnold Beichman, "Political", *Christian Science Monitor*, 28.11.73. Na época as autoridades soviéticas estavam realmente internando dissidentes em hospitais para doentes mentais ou permitindo que emigrassem para Israel, se fossem judeus.
233 "Post-mortem on a bloody century", *Financial Times*, 9.10.94.
234 MRC 937/8/2/10: Steven Lukes, "Keeping Left", *Observer*, 22.7.71, p. 31.
235 WNA, "The Age of Capital": cópia de Leszek Kolakowski, "Hobsbawm's Choice", *New Statesman*, 27 de julho de 1973.
236 MRC 937/1/3/2: "Epochs of England, 13.10.64".
237 Ibid.: Eric para Paul Thompson, s.d. (1974).
238 Ibid.: EJH para George Weidenfeld, 30.4.1975.
239 WNA, "The Age of Capital": George Weidenfeld para David Higham, 23.3.66.
240 HRC B-41 David Higham Associates 186: anotações "Hobsbawm" (papel amarelo), s.d. (1971/72).
241 Ibid.: David Higham Associates 1043: Anotações sobre um livro sobre revoluções de E. J. Hobsbawm.
242 Ibid.: Tom Maschler para Hilary Rubinstein, 2.7.68; David Higham para EJH,
19 .7.68; e David Higham para Hilary Rubinstein, 9.9.68.
243 Ibid.: David Higham, Anotações sobre uma conversa ao telefone com Eric Hobsbawm, 1968.
244 Ibid.: David Higham Associates 1117: Harold Ober Associates para Bruce Hunter, 12.8.69.
245 Ibid.: EJH para Robert F. Fenyo, 23.3.69; Robert F. Fenyo para EJH, 3.12.68.
246 HRC B-41 David Higham Associates 1117: EJH para Robert F. Fenyo, 23.3.69.
247 Ibid.: Robert F. Fenyo para EJH, 22.4.69.
248 Ibid.: EJH para Bruce Hunter, 25.8.69.
249 HRC B-39 David Higham Associates 387-388: Robert F. Fenyo para EJH, 4.11.70.
250 Departamento de Justiça dos Estados Unidos: Bureau Federal de Investigações 105-161920: Memorando de 18.10.70.

251 HRC B-39 David Higham Associates 387-388: David Higham para Ivan Van Auw, Jr., 25.11.70.
252 Ibid 387-388: Telegrama, 22.2.71, et seq.
253 HRC B-41 David Higham Associates 1117: EJH para David Higham, 10.3.71.
254 Ibid.: David Higham para EJH, 13.3.71.
255 Ibid. David Higham Associates 338: David Higham para Ivan Van Auw, 19.3.71.
256 Ibid.: EJH para David Higham, 1.10.69.
257 WNA, "The Age of Capital": EJH para Julian Shuckburgh, 19.11.70.
258 Ibid.: Bruce Hunter para Julian Shuckburgh, 12.8.71.
259 HRC B-39: David Higham Associates 387-388: "Hobsbawm" (anotações), 1972 e correspondência posterior.
260 Ibid.: David Higham para EJH, 3.1.72, 3.2.72, 25.2.72, 6.7.72 etc.
261 HRC B-41: David Higham Associates 121: David Higham para EJH, 22.7.71 e 19.4.71.
262 Ibid.: David Higham Associates 186: David Higham para EJH, 12.12.72.
263 HRC B-43: David Higham Associates 1437: Bruce Hunter para Prentice-Hall, 6.2.87.
264 MRC 937/7/5/2/2: Informes de rendimentos 1961-1969; MRC 937/7/5/2/3: Informes de rendimentos 1970-1975. Quando eu comecei a lecionar numa universidade, em 1972, meu salário era de 1.760 libras por ano, antes dos descontos.
265 MRC 937/4/3/1/8: EJH, "Pop Goes the Artist", *Times Literary Supplement*, 17.12.64.

CAPÍTULO 8: "GURU INTELECTUAL"

1. WNA, "The Age of Capital": "Retyped pages"; ver também Susan Loden para EJH, 17.2.76, e EJH para Susan Loden, 24.2.76, 25.2.76, e correspondência posterior, em WNA, arquivo sobre "Permission Letters".
2. WNA, "The Age of Capital": Andrew Wheatcroft para EJH, 3.6.74.
3. HRC B-39 Higham and Associates 387-388: Anotações de 1971 (?) carimbadas como XDH: "Contrato att. de continuação de Age of Revolution. (título provisório)".
4. WNA, "The Age of Capital": Susan Loden para Philip Gatrell, 27.7.77.
5. Ibid.: Produção Editorial, 28.1.75 e cartas sobre pesquisas de imagens.
6. MRC 937/2/11: J. F. C. Harrison, *Victorian Studies*, verão de 1977, p. 423-5.
7. Ibid.: Herbert Kisch, "Hobsbawm and *The Age of Capital*", *Journal of Economic Issues*, XVI/1 (março de 1982), p. 107-30, nas p. 126-7; ver também James J. Sheehan, "When the world bowed to the power of capital", *Chicago Daily News*, 20.3.76.
8. MRC 937/2/11: David Goodway, "Victors and Victims", recorte apócrifo e s.d.
9. Ibid.: J. F. C. Harrison, resenha em *Victorian Studies*, verão de 1977, p. 423-5.
10. Ibid.: David Landes, "The ubiquitous bourgeoisie", *Times Literary Supplement*, 4.6.76, p. 662-6, também para o que se segue.
11. Ver meu *The Pursuit of Power: Europe 1815-1914* (Londres, 2016).
12. Sobre a generosa resenha de Eric do livro seguinte de Landes, *Revolution in Time: Clocks and the Making of the Modern World* (Cambridge, MA, 1983), ver EJH, "On the Watch", *New York Review of Books*, 8.12.1983.
13. MRC 937/8/2/11: J. F. C. Harrison, em *Victorian Studies*, verão de 1977, p. 423-5.
14. WNA, Cartas de Permissão; Asa Briggs, "Around the world in 300 pages", *Books and Bookmen*, março de 1976, p. 13-14.
15. MRC 937/8/2/11: James Joll, "Charms of the Bourgeoisie", *New Statesman*, 21.11.75, p. 645-6.
16. Ibid.: Paul Thompson, "Progress at a price", *New Society*, 6.11.75, p. 328-9.
17. Ibid.: Gwyn A. Williams, "Passepartout", *Guardian*, 13.11.75.
18. Ibid.: David Brion Davis, "The Age of Capital", *New York Times Book Review*, 9.5.76, p. 27-9.
19. MRC 937/4/3/1/7: EJH, "The Lowest Depths", *New York Review of Books*, 15.4.82, p. 15-16.
20. Ibid.: EJH, "Vulnerable Japan", *New York Review of Books*, 17.7.75, p. 27-31.
21. Ibid.: EJH, "The Lowest Depths", *New York Review of Books*, 15.4.82.
22. As estimativas das vendas no Brasil foram fornecidas por Marcus Gasparian, da Paz e Terra, editora de Eric no Brasil (entrevista).
23. Keith Thomas, texto datilografado não publicado sobre EJH.
24. Entretien entre Michelle Perrot et Charlotte Faucher, 20.9.2016.
25. KCAC NK 4/18/5: Nicholas Kaldor para David Landes, 7.11.73.
26. HFA: Academia Americana de Artes e Ciências: Novos Membros Eleitos, 12 de maio de 1971.
27. KCAC NGA/5/1/452: Noel Annan para EJH, 21.5.76. O "sepulcro esbranquiçado" era R. R. Darlington, professor de história medieval e chefe permanente do Departamento de História da Birkbeck. Há outra cópia da carta em MRC 937/1/1/3.
28. KCAC NGA/5/1/452: EJH para Noel Annan, 22.5.76.
29. Keith Thomas, texto datilografado não publicado sobre EJH.
30. Michael Howard, "Professor James Joll", *Independent*, 18.7.1994.
31. Miranda Carter, *Anthony Blunt: His Lives* (Londres, 2001).
32. Hugh Trevor-Roper, "Blunt Censured, Nothing Gained", *Spectator*, 25.11.1979. p. 11.
33. EJH para Trevor-Roper, s.d. (março de 1980), citada em Sisman, *Hugh Trevor-Roper*, p. 450.
34. MRC 937/1/2/5: Academia Britânica, Anthony Blunt: EJH para Kenneth Dover, s.d.
35. Ibid.: Circular de Kenneth Dover, 22.8.1980.
36. Carter, *Anthony Blunt*, p. 491-3; Kenneth Dover, *Marginal Comment: A Memoir* (Londres, 1994), p. 212-20.
37. MRC 937/1/2/5: EJH para Dover, s.d. [agosto de 1980].
38. Ibid.: Dover para EJH, 2.9.1980.
39. Kathleen Burk, *Troublemaker. The Life and History of A. J. P. Taylor* (Londres, 2000), p. 339-43.

40   MRC 937/1/1/4: EJH para David Cornwell (John le Carré), s.d. (maio de 1986).
41   Ibid.: David Cornwell (John le Carré) para EJH, 27.5.86.
42   Ibid.: EJH para David Cornwell (John le Carré), 5.6.86, também para o que se segue.
43   Ibid.: EJH para C. H. Lloyd, secretário da Diretoria de Eleitores da Ford Lectureship, 10.7.87.
44   Peter Brown para RJE, 14.9.2014 (e-mail).
45   Entrevista com Roy Foster, 5.10.2016.
46   Entrevista com Claire Tomalin, 3.3.2017, também para o que se segue.
47   MRC 937/7/5/1/2: Detalhes de rendimentos e gastos, 1976-7.
48   Entretien entre Elise Marienstras et Charlotte Faucher, 27.7.2016, também para o que se segue.
49   Entrevista com Andy e Julia Hobsbawm, 11.7.2016, também para o que se segue.
50   Entrevista com Roderick Floud, 14.9.2016.
51   Cartas gentilmente cedidas por Judith Adamson.
52   MRC 937/7/5/1/1, também para o que se segue.
53   HRC B-42 David Higham Associates 531: Bruce Hunter para EJH, 31.3.78.
54   Ibid., David Higham Associates 602: EJH para Bruce Hunter, 7.6.78. As memórias de David Higham foram publicadas no ano seguinte com o título de *Literary Gent*.
55   HRC B1-3 David Higham Associates 1141: EJH para Bruce Hunter, 14.10.83, também para o que se segue.
56   Entrevista com Bruce Hunter, 26.7.2016.
57   HRC B1-3 David Higham Associates 1141: Bruce Hunter para EJH, 20.10.83.
58   Entrevista com Roderick Floud, 14.9.2016.
59   Entretien entre Elise Marienstras et Charlotte Faucher, 27.7.2016.
60   MRC 937/7/5/1/2: Viagem e despesas 1984-1985.
61   HFA: Certificado de apólices. Os rendimentos de Eric como freelance, embora significativos, não se comparavam aos de A. J. P. Taylor, cujos rendimentos nos anos 1970 foram mais do que o triplo (Burk, *Troublemaker*, p. 406-7).
62   MRC 937/7/5/1/2: contabilidade de 1977-1978 e 1978-1979 em resposta à carta da Dawn & Co. Accountants, 8.12.1980, e declaração anual para os contadores.
63   Alan Mackay para RJE, 23.3.2013. Nikolai Bukharin era líder da "Oposição de Direita" no Partido Comunista Soviético nos anos 1920 e proponente da Nova Política Econômica, que permitia uma participação limitada de empreendimentos privados. Bukharin foi expurgado e executado por Stálin em 1938. Ver Stephen F. Cohen, *Bukharin and the Bolshevik Revolution* (Oxford, 1980).
64   EJH, "Poker Face", *London Review of Books*, 8.4.2010.
65   EJH, "An Assembly of Ghosts", *London Review of Books*, 21.4.2005.
66   Mario Ronchi, "Storia politica ideologia: 'I Ribelli'", *L'Unità*, 26.10.1966, "Illusioni e delusion: dei sindicati Britannici", *L'Unità*, 22.9.1967; "Labour Party: impotenza e delusione", *L'Unità*, 13.10.1967; "Londra pensa al dopo Wilson", *L'Unità*, 31.5.1968; "Le radici dell'utopia", *L'Unità*, 11.7.1968; "Rapporto sulla sinistra inglese", *L'Unità*, 3.1.1969; "Lettra da Londra", *L'Unità*, 4.1.1970; "Perché Wilson ha perso la partita", *L'Unità*, 26.6.1970; Enzo Santarelli, "Vecchio e nuovo anarchismo", *L'Unità*, 1972 (sobre 1968); Fausto Ibba, "Intervista: lo storico inglese Eric J. Hobsbawm parla dell'attualita", *L'Unità*, 31.5.1984. Estes eram principalmente resumos de artigos mais longos de ou sobre Eric na *Rinascita*, revista mensal do Partido Comunista. Além disso, o jornal publicava resenhas dos livros de Eric quando eram lançados em italiano.
67   EJH, *The Italian Road to Socialism: An Interview by Eric Hobsbawm with Giorgio Napolitano of the Italian Communist Party* (traduzido por John Cammett e Victoria DeGrazia, Nova York, 1977), também para o que se segue.
68   Ver a série de esquetes cômicos de Giovanni Guareschi centrados em um padre de aldeia, Don Camillo, e seu rival local, Peppone, o prefeito comunista, simbolizando a coexistência da Democracia Cristã e do comunismo em nível regional na Itália pós-guerra: por exemplo, *The Little World of Don Camillo* (Nova York, 1950).
69   "Quattro giorni di incontri e viaggi con lo storico Eric Hobsbawm", *L'Unità*, 26.3.1981, p. 5. Giuliano foi um dos primeiros bandidos sicilianos do pós-guerra a serem retratados em *Rebeldes primitivos*.
70   Para um apanhado da "Second Mafia War", ver John Dickie, *Cosa Nostra. A History of the Italian Mafia* (Londres, 2004).
71   EJH, em *La Repubblica*, 27.4.2007.

72   EJH, "The Great Gramsci", *New York Review of Books*, 4.4.1974, resenhando Quintin Hoare e Geoffrey Nowell Smith (ed. e trad.), *Selections from the Prison Notebooks of Antonio Gramsci* (Londres, 1971), e Lynne Lawner (ed. e trad.), *Letters from Prison by Antonio Gramsci* (Londres, 1973), também para o que se segue. Ver também EJH, "Gramsci and Political Theory", *Marxism Today*, julho de 1977, p. 205-12.
73   Ver também EJH, "Should the Poor Organize?" *New York Review of Books*, 23.3.1978.
74   Archives Fondation Maison des Sciences de l'Homme, Paris: Fonds Fernand Braudel, correspondence active générale: Fernand Braudel para EJH, 19.11.1973.
75   "Panel Discussion: Conversations with Eric Hobsbawm", *India International Centre Quarterly* 31/4 (primavera de 2005), p. 101-25 (corrigido).
76   Anotações de entrevistas: Charlotte Faucher e Marie-Louise Heller, 28.8.2016.
77   Entretien entre Michelle Perrot et Charlotte Faucher, 20.9.2016, também para o que se segue.
78   MRC 937/7/7/4/6: Experiência pessoal no MSH: de E. J. Hobsbawm FBA (s.d., fim dos anos 1980).
79   CUL Press 3/1/5/989 Hobsbawm: EJH para William Davies, 22.12.81.
80   MRC 937/7/7/4/6 Experiência pessoal no MSH: de E. J. Hobsbawm FBA (s.d., fim dos anos 1980). Entrevista com Patrick Fridenson, s.d., que ressaltou que Braudel, então já com quase 80 anos, não comparecia às reuniões, e que os tópicos estavam muito distantes de seus interesses, mas que com frequência se encontrava informalmente com os participantes e dava sua aprovação aos workshops.
81   MRC 937/1/1/4: EJH para sr. Price, s.d. (1986/7).
82   EJH para Alan Adamson, 25.1.1981 (cortesia de Judith Adamson); Elisabeth Roudinesco, "Louis Althusser: the murder scene", em *Philosophy in Turbulent Times* (Nova York, 2008), p. 113; *IT*, p. 215-16.
83   HFA: EJH para Marlene, 28.4.1977.
84   HFA: EJH para Marlene, Cornell, 6.5.1977.
85   HFA: EJH para Marlene, Cornell, 1.5.1977.
86   HFA: EJH para Marlene, Cornell, 8.5.1977.
87   HFA: EJH para Marlene, 20.9. s.d.
88   HFA: EJH para Marlene, 1.4.1981.
89   HFA: EJH para Marlene, s.d. (de Thunderbird Lodge, Chico).
90   HFA: EJH para Marlene, 2.4.1978.
91   HFA: EJH para Marlene, 5.4.1978, também para o que se segue.
92   HFA: EJH para Marlene, 23.9.1986, também para o que se segue.
93   HFA: EJH para Marlene, 30.9.1986 (ano indicado pela menção ao novo aeroporto de Medelín, concluído em 1985).
94   HFA: EJH para Marlene, 26 de julho (ano incerto).
95   Respectivamente, em *Marxism Today* de maio de 1958, p. 132-9; agosto de 1962, p. 253-6; junho de 1968, p. 166-72; agosto de 1967, p. 239-43; e outubro de 1974, p. 302-8.
96   Entrevista com Martin Jacques, 16.8.2016.
97   MRC 937/1/6/3: Martin Jacques para EJH, 29.2.91.
98   Entrevista com Martin Jacques, 16.8.2016.
99   EJH, "Intellectuals, society and the left", *New Society*, 23.11.78, reimpresso no *New Statesman*, 16.4.2007, p. 62, para o aniversário de 90 anos de Eric.
100 EJH, "The Forward March of Labour Halted?" *Marxism Today*, September 1978, p. 279-86.
101 EJH, "Past Imperfect, Future Tense", *Marxism Today*, outubro de 1986, p. 12-19.
102 Ruth Winstone (ed.), *Tony Benn: Conflicts of Interest. Diaries 1977-1980* (Londres, 1990), p. 596.
103 "Eric Hobsbawm interviews Tony Benn", *Marxism Today*, outubro de 1980, p. 5-13, também para o que se segue.
104 EJH, "Falklands Fallout", *Marxism Today*, janeiro de 1983, p. 13-19, também para o que se segue. O melhor estudo breve é de Lawrence Freedman, autor da história da guerra oficial britânica, e Virginia Gamba-Stonehouse, escrevendo sobre o lado argentino: *Signals of War: Falklands Conflict 1982* (2. ed., Londres, 1991).
105 David Butler et al., *The British General Election of 1983* (Londres, 1984); EJH, "Labour's Lost Millions", *Marxism Today*, outubro de 1983, p. 7-13, também para o que se segue.
106 Ver também EJH, "The State of the Left in Western Europe", *Marxism Today*, outubro de 1982, p. 8-15.

107	MRC 937/1/1/4: Ralph Miliband para EJH, 3.1.84. Miliband expressou sua argumentação em público em seu artigo "The New Revisionism in Britain", *New Left Review*, 1/15, março-abril de 1985.
108	MRC 937/1/1/4: EJH para Ralph Miliband, 9.1.84.
109	Ibid.: Ralph Miliband para EJH, 19.1.84; também EJH, "Labour: Rump or Rebirth?", *Marxism Today*, março de 1984, p. 8-12.
110	MRC 937 8/2/18: EJH para Tzu-chen Yang, 28.2.02. Ver também Ruth Winstone (ed.), *Tony Benn: Free at Last: Diaries 1991-2001* (Londres, 2002), p. 130 (18.8.1992), para um exemplo de Neil Kinnock citando Eric.
111	CCAC/KNN K 17/25: Patricia Hewitt para Neil Kinnock, s.d., "RE: *Marxism Today* interview with Eric Hobsbawm". Ver Eric Hobsbawm, "The Face of Labour's Future", *Marxism Today*, 28/10, outubro de 1984, p. 8-15.
112	Entrevista com Martin Jacques, 16.8.2016.
113	CCAC/KNN K 17/25: Serviços auxiliares para a mídia: Entrevista com Neil Kinnock, Transcrição Integral, p. 1-12. Sobre a versão publicada, ver EJH, "The Face of Labour's Future: Eric Hobsbawm interviews Neil Kinnock", *Marxism Today*, outubro de 1984, p. 8-15.
114	CCAC/KNN K 17/25: Serviços auxiliares para a mídia: Entrevista com Neil Kinnock, Transcrição Integral, p. 13-33.
115	Logie Barrow, "Anatomising Methuselah", texto datilografado não publicado. O aniversário de 50 anos de Samuel foi no dia 26 dezembro de 1984.
116	EJH, "The Retreat into Extremism", *Marxism Today*, abril de 1985, p. 7.
117	EJH, "Snatching Victory From Defeat", *Marxism Today*, maio de 1987, p. 14-17; e EJH, "Out of the Wilderness", *Marxism Today*, outubro de 1987, p. 12-19, também para o que se segue.
118	EJH, "No Sense of Mission", *Marxism Today*, abril de 1988, p. 14-17; EJH, "Ostpolitik Reborn", *Marxism Today*, agosto de 1987, p. 14-19; resenhas em MRC 937/8/2/18.
119	EJH, "Another Forward March Halted", *Marxism Today*, outubro de 1989, p. 14-19.
120	MRC 937/8/2/29: Ben Pimlott, "Marx of weakness, Marx of woe", *Independent on Sunday*, 29.6.97, p. 28-9.
121	Entrevista com Roderick Floud, 14.9.2016.
122	Entrevista com Martin Jacques, 16.8.2016.
123	EJH para Alan Adamson, 18.11.1980 (cópia como cortesia de Judith Adamson).
124	HFA: J. R. Stewart para EJH, 30.7.82. Em outubro 1985 Eric foi eleito membro honorário da Birkbeck (HFA: George Overend para EJH, 30.10.85).
125	Entrevista com Ira Katznelson, 23.8.2016, também para o que se segue.
126	Ira Katznelson, "Hobsbawm's 20th Century. A Memorial Event", The New School, 25.10.2013 (texto datilografado).
127	HFA: EJH para Marlene, 22.9. [1987].
128	Entrevista com Ira Katznelson, 23.8.2016, também para o que se segue.
129	Eric Foner para RJE, 29.7.2016 (e-mail).
130	Entrevista com Ira Katznelson, 23.8.2016, também para o que se segue.
131	HFA: EJH para Marlene, 18.11.1987.
132	HFA: EJH para Marlene, 16.9.1986.
133	HFA: EJH para Marlene, s.d. Daniel Moynihan, o senador por Nova York, também serviu nos governos de Kennedy e Nixon.
134	HFA: EJH para Marlene, 23.11.1986.
135	HFA: EJH para Marlene, 12.11 [1988].
136	Joanna Innes, "Eric Hobsbawm as *Past & Present* Editor", texto não publicado para a conferência "After Hobsbawm", 1.5.14; Keith Thomas, texto datilografado não publicado sobre EJH.
137	MRC 937/1/2/12: Edward Thompson para EJH, 4.7.87.
138	MRC 937/1/1/4: EJH para Paul [sem sobrenome], 23.12.86.
139	Todos os comentários reunidos em MRC 937/7/4/11.
140	CUL, Press 3/1/5/989 Hobsbawm: William Davies para EJH, 25.4.78.
141	Ibid.: Memorando de Acordo, 26.4.82.
142	Ibid.: Terence Ranger para William Davies, 24.12.81.
143	Ibid.: EJH para William Davies, 22.12.81

144 Ibid.: Memorando de Acordo, 26.4.82.
145 *IT*, p. 103.
146 MRC 937/8/2/13: P. N. Furbank, "'The kilt was invented by a Quaker in 1730'", *Listener*, 1.3.84.
147 Ibid.: Colin McArthur, "Culture as Power: A New Analysis", *Cencrastos*, 16 (1984).
148 MRC 937/8/2/14: Roy Foster, "Master of Exceptions", *New York Review of Books*, 5.12.85, p. 44-6.
149 Ibid.: Alastair Reid, "Class and Organization", *Historical Journal*, 30/1 (1987), prova tipográfica não paginada.
150 Ibid.: Jeffrey Cox, "Labor History and the Labor Movement", *Journal of British Studies*, 25/2 (abril de 1986), p. 234-41.
151 HRC V-42 David Higham Associates 531: EJH para Bruce Hunter, 30.11.77.
152 Entrevista com Patrick Fridenson, s.d. O excelente livro de Bédarida foi traduzido para o inglês e atualizado em 1991 como *A Social History of England 1851-1990*.
153 Entrevista com Chris Wrigley, 5.10.2016.
154 HRC B-42 David Higham Associates 602: Penny Bruce para EJH, 28.6.78.
155 Ibid.: EJH para Bruce Hunter, 7.6.78.
156 WNA, "The Age of Capital": Andrew Wheatcroft para EJH, 15.11.74.
157 Ibid.: EJH para Andrew Wheatcroft, 21.11.74.
158 MRC 937/7/8/1: "Rathaus/history", jan. de 2008, p. 6.
159 WNA, "The Age of Capital": Andrew Wheatcroft para EJH, 28.11.74.
160 HRC B-42 David Higham Associates 531: EJH para Bruce Hunter 30.11.77.
161 MRC 937/1/6/24: página de carta s.d.
162 HRC B-42 David Higham Associates 843: Penelope Bruce para EJH, 8.5.80.
163 HRC B-43 David Higham Associates 1335: Bruce Hunter para EJH, 22.12.86.
164 Entretien entre Michelle Perrot et Charlotte Faucher, 20.9.2016.
165 Ver Richard J. Evans, *Comrades and Sisters: Feminism, Socialism and Pacifism in Europe, 1870-1945* (Londres, 1987).
166 MRC 937/8/2/15: Martin Pugh, "Imperial motives", recorte apócrifo, 3.11.87.
167 Ibid.: Michael Foot, "A new world", *Guardian*, 23.10.87, p. 15.
168 Ibid.: Catherine Hall, "Twilight hour", *New Statesman*, 20.11.87.
169 EJH, "Man and Woman in Socialist Iconography", *History Workshop Journal*, n. 6 (outono de 1978), p. 121-38; Ruth Richardson, "'In the Posture of a Whore'? A Reply to Eric Hobsbawm", *History Workshop Journal*, n. 14 (outono de 1982), p. 132-7; outros artigos em *History Workshop Journal*, n. 8.
170 MRC 937/8/2/15: Catherine Hall, "Twilight hour", *New Statesman*, 20.11.87.
171 Ibid.: Gertrude Himmelfarb, "The Death of the Middle Class", *Wall Street Journal*, 14.3.88, p. 24.
172 Ibid.: Geoffrey Field, "The Longest Century", *Nation*, 20.2.1988, p. 238-41; James Joll, "Goodbye to All That", *New York Review of Books*, 14.4.1988, p. 3-4; resposta de EJH em Nicolau Sevcenko, "Hobsbawm chega com 'A era dos impérios'", *Folha de S.Paulo*, 4.6.1988.
173 Joll, "Goodbye to All That", p. 3-4.
174 MRC 937/8/2/15: John Campbell, "Towards the great decision", *Times Literary Supplement*, 12-18.2.1988, p. 154, também para o que se segue.
175 Ibid.: David Cannadine, "The strange death of liberal Europe", *New Society*, 27.10.87, p. 26-7.
176 Ibid.: F. M. L. Thompson, "Going down with the band playing and the rich in evening dress", *London Review of Books*, 7.7.1988, p. 12-13; em uma forma mais vulgar, H. G. Pitt, "Loyal to Marxism", *London Magazine*, fevereiro de 1988, p. 93-6, afirmando a durabilidade do capitalismo ("uma rápida caminhada partindo de Westminster e passando pelo parque para um almoço bem caro em Piccadilly reassegurará qualquer um de que o esperado terremoto ainda não chegou").
177 MRC 937/8/2/22/1: Perry Anderson, "Confronting Defeat", *London Review of Books*, 17 outubro de 2002, p. 10-17, também para o que se segue.
178 Ibid., p. 10-11.
179 MRC 937/1/6/1: carta de EJH, 16.5.86.
180 MRC 937/8/2/22/2: Neal Ascherson, "The age of Hobsbawm", *Independent on Sunday*, 2 outubro de 1994.
181 Entrevista com Roy Foster, 5.10.2016.

CAPÍTULO 9: "JEREMIAS"

1. Paulo Sérgio Pinheiro, "Eric Hobsbawm: Espelho de um mundo em mutação", *O Estado de S. Paulo*, 12.6.1988, p. 80-1.
2. Entrevista com Patrick Friedenson, s.d. (2016).
3. "The End of the Affair, A Roundtable Discussion", *Marxism Today*, janeiro de 1990, p. 40-5.
4. EJH, "Splitting Image", *Marxism Today*, fevereiro de 1990, p. 14-19; EJH, "Poker Face", *London Review of Books*, 8.4.2010.
5. EJH, "Goodbye To All That", *Marxism Today*, outubro de 1990, p. 18-23.
6. MRC 937/1/6/2: EJH para Chris Wrigley, 4.2.1991.
7. EJH, "Lost horizons", *New Statesman*, 14.9.1990, p. 16-18.
8. "Fim da URSS ameaça conquistas sociais", *Folha de S.Paulo*, 11.12.1992; "Hobsbawm revê socialismos 'após a queda'", *Folha de S.Paulo*, 10.12.1992.
9. Paul Barker, "Waking from History's Great Dream", *Independent on Sunday*, 4.2.90, também para o que se segue.
10. Entrevista com Garry Runciman, 26.7.2016.
11. MRC 937/1/6/3: EJH para Vicente Girbau León, 14.5.92.
12. MRC 937/8/2/25: "Gerechter Krieg", *Frankfurter Allgemeine Zeitung*, 27.7.95.
13. EJH para James D. Young, 13.5.88, citado em "Eric J. Hobsbawm: 'Communist' Historian, Companion of Honour and Socialism's Ghosts", de *New Interventions*, v. 10, n. 3-4 (2001) on-line em www.marxists.org/history/etol/writers/young/hobsbawm/index.htm. James D. Young, cujas alianças políticas mudavam continuamente entre vários grupelhos da extrema-esquerda escocesa, era um homenzinho zangado, calvo, troncudo e de rosto vermelho que costuma se referir a si mesmo como "o Bolchevique Departamental" quando era meu colega no Departamento de História da Universidade Stirling nos anos 1970, embora na verdade soubesse muito pouco sobre bolchevismo.
14. MRC 937/1/1/4: EJH para UNU/WIDER, 9.4.87.
15. John Breuilly, "Eric Hobsbawm: nationalism and revolution", *Nations and Nationalism*, 21/4 (2015), p. 630-57.
16. CUL, Press 3/1/5/989 Hobsbawm: EJH para William Davies, 20.1.90.
17. EJH, "Dangerous exit from a stormy world", *New Statesman*, 8.11.1991, p. 16-17.
18. EJH, "Whose fault-line is it anyway?", *New Statesman*, 24.4.1992, p. 23-6, reproduzido de *Anthropology Today*, fevereiro de 1992.
19. EJH, "The nation is Labour's for the taking", *New Statesman*, 3.5.1996, p. 14-15.
20. MRC 937/8/2/20: Eugen Weber, "Imagined communities", *Times Literary Supplement*, 26.10-1.11.1990, p. 1.149.
21. Ibid.: Brendan O'Leary, "Hobsbawm's Choice", *Times Higher Education Supplement*, 19.10.1990.
22. Ibid.: Michael Walzer, "Only Connect", *New Republic*, 13.8.90, p. 32-4.
23. Ibid.: Carl Levy, em *Labour History Review*, 56/3 (1991).
24. CUL, Press 3/1/5/989: Hobsbawm: EJH para Christine Oram, 24.4.90. A Cambridge University Press era proprietária dos direitos autorais mundiais do livro, uma característica padrão de todas as publicações da Wiles Lectures; o agente de Eric conseguiu as edições estrangeiras negociando contratos e em seguida passando-os para a imprensa.
25. Ibid.: Hobsbawm: Christine Oram para Frank Schwoerer, 8.6.90.
26. "Il disoreine organizzato. Intervista con lo storico Hobsbawm. Il future del mondo: Balcanizzazione globale?", *L'Unità*, 14.4.1991.
27. www.bbc.co.uk/news/uk-wales-39281345, acessado em 2.12.2017.
28. HFA: Chalé do País de Gales: Lovegrove-Fielden para EJH, 5.7.91.
29. Peter Florence, "Eric Hobsbawm turned history into an art", *Daily Telegraph*, 5.10.2012. Nessa época o jornal estava patrocinando o Festival de Hay.
30. Marlene Hobsbawm para RJE, e-mail, 1.6.2018.
31. Entrevista com Richard Rathbone, 15.12.2016. John Birt foi diretor-geral da BBC de 1992 a 2000. De acordo com outros presentes, o discurso de Eric na verdade não foi muito longo.
32. Frank Trentmann, "Living history", *BBK: Birkbeck Magazine*, edição 31 (2012), p. 8-9.
33. MRC 937/7/6/1-2: "Festa a Genova per gli 80 anni del grande storico inglese".

34 MRC 937/8/2/29: Keith Thomas, "Myth breaker", *Guardian*, seção de resenhas, 10.7.97, p. 16.
35 Ibid.: Orlando Figes, "Revolution in the head", *The Times*, 5.6.97, p. 41.
36 Entrevista com Donald Sassoon, 20.10.2016. Eric disse a Tony Benn em junho de 1998: "Blair não tem relação nenhuma com o socialismo; ele não sabe o que isso significa, só está interessado no poder". (Ruth Winstone [ed.], *Tony Benn: Free at Last: Diaries 1991-2001* [Londres, 2002], p. 487-8, 21.6.98.)
37 Entrevista com Garry Runciman, 26.7.2016; Keith Thomas, texto datilografado não publicado sobre EJH.
38 Andrew Gimson, "Eric Hobsbawm: Companion of Dishonour", *Standpoint*, novembro de 2012 (www.standpointmag.co.uk/node/4691/full).
39 "Sir Alfred Sherman", Obituário, *Daily Telegraph*, 28.8.06.
40 Alfred Sherman, "Last year's slogans", *Spectator*, 25.7.98, e para o que se segue.
41 Young, "Eric J. Hobsbawm" (como na nota 13 acima).
42 MRC 937/4/3/1/8: "The Missing History – A Symposium", *Times Literary Supplement*, 23-29.6.89, p. 690.
43 MRC 937/7/8/1: "Rathaus/history", jan. de 2008, p. 6.
44 MRC 937/1/1/4: George Weidenfeld para EJH, 21.4.87.
45 HRC B-43 David Higham Associates 1528-1529: EJH para Bruce Hunter, 28.4.88.
46 Ibid.: Hunter para EJH, 24.5.88. Stone nunca chegou a produzir o trabalho prometido. É evidente que Hunter encomendou resenhas da sinopse.
47 Ibid.: Bruce Hunter para EJH, 10.6.88.
48 Ibid.: Anotação a lápis de Bruce Hunter, 14.6.88.
49 Entrevista com Bruce Hunter, 26.7.2016, também para o que se segue.
50 HRC B-43 David Higham Associates 1528-1529: Bruce Hunter para EJH, 10.6.88.
51 Ibid.: Bruce Hunter para EJH, 17.6.88.
52 Ibid.: Bruce Hunter para EJH, 27.6.88.
53 Entrevista com Bruce Hunter, 26.7.2016.
54 HRC B-43 David Higham Associates 1528-1529: A. Goff para EJH, 1.12.88; resposta 5.12.88.
55 "Eric Hobsbawm: A Historian Living Through History", *Socialist History*, 1995, p. 54-64 (transcrição da entrevista a "Nightwaves", na Rádio 3 da BBC, 1.11.1994).
56 Virginia Berridge, "The present as history: writing the history of one's own time, Eric Hobsbawm (1993)", em David Bates et al. (eds), *The Creighton Century, 1907-2007* (Instituto de Pesquisas Históricas, Londres, 2009), p. 277-94. A palestra foi resumida no artigo de Eric "The time of my life", *New Statesman*, 21 de outubro de 1994, p. 29-33.
57 MRC 937/1/6/3: Peter Holwell para EJH, 11.11.93.
58 Ibid.: EJH para o diretor, Universidade de Londres, 13.11.93.
59 Ibid.: Peter Holwell para EJH, 16.11.93.
60 Ibid.: Peter Holwell para EJH, 17.12.93.
61 EJH, "Facts are not enough", *New Statesman*, 8.8.97, p. 48-9. Martin Gilbert foi meu professor de história da Europa do século XX em Oxford e seu interesse era aperfeiçoar o meu inglês escrito, ignorando totalmente meus argumentos ("de qualquer forma, você vai mudar de ideia quando chegar aos exames finais").
62 MRC 937/8/2/22/2: EJH, "The time of my life", *New Statesman*, 21.10.94, p. 29-33.
63 Entrevista com Lise Grande, 15.12.2016, também para o que se segue.
64 Romancista, vencedor do Prêmio Nobel de Literatura de 1982.
65 Eu fui à palestra e me lembro disso como um momento particularmente surpreendente.
66 HRC B-44 David Higham Associates 2289: Bruce Hunter para EJH, 5.1.94.
67 Ibid.: EJH para Susan Watt (Michael Joseph) 21.3.94 (com cópia para Bruce Hunter), e Bruce Hunter para EJH, 24.3.94.
68 MRC 937/8/2/22/2: "Crits" (anotações escritas à mão).
69 Ibid.: Neal Ascherson, "The Age of Hobsbawm", *Independent on Sunday*, 2.10.94, p. 21.
70 Ibid.: Edward Said, "Contra Mundum", *London Review of Books*, 9.3.95, p. 22-3.
71 MRC 937/8/2/22/1: Göran Therborn, "The Autobiography of the Twentieth Century", *New Left Review* 214 (novembro/dezembro de 1995), p. 81-90; Tom Nairn, "Breakwaters of 2000: From Ethnic to Civic Nationalism", ibid., p. 91-103; Michael Mann, "As the Twentieth Century Ages", ibid., p. 104-25.
72 Ibid.: Kevin Davey, "Age of Conservatism", *Tribune*, 16.12.94.

73 Ibid.: Angus Calder, "Angry account of a century ending in chaos", *Scotland on Sunday*, 30 de outubro de 1994.
74 Ibid.: resenha de Ross McKibbin, *Times Literary Supplement*, 24.10.94; Perry Anderson, "Confronting Defeat", *London Review of Books*, 17 de outubro de 2002, p. 10-17, nas p. 12-13; também MRC 937/8/2/36: Stephen Kotkin, "Left behind", *New Yorker*, 29.9.03.
75 Ibid.: p. 13-14. Questões semelhantes em MRC 937/8/2/22/1: Michael Barratt Brown, "In Extremis: The Forward March of Hobsbawm Halted", *Spokesman* (1995), p. 95-102. O correspondente em Londres Thomas Nowotny considerou o pessimismo do livro notoriamente não marxista (resenha em *Österreichische Zeitschrift für Geschichtswissenschaft* 2/99, páginas não fornecidas: cópia em MRC 937/8/2/29).
76 MRC 937/8/2/22/1: Christopher Caldwell, em *American Spectator*, junho de 1995, p. 58-61. Neal Ascherson também observou como o livro apoiou as representações convencionais do período (MRC (937/8/2/22/2: Neal Ascherson, "The age of Hobsbawm", *Independent on Sunday*, 2.10.94, p. 21).
77 MRC 937/8/2/22/1: Eugene D. Genovese, "The Squandered Century", *New Republic*, 17 de abril de 1995, p. 38-43.
78 Ibid.: Tony Judt, "Downhill All the Way", *New York Review of Books*, 25.5.1995, p. 20-5, também para o que se segue.
79 MRC 937/8/2/22/2: Niall Ferguson, "How Stalin saved the West", *Sunday Telegraph*, 23.10.94.
80 Ibid.: Andrew Roberts, "An inadvertent history lesson", *Daily Telegraph*, 29.10.94.
81 Ibid.: Daniel Johnson, "History man who plays with extremes", *The Times*, 15.10.94. Não só Johnson, mas também o historiador das ideias Michael Biddiss viu na divisão tripartite do século no livro, concluindo com uma profecia de decadência, um paralelo com *A decadência do Ocidente* de Spengler (MRC 937/8/2/22/2: Michael Biddiss, "Four Ages of Modern Man", *Government and Opposition*, 30/3 [1995], p. 404-11).
82 Ibid.: Modris Eksteins, "Hobsbawm's book on 20th century extraordinary", *Toronto Globe and Mail*, 29.4.95, C25.
83 Entrevista com Bruce Hunter, 26.7.2016.
84 MRC 937/8/2/23/2: EJH "Comments on discussion of Eric Hobsbawm: The Age of Extremes" (texto datilografado); MRC 937/8/2/22/2: Resenha de Freedman e a resposta de Hobsbawm, textos datilografados. Provavelmente Eric estava se referindo ao livro de Christopher Browning, *Ordinary Men: Reserve Police Battalion 101 and the Final Solution in Poland* (Nova York, 1993), quando mencionou "recentes pesquisas".
85 HRC B-44 David Higham Associates 2289: Bruce Hunter para EJH, 25.10.94.
86 Ibid.: Mensagem telefônica grav. *Age of Extremes* [*Era dos extremos*], EJH para Bruce Hunter. Encontrei com Eric pouco antes, saindo da Birkbeck para ir ao curso.
87 Ibid.: EJH para Bruce Hunter, 12.10.94 e 11.8.94, e Ali Groves para EJH, 25.8.94.
88 Ibid.: Lista de convidados de Marlene Hobsbawm, 23.9.1994.
89 Ibid.: Ali Groves para EJH, 7.11.94.
90 Ibid.: Ali Groves para EJH, 28.11.94.
91 HRC B-45 David Higham Associates 180: Catherine Rutherford para William Miller, 7.3.95, e minhas lembranças do evento.
92 Ibid.: EJH para Ania Corless, 28.3.95 e páginas anexadas.
93 MRC 937/1/6/9: Eginhard Hora (Hanser Verlag) para EJH, 2.2.96.
94 Ver entre outros exemplos MRC 937/8/2/25: Ludger Heidbrink, "Die Alternative ist Finsternis", *Süddeutsche Zeitung*, 17.3.76.
95 Ibid.: Franziska Augstein, "Mann ohne Club: Hobsbawm und seine Epoche", artigo apócrifo e s.d., 18.1.93.
96 MRC 937/1/6/9: Eginhard Hora (Hanser Verlag) para EJH, 2.2.96.
97 MRC 1215/7: "Lula".
98 MRC 937/1/6/6: relatório de EJH, 8.2.95
99 Entrevista por e-mail via seu neto, Pedro Cardoso Zylbersztajn. Alain Touraine era diretor de Pesquisas da EHESS.
100 HRC B-45 David Higham Associates 180: Luiz Schwarz para Ania Corless, 23.2.95.
101 Números da Companhia das Letras, editora de Eric no Brasil, e de Marcus Gasparian, filho do primeiro editor de Eric no Brasil, da Paz e Terra.

102	Peter Florence, "Eric Hobsbawm turned history into an art", *Daily Telegraph*, 5.10.2012. FLIP, a Festa Literária Internacional de Parati era e ainda é o maior festival literário do Brasil.
103	EJH, *Echoes of the Marseillaise: Two Centuries Look Back on the French Revolution* (Londres, 1990), p. 1-31.
104	Ibid., p. 33-66.
105	Ibid., p. 67-90.
106	Ibid., p. 92.
107	Ibid., p. 91-113.
108	HRC B-45 David Higham Associates 180: EJH para Pierre Nora, 1.3.95, EJH para Ania Corless, 1.5.95; MRC 937/1/6/7: Pierre Nora para EJH, 24.3.95. Renzo De Felice foi autor de uma biografia de Mussolini em vários volumes que muitos críticos depois consideraram favorável ao personagem; Ernst Nolte argumentou em várias ocasiões que o nazismo era compreensível, até mesmo uma reação em parte justificável à ameaça do comunismo.
109	MRC 937/4/3/2/1: EJH "History and Illusion", texto datilografado. Ver também Furet, "Sur l'illusion communiste", prova tipográfica do artigo, no mesmo arquivo.
110	HRC B-45 David Higham Associates 180: EJH para Pierre Nora, 1.3.95.
111	Ibid.: EJH para Ania Corless, 1.5.95; MRC 937/1/6/6: Pierre Nora para EJH, 11.7.95.
112	MRC 937/1/6/9: EJH para Ania Corless, 11.1.96.
113	MRC 937/1/6/8: Pierre Nora para EJH, 24.1.96.
114	MRC 937/1/3/13: EJH para Pierre Nora, 5.2.96.
115	MRC 937/1/3/12: Carta de Richard Figuier para David Higham Associates, 4.4.97.
116	MRC 937/8/2/23/1: Philippe-Jean Catinchi, "Décapant et polémique, le XXe siècle d'Eric Hobsbawm est publié en français", *Le Monde Diplomatique*, 28.10.99, p. 32.
117	Entretien entre Elise Marienstras et Charlotte Faucher, 27.6.2016 a Paris.
118	MRC 937/8/2/23/1: EJH, "Damned before they published", *New Statesman*, 18.10.99, p. 41.
119	MRC 937/1/3/12: Ania Corless para EJH, 10.6.97; Olivier Bétourné para Boris Hoffman, 3.6. 97.
120	MRC 937/8/2/23/1: Philippe-Jean Catinchi, "Décapant et polémique, le XXe siècle d'Eric Hobsbawm est publié en français", *Le Monde*, 28.10.99, p. 32.
121	MRC 937/1/3/13: EJH para Pierre Nora, 5.2.96.
122	MRC 937/8/2/23/1: "Communisme et fascisme au XXe siècle", *Le Débat*, março-abril de 1996; "Sur l'histoire du xxe siècle", *Le Débat*, janeiro-fevereiro de 1997; e ver principalmente Pierre Nora, "Traduire: nécessité et difficultés", p. 93-5 na última edição. Pequeno comentário em MRC 937/8/2/22/2: "Furet vs. Hobsbawm", *Newsletter – Committee on Intellectual Correspondence*, outono/inverno de 1997/98, p. 10, e Adam Shatz, "Chunnel Vision", *Lingua Franca*, novembro de 1997, p. 22-4. Ver também Ruggiero Romano, "Une Étrange Anomalie", *Revue européenne des sciences sociales*, XXXV (1997), 109, p. 176-9; Thierry Denoël, "Le livre interdit", *Le Vif/L'Express*, 22.10.99, p. 36-7.
123	MRC 937/1/3/12: EJH para André Versaille, 24.1.99.
124	MRC 937/8/2/23/1: Thierry Denoël, "Le livre interdit".
125	Ibid.: Enzo Traverso, "Des livres, du marché et de l'air du temps", *Quinzaine Littéraire*, 8.99, p. 13-14.
126	Ibid.: Philippe-Jean Catinchi, "Décapant et polemique" (como na nota 120 acima).
127	Ibid.: Robert Verdussen, "Hobsbawm et son XXe siècle", *La Libre Culture* [Bélgica], 3.11.99, p. 3.
128	MRC 937/1/3/12: EJH para André Versaille, 29.7.99; Gabrielle Gelber para EJH (fax), 16.7.99.
129	Ibid.: "PARIS: Lancement de *l'Âge des Extrêmes*: PLANNING"; MRC 937/8/2/23/1: "Lancement de l'*Âge* des Extrêmes: AGENDA". O discurso de Eric na Sorbonne repetiu sua Creighton Lecture ("le siècle des extrêmes", ibid., *Res Publica* 23); MRC 937/2/117 no texto datilografado) com comentários adicionais sobre o panorama editorial na França; HRC B-44 David Higham 68 R15382 (3ª aquisição): Ania Corless para André Versaille, 9.9.99.
130	Entrevista com Bruce Hunter, 26.7.2016.
131	MRC 937/8/2/23/1: EJH, "'L'Âge des extrêmes' échappe *à* ses censeurs", *Le Monde Diplomatique*, 9.99, p. 28-9, também para o restante do parágrafo.
132	Ibid.
133	Ibid.: Ismael Saz, "Dos autores y un destino. Furet, Hobsbawm y el malhadado siglo XX", *Eutopías 2a época: Documentos de trabajo*, v. 135 (Valência, 1996); "Historikerstreit: Hobsbawm gegen Furet", *Frankfurter Allgemeine Zeitung* Feuilleton, 13.7.95; Bernado Valli, "Eric Hobsbawm la Francia lo mette

all'indice", *La Repubblica*, 8.4.97; mais resenhas francesas e outras e trechos da imprensa em MRC 937/8/2/24.
134 Ibid.: "Hobsbawm: perche i francesi mi hanno ritutato", *L'Unità*, 12.9.1999.
135 MRC 937/8/2/23/1: "L'Affairette Hobsbawn", *Livres hebdo*, 8.10.99. Ver também MRC 937/8/3/34: "L'Affaire Hobsbawn", *Libération*, 9.9.99.
136 MRC 937/8/2/23/1: "Top Livres Hebdo", *Le Journal de Dimanche*, 14.11.99 (*Era dos extremos* ficou em segundo lugar na lista dos mais vendidos de não ficção, atrás de um livro sobre corrupção na vida pública na França). Ver também outras listas dos mais vendidos no mesmo arquivo (o livro ficou em quarto lugar no "Les Stars du Marché" do *Le Soir*, 10-11.11.99); Antoine Frodefond, "Le 20ème siècle vu par Eric Hobsbawm: un livre dérangeant en France", *La Dépêche du midi (Dimanche Quinzaine Littéraire)*, 11.11.99; HRC B-44 David Higham Associates 68 R15382 (3ª aquisição): Ania Corless para Agence Hoffman, 10.11.99.
137 MRC 937/8/2/23/1: Jacques Nobécourt, "Un Marxist recompose le XXe siècle".
138 Ibid.: Jean-Pierre Casanova, "Les habits neufs du progressisisme. Une étrange interpretation du XXe siècle, selon Eric J. Hobsbawm".
139 Ver as diversas publicações em MRC 937/8/2/23/1.
140 DHAA Transc. 2009 2/2: Ania Corless para Jeanine Windey, 15.5.08, e para George Hoffman, 17.6.08.
141 MRC 937/1/6/7: BBC – *Desert Island Discs*: *Prof. Eric Hobsbawm*.
142 Ibid.: Maxine Berg para EJH, 7.3.95.
143 *The Late Show*, BBC TV, 24 de outubro de 1994.
144 MRC 937/1/1/6: EJH para Ivan Avakumovic, 30.3.2007.
145 MRC 937/1/6/5: David Herman para EJH, 25.10.94; EJH para David Herman, 29.10.94.
146 MRC 937/7/8/1: EJH para Jason Heppell, 30.6.97.
147 Eric Hobsbawm (em conversa com Antonio Polito), *The New Century* (traduzido do italiano por Allan Cameron, Londres, Little, Brown, 2000 [1999]), p. 158-9.
148 MRC 937/7/4/8: Avaliação de aluno no curso de outono de 1988.
149 Ibid.: diretrizes do curso.
150 Entrevista com Lise Grande, 15.12.2016, também para o que se segue.
151 MRC 937/1/6/6: Judith Friedlander para EJH, 13.1.94.
152 Ibid.: EJH para Judith Friedlander, 15.6.95.
153 MRC 937/7/4/8: Judith Friedlander para EJH, 11.6.96.
154 Ibid.: EJH para Judith Friedlander, 4.3.96.
155 Ibid.: Michael Hanagan para EJH, 9.5.96.
156 Ibid.: nota de EJH, 11.11.1998.
157 Arthur M. Schlesinger, Jr, *Journals 1952-2000* (Londres, 2008), p. 807-8. Carlos Fuentes era um dos grandes romancistas do México e muito traduzido; Edna O'Brien, uma romancista irlandesa; Ronald Dworkin era um filósofo do direito, um americano que tinha lecionado em Oxford; Brian Urquhart era um oficial do Exército britânico aposentado e subsecretário-geral da Organização das Nações Unidas (foi ele quem criou a cor azul-claro do capacete das tropas da ONU de manutenção da paz); Abba Eban era um ex-ministro do Ministério do Exterior de Israel; Murray Kempton era um jornalista americano ganhador do Prêmio Pulitzer que vivia com Barbara Epstein, cofundadora e coeditora da *New York Review of Books*.
158 Judith Friedlander para RJE, 2.8.2016 (e-mail).
159 MRC 937/1/6/4: "A concerned student" para EJH, reitor e chefe do Departamento, 11.10.94.
160 Judith Friedlander para RJE, 2.8.2016 (e-mail).
161 MRC 937/7/4/8: Louise Tilly para EJH, 2.4.96; Judith Friedlander para RJE, 2.8.2016.
162 Ibid.: Louise Tilly para EJH, 4.5.96.
163 Ibid.: EJH para Judith Friedlander, 4.3.96.
164 Judith Friedlander para RJE, 2.8.2016 (e-mail).
165 MRC 937/1/6/3: Eugene D. Genovese para EJH, 3.6.92.
166 Ibid.: EJH para Eugene D. Genovese, s.d. (1992).
167 Ibid.: Eugene D. Genovese foi o autor, entre outros livros, de *Roll, Jordan, Roll: The World the Slaves Made* (Nova York, 1974) e Elizabeth Fox-Genovese de *Within the Plantation Household: Black and White Women of the Old South* (Londres, 1988).

168 MRC 937/7/8/1: EJH para Bill Palmer, s.d. (julho de 1997), também para o que se segue.
169 MRC 937/8/2/37: David Rosenthal, "Why the Left is right", *Scotsman*, 7.7.07.
170 Entrevista com Lise Grande, 15.12.2016.
171 MRC 937/1/6/2: EJH para Poole, Gasters, Solicitors, 13.2.1990.
172 MRC 937/1/6/3: Andy Hobsbawm para EJH, s.d. (1993).
173 Joan Walker, "Joss Bennathan: Obituary", *Guardian*, 9 de dezembro de 2014.
174 MRC 937/1/6/3: Joss Bennathan para EJH, 29.10.91, também para o que se segue.
175 Joan Walker, "Joss Bennathan: Obituary", *Guardian*, 9 de dezembro de 2014. Marion Bennathan morreu, vítima de mal de Alzheimer, no início de 2018.
176 Entrevista com Robin Marchesi, 6.12.16, e para o que se segue.
177 Informação de Anne Marchesi e Marlene Hobsbawm.
178 MRC 937/8/2/32: Anna Davis para EJH, 18.12.97; Ania Corless para EJH, 19.12.97; EJH para Daniela Bernardelle, 19.1.98; *Village Voice Literary Supplement*, julho/agosto de 1998.
179 Ibid.: Verena Dobnik, "'Communist Manifesto' is making its Marx again", *Associated Press*, 24.3.98.
180 Ibid.: Lyle Stewart, na revista *Hour* (Montreal), semana de 26.2.99. Consta que os artistas conceituais Vitaly Komar e Alex Melamid declararam: "Nós não somos apenas um artista, somos um movimento". Ver Carter Ratcliff, *Komar and Melamid* (Nova York, 1988). Os vestidos de Donna Karan lançados em 1984 pretendiam inaugurar um estilo de roupas dinâmico e de cores brilhantes; a última fundou a "Urban Zen", uma "marca de estilo de vida". Barney's era um loja especializada em roupas exclusivas e acessórios de luxo.
181 MRC 937/8/2/32: James K. Glassman, "The Invisible Hand of Karl Marx", *Washington Post*, 31.3.98.
182 Ibid.: Barbara Ehrenreich, "Communism on your coffee table", *Salon Online*, 30.4.98.
183 Ibid.: James Poniewozik, "No irony please – we're leftists", *Salon Media Circus*, 13.5.98.
184 Ibid.: Harold Meyerson, "All Left, Half Right", *LA Weekly*, 14.5.98. O termo mexicano *maquiladora* denota um negócio que importa matéria-prima para manufatura, tirando vantagem das baixas taxas de importação para depois exportar o produto acabado para o país de onde se origina a matéria-prima. Van Nuys é um bairro de Los Angeles com uma grande área de recreação; Nike é uma marca de roupas esportivas. Charles Murphy era um teólogo.
185 Ibid.: Scott Shane, "Communist Manifesto 150 Years Old", *Hartford, CT, Press Courant*, 1.5.98, entre muitos outros.
186 Ibid.: David Barton, "10 myths about Marx", *Sacramento Bee*, 20.4.98.
187 Ibid.: Calvin Reid: "Verso: Sales Up: Marketing Marx", *Publishers Weekly*, 2.2.98.
188 Ibid.: Paul Lewis, "Marx's Stock Resurges on a 150-Year Tip", *The New York Times*, 27.6.98, p. 1-2.
189 Ibid.: John Cassidy, "The Return of Karl Marx", *New Yorker*, 27.10.97.
190 DHAA AMG 2011: Tom Penn para Andrew Gordon, 20.6.11 (e-mail impresso); Andrew Gordon para Tom Penn, 21.6.2011 (e-mail impresso); Tom Penn para Andrew Gordon, 22.6.2011 (e-mail impresso); Andrew Gordon para EJH, 20.6.2011.
191 MRC 937/8/2/29: Hugh Trevor-Roper, "Marxism without regrets", *Sunday Telegraph*, 15.6.97, seção de resenhas, p. 13, também para o que se segue.
192 Ibid.: John Arnold, "Igniting Marx with pomo sparks", *Times Higher Education Supplement*, 28.11.97, p. 26.
193 Ibid.: Paul Smith, "No vulgar Marxist", *Times Literary Supplement*, 27.6.99, p. 31.
194 Ibid.: *Jürgen Kocka, "Marx lebt! Bei Eric Hobsbawm wird die Aufklärung weise"*, *Die Welt*, 5.12.98 p. 14. O livro foi lançado em alemão com o título *Wieviel Geschichte braucht die Zukunft* em 1998, publicado pela Hanser Verlag, e foi amplamente resenhado, na maioria das vezes em termos semelhantes.
195 MRC 937/8/2/35: Richard Gott, "Living through an age of extremes", *New Statesman*, 23.9.02, p. 48-50.
196 EJH, *Behind the Times: The Decline and Fall of the Twentieth Century Avant-Gardes* (Londres, 1998) [um panfleto com o texto de uma só palestra].
197 HRC B-44 David Higham Associates 68 R15382 (3ª aquisição): Giuseppe Laterza para EJH, 18.1.99.
198 MRC 937/2/33: Noel Malcolm, "What a difference a century makes", *Sunday Telegraph*, 26.3.2000.
199 Ibid.: Max Wilkinson, "Confessions of an unrepentant communist", *Financial Times*, 20/21.5.2000, p. v, também para o que se segue.

CAPÍTULO 10: "TESOURO NACIONAL"

1. Entretien entre Elise Marienstras et Charlotte Faucher, 27.6.2016 à Paris.
2. HRC B-45 David Higham Associates 461: Bruce Hunter para EJH, 24.4.96.
3. MRC 937/7/8/1: "Paperback Writer" (texto datilografado, 2003), p. 6-7.
4. PBA: *Interesting Times*: Stuart Proffitt para Bryan Appleyard, 27.6.2002 (frase repetida em inúmeras cartas a outros resenhistas em potencial).
5. Entrevista com Stuart Proffitt na Penguin Books, também para o que se segue.
6. PBA: *Interesting Times*: Stuart Proffitt para EJH, 25.9.2001.
7. Ibid.: Stuart Proffitt, notas sobre os capítulos 16 a 24.
8. Ibid.: Stuart Proffitt para EJH, 13.11.2001.
9. Ibid.: Lisa Graham para Stuart Proffitt, 5.8.2002 e 9.8.2002.
10. Ibid.: Bruce Hunter para Helen Fraser, 2.5.2000; Helen Fraser para Bruce Hunter, 16.5.2000.
11. Ibid.: Sinopse publicitária da editora.
12. HRC B-45 David Higham Associates 133: Eric Hobsbawm: "AUTOBIOGRAPHY" (lista datilografada de 24 capítulos).
13. PBA: *Interesting Times*: Louise Ball para Stuart Proffitt, 6.9.2002.
14. Ibid.: Stuart Proffitt para EJH, 5.12.2002.
15. Números da Companhia das Letras, editora de Eric no Brasil.
16. Ver John Callaghan, "Looking Back in Amazement: *Interesting Times* and the reviewers", *Socialist History*, 24 (2003), p. 19-25.
17. MRC 937/8/2/35: Perry Anderson, "The Age of EJH", *London Review of Books*, 3.20.2002, p. 3-7, também para o que se segue. Para observações semelhantes sobre a natureza impessoal de grandes passagens do livro, ver Volker Depkat, "Die Fortsetzung von Historiographie mit autobiographischen Mitteln", no site da web *H-Soz-u-Kult*, 3.11.2003; também para as observações citadas no Prefácio, acima.
18. EJH, "After the Cold War", *London Review of Books*, 26.4.2012, uma avaliação escrita depois da morte trágica e prematura de Judt causada por uma doença neurológica motora.
19. MRC 937/8/2/35: Anthony Sampson, "An extraordinary life", *Guardian*, 12.10.2002.
20. Ibid.: EJH: "Cheltenham 2" (texto datilografado), p. 9-10.
21. Ibid.: Adrian Gregory, "A key witness finally testifies on the 20th century", *BBC History Magazine*, 1.10.2002.
22. MRC 937/1/6/3: Marlene Hobsbawm para EJH, s.d. (cartão-postal "Wedding Reception at Home, New York City, 1926").
23. EJH, "Writers' rooms", Saturday Review do *Guardian*, 12.1.2008, p. 3, em LBA: arquivo sobre *Uncommon People*.
24. Entrevista com Nick Jacobs, 16.8.2016.
25. Entrevista com Garry Runciman, 26.7.2016, comentários adicionais de Ruth Runciman.
26. Entrevista com Nick Jacobs, 16.8.2016.
27. Entrevista com Stuart Proffitt, na Penguin Books.
28. Entrevista com Roy Foster, 5.10.2016.
29. Romila Thapar, reminiscências sobre EJH não publicadas, 2016.
30. Entrevista com Roy Foster, 5.10.2016.
31. Val Wilmer, "Denis Preston" em H. C. G. Matthew e Brian Harrison (eds), *Oxford Dictionary of National Biography*, 45 (Oxford, 2004), p. 255-6.
32. Entrevista com Angela Hobsbaum, 30.3.2017.
33. MRC 937/1/1/5: EJH para David Sullivan, s.d. (nov./dez. de 2004).
34. MRC 1/5/2: EJH para Franziska Augstein, 19.10.2006. Augstein publicou uma longa e hostil resenha do livro: "In deutschen Genpool baden gehen. Reisserische Thesen, nichts dahinter: Niall Fergusons Geschichte der Gewalt im 20. Jahrhundert", *Süddeutsche Zeitung* 228 (4.10.2006), p. 25.
35. MRC 937/7/3/43.
36. Entrevista com Richard Rathbone, 15.12.2016.
37. Julia Hobsbawm, "Remembering Dad", *Financial Times*, 20 de abril de 2013. Amartya Sen é um economista do desenvolvimento ganhador de um Prêmio Nobel que já foi professor emérito da Trinity College, Cambridge; Emma Rothschild, sua esposa, é historiadora da economia; John Maddox era editor

e escrevia sobre ciência; Brenda Maddox é uma biógrafa literária; Michael Frayn e Tom Stoppard são dramaturgos.
38   FLP: EJH para Fritz Lustig, 27.4.2005.
39   MRC937/4/6/1: *Guardian*, 30.4.87.
40   MRC 937/1/2/8: EJH para János Jemnitz, 26.1.2005.
41   MRC 937/8/2/37: David Rosenthal, "Why the Left is right", *Scotsman*, 7.7.07, também para o que se segue.
42   DHAA: BH 2005: Alice Wilson para Kirsten Lass (e-mail impresso), 28.10.05; Kirsten Lass para Alice Wilson, 27.10.05 (e-mail impresso).
43   Ibid.: EJH para Bruce Hunter, 18.7.05 (e-mail impresso) e anexos.
44   MRC 1215/6: texto datilografado, "On the West Bank", s.d.
45   MRC 937/4/6/1: EJH para o *Times Higher Education Supplement*, 10.4.1987.
46   MRC 937/1/4/1: EJH para Bernard Samuels, 19.2.2003.
47   MRC 937/4/6/1: *Guardian*, 19.4.05.
48   Entrevista com Ira Katznelson, 23.8.2016.
49   EJH, "Responses to the War in Gaza", *London Review of Books*, 29.1.2009.
50   Entretien entre Elise Marienstras et Charlotte Faucher, 27.6.2016 à Paris.
51   MRC 937/7/3/39-49: visitas a Wigmore Hall em 7.10, 13.10 e 16.10.2010 e em 14.11.2011, por exemplo.
52   Entrevista com Nick Jacobs, 16.8.2016.
53   DHAA BH 2005: EJH para Bruce Hunter, 14.6.05 (e-mail impresso).
54   MRC 937/1/1/6: EJH para Michael Kater, ?.5.2005.
55   MRC 937/1/1/6: EJH para Ivan Berend, s.d. (jan. de 2005). Manmohan Singh, que se formou em economia em Cambridge em 1957, foi primeiro-ministro do Partido durante dez anos a partir de 2004.
56   "Panel Discussion: Conversations with Eric Hobsbawm", *India International Centre Quarterly* 31/4 (primavera de 2005), p. 101-25.
57   DHAA BH/AW 2008: Bruce Hunter para Hannah Whitaker, 25.09.08 (e-mail impresso), EJH para Bruce Hunter, 25.09.2008 (e-mail impresso) e cartão de convite.
58   Entretien entre Elise Marienstras et Charlotte Faucher, 27.7.2016 à Paris.
59   EJH, "An Assembly of Ghosts", *London Review of Books*, 21.4.2005.
60   MRC 937/7/3 39-46 (diários de bolso, 2000-2007).
61   Entretien entre Elise Marienstras et Charlotte Faucher, 27.6.2016 à Paris.
62   MRC 937/1/1/6: EJH para Michael Kater, 4.5.2005; EJH para Debbie Valenze, 1.7.2005.
63   Julia Hobsbawm, "Remembering Dad", *Financial Times*, 20 de abril de 2013; informação de Marlene Hobsbawm; discursos e congratulações em MRC 937/7/6/3-4. O discurso na embaixada austríaca está incluído no arquivo.
64   Entrevista com Claire Tomalin, 8.3.2017.
65   Entretien entre Elise Marienstras et Charlotte Faucher, 27.7.2016.
66   MRC 937/1/1/6: Thomas Matussek para EJH, 6.7.2005.
67   Ibid.: Malcolm Chase para EJH, 19.11.2007.
68   Keith Thomas, manuscrito não publicado sobre EJH. Eric acabou falando em um evento do Prêmio Balzan realizado na Universidade de Zurique em 16 de junho de 2004 (MRC 937/7/7/21).
69   www.balzan.org/en/prizewinners/eric-hobsbawm/research-project-hobsbawm.
70   MRC 937/1/1/6: EJH para Victor Kiernan, 9.6.2006.
71   DHAA BH/MA 2010: "Eric Hobsbawm meeting with AMG, 04/11/2010".
72   Ibid.: EJH para Bruce Hunter, 5.10.10 (e-mail impresso).
73   Entrevista com Chris Wrigley, 5.10.2016.
74   Entrevista com Bruce Hunter, 26.7.2016.
75   EJH, "Democracy can be bad for you", *New Statesman*, 5.3.2001, p. 25-7, originalmente apresentado como Athenaeum Lecture em Londres.
76   Citado em MRC 937/8/2/37: Bill McSweeney, "A constant communist", *Irish Times*, 21.7.07.
77   Ibid.: John Moore, "A weak-kneed theory", *Morning Star*, 23.7.2007.
78   Ibid.: Noel Malcolm, "If there are two conflicting ways of putting America in the dock, Hobsbawm will happily go for both of them", *Sunday Telegraph*, 1.7.2007; ele achou que os ensaios eram cheios de contradições.

79	DHAA BH/MA 2008: Tariq Ali para EJH, 30.7.2008.
80	DHAA BH/MA 2006: Tariq Ali para EJH, 2.7.2008; EJH para Bruce Hunter, 2.7.2008; Sebastian Budgen para Bruce Hunter, 16.7.2008 (e-mail impresso), e Bruce Hunter para Sebastian Budgen, 15.7.2008 (e-mail impresso). Como autor da Verso, eu estava entre muitos que concordaram em abrir mão dos meus direitos autorais nessa época.
81	DHAA AMG 2011: Andrew Gordon para William Frucht, 20.4.2011 (e-mail impresso).
82	DHAA BH/MA 2010: Richard Beswick para Bruce Hunter, 10.11.2010 (e-mail impresso).
83	Ibid.: Bruce Hunter para Richard Beswick, 15.11.2010 (e-mail impresso).
84	Ibid.: Clive Priddle para Bruce Hunter, 22.10.2010 (e-mail impresso).
85	Ibid.: EJH para Marigold Atkey, 6.9.2010 (e-mail impresso).
86	DHAA AMG 2011: Bruce Hunter para EJH, 23.11.2010 (e-mail impresso).
87	MRC 937/8/2/40: Alan Ryan, "Karl's Way", *Literary Review*, março de 2011.
88	Ibid.: "Little, Brown: Bestsellers", 29.1.11.
89	DHAA BH/MA 2010: "Eric Hobsbawm meeting with AMG", 4.11.2010.
90	DHAA AMG 2012: EJH para Andrew Gordon, 9.3.12 (e-mail impresso).
91	EJH, "Homesickness", *London Review of Books*, 8.4.1993.
92	Por sugestão do especialista em América Latina de Cambridge David Brading, Eric já estava considerando publicar uma coletânea de seus ensaios nesse campo em 2008; a coletânea foi publicada postumamente, em 2016, editada por Leslie Bethell com o título *Viva la Revolución! Eric Hobsbawm on Latin America*.
93	DHAA AMG 2012: Chris Wrigley para Bruce Hunter, 7.12.12.
94	MRC 937/1/6/6: *Evening Standard*, 14.6.94 (recorte de jornal enviado por Julia Hobsbawm).
95	Ibid.: Emma Soames para EJH, 13.6.94.
96	MRC 937/7/3/40: diário de bolso de 2001.
97	Ibid.
98	MRC 937/1/1/6: EJH para Debbie Valenze, 1.7.2005.
99	FLA: EJH para Fritz Lustig, 20.6.2007.
100	Ibid.: EJH para Fritz Lustig, 15.6.2009.
101	DHAA BH/AW 2006: EJH para Bruce Hunter, 5.10.06. A bibliografia, um valioso guia para os textos publicados de Eric, foi compilada por Keith McLelland.
102	Ibid.: Bruce Hunter para EJH, 29.09.06.
103	DHAA BH/MA 2010: EJH para Bruce Hunter, 1.10.10 (e-mail impresso).
104	Ibid.: Bruce Hunter para EJH, 30.9.2010.
105	Ibid.: Bruce Hunter para EJH, 4.10.10 (e-mail impresso).
106	Ibid.: "Eric Hobsbawm: Papers", 19.3.10.
107	Ibid.: "Eric Hobsbawm meeting with AMG", 4.11.2010.
108	Julia Hobsbawm, "Remembering Dad", *Financial Times*, 20 de abril de 2013.
109	MRC 937/7/3/48: diário de bolso de 2010.
110	DHAA BH/MA 2010: Bruce Hunter para Kathy Rooney, 23.8.10 (e-mail impresso).
111	Julia Hobsbawm, "Remembering Dad", *Financial Times*, 20 de abril de 2013.
112	DHAA BH/MA 2010: EJH para Marigold Atkey, 3.5.10 (e-mail impresso); EJH para Bruce Hunter, 17.2.10 (e-mail impresso).
113	HFA: "Brohi": Karim Brohi para EJH, 14.5.2011.
114	FLA: EJH para Fritz Lustig, 1.7.2011.
115	HFA: Brohi: Julia Hobsbawm para EJH, Marlene, Andy, 26.4.2011 (e-mail); MRC 937/7/3/49: diário de bolso de 2011.
116	Entrevista com Julia e Andy Hobsbawm, 11.7.2016.
117	Entrevista com Joan Bakewell, 22.7.2016.
118	Entrevista com Richard Rathbone, 15.12.2016
119	Entrevista com Lise Grande, 15.12.2016.
120	MRC 937/1/6/23. EJH para Tyrrell Marris, s.d. (entre 5 e 16 de agosto de 2012).
121	HFA: "Brohi": Marlene para Karim Brohi, 23.1.13; Marlene Hobsbawm para RJE, 31.8.2018.
122	DHAA AMG 2012: Demetris Christofias para Marlene Hobsbawm, 1.10.12.
123	A. N. Wilson, "He hated Britain and excused Stálin's genocide. But was the hero of the BBC and the Guardian a TRAITOR too?", *Daily Mail*, 2.10.2012.

124 Julia Hobsbawm, "Remembering Dad", *Financial Times*, 20.4.2013.
125 Números da Companhia das Letras, a editora de Eric no Brasil, e de Marcus Gasparian, filho do primeiro editor de Eric no Brasil, da Paz e Terra.
126 Julia Hobsbawm, "Remembering Dad", *Financial Times*, 20.4.2013.
127 "Foi uma honra ser contemporâneo e ter convivido com Eric Hobsbawm", diz Lula em mensagem à viúva do historiador. INSTITUTO LULA, 1º de outubro de 2012. Depois disso Lula foi condenado por corrupção após deposição do governo de esquerda de sua sucessora, mas continua sendo visto como um herói pelos trabalhadores do Brasil.
128 "A imperdoável cegueira moral de Eric Hobsbawm", *VEJA*, 4.10.2012: http://veja.abril.com.br/entretenimento/a-imperdoavel-cegueiraideologica-de-eric-hobsbawm/. Para a réplica da Associação Nacional de História, ver "Historiadores repudiam matéria da Revista Veja sobre Eric Hobsbawm", www.revistaforum.com.br/2012/10/10/historiadores-repudiam-materia-da-revista-veja-sobre-eric-hobsbawm/.
129 Romila Thapar, reminiscências não publicadas sobre EJH, 2016.
130 Entrevista com Lise Grande, 15.12.2016.
131 MRC 937/7/8/8: Observações Provisórias sobre o Meu Funeral; também para os parágrafos seguintes.
132 Entrevista com Ira Katznelson, 23.8.2016.
133 Ibid.: Programação do funeral.
134 Julia Hobsbawm, "Remembering Dad", *Financial Times*, 20.4.2013.
135 Marlene Hobsbawm para RJE, 9.9.2017 (e-mail).
136 Julia Hobsbawm, "Remembering Dad", *Financial Times*, 20 April 2013.

CONCLUSÃO

1   FLP: Marlene Hobsbawm para Fritz Lustig, 10.12.2012.
2   Entrevista com Roderick Floud, 14.9.2016.
3   HFA: certificados.
4   Entrevista com Garry Runciman, 26.7.2016, também para o que se segue.
5   HFA: Instruções para o funeral e memorial, também para o que se segue.
6   MRC 937/7/8/1: "Rathaus/history", jan. de 2008, p. 7-8.
7   Ibid., p. 10.
8   Ibid., p. 11.
9   Entrevista com Lise Grande, 15.12.2016.
10 Ver Eugene D. Genovese, "Squandered Century", *New Republic*, 17.4.1995.
11 Tony Judt, "Downhill All the Way", *New York Review of Books*, 25.5.1995.

LISTA DE ILUSTRAÇÕES

Eric com a irmã Nancy, o primo Ron, tia Gretl e seu filho Peter, abril de 1935. Cortesia de Angela Hobsbaum

Eric saindo de Carnedd Dafydd, 26 de abril de 1936. Cortesia de Angela Hobsbaum

Desenho de Eric feito por Reinhard Koselleck, 1947. Cortesia de Marlene Hobsbawm

Marlene Schwarz no Congo, 1960. Cortesia de Marlene Hobsbawm

Eric na sierra peruana, 1971. Cortesia de Marlene Hobsbawm

Eric com Andy e Julia. Cortesia de Marlene Hobsbawm

Eric com Ticlia. Cortesia de Marlene Hobsbawm

Eric no vale do Croesor. Cortesia de Marlene Hobsbawm

Eric no Brasil, em 2003. Cortesia da organização da Festa Literária Internacional de Paraty, feita por Walter Craveiro

ÍNDICE REMISSIVO

032c (revista) 595
A Dama oculta (filme) 145
"A Internationale" 105, 107
"A Personal View" (série radiofônica da BBC) 424
Abissínia 60, 96
Abrams, Mark 348
Abramsky, Chimen 330
Academia Americana de Artes e Ciências, Boston, MA 425
Academia Britânica; 451-4, 457, 462, 524, 577, 609
    Seção de História Moderna 12
Acordo de Munique 167
Acordos de Matignon 103
Acta Diplomatica Danica 189
Action Française (jornal) 103
Acton, lorde (John Dalberg-Acton) 432
    Lectures on Modern History 98
Adamson, Alan 412, 460, 489
Adelaide, Universidade de 412
África 256, 383, 410, 504, 535, 592
    Subsaariana 612-3
    ver também Quênia; Nigéria; Norte da África; África do Sul etc.
África do Sul 612
afro-americanos 248, 345, 555
Agostinho, Santo 268
agricultura 90, 371, 409, 413, 505
Agulhon, Maurice 469
Aix-en-Provence 156
Albin Michel (publisher) 544
Albrechtová, Gertruda ("Traudl") 248
Alemanha 19, 110, 289, 459, 565
    divisão entre República Federal e República Democrática; 250, 293
    Grande Coalizão 41
    Guerra dos Camponeses 154
    nacionalismo na 512-3
    ocupação pelos Aliados e divisão em quatro zonas 293
    Reichstag 41-2, 51, 76
    República de Weimar 37-8, 41-2, 45, 48-9, 64, 76
    reunificação do Leste e Oeste 511
    unificação 507
    ver também Partido Nazista, regime nazista; República Democrática da Alemanha; República Federal da Alemanha Ocidental
Alemanha Oriental, *ver* República Democrática da Alemanha
alemão (idioma) 22, 60
Alexandria 15, 20, 22-3, 29, 226, 533
    Sporting Club 18-9
Ali, Tariq 592-3
Allen, Woody 472
Allende, Salvador 385-6, 466
Alliance Française 370

Althusser, Louis 400, 430, 471
América do Sul 18, 159, 249, 374, 382, 464, 475
América Latina 373, 375, 378, 382-7, 443, 448-9, 459, 474, 476, 492, 509, 522, 536, 552, 592, 604
Amersham, Buckinghamshire 91
Amin, Shahid 588
Amis, Kingsley 341
AMM (grupo de improvisação de jazz) 346
Anabatistas 85
anarquistas 85, 114-7, 151, 157, 362
Anatomy Acts (Reino Unido) 503
Andaluzia 279-86
Anderson, Lindsay 333
Anderson, Perry 488, 492, 506-7, 535, 575, 583
Andes 475
Angers 174
Anglesey 521
Angola 531
"Anjos" (ex-membros dos "Apóstolos") 244-6
Annales d'histoire économique et sociale 132
Annan, Gabriele 372
Annan, Kofi 583
Annan, Noel 126-7, 136, 244, 246-7, 288, 372, 377, 402-3, 421, 451-2, 455, 457
Anstey, sra. 89
Antártida 249
Antifascismo 543
    ver também fascismo
antissemitismo 22, 39, 53, 55, 170, 191, 311, 585
Antonescu, Ion 197
Aragon, Louis 635
Archard, Peter 13, 399
Argel 164-5, 198
Argélia 312-3
    judeus na 166, 198-9
    província de Medea 165
    movimento de independência (Front de Libération Nationale, FLN) 312
    situação agrária; 163-5, 169, 216, 612
    sonho de EJH de se assentar 198-9
argelinos, em Paris 108, 166
Argentina 373, 399, 459, 475, 481-2
Aristóteles 85
Armstrong, Louis 94, 340
Arnold, John 13, 566, 611
Arnold, Malcolm 348
Arquimedes 159
Arrowe Park, Upton, Merseyside 29
"Arte Fantástica, Dadaísmo e Surrealismo" (exposição) 108
Arundel, Sussex 89
Ascherson, Neal 13, 284-7, 290-1, 313, 385, 388, 435-6, 508, 532, 610
Ascona 108

Ashley, Maurice 440-1
Ashton, T. S. 240-2, 319
Associação Antropológica Americana 517
Associação Nacional de História 605
Associação de Amizade Anglo-Chinesa 293
Associação de Professores Universitários 289-90
Associação dos Contribuintes 80
Associação Histórica Americana, conferência anual (Boston, 1970) 425
Associação Internacional de História Econômica 306
Associação Mundial de Estudantes 138, 164
    Conferência (Paris, 1939) 157, 169, 171
Associated Press 563
Aston, Trevor 496
Astrid (iate) 278-80
Attlee, Clement 143, 147, 232
Aubenas 156
Auden, W. H. 75, 142, 147
Audierne 281
Augstein, Franziska 539
Auschwitz-Birkenau 247
Austrália 320, 4123, 449
Áustria 18, 20, 23, 26, 35, 43, 58, 79, 84, 202, 248, 370, 459, 589
    Anschluss 170, 247
    antissemitismo na 252
    Primeira República Austríaca 22
    social-democratas 42
Áustria-Hungria 19
Avernes 156
Avery, dr. R. 462
Avignon 151
Ayer, A. J. (Freddie) 369
Aymard, Maurice 13, 588

Babraham, Cambridgeshire
Bacall, Lauren 369
Bach, Johann Sebastian 189
    Cantata n. 80, "Ein feste Burg ist unser Gott" 549
Bacon, Francis (pintor) 343
Baden-Powell, lorde, *Scouting for Boys* 29
Bagnères-de-Luchon 117
baía de Biscay 277
Baker, Josephine 352
Bakewell, Joan (nascida Rowlands) 13, 281, 283, 600
Bakunin, Mikhail 115
Balcãs 290, 515, 525
Ball, John (líder da Revolta Camponesa de 1381) 85
Balzac, Honoré De 381
    Père Goriot 204
Bamping, Alaric 12, 459
Bamping, Roman Hobsbawm 607
banditismo social 9, 362, 416-8, 466-7, 612
Baran, Paul A. 364-6
Barber, Chris 346
Barcelona 47, 53, 116-7
    greve geral de 1951 272, 274
Bard College, Annandale-on-Hudson 494
Barenboim, Daniel 583
Barker, Ernest 163
Barker, Paul 514
Barnes & Noble 563
Barrington, Cambridgeshire 188
Barthes, Roland 309
Basic Books 593
Basie, Count 185, 344
Batista, Fulgencio 365
Baudelaire, Charles 75, 95

Bauer, Otto 518
Bauhaus 108
BBC:
    anuncia a morte de EJH 602-3
    atitudes em relação ao comunismo 255-7
    Denis Preston e 248
    Desert Island Discs 549, 607
    entrevistas para promover *Interesting Times* 574-5, 583
    Serviço para o Extremo Oriente; 256
    Serviços Europeus 254-5, 256-7
    The Interview 583
    The Brains Trust 257
    Third Programme (posteriormente Rádio 3) 253-4, 257-8, 340-1, 424
    trabalho de EJH com; 252-9, 384, 423-5, 527-9
    Unidade de Serviços Educacionais 253
Beaumont, Francis, e John Fletcher 85
Beauvoir, Simone de 494
Bechet, Sidney 310
Bédarida, François 499
Beddgelert, Wales 392-3
Beduínos 164
Beer, Devon 91
Beethoven, Ludwig van 269
    Archduke Trio 607
Beichman, Arnold 437
Beiderbecke, Bix 349
Belarus 623
Belcher, Muriel 343
Belgrado 290
Bell, Quentin, *Bloomsbury*
Bellamy, Ron 332
Bellini, Vincenzo, *Norma*, "Casta diva" 549
Bellver, Espanha 117
Beloff, Max 379-80
bem-estar social 103, 514
Benn, Tony 479-81, 483-5
Bennathan, Ella e Matthias 561-2
Bennathan, Esra 336-7, 310
Bennathan, Joshua (Joss) 395, 572, 606
    Making Theatre: The Frazzled Drama Teacher's Guide to Devising 562
Bennathan, Marion 335, 337, 561, 606, 610
Bennett, Alan, *The History Boys* 62
Benny (cuidadora de EJH) 602
Berend, Ivan 459
Berg, Maxine 550
Bergen-Belsen 248
Berghauer, Hélène 308, 335, 465
Berghauer, Henri 13
Berkeley, Califórnia 365
Berlim 10, 21, 23, 27, 30-3, 35, 53-4, 57-8, 64-5, 70-1, 75-6, 85, 121, 142, 144, 154, 170, 188, 192, 197, 209, 248, 259, 464, 515, 528, 535, 575, 585, 587, 595, 613
    Academia de Artes 110
    Aschaffenburgerstrasse, Wilmersdorf 36
    comunismo em 41-52, 108, 674-5
    distrito de Wedding 86-7
    Karl Liebknecht Casa, Bülowplatz; 48
    incêndio na Reichstag 51
    Lichterfelde 36, 38
    Muro 511, 565, 593
    ocupação pelos Aliados e divisão em quatro zonas; 250
    Ocidental 250, 435
    Oriental 427
    ponte aérea 250-1, 402
    Portão de Brandemburgo 51
    Prinz-Heinrichs-Gymnasium, Grunewaldstrasse 36-7,

39-40, 46, 61
situação política (1931); 40-2
Sozialistischer Schülerbund 43
Sportpalast 167
Berlim Ocidental 250, 435
Berlim Oriental 427
Berlin, sir Isaiah 131, 254, 363, 375, 427, 454, 577
Berlioz, Hector, *Symphonie Fantastique* 189
Berna 590
Bernadete (Soubirous, Santa) 111
Bernal, J. D. 137, 269
Bernal, Martin 459
Bernstein, Eduard 236
Besançon, Alain 309
Bessarábia 129, 197
Best, Geoffrey, *Mid-Victorian Britain* 438
Beswick, Richard 593
Bethell, Leslie 581, 602, 606, 610
Bétourné, Olivier 545
Beves, Donald 267
Bewdley, Worcestershire 207
Biblioteca da Universidade de Hutchinson 314, 316-7
Bicknell, Nigel 168
Biddiss, Michael 675
"Big Rock Candy Mountain" 396
"Bilge" (colega de escola) 91
Bilk, Acker 346
Billboard (revista) 383
Binghamton, NY 472
Birkbeck College:
  alunos mais maduros da 259-60, 335-6, 372, 376
  aulas de EJH na 395-9
  como professor no período noturno 74, 259-62, 274, 343, 395-6, 559-60
  comparada à New School for Social Research, Nova York 591
  conferência para marcar o aniversário de 80 anos de EJH 522-3, 614-5
  Departamento de História 522-3
  e o funeral de EJH 610
  EJH busca uma promoção 401-3
  EJH "cansado" da 403
  EJH como professor emérito 479, 489
  falta de fundos para bolsas 461-2
  organiza conferência internacional em homenagem a EJH 611
  publicação de *History after Hobsbawm*, ed. Arnold et al. (procedimentos da conferência); 611
  Richard Vinen na 576-7
  seminário com EJH e Tony Benn 479-81
  ver também Hobsbawm, Eric John Ernest, VIDA E CARREIRA
Birkbeck & Co. (advogados) 317
Birmingham, Universidade de 336
Birnbaum, Solomon ("Sally") 40
Birt, lorde (John) e Lady (Jane) 522
Bismarck, Otto von 37, 319, 448
Blackburn, Robin 369
Blackett, Patrick 391
Blackpool 319
Blackstone, baronesa Tessa 522
Blair, Patsy 609
Blair, Tony 488, 524, 582-3
Bletchley Park, Buckinghamshire
Bloch, Ernst 341, 589
Bloch, Marc 132, 302, 559
Blok, Anton, *The Mafia of a Sicilian Village* 417
Bloomsbury Publishing 598

Bluestone, George, *Novels into Film* 417
Bluett, A. T. Q. 58
Blum, Léon 108, 112, 157
Blunt, Anthony 138, 140, 216, 244, 245, 295, 453-5
Bodsch, Willi 43
Bognor, Sussex 89
Bogotá, Hotel Tequandama 475
Bolcheviques 20, 75, 77, 93, 104, 149-50, 158, 375, 524
Bolívia 373, 383, 385
Bolt Head, Devon 71, 174, 210, 277
Bordeaux 247
Bork, dr. Arnold 37, 39
Bósnia 290, 512, 515
Bossuet, Jacques-Bénigne, *Oraison funèbre de très haut et très puissant prince Louis de Bourbon* 82
Boston, MA 419-20, 425
Boswell, James, *Life of Samuel Johnson* 88
Boswell, James (artista) 259
Botticelli, Sandro 69
Bottomore, Tom 429
Bou Saada 165
Bougainville, Louis Antoine de 280
Bourdieu, Pierre 469
Bourg-Madame 114
Bovington, Dorset 219, 226
Bowen, Elizabeth, *A casa em Paris* 97
Boyd, Jack 123
Brading, David 681
Bradley, A. C. 60
Bradshaw, Laurence 66
Braithwaite, Richard 271
Brandenburgo 38, 40, 192
Branson (escola, Montreal, Canadá) 460
Brasil 309, 428
  banditismo no 415-6
  ditadura no 475
  EJH no 372, 382-3, 383-4, 463-4, 513-4
  fama de EJH no 10, 539-41, 603-4
  golpe militar 386
  Ligas Camponesas 382
  música popular no 382-3
  Partido Comunista 382
  vendas de livros de EJH 417-8, 674-5, 592, 603
Brasília 540
Bratislava 248
Braudel, Fernand 306, 468-9, 553, 559
Brazendale, Geoffrey 268
Brecht, Bertolt 38, 43,
  An die Nachgeborenen 607
Brenda (em aldeia perto do acampamento do Langley Park) 194
Brendel, Alfred 586
Breton, André 108, 494
Breydon Water, Norfolk 200
Brezhnev, Leonid 510
Briançon 152
Bridge, Harry 364
Brigadas Internacionais 135, 524-5
Briggs, Asa 380, 403, 448
Brighton, Sussex 89, 277, 358, 403, 581
Briginshaw, Richard 367
Británia 174, 281
Britten, Benjamin 338
Brixham, Devon 71
Brockway, A. Fenner 77
Brogan, Denis 237-8
  The Development of Modern France 256
Brown, Gordon 488, 560, 582-3, 610

Brown, Peter 457
Browning, Elizabeth Barrett, Sonnet 311
Browning, Oscar 133
Browning, Robert (historiador) 299, 330
Brüning, Heinrich 41-2
Bruxelas 546
Bryn Hyfryd, Snowdonia 391
Büchner, Georg 37
Bucovina do Norte 197
Budapeste 30, 325
Buenos Aires 373
Bukharin, Nikolai 148, 464
Bulgária, búlgaros 19, 158, 290, 373, 419, 520
Bullock, Alan 257
    Hitler: Um estudo sobre a tirania 257
Burckhardt, Jacob 363
Burden, Les 190
Burgess, Guy 138, 216, 244-5, 288, 294-5, 453
burguesia:
    Asa Briggs sobre a 448
    Cyril Joad e a 74
    convenções 76, 78-9, 524
    definição 505-6
    e a cultura modernista 506-7
    e a liberação sexual 436-7
    e democracia 68
    e o feminismo 502-3
    e o nacionalismo 516
    e o capitalismo 507-9
    e o thatcherismo 485-6
    e os intelectuais 68, 75, 79, 85, 95-6, 134-5, 184-5, 254-5, 477-9
    e os social-democratas alemães 52-3
    EJH sobre 507-8, 516, 593-5
    em Berlim 35, 43-4, 50-1
    em Viena 21-4, 189-90
    Lênin sobre a 241-2
    na Alemanha 189-90
    na França 102-4, 377-8, 379-81
    na Itália 467-8
    na King's College 122-3
    na Rússia 189-90
    no Brasil 382-3
    no Chile 385-6
    no Partido Comunista Britânico 133-4, 292
    no Peru 474-5
    no Reino Unido 85, 92-3, 136-7, 184-5, 189-90, 191-2, 297-8, 303-4, 321-2, 377-8, 505-7
    nos Estados Unidos 327-8, 338-9
    periódicos da burguesia 292, 327-8
    Perry Anderson sobre a 534-6
Burgúndia 157
Burnham-on-Crouch, Essex 394
Bury St. Edmunds, Suffolk 208
Busch, Wilhelm 75
Bush, George W. 573
Butler, R. A. 348
Butler, Samuel, *The Way of All Flesh* 204
Butterfield, Herbert 238
Byron, George Gordon, Lord 59

Cabaret (musical) 142
Cader Idris 70, 141
Cagney, James 204
Caillard, lady 250
Caillard, sir Vincent 249
Cairncross, John 138, 216, 453
Cairo 230, 267, 400
Universidade Popular Livre 18
Calder, Angus 534
Calder, Liz 541
Caldwell, Christopher 536
Califórnia 291, 364
    condado de Marin, hotel Laguna Beach 473
Callaghan, James 479-80
Calvino, John 98
Cam, rio 127, 193, 266
Camboja 511
Cambridge (Reino Unido); 126-7, 528-9
    Arts Theatre 125, 243
    ataque a bombas; 220-1
    Blue Barn 177
    Central Cinema 144
    Christchurch Street 183
    Lyons Café 184
    Parker's Piece 181, 183
    Petty Cury 142
    Playhouse 144
    Round Church 177, 184, 221
    Silver Street 142
    Still and Sugarloaf pub 126
    Tulliver's Café 142
Cambridge, Massachusetts 419, 553
Cambridge, Universidade de:
    "Apóstolos" (Sociedade de Conversazione de Cambridge) 243-7, 284, 287-8, 294, 453, 497, 577
    Arts Theatre 125, 243
    Christ's College 146
    Associação Conservadora 147
    Biblioteca 169-70, 432
    Biblioteca Histórica de Seeley 130
    Corpus Christi College 146
    Emmanuel College 246
    Fundo de Ciência Política 163
    Guildhall (ver)
    Faculdade de História 235, 237-8, 261, 281, 286
    Federação Trabalhista 147
    Jesus College 146, 404
    Junta de Estudos de Pós-Graduação 233, 236, 260-1
    New Hall 137
    Newnham College 176
    Pembroke College 138
    Peterhouse 129, 144, 237
    Pitt Club 147
    Queen's College 404
    Selwyn College 146
    Semana de Maio 169-70
    Sociedade do Grêmio 122-3, 123-4, 133-4, 141-2
    Sociedade Histórica 133
    Sociedade Política 133, 165
    Trinity College 131, 147, 246, 453
    ver também Clube Socialista da Universidade de Cambridge; King's College, Cambridge
Cambridge University Press 496-7, 516, 519-20
    representantes 238
Cambridgeshire 186
Cameron, D. A. (cônsul britânico em Alexandria) 19
Cameron, David 601
Cameron, Rondo 379
Campbell, John (biógrafo) 505-6
Campbell, Johnny (editor do *Daily Worker*) 335
campo de exército de Langley Park, Norfolk 194
camponeses 447
    na América Latina 384-5
    na Colômbia 383-4
    no México 416-7

no Peru 400
Campus Verlag 520
Canadá 208, 250, 449, 460
Canadian Broadcasting Corporation 372
Canal de Suez 18
Cannadine, David 14, 433, 506
Cannes 155-6
Cantimori, Delio 274-5, 299, 302, 306
capitalismo:
    análise de Marx 565, 568-9, 593-4
    como catástrofe 40-1, 44-5
    crise do 478-9, 484, 505-7
    desenvolvimento do 297-8, 449, 477-9
    disseminação do 511-2, 591-2
    e a burguesia 507-9
    e a democracia 126-7
    e a exploração 447
    e o feudalismo 63, 69, 98-9, 299-300, 303-4, 427-8
    e o *Manifesto Comunista* 565
    e os intelectuais 477-9
    EJH sobre o 40-1, 129-30, 232-3, 236-7, 298-9, 381-2, 412-4, 447-8, 467-8, 505-7, 546-7, 584-5
    esperado colapso do 40-1, 52-3, 84, 589-90, 593-4
    Hungria e o 326
    Iugoslávia e o 290
    nos Estados Unidos 538, 563
    T. S. Ashton sobre 240-1
    thatcherismo e o 483
Capri 371
Carcassonne 113
Cardew, Cornelius 346
Cardoso, Fernando Henrique 10, 13, 540
Carnedd Dafydd, País de Gales 70
Carr, E. H. 553
Carr, Raymond 404
Carré, John le:
    A Perfect Spy [*Um espião perfeito*] 455
    The Spy Who Came in from the Cold [*O espião que saiu do frio*] 648
Carroll, Lewis, *Alice no País das Maravilhas* 75
Carsten, Francis 634
Carter, cabo 192, 204
Cartier-Bresson, Henri 309, 586
cartistas 85
Cashbox (revista) 383
Cassis, Youssef 13, 401
Castle Combe, Wiltshire 373
Castro, Fidel 366, 368-9
Catalunha, catalães 115, 151, 273-4
Catânia, Sicília 359-60
Caterham, Surrey 176
Catinchi, Philippe-Jean 546
Cauterets 111
Cavour, Camillo 465
Ce Soir (jornal) 164
Céline, Louis-Ferdinand 118
Centro de Estudos Políticos 525
Century Hutchinson 526-7
Cerdagne 113, 117
Cézanne, Paul 68
Chaloner, William H. 317-9, 403
Chamberlain, Austen 133-4
Chamberlain, Neville 127, 147-8, 161, 167, 174, 176, 194
Chandler, Raymond 534
Chaplin, Charlie 24
Chapman, George 85
Charles, Ray 344
Chartres 118, 175

catedral 118
Chaucer, Geoffrey, *Os contos de Canterbury* 88
Checoslováquia, tchecos 22-3, 147-8, 157, 167-8, 247-8, 290, 293-6, 326, 418-9, 513-4, 537
    divisão entre República Tcheca e Eslováquia 66
    e os espetáculos de julgamentos 147-8
    invasão soviética da 436-7, 465-6
Chekhov, Anton 85, 95
Cheltenham, Gloucestershire 227
    Festival Literário 574
Chicago 49, 365, 382, 425, 574
    Ma Bea's (bar de blues) 426
    Universidade de 490
Chicago University Press 543
Childe, V. Gordon 302
Chile 17-20, 107-9, 180, 372, 459, 466, 522, 606
    embaixada britânica 216
    golpe de 1973 386
    movimento da Frente Popular 385
China 85, 291, 415-6, 515, 535-6, 573-4
    arte da 69
    e Hong Kong 571
    Exército Vermelho 384
    Grande Passo à Frente 535-8
Chipre 603
Chirico, Giorgio de 69
Christofias, Demetris (presidente do Chipre) 603
Churchill, lorde Randolph 141
Churchill, sir Winston 194, 197, 209, 220, 440, 481, 501, 528, 537
Cícero 96
Cidade do México 399
"Cinco de Cambridge" 216
Clapham, John (J. H.) 126, 130, 134, 319
Clarke, Walter 141
classes médias, história das 22, 189, 470, 489, 505, 577
classes trabalhadoras 317-21
    "miserabilização" das 129-30, 504-5
    "tosca" e "respeitável" 242
    vida social 449
    ver também proletariado
Claude Butler (firma) 71
Clube da Nova Esquerda 332
Clube Socialista da Universidade de Cambridge 134, 138, 147, 178, 185, 207
    Bulletin 139-40
    lobby de membros do Parlamento 161
Clydeside, ataque alemão a 205
Cnicht (montanha) 392
CNT (sindicato anarquista espanhol) 115
Cobb, Richard 414, 421
Cobban, Alfred 403, 412
Cobden, Richard 381
Cockburn, Claud (como "Frank Pitcairn"), *Reporter in Spain* 136
Cohen, Jack 66
Cohen-Salal, Annie 494
Col d'Aubert 113
Cole, G. D. H. 157, 314-5, 317-8, 333
    e Raymond Postgate, *The Common People 1746-1938* 298, 568
Cole, Margaret 239
Coleman, Donald 403
Coleman, Ornette 345
Coleridge, Samuel Taylor 75,
    A balada do velho marinheiro 30
    Shakespearean Criticism 88
Collini, Stefan 11

Collins, Henry 308, 330
Collins (editora) 526-7
Colômbia 373, 383, 385, 475, 522, 592
colonialismo 298, 447
Colossus, HMS 226
Comprando barulho (filme) 204
Comunismo, britânico 58, 66, 76-8, 80, 85, 122-3, 133-5, 147-50, 209-10, 251-2, 259-70, 307-9, 321-3, 412
  atitude em relação ao jazz 338-40
  Comissão sobre Democracia Interpartidária 324
  Comitê Central 177-8
  Comitê Cultural 289, 292-3, 334
  Comitê de Assuntos Internacionais 366
  Comitê Executivo 324-5, 327-8, 330-1
  Comitê Judaico136-7
  Comitê Nacional de Professores Universitários, Assembleia Geral Anual 332
  comparado à Igreja Católica medieval 333-4
  conferência sobre cultura britânica 339-40
  congresso anual (1956) 322
  congresso anual (1957) 332
  crescimento do 216
  Curso de Verão para Estudantes 171
  Departamento Internacional 292
  e a invasão soviética da Hungria 325-8, 331
  e a música folclórica 339-40
  e a promoção de EJH na Birkbeck 401-2
  e a revolução cubana 366-8
  e a turnê de EJH pela América Latina 384-5
  e acusações contra a Iugoslávia 290
  e pedido de visto de EJH para os Estados Unidos 418-20
  e *The Reasoner* 325
  Grupo de Historiadores (antes: Grupo de Historiadores Marxistas) 295-306, 307-8, 322-3, 324, 327, 329-31, 417-20, 430-2
  história dos primeiros anos 325
  HQ de Londres 212-3, 217, 366-7, 384-5
  intelectuais no 433-4, 443-4, 465-6
  Lichtheim sobre 406-7
  pede afiliação ao Partido Trabalhista 220-1
  Postan sobre 304
  pressiona por um pacto anglo-soviético 167-8
  reação à Segunda Guerra Mundial 176-8, 197
  relação de EJH com 320-2, 426-8, 436-8, 443-4, 467-8, 485-7, 613-5
  rompimento com 512
  stalinismo no 232-3, 295-6, 322, 348-9, 388-9, 400-1, 426-7, 511, 614-5
  Vinen sobre 577-9
  World News (revista do Partido) 292, 322, 324, 327-8
Comunismo, Partido Comunista 10, 12, 30, 83-4, 288-96
  colapso do 477, 511-4, 517, 529-30, 542-3, 592-4
  deposto nos países da Europa Oriental 510-1
  e a Associação Mundial dos Estudantes 171-2
  e o fascismo 41-2, 138-9, 326, 331-3, 466, 543, 552, 554-5
  e o macartismo 220-1, 363-4
  e os estudantes de Cambridge 133-40, 146-8, 242-4, 246-7, 294-5, 334-5
  em Cuba 366, 420-1
  Jovens Comunistas 105, 107-8
  luta pela Segunda Frente 210-1, 216
  na Alemanha 41-53, 76-7, 108-9, 133-4, 137-8, 211-2, 613
  na Checoslováquia 293-6, 435-7
  na Colômbia 383-4
  na Espanha 117, 465-6
  na França 59, 101-9, 112, 133-4, 150, 173-4, 299-30, 308-11, 312-3, 464-5, 544, 547
  na Itália 133-4, 275, 359-60, 400, 406-7, 464-8, 483, 509-10, 614-5
  na Iugoslávia 230-1
  na União Soviética 147-8, 173-4, 321-2, 324, 509-11, 513-4
  no Brasil 382-3
  nos Estados Unidos 364
  proibido nos Estados bálticos 197
  ver também comunismo, britânico
Communist Review 292
Concarneau 174
Concerto da Europa 518
Congo 531, 580
  Crise 371-2
Congresso de Escritores de Madri (1937) 420
Congresso Internacional de Ciências Históricas;
  9º, Paris, 1950 264
  10º, Roma, 1955 302, 306
Congresso para Liberdade Cultural 363
Congreve, William 96
Conquista Normanda 301
Conselho Britânico 421-4
Conselho Britânico para a Democracia Alemã 292-4
Conselho Britânico para Cuba 366
Conselho de Paz 161
conservadorismo cultural 534
Constantina, Argélia 198
contracepção 437
Copenhague 149
Corbishley, Thomas, *Roman Catholicism* 316
Coreia 520, 535, 564
Corino, Karl 44
Corless, Ania 545, 548
Cornford, John 135, 137
Corrick, Jenny 561
Corriere della Sera
Córsega 264
Coudenhove-Kalergi, conde Heinrich von 34
Coward-McCann 648
Cox, Idris 292
Cranwich, Norfolk 191-2
Crashaw, Richard 75
Creighton, Mandell 528
Crewkerne, Somerset 90
Cripps, Stafford 147
críquete 55, 57, 207
crise geral (século XVII) 9
Cristianismo 22
Croácia 515, 520
Crosshaiboui 70
Crossick, Geoffrey 13, 399-400
Croxteth Hall, Liverpool 205
Cruzadas 252
Cuba 366, 372, 383-4, 418-21
  crise dos mísseis 373, 379-82
  invasão da baía dos Porcos 366-7
  Revolução Cubana 366, 385-6
cultura popular 336-7
  de Paris 118
  EJH e 346-9, 352, 449, 505-6, 534-5, 565, 612
  em Tenerife 347-8
  italiana 347-8
Cutty Sark (veleiro) 394

Daily Express 83
Daily Mail 78, 169

Daily Telegraph 228, 269, 271, 525, 537
Daily Worker (depois *Morning Star*) 136, 149, 184, 210, 292, 322-4, 326-7, 335, 478, 606
Dakin, Douglas 401-2, 405
Daley, Richard J. 426, 573
Dalí, Salvador 108
Dalyell, Tam 283
Dankworth, John 657
Dante Alighieri 96
Danúbio, rio 290
Daqui a cem anos (filme) 83
Darlington, R. R. 401-2, 404-5
    como "sepulcro esbranquiçado" (Annan) 451-2, 668
Dartmoor 70
Dave Brubeck Quartet 345
Davey, Kevin 534
Darwin, Charles 67
David, Elizabeth 577
David Higham Associates (agência literária) 13, 527, 545, 597
David Paradine Productions 418
Davies, Bill 516
Davin, Anna 503
Davis, David Brion 449
Davis, Miles 345, 365
Day-Lewis, Cecil 75
De Felice, Renzo 543
De Jong, Rudolf 386
Debacle de Wall Street 41
Decca Record Company 248
Decreto de Publicações Obscenas 404
Defoe, Daniel 497
Dekker, Thomas 85
democracia:
    burguês 63
    decadência da 591-2
    disseminação da 534-5, 536-7
    EJH sobre a 251-2, 516, 533-4, 555-6
    industrial 423-4
    na Checoslováquia 294-5
    na Alemanha 37, 49-8, 250
    na França 541-2
    na Itália 466
    nacionalismo e 533-4
    no Brasil 539-40
    no Partido Comunista 232-3, 322-3, 324-8
    no Peru 474-5
    Noel Annan sobre a luta pela 126-7
    Vietnã e a 424-5
Democracia Cristã (Itália) 512
Democratas Liberais (Reino Unido) 488, 582
demonstrações contra imposto único 488
Departamento de Pesquisas Trabalhistas 137, 230
Depressão 45, 102, 160, 265, 286, 305, 313
Der Schulkampf 43, 46,
desarmamento nuclear 482
determinismo econômico 240, 567, 569, 581
Deutsch, André 371
Deutscher, Isaac 333, 335
Devlin, William 59
Devon 71, 174, 210, 277
Dia da Queda de Bastilha 106
Diamond, Dorothy 292-4
Dickens, A. G. 440-1
Dieppe 175
Dinamarca 459
Distillers 463
distrito eleitoral de Brecon e Radnorshire 582

distúrbios do "Capitão Swing" 412-5, 443
Do the Green Thing 561
Dobb, Maurice, *Studies in the Development of Capitalism* [*A evolução do capitalismo*] 297
Dobbs, Farrell 66, 269
Döblin, Alfred, *Berlin Alexanderplatz* 75
Documents on Foreign Policy 402
Dodd, Jack 140-1
Doha, Qatar, Museu de Arte Islâmica 598
Domingo (em Sevilha) 279-81
Donini, Ambrogio 275
Donne, John 75, 88, 90
Doonan, Simon 563
Doriot, Jacques 104
Dorset 71, 219
Dos Passos, John 75, 88
Dostoievski, Fyodor 91
    Crime and Punishment [*Crime e castigo*] 144
    The Brothers Karamazov [*Os Irmãos Karamazov*] 598
Douglas Brown, George, *The House with the Green Shutters* 204
Douglas, Kirk 371
Dover, sir Kenneth 454-5
Dover Wilson, John 60
Drancy, France 247
Dryden, John 85, 88
Dubček, Alexander 436
Duby, Georges 559
Duncanson, Dennis 425
Dunquerque 197, 209-10
Dunscombe Manor, Sidmouth, Devon 90
Durance, rio 153-4
Duranty, Walter 550
    Duranty Reports Russia 68
Dworkin, Ronald e Betsy 554
Dylan, Bob 347, 365, 373
Dzerzhinsky, Felix 215

Easter, cabo 183
Eban, Aubrey (Abba) e Susie 554
Economic History Review 241-3, 265, 305, 313, 319-20
Eden, sir Anthony 142, 161
Edgware 56, 86, 93-4, 96
Éditions Complexe 546, 549
Editorial Inteligence 560
Eduardo VIII, rei (antes príncipe de Gales)94
Effenberger, Bertl 31
Effenberger, Frau 31-3, 35
Egito 15, 18-20, 25, 397
    Serviço Postal e Telegráfico 18
Ehrenbreitstein 28
Ehrenreich, Barbara 564
Eichendorff, Joseph Freiherr von 34
Einaudi, Giulio 465, 546
Einstein, Albert 171
Ekk, Nikolai 68
eleições gerais, na Grã-Bretanha:
    (1906) 237
    (1931) 77
    (1935); 122-3
    (1945); 231-3
    (1983); 482-4
    (1987); 487-8
    (1992); 488-9
    (1997) 488, 560
Eley, Geoff 611
Elgar, Edward 189
Elias, Norbert, *O processo civilizador* 162

Eliot, T. S. 85
The Waste Land [*A terra devastada*] 59, 246
Elizabeth II, rainha 453, 524, 540
Elizabeth, rainha, a rainha-mãe 127
Ellington, Duke 94, 345, 352
Elliott, Gregory 592
Ellsberg, Daniel 285
Éluard, Paul 108
empirismo 430
Encounter revista 404
Engels, Friedrich 67, 96, 118, 427-9, 443, 507, 518, 563
  Anti-Dühring 66
  The Development of Socialism from Utopia to Science [*O desenvolvimento do socialismo da utopia à ciência*] 66
  The Origin of the Family, Private Property, and the State [*A origem da família, da propriedade privada e do Estado*] 66
  traduções das obras 170
  ver também Marx, Karl e Friedrich Engels
English Historical Review 189, 303
Ensor, Robert 237-8
Enzensberger, Hans Magnus 420
Epsom, Surrey, Cartório de Registro 225
Epstein, Barbara 554
Ernst, Max 16, 69, 108
Erwood, Powys 521-2
Escócia 203, 410-2, 523
escola Bielefeld 611
escoteiros 32-3, 48-9, 70, 188, 613
  Congresso Mundial de Escoteiros (1929) 29
Escudero, Antonio Martín 117
Eslovênia 438
Espanha:
  anarquistas na 117, 150-1, 361-2
  bandidos na 416-7
  Clube de Apoiadores de Greves 273
  como ditadura pós-fascista 272-3
  comunismo na 117, 465-6
  EJH na 113-6, 272-5, 277-81, 287-8, 305-6, 587-8, 601
  Frente Popular 84, 100-2, 486-7
  música flamenga 347-8
  nacionalismo na 533-4
  nacionalistas 116-7
  Partido dos Trabalhadores Socialistas 483
  pobreza na 272-5
  republicanos 116-7, 133, 142, 143, 146, 150, 272-3, 332
esporte 39, 122, 186, 209, 571
Ésquilo 85, 93
Estados Unidos da América 16-7, 98-9, 219-1, 424-7, 537
  Academia Americana de Artes e Ciências 451
  ameríndios 312
  arte e literatura nos 139-40
  CIA (Agência Central de Inteligência) 321-2, 363-4, 366-7
  cobertura de *A era dos extremos* 535-6
  como aliados da Espanha 272-3
  Declaração de Independência 568-9
  Decreto de Imigração e Nacionalidade 419
  Departamento de Estado 294-5
  Depressão 98-9
  direitos civis nos 420-1, 577-8
  e a BBC 424-5
  e a Guerra do Vietnã 423-5
  e a Guerra Fria 538
  e a máfia 417-8
  e a ocupação de Berlim 250
  e a Revolução Cubana 366-8, 373, 381-2
  e a União Soviética 250
  e o Brasil 382-3
  e o Chile 385-7
  e o comunismo 417-8
  editoras dos 593-4
  EJH convidado para 459
  EJH nos 364-6, 425-7
  EJH sobre 220-1, 537-8
  emigrantes judeus 16-7
  Estudantes por uma Sociedade Democrática 419
  FBI (Bureau Federal de Investigação) 364-5, 418-21, 517
  Guerra Civil 447, 507-8
  Guerra de Independência 377-8
  História 449
  Instituto de Estudos Marxistas 419
  invasão do Iraque 572-3
  "megalomania" da política exterior 591-2
  raízes do jazz nos 345, 354
  Revolução Americana 134-5
  Smith Act (Decreto de Registro de Estrangeiros) 649
  soldados 213, 217
  Universidade Princeton 386
  vendas dos livros de EJH 499-500
  visita de EJH aos 363-6
  Yale University 386
Estônia 197, 511
Estrada de Ferro da Birmânia 208
Etiópia 511
Eton College, Berkshire 122, 283-4, 343
Eurípides 93
Eurocentrismo 449, 534
Eurocomunismo 10, 401, 465, 468
Evening Standard 595
Everything (empresa de software) 561
Executiva Britânica de Operações Especiais (SOE) 138
Exército britânico:
  Bulford, Salisbury Plain 208, 212, 217
  campo da Divisão Blindada da Guarda, Wincanton 216
  Campo dos Engenheiros Reais 181, 208
  Corpo de Artilharia Real 219
  Corpo de Blindados 215
  Corpo de Blindados Real, Bovington 219, 226-7
  Corpo de Inteligência 210-1, 215
  Corpo de Sapadores do Exército 209-10
  Corpo de Sinaleiros Real 215
  Corpo Educacional do Exército 207-9, 217, 225-6, 229-32, 252-4
  Escola de Educação do Exército 208-9
  Guarda Coldstream 221
  Guarda Escocesa 215
  Guarda Galesa 215-6
  Guardas 213, 215
  nos anos 1940 12
  reservistas do exército 233-4
  Serviço de Informação Móvel do Exército 212

Faber & Faber 355
fabianistas, Sociedade Fabianista 150, 235-7, 239, 241, 339, 354, 406-7
Faculdade de Economia de Londres (LSE) 71, 129, 142, 156, 160, 221, 240, 453, 518
  Biblioteca 161, 239
  Coleção Webb 239
  realocação para Cambridge 161-2
  Sociedade de História Econômica 318, 405, 611

Faixa de Gaza 585
Falber, Reuben 329
família Friedmann 18, 21, 30, 43, 247
família Gold 21
família Grün 18, 21-3, 35
família Hobsbaum 16
família Molyneux 205
família Strachey 391
Fanton, Jonathan 556
Farquhar, George 96
fascismo:
    disseminação do 67, 134-5, 543-4
    e capitalismo 126-7
    e os intelectuais 420-1, 525
    EJH sobre 67-8, 101-4, 135-6, 176-7, 191-2, 533-4, 537, 541-2
    na Itália 546-7
    ver também comunismo, Partido Comunista e fascismo
Fawkes, Wally ("Trog") 343
Fayard (editora) 545
Febvre, Lucien 132, 302
Federação Nacional do Jazz 354
Fekete, Arpad (György Adam) 158
Ferguson, Niall 521, 53, 582, 603
    A guerra do mundo: a era do ódio na história 581
Ferns, Harry 140
Ferro, Marc 544
Ferrovia de Corris Railway 662
Fessier, Michael, *Fully Dressed and in His Right Mind* 97
Festival Mundial da Juventude (Praga, 1947) 294
Feuchtwanger, Lion, *The Oppermanns* 75
feudalismo, e capitalismo 63, 69, 98, 299, 303-4, 427, 467
Field, Geoffrey 505
Fielding, Henry, *Tom Jones* 88
Fields, Gracie 371
Figes, Orlando 523-4
Filadélfia 561
Filipinas 248
Financial Times 561
Finkielkraut, Alain 547
Finlândia: Os fatos (panfleto comunista) 178
Finlândia 173 ,178-9, 423, 520
    Guerra Civil Finlandesa 190
Finley, Moses 304
Fischer, Balduin 36-7
Fischer, Ernst 379
Fischer, Joschka 589
Fischer, Louis, *Men and Politics* 215
Fishman, Nina 524
Flanders, Allen, *Trade Unions* 316
Flaubert, Gustave 82, 360
FLIP (festival literário) 541
Florença 275, 307, 464
Florence, Peter 521-2, 541
Flórida 366
Floud, Bernard 405
Floud, Roderick 13, 390, 395, 405-6, 461, 489, 581, 609-10
Folha de S.Paulo (jornal) 540
Folkestone, Kent 53, 56
Foner, Eric 13, 459, 491-2
Fontana, História da Europa (série) 413
Foot, Michael 367, 388, 480-1, 483, 502
Força Aérea Real 177, 186, 233
Ford, John 85
Forest Green, Surrey 70
formalismo 140

Formby, George 146
Forster, E. M. 245-6
Fort National, Argélia (Larbaâ Nath Irathen) 165
Foster, Roy 13, 458, 497-8, 509, 522, 580-1, 586, 607, 610
Fox-Genovese, Elizabeth (Betsey) 459, 557
França:
    acontecimentos de maio de 1968 433-8, 539-4, 567-8
    antissemitismo na 310-1
    arte e literatura na 139-40
    burguesia na 480-1
    como inimiga da Alemanha 36
    como modelo político 585-6
    controvérsia sobre o livro de Furet 542-3
    convidados de EJH 459
    democracia na 541-2
    derrota na Segunda Guerra Mundial 196-8
    e a ocupação de Berlim 250
    e a Primeira Guerra Mundial 18-9
    e o Norte da África 163-7
    EJH invoca como modelo 483, 485-6
    EJH na 173-6, 305-6, 308-11, 587-9
    Frente Popular 10, 100-10, 113-4, 157-8, 486-7
    história econômica 541-2
    imperialismo na 169-70
    industrialização da 480-1
    Jovens Comunistas 105, 108
    ligações de EJH com 464-5, 509-10, 572
    marxistas na 430-1
    ocupação nazista 47-8, 541-2
    Organisation Armée Secrète (OAS) 312-4
    Partido Comunista 59, 101-9, 112, 133-4, 150, 173--4, 299-300, 308-13, 464-5, 544-5, 547-8
    Partido Popular 104-5
    Partido Socialista 103-4, 106-7, 157-8, 483
    Pirineus 110-8
    Reação do Termidor 541-2
    regime de Vichy 312-3, 541-2
    Resistência 308-9
    Senado 587-9
    Terror 220, 541-2
    ver também Revolução Francesa
França Livre 228
Franco, Francisco 108, 161, 272-4, 416
Frankenstein (filme) 35
Frankfurt; Feira de Livros 464, 573
Frayn, Michael 459, 582
Frederico, o Grande, rei da Prússia 40
Free Corps 185
Freeman, John 348
Freie deutsche Jugend 210
Frente Popular 10, 80, 84, 101, 103, 105, 108, 110, 114, 119, 151, 157, 220, 292, 385, 466, 486, 543
Freud, Lucien 391
Freud, Sigmund 69, 156, 268
Fridenson, Patrick 13, 459, 469-70, 511
Friedlander, Judith 13, 554-6
Friedmann, 30, 247
Friedmann (depois Bell), Herta 30, 247-8
Friedmann, Julie 247
Friedmann, Otto (depois Etan Dror) 30, 43, 248
Friedmann, Richard 247
Friedmann, Viktor 30, 247
Friends of Highgate Cemetery Trust 608
Frisby (professor do ensino médio) 58
Frishman, Martin 357, 373
Frost, David 418
Fuentes, Carlos 554

Fundação Rockefeller 373, 382
Fundo Monetário Internacional 564
Furbank, P. N. 246, 497
Furet, François 309, 543-5, 547-8
   O passado de uma ilusão: ensaio sobre a ideia comunista no século XX 542
Gaitskell, Hugh 323-4
Gallagher, Jack 246
Gallimard (editora) 519-20, 543, 546
Galsworthy, John 59
Galtieri, Leopoldo 481
Gandhi, Indira 125
Gandy, Robin 246, 391
García Márquez, Gabriel 530
Gardiner, Juliet 502, 526
Garner, Erroll 345
Gash, Norman 454
Gasparian, Marcus 13, 540
Gaster, Jack 276-7, 315, 317
Gaulle, Charles de 228, 435
General Belgrano, ARA 481
Genebra, Universidade de 401
genocídio 247, 252, 515, 538, 585
Gênova, Teatro Carlo Felice 523
Genovese, Eugene D. 459, 536, 556-7, 615
George III, rei 379
George IV, rei 379
George V, rei 24
George VI, rei 127, 141
Geórgia (país) 249, 512
Geórgia do Sul 481
Gera, Turíngia 153
"geração Hobsbawm" 615
Gestapo 40, 53, 109
Gibbon, Edward 612
   Decline and Fall of the Roman Empire [*Declínio e queda do Império Romano*] 96
Gibbons, Lewis Grassic, *Cloud Howe* 204
Gibbons, David ("Danny") 641
Gibson, Walter 637
Gielgud, John 88
Gigli, Beniamino 347
Gil, Gilberto 541
Gilbert, Sir Martin 537
   Historia do século XX 528-9
Gillespie, Dizzy 345
Gilliatt, Penelope 367
Gimson, Andrew 525
Ginzburg, Carlo 459
Giono, Jean 118, 151-3
Giraudoux, Jean 258
Girbau, Vicente 308
Giuliano, Salvatore 467
Gladstone, W. E. 143, 448
glasnot 510
Gleason, Ralph 365
globalização 523, 565, 583, 591-2, 604
Gloucester, hospital militar 227-30, 232, 259
Glover, Edward 13, 397
Gluckman, Max 360
Goebbels, Joseph 42
Goethe, Johann Wolfgang von 37, 96
Gog Magog Hills, Cambridgeshire 188
Gogol, Nikolai 91
Gold, Franz 619
Goldmann, Lucien 309
Goldmann, Marcelle 153
Gollan, John 324, 328-9, 332-4, 402

González, Felipe 483
Goodwin, Albert 360, 367
Goodwin, Clive 366-7
Goodwin, Jeff 553
Goody, Jack 470
Gopal, Sarvepalli 420-1
Gorbachev, Mikhail 510-1, 588
Gordon, Andrew 13, 597
Gott, Richard 549, 607
Göttingen 464, 470
Goubert, Pierre 302-3
Grã-Bretanha:
   Academia Britânica 451
   Comitê Conjunto de Inteligência 251
   como aliada da Espanha 272-3
   "decadência" da 410
   desfiles do Dia do Trabalho 77
   e a ocupação de Berlim 250
   fascismo na 134-5
   governo de coalisão 194, 220
   história do trabalhismo 62-3, 239-42, 406-7
   Junta Comercial 62, 221, 225-6, 293-4
   lei de divórcio 276
   Ministério Britânico de Desenvolvimento no Exterior 423-4
   Ministério do Exterior 250-2, 398, 423-5
   Ministério do Trabalho 70-1
   na Primeira Guerra Mundial 18-9
   no fim dos anos 1920/início dos anos 1930 40-1
   Parlamento 95-6
   sectarismo religioso na 361-2
   serviço público 234, 307-8
   ver também Exército britânico; Inteligência do Exército Britânico (MI5)
Gramsci, Antonio 360, 400, 467-8, 478, 480
Granby, marquês de 147
Grande, Lise 13, 529-31, 553, 560, 601, 605, 612
Grange-over-Sands, Netherwood Hotel 298
Grant, Arthur James e H. W. V. Temperley, *Europe in the Nineteenth and Twentieth Century* 377
Grant, Betty 327, 330
Grant, Michael, *Gladiators* 415
Grantchester, Cambridgeshire 193
   Byron's Pool 123
Granz, Norman 346
Great Missenden, Buckinghamshire 91
Great Yarmouth, Norfolk 195, 199, 203
Grécia, antiga:
   cultura 64
   teatro 84, 93
Green, Benny 57
Greens Norton, Northamptonshire 907
Greenwood, Arthur 174
grego (idioma) 36-9, 58, 190, 355, 450, 545
Gregory, Adrian 577, 592
Greig, Ramsden 354
greve de mineiros 486
Grey, sir Edward 19
Grieg, Edvard 589
Griffiths, tenente 192, 194, 198
Groelândia 35
Groh, Dieter 459, 469-70
Gross, John 415
Grün, Albert 18
Grün, Ernestine (nascida Friedmann) 35
Grün, Marianne (Mimi) 21
Grün, Moritz 18
Grunberger, Richard 624

Grupo Bloomsbury 392
Grupo de História Social (Oxford) 404
Grupo Little, Brown Book 13-4, 566, 591-3, 597
    Abacus (livros em formato brochura) 566-7, 591
Guadalquivir, rio 278, 280
Guardian 286, 370, 485, 523, 578, 584, 597, 606
    livraria on-line 594
    suplemento San Serriffe 146
Guareschi, Giovanni, *The Little World of Don Camillo* [*Don Camilo e seu pequeno mundo*] 669
Guerra Civil (Reino Unido) 85, 440
Guerra Civil Espanhola 10, 44, 108, 115, 135, 142, 144, 147, 150, 157, 161, 211, 272-3, 280, 332, 524-5, 537
Guerra da Coreia 293, 307
Guerra do "Inverno" Russo-Finlandesa 178, 190
Guerra do Sudão 214
Guerra do Vietnã 285, 400, 419, 424-5, 516, 535
    manifestações contra em Londres (1968) 424
Guerra dos Bôeres 214
Guerra dos Trinta Anos 252, 398
Guerra Fria 10, 251-2, 256, 259-60, 272, 290, 295, 305, 317, 363, 434, 538, 548, 551, 576, 603
Guerra Anglo-Zulu 214
Guerras Napoleônicas 379
Guevara, Ernesto "Che" 135, 368, 385, 564-5
Guilherme II, imperador da Alemanha 37
Guingamp 174
Guitry, Sacha 144
Gupta, Indrajit (Sonny) 139
Gwenddwr, Powys 521, 582, 610
    Gwenddwr Show 522

Habakkuk, H. J. 147, 404
Hadid, Zaha 594
haiduks 416
Haile Selassie, imperador da Abissínia 60
Haksar, P. N. 172
Haldane, J. B. S. 143
Halensee 46
Haley, Bill 347
Hall, Catherine 503-4
Hall, Stuart 332
Halle, David 437
Hamas 585
Hamburgo 16, 86-7, 464
Hamilton, Richard 348
Hamish Hamilton 526
Hammamet 164
Hammond, J. L. e Barbara (historiadores) 414
Hammond, John 365
Hardy, Thomas 91, 96
Hari, Johann 576
HarperCollins 527, 529, 571
Harris (professor da King's College) 292
Harrison, J. F. C. 446, 448
Hartwell, Max 320
Hase, Karl-Günther von 36
Hašek, Jaroslav, *The Good Soldier Schweik* [*As aventuras do bom soldado Svejk*] 259
Haselgrove, Norman 123, 135
Haskell, Francis 395, 453, 470, 495, 581
Haskell, Larissa 395
Haskins, Susan 462
Hattersley, Roy 483-4
Haupt, Georges 469-70
Havana, Cuba 366, 369, 420
    antigo Hilton Hotel 368

Instituto de Etnologia e Folclore subúrbio de Guanabacoa 368
Hay, Lorna 176, 206
Hay-on-Wye, Powys, Festival de Música e Literatura de Hay 521-2, 582, 600
Haydn, Joseph 589
Hayter, William 251
Hazlitt, William 58
Healey, Denis 480
Healy, Gerry 437
Hearst, William Randolph 489
Heath, Edward 505
Heckert, Fritz 53
Hedin, Sven 629
Hegel, Georg Wilhelm Friedrich 430
hegemonia 467-8, 505-9, 555-6
Heine, Heinrich 34, 75
Heinemann, Margot 137-8, 157-8, 228, 230, 264
Heinemann (editora) 526-7
helenismo 63
Heller, Clemens 13, 469
Helouan (navio a vapor) 20
Helsinki, Instituto Mundial para o Desenvolvimento de Pesquisas Econômicas da Universidade da Organização das Nações Unidas 501, 516
Hemingway, Ernest, *A Farewell to Arms* [*Adeus às armas*] 97
Henderson, William Otto 318
Hennessy, Peter 574
Henrique, o Passarinheiro, rei da França Oriental 37
Henry, Faith 648
Herbert, George 75
Hergé:
    The Crab with the Golden Claws [*O caranguejo das garras de ouro*] 307
    Tintin 307
Herman, David 551
Hermlin, Stephan (originalmente Rudolf Leder), *Abendlicht* 44
Hewitt, Patricia 485
Heywood, Thomas 85
Hibbert, Christopher, *Highwaymen* 415
High Wycombe 250
Higham, David 13, 363, 407-8, 415-6, 439-42, 460-1, 527, 545, 565, 597
Hill, Christopher:
    como professor emérito da Balliol 576-7
    como radialista 256-7
    e Grupo de Historiadores do Partido Comunista 301, 322, 324, 327, 331
    e o Corpo de Inteligência 638
    formação 136-7
    influência de 587-8
    na conferência de historiadores marxistas 299-300
    morte 581
    publicações de 407, 417-8, 493
    sai do Partido Comunista 332
Hilton, Matthew 611
Hilton, Rodney 137, 257, 298-9, 301, 327, 331, 333, 418, 495, 581
Himmelfarb, Gertrude 504
Hindenburg, Paul von 48, 51
Hines, Chester 534
Hingley, Ronald, *Nihilists* 415
Hinrichs, August, *Krach um Jolanthe* 39
Hirshon, Dorothy 489
história cultural 381
história do trabalhismo 61-3, 239, 296, 399, 401, 406-7, 461, 497-8, 553

seminários sobre 470
história social 17, 129, 242-3, 260, 264, 281, 305, 320, 349-50, 353, 359, 399, 403-4, 407, 411, 418, 422, 438-9, 469-70, 491, 499, 578, 611
historiografia 264, 303, 395, 497, 503, 566, 611
na Grã-Bretanha 399, 418
History Today 318
History Workshop Journal 432-3, 503
Hitchcock, Alfred 145
Hitchens, Christopher 521
Hitler, Adolf:
  ameaça contra a Polônia 167-8, 172-4
  ameaça de invadir a Checoslováquia 146-7, 167-8
  Chamberlain e 160-1
  como ditador militar 481-2
  como figura obscura 41-2
  e Auschwitz 538
  e Israel 583-4
  e o nacionalismo 518
  e o Pacto Molotov-Ribbentrop 172-4
  EJH sobre 50-1, 59-60, 68, 95-6, 154, 171-2, 190-1, 199, 549-50, 594-5
  invasão da Áustria 370-1
  invasão da Checoslováquia 167-8
  invasão da Polônia 173-5
  lidera a marcha nazista 47-8
  medidas ditatoriais 51-4
  Meinecke e 256
  nomeado chanceler da Alemanha 39, 47-9
  perseguição de comunistas e social-democratas 51-3
  prisões e execuções 83
  soldados britânicos sobre 189-90, 205-6
  ver também Partido Nazista, regime nazista
Hobbes, Thomas 128
  Leviathan [Leviatã] 96
Hobsbaum, Aaron (Ernest) 16
  Cross and Crescent 18
  Draper's Hall 18
Hobsbaum, Angela 13, 307
Hobsbaum, Bella 28
Hobsbaum, Bettina (Betty) 167
Hobsbaum, David (originalmente Obstbaum) 16
Hobsbaum, Eric (filho de Isaac) 19
Hobsbaum, Grete (Gretl, nascida Grün) 21
Hobsbaum, Henry (Harry) 17
Hobsbaum, Isaac ("Berk" ou "Ike") 17-9, 167
Hobsbaum, Jeanne (nascida Claeys) 18
Hobsbaum, Leopold (Percy) 17
Hobsbaum, Lillian ("Gun", nascida Cannon) 226
Hobsbaum (originalmente Kaufmann), Lily 249
Hobsbaum, Louis 16-7
Hobsbaum, Millie 16-7
Hobsbaum, Nelly (nascida Grün) 18-23, 25-7, 29-35
Hobsbaum, Peter 21, 27-8, 30, 47, 53, 64, 89-90, 92, 95, 157, 167-8, 225, 250
Hobsbaum, Philip (mais velho) 16-7
Hobsbaum, Philip (mais novo) 16, 248
Hobsbaum, Roland (Ron ou Hobby):
  Casamento 160, 225-6
  cartas de EJH para 38-9, 101-3, 106-11, 120-1, 126--7, 143-4, 148-51, 156-7, 160-4, 168-70, 171, 172-4, 202-4, 208-9, 218, 222-3, 225-8
  continuando a amizade com EJH 17, 30, 65, 84, 307-8, 394, 581
  discussões políticas com EJH 76, 93
  e o Partido Trabalhista 76, 93
  emprego no Ministério do Trabalho 160
  emprego no Museu de História Natural 56

excursões de bicicleta com EJH 69-72, 89-92
grafia do sobrenome 19
livros presenteados por EJH a 93, 138-9
manda dinheiro para EJH 205-6, 225-6
morte 581
na escola 55, 59-60
na manifestação do Dia do Trabalho no Hyde Park 150
na Marinha Real 225-7
suspeito de ser espião comunista 216
Hobsbaum, Rosa (nascida Berkoltz) 16-7
Hobsbaum, Solomon (Sidney):
  cartas de EJH para 29-30
  casamento com Gretl 21-2
  com Gretl, cuida de EJH e de Nancy 30-3
  como guardião de EJH e Nancy 35-6
  como homem de negócios 18, 83
  conflitos com EJH 89-92, 99
  e a morte de Gretl 101
  e a viagem de EJH a Paris em 1937 151
  e Nancy 31
  e Nelly 29
  em Paris com EJH 100-2, 105-8
  emigração para o Chile com Peter e Nancy 167-9, 183-4
  falta de interesse por cultura e política 65
  influência sobre EJH 17
  leva EJH a estúdio cinematográfico 83
  ligação de EJH com 79, 87-9, 225-6
  muda-se para Edgware 92-4
  muda-se para Londres 55, 64, 66
  opõe-se ao interesse de EJH por política 78-9
  perde emprego e se muda para Barcelona com Gretl 47
  segundo casamento e morte 249
  volta a Berlim 53
Hobsbawm (depois Marchesi), Nancy:
  aposentadoria em Menorca 394, 562
  cidadania britânica 21-2
  e a identidade judaica 249
  e o incêndio do Reichstag 50-2
  EJH a visita em Malta 307-8
  EJH sobre 65, 89-90
  em Berlim com Sidney e Gretl 31, 33, 46-7, 49-51
  em Londres 65
  morte 562-3
  na embaixada britânica, Montevidéu 248
  relação com EJH 65, 91-5, 183-4, 225-6, 268, 393-4, 596-7
  relação e casamento com Victor Marchesi 248-9, 268
  sobre a aparência de EJH 370
  suspeita de ser espiã comunista 216
  volta à Inglaterra 249, 562
Hobsbawm, Andy 13-4, 387, 389, 391, 393, 460, 560-1, 579, 602, 606-8, 610
Hobsbawm, Eric John Ernest:
  CARÁTER, PERSONALIDADE E OPINIÕES
    acreditou ser homossexual 291
    acusado de revisionismo 290-1
    amor pela arte islâmica 599-600
    amor pela natureza e pelo campo 34-5, 38-9, 69-72, 74, 93, 100-1, 196
    amor por histórias policiais 23-4, 84, 98-9, 534-5
    aparência e personalidade 123-4, 132-3, 213, 306-7, 513-4, 609
    apoio ao regime de Dubček na Checoslováquia 436-7
    apreensões sobre e alienação do Partido Comunista do Reino Unido 320-2, 426-8, 436-7, 443-4, 485-7,

613-5
"autobiografia do partido" 288-9
aversão à cultura popular 346-9, 505-6, 534-5, 567-8, 612
bilíngue 24-6
cenário do sonho na Argélia 198-9
como avô 588-9
como bom ouvinte 369-70, 397-8
como ciclista 55-6, 69-72
como colaborador de periódicos "burgueses" 292
como escritor de *sketches* e poesia no exército 200-3, 206-7
como fumante 217
como "Jeremias" 536-7
como "justificador do mal" 576-7
como leitor voraz 23-6, 30, 39, 59, 74-5, 84-5, 88, 94-9, 118-9, 200, 202-3, 578-9
como pai de Andy e Julia 388-92, 394, 509-10
como poeta 63, 196, 223, 227-8
como político pragmático 320-2
como professor 281-4
como professor e supervisor de estudantes em Birkbeck 259-62, 264-5, 274-5, 293-4, 305-6, 343, 358-9, 375-6, 410, 443-4, 490
como professor e supervisor de estudantes na King's 281-8
conflito entre marxismo e fato histórico em seu pensamento 508-9
conhecimento de línguas 75, 94-5, 118-9, 272-3, 275, 279, 522
conselho a Raphael Samuel 432-3
considera brevemente o suicídio 265-7
considerado uma "personagem perigosa" 329-31
continua a amizade com o primo Ron 307-9, 394
   ver também Hobsbaum, Roland (Ron ou Hobby)
conversa pessoal e conversa fiada 580
correspondência com John le Carré sobre o uso de seu nome em um romance 455-8
crítico de Arthur Scargill 486-7
defensivo sobre fidelidade ao Partido Comunista e à União Soviética 549-52, 571
definindo-se como intelectual 75-6
descreve a vida no exército e grava de cor o sargento-instrutor 181-4
descrição de seu escritório 578-80
desenvolve interesse por história 98-100
despesas lançadas como freelancer 461-3
discute a história marxista 422-3
dissuade Donald Sassoon de ingressar no Partido Comunista 400-1
e a censura 388-9
e a história americana 449
e a identidade judaica 152, 201-2, 213, 585, 606
e a morte de Nancy 562-3
e a música clássica 549-50, 606-7, 612
e Antonio Gramsci 467-8
e as artes visuais 68-70, 101-2, 612
e as tradições britânicas 450
e ilustração de Félicien Rops 503-4
e Israel 583-6
e judeus e o judaísmo 22-4, 39, 44-5, 201-2, 583-5, 593-4
e o banditismo 359-63, 611-2
e o debate sobre a máfia 466-7
e o idioma francês 94-5, 118-9, 162-3, 308-9
e o marxismo 63-4, 66-8, 76-7, 82-4, 94-5, 97-8, 101-2, 103-4, 130-1, 235, 427-31, 437-9, 443-4, 469-
70, 534-5, 567-70, 602-3, 613-5
e o Partido Comunista Italiano 512, 614-5
e Picasso 69, 505-6, 568-9
e Sartre 309-10
envolvimento com a *Past & Present* 494-7
escolha de música no *Desert Island Discs* 549-50, 607
estuda dramaturgia 84-5
estudo de obras clássicas de marxistas 66-8
falta de interesse histórico em mulheres e no feminismo 612-3
falta de interesse na África subsaariana 612
fantasias sobre a revolução 86-7
fascinação pela linguagem 566
fidelidade ao Partido Trabalhista 485-7, 614-5
finanças pessoais 461-4
frugalidade 461-2
ignorante sobre a vigilância do MI5 220, 227-8
impaciência com o politicamente correto 554-6
impraticabilidade 91-2, 459-60, 579-81
influências francesas para escrever sobre história 379-80
instruções para o próprio evento memorial 610
interesse em arte 68-70, 101-2, 599-600, 612
interesse por camponeses 111-2, 165-6, 300-1, 359--62, 378-87, 400, 417-8, 506-7
interesse por filmes estrangeiros 143-5
isolamento na King's College 304-6
jantares na Nassington Road 388-9, 459-60, 468-9, 560-1, 579-80, 600
ligações com a França 465-5, 509-10, 572
melancolia sobre o futuro com a queda do comunismo 512-5
menções a Joss Bennathan em autobiografia 573
menções a Marlene em autobiografia 572
mudando a visão da história 566-7
mulheres, comentários sobre e atitudes 80-3, 101-2, 264-5, 308-9, 327-8, 421-2, 556-8, 579-80, 612-3
mulheres, sobre as relações com 2698-70, 356-9
não gosta de rock and roll 346-9
não um ativista político 79, 269-70, 477, 488-9, 613
não um militante comunista 228, 291-2, 305-6, 477, 613-5
paixão pelo jazz 94, 248-9, 307-8, 336-59, 362-3, 396-7, 421-2, 492, 534-5, 549-50, 579-81, 608, 613
participa de jogos e esportes 185-6
planeja escrever "literatura proletária" 199
planeja o próprio funeral 606
pontos cegos nos conhecimentos 612
"posso fazer tudo" 170-1
preocupação com a própria aparência 295-6
preocupação com a venda de seus livros 498-500
previsões sobre a Europa Oriental e Centro-Oriental 511-3
primeiras impressões sobre Cambridge e a King's College 120-3
primeiros heróis de 85
proximidade com o Partido Comunista Italiano 464-8, 576-8
qualidades como escritor 614-5
recusa a compilar índice remissivo 495-6
registra gíria e expressões usadas no exército 186-7
relação com Bruce Hunter 460-2
relação com Hélène Berghauer 310-4, 335-6, 362-3, 464-5
relação com Marion Bennathan 335-7, 362-3
relação com Marlene 443-4, 458-62, 464-5, 509-10,

527-8, 579-80, 609, 613
relação com Muriel Seaman 221-6, 263-4, 270-1,
  362-3, 579-80, 613, 646
relação com Nancy 65, 91-3, 95-6, 183-4, 225-6,
  268, 393, 596-7
relação com os pais 23-6, 33-5, 65
relações sociais com alunos 286-8
relutância a comentar sobre o genocídio nazista de
  judeus 251-3, 545-6
repreendido por historiadoras feministas 503-4
reputação pela inteligência em Cambridge 125-6
retratado como personagem por escritor anônimo
  170-1
roupas casuais 281, 288, 373
"sabe sobre tudo" 125-6
sobre a Alemanha 154
sobre a América Latina 383-5, 474-7
sobre a aposentadoria de Bruce Hunter 596-8
sobre a arte moderna 68-70, 505-6, 567
sobre a ausência de racismo em clubes de jazz 346-7
sobre a Birkbeck 259-61, 491, 610
sobre a Bolívia 383-4
sobre a Britânia 173-4
sobre a burguesia 189-90, 377-8, 505-8, 516, 593-5
sobre a Colômbia 383-4
sobre a conferência de Paris celebrando o aniversário
  de 150 anos de Marx 434-5
sobre a crise nas artes 387-8
sobre a cultura popular italiana 347-8
sobre a democracia 251-2, 516, 533-4, 555-6, 591-3
sobre a democracia industrial 423-4
sobre a dissolução da União Soviética 511-2
sobre a Espanha depois da Guerra Civil 273-5
sobre a Grã-Bretanha 64-5
sobre a Guerra Civil Espanhola 150
sobre a Guerra das Falklands 481-3
sobre a Guerra do Golfo 512-3
sobre a Guerra do Vietnã 424-5
sobre a Ilha de Wight 227-8
sobre a Índia 422-4, 587-8
sobre a invasão soviética da Hungria 326-8, 331
sobre a linguagem de usuários de drogas 356-7
sobre a "linguagem do jazz" 353
sobre a luta pela Segunda Frente 209-10, 216, 218
sobre a missa da igreja batista negra 365-6
sobre a moda masculina nos negros dos Estados
  Unidos 425-6
sobre a morte de contemporâneos 581
sobre a música folclórica cubana 368-9
sobre a não publicação de *Age of Extremes* pelos
  editores franceses 546-8
sobre a neblina de Londres 72-4
sobre a Palestina 232-3
sobre a *Past & Present* 304-5, 494-5
sobre a própria inteligência 83, 87
sobre a queda do comunismo 514
sobre a relação com "Jo" 356-9, 362-3
sobre a revolução cubana 366, 383-4
sobre a Segunda Guerra Mundial 176-7
sobre a série *Pageant of History* series de Weidenfeld
  414-6
sobre a Sociedade Fabianista 236-7
sobre a União Soviética 68, 464-5, 513-5, 549-52,
  569-70
sobre a Universidade de Cornell 471-3
sobre a vida no exército 183-96, 200-6, 207-9, 212-
  -20, 227-31
sobre a vida pessoal insatisfatória 162-3

sobre a visão dos corpos embalsamados de Lênin e
  Stálin 300-1
sobre a vitória dos trabalhistas na eleição geral de
  1945 231-3
sobre a zona rural de Norfolk 196
sobre admiradores de jazz britânicos e europeus 354
sobre álcool e drogas 259-60
sobre Althusser 430-1
sobre Anna Kallin 255-6
sobre arquitetura 161-2, 422-3
sobre as atitudes dos soldados 213
sobre as experiências nos Pirineus 111-8
sobre as invasões de Stálin 197-8, 206-7
sobre Billie Holiday 349-70
sobre Bob Dylan 346-8
sobre bordel em Paris 158-9
sobre Cambridge 126-7, 159-60
sobre cantoras de jazz 345
sobre Chicago 425-6
sobre Christopher Isherwood 142
sobre Churchill 194
sobre conversações em Cambridge 270-2
sobre críquete 57
sobre críticos de jazz britânicos 354
sobre Dadie Rylands 124-6
sobre David Cameron 601
sobre democracia dentro do Partido 324-5
sobre Denis Preston 94-5
sobre direitos autorais da Creighton Lecture 528-9
sobre Dona Torr 295-7
sobre Duke Ellington 94-5, 345, 352
sobre Edward Thompson 433-4
sobre escrever sobre história 527-9
sobre escrever *The Age of Empire* 501-2
sobre escritores e intelectuais burgueses 68, 85, 184-5,
  477-9
sobre Fernand Braudel 468-9
sobre Fidel Castro 366
sobre Garry Runciman 609-10
sobre George Matthews 331
sobre Glenda Jackson 582
sobre Gordon Brown 582-3
sobre Harold Laski 142-3
sobre Harold Nicolson 142-3
sobre Harold Wilson 479-80
sobre Herbert Morrison 142-3, 220-1
sobre história social 418-9
sobre historiadores acadêmicos como escritores 373-5
sobre historiadores burgueses 297-8
sobre historiografia pós-guerra 264-5
sobre History Workshops 431-2
sobre Hitler 199, 206-7
sobre homossexualismo 122-3
sobre Hugh Gaitskell 323
sobre Humphrey Lyttelton 346
sobre identidade nacional 155-6
sobre iídiche 586
sobre intelectuais britânicos 289
sobre interesses culturais dos russos 300-2
sobre J. B. S. Haldane 142-4
sobre J. H. Plumb 286
sobre jazz 94-5, 309-10, 344-9, 362-3
sobre Jon Vickers 135-7
sobre Karl Marx 84
sobre King's College 161-2, 267-8, 610
sobre Koselleck 251-2
sobre leitura em geral 202-3
sobre Lise Grande 530-2

sobre Louis Armstrong 339-40
sobre maitres maîtres em restaurante de Paris 158
sobre manifestações estudantis 435-8, 567
sobre Marcelle Goldmann 154
sobre Margaret Thatcher e o thatcherismo 482-3, 486-8
sobre Margot Heinemann 137-8
sobre marxismo e capitalismo 297-8, 316, 448
sobre migrantes 384-5
sobre Mikhail Gorbachev 510-1
sobre mortes precoces de jazzistas 348-50
sobre música cigana húngara 344
sobre música folclórica 339-40
sobre nacionalismo 515-20
sobre Nancy 65, 89-90
sobre *Nations and Nationalism* 516
sobre Neal Ascherson 284-6
sobre Neil Kinnock 484-5
sobre Niall Ferguson 581
sobre Nikita Khrushchev 575-6
sobre Nova York 426-7
sobre Nova York e a Califórnia 471-6
sobre o andamento da Segunda Guerra Mundial 196-7
sobre o antissemitismo 584-6
sobre o blues 425-6
sobre o Brasil 382-3
sobre o *Bulletin* do Clube Socialista da Universidade de Cambridge 138-40
sobre o campesinato 378-9
sobre o casamento com Muriel 222-5, 262-9
sobre o Chile 385-7
sobre o cidadão britânico 21-2, 53-4
sobre o Clube Socialista (Cambridge) 146
sobre o comunismo 50-1, 58, 75-6, 78-9, 84, 101-5, 214, 288-96, 458-9, 513-5, 569-70, 574-7
sobre o Congresso Cultural de Havana 420-1
sobre o Congresso de Escritores (Madri, 1937) 420-1
sobre o declínio de sua energia para escrever livros 590-1
sobre o desfile do Dia do Trabalho no Hyde Park 150
sobre o fascismo 67-8, 102-4, 135-6, 176-7, 191-2, 533-4, 537, 541-2
sobre o Folies Bergère 101-2
sobre o Grupo de Historiadores do Partido Comunista 295-6
sobre o *History Workshop Journal* 432-3
sobre o Holocausto 545-6
sobre o hospital militar, Gloucester 228-30
sobre o Japão 449-50
sobre o medo e a coragem 200-1
sobre o movimento feminista 556-8
sobre o movimento para expulsar Anthony Blunt da Academia Britânica 453-5
sobre o movimento trabalhista inglês 62, 90-1, 148--50, 242-3, 257-8, 296-7, 317-8, 406-7, 433-4, 477-89, 502-3, 583, 613
sobre o mundo não europeu 508-9
sobre o nacionalismo alemão 512-3
sobre o Norte da África 165-7
sobre o Pacto Molotov-Ribbentrop 172-4
sobre o Partido Trabalhista e a Esquerda Trabalhista 481-9
sobre o Peru 383-4
sobre o proletariado 92-3, 215
sobre o próprio futuro 234-5
sobre o Serviço Nacional de Saúde 595-6
sobre o surrealismo 69-70, 109-10
sobre o título de *Interesting Times* 573-4, 619

sobre os americanos 472-3
sobre os anarquistas 150-1
sobre os Apóstolos de Cambridge 244-6
sobre os editores franceses 546
sobre os espetáculos de julgamentos soviéticos 58-9
sobre os Estados Unidos 220-1, 449-50, 472-5, 477-6, 591-2
sobre os Irmãos Marx 143-5
sobre os judeus de Nova York 472-3
sobre os próprios livros 188-9
sobre palestras e textos acadêmicos 375-6
sobre Paris *versus* Londres 101, 105-6
sobre Parvati Kumaramangalam 171
sobre Pieter Keuneman 123-5
sobre Postan 129-33
sobre Ram Nahum 136-7
sobre relações sexuais e gírias sexuais 38, 60-1, 81-2, 101-2, 139-40, 151, 164-5, 177-8, 86-7, 221, 223, 264-5, 270-1, 280, 356-7, 365-6, 567
sobre religião 22-3, 165-6, 449
sobre Richard Briginshaw 367-8
sobre Sacha Guitry 143
sobre Salud (dançarina espanhola) 278-9
sobre seu arquivo e biblioteca 596-7
sobre seu próprio significado como historiador 611-2
sobre seus métodos de trabalho 557-60
sobre seus problemas médicos 595-6
sobre Sevilha 277-8
sobre Sfax 163-4
sobre si mesmo 100-1, 218, 288
sobre sionismo 583-4
sobre Soho e clubes de *strip-tease* 350-2
sobre soldado marroquino 228-9
sobre Stálin e o stalinismo 331-2, 575-6, 614-5
sobre sua aceitação final pelo Establishment 451-3, 457-9
sobre sua tia Gretl 89-90
sobre sua visão própria do Partido Trabalhista 484-5
sobre suas crises de depressão 160-1
sobre suas férias na França 156-7
sobre Tenerife 347-8
sobre teoria e prática como intelectual marxista 268-70
sobre terrorismo 423-4
sobre *The Edwardians* de Paul Thompson 438-40
sobre *A formação da classe operária inglesa* de Edward Thompson 320-1
sobre Tibbits (oficial de Wincanton) 214
sobre Tony Blair 582-3
sobre touradas 286-8
sobre Trevelyan 132-3
sobre Wakefield, Yorkshire 208
sobre Wincanton 213
solidão no exército 184
sotaque vienense 21-2, 152, 509-10
tédio durante o serviço militar 213-4, 217
tenta aprender russo 193
uso do alemão 66, 74, 184, 228-9
uso do computador 539, 579-80
visto como desdenhoso com a cultura moderna 534-5, 612
visto como eurocêntrico 449
VIDA E CARREIRA
abordado por prostitutas no Hyde Park 81-2, 94-6
acampando e excursões de bicicleta 69-72
aposentadoria formal da junta da *Past & Present* 495
ativo no Grupo de Historiadores do Partido Comunista 295-302
cargo de professor na Universidade Cornell 471-3

carreira no exército 181-96, 200-6, 207-20, 226-33
carta ao *Daily Worker* sobre o distrito eleitoral de Leeds South e "aventureirismo eleitoral" 322-3
casa com Marion Bennathan e nascimento do filho dos dois 335-7, 362-3
casamento com Muriel 225-6, 258-9, 287-8
casa-se com Marlene e tem uma lua de mel pré-matrimonial com ela 373
colaborações para *Marxism Today* 477-8, 451-3
com a família em chalé no País de Gales 391-3, 459-60, 582, 598-9
começa a escrever autobiografia 569-70
começa a manter um diário 66-69
comemora o aniversário de 90 anos festejado com honras e prêmios 589-91
comemorações do aniversário de 80 anos 522-4, 546--8, 563, 614-5
como acadêmico universitário de distinção na Fundação James S. McDonnell do Instituto Mundial para Desenvolvimento de Pesquisas Econômicas da ONU 501-2, 516
como aluno de graduação na King's College, Cambridge 120-48, 160-3, 164-5, 168-71, 574-5
como bolsista júnior 240, 264-5, 267-8, 281, 305-6, 307-8
como crítico de jazz 339-40
como cofundador e colaborador da *Past & Present* 301-6
como colaborador, depois editor da *The Granta* 140--46, 168-9, 170-1, 177-8
como convidado do programa *Desert Island Discs* da BBC 548-51
como editor da *Searchlight on Germany* 293-4
como editor da *University Newsletter* de Cambridge 289
como editor do *Bulletin* do Clube Socialista 138-40
como escoteiro 30, 32-4
como membro do Clube Socialista da Universidade de Cambridge 134-41
como membro dos "Apóstolos" (Sociedade de Conversazione de Cambridge) 243-7, 284, 577-8
como presidente do Grupo de Historiadores 324
como professor na Birkbeck College, Universidade de Londres 259-62, 264-5, 274-5, 293-4, 305-6, 414-5, 395-403, 559-60, 576-7
como professor e supervisor de alunos da King's 281-8
como radialista da BBC 252-9, 384-5, 423-5
como secretário seccional da Associação de Professores Universitários em Cambridge 289
como tradutor na conferência da Associação Mundial de Estudantes 169-72
comparece ao Congresso Cultural de Havana 420-1
comparece ao Congresso Internacional de Ciências Históricas (Roma, 1955) 306-8
compra de chalé em Gwenddwr 521
conclui mestrado pela Universidade de Cambridge 219
condena política israelense em cartas à imprensa 583-5
conflito com a liderança do Partido Comunista 320--35, 336-7
conhece Marlene Schwarz numa festa em Hampstead 372
considerado para uma bolsa de estudos júnior na King's College 238
controvérsia com Trevor-Roper 363-4
controvérsia sobre rejeição de *Age of Extremes* por diversas editoras francesas 541-9
convidado para um conferência na Finlândia 423-4

convocado para o serviço militar 181
correspondência monitorada pelo MI5 293-4
dá aulas de inglês ainda estudante 30-2
debate com Tony Benn em seminário da Birkbeck 479-81
declina de convite para falar na Ford Lectures 457-8
declina de entrevista da BBC, mas fala sobre Marx na Jewish Book Week 583-4
deixa de escrever o diário 99-100
depois da morte da mãe 33-5
dispensado do exército para retomar os estudos 233
dissertação sobre o movimento sindical 239-42
divide uma casa com Keuneman em Cambridge 177-8
divórcio de Muriel 277, 305-6
doença 20-2
e proposta para aumentar o número de membros do Grupo de Historiadores 329-31
edita a correspondência Marx-Engels 428-9, 443-4
edita história da sociedade britânica para a Weidenfeld 438-9
edita jornais murais para o quadro de avisos do campo 210-2, 219, 224-5
elaboração, publicação e recepção de *The Age of Revolution* [*A era das revoluções*] 374-82
em Londres nos primeiros meses da Segunda Guerra Mundial 175-80
em Paris 100-10, 117-9
encerra contrato com a New School for Social Research 553-8
encontro com jovem atriz na Leicester Square 269-71
encontro com Marcelle e Irina 154-5
encontro com Marí 280
entra para a Liga de Estudantes Socialistas da Escola 43-6
entrevistado por Michael Ignatieff 550-1
envolvimento com o Partido Comunista 41-54, 60-1, 613
eleito Membro da Academia Britânica 450-3, 457-9
eleito Membro Honorário da King's College, Cambridge 450
eleito Membro Honorário Estrangeiro da Academia Americana de Artes e Ciências 450
eleito para o Clube Ateneu 449-50, 458-9
entrevista Neil Kinnock para a *Marxism Today* 485-6
escreve introdução à nova edição do *Manifesto Comunista* 563
escreve introdução para volume com excertos de Marx 427-8
escreve sobre jazz na *New Statesman* como Francis Newton 342-4, 349-50, 355, 373
eventos memoriais 610
excursões de bicicleta com Ron 89-92, 101
faz curso de computação 539
faz palestra no Senado Francês 587-9
faz palestras de reeducação para alemães em Lüneburg Heath, Alemanha 250-2
faz palestras sobre a Revolução Francesa na Rutgers 541-2
faz planos para tese de doutorado no Norte da África francês 169-70, 235
férias de verão na França 151-62
férias em Paris com os Raymond 307-13
festa organizada pela New School pelo aniversário de 80 anos 555-7
fim do casamento com Muriel 262-9, 270-3, 275-6, 288, 335-6, 369-70, 579-80
financia projeto de pesquisa ao receber o Prêmio Balzac 590-1

forma-se em primeiro com duas estrelas 130-2, 162-3, 171, 192, 252-3, 259-60
funeral 605-6
ganha bolsa de estudos da Fundação para Cambridge 99-100, 119-20
ganha o Prêmio Abbott Essay 60-1
ganha o Prêmio Wolfson Foundation History 539
ganha uma bolsa para estudar no Norte da África francesa 162-3
ganhos com livros e outras fontes de rendimento 442-3, 446, 460-1
hospitalizado com um dedo do pé infeccionado 207
informação prematura sobre morte no *Evening Standard* 595-6
ingressa e torna-se ativo no Partido Trabalhista 77, 80-1, 88-9, 92-3, 133-4
inscreve-se sem sucesso para ser oficial do exército 202-3
investigado pelo MI5 210-3, 215-7, 226-31, 253-4, 272-3, 327-30, 455-6
jantar em comemoração ao aniversário de 70 anos organizado por Carlos Fuentes 553-5
lançamento e resenhas de *Interesting Times* [*Tempos interessantes*] (autobiografia) 574-9, 583
leciona na New School for Social Research, Nova York 489-94, 509-10, 552-8, 565
mandado para curso de criptografia, mas é barrado 192-3
morte e repercussões 9, 602-5
muda-se com Sidney e Gretl para Edgware 92-3
muda-se definitivamente para Londres 307-8
muda-se do apartamento em Clapham para morar em alojamentos da King's College 264-5, 266-7
muda-se para Clapham 387-90
muda-se para Londres 53-4
muda-se para Nassington Road, Hampstead 387-90, 441-2
na escola em Berlim 35-41
na Inglaterra com Mimi 29-30
na manifestação do Dia do Trabalho no Hyde Park 150
na St. Marylebone Grammar School 55-64, 68-70, 80, 85, 89-90, 97-8, 119-20
nascimento 15, 19-20
nascimentos de Andy e Julia 387-8
negociações com a Weidenfeld e Prentice-Hall 438-42
no hospital do exército em Gloucester 227-32
no sul da Itália e na Sicília 358-60
nomeado Companheiro de Honra 525-6
nomeado presidente da Birkbeck 523, 600
nomeado presidente do Festival de Hay 522, 600
nos Pireneus 110-8
oferece seus papéis para o Centro de Registros Modernos da Universidade de Warwick 597-8
outras visitas à América Latina 385-6
paixão passageira por Hedi Simon 124-5
palestra na Creighton Lecture da Universidade de Londres 528-9, 532-3
palestra na Marx Memorial Lecture 477-80
palestra na Walter Neurath Memorial Lecture 567
palestra na Wiles Lectures na Universidade de Belfast 496-7, 516, 519
passa nos exames para o Certificado Geral Escolar 58-9
pede sem sucesso transferência para o Serviço de Informação Móvel do Exército 212
perde a virgindade em bordel de Paris 159
planos para se tornar funcionário profissional do Partido 224-5, 234
presta o Higher School Examination 97-100, 118-20
primeiros anos e educação 22-6, 30-2, 35-41, 45-6
Primitive Rebels [*Rebeldes primitivos*] publicado pela Manchester University Press 360-3
problemas de saúde 595-602
professor visitante no MIT 418-20
programa radiofônico sobre a América Latina 384-5
promoção na Birkbeck 404-5
promovido a sargento 208
publica livro sobre jazz 353-4
publicação de coletânea de ensaios na última década e postumamente 591-5
reingressa aos Apóstolos 287-8, 294-5
relação com Muriel Seaman 221-6, 335-5, 362-3
relacionamento com Jo 355-9
renuncia à presidência do Grupo de Historiadores 333
retoma contato com Nancy 250
revisita os Estados Unidos 425-7
sai da Birkbeck e é nomeado professor emérito 489-90, 509-10
sobre a junta da *Universities and Left Review* 333
sucesso de *Age of Extremes* [*Era dos extremos*] no Brasil e no mundo 540-4
sucesso internacional de *Nations and Nationalism* [*Nações e nacionalismo*] 520
tese de doutorado sobre a Sociedade Fabianista 235-9, 241-2, 374
testamento revisado 609-10
The Rise of the Wage-Worker rejeitado pela Hutchinson's University Library 313-21
toma a decisão de se tornar um historiador profissional 234-5
transfere seção eleitoral para Brecon and Radnorshire 582
transferido para a ilha de Wight, depois para Gloucester 227-32
transferido para Bovington, Dorset 219, 226-7
transferido para Bulford Camp, Salisbury Plain 209-10
transferido para o campo da Divisão Blindada da Guarda, em Wincanton, para ensinar alemão 213-7
treinamento na Escola de Educação do Exército 207-10, 217, 252-4
turnê pela América do Sul 372-3, 381-7
turnês pelos Estados Unidos e América Latina 471-7
unidade transferida para Bewdley 207-8
unidade transferida para Great Yarmouth 200
unidade transferida para o campo de Langley Park 194-6
unidade transferida para Scottish Borders, depois para Liverpool 203-6
vai à conferência da Associação de Professores Universitários 289
vai à conferência no Brasil 386-7
vai ao Congresso Internacional de Ciências Históricas (Paris, 1950) 264-5
viagem à Espanha pela *New Statesman* 272-5, 305-6
viagem à Itália 275, 305-6
viagem de barco à vela para Espanha 277-81, 286-8, 305-6
viagem de estudos à Argélia e à Tunísia 163-7
viagens em 1977-1978 463-5, 468-9
viaja já idoso 587-8
viaja para os Estados Unidos para fazer palestras na Universidade Stanford 364-6
viaja para Qatar com Marlene 598-9

vida cultural em Londres na velhice 585-7
visita à Índia sob esquema do consulado britânico 420-4
visita à Rússia como convidado da Academia Soviética de Ciências 299-302
visita ao QG do Partido Comunista em Londres 219
visita Cuba 366
visita parentes em Berlim 23-4, 30
visitado em Londres por Hélène 313-4
volta a Cambridge e faz os exames finais 168-71
volta à Cuba como membro do Comitê Britânico de Cuba 366-9, 372
volta a escrever o diário (1950) 262-3
volta à França (Paris e Britânia) 171-6
volta a manter o diário (1940) 183-4
volta ao Brasil com Marlene 539-40
OBRAS
"A Life in History" 10
"A New Sort of History: Not a Thread but a Web" 377
Age of Extremes: The Short Twentieth Century, 1914-1991 9, 465-6, 526-42, 543-4, 552, 570-2, 574-7, 602-3
"Any Chick Can Do It" 350-2
"Aux Armes, Citoyens!" 220
Bandits 414-8, 422-3, 442-4, 465-6, 498-500, 612
"Battle Prospects" 206
"Capitalist Development: Some Historical Problems" 477
Captain Swing (com George Rudé) 412-5, 443-4
Echoes of the Marseillaise 541-2, 603
"Economic Fluctuations and Some Social Movements since 1800" 243
"Europe: Histoire, Mythe, Réalité" (palestra na França) 588
"Fabianism and the Fabians, 1884-1914" (tese de doutorado não publicada) 235-8
Fractured Times 593-5, 601, 603
"From Feudalism to Capitalism" 477
"General Labour Unions in Britain, 1889-1914" 241
Globalisation, Democracy and Terrorism 591-2, 603
"History and 'The Dark Satanic Mills'" 477
How to Change the World: Marx and Marxism 1840-2011 592-4, 603
"Illusions and Disappointments of British Trade Unions" 465-6
Industry and Empire 406-12, 414-5, 442-4, 493, 498-500
traduções 411
Interesting Times: A Twentieth-Century Life 670-9, 583, 590-1, 603, 607
Invention of Tradition (ed. com Terry Ranger) 496-7, 509-10
"It Never Comes Off" 207
"Kaddish for a Russian Soldier" 201-2
"Karl Marx and the British Labour Movement" 477
Labouring Men 461
"Labour's Lost Millions" 483
"London Thinks About What Happens After Wilson" 465-6
"Marxism, Philosophy and Music" (programa radiofônico) 340-1
Nations and Nationalism since 1780. Programme, Myth, Reality 509-10, 516-20, 543-4, 611
"New British Attitudes to Industrialisation in the Colonies" (palestra) 256
"No Future for Heroes" 220
"Ode to Capitalists" 74
On Empire: America, War, and Global Supremacy 592

On History 565-6, 591-2
"On Seeing Surrealists" (ensaio acadêmico) 69
Politics for a Rational Left: Political Writing 1977-1988 487
"Popular Culture and Personal Responsibility" (palestra) 348-9
Primitive Rebels: Studies in Archaic Forms of Social Movement in the 19th and 20th Centuries 360-3, 378-9, 483-4, 415-6, 465-6, 533-4, 620, 658
"Problems of excessive capitalism" (programa radiofônico) 423-4
"Report on the English Left" 465-6
Revolutionaries: Contemporary Essays 442
"Shop stewards are a good thing for capitalism" (programa radiofônico) 423-4
"Studies in the 'New' Trade Unionism (1889-1914)" (dissertação de mestrado não publicada) 239
The Age of Capital 63, 444-9, 466, 499-502, 505-6, 509-10, 602-3
The Age of Empire: 1875-1914 500-10, 516, 602-3
The Age of Revolution: Europe 1789-1848 374-82, 405-7, 410, 436-7, 438-9, 441-2, 443-6, 460, 465-6, 500-1, 507-8, 602-3
"The Art of Bessie Smith" (programa radiofônico) 340-1
"The Art of Louis Armstrong" (programa radiofônico) 339-40
"The Battle of the Slums" (ensaio acadêmico) 62
"The Forward March of Labour Halted?" (Marx Memorial Lecture) 478
"The General Crisis of the European Economy in the 17th Century" 303-4
The Jazz Scene (como Francis Newton) 353
"The Labour Aristocracy in Nineteenth-Century Britain" 241
"The Labour Movement and Military Coups" 477
"The Labour Party: Powerlessness and Disappointments" 465-6
"The motives behind terrorism" (programa radiofônico) 423-4
"The Munich Professors" 201-2
The New Century 568-9
The New Statesman and Nation: The Weekend Review (sátira) 145
"The Political Theory of Auschwitz" (palestra) 256-7
"The Present as History: Writing the History of One's Own Times" (palestra) 528-9
The Rise of the Wage-Worker (não publicado) 314, 317-9, 321
"The Stars Look Down" (série de perfis) 142
"The Tramping Artisan" 241-2, 266-7
"Two Families" (capítulo não publicado de *Interesting Times*) 619
traduções 9
Uncommon People: Resistance, Rebellion, and Jazz 567-9, 591-2
War on the USSR? (com Raymond Williams) 179
"Why America Lost the Vietnam War" (programa radiofônico) 423-5
Worlds of Labour 461
Hobsbawm, Eve 610
Hobsbawm, Julia 13-4, 387, 389-94, 459-60, 560-1, 582, 588-90, 595, 597, 599-604, 607-8
Hobsbawm, Marlene (nascida Schwarz):
beleza e interesses culturais 370-1, 579-80
Claire Tomalin sobre 458-60
cartas de EJH 423-4, 471-3, 475-7
conhece e se casa com EJH 372-3

e arquivos e biblioteca de EJH 596-7
e contrato de EJH com Michael Joseph 527-8
e festividades da véspera do Natal 394-5
e jantares na Nassington Road 459-60, 560-1, 579--80, 600-1
e Jo 609
e Louis Althusser 470-2
e o funeral de EJH 606, 608
e o testamento de EJH 609-10
e Pierre Nora 544-5
e se muda para Nassington Road 441-2
Elise Marienstras sobre 370-1
formação 369-71
ligações com a Itália 464-5
na Itália 371-2
nascimentos de Andy e Julia 50-1, 443-4
no Brasil com EJH 539-40
no chalé do País de Gales e em Hay-on-Wye 521
relacionamento com EJH 443-4, 458-62, 464-5, 509-10, 527-8, 579-80, 609, 613
Roy Foster sobre 580
sobre a autobiografia de EJH 578-9
sobre a morte de EJH 602
sobre a vida no chalé do País de Gales 393
sobre os "anos no hospital" de EJH 595-6
trabalho no Congo para a Organização das Nações Unidas 371-2
viagens com EJH 587-9, 598-9
visita EJH na New School for Social Research 491, 553-4
Hobsbawm, Muriel (nascida Seaman) 161-2, 221-7
carta a EJH pedindo divórcio 275-6
casamento com EJH 225-6, 258-9, 287-8
casos de amor sucessivos 263-4, 267-8
como comunista 221, 251-2
conhece EJH na Faculdade de Economia de Londres 161-2
gravidez e aborto 262-4, 621
morte em acidente automobilístico 277
muda-se para o apartamento de Camden Town com EJH 226-7
promovida a diretora da Junta Comercial 225-6
relação com EJH 221-6, 263-4, 270-1, 362-3, 579--80, 613
término do casamento com EJH 262-9, 270-3, 275-7, 288, 335-6, 369-70, 613
Hobsbawm Macaulay Communications 560
Hobsburn, Edith 16, 18
Hobsburn, Margarite 16, 18
Hodgart, Matthew 246
Hodson, Millicent 492
Hoffmann, E. T. A. 96
Holanda 194, 196
Hölderlin, Friedrich 75
Holiday, Billie 349-50, 365, 578
"He's Funny That Way" 549
Hollis, Roger 231
Hollybush (chalé), Gwenddwr, Erwood, Powys 521
Hollywood, Califórnia 35, 60, 139, 144, 220, 340, 350, 371, 473
indústria cinematográfica 35-6, 139-40, 143-4, 220, 340-1, 349-50, 371-2
Holmbury Hill, Surrey 70
Holocausto 252, 469, 505, 545, 573
Holz, Max 86
homossexualismo:
entre os Apóstolos de Cambridge 242-4, 246-7, 287-8, 453-4

na Colômbia 5475-6
na King's College 122-3
na Tunísia 164-5
Hong Kong 226, 571
Hopkins, Gerard Manley 59, 75, 96
Horne, John 568
Horsman, sr. 340
Horthy, Miklós 158
Housman, A. E. 61, 88
Howerd, Frankie 369
Hroch, Miroslav 518
Hughes, H. Stuart 440
Hull, Universidade de 410, 437
humanismo 430
Hume, David 88
Hungria, húngaros 19, 22, 158, 173, 248, 290, 325-7, 331, 348, 388, 419, 437, 459, 466, 512, 514, 520, 537
música cigana 344
invasão soviética 326
Hunt, sir Rex 481
Hunt, Tristram 600, 610
Hunter, Bruce; 441-2, 461, 498-9, 201-2, 526-8, 532-3, 539, 546-7, 570-1, 587-8, 590-2, 594-5,598-9, 610
Aposentadoria 596-8
como agente de EJH 460-1, 498-202, 526-8, 538-9, 570-1, 591-2, 594-5
como assistente de David Higham 441-2
como executor literário de EJH 590-1, 610
e a viagem de EJH ao Qatar 598-9
sobre *Age of Extremes* 532-4
sobre coletânea de ensaios de EJH 590-1
sobre o domínio do francês de EJH 546-7
sobre os papéis de EJH 596-7

Ibárruri, Dolores ("La Pasionaria") 117
Ibsen, Henrik 38
Iggers, George G., *New Directions in European Historiography* 418
Ignatieff, Michael 550-1, 583
Igreja Católica 115
Ilfracombe, Devon 210
Ilha de Wight 227
Ilhas Canárias 347
Ilhas Falkland (Malvinas) 481
Ilhas South Sandwich 481
Iluminismo 135
imperialismo 69, 169, 301, 326, 382, 504
Império Britânico 18, 166, 233, 316, 482
Império Habsburgo 22-3
Império Mongol, arquitetura 422
Império Otomano 16, 18
Império Romano 128, 199
Império Russo 15, 18-9, 129-30
Bessarábia como parte do 129-30
e a Finlândia 178-9
e o Reino da Polônia 15
exército 16
Guerra Civil Russa 179
na Primeira Guerra Mundial 18-9
Revolução de Outubro 19-20, 43-4, 77, 129-30, 149--50, 318-9, 397-8, 511-2, 524, 537, 565
suposta conspiração contra Grã-Bretanha 429
ver também União Soviética
Independent on Sunday 514, 532, 538
Índia 9-10, 18, 85, 138-9, 175-6, 265-8, 377-8, 383-4, 410, 420-4, 448, 459-60, 519, 587-8, 604
arquitetura e esculturas 422-4
e revolução 383-4

EJH na 420-4, 587-8
EJH sobre 422-3
exército 202-3
muçulmanos na 530
papel do império 18, 377-8, 410, 507-8, 519
Partido do Congresso 175-6, 422-3, 601
políticos de esquerda na 138-9, 175-6
reputação de EJH na 9-10, 604-5
Serviço Florestal 25-6
serviço público 25-6
India International Centre, Nova Déli 587-8
Indian Airlines 422
Indochina 293, 425
Indonésia 519-20, 535
Innes, Joanna 13, 495
Instituto de Pesquisas Históricas 304, 399
Instituto de Tecnologia de Massachusetts (MIT), Cambridge, MA 418-21
Departamento de História 419-20
Instituto Internacional de História Social 665
Instituto Max Planck de História, Göttingen 470
Inteligência do Exército Britânico (MI5):
e a viagem de EJH à América do Sul 381-3
e Anthony Blunt 452-3
e romance de John le Carré 455-7
investigação de EJH 10, 210-32, 251-4, 272-3, 274-5, 287-94, 323, 327-30, 334-5, 339-40, 364-9, 401-2
Internacional Comunista 52, 60, 68, 178
Internacional de Escritores 627
"invenção da tradição" 9, 612
Irã 599
Iraque 513, 531, 573-4, 582-3
Irina (no sul da França) 155-6
Irlanda 86, 410
IRA (Exército Republicano Irlandês) 465
nacionalismo na 515-6
Irlanda do Norte 307
Irmãos Marx 144
Irving, David 573
Isabel, princesa imperial e regente do Brasil 539
Isfahan 599
Isherwood, Christopher:
Adeus a Berlim 142
Mister Norris muda de comboio 142
islã, muçulmanos 165-6, 508
arte do 599-600
Isleworth Studios 83
Israel 437, 554, 584-5
Guerra dos Seis Dias 583
Itália 10, 18-21, 59-60, 95-6, 98-9, 275, 305-6, 358-60, 361-2, 371-2, 459-60, 464-5, 587-8
arte de Renascença 69-70
comunismo na 133-4, 358-60, 400, 406-7, 464-8, 483, 509-10, 512, 614-5
e a Tunísia 166-7
fascismo na 546-7
invasão da 218
marxistas na 430-1
movimento de secessão 523
unificação 507-8, 519
Ithaca, NY 471-3
Iugoslávia 22, 138, 231, 290-1, 326, 419, 511
Ives, Burl 396

Jackson, Glenda 582
Jackson, Mahalia 345, 365
Jacob, Margaret 553, 555
Jacobs, Nick (Nicholas) 13, 428-9, 579-81, 586, 591,

606-7, 610
Jacques, Martin 13, 434, 477-9, 485, 489, 581, 610
Jaffe, Michael 246
Japão, japoneses 149, 208, 256, 449, 472, 492
restauração Meiji 507
jazz 16, 57, 94-5, 157, 177, 248, 286, 300, 308-9, 319, 337-49, 352, 354-7, 359, 362-3, 365, 369, 372-3, 383, 391, 396, 421, 492, 534, 549, 555, 579, 581, 586-7, 598, 607-8, 614
linguagem do 353
"Jazz at the Philharmonic" 346
Jenkins, Clive 367
Jenkins, Roy 480, 505, 572
Jevons, William Stanley 76
Jewish Book Week 583
"Jo" (fã de jazz no Soho) 355-9, 362, 608, 610
Joad, Cyril, *The Babbitt Warren: A Satire on the United States* 74
Johnson, Boris 603
Johnson, Daniel 537
Johnson, Douglas 404, 581
Johnson, R. W. 487
Joll, James 448, 453, 505
Jonathan Cape (editora) 439
Jones, Jack 524
Jones, Owen 597
Jonson, Ben 85, 125
Joslin, David 403
Joyce, William ("lorde Haw-Haw") 188
judeus, judaísmo:
e Israel 583-5
e os espetáculos de julgamento de Stálin 148-50, 295-6, 310-1
EJH e 22-4, 28, 34, 152, 205, 218, 627-9, 639
em Berlim 39-40, 53-4
em Londres 16-8
em Nova York 472-3
em Viena 21-4, 30, 31-2, 124-5
entre estudantes comunistas de Cambridge 136-7
na Argélia 166-7
na Áustria 170-1
na França 154
na Grã-Bretanha 191-2
na Hungria 158
no Congresso Polonês 15-6
no Prinz-Heinrichs-Gymnasium, Berlim 39
perseguição nazista de 246-8, 251-3, 312-3, 545-6, 594-5
Judt, Tony 536-7, 575, 615
Juventude Hitlerista 151

Kaddish 606-7
Kahle, Hans 211
Kaldor, Nicholas 451
Kallin, Anna 254-5, 257, 340-1, 384
Kamasutra 145
Kamenev, Lev 148
Kameradschaft (filme) 145
Kant, Immanuel 58
Karan, Donna 564
"Karbo" (membro da Liga de Estudantes Socialistas da Escola) 50-1
Karloff, Boris 35
Kairouan 164
Kater, Michael 587
Katznelson, Ira 13, 489-92, 584, 606-7
Kautsky, Karl 67, 241
Keats, John 75

ÍNDICE REMISSIVO 705

Kee, Robert 353
Kemp, Tom 437
Kempton, Murray 554-5
Kennedy, Helena 607
Kennedy, John F. 144, 366, 373, 537
Kenny Barron Trio, "Slow Grind" 549, 607
Kerala 605
Kerensky, Alexander 397
Kershaw, sir Ian 610
Kettle, Arnold 368
Keuneman, Pieter 124-6, 139-41, 177, 179, 268
Keynes, John Maynard 122, 125, 245
   The General Theory of Employment, Interest and Money 487
Khrushchev, Nikita 321-2, 324-5, 331, 510, 575
Kidderminster 207
Kiernan, Victor 131, 299, 379, 418, 581, 590
Kindertransport 624
King Kong (filme) 144
King's College, Cambridge:
   Capela 266-7
   EJH como aluno de graduação na 97-8, 120-48, 159--3, 164-5, 184-5, 188-90, 230-1, 233-4
   EJH como estudante de graduação bolsista júnior e Junior na 242-8, 266-8
   EJH como membro honorário da 450
   Missa de Natal de Nove Lições e Cânticos 395, 496-7
   "O Fosso" 123, 159-60
Kinnock, Neil 483-8
Kipling, Rudyard 24, 59
   The Jungle Book [*O livro da selva*] 25
Kirov, Sergei 148-9
Kisch, Herbert 446
Kissinger, Henry 537
Kitson Clark, George 132
Klauber, Ruth 314-7
Klee, Paul 573
Klugmann, James 138, 169, 172, 325, 328, 335
Knight, Frank e Rutley 521
Knowles, dom David 238
Koblenz 28
Kocka, Jürgen 567
Koestler, Arthur, *Escuridão ao meio-dia* 215
Kogon, Eugen 252
Kojak (TV) 390
Kolakowski, Leszek 438
Komar, Vitaly 564
Konark, templo 422-3
Konstanz 464, 470
Koselleck, Reinhard 251
Kosminsky, E. A. 302
Koss, Stephen 663
Kraus, Karl 97, 594
   Die letzten Tage der Menschheit 255, 610
Kreisler, Fritz 94
Kriegel, Annie 309
Kube, Wilhelm 623
Kuczynski, Jürgen 297
Kumaramangalam, Mohan 131, 139, 171, 176, 422
Kumaramangalam, Parvati 171
Kuo, Gioietta 13, 291
Kursk, Batalha de 453
Kuwait 513

"La Carmagnole" 104, 107, 630
Laemmle, Carl 35
Laine, Cleo 347
Lambert, Freddie 221
Lampião 416
Lancashire 186, 381
Landes, David 447-8
   The Unbound Prometheus [*Prometeu desacorrentado*] 446
Lang, Fritz 132, 144
Langley (colega soldado) 190-1
Larsson, Stieg, *The Girl with the Dragon Tattoo* [*A garota da tatuagem de dragão*] 598
Laski, Harold 142
Laslett, Peter 255, 381
Lassalle, Ferdinand 236
Lauria-Santiago, Aldo 552
Lausanne 587
Lawley, Sue 549, 583
Lawrence, D. H. 59
   Lady Chatterley's Lover [*O amante de Lady Catterley*] 404
Lawrence, T. E. (Lawrence da Arábia) 69
   Seven Pillars of Wisdom [*Os sete pilares da sabedoria*] 96
Lawrence and Wishart 241, 296, 413-4, 427-8
Lazzaretti, Davide 361
Le Canard enchaîné 253, 255
Le Débat (revista) 543-6
Le Goff, Jacques 303
Le Monde 546, 588
Le Monde Diplomatique 546-8
Le Puy 156
Le Quai des brumes (filme) 145
Le Roy Ladurie, Emmanuel 309, 459
   La Sorcière de Jasmin 471
Leavis, F. R., *New Bearings in English Poetry* 59
Leavis, Q. D., *Fiction and the Reading Public* 59
Leder, Rudolf (Stephan Hermlin) 43-4
Lee, Gypsy Rose 352
Leeds South (distrito eleitoral) 323
Lefebvre, Georges 302, 378, 542, 553, 559
   La Grande Peur 413
Lefebvre, Henri 309
Left Review 69
Lehár, Franz 348
Lehman Brothers 593
Lei dos Pobres 413
Lênin, V. I. 19-20, 49-50, 59-61, 66-7, 88, 118-9, 177-8, 241-2, 244-5, 300-1, 321-2, 327-8, 406-7, 438-9, 512
   centenário do nascimento 423-4
   Imperialismo 67
   Leftwing Communism: An infantile disorder [*Esquerdismo: doença infantil do comunismo*] 43-4
   Materialism and Empiriocriticism [*Materialismo e empiriocriticismo*] 67
   sobre o imperialismo 504-5
Leningrado (São Petersburgo) 148, 357
   Balé Mariinsky 300
   Museu Hermitage 300
   Pedro e Paulo Fortress 300
Léon, Argeliers 108, 112, 157
Leonards, Elmore 598
Leopoldville (depois Kinshasa) 371
Lessing, Doris 292, 330, 354, 431
Lessing, Gotthold 88
Leste da Ásia 535
Letônia 197, 511
Leverhulme, Fundação 13, 362
Levertons (agência funerária) 606
Levy, Andrea, *A pequena ilha* 594
L'Humanité (jornal comunista francês) 103

liberalismo 325, 380, 480, 505-7
Líbia 519
Lichtenstern, Hedwig 247
Lichtheim, George 406-7
Liebknecht, Karl 48, 52, 77, 85
Liga da Amizade Anglo-Tchecoslovaca, Comitê de Londres 294
Liga das Nações 60, 178
Liga dos Estudantes Socialistas da Escola 43-4, 46, 50, 52
Liga dos Lutadores da Frente Vermelha 42
Lilliput (revista) 206, 259, 292
Lima, Peru 474-5
"limpeza étnica" 584
Linz, Juan 386
Lituânia 197, 511, 547
Littlehampton, Sussex 89
Littlewood, Joan 367-8
Litvinov, Maxim 231
Liverpool 168, 205, 208
livraria Borders 563
livraria Heffers, Cambridge 574
Llewellyn Smith, Harold 61-3, 97
Llewellyn Smith, sir Hubert 61
Lloyd, Geoffrey 13, 286-7, 290
Lloyd George, David 141, 171, 400
Lloyd Triestino Line 20
Lobo, Eulália 475
London Review of Books 608
  festa de Natal 587
Londres:
  aeroporto de Heathrow 267, 589
  Agência Geral do Correio 56
  Aldwych Theatre 357
  Ateneu Club de Pall Mall, 449-50, 577-8
  Belsize Park 176, 357, 606
  Bethnal Green 55
  Biblioteca de Londres 599
  Biblioteca Pública de Marylebone 61, 65
  Camden Town 226, 259
  Canning Town 260
  Captain's Cabin 268
  Cartório de Registro de Marylebone 373
  Casa dos Comuns 76, 174, 453, 482-3
  Casino club 352
  Cemitério de Highgate 66, 606, 608
  Chancery Lane 276
  Charlotte Street
  Church Place 80
  Clapham 259, 263-4, 266-7, 271, 387-8, 608
  clube de jazz Ronnie Scott 356, 586
  Colony Room, Dean Stree 343-4
  Conselho do Condado 102, 163
  crematório de Golders Green 606-7
  Cromwell Road 356-7
  Downbeat Club, Old Compton Street 342-4, 346-7, 366
  Edgware Road 86
  Elgin Mansions, Maida Vale 55
  embaixada da Áustria 589
  embaixada da França 163
  embaixada dos Estados Unidos, Grosvenor Square 424
  Estação King's Cross 176
  Estação Paddington 55, 92
  Estádio Olympia 78
  Gabinete da Guerra 177
  Galeria Nacional 68
  Gloucester Crescent 259
  Golders Green 373
  Goodge Street 388
  Gordon Mansions, Great North Road 308, 366, 387
  Great Western Road 86
  Greenwich 394, 586
  Gypsy Hill 73
  Hampstead 12, 269, 372, 388, 397, 458, 462, 579, 582, 598, 608
  Hampstead General Hospital 102, 595
  Hyde Park 73, 81, 95, 129, 150, 367
  Highgate West Hill 429
  Huntley Street 387
  Instituto de Artes Contemporâneas 346-7
  Instituto Francês, South Kensington 457
  Instituto Real dos Arquitetos Britânicos, Portland Place 589
  judeus em 16
  Kentish Town 397
  King Street 56, 66, 170, 292
  L'Étoile, Charlotte Street 460
  Larkhall Rise, Clapham 387
  Leicester Square 270
  Lowndes Square 367
  Lyons Corner House 267
  Madame Tussauds 588
  Mansfield Street 372
  Marble Arch 73
  Marie's Café 162
  Marx House, Clerkenwell Green 296
  MCC (Marylebone Cricket Club) 57
  Metropolitan Police, Scotland Yard 55, 210-1, 221
  Mount Street 367
  Museu Britânico 169, 180, 394, 432
  Museu Imperial da Guerra 68
  Museu Marítimo Nacional, Greenwich 586
  na Blitz 200-1, 225-6
  Nassington Road, Hampstead 388, 390, 441, 458-9, 524, 531, 559-60, 578-9, 586, 596-7, 599-600, 604, 606
  Neblina 73-4
  Nell Gwynne Club, Dean Street 352
  Notting Hill 347
  Oxford and Cambridge Club, Pall Mall 407
  Oxford Street 367
  Palácio de Buckingham 524, 540
  Palais de Danse, Streatham 94-5
  Park Lane 73
  Partisan Coffee House, Carlisle Street 431
  Praed Street 92
  Purcell Room 574
  Putney 371
  QG do Partido Comunista, Raymond's Revuebar 36, 66
  Regent's Park 55, 226
  Regent's Park Zoo 259
  restaurante Bertorelli's, Charlotte Street 387
  restaurante Garibaldi 296
  restaurante Ivy 245
  restaurante Kettner's 245
  restaurante White Tower 245
  Royal Automobile Club, Pall Mall 294
  Royal Festival Hall 347, 586
  Royal Free Hospital 595, 602
  Royal Opera House, Covent Garden 586
  Sala de Leitura do Museu Britânico 169, 394-5, 432
  Serpentine Gallery 594
  Shoreditch 260
  Soho 10, 245, 343-4, 350-2, 355, 358, 362, 396, 431
  Soho Square 367

South End Green 388
Springfield Avenue, Wimbledon 226
Star Club (depois Club Afrique), Wardour Street 355
Stoke Newington 16
subúrbio de Hampstead Garden 372
Sydenham 94
Tate Gallery 68, 248, 356, 586
teatro Young Vic 369, 586
Torre de Londres, Yeomen Warders 221
Tulse Hill 88
mapa do metrô 586
Upton 29, 77
Victoria and Albert Museum 68
Victoria Street 175
Walker's Court 350
Watergate Theatre Club 270
Westminster Theatre 59
Westminster, Universidade de (originalmente Politécnica de Londres Central) 459
Whitechapel 17
Whitechapel Art Gallery 391
Whitehall 225
Whittington Hospital 598
Wigmore Hall 586
Wilberforce House, Clapham Common 259
Windmill Theatre 351
Londres, Universidade de 74, 143, 260, 301, 342, 395, 397, 402-3, 412, 528, 576
    Casa do Senado 610
    Conferências Creighton Creighton Lectures 528
    Escola de Estudos Orientais 209
    Goldsmiths College 400
    Instituto de Educação 600
    University College 301-2, 371-8, 395, 401-4, 412
    ver também Birkbeck College;
Long, Leo 243-4
"longo século XIX" 9, 506
Lopez, Angel 115
Los Angeles 473, 587
Losey, Joseph 350
Louis de Bourbon, príncipe de Condé 82
Lourdes 111
Lovegrove-Fielden, Jonathan 521
Lubbe, Marinus van der 51
Lucas, F. R. 245
Luce, John 123, 243
luditas 282, 303, 362
Lüdtke, Alf 470
Ludwigshafen 589
Lueger, Karl 22
Lugano 19
Luis (em Sevilha) 279-81
Luís XVI, rei da França 381
Lukes, Steven 438
Lula da Silva, Luiz Inácio 10, 540, 604
Lumumba, Patrice 371
Lüneburg Heide, Alemanha 251
L'Unità (jornal) 467
Lustig, Fritz 13, 37-9, 209-10, 212, 259, 582
Lutero, Martinho 98
Luther, Otto (Jens Rehn) 40
Luxemburgo, Rosa 52, 85-6, 504
Lyon 151
Lyons, Stuart 173
Lyttelton, Humphrey 343, 346, 353

M&G Second General Trust 463
M, o vampiro de Dusseldorf (filme) 144

Macaulay, Sarah 560
Macaulay, Thomas Babington 132
mar Negro 373
MacBriar, A. M., *Fabian Socialism and English Politics, 1884-1918* 238
MacCarthy, Desmond 245
MacDonald, James Ramsay 77
MacGibbon, James 353
MacGibbon & Kee (editora) 353
Machiavel, Nicolau, *O príncipe* 96
MacInnes, Colin 342, 353
    Absolute Beginners 343
Maclean, Donald 138, 216
Maclean (professor do curso médio) 59
Mack Smith, Denis 362
Mackay, Alan 14, 464
Mackenzie, Norman 341
McBains, Ed 598
McCabe, Eamonn 578-9
McCarthy, Joseph, macartismo 304-5, 364, 546
McCoy, Horace, *They Shoot Horses, Don't They?* [*Mas não se matam cavalos?*] 97
McKibbin, Ross 487, 535
McLellan, David 429
McLelland, Keith 681
Maddox, Brenda 582
Maddox, sir John 582
Madison, Wisconsin 425-6
Mãe! (filme) 145
Máfia 361, 364, 417, 467, 573
    mattanza 466
Maheu, René 423-4
Mahler, Gustav 177
    Das Lied von der Erde [*Canção da Terra*] 189, 549
Maitland, F. W. 559
Major, John 488
Malawi 553
Malcolm, Noel 569
Mallarmé, Stéphane 118
Malta, malteses 307
Man Ray 69
Manchester 16, 137, 297, 496
    High School for Girls 370
    Universidade 13, 317
Manchester University Press 360
manifestações:
    contra a Guerra do Vietnã 423-5
    contra o imposto único 487-8
    de comunistas 42-3, 46-8, 52-3, 201-2
    de estudantes 325, 343-5, 437-8, 567
    de sindicalistas 134-5
    fascistas 102-3
    na Espanha 272-3
    na Polônia 325
    na Revolução Francesa 377-8
    Partido Trabalhista 150
    sobre Cuba 366-7
manifestações estudantis 325, 433-8, 540-1, 567
Manila 226
Mann, Heinrich 171
Mann, Michael 534
Mann, Thomas 37-8
    Königliche Hoheit 88
Mannerheim, Marshal Carl 178-9
Manning, Brian 128
Manosque 151-4, 157
Mântua 521, 587
Mao Tsé-Tung 384

Mapfumo, Thomas 534
Maraval, Denis 545
marcha da fome de Jarrow 135
Marchesi, Anne 307, 562-3
Marchesi, Jeremy 14
Marchesi, Robin 14, 250, 307, 310, 369, 394
Marchesi, Romani 249
Marchesi, Victor 249-50, 271, 307, 562
Marcuse, Herbert 436, 564
Marengo, Batalha de 587
Marí (em Sevilha) 279-81
Maria Antonieta, rainha da França 381
Maria Theresa, imperatriz 390
Marienbad, Checoslováquia 247
Marienstras, Elise:
    amizade com EJH 588-9
    conhece EJH 312-3
    sobre EJH 10-1, 359-60, 369-70, 388-9, 545-6, 585
    sobre Marlene 370-1, 395-6
Marienstras, Richard 312
Marinha Real 225, 307, 394
    Fuzileiros Reais 284
    Operação Tabarin 249
Marjorie (amiga de EJH) 221
Marks, Louis 299, 308
Marlowe, Christopher 85
Marmorshtein, Michael 209
Marris, Tyrrell 277, 601
Marrocos, marroquinos 108, 166
Marselha 151, 156, 167
Marston, John 85
Martin, Kingsley 342, 344, 350, 352
Mártires de Tolpuddle 91
Marvell, Andrew 90
Marx, Karl 59, 67, 76, 118-9, 130-1
    A Guerra Civil na França 66
    A miséria da filosofia 66
    análise do capitalismo 565, 593-4
    como figura icônica 534
    conferência no aniversário de 150 anos (Paris, maio de 1968) 428, 434
    Crítica à economia política 66
    Crítica ao Programa de Gotha 66
    Das Kapital (*O capital*) 66-7, 102
    e investimentos 463-4
    EJH fala sobre 583-4
    Formações econômicas pré-capitalistas (excertos de *Grundrisse*) 427
    Grundrisse 427
    História diplomática secreta do século XVIII 429
    mitos sobre 565
    O 18 de Brumário 66
    recepção na Europa Oriental 434-5
    O valor do preço e do lucro 49
    teorias conspiratórias de 429
    traduções de obras 429
    Trevor-Roper sobre 363-4, 565-6
    túmulo no Cemitério de Highgate 608
Marx, Karl e Friedrich Engels 427-31, 508-9
    Coleção Marx e Engels 66, 95-6, 295-6
    e as nações-Estados 518
    Marx-Engels-Gesamtausgabe 428
    O manifesto comunista 43, 66, 506
Marx Memorial Lecture 478
Marxism Today 436, 476-9, 481, 483, 485, 489, 512
marxismo, marxismo-leninismo:
    Althusser e 430-1
    colapso ou transformação de partidos políticos 512
    conceitos clássicos do 69, 75, 377-8
    e a *Past & Present* 302-5, 494, 611
    e a Sociedade Fabianista 236-7, 406-7
    e arte e cultura 268-9
    e o movimento feminista 502-3, 612-3
    e os intelectuais 406-7
    e texto sobre história 376-9, 407-8
    em *Age of Capital* [*Era do capital*] de EJH 448
    envolvimento de EJH com 46-7, 63-4, 66-8, 72, 80-3, 97-8, 102, 316
    Postan e 130-1
    publicações clássicas 66-7, 95-6
    "vulgar" 566
Maschler, Tom 371
Mason, Tim 404
Massinger, Philip 85
Masson, André 69
materialismo histórico 63, 67, 518
Mathias, Peter, *A primeira Nação industrial* 404
Matisse, Henri 68
Matthews, George 323-4
Maude, brigadeiro 212
Maugham, W. Somerset, *The Moon and Sixpence* [*A lua e cinco tostões*] 199
Maupassant, Guy de 88
Maxine (trabalhadora do sexo) 356-8
Mayer, Arno J. 252, 386, 459
    Why did the Heavens not Darken? The 'Final Solution' in History 252
Mayor, Andreas 243
Mazzini, Giuseppe 516
Mecklenburgo 38
Medellín, Universidade Nacional da Colômbia 475
Medick, Hans 459, 470
Meibion Glyndŵr
Meiggs, Henry 448
Meinecke, Friedrich, *Die deutsche Katastrophe* 256
Melamid, Alex 564
Melly, George 343
Melody Maker (revista) 248
Melville, Herman, *Moby Dick* 204
Mendelssohn, Felix 589
Menorca 394
Menuhin, Yehudi 94, 451
Meredith, Christopher 233
metodismo 128, 298
Metternich, Klemens von 258
México 86, 148, 399, 417, 476, 522
MI5, *ver* Unidade Militar de Inteligência Britânica (MI5)
Michael Joseph; Sphere 526-7, 532, 539, 570
Michelet, Jules 612
Middleton, Thomas 85
Migração:
    Antilhas 346-7
    da Europa 447
    da Hungria 325
    da Polônia 530-1
    judaica 16, 18, 585
    para a Palestina 43-4, 247-8
    para o Chile 18, 167-8
    para os Estados Unidos 16, 18, 143-4, 247-8
Milão 400
Milhaud, Darius 354
Miliband, Ed 603
Miliband, Ralph 484-5, 490
Miller, Arthur 554
Milne, J. B. 230, 253
Milton, John 75, 105, 324

Paradise Lost [*Paraíso perdido*] 88
Mindszenty, cardeal József 325-6
Minnelli, Liza 369
Miró, Joan 69
Mitchison, Naomi 147
Mitterrand, François 483
Mobutu, Joseph-Désiré 371
Modern Jazz Quartet 345
Moldávia 129, 512, 520, 547
Molotov, Vyacheslav 172-3
Momigliano, Arnaldo 395, 451
Money, J. H. 291
Monk, Thelonious 345
Monro, Harold 93
montanhas de Chilterns 91
montes Atlas 165
Montevidéu, Uruguai:
    embaixada britânica 249
    Universidade 589-90
Montgomery, Alan 14, 396
Montgomery, David 469
Monthly Review 364
Montreal 460
    Universidade Concordia 412
    Universidade McGill 250
Montréjeau 111, 117,
Moore, Dudley 369
Moore, G. E. 245
Moore, Henry 69
Morecambe, Eric 369
Morgenstern, Christian 40, 75, 183
Morin, Edgar 309
Morning Star ver Daily Worker
Morris, Christopher 98, 128-9, 233, 239, 260
Morris, John 299, 301-2
Morrison, Herbert 143, 220
Morrison, Toni 583
Morton, Leslie 299, 322
    A história do povo inglês 298
Moscou 148-9, 177, 231-2, 254-5, 288, 324-5, 328, 436, 548
    Instituto de História 300
    Instituto Marx-Engels 428
    Metrô 300
    Teatro Bolshoi 299
Mosley, Oswald 67, 70, 77, 347
Moulins 156
movimento feminista 502-5, 536-7, 556-8, 612-3
movimento History Workshop 433
movimento pelos direitos civis 578
movimento romântico 95-6, 112-3
movimento sindical 283, 486
    história do 497-8
movimento trabalhista (Reino Unido) 62, 68, 91, 101, 149, 257, 296-7, 318, 362, 406, 434, 476-9, 493-4, 486-8, 502, 583, 614
movimentos de guerrilha 85-6, 383-6, 420-1
Moynihan, Daniel 493
Mozart, Wolfgang Amadeus 94, 589
    Così fan tutte, "Soave sia il vento" 606-7
muçulmanos, *ver* islã
mudança climática 304
mulheres:
    EJH e 80-2, 101, 264-5, 268-70, 308-9, 318-9, 356--9, 421-2, 556-8, 579-80, 612-3
    história das 502-5
    papel das 420-1, 450, 579-80
    ver também movimento feminista

Müller, Heinrich 41
Munique 145-6, 167, 173, 177, 202, 587
Múrcia 273-4
Murdoch, Iris 170
Murdoch, Rupert 527, 571
Murphy, Charles 564
música:
    blues 425-6
    clássica 549-50, 599-600, 606-7, 612
    folclórica 339-40, 344, 347-8, 382-3
    moderna 337-9, 354, 567
    ver também jazz
Mussolini, Benito 66, 161, 173, 360, 466

nacionalismo 379-80, 447-8, 465-6, 496-7, 508-10, 515-20
    e chauvinismo 519
    e etnia 517
    escocês 523
    galês 520-1
nações-Estados 517
Nagy, Imre 325
Nahum, Ephraim (Ram) 137-8, 140, 157, 172, 221
Namíbia 86
Namier, Lewis 577
Napoleão I, imperador 112, 542, 586-7
Napoleão III, imperador 166
Nápoles 19, 371, 466
Napolitano, Giorgio 359, 466, 523, 610
Needham, Joseph 391
neodadaístas 420
Neruda, Pablo 383, 549
Nestroy, Johann 96, 258
Neufeld, Max 387
New Cambridge Modern History 379
New Forest 91
New Left Review 332, 379, 488, 533
New Musical Express 248
New Republic 536
New School for Social Research, Nova York 489-90, 492-4, 509, 529, 531, 552-4, 588, 560, 566, 610
    Comitê de Estudos Históricos 491, 555-6
    festa para o aniversário de 80 anos de EJH 556
New York Review of Books 426, 493, 505
The New York Times 68, 565
New York World Telegram 340
Newmarket 219
Nice 247
Nicolson, Harold 143, 375
Nicolson, Nigel 375
Nietzsche, Friedrich 37
Nigéria 307
Nijinsky, Vaslav 492
niveladores 85
Nixon, Richard 537
Nolte, Ernst 543
Nora, Pierre 543-8
Norfolk 186, 191, 203, 219
Normandia, desembarques (Dia D) 229
Norte da África 107-8, 162-7, 216-8, 228-9, 230, 235, 312-3, 508-9
    árabes no 165-6
    capitalismo no 164-5
    condições agrárias no 162-7, 180
North Wales 70
Norton, W. W. 565
Noruega 190-1, 227
    nacionalismo na 534

Nottingham 209, 297, 387
Nouzha, Egito 20
Nova Crítica 59
Nova Esquerda 332-3, 420, 431, 434, 436, 484
Nova Orleans 354
Nova York;
    ataques de 11 de Setembro 576
    Biblioteca Pública 530
    Carlyle Hotel 493
    Centro de Estudos Históricos 553-4
    Chrysler Building 491
    e o movimento pelos direitos civis 578
    East River 490-1
    Greenwich Village 563
    livraria Borders 563
    Metropolitan Opera 473, 492
    Museu de Arte Moderna 108, 110, 494
    Park Avenue 426
    Sexta Avenida 426
    Times Square 426
    Universidade 575
    Wall Street 41, 563
    Waterside Plaza 491
    World Trade Center 563
Noyce, Wilfred 244
Nunn May, Alan 288

O caminho da vida (filme) 68
O Estado de S. Paulo 510
"O impacto do capitalismo sobre os trabalhadores" (conferência) 297
O terceiro homem (filme) 83
Oakeshott, Michael 261
O'Brien, Edna 369, 554
O'Brien, Pat 204
Obrist, Hans-Ulrich 594-5
Observer 341, 367, 417, 601
Odessa 154
Oelze, Richard 108-9
    Expectation 110
Offenbach, Jacques, *Orfeu no Inferno* 549
O'Leary, Brendan 518
O'Neill, Eugene 85
Online Magic 560
Ono, Yoko 594
Open University (Reino Unido) 500
Operação Barbarossa 206
Oram, Christine 520
Oran, Argélia 198
Organização das Nações Unidas 372, 531-2, 560, 579
    Centro Internacional de Desenvolvimento Humano 605
    Conselho de Segurança 293
    Instituto Mundial para o Desenvolvimento de Pesquisas Econômicas 501-2, 516
    Missão de Assistência para o Iraque 531-2
    missão na Índia 601, 605
    missões na África subsaariana 612
    Organização para a Alimentação e a Agricultura 371-2
    missão no Congo 371-2
    ver também Unesco
Orgosolo, Sardenha 361
Oriente Médio 513, 535, 585
Orissa, templos 422
Orkneys do Sul 249
Orwell, George 135
    Nineteen Eighty-Four [1984] 270
Os Papéis do Pentágono 285

Osborn, Reuben, *Freud and Marx* 619
Osborne, John 367
Osvaldo (namorado de Marlene) 371
OTAN (Organização do Tratado do Atlântico Norte) 488
Owen, Wilfred 88
Oxford:
    Eastgate Hotel 404
    Walton Street 495
Oxford, Universidade de;
    All Souls College 260
    Balliol College 97
    Bullingdon Club 147
    Ford Lectures 457
    Jesus College 146, 404
    New College 251
    Nuffield College 360
    Ruskin College 430
    St. Antony's College; 404
    Sheldonian Theatre 540
Oxford University Press 412, 611
    Oxford History of England 237

Pacto de Varsóvia 436
Pacto Molotov-Ribbentrop (Pacto Nazi-Soviético) 173
Paetzel, dr. 36
Pageant of History (série) 415
Paignton, Devon 72
Paine, Thomas 105, 191
País de Gales 70, 112, 207, 209, 393, 395, 410, 459, 472, 483, 582, 598
    mineiros galeses 229
    Nacionalismo Galês 520
Palermo 467
Palestina 43, 233, 248, 530, 584
    Festival de Literatura 598
    Organização para Libertação da Palestina 529
    Universidade Bir-Zeit, Ramallah 583
Palmer, William, *Engagement with the Past: The World War II Generation of Historians* 558
Pantheon Books 409, 443, 546
Papen, Franz von 42, 46, 49, 84
Papon, Maurice 312
Paraguai 386
Parati, Brasil 541
Parc Farmhouse, Snowdonia 392, 521
Paris;
    Acordos de Paz 424
    Bolsa de Valores 106
    Boulevard Kellermann 309
    Boulevard Montparnasse 228
    Boulevard Saint-Michel 171
    Boulevard Sebastopol 158
    Buffalo Stadium 104
    Café Flore 309
    Casino de Paris 101
    Club St. Germain 309
    Comuna 87
    Conferência Internacional da Associação Mundial de Estudantes 157, 171
    Dome café 109
    École des Hautes Études em Sciences Sociales 464, 540, 543
    École nationale supérieure des Beaux-Arts; 309
    Exposição Mundial 157
    Folies Bergere 101
    Hôtel Ambassador 157
    Hôtel L'Angleterre, rue Jacob 587
    Jardin du Luxembourg 100

La Coupole 310
La Rhumerie 309
La Samaritaine (loja de departamentos) 111
Le Chat Qui Peche 309
Les Deux Magots 310
Les Macédoines 158-9
Louvre 106
Maison des Sciences de l'Homme 469-70
manifestações estudantis em (eventos de maio de 1968) 540
Montmartre 100, 106, 247
Montparnasse 100, 109-10
movimento trabalhista em 101-2
Neuilly 103
Ópera 104
Ópera de Comédia 106
Parisian Left Bank 431
Place Vendôme 175
Porte St. Denis 106
Quartier Latin 434
revoltas de massa em 412
Rue Gay-Lussac 435
Rue d'Ulm 435
Sainte-Chapelle 100
Universidade Sorbonne 370, 547
Velódromo de Inverno 117
Westminster Bank 175
Parker, Charlie, "Parker's Mood" 549
Parkhurst, ilha de Wight 192, 227
Parlamento das Forças de Bengazi 230
Parlamento das Forças do Cairo 230
Pärt, Arvo 338
Partido Conservador (Reino Unido) 147, 231, 404, 454, 481
Partido de Centro (Alemanha) 40-3
Partido Democrático (Estados Unidos) 143-4
Partido Democrático da Esquerda (Itália) 512
Partido Liberal (Reino Unido) 143
Partido Nazista, regime nazista:
 Afrika Corps 218
 Anschluss da Áustria 170-1
 aumento da popularidade 41-2
 Blitz sobre Londres 200-1
 campos de concentração 39-40, 51-3, 246-8, 312-3, 538, 545-6
 desfile de Berlim (1933) 46-8
 e antissemitismo 39
 e comunismo 42-3, 134-5, 613
 EJH e 44-5, 145-6, 538
 estudantes sob 157
 exilados do 489-90
 invasão da Checoslováquia 167-8
 invasão da França 246-7
 invasão da Holanda 193
 invasão da Noruega 190-1
 invasão da Polônia 173-5
 invasão da União Soviética 178-9, 201-2, 206-7, 232-3
 Luftwaffe 200-1
 "Noite das Facas Longas" 83-4
 perseguição de judeus 247-8, 251-3, 312-3, 545-6, 606
 políticas de genocídio 247-8, 251-3
 República Federal e 293
 SS 206-7
 tomada do poder 10, 39, 46-7, 77
 tropas de assalto (SA) 184-5
 violência nas ruas 48-50
 Wehrmacht 218, 228-9, 251-2

ver também Hitler, Adolf
Partido Socialista (França) 483
Partido Socialista dos Trabalhadores (Espanha) 483
Partido Trabalhista (Reino Unido):
 como "Novo Trabalhismo" 10, 488-9, 524
 Conferência 146, 220-1, 484-5
 declínio do 478-9
 derrota em 1987 na eleição geral 487-8
 e a coalisão governamental 220
 e a Guerra Civil Espanhola 134-5, 160-1
 e a Guerra das Falklands 480-3
 e a invasão nazista da Polônia 174-5
 e fabianistas 236-7
 e o desfile do Dia do Trabalho 150
 e religião 257-8
 EJH como membro do 77-8, 80-1, 133-4, 321-2
 historiadores e 331, 353, 400-1, 404-5
 intelectuais no 477-9
 Julia e 559-60
 Partido Comunista e 322-3, 433-4
 Ron e 76, 93
 seccional de Norwood 78, 80
 "tendência militante" 487-8
 vitória esmagadora na eleição geral de 1997 524, 559-60
 vitória esmagadora na eleição geral de 1945 231-3
Partido Trabalhista Independente (ILP) 77
Pascal, Roy 139, 147
Pash, Herbert 147
Passchendaele 74
Past & Present: A Journal of Scientific History 302-5, 313, 414, 422, 432, 494-5
Past and Present Society 496
Patten, Chris 571
Patterson, Garran 372
Payne, Edwin 327
Paz e Terra (editora) 418
Peabody, cabo 186
Peacock, Ronald 360-1
Péguy, Charles 118
Penguin Books 354, 404, 408, 570, 588
 livros policiais em brochura 414-5
 Pelican (não ficção) 407
 Penguin Press 571
Pensilvânia 400, 555
Pepys, Samuel 65
Pequena Biblioteca de Lênin 66
perestroika 510
Perkin, Harold, *The Origins of Modern English Society, 1780-1880* 411
Perrot, Michelle 14, 451, 456, 469-70, 502
Perth 203-4
Peru:
 camponeses 400
 Estrada de Ferro Central 448
 EJH no 372, 382-4, 463-4, 474-6
 estudantes do 553
Perúgia 274
Peter, Haller 30
Petrônio, *Satiricon* 88
Pevsner, Dieter 407-8
Philby, Kim 138, 216, 231-2
Picasso, Pablo 68-9, 310, 505, 568
 Guernica 157
Pickthorn, Kenneth 127
Pieck, Wilhelm 66
Pigou, Arthur Cecil 267
Pimlott, Ben 488

Pisa 587
Place, Francis 242
Plamenatz, John, *What is Communism?* 360-1
Plas Brondanw, Croesor Valley, País de Gales 391
Platão 85
Platten, cabo Reggie 188
Plekhanov, Georgi 67
Plumb, J. H. (Jack) 238, 286, 303, 387, 407-8, 414, 454, 493
Plymouth 277
Pol Pot 537
Political Warfare Executive 634
Polito, Antonio 568
Pollitt, Harry 147, 178, 322, 324, 328, 334
Polônia:
    Alemanha e 512-3
    ameaça nazista à 172-4
    Congresso Polonês 15-6
    EJH sobre 190-1, 197, 537
    emigração da 437-8, 530-1
    greves e manifestações na 325
    independência 22-3
    invasão nazista da 173-5
    judeus na 15-6
    regime de direita na 512
    sistema policial 327-8
Pope, Alexander 88
Port of Spain, Trinidad 216
Porthmadog, Gwynedd, País de Gales 391
Portland, Dorset 227
Portmeirion, North Wales 391-3
Portugal 277
Postan, Michael (Mounia) 128-33
    "A História da Economia das Grandes Potências" (curso) 129
    apoio à carreira acadêmica de EJH 233, 235, 237, 260-2, 611
    Cambridge Economic History of Europe 131-2
    conselho para EJH 281
    e a fundação da Histórica Econômica Internacional 306-7
    e Cadeira de História Econômica 402-3
    e Snowdonia 391-2
    EJH convida para falar 147-8
    livro sobre história medieval 407-8
    sobre a *Past & Present* 304-5
Postgate, Raymond 298, 568
Potsdam 588
Potter, G. R. 379
Pound, Ezra 75
Poussin, Nicolas 453
povo Xhosa 248
Powell, Sandy 126
Power, Eileen 129, 131
Powers, Gary 293
Powys, T. F. 75
Praga 167, 294, 339, 367, 372, 436, 465, 590
    Universidade 248
Prager, Teddy (Theodor) 162, 221-2
Prechner, Louis 16, 248
Prechner, Sarah (Cissy, nascida Hobsbawm) 16
preços do petróleo 478
Prêmio Balzan 590
Prêmio Bochum de História 589
Prêmio Ernst Bloch 589
Prêmio Lichtwark 110
Prêmio Max Beckmann 110
Prêmio Silver PEN 539

Prentice-Hall 439-42
    série "Great Lives Observed" 390
Present Moment 561
Presley, Elvis 347
Preston (originalmente Prechner), Denis 248, 308, 387, 581
Preston (originalmente Jabavu), Noni 248, 308
Preston (originalmente Pearl), Queenie 248
Preston, Richard 14
Priestley, J. B. 145
Primeira Guerra Mundial (Grande Guerra) 19-20, 23, 28-9, 74, 96-7, 134, 178, 183, 259, 296, 377, 489
Prisão Militar de Bedford 182
Pritt, Denis 368
Prix Goncourt 312
Proffitt, Stuart 14, 527, 571-5, 580-1
Progress Publishers (Moscou) 428
Projeto de Observação da Massa 145
Prokofiev, Sergei 269
Proletariado 67-8, 79, 86, 92, 187, 215, 378, 504
    ver também classes trabalhadoras
Prospect (revista) 495
protestantismo 42-3
protestos do "Maio Sangrento" (1929) 53
Proudhon, Pierre-Joseph 103
Proust, Marcel 97, 118
    À la recherche du temps perdu 96
    À l'ombre des jeunes filles en fleurs 88
Public Affairs (editora dos Estados Unidos) 593
Pugh, Martin 92
Puigcerdà 113-7, 151
Pulpit Monthly (revista) 371
Purkersdorf, Áustria 33

Qatar 598-9
Quebec Hydro 463
Quênia, rebelião de Kikuyu (Mau-Mau) 360
Quillabamba, Peru 383
Quinto Fábio Máximo 235

Racine, Jean 360
Racismo 519, 540
Radek, Karl 148-9
Rainer, Louise 139
Ramallah 583
Ramelson, Bert 324
Random House 500
Ranger, Terry 496
Ranke, Leopold von 611
Rathbone, Richard 14, 522, 581-2, 600
Raymond, Henri 308-11, 359
Raymond, Paul 350
Razin, Stenka 85
Read, Herbert 348
Reader's Digest (revista) 347
realismo 140, 337, 506
realismo social 199
"rebeldes primitivos" 166, 361-2, 364, 373, 376, 382, 594
rebelião Mau-Mau 360
Rebérioux, Madeleine 459, 469
Recife, Brasil 382
Redgrave, Vanessa e Corin 666
Reforma 154, 440
Reich, Wilhelm 436
Reid, Alastair 498
"Reino da Polônia" 15-6
relativismo cultural 555
relativismo pós-modernista 524, 567

Renn, Ludwig 38
República Democrática da Alemanha 293, 513
    Instituto para o Marxismo-Leninismo-Stalinismo 428
República Federal da Alemanha Ocidental 293, 511
República Soviética da Bavária 86
República Tcheca 22, 511-2
Rettenegg 24
Revel, Jacques 459
revolução:
    acreditava ser iminente 52-3, 67-8, 74, 76, 80-1, 84, 86-7, 102, 177-8
    burguês 303-4
    definições de 50-1
    'dual' 377-80, 446
    e acontecimentos de maio de 1968 em Paris 434-6
    e intelectuais 406-7
    e o proletariado 215
    era da 377-8
    feminismo 502-3, 612
    fracasso da 447
    internacional 171-2
    Itália e 466
    na América Latina 383-7
    no Egito 20-1
    "revolução cultural" da China 535-6
    União Soviética e 93, 215, 318-9, 550-1
    ver também Cuba, Revolução Cubana; Império Russo, Revolução de Outubro; Revolução Americana; Revolução Francesa; Revolução Industrial
"revolução dual" 377-8, 380, 446
Revolução Francesa 606
    bicentenário 541-3
    EJH sobre a 134-5, 153, 199, 220, 377-81, 397-8
    historiadores da 137-8, 302-3, 307-8, 360-1, 412-4
    interpretação marxista 541-3
Revolução Industrial 9, 85, 130, 256, 297, 303, 318-9, 337, 377-8, 380, 409, 446, 498-9, 507
Rhodes-James, Robert 501
Ribbentrop, Joachim von 172-3
Rice, Jack 123, 135
Richards, I. A., *Practical Criticism* 59
Richardson, Ruth 503-4
Riemeisterfenn, perto de Berlim 38
Rikola-Verlag 29
Rilke, Rainer Maria 75, 96
Rimbaud, Arthur 88, 96
Rinascita (revista) 465
rio Blackwater 394
Rio de Janeiro 540-1, 602
Rivera, Primo de 273
Robbins, Lionel 454, 478
Robbins Report (sobre educação superior) 444
Roberts, John 362
Roberts, Maurice 187
Robertson, Edward 361
Robespierre, Maximilien 220, 381
Robey, George 143
Robinson, Colin 564
Robinson, Pat 396
Robson, Robbie 213
Rodi Garganico, Itália 311
Rodríguez, Carlos Rafael 366
Rollins, Sonny 342
Roma 19, 267, 274-5, 302, 306, 371, 415, 470, 588, 598
    antiga 63, 85, 91, 301
Romênia 19, 22, 197, 326, 469, 537
Romford, Essex 307
Rommel, Erwin 218

Ronald, capitão 230
Rops, Félicien 503
Ross, Annie 345
Roterdã 40
Rothermere, lorde 70, 169
Rothschild, Emma 582, 606
Rothstein, Andrew 332
Rousseau, Jean-Jacques 375
Rowbotham, Sheila 503
Rowlands (professor escolar) 58
Rowling (colega soldado) 191
Rubensohn, Otto ("Tönnchen") 37
Rubinstein, David 410-1
Rubinstein, Hilary 439
Ruddock, dr. 401
Rudé, Doreen 412
Rudé, George 307, 414
    Revolutionary Europe, 1783-1815 413
    The Crowd in the French Revolution 412
Rüger, Jan 611
Runciman, Garry 14, 460, 515, 609
Runciman, sir Steven 128
Runciman, Walter 631
Runyon, Damon 145
Russel, Bertrand 391
Russell, Ralph 631
Russia Today (revista) 66, 178-9
Rust, William 184
Ryan, Alan 593
Ryazanov, David 428
Ryder & Amies 141
Rylands, George ("Dadie") 125

Sabaté Llopart, Francisco 416
Sabean, David 470
Sacco, Nicola, e Bartolomeo Vanzetti 85
Sackville-West, Vita 375
Sacramento Bee (jornal) 565
Sacrower See 39
Saddam Hussein 513
Said, Edward, *Orientalismo*, 533
Saigon, queda de 424
Saint-Just, Louis Antoine de 118
Saint Tropez 156
Sainte-Beuve, Charles Augustin 96
Salcombe, Devon 277
Salisbúria, Wiltshire 90
    catedral 214
Saltmarsh, John 129, 267, 271
Salud (em Sevilha) 279-81
Salzburgo, Festival 587-8, 612
Sampson, Anthony 576
Samuel, Howard 353
Samuel, Raphael 332, 430-2, 486, 581, 583
    Teatros da memória 433
San Francisco, Califórnia 364-5, 426, 474
Santa Barbara, Califórnia, Miramar hotel 473
Santa Cruz, Califórnia 473
São Paulo, Brasil 382, 386, 540
São Petersburgo 15, 20, 300
Sardenha 361
Sartre, Jean-Paul 310, 494
Sarzana, Mariella de 371
Sassoon, Donald 14, 400-2, 524, 610
Saunders, Constance 162
Saville (originalmente Stamatopoulos), John 162, 322, 325-7, 330, 333, 486
Saxônia 86

Scargill, Arthur 486
Schama, Simon 521, 610
Schiffrin, André 409, 413, 443, 492, 494, 527, 592
Schiffrin, Maria Elena 494
Schiller, Friedrich 37, 183
Schleicher, Kurt von 84
Schlesinger, Arthur, Jr. 144, 554
Scholfield, Alwyn Faber 267
Schönbrunn, Walter 37-8
    apelidado de "Jolanthe" 39
Schorske, Carl E. 459, 470
Schroeder, Hans Heinz 40
Schubert, Franz 589, 606-7
    Quinteto em Dó 549
Schumpeter, Joseph, *Capitalism, Socialism, and Democracy* [*Capitalismo, socialismo e democracia*] 268
Schwarz, Dorothy 372
Schwarz, Louise (Lilly) 370
Schwarz, Theodor 370
Schwarz, Victor 370
Schwarz, Walter 370
Science and Society (periódico) 241
Scokpol, Theda 553
Scott, Joan 469
Scott-Maldon, Peter 123
Scribner's 446
Searchlight on Germany (periódico) 293
Searle, Ronald 168
Segunda Guerra Mundial 10, 36, 49, 62, 170, 183, 288, 352, 417, 478-9, 481
    declaração da 174
Sée, Peter 267, 275, 277
Sellar, W. C. e R. J. Yeatman, *1066 and All That* 375
Sellers, Peter 369
Semo, Enrique 399
Sen, Amartya 582, 605
Sennett, Richard 554
Seul 464
Serote, Mongane Wally 534
Sérvia 515, 525
Serviço Nacional (Forças Armadas) Decreto (1939) 181
Serviço Nacional de Saúde 595
Seton-Watson, Hugh 257
Seutter von Loetzen, Carl, barão 20
Sévigné, Marie, marquesa de
Sevilha 278, 281, 286
Sewell, Brian 453
sexualidade:
    EJH e 38, 60-1, 81-2, 101-2, 139-40, 151, 162-3, 177-8, 186-7, 223, 270-1, 356-7, 365-6, 567
    Hélène e 313-4, 335-6
    liberação sexual 423-4, 436-7
    Muriel e 263-5
    trabalhadoras do sexo 356-7
    ver também homossexualismo
Sfax 163-4
Shaftesbury, Anthony Ashley Cooper, 1º conde de 380
Shaftesbury, Dorset 90
Shakespeare, William 69, 75, 109, 125, 312, 549
    Hamlet 88
    Macbeth 60
    Rei Lear 59, 91
Sharon, Ariel 475, 584
Sharp, Cecil 339
Shaw, George Bernard 85, 96, 559
    Guia da mulher inteligente para o capitalismo e o socialismo 66
Shearing, George 373
Sheffield 297
Sheffield, HMS 481
Shelford, Cambridgeshire 188
Shell Transport and Trading 463
Shelley, Percy Bysshe 75, 85, 96
Shenfield, Essex 307
Sheppard, John Tressider
Sherborne, Dorset 90
Sherman, Alfred 525
Sherriff, R. C., *A última jornada* 37
Shetlands do Sul 249
Sholokhov, Mikhail, *O don silencioso* 96
Shore, Peter 246
Shostakovich, Dmitri 269, 338, 589
Shove, Gerald 239
Shuckburgh, Julian 409, 442
Sicília 307, 359, 422, 466-7
    invasão dos Aliados 218
    ver também máfia
Sidgwick & Jackson 526
Sidi Bou Said 163
Sigal, Clancy 354
Sillitoe, Alan e família 387-8
Silvers, Bob 426, 492-3
Simenon, Georges 534
Simon & Schuster 526, 593, 597
Simon, Brian 332
Simon, Emil 36
Simon, Hedi (depois Keuneman, depois Stadlen) 125, 268
Simon, Joan 332, 334, 364
Sindicato dos Músicos 346
Sindicato Nacional dos Professores 348
Singapura 208
Singh, Manmohan 680
Sinn Fein 85
sionismo 311, 584
Siqueiros, David Alfaro 420
Siracusa 307
Slansky, Rudolf 310
Smalley, Beryl 274
Smith, L. G. 58
Smith, Paul 567
Snape (professor escolar) 58
Snelson, Briscoe 141
Snowdonia 70, 391-2, 520-1
Soames, Emma 595
social-democracia 512
social-democratas:
    (Áustria) 42-3
    (Alemanha) 40-4, 47-8, 52-3, 67, 289
    (Prússia) 37, 41-2
    (Reino Unido) 480-1, 483, 486-7
Social History (publicação) 418
socialismo:
    "científico" 67, 241-2
    e a história do trabalhismo 498-9
    e a União Soviética 324, 513-4
    fabianistas e 235
    Hungria e 326
    internacional 104
    luta pelo 296-7
    na Alemanha 43-4, 236-7
    na Checoslováquia 436-7
    na França 101
    na Itália 466
    no Chile 385-6
    surgimento 317-9, 513-4
    visão de EJH da 118-9, 320-2, 486-7, 502-4, 512-4,

531-2, 533-4, 537, 572
Sociedade de Estudos da História do Trabalhismo 589
Sociedade de História Social (Reino Unido) 418
Sociedade de Literatura Real 589
Sociedade para Relações Culturais com a URSS 340
Sofia 373
Sófocles 85
Somerville, Mary 257
Sondheim, Stephen 369
Sonnleitner, Alois Theodor, *Die Höhlenkinder* 26
Sontag, Susan 554
Sorel, Georges, *Reflexões sobre a violência* 255
Sorof, dr. 37
Soueif, Ahdaf 598
Southampton 86, 227
Southend 187
Southern, Richard 440
Southport 28
Spalding, Messrs (impressores) 177
Sparrow, John 404
Spartacus 85
Spectator 141, 453, 601
Spencer, David 138
Spender, Stephen 75
Spengler, Oswald, *The Decline of the West* [*A decadência do Ocidente*] 675
Sphere (editora) 446, 527
Sraffa, Piero 275, 359
Sri Lanka 124-5, 226, 268
St. Marylebone Grammar School, Lisson Grove 55-6, 123
    revista estudantil 59-60
    Sociedade de Debates 59-60
St. Raphael 154-5
Stadlen, Peter 269
Staffordshire 186
Stálin, Joseph, stalinismo:
    admirado por EJH 67, 85
    biografia de por Isaac Deutscher 334-5
    como autor 85
    comunistas britânicos e 348-9, 437-8, 512
    comunistas franceses e 299-300, 308-10, 464-5
    corpo embalsamado em exposição 299-301
    e a Checoslováquia 435-7
    e conceitos marxistas 69, 497-8
    e nacionalismo 518
    e o Pacto Molotov-Ribbentrop 172-4
    e o Partido Comunista Britânico 232-3, 295-6, 322-3, 348-9, 388-9, 400-1, 426-7, 512, 614-5
    e Tito 290
    EJH associado com 526
    EJH se distancia de 310-1, 322-3, 400-1, 426-7, 436-7
    esforço para a industrialização 513-5
    espetáculos de julgamentos 147-50, 295-6, 310-1
    expurgos 147-8, 426-8, 549-51
    História do Partido Comunista (bolcheviques) da URSS 93
    invasão da Polônia e da Finlândia 178-9
    Khrushchev e 325
    morte 321-2
    na Hungria 325
    ocupação de Estados bálticos e outras áreas 197-8
    perseguição de dissidentes 46
    reino de terror 510-1, 537-8, 552, 569-70, 575-6
Stalingrado, Batalha de 218
Stampfer, Friedrich 48
Standpoint (revista) 525
Stanley, Perthshire 203

Satpleford , Cambridgeshire 188
Stendhal 61, 189
    La Chartreuse de Parme [*A cartuxa de Parma*] 96
Stephens, Michael 257
Sterne, Laurence, *The Life and Opinions of Tristram Shandy* 64, 85
Stirling, Universidade de 412
Stone, Lawrence 305
Stone, Norman 526
Stopford, John 360
Stoppard, Tom, *Rock 'n' Roll* 582
Strachey, James 245
Strachey, Lytton, *Eminent Victorians* 96
Straight, Michael 295, 453
Strathern, Marilyn 470
Strauss, Botho, *Trilogie des Wiedersehens* 630
Strauss, Johann 348
Stravinsky, Igor 354
    A sagração da primavera 492
Strindberg, August 38, 85,
Stroessner, Alfredo 386
Stroud, Pat 14, 397
Stuttgart 464
Sudão do Sul 531
Sunday Telegraph 569, 601
Sunday Times 209, 211-3, 539, 601
surrealismo 108
Sussex, Universidade de 403, 561
Suécia 178, 486, 520
Suíça 19, 162, 177, 401, 463
Swartwout, Robert Egerton, *The Boat Race Murder* 141
Sweezy, Paul 364, 366
Sydney, Austrália 226
Syers, Kenneth 99, 231-2
Syme, sir Ronald 375

Tablat 165
Taiwan 226, 520
Tajiquistão 560
Talmon, Jacob 376, 379
    The Origins of Totalitarian Democracy 375
Tâmisa, rio 86, 187
Tânger 281
Tarragona 272
Tasmânia 413
Tavener, John 338
Tawney, R. H. 129, 132, 239-42, 304, 317
    A religião e o surgimento do capitalismo 238
Tay, rio 203
Taylor, A. J. P. 290, 342, 370, 380, 411, 414, 455, 502, 536, 577
Taylor, Cecil 352-3
Taylor, Robert 144
Tchaikovsky, Pyotr Ilyich:
    Eugene Onegin 299
    O lago dos cisnes 300
Teignmouth, Devon 70
Tenerife 347
Tennyson, Alfred Lorde 24
teoria de base e superestrutura 69
Teoria Whig da História 132
Terceiro Estado 378
Terkel, Studs 365
Terra dos deuses (filme) 139
terrorismo 150, 424, 465, 548
Thälmann, Ernst 48
Thane, dr. Pat 14, 462
Thapar, Romila 14, 397, 422, 459, 580, 588, 605

Thatcher, Margaret, thatcherismo 433, 452-3, 479-83, 485-8, 505, 525, 537, 582
The Beatles 347, 567
The Bookseller (revista) 539
The Economist 437
The Golden Shot (TV) 390
The Granta (depois *Granta*) 124, 133, 140, 142, 144-6, 171, 177
"Cambridge Cameos" 141
edição da Semana de Maio 168-70
The Listener 290, 384
The New Press 592
The New Reasoner 332-3
The New Statesman and Nation 145
The New Yorker 254
The Philologian (revista estudantil) 60
The Platters 347
The Reasoner 325-6
The Spanish Earth (filme) 145
The Story of Little Black Sambo [*A história do negrinho Sambo*] 308
The Times 98, 151, 254, 366, 604
The Wizard (revista) 28
Theatre Lab 561
Theatre Workshop, Stratford, leste de Londres 367
Therborn, Göran 533
Theresienstadt 248
Thetford, Norfolk 191
Thomas, Edward 96
Thomas, Keith 14, 404, 421, 450, 452, 495, 523-4, 539, 590, 610
Religião e o declínio da magia 415
Thompson, Dorothy 392, 469
Thompson, Edward (E. P.) 298-9, 322-5, 327, 330-3, 362-3, 378-9, 392-3, 399, 401-3, 413-4, 418-9, 433-4, 443-4, 469-71, 536-7, 576-7, 587-90
A formação da classe operária inglesa 320-1
A miséria da teoria 430
amizade com EJH 333
Christopher Caldwell sobre 536-7
Donald Sassoon sobre 401-3
e o Grupo dos Historiadores Comunistas do Partido 298-9, 322-3, 330-1
e seminários sobre história social 469-71
e *The Reasoner* 325, 327
e *Universities and Left Review* 333
EJH sobre 433-4
em Snowdonia 392-3
Geoffrey Crossick sobre 399
influência de 443-4
Michelle Perrot sobre 469-70
morte 581, 589-90
publicações 413-4, 418-9
Richard Viner sobre 576-7
Shahid Amin sobre 587-8
sobre a saída de EJH da junta editorial da *Past & Present* 495
sobre *Primitive Rebels* 378-9
sobre "rebeldes primitivos" 362-3
Thompson, J. M., *Lectures on Foreign History* 98
Thompson, Paul 438-9, 449
The Edwardians 438-9
Thorez, Maurice 104-5, 108, 311
Thornton, J. C. 257-8
Tibbits (oficial em Wincanton) 214
Tilly, Charles (Chuck) 459, 469, 490-2, 553, 555-6
Tilly, Louise 469, 490, 553, 555-6
Times Literary Supplement 258, 292, 376, 380, 414, 427-8, 446, 535, 567, 584
Titmuss, Richard 348
Tito, Josip Broz 138, 290, 321
"titoísmo" 290-1, 311
Tizard, Jack and Barbara 267
Tocqueville, Alexis de 566
Tolpuddle, Dorset 91
Tolstói, Leo, *Guerra e paz* 204
Tomalin, Claire 14, 424, 458-9, 528, 589, 610
Tone, Theobald Wolfe 85
Tor Bay, Devon 71
Torino 464-5, 587-8
restaurante Cambio 465
Torquay 72
Torr, Dona 296
Torres, J. J. 661
Toscana 519
Toulouse-Lautrec, Henri de 158, 356
Touraine, Alain 540
Toynbee, Arnold 612
Trakl, Georg 96
Tratado de Maastricht 560
Traverso, Enzo 546
Treblinka 252
Trentmann, Frank 522, 610
Tress, Ronald 404
Tressell, Robert, *The Ragged-Trousered Philanthropists* 191
Trevelyan, George Macaulay 132, 286, 374
Trevor-Roper, Hugh 304, 363-4, 375, 404, 453-4, 497, 566
Tribune 331, 410, 534
Trieste 20
Trinidad 216, 249-50
Trotsky, Leon, trotskismo 420, 542
A história da Revolução Bolchevique 542
Truman, Harry S. 250
Trumpington, Cambridgeshire 188
Tugboat Annie (filme) 64
Túnis 164
Hôtel Capitol 163
Tunísia, tunisianos 108, 163-7, 169, 216, 218, 312, 612
Turing, Alan 123
Turnage, Mark-Anthony, *Anna Nicole* (ópera) 600
Turner-Samuels, Moss 232
Turquia 19
Tyler, Wat 85
Tynan, Kenneth 343, 366-7, 369, 431
Tynan, Tracy 369, 659
Tyson, Moses 360-1

Ucrânia 68, 512, 550, 592
Ulster 170
Uma Aventura na África (filme) 83
Uma nação em marcha (filme) 144
Un carnet de bal (filme) 145
Unesco (Organização para a Educação, Ciência e Cultura) 423, 540
conferência (maio de 1968) 434
União Britânica de Fascistas 70, 77, 169
União Europeia 483, 518, 543, 547, 592
União Soviética 43-6, 59-60, 68, 93, 101, 137-8, 172-4, 401-2, 459-60, 464-5, 513-5, 533-4
Academia de Ciências 299-300
agências de inteligência 137-8
análise de EJH em *A era dos extremos* 535-6
arte e literatura na 139-40
bloqueio de Berlim 250
colapso da 511-5

Cominform 290
Comintern 80, 93, 177-8
    como aliada da Grã-Bretanha 216
    comunistas alemães e a 44-5
    consequências da Revolução 533-4
    depois da morte de Stálin 321-2
    e a Alemanha 512-3
    e a Checoslováquia 294-5
    e a crise dos mísseis em Cuba 373, 381-2
    e a derrubada de um avião espião dos Estados Unidos 293
    e a Iugoslávia 290
    e a Sociedade para Relações Culturais 339-40, 418-20
    e a tradição marxista 566
    e espiões 455-6
    e o pacto de não agressão 172-4
    e os Estados Unidos 250
    Exército Vermelho 178-91, 206-7, 210-1, 250-2
    exilados da 45-6
    expulsa da Liga das Nações 178-9
    historiadores no Congresso Internacional de Ciências Históricas de Roma 306-7
    invasão pela Alemanha 177-8, 201-2
    invasão da Checoslováquia 436-7, 64-5
    invasão da Hungria 325-8, 331-2
    invasão da Polônia e da Finlândia 178-9
    invasão nazista da 178-9, 201-2, 206-7, 232-3
    levantes políticos na 147-51, 552
    Nova Política Econômica 669
    Nunn May e 288
    ocupação dos Estados bálticos e outras áreas 197-8
    sob Gorbachev 510-1
    Ucrânia como parte da 68
    vida depois da Revolução 43-4
    visão de EJH 93, 401-2
    ver também Stálin, Joseph, stalinismo
Unidade de Inteligência Econômica 580
Universal Films 35-6, 47
Universidade Columbia, Nova York 489, 491, 533, 555
    Clube da Faculdade 419
Universidade Cornell, Nova York 471
Universidade de Aligarh 422
Universidade de Belfast 497, 516
Universidade de Harvard 440, 494, 553
    Prêmio Silas Marcus Macvane de História Europeia 425
Universidade do Estado de Michigan 446
Universidade Emory, Programa de Estudos de Mulheres 557
Universidade Metropolitana de Londres 405
Universidade Nehru de Jawaharlal, Nova Déli 635
Universidade Rutgers, Nova Jersey 541
Universidade Stanford, Califórnia 364
Universities and Left Review (depois *New Left Review*) 332, 334
University Forward 220
Upsala 511
Urquhart, Brian e Sidney 554
Ushant 277
URSS *ver* União Soviética

Vailland, Roger 309
    La Loi 312
vale do Croesor, País de Gales 391-3, 521
vale de Wye 521
Valência 273
Valparaíso 167
    embaixada britânica 168
Van Gogh, Vincent 68, 87

Vanbrugh, John 96
Vansittart, Robert 256
Varsóvia 16-7
Vaughan, Sarah 345
VEJA (revista) 604
Veneza 587-8
Verdi, Giuseppe, *Don Carlos* 473
Verdun 74
Verdussen, Robert 547
Versaille, André 546, 548-9
Versalhes, Tratado de 40
Verso (New Left Books) 487, 563-6, 592-3, 595
Vichy 156, 312, 542
Vickers, Jon ("Mouse") 136, 221
Vickers, Sally 641
Victoria County History (série) 413
Viena 18-24, 30, 45-6, 69-70, 121-2, 145-6, 189-90, 220-1, 246-8, 463-4, 528-9, 535-6, 597-8
    Cemitério Judaico 31
    Cerco de 398
    cidadania honorária 589
    Congresso de 521
    Einsiedelgasse, Ober St. Veit 23, 26
    Federal Gymnasium XVIII 31
    First Austrian Savings Bank 169
    Herbeckstrasse 31
    New Cemetery 23, 33
    Prater 319
    Ringstrasse 27
    Untere Weissgerberstrasse 27
    Villa Seutter 20, 22-3
    Weissgerberstrasse 20, 27
    Hacking 20-1, 23
Vienne 151-2
Vietnã 285, 400, 419, 425, 516, 535
Vietnã do Norte 424-6
Vietnã do Sul 425
Vilar, Pierre 299
Vile, Robert 123
Village Voice (revista) 563
Villon, François 69, 96
Vinaver, Eugene 360
Vinen, Richard 576-8
Vinogradoff, sir Paul 85
Vintage Books 500
Viollet-le-Duc, Eugene 113
Viollis, Andrée 164
Virgílio 96

Waal, Edmund de, *The Hare with Amber Eyes* [*A lebre com olhos de âmbar*] 601
Wainwright, Bill 334, 339
Wakefield, Yorkshire 208
Walker, Peter 562
Wall, Max 369
Wallerstein, Immanuel 459, 472
Wallich, Walter 251, 267
Walpole, Hugh 145
Walther von der Vogelweide 96
Walzer, Michael 518-9
Wangermann, Ernst 381
Warrington, sargento 192
Warwick, Universidade de, Modern Records Centre 12-3, 597
Washington, DC 13, 295, 419
Watt, David 527
Watt, Susan 527, 571
Waugh, Evelyn, *Declínio e queda*

Wayne, Philip (Dickie) 56-8, 61
We from Kronstadt [*Nós de Kronstadt*] (filme) 145
Webb, Sidney e Beatrice 61, 150, 236
    History of Trade Unionism 239
Weber, Max 553, 566, 611
Webster, John, *The White Devil* 85
Wegener, Alfred 35
Wehler, Hans-Ulrich, *Deutsche Gesellschaftsgeschichte* 378
Weidenfeld, George 365, 375-6, 379, 409, 414, 416, 438-9, 441-2, 493, 526-7, 570
Weidenfeld & Nicolson (depois Orion) 13, 375, 406-7, 409, 414-5, 436, 442, 445, 500, 502, 566-7, 570, 591
    History of Civilization (série) 446, 501
Welles, Orson 637
Wellington, Arthur Wellesley, 1º duque de 379, 586
Wells, Dick 190
Wells, John 369
Welsh Highland Railway 662
Wesker, Arnold 348
Wessel, Horst 48
West, Alick 308
Weyer an der Enns, Áustria 30
Wheatcroft, Andrew 445, 500-1
Wheldon, Huw 348
White, coronel Archie 211-3, 215, 217-8, 245
Whitehead, Alfred North, *A ciência e o mundo moderno* 199-200
Who's Who 464
Wiemer, Ernst 40
Willey, Basil, *The Seventeenth Century Background* 128
William Scoresby, HMS 249
Williams, Dai 392
Williams, Gwyn Alf 449
Williams, Raymond 137, 1789, 348
Williams, T. Desmond 380
Williams-Ellis, Clough e Amabel 391-2
Williams-Ellis, Richard 521
Williams-Ellis, Susan 392
Williamson, John 329
Willis (professor escolar) 58
Wilson, A. N. 603
Wilson, Harold 485, 488
Wiltshire 373, 413
Wincanton, Somerset 213-4, 222
    Clube Americano da Cruz Vermelha 217
Winchester, Hampshire 91
Wincott, Lois 14, 398
Winston (em Gwenddwr) 522
Winterthur 464
Wisconsin State Journal 340
Wittenberg, Gerhard 43
Wittgenstein, Ludwig 125, 145
Wittkower, Rudolf 304
Wolfe, Tom, *A fogueira das vaidades* 578
Wolfson, Leonard 539
Woolf, Leonard 245
Woolf, Virginia 245
    As ondas 75
Woolworths 141, 199
Wordsworth, William 82, 85
World University Library 415
World Wide Web 529
Workshops do Centro de História Social 433-4
Worthing, Sussex 89
Wright, Peter 355, 408-9
Wrigley, Chris 14, 400, 499, 591, 595, 606, 610
Wycherley, William 96

Wymark, Patrick 357
Wyndham Lewis, P. 175

Yale University Press 593
Yeltsin, Boris 511
Yeovil, Somerset 90
Yetholm, Scottish Borders 203
York, arcebispo de 171
Yorkshire 208-9
Young, James D. 515-6, 525

Zadig (barco) 277, 279, 281
Zaharoff, sir Basil 249
Zhenia (em Paris) 634
Zinoviev, Grigory 148
Zurique 19

**Acreditamos
nos livros**

Este livro foi composto em Adobe Garamond
Pro e impresso pela Geográfica para a Editora
Planeta do Brasil em junho de 2021.